乾隆元和县志两种

上

苏州工业园区档案管理中心 编

广陵书社

图书在版编目（CIP）数据
乾隆元和县志两种 / 苏州工业园区档案管理中心编.
扬州 : 广陵书社, 2024. 9. -- ISBN 978-7-5554-2365
-2
Ⅰ. K295.33
中国国家版本馆CIP数据核字第2024MW7923号

书　　名　乾隆元和县志两种
编　　者　苏州工业园区档案管理中心
责任编辑　顾寅森

出版发行　广陵书社
扬州市四望亭路 2-4 号　　邮编　225001
(0514)85228081(总编办)　　85228088(发行部)
http://www.yzglpub.com　　E-mail:yzglss@163.com

印　　刷　无锡市海得印务有限公司
装　　订　无锡市西新印刷有限公司

开　　本　787 毫米 × 1092 毫米　1/16
印　　张　52.875
字　　数　890 千字
版　　次　2024 年 9 月第 1 版
印　　次　2024 年 9 月第 1 次印刷
标准书号　ISBN 978-7-5554-2365-2
定　　价　580.00 元

点校说明

清雍正二年（1724），以长洲财赋甲天下，于是析置元和县。苏州一城而置三县自此始，当时虽都城京尹领辖之区，亦未有之。1912年，吴县、长洲、元和三县合并成吴县，元和县也随之消亡。元和县所在区域主要在今苏州工业园区，要了解元和县的这段历史，可以从存世至今的两种《〔乾隆〕元和县志》中探寻。今将两种《〔乾隆〕元和县志》一并整理出版，以供研究者参考。

《〔乾隆五年〕元和县志》三十二卷首一卷，江之炜、张若爔修，施何牧等纂。

江之炜，字葵峰，晋江人。雍正四年（1726）任元和知县。施何牧，字赞虞，清崇明人。康熙进士。官吏部考功司员外郎，中岁归田。工诗。著有《一山诗文稿》《明诗选》等。

张若爔，字守讷，雍正十二年（1734）知元和县。清正廉明，每决狱事，必反复推勘，人服其真诚，不敢有欺之者。县有版荒八十余顷，民久赔累，申文大吏照恩诏裁减昆、新两县浮粮之例请题减额，他如悬赏获巨盗，分俸给贫生，锄奸通商旅，有古循吏风。宰邑七载，因劳致疾去。

元和自建县后，知县江之炜谓分邑之初必须修志，乃于雍正五年初设局修志，请施何牧等任总裁，沈德潜分纂，三年而成稿。未及镌板，江之炜移任嘉定，乾隆五年（1740）由知县张若爔增补付刻。

按纂修姓氏，总裁共题施何牧、吴瞻淇、杨绳武、徐陶璋、宋照五人，总裁兼理分纂为翰林院庶吉士沈德潜、元和县儒学训导吴中衡，分纂共题顾绍敏、朱奕恂、杨继光、严渠成、丁钤五人。

此书凡三十二卷首一卷。卷首图考，分别是城图、元长学宫图、元和县田圩图、元长合境水利全图、元和县署图，卷一建置（沿革附），卷二疆域（分野附），卷三城池，卷四官署，卷五学宫，卷六坛祠，卷七仓庾，卷八职官，卷九兵防，卷十风俗，卷十一土田，卷十二赋税（漕挽附），卷十三徭役，卷十四水利，卷十五山阜，卷十六物产，卷十七第宅（坊表附），卷十八园亭，卷十九冢墓，卷二十科目，卷二十一宦绩，卷二十二至二十四人物，卷二十五流寓，卷二十六列女，卷二十七二氏，卷二十八寺观，卷二十九至三十二艺文。

是书体例遵《〔康熙〕长洲县志》，因元和县系从长洲析出，所以缺者补，繁者简。《风俗》中记丝织业较详，还记载了吴歌四种、舞辞四种曲名。《人物》，凡明以前，一般两县并存；自明以来，凡称籍长洲而人系元和者备列，籍非长洲而人实元和者亦列，又有人与籍皆非而祠墓在元和且实有可传者亦并列之。人物立传标准，是有关政治、伦物及邑中山川、古迹、名贤、著述确有可取者方得列焉。若风云月露，词虽工巧，概不滥入。

本次整理采用《江苏历代方志全书》所收《〔乾隆五年〕元和县志》为工作底本，同时参校《〔乾隆〕长洲县志》《〔乾隆二十六年〕元和县志》等。

《〔乾隆二十六年〕元和县志》三十六卷首一卷，许治修，沈德潜、顾诒禄纂。

许治，字均宁，湖北德安府云梦县人。乾隆三年（1738）举人，次年进士，曾任宜君（今属陕西）、昆山、华亭（今属上海）知县，乾隆二十四年十一月知元和。丁父忧，贫几无以归。服阕，补长洲，听讼无疾言厉色，民得竟其说、申其情、曲直判。他在长洲县任上，与民休息，称“吾不能利民，惟不扰民”。于收漕一事，如前令李光祚，民咸乐之。

沈德潜，字确士，号归愚，邑人。乾隆间进士，曾任内阁学士兼礼部侍郎。清代著名诗人。著有《沈归愚诗文全集》，编有《古诗源》《唐诗别裁》《明诗别裁》等。

顾诒禄，字禄百，号花桥，又号瑗堂，清长洲（今苏州市）人。贡生。沈德潜高足。以古文辞闻名于当世。著有《寒读偶编》《吹万阁集》《瑗堂文述》《瑗堂诗话》等。

许治莅任时，元和距乾隆五年（1740）江之炜所修《志》已20余年，且江《志》以皇帝谕旨入于《艺文》，似有未“敬”，独行入于《人物》，似与史例相违，于是聘沈德潜、顾诒禄重修，历时凡十月，于乾隆二十六年底告竣。

沈、顾二人以前志为基础，芟繁就简，爬梳厘正。全书凡三十六卷首一卷，卷首图考，卷一建置（沿革附），卷二疆域（分野附），卷三城池，卷四官署，卷五学宫，卷六坛祠，卷七仓庾，卷八职官，卷九兵防，卷十风俗，卷十一土田，卷十二赋税（漕挽附），卷十三徭役，卷十四水利，卷十五山阜，卷十六物产，卷十七第宅（坊表附），卷十八园亭，卷十九冢墓，卷二十科目，卷二十一宦绩，卷二十二至二十五人物，卷二十六流寓，卷二十七孝义，卷二十八列女，卷二十九二氏，卷三十寺观，卷三十一御制；卷三十二至三十六艺文。

是书体例依《〔乾隆五年〕元和县志》，《人物》《艺文》较原志各增1卷，另新立《孝义》《御制》各1卷。书前有沈德潜、许治新《序》2篇，张若㸑、江之炜原《序》2篇及重修姓氏目录等。除了《重修姓氏》“纂修许治，协修程元基，总裁沈德潜，编辑顾诒禄，分校吴智、顾宗泰、於宁、汪美基”外，还有《初修姓氏》著录的《〔乾隆五年〕元和县志》修纂人员名单。此名单将沈德潜、吴中衡混入“分纂”，但是缺漏了丁钤。《御制》收康熙皇帝、乾隆皇帝诗文题辞，以《赐礼部侍郎沈德潜归愚诗集序》冠于卷首。《艺文》崇政治、重人伦，而风云月露之辞则不收录。《艺文》所增1卷，全系前志未备增补者，收录诗作百余首，诸如李绅《苏州不住遥望虎丘报恩两寺》、吴如晦《五人墓》等，确为与本地关系密切，不得不补者。《稀见地方志提要》称：“此志体裁谨严，落笔矜慎，书中无琐细冒滥之辞，一变吴志向所喜谈佚闻杂事之习，而开志乘实核之一体，当时号称佳著也。”

本次整理采用《江苏历代方志全书》所收《〔乾隆二十六年〕元和县志》作为工作底本，同时参校《〔乾隆五年〕元和县志》《〔乾隆〕长洲县志》等。

目 录

上 册

〔乾隆五年〕元和县志

下　册

〔乾隆二十六年〕元和县志

（乾隆五年）元和县志

序

世宗宪皇帝御极之二年，减浮粮，省徭役，劝农桑，兴学校，海宇之内，生息理极。又允督臣分大县之请，于苏、松、常三府凡地广赋重者分之。而长洲所分，厥名元和，锡嘉名也。时之炜承乏斯邑，幸值圣化洋溢、仁育义正之时，虽拙于理民，不至陨越以即罪戾。因思宣上德意，备载土风，使后世有所遵守者，惟邑志为宜。

按：长洲旧志，前明神宗时邑令江讳盈科修之。入本朝，邑令祝讳圣培又修之。江《志》长于典藻，祝《志》详于征考，各有所长，互见得失。岁月既久，理宜增修。又适当分邑之初，不可无志以资考鉴。爰敦请乡先生之负夙望暨士林之多闻者，设局纂修，毋徇私、毋瞻顾，岁序一周，其书乃成。之炜得从诸公后，稍加润色，告蒇事焉。

披览是书，地分其半，事核于前。讹者正之，幽者章之。自分野设建，山川之明秀，城隍之峻深，学校之增修，户口之殷殖，赋役之由简而繁、由繁而减，与夫农田水利、礼乐兵刑、文章政治之炳耀于简编，忠孝节烈之光辉于日月，凡可法可传者，略备焉。斯文献之攸寓，而古今考镜之一资也。

方欲登诸枣梨，永为守是土者征信，因之炜移治畷邑，未竟厥绪。相距十年，桐城张公讳若㸌来令兹土，又适当朝家纂修《一统志》时，因复开馆续修，载前志所未及，立体设例，概从原本，而缺者补、繁者简，事增文省，粲然成帙。窃喜向所成者之不烦更张而二人同志为能共底于成也。

夫今日之元和，即昔日长洲之半，而唐万岁通天以前之吴县也。汉《第五伦传》称其“俗多淫祀”，《续图经》称其“尚文尚佛”，旧志亦谓其“有恒产，好奢侈”。今民之生其间者，熙熙然有日增于上之势，人谓其风俗变迁使然，而抑知圣祖渐涵于前，世宗继承于中，皇上休养于后，其潜驱默率者，固如是之深且久哉！

盖觇一邑可以知一郡，觇一郡可以知天下，则邑志之成，亦外史氏之所掌，圣朝之德化，于以见焉。《统志》之修，未必不有取于斯志也夫！

时大清乾隆五年岁次庚申清和月，知太仓州事、前元和县知县、晋江江之炜撰。

序

元和分邑，自世宗宪皇帝御极之二年始。时莅斯任者为晋江江公，政通人浃，邑乃称治。因思大邑始分，宜作志以垂考核，乃造请邑之巨公硕士，裒集旧闻，诠次简编。越一岁书成，未及镌版而公移任嘉定，迄今十余年矣。若爔来官此土，识浅才拙，以弗克胜任是惧。赖天子圣圣相承，深仁厚泽，渐涵浸润，邑虽棼烦，得以无事。而国家方修《一统志》书，宜荟萃郡邑志进诸阙廷。念元和自葺志以后，此十余年中，自疆域、分野、城池、土田、山阜、水泽，无容更易外，其他如赋税之递减、学校之振兴、职官之临莅、科第之日增、风俗之渐还淳朴、人材之争自濯磨，与夫孝子节妇之饬纪敦伦，维持世教，蒸蒸然进而日上，搜而罗之，以广采择，固有民社者责也。

爰访旧时分纂之士，俾复修葺，订讹核实，微显阐幽，不谬是非，不伤繁琐，邑志之中，有史笔焉，不止徒夸奥博以争胜于文辞而已。夫邑之有志，所以备一邑之掌故也，而实为居官者触目警心之助。览建置疆隅，念东南泽国，或未尽经理也；览职员师儒，念设官分职，或未尽教养也；览选举科目，念人才辐辏，何以爬罗剔抉，连茹汇征也；览水利兵防，念疏浚训练，何以顺性利导、有备无患也；而且览田赋徭役，念天子减租赐复，牧民者益当寓抚字于催科也；览民风土俗，念盛世鼓舞作兴，长民者急当以劝相为转移也。他如览人物之林立、节孝之敦行、祠祀之报赛，以及第宅冢域之久而弥芳，文章道艺之典而可久，则所以表章幽隐、褒奖劝励、精诚感格、流连凭吊、讨论弦诵者，无不备焉。后之视今，犹今之视昔。一已之儆惕，即垂为后人之鉴衡可也。而且邑志之成，幸当圣人继承之世，与海内休养生息于无穷，则夫宣上德意以昭示天下者，不在于兹也耶？至于网罗未备及向所传疑而不敢穿凿附会以实之者，姑从阙如，以俟后博洽之君子。

时大清乾隆五年岁次庚申清和月，知元和县事、桐山张若爔撰。

凡例

一、自唐分吴县为长洲，历宋、元、明，未之或改。至我世宗宪皇帝，大县各分为二，长邑分县曰元和。兹从雍正二年分县序建置，凡详文奏疏部议备载，而历代沿革附焉。

一、分县必先分疆域，元和剖长洲地立县，同隶一城而疆域各异。若四境、程涂、铺界析之必详，至乡里、都图、街巷、桥梁、村镇皆疆域中事，则连类以书之。分野亦从地界附入。

一、苏郡城本长、吴两县分辖，今既建元和，则城池处三分之一，广袤一十八里，凡雉堞、楼橹、壁垒、濠堑等制，俱得详载。而同城之沿革，并录以备参考。

一、县系新分，官署亦系新建，兹元和县署已将十郎巷陈姓房舍改造，凡详文奏疏部议备载，而本邑丞、尉等署，以次列焉。

一、元和学宫与长洲共，兹从雍正二年分长洲地建元和县，因即长洲学宫更其榜曰长洲元和县学，则元和学宫即长洲学宫也。谨将历代沿革及国朝增建制度、御制赞颂、谕旨详载其中，俾兴起教化者知所感焉。

一、元和分壤直葑、娄二门以东，其间膏腴之地固多，而版荒、坍没、公占田荡亦复不少。兹首标土田总额以举其纲，次列科则高下、荒熟之数以详其目，然后附列前代田制及今清丈详定之法，以备采择。

一、长洲赋税繁重，元和分其半，比简省之邑尚多。幸逢圣天子恩膏叠沛，递减浮赋，民困得苏。兹列征米银数、征丁银数、本色起解支销数、折色起解支销数及蠲免恩典历代赋额，详载于中，以备稽考。其漕兑一条，即附于末。

一、元和水势上承具区，下注昆山、太仓以入大海，无以治水即无以治田。兹先按其脉络，循其分合，次条列水患，详陈治法，为考镜之一助云。

一、长洲置县始于唐，唐以前人物不属长洲，何有于元和？然里居、茔域可考，应属元和，又旧志概称长洲，无里居、茔域可考者，应两邑并存。自明以来，凡籍称长洲而人系元和者，固当备列。即籍非长洲，而人实元和者亦列。又有人与籍皆非，而祠墓在元和，实有可传者，亦并列焉。以此为准，庶无混淆挂漏之失。

一、吴中人士多工文艺，然邑志所载必有关政治、伦物及邑中山川、古迹、名贤、著述确有可取者方得列焉。若风云月露，词虽工巧，概不滥入。

纂修姓氏

纂修

知太仓州事前元和县知县	江之炜
元和县知县	张若爔

总裁

吏部考功司员外	施何牧
翰林院庶吉士	吴瞻淇
翰林院编修	杨绳武
翰林院修撰	徐陶璋
翰林院庶吉士	宋　照

总裁兼理分纂

翰林院庶吉士	沈德潜
元和县儒学训导	吴中衡

分纂

元和县学廪生	顾绍敏
元和县学廪生	朱奕恂
吴县学岁贡生	杨继光
长洲县学生员	严渠成
元和县学生员	丁　钤

卷首

图考

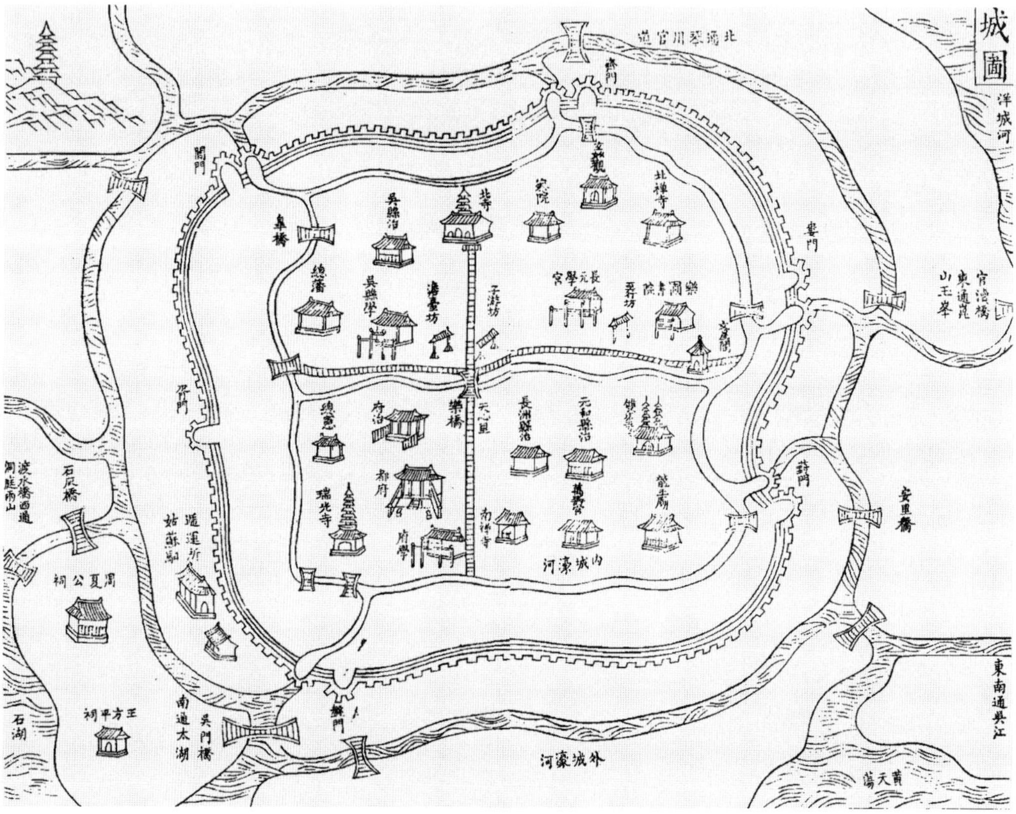
城圖
北通琴川官道
洋城河
齊門
北禪寺
婁門
長元學宫
閶門
皋橋
吳縣治
吳縣學
胥門
府治
樂橋
長洲縣治
元和縣治
瑞光寺
府學
南禪寺
內城濠河
葑門
安里橋
東南通吳江
黃天蕩
外城濠河
盤門
吳門橋
南通太湖
遞運所
姑蘇驛
王方平祠
石湖
渡水橋西通
洞庭兩山

城图

元长学宫图

元和县田圩图

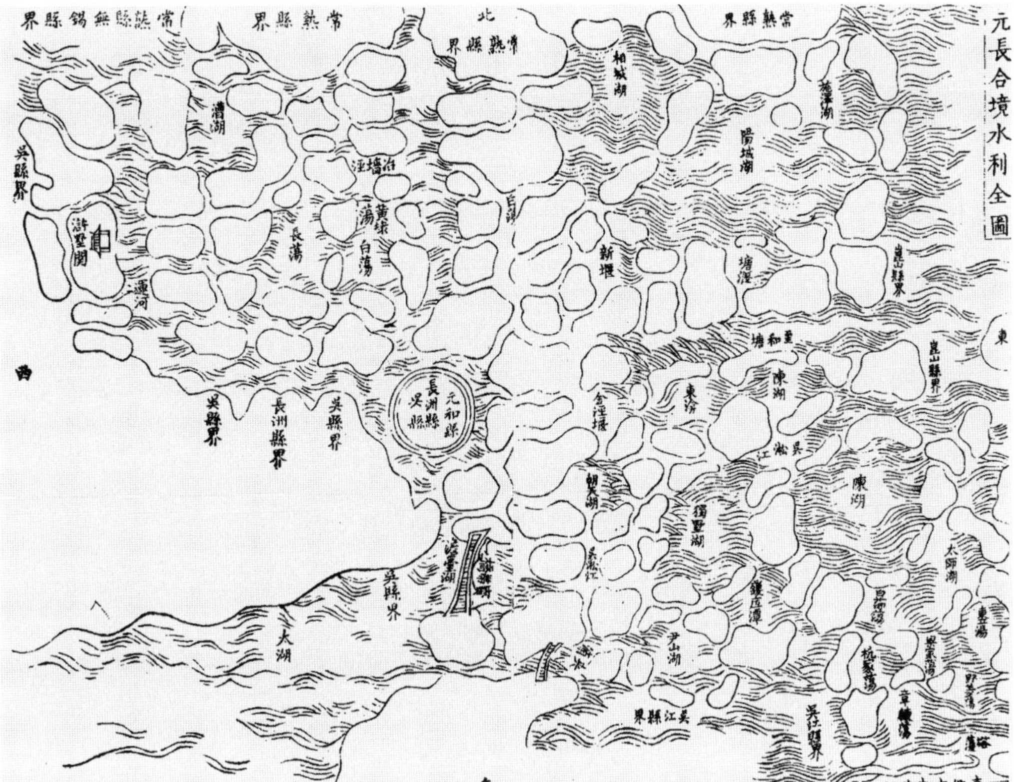
元長合境水利全圖
北
南
東
西
常熟縣界
吳縣界
長洲縣界
崑山縣界
吳江縣界
嘉興府嘉善縣界
元和縣
長洲縣
吳縣
太湖
陽城湖
陳湖
獨墅湖
尹山湖
滸墅關
運河

元长合境水利全图

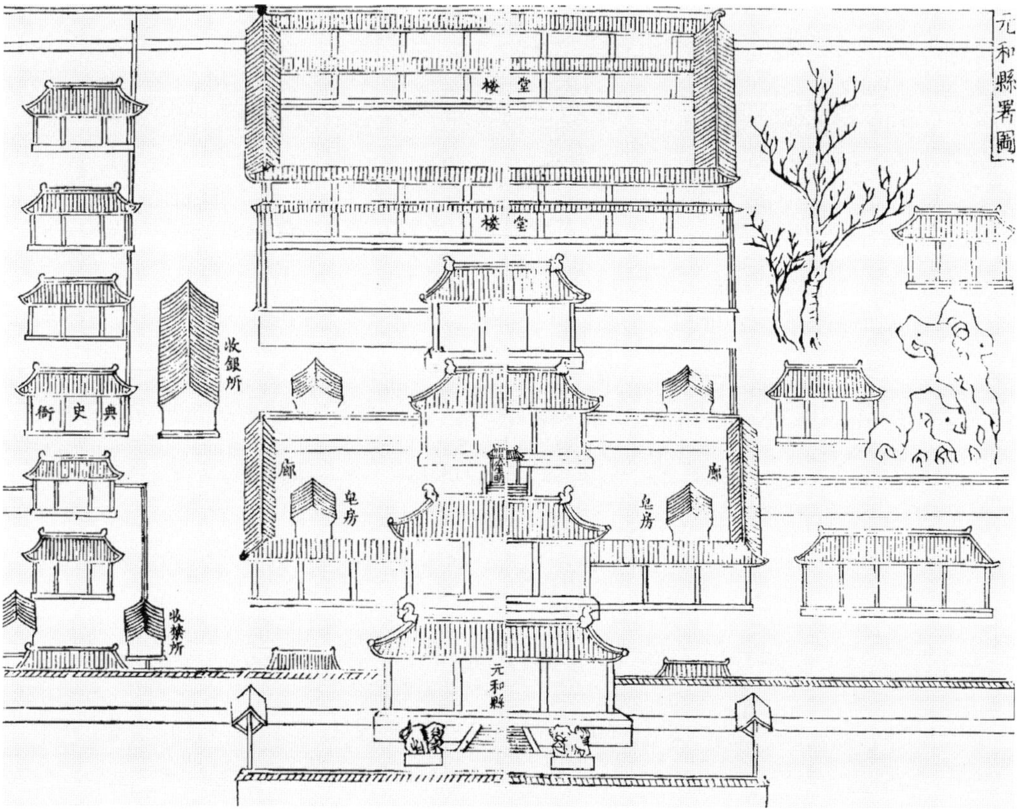

元和县署图

卷一

建置沿革附

自古帝王疆理天下，曷尝不因时以制宜？而论者谓后世分域愈多，所统愈狭。殊不知《禹贡》九州，虞帝分为十二，至夏、殷复合为九。考《周礼》及《尔雅》所纪，殷制有徐、幽、营而无青、梁、并，周制有青、幽、并而无徐、梁、营，疆域分合，已不尽同若此。

秦时改置郡县，汉唐以后分并损益，益难枚举。大抵古之立制也多疏阔，而后渐精详。古民淳俗朴，简约易治；后人满地冲，庞杂难理。然则因时变通，务在宜民，亦何古之足拘？即如吴中属县，自隋以前，未有长洲。至唐万岁通天元年，始分吴县之北境，添设长洲。于是，历宋、元、明，因之不改。

本朝承前代之旧，亦无所更易。然自世祖章皇帝抚临区夏，声教四讫。圣祖仁皇帝六十余年，深仁厚泽，遍浃海隅，屡次南巡，蠲租赐复，尤注意吴民。迨世宗宪皇帝缵承大统，善继善述，仰推圣祖之惠爱，豁免浮粮以苏积困。吴民幸沐盛朝累世煦妪之恩，百年以来，生齿日繁。而抚字催科为守令者，益觉未易。宪皇帝洞悉民隐，鼓舞吏治。于是允督臣之请，以苏、松、常三府所属州县钱粮尤重，大者每县各分为二，而长邑所分之县，御定嘉名曰元和。元和虽只得长洲之半，而其税入之繁多、簿书之填委，尚逾他省之府。然较之前此，固已繁剧，分理稍为易治矣。

我皇上御极以来，再减苏、松浮赋，勤民恤吏之心，先后一揆，而于东南疆域分建，一仍前制，盖诚灼见乎？因时制宜之善，可为万世体国经野者法也。

今谨叙明元和建置之由，列诸卷首。先督疏原始也，次部议询谋也。记嘉名俞旨，昭乾断也。沿革附焉，备稽考也。志建置。

雍正二年六月十九日，两江总督臣查弼纳题为请分大县以收实效事：窃照江南赋税甲于天下，苏、松所属大县，额征地丁漕项杂税银米，多者至四十余万，是一县粮额与四川、贵州一省之额数相等。况州县钱粮纳户零星，款项繁杂，民情巧诈，百端诡隐，征比倍难，加以人情好讼，盗贼窃劫刑名又极纷繁，县令征比钱粮、办理钦部案件，日夜匆匆，不得休息。力既疲惫，才难兼顾，安有余力除弊？故莅任未几，动多罣误，升迁者少，获罪者多，非尽其才不逮，实亦力不能周也。夫人之材力不甚相悬，岂他省之吏干济独优而苏、松之官材能偏拙？良以事务殷繁，则才短于肆应；而赋税难清，则政拙于催科。官既不能久任，吏遂夤缘舞法，蚀课蠹民，奸弊百出，亦事势之必然也。

臣闻琴瑟不调，取而更张。流之不洁，在澄其源。大县难理，莫若分而为二，则银少易征，上有益于国课；事简易从，下有裨于民生。此亦因地制宜，补偏救弊之一术也。查苏州府属之长洲、吴江、常熟、昆山、嘉定五县，太仓一州；松江府属之华亭、娄县、青浦、上海四县；常州府属之武进、无锡、宜兴三县，额征银米多者至四十余万，少亦不下二三十万。以此十三州县各分为两，其钱谷刑名尚与大省之中府相等，经理亦非易易。然较之未分之前，仅为得半，中材或可奏效矣。至大县既分，官役、俸工、仓库、城池亟应筹画。

臣查苏州府有同知三员、通判一员，松江府有同知二员、通判二员，常州府有同知一员、通判三员。三府共同知六员、通判六员，其名虽有捕盗、管粮、海防、水利之不同，而其事实堪兼理。原属冗员，今每府止留同知一员、通判一员，以捕盗者兼司海防，以管粮者兼司水利，其余同知三缺、通判三缺尽可裁汰。请将三府现任同知、通判拣选才堪牧民之同知三员、通判三员以摄新分之县，仍照原衔升转，将来遇有事故缺出，仍听部选知县治理。再长洲、吴江、昆山、华亭、娄县、青浦、上海此七县皆有县丞二员，夫县有一丞佐理足矣，何必有二？此七缺亦应裁去。再此外之首领佐杂，现遵谕旨议裁具奏。

今新分之县，只添设知县一员、典史一员，将以上所裁之官役俸工，尽足以供新县之用，俸不须增、役无多添而足用。至城池，则臣于上年查海之时亲历边海地方，见武职驻札之处多有城垣，新设沿海之县令其与武职同城，如常熟所分之县应驻福山，嘉定所分之县应驻吴淞，上海所分之县应驻川沙，华亭所分之县应驻青村，娄县所分之县应驻金山卫，皆现有城垣，无庸兴筑。

再苏、松二府附郭俱有两县，常州府城内独止武进一县，令将武进所分之县即驻府城，与武进分理，比照苏属之长、吴，松属之华、娄，正复相等。常州通判三员，原有衙署在府，即改作新分县署，不特城不必建而衙署已备，仓库亦易为力。此外长洲等七县，即各择该县境内地方紧要、人民殷庶之市镇居住。查江南属县亦有未经建城之处，此新分之七县，应否即行建城、统听部议遵行？

至仓库衙署，如有公所，即行修整居住；如无公所，酌量建造，均请动支正项钱粮应用。臣遴委谙练道府大员料估督造，其分县疆域，自某某处至某某处归旧县管辖，自某某至某某处归新县管辖，以及田亩若干、钱粮若干，内地州县应居何处。市镇之处并一切应行事宜，统候俞旨允行之日，分晰条议具题。再太仓一州，现在请改直隶，倘蒙恩准，即将该州所分之县并崇明、嘉定及嘉定所分之县，均归该州管辖。所有新分之十三县，听部颁县名，以垂永久。微臣刍荛管见，未必有当，仰请圣主睿鉴。缘系分县事理，贴黄难尽，伏乞皇上全览，敕部议覆施行。

七月初八日，奉旨九卿会议具奏。初九日，抄出到部。户部等衙门会议，得两江总督查弼纳奏称江南赋税甲于天下，苏、松所属大县，额征地丁漕项杂税银米，多者至四十余万，纳户零星，款项繁杂，征比倍难，加以盗案刑名又极纷烦。查苏州府属之长洲、吴江、常熟、昆山、嘉定五县，太仓一州；松江府属之华亭、娄县、青浦、上海四县；常州府属之武进、无锡、宜兴三县，额征银米多者至四十余万，少亦不下二三十万，以此十三州县各分为两等语。查江南为财赋重地，而苏、松、常三府之州县尤为繁剧，一州县之钱粮，多者至四十余万，少者不下二三十万，兼之民情巧诈，讼狱繁多，为牧令者即有肆应之才亦难治理。今该督请将苏州府属之长洲、吴江、常熟、昆山、嘉定五县，太仓一州；松江府属之华亭、娄县、青浦、上海四县；常州府属之武进、无锡、宜兴三县，凡十三州县各分为两。夫以难理之地，责之一人，虽长材不能兼顾，分而为二，但勤职即可奏功，此诚因地制宜之良法也。应如该督所请，将长洲等十三州县各分立一县。

又疏称将苏、松、常三府所有同知六员、通判六员，各裁去三员，每府止留同知一员、通判一员，以捕盗者兼司海防，以管粮者兼司水利。将三府现任同知、通判内拣选六员，以摄新分之县，仍照原衔升转，将来遇有事故缺出，仍听部选知县治理。其长洲、吴江、昆山、华亭、娄县、青浦、上海七县皆有县丞二员，亦应各裁其一，新分之县只设知县一员、典史一员，将以上各项所裁之官役、俸工供新县之用等语。查苏、松、常三府同知、通判十二员，其职掌原可兼顾，而长洲等七县各多一县丞，尤可裁省，其所分十三县止设知县十三员、典史十三员，已足办理县务，又以所裁同知三员、通判三员、县丞七员之官役俸工银两移为新设二十六员之俸工，既无增于经费，复裁并其冗员，亦应如该督所请，将苏、松、常三府同知、通判各裁去其三员，长洲等七县县丞各裁去其一员，其新分之县各设知县一员、典史一员。

又疏称边海地方武职驻札之地多有城垣，新设沿海之县令其与武职同城，如常熟所分之县应驻福山，嘉定所分之县应驻吴淞，上海所分之县应驻川沙，华亭所分之县应驻青村，娄县所分之县应驻金山卫，皆现有城垣，无庸兴筑。武进所分之县即驻常州府城，与武进分理，其所裁同知、通判之衙署，即作新分县署。此外长洲等七县各择该县境内地方紧要之市镇居住，江南属县亦有未建城之处，此应否即行建城，统听部议等语。查江南州县或有未建城之处，然系地僻粮少、讼简刑清之州县，故虽无城郭之固，亦可保无虞。今长洲等七县以钱粮重大，故分为两县，所分之县钱谷刑名与大省之中府相等，仓库、牢狱关系重大，是必不可不建立城池者也。然建立工费浩繁，且江苏之大市、大镇虽人烟凑集，而其中多溪河水港，且田畴阡陌错杂其间，若于此建立城垣，形局不能方整，又不无侵占田亩。

臣等愚见，窃谓长洲等所分七县，其设立官吏宜照附郭两县之例，与旧县同城而治。其太仓州分出之县，即为太仓州之附郭，则既无建立之费，又有城垣之守。而百姓之纳粮完赋者，虽分两邑，原在一城，与昔无异。将来分进生员之肄业者，即附于旧县之学宫，则学宫亦可不必另建，似为省便。至常熟之福山、嘉定之吴淞、上海之川沙、华亭之青村，虽有城垣，系分汛驻防之地，其规模狭小，不称建设大县。又居民寥寥，借欲所居成邑，非数年迁徙不能，恐滋烦扰。且沿近海边，兵民杂处，亦有未便。而华亭之金山卫，自有学宫、仓库，虽系卫所，实与一县无异，不便又将一县并入。似应将常熟等五县新分之县所设官吏，亦与旧县同城而治。其武进所分之县，应如该督所请，即驻府城，与武进分理，则吏治得分县之利，百姓无分县之烦矣。

又疏称分县疆域自某某至某某处归旧县管理，自某某至某某处归新县管理，以及田亩若干、钱粮若干，一切应行等事宜，统候俞旨允行之日，分晰酌议具题等语。查苏、松、常三府地亩皆分属区图，而区图之地犬牙相错，非履亩按域不能清界。而钱粮有花户甲户，一县田亩多者至三十余万顷，纳粮花甲名姓即有数百余万，其分疆划界，推收图甲，诚非月日可办。今立法之始，必期尽善无遗，方可永行无弊。应令该督选择才干道府大员，将此十三州县田亩、疆域、钱粮、刑狱案卷，一一详查，分晰清楚，应归旧县、新县，确然分定，纤悉无遗，详造清册，具题一面，将仓库、衙署或以公所修整，或作何建造，斟酌妥议，再请皇上特赐新县嘉名。分县既定，该督将拣选才能之员，题请署摄，将来缺出，仍听部选。至太仓州分出与嘉定县分出之县，该督业经题请太仓州改为直隶，现在户部议覆，恭候命下之日，应如该督所请，均归太仓州管辖可也。

九月初一日题，本月初四日奉旨依议。

雍正三年六月二十一日，江宁巡抚张楷题请苏、松、常三府属太、长等十三州县，恭请皇上钦定嘉名，颁给印信，铨选人员，部议覆奏。八月初一日，奉旨依议。大学士马齐等拟定新分县名，恭呈御览。奉御笔朱批，圈出长洲县新分之县为元和县，吏部移咨礼部，铸结元和县印。

按：元和分自长洲，长洲分自吴县，则元和亦古之吴地也。自古迄今，吴地之分合改更，有沿有革，详著于篇，以备参考。

夫吴自唐、虞、夏、商以来，皆在扬州境内。泰伯来奔之后，始号勾吴。然其城在无锡之梅里。至仲雍五世孙周章，始封吴子。周敬王之六年，周章十六世孙阖闾始城姑苏，都之。元王三年，越灭吴，吴入于越。显王三十五年，楚威王灭越，吴又入于楚。楚考烈王元年，以其地封春申君黄歇，歇使其子城故吴为假君。秦并天下，置三十六郡，以吴为会稽郡治，领县三十六，始制吴县。二世元年，项梁起兵吴中。汉高祖六年，立从兄贾为荆王，王淮东三十三城，都吴。十一年，贾为英布所杀，国除，复为郡。十二年，复封兄子濞为吴王。景帝三年，濞反，被诛，国除，复为郡。后汉顺帝永建四年，分浙江以西为吴郡，领十三县。三国属吴。晋平天下，分天下为十九州，吴为扬州。建武元年，改为吴国。宋永初二年，罢吴国，仍为吴郡。梁太清三年，改为州。大宝元年，复为郡。陈祯明元年，复割为州。隋开皇九年，平陈，改为苏州。苏州之名，所由起也。大业元年，复改为吴州。二年，又改为郡。唐高宗武德四年，复为苏州。武后万岁通天元年，割吴县之北境置长洲县，时始有长洲之号，以吴王长洲之苑得名也。肃宗乾元二年，改长洲县，置长洲军。代宗大历五年，军废，仍为县。而苏州亦以玄宗天宝元年，复改为吴郡。肃宗至德二载，复为苏州。范《志》作“乾元二年”。代宗大历十三年，以苏州为雄州，领县七，而长洲仍属焉。吴、长洲、嘉兴、海盐、常熟、昆山、华亭共七县。唐末，杨行密与钱镠互争其地。后梁贞明三年，吴越自称苏州为中吴府。后唐同光二年，升为中吴军。宋开宝八年，仍为苏州。政和三年，以徽宗尝镇于此，升为平江府。元至元十四年，改为平江路。至正十六年，张士诚据之，称为隆平府。十七年，复为平江路。明太祖吴元年九月，下平江，擒士诚，改苏州府，领州一太仓。县七，吴、长洲、昆山、常熟、吴江、嘉定、崇明。国朝因之。雍正二年，准两江督臣查弼纳之疏，分苏、松、常三府内州县之钱粮重大、地方繁剧者，每县分而为二，而长洲亦在所分之中，奉旨锡以嘉名曰元和。此沿革之大略也。

卷二

疆域分野附

昔有虞氏肇十有二州，封山以定疆界。禹敷土奠高山大川以别州境。周制，大司徒建邦之土地之图。汉世，乃有司空郡国舆地图，凡以九州绣壤不区分之无由，明彼此，别远近，循次序，而奏治功，治一邑与治天下无以异。元和剖长洲地立县，同隶一城，而各治所分疆域，则自四境、程涂、铺界、星野，晰之贵精，而志之不宜略矣。若邑之中有乡里，有都图，有街巷，有桥梁，有村镇，皆疆域中事，向之为志者往往不统于疆域，而分类以书之，志都图则不知所辖为何街巷、何桥梁、何村镇，而志街巷、桥梁、村镇又不知属于何都、何图，阅者茫如也。兹合数者，概归疆域，以乡统里，里统都，都统图，图则注街巷、桥梁、村镇于其下，若网在纲，有条而不紊，岂不开卷如指掌哉！志疆域。

四境

东出娄门至界浦四十里，亦名界牌，抵昆山县境。

西出阊门至来凤桥十里，西北至虎丘西山庙十里，抵长、吴二县境。

南出葑门至夹浦桥十八里，抵吴江县境。

北出齐门至薛泾四十五里，抵常熟县境。

程涂

东至昆山县七十里。

西至吴县二里、长洲县一里。

南至吴江县四十里。

北至常熟县一百里。

东南至松江府华亭县一百二十里。

西北至常州府无锡县一百里。

京师陆路三千三百四十里,水路四千七百八十里。

江南省城陆路五百里,水路五百四十里。

铺界十里为铺,旧每铺设司兵十名,今止二名。

自葑门抵吴江界曰白莲铺、在北三十一都朱泾桥南。尹山铺、在中三十一都花泾港北。柳胥铺。在南三十一都张家桥南。

自娄门抵昆山界曰利民铺、在二十三都官渎桥东。芦泾铺、在西二十二都下雉渎桥东。萧泾铺、在下二十二都沙湖口北。陆市铺。在中十九都彝亭东。

乡里　都图　街巷　桥梁　村镇

乐安乡仁寿里在城内东。长洲县旧管图三,今分元和县图一。

半十九都副扇

地三图:清道桥、今名东小桥,西属地四图。积庆寺后巷、今名张家巷,西属地四图。叶家巷、西属地四图。迎葑桥、旱桥、南属仁三图。天赐庄、即韩衙前,旧名姜家衖。望信桥、蟾宫桥、折桂桥、宋绍兴二十七年建。百狮子桥、寿星桥、黄卖子桥、佐家桥、仙境桥、石匠巷、吴承议桥、吴王桥、汤家桥、张公桥、官太尉桥、泰明桥、唐家巷、夹城巷、顾亭桥、宋端平二年建,北属贞三图。尽市桥、今名兴市。尽市桥巷。

上元乡全吴里在城内东。长洲县旧管图四,今分元和县图二。

半十九都副扇

地二图:福民桥、南堍长;北堍东元,西长。长邑署、东元,西长。义役仓桥、今名仓桥,傍有落星石,东元,西长。四酒务巷、今名泗酒巷。平桥元大德间建,南元,北长。永定桥、今名西小桥,南元,北长。马军巷、公孙巷、醋库巷、东属地四图。吉祥衖、朱进士巷、混堂巷、乌鹊桥、古有乌鹊馆,因名。唐白居易诗“乌鹊桥红带夕阳”即此,北元,南长。衮绣坊巷、锦绣桥、今废。水仙巷、带城桥、宋嘉泰元年重建,南元,北长。带城桥巷、船舫桥、今废。船舫巷、采真坊巷、东元,西长。王卖柴巷、木杏桥、桥中分界,东元,西长。阔街头巷、黄师巷,西元,东长。绿水仓桥。一作乐输仓桥,今废。

地四图:金雀巷、南仓桥、沈衙衖、东元,西长。积庆寺前巷、今名严衙前。七塔寺前巷、今名钱衙前。王场河头、西街、胡书记桥、东元，西长。金鼓桥、东元，西长。十郎巷、十郎巷者，十仓夫所居也。明师围城，张士诚事危，十郎应募出战，皆封以将军，赐金绮，出阊门，运铁头枪，浴血而前，明师为之稍却。时李伯昇忿士诚赏薄，曰："吾力守孤城无赏，而市井无赖乃重于我耶？"因射书于徐中山曰："勿退，彼能出而不能还也。"因复围守之，及还而伯昇闭门不纳，遂俱溺死沙盆潭下。东属利一图。多贵桥、东属利一图。司马巷、东属利一图。筱桥、俗名竹筱桥，南元，北长。草桥。南元，北长。

东吴上乡颜安里在城内东南，长洲县旧管图三，今分元和县图二。

半十九都副扇

仁一图：杨矮子桥、西长桥、俗名西烧香桥。东长桥、俗名东烧香桥。善教桥、俗名新造桥，北属仁三图。吴家巷、一名南白塔子巷，新造桥南堍。十泉街、东元，西长。相王巷、苏家巷、宋苏舜钦居此，因名。春和桥、旧名砖桥。明隆庆元年，知府蔡国熙重建，改今名。北属仁三图。二郎巷、程桥。

仁三图：新造桥巷、孔夫子巷、旧有夫子庙。景祐中，割南园地立学，巷名以此。明孔镛居之，后更孔副使巷，东元，西长。李王庙巷、吴衙场、盛家带、庵桥、一名卢师桥。望门桥、清安桥、俗名红桥。龙潜嘴。

道义乡守节里在城内东北。长洲县旧管图三，今分元和县图二。

半十九都副扇

贞一图：四通桥、东元，西长。乘鲤坊巷、俗名鹦哥巷，东元，西长。广化寺桥、南堍长；北堍东元，西长。金狮子桥、南元，北长。史家巷、南元，北长。旧学前、温家下岸、县桥、长洲旧县治东，故又名县东桥。可过桥、曹胡徐桥、东元，西长。花桥、唐白居易诗"梦到花桥水阁头"即此。东元，西长。东花桥巷、白塔子桥、旧名东章家桥，东元，西长。东白塔子巷、同芳巷、狮林寺巷、日辉衖。南元，北长。

贞三图：朱巷、张家桥、西属利一图。南张家巷、众善桥、俗名青石桥。卫道观巷、罗家桥、混堂巷、庆历桥、传芳巷、富孙桥、兴隆巷、奚家桥、骑龙巷、俗名麒麟巷。三家村、葛百户巷、北张家巷、芦荻巷、张香桥、北属利四图。张香桥巷、东虹桥、虹桥浜、九庙场、东道桥、李基巷、韩家浜、通济桥、兴隆桥、南开明桥、北开明桥、东周太保桥、北仓桥、徐鲤鱼桥、姚家角。

大云乡庆云里在城内东北。长洲县旧管图三，今分元和县图二。

半十九都副扇

利三图：临顿桥、临顿，吴时馆名。《吴地记》云：吴王征夷，尝顿憩宴军士，因此置桥。南元，北长。迎春桥、俗名周通桥。南堍长；北堍东元，西长。华阳桥、百口桥、东汉顾训五世同居，聚族百口，因其所居名桥。百家巷、东元，西长。南寨巷、北寨巷、即道观街。崇甫巷、即油车街。平家巷、北元，南长。过军桥、吴郎桥、寺桥。

利四图：新桥、新桥巷、东属贞三图。斛子街、东属贞三图。朱马交桥、流真巷、东属贞三图。石人街、东属贞三图。丁香巷、东属贞三图。胡厢使桥、胡厢使桥巷、东属贞三图。唐家桥、棋杆街、东属贞三图。打急路桥、俗更倒吉利桥，西属贞一图。魏家桥、北属贞三图。迮家园、德庆庵桥、西斜桥、塔影浜、东斜桥、六庙桥、十庙桥、管家园、做伞桥、南元，北长。程桥。今名水浮香桥。

凤池乡澄胥里在城内东。长洲县旧管图三，今分元和县图一。

半十九都副扇

利一图：马津桥、南元，北长。甫桥、南元，北长。逍遥巷、今名甫桥浜。洞桥、儒达巷、今名洞桥浜。道堂巷、寿宁寺巷、今名双塔寺前。胭脂桥、东属地三图。白蚬桥、濂溪坊、东元，西长。苑桥、相传吴王有苑囿于此，故名。新学前、玉带桥、俗名水门桥。寿安桥、东属贞三图。通利桥、东属贞三图。资福桥、庙堂桥、西堍长；东堍北元，南长。雪糕桥、积庆桥、熙宁桥、萧家巷、兵马使桥、北元，南长。临顿路、北元，南长。大儒巷、报恩桥、斜路桥、百石桥、石皮街、今名石子街。南显子巷、北显子巷、五圣阁下、县桥巷、天宫寺桥、一在寺南，一在寺西。陆家巷、包婆巷、运通巷。

乐安下乡仁寿里在城内东北。长洲县旧管图三，今分元和县图一。

半十九都副扇

亨四图：中路桥、元大德元年建。南堍东元，西长；北堍长。马场头、碎金巷、白塔子巷南。碎银巷、白塔子巷北，今名谢衙前。北元，南长。善耕桥、东属贞三图。任蒋桥、宋嘉定四年建，西元，南长。定跨桥、俗名跨塘桥。《吴地记》云：吴王阖闾造。东堍长；西堍南长，北元。花溪、南元，北长。北园、东元，西长。沙河塘、北元，南长。俞家浜、东元，西长。新街桥、新街桥巷、北仙桥。俗名赌带桥，齐门内。

以上城内，共七乡七里半都十一图。

武丘乡采云里在城外西北。长洲县旧管都五，今分元和县都一，计图十二。

九都正扇一都至八都属长洲，故元和自九都始。

二图：九都正扇原三十四图，元和分止四图，故从第二图始。南至吴县界，东至吴县界。来凤桥、万历三十六年创基，康熙二年，僧越凡、慧光同募建，北属二十七图。凤皇桥、来仪桥、顾家桥、双阑干桥、宋家桥、元宋通居此，因名。急水桥、东元，西吴。铜杓浜、红桥浜、娘娘浜、梅家浜、姚家浜、天竺庵前、西元，东吴。明扬桥。

十二图：北至长洲县界。斟酌桥、明万历乙酉，里人张相奏重建。绿水桥、明万历二年建。普福桥、东属十三图。虹桥、花园衖、猴狲浜。

十九图：北至长洲县界。泰定桥、俗名白马桥。毛家桥、八字桥、李王庙桥、南元，北长。时家庄浜、破虏墩。

二十图：北至长洲县界，南至长洲县界。钱万二桥、俗名钱卖女桥。宋末建，明正统间，知府况钟再建。嘉靖十一年，刘茹芩重建。南元，北长。半爿营、南元，北长。灶灰营、北元，南长。徐祥衖、北元，南长。打索场、北元，南长。北濠巷、郦季子巷、庄家园、凌家栈、王师浜、水沟衖、官衖。

九都副扇

三图：南至吴县界。冶坊浜、东属四图。蒋家桥、东属四图。涌金桥、东属四图。太平桥、东属四图。南石桥、东属四图。陶家池、江家桥、马庵浜、毛家衖、居家桥、北石桥。东属四图。

四图：东至长洲县界。通津桥、俗名下津桥。明成化十八年建，康熙四年修，北元，南吴。长善浜、西元，东长。旱桥、西园、乐姐姆桥、塌水桥、吴泾浜、东属二十九图。高田上、陆庄桥、引善桥。东元，西长。

五图：西至长洲县界。兴隆桥、莲花兜、彩云桥、俗名半塘桥，宋政和元年重建，北属十三图。六房庄。

八图：西至长洲县界，北至长洲县界。虎丘山、便山桥、俗名望山桥。北埦元；南埦东元，西长。万点桥、俗名范店桥。明弘治十三年重建。西山庙桥、康熙九年，进士王廷台等重建，改名元庆。席场衖、躲赛桥、俗名躲债桥。孙板桥、东元，西长。谢家桥、东元，西长。郁家浜、朱家浜。西元，东长。

十三图：北至长洲县界。洞桥、宋咸淳四年建，明崇祯十一年修。白公桥、明万历甲辰年建。白云桥、普济桥、北元，南长。白公堤、鸭脚浜。

二十七图：南至长洲县界，东至吴县界。马铺桥、西元，东吴。马铺衖、西元，东吴。水月亭、凤皇墩。

二十八图：南至吴县界，西至长洲县界，北至长洲县界。芙蓉桥、方家桥、倪家桥、东属三图。十房庄桥、东元，西长。管家浜、南元，北长。太平桥、南元，北长。青龙桥。南元，北长。

二十九图：南至长洲县界，东至长洲县界。通贵桥、明弘治初建。隆庆二年，五色云见桥上。崇祯十三年修，南元，北长。新桥、南元，北长。石牛头、湖田上、杨庵浜、杨庵衖、东长，西元。杨庵桥、北元，南长。众安桥、北元，南长。资福桥、北元，南长。下家衖、求签衖。

益地乡金生里在城外东北。长洲县旧管都五。今分元和县都一，计图十五。

上十七都正扇

一图：北至长洲县界。徐匠浜、寺前港、胡家滨、时家浜、钮子田。

二图：徐庄镇、徐庄桥、俗名徐店桥。和安桥、南属上下七都副扇三图。赵家浜、河沙泾、银桥、朱板桥、马家浜。

四图：许思桥、吴童浜、蠡塘桥、练奴泾、金雀港、争气桥、义冢。

五图：金桥、小猪浜、掘头浜、陆家浜、彭家巷、观音浜、荷花浜、杜家浜。

十图：章家浜、陆巷浜、马宪浜、周阿太堂头、林家港。

十一图：阳城湖北滩。白蚬山、周家圩、王家角、北汀、东汀、下田圩。

十三图：虾辙里、姚家角、罗婆桥、张家浜、倪家浜、钱虎子浜、顾家浜、广渡桥、鲇鱼荡、黄泥埧。

十七图：阳城湖西滩。长浜。

上十七都副扇

三图：徐庄、南。韩庄桥、冠子溇、涨泾港、孙间桥、杨树浜、野猫墩。

六图：过乡圩。

七图：五潨泾镇、许家浜、薛家庄、小桥浜、曹家浜。

八图：阳城湖西滩。五潨泾、南属上十七都正扇十七图，北属本都十五图。福昌桥、西属本都十五图。窑浜、蓑衣浜、车泾、支家浜、费家浜、千步泾、白兔泾、马蚬泾、细浜。

九图：井亭桥、西属二十四都正扇二图。林家港、石家湾、吴婆浜、胡范泾。

十二图：沈店桥、龙潭、东夹皂、西夹皂、横港桥、石狮泾、新开溇。

十五图：申明亭、蛇泾港、方基浜、周家浜、薛家浜。

依仁乡仁义里在城外东。长洲县旧管都五,今分元和县都四,计图五十三。

中十九都正扇

塘 十图:阳城湖南滩。青墩浦、十图:港、北属五十四图。谢家浜、南属五十四图。沈殳桥、东属五十四图。摇头泾。

塘 十一图:阳城湖南滩西滩。画师浜、草鞋山、夷林泾、姚家浜、眠泾港、火义浜、牛桥。

塘 十四图:东至新阳县界。瑞凝桥、石灰港。

塘 十九图:北至至和桥。戴墟浦、姚家港、百家圩、顾浦。

塘 二十图:北至至和塘。戚家泾、昌泾、田堵浜、陈泾港。

塘 五十二图:凌家桥、徐渎桥、安家浜、南仓浜、水东浜、庙堂泾、赵段堰、厍里浜、木杓溇、义冢。

塘 五十四图:彝亭山、吴王阖闾时,东彝寇吴,吴结亭于此以御,故名。今俗呼为维亭。卢家浜、苏家浜、姚殷浜、盛家桥、山塘浜、巷路、吴招军浜、鼓手浜。

中十九都副扇

塘 十二图:田堵村、夷林泾。

塘 十三图:南至至和塘,东至新阳县界。陆市铺桥、西属中十九都正扇五十二图。史家港桥、里漕泾桥、赵家浜桥、界浦桥、西元、东新。北汀巷。

塘 十五图:东厍、横港、邓家角。

塘 十六图:杨家厍。

塘 十八图:后戴墟、姚家浜、庄浜、鳗黎泾、小横港、张霞浦。

塘 四十七图:彝亭东市、四马泾、定胜桥、黄泥溇、寺浜。

塘 五十五图:东至新阳县界。界牌头、綦村、西横泾。

半十九都正扇

塘 八图:阳城湖南滩。张巷村、周家溇、蔡庄、从巷港。

塘 九图:彝亭镇、金巷、王店桥、定胜桥。

塘 二十一图:沙河北滩北至至和塘。瓦屋港、方巷、殷家港。

二十五图:西张村、后巷村、青丘浦、北西汀。

二十七图:吴淞江北滩。戴家田村、王方村、西青丘浦、庙塘。

五十一图:归家港、大白荡、方家段、王圩。

塘 五十六图:顾巷、周泾、阳泾、从巷。

塘 五十七图:彝亭下塘、方巷泾。

半十九都副扇系城内地方，图十有一，已列在前。

半十九都又副扇系附郭地方。

葑一图：安里桥、明洪武初，里人周元初重建，姜渐记，西属葑三图。徐公桥、宋徐雅建，庆元四年重建，西属葑三图。红板桥、石灰窑、草野湾、朱家衖、凌家牌坊、蒋家桥。东属葑二图。

葑二图：马路桥、南属葑四图。横街上、车缺口、敌楼。

葑三图：青果巷、婆鸡桥、西街、衢浜场、杨枝塘桥、俗名西浮桥，东属葑四图。牛场渚、狭河里。

葑四图：竹行头、朝天桥、俗名浮桥。窑浜、橹行渚。

娄一图：虹桥、即钓桥。宋庆元间建，顺治四年圮，知县李廷秀重建。永宁桥、南属二十四都正扇十四图。利民桥、周家衖。

娄二图：官渎桥、元至正二年建，东属二十三都正扇三图。汪家桥、西属二十三都正扇一图。马衖。

南十九都正扇

十七图：庙后段、赵巷港、六十亩里。

二十三图：王家圩、西河田、陆家段。

二十四图：南洲、北洲、赵巷、南巷村、北白田、河田村、赵家湾。

二十八图：陆巷、南洲、学堂泾。

三十五图：金家庄、许马村、张庄圩、安家浜。

四十八图：顾浦、龚家荡、毛家角、尖圩上、石牌、杨家田、项田桥。里人沈纪常、陈起先捐建。

南十九都副扇

二十二图：牛草圩、直上港、学田圩、金家段。

二十六图：吴淞江北滩。索路、青丘浦、龙潭湾、三家村、杨家田村。

二十九图：吴淞江北滩。褚巷、陆巷、曹家田、孙家溇。

三十图：吴淞江北滩。邓巷、龙腰。

三十一图：吴淞江北滩。李家泾、庵泾港、邓巷港。

三十二图：查巷、吴巷。

五十八图：潭子里、湼泾、牛草渭。

东十九都正扇

三十三图：刁巷、张家坞、仓登浦、专浦、王巷、唐家田。

三十六图：大港上、殷家段、吴家港。

四十一图：云龙、大林浦、大厍、孔家港。

四十四图：东至新阳县界。六直镇、和丰桥、鬼神坛、司巷港桥、东美桥、泾美桥、泾巷桥、界浦港、广济桥、甫里塘。

五十九图：南港村、大西港、里西港。

东十九都副扇

三十四图：前戴区、里巷港、南李巷。

三十七图：李巷港、金家庄、范金溇。

三十八图：东至新阳县界。倪伯墓、石灰港、界浦上。

三十九图：战浦、缪泾、木杓湾、东江渚、马泾、仓场上、韩溪。

四十图：东至新阳县。云龙、孔家港、周家港。

四十六图：眠牛泾、六直、姚家衖、凤阳桥、和丰桥、中安桥、环玉桥、章家衖、芦席衖、小猪衖。

五十图：马庄圩、张泾、界浦。

吴宫乡宝座里在城外东。长洲县旧管都五，今仍之。

上二十都正扇

六图：杨家浜、陈婆溇、徐家角、郎西埧、明乡荡、牛城头。

八图：孙妃港、大宅港、牛草湾、荷花田。

九图：白荡湾、顾察浜、杨泾港。

十图：澄湖、陆家湾、褚家浜、蒋家浜。

十一图：曲善泾、石五泾、碓坊桥、朱家渡、袁家白荡、双漕溇。

十三图：东至新阳县界。西荡村、杨泾港、胡娘子溇、川心溇、冯家坝、独芸田。

十四图：于家湾、褚家浜、匠人浜、庙浜。

十五图：东至新阳县界。矾清湖、一名范迁湖。陈墓塘、九千浜。

上二十都副扇

一图：东至新阳县界。王浦河、白洋、芜短。

二图：东至新阳县界。太平桥、锦溪桥、众安桥、中和桥、陈墓镇、里和桥。

三图：东至新阳县界。邵塔港、道院港。

四图：王家浜、金村、王家湾。

五图：塘南港、北行泾、双溇、古村。

七图：章港、唐家浜、北坼。

十二图：东至新阳县界。陈墓镇、陈墓司公署旧址。菉荇桥、时家窑。

四十一图：和尚坝、林家浜、王家浜、曲善泾。

中二十都正扇

十六图：陈湖北滩。小平圩、西荡村、甫里塘、南澄、太平圩。

十七图：陈湖北滩。盖濠村、杨家湾、下坝浜、大垂。

十八图：东至新阳县界。石灰泾、后进泾、田肚浜、界浦。

十九图：西洋村、尚百亩。

二十图：东至新阳县界。东洋村、叶家田、河界田。

二十一图：东庄浜、顾家浜、东张林山、西张林山、合塘桥、山金浜、北山田。

二十二图：砚瓦里、师姑泾浜、七圣浜、袁家浜。

四十二图：包家厍、吴家溇、蛇长泾、南陶。

中二十都副扇

二十三图：陈湖北滩。东赵段、西赵段。

二十四图：吴淞江滩。前漳港、南庄港、直渎浦。

二十五图：支家堰、堧上、寺西港。

二十六图：孙墓村、唐家浜、孙受浦、合塘港、南横港。

二十七图：吴淞江滩。公田村、陆巷、王家浦、三万浦、蒋浦港、浮高。

二十八图：吴淞江滩。唐村港、林家港、南塘上。

四十三图：上明田、周家浜、后漳港、薛家浜、直渎浦、庄港。

四十四图：柴积浜、陶巷、抢岸、费家浜、朱家堰。

下二十都正扇

二十九图：吴淞江滩。唐村、蒋浦、千亩潭、龚塘港。

三十一图：吴淞江滩。东浮阜、严家厍、新漕港。

三十三图：吴淞江滩。清水港、合塘、田肚。

三十五图：吴淞江滩。甫里塘、东施村、西施村、南洋泾。

三十七图：陈家浜、张林桥、香花桥。

三十九图：东至新阳县界。吉家浜、六直南栅、仁寿庵桥、唐家衖、眠牛泾、浦泾桥。

四十二图：大流浦、丰庄。

四十五图：张家库、新曹港。

下二十都副扇

三十图：吴淞江滩。东浮皋、西浮皋。

三十二图：吴淞江滩。严家厍、心焦港、孙妃村。

三十四图：杨泾、淘沙泾。

三十六图：六直西栅、马公桥、西张汇、永宁桥、杨家衖、乡约所、通斜桥、长生泾。

三十八图：东至新阳县界。庙济溇、双庙、金家浜、王婆溇、南栅头。

四十三图：金巷浜、丰庄、泗马泾界、杨松泾。

四十六图：六直西栅、猛将桥、寿亭桥、西河头、寺浜、张巷浜。

上二十一都正扇

十图：吴淞江滩。方前、宋巷、庙尖、吴家角、何家村。

十二图：沙湖南滩。西白田、钱家浜、泥潭上、吴家潭、凤里浦、下圩头。

十三图：沙湖南滩。直上港、龙潭村、东横港、畅浦、瑶草泾。

塘 十五图：阳城湖南滩。周泾桥、小彝亭、宋家浜、缩里桥。东属本都十六图。

塘 十六图：俞家浜、袁朱溇、北宋巷、施家浜、惠家浜。

二十一图：潭子头、南北洲、杨家浜、戚家地、油盛港、吴巷。

上二十一都副扇

九图：吴淞江滩。中江田、张家庄、青丘浦、宋巷。

十一图：吴淞江滩。西江田、火泛泾、外江荡、东西汀。

十四图：吴淞江滩。谈家港、外河田、南盛。

十七图：沙河南滩。田肚里、东陆巷、后河田、北河田。

十九图：凤里浦、荷花湾、郁陆泾。

二十图：南盛村、西横港、三蛮溲、和尚浜。

下二十一都正扇

塘 一图：阳城湖南滩。潘家浜、大树浜、南油麻港、马宅浜。

塘 三图：阳城湖北滩。田泾港、撑坼、池家浜、萧泾溇、鹤颈湾、赤鱼渚、淀泾、石泗。

塘 五图：南阳城北滩、北阳城南滩。阳城村、大方湾、穿心溇、莲池湖、南汀浜、庙港。

塘　七图：沙区、青龙桥、南洲。

塘　十八图：阳城湖滩。阳城村、八千浜、施家浜、赵家浜、章家塔。

塘　二十二图：阳城湖滩。油麻港、承天庄。

下二十一都副扇

塘　二图：三万步、梅家田、谈家东、九万步。

塘　四图：南至长洲县界，北至长洲县界。下营田。

塘　六图：沙湖滩。宋圾、后沙墟、唐家浜、乌溇、河田、横港。

塘　八图：唐浦、小南海、宁浦港、西陆巷、小马田、短浜。

塘　二十图：南庄港、钱家溇、葛家港。

塘　二十三图：邱家浜、小横港、陈塔浜、杨安浜、八尺泾、朔桥港、顾四泾浜。

习义乡孝廉里在城外东。长洲县旧管都三，今仍之。

东二十二都正扇

塘　十二图：傅宅、王墩、庵浜、深泾、下甲溇。

塘　十四图：阳城湖滩。田家溇、北溇、湾头、潇泾、双溇。

塘　十五图：阳城湖滩。横泾港、薄巷、沈巷港、堘荡、翁家浜、吴家浜、庄家荡。

塘　十九图：阳城湖滩。孙墓、马家村、陆家村。

塘　二十一图：阳城湖滩。清水港、姚家溇、四千溇、潘家浜。

塘　二十七图：黄泥溇、西南村、张泾湾、龙溇。

塘　二十八图：阳城湖滩。荡上、中行村、乌盆泾、九千浜、苏家港。

东二十二都副扇

塘　十三图：南萧泾、斛扒溇、七千圻、杨山溇、黄道浜。

塘　十六图：阳城湖滩。悬珠、白莲泾、筲箕浜、萧泾。

塘　十七图：阳城湖滩。朱家簖、大吴村、匠人浜。

塘　十八图：下脚浜、和尚浜。

塘　二十二图：顾打浜、李家浜、黄蟹段、司家段、庙圩段、金家角。

塘　二十三图：西王墩、王巷桥、东。百子溇、秋溇、东王墩。

西二十二都正扇

塘　一图：东张泾、西张泾、蠡塘、西。徐家村、徐家堰、囊下、毛庄桥。东。

塘　三图：阳城湖南滩。汤家港、后巷里、古溇、朱秀浜。

塘　五图：阳城湖南滩。横泾、小吴泾、顾家巷、陆家圩库。

塘　六图：阳城湖南滩。丫前、汶上、下旺浜、义口、九曲港、蚱蜢泾。

塘　七图：朱泾头、望泾浜、前庄村、殷家坟头。

塘　十图：阳城湖南滩。北泗、南泗、卢福泾、后泾港、馒团溇、车塘湾、居泾浜。

塘　二十四图：大吴泾、横港桥。

西二十二都副扇

塘　二图：阳城湖南滩。唐巷浜、陈八娘村、陆家庄、南水巷、北水巷、古楼桥、朱家庄桥、薄家浜、吴泾桥。

塘　四图：下雉渎、戴家村、朱泾头、泥桥浜、永庆桥、俗名外跨塘桥，康熙元年圮，里人顾奕年捐赀建。龙渭桥、吴泾、楼下。

塘　八图：车渡浜、南吴村、徐婆浜、南庄村、网巾浜。

塘　九图：尖圩、韩家舍、宋庄、方泾、卢福泾。

塘　十一图：阳城湖南滩。鹁鸈城、毛塔。

塘　二十五图：阳城湖南滩。范庄、杨家庄、金巷、南泗、青沼湖。

塘　二十六图：阳城湖滩。校上、横塘。

二十三都正扇

一图：苏巷浜、闵家桥、道观衖、莫家衖、查家衖、周和山、钱婆浜、马路、镬扒浜、三马墩、利民铺。

二图：薛家浜、做篮浜。

塘　三图：永安桥、俗名里跨塘桥。明万历九年，里士蒋二南重建，康熙十一年圮，曾孙进士蒋德峻倡助，僧惟悦重募建，北属娄二图。邢家桥、邹家桥、凌家庄、传芳浜、下纤埠、义冢。

塘　四图：三青子、卢家庄、石家庄、潭泾、段泾、周家浜。

塘　五图：唐家浜、倪家浜。

北四图：杨家角、孙家角、袁家角、彭家浜、范泾河、朝天阁、黄泥浜桥、夏家桥、善千浜、毛泾浜。

北七图：陆家桥、后泾浜、孙思桥、枕头巷。

西七图：王家墩、严家巷、高家角、乐家桥、蒋家浜、虎啸桥。北属二十三都副扇十八图。

塘　十一图：滕巷浜、方家浜、韩家浜、陆家庄、长不了山、朱婆浜。

二十三都副扇

塘　六图：李王庙前、划船稍、褚泾桥、康熙十五年，郡绅蒋维城捐资重建。孝廉桥、谭泾桥、周家桥、杜家浜、邱家浜、土公浜、张巷浜。

塘　七图：王家浜、史家桥、朱家村、唐庄桥、张店桥、瑶浜、猛将港、和丰港、郭家浜、秋家浜。

塘　八图：王家庄、毛泾浜、田家浜、赵家村、孟巷、严家浜、深泾浜、苏母浜。

塘　九图：汤家港、褚泾、顾家浜、东朱村、浦家巷。

塘　十图：阳城湖南滩。丫头浜、莲花浜、金西圩。

塘　十三图：彭堰滩。蔡家浜、曹庄、朱家角、陈墩浜、严家浜、姚兴浜、薛家浜。

塘　十四图：彭堰滩。下圩、唐家塔、藕金浜、南洋泾、燕窝里、行船溇。

塘　十八图：陈家桥、眠牛浜、洪家浜、董家桥、孙墩浜、严家浜、方家浜、梅家浜。

陈公乡金栖里在城外东南。长洲县旧管都三，今仍之。

二十四都正扇

一图：华家浜、河泊所。

二图：金家桥、东。小桥浜、干将泾、窑浜、葑门塘。

五图：西板桥、东。马王浜。

六图：黄天荡北滩。库上、张家库。

九图：金泾滃南滩、独墅湖北滩。

花柳村、赛公桥、老鼠浜。

十图：桑家桥、匠门塘、秋塘浜、温曹村。

十一图：何家堰头、翁家浜、蒋姆思桥。

十三图：仰家庄、申明亭基。

十四图：陈司泾桥、东属十五图。庆陵桥、富墓泾。

十五图：罗家桥。西。

二十一图：金泾滃北滩。东沿村。

二十二图：华氏浜、北顾村、华宅前、蒋巷村、西庄。

二十三图：竹园浜、吴阡浜、圩田村、万宁荡、俞桥、陶家浜、西过。

二十五图：金泾滃北滩。南庄、东浜、西奚巷、四安桥、里人华廉夫建。鸡陂港、官开泾、斜溇口、石家堰、葛庄。

二十九图：陈家浜、周家角。

二十四都副扇

三图：太保浜、井亭桥浜。

四图：普福桥、俗名小黄石桥。桑桥浜、秋塘浜、居家村、东板桥。

七图：黄天荡北滩。十里泾、石炮浜、湾塘里。

八图：金泾浛南滩。韩家舍、葑溪二堰桥、俗名黄石桥。明成化间张昶建，顺治初圮。康熙八年，僧惟初重建。徐巷村、遗庵桥。

十二图：匠门塘、盈宿桥、刘安浜、仰家村、张家浜。

十六图：金泾浛北滩。洋泾桥、黄泥浜、鸭脚泾。

十七图：蒋浜、彭港、朱施、尹家桥、木香港。

十八图：杨家村、何家浜、顾村桥、观上、褚司泾。

十九图：夏母浜、四马泾、邵渎泾。

二十图：金泾浛北滩。渡船口、唐家浜、北叶村、风皇泾、叶家浜、火刀浜、赵巷村、江泾。

二十四图：金泾浛北滩。南斜庄、北斜庄、官开泾、庵浜、郭家庄、蠡塘口。

二十六图：金泾浛西滩。曹家田、蒋巷港、张渎桥。

二十七图：金泾浛西滩。蒋巷、师姑田渚、朱巷泾。

二十八图：金泾浛北滩。璩巷村、陆金坝。

三十图：华家桥、金家桥。

上二十五都正扇

一图：浒泾、沈泾浜。

二图：沙湖西滩。龙墩庄前、心泾浜、赵家泾、吕巷、吴巷村。

四图：韩庄、顾家桥。

八图：南厍、私巷、李家角、夏家村、范家浜、移巷。

十图：王墩港、张巷、东奚巷、大庄。

十八九图：二图合管，不分界限。八千溇、陆家会、吴生泾、王墓、张巷桥、金村、章家浜、郁巷浜、城隍庙桥。

二十二图：樊家潭、大溇圩、横泾。

二十三图：龚巷、乌嘴浜、姚马村。

上二十五都副扇

三图：大吟浦、小吟浦、北王村、下方泾。

五图：姚马村、长浜、赵家庄、陈家巷坛。

六图：塘东村、显宗溇。

七图：徐家园、梁巷、虹桥港、顾巷港。

九图：北斜塘、姚巷、小庄村、红纱浜。

十一图[①]：金泾澬东滩。鸭城村、琼姬墩、广字圩滩。

二十图：梁浦、蛇溇、万八溇、异马溇、郭巷浜。

二十一图：独墅湖东滩。王墓、后宫浜、杜仓浜、东宫浜、胡家桥、杨家桥、郁家桥、安里桥、白虎桥、大通桥。

二十四图：南斜塘、村里。

下二十五都正扇

十二图：独墅湖北滩。华林浜、华林村、华林桥。

十三图：葑圩、北周巷、王墓村、里仁桥、朱间桥。

十四图：东华林、华家栈、璧山港。

十六图：西梁、东梁、棚头、庙浜、车塘村、舍里、梁家桥。

十九图：上潭、冯窑。

二十一图：南周巷、王墓塘、梁浦港。

下二十五都副扇

十五图：金家角、弥陀泾、采莲泾。

十七图：金家堰、下潭、陈家带、何家港。

十八图：鹤田上、横泾浜。

二十图：杨家田、吴家湾、南横港、马巷。

二十五图：谢婆圩、荡田圩、白龙潭。

苏台乡贞丰里在城外东。长洲县旧管都四，今仍之。

中二十六都正扇

六图：东至青浦县界。冷家湾、东管村、贤行港、八千埧、祝家田、颖村。

---

① “图”字原无，今补。

八图：汤湾、金家荡、葫芦溇、田鸡浜、秀王浜。

十图：鸭头湾、戴浜、祝家浜、张家浜。

十一图：中塘港、筲箕港、孙妃港、宅前。

二十图：池家浜、孙家浜、清水港。

三十九图：陈湖东滩。青浦庙、长纤路、吴家湾。

中二十六都副扇

七图：东至新阳县界，东至青浦县界。下长汛、小圩、朱家浜、王家湾。

九图：浦家店前、南鹤田、钱王浜。

十二图：西宅港、龙亭、羊家浜。

十三图：和尚田港、塔上、官场泾。

十四图：蟠龙浦、龙亭。

南二十六都正扇

一图：东至青浦县界，南至青浦县界。青龙桥、福寿桥、金巧桥、周庄南栅头、银子浜、四成址、东宅溇。

十八图：西至吴江县界，白蚬港东滩。西田肚、大营浦、杨家浜。

二十二图：摇城湖北滩，陈湖西滩。水东浜、季家田、摇城。

三十八图：陈湖西滩。盛德、方家河、石家浜。

北一图：陈湖西滩。舍湾、东蒋坞、堑头。

北二图：陈湖西滩。南田溇、西蒋河、堑头村、塔上、梅家带。

三十六图：西[①]至吴江县界，白蚬港东滩。周庄北栅。

三图：东至青浦县界。周庄镇、永安桥里人徐松泉、徐竹溪捐资建。世德桥、里人徐正吾建。耘田港、质洞。

南二十六都副扇

二图：西至吴江县界，南至吴江县界。周庄西栅、贞丰桥。

四图：南至吴江县界。赵浜、南沙泾、急水港、俞家浜、陈家浜、庙浜。

十五图：韩镇、祈庄、下坝浜。

十六图：陈湖南滩。三朱浜、缪浜、大营浦、黄泥坝、长乐里。

十九图：白蚬港西滩，陈湖南滩。张家港、林家浦、石头坝。

---

① 西，原误作“酉”。

二十一图：南至吴江县界。行泾、横港。

二十三图：陈湖西滩。盛德、梅树湾、冰窨浜、浪打川、水车浜。

三十七图：南至吴江县界。东田肚、许家港、双庙、朱里浦、北沙圩。

北二十六都正扇

二十五图：吴淞江北滩。陈家港、陆庄泾、葫芦浜、大溪浦。

二十六图：吴淞江滩。乌贞湾、菱盘溇、上清江。

二十七图：司家浜、杨港、张港、王村、杨树溇。

二十八图：吴淞江滩。三姑村、东关村、舍浜、库场、东江村、秀王田、杨树溇。

三十二图：陈湖北滩。凌家港、东坛村、双板桥、合塘村。

三十四图：俞家浜、王浮田、韦庄浜、西斜港。

四十图：马塔村、奚婆泾、横港桥、袁家库、南徐浜、戈家浜。

北二十六都副扇

二十四图：吴淞江滩。陈家港、南。店前、染池港、白湄浦、大溪浦、龚老人湾、三姑村。

二十九图：陈湖北滩。秀王圩、席墟村、张师泾、中横港。

三十图：陈湖北滩。席墟、舍浜、杨家湾、师姑泾。

三十一图：吴淞江滩。公田村、秀王村、戴家田、杨家湾、管巷。

三十三图：合塘上、莲花磔、费家湾、严家浜。

四十二图：盛家浜、横泾港、荡田村、王家浜、下云、乌镇湾。

二十七都正扇

三图：镬潭村、西操、小龙港。

北五图：朱家浜、大姚、寺河、吾家浜、谭家港、白渠洋。

八图：田肚浜、薛家浜、横港桥、圣场、鸟儿嘴。

南五图：白家浜、钱王浜、织洞、库上、钱家库。

十图：和尚庄、西库浜、长填、盆浦。

十七图：高田浜、冯家桥、朱里浦、太婆浦、王家浜。

二十四图：西车坊、姚家浜、潭墩填、洛阳桥。

二十六图：吴淞江滩。东车坊、钱家田、绕港。

二十七图：上潭、李家圩、王家潭、陈家浜。

二十七都副扇

四图：陈湖西滩。大姚、陈夏浜、金钗浦、小龙港。

六图：长埧、石墩港、沽令泾、陆店桥。

七图：王墩浜、观常泾、杨泾溇。

九图：吴淞江东滩。西南湾、长浜、姚家浜。

十一图：打生港、沈家荡、金钗浦、斛扒浜、朱家埧、张家浜。

十二图：西南湾、和尚庄、朱墟浦。

二十三图：南至吴江县界。江田、何家荡、芮家浜、戴舍浜。

二十九图：张安堰、上潭、严家汇。

东吴下乡颜安里在城外东南。长洲县旧管都二，今仍之。

二十八都正扇

六图：南至吴江县界。章练塘镇、王家桥、李汇上、李王港、尤家浜。

七图：西至吴江县界，北至青浦县界。北庄桥、李巷港、黄家荡、华亭港、行泾。

八图：王家桥、鲇鱼溇、俞家地、丁家浜、陆家浜。

九图：西至青浦县界，北至青浦县界。泖口、王河田、沈家村、高家带、行泾桥、九家村。

十图：南至青浦县界，东至青浦县界。南庄、东庄、北町。

十一图：东至青浦县界，南至华亭县界，西至吴江县界。南朱村、斜港、南禄。

二十八都副扇

一图：东至青浦县界，西至嘉善县界。白虎头、西蔡、鳑皮肚、南章。

二图：西至嘉善县界，北至青浦县界。王家垛、鹤荡、五行泾、叶舍荡。

三图：南至青浦县界。西堡、南插港、小白荡。

四图：北至青浦县界。网带、潭子、田湾。

五图：章练塘镇、李王港、李家带。

二十九都正扇

塘　一图：黄天荡西滩。北堰田、杨枝塘、鸭蛋浜、陈家浜。

塘　二图：马家浜、陆家板桥、西街、衢浜、牛场址、竹墩归安竹墩沈氏居此，得名。杨湾沚、沈家桥、小桃源。

塘　四图：黄天荡南滩。冰厂上、青龙港。

塘　七图：顾荣墓、南。斜港、盛头浜、汤堡港、俞家库、呼鲤泾。北。

塘 十一图：赭墩湖北滩。花泾港、王老泾、郑家浜、莫家溇、杨家库溇、沈家溇。

塘 十三图：慈庄村、即河浜。

塘 十六图：蔡家圩、倪家浜、计家湾、新港、居窑、下百亩、上堡港、马船兜。

塘 三十图：黄天荡西滩。荡里、瓦砾泾、神仙港、百脚桥、小龙口、仲家桥。

塘 三十二图：独墅湖西滩。萧家浜、五花泾、浪打川、曹村港、汤堡里、川心溇。

二十九都副扇

塘 三图：外城湾、灭渡桥、一名接渡桥，元大德间，昆山僧敬修创建，张元亨记。明正统间，太守况钟重建。西属北三十一都正扇一图。徐家港、里城湾、赤门坛、小桥、广孝阡。一顷二十七亩三分七厘。

塘 五图：卜家浜、杨堰里。

塘 六图：市浦塘、铜杓浜、乌龙泾、沈行浜、吴巷浜、辛巷浜、盛头浜。

塘 九图：陆家库、谭家港、南汀港、雷尖渚、姚墓塘。

塘 十图：濠里、牛桥、里人朱国梁建。长浜、海曹、湾里、花泾港。

塘 二十二图：独墅湖东滩。蔡家圩、葫芦浜、横港、西港、居窑桥、北石桥。

塘 二十八图：郭庄圩、调车湾、道义湾、养老五十八、车河桥、道人浜。

塘 三十三图：独墅西、市浦塘。

尹山乡堵城里在城外东南。长洲县旧管都三，今仍之。

南三十一都正扇

塘 二十六图：西湾、陆家浜、方家浜。

塘 二十七图：杜家桥、陆公桥、善浦港、姚家浜、南溇上、钱家汇、唐墩、虾笼缺、镬扒浜。

塘 二十八图：小良田、金丝港。

塘 二十九图：江家浜、彭家浜、外田、戈家湾。

塘 三十图：薛家浜、后村港、白洋、斜港。

塘 三十一图：郭家浜、六浦、五浦、碓坊浜、东横浦。

南三十一都副扇

塘 二十图：江铁桥、张客桥、卢坝圳、塘光泾、吴家尖、仲家浜。

塘 二十一图：塔溇港、西库浜、马踏浜。

塘 二十二图：石灰浜、青池湾、圣堂湾、张墓港、师姑圳、古塘。

塘　二十三图：西至吴江县界。居家庙、连家汇、新开河。

塘　二十四图：西至吴江县界。徐家浜、龙翔湾。

塘　二十五图：南至吴江县界。祝家田、王家坝、夹浦桥、东堍属吴江县。宋绍兴初建石桥，水势迅疾。明宣德间圮，遂不复建。巡抚侍郎周忱创造船十六艘，以铁绳贺为浮桥。弘治间，都水郎中傅潮又为增置，沈焘记。嘉靖间，重建石桥，寻圮。万历三十一年重建。十三洛。

塘　四十一图：西至吴江县界，南至吴江县界。荡油港、南江，北元。瓜泾港、东西兜。

中三十一都正扇

塘　十一图：姜庄、邵搭里、九盛、蔡浜、邵浜、费溇。

塘　十二图：西至吴江县界。下田、王家浜、虾笼浜、马河桥、鲇鱼堉。

塘　十三图：朱塔浜、钱家村、金家村、油库堉、洋山荡、黄泥堉、杭家浜。

塘　十四图：迷圩田、尤家浜、王家浜、三家村、尹山桥、天顺六年，知府林一谔重建，钱溥记。百花港、济川桥、连射桥、南町港、桃花港、宝带桥。唐王仲舒捐带助建，故名。宋绍定四年，郡守邹应博重建。明正统间，巡抚侍郎周忱修治，陈循记。

塘　十五图：庄后、长山港、冯墓泾、长船湾、无常墩。

塘　十六图：尹山、尹山镇、购师桥、庙桥、钱家山。

塘　十七图：乌盆港、北浜、棚东、孔家泾、龙泾港、外白田、磨湾里、蚂蝗渚、茨菇湾、顾储桥、张凤浜、鹁鸸浜、鸜鹆浜。

塘　十八图：丝网溇、尹山镇。

塘　十九图：桃花圩、九曲湾、郭家浜、邵福溇、许家浜、棉花溇、王土泾、锦帆泾、双坝、广连桥、砻檬浜、塘夫浜。

塘　三十九图：尹山湖南滩。九曲、徐家浜、善浦桥、南深港、殷家浜。

中三十一都副扇

塘　东十四图：赭墩湖东滩。韩家浜、武家浜、计家浜、杨家厍。

塘　三十二图：六浦桥、横港、南浜、水西村、卢墩、何浦溇。

塘　三十三图：张家浜、吴家浜、张家泾、白田港、马巷港、义冢。

塘　三十四图：月河溇、万步头、桑园浜、萧家浜。

塘　三十五图：吴淞江滩。蛟龙圩、葛朱浜、马家簖、马巷、篾子浜。

塘　三十六图：九里湖滩。外田、太平桥、湾船溇、蒋家浜、瑶草湾、何家港、运田溇。

塘　四十图：赭墩湖南滩。下北浜、永济桥、俗名大桥。西官浦、王家浜、沈家湾、三元村、碓坊头、袁家港、太平桥。

北三十一都正扇

塘 一图：浜北圩、青洋地、计家厍、陆家村、乌沙浜、采莲泾、盐仓基、铜锤浜、水绿泾。

塘 二图：烧香桥、张家角、灯草桥、通仙桥。

塘 三图：西吴县界。藕梢浜、陈家厍、香花桥、邵渎泾、马形墩、道士桥。

塘 四图：澹台湖北滩。道士圩、朱家村、季家岸、新开溇、王家村、箬帽浜、蟹眼泾、道婆墩、猪头荡、破窑浜、丰乐桥。

塘 五图：王家田、百脚港、百脚桥、外檞渚、夏圩、蒯家浜。

塘 六图：中潭港、西长浜、姜家港、斑鱼溇。

塘 上八图：河田里、王巷村、朱泾桥。

塘 十图：郭巷、沈婆浜、于家浜、潘家浜。

北三十一都副扇

塘 七图：和尚圩、九盛里、查家浜、汤家浜、宋家浜。

塘 下八图：独墅湖西滩。王家田、独墅村、烧人浜。

塘 九图：郭巷、马村。

塘 十二图：油车圻、上西港、中西港、下西港、乌泥泾、南深港、陈王墓浜。

塘 十五图：尹山河东滩，赭墩湖西滩。王老泾、赭墩、东西两村。浮曹、百文浦、寺庄、四百亩田上。

塘 十七图：北高村、横港村、严家村、杜仓港、黄沙浜、周婆浜。

塘 二十五图：杨家浜、直利泾、郭家浜、崔泾浜。

塘 三十七图：镬底潭北滩。高垫、金园里、汤家浜、太平桥、白龙潭、十里泾、布浦塘。

以上城外，共九乡九里二十六都三百八十六图。

按，长洲县立都四十有七，剖为正副成九十四扇，加城内半十九都副扇，共九十五扇，管图七百四十一。康熙十七年，清丈裁无田有图者七，故图额七百三十四。今元和分二十六都，半剖为五十三扇，管图三百九十七。所裁图七，元和有六焉，仍附列左方以备考：

东十九都正扇内裁四十五图、六十图。

东十九都副扇内裁四十九图。

下二十都副扇内裁四十图。

二十九都副扇内裁三十一图。

北三十一都正扇内裁三十八图。

分野附

国朝时宪书法，推精测微，度越千古，较僧一行、郭守敬诸家，不啻倍蓰。自箕四度十七分历斗至牛一度六分，中书名星纪宫，西书名磨羯宫。尝测苏州旧隶八邑之分野，总属其宫之斗六度。细分之，则吴县、吴江乃长洲之西北隅，八斗六度九分起至二十八分；常熟、昆山及长洲之东南隅，八斗六度二十九分起至六十分；太仓、嘉定八斗六度六十一分起至七十二分；崇明八斗六度七十三分起至七十九分。前人言吴越分野，不过统言大略，无逐一区分者。兹元和析长洲之西北隅，又析其东南隅，则元和分野亦八斗六度九分至六十分，无差忒矣。前志所列，言人人殊，舛误不精，故不备录。

卷三

城池

溯县之未立也，苏郡城长、吴两县分治之城也。今既建元和，析置土地，则金城汤池，处三之一矣。自卧龙街南登城，历葑门、娄门迄于范杞梁湾，广袤一十八里，自当坚垣墉、固吾圉。况吴为江南大都会，东濒海，西临太湖，水陆之冲，南北舟车云集，将所称申画郊圻、慎固封守者，尤綦重焉。为邑长者，可不知保障之责之有所归乎？雉堞之多寡，楼橹之坚瑕，壁垒之高卑厚薄，濠堑之深浅广狭，备御之有地，浚筑之有时，布诸方策，庶守土者察之尽职焉，志城池。

元和县隶苏州府，与长洲县、吴县分治郡城。吴治城西，长洲治城东，元和析长洲立县，则又东焉。城有六门，元和辖者二，曰娄在东北，曰葑在东南。其在北者曰齐门，则长洲所辖也。在西曰阊门、胥门，在南曰盘门，吴所辖也。元和界自卧龙街南登城，由葑门历韩家浜，过娄门，至范杞梁湾，一十八里。雉堞凡一千一百一十八，合计之，城为“亚”字形，周四十五里五十三步，高二丈八尺，女墙高六尺，厚一丈八尺。自阊门南至胥门六百三十九丈五尺，自胥门南至盘门三百八十八丈七尺，自盘门东至葑门一千一百一十八丈，自葑门北至娄门八百六十四丈二尺，自娄门北至齐门五百八十丈，自齐门西至阊门八百九十二丈二尺五寸，总计四千四百八十三丈六尺五寸，为一万二千二百九十三步九分，南北一十二里，东西九里。五门各有水关，惟胥门阙焉。城楼六座，旗台三座，胥门姑苏台一座。敌台五十七座，垛头三千五十一个，军器库房六所，官厅六所，窝铺一百五十七间，营房每门六间，其锁钥则掌于总捕同知，此今之规制也。而自古以来之沿革，则详录于左，备观览焉。

吴泰伯筑城梅里，在今无锡境。诸樊始徙都于此。唐陆广微《吴地记》云：阖闾城，周敬王六年，伍子胥筑大城周回四十二里三十步，小城八里二百六十步。陆门八，以象天之八风；水门八，以象地之八卦。

《吴都赋》云“通门二八，水道六衢”是也。西阊、胥二门，南盘、蛇二门，东娄、匠二门，北齐、平二门，不开东门者，为绝越之故也。

按：城门之号，见春秋吴越者，惟阊、蛇、望齐。《越绝书》作阊、胥、盘、蛇、娄、匠、齐、平，而葑、赤不与。《续经》作盘、蛇、阊、胥、娄、葑、将、齐，而赤、平不与。今从《吴地记》。

隋杨素徙城横山东，即今所谓新郭也。

唐武德九年，复还旧，乃分城之东置长洲县，以卧龙街为界。自阖闾始造，历一千八百余年，附郭止吴邑。嗣是以后，则长、吴分隶焉。时遇王郢之乱，刺史张搏重筑之，八门悉启，雉堞称雄。

梁武德二年，始以砖甃，高二丈四尺，厚二丈五尺，里外浚濠。

宋初，门塞其二，惟胥、阊、盘、葑、娄、齐六门，后胥门亦废。政和中，复修治之。其故废塞者，皆刻石为识。宣和五年，诏加重甃。建炎间，遭兵燹。淳熙中，郡守谢师稷又缮完之。至开禧间，隤圮殆半，而城隍亦多为菱荡、稻畦侵啮。时史弥远为常平，图复之。嘉定十六年，弥远在相位，遂奏请，得赐钱粟。郡守赵汝述、沈皞相继修治，为一路城隍之最。宝祐二年，赵汝述增置女墙，补建葑、娄、齐三门楼。开庆元年，诏复增修。景定末，风坏娄、齐二楼，咸淳初重建。元定江南，凡城池悉命堙毁，虽设五门，荡无防蔽。至正十一年，兵起，诏天下缮完城郭，郡守高履筑垒开濠，还辟胥门。掘土姑苏驿下，得石镌“胥门”二字，乃重辟之。城高三丈三尺，下地累石三层，加以大甓，凡厚三丈五尺，面广一丈六尺，仍甃巨石为水沟，每门上建戍楼，下作娥眉甬道，周回夹以长濠，视昔有加焉。

明平张士诚，更加修筑，倍为高广。嘉靖末，汪直勾引东寇掠扰江浙，同知任环修治城堡，以严防御。崇祯间，流氛四起，诏饬修练储备，知府陈洪谧署长洲事，牛若麟设法整修。

国初，巡按御史秦世桢修葺各门楼橹，重建阊门钓桥。康熙元年，巡抚韩世琦复建官厅、军器库，于六门增置铺舍，规制具举，其雄峙如百二河山焉。

娄门，东门也，以直臻娄县而名。《吴地记》云：本号疁门，秦时有古疁县。及汉，王莽改为娄县。范《志》云：今昆山县东北三里许，有聚落，尚名娄县。

葑门，东南门也。《续志》云：吴有葑田，谓茭土胶结，可以种植者，故名。或谓之封门，取封隅义。《国语》韦注云：封山、隅山在吴郡永安县，又名鲊鲟门。《史记·子胥传》注云：越开示浦，子胥以涛荡罗城。开此门，有鯸鲐随荡入，故名门。常堙塞，范文正公守郡，辟之。

按：二门，元和所辖也。旧仍有赤门、蛇门、匠门，亦元和分地。赤门在盘、葑二门间，以南方属火，故名。今南城下有大沟，外濠之水从此入祝桥，以入于燕家桥，即赤门水道也。蛇门在巳方，因以为名。《吴越春秋》云：吴地在辰，其位为龙，故于城南门上反羽为两鲵绕，以象龙角。越在巳，其位为蛇，故于南大门上置木蛇北首向内，示越属吴也。《吴地记》云：汉梅福为南昌尉，避王莽乱，弃妻子，易姓名，有人见福隐市卒，即此门也。匠门，在葑、娄之间，又名干将门。阖闾使干将于此置冶铸剑，故名。今有匠门塘，直东有欧冶、干将墓，或省称曰将门，三门皆久废。

元和所隶者二门，其外则有阊门、胥门、盘门，属吴县；齐门及旧平门属长洲。阊门名象天门，通阊阖风也。阖闾欲破楚，在楚西北，故立阊门以通天气。《吴地记》云：亦号破楚门。吴伐楚，大军从此门出。陆机诗曰：阊阖势嵯峨，飞阁跨通波。孔子登山望东吴，叹曰：吴门有白气如练。今置曳练坊及望舒坊，因此。胥门一名姑胥门。《越绝书》云：外有九曲路，阖闾从此游姑胥台，以望太湖，盖取姑胥山为名也。宋绍兴中，作驿馆其上，亦号姑苏台。《祥符图经》云：子胥家于此，后抉目悬于门，故名盘门。《吴地记》云：古作蟠门，尝刻木为蟠龙，以镇越也。又云：水陆相半，萦回屈曲，故名。

盘门、齐门，《吴越春秋》云：阖闾十年，既破齐，齐以女为质，吴为太子波聘之。齐女少，日夜号泣，成疾。阖闾乃造北门，令女往游其上，因名曰望齐门。平门一名巫门。《吴地记》云：平门水陆通毗陵，子胥平齐，大军从此出，故号平门。今有平门塘，一云巫咸所葬，故又号巫门。今废。以上诸门不统于元和，然同城也，宜附录焉。

卷四

公署

公署者，临民之地，政教号令之所从出也。旧制高其闬闳，厚其墙垣，岂徒饰观云尔哉？盖不如是，不足以示森严、昭体统也。《周礼》“以八法制官府”，郑锷注：“谓百官所居曰府。”唐房琯历慈溪、宋城、济源诸县令，所在缉治廨舍，良有以也。况元和析地郡城，廨舍创新，规模制度非仍旧贯者比，乌可无书？若城中有大中丞行台，有织造府，有布政使司，有苏松太巡道署，有苏州府长洲、吴县署，有城守营游击守备署，有抚标中军游击守备署，虽同城而地非所辖，故不备书。书其在元和境者于左。志公署。

雍正三年，江宁巡抚张楷题请苏、松、常三府属太、长等十三州县，各择公所建设官署。所有长洲县新分之元和县，议将原任苏州织造李煦案内孔夫子巷入官房屋一所改造，咨明工部饬行在案。雍正四年八月，元和县绅士尤珂等呈称孔夫子巷入官房屋改建县治，街巷褊窄，房舍卑狭，库藏、监狱势须另买民房添造，所需工价费用烦多，现有十郎巷陈姓房舍，地处高平，规模宽广，估计价值，改建县治，于国计民生均有攸赖等情到县。

本县知县江之炜据呈通详，业经前后覆核公议妥洽。雍正五年十月二十五日，江宁巡抚陈时夏汇题前事。十一月二十日，奉旨该部议奏。本月二十一日，抄出到部。该工部等衙门议得江苏巡抚陈时夏疏称：长洲县新分之元和县，应建衙署，先经议以原任苏州织造李煦案内入官房屋改造，缘系年久倾圮，势须拆建，兼之地处窄狭，必得另买民房添造库狱，所需工费价用繁多。经臣咨部请买十郎巷陈姓民房改建，部覆应令具题到日再议等因，随行布政司遵照覆。

今据布政使张坦麟详称，李煦案内官房，实缘年久损坏，势必拆卸改造，工价与房价费至六千余两之多，今十郎巷陈姓民房规模宏敞，堪为改建，其监狱、库舍不用另买民房拆造，一切工费止需三千余两，不特催科听讼可免拥挤，而库藏、狱囚皆归谨密，民情称便等情。臣查元和县衙署既据请买民房改建，所有李煦案内入官房屋应听本案觅售，变价归结。臣谨会同署督臣范时绎合词具题等因，前来查元和县应建衙署。

该抚既称李煦案内官房，实缘年久损坏，势必拆卸改造，工价与房价费至六千余两之多，今十郎巷陈姓民房规模宏敞，堪为改建，一切工费止需三千余两，不特催科听讼可免拥挤，而库藏、狱囚皆归谨密，民情称便，所有李煦案内入官房屋，仍听本案觅售变价归结等语，应如该抚所请，准其另买十郎巷民房，改建元和县衙署。工竣之日，将实用过工费银两，备造清册题销。至李煦入官房屋，亦应如所请，仍听本案觅售变价、归结可也等因。

雍正五年十二月初九日，题本月十一日奉旨依议。

县令治堂廨

大堂三间、理民听事所。露台一座、前立戒石。两翼书办房共十间、皂隶房六间、仪门五间、迎宾馆三间、大门三间、八字墙二堵、照墙一堵。已上俱堂以外。

川堂三间、东西库房四间、宅门一间、走道二间、内厢房六间、三堂五间、楼五间上下共十间、厢楼上下共四间、库门一间、库门后厢楼上下十八间、上房大楼十间、大楼下房五间、走廊九间、花厅三间、花厅西首一间、花厅前厢披共四间、书房四间、东西厢房四间、书房东首下房三间、后书房三间、书房左首走廊二间、内房八间、厨房库房下房共一十六间。已上俱堂以内。

粮衙衙署

大门一间、大堂三间、堂后一间、皂房二间、土地祠一间、门房一间、上房六间、下房五间、厨房一间、侧披一间。

捕衙衙署

大堂三间、书门房皂共二间、仪门三间、大门一间。已上俱堂以外。

二堂五间、上房五间、厨房三间。已上俱堂以内。

禁房

虎头门一间、禁班房一间、萧王堂三间、更房一间、官厅三间、监房十五间、监内衙道六十丈、监外围墙五十丈。

卷五

学宫

曾子固云：古人自家至于天子之国，皆有学。自幼至于长，未尝去于学之中。举凡人之起居、饮食、动作之小事，及于修身为国家天下之大事，皆自学出，而无斯须去于教，则学校之设不可一日而荒也，审矣！

元和立县，凡城池、疆域、山川、田赋、户口，无不与长洲分。惟学宫，独与长洲共者，匪簿书期会之是急，正急于端士习而明教化也。盖先师庙貌宜辉煌，门序正位讲艺之堂宜闳敞，择地鸠工，经营匪易。而春秋释奠及《诗》《书》、六艺、弦歌讨论之事，皆不可以姑待。如必俟新庙落成，始命师儒进髦士，声鼓钟，陈俎豆，习威仪，长器识，范奇邪，岂所以弘宣德意哉！

兹以教谕教长洲，以训导训元和，学宫则仍其旧，诚明于缓急之数，而教之不可以不先也。宫墙肄业之所当新者，次第兴焉，则长吏之责，其何敢怠？志学宫。

学宫建置，雍正三年十月，析长洲地建元和县，因即长洲县学宫，更其榜曰长洲元和县学。教谕仍司长洲学事，改训导为元和训导，司元和学事。盖教化不可缓，分建将有待也。

考长洲县立于唐万岁通天二年，初亦未有学，附于府庠，曰丽泽斋。宋景定三年，制诏天下县设主学，用丕儒教。时宋楚材以选至，叹曰："官以主学名，而居无庐、士无廪，师倚席不讲，可乎？"乃请于太守陈均，即广化寺改建焉。在今府治东北，讲堂曰礼堂，魏文靖公篆。四斋曰富文、贵德、广业、博学。有两浙西路提点刑狱公事，俞琰记。因企慕范文正公，又建景文堂。有通判平江军府赵与鉴记。此长洲立学之权舆也。寻毁。元初，邑令改驿舍为孔子庙。大德六年，县徙丽郡治，因移驿材构学于县治故基。郡人前徽州路教谕陆德原谓其隘陋，欲倾家创建之。县长元童以礼劝赞，乃于至元再元之三年，鸠工庀材，筑长垣，前起礼殿、广庭、穹门，翼以邃庑，后为两斋，伦堂、庖、湢以次兴举，凝土为先圣、四侑、十哲像，绘群贤从祀之位，置田以养士，学制始备。有同知制诰兼国史院编修官陈旅记。

明洪武七年，知县宋文敏、张翔辟学门于庙右。又立先贤祠，祀季札、韦应物、陆龟蒙、范仲淹、魏了翁、文天祥，久之俱废。成化九年，巡按御史郑铭、提学御史戴珊、郡守邱霁乃拓东南地改建焉。左为大成殿，夹以两庑；右为明伦堂；周伯琦篆。东、西两斋，曰进德、曰修业。有夏时正记。正德十六年，知县郭汲建尊经阁，后起土山。嘉靖十五年，知县贺府修葺，增名宦乡贤祠，此长洲再立之学也。今名旧学。

十八年，教谕萧文佐以此地湫隘不称，谋迁之。会有诏毁浮图之非敕建者，佥谓城东福宁寺应毁。文佐乃率诸生李子纯、文嘉、李禴、叶鹤年、苏献可、卢化承请于抚按、提学，皆可之以海寇寝。十九年，知县吴世良至，与诸生议合，乃复请于巡按御史舒汀。汀躬诣寺阅视，而默与知府王廷相规度，仲冬举事，废福宁寺为学宫，则今两县之合学也。有朱希周记。其制左庙右学，各有门，门前为起凤街，树绰楔曰“万代宗师”，拱照棂星门。街东为外泮池，跨池为梁，曰升龙；池南筑墙，曰万仞宫墙，拱照学门。东为玉带桥、圣域坊，西为茂苑桥、贤关坊。庙由棂星门入，重以戟门，而中为先圣殿，殿之旁两庑列焉。学由儒学门入，重以礼门，中为明伦堂，堂后为事友轩，堂东为进德斋，西为修业斋，斋南北为号舍。东舍后有小径二，一折而北为名宦祠，一折而北过飞虹桥为乡贤祠。二祠久圮，今建庙东。西舍后为射圃，中有观德亭。庙学之间有夹道，由夹道北折而东为先师庙，后为启圣祠。今名崇圣祠。祠附礼乐二库，自右入迤北为尊经阁，阁后有土山，构道山亭其上。遵山径而北有桥曰望阙，跨玉带河，东为蔬圃，稍西为桃李园。由园而北而西聚太湖石，垒小山，建敬一亭。由尊经阁而东，为会馔堂，又东为俸廪仓。折而北有岐路，一南行通东夹道，一东行为跨玉桥。过桥北折为游息所，又北为杏花村、嘉树馆，有橘数十株，南折而东有小池，池有桂，跨池之桥曰折桂。过桥屋数楹，藏宋元以来石刻。后有土山松林，莳杂花数十株，名春宴园。又东莳竹数百竿，名小淇园，盖玉带河以东之地尽于此。春宴园北至游息所东，有田数亩，可供粢盛。玉带河东南之境也。

所谓玉带河者，由东南外河入，直北贯跨玉桥，折而西，经游息所前、尊经阁后，逾望阙、飞虹两桥而出外河，以其环纡如带，故名。三十二年，巡按御史徐洛修。四十三年，知府徐节再修。隆庆二年，知县周良臣、教谕李国珍于学门内建腾蛟起凤塞门，种柏二百株。六年，巡抚陈道基又修，开内泮池，徙学前民居，去升龙桥，改圣域坊为兴贤坊、贤关坊为达材坊。巡按刘日睿、知府吴善言、知县陈用宾、教谕周安叔协理兴修。万历十七年，巡按李尧民输二千金，建升龙桥于东南，浚玉带河，移建万代宗师坊及敬一亭，创聚奎楼、土地祠，筑万仞宫墙。巡抚周纪、知府石昆玉、同知王典、知县陈具志、教谕吴良治、训导周养中捐锾助理。

国朝顺治十一年，督学国史院侍读石申捐俸修葺，未竣事，教谕王瑀踵修。未几，有镇帅居之，殿堂仅存两庑，启圣祠、尊经阁、道山亭悉为荒土。康熙二十一年，翰林院侍读彭定求时官修撰，为文告先师，倡捐金钱，在京募于同籍，家居告之当事。维时巡抚余国柱暨监司守令各有助，委教谕姚焱、训导王珍率诸生钮希文重建两庑及明伦堂、棂星门，而余犹未备。布政使丁思孔有记。三十二年，启圣祠始成，盖定求重行劝募，荏苒数载，时势多阻，因视旧址稍缩数武，乃克卒工。彭定求有记。四十四年，定求导善士马俊捐金一千七百两，建尊经阁，阁五楹，拟置经籍藏其中。又导建道山亭，古木乔荫，清流潆洄。讲业之余，相与游泳，令人作春风舞雩之想。彭定求有记。雍正五年，元和县知县江之炜、长洲教谕邹增、元和训导孔传爌又募修正殿先师庙五楹，奉至圣先师孔子神位，上悬圣祖仁皇帝御书“万世师表”及世宗宪皇帝御书“生民未有”扁额。座前石碑二，为圣祖仁皇帝御制《孔子赞》《四子赞》。

左右列四配神位：

东配：复圣颜子、述圣子思子。

西配：宗圣曾子、亚圣孟子。

稍后列十哲神位：

东哲先贤：闵子、冉子、端木子、仲子、卜子。

西哲先贤：冉子、宰子、冉子、言子、颛孙子。

康熙五十一年二月，大学士九卿奉圣祖仁皇帝上谕：朕自幼冲即好读书，亦好写字，一切经史，靡不遍阅成诵。在昔贤哲所著之书，间或字句与中正之理稍有未符，或稍有瑕疵者，后儒即加指摘，以为理宜更正。惟宋之朱子注明经史、阐发载籍之理，凡所撰释之文字，皆明确有据而得中正之理。今五百余年，其一字一句莫有论其可更正者。观此，则孔孟之后，朱子可谓有益于斯文，厥功伟矣！朕既深知之而不言，其谁言之？朱子宜如何表章崇奉？尔等与九卿会同具议以闻。

于是大学士九卿公同集议，仰惟皇上统绍勋华，道宗邹鲁，礼明乐备，治定功成，勤劳万几，间有余暇，手不释书，心惟志学。躬圣神文武之德，契濂洛关闽之传。宝翰亲题，昭文明于天壤；云章永焕，树仪表于人间。彰显遗徽，甄录嗣裔。既光前而耀后，洵振古而超今。而尤于朱夫子之全集，沈潜研究，实践敦行。尝谓朱夫子发明圣道，轨于至正。高不入于虚无，卑不杂于刑名。使六经之旨大明，圣学之传有继。

孔孟以来，为功弘巨。今特谕臣等会议优崇之典，臣等谨查朱子在孔庙东庑先贤之列，相应仰遵谕旨，移于大成殿十哲之次，配享先圣，以昭我皇上表章先贤之至意，通行到学，随择吉恭捧木主，升配于东哲之列，位次先贤卜子。两庑列先贤先儒神位，历朝以来，各有增迁。

康熙二十四年，奉旨改称宋儒周、邵、二程、张、朱六子为先贤，位次左氏下。五十五年，以学臣余正健请，增祀范仲淹。雍正三年，奉旨复祀蘧瑗、林放、秦冉、颜何、郑康成、范宁，增祀牧皮、县亶、公都子、乐正克、公孙丑、万章、诸葛亮、王通、尹焞、罗从彦、黄榦、陈淳、魏了翁、何基、赵复、王柏、金履祥、许谦、陈澔、罗钦顺、蔡清、陆龙其凡二十八人。故今之位次东庑则先贤蘧瑗、澹台灭明、原宪、南宫适、商瞿、漆雕开、司马耕、有若、巫马施、颜辛、曹恤、公孙龙、秦商、颜高、壤驷赤、石作蜀、公夏首、后处、奚容蒧、颜祖、句井疆、秦祖、县成、公祖句兹、燕伋、乐欬、狄黑、孔忠、公西蒧、颜之仆、施之常、申枨、左丘明、秦冉、牧皮、公都子、公孙丑、张载、程颐，先儒公羊高、孔安国、毛苌、高堂生、郑康成、诸葛亮、王通、司马光、欧阳修、胡安国、尹焞、吕祖谦、蔡沈、陆九渊、陈淳、魏了翁、王柏、许衡、许谦、王守仁、薛瑄、罗钦顺、陆龙其凡六十二位。西庑则先贤林放、宓不齐、公冶长、公皙哀、高柴、樊须、商泽、梁鳣、冉孺、伯虔、冉季、漆雕徒父、漆雕哆、公西赤、任不齐、公良孺、公肩定、鄡单、罕父黑、荣旗、左人郢、郑国、原亢、廉洁、叔仲会、公西舆如、邽巽、陈亢、琴张、步叔乘、秦非、颜哙、颜何、县亶、乐正克、万章、周敦颐、程颢、邵雍，先儒穀梁赤、伏胜、后苍、董仲舒、杜子春、范宁、韩愈、范仲淹、胡瑗、杨时、罗从彦、李侗、张拭、黄榦、真德秀、何基、赵复、金履祥、陈澔、陈宪章、胡居仁、蔡清凡六十一位。此今之定制也。

圣祖仁皇帝御制《孔子赞序》曰：盖自三才建而天地不居其功，一中传，而圣人代宣其蕴。有行道之圣，得位以绥猷；有明道之圣，立言以垂宪。此正学所以常明、人心所以不泯也。粤稽往绪、仰溯前徽，尧、舜、禹、汤、文、武达而在上，兼君师之寄，行道之圣人也。孔子不得位穷而在下，秉删述之权，明道之圣人也。行道者，勋业炳于一朝；明道者，教思周于百世。尧、舜、文、武之后，不有孔子则学术纷淆、仁义湮塞，斯道之失传也久矣。后之人而欲探二帝、三王之心法，以为治国平天下之准，其奚所取衷焉？然则孔子之为万世一人也，审矣！朕巡东国，谒祀阙里，景企滋深，敬摛笔而为之赞曰：清浊有气，刚柔有质。圣人参之，人极以立。行著习察，舍道莫由。维皇建极，惟后绥猷。作君作师，垂统万古。曰惟尧、舜、禹、汤、文、武。五百余岁，至圣挺生。声金振玉，集厥大成。序书删诗，定礼正乐。既穷象系，亦严笔削。上绍往绪，下示来型。道不终晦，秩然大经。百家纷纭，殊途异趣。日月无逾，羹墙可晤。孔子之道，惟中与庸。此心此理，千圣所同。孔子之德，仁义中正。秉彝之好，根于天性。庶几夙夜，勖哉令图。溯源洙泗，景躅唐虞。载历庭除，式观礼器。摛毫仰赞，心焉遐企。百世而上，以圣为归。百世而下，以圣为师。非师夫子，惟师于道。统天御世，惟道为宝。泰山岩岩，东海泱泱。墙高万仞，夫子之堂。孰窥其藩，孰窥其径。道不由人，克念作圣。

《颜子赞》：圣道早闻，天资独粹。约礼博文，不迁不贰。一善服膺，万德来粹。能化而齐，其乐一致。礼乐四代，治法兼备。用行舍藏，王佐之器。

《曾子赞》：洙泗之传，鲁以得之。一贯曰唯，圣学在兹。明德新民，止善为期。格致诚正，均平以推。至德要道，百行所基。纂承统绪，修明训词。

《子思子赞》：于穆天命，道之大原。静养动察，庸德庸言。以育万物，以赞乾坤。九经之重，大法是存。笃恭慎独，成德之门。卷之藏密，扩之无垠。

《孟子赞》：哲人既萎，杨墨昌炽。子舆辟之，曰仁曰义。性善独辟，知言养气。道称尧、舜，学屏功利。煌煌七篇，并垂六艺。孔学攸传，禹功作配。

崇圣祠，在圣庙之后，旧名启圣祠。祀启圣公，以先贤颜无繇、曾点、孔鲤、孟孙激配，先儒程珦、朱松、蔡元定、周辅成从祀。

雍正元年三月，内阁礼部奉上谕：至圣先师孔子道冠古今，德参天地，树百王之模范，立万世之宗师，其为功于天下者至矣！而水源木本积厚流光，有开必先，克昌厥后，则圣人之祖考，宜膺重厚之褒封，所以追溯前徽，不忘所自也。粤稽旧制，孔子之父叔梁公，于宋真宗时追封启圣。自宋以后，历代遵循。而叔梁公以上，则向来未加封号，亦未奉祀祠庭。朕仰体皇考崇儒重道之盛心，修崇德报功之典礼，意欲追封五代，并享烝尝，用伸景仰之诚，广慰羹墙之慕。内阁礼部可会同确议具奏。钦此！

该臣等谨议：至圣先师孔子，秉生安之至德，集金玉之大成，道备一身，教垂万世，历代虽有尊崇之礼，而自启圣公以上，封位未加，祀典未备。我皇上作君作师，传心传道，孝思不匮，弘施锡类之恩，慕德无穷，推广报功之典，以孔子为百代之师,晋先世以尊崇之号。特颁谕旨:追封五代,并享烝尝。此诚旷古未有之异数也。

臣等谨稽典礼,详考世系。孔子之五世祖木金父公,自宋迁鲁,始姓孔氏。高祖祈父公、曾祖防叔公、祖伯夏公、父叔梁公,凡五代,除叔梁公应照旧封启圣公外,木金父公至伯夏公四代,皆应追封公爵。臣等谨拟木金父公追封为肇圣公,祈父公追封为裕圣公,防叔公追封为贻圣公,伯夏公追封为昌圣公。即于启圣祠内安设神牌,按昭穆位次,每年春秋致祭。其牲牢酒醴、笾豆簠簋,每神位前各照启圣公例陈设。其启圣祠向系专祀叔梁公,故以启圣为名。今圣朝异数合祀五代,拟更名曰崇圣祠。候命下之日,将追封字样通行国子监、顺天府、直省府州县卫学及衍圣公一体遵行。至钦奉上谕一道,应颁发国子监及阙里勒石庙庭,以光盛典。其追封诰命,交与内阁撰拟。国子监之启圣祠改造扁额,添设神牌、祭器等项,交与工部,俟造完之日,交钦天监,择吉入庙。其余各省,行令该地方官各行办理可也。

四月,大学士马齐等启奏:奉上谕五伦为百行之本,天地君亲师,人所宜重。而天地君亲之义,又赖师以彰明。自古师道无过于孔子,诚首出之至圣也。我皇考崇儒重道,超轶千古,凡尊崇孔子典礼,无不备至。朕蒙皇考教育,自幼读书心切,景仰欲再加尊崇,更无可增之处,故敕部追封孔子以上五代。今部议封公上,考前代帝王皆有追崇之典,唐明皇封孔子为文宣王,宋真宗加封至圣文宣王,父叔梁纥为齐国公。后加封孔子为大成至圣文宣王,加封齐国公为启圣王。至明嘉靖时,犹以王系臣爵改称为至圣先师孔子,改启圣王为启圣公。王、公虽属尊称,朕意以为王爵较尊。孔子五世应否封王之处,着问诸大臣具奏。钦此。

该臣等会议,得明伦阐教治世之大经,崇德报功右文之盛典。历稽史册纪载之文,皆有推尊孔子之礼。圣祖仁皇帝重道崇儒,典章明备。我皇上因心仁孝,好古敏求。统道法之渊源,以光大为继述。谓伦常为百行之本原,至行立万世之师表。特谕追封五代,典礼已极优隆。犹以公爵之尊未若王爵,复降谕广赐咨询。臣等钦奉之下,深服圣裁。允当众议佥同,请自叔梁公以上至木金父公凡五代,并追封为王爵,谨拟追封木金父公为肇圣王、祈父公为裕圣王、防叔公为贻圣王、伯夏公为昌圣王、叔梁公为启圣王。至入庙之日,国子监及阙里各遣大臣一员,读文祭告。祭文翰林院撰拟,祭品照例备办,余俱照原议,仍将追封王爵上谕一并颁发勒石可也。随通行到本学。

雍正二年秋,如制安奉,并复以先儒张迪从祀。明伦堂五楹屏门书《大学》圣经一章。雍正五年,元和县知县江之炜恭制扁额,敬书圣祖仁皇帝御制《训饬士子文》悬于正中，其词曰：

国家建立学校，原以兴行教化，作养人材，典至渥也。朕临驭以来，隆重师儒，加意庠序。近复慎简学使，厘剔弊端。务期风教修明，贤才蔚起，庶几朴棫作人之意。乃比来士习未端，儒教罕著。虽因内外臣工奉行未能尽善，亦由诸生积锢已久，猝难改易之故也。兹特亲制训言，再加警饬尔。诸生其敬听之。从来学者，先立品行，次及文学。学术事功，原委有序。尔诸生幼闻庭训，长列宫墙，朝夕诵读，宁无讲究？必也躬修实践，砥砺廉隅。敦孝顺以事亲，秉忠贞以立志。穷经考义，无杂荒诞之谈；取友亲师，悉化骄盈之气。文章归于淳雅，毋事浮华；轨度式于规绳，最防荡轶。子衿佻达，自昔所讥。苟行止有亏，虽读书何益？若夫宅心不淑，行己多愆。或蜚语流言，胁制官长；或隐粮包讼，出入公门；或唆掇奸猾，欺孤凌弱；或招呼朋类，结社要盟。乃如之人，名教不容，乡党弗齿。纵幸脱褫扑，滥窃章缝，返之于衷，能无愧乎？况乎乡会科名，乃抡才大典，关系尤巨。士子苟有真才实学，何患困不逢年？顾乃标榜虚名，暗通声气，夤缘诡遇，罔顾身家。又或改窜乡贯，希图进取，嚣凌腾沸，罔利营私。种种弊端，深可痛惜。且夫士子出身之始，尤贵以正。若兹厥初，拜献便已。作奸犯科，则异时败检，逾闲何所不至？又安望其秉公持正，为国家宣猷树绩，膺后先疏附之选哉！朕用嘉惠尔等，故不禁反覆惓惓。兹训言颁到，尔等务各体朕心、恪遵明训，一切痛加改省，争自濯磨，积行勤学，以图上进。国家三年登造，束帛弓旌，不特尔身自荣，即尔祖父，亦增光宠矣。逢时得志，宁俟他求哉？若仍视为具文，玩愒弗警，毁方跃冶，暴弃自甘，则是尔等冥顽无知，终不能率教也。既负栽培，复干咎戾。王章具在，朕不能为尔等宽矣。自兹以往，内而国学，外而直省乡校，凡学臣师长，皆有司铎之责者。并宜传集诸生，多方董劝，以副朕怀。否则职业弗修，咎亦难逭，勿谓朕言之不预也。尔多士尚敬听之哉！

教谕廨，旧在会馔堂北。后廨废，即明伦堂后事友轩为斋舍。复废，遂移居学门右之训导廨。

训导旧有二员，因建二廨，一在学门右，今教谕居之；一在旧教谕廨东北，从东夹道入。康熙二十一年，训导王玢捐橐三百金重建，中为斋堂，左右为书舍。堂后接聚奎楼，旁即玉带河，前后左右遍值桃柳，蔚然成蹊。

名宦祠，旧在明伦堂后。康熙二十四年，巡抚汤斌毁淫祠，以其材建于圣庙之东，祀唐太子中允、前长洲县令盐官岑仲翔，县令萧审，侍御史、前县令滕遂，县尉曲阿谈戭；宋翰林学士、前县令巨野王禹偁，翰林学士、前县令王嘉言，禹偁子。县令临江刘立言，两浙提刑、前县令鞠真卿，大理寺丞、前县令邛州常安民，中奉大夫、前县丞永嘉项公泽，主学眉山宋楚材；元长洲令元童；明知县宋敏文，兵部职方员外郎、前儒学教谕庐陵周岐凤，知县张翔，县丞修武刘榦，都御史、前县令内江余金，教谕庐陵彭道，监察御史、前县令新昌俞集，知寿州、前教谕莆田林僖，延平知府、前教谕京山裴椿，监察御史、前县令济宁李尧民，江西右参政、前县令山阴祁承熯，县令莱阳宋继发，国朝礼部尚书、前提督江南学政海宁许汝霖，内阁学士兼礼部侍郎、前提督江南学政磁州张榕端，都察院左副都御史、前提督江南学政古田余正健，总督河道兵部右侍郎、前苏州知府、谥恪勤湘潭陈鹏年，共二十八位。

乡贤祠，旧在明伦堂后、飞虹桥之北。巡抚汤斌撤淫祠之木石，改建于圣庙之东，与名宦祠并列，祀唐望江令鞠信陵、右补阙陆龟蒙；宋敷文阁学士、少师、谥献惠胡元质，刑部尚书黄由，秘书少监阮登炳，著作佐郎王蘋，兴化军助教方惟深，枢密院编修兼太学博士朱长文；元广平路总管、轻车都尉、封京兆郡侯浦源，万户侯宋通；明翰林院修撰申屠衡，贵州参议尤安礼，翰林院侍讲王璡，太子太保、刑部尚书俞士悦，山西佥事刘珏，浙江道监察御史练纲，总镇两广右都御史、谥襄毅韩雍，礼部尚书、赠太子太保、谥文定吴宽，都察院右副都御史沈林，布政使沈杰，山西参议胡琮，温州府知府文林，右春坊右谕德沈焘，温州府同知程遵，鸿胪寺寺丞钱贵，都察院右副都御史朱纨，江西右参议王庭，国子监博士王敬臣，湖广副使金世龙，通政司右通政顾九思，太子太傅、兵部尚书顾其志，浙江参政袁一虬，湖广佥事管志道，刑部郎中钱有威，和州学正文嘉，生员、私谥贞孝朱祖文，霍山县教谕龚元祥，广西副使张文奇，赠礼部主事、原任上饶知县李鸿，崇德知县陈允坚，詹事府少詹事、赠礼部右侍郎、谥文毅姚希孟，广东参议伍袁萃，广西道监察御史、私谥孝介顾宗孟，文学、私谥真文陈元素，礼部右侍郎兼东阁大学士、赠礼部尚书、谥文肃文震孟，国子监祭酒、赠詹事府詹事、谥文庄陈仁锡，处士沈周，兵科给事中吴适；国朝赠山阴县知县顾所载，庐陵县知县陆在新，吏部考功司员外郎顾予咸，宗人府府丞、前巡抚河南兵部右侍郎顾汧，日讲起居注官、翰林院侍讲彭定求，共五十三位。

舒公祠，旧在训导廨东，祀明巡按御史、侯官舒汀德。其移建新学也，今改于明伦堂后事友斋故址。

谈公祠，在舒公祠后教谕廨旧基，祀唐长洲县尉谈戭。

徐公祠，在圣庙东、名宦祠之北，祀明詹事府少詹事徐汧。康熙四十六年，侍讲彭定求言于大银台曹寅，捐金倡建，与检讨潘耒协力落成。又一祠在虎丘山，巡抚汤斌建，今圮。

彭公祠，在徐公祠北，祀翰林院侍讲彭定求。诸生以其捐倡修学，竭蹶经营者三十余年，故白诸上官，于学中建专祠。

学田，始于宋景定间，太守陈均因民争田不决，遂拨以养士。奏上，会召入朝。季镛继为守，悉以归之。俞掞有记。元至正间，郡人陆德原捐资创建学宫，又以田如千亩养士，然前县志皆未言亩数。明成化十年，邑人华嵒捐田二十亩为月朔释菜田，在习义乡二十三都九图。吴宽有记。万历二十五年，知县江盈科买田一百十亩入于学。三十六年，大饥，知县祁承㸁发帑，委诸生尤挺秀赈济，余百余金归县。县以代旌额费，挺秀固辞，乃置上田五十亩，籍于学宫。嘉靖间，知县吴世良著《学志》，云：旧学田二十亩三厘一毫，每年租税二十二石二斗一升四合，每年还官本折色米八石九斗六升，坐落本县亨字三图，地基一百六丈二尺，居民起盖房屋，朝南三十六间，每祭每间，纳租银一钱五分；朝西五十二间半，每祭每间，纳租银一钱二分五厘。新学内田七亩，每年起租米七石，坐落本县利字一图；升龙桥南田十亩四分，每年起租米十石四斗六升，坐落本县利字三图。学内花果树共二百八十三株，每年约计利银五十两七钱四分四。围屋九十五间，共二十五亩，每亩起租一石，居民佃住。雍正五年，查明现在学田实数：南三十一都二十五图共田十八亩七分六厘五毫，四十一图共田十一亩一分七厘九毫，北二十六都四十二图共田十亩，二十九都十一图共田八十一亩七分五厘，北三十一都十五图共田六十七亩五分四厘五毫，二十九都九图共田五十一亩五分九厘九毫，上二十五都九图共田五十六亩八分二厘三毫，下二十一都二十三图共田六十四亩三分六厘四毫，二十四都一图共田十五亩三分八厘，二十四都十二图共田十四亩八分，上二十五都十图共田七亩八分九厘三毫。以上通共学田四百亩四分八厘九毫，每年除办钱粮外，又解学租银八十五两六钱八分一厘。

文星阁，旧名钟楼，在学宫之东南。初，巡按御史舒汀改建新学，形家以兑方双塔并峙，谓为文峰，巽方亦宜高耸为左翼，以壮文明之象。万历十五年，周中丞继、李侍御尧民、陈令其志始基之。又八年，江令盈科再迁今地。续修者祁令承㸁、韩令原善、许令尔忠，久之渐圮。崇祯五年，郡人陈仁锡、文震孟以文为导。明年，涂令必昌遂捐俸成焉，祀周、李、陈、江于阁下。陈仁锡有记。

国朝康熙间，邑人彭进士珑、吴训导愉、宋赠郎中德宏，相与讲学其中，遂为士子肄业之所。每月朔望，集阁下会课，绅士缪彤、顾汧、彭定求、吴承励、汪铨频修之。珑没，弟子立嗣于西偏，又祀愉于阁下，祀德宏于彭祠之南。定求与诸门人计久远，乃撤旧宇，重建堂室，奉三先生而合祀焉，缪彤、王喆生有记。而以高第弟子六人侑享，告之当路，载在祀典。六人者，彭侍读宁求、汤进士传榘、张庶常孝时、张孝廉孝扬、郑进士骃、董庶常麒，皆一时入室之彦，文章政事卓卓可称者也。后于弟子中复益三人，一为诸生蒋济选，一为诸生顾咨揆，一为学博张映葵，学行与六人相埒。阁之始也，因乎学宫，故附志学宫之末。

卷六

坛祠

先农坛之特创也，重民事也。社之祭也，土也。稷之祭也，谷也。山川，民所瞻仰也；风云雷雨，祈丰年、忧水旱也。祭城隍，幽有鬼神也。祭厉，悯无后也。司牧之有专祠也，功德在人，宜报也。乡先生之有专祠也，或尊其道德，或仰其功烈，或嘉其行谊，所谓没而可祭于社也。粢盛醴齐，或统于有司，或不尽统于有司，要皆得祀典之正，而非淫祀也。元和新建，大事宜先，故汇而考之，著于篇，俾有民社之责者知所崇祀。志坛祠。

先农坛，在城内仁一图相王巷内，建于雍正五年，守土官始行祈谷也。先是，雍正四年八月初九日，内阁奉上谕：

国以民为本，民以食为天。朕即位以来，念切民依，举行耕耤之礼，殚竭精诚，为民祈谷。乃于雍正二年三月，耤田叠产嘉禾，有至一茎九穗者。朕心亦以为偶然之事，今据府尹刘于义进呈，今岁耤田所产自一茎双穗、三穗以至八穗、九穗，皆硕大坚好，异于常时。朕见之，心甚慰悦，特令宣示廷臣。朕并非以此为祥瑞，夸耀于众也。盖实有见于天人感召之理，捷于影响，无纤毫之或爽。朕以至诚肫恳之心，每岁躬耕耤田，以重农事。即蒙上帝降鉴，叠产嘉禾，以昭休应。似此八穗、九穗之谷，岂人力之所能强为？亦岂人君所能强之使有乎？天人感应之理，朕见之最真最切，但恐此心不诚耳，诚则未有不动者，即如从前青海蠢动，朕为边陲忧虑，虔祷宫中，不数旬而捷音即至，疆圉宁谧。又如前岁夏间，近畿雨泽稍愆，朕在宫中默祷，减膳修省，虔诚叩恳，不数日而甘霖大沛，禾稼有秋。此皆近年以来，朕亲行亲验之事。至于去年夏秋之间，时常阴雨，朕在宫中，但觉雨水稍多，不知其大为民患，而李维钧并不将畿辅被潦实情具奏，是以朕竟不闻知，未曾早为虔祷，殚竭诚心以挽天意，而纾民困。及蔡珽署直隶总督事务，详细奏闻，朕宵旰忧勤，几废寝食，于是截漕发仓，多方赈济，京城设厂，各邑兴工，俾穷民皆得糊口，是以地方虽被水灾，而小民不致流离失所，朕抚绥悯恤之念，实为迫切。今岁二麦丰收，禾黍畅茂，此皆上天俯鉴朕衷，故加惠黎元，而锡以盈宁之庆也。盖天生民而立之君，鉴观在上，人君一念敬谨，政事无阙，天必嘉之佑之；一念放逸，政事有乖，天必儆之戒之，此一定之理也。况人君抚驭臣庶，位处极尊，所以赏罚之者，独有上天耳！是以朕每于水旱等事，皆实心内省，必系朕有过失，上天儆戒示谴也。至于各省旱潦之事，朕皆视同一体，原无彼此之别。惟是地方相隔路远，彼地偶有水旱，有司未必即行具报，及至奏达朕前，而紧急之时已过，是以朕无从尽其诚心为之祈祷，此其责则全在本省督抚矣。督抚受朕委任之重，为朕养育万民，必视百姓之疾苦如痛痒之在己身，一遇水旱饥馑，必思所以致此之由，或因本省之政事吏治有阙，即思速为改易之，或因本地之人心风俗不端，即思速为化导之，兢兢业业，修省祈祷，竭尽诚心，一如朕之朝乾夕惕，断无不可以挽回天意者。假若闻朕之政治稍有缺失，亦即直言陈奏，不必隐讳，如此则官与民联为一体，臣与君又联为一体，太和翔洽，实意交孚，天听虽高，诚呼吸可通矣。朕每岁躬耕耤田，并非崇尚虚文以为观美，实是敬天勤民之至意。《礼》曰：天子为耤千亩，诸侯百亩。据此，则耕耤之礼亦可通于臣下矣。朕意欲令地方守土之官，俱行耕耤之礼，使知稼穑之艰难，悉农民之作苦，量天时之晴雨，察地方之肥硗，如此则凡为官者皆时存重农劝稼之心，凡为农者，亦断无苟安怠惰之习，似与养民务本之道大有裨益。着九卿详议具奏，钦此。

臣等公同伏读上谕，钦惟我皇上至德同天，深仁育物。朝乾夕惕，时时以四海为心；旰食宵衣，念念恐一夫失所。肫诚昭格于上帝，恩膏遍及于群黎，是以虔祷宸宫而边陲之捷音即至，默祝大内而寰宇之甘雨覃敷，响应昭然，纤毫不爽。诚如圣谕所云，天听虽高，呼吸可通者也。至于截漕发仓，近畿无虞荒歉；兴工设厂，穷民尽获安全。是天地生成之功，固无弗至；而皇上怀保之德，实靡不周。保合太和，参赞化育。运四海于一心，视九州为一体。在昔所称圣君哲后，难与比隆；即古所谓盛世昌期，孰能媲美？我皇上圣不自圣、安愈求安，念国以民为本，民以食为天，躬亲胼胝之劳，岁行耕耤之典。是以嘉禾叠产，九穗频生。异瑞奇征，骈臻协应。况今岁百谷畅茂，二麦丰收。闾阎获乐利之休，百室有盈宁之庆。何一非皇上至诚格天之所致也。今后令耕耤之礼通于臣下，欲地方守土之官俱行耕耤之典，使知稼穑艰难，农民作苦，天时晴雨，地方肥硗，仰见我皇上敬天勤民、重农务本之至意有加无已，洵从古未有之旷举，万世不易之良规。即宜恪遵上谕，通行奉天、直隶、各省，举行耕耤之典，查督抚系通省大吏，府、州、县、卫、所等官皆有守土之责，相应行文。奉天府府尹、直隶、各省督抚转行各府、州、县、卫、所于各该地方，择洁净之地，照九卿所耕耤田四亩九分之数，设立先农坛，于雍正五年为始，每岁仲春亥日，府尹、督抚及府、州、县、卫、所等官率所属之员、耆老、农夫恭祭先农之神，照九卿耕耤之例，行九推之礼，务须实心奉行，以重民依。其设立先农坛并恭祭先农，俱令动支正项钱粮，其所用数目，各该地方官报明户部查核。耤田所收之米粟，敬谨收贮，以供各该处祭祀之粢盛。将各处设立耤田亩数，令该抚报明户、礼二部存案。庶为官者皆以重农课稼为心，则为农者自无苟安怠惰之习，于国计民生大有裨益矣。

随经通行至元和县。雍正五年，建先农坛于相王巷南，置天字圩一百九十丘官田二亩二分二厘八毫，又四百九十一丘官田三亩，共五亩二分二厘八毫，略浮于部颁定额四亩九分之数。此元和得建先农坛之始。

乾隆三年，知县事张若㸅因旧制卑隘不称，且前此经营苟简，修役不时，乃即先农坛故基详宪改筑。墙之土者易以瓦，阶之倾者，甃以石。殿宇檐楹之为风雨所侵损者，涂塈丹雘，崇饰一新。又移建牌坊一座，头门三间。正殿两旁，重构造配房二间。鸠工庀材，共费朱提九十八两有奇，经始于是年之[①]月[②]日，即于是冬□月□日[③]告竣事。是役也，因旧增新，不独规模式廓，而工力亦视昔较为完固，庶可肃观瞻而虔祀事焉。

社稷坛，在吴县阊门外义慈巷，实府社稷坛也。宋置子城西南四里，元迁盘门外。明洪武三年，知府陈宁更建于长洲县石牌巷。宣德八年，知府况钟移至今所，国朝因之。长、吴附郭，宋、元时各有坛，今与元和皆统祭于府坛制，累石为之，纵横俱三丈，高四尺二寸，凡三阶，阶三级，前设拜坛，高尺许，东西三丈六尺，南北二丈四尺。坛之西南为神厨，正南为宰牲房，房之前为水池。府斋房二所，县斋房二所，东西相峙。坛之内垣东西三十五步，南北三十三步，四面皆涂丹；外垣深六十四步，广六十二步。门北出大门一、仪门三，亦俱涂以丹。石主二，一埋坛南正中，一卧于地，长四尺二寸，径一尺二寸。神牌二，高三尺三寸，题曰“府社之神”“府

---

①“之”后原为墨丁，《〔乾隆二十六年〕元和县志》作“七”。

②“月”后原为墨丁，《〔乾隆二十六年〕元和县志》作“初一”。

③原作“是冬□月□日”，《〔乾隆二十六年〕元和县志》作“是秋八月初八日”。

稷之神”，每岁春秋仲月上戊日，三县随府官具祭如礼。

风云雷雨境内山川城隍坛，亦府坛也，在吴县盘门外。宋置吴县治西南四里，元徙长洲县葑门外。明洪武间移置今所。坛制亦累石为之，东西三丈六尺，南北三丈七尺，高四尺二寸，四面有阶，阶三级。坛之东北为宰牲房，房之前为水池，又前为库房。坛之东南为府斋房，西南为县斋房。坛之内垣东西三十五步，南北三十六步，四周俱涂丹。外缭短垣基凡二十四步。前门一、仪门三，亦涂以丹。春秋择日，同坛设三神位，各高三尺三寸，题曰“风云雷雨之神、山川之神、城隍之神”。旧制，府官主祭，三县陪祀。雍正十年三月初九日，钦奉世宗宪皇帝谕旨行，令直省府、州、县修理社稷、风云雷雨山川城隍等坛，以重祀典。至今上乾隆二年十一月初六日，礼部遵旨议覆社稷、山川风云雷雨等坛。嗣后，每逢祭期，省会之地督抚、将军、都统、副都统率令司道文武属员，各按品级分班行礼，布政司系地方正印官，仍令主祭。其府、州、县地方，如有提镇道员，亦令各按品级分班行礼，府、州、县正印官仍令主祭。又行令郡邑各坛应行修理者，支动正帑，估报核修。至各坛祭器有制造未备以及岁久损坏者，并遵照会典如式修造。于是苏郡三县合祀诸坛，次第及时修整。春秋届祀，大中丞率属行礼，骏奔有恪，秩祀加隆于昔矣。

厉坛，在元和县九都虎丘山寺右旁，实郡厉坛也。长洲旧有邑厉坛，在白莲桥，后废，因与吴县附祭于郡。今元和亦如之，累石为坛，纵横各三丈，高四尺，每岁春清明日、秋七月望、冬十月朔，以仪从迎府县城隍神至，请钦依祭文，祭阖郡无祀鬼神。府官主祭，三县官陪祀。

乡厉坛，祭各乡无祀鬼。旧制每一里建一坛，俗呼孤魂坛。岁清明、七月望、十月朔，各里设祭坛，高三尺，树以松楸，立碑其上，周围缭垣门一。长洲县旧有七百四十一所，若与元和分祀，当不下数百所也。今皆湮废，为民居所侵，屋其上者十九，仅存者亦鞠为茂草矣。泽及枯骨，此典宜兴复焉。

城隍庙，在萧家巷。雍正四年八月，里民张品伦等谓元和既分县，阴阳一理，应添设县城隍司，以昭祀典。凤池乡旧有土谷张明庙，乃汉朝名将也，即以兼理城隍为宜。知县江之炜闻于府，复与举人、生员等议，佥以城隍当祀，而他神兼摄为非，宜移张神于左之便殿，而以正殿立元和城隍神像，署其门曰“元和县城隍之庙”，似属妥洽。因详之上官，皆报可，遂以其年十二月二十七日设像成礼焉。

赤兰相王庙，在葑门内仁一图，土谷神也。《吴地纪》云：神为南面讨击将军黑莫郝，周敬王时筑城而死，人呼赤兰将军，亦呼相王。或云赤兰即赤门之讹，相王即伍相云。

灵济白龙庙，在长洲县阳山澄照寺。其祀事，元和主之。相传东晋隆安中，缪氏室女产龙，惊悸而死，乡人厚葬之，号曰龙冢。每岁是日，龙必归省母。宋以祈雨应，屡封龙忠烈昭应广惠灵丰公，母显正孚顺圣善妃，载于祀典，春秋祀之。宋胡伟元、胡应皆有碑记。

澹台灭明祠，在尹山麓，后移建山上。

亚圣祠，在东禅寺西，祀孟夫子，并祀孟母。旧在顾家巷。五十三世孙、松江府判官孟潼，宋昭慈后侄孙也，以祖信安郡王孟忠厚，镇吴有功，请于有司，改立为祠，创性善家塾，以教俗党。子森集守之，后废。明万历中，移建今处。康熙间，粮道刘鼎助修。

韩将军庙，在娄门官渎桥。将军名说，汉人，为横海将军，与朱买臣同受诏，在吴中治楼船，破东越有功，故祀之。

朱氏忠孝祠，在亚圣祠东，祀汉尚书朱穆、唐洗马朱仁轨。

二戴夫子祠，在虎丘山东，祀汉信都太傅戴德、博士戴圣二公，删定《礼经》，有功圣学。康熙二十六年，督学李振裕建祠。

顾元公庙，祀晋骠骑将军顾荣。在黄天荡东有墓焉，故名其地曰顾荣墓。祠久圮，元至正间，邑令周舜臣更新之。周伯琦有记。

东山短薄祠，在虎丘山门内，祀晋司徒王珣。珣与弟珉舍别业为寺，今皆为土神，颜曰故东山庙。

西山庙，在虎丘山门外万点桥西，祀晋司徒王珉。

五贤祠，在虎丘山。明万历戊戌，邑令江盈科即平远堂建祠，祀唐太仆少卿兼御史中丞韦应物，太子太傅、刑部尚书、赠尚书右仆射、谥文敏白居易，太子宾客、检校礼部尚书、赠户部尚书刘禹锡，宋翰林学士、知蕲州王禹偁，前礼部尚书兼端明殿翰林院侍读学士、赠太师、谥文忠苏轼，以韦、白、刘俱刺吴郡，王宰长洲，苏则晚年寓吴也。

归宣公祠，在葑门仁三图给谏坊内。公讳崇敬，唐大历中翰林学士、兵部尚书，封余姚郡公，谥宣。子登，累官工部尚书，封长洲县男，谥宪。父子有声于朝，祀宣公而以宪公配焉。明嘉靖间，裔孙归大道重修。

甫里先生祠，祀唐高士陆龟蒙也。祠在县东五十里甫里，白莲寺即其故宅。或云卒后葬其旁，遂庙食焉。宋嘉定十七年，钱塘龚时辅别建祠于左。胡宿有碑铭。元元统时，裔孙德原即是地请建书院，有宣圣殿、明伦堂、大小学二斋，俨然学宫规制，旋设山长，以教来学。戴良有《送甫里书院下山长序》。至正间，县尹马玉麟重建养鸭池、桂子轩，日久渐圮，汛营居其中。康熙甲子，睢州汤斌抚吴，崇尚正学，于是甫里人士得奉宪檄撤而新之，蔚然复旧观焉。

魏谏议祠，祀宋谏议大夫、知州事魏庠。至道中，奏改虎丘律寺为云岩禅寺，因为建祠。

王翰林祠，祀宋翰林学士、知蕲州、前长洲令王禹偁。天禧四年，子嘉言复宰长洲，作堂祀之。后移堂于虎丘，刊《苏文忠赞》于其中。知州康孝基撰碑。

孙学士祠，在万寿寺。宋天圣中，直史馆临江孙冕守郡，有善政，吏民立祠祀之。今改为县学。久废。

章庄敏公祠，在报恩寺东，即宋章太师楶家庙。公在泾原御夏有功，徽宗赐庙于怀德军，额曰“忠烈”。嘉定末，其孙请立于此。今为天妃宫。

周濂溪先生祠，在忠烈祠西弦歌里，祀宋周茂叔先生也。初先生四世孙兴裔以和州观察使驻节平江，奏立祠于吴县胥台乡。其裔孙文英、南老自道州来，因家焉。祠屡复而卒废。明正统间，十四世孙渊等迁于家，颜其堂曰崇本。大学士王真记。万历中，十七世孙与爵复建专祠，前堂祀先生，后堂祀先生父，以武功大夫兴裔配。万历末，十八世孙希夔复建于弦歌里，以裔孙制机、检察使才、秘书省检阅文字玙祔焉，大学士申时行记。春秋编祭长洲。

二程夫子祠，祀宋大儒明道、伊川二先生也。祠旧在府学西。高宗时，伊川从子沂知昆山县，因故广平侯程师孟宅建，后毁。顺治十七年，府学教授程邑重建于饮马桥北。康熙九年，少司空程文彝时官庶常，以祠址逼隘，买地虎丘而移建焉。后堂祀先生之父大中公，诸生程端、程永祚等，又于祠后别立一室，祀先生远祖晋新安太守元谭、陈云麾将军灵洗、散骑常侍文季、唐歙州都知兵马使沄。

三贤祠，在西岭，祀宋范文正公仲淹、胡安定先生瑗、尹和靖先生焞。嘉靖间，吴文端公一鹏建。湛文简公若水有记。

尹和靖祠，祀宋儒尹肃公焞。初在虎丘西庵，公读书处也，尝自题其斋曰“三畏”。嘉定七年，士人黄士毅请于郡守陈芾、通守丁焴，绘像祀之。后二年，贰卿孟猷改建于上方通幽轩之南。端平二年，胡淳请即其地为学，仓司曹豳因奏立书院，设四斋曰三省、务本、朋来、时习，提举马述建君子堂。嘉熙四年，提举陈振孙作藏书室。咸淳初，提举李芾建蒸居堂，奉先圣。元初，为云岩寺僧所据。延祐元年，移乌鹊桥北。郡守道童重建殿庑、门堂，后废。吴令汪亘以公祠宜在虎丘，仍于西庵故址重建和靖书院。

三杨公祠，在虎丘二山门外，一名道南书院，祀宋龟山杨先生时明、少保兵部尚书庄简公成、崇祯庚午解元忠文先生廷枢，康熙六十年，布政使杨朝麟建。庄简公有祠在黄鹂坊巷，崇祯五年，巡抚庄祖诲建。十一年，巡抚张国维以庄简公子端孝先生大渶配享。

乐圃书院，在城内地三图，祀宋先贤太学博士朱长文，贤嗣进士朱发配享。公没于元符元年，弟子范纯仁等建明教堂祀之。宝祐三年，敕建乐圃书院。元毁于兵燹。明太祖时新之，岁久倾圮。康熙己亥，有司因其裔孙之请，以慈济庵改建。西傍有忠节祠，祀宋海盐尉朱良；东傍有孝友祠，祀旌表孝子朱之劢。

盛御史祠，在娄门，祀明御史盛昶。

康都官祠，在虎丘山，祀宋康孝基。

蒋学士祠，祀宋枢密学士、左谏议大夫、知州事蒋堂，在虎丘山。

陈朝散祠，祀宋朝散大夫、行在尚书、吏部员外郎、知州事阆州陈省华。

叶少列祠，祀宋朝散大夫、尚书刑部郎中、知州事叶参。

姚秘阁祠，祀宋右朝散郎、直秘阁、两浙路转运判官、郡守姚宪。《姑苏志》云：已上三祠并在虎丘云岩寺。乾道五年，郡人立。教授陈伯震有记。今废。按：叶少列祠在千顷云之东，嘉靖初郡守胡缵宗重建。

南山书院，宋宗室赵忠果公故祠也。公名训之，为吴令，多惠政。后知永丰，遇统制杜彦叛，拒战以殁。子贵一，卜筑横溪彩云里。士庶不忘忠果旧泽，就所居构书院祀之。明万历间，督学御史柯挺按吴，重其裔孙凤风节，造庐访谒，询所欲。凤愀然以先祠毁于兵燹对，即为新之。少师申时行有记。

延平李先生祠，在娄门，祀宋儒李靖公侗也。自公四世孙大昌徙居吴郡，至明永乐四年，士民仰慕仪型，建祠于县治东，后废。康熙二十八年，十八世孙尧钦捐资修娄门内社学，巡抚洪之杰撤淫祠改建。

刘文靖公祠，祀宋儒刘屏山先生子翚也。公为宋太师、忠显公韐之季子，少傅、忠定公子羽之弟，文公朱子之师，闽之崇安人。以六世孙靖节公顺之历平江榷茶提举，遂籍于苏，因有专祠，年久倾颓。康熙二十五年，学使李振裕改建于贞三图李基巷，以靖节配享。

总管庙，在葑门外匠门塘西，祀汴人金和。和随驾南渡，侨居于吴。其子名细，官太尉，没皆为神。细在理宗朝尝著灵异，遂封灵祐侯。侯之子昌，昌子元士，复皆为神。元至正间，尝阴翊海运，俱封总管。又进封昌为洪济侯、元士为利济侯。

张忠靖祠，在师林寺家庙内，祀宋浙西帅干兼枢密院提刑张日明。

都南张公祠，在乘鲤坊东，祀宋平江路通判、赠节度使张日中，横渠先生七世孙，建昌军南城人。端宗朝任平江，倡义卫民，政绩大著，寻迁兴化军。时文信国公开府勤王，率师以应，复吉、赣等州。信国公师溃，公奋力拒战。元李恒麾铁骑横击，公身受数创，犹刃十余人，被执死。信国哭之，有“绝域耻为吴地辱，封疆甘作宋臣忠”之句。事闻，配祀祖忠敏公。其子洛居吴，因世享。崇祯间，以裔孙工部郎中适、保定知府枧、福清知县朝仪、饶州通判慕渠四贤配享。祠圮，改建于吴县南状元坊。

忠烈祠，在乘鲤坊，祀宋丞相信国公文天祥。公知平江时，诏天下勤王，遂入卫。后还平江，吴城已为元有，感愤悲悼，慰抚遗民而去。治吴虽不久，而惠之在吴终古不可没也。明初，未有专祠。正德十年，裔孙太仆少卿文森愿以其地立祠奉祀，巡按谢琛以闻，诏赐庙额曰“忠烈”。嘉靖二十六年，长洲学宫既迁，郡守金城以公祠湫隘不称，议改旧学为祠。巡按饶天民以闻，诏复可之。族孙待诏徵明为书《正气歌》于壁。万历间，祠渐圮，邑令陈其志、胡士容相继修葺。康熙庚戌，后裔世光又新之。乙丑，巡抚汤文正公斌以公裔孙待诏徵明、大学士震孟配享。己丑，巡抚于公准率属重葺。世宗宪皇帝七年，诏发帑修古圣贤祠墓，公祠得邀盛典。今上御极，复降谕旨修葺。鸠工于乾隆二年，讫工于乾隆三年，庙貌重新，俎豆生色，视向时贤士大夫暨守土官表扬忠烈者，辉光更什伯矣。

周孝子庙，在城中东南隅。孝子名容，常熟人，事母有至行，人称为周孝子。没为神，能保护乡闾，有驱虎、除蝗、救水旱、攘盗贼诸显迹。宋淳熙间，赐额曰“灵惠”。祈祷接踵，庙廷隘不能容。成化七年，里人王英募卫千户陈俊割地以广其址，庙制始备。旁浚井，病者汲井，投紫苏煎饮即瘥。礼部尚书吴宽有记。

许文正公祠，在甫里，祀元儒鲁斋先生许衡。明初建，嘉靖间毁于倭。康熙八年，裔孙王俨重建。

原鲁先生祠，在娄门报恩寺东。先生顾姓，名愚，元末隐居不仕，以伊洛之学倡里中，学者翕然宗之。孙存仁，中明嘉靖间进士，官礼科给事，以直谏谪戍居庸，后还职，卒赠太仆卿。先是，郡守金城建祠吴县卧佛寺东，后督学耿定向移建大石，钟继英复建娄门，以太仆卿配。周琉有记。

开平忠武王祠，祀明鄂国公、追封开平王、谥忠武常遇春。吴元年，开平受命讨张士诚，将围平江，驻虎丘寺，得免兵燹，因为立祠。今废。

四贤祠，在虎丘白莲池旁，祀明夏忠靖公原吉、周文襄公忱、王端毅公恕、海忠介公瑞，皆抚吴有功德于民者。

五经陈公祠，在县桥巷，祀明翰林检讨陈继。继有孝行，贯穿经学，人呼为"陈五经"。杨士奇荐为国子博士，寻改翰林。

周文襄公祠，祀明工部右侍郎、巡抚江南庐陵周忱，在虎丘法堂后。公抚吴十九年，奏减粮额七十余万，吴人德之，为画像立祠。

孔侍郎祠，在东花桥巷，祀明兵部左侍郎、赠尚书孔文忠公镛。

陈大中丞祠，在丁香巷，祀明都察院左副都御史操江陈璓。

吴文定公祠，在天赐庄，祀明太子太保、礼部尚书吴宽。

沈大中丞祠，在葑门外官浦，祀明都察院右副都御史沈林。

徐公祠，在韩蕲王庙东，祀明大中丞徐源。

朱恭靖祠，旧在北濠，今移虎丘二山门，祀明太子太保、吏部尚书朱希周。

周巡抚祠，旧在胥门驿右，今移虎丘二山门，祀应天巡抚周孔教，与朱恭靖祠合祭。

侍御陈公祠，在虎丘寺内东偏。侍御名瑞，福建人，明嘉靖二十四年来按吴，风裁中多甘雨之惠，复任一载，去后民多思之，为立生祠。

申文定公祠，祀明少师、大学士申时行，在虎丘第三泉之右。专祠在城中。

朱秋崖祠，在文忠烈祠西，祀明都御史、开府浙闽朱纨。嘉靖三十三年，巡抚张景贤建，后移建学宫。

文待诏祠，祀明翰林院待诏文徵明，在文忠烈祠内。

顾太保祠，在旧学前醉竹祠，祀明三边总督顾其志。

顾孝介祠，在天赐庄，祀明监察御史顾宗孟。

邓孝子祠，在娄门内张香桥湾，祀明孝子邓汝甫。陈仁锡有记。

三讲官祠，在虎丘二山门竹亭东，祀明东阁大学士文文肃公震孟、詹事府少詹姚文毅公希孟、国子监祭酒陈文庄公仁锡。文肃别配享忠烈祠。

叶公祠，在带城桥西，祀明御史、天启间邑令叶成章。康熙十一年，改为双清书院，合祀邑令沈恩举。二公皆闽产，均令长洲，善政亦相类，故并祀之。

五人祠，在山塘，祀颜佩韦、马杰、杨念如、沈扬、周文元。详见冢墓。

许公祠，在六直镇，祀明中书许自昌。

吴公祖孙合祠，在仁三图，祀明太仆吴之佳、兵科给事吴适。

忠孝龚公祠，在平江路中营基巷，祀明殉难赠助教龚元祥。

张公祠，在虎丘白公堤，祀明巡抚玉笥张国维。崇祯甲戌抚吴，在任七年，惠泽覃被。庚辰去任，士民德之，建祠。

忠烈王公祠，在大儒坊巷，祀明殉难保城知县王佐圣。

正心书院，在虎丘山前斟酌桥西。明崇祯十六年，吴邑令牛若麟捐资建，中堂奉先贤周程十子，后为学舍，又后为楼，额曰“正修讲院”。去后士民思之，于后楼奉生位祀焉。见史官徐汧《去思碑记》。鼎革时，学舍倾圮，巡抚马祐更额“正心书院”。孝廉郑敷教题，进士赵炳书。

蔡忠襄公祠，在虎丘古鹤涧边。康熙二十五年建，祀明山西殉难巡抚蔡懋德。

莱阳二姜先生祠，祀明给谏姜如农暨弟吏部如须。给谏名采，以言事廷杖，谪宣城。国变，不果行，卒，治命葬敬亭山下。吏部名垓，葬苏州，祠在养鹤涧旁。

宋文恪公祠，在虎丘二山门，祀文华殿大学士宋德宜。

方公祠，在虎丘金粟房，祀分守苏松常道方国栋。

吴郡守祠，在虎丘清和书院，祀苏州知府吴道煌。

蒋公祠，祀戊戌科进士蒋德峻。祠在甫里，以其恬澹不仕，有鲁望风也。又弃田宅，施糜粥，建桥梁，里党德之，建祠与甫里祠相对。

顾孝靖祠，在山塘白公堤，祀赠河南巡抚、赐御书“孝靖”匾额、孝子顾天朗，子宗人府府丞汧从祀。

韩宗伯祠，在县东北，祀礼部尚书韩菼。祠前带水，俗名状元浜。有塔影入河，随时隐见。公未第时，即于此教其乡。及掇大魁，乡人以为灵秀所钟。给假家居，从游者极一时之寒隽。后卒宦邸，诸生请于官，特建专祠，有司以时祭祀，祠内悬圣祖仁皇帝特赐“润色鸿业”匾额。

汪公祠，在虎丘二山门，祀本朝翰林院编修汪琬。

张孝廉祠，在儒学东。孝廉名庆孙，以文行知名，祀乡贤。子大受，官翰林院检讨，建祠宅南，宋太宰荦题其堂曰“履素”，学者私谥曰“履素先生”。

七姬庙，在赛金巷。七人皆元末左丞潘元绍侧室也。程氏年三十，翟氏、徐氏年二十三，罗氏、卞氏、彭氏年二十二，段氏年十八，敌临境，七人同日皆自经死。详元张羽《权厝志》。

三节妇祠，在葑门外，祀旌表节妇蔡氏、姜氏、董氏。万历戊戌年，里人陈诗建。知县江盈科撰传，史羊生作记。

贞节祠，在给谏坊，祔唐归宣公祠。宣公裔孙文达早卒，妻陈氏教子守节。顺治十六年，旌表建坊。

怡贤亲王祠，在虎丘山塘，雍正八年建。

以上祠宇皆在元和境，而祀事则不尽统于元和。有祭自长、吴者，亦有其子孙自祭者。

禹王庙，在吴县柳巷。

先贤郑子祠，在吉由巷，祀孔子弟子郑国，字子徒，唐赠荣阳伯，宋加封朐山侯，明改称先贤郑子，子孙多居吴郡。

伍相国祠，在胥门内朱家园，祀伍行人员也。祠旧建盘门内。宋建中靖国元年，直秘阁吴仲举知苏州，奏请赐额"英烈"。元大德三年，增为忠孝感惠显圣王。明成化十五年，庙毁，巡按刘魁、知府刘瑀重建。万历四十年，裔孙参议伍袁萃移置今所，年久倾圮。国朝康熙五十六年，裔孙伍大钧捐资倡族重建。

胡安定公祠，在府学。范文正公既舍宅为学，给田五顷以赡学徒，延安定胡先生瑗主教事，故后人于学中置专祠。

宋文公祠，在吴县十庙前，巡抚赵士麟废十庙改建。

张宣公祠，在吴县，祀宋大儒南轩先生栻。

胡公祠，在金阊，祀宋太常博士胡则。

沈尚书祠，在青龙桥，祀唐吏部尚书沈传师。

范文穆公祠，在茶磨山，祀宋参知政事范成大。其地即公别墅也。明正德间，侍御卢雍建祠，以孝宗手书碑石嵌诸壁。王鏊有记。后圮，万历四十年重建。崇祯十二年，巡抚张国维修。

徐晋宁侯祠，在郡学东，祀宋苏州通判徐奭。

张太傅祠，在大营门，祀宋枢密使、前知平江府张世杰。

朱司农祠，在干将坊东，祀宋孝子朱寿昌。

刘靖节祠，在干将坊巷，祀明洪武举人刘政，万历初诏建。

韩襄毅公祠，在府学东，祀明两广总制韩雍。嘉靖二十三年，巡按御史吕光洵立祠。

录功祠，在府城隍庙西，祀明兵备副使、赠光禄卿任环。嘉靖时，倭寇掠苏境，时公为府同知，负创披坚，设伏制胜，尽歼之。朝廷嘉其功，三十九年敕建。

敕建节孝祠，在子城基，合祀元、长二县节孝妇女。雍正元年建。

袁公祠，在府城隍庙西芥隐书院，明吏部尚书袁安节公世祠也。汉司徒公安、晋吴国内史忠介公崧、宋京西提刑襄简公珣、工部侍郎忠愍公枢，旧各有祠，后废，皆移祭书院。

袁六俊祠，在醋坊桥，祀明别驾袁表、国子生袁褧、员外袁衮、赠廉使袁褒、刑部主事袁袠、贡士袁裘，兄弟六人，皆以文行知名吴中，称曰"六俊"。康熙二十五年，曾孙士俊请于督、抚、学三院，饬建专祠。

马公祠，在子城基东天王堂，祀本朝巡抚马清恪公祜。祜抚吴，多善政，卒于官，士民建坊请祀。

于公祠，旧在西天王堂，祀两江总督于清端公成龙。公以劳卒官，士民公建。后孙准巡抚江南，移建府学，与汤公祠相并，名二贤祠。

汤公祠，在府学明伦堂西，祀江苏巡抚、谥文正公汤斌。

贞烈祠，在吴县大营门，祀张应奎聘室沈氏。崇祯间，题旌建祠。

以上祠在他邑编祭，并及元和，故附志之。

卷七

仓庾

《周礼》：廪人掌九谷之数，仓人掌粟入之数，此王国所储以治年之丰凶而预为之防者也。郡县既建，以迄于今，各有仓庾，偫民间所入，以达天府，廪禄、匪颁、祭祀、军国之需于是乎输，与《周礼》所载殊矣。元和不复设仓，只分长洲之半，犹旧地也。记其缘起更易之由与两邑分隶之所。官斯土者时其修葺，谨其出纳，可无愧转输之司焉。志仓庾。

长邑仓庾在城西者一，曰浒溪；在城东者五，曰青丘，曰预备，曰席墟，曰荻溪，曰苏巷。从转输所便也。明宣德间，巡抚周文襄公忱实度地创建之，廒宇轩敞，垣墙周峻，前后凿垣为门，门皆临水，中驾木杠，以通往来，连络如贯，而分都别区，悉有定所。岁之所入，指囷可计。预备仓本名济农，文襄与太守况公钟专为赈恤农人设也。其仓不储稄秸，乃奉朝命以官钞易米平粜，及借劝富室所输，蓄积以备凶荒。宣德六年旱，九年又旱，发以赈饥，民甚赖之。向后此法渐弛，遂更今名。仓割数区以隶，其用与诸仓等，间有以罚赎及赢余之米贮焉，以佐赈贷之需者。迨嘉靖十五年间，屋多倾圮，县尹漕南贺府白于抚按侯公位、郭公宗皋，规画更新，上则揭楼疏棂以通米气，下则横木铺版以远地湿，每仓厅事三间，庖室咸备。预备仓厅事前建亭二，左立碑，右覆井，门道筑楼三楹，中栖仓神，左县鼓，视旧贯加恢廓焉。青丘仓中又有城仓一所，乃三十九年里民杨钦等白于巡抚建之，以贮城中及附郭粮税者，今亦都不复如曩制矣。元和分壤多处长邑东偏，故所隶惟青丘、席墟、苏巷三仓云。

青丘仓

九都。正扇四图，副扇八图。

水区。东十九都。正扇五图，副扇七图。

半十九都。正扇八图，又副扇六图。副扇十一图。

水区。南十九都。正扇六图，副扇七图。

下二十都。正扇八图，副扇七图。

水区。上二十一都。正扇六图，副扇六图。

二十八都。正扇六图，副扇五图。

南三十一都。正扇六图，副扇七图。

计八区十七扇一百一十三图，共田、地、荡一千五百七十九顷五十六亩三分三厘一毫，共平米五万四千九百一十一石四斗二合七勺，内荒平米九百九十九石七斗四升八合七勺。

席墟仓

上二十都。正扇八图，副扇八图。

中二十都。正扇八图，副扇八图。

水区。下二十五都。正扇六图，副扇五图。

南二十六都。正扇六图，副扇八图。

中二十六都。正扇六图，副扇五图。水区。

北二十六都。正扇七图，副扇七图。

二十七都。正扇九图，副扇八图。

二十九都。正扇九图，副扇八图。

中三十一都。正扇十图，副扇七图。

北三十一都。正扇八图，副扇八图。

内二十九都、中三十一都、北三十一都，旧属预备仓，今收粮廒口仍照旧在预备仓内，与长邑另划分开，其比册归入席墟仓册后，计十区二十扇一百五十一图，共田、地、荡、堑二千五百二十五顷三十九亩八厘七毫，共平米八万八千四百六十六石八升六合四勺，内荒平米一千四百一十七石九斗二升八合二勺。

苏巷仓

上十七都。正扇八图、副扇七图。

中十九都。正扇七图、副扇七图。副扇水区。

下二十一都。正扇六图、副扇六图。

东二十二都、正扇七图、副扇六图。

西二十二都。正扇七图、副扇七图。

二十三都。正扇九图、副扇八图。

二十四都。正扇十五图、副扇十五图。

水区上二十五都。正扇九图、副扇九图。

计八区十六扇一百三十三图，共田、地、山、荡、漊二千五十顷五十四亩一分七厘而毫，共平米七万三千一百二十五石七升五合，内荒平米一百一十五石八斗八升三合四勺。乾隆二年再减赋银及白粮改漕减科经费银后，又查勘坍没公占田、地、荡后，现在田亩平米实数详载赋税卷中。

长洲旧有东仓在葑门外王墓村，西仓在阊门外九都，南仓在葑门外二十五都，北仓在漊门外二十四都。宣德间，以天庾所需未便，城外移建今所云。

卷八

职官

考唐虞建官之制，十二牧而外，一乡一邑之任，莫得详焉。《周礼》大司徒之属，虽有卿大夫、州长、党正、族师、闾胥、比长众职，而乡大夫卿一人，则其爵太尊，下至五家为比，比长一人，犹以下士为之，官不太冗乎？若遂大夫之下有县正，每县下大夫一人，各掌其县之政令，以颁田里，以分职事，掌其治讼，庶比今之县令矣。然《春秋》又称“邑宰似与？”《周礼》里宰之名相类，秦废封建，始立郡县，县始有令，令之下乃有丞、尉，历汉、唐及宋，益以主簿。前明定制，改令为知县，改尉为典史，而丞与主簿皆仍其旧，然地有繁简之不同，治有剧易之各判。繁剧之地，丞、簿、尉皆备，又常添设以襄其治。其简易者，一知、典而已辨。至于乡镇辽远，要害之处，更有巡检之司，与武职同缉盗贼，得兼听民讼，此与汉制乡三老、啬夫、亭长之属同类，而即《周礼》鄙、师、酂长之遗意也。今元和分自长邑，变繁为简，变剧为易，故丞、簿不全设，然较之前此之长邑，稍或简易，而视他省府州之县，犹当以极繁、极剧者比之也。身其职者，善催科之法，寓抚字之仁，既不旷职，亦不扰民，于国家变通旧制，添设诸县，以镇抚民人之意，庶无或负焉。志职官。

知县

张福昶，福建漳州府南靖县人。康熙乙酉科举人，初选元和县，于雍正三年十一月初十日到任，时长洲县缺官，兼摄长洲篆。明年，江抚张具题改调长洲。

江之炜，福建泉州府晋江县人。康熙丙子科举人，先任广东南海县，内升部曹，未任职，补选长洲县，江抚张具题改调元和，于雍正四年二月初六日到任，后升太仓州知州。

郝霨，顺天府霸州人。由廪贡教习于雍正六年二月初五日到任，雍正八年去任。

朱奎扬，浙江绍兴府山阴县人。由例监于雍正八年六月初七日到任。雍正十年，江抚乔世臣题署淮安府知府。

李世金，镶蓝旗汉军，由例监以同知管县事。雍正十年七月初一日到任，十二年七月升补太湖同知。

张若爔，安徽安庆府桐城县人。由例监于雍正十二年七月初八日到任，乾隆五年正月以病暂乞假，三月十一日离任。

黄建中，陕西西安府咸宁县人。雍正十二年拔贡。乾隆元年，命往江苏委署震泽县、嘉定县、无锡县、吴县。乾隆五年，江抚张□题署元和县，于三月十一日到任。

县丞

李元瑞，山西平阳府洪洞县人。由例监于雍正三年四月初六日到长洲县，添设县丞任。四年二月初六日，改授本县县丞任事，八年七月升太仓州同。

滕栻，顺天府大兴县人。由吏员于雍正八年八月初三日到任。

典史

滕栻，顺天府大兴县人。由吏员于雍正四年三月初五日到任，雍正八年八月升本县县丞。

路云登，直隶真定府晋州藁城县人。由吏员于雍正八年八月初八日到任，十三年四月以年老休致。

李琚，直隶大名府魏县人。由吏员于乾隆二年三月初九日到任。

陈墓司巡检

章方来，顺天府宛平县人。由内阁供事于康熙六十一年六月二十九日到任，雍正四年二月初八日分属元和，六年二月丁艰去任。

周英，顺天府宛平县人。由吏员于雍正六年十一月初十日到任，乾隆元年七月丁艰去任。

童绍美，顺天府大兴县人。由吏员于乾隆二年四月二十一日到任。

儒学训导

陈于堂，江南扬州府江都县人。岁贡生，康熙五十六年四月初十日到长洲县儒学训导任，雍正四年三月初二日改授元和，七月十七日以改授主簿去任。

孔传爌，江南常州府江阴县人。岁贡生，雍正四年七月十八日到任，十二年十二月年老休致。

沈位，淮安府盐城县人。岁贡生，雍正十三年七月十三日到任，乾隆四年十二月十二日[①]去任。

吴弘文，松江府娄县人。雍正甲辰科举人，长洲县儒学教谕，署元和县儒学训导，乾隆四年十二月十三日到任。

吴中衡，徽州府歙[②]县人。副榜贡生，乾隆五年选授元和县儒学训导。

---

① 原稿年月日期均为墨丁，据《〔乾隆二十六年〕元和县志》补。

② “歙”字原为墨丁，据《〔乾隆二十六年〕元和县志》补。

卷九

兵防

先王弧矢之利以威天下，必有事于备兵，然兵所以卫民，即所以用民，故寓兵于农，甸出长毂，后世乡兵之设，犹有古之意哉！元和东连水国，非剑盾矛铤之地，宜讲者水师，宜法者团练。宋元以来，军伍之制载在典籍，要在备兵而知所用，则弭盗安民之策系此矣！所以沿湖塘汛具列如左，其宜设而未备者，俟长民者之筹画焉。志兵防。

东塘自娄门吊桥起至昆山县界，计程五十里。

里跨塘汛

营房三间、炮台三个、牌坊一座、木楼一座、旗杆一根。

外跨塘汛

营房三间、炮台三个、牌坊一座、木楼一座、旗杆一根、烟墩一座。坐落陆金坝。

小彝亭汛

营房三间、炮台三个、牌坊一座、木楼一座、旗杆一根、烟墩一座。坐落护门泾桥。

大彝亭汛

营房三间、炮台三个、牌坊一座、木楼一座、旗杆一根、烟墩一座。坐落陆市铺。

南塘自葑门外灭渡桥至吴江县界，计程三十里。

灭渡桥汛

营房三间、炮台三个、牌坊一座、木楼一座、旗杆一根、烟墩一座。坐落灯草桥南。

宝带桥汛

营房三间、炮台三个、牌坊一座、木楼一座、旗杆一根、烟墩一座。坐落尹山桥北茶亭。

夹浦桥汛

营房三间、炮台三个、牌坊一座、木楼一座、旗杆一根。

附郭阊门外

圣塘湾汛

营房三间、烟墩三座、牌坊一座、旗杆一根。

元和娄门外东境至陆市铺交昆山县界，旧时设险凡三重：官渎桥营，所以捍卫娄门，为第一重；陆泾桥，筑土坝，建敌楼，设团营于阳城湖滨，为彝亭官渎二营之策应，为第二重；最东近陆市铺，设小彝亭营，若外户然，为第三重，其地南有沙湖，北有阳城，最为险要。前明兵备任公环防御倭寇，尝奏大捷，即第三重处也。北有阳城村团营、相城团营，为湖防而设；荻区团营，为彭漴而设，皆缺一不可。

葑门外东境六里为黄石桥营，又六里为金泾漴，又六里为斜塘营，又六里为塘浦营，向有巡司，后并于陈墓司。吴淞江转折而南处也，土坝在焉。自此而东为六直浦，接昆山界。塘浦设险，防吴淞江水寇之患。

葑门外东南境一里许有瓦屑泾，在灭渡桥北。从此境入，历朝天湖，六里至独墅湖，三里至镬底潭，又东八里至陈湖，又东南至淀山湖，又东南至泖湖。陈湖旷野，难于设备。镬底潭有村落，驻兵于此，水寇从松江三泖来者，可以御之。

葑门外直南境，历灭渡桥营，过此为尹山镇，过此为夹浦，乃吴淞江上流也。东通淀湖三泖，西对夹泾港，连太湖，南抵吴江莺脰诸湖。此处宜设团营官兵，而其东吴淞江诸处又设兵以为外障，则水寇西不得犯吴江，北不得犯长洲，而犄角之势成矣。

齐门外直北境五里为陆墓，又五里为周泾铺，又二里为蠡口，从此而北至永仓敌楼，与常熟接壤，即所谓元和塘也。通计团营之设者七，无量营、石家浜营、夹塘东西四立，乃第一层；陆墓营、南桥镇营，亦东西立，乃第二层；陆墓之北为蠡口营，蠡口西北为冶长营，冶长东北为永仓营，形如鼎足，乃第三层。塘之东为彭漴，为阳城湖、施泽湖，通常熟、昆山二县；塘之西为长荡，为漕湖，为黄埭荡，通无锡县。蠡口者，郡城之北户也，度地驻防，无逾于此。

浒墅，在阊门外西北境二十五里，南北运道要冲也。有户部钞关。其南为枫桥，东北为虎丘、山塘，皆商贾骈集、物货辐凑之地。浒墅设险，而又设望亭团营以联缀之，境之西北得外卫焉。连上一则系长洲境，恐形胜不全，故备列于此。

卷十

风俗

班孟坚有言：南隅好商贾，召父富以本业；颍川好争讼分异，黄韩化以笃厚。故善为政者，将使潜移而默率，必先端本以清源，则民情无矫拂之劳，风俗有更新之美。圣朝政教翔洽，海内时雍于变。然每降谕旨，犹谆谆以正人心、维风俗为急务，诚以下之所为俗，即上之所为治也。元和地当吴会，素号名区，新分望邑，其风俗之醇漓，今昔之更变，有可考而知焉。任司牧之责者，所当留心补救者也。志风俗。

今之元和，昔之长洲也。昔之长洲，古之吴会也。风气习俗，大约不甚相远，然细分之，即一城之内亦有各不相同者。娄、葑偏东南，其人多俭啬，储田产；齐门勤职业，习经纪，不敢为放逸之行；盘门地僻野，其人家多贫，类乔野习于礼貌，娴于世务者鲜；阊、胥地多阛阓，四方百货之所集，仕宦冠盖之所经，其人之所见者广、所习者奢，拘鄙谨曲之风少，而侈靡宕佚之俗多矣。

今元和境内娄葑为多，而虎丘、山塘与阊为近。国奢示俭，国俭示礼，移佩犊之风而起弦歌之化，所贵先达垂之懿范，司牧示以准绳云尔。

《史记·吴泰伯世家》曰：泰伯之奔荆蛮，自号勾吴，荆蛮义之，从而归之千余家。其后，季札亦贤而让国。故吴中之士彬彬礼让，泰伯实开风气之始。

延陵季子以让国立名，而太史公称为闳览博物君子，以其请观周乐，见微而知清浊也。然则博学多闻，亦始自延陵者乎？《汉书·地理志》云：吴有严助、朱买臣贵显，汉朝文辞并发，然则吴地文章之始，实开于严、朱也。人皆知子游以文学倡导东南，抑知前有延陵，后有严、朱，其功亦未可没耶？

《史记》：吴自阖庐、春申、王濞招天下喜游子弟，都会之间，浸浸称浮靡矣。又曰：项梁以兵法部勒吴中之豪，及项籍以八千子弟渡江，百战百胜，宜其民风习于武健，然迄今风俗工文词而薄骑射，多仁柔而少刚决，则知山川风气不可强也。

东汉桓帝永兴二年，麋豹为吴郡太守，按行属邑，问风俗于功曹唐景，景对曰："处家无不孝之子，立朝无不忠之臣，文为儒宗，武为将帅。"时人善其对。

陆士衡《吴趋行》美其山泽藏育，土风清嘉，文德礼让，多士济济。谢灵运《会吟行》远称越叟，近溯梁鸿，书土风而美贤达。至其层台飞阁之巍峨、飞燕鹢首之游历，知其风俗之由来者远矣。

《隋志》：风俗澄清，道教隆洽。

明季，士大夫好持清议，敦气节，重名义，善善同清，恶恶同浊，有东汉党锢诸贤之风。其小人亦慷慨慕义，公正发愤，然或时捍法网。

本朝初载，遗风犹存。近数十年来，缙绅先生杜门扫轨，兢兢自守，与地方官吏不轻通谒。或间相见，备宾主之礼以去。学宫士子多读书自好，鲜履讼庭。富厚之家，踊跃急公，输将恐后。其小人重犯法、少生事，固教化之隆，亦风俗之厚也。

吴中人文甲于天下，今核其在元和境中世近而名尤著者：明初高季迪启，诗为一代之冠；正嘉间，四皇甫连镳接轸，海寓艳称。高居吴淞之青丘，皇甫居县治东北孔夫子巷，今元和界也。

本朝古文推汪编修琬，制义推韩宗伯菼。汪家于阊门下塘而别墅在虎丘，韩居娄门内，地皆属于元和。自有明三百年来，先后诗文宗匠，蔚然代兴，可以识地灵矣。

《颜氏家训》曰：邺下风俗多以妇持门户，江东妇女绝无交游。吴中至今此风未变，秉礼之家，闺门整肃。族党姻戚，多终身不相识面。邻里之门，有没齿不相通名者。

吴中男子多工艺事，各有专家，虽寻常器物，出其手制，精工必倍于他所。女子善掺作，织纴刺绣，工巧百出，他处效之者莫能及也。

昌黎韩子曰："风俗与化移易。"向未尝不敦庞淳厚，而后凌夷者有之矣。吴中典礼自守，衣冠尔雅，土物盖藏，号称最盛。今则安逸乐，竞侈靡，虽舆台贱隶高门大宅、御舆乘马，衣服不衷，饮馔无度。即妇人女子，轻装直髻，一变古风。或冶容炫服，有一衣之值至二三十金者。昔贾生言风俗之弊，富人大贾以衣绣被墙，而倡优下贱帝服后饰。今日之弊，正坐于此。文繁而质寡，外富而中贫。僭越既久，日流匮乏，欲民之无饥、无寒，不可得也。《诗》曰："彼都人士，垂带而厉。彼君子女，卷发如虿。"令人慨然有余慕焉。

往时，前辈别流品，重门第，清门旧族，虽世远凌替，人犹目而敬之曰：“此某先生之后。”至于市井家，虽富比陶顿，而吐弃不顾。近今以来，素封之家莫不结纳当路、攀附荐绅，人亦乐与之交，或重以婚姻。而旧德名贤之后式微不振，足及门而不通者有之矣。

《记》有之曰：“教训正俗，非礼不备。”则礼者乃风俗之本源、善治之良法也。礼之最切者，冠婚丧祭，而踵事增华，日新月盛，有不可不为厘革者。冠礼，古人首重三加之典、筮日之仪，所以尊元首、责成人也，近今罕有行者。孩提之童，髫龀之岁，皆已有冠，冠之也易，则虽成人而冠者亦忘其所以为冠之义矣。其能隆饰品行以不愧成人之道者，所由鲜也。次而婚礼，乃人伦之始，系宗祧之重，古人傧相必择士类，今则用庸俗小人，诵秽亵鄙语，掠发牵巾，俗陋可笑。近复争尚奢侈，僭拟无节，舆肩八座，婢用宫妆，转相仿效，夸荡成习。此风不革，何以正俗？至于丧者，送死之大端，罔极之至痛，必诚必信，致敬致哀。今乃用鼓乐、用优人，命曰参材，是居忧之地，适为听乐之所也。若夫吊丧之礼，古人只鸡絮酒、生刍一束，千里来临，皆必有故。孔子云：为汝哭也，来者拜之。知伯高而来者，勿拜也。今则泛传讣音，牵率贵介，轩盖络绎，酒食讙呶，以漠不相识之人行漠不相关之吊，此何故也？至于祭者，三鼎五鼎，古人皆有定分。今则贩夫贾竖家，稍充腴，牲牢满座，祭奠连床，筵陈彝鼎之器，屏列谄媚之词，识者见之，哑然失笑。此等风俗，必礼教彰明，然后可以挽回而整齐之。大端之当革者如此。

吴、长、元三邑，皆附郭吴邑，田较瘠薄，而土产特饶。山有松薪，林有果实，圃有瓜蓏，兼种桑饲蚕，所在利益，故赋税易完。长、元二邑田多额重，力农外无他业，一遭水旱，正供易亏，逋欠岁积，日受扑抶，而官长亦多亏空之累，非民有浮顽，亦地势使然也。

东城之民多习机业。机户名隶官籍，佣工之人，计日受值，各有常主。其无常主者，黎明立桥以待唤，缎工立花桥，纱工立广化寺桥。又有以车纺丝者曰车匠，立濂溪坊。什百为群，粥后始散。向时颇称乐业，今则多失业矣。而机户以织作输官，时或不足，至负官债而补苴无术者，亦往往然也。

苏布名称四方，习是业者在阊门外上、下塘居多，谓之字号。自漂布、染布及看布、行布各有其人，一字号常数十家赖以举火，惟富人乃能办此。近来本重而利微，折阅者多亦外强而中干矣。

吴地善讴乐府，所传《白纻舞辞》《白符舞辞》《白凫鸠舞辞》，有舞必有辞，辞以节舞也。音虽纡缓，而讽劝存焉。他如《江南弄》《江南曲》《采莲》《采菱》等曲，皆得《吴歈》之遗。自魏良辅创为新声，竹肉相间，一字几度，一刻袅袅，欲绝将绝，复萦淫哇并起，而古意亡矣。此声音之微具，有古今升降之感。

虎丘、山塘，吴中游赏之地，春秋为盛，冬夏次之。每花晨月夕，仙侣同舟，佳人拾翠，暨四方宦游之辈，靡不毕集。读白乐天《宴游》诸诗，唐时已然矣。其间花市则红紫缤纷，古玩则金玉灿烂，孩童弄具，竹器用物，鱼龙杂戏，罗布星列，令人目不暇给。至于红栏水阁点缀，画桥疏柳，斗茶赌酒，肴馔倍于常价，而人愿之者，乐其便也。虽游者不无烦费，而贫民之赖以养生者亦众焉。

虎丘人善以盘松、古梅、时花嘉卉植之磁盆为几案之玩，一花一木皆有可观。人家苑囿中有欲栽培花果、编葺竹屏草篱者，非其人不为工。相传宋朱勔以花石纲误国，子孙屏斥不与四民之列，因业种花，今其遗风也。

士、农、工、商谓之"四民"。吴中贫户不务职业子弟，少岁教习梨园，色艺既高，驱走远方，献媚取利。此游惰民之最而寡廉鲜耻之尤者，里巷翻为美谈，亦可丑矣。至慕女作门楣，多重财货而轻骨肉者，此又君子所不忍道也。

吴中有三大蠹：一为讼师，民间凡有狱讼，出为谋主幻辞狡诈，惑乱官长，往往倾人之家；一为奸胥，舞文弄法，修怨肆螫，甚者能刺阴事以挟持官长；一为打降，言威胁人使降也。凡两造讦讼对簿乍毕，辄伺伏狙击，以假命诬人者亦多号召之，此辈积恶酿祸，每鲜令终。然前后相承，愍不畏死。司牧者为民除弊，当以此为首务云。

吴俗信鬼好巫，诸祀典不载者，每崇奉之，而祀五通神尤甚。巫言神娶某女为妾，女心动，鬼物若或凭之，久之，得羸疾死。又有求利之徒，书券契向神乞贷纸钱后，家道日兴，岁竭筋力千倍偿之，否则家立破。愚民奔走若狂，积三百余年矣。中州汤潜庵斌抚吴，疏于朝，土偶沉诸湖，木偶畀诸火，其患遂绝。然今迎神赛会之风未息也。前五六年，诡言春申君娶妻，极金珠、翠钿、侍女、从嫁、鸾旗、鼍鼓、龙笛、凤箫之盛，大家命妇有送嫁祠庙者，一时举动，传笑四方，而长民者不之问也。西门豹之投女巫，狄梁公之废淫祀，果异人任与？

量晴较雨，农人之长技。而元和所分，水泽为多，加以近年水旱屡见，晴雨关系尤重。田家五行口诀宜留心焉。每岁元旦，占候风云。风自东南来，岁必大稔。东风次之，东北又次之，西则歉，西北有红云气则稔，白黑则歉。谚云："岁朝乌漉秃，高低田稻熟。"元旦立春最佳。谚云："百年难遇岁朝春。"立春日宜晴暖。谚云："春寒多雨水，春暖百花香。”八日为谷日，俗呼为上八，是夜看参星过月西则旱，否则多水。谚云：“参星参在月背上，鲤鱼跳在镬榧上。参星参在月口里，种田种在石臼里。”又云：“上八不见参星，下八不见红灯。”

自元旦至十二日，当一岁之月，以瓶汲水，日准其轻重，以卜水旱。重则是月多水，轻则旱。正月十五夜月明时，建木表于地，长一尺五寸，据表之长而中分之为七寸半者，二月影适及为丰，不及则旱，过则水。二月十二日为花朝，晴则百物成熟。谚云：“有利无利只看二月十二。”三月亦喜晴，麦乃有秋。谚云：“三月沟底白，莎草变成麦。”上巳日听蛙声占水旱，午前鸣者高田熟，午后鸣者低田熟。唐人诗：“田家无五行，水旱听蛙声。”四月初八日夜雨则伤小麦。谚云：“小麦不怕神共鬼，只怕七日八夜雨。”十六日晴则水，大雨则旱，惟阴云为佳。芒种后逢壬日为入梅，梅天多雨，梅水极佳，蓄之瓮中，水味经年不变。《稗雅》云：“四五月间，梅欲黄落，蒸湿而雨，谓梅雨。”天寒主旱。谚云：“黄梅寒，井底干。”夏至日起，时时分三节，共十五日，三日为头时，五日为中时，七日为末时。梅雨时雨，田所必资也。方梅而雨则主旱，时尽而雨则主涝。谚云：“高田只怕迎梅雨，低田只怕送时雷。”中时而雷谓之腰鼓报，亦主多雨，名倒黄梅。五月忌甲申、乙酉日雨，雨则大水。《道山纪闻》云：“春夏甲申日雨，占为米贵。秋甲子雨，则稻禾吐芽，亦主谷贵。”《便民图纂》又云：“春甲子雨，撑船入市；夏甲子雨，赤地千里。秋甲子雨，禾头生耳；冬甲子雨，飞雪千里。”又五月朔旦为旱禾本命日，忌雨。四月二十日为小分龙日，五月二十日为大分龙日，前此雨必遍及。自分龙后，或及或不及，若有分之者。谚云：“夏雨隔田晴。”分龙次日雨则主丰稔。六月初不宜雨。谚云：“初一落雨井泉枯，初二落雨井泉浮，初三落雨连太湖。”小暑日若东南风及成片白云起，则有舶趠风，主退水兼主旱。苏东坡诗：“三时已断黄梅雨，万里初来舶趠风。”三伏宜晴宜热。谚云：“六月弗热，五谷弗结。”立秋日忌雷。谚云：“秋孛辘，损万斛。”秋后虹见为天收，虽稔亦减分数。处暑日喜雨，白露日雨主歉收。八月二十四日为稻藁生日，雨则藁多腐。谚云：“烧干柴，吃白米。”八月露下而雨为淋露，九日霜降而云为护霜。秋分在社前则田有收而谷贱，在社后则无收而谷贵。谚云：“分后社，白米遍天下；社后分，白米像锦墩。”九月九日晴，冬无雨雪。谚云：“九月十三晴，钉靴挂断绳。”霜降日有霜则米贵，小雪日见雪则米贱。十一月十七日为弥陀佛生日，东南风则米贵，西北风则米贱。谚云：“风吹弥陀面，有米也不贱；风吹弥陀背，无米也不贵。”冬至后逢第三戊为腊，腊前三番雪谓之三白。谚云：“若要麦，见三白。”又云：“腊雪是被，春雪是鬼。”主来岁丰，杀蝗虫子。谚云：“一寸雪入泥深一尺，一尺雪入泥深一丈。”苏东坡诗：“遗蝗入地应千尺。”郡志及长邑志俱载袁宏道《岁时纪异》云：立春日迎春于东郊，竞看土牛。今娄门有迎春坊，因是得名。元旦爆竹三声，然后启户。家之长幼列拜神祇，谒祠堂祖宗像，后拜尊长，以次贺岁，作春盘，啖节糕。佛寺烧香，礼年忏。今俗尚拜年，有从未识面而互相投帖拜贺，以多为荣者。然守礼清门，尚无此风。五日祀五路神以祈利达。上元食油䭔、粉丸，采松枝、竹叶结棚于通衢。昼则悬彩，杂引流苏；夜则燃灯，辉煌火树。朱门宴赏，衍鱼龙，列膏烛，金鼓达旦，名曰灯市。此风因岁歉民贫，久衰歇矣。妇女走历三桥，云可免百病。二月始和，即命楼船箫鼓游山览胜。十九日，相传观音大士诞辰，游支硎山，士女连袂进香。清明插柳扫墓。四月八日，浮屠以释迦诞，作浴佛会。端午为龙舟竞渡，户帖朱符，食角黍、石首鱼，饮雄黄菖蒲酒，簪榴花、艾叶，以辟邪。取蚕茧剪虎形，簪于鬓右，名茧虎。今则绌为之，或并用金丝，又加以蒜粽之类，并为人以坐虎背，名曰健人。六月二十四日游荷花荡，七夕乞巧穿针。今将面作花油煎，名巧果。十五日中元，修斋荐亡，为盂兰盆会，谓之鬼节。八月朔，取草头露磨墨，点小儿额、腹曰天灸。中秋，倾城游虎丘，笙歌彻夜。十八日昏时，登楞枷山望湖亭，看石湖中串月。二十四日，以新秫米为糍饵，祀灶。重阳登高，游治平寺。袁中郎云：“苏州三件大奇事：六月荷花二十四，中秋无月虎丘山，重阳有雨治平寺。”寺中牵羊赌采，为摊钱之戏。饮黄花酒，作骆驼蹄食之。今以糕代，名重阳糕。十月朔下元，再谒墓。冬至，尊长处贺节。入腊，舂一岁粮藏之藁囤，呼为冬舂米。今人多用仓廒，其米之杵多而好者曰四糙，次米冬舂，间有七日即黄者，此为下品。十二月观傩于市。初一日，扮男女灶王，向人家跳舞乞钱，至二十四日止。八日以菜果入米为粥，曰腊八粥。二十四日，拂屋尘，祀灶。是夕爆竹。旧志注引范成大《爆竹行》，直是火烧竹耳，今之所谓炮竹者，非是物也。以硝黄等类火药数种，用纸数十层，名曰炮杖，极小如豆，极大至尺许，有一声、双声至数十声者，声多者名霸王鞭，又名子孙炮杖，迎娶者用之。各燃火炉于门外，焰高者喜，谓之糿盆，今谓之松盆。田家烧长炬，名照田蚕。除夜，复炮竹，焚苍术及辟瘟丹，饮守岁酒。夜分祀瘟。今祀井祀门有之，祀瘟则无。易门神，更春帖，接新岁灶神，封井泉，插松柏、芝麻秸于檐端，画石灰于道，象弓矢以射祟。今亦有画米囤、飞钱之类于室中。一岁风俗，大抵如此。

《郡志》有《方言》一段，其中有不合于今者去之，合者存之。如相谓曰侬，如你侬、我侬也。谓不慧曰呆，范成大有《卖痴呆》诗。问为何如曰宁馨，晋山涛谓王衍：“何物老妪，生此宁馨儿？”谓嬉戏曰薄相，薄音勃。谓不任事曰缩朒，《汉·五行志》：“王侯缩朒。”骂佣工曰客作，《汉·匡衡传》：“衡乃与客作，而不求价。”谓绦脱之蕊为苏头，挚虞云：“流苏者，绢鸟尾垂之[1]若流然，以其蕊下垂，故曰苏。”谓葺理整齐之曰修娖，唐中和二年，修娖步伍。谓责人而姑警之曰受记，警谕以俟其悛改也。责人曰数说，如汉高之数项羽，范雎之数须贾，数其罪而责之。指镮曰手记，郑康成《诗笺》云：后妃群妾以礼御于君所，女史书其日月，授之以镮。当御者著于左手，既御者著于右手。谓虹曰鲎，许候切。嘲笑人曰阿瘖瘖。谓冷暖适中曰温暾，王建诗：“新晴草色暖温暾。”发粘曰膱，音织。《考工记》：“凡昵之类注。”物之不齐曰参差，参音搀，差音叉。七参八差是也。谓多聚曰多许，许字音若黑可切。语后每曰那，《后汉书》“公是韩伯休那”。亦曰哉。《左传》：“诺哉，与君王哉。”

---

① “垂之”原作“重之”，据《〔乾隆〕苏州府志·风俗》改。

卷十一

土田

马端临云：古人重田，后人重赋。重田，故疆里沟洫饬治维勤；重赋，故穗秸输将钩稽必悉，而不知重赋者，益不得不重田也。吴中之赋甲于天下久矣，夫田以泽国而腴，亦以泽国而削。今元和分壤，直葑、娄二门以东，登城一眺，汪洋瀰漫，皆巨浸也。淫潦一降，尾闾莫泄，则千万顷之绿畴、紫陌、红稻、香粳胥灭没于烟波浩淼之中矣。又况濒江绕湖之产，洪涛骇浪，日夕舂撞，其化为无何有者，何可胜道？而挂版籍者如故，奉催科者如故也。他如公占无产、积荒无主者，复不少焉，有心者其可不亟为之所乎？

今首标新邑土田总额，以举其纲；次列田、地、山、荡科则高下、荒熟之数，以详其目，纲目既举，开卷瞭然，然后仰稽前代田制，凡有关兹土者，悉以次附列。迄于今时，若前人论著可法、可传者，亦录之，以备采择。志土田。

雍正三年，始置元和。新县疆域既定，土田是分，所实征田、地、山、荡、溇、堑共六千一百六十五顷八十二亩一分一厘五毫，内实熟田、地、山、荡、溇六千六十七顷九十三亩一分九厘一毫；原荒田、地、山、荡、溇九十七顷八十八亩九分二厘四毫。

计田地五千七百九十九顷八十亩二分五厘六毫，内实熟田地五千七百一十七顷六十九亩三毫，原荒田地八十二顷一十一亩二分五厘三毫。

三斗七升五合田五千五百七十七顷一十亩六分八厘八毫。内实熟田五千五百二十四顷四十五亩一分二厘九毫，原荒田五十二顷六十五亩五分五厘九毫。

三斗田一顷八十八亩三分五厘五毫。内实熟田一顷七十亩八分七厘九毫，原荒田一十七亩四分七厘六毫。

二斗八升田七十七顷二十七亩一分四厘六毫。内实熟田六十八顷三十九亩八分三厘五毫，原荒田八顷八十七亩三分一厘一毫。

二斗六升一合七勺田二十五亩二分五厘七毫。实熟。

二斗六升田二顷八十八亩六分五厘五毫。内实熟田一顷二十亩四分一厘四毫，原荒田一顷六十八亩二分四厘一毫。

二斗五升田二顷十四亩六分五厘。实熟。

二斗三升田一顷五十亩八分七厘三毫。内实熟田一顷四十七亩一分八厘八毫，原荒田三亩六分八厘五毫。

二斗田七十八顷一十三亩一分八厘八毫。内实熟田六十八顷八十亩一分六厘九毫，原荒田九顷三十三亩一厘九毫。

一斗八升七合五勺田三十七亩三分三厘五毫。实熟。

一斗八升田一十七顷九十五亩三分四毫。内实熟田九顷四十三亩七毫，原荒田八顷五十二亩二分九厘七毫。

一斗六升田一亩三分二毫。实熟。

一斗五升田四顷七十九亩九分四厘四毫。内实熟田四顷七十九亩七分四毫，原荒田二分四厘。

一斗三升三合水堑六亩三分。实熟。

一斗三升田四十七亩六分二厘四毫。实熟。

一斗二升五合八勺田九亩七分八厘。实熟。

一斗二升五合田二顷六十六亩六厘二毫。实熟。

一斗二升二合田六分三厘五毫。实熟。

一斗二升田二顷七十一亩四厘一毫。实熟。

一斗一升九合田四十八亩二分八厘五毫。实熟。

一斗一升三合田二顷一十六亩一分二厘七毫。实熟。

一斗九合田七十九亩三分三厘九毫。实熟。

一斗三合田一十亩九分二厘八毫。实熟。

三斗七升五合地三顷三十七亩三分四厘一毫。内实熟地三顷二十六亩一分六厘八毫，原荒地一十一亩一分七厘三毫。

二斗八升地四顷二十一亩二分七厘。内实熟地四顷一十九亩一分九厘五毫，原荒地二亩七厘五毫。

下则一斗三升一合五抄地一十八顷三十二亩四分七厘七毫。内实熟地一十七顷六十二亩三分，原荒地七十亩一分七厘七毫。

六斗地一分。实熟。

四斗地二分五厘。实熟。

计荡三百六十六顷一亩八分五厘九毫，内实熟荡三百五十顷二十四亩一分八厘八毫，原荒荡一十五顷七十七亩六分七厘一毫。

一斗荡一百五十七顷一十五亩九厘二毫。内实熟荡一百四十二顷七十一亩三厘九毫，原荒荡一十四顷四十四亩五厘三毫。

七升荡九十六亩五分五厘九毫。实熟。

五升荡一百四顷三十六亩四分一厘五毫。内实熟荡一百三顷三十三亩九分七毫，原荒荡一顷二亩五分八毫。

四升二合荡二千亩九分二毫。实熟。

四升一合荡三十二顷六十五亩八分三厘五毫。内实熟荡三十二顷六十四亩八分七厘二毫，原荒荡九分六厘三毫。

三升五合荡二十二亩八分一厘一毫。实熟。

三升三合荡二顷七十四亩五分二厘三毫。实熟。

三升荡三十顷九亩八分五厘一毫。内实熟荡二十九顷八十六亩六分七厘二毫，原荒荡二十三亩一分七厘九毫。

二升荡九十四亩九分九毫。实熟。

一升五合荡一十顷五十二亩八分。内实熟荡一十顷四十五亩八分三厘二毫，原荒荡六亩九分六厘八毫。

止征一斗荡二亩八分七厘。实熟。

止征五升荡二十三顷六十九亩六分八厘。实熟。

止征三升荡二顷三十九亩六分一厘二毫。实熟。

按：元和分土，其前代疆理之法久载在长洲邑志中，宜未有异也。然观长邑旧志，惟约举宋元以来田制、顷亩、斗则、高下之数，以备遗忘，而不知古人当日所为制田之政、设田之官与论著修治水田之要者，其良法美意，时昭著史册间，而秕政之为田害者，亦自不少，不宜概置弗论也。用更订其有关兹土利弊及可为莅兹土之法戒者，益附入焉，庶经国者得有所考鉴云。

宋制

充进军仓者曰公田。亩租上自一石五斗，下至七斗一升四合。

傍江湖水浅处筑围为田曰围田。亩租四斗至三斗。

经理沙涨地为田曰沙田。亩租三斗至二斗。

开垦草地为田曰成田。亩收二斗。

民用工力耕种在公闲田曰营田。亩租四斗至三斗二升。

给与文武官员养廉地，召民佃种曰职田。亩租上自八斗七升，下至六斗三合五勺。

断没各项田土曰没官田，亦曰常平田。

乡民出助保正差役者曰义役田。

官买民田，岁储备荒曰局官租田，又曰社仓田。

给养鳏寡孤独、老幼残疾曰养济局田，亦曰居养院田。

官发以充囚食曰囚粮田。以上科租，高下有差，高者不逾一石五斗，下至三斗。

政和六年，立管干圩岸围岸官，法三年无隳损湮塞者赏之。平江府修围田二千余顷。《宋史》。

嘉祐五年，转运使王绳臣建议请令苏、湖、常、秀修作田塍，位位相接，以御风涛。令县官教诱殖利之户自作塍岸，定其劝课，当时推行之。《宋史》。

绍兴二年，诏守令到任半年，具水源湮塞合开修处以闻；任满日，以兴修水利图进，其劳效明著者赏之。《宋史》。

按：以上三则，真治吴要务，但必如朱子所云，推择官吏，委任责成，以实心行之，乃克奏效耳。

范文正公尝言于朝曰：江南围田，每一围方数十里，中有河渠，外有门闸，旱则开闸引江水之利，涝则闭闸拒江水之害，旱涝不及，为农美利。尝询诸高年，云曩时两浙未纳土时，苏州有营田军四部，共七八千人，又有撩浅夫，专为农事导河筑堤，以减水患。于是岁熟，钱五十文籴米一石。自归宋之后，慢于农政，不复修举田围，河港大半堕坏，江浙之米石不下一贯，比之往时，其贵十倍，民安得不困？国安得不虚也？《文献通考》。

乾道六年，监进奏院事李结献《治田三议》：一曰敦本，二曰协力，三曰因时。司农丞郑亶议云："古人治塘浦阔深者，盖欲取土以为堤岸，非专为决积水。若堤岸高厚，借令大水之年，江湖之水高于民田五七尺，而堤岸尚出于塘浦三五尺，故虽大水不入于民田，民田既不容水，则塘浦之水自高于江，而江之水亦高于海，不须决泄而水自湍流矣。此古人治低田之法也。若知决水而不知治田，则所谓开浚之地，不过积土于两岸之侧，霖雨荡涤，复入塘浦。不五七年，填淤如旧，前功尽弃。为今之务，莫若专务治田。乞诏监司守令相视苏、湖、常、秀诸州水田塘浦，紧切去处，发常平义仓钱米，多寡量行，借贷与田主之家，令就此农隙作堰车水，开浚塘浦，取土修筑两边田岸，立定丈尺，众户并力，官司督以必成。且民间筑岸，所患无土。今既开浚塘浦，积土自多。而又塘浦阔深，易以流泄。田岸既成，水害自去。此臣所谓敦本之义也。百姓非不知筑堤固田之利，然而不能者，或因贫富同段而出力不齐，或公私相吝而因循不治，非协力不可。百姓所鸠工力有限，必赖官中补助。官中非因饥歉，难以募民，兴役非因时不可。"《宋史》。

《文献通考》云：江东水乡，堤河两涯而田其中，谓之圩。农家云：圩者，围也。内以围田，外以围水，盖河高而田在水下。沿堤通斗门，每门疏港以溉田，故有丰年而无水患。

绍兴元年，诏议修圩官赏罚。《宋史》。

元制

田用围法，长洲通县田共一千七百八十八围。元世祖颁《农田辑要》之书，于民立司农司，专掌农桑、水利分布。劝农官及知水利者巡行郡邑，察举勤惰。所在牧民长官提点农事。岁终，第其成否？转申司农司及户部，户部考之以为殿最。又颁《农桑之制》一十四条于民，语繁，不能尽载。《元史》。

明制

洪武初，定天下土田为二等，曰官田，曰民田。官田如职田，如学田，如没入田，皆谓官田。准官田则起科，而没入官田，有一没再没至三四没者，等则递增，科米一石仅折银二钱五分，以宽之民田，如新开，如沙塞及民间所买之田，与夫寺观田，皆谓之民田。准民田则起科租二等，曰夏税，曰秋粮，有本色，有折色。盱江邓元锡《函史》。

按，《续文献通考》云：张士诚据姑苏，常遇春等统兵攻之，久不下。太祖怒其附寇，籍没义兵头目田及遍赐功臣田，悉照租额为税额，立其名曰官田，每亩起科至七斗五升，而民田则不过五斗起科。又按《长洲志》云：洪武初，官田凡一十一则：七斗三升、六斗三升、四斗三升、三斗三升、二斗三升、一斗三升、一斗五升、三升、一升。又功臣还官田、开垦田，俱名官田，上则一石六斗三升。又抄没田凡六则：七斗三升、六斗三升、五斗六升、五斗三升、四斗三升、四斗。又民田十则：五斗三升、四斗三升、三斗三升、二斗六升、二斗三升、一斗六升、一斗三升、五升、三升、一升之不同，是官民田之轻重又未可概论矣。

又按，王鏊云：洪武初，官田重额止于七斗三升，而令民间乃有一石三斗、一石六斗或二石者，盖莫知其所始，岂所谓抄没官田者乎？固非定则也。观此则知明初之田制在当时已不可考矣。

《日知录》云：官田自汉以来有之。《宋史》：建炎元年，籍蔡京、王黼等庄以为官田。开禧二年，诛韩侂胄。明年，置安边所。凡侂胄及其他权倖没入之田及围田、湖田之在官者，皆隶焉。输米七十二万一千七百斛有奇，钱一百三十一万五千缗有奇而已。景定四年，殿中侍御史陈尧道、右正言曹孝庆、监察御史虞宓、张晞颜等言：乞依祖宗限田议，自两浙江东西官民户逾限之田，抽三分之一买充公田，得一千万亩之田，则岁有六七百万斛之入。丞相贾似道主其议，行之。始于浙西六郡，凡田亩起租满石者，予二百贯，以次递减。有司以买田多为功，皆谬以七八斗为石。其后，田少与硗瘠，亏租与佃人负租而逃者，率取偿田主。六郡之民，多破家矣。《理宗纪》言：平江、江阴、安吉、嘉兴、常州、镇江六郡已买公田三百五十余万顷。而平江之田特多。元之有天下也，此田皆别领于官。《松江志》言：元时，苗税公田外，复有江淮财赋都总管府领故宋后妃田，以供太后。江浙财赋府领籍没朱清、张瑄田以供中宫。又《元史》：天历二年十月，立平江等处田赋提举司稻田提领所，领籍没朱国珍、管明田，以赐丞相脱脱，拨赐庄领宋亲王及新籍明庆、妙行二寺田又有汪关关满经历田。以赐影堂、寺院、诸王、近臣，又有括入白云宗僧田，皆不系州县原额，而《元史》所纪赐田大臣如拜住、燕帖木儿等，诸王如鲁王琱阿不剌、郯王彻彻秃等，公主如鲁国大长公主等，寺院如集庆、万寿二寺，无不以平江田，而平江之官田又多，至张士诚据吴之日，其所署平章、太尉等官皆出于负贩小人，无不志在良田美宅，一时献纳之产遍于平江，而一入版图，亦按其租簿没之。已而富民沈万三等又以事被籍，是故改平江曰苏州，而苏州之田多而又多。故宣德七年六月，知府况钟所奏之数，长洲等七县秋粮二百七十七万九千余石，而民粮止一十五万三千一百七十余石，官粮至二百六十二万五千九百三十余石，是一府之地无虑皆官田而民田不过十五分之一也。且夫民田仅以五升起科，而官田之一石者奉诏裁其十之三而犹为七斗，是民间之田一入于官，而一亩之粮化而为十四亩矣。此固其极重难返之势，始于景定，迄于洪武，而征科之额十倍于绍熙以前者也。

洪武二十年，进鱼鳞图册。先是，命户部核实天下田土，富民畏避差役，以田产诡寄亲邻、佃仆，奸弊百出。上闻之，遣国子监生武淳等往各处随其税粮多寡定为几区，区设粮长四人，使集粮户。耆民躬履田亩以度量之，图其田之方圆，次其事，悉书主名及田之四至，编汇成册，其法甚备，谓之鱼鳞图册。至是成上之。

按：朱子知漳州，以版籍不正，田赋不均，公私不胜其弊，惓惓议行经界。鱼鳞图册，即经界意也。

宣德七年，巡抚侍郎周忱清造田地拖圩册，赋则始清。

弘治十六年，长洲县实征官田地等项九千六百六十顷，民田地等项三千七百九十二顷有奇，学田一十四顷有奇。

按：洪武时，苏州一府田额共九万八千五百六顷。至是年会计，则官田至九万七千七百八十六顷三十五亩零，民田五万七千四百六十三顷六十二亩零。

嘉靖十七年，巡抚欧阳必进、知府王仪仿嘉兴知府赵瀛均田之策，令官田民调剂之。仪因督同通判蒙佾等，履亩清量，长洲县田地等项原额一万二千四百八十六顷有奇，今清出五百一十二顷有奇，共实科一万二千九百九十八顷有奇。

万历八年，诏行丈量田地科则一清。

按，《会典》：洪武时，天下土田总计八百四十九万六千五百二十二顷零，岁久滋弊，奸伪百出，豪强常有田无粮，而贫民日受其病矣。至弘治十五年，总计天下土田止四百二十二万八千五十八顷九十二亩零，视洪武田额且不及其半，而军国又受其病矣。时阁臣欲行清丈以洗其弊，咸以为便。诏行诸路，若有挠法者，皆请下理。以故天下奉行惟谨。凡庄田、职田、屯田、民田皆就疆理，无有隐奸。

万历四十八年，长洲县实征田、地、山、荡、溇共一万三千二百六十二顷一十六亩六分一厘五毫。其科则详见《赋税》中。

天启六年，长洲县实征田、地、山、荡、溇共一万二千九百六十一顷六十五亩五分三厘，其科则详见《赋税》中。内田地凡三十五则，共一万二千二十四顷三十二亩五分三厘三毫，山、荡、溇凡一十九则，共九百三十七顷三十二亩九分九厘七毫。

国朝

顺治二年，平定江南，其土田科则悉以前朝万历中为准。

康熙三年，清造鱼鳞册，长洲县实征田、地、山、荡、溇等项共一万三千二百六十一顷六十五亩五分四厘，科则详见《赋税》中。内学田一千六十四亩，塘工田五十亩，旧义役田一千八百五十亩，新义役田一千五百五十六亩，西宁侯禄粮田二千七顷四十一亩零，龙兴寺田一十顷九亩零。

田地凡五十七则，共实征一万二千三百二十四顷三十二亩五分四厘三毫；山、荡、溇等项凡二十二则，共实征九百三十七顷三十二亩九分九厘七毫。

康熙十五年，巡抚都御史马祜、布政司慕天颜详请题委长洲县知县李敬修清丈造鱼鳞图册，至十七年告竣。

原额田、地、山、荡、溇共一万三千二百六十一顷六十五亩五分四厘，今丈见一万三千二百七十顷一十四亩七分一厘四毫。又额外龙兴、禄粮二田、地、荡共三十七顷四十三亩一分五厘五毫，丈见与原额同。通共长洲县田、地、山、荡、溇、堑一万三千三百一十六顷五十七亩八分六厘六毫。其科则俱详载《赋税》中。

今元和县分得田、地、山、荡、溇、堑并丈升增等项共六千一百六十五顷八十三亩一分一厘五毫。科则详载《赋税》中。

按：古人疆理土田特重经界，遂人、匠人实掌其赋，而岁首又特命田大夫皆修封疆、审端径遂，故其时田无欺隐，赋无虚额，人无巧伪，诚仁政之要务也。后人清丈一法，即其遗意，特积久不举，则其弊又生。

今长洲县自康熙十七年清丈后，已垂五十年，奸民之飞诡影射既未能免，而江湖坍没及版荒公占为民累者，且日以寖多，而开垦复熟之隐匿未尽入官者，其数度亦不少。主计者惟有急举清丈之法，履亩清勘，奸弊自除。以有余补不足，以新赋抵旧额，既可减虚赔之患，又不亏惟正之供，计无有善于此者。今即不能合全邑以厘剔之，但专就版荒旧额及复熟新额与为清丈以抵坍没土田，殆未必无少补云。

卷十二

赋税

元和诸邑之所以分，凡以为赋重也。世宗宪皇帝悯浮赋之久为民累，沛然断自宸衷，于苏府减三十万，于松府减十五万。自雍正三年始，著为定例。今天子践祚，圣圣相承，加恩无已。于乾隆二年，恩诏条内苏、松二府，又裁减额征银二十万两，屡捐内府之金钱，频渥恩膏于蔀屋，如天之仁，度越千古，德莫大焉，惠莫溥焉。又前此督臣请添设诸邑，苏、松、常三府添设十三邑。仰邀俞允凡慎简良牧，以益广子惠于无穷。则莅兹土者，宜何如勤恤民隐，以上体皇仁，宁为保障，无为茧丝之盛意。与夫赋税者，国命与民命所交相系者也，奉九式之定制，作一路之福星，而于以上裕国计，下全民生，诚有民社者责也，孰能当此而无憾者乎？志赋税。

征米征银数

雍正三年，初设元和县，分得实征田、地、山、荡、漊合丈见原额，以及历年升科凡龙兴禄粮学田等共六千一百六十五顷八十二亩一分一厘五毫，共科平米二十一万六千五百八十二石九斗四升四合三勺五抄七撮。

三斗七升五合则

实熟田五千五百二十四顷四十五亩一分二厘九毫，平米二十万七千一百六十六石九斗二升六合四勺五抄；原荒田五十二顷六十五亩五分五厘九毫，平米一千九百七十四石五斗八升二合一勺九抄五撮。

三斗则

实熟田一顷七十亩八分七厘九毫，平米五十一石二斗六升三合七勺；原荒田一十七亩四分七厘六毫，平米五石二斗四升二合八勺。

二斗八升则

实熟田六十八顷三十九亩八分三厘五毫，平米一千九百一十五石一斗五升三合八勺；原荒田八顷八十七亩三分一厘一毫，平米二百四十八石四斗四升七合二勺。

二斗六升一合七勺则

实熟田二十五亩二分五厘七毫，平米六石六斗九合八勺。

二斗六升则

实熟田一顷二十亩四分一厘四毫，平米三十一石三斗七合七勺；原荒田一顷六十八亩二分四厘一毫，平米四十三石七斗四升二合六勺。

二斗五升则

实熟田二顷一十四亩六分五厘，平米五十三石六斗六升二合五勺。

二斗三升则

实熟田一顷四十七亩一分八厘八毫，平米三十三石八斗五升三合二勺；原荒田三亩六分八厘五毫，平米八斗四升七合六勺。

二斗则

实熟田六十八顷八十亩一分六厘九毫，平米一千三百七十六石三升三合八勺；原荒田九顷三十三亩一厘九毫，平米一百八十六石六斗三合八勺。

一斗八升七合五勺则

实熟田三十七亩三分三厘五毫，平米七石三勺。

一斗八升则

实熟田九顷四十三亩七毫，平米一百六十九石七斗四升一合二勺四抄；原荒田八顷五十二亩二分九厘七毫，平米一百五十三石四斗一升三合四勺。

一斗六升则

实熟田一亩三分二毫，平米二斗八合三勺。

一斗五升则

实熟田四顷七十九亩七分四毫，平米七十一石九斗五升五合七勺；原荒田二分四厘，平米三升六合。

一斗三升三合则

实熟水埑六亩三分，平米八斗三升七合九勺。

一斗三升则

实熟田四十七亩六分二厘四毫，平米六石一斗九升一合一勺三抄。

一斗二升五合八勺则

实熟田九亩七分八厘，平米一石二斗三升三勺。

一斗二升五合则

实熟田二顷六十六亩六厘二毫，平米三十三石二斗五升七合七勺。

一斗二升二合则

实熟田六分三厘五毫，平米七升七合五勺。

一斗二升则

实熟田二顷七十一亩四厘一毫，平米三十二石五斗二升四合九勺。

一斗一升九合则

实熟田四十八亩二分八厘五毫，平米五石七斗四升五合九勺。

一斗一升三合则

实熟田二顷一十六亩一分二厘七毫，平米二十四石四斗二升二合四勺。

一斗九合则

实熟田七十九亩三分三厘九毫，平米八石六斗四升八合。

一斗三合则

实熟田一十亩九分二厘八毫，平米一石一斗二升五合六勺一抄七撮。

三斗七升五合则地

实熟地三顷二十六亩一分六厘八毫，平米一百二十二石三斗一升三合；原荒地一十一亩一分七厘三毫，平米四石一斗八升九合九勺。

二斗八升则

实熟地四顷一十九亩一分九厘五毫，平米一百一十七石三斗七升四合六勺；原荒地二亩七厘五毫，平米五斗八升一合。

下则一斗三升一合五抄则

实熟地一十七顷六十二亩三分，平米二百三十石九斗四升九合五勺六抄五撮；原荒地七十亩一分七厘七毫，平米九石一斗九升六合七勺。

六斗则

实熟地一分，平米六升。

四斗则

实熟地二分五厘，平米一斗。

一斗则荡

实熟荡一百四十二顷七十一亩三厘九毫，平米一千四百二十七石一斗三合九勺；原荒荡一十四顷四十四亩五厘三毫，平米一百四十四石四斗五合三勺。

七升则

实熟荡九十六亩五分五厘九毫，平米六石七斗五升九合二勺。

五升则

实熟荡一百三顷三十三亩九分七毫，平米五百一十六石六斗九升五合三勺五抄；原荒荡一顷二亩五分八毫，平米五石一斗二升五合四勺。

四升二合则

实熟荡二十亩九分二毫，平米八斗七升七合九勺。

四升一合则

实熟荡三十二顷六十四亩八分七厘二毫，平米一百三十三石八斗五升九合七勺；原荒荡九分六厘三毫，平米三升九合五勺。

三升五合则

实熟荡二十二亩八分一厘一毫，平米七斗九升八合四勺。

三升三合则

实熟荡二顷七十四亩五分二厘三毫，平米九石五升九合三勺。

三升则

实熟荡二十九顷八十六亩六分七厘二毫，平米八十九石六斗七抄；原荒荡二十三亩一分七厘九毫，平米六斗九升五合三勺八抄。

二升则

实熟荡九十四亩九分九毫，平米一石八斗九升八合二勺。

一升五合则

实熟荡一十顷四十五亩八分三厘二毫，平米一十五石六斗八升七合四勺三抄；原荒荡六亩九分六厘八毫，平米一斗四合五勺。

止征一斗则

实熟荡二亩八分七厘，平米三斗七合一勺。

止征五升则

实熟荡二十三顷六十九亩六分八厘，平米一百二十六石七斗七升七合九勺。

止征三升则

实熟荡二顷三十九亩六分一厘二毫，平米七石六斗九升一合六勺。

共应征本色起存等米、麦、豆，合一十一万二千七百五十七石八斗三升一合九勺八圭三粟八颗五粒七黍五稷三糠三秕，遇闰加征漕粮正耗、漕赠等米二百四十石九斗一升一合四抄；又加征行月局恤等米三百九十五石二升二合一勺三抄六撮；又原荒复熟加征米三斗六升九合九勺六抄七撮九圭一粟六颗八粒一黍七秕。

共应征折色起存等银，除减赋银二万一千九百五十九两六钱四厘四丝七微一纤九沙三尘六渺八漠八埃一巡外，实征银七万一千九百四两三钱六分四厘四毫一丝七忽四微六纤三沙九尘一渺二漠八埃五巡，遇闰加征银七百九十两九钱二分二厘三毫四丝六忽四微二纤一沙三尘七渺一漠一埃八巡。

元和县田、地、荡共六千一百五十五顷四十九亩五分九厘，内版荒田、地、荡八十九顷九十九亩八分五厘三毫，又坍没田、地、荡八十一顷五十一亩四分五厘三毫，又公占田、地、荡一顷六十四亩五厘三毫。二项已经详宪核题豁免钱粮。

共平米二十一万六千五百二石五斗五升九合八勺，内版荒平米三千三十三石五斗六升一合三勺。已经详宪核题减科。

乾隆二年，钦奉恩诏再减赋银九千六百一十一两三钱九分七厘八毫，又钦奉上谕：白粮改漕减科经费银七百六十一两一钱二分九厘八毫五丝五忽二微六纤五沙四尘一渺九漠五埃，米六百三十一石五斗七升七合六勺六抄四撮七圭一粟四颗二粒一黍三稷四糠。

现在额征漕米一十一万二千二百二十六石三斗三升三合八抄四撮二圭四粟三颗四粒八稷九糠四秕三粞，遇闰加编米一百五十四石四斗八升一合六抄三撮九圭一粟六颗八粒一黍七秕。

额征地漕银六万三千八百六十六两六钱九分七毫一丝九忽三微七纤四沙九尘九渺八埃七逡六巡，遇闰加编银八百四十三两二钱一厘二毫一丝六忽一微一纤二尘八渺九漠一埃六逡二巡。

乾隆五年，知县张若爔附记。

征丁银数

雍正四年，元和县分得人丁，四万九千七百三十五丁，共应征丁银一千九百五十两一钱二分二厘七毫八丝九忽遇闰加征银七十五两二钱二分二厘七毫四丝九忽，其额外增溢人丁七百五十七丁，归于《盛世滋生册》内，钦遵恩诏，永不加赋。又分征匠班银三百六十八两六钱；又宝带桥罾网租银二两五钱。

本色起解支销数：

一、漕粮兑运正耗米八万六千七十石八斗二升三合六勺一抄六撮二圭二粟九粒二黍，遇闰折扣灰石减编米工二百二十九石四斗三升九合一勺。内漕粮正兑正米五万八千二十四石二斗八升四合九勺四抄八撮九圭七粟一颗一粒，遇闰折征灰石米一百六十二石四斗四升三合。加四耗米二万三千二百九石七斗一升三合九勺七抄九撮五圭八粟八颗四粒四黍，遇闰折征灰石米六十四石九斗七升七合二勺。漕粮改兑正米三千七百二十石六斗三升四合三勺七抄五撮一圭二粟四颗一粒，遇闰折征灰石米一石五斗五升三合。加三耗米一千一百一十六石一斗九升三勺一抄二撮五圭三粟七颗二粒八黍，遇闰折征灰石米四斗六升五合九勺。

一、漕赠五米四千三百三石五斗四升一合一勺八抄八圭一粟一颗四黍六稷，遇闰减编米一十一石四斗七升一合九勺四抄。

一、起运白粮正耗并舂办盘用等米九千七百三石八升二合八勺七抄九撮一圭三颗九粒。内白粮正米五千四百七十九石四斗八升七合九勺三撮七圭九粟八粒。白耗米二千四十六石五斗九升五合八勺五抄七撮一圭八颗六粒五黍。糙耗米五百五十四石五斗一升八合四勺七抄四撮七圭七粟一颗一粒三黍。舂办米一千二百二十七石九斗五升七合五勺一抄四撮三圭八颗四粒。运船水手饭米三百九十四石五斗二升三合一勺二抄九撮五粟二颗九粒二黍。

一、解南省仓白正米二十四石六斗一升二合二勺八抄九撮七粟一颗八粒四黍。奉裁夫耗米二十石六斗七升四合三勺二抄二撮八圭二粟四颗六粒四黍。

一、解南黑豆八十一石四斗四升二合八勺一抄八撮九圭六粟六粒九黍。奉裁夫耗米二十七石一斗四升七合九勺三抄六撮二圭四粟四颗四粒三黍。

一、解南糙粳并苏、太、镇等卫所军储改充兵粮及总归充饷共米六千八百九十五石七斗二勺三抄七撮一圭五粟七颗六粒九稷三糠三秕；遇闰加征米三斗六升九合九勺六抄七撮九圭一粟六颗八粒一黍七秕。内兵粮米五千九十七石四斗二升八合四勺九抄二撮三粟一颗六黍九稷三糠三秕；遇闰加征米三斗六升九合九勺六抄七撮九圭一粟六颗八粒五黍。省卫行月米一千七百九十八石二斗七升一合七勺四抄五撮一圭二粟六颗五粒四黍。

一、充饷局米一十一石二斗三升五合四勺四抄一撮二圭三粟八粒六黍。

一、充饷恤米二石九斗三升六合二勺五抄七撮一粟二颗六粒九黍。

一、扬州仓米七百六十七石一斗九升一合一勺七抄五撮九粟六颗七粒五黍。

一、镇江仓麦二百一十七石一斗二合三勺三抄四撮一圭四粟九颗六粒八黍。

一、苏、太、镇三卫运军行月米二千七十二石八斗七升七合九勺一抄二撮九圭五粟三颗五粒二黍；遇闰加征米一百八十二石三斗七升五合。

一、局匠口粮米二千二十三石六升三合五勺；遇闰加征米一百六十七石九斗四升七合一勺三抄六撮。

一、恤孤口粮米五百三十六石四斗，遇闰加征米四十四石七斗。以上各项扣起运白粮等米。

折色起解支消数

一、随漕轻赍席木正扛费银九千七百五十八两三钱八分二厘二毫三丝三忽二微五纤六沙四渺三漠三埃。

一、灰石银二千二百一十八两九钱四分三厘九毫；遇闰加征银二百七十五两三钱二分六厘九毫二丝。

一、漕赠十银八千六百七两八分二厘三毫六丝一忽六微一纤一沙一尘四渺八漠；遇闰减编银二十二两九钱四分三厘八毫八丝。

一、协济各仓米麦折正扛费并苏、太、镇三卫民七军储贴运等银四千五百三十三两八钱九分一毫六丝七微五纤六尘九漠；遇闰加征银一百六十八两二钱三分。内凤阳仓麦折正扛费银二百九两八钱九分八厘七毫四丝一微。又米折正扛费银四百四十一两八钱九分二厘五丝八忽。扬州仓米折正扛费银四百三十八两二钱六分三厘二毫六丝二忽三微三纤一沙六尘九漠。镇江仓麦折正费银九十五两四钱九分三厘四毫四丝六忽五纤。苏、太、镇三卫民七科正费银一百一十七两四钱八分四毫一丝七忽二微六纤九沙。苏州卫永丰军储银一千三百三十九两八钱二分六厘六毫七丝。太仓卫军储银八百八十六两二钱三分八厘一毫八丝七忽。镇海卫军储银七百八十四两二厘一毫八丝。又贴遇闰银[1]二百二十两七钱九分五厘二毫；遇闰加苏、太、镇三卫半折行月银一百六十八两二钱三分。

一、白粮募船水脚由闸总协部官经费等项，共银八千五百两二钱五分四厘一毫四丝四忽九微二纤七沙七尘六渺五漠。内节省充饷银四千七百一十一两六钱一分二厘八毫四丝八忽九微二纤七沙七尘六渺五漠。给军经费银三千七百八十八两

---

① 原作“又贴遇银”，据《〔乾隆二十六年〕元和县志》补作“又贴遇闰银”。

六钱四分一厘二毫九丝六忽。

一、淮镇修河米折正费并导河夫银七百五十六两四钱六分三厘二毫一丝四忽。内米折正银六百四十九两一钱七分五厘七毫；解费银一十二两九钱八分三厘五毫一丝四忽；导河夫银九十四两三钱四厘。

一、驿站夫马银二千一百五十三两五钱九分八厘；闰月银一百三十七两二分四厘。内新裁水旱夫工食银六十七两八钱九分九厘；闰月银五两六钱五分八厘。

一、各案奉裁秖应除仍裁并续裁外实该银七百三十二两五钱八分六厘。

一、各衙门官役俸工并存留支给共银二千五百二十七两五钱二分六厘七毫二丝四忽九微八纤二沙五尘五渺六漠六埃五逡；遇闰加增银一百二十四两七钱三分五毫六丝。

一、起存扛银七百八十一两二分五厘三毫五丝九忽一微一纤八沙六渺九埃；闰月银七两五钱五厘三毫。

一、起运地丁银三万九千八百一十三两三钱一分二厘五毫八丝六忽二微二纤八沙二尘八渺二漠四埃七逡四巡，除减赋外，实征银一万七千八百六十二两八钱六分五厘五毫四丝五忽五微八沙九尘一渺三漠六埃七逡三巡；闰月银四十九两九分八毫。

一、存留额编兵饷并裁扣各项升丈增总归充饷共银一万五千二百三十四两八钱八分五厘零。内除减丁银五十四两九钱一分五厘零；再除减赋银九两一钱五分七厘零，实征银一万五千一百七十两八钱一分三厘五毫六丝三忽三纤六沙五尘八渺七漠四埃六逡四巡，遇闰加征银一百一十九两二钱三分七厘五毫一丝六忽一微一纤二尘八渺九漠一埃六逡二巡。以上各项扣起运白粮等银。

以上起存二项，除额拨漕项银六百四十两一钱四分外，实详解司地丁银三万二千四百四十八两四钱五分四厘一毫八忽五微四纤五沙五尘一漠一埃三逡七巡；闰月银一百六十八两三钱二分八厘三毫一丝六忽一微一纤二尘八渺九漠一埃六逡二巡。

按：以上诸条乃分县以后之制也，前此者自宋以来复备书之，盖不读全史，不知本朝之深仁厚泽，真亘古无二也。昔圣祖仁皇帝广运之德，如天好生，赐累岁之租，不须岁祲，留上方之供，时佐民飧，亦既史不胜书，民不胜颂矣。

世宗宪皇帝嗣统，继爱民之志而益光大之，特沛鸿恩，减数百载之浮赋，以宽亿万姓之膏脂，汪濊之泽与三江共永矣。迩年雨暘失时，蠲赈相继，民不知灾。又特遣重臣巡视苏、松诸府，讲求水利，疏河筑闸，使蓄泄有资，复广积贮，以殚未雨绸缪之计。今皇上嗣位，复减浮赋二十万两，务期民登康阜，比户可封，深仁厚泽，有加无已。盖虽三代盛王，其视民如伤，恐未有若斯之深且切者也。可谓非至仁也乎？

宋

宋之岁赋其类有五：曰公田之赋，官庄、屯田、营田赋，民耕而收其租者是也；曰民田之赋，百姓各得专之者是也；曰城郭之赋，宅税、地税之类是也；曰杂变之赋，牛羊、蚕丝、食盐之类，随其所出变而输之者是也；曰丁口之赋，计丁率米是也。其输有常处，而以有余补不足，则移此输彼、移近输远，谓之支移。其入有常物，而一时所须则变而取之，使其直轻重相当，谓之折变。其输之迟速，视收成早晚，而宽为之期。夏有至十月、秋有至明年二月者，所以纾民力也。自祖宗承五代之乱，王师所至，务去民疾苦。苛细之敛，划革几尽。尺缣斗粟，无所增益。一遇水旱，徭役则蠲除倚阁，殆无虚岁。倚阁者后或岁凶，亦辄蠲之。而又田制不立、甽亩转易、丁口隐漏、兼并伪冒者，未尝考按，故赋入之利，视古为薄。丁谓尝曰："二十而税一者有之，三十而税一者有之。"盖谓此也。《文献通考》。

太平兴国中，遣左补阙王永、太仆寺高象先均定田税。凡田则中、下二等，中田一亩夏税钱四分四文，秋米八升；下田一亩夏税钱三分三文，秋米七升四合。

宋初，取民之额甚轻。自熙丰更法，崇观多事。靖炎军兴，乃随时增益焉。

大中祥符八年，复诏禁诸仓羡余。《宋史》。

元丰二年，平江府苗额三十四万九千斛，帛八万匹，纩二万五十两，免役钱八万五千缗有奇。《府志》。

淳熙十一年，平江府苗额三十四万三千二百五十六石，夏税折白钱四十三万九千三百五十六贯，上供诸色钱一百二十三万一千二百八贯各有奇。《府志》。

宝祐五年，定平江府苗额三十万三千三百八十石有奇。自后，岁实征税管三十五万六千五百贯，关子苗米二十八万三千九百石；续管二万三千三百石，赡军米九千四百石，各有奇。《府志》。

元

元之取民，大率以唐为法。其取于内郡者曰地税、曰丁税，此仿唐之租庸调也。

取于江南者曰夏税、曰秋税，此仿唐之两税也。《元史》。

至元十九年，用姚元之请，命江南税粮依宋旧例，折输绵绢杂物。是年二月，又用耿左丞言，令输米三之一，余并入钞，以折色以上百万锭为率，其输米者止用宋斗斛，以宋一石当今七斗故也。《元史》。

延祐四年，行经理法，悉以上中下三等八则计亩起科。平江府夏税丝二万二千四百斤，秋租银八十八万二千一百石，轻赍一千二百锭。度所入与宋倍蓰。《元史》。

明

洪武初，平江府夏税丝二十五万四千三百两，大麦正耗一万一百石，小麦五万一千八百石，豆一十七石，菜子二十七石。粮糙粳九十四石，钱钞一万九百八十贯各有奇；秋粮正耗二百一十四万六千六百石，黄豆二千二百八十石，各有奇。花椒八斤七两五钱。《府志》。

七年五月，上以苏、松、嘉、湖四府租税太重，特令户部计其数，如亩税七斗五升者除其半，以苏民力。《长洲县志》。

十三年，又奉上命，比年苏、松各郡之民困于重赋，而官不知恤，其重者宜悉减之。于是，旧额田亩科七斗五升至四斗四升者，减十之二；四斗三升至三斗六升者，俱止征三斗五升。以下仍旧。自今年为始，通行改科。《长洲县志》。

建文二年，均江浙田赋，诏曰：国家有惟正之供，田赋不均，民不可得而治。江浙赋独重，而苏松准私租起科，特以惩一时之顽民耳，岂可为定例，以重困此一方民，宜悉与蠲免。照各处起科，亩则不过一斗，苏松人仍得任户部。《长洲县志》。按：永乐继统，尽革建文之政，仍照洪武则例，卒不得减。

宣德五年，减苏府赋七十二万石有奇，从巡抚周忱、知府况钟之言也。

按：自明祖以私租科税，吴民大困，然蠲租之诏时下，且建都金陵，转漕便利，及迁都北平，漕运费烦，民益不支，苏府逋额至七百九十一万余石，常、松亦然。乃特命周公巡抚其地。公与知府况钟曲算数月，时苏府官民田赋共二百七十七万石，乃奏减七十二万余石，他府以次减，民困少苏。先是，知府金公纲奏称额重，文皇怒，槛车至京以死，事虽不行，其人正未可没也。

七年三月，奉旨但系官田塘地税粮，不分古额、宋元之额。近额，洪武之额。悉依宣德五年六月二十四日敕谕恩例，每田一亩纳粮自一斗至四斗者，各减十分之二，自四斗一升至一石以上者，各减十分之三，永为定例。《长洲县志》。

巡抚侍郎周忱清造《田地拖圩册》，赋则始清。长洲县原额科米四十一万二千七百三十一石有奇，清出隐蔽科米一万五千五百一十二石，共正米四十二万八千二百四十三石有奇。《长洲县志》。

八年，巡抚周忱奏定加耗折征例。洪武、永乐中，税粮额重，繁费滋多，每正米一石征平米二石，而犹不足，忱尽除宿弊，设法通融。二年后，逋欠悉完。至是着为定例。加耗如征正粮，每石加耗六七斗不等，凡夏税、麦豆、丝绵、户口、食盐、马草、义役、军需、颜料、逃绝、积荒田粮起运脚耗，悉总此支拨。其后视岁丰凶，及会计多寡，或减或加，卒不出此数折征。如每金花银一两一钱，准平米四石六斗，或四石四斗，每两加车脚销压银八厘。

按：先是，秋粮有正有耗，官田耗重，民田耗轻，或豪户耗轻，小民耗重，甚苦不均。文襄公抚吴，创为平米法，官民田皆画一加耗。初年正米一石加耗米七斗，计输将远近之费为支拨，支拨之余者，存贮县仓，曰余米。次年余米多，正米一石减加耗为六斗。又次年，余米益多，减加耗为五斗。最后令县各立仓贮余米，曰济农仓。数年之间，仓米大饶。凡陂塘堰圩之役，计口而给食者。于是取之江河之运，不幸遭风涛凶失者，得以假借。农时犁牛种食不能自给，及水旱之灾，辄用以济，民困大苏。后主计者掊克取容，悉以耗余归正赋，税额反盈，而民力益惫矣。

正统元年，行在户部奏浙江直隶苏松等处减除岁粮数目已命重覆，尚多不实，请移文各处巡抚侍郎并司府县官，用心覆实。其官田、准民田起科，每亩秋粮四斗一升至一石以上者，减作二斗一升；二升至二斗者，减作一斗。明白具奏，送部磨勘。

四年，奏准苏、松等府官民田地，因水坍涨去处，有司丈量。涨出者给附近小民承种，照民田例起科，坍没者悉与开豁税粮。

弘治十六年，巡抚都御史魏绅、知府林世远详定实征册，通府夏税丝三十二万八千四百六十两有奇。长洲县九万九十两。麦五万三千六百六十四石有奇。长洲县一千八百石。钞二万一千九百六十三贯七百七十二文。崇明县丝麦钞俱无。秋粮正米二百三万八千六百四十石连耗米共三百五万六千一十四石各有奇。长洲县四十一万七千七百石。通府秋粮运解南北两京白糙等米，连耗三十七万九千四百四十五石。此上供及勋臣官吏禄俸俱系民运。兑军运北京计正米六十五万五千石；耗米五十七万七百二十七石。俱漕运总兵派拨各卫官军来仓兑运京通二仓以为军储。王府白熟米连耗一万一百七石。此系亲王在京充禄米之数，及之国乞恩，遂令苏民远道输送，所费倍蓰，民尤苦之。淮安改兑正耗米五万五千四百四十石；折色京库金花银折米五十七万四千五百石；

阔白绵布折米一十五万一千石；凤阳、扬州二府折银米一万四千五百一十八石。《府志》。

按：洪武中正耗不过二百一十四万，至永乐以后，漕运愈远，加耗滋多，乃至三百万石。逮宣德中，周忱、况钟已奏减七十余万石矣。后来如嘉靖三年、万历四十八年，苏赋之额皆不逮此，而此条除夏税外，正耗米已三百五万六千一十四石有奇，不应增多至此，恐有伪谬，不足深据也。

嘉靖三年，知府胡缵宗著《田赋考》，条目有八：一原额，一原坐，一岁征，一岁科，一岁办，一每岁不时加派数略，一验派征粮法，一验派运粮法。《经赋考验》。

按：宣德间周文襄公《苏郡拖圩图册》今不可得而见矣。至嘉靖初，郡守胡公《田赋考》即文襄遗法。今考其岁征之数，通府本色米一百四十二万八千九百五十二石零，折色银四十四万七千九百九十八两，内折粮、折麦银共十九万五千一百五十三两零，每银一两折米四石，麦折亦如之。又阔白布，一十九万匹，每匹折米一石。是时，正耗米约征二百七十余万石，然而金花阔布轻折在内，实征于民者不过二百二十余万石耳。

十七年，知府王仪核摊田粮斗则，轻重始均。

按：《经赋册》：嘉靖中，嘉兴知府赵瀛始建均田之策，巡抚欧阳公因锐意调剂。知府王公请尽括官民田裒益之，履亩清丈。于是始定不等科则，长洲县三则，最重者三斗七升五合。吴县二则，最重者三斗四升四合。昆山三则，最重者三斗三升五合；吴江亦三则，最重者三斗七升六合；常熟四则，最重者三斗二升；太仓三则，最重者三斗三升；嘉定土稍瘠，科则不等，最重者二斗八升，盖尽苏郡起存岁用。又桑株地，亩例征丝绢、马草等项，俱已摊粮均派，不复另款输纳。总计二百四十七万四千二百一十三石有奇，正米二百三万有奇，外耗米四十四万四千二百余石，以备地方公用。后因主计者以苏郡有派剩余米，尽括而归之官，遂以耗作正，相沿至今。

巡抚都御史欧阳必进、知府王仪核造经赋册，以八事定税粮：一曰以原额计其始。本府官民田地若干亩，征米若干石，征麦若干石。二曰以事故除其虚。除公占田地若干亩不纳米钞，荡若干亩。三曰以分项别其异。官田地五斗以上不起耗田若干亩，一斗以下、四斗以上加耗田若干亩，民田地加耗田若干亩，坍荒折银田地若干亩，原勘版荒田地若干亩，告勘纳银积荒草荡若干亩，白水荡若干亩，免垦免税田若干亩，夏税科麦不科粮田地若干亩，新涨河涂若干亩，坍江坍湖积荒草荡若干亩，告垦免税荡若干亩。四曰以归总正其实。额征平米若干石，除纳银平米若干石，该本色米若干石，折色银若干两，练兵银若干两。五曰以坐派起其运。户部坐派本色米若干石，折色银若干两，马草若干束，小麦若干石，丝绢若干匹，料价若干两。六曰以运余拨其存。起运秋粮外，该存留本色若干石支派某项，折色若干两支派某项。七曰以存余考其积。存留本、折二色派余正数及削并畸零，谓之羡余，俱存贮备用。八曰以征一定其额。凡金花白银粗细布价，一例均摊各衙门，正耗、白粮外，加春办等项，省去头绪，止作本色粮米、折色白银两项派征。又以八事考里甲：一曰丁田，二曰庆贺，三曰祭祀，四曰乡饮，五曰科贺，六曰恤政，七曰公费，八曰备用。又以三事定均徭，曰银差，曰力差，曰马差，著为定例。自是，民间输纳止入本折二色，里中及均徭应纳官者，并入折色征之。

二十五年，总理粮储工部尚书李充嗣言：苏、松、常、嘉、湖五府，正德年间，以内府新添小火者五千三十二名，岁用食粮，各府增派共二万四千一百四十八石，余解进供用库及节年所派南京酒醋局等衙门，复不下数千通，加耗共一十三万七千余石。岁比不登，小民重困，乞敕该部核免。户部题覆从之。

三十三年，加编练兵银六万九千四百八十六两四钱一分一毫。长洲县加银一万二千八百八十五两五分三厘六毫。

三十六年，加征工部四司工料银二万三千三百四十六两有奇。长洲县加银二千九百五十两三钱零。

万历十七年，巡抚周继、知府石昆详定经赋册，长洲县除西宁侯禄田外，实征田、地、山、荡一万三千二百五十九顷一亩零，平米四十五万四千三十九石零。

二十年，征东募兵，议增府属田税每亩加编银三厘。

万历四十八年，长洲县实在田、地、山、荡、溇共一万三千二百六十二顷一十六亩六分一厘五毫，内听祁知县官置役田五十一亩七厘五毫，设立官役津贴役费外，实征官民田、地、山、荡一万三千二百六十一顷六十五亩五分四厘。国初，赋税大率准此，故详志之。内六斗地一分，五斗地二分，四斗地二分五厘，三斗七升五合官田一万一千三百一十八顷四十八亩九分，平米四十二万四千四百四十三石三斗三升七合五勺。

上则三斗七升五合地一十六顷八十二亩三分八厘六毫，平米六百三十石八斗九升四合七勺五抄。

三斗田五顷五十四亩二分二毫，平米一百六十六石二斗六升六勺。

二斗八升民田五百六十一顷一亩七分六厘七毫，平米一万五千七百八石二斗一升四合八勺。

中则二斗八升地四十六顷三十九亩八分三毫，平米一千二百九十九石一斗四升四合八勺。

二斗六升一合七勺田二十五亩九分五厘六毫，平米六石七斗九升二合七勺。

二斗六升田一十顷一十九亩四分四厘四毫，平米六百二十五石五升五合四勺。

二斗五升田二十八亩八厘五毫，平米七石二升一合五勺五抄。

二斗三升田二十二亩八分三厘，平米五石二斗五升九勺。

二斗九合田一亩二分，平米二斗五升八勺。

二斗田地一百六十五顷八十二亩七厘九毫，平米三千三百一十六石四斗一升五合。

一斗九升一合田三十亩，平米五石七斗三升。

一斗八升七合五勺田四十八亩二分，平米九石三斗七合五勺。

一斗八升田五十顷六十一亩五分七厘八毫，平米九百一十一石八升四合。

一斗六升田二亩，平米三斗二升。

一斗五升三合五勺田四亩一分五厘一毫，平米六斗三升七合二勺。

一斗五升一合五抄地一亩二分三厘，平米一斗八升五合七勺九抄。

一斗五升田三顷二十九亩三分五厘三毫，平米四十九石四斗三合。

一斗四升五合田一十亩，平米一石四斗五升。

一斗四升田三顷一十亩五分九厘三毫，平米四十三石四斗八升三合。

一斗三升七合六勺田二顷三亩六分六毫，平米二十七石八斗三升二合九勺。

一斗三升三合水堑三分五厘，平米四升六合五勺五抄。

下则一斗三升一合五抄地一百二十八顷九十三亩三厘九毫，平米一千六百八十九石六斗三升二合七勺五抄。

一斗三升田二亩七分二毫，平米三斗五升一合一勺六抄。

一斗二升五合八勺田九亩七分九厘，平米一石二斗三升一合六勺。

一斗二升五合田二顷六十五亩八分七厘九毫，平米三十三石二斗三升四合八勺二抄。

一斗二升二合溇一亩，平米一斗二升二合。

一斗二升田三顷二十亩九分四厘一毫，平米三十八石五斗一升二合九勺。

一斗一升九合田四十四亩六分六厘，平米五石二斗一升四合四勺。

一斗一升三合田一顷六亩二分二厘二毫，平米一十二石三合一勺。

一斗一升一合田六亩九厘四毫，平米六斗七升六合四勺。

一斗九合田二顷二十九亩六分八厘八毫，平米二十五石九斗三升六合。

一斗三合五勺田一十八亩七分五厘二毫，平米一石九斗四升八勺。

一斗三合田二十六亩三分六厘七毫，平米二石七斗一升五合八勺。

一斗田、地、荡二百一十九顷四十二亩四分七厘四毫，平米二千一百九十四石二斗二升七合四勺。

七升荡二顷五十九亩七分九厘，平米一十八石一斗八升五合三勺。

六升五合五勺荡三十一亩七分四厘，平米二石七升六合六勺。

六升四合田一亩一分一厘四毫，平米七升一合三勺。

五升田荡一百二十三顷七十二亩三分二厘二毫，平米六百一十八石六斗一升六合六勺。

四升四合荡一亩一分三毫，平米四升八合五勺。

四升二合荡四亩四分二厘，平米一斗八升五合六勺。

四升一合荡一百四十六顷九十九亩五分六厘五毫，平米六百二石六斗八升二合一勺六抄。

三升五合荡二十亩，平米七斗。

三升三合荡三十二亩二分平米一石六升二合六勺。

三升荡五十七顷二十九亩四分五厘七毫，平米一百七十一石八斗八升三合七勺。

二升荡七十二亩九分五厘五毫，平米一石四斗五升九合一勺。

一升六合山六亩五厘八毫，平米九升六合九勺。

一升五合山荡二百二顷五十三亩一厘八毫，平米三百三石七斗九升五合二勺七抄。

一升一合荡六亩，平米六升六合。

一升荡二十六亩，平米二斗六升。

不等则荡田一十二顷一十亩三分八厘一毫，平米五十八石一斗三合九勺。

河田三十二亩五分，平米九斗二升八合。

水面税粮浮长等米五十二石七斗七合八勺。

止征不等山荡一百七十顷三十一亩九分三厘六毫，平米八百三十三石二斗三升五合七勺。

另不料粮地一分四厘六毫。

又减则平米四百四十石七斗五合五勺。

右通县额征平米四十五万四千三十九石九斗九升八合五勺，将应征增减扣算外，实每平米一石验派本色米四斗八升八合五勺九抄零，内兑军民运米四斗五升九合六勺零，军储恤孤米二升八合九勺七抄零，折色银二钱四分六厘九毫。

该减免派剩米一升七合四勺二抄。另编练兵银二分八厘三毫零，贴役解扛银一分一厘一毫九丝。

每人丁一丁编派均徭银二分一厘六毫零，里甲银一分六厘一毫零。

每田一亩编派均徭银七厘二毫一丝，里甲银五厘三毫九丝，暂编辽饷银三厘五毫。又扛银四丝九忽。

每不等斗则荡溇一亩概派均徭银三厘六毫六忽，里甲银二厘六毫九丝，暂编辽饷银一厘七毫二丝。又扛银二丝四忽。

泰昌元年，即万历四十八年。加派边饷银五厘五毫。内户部三厘五毫，兵、工二部各一厘，并原派三厘五毫，其亩九厘，今谓之九厘地亩银。

天启六年，知县张茂梧详抚请立便民碑记。

验派田地

三斗七升五合田，每亩本色一斗八升五合四抄，折徭一钱二分七厘二毫零。

三斗田，每亩本色一斗四升八合七勺五抄，折徭一钱六厘二毫零。

二斗八升田，每亩本色一斗三升八合八勺三抄，折徭一钱六毫零。

二斗六升一合七勺田，每亩本色一斗二升九合七勺六抄，折徭九分五厘四毫零。

二斗六升田，每亩本色一斗二升八合九勺一抄，折徭九分五厘六忽零。

二斗五升田，每亩本色一斗二升三合九勺六抄，折徭九分二厘二毫零。

二斗三升田，每亩本色一斗一升四合四抄，折徭八分六厘五毫零。

二斗九合田，每亩本色一斗三合六勺三抄，折徭八分七厘九忽零。

二斗田，每亩本色九升九合一勺六抄，折徭七分八厘一毫零。

一斗九升一合田，每亩本色九升四合七勺，折徭七分五厘六毫零。

一斗八升七合五勺田，每亩本色九升二合九勺七抄，折徭七分四厘六毫零。

一斗八升田，每亩本色八升九合二勺五抄，折徭七分二厘五毫零。

一斗六升田，每亩本色七升九合三勺三抄，折徭六分六厘九毫零。
一斗五升三合五勺田，每亩本色七升六合一勺一抄，折徭六分五厘一毫零。
一斗五升田，每亩本色七升四合三勺七抄，折徭六分四厘一毫零。
一斗五升一勺五抄地，每亩本色七升四合八勺九抄，折徭六分四厘四毫零。
一斗四升五合田，每亩本色七升一合八勺九抄，折徭六分二厘七毫零。
一斗四升田，每亩本色六升九合四勺一抄，折徭六分一厘三毫零。
一斗三升三合水堑，每亩本色六升五合九勺四抄，折徭五分九厘四毫零。
一斗三升六合七勺田，每亩本色六升七合七勺八抄，折徭六分四毫零。
一斗三升田，每亩本色六升四合四勺五抄，折徭五分八厘五毫零。
一斗二升五合八勺田，每亩本色六升二合三勺七抄，折徭五分七厘三毫零。
一斗二升五合田，每亩本色六升一合九勺八抄，折徭五分七厘一毫零。
一斗二升二合溇，每亩本色六升四勺九抄，折徭五分六厘三毫零。
一斗二升田，每亩本色五升九合五勺，折徭五分五厘七毫零。
一斗一升九合田，每亩本色五升九合，折徭五分五厘四毫零。
一斗一升三合田，每亩本色五升六合二抄，折徭五分三厘七毫零。
一斗一升一合田，每亩本色五升五合三抄，折徭五分三厘二毫零。
一斗九合田，每亩本色五升四合四勺，折徭五分二厘六毫零。
一斗三合五勺田，每亩本色五升一合三勺一抄，折徭五分一厘一毫零。
一斗三合田，每亩本色五升一合七抄，折徭五分九毫零。
一斗三升一合五抄地，每亩本色六升四合九勺七抄，折徭五分八厘八毫零。
六斗地，一分本色二升九合七勺五抄，折徭一分八厘零。
五斗地，二分本色四升九合五勺八抄，折徭三分二厘四毫零。
四斗地，二分五厘本色四升九合五勺八抄，折徭三分三厘五毫零。

验派山荡

一斗田、地、荡，每亩本色四升九合五勺八抄，折徭三分九厘零。
七升河荡，每亩本色三升四合七勺，折徭三分六毫零。
六升五合五勺荡，每亩本色三升二合四勺七抄，折徭二分九厘四毫零。
六升四合田荡，每亩本色三升一合七勺三抄，折徭二分九厘零。
五升荡，每亩本色二升四合七勺九抄，折徭二分五厘零。

四升四合荡，每亩本色二升一合八勺一抄，折徭二分三厘三毫零。

四升二合荡，每亩本色二升八合二抄，折徭二分二厘八毫零。

四升一合荡，每亩本色二升三勺二抄，折徭二分二厘五毫零。

三升五合荡，每亩本色一升七合三勺五抄，折徭二分八毫零。

三升三合荡，每亩本色一升六合三勺六抄，折徭二分三毫零。

三升荡，每亩本色一升四合八勺七抄，折徭一分九厘四毫零。

二升荡，每亩本色九合九勺一抄，折徭一分六厘六毫零。

一升六合山，每亩本色七合九勺三抄，折徭一分五厘五毫。

一升五合山，每亩本色七合四勺三抄，折徭一分五厘二毫零。

一升一合荡，每亩本色五合四勺五抄，折徭一分四厘一毫零。

一升荡，每亩本色四合九勺五抄，折徭一分三厘八毫零。

河田，每亩本色一升四合一勺五抄，折徭一分九厘零。

止征不等山荡，每亩本色二升四合二勺五抄，折徭二分四厘七毫零。

不等则田荡，每亩本色二升三合八勺，折徭二分四厘五毫。

验派人丁

额编人丁一十四万八百九十九丁，每丁徭里银三分八厘九毫零。

崇祯元年，加编因粮输饷银四千九百两二钱八分五厘三毫。

九年，加编因粮输饷银四千五百五十一两七钱九分三厘。以上二年，止于管输五两以上官、大户派征，不增入会计。

十年，改编因粮输饷为均粮并溢地银共四千二百七十九两三钱四分九毫，加入条编按亩均输。部文止征解一年。

十二年，加编练饷银三万八百一十六两二钱九分九厘三毫。

十三年，免征均粮溢地剿饷。

十四年，加给苏州陆营兵月粮一钱，该银五十六两二钱五分五厘四毫。

十五年，诏免加派练饷。

国朝

顺治二年，平定江南。上念苏、松赋重，其额征悉准前朝万历中为则，以苏民力。仍诏蠲本年税粮十分之七、兵饷十分之四，其明末无垫之征，悉永除之。

三年，巡抚都御史土国宝，照前朝巡抚黄希宪所奏题行白粮官运，计亩均编役费。

四年，复征九厘地亩银三万三千六百六十三两六钱五分三厘九毫四丝八忽。即万历四十六年以后递增边饷。巡抚都御史土国宝，题改织局口粮，俱征本色。

九年，总督漕运沈文奎题定加编白粮正耗米，工部题加都水司料价银二千七百二十三两七钱四分五厘五毫四丝三忽。

十四年，免各卫仓加编席竹等米。巡抚都御史张中元编定《赋役全书》。

十七年，改折解北南运白粮米七千九百一十五石一升七合八勺一抄，该折征银一万一千八百七十二两零。

顺治十八年三月，上谕查洪武以来因有雠怨，或一处钱粮征收甚重，或一处不许牛耕，教人自耕，此等情由，尔部察议奏。

康熙元年，总督漕运蔡士英题加扬州仓本色米、工部题用灰石于漕粮，内改折正耗米起解，每石折银一两二钱，仍征五米六分十银一钱。

康熙三年，长洲县原额平米四十五万四千三十九石九斗九升八合五勺，内除前朝会计有积荒祭田等米七千四百九十三石二斗七升零，续奉各院道详允公占、祠寺、义冢、版荒、坍没田粮等米一万四千五百四石二斗五升九合，共荒平米二万一千九百九十七石五斗三升零，俱照本色每石征折银五钱。又科练兵银三分七忽零，共该银一万一千六百七十二两七分零。另征外实熟平米四十三万二千四十二石四斗六升四合八勺，照依新订经制起存钱粮，实征验派每平米一石，派征条折兵饷银三钱一分八厘四毫零，该银一十三万七千五百八十八两五钱九分七厘零。又科本色米豆五斗一升三合六勺零，该米豆二十二万二千一百二十七石四斗九升一合八勺零。又科本色麦一合一抄零，该麦四百三十九石五斗六升一合二勺四抄。又将前山荡二亩准田一亩，共该折净田一万三千七百九十二顷九十九亩二厘一毫，每亩科九厘，地亩银九厘一毫零，该银一万一千六百六十八两八分八厘一毫零。又将前田内除优免乡绅举贡生员等户田五百三十顷四十九亩三分，该优免银六百六十六两六钱五分零。又解部充饷不算外，实存折净田一万二千二百六十二顷四十九亩七分二厘二毫，每亩科傜里银一分二厘五毫零，该银一万五千四百三两五钱九分九厘一毫零。

右五项，共银一十七万六千九百九十九两五厘零。

原额人丁一十万五百七十二丁，内除乡绅举贡生员优免人丁二千五百五十三丁半，今奉文止免本身一丁，该一千一百一十三丁，余存丁一千四百四十丁半，并吏承不免，该银五十四两三钱六厘六毫零。又编审新增人丁九百四丁，该银三十四两八分六毫零，解部充饷外，实在当差人丁九万八千一十八丁半，每丁科徭里银三分六毫，该银三千六百九十五两二钱八分二厘二毫零，合田地人丁二项，共银一十八万七百八十二两六钱七分四厘五毫零。

以上折色征收总数。

户部本折银七万六千一百八十七两七钱二分九厘四毫零。

礼部本折银四百九十九两六钱七分九厘三毫。

兵部折色银七百一十二两七钱五分。

工部本折银八千六百三十八两四钱七分零。

四部本折滴珠垫扛解费银四千一十九两九分七厘二毫零。

轻赍芦席等银二万九百四十八两三钱二分九厘三毫零。

白粮募船水脚银一万四千四百二十二两四钱二分四厘九毫零。

解南改解北部银三十七两九钱四厘一毫零。

协济河工并各仓米麦折银三千七百六十一两七钱七分八厘九毫零。

协济站银二千四百一十两二钱。

南糙贴役银五百九十二两四钱四厘一毫零。

解南折色兵饷银四千二百四十二两四钱二分二厘五毫零。

本府各营兵饷银一万六千六十九两九钱七分三厘零。

存留折色军储银六千六百二十五两三厘八毫三丝。

存留支给银一千七百六十两五钱八分八厘八毫零。

新定经费俸工等银二千六百七十五两六钱四分九厘，实余剩银一百九两八钱五分九厘六毫零。

白粮经费工食银一千九百二十两一钱七分一厘五毫。

本县支给银九千六百四十四两七钱九厘六毫零。

裁省并解费银三千七百四十八两四钱九分一厘五毫零。

优免丁粮解部充饷银七百五十五两三分七厘四毫零。

以上折色起解支销总数。

额征本色夏税麦四百五十九石五斗六升一合二勺四抄。

额征本色秋粮米二十二万一千九百六十二石五斗九升六合八勺零。

额征黑豆一百六十四石八斗九升五合。以上征收本色总数。

兑军正米一十二万五石四斗六升五合,加四耗米四万八千二石一斗八升六合。

改兑正米七千六百九十五石七合。加三耗米二千三百八石五斗二合一勺。

白粮正米一万一千九十四石一斗七升三合一抄五撮。

耗米五千二百六十六石四斗六合八勺一抄六撮;舂办米二千四百八十六石二斗一升二合八勺三抄;运船水手饭米七百九十八石七斗八升四勺五抄七撮八粟。

协济扬州仓米七百七十六石六斗五升五合七勺零。

协济镇江仓米四百三十九石五斗六升一合二勺四抄。

解南各卫仓白粳正米一百九十二石一斗二升九合四勺三抄;耗米三十八石四斗二升五合八勺零;舂办米四十六石一斗一升一合六抄零;夫船米七十六石八斗五升一合七勺零。

兵粮糙粳米一百六十二石三斗五升二合五勺。

黑豆夫船米五十四石九斗六升五合。

各卫仓糙粳米八千五百四十一石三斗七合八勺五抄。

存留本色一万四千四百一十二石六升四合四勺。

以上本色起解支销实数。

又折色绫纱料价银一千三百六十二两一钱五分五厘六毫零。每五年奉工部题准派征。

四年,巡抚都御史韩世琦请征白粮本色科。臣杨雍建相继具疏,准永不改折。是年,因星变,诏尽蠲顺治十八年以前积欠钱粮。

五年,巡抚都御史韩世琦请减浮粮。

十年,田、地、山、荡一万三千二百六十一顷六十五亩五分四厘,共科平米四十五万四千三十九石九斗九升八合五勺,内荒平米二万一千九百九十七石五斗三升三合七勺,实熟平米四十三万二千四十二石四斗六升四合八勺,派征本色米二十二万二千四百七十七石四斗二升五合七勺零,豆一百六十四石八斗九升五合,麦四百三十九石五斗六升一合二勺四抄,折色银一十七万七千五百三十七两六钱七分五厘二毫零,每平米一石派本色米五斗一升四合九勺零,豆三勺八抄零,麦一合一抄零,折色银三钱二分五毫四丝零一。另项优免银六百六十六两六钱五分一毫零。

原额新增人丁一十万一千四百七十六两，共派征银三千七百一十三两一钱四分一厘一毫零。又另项优免等银八十八两三钱八分七厘二毫。

又康熙五年，审增人丁七百六十五丁，该科银三十一两五钱二分五厘五毫。

又不在丁田内匠班，一千一百二十二名，该银六百八十一两三钱。

又宝带桥罾网银二两五钱。

右正杂各项，总计征本色米、麦、豆二十二万三千八十一石八斗八升一合三勺一抄，折色银一十八万二千七百二十三两一钱七分九厘三毫零。

本色起运存留数

起运地丁米二十万六千五百一十二石四升九合六勺一抄。

起运地丁豆一百六十四石八斗九升五合。

存留地丁米一万五千九百六十五石三斗七升五合九勺一抄，遇闰加米八百四石二斗三升二合五勺。

存留地丁麦四百三十九石五斗六升一合二勺四抄。

折色起运存留数

起运地丁正垫滴珠银九万三千一十五两三钱六分四毫，扛银一千五百六十七两四钱八分九毫，解费银一千八百一十九两一钱一分三毫。遇闰加正垫滴珠银九十九两九钱四分四厘九毫，扛银一十五两二钱八分一毫，解费银一两七钱四分四厘二毫。

存留地丁银八万五千九百六十三两五钱九分九厘七毫，遇闰加银一千一百一十六两八钱八分一厘五毫。

办料数

本色北绢二十八匹一丈三尺六寸三分三厘一毫。每匹原价银一两五钱。

本色南绢二匹九分四厘七毫。每匹原价银七钱。

本色颜料等项共料二千二百二十二斤一十一两四钱二分七厘。

以上办料三项俱改折。

另附轮编各项折色绫绢料价并解费银一千三百六十二两一钱五分五厘六毫。

每五年奉工部题准派征饯行会试举人每名酒席盘缠银三十两。新中式举人每名坊仪银一百五十五两二钱。花红旗匾牌坊酒席及各上司行贺通在此内。新中进士每名行贺酒席牌坊等银共一百二十四两；新中武进士每名坊仪银五十一两。旧科武举人会试每名路费二十四两；新科武举人同。府州县宴待应试生员每名盘缠银三两，舟金五钱，卷资三钱，宴待花红酒席二钱八分二厘，共四两八分二厘。诸项于顺治十三年准部议奉裁充饷。康熙二十年，奉恩诏酌复。

又复编姑苏驿纤夫银四百三十二两，部议归并漕项十银，与地丁一例征收。

部议准存归项下银七钱三收放。

十三年，布政司使慕天颜请减浮粮。疏载《艺文》。

十八年，夏秋不雨，飞蝗蔽野，禾稼俱尽。巡抚都御史慕天颜，题准灾轻重蠲折有差。又题准自康熙十三年起至十六年止，一应钱粮俱分年带征，民困少苏。

十九年，水大灾，巡抚都御史慕天颜具题准循例照灾轻重蠲减地丁钱粮有差。

二十年，荡平三逆，颁赦十七年以前钱粮尽行蠲复。

二十一年，巡抚都御史慕天颜再疏请减浮粮。疏载《艺文》。

二十三年九月，上谕江南、浙江等处地方，缘前兵兴转饷繁苦，特加轸恤。二十四年起运二十三年漕米，概免十分之三。府属除嘉定改折，崇明存留外，余六州县原漕米七十九万四千七百三石二斗一升三合八勺，内除常熟留漕五万六千八百七十七石八斗四升八勺外，征运米七十三万七千八百二十五石四斗九合，内蠲米二十六万四千九百一石七升一合二勺。又圣驾东巡，谕所过地方宜加轸恤，蠲免长、吴二县二十四年丁银七千八百七十九两四钱四分一毫零。

二十四年十月，巡抚都御史汤斌请减浮粮。疏载《艺文》。

二十六年，圣恩蠲免苏州府二十七年应征地丁各项钱粮并二十六年未完钱粮，尽行蠲免。

二十七年，重编《长洲简明赋役全书》。

一、旧《全书》内开载各部寺衙门钱粮十有余条，此等钱粮俱已并归户部，今俱删除，止存地丁、起运、存留、漕项、河工等切要款目编入《全书》，以便稽查。

一、银米尾数自忽、撮以下，径行截去，银三两四钱二分八厘一毫六丝，米九石九斗一升九合六勺四抄。

一、本县地亩七十一则、人丁二则，如新增人丁、开垦地亩俱应照原编等则起科，毋得另立科则，致轻重不符。

一、旧《全书》内田地，每亩科平米若干，每平米一石科税粮银若干、漕赠银若干、南漕米各若干，又每田一亩派徭里银若干、九厘银若干，今将此等名色俱合作一处，止开每亩征银若干、征米若干，不耗外加耗，以致多派累民。

一、起运漕米原有定数，遇闰年，灰石折银数多，起运漕粮数少；不遇闰年，灰石折银数少，起运漕米数多，以致由单奏销册内，漕项、银米、钉船等数，每岁增减不一，难以稽查。今将增减款目删去，惟按旧《全书》原额定数编造，俾本折银米岁岁划一，以便稽查。

一、旧《全书》内开载本色物件。康熙二十三年十二月内九卿会议，已经定价在案。今将原编本色物件银两归入起运银内，办价之时，该县照九卿会议定价，在于起运银内动用。嗣后如有增办物料，亦照会议定价，在于起运银内动用。

一、廪生饩原额，每名一十两，遇闰加一两。顺治十四年，裁三分之二。康熙二年，又将所留之一全裁。于二十四年五月内，仍复三分之一在案。该县将应支之数，在起运内支给。

一、文武科场银两，向系每年预将数目编定，存贮州县，届科举年，始解藩司供用。今归入起运内，遇宾兴年，藩司径按应用之数于起运银内动用。

一、旧《全书》内共征米二十万余石、豆一百余石、麦四百余石，每田地一亩征米一斗几升，又征豆一勺几抄，麦几勺几抄，百姓难以输纳。今将此豆、麦名色除去，一概征米，以便输纳。

一、驿站钱粮，原额银二百八十八两，该县照应需之数，即于本县起运银内径行支销。如岁额钱粮不敷，藩司即于本府附近州县起运银内径行拨给，永停隔属。

拨征米、征银数

原额田、地、山、荡、堑、溇共一万三千三百一十六顷五十七亩八分六厘七毫分，七十一则征收。

一则三斗七升五合熟田一万一千七十七顷七十一亩九分五厘一毫，每亩征银一钱六分九毫一丝，共银一十七万八千二百五十一两五钱八分四厘六毫三丝；每亩征米一斗九升七合八勺四抄，共米二十一万九千一百六十一石六斗二合七勺八抄。

二则三斗七升五合荒田三百一十一顷三十七亩三厘一毫，不派本色，每亩征地徭银二钱二分一厘六毫六丝，共银六千八百八十六两二钱六分五厘七毫七丝。

一则三斗熟田一顷九十二亩七分七厘七毫，每亩征银一钱三分三厘二毫一丝，共银二十五两六钱七分九厘八毫二丝；每亩征米一斗五升八合二勺七抄，共米三十石五斗一升八合一抄。

二则三斗荒田一十九亩一分一厘五毫，不派本色，每亩征地徭银一钱八分一厘四毫一丝，共银三两四钱六分七厘六毫五丝。

一则二斗八升熟田三百顷一十三亩三分四厘四毫，每亩征银一钱二分五厘八毫二丝，共银三千七百七十六两二钱七分八厘九毫四丝；每亩征米一斗四升七合七勺二抄，共米四千四百三十三石五斗七升一合一勺七抄。

二则二斗八升荒田二百五十九顷八十二亩一厘六毫，不派本色，每亩征地徭银一钱七分八毫一丝，共银四千四百三十七两九钱八分八厘一毫五丝。

一则二斗六升一合七勺熟田二十五亩二分五厘七毫，每亩征银一钱一分六丝，共银三两七分九丝；每亩征米一斗三升八合七抄，共米三百四斗八升七合二勺三抄。

一则二斗六升熟田一顷八十一亩八分九厘九毫，每亩征银一钱一分八厘四毫三丝，共银二十一两五钱四分二厘二毫九丝；每亩征米一斗三升七合一勺七抄，共米二十四石九斗五升一合八勺。

二则二斗六升荒田五顷三十三亩四分二厘二毫，不派本色，每亩征地徭银一钱六分二毫一丝，共银八十五两四钱五分九厘五毫三丝。

一则二斗五升熟田二顷五十七亩九分八厘三毫，每亩征银一钱一分四厘七毫四丝，共银二十九两六钱九毫六丝；每亩征米一斗三升一合八勺九抄，共米三十四石二升五合三勺七抄。

二则二斗五升荒田一十四亩八分一厘七毫，不派本色，每亩征地徭银一钱五分四厘九毫一丝，共银二两二钱九分五厘三毫。

一则二斗三升熟田一顷五十一亩八分，每亩征银一钱七厘三毫五丝，共银一十六两二钱九分五厘七毫三丝；每亩征米一斗二升一合三勺四抄，共米一十八石四斗一升九合四勺一抄。

二则二斗三升荒田三亩六分八厘五毫，不派本色，每亩征地徭银一钱四分四厘三毫一丝，共银五钱三分一厘七毫八丝。

一则二斗熟田一百四十三顷七十二亩一分三厘五毫，每亩征银九分六厘二毫七丝，共银一千三百八十三两六钱五厘四毫三丝；每亩征米一斗五合五勺一抄，共米一千五百一十六石四斗三合九勺六抄。

二则二斗荒田三十三顷一十亩一分二厘二毫，不派本色，每亩征地徭银一钱二分八厘四毫一丝，共银四百二十五两五分二厘七毫六丝。

一则一斗八升七合五勺熟田三十七亩三分三厘五毫，每亩征银九分六毫六丝，共银三两四钱二分二厘一毫；每亩征米九升八合九勺二抄，共米三石六斗九升三合一勺七抄。

一则一斗八升熟田一十一顷六十三亩四分四厘八毫，每亩征银八分八厘八毫九丝，共银一百三两四钱一分八厘八毫九丝；每亩征米九升四合九勺六抄，共米一百一十石四斗八升一合二抄。

二则一斗八升荒田三十七顷一十亩三厘八毫，不派本色，每亩征地徭银一钱一分七厘八毫一丝，共银四百三十七两七分九厘五毫七丝。

一则一斗六升熟田一顷七亩一分七厘三毫，每亩征银八分一厘五毫，共银八两七钱三分四厘五毫九丝；每亩征米八升四合四勺一抄，共米九石四升六合四勺七抄。

二则一斗六升荒田一十六顷一十九亩一分三厘四毫，不派本色，每亩征地徭银一钱七厘二毫一丝，共银一百九十五两二分九厘三毫五丝。

一则一斗五升熟田一十六顷八十八亩三分八厘六毫，每亩征银七分七厘八毫一丝，共银一百三十一两三钱七分三厘三毫一丝；每亩征米七升九合一勺三抄，共米一百三十三石六斗一合九勺八抄。

二则一斗五升荒田三十六亩九分四厘一毫，不派本色，每亩征地徭银一钱一厘九毫六丝，共银三两七钱六分四厘六毫五丝。

一则一斗四升五合荒田一十亩一厘七毫，不派本色，每亩征地徭银九分九厘二毫六丝，共银九钱九分四厘二毫八丝。

一则一斗四升熟田一顷八十二亩八分九毫，每亩征银七分四厘一毫，共银一十三两五钱四分七厘九毫七丝；每亩征米七升三合八勺六抄，共米一十三石五斗二合二勺七抄。

二则一斗四升荒田三顷四十八亩五分一厘二毫，不派本色，每亩征地徭银九分六厘六毫一丝，共银三十三两六钱六分九厘七毫四丝。

一则一斗三升六合七勺熟田一顷八十三亩一分二厘六毫，每亩征银七分二厘，共银一十三两三钱四分九厘八毫八丝；每亩征米七升二合一勺二抄，共米一十三石二斗七合四抄。

一则一斗三升三合熟堑六亩三分，每亩征银七分一厘五毫三丝，共银四钱五分六毫三丝；每亩征米七升一勺七抄，共米四斗四升二合七抄。

一则一斗三升熟田三顷五十七亩五分七毫，每亩征银七分四毫二丝，共银二十五两一钱七分五厘六毫四丝；每亩征米六升八合五勺八抄，共米二十四石五斗一升七合八勺三抄。

一则一斗三升荒田五十五亩二分二厘三毫，不派本色，每亩征地徭银九分一厘三毫一丝，共银五两四分二厘四毫一丝。

一则一斗二升五合八勺熟田九亩七分八厘，每亩征银六分八厘八毫七丝，共银六钱七分三厘五毫四丝；每亩征米六升六合三勺七抄，共米六斗四升九合九抄。

一则一斗二升五合熟田二顷六十六亩六厘二毫，每亩征银六分八厘五毫七丝，共银一十八两二钱四分三厘八毫七丝；每亩征米六升五合九勺四抄，共米一十七石五斗四升四合二勺二抄。

一则一斗二升二合熟漤田六分三厘五毫，每亩征银六分七厘四毫七丝，共银四分二厘八毫四丝；每亩征米六升四合三勺六抄，共米四升八勺六抄。

一则一斗二升熟田二顷七十一亩四厘一毫，每亩征银六分六厘七毫三丝，共银一十八两八分六厘五毫六丝；每亩征米六升三合三勺一抄，共米一十七石一斗五升九合六勺。

一则一斗一升九合熟田四十八亩二分八厘五毫，每亩征银六分六厘三毫六丝，共银三两二钱四厘一毫九丝；每亩征米六升二合七勺八抄，共米三石三升一合三勺三抄。

一则一斗一升三合熟田二顷一十六亩一分二厘七毫，每亩征银六分四厘一毫四丝，共银一十二两八钱六分二厘三毫八丝；每亩征米五升九合六勺一抄，共米一十二石八斗八升三合三勺三抄。

一则一斗一升熟田二亩九分五厘三毫，每亩征银六分三厘四毫，共银一钱八分七厘二毫一丝；每亩征米五升八合五勺六抄，共米一斗七升二合九勺二抄。

一则一斗一升一合荒田六亩三分六毫，不派本色，每亩征地徭银八分一厘二毫共，银五钱一分二厘二毫九丝。

一则一斗九合熟田九十亩八分二厘七毫，每亩征银六分一厘六毫六丝，共银五两六钱九分一厘二毫一丝；每亩征米五升七合五勺，共米五石二斗二升二合五勺五抄。

二则一斗九合荒田八十一亩八厘，不派本色，每亩征地徭银八分一毫一丝，共银六两六钱六分一厘三毫五丝。

一则一斗三合五勺熟田八亩七分八厘三毫，每亩征银六分六厘三丝，共银五钱三分二厘五毫一丝，每亩征米五升四合六勺，共米四斗七升九合五勺五抄。

一则一斗三合熟田三顷八十七亩七分一厘三毫，每亩征银六分四毫五丝，共银二十三两四钱三分七厘二毫五丝；每亩征米五升四合三勺四抄，共米二十一石六升八合三勺二抄。

一则三斗七升五合熟地四顷一十四亩三分二厘一毫，每亩征银一钱六分九毫一丝，共银六十六两六钱七分一毫六丝。每亩征米一斗九升七合八勺四抄，共米八十一石九斗七升一合四勺四抄。

二则三斗七升五合荒地一十一亩一分七厘三毫，不派本色，每亩征地徭银二钱二分一厘一毫六丝，共银二两四钱七分一厘。

一则二斗八升熟地八顷六十八亩一分九厘六毫，每亩征银一钱二分五厘八毫二丝，共银一百九两二钱二分四厘三毫四丝；每亩征米一斗四升七合七勺二抄，共米一百二十八石二斗四升九合九勺四抄。

二则二斗八升荒地六亩三分二厘九毫，不派本色，每亩征地徭银一钱七分八毫一丝，共银一两八分一厘五毫。

一则一斗三升一合五抄熟地一百四顷六十五亩三分三厘二毫，每亩征银七分八毫一丝，共银七百四十一两五分一毫五丝；每亩征米六升九合一勺四抄，共米七百二十三石五斗七升三合五抄。

二则一斗三升一合五抄荒地二顷四十二亩一分七厘，不派本色，每亩征地徭银九分一厘八毫七丝，共银二十二两二钱二分八厘一毫五丝。

一则六斗熟地一分，每亩征银二钱四分四厘，共银二分四厘四毫，每亩征米三斗一升六合五勺五抄共米三升一合六勺五抄。

一则五斗熟地二分，每亩征银二钱七厘七丝，共银四分一厘四毫一丝；每亩征米二斗六升三合七勺九抄，共米五升二合七勺五抄。

一则四斗熟地二分五厘，每亩征银一钱七分一毫四丝，共银四分二厘五毫三丝；每亩征米二斗一升一合三抄，共米五升二合七勺五抄。

一则一斗熟田、地、荡、溇二百八顷二十四亩四厘六毫，每亩征银四分八厘一毫三丝，共银一千二两二钱六分一厘三毫三丝；每亩征米五升二合七勺五抄，共米一千八十八石四斗八升八合四勺二抄。

二则一斗荒田、地、荡六十七顷二十九亩九分四厘一毫，不派本色，每亩征荒折地徭银六分四厘二毫，共银四百三十二两六分二厘二毫一丝。

一则七升熟荡八顷三亩二分七厘一毫，每亩征银三分七厘五丝，共银二十九两七钱六分一厘一毫九丝；每亩征米三升六合九勺三抄，共米二十九石六斗六升四合七勺九抄。

一则六升五合五勺熟荡二十六亩八分二厘九毫，每亩征银三分五厘五毫九丝，共银九钱四分九厘四毫七丝；每亩征米三升四合五勺五抄，共米九斗二升六合九勺四抄。

一则五升熟地田荡溇一百九十七顷三十亩六分二厘一毫，每亩征银二分九厘六毫七丝，共银五百八十五两四钱七厘五毫二丝；每亩征米二升六合三勺六抄，共米五百二十石二斗九升六合四勺七抄。

二则五升荒田荡一顷四十五亩七分，不派本色，每亩征地徭银三分七厘七毫，共银五两四钱九分二厘八毫九丝。

一则四升四合熟荡一十七亩五分一厘一毫，每亩征银二分七厘四毫五丝，共银四钱八分六毫七丝；每亩征米二升三合二勺一抄，共米四斗六合四勺三抄。

一则四升二合熟荡二十亩九分二毫，每亩征银二分六厘七毫一丝，共银五钱五分八厘二毫九丝；每亩征米二升二合一勺五抄，共米四斗六升二合九勺七抄。

一则四升一合熟荡九十五顷九十八亩四分七厘六毫，每亩征银二分六厘三毫四丝，共银二百五十二两八钱二分三厘八毫五丝；每亩征米二升一合六勺三抄，共米二百七石六斗一升五合三勺。

二则四升一合荒荡九分六厘三毫，不派本色，每亩征地徭银三分二厘九毫三丝，共银三分一厘七毫一丝。

一则三升五合熟荡二顷三十二亩四厘三毫，每亩征银二分四厘一毫三丝，共银五两五钱九分九厘；每亩征米一升八合四勺六抄，共米四石二斗八升三合五勺一抄。

一则三升三合熟荡二顷八十亩七分一厘一毫，每亩征银二分三厘三毫九丝，共银六两五钱六分五厘八毫三丝；每亩征米一升七合四勺一抄，共米四石八斗八升七合一勺七抄。

一则三升熟荡七十四顷一十五亩四分九厘五毫，每亩征银二分二厘二毫八丝，共银一百六十五两二钱一分七厘二毫二丝；每亩征米一升五合八勺二抄，共米一百一十七石三斗一升三合一勺三抄。

二则三升荒荡二十九亩一分五厘二毫，不派本色，每亩征地徭银二分七厘一毫，共银七钱九分四丝。

一则二升熟荡九十四亩九分九毫，每亩征银一分八厘五毫九丝，共银一两七钱六分四厘三毫五丝；每亩征米一升五勺五抄，共米一石一合二勺八抄。

一则一升五合熟田山荡溇一百九十三顷一十五亩六分五厘八毫，每亩征银一分六厘七毫，共银三百二十三两三钱四分四厘一毫四丝；每亩征米七合九勺一抄，共米一百五十二石七斗八升六合八勺五抄。

二则一升五合荒田荡五十五亩三分六厘五毫，不派本色，每亩征地徭银一分九厘一毫五丝，共银一两六分二毫一丝。

一则一斗熟荡二十二亩八分六厘一毫，每亩征银五分七毫二丝，共银一两一钱五分九厘五毫；每亩征米五升六合四勺五抄，共米一石二斗九升五勺。

一则五升熟山荡六十五顷九十二亩一分四厘五毫，每亩征银三分九毫六丝，共银二百四两九分二厘八毫；每亩征米二升八合二勺二抄，共米一百八十六石三升三勺三抄。

一则三升熟山荡二十六顷四十五亩七分三厘八毫，每亩征银二分三厘六丝，共银六十一两一分七毫一丝；每亩征米一升六合九勺三抄，共米四十四石七斗九升二合三勺四抄。

一则二升熟荡二亩五分五厘二毫，每亩征银一分九厘一毫一丝，共银四分八厘七毫六丝；每亩征米一升一合二勺九抄，共米二升八合八勺一抄。

以上共地丁银二十万四百三十八两一钱九分一厘二毫三丝，遇闰加银一千九十四两七分一厘三毫九丝，共米二十二万八千九百一十三石九斗一合八勺五抄，遇闰加米八百四石二斗三升二合五勺六抄。

征丁银数

人丁九万八千一十八丁五分；每丁征银三分九厘一毫三丝，共银三千八百三十五两四钱六分三厘九毫。

又复优免绅衿本身丁九百一丁五分；未据报免，仍每丁征银三分九厘一毫三丝，共银三十二两八钱四分一厘六毫四丝。

以上共丁银三千八百六十八两三钱五厘五毫四丝，遇闰加银一百四十九两七钱八分二丝。又不在地丁之内。另征网租银二两五钱。又匠班银六百八十一两三钱。

起运存留银数

通共征银二十万四千九百九十二两九钱九分六厘七毫七丝，遇闰加银一千二百三十三两八钱五分一厘四毫一丝。

一、起运银一十三万七千九十七两四钱一分六厘一毫一丝，遇闰月加银五百五十五两三钱七分三厘五毫四丝。

一、漕项银六万一百三十二两九钱八厘九毫七丝，遇闰加银三百四十二两五钱，内轻赍银一万五千六百五十两一钱六厘五毫二丝，易米银七十七两一钱九分三厘九毫六丝，芦席银六百七十八两九钱五分七厘六毫三丝，木板银二百七十六两八钱八分七厘三毫八丝，扛解银四百八十两一分五厘九毫三丝。

过江六升米折银二千六百五十四两九钱九厘五毫三丝。

灰石米折银四千五百一十七两五钱八分七厘二毫。

漕赠银一万七千四百八十一两七分六毫。

白粮经费银七千七百二十七两九钱三厘五丝。

凤阳仓米麦折银一千二百九十七两一钱五分七厘八毫。扛解银二十九两八钱三分四厘六毫一丝。

扬州仓米折银八百七十三两四钱八分七厘九毫四丝。扛解银一十八两七钱七分九厘九毫九丝。

镇江仓麦折银一百九十两六钱四厘七毫。解费银三两八钱一分二厘九丝。

苏、太、镇三卫浅船民七银二百三十四两四钱九分六毫四丝，解费银四两六钱八分九厘八毫六丝。

苏、太、镇三卫军储银六千一百二十八两二钱四分八厘七毫九丝，遇闰加银三百四十二两五钱。贴运银四百四十九两五钱二分八毫。

江宁省卫行月银一千三百五十七两六钱。

一、河工银一千五百四十八两一钱一厘七毫六丝。工部核销。

一、存留银六千二百一十一两八钱六分九厘九毫三丝，遇闰加银三百三十五两九钱七分七厘八毫七丝。

巡抚俸银二十九两六钱四分五厘。

钞关巡捕官廪粮银二十四两，遇闰加银二两。

知府俸银六十二两四分四厘。

海防同知俸银八十两。门子二名，工食银一十二两，遇闰加银一两。皂隶一十二名，工食银七十二两，遇闰加银六两。步快八名，工食银四十八两，遇闰加银四两。轿伞夫七名，工食银四十二两，遇闰加银三两五钱。灯夫二名，工食银一十二两，遇闰加银一两。

司狱俸银三十一两五钱二分。皂隶二名工食银一十二两，遇闰加银一两。

府学教官俸银三十一两五钱二分。膳夫二名，工食银四十两，遇闰加银三两三钱三分三厘三毫。门斗三名，工食银二十一两六钱，遇闰加银一两八钱。

知县俸银四十五两。门子二名，工食银一十二两，遇闰加银一两。皂隶十六名，工食银九十六两，遇闰加银八两。民壮五十名，工食银三百两，遇闰加银二十五两。轿、伞、扇夫七名，工食银四十二两，遇闰加银三两五钱。灯夫四名，工食银二十四两，遇闰加银二两。库子四名，工食银二十四两，遇闰加银二两。斗级四名，工食银二十四两，遇闰加银二两。禁卒八名，工食银四十八两，遇闰加银四两。

县丞俸银四十两。门子一名，工食银六两，遇闰加银五钱。皂隶四名，工食银二十四两，遇闰加银二两。马夫一名，工食银六两，遇闰加银五钱。又添设县丞一员，官役俸工支给同。

主簿俸银三十三两一钱一分四厘。门子一名，工食银六两，遇闰加银五钱。皂隶四名，工食银二十四两，遇闰加银二两。马夫一名，工食银六两，遇闰加银五钱。

典史俸银三十一两五钱二分。门子一名，工食银六两，遇闰加银五钱。皂隶四名，工食银二十四两，遇闰加银二两。马夫一名，工食银六两，遇闰加银五钱。

巡检俸银三十一两五钱二分。皂隶二名，工食银一十二两，遇闰加银一两。弓兵二十一名，工食银一百一十一两六钱，遇闰加银九两三钱。又陈墓巡检一员，官役俸工支给同。

儒学教官俸银三十七两五钱二分。斋夫三名，工食银三十六两，遇闰加银三两。膳夫二名，工食银四十两，遇闰加银三两三钱三分三厘三毫。门斗三名，工食银二十一两六钱，遇闰加银八钱。

一看司门子二名，工食银七两二钱，遇闰加银六钱。

一听事义民一十三名，工食银一百四两，遇闰加银八两六钱六分六厘六毫。

巡盐巡捕民壮二十名，工食银一百四十四两，遇闰加银一十二两。

河下皂隶一百二十名，工食银八百六十四两，遇闰加银七十二两。

河下灯夫八十名，工食银三百七两一钱三分六厘，遇闰加银二十五两五钱六分四厘六毫七丝。

河下吹手二十四名，工食银二百一十六两，遇闰加银一十八两。

本府钟鼓夫一名，工食银三两，遇闰加银二钱五分。

龙衣船水手，工食银八十七两六钱二分七厘六毫六丝。

仙船水手一十名，工食银七十二两，遇闰加银六两。

本府铺兵九名，工食银八十一两，遇闰加银六两七钱五分。

本县铺兵九十九名，工食银八百九十一两，遇闰加银七十四两二钱五分。

孤贫二百九十九名，口柴薪布花银二百九十九两。

表笺银一十八两三钱一分四厘六毫五丝。

习仪拜牌等银二十两。

文庙香烛银三两六钱。

各坛庙祭祀银二百一十两。

乡饮银一十七两五钱。

龙衣船修理银一十一两二钱四分六厘九毫三丝。

各营船械银五百一十三两一钱九分五厘八毫四丝。

岁终新书七十两。

司府造册纸张工费银六十三两三钱九分三厘。

青田长单银二十两。

修理监仓银五两。

一、二年一办银。本府岁贡盘费银一十七两一钱四分二厘八毫。本县岁贡盘费银六十两。

一、三年一办银。会试举人盘费银四十一两三钱三分三厘三毫三丝。进士牌坊银六十六两一钱三分三厘三毫三丝。武进士牌坊银六两六钱六分六厘六毫六丝。

一、学租银一百三十六两三分六厘。学院报销。

起运存留米数

通共征米二十二万八千九百一十三石九斗一合八勺五抄，遇闰加米八百四石二斗三升二合五勺六抄。

漕粮正兑正米一十一万七千八百四十七石九斗四合四抄，耗米四万七千一百三十九石一斗六升一合八勺。

改兑正项米七千五百五十六石六斗四升六合二勺，耗米二千二百六十六石九斗九升三合九勺。

漕赠五米八千七百四十石五斗三升五合三勺。

白粮正项米一万一千一百九十九石四斗六升四合七勺五抄，耗米五千二百八十三石一斗五升九合八勺。

春办米二千四百九十四石一斗二升一合七勺三抄。

运船水夫饭米八百一石三斗二升一合四勺六抄。

江宁省卫行月米三千六百五十二石四斗九升四合九勺六抄。

苏、太、镇三卫行月米四千二百一十石二斗五升一合三勺八抄，遇闰加米三百七十一石三斗。

扬州仓米一千五百五十八石二斗五升二合七勺五抄。

镇江仓麦易米四百四十石九斗五升九合五勺三抄。

一、存留米五千二百一十一石七斗一升七合二勺四抄，遇闰加米四百三十二石九斗三升二合五勺六抄。

局匠口粮四千一百三十一石八斗九升三合一勺，遇闰加米三百四十三石二斗三升二合五勺六抄。

孤贫口粮米一千七十九石八斗二升四合一勺四抄，遇闰加米八十九石七斗。

一、应存米一万五百八十石九斗一升六合六勺五抄，候拨兵粮。候拨兵粮。

蠲免恩典

康熙二十八年，圣驾南巡，谕江南督抚将全省积年民欠一应地丁钱粮、屯粮、芦课、米麦豆杂税概与蠲除。

上谕江南督抚曰：朕南巡以来，轸念民依，勤求治理。顷至江南境上，所经宿迁诸处，民生风景较前次南巡稍加富庶。朕念江南财赋甲于他省，素切留心。因尚有历年带征钱粮，恐为民累。出京时，曾询户部，知全省积欠约有二百二十余万。今亲历兹土，访知民隐，无异所闻。除江南正项钱粮已与直隶各省节次蠲免外，再将江南全省积年民欠，一应地丁、钱粮、屯粮、芦课、米麦豆杂税，概与蠲除。自此，民免催征，官无参罚。尔督抚务须切实举行，俾均沾实惠，副朕爱恤民生至意，如有以完作欠、侵收肥己等弊，一经发觉，定行从重治罪。夫民为邦本，足民即以富国。朕平日躬行节俭，一丝一粟未尝轻费。所以如此简约者，无非爱养物力，为优恤元元之地在民间。惟正之供，军国所需，岂易骤言蠲免！迩年国用少裕，故能频沛恩施，总期藏富于民，使家给人足，则礼让益敦，庶几渐臻雍穆之治欤！著速行传谕，令咸知朕意。特谕。①

二月初四日，上幸虎丘，苏属士民刘廷栋等、松属士民张三才等候驾幸万岁楼，出二山门，伏奏云：圣谕亲览民情，钦遵上达天听。上驻跸垂问。奏云：苏、松浮粮，明太祖怒百姓附张士诚抗师固守，加罚重粮，叩求圣恩酌减。上命内侍收进，本日回銮。奉旨九卿科道汇议。

二十九年三月二十一日，上谕户部：着九卿等集议，量减苏松浮赋。

三十年十二月初四日，上谕户部：将起运漕粮自三十一年始，逐省以次各蠲免一年。

上谕户部：朕抚驭区宇三十年以来，蚤夜图维，惟以爱育苍生、俾咸臻安阜为念。比岁各省额征钱粮业已次第蠲豁，其岁运漕米向来未经议免。朕时切轸怀，所有京通仓米谷樽节支给，数载于兹。今观历年储积之粟，确足供用，应将起运漕粮逐省蠲免，以舒民力。除河南省明岁漕粮已颁谕免征外，湖广、江西、浙江、江苏、安徽、山东应输漕米，著自三十一年始，以次各免蠲一年。至江宁、京口、杭州、荆州大兵驻防地方，亦应预行积贮，著将三十一年起运三十年漕米截留十万石，存贮仓廒，令该地方官敬慎守视，以备需用。尔部即遵谕行。特谕。苏州漕粮于三十四年输免。②

三十二年九月，奉旨江苏、安徽夏旱，免本年漕粮三分之一，俟至应蠲年分补

---

①《江苏历代方志全书》本无“上谕江南督抚曰”至“特谕”一段文字，此段文字据苏州图书馆藏本补入。

②《江苏历代方志全书》本无“逐省以次各蠲免一年”之后“上谕户部”至“特谕。苏州漕粮于三十四年输免”一段文字，此段文字据苏州图书馆藏本补入。

还。[1]

三十四年，诏将江宁、苏、松、常、镇、淮、扬、徐州等处起运漕粮尽行蠲免。

三十八年，上巡省江南，诏将江苏、安徽所属自康熙三十四年起至三十六年止历年逋负一应地丁钱粮，俱著免征。

四十一年，特谕户部将江苏所属州县除漕项外，四十一年分地丁钱粮尽行蠲免。

四十七年，大水。诏截留漕米，着地方官设法多方赈济，无令失所，并蠲免钱粮有差。

五十年，上谕升平日久，国用充盈，将天下一应钱粮分三年次第蠲免，以纾民力。

五十三年，上谕将漕米三十万石分贮江宁、苏州、淮扬、杭州、开封诸府，以备赈济。

五十八年，又特命截留江西漕米，分贮苏、松诸府，以备赈济。

六十年，总督常鼐、巡抚吴存礼准里民呈丁随田办，于是以长邑丁银三千八百九十三两四分一毫零，均入通邑实熟田地平米中，照依各则，每石加银八厘九毫五丝八忽九微四纤二沙八尘六渺九漠六埃三逡七巡。

雍正元年，江、苏、常、镇、淮、扬六府属内二十二州县，秋禾被旱虫伤。诏各准被灾分数蠲免地丁银有差。

二年，上谕浙江、江南沿海被灾，恐将来米价腾贵，可动司库银两山东买米六万石、河南买米四万石，陆续运交苏州巡抚平粜。

雍正三年三月十七日，管户部事务怡亲王等折奏，请减苏州浮粮。本月十九日，上谕准将苏州府额征银蠲免三十万两，松江府额征银蠲免十五万两，永为定例。时布政使鄂尔泰查照旨内事理钦遵施行，查得苏属额征除杂办并人丁外，实该田地项下每两应减蠲银二钱三分五厘一丝五忽四微九纤六沙三尘二渺五漠六埃四逡七巡，其通行合属官吏、绅衿、士民、粮里人等知悉。

雍正四年，大水，田畴多没。奉旨被灾州县俱照该府所题分数减免有差。又诏以从前积贮米分路煮粥赈饥。自四年十二月始，至来年闰三月止，复出米分路减价

---

[1]《江苏历代方志全书》本无“三十二年九月，奉旨江苏、安徽夏旱，免本年漕粮三分之一，俟至应蠲年分补还”一段文字，此段文字据苏州图书馆藏本补入。

平粜，民忘其饥。又命抚臣动支库银四万两，委员往湖广、江西运米平粜。又特开捐贡监例，大县二万千石，中县一万石，小县八千石，将米谷分贮各邑以备赈。

今上登极之二年四月十六日，颁到恩诏内有江省粮额尚有浮多之处，着再加恩免，额征银二十万两一款。时巡抚邵基以江省或系江南全省咨部开明，以便酌减。部覆前项蠲免应于当时粮额原有增派浮多之处，按二十万两之数匀派酌减。于是，苏、松二府及从苏州分出之太仓州，照雍正三年例，于本年钦奉恩诏之日为始，每亩额银一两，应蠲减银一钱三分三厘六毫五丝三忽一微四纤二沙三尘。

按：吴民之为浮粮困也，盖三百五十有余载矣。

世宗宪皇帝特颁裁减谕旨，着为定例，旷荡之恩，自天而至，此真白叟、黄童所额手欢呼，喜极而继之以感泣者也。今上御极之初，继志述事，减而又减，湛恩汪濊，浃髓沦肌。自今以往，吴民之得以服我先畴咏歌勤苦者，非圣天子蠲租赐复，重熙累洽，实有以曲赐而安全之哉！而有不踊跃急公、输将恐后者，必非人情。然窃尝念之，苏郡岁逋之有三十余万也，其困于力所不给者，固不啻半其困于有粮无田。如积荒、公占、坍没及隐匿飞洒之类。与夫产去粮存，逃亡灭绝，莫可按稽者，应亦几当其半焉。此皆民隐之不及上闻，而足以窘主计者之心思智虑者也，又将何术以善其后欤？乾隆元年，县令张若爔查勘版荒田地，详宪减则，又查坍没、公占田地，详宪核题，以清民累。此真能善其后者也。

漕挽附

自民收变为官收，而民困一纾。自漕白之民兑、民运胥变为官兑、官运，而民困尽纾。此昭代之制，所为度越前朝万万者也。乃运弁、旗丁之横，为官吏害者，又日加甚焉。夫为官吏害，即何莫非为百姓害也。按，吴下各卫，每一旗军管一运船，名虽领粮四百八十有三石，而于中实取加四耗。入京仓者，裁三百四十五石耳，余一百三十八石皆旗军有也。又每船卫给屯粮五六户不等，约得米皆不下百余石。又每船县给行粮五十余石，又县给月粮三十余石，又县给原折银一十三两零，又县给新增折银一十三两零，又县贴备银二十二两零，又奉按院秦题增每石加米五升，每船又加米二十四石，又每石加使用银五分，每船又加银二十四两零，共约计一军运米三百四十五石，而所得官民耗赠银米已不啻倍之。又复得官民赠用银几至百两，其修舱篷、桅、席、缆等项官价在外，是朝廷所以恤之与州县官所以徇之者，綦详且至矣。

而溪壑之欲无有厌，心百计勒索，少不遂意，则官被其询，吏受其虐，莫敢谁何。沿途纵粜，以饱私橐，虑有亏缺，则搀入糠粃，灌以江河之水。米色有低恶潮烂，则仍自州县官，任其参责，任其赔补，而旗丁无与焉。彼复何惮而不肆其恶哉？昔巡抚仪封张公伯行之莅兹土也，当收粮之日，仓设二牌于厅事前，一戒饬官民，一约束旗弁。又日遣人持令箭巡行诸仓，米必干洁，斛必准平，官吏俱无所容其干没，且随收随兑，随兑随开，虽有奸弁，罔不胁息。奉命间日，又亲自微行以纠察之，此官与民所为胥受其福，而诵思至今不衰也。非留心民瘼者所当奉行勿替者乎？

巡抚尹公莅吴，严饬官吏，约束旗弁，题定收漕经费，每石制钱五十七文，一半给与旗丁，一半充给公费，一切额外加耗及胥吏漕规，尽行革除。米色必干洁，斛斗必画一，收漕之日，仍令地方官亲驻仓场，随收随兑，军民咸服，至今赖之。

卷十三

徭役

邑分矣，土田赋税皆有异，而徭役独无异？间考苏郡、长邑诸旧志，其所载累朝徭法，以志寰宇可也，以志江浙诸郡邑无不可也，夫何异之有？矧元和新建，又奚志哉？或曰：徭役与田赋相表里，无志是无役也。用更考之史书，撮其梗概，推其利弊得失之所由，以见本朝役法，允为度越前代。而所以造生民之福者，正非浅鲜也。志徭役。

《周礼》：均人掌力政。丰年，公旬三日；中年，二日；无年，一日，盖其慎也。至唐立租庸调之制，岁役民率二十日，无事则日输绢三尺，谓之庸，几于滥矣。然有事而加役二十五日者，免调；三十日者，租、调俱免。抑犹有恤民之心焉。逮宋及明，其弊尚忍言哉？

间尝考之，宋之衙前、主官物及输运者。里正、督课赋税者。耆户长，主盗贼者。明之首名粮长及马头诸役，固职官所未易胜者也，而谓齐民能任之乎？至若宋之散从、杂职以下，明之库子、斗级以下，则又古者府史、胥徒、庶人在官而廪于公者之所为，乃悉指为役，概征诸民。至历时经岁，而不得息。资产既竭，逋负未除，子孙尽没，邻保犹逮。呜呼！何其毒民甚哉！夫以有宋诸君子所纷争聚讼者，数十百年。有明诸君子所弥缝调剂者，又数十百年，而迄无定见。无他，以未能权乎当役与不当役之辨而清其源也。

我国家损益明制，因所当因，革所当革，取数百年厉民之政，悉举而廓清之。秋粮糙、白二米，悉从官收、官兑，军运至北，而首名粮长之害除矣。条折令有田者自行封投，而柜收之害免矣。催科用截票，用滚单，民自按期上输，即有征比，只令该图书承应，而经催排年、赔补之害免矣。总计大小徭役所费，尽入一条鞭，征官自雇辨，更不累民。自两税法行，租、调与庸并入两税中，兹复随事酌增其法。自嘉靖十七年，知府王仪始。详见《赋税志》中。其他庶人在官者，皆例有工食以代其耕，息事宁民，法良意美，讵非万世所当遵守勿替者欤？

抑尝询诸父老，当鼎建之初，暨耿、郑二逆造变之日，师旅往来旁午，堤塘有修，桥梁有筑，舟船有维挽之劳，马匹有刍秣之供。马匹倒弊，又有赔买之苦。以至运粮造船、组甲火药诸需，供亿浩繁，民或未能衽席安也。

自康熙二十三年后，薄海清晏，纤尘不惊，民自急公输赋外，又亩贴各图书银二三分，以佐其攒造册籍及催输往来之费，余则别无纤悉烦扰。四十余年间，农安于耕，儒安于读，父老安于含哺，子弟安于嬉游，而硕鼠无歌、村厖无吠者，皆幸生太平无事之日也。则上之所以休养生息、拊摩煦妪以遗之乐利者，非至仁曷克臻此者乎？

若其法制之详，固阖郡相同，恐非一邑所当志也。故不复多赘云。

卷十四

水利

从来言东南水利者，莫如范文正公仲淹《上宰臣书》、郏司农丞亶《六失六得书》、单进士锷《吴中水利书》，其间或主得水利，或主去水害。主得水利者，即大禹沟洫之方；主去水害者，即大禹决排之法。皆言全吴水利，而一邑之措置，不外此也。元和水势，上承具区，下注昆山、太仓以入大海，澮涵渟泓，莫盛于此。膏腴瘠薄之田，咸资灌溉，使蓄泄寡术，无以治水，即无以治田。兹先按其脉络，循其分合所云，吴地卑下，触处成川者，一览了然；次条列水患，详陈治法，得古人遗意而变通之，有农田水利之责者，准古酌今，亦考镜之一助也。若夫太湖之原委，与三江辨论之异同，应载郡志中，无庸备书。志水利。

元和水道，距吴江者二：由葑门灭渡桥南行，历尹山夹浦至吴江之三里桥者，正道也；由灭渡桥东行，历朝天湖、尹山湖，出同里河西口者，间道也。距昆山者三：由娄门东行，历陆金坝、彝亭、真义至昆山者，中路也；由葑门东行，历黄石桥、金泾淹、唐浦、吴淞江而收界浦或小濆浦者，南路也；由娄门官渎，出阳城河东行，收西湖滩，归绰墩者，北路也。与华亭相通者三：由葑门瓦屑泾东行，历独墅湖、陈湖、淀山湖、谢泽、圆泖而至华亭西门者，中路也；由葑门东行，历黄石桥、金泾淹、唐浦、六直、碛澳塘行而至华亭北门者，北路也；由葑门灭渡桥南行，历尹山湖、同里、周庄、章练塘、尤墩而至华亭西门者，南路也。识其经流，余可详列焉。

吴淞江，太湖委也。袤二百五十余里，其流西南自夹浦桥迤逦而东，经官浦、九里河，东过镬底潭，自大姚分支东入陈湖，过周庄，通淀山湖，又东至嘉定县界，又东北流，合上海县黄浦入海。境内之川莫大于是。

澹台湖，在太湖之东。《史记》：澹台灭明“南游至江”。注谓：吴国东南澹台湖，其故居址所陷也。东过宝带桥，入运河，分流入朝天湖、金泾淹。直北正行则经葑门环城为濠，至娄门东入娄江。

尹山湖，旧名尹山淹，与独墅湖合尾入朝天湖。

朝天湖，葑门东南，出瓦屑泾，过荷花荡，为朝天湖。即黄天荡，旧注分为二，失考也。收口为新塘，凡六里，通独墅湖。新塘之中为浪打穿，向与独墅湖合，有风涛之险。明太仆卿吴默筑堤障之，今赖以安。

独墅一作树。湖，湖之西为朝天湖，湖之北为王墓湖，湖之东为尹山湖，每遭风波，几至断渡。东南最险处也。

镬底潭，潭之首即陈湖尾也。又为吴淞江横经之道，比诸河为深。一名蛟龙潭，一名车坊漾。其北口为高家店，过江田村，东南为大姚，出口为陈湖，西折为摇城湖。摇城，本越摇王所居，后讹为姚。

陈湖，周六十里，一名沉湖，相传邑聚所陷。今湖底街井可见。东南行为小陈湖，通白蚬江，收口为萧田湖。过周庄镇，通长白荡。直东为章练塘，过此为嘉善县界。即古由拳县。过白蚬江，又东南行，通淀山湖，青浦县界。

金泾淹，一名金镜湖，一名金鸡湖，由葑门塘出黄石桥为西淹，过此为东淹，中有花柳村间，之南为麋渎，北为龙溇，东六里为斜塘，又六里为塘浦。过鲇鱼口非五龙桥南之鲇鱼口。乃吴淞江转北而南之处，由此经千亩潭、莲花磔直东为六直浦，接昆山县境。

淀山湖，为苏秀诸湖中最低下处，东南与青浦县界，西南与吴江县界。湖北有范迁漾、东西二宿浦，东有朱沙港、漕港。邑中之湖吐纳众水者，以湖为雄长焉。

沙湖，在娄门之东，一名金沙湖，上通金泾淹，下通吴淞江，而青丘前、后戴墟其潆绕也。北通娄江，波涛驰突，舟行者，时濒于危。明工部主事姚文灏筑堤，用治河卷扫法。后工部郎中傅朝继之，堤成，广三丈，袤三百六十丈，为南北障蔽，迄今民利涉云。

至和塘，西自府城娄门，东经沙湖，又东过小彝亭、大彝亭至真义，为新阳县界。塘凡七十里，内四十五里属元和县。先是积水无陆，民颇病涉。宋至道间，知府陈省华筑堤。皇祐间，发运使许某建议筑塘，朝命王安石相视，奏请如许议，未之行也。至和间，邱与权为昆山簿，慨然任事，请郡守吕光禄居简同心计画，始告蒇事焉。塘成于至和年，因名。

下雉渎，由至和塘直东为上雉渎。俗名米筛河。又东为下雉渎，北折为彭淹，通鹁鸇城。

彭淹，在娄门外官渎东北，下通阳城湖、施泽湖。

阳城湖，湖广七十里，长洲巨浸也。东通巴城湖，出傀儡荡，为昆山县界。东北为施泽湖，即阳城湖分流，非二河也。近昆山、常熟二县界，西北过相城湖，北通昆城河，入常熟县界，南出娄江为新分元和县界。按：湖自横泾以西、莲花朵以东、彝亭以北、阳城村以南为东湖；莲花朵阳城村以西，石狮泾、承天庄以东为中湖；官渎在其南，相城在其北，承天庄在其东，邢店港在其西，湖虽分为三，实一湖也。今唯东湖之半属元和，余皆属长洲云。

按：北与常熟县通者，为蠡口，为冶长泾，为东长荡、西长荡，为白荡，为黄埭荡，为漕湖，为鹅肫荡诸水，西北与无锡县通者为射渎，为浒墅，为望亭、新安诸水，应详载《长洲县志》。

河形

郡城河形，横者有三，直者有四，三横河之西半为吴县界，故不载，其四直河西二直河属吴县者，亦不载。余长、元分隶者，备书之。城中河形如人身血脉，贵于联络贯注。城外河形为漕挽及行旅、商贾所必由，或宣或泄，所关甚巨，丈尺广狭，旧界具在。后有修浚者，尚其考而知之。长、元虽备书，然界限仍自分划。

城北横河，自娄门大关至张香桥，长八十丈有奇，阔四丈有奇。张香桥至华阳桥，长一百五十丈有奇，阔三丈有奇。华阳桥至周通桥，长七十丈有奇，阔三丈有奇。周通桥至临顿桥，长八十丈有奇，阔三丈有奇。临顿桥至中路桥，即天妃宫桥。长一百丈有奇，阔三丈。西入长洲县界。

城中横河，自里城河至顾亭桥，长一百丈有奇，阔四丈有奇。顾亭桥至升龙桥，长五十丈有奇，阔三丈。升龙桥至尽市桥，长一百二十丈有奇，阔三丈有奇。尽市桥至白蚬桥，长三十丈有奇，阔三丈。白蚬桥至甫桥，长一百丈有奇，阔二丈。甫桥至马津桥，过北为长洲县界。长五十丈阔二丈。马津桥至筱桥，长五十丈有奇，阔二丈。筱桥至草桥，长四十丈有奇，阔二丈。草桥至阎桥，长七十丈有奇，阔二丈。阎桥至乘鱼桥，长六十丈有奇，阔二丈。乘鱼桥至乐桥，长六十丈有奇，阔二丈。西入吴县界。

城南横河，自葑门水关，斜迤至望门桥，俗名红桥。长六十丈有奇，阔四丈有奇。望门桥至望信桥，旁有迎葑桥，长二百丈有奇，阔四丈有奇。迎葑桥西转至清道桥，俗名东小桥。长一百丈有奇，阔三丈有奇。清道桥至南仓桥，再至永安桥，俗名西小桥。

长一百五十丈有奇，阔二丈。永安桥至平桥，长六十丈有奇，阔二丈。平桥至饮马桥，属长洲县界。长一百二十丈有奇，阔二丈。西入吴县界。

城东直河，自华阳桥起至石家角通济桥，长五十丈有奇，阔二丈。通济桥至庆历桥，长七十丈有奇，阔三丈。庆历桥至打急路桥，长七十丈有奇，阔三丈。打急路桥至胡厢使桥，长七十丈有奇，阔二丈。胡厢使桥至通利桥，长六十丈有奇，阔二丈。通利桥至众安桥，长四十丈有奇，阔二丈。众安桥至苏军桥，长七十丈有奇，阔二丈。苏军桥至积庆桥，长三十丈有奇，阔二丈。积庆桥至雪糕桥，长三十丈有奇，阔二丈。雪糕桥至寺后桥，长六十丈有奇，阔二丈。寺后桥至寺东桥，长三十丈，阔二丈。寺东桥至苑桥，长四十丈有奇，阔二丈有奇。自此稍西行，越中横河之水，接尽市桥。过此为官太尉桥。苑桥至官太尉桥，长六十丈有奇，阔二丈。官太尉桥至吴王桥，自此河形带东向。长六十丈，阔三丈。吴王桥至延寿桥，长七十丈有奇，阔三丈。延寿桥至百狮子桥，长五十丈有奇，阔三丈。百狮子桥至望信桥，长三十丈有奇，阔三丈。自此稍东南行，合城南横河之水，入望门桥，出葑门。

城中直河，自齐门赌赛桥至北新桥，长一百丈有奇，阔三丈。北新桥至跨塘桥，长一百五十丈有奇，阔二丈。自此稍东行，入城北横河，仍南入任蒋桥。跨塘桥至任蒋桥，长五十丈有奇，阔二丈。任蒋桥至善耕桥，长七十丈有奇，阔二丈。善耕桥至东章家桥，俗名白塔子桥。长八十丈有奇，阔二丈。东章家桥至花桥，长四十丈有奇，阔二丈。花桥至曹胡徐桥，长三十丈有奇，阔二丈。曹胡徐桥至旧长洲学东桥，过此为长洲县界。一百丈有奇，阔二丈。旧长洲学东桥至徐贵子桥，长四十丈有奇，阔二丈。徐贵子桥至醋坊桥，长八十丈有奇，阔二丈。醋坊桥至青龙桥，长九十丈有奇，阔二丈。青龙桥至大郎桥，长二十丈，阔二丈。大郎桥至顾家桥，长四十丈有奇，阔二丈。自此稍西行，合中横河之水，仍南入竹槅桥。竹槅桥至金母桥长一百丈有奇，阔二丈。金母桥至夏侯桥长一百二十丈有奇，阔二丈。夏侯桥越南横河至仓桥，仍入元和县界。长四十丈有奇，阔二丈。仓桥南行，迤东至帝师桥，长六十丈有奇，阔二丈。帝师桥过岁有桥俗名福民桥。至乌鹊桥，长一百丈，阔二丈。乌鹊桥至带城桥，长二百丈有奇，阔二丈。带城桥至善教桥，俗名新造桥。长一百五十丈有奇，系长洲界。阔二丈。善教桥至春和桥，俗名砖桥。长一百五十丈，阔二丈有奇。春和桥至葑门水关，合南横河之水，自西北来合流而出。长六十丈有奇，阔二丈。至龙潜嘴倍阔。水自此出葑门。

娄门外河：娄门市河，即至和塘西。西自永宁桥，东至官渎口，长四十丈有奇，西阔七丈、东阔九丈。官渎口东至永安桥，长四百一十丈有奇，阔九丈。坝基河，长三百七十九丈，南北阔一十二丈，东西阔四丈。

葑门外河：安里桥至吴家泾，长二百八十八丈，阔四丈有奇。此为商贾行旅之通渠。匠门塘，长二百一十丈，阔三丈有奇。此下为葑门外支河。洋泾，长二百七丈，阔三丈。张墓司桥河，长一百二十丈，阔二丈有奇。尹山镇河，西接运河，东至庙桥，长三百五丈，阔三丈有奇。

阊门外河：渡僧桥至上津桥，南属吴县，北属长洲。长一百五十七丈八尺，阔三丈。上津桥至下津桥，南属吴县，北属长洲。长四百一十丈有奇，阔三丈有奇。下津桥趋来凤桥，至枫桥湾，南自马铺桥以西、急水桥以东为元和界，北岸俱属元和县界。长五百二十丈有奇，阔三丈有奇。枫桥至浒墅关，皆长洲县界。计二十里，堤长二千六百丈有奇，阔狭不一。杨庵浜河，自三板桥北行转东，出通贵桥，长七十七丈，阔一丈七尺。山塘桥河南接沙盆潭，北行至通贵桥，长一百一丈有奇，阔三丈有奇。此下为商贾行旅之通渠。通贵桥至通济桥，长三十六丈有奇，阔二丈有奇。通济桥至半塘桥，长三百丈有奇，阔三丈有奇。此为白公堤之东段。半塘桥至西山庙桥，长二百五十丈有奇，阔四丈有奇。此为白公堤之西段。塔影浜等河三道，共长一百六十三丈，阔三丈有奇。

水利议

行水之法，上流宜疏，下流宜泄。太湖受宣、歙、杭、湖诸山之水而分入于三江，其出吴江垂虹桥顺流而东，渐次入吴淞江者，境中上流之水也；承吴县鲇鱼口之水，绕郡城而东，历昆山、太仓，从刘家河入海者，境中下流之水也。

上流宜疏，明侍郎徐贯议开吴江县江尾茭芦之地，凿长桥水窦，导引太湖之水，散入吴淞江、淀山湖二处，业已见之施行矣。下流宜泄，范文正、夏忠靖、周文襄诸公，或开茜泾、下张、七鸦、盐铁等处，由刘家河直达于海；开白茆、福山湖、许浦直达于江，历历有成效矣。

而邑中水利不兴，一遇大水，巨浸稽天，有渟滀三五月而不得疏通者。及猝遇熯干，土田荦确，无从引水灌溉。揆厥所由，一由上流、下流等处，前人功绩未能继续疏泄，既久，渐就湮淤；一由境内之水，纵横旁溢，而治水治田之法无人焉。条议而为之备，是以旱既苦旱，涝尤苦涝，而上田、下田钧蒙其害也。

夫元和水势，旁通众渎，上流诸水譬诸咽喉，下流诸水譬诸尾闾，而境内诸水则其腹也。咽喉不入尾闾，不泄固足为生人之病，然使咽喉可入、尾闾可泄，而腹中饱满不能承受以达之于下，其不同归于病者几何？则元和之水利，不可不急求矣。

顾欲求其利，先当知其弊。约而言之，其弊有五：高乡之人但期通水，而不知浚渠蓄水，所以常苦旱；低乡之人但期泄水，而不知筑围障水，所以常苦潦。偷目前之安，忘他日之祸，一弊也。浦渎泾港岁久不浚，旧岸之泥霖雨荡涤，渐入于河，日积月累，河身填淤，不能容水，二弊也。河之四旁杂直茭芦，茭芦既生，泥沙附之，可种菱芡，菱芡蔓衍，泥沙愈多，可种稻苗，有力者升科轻粮，传为世业，入之版籍，而不知河流日狭，骎成平田，淫雨暴涨，膏腴之壤并为巨浸，以前所升之毫末，易所浸之巨万，以有力者之牟利，易万户之灾荒，三弊也。明末至今，中间尝建开河之议矣，然知治水而不知治田，所以民之受益者寡，盖开河而不筑岸，则水终乱行；开河而不得蓄泻之宜，则水旱无备，加以吏胥侵渔，豪右梗议，金钱糜费，不旋踵而仍复壅遏，四弊也。古者治水、治田各有专司，唐宋以来，都水有监，营田有使，开江有卒，撩浅有夫。前明水利等官、巡按御史何永芳奏请革除，自后屡兴屡废，既无专官，而为有司者，惟以簿书期会，可幸无过，鲜有以斯民疾苦之原、国家财赋之本，留心经画，以致水政日坏，而官民俱不得其安，五弊也。积此五弊而不为之所，尚得岁称丰稔以供上上之赋乎哉？

宋郏亶云：治田者本，治水者末，不治其本而治其末，未易一二治也。备列四事，酌而行之：一曰筑圩里田，二曰开治港浦，三曰修筑塘坼，四曰除去壅塞。

古人云：圩者，围也。内以围田，外以围水，盖低乡支河之水，容受众流，比田反高，不设圩坼以围之，则弥望皆水，势不可遏。

范文正公云：低田赖圩坼，甚于都邑赖城池，乃笃论也。筑圩之法，略分三等，水中创立，无基而成者，必用木、用石方可奏功，此最难者也；平地筑基，虽无可凭借，然不费木石，积累自成，此稍易者也；向有古岸，后渐倾颓者，止费修葺，不烦创竖，此尤易者也。其间岸之高卑，更须相度地势，大抵极低之田，务筑极高之岸。其田之稍高者，岸自不妨稍卑。虽田有高卑，而岸能齐一，则无患矣。围岸之内，又须别立子岸。子岸者，围岸之辅也。其高下较围岸之半而过之，盖虑外围水浸易坏，故复作内围以固其堤防，两者层次束水，捍御既周，而又每处立圩长一人，越一二年，率逐圩之人修治之，将田治而水亦与之俱治。

昔熙宁四年，苏州大水，独昆山陈、顾、陶、湛、晏数家之圩高大，了不为患，足有明征。此筑圩里田，治下田之最急者也。

开河之法，循古人遗意，或五里、七里而为纵浦，或七里、十里而为横塘。塘、浦阔者二十余丈，狭者十余丈，深者一二丈，浅者几及一丈，即开浚之土筑为堤岸，塘浦日以阔深，堤岸日以高厚。其法，先开支河，旁及支中之支，次及干河，旁及干中之支。虑奸伪售欺，则立信桩于水以试之；虑浅深不一，则行木鹅于水以齐之。如是数年，远近无不治之水，而河之势自高于江，江之势自高于海矣。

他如沿江近海高仰之处，凡江流潮汐可以引入者，或为纵浦，或为横塘，亦如下田之法，而深则过之。将旱可戽救，水可旁泻，此高下之所共为利赖者也。

堤之当修者，如至和塘达昆山七十里，塘之两岸，旧又有六塘、四十四浦、六十四泾以接引河泽。灭渡桥南塘达吴江三十余里，吴江以南又三十余里。元和塘达常熟几及百里，塘之两岸旧皆多设塘浦、泾港、水䃳，一以承太湖之水，一以泻昆承、阳城二湖之水，岁月既久，波流荡啮，日就废坏。塘浦、泾港、水䃳亦多阏遏，宜筑土甃石，务完务坚，而又广为桥梁，酾其渠以出水，走其流以至江，俾向时旧规，一朝顿复。通沟洫之宣泻，利行人之往来，莫便于此。

至论除去壅塞，其向为河身，而今为平陆者，则当稽其故道，量其浅深而开除之。其茭芦丛生，菱芡滋蔓，与夫横截鱼簖，约束水势，致波流不行，潮沙渐积者，则严为禁止而疏涤之。不规小利，不阻权势，不委奸胥，二三年间，诸弊可除，河流自阔，河身自深也。凡境内之水，总宜加开除疏涤之功，而吴淞江一带渔利者倍多，壅塞亦倍甚，相厥缓急而次第施之，则可以无此患矣。

顾天下之事，专任则易为力，兼及则难为功。方今府、州、县正官职守烦重，而佐贰事权又轻，宜仿弘治年间旧例，或设郎中一员，或设主事一员，专职水利，董率属官，晓谕乡民，务使濒河之田勇往修治，先治低洼，后及高区，果实心任事者，督抚勘验，上闻于朝，以凭超擢，则职守者竞劝民利，不期自兴，此计之最上者也。否则乡里之大家、一方之有德望者，率先勤劳倡导闾党为堤防之事，行之一圩则收一圩之利，行之数圩则收数圩之利，闻风兴起，所在效法，不费国家金钱，而在民之浚几同于在官之浚，此又事之经久可行者也。不然人事不修，诿之天行，上下苟安，日以堕坏，其害可胜道哉！

若夫上流之水，纵未能如单锷之议，建千桥于吴江；苏子瞻之议，尽徙吴江之民以为他州之利。然如长桥之七十二䃳，长桥以南之二百余䃳，凡填为平壤者，须急为疏通，而豪强侵占菱芦之地，宜尽加垦辟，使水行迅疾，其流及远也。下流之水，如茜泾、下张等处，前人所开凿者，宜循其故道，岁加浚深，而浑潮沙泥不致倒入也。如是，境内之水利修，上流、下流亦受其益，上流、下流之水利修，境内益蒙其利。水治而田无不治矣。

至于城中水道，虽多湮塞，然桥梁、石岸故迹可稽，司民社者按三横四直干河、支河以通其血脉，人工较易，縻费较省，不必如治田、治水详加论列云。大河之滨，波浪冲啮，田亩往往沦没于水，不妨种菱芦以固堤岸，此与淤浅处不同，但不得援此籍口耳。

夫欲去水之害者，必尽水之利，非区区水利，止于去害而已也。《周礼·职方》曰：其泽薮曰具区，其川三江，其浸五湖。夫曰泽薮，非如长江天堑，滔滔江汉之地矣。盖其底浅，其流漫，其土涂泥易生百物。

昔人擅三江五湖之利，比于秦楚之沃野云连。今据水道，一自湖州诸港汇于莺脰湖，溢于庞山湖、陈湖、白蚬江、淀山湖，趋于三泖，归于黄浦出海；一自吴江趋于吴淞江出海；一自胥门鲇鱼口出，绕郡城之娄门，经至和塘，由昆山入太仓刘家湖出海。

元和割长洲之半，而入水之路，元和实为襟喉。水利治，则上承下泄，田不为灾；水利不治，则漫衍泛溢，败禾伤稼，固其势也。然人知吴田遇水之为害，而不知遇旱之害更可忧。自明初筑东坝，芜湖以上九阳江之水已不入太湖，西北之源既绝，则下流稍平，下流既平，则潮泥易塞，而入江之路渐以微矣。往年六月不雨，至八月，东湖为涸，舟楫往来，仅留带水。而陈湖、独墅诸河积水之区，几如晨星之丽汉。古人凿渠，皆以溉田，非止为救溺计也。

吴都所赋，再熟之稻。以今地宜考之，实不能再熟。而稻秫、菰粱之类，实非水不滋。一遇旱灾，束手无策，亦何取乎江湖之相灌输哉？必欲复禹之故绩，则东坝宜开，令九阳江之清水复入太湖，湖流迅疾，自不至平波漫流，有填淤之患。且江水高于湖，湖水高于海，顺其势而利导之，岁即旱干，江流自可长引也。如以溧阳、溧水二邑水患为忧，不知东坝虽开，原可建闸数重，千桥走水，量水势之缓急而启闭之，岂即有冲决之患哉？

且当时原为明祖卜陵钟山，引水北拱，用陈嵩之说，筑东坝，截九阳江之水以激收之，非专为利民计也。然俗尚因循，易挠众论，其说难行。若筑堤护田，不惟为捍水之良图，实可为救旱之至计。

试言其说，东南大泽，大概低浅，平时水不过三尺，一经枯旱，瀰望沙涂，田中既无水养禾，而田外之水远至一二里外，虽有万牛不能桔槔而上，诚于旱干之时，或三冬水涸之日，相葑门以外东南大泽，所在令民圩外掘壕，即取壕泥坚筑外岸。壕圩阔深，则岸圩高厚，又令每圩设水闸、斗门，潦则夹塘可以护田，旱则长沟可以灌溉，而又设田畯之官，严赏罚之令，量圩计田，度田出人，计人出钱，不遗力，不后时，即日置数百车，日役数千人，自河而港，自港而田，或以人，或以牛，或以帆，务力省而功倍。风车式，用车盘一，车轴一，轴头置拨其上，略如牛车之式，而广加倍，盘上建篾篷五，风大则三之，篷高八尺，阔三尺，斜引其篷以招之，视风之大小以为高下。大旱之岁，必有大风，曰南撩，曰舶趠。灌水之速，更疾于牛，只用一人料理其侧。五六月间，用以灌塘，或以溉田，一日之用，可以省数人之费，而又无刍牧攘窃之患，扬州、高邮、泰兴之间皆用之，而吴人不知，坐视苗之黄萎而莫知救，可叹也。而又恐戽水啖馌之不齐也，则鸣金以一之；恐决渠盗水之不免也，则击柝以防之；恐怠力玩时劳逸先后之不均也，则籍记其役以程之。盖众心齐，则功立举；趋役均，则事不隳，又何忧乎旱魃之为虐哉？

宋时，单锷、郏亶之说并行一时，原其旨，大率锷之议详于导水，亶之见详于治田。二公之说，非有偏也，合之则愈美耳！

今以湖水泛溢之故，而忘川原涤涤之可虞，必利水之速行以为快，是何异因噎而废食也。故曰去水之害者，必尽水之利。是在济时之相贤、司牧者之责矣！

三吴水利书目

范文正有言：水利未兴，横议先至，非朝廷主之，则无功而有毁。故守土之人，无建事之意，信哉范公之言也。宋元以来，言三吴水利者，不下数十家，大抵转相祖述，救弊补偏，而水不免于泛滥者，任事之难，其人与工费之无所出也。诚有人有财，上得其官，下应其役，集旧说而经画之，水何患不治？因采其尤深切著明者，备其目于左：

宋范仲淹《上吕夷简水利书》

卫泾《与提举赵霖言水利书》

宜兴单锷《吴中水利略》

昆山郏亶《言苏州水利》

郏亶《重浚白鹤汇》

郏侨《水利书》

《水利考》

都水庸田使司行都水监《集江湖水利》

都水书吏吴执中《言水势》

大德初都水监《开江置木闸议》

大德十年都水监任仁发《浚吴淞江》

至大初江浙行省《督治田围》

泰定初开江复立都水庸田使司《置石闸》

潘应武《言决放湖水》

永乐初，尚书夏原吉《治吴淞江诸水》

弘治中，邑人史鉴《议》

大学士徐阶《论水利书》

严文靖讷《水利圩图序》

宗伯陆树声《与按院论水利书》

嘉靖中，巡按吕光洵《督浚塘浦疏》

嘉靖中，编修王同祖《治水要略》

袁黄《三吴水利考》

太仆归有光《三吴水利论》

归有光《与熊兵道书》

归有光《与县令书》

隆庆三年，巡抚海瑞《开吴淞江疏》

天启四年，巡抚周起元《疏》

崇祯十年，御史李模《浚吴淞诸水疏》

康熙十年，巡抚马祐《浚刘河吴淞江疏》

卷十五

山阜

阳山为吴之镇，山今既属于长洲，则隶元和者皆小山矣。然虎丘明秀甲于三吴，远迩艳称，与宇内灵区奥府相埒，不可以高卑论也。其余东南诸阜，凡列山之数者，例得备书。览古之士，履勾吴之故壤，吊阖闾之遗迹，置身其间，可慨然而赋矣。志山阜。

虎丘，一名海涌。唐避高祖父讳曰武丘。在破楚门西七里，高一百三十丈，周一百一十丈。按《吴越春秋》云：阖闾葬虎丘，扁诸之剑、鱼肠，三千在焉。葬三日，金精扬为白虎，据其上，故名。王珣《虎丘记》云：山大势周岭，南则是山径，两面壁立，交林上合，蹊路下通，升降窈窕，亦不卒至。而前明长洲尹江盈科所辑《县志》谓：山径自西而入。今揆之形势，迳道始从南入，渐次从西南登陟。两说各有见也。吴兴太守褚渊常眺览是山，叹曰："世之所称多过其实，今睹虎丘逾于所闻。"而顾野王《序》云：高不抗云，深无藏影。卑非培塿，浅异棘林。路若绝而复通，石将断而更缀。最为得之。其间如涧之渊深，泉之清泠，石之崚嶒，亭台梵宇之高塽而弘敞，与夫前贤之栖托、文人之题咏、高僧之遗迹，无不汇集。

康熙甲子岁以后，圣祖仁皇帝省方观民，六飞所届，屡邀万乘，登眺山巅，宫阙形如众星拱极，为行在所。遂使泉石增荣，卉木被宠，则吴岳之神秀，洵与嵩岱诸山并重于天地间也。

至《吴地记》谓：秦皇经此山，欲发坟求剑，有白虎蹲其上，乃止。后吴王孙权穿之，亦无所得。今凿处遂成深涧之二说者，应好事者传之。考诸旧史，则无闻焉。

泉石一十有一

剑池。范致能《吴郡志》云：两岸划开，中涵石泉，深不可测。王随《记》云：

长一十有三丈，阔余三寻，深则莫可测识。而《吴越春秋》云：阖闾葬虎丘，凿池四周，池广六十步，水深丈余，似未足形其深广也。

石井泉。在剑池藏经阁后。《煎茶水记》载：刘伯刍论水七等，以虎丘石井为第三。或又传陆羽品定。

白莲池。在生公讲台下，周百三十步。相传说法时，池生千叶莲，故名。即清远道士养鹤涧也。

憨憨泉。在山之下。梁时，憨憨尊者所开，有淳化年吕升卿题字。

向师虎泉。《续图经》云：虎泉在山后仓基上，而王随《记》有向师虎泉。然所从来不可考也。

炼丹井。在回仙径南。唐伸诗“因过祖龙求剑处，却思清远炼丹时”。

千人石。亦名千人坐。大石平坦数亩，如削。唐贾岛诗“上陟千人坐，低窥百尺松”，指此也。《续图经》云：生公讲经，下有千人列坐，故名。

点头石。相传异僧竺道生讲经虎丘，人无信者。乃聚石为徒，与谈至理，石皆点头。今遗迹尚存。

试剑石。在路侧。中开如剖，取其形似也。《吴郡志》谓秦皇试剑，又云吴王试剑，必求其人以实之，毋乃凿乎？

铁花岩。剑池侧。有岩如削，取东坡“铁花秀岩壁”句。

走砌石。李习之文：虎丘有走砌石。石在山径，有趋走之势。

宫殿楼台亭轩一十有一匾额附见。

万岁楼。康熙甲子岁，圣祖仁皇帝南巡至苏州，登虎丘山。越三载丁卯，赐蠲江苏所属本年未完钱粮及明年应征地丁钱粮。兆姓欢呼，无由仰报高厚，因建万岁楼于虎丘之阳，勒珉以昭圣德。阖郡士民踊跃趋事，鸠工饬材，于戊辰冬月，度悟石轩故址而经始焉。明年己巳春正，不匝月而落成。楼高三丈六尺有奇，中立御碑，高一丈九尺有奇，刊蠲赋圣谕于上，俾天下后世登降兹山，跪读圣训者，如覲天子之光，常矢蹈德咏仁之意云。

巡幸驻驿行宫。圣祖仁皇帝御极四十有五年，大化翔洽，文德武功，覃敷宇内。而东南亿兆，屡邀属车巡幸，蠲租赐复，截漕留赈，赦过宥罪，恩膏日下，沦肌浃髓，凡黄童白叟，咸在春风化雨、熙熙皡皡之中。越明年丁亥，天子将巡视河工，指授方略，复行南巡之典。吴民鼓舞踊跃，咸思古王者巡狩方岳，各有明堂制度，翼然会同有绎如，在首善之地，预于丙戌冬月，爰始考卜，经营度地，天启神秀，地藏巩固，莫如虎丘为宜。一时诹吉程材，钱布委注，趋事子来，鼛鼓弗胜。越三阅月，皇居告成。体象乎天地，经纬乎阴阳。阙门嵬峨，宫殿轩翼。左城右平，廉远堂高。周以钩陈，卫以严更，缭垣绵亘，日曜霞鲜。三吴之民，颙颙然望幸焉。岁三月，翠华临幸，天颜有喜。湛恩频施，滋液渗漉。雨沛荄苏，波恬鱼泳。士民瞻仰稽拜者，奚啻亿万万计？自白公之堤、生公之石，嵩呼欢忭，声闻数十里外。自有兹山以来，无此盛事也。迄今金鳌玉蝀，耸峙云烟杳霭间。经辇路过阙庭，凡有血气者，一如瞻云就日之时，将亿万斯年永永不忘帝德矣。

御书亭。亭凡二：一亭勒圣祖仁皇帝《忆苏州风俗》诗；一亭峙二碑，俱勒圣祖仁皇帝《题虎丘》诗，在山之巅。

御书匾额：虎阜禅寺。山门。路接天阊。二山门。青云境。万岁楼。天光云影。万岁楼。仙境澄辉。云岩寺正殿。旷宜楼。即致爽阁址，在行宫。静观斋。在塔后。香界连云。天王殿。云光台。关壮缪殿。

云岩禅寺。晋王珣与弟珉别业也。咸和二年，舍为寺，即剑池分东、西二寺。唐会昌时毁，后合为一，移建山上。佛殿后有浮图，乃山之绝顶。互见《寺观》。

可中亭。刘梦得《生公讲台》诗有“一方明月可中亭”句。刘本《金陵咏古》诗也，附会于此，得名。旧名可月亭。

千顷云。在旧方丈前，取东坡“云水丽千顷”句。

小吴轩。寺东南隅，有轩飞阁跨岩，势极耸峻，俯首眺望，平林远水，联冈断陇，烟火万家，尽在槛外。觉置身此轩，勾吴一览也。

和靖读书堂。尹和靖自书“三畏堂”匾额，在十八折之上。

陈公楼。陈致文出钱二十万，跨两崖建桥其上。为井干以便引水，寺僧便之。楼今废。

望海楼。刘梦得有《宿望海楼》诗。今废。

古迹三、轶事一

清远道士诗。道士不知何许人，有《同沈恭子游虎丘》诗，颜鲁公书之，为刻崖上。今渐磨灭。

颜鲁公大书。鲁公书“虎丘剑池”四大字，刊置石旁。“虎丘”二字岁久中断，后人摹勒镌补之。

蔡忠惠篆书。忠惠公书“生公讲台”四字，立于石侧。或云李阳冰书，非也。

幽独君诗。大历中，于剑池石壁隐出幽独君二诗，观察使李道昌以闻于朝，代宗敕道昌祭之。后数日，复隐出一诗。鬼怪之事，君子不道。然前人备载之，不能遽削也。

尹山，在葑门南十八里。形如覆笠，枕运河之滨。相传尹吉甫葬地，然读六月之诗云“来归自镐”，则尹为镐京人，无缘葬于吴地，应讹传也。尹和靖读书于此，庶几近之。

大姚山，俯瞰陈湖，波涛沿洄。其麓先贤吴文定宽、陈中丞璚读书于大觉寺，即其地也。

张林山，在六直镇南，有东、西二山，东北者稍高。相传谓张苍葬地，不足据也。

周和山，本土阜也，在娄门外官渎西北。相传太守周和葬于此，因以山名。然考《郡志》，太守中无周和其人者。

白蚬山，在阳城湖滨，渔户堆螺蚬于土阜上，日积月累，渐次成山。远近过者，照曜如晴雪云。

彝亭山，吴王养鱼处。在阳城湖滨之南，去彝亭镇三里，高六丈余，上有壮缪侯关公庙。

凤凰墩，在凤皇桥北。

龙墩，在沙湖之西。因龙见于此，故名。

琼姬墩，在北斜塘。或谓夫差女墓，非也。夫差女葬处在阳山，与夫差墓相近。

其他如阳山、阳抱山、徐侯山、甑山、恩山、顾山，皆属长洲县境，应详书于《长洲志》中。

卷十六

物产

昔先王辨土地，察原隰，教民树畜，务兴自然之利。以故箕畴八政，食货先之。元和割长洲以分治，而水土之产，华实之毛，或假人工，或缘俗尚。其同者则互为汲，而异者则别以地，俾知土无遗利，民无遗力，因物制宜，而财用亦于焉不匮矣。志物产。

粳之属

百日种。一名喇嘛稻，又名西番籼。三月种，五月熟，一岁两收，粒长而色赤，作饭有香如香粳。康熙五十五年，颁种葑门外二十四都六七两图，常佃之。

早红莲。一名救工饥，四月种，六月熟，粒小而色白。

师姑粳。即矮稻，粒圆如珠。

金成稻。四月种，七月熟，米红而大，性硬。

早白稻。五月种，八月熟，皮芒米白。又一种九月熟曰晚白，又名芦花白。

黄粳籼。五月种，九月熟。

紫芒稻。五月种，九月熟。紫谷白粒。张方平诗“鲈脍饭紫芒”。

天落黄、芋艿黄。二种并色黄而香。

金裹黄。

鸭嘴黄。

箭子稻。粒瘦长，雪色，味香甘，晚熟稻品之最高者。

下马看。秀时最易，一名三朝齐。

麻皮粳。作饭，粒长。

薄十分。作粥易腻。

老来红。

包十石。

累泥乌。

土塘青。

糯之属

金钗糯。粒长，酿酒最佳。刘梦得诗“酒法得传吴米好”。

闪西风。一名早中秋，有芒。

赶陈糯。四月种，七月熟，有芒。

羊须糯。谷多，芒长。

香珠糯。有芒。

黄瓜糯。无芒。

鹅脂糯。张方平诗“鹅脂酒清醇”。

秋风糯。一名官糯。

扁蒲糯。无芒。

虎皮糯。一名蟹壳糯，色班。

川梗糯。粒大，无芒。

胭脂糯。壳红，粒白。

小娘糯。不耐风雨。

观音糯。

茄糯。有芒。

麦之属

大麦。碓碎，与米粞酿熟成糖，夏日泡汤服，温补。

小麦。磨细为面，宜合酱，或成酒曲。

穬麦。磨碎如粞，和米煮饭。

荞麦。

西番麦。形如稷而枝叶大，结子累累如芡实。

粟之属

秤钩粟。一名环儿粟，性软。

鸡头粟。性硬。

菽之属

蚕豆。九月种，蚕时熟，故名。

青豆。自初夏至仲秋俱鲜食，或煮熟熏干点茶，晚秋收实。

豇豆。有紫、白二种，又有裙带豇，十八豇。

黄豆。

黑豆。

白扁豆。俗名沿篱豆，扁阔而甘糯者胜，龙爪紫色者为下。

刀豆。蔓生，紫花，形如刀，作蔬食。

豌豆。一名寒豆。

蓏之属

王瓜。《月令》“王瓜生”，即此。

丝瓜。其蒂可治痘。

西瓜。出虎丘者名徐家青，味甘，里松，其种最佳。甫里次之。

香瓜。又名甜瓜，有金、银二色。

南瓜。贫家用以代饭，元宋元诗“西风茅屋卧寒瓜”。

酱瓜。色青而小，入酱为菹醢。

匏。大而扁者可食，小而长，细腰者可玩，摩挲光泽为皿盂诸器，殊雅。

瓠。亦匏类，锐上丰下，煮熟可食。郑珣瑜所谓“去毛烂蒸，莫拗折颈”即此。

生瓜。形细而长。

芋。一名蹲鸱，种水田曰水芋，旱地曰旱芋。

薯蓣。即山药。

茄。有紫、白、尖、圆、早、晚各种。

蔬之属

荠菜。俗呼野菜。《淮南子》名水菜，冬水而生，夏土而死。

薹菜。冬种春生，薹可食，二月开花，四月收其子压油，又名油菜。

春菜。俗名水白菜。

芥菜。二种：一曰黄农芥，一曰鸡脚芥，味辣，亦可腌藏。收其子，捣汁以和他殽，名芥沫，味极辛。

菘菜。叶大味甘曰牛肚，叶薄味少苦曰紫菘，似蔓青曰白菜，入夏不大者曰夏菘。

苋菜。有一种曰灰藋，叶小茎柔而赤者曰马齿。又赤茎者，《尔雅》所谓蒉也。

菠菱菜。种出颇陵国，今讹为菠菱。

塌颗菜。穷冬煮芼食。

藏菜。秋种，肥白而长，经霜煮食，甚美。冬日腌藏以备岁。

蓬蒿。叶细而尖，春生台开花后，渐不可食。

莴苣。一名千金菜，高丽国使者入贡，隋人求得其种，酬以千金，故名。

落苏。俗呼茄子。

溪毛之属

莼菜。出吴淞江，叶似露葵，四月生名雉尾莼，最肥美，茎细如钗，股短，长随水深浅。又名丝莼。张翰因秋风思莼羹，即此。

芹菜。生春泽中，洁白有节，腌渍可食。

荇菜。似莼，结子，煮之味甘，名荇酥，野人多食之。

水实之属

菱。两角曰菱，四角、三角曰芰，其叶似荇，白花赤实，其花昼合宵开，随月转移，有红、白二种，白者名馄饨菱，红者名老红菱。又一种特大，色红，味鲜美，名雁来红，又呼顾姚荡。荡系两姓合有，故名。出葑门外附近荡田及乡间浜港，俱有之。

藕。出葑门外杨枝荡者佳。

莲实。一名湖目，莲房所生，剖食，味鲜美。

芡。叶似荷而大，俗呼鸡豆，出江田、何家荡、车坊及葑门外杨枝荡，大而糯者为上，粳者为下。

茨菇。即凫茨，凡水田中俱可植之。

荸荠。即凫茈，产水田中，有红、黑二种，红者味鲜美，黑者次之。其性可软铜。

茭白。即菰也，出葑门外杨枝荡。今南园水田亦有之。

花果之属

樱桃。即含桃，有尖、圆两种。

消梅。松脆异常，入口即化。

官城梅。著花最晚，子先熟。

杏梅。一名鹤顶梅，实大味甘。

水蜜桃。色红白，味甘多汁。

李光桃。形似桃而光泽如李。

寿星桃。树矮，著花，结大实。

林檎。一名来禽，俗呼花红。

李。有青脆、紫粉二种。又一种名嘉庆子，小而青，脆松可口。

石榴。单叶者结实子色淡红，味甘鲜。

金柑。圆者曰金豆，长大者曰牛奶柑。

银杏。即鸭脚子，俗名白果。

茶之属

虎丘茶。出虎丘金粟房，叶微带黑，不甚苍翠，点之，色白如玉，而作豌豆香。宋人呼为白云茶。卜万祺《松寮茗政》云：色味香韵，无可比拟，茶中王也。明时例岁，有司以此申馈大吏，诣山采制，胥皂骚扰，守僧不堪，薙除殆尽。学士文震孟作《薙茶说》以伤之。后复植如故，有司计偿其值，采馈同前例。睢州汤公斌镇抚三吴，严禁属员馈送，寺僧亦疲于艺植，此种遂萎，今不可复得云。

笋之属

燕来笋。燕来时生，故名。

护居笋。一名哺鸡笋。

粉金笋。粉金竹所生。

五月贵。诸笋种各不同，味皆鲜美。凡园林村郭，所在皆有之。

木之属

盘松。出虎丘，绳约其枝，盘结作虬龙状，久之，遂若天成，高可五六尺，低可二三尺，凡剔牙、罗汉等松皆然。

桧。出虎丘，亦以人工盘结如松，每一本上，其枝屈曲作五六层者胜。

黄扬。岁长一寸，遇闰则减二寸，故云“黄扬厄闰年”。

红豆树。在东禅寺，树围三四丈，耸出群木。相传为林酒仙手植，春末夏初开花，秋深结子，花如僧鞋，菊色，似藕合，结实累累如珊瑚。是花开，其年多水。后为俗僧斧之，树遂枯死。

柏。所在皆有，惟虎丘中山门之西北柏树街共六株，崔嵬矗立，迥异他木。相传为明初开平王常遇春所植。

柽。俗呼西湖柳。

黄连树。村落间俱有，极高大，其苗可食。

木槿。《诗》名舜华，村落间多植之。

冬青。所在有之，土人种以取蜡，子可入酒，名女贞实。

竹之属

燕竹。

护居竹。一名哺鸡竹。范成大云：“以其蔓延如鸡之哺子也。”

粉金竹。

慈姥竹。丛生，冬、夏二次发笋。

水竹。又有小水竹，高不及尺，细如针。虎丘人种盆盎中。

潇湘竹。有斑。

凤尾竹。比潇湘竹又小。

花之属

梅花。以惊蛰为候，各处皆有，惟虎丘人取江梅以佳本栽接之，开花敷腴，名玉蝶梅。间有一枝上作两色、三色者，亦取他本栽接，离奇蟠曲，古意可观。

桃。种各不同，惟浅红重叶，名人面桃者最胜。

玉兰。一名辛夷，虎丘后山玉兰堂者最大。相传南宋时从闽移植。

山茶。深红者名宝珠，浅红者名杨妃，白者名白菱，花大心繁者曰蜀茶。近多洋茶，来自海外，移花接木而成，重叶丰腴，其品最贵。

牡丹。宋时蓝师稷开第东城，手植三千株。今惟胜云红犹存其种。

荷。有红、白、黄、碧、锦边、并头、西番、罗汉、观音诸种，葑门外最甚。

桂。《郡志》云：桂本岭南木，吴地不常有之。唐时，尚少植者。白乐天守郡日，谓苏之东城有桂一株，惜其不得地，赋诗唁之，有"子堕本从天竺寺，盘根今在阖闾城"之句。

蜡梅。色似蜜脾，香又相近，故名。凡三种：花小香浅者名九英，俗讹为狗蝇；花疏，开常半含者名磬口；色深黄如檀香者名檀香。

草之属

菩提。叶如栗子，有二种：圆而大者为龙眼，细而长者为凤眼。康熙五十八年，赐植虎丘寺中。

美人蕉。叶碧花红，本粤中种。

芭蕉。背阴植之，绝盛。间有开花者，瓣大如莲，浆即甘露。

鸡冠。向惟扇面、扫篙二种，今多来自海外，绚烂可夺五色云矣。又有短种，名寿星鸡冠，或云即玉树后庭花也。

老少年。红者名雁来红，黄者名汉宫秋，红黄间色者名十样锦。

药之属

白芷。一名药香草也。《本草》云：出吴地者良。陆龟蒙有《采药赋》。

枸杞。一名仙人杖，根即地骨皮。

乌头。俗名僧鞋菊，花色可爱。

忍冬藤。即金银花。

杂植之属

席草。出甫里大姚，冬月种，小暑后刈。

灯草。种法与席草同，出郭巷大姚，其心作灯炷、入药，皮制雨蓑。

鳞之属

鲤鱼。鱼中惟鲤最寿且大，当脊有三十六鳞，得阳数。

鲫鱼。冬月味美，吴人有"寒鲫夏鲤"之称。有青鲫，出阳城湖。

银鱼。出吴淞江。

鲙残鱼。状如银鱼而大。相传吴王江行食鲙,弃鱼而化。冬月带子者名挨水啸。

菜花土附。菜花时出,附土而行,不似他鱼浮水,故名。

虾虎。类土附而腮红,善食虾如虎,俗名新妇鱼。又一种麦吹风,麦熟时出。

鯸鮧。俗名淡水河鲀。

四腮鲈。吴淞江有之。

介之属

蟹。葑门外诸湖俱有,惟出吴淞江者大而色黄,益肥美。陆龟蒙有《蟹志》。

鳖。出葑门外诸湖。陶朱公呼为神守,畜之池,使鱼不散。

蚬。

蛏。本海错,吴中向无此种,近惟匠门塘章家桥下有之。

羽之属

黄雀。冬初,西风急,千百成群自江外飞至,食稻而肥。又呼稻头雀,甫里有之。

鹜。俗名野鸭,出甫里、阳城湖等处。

雉。俗名野鸡。以汉吕后讳故,不称雉。

毛之属

獾。类犬,又一名猯,类猪,俱穴地而窟,肉肥美,皮可御寒。

狸。俗名香狸,或云即麝香。

刺猬。俗名偷瓜盲,入药止心痛。

帛之属

锦。五色成文,有海马、云鹤、宝相、球门诸类,又有紫白、落花、流水,充装潢卷轴之用。

纻。出东城,有素,有花纹,有金缕,其制不一。《禹贡》所谓织文是也。

绢。《左传》杜预注:吴地贵绢,郑地贵纻,有生绢,有熟绢。又有白生丝织成,缜密如蝉翼,可供丹青者,名画绢;稍厚而密者为罗底绢,皆出东城。

纱。素者名银条,即汉所谓方空也;花纹者名夹织;轻狭而縠文者曰绉纱。

绫。唐时充贡,谓之吴绫。《旧唐书》:天宝中,吴郡贡纺绫。大历六年,禁织龙凤、麒麟等纹,其薄而鸾鹤纹者,充装饰书画之用。

生纱。有花、素，出彝亭蔡顾巷。

布之属

棉布。出甫里、周庄、陈墓。

浜布。出彝亭。

麻布。出尹山。

杂造之属

毛毯。出前后戴区。

席。出虎丘者厚而密，出甫里者薄而松。

蓑衣。出姜庄、郭巷。

蓑衫。出五溇泾。农人治田时，借以蔽日。若蓑衣则唯雨中用之。

麦柴笠。出娄门外。农人治田时戴之。

芦席。出斜塘。大者名匾船，小者名衬仓。

篾帘。出下雉渎之北。

薄包。出彝亭者装粮米、棉花，出杨枝荡者装店肆果物。

铜杓。出大姚。

班竹器。出虎丘山塘。椅桌、香几、书架、床榻之类，填以银杏板，制造极精。

盆景。四时花卉皆植磁盆。有一树一石，仿云林大痴画本者，出虎丘山塘。

酝酿之属

煮酒。以腊月酿成，煮过泥封，经两三岁，味最醇厚。其酿而未煮，旋即沽卖者，谓之生泔酒。

三白酒。以白面造曲，用泉水浸米、白米酿成，故名。

白酒。以草药酿成，置壁间月余，色清味冽，谓之靠壁清。又名竹叶清，又名秋露白，乡间人谓之杜茅柴，以十月酿者尤佳，名十月白。

烧酒。取糟粕蒸之，滴水成酒，名滴花。加以香料，名五香烧，色如琥珀。

品馔之属

水晶脍。以赤尾鲤净洗去涎，用新水慢火熬浓，去鳞渣待冷，即凝缕切之，沃以五辛，俗云膘子。

鲈鱼脍。即张翰所思者，其法不传。

蓑衣饼。脂油和面，一饼数层，惟虎丘制之。

饧。以麦芽熬米为之，古谓之餦餭。《楚辞注》谓之饴，唐人有胶牙饧，见陆龟蒙《祀灶解》。今总谓之糖。

火捧。以面为之，状如连环，出甪里。

储用之属

冰窨。在葑门外，设窨二十四座，以按二十四气，每遇严寒戽水蓄于荡田，冰既坚，取贮于窨。盛夏，需以护鱼鲜，并以涤暑。《诗》所谓"纳于凌阴"者是也。然节宣调燮之意，不存矣。

布坊。俗名字号店，在阊门外，漂染俱精。

油坊。在娄、葑两门及甪里、周庄、陈墓等处。每至春间，堆贮菜子，用以压油。

工作之属

裱褙作。米南宫《画史》有苏州裱褙之名，擅能已久。

窑作。出陆墓，徐庄工部官砖亦于此烧造。

织作。在东城，比户习织，不啻万家，工匠各有专能，计日受值。匠或无主，黎明林立以候相呼，名曰唤找。

染作。出娄门外彝亭。

卷十七

第宅坊表附

《诗》有云“高山仰止，景行行止”，盖古先哲人虽往，而溯其里居，访其遗址，犹敬段干者式其庐，过高阳者表其里，所谓地以人传也。若夫坊以表德，成周旌淑之旨寓焉。汇而存之，不独旧德名贤，流徽未泯，而瞻绰楔，而树风声。后有作者，其亦知所兴起也夫。志第宅。

周

澹台灭明宅，在宝带桥之西。《史记》：灭明南游至江。《索隐》注谓：吴国东南有澹台湖，即其遗迹。《吴地记》以为灭明宅所陷云。

汉

越王摇宅，在摇城。俗讹呼姚盛。高帝时，王佐诸侯平秦，即吴王子所居，封之以奉越后。

顾训宅，在百口桥。训，东汉人，五世同居，聚族百口，因以名桥。《吴郡志》：训，岁朝会集子孙，依次行酒，虽三岁以下，并自知位次。

郁林太守陆绩宅，在临顿里，后舍为宝光寺，门有巨石，即郁林石也。明初，迁寺，石没民家。弘治间，易名廉石，移北察院左。吴宽记。今置郡学况公祠前。

吴

陈丞相宅，今东禅教寺。赤乌间，其宅生瑞莲，遂舍为寺。

晋

高士戴颙宅，今北禅寺。唐司勋郎中陆洿尝居之，有花桥、水阁以追其事。见白居易诗。

齐

高士何求宅，在武丘山，弟点、胤亦隐此。

唐

处士陆龟蒙宅，在临顿桥。皮日休云“郛郭旷若郊墅”，龟蒙《幽居赋序》云：陆子居全吴，东距长洲故苑一里。又云：泰伯，勾吴通侯，旧里地接虎丘，门临鹤市。

光禄大夫许台宅，在临顿路东。景福五年，舍为天宫寺。

宋

魏公元绛宅，在带城桥西北。绛尝参豫大政，引年归老，知州章岵为建衮绣坊。

长史苏舜钦宅，在南园，今名苏家巷。

右史上官涣酉宅，在仁美坊，中有采菊堂。仁美坊，今名南显子巷。

方惟深宅，在城东。惟深，本莆田人。父龟年，为屯田郎，卒葬长洲，因家焉。以《过黯澹滩》诗，王荆公器之，遂游其门，授兴化军助教，归隐故庐，部使守帅下车，恒即庐访之。

鄱阳守郑希尹宅，在带城桥。

进士周沔宅，在县治东北，与方子通为邻，有蓬斋。

著作郎张几道宅，在万寿寺桥。王荆公修三经义，几道与焉。

袁襄简公珦宅，在东吴乡蛟龙浦之赭墩。珦官京西提刑观察使，从高宗南渡，保障东吴，因家焉。

五柳堂，山阴簿胡稷言所居，在临顿里陆龟蒙故址也。稷言弃官归，凿圃疏池，终隐于此。子峄，文行继其父，又取老杜“宅舍如荒村”句，名曰“如村”。孙进士百能，知江山县，请老，复筑堂曰“宜休”云。

都丞徐本中宅，在带城桥东。淳熙初，为浙西提刑，偶得元少保故宅，葺治之。宁宗御题其扁曰“岁寒堂”。后以江东运副奉祠而归。

万卷堂，侍郎史正志所居，在带城桥南，旧有石记，为僧磨毁。

成斋，在醋库巷。黄云为乡先生，授弟子经时所名也。宁宗在嘉邸，大书以赐之。云字景祥，时为淮西酒官。子由，淳熙八年状元及第，郡守韩彦质为建状元坊。

万华堂，在资寿寺后。今濂溪坊北。提刑蓝师稷所居。师稷字叔诚，开封府人，植牡丹至三千株，多于洛中名品，后惟胜云红存焉。

方使君万里宅，在带城桥。

寿乐堂，吕浩叟宅也，在虎丘。浩叟尝使元军，抗词不屈。宋亡，授淮东宣慰使，不就，隐此。

元

高士袁易宅，在蛟龙浦之赭墩。所居有静春堂，学者称为静春先生。子平江教授泰，重建福源山房。王祎记。

南轩，山人虞堪所居，在甫里。

宋克宅，在南宫里，自号南宫生，后居娄门。

万户侯宋通宅，在阊门外急水桥东、双阑干桥西。今有木梁，名宋家桥。

隐君周仲达宅，在青丘。子思敬，有野人居。俱见高启诗。

明

户部侍郎高启宅，在吴城东北。张士诚据吴，启避于青丘。洪武初，被召官京师，寻致政归。郡守魏观尝同史馆，欲朝夕亲与，因徙之居夏侯里。

征士谢徽宅，在甫里。

眉寿堂、怡云轩，征士周兴养亲筑也，在甫里。钱惟善记。

鄱阳知县赵文宅，在甫里三元祠衖。弟兵部郎中宗礼，亦居此。

福建佥事陈祚宅，在葑门外，名陈佥事巷。

大理丞仰瞻宅，在葑门外，名仰家庄。

监察御史练纲宅，在尹山。

都御史韩襄毅雍宅，在葑门内。本姜家衖，今名天赐庄。溪流环带，竹木交荫，中有堂曰葑溪草堂。邱浚记。有进士、都宪两坊。

祭酒陈鉴宅，在乌鹊桥东北，有手书二大坊：一石井坊，曰“词林及第”，井铭曰：资尔山骨，卫兹灵泉于千万年，庆流涓涓。后火毁，宅废。五岳山人黄省曾即其地结庐栖隐，有曲林草堂、自得斋。王守仁题。

工部侍郎孔镛宅，在清道桥南，后圃有泉曰“墨池”。今称孔夫子巷。

翛大楼，工部主政沈铠建，在甫里。铠未第时，日与兄钟诵读其上，卒以成名。

有双进士坊，在众安桥西。

三辰堂，工部主事顾余庆筑也。在葑门。太保岳正书额，宗伯吴宽记。

左都御史陈璚宅，在大姚。孙白阳山人淳，亦居此。

处士邢量宅，在葑门外。今名邢家衖。从孙参，亦居此。后弃去，诛茆于野云。

处士朱存理宅，在葑门外。朱凯亦同里。

乐亭知县蒋廷贵宅，在甫里邓巷。今名蒋家圩。从侄参政梦龙亦同里。

山东巡抚沈林宅，在官浦。

少保陆完宅，在甫里。

顺庆知府皇甫录宅，在孔夫子巷，少司空孔镛故宅也。子冲、涍、汸、濂亦居此。

乐安知县顾兰宅，在临顿里。

刑部尚书钱邦彦宅，在望信桥西七塔寺前巷。今名钱衖前。嘉靖戊戌，巡抚张凤为建尚书坊。顺治间重修，改题“仰止三达”。

少保严文靖讷宅，在南仓桥西积庆寺前巷。今名严衖前。文靖祖籍吴中，入相后，筑室于兹，命长子中翰治居之。治子贡士桓，构困学斋，读书其中，有《困学斋记》。文震孟书额。

参政金应征宅，在甫里众安桥南。子太仆士衡，移居平江路胡厢使桥北。

给事陆粲宅，在陈湖东。

仁孝先生王敬臣宅，在兵马司桥东。今称大儒巷。万历乙酉建坊，额其里曰“仁孝里”。

大司马顾其志宅，在苑桥巷。

高士居节宅，在虎丘山塘。

刑科给事吴之佳宅，在善教桥东北，有归来草堂。今名吴衖场。孙兵科给事适，移居望门桥北，有不动轩。

侍御顾宗孟宅，在天赐庄。

司李王腾程宅，在大儒巷。子遵义知县忠烈公佐圣，亦居此。

陈文庄公仁锡宅，在葑门内下塘，有白松堂、白松河，南轩辕台故物也。公奉使册封周籓王，以白松制带赠之，取为堂额。

贞孝先生朱祖文宅，在衮绣坊。

恤赠助教龚元祥宅，在中营基巷。

山东巡按宋学朱宅，在葑门内下塘新造桥东。

兰溪知县盛王赞宅，在阳城湖滨。

国朝

编修汪琬宅，在阊门外下塘，有苕华书屋，琬给假归，闭户著述于此。康熙甲子，圣驾南巡，特赐御书一轴，以悬于堂。

进士蒋德峻宅，在娄门。又居甫里太平桥西。

侍讲尤侗宅，在葑门新造桥东，有七业堂、玉青堂。康熙己卯，翠华巡幸，特恩召对，御题“鹤栖堂”额以赐之。

禹城知县许定升宅，在甫里东美桥之西。弟永州知府虬，亦同里。

宗伯韩菼宅，在娄门。明万历间，菼祖丙午孝廉黄岩县令治，始居此宅，有开云堂、文震孟书。寒碧斋、绀雪斋。皆董其昌书。明末兵燹，半为荒土。菼重加修筑，更葺紥轩、归愚、咫闲、斗室，临流构敞宇，遥望西山作庐墓，图悬于壁，志白云思亲意。御题“有怀堂”额以赐焉。

侍讲彭定求宅，在葑门苏家巷西，有衣言堂。定求父进士珑重葺，并构读书处曰“志矩斋”。戴易书。定求复于宅后作堂，颜曰“南畇草堂”。宋曹书。

右第宅

明

世美坊，在娄门内迎春坊西。景泰四年，为癸酉科举人尤淳立。

进士坊二：在葑门外衍浜，为天顺丁丑张翥、弘治庚戌张约立。

世掌台纲坊，在阊门外下塘下津桥东。成化丁未，为御史毛珵立。

宫詹坊，在葑门外灵官庙南，为少詹周诏立。

旌义坊，在葑门外普福桥西。弘治五年，为邑人卢珪赈饥立。

大学士坊，在阊门外山塘桥西，为吴宽立。

殿中执法坊，在阊门外下津桥东，为御史徐申立。

经元肃宪坊，在甫里广济桥东。嘉靖元年，为都察院司务陆山立。

人瑞坊，在葑门外。嘉靖时，为张灏妻薛氏年百岁立。

进士坊，在娄门内，为隆庆戊辰进士韩世能立。

清朝法从坊，在甫桥西。万历时，为山西监察御史丁元复父丁世熙立。

藩屏硕望坊，在甫桥西，为浙江布政使司丁元复立。

大学士坊，在娄门外接官亭。万历时，为少师申时行立。

贞义坊，在甫里。万历十八年，为贞女何氏立。

三节坊，在葑门外。天启初，为周称侧室董氏、吴会妻姜氏、周伦妻蔡氏立。

坤仪毓德坊，在葑门程桥东。崇祯九年，为嘉定伯周奎立。

泽被东南坊，在虎丘山塘。崇祯十六年，为应天巡抚张国维立。

旌烈坊，在乘鲤桥东葛百户巷。崇祯末，敕建为阵亡千总周嘉殉节王氏立。

旌节坊：一在葑门内折桂桥东，为生员顾两疏妻庄氏；一在山塘，为赠行人司汪大训妻程氏；一在彝亭，为生员龚汝骐妻姜氏；一在甫里，为许自学妻褚氏立。

国朝

德崇宇宙坊，在虎丘山塘。顺治初，为平治江南刑部左侍郎李延龄立。

恪勤斯称坊，在虎丘斟酌桥东。康熙间，为河南巡抚顾汧立。

至行堪嘉坊，在长元学宫东，地三图，为旌表孝子朱之劢立。

旌节坊：一在娄门外滕王浜，为郁士贤妻闻氏；一在山塘泰定桥，为程应斗妻姚氏；一在曹胡徐巷，为盛应蛟妻张氏；一在同芳巷，为沈永贞妻范氏；一在娄门外，为罗载元妾朱氏；一在郭巷，为施尔弘妻李氏；一在胡厢使桥巷，为陶士龙妻高氏；一在中营基巷，为邱文濂妻沈氏立。雍正八、九年后，穷檐苦节，俱得上陈，表扬母节者，随在建坊矣。故不及备书。

卷十八

园亭

园林之葺，所以适游观也。水则渟泓明瑟，石则刻削峥嵘，即一壑一丘，辄令人作濠濮间想。然而玉楼金谷，不逾时而荡为墟莽榛丛矣。陆天随《过辟疆园》诗云："草色与行人，谁能问遗迹？"抚今吊古，怀怆独深。举其知名者，著之于篇。池平台圮之余，犹仿佛当时之胜概焉。志园亭。

周

梧桐园，在吴宫，吴王夫差园也。《乐府》云："梧宫秋，吴王愁。"《郡志》载：吴宫在长洲茂苑东南五十里。今名吴宫乡。园无考。或云在甫里塘，其地名枫庄者是。

晋

王珣与弟珉别墅，在虎丘山。咸和二年，舍二墅为东、西寺。

唐

韦应物山庄，在吴淞江南。常放舟吟诗于此，故名吟浦。

陆龟蒙别业，在甫里吴宫乡。龟蒙躬耕于此，地数亩，屋三十楹。田计十万步，中有八景：曰清风亭、光明阁、杞菊畦、双竹堤、桂子轩、斗鸭池、垂虹桥、斗鸭阑，后为白莲寺，建祠塑像。宋咸淳中，有无赖子醉，仆其像于水。腹中所藏皆平生诗文稿云。

罗隐庵，在甫里北隅。隐尝慕龟蒙，愿与之游，因结庵于里，时相酬唱焉。

陆山人楼亭，《广异记》云：苏州山人陆去奢亭子，即戴颙宅也。见储光羲诗。

褚家林亭，《松陵唱和集》云在震泽之西。《范志》云当在淞江之旁。

东墅与南园，皆广陵王元璙帅吴时，其子文奉为衙内指挥使所创，经营三十年，极园池之胜，奇卉异木，皆成合抱。又累土为山，亦成岩谷。晚年经度不已，每燕集其间，任客所适。文奉跨白骡，披鹤氅，缓步花径，或泛舟池中。客与往来，闻客笑语，就之而饮。

宋

李无晦醉眠亭，在淞江之旁。无晦名行中，隐居不仕。东坡、颖滨尝过访、留题。

何仔园，在尹山。种植甚繁，牡丹尤多。周益公尝游。见《南归录》。

醒心亭。熙宁间，曹傣履中所葺，在葑门内。有土阜对峙水中，虽巨浸弗没，号曰“浮墩”。相传有双松参天。建炎之难，溃兵欲伐之，陨石如雨，乃止。今放生池即其地。

魏文靖了翁别业，在甫里，即罗隐庵址也。有庄田数顷，名魏家厍。

元

徐处士清宁庵，在张林西山。大德甲辰葺，凿池屈曲，引流种树。前列二亭，左曰“怡闲”，右曰“蒙泉”。

笠泽渔隐，陆德原筑也，在吴淞江上。德原，龟蒙九世孙，有《续杞菊赋》。筑室其间，思复江湖散人故事焉。

明

东庄，吴文定公宽之父孟融所治也，在葑门内。中有稻畦、桑园、果园、振衣台、折桂桥、麦丘、竹田、续古堂、拙修庵、耕息轩、知乐亭诸胜。孙奕，又增建看云、临渚二亭。

南园，在阳城东湖，郑景行所筑。前临巨浸，后据亩丘，中多聚奇石为山，环以修竹、名花，有撷芳径、观鱼槛、听鹤亭。

东园，在甫里眠牛泾北，马文远勖所筑，为周兴、赵文辈诗文酬唱之所。中有佳石曰翠云朵。

都御史徐源别业，在瓜泾。中有池馆、林泉之胜，与夹浦桥相望，名曰“夹浦书庄”。

五湖田舍，白阳山人陈淳所居，在大姚村，堂曰“阅帆”，轩曰“碧云”。

晨熹楼，为司真皇甫涍读书处。旁有亭曰梧亭，在孔夫子巷宅。

紫芝园，在阊门外上津桥，徐太学墨川园也，文待诏、仇十洲为之布画。入门，百步长廊以达于园，垒假二山，号“假山”“徐云”。

徐参议廷祼园，在葑门内天赐庄东。公安袁宏道称其画壁“攒青飞流界，练水行石中”。人穿洞底，巧逾生成，幻若鬼工，千蹊万壑，游者几迷出入。

徐冏卿泰时有东园、西园，在阊门外下塘，石屏高三丈，阔可二十丈，玲珑峭削如一幅横披山水，了无断续痕。周生时臣所垒也。堂侧有土垄甚高，多古木。垄上太湖石一座，名“瑞云峰”，高三丈余，相传宣和间，朱勔所凿，才至舟中，石盘忽沉湖底，觅之不得，遂未果行。后乌程董氏购去，载至中流，船亦覆。董氏募善没者取之，后为徐氏移置园中。旧闻此石每夜有光烛空，故名“瑞云”。今淹没民家久矣。

南星别业，黄姬水读书处，在省曾旧庐南偏。

着胜亭，司李王腾程即宅中隙地，缀以奇花、怪石，作亭于其间，嘱参议范允临颜之。

参政丁元复别业，在十郎巷。叠石为山，疏渠为沼，碧柳高梧，映带左右。宋时为杨和王别墅，故地多闲旷，绝类山居，今改为元和治署。

梅花墅，在甫里姚家衖西。秘书许自昌选地百亩，潴水蓄鱼，梅柳纵横，竹箭秀擢，辇石为岛，峰峦攒立。中亭馆、台榭俱备，时与四方名流赋诗宴饮其间。

松石园，在甫里通明道院之南。兴府良医马用所构。松石，其别号云。

归氏园，在苑桥巷，创自归太学湛初。洞石玲珑，有堂颜曰“米文”。后归水部胡汝淳，易颜曰“洽隐山房”。

高酣亭，侍御顾宗孟建，文震孟题。在天赐庄。宅旁叠石环花，为读书宴息之所。后考功施何牧侨寓于此。

塔影园，在虎丘便山桥南数武，文肇祉所筑。后处士顾苓居之，更其名曰“云阳草堂”。中有室曰“松风寝”。

御史李模别业，在龙墩墓旁，有春水船、紫函阁、颐厂、唯龛、静寄、晶庐诸室。子文学炳，绝迹城府，时加葺治，终身栖隐焉。

芳草园，在定跨桥北，青霞居士顾凝远筑。水石清幽，花竹秀野，别馆闲亭，颇极佳胜。后屡易主，仅传其名曰“花溪云”。

国朝

亦园，在葑门内，赠检讨尤沦筑。中有揖青亭、水哉轩诸胜。子侗，筑看云草堂，益加修葺。孙珍，又增建。

御书亭。

丘南小隐，编修汪琬葺也，在虎丘。编修读书于此，执经问业者，常屦满户外。殁后，改祠，祀编修于其中。

薛家园，在娄门外下塘，薛宗濂筑。月波楼、锦香亭为园中最胜处。宗濂女孙琼，有《过旧居废园》定风波词云：曲径蒙茸草没鞋，秋千倒影卧苍苔。贱杀韶光轻断送，珍重，榆钱增价买愁来。　昔日繁华何处去，无据，年年啼鸟怨花开。深锁朱扉人不到，谁教，东风吹遍好楼台。

葑水园，翰林检讨冯勖所筑，在葑门外，堂曰“含青”，亭曰“红香”。晚岁建碑亭，勒御制咏鹤诗于石。

留卧园，在娄门内，为翰林汪份读书处。有遄喜斋、砚材书屋、秋香径、知乐草堂。

匠门书屋，在城东，检讨张大受所居。前邻古寺，傍枕河滨，有孝廉船、读书亭、侣蛩斋、潮生阁、活碧轩，园多古木，老干横空，绿阴昼寂，极为幽胜。

其他如王御史拙政园、陆铨部素园、王司寇归田园、顾考功雅园，虽地接元和，俱属长洲境，无庸备列。又若管家园、连家园、金家园、穆家园，地虽元和，而遗迹久湮，漫无可考，仍阙焉。

卷十九

冢墓

昔赵文子观乎九京，辄发吾谁与归之叹。则夫抚迹怀人，闻风兴起，昔贤归藏之所，固甚重乎其详之也。夫君公之尊，或锢南山而不足。而柳下季垄，五十步有樵采之刑，谁谓蒿里无贤愚耶？然而沧桑递易，封翳弗翦，恐有居三不朽之一，而后人莫识其松楸者矣。是以追考墟墓，谨而录之，俾后之过九京者，不啻其人可作，斯亦所为树之风声者也。志冢墓。

周

吴王阖庐墓，在虎丘剑池。《越绝书》及《吴越春秋》云：阖庐之葬，穿土为川，积壤为丘，发吴都之士十万人，共治运土凿池，周广六十步，水深一丈五尺，铜棺三重，澒池六尺，黄金珠玉为凫雁，扁诸、盘郢、鱼肠之剑在焉。葬三日，金精上腾为白虎，蹲踞于上，因名虎丘，或云墓即今虎丘寺法堂基也。

吴王墓有三：一在蛇门外大丘，去县十五里；一在匠门外欐溪渎中，去县二十里；一曰胥女大冢，去县四十五里。皆见《越绝书》。

越王史墓。《越绝书》云：巫门外冤山大冢，故越王史冢也。去县二十里。又云：蒸山南夏驾大冢者，越王不审名冢，去县二十五里。

申公巫臣墓。《郡国志》：在匠门西南。《祥符图经》云：在将门外。《吴地记》云：在巫门外。

孙武墓。《越绝书》云：在巫门外，大冢去县十里。《东溪书》引《皇览》云：在吴县东门外。《吴地记》云：在平门西北二里，地名永昌。

干将墓，在匠门外。《吴地记》云：匠门本名干将门，门外有干将墓，后讹为“匠”。

麋王墓，在平门外武里。

吴神巫葬地。《越绝书》云：匠门外欐溪渎中连乡大丘者，吴故神巫所葬也。

琼姬墓，在金镜湖滨。互见《山阜》。

澹台灭明墓，在澹台湖傍。

莫格墓，《越绝书》云：去县二十里虎丘之北。莫格，古贤避世者。

赤兰将军坟。《吴地记》云：在匠门南。

汉

三老顾综墓，在娄门外塘北，与朱梁坟相直。《吴地记》云：在酱醋城东北三里。顾况撰《庙碑》有云"刊石娄门，德辉不灭"。碑今亡。

朱梁墓，在娄门外东南二里。梁本名肇，避和帝讳改。郡中朱氏多其后。

颍川太守陆宏墓，在平门外西北三里。或云在华亭县西北四十里。按：陆绩长子官会稽南郡都尉，其为颍川太守者曰闳，乃宏八世祖也。

吴

吴王权妃墓，在甫里孙妃村。今名孙墓。

晋

淮南内史朱诞墓，在娄门外一里。

骠骑将军顾荣墓。《寰宇记》云：在赤门外九里。陆广微《记》：在吴县东南二十里，侧有左威将军张敏坟。今实在葑门东六里黄天荡南，俗称顾邑墓，西有祠，题曰"顾将军庙"。荣从子和，亦葬此。

吏部侍郎冯公墓，在张林西山。墓存无考，因土人锄地得唐大历七年张游信志石，有"葬于晋吏部侍郎冯公坟侧"之句。按《晋史》，侍中冯紞兄恢有传，而逸此，岂即恢耶？

稚儿塔，在彩云里寿圣教寺内。晋道生诵《法华经》，童子死，葬此。义熙十一年，商人谢本夜闻诵经声。朝起，见冢上生青莲花，人传为诵经之应云。

唐

右补阙陆龟蒙墓，在甫里，旁有白莲寺。龟蒙中和初卒，给事颜荛志墓。

河南法曹参军张从师墓，在虎丘山之西原。张说撰墓志云：冲和纯粹，辨博闳达，卓荦好古，傥荡逸群。

真娘墓，在虎丘路傍。《图经》云：在云岩寺西南山下。李绅《诗序》：真娘，吴之妓人，歌舞有名者。死葬武丘寺前，吴中少年从其志也。墓多花草以蔽其上。

幽独君墓，在虎丘山北。大历十三年，有鬼题二诗，隐于石壁之上。载《艺文》。观察使李道昌异其事，遂具奏闻，敕令致祭。道昌祭文曰：呜呼！万古丘陵化无再出，君是何人，能闲诗笔。何代而亡？谁人子侄？曾作何官？是谁仙室？寂莫夜台，悲呼白日。不向纸上，石中隐出。桃源三月，绿草垂杨。黄莺百转，猿声断肠。不题姓字，宁辨贤良？呜呼痛哉！叹息先贤。空传经史，终无再还。青松岭上，嵯峨碧山。大唐政集，已记诗言。痛复痛兮何处宾，悲复悲兮万古坟。能作诗兮感天地，声哀怨兮泪沾巾。感吾皇兮列清酌，愿当生兮事明君。后数日，石上复隐出诗一首。幽明虽异路，平昔忝工文。欲知潜寂处，山北两孤坟。今寺之北有二坟，甚高大，荆榛丛蔚，究莫知为何人所葬云。

宋

迪功郎金章墓，在摇城村。宝庆元年，筑石鄮山。今子孙皆祔葬。

处士章康墓，在武丘乡菜字圩。

运干汤辉墓，在虎丘西谢巷。

太守周和墓，在娄门外官渎桥之东北，俗称为周和山。互见《山阜》。

京西提刑使袁珦墓，在葑门外蛟龙浦之赭墩。曾孙忠愍公枢祔。

学正顾襄墓，在虎丘山下。

黄居简墓，在虎丘。居简，字元易，建安人。工诗。嘉兴中卒，通判翁逢龙葬之。

吕浩叟墓，在虎丘山。

元

杨椿墓，在虎丘山西华里。

静春先生袁易墓，在蛟龙浦之赭墩。黄溍志。

莫月鼎墓，在陈公乡。

七姬墓，在郡城东北隅潘氏后圃。张羽作《权厝志》，宋克书，卢熊篆额。

明

兖州知府卢熊墓，在武丘乡。

兵部侍郎李蕡墓，在陈公乡。

博士周兴墓，在张林西山。

赠兵部郎中赵华一墓，在云龙西庄字圩。子鄱阳知县文祔。有自撰生圹志。

县丞刘幹墓，在虎丘山塘普福寺东。公，怀庆人。永乐中，为长洲丞，多善政。士民怀之。衣冠葬焉，称刘公墩。

赠礼部侍郎谥文恭刘铉墓，在虎丘南袁公巷。

乐会县令周泰墓，在武丘乡半塘之原。墓本宋开禧间周氏祖茔，至泰，复加葺治。后卒于官，返柩葬此。乐会民思之，奉衣冠立冢以祀，吴宽撰墓表。

赠虎贲右卫经历仰仁泽墓，在葑门外陈公乡章墓泾。杨士奇撰墓表。子大理寺右丞瞻祔。张镛撰志铭，徐理撰记。

山东提学副使沈钟墓，在甫里皇字圩。

工部主政沈铠墓，在张林官字圩。

翰林院待诏文徵明墓，在武丘乡花泾桥之原。岭南黄佐撰志。

处士邢量墓，在葑门外北原縻字圩。有自撰生圹志。

文庄先生顾麒墓，在葑门外匠门塘受字圩。杨果撰志铭。

乐亭知县蒋廷贵墓，在依仁乡之王巷。李东阳撰志，吴宽撰墓表。

赠左副都御史陈孟善墓，在大姚乡大觉寺西南。吴宽撰志。

赠都御史徐孝质墓，在瓜泾港。孝质，山东巡抚源之祖。性至孝，有隐德。卜兆时，相传有异人指授，今土人称“大坟头”云。

赠礼部尚书杨琼墓，在娄门外官渎膝王浜。

五岳山人黄省曾墓，在匠门华家桥北干将墓西。

处士邢参墓，在虎丘山之西麓。

姚安郡守施悌墓，在尹山。都穆撰志铭。

太子太保袁安节公洪愈墓，在葑门外东吴乡蛟龙浦之赭墩，赐葬。徐汸撰志。子顺天府治中一鹗祔。

赠布政司参议金樾墓，在甫里吴宫乡。袁洪愈撰志铭。

文学黄姬水墓，在匠门塘。孙文熑祔。

太傅王文肃公锡爵墓，在阊门外来凤桥西，赐葬。

河间府同知陈光祖墓，在虎丘后。孙乡贡进士宗之祔。

詹事府詹事姚希孟墓，在娄门外下雉渎西、金泾堰北。

端孝先生杨大渫墓，在虎丘。

参议蒋梦龙墓，在甫里吴巷。

嘉定伯周奎祖墓，在匠门塘东北。奎，明愍帝烈皇后父。崇祯初年，奉旨修葺祖茔，建坊树碑。

五人之墓，在虎丘山塘。五人者：颜佩韦、杨念如、马杰、沈扬、周文元也。天启间，逆阉魏忠贤矫旨逮吏部周顺昌。五人公愤，倡众击缇骑至死，因被戮。士民哀之，敛葬白堤之东。吴太仆默题曰“五人之墓”。杨解元廷枢表为“义风千古”，张太史溥作《五人墓碑记》。

葛贤墓，在虎丘山塘。贤，原名成。万历辛丑，内监孙隆私设税务，市井咸怨。成倡众击所委官，焚其家。私税由是止，人呼为葛将军，系狱十余年，遇赦得释。高颜佩韦等五人之义，庐于墓侧，为洒扫居守。卒，遂葬此。文相国震孟题其墓曰“有吴葛贤之墓”。

太仆卿吴默墓，在顾荣墓旁。

烈妇杨氏墓，在虎丘山郡厉坛之北。礼部尚书王铎撰碑，见《烈女传》。

长洲教谕刘永锡墓，在虎丘山塘。

巡按御史宋学朱墓，在葑门外黄石桥东花柳村。

忠文先生杨廷枢墓，在虎丘十房庄。

国朝

大学士宋文恪公德宜墓，在沙河北、萧泾桥东。赐葬。

烈妇顾氏墓，在虎丘山塘张公祠东。妇为吴县下堡严灿妻，灿为土豪金华陷狱，当死，妇荼苦万状，冀白夫冤。顺治八年，御史秦世桢按吴，妇号泣呼冤，自刭堂下。世桢雪其冤，具题旌表，遂葬于此。

归节妇陈氏墓，在沙河东诛字圩。节妇，长洲归文达妻，二十一寡，生子圣脉仅八月。陈孝事舅姑，课子成立。顺治十六年旌表。

处士沈钦圻墓，在葑门外姜家村。村在王家田南、宝带桥东北。进士叶燮志墓。子钟彦祔。

庐陵知县陆在新墓，在娄门塘习义乡北若字圩。彭定求撰志铭。

文学顾埴墓，在尹山乡师姑圩。汪琬撰志铭。子太学希喆、进士三典，孙文学求懿祔。

黄孝子农墓，在葑门外陈公乡縻字圩。

赠翰林院修撰徐允武墓，在尹山南樊庄字圩。太史张大受撰志铭。子进士模祔。

正孝先生杨无咎墓，在娄门外坝基桥内做篮浜。

翰林院庶吉士顾嗣立墓，在葑门外黄石桥。

翰林院庶吉士宋照墓，在虎丘后十房庄昆字圩。

文南岳墓，在廿三都六图李王庙。子世光祔。孙龄墓，在南岳墓西北。

朱元卿墓，在葑门苏台乡。

节妇徐国维妻陈氏墓，在娄门贵字圩。

卷二十

科目

成周取士，以乡三物教万民，而宾兴之汉代，选举有贤良方正、茂才、孝廉暨博士弟子、文学、明经之目。隋唐以后，专尚科举，或用诗赋，或用对策。有明专重经义，我朝因之。盖经义之制，代六经、四子之言，阐濂洛关闽之旨，学者发而为文。由诵习辞章，而引之于道德仁义，匪但对偶声律而已。吴中为人文渊薮，千百年来，人材辈出，文章事业，震耀前后。入国朝，举礼闱第一、廷对第一者，指不胜屈，称极盛焉。元和为长洲分邑，故通籍于既分以后者，始得备录。而雍正甲辰以前科目，应入《长洲志》中，示不淆也。要之，人不以科目重，而科目则以人重。膺选举者，尚其争自砥砺，以蕲无负于三不朽之一云。至副榜与选拔恩贡、岁贡，例得并书。志科目。

乡贡士

雍正七年己酉科南闱中式解元沈戌开

　姜本渭

己酉科顺天中式

　戴廷纶

雍正十年壬子科南闱中式解元郭长源

　谢于蕃

壬子科顺天中式解元邵大业

　沈景兰

雍正十三年乙卯科南闱中式解元吴镇兖

　庄大中　韩庆曾

乾隆元年丙辰科南闱中式解元梅理

　李　炯

乾隆三年戊午科南闱中式解元陶绍景

　张昌蕃　周　㒞　沈　英

戊午科顺天中式

　宋宗元

进士

雍正十一年癸丑科陈倓榜

　沈景兰馆选庶吉士。

乾隆丁巳科于敏中榜

　宋邦绥馆选庶吉士。　庄大中

乾隆己未科庄有恭榜

　张昌蕃

贡生恩拔、岁副并录，以年之先后为叙。

雍正六年拔贡

　费师益

六年岁贡

　汪　琇

雍正七年己酉科顺天副榜

　顾祖望

雍正十年壬子科南闱副榜

　彭廷抡

雍正十二年岁贡

　吴　瑜

雍正十三年乙卯科顺天副榜

　陆廷鉽

乾隆元年恩贡

　徐　钥

乾隆三年岁贡

周宗濂

乾隆三年戊午科南闱副榜

陶善圻　盛　德

卷二十一

宦绩

汉多循吏，班史所谓“凡事简易，与民休息，所居民富，所去民思”者是也。唐代如阳城、何易于之属，犹循斯义。后以催科、抚事判而为二，且左牵右掣，救过不遑，虽有恤民之心，而未能径行煦育，求如古人臣之尽职，盖亦难矣。然能于催科之中寓抚字之意，持躬廉洁，听断不枉，则亦未尝无循吏焉。元和自雍正二年分县，于今十有七年，令丞及尉莅斯土者，班班可考。采月旦之公评，孚缁衣之攸好，就其敏于任事，能以牧民为心者，纪其政绩，而其余概从阙如，彰直道也。后之居官者，循是考之，以求无背于曰清、曰慎、曰勤之义，是亦前事之师也。夫至儒学、训导之训士，亦不后于县尹之治民，此又以经术为本原者已。志宦绩。

江之炜

之炜莅任后，以去恶为首务，如讼师、奸吏、打降三者，得其实，务严治之，曰：“锄稂莠正，以培嘉禾也。”邑中绅士之植品而多闻者，悉心延访，曰：“教我未足，是吾师也。”学宫岁久，渐就倾圮，率先劝导，捐资修复。告成之，曰：“释奠鼓征，远近观礼，称彬彬焉。”后以诖误去任，民常思之。

朱奎扬

奎扬敏于听讼，能色听、辞听，直决是非。遇奸猾之尤者，不动声色，婉曲引诱，得其情实。奸民悚然曰：“我辈以讼为饮食，目中未尝见此发奸擿伏者也。”吴民每以假命图赖，告讦不已，往往破家。而奸人得于其中取利。奎扬严绝之，能化大事为小事，化小事为无事。任三年，大吏以其绩闻于朝，升署淮安府事。

张若爔

若爔莅官，慈祥廉明，以实心为本。每决狱，事无巨细，必反覆推勘。谓堂下人畏威，倘有枉屈，后虽悔无及也。久之，人服其真诚，不敢有欺之者。而他邑疑狱，大吏多委决谳，悉昭平允焉。境内有版荒八十余顷，不能种植，民久赔累。若爔申文大吏，照恩诏裁减昆新两县浮粮之例，请题减额，民咸感戴。他如重赏获巨盗，分俸给贫生，锄奸，通商旅，有古循吏风。宰邑七载，因劳致疾。乾隆五年春，以病乞假，民攀辕不得。陈情督抚题达，愿病痊补官日，仍任元和，此民之公心也。

卷二十二

人物

陆机《吴趋行》云："属城咸有士，吴邑最为多。八族未足侈，四姓实名家。文德熙淳懿，武功侔山河。"而唐景亦曰："家无不孝之子，朝无不忠之臣。文为儒宗，武为将帅。"虽不无溢美之辞，要以山水清嘉，人文汇萃，此其选也。元和地分长洲之半，而人材挺生，足当三不朽之一者，后先相望，次而隐居独行，艺进乎道，不幸遭时变故，知以义自重而不忍决裂其防者，亦不乏焉。汇而传之，前事之不忘，后事之师也。流风遗烈，更百世下犹有感慕而兴起者乎？前志分类颇繁，今统以人物名之。而流寓者，别系于后。

长洲置县始唐万岁通天元年，唐以前人物不属长洲，于元和益无与也。然里居、茔域可考，如顾综、顾训、陆绩、顾荣之类。应属元和，又前史及旧志概称长洲，而别无里居、茔域稽核者，如归登、叶清臣之类。应两邑并存，虑彼此不收，致湮没也。

自明以来，凡籍称长洲而人系元和者，固当备列。即籍非长洲，而人实元和者如黄鲁曾、袁洪愈之类。亦得列焉。又有人与籍皆非，而祠墓在元和，其人实有可传者如陈继、杨廷枢之类。亦并列焉。惟显属他邑，与元和无与者，不得混入，以紊体例。持此以为准，庶无混淆挂漏之失矣。志人物。

东汉

顾综，字文纬，吴人。明帝时，辟有道，历御史大夫、尚书令。时帝举三老之礼，以正月上日践辟雍，设几杖，从综乞言。综于《东汉书》无传，相传有墓在娄门外塘北。唐顾况撰庙碑，有云"刊石娄门，德辉不灭"，其征也。吴丞相雍，其裔孙。明人周复俊赞曰："尊事黄耉，显融儒术。上代玄规，明王懿则。首辟三雍，昭示万国。文纬老成，帝师其德。"

顾训，东汉人，仕太原太守，五世同居，聚族至百口。《吴郡志》云：训岁时聚，子孙悉坐，依次行酒，三岁以下，并自知位次。所居旁有桥，吴人以百口名之，又名试饮桥。地在今跨塘桥东，故知子姓同居，不始张公艺也。

陆绩，字公纪。父康，少笃孝弟，勤修行。太守李肃举康孝廉，肃坐事诛，康为敛送还乡，以义称。绩年六岁，于九江见袁术，术出橘，绩怀三枚，去，拜辞，堕地。术曰："陆郎作宾客，而怀橘乎？"绩跪答曰："欲归遗母。"术大奇之。孙权建国，辟为奏曹掾，以直道见惮，出为郁林太守，加偏将军。绩志在儒雅，虽有军事，著述不废。比归，无装，舟轻不可越海，取石为重，人称其廉，号郁林石，亦号廉石，故居舍为宝光寺。

吴

顾雍，字元叹。德宇淹深，夙播人誉。权为吴王，累迁大理奉常，领尚书令，封阳遂乡侯。拜侯还第，而家人不知。雍不饮酒，寡言语，举动时当。权常叹曰："顾君不言，言必有中。"至饮宴欢乐之际，左右恐有酒失，雍必见之，不敢肆。权亦曰："顾公在坐，使人不乐。"后改太常，进封醴陵侯，代孙邵为丞相。选用随材，授任心无适。莫时访逮民间，及政职所宜，转密以闻。见纳，则归之于上，不用，终不宣泄。权以此重之。为相十九年，年七十六卒。孙荣，以功业显于晋。

晋

顾荣，字彦先，雍次子穆之子也。仕吴黄门侍郎。吴平，与陆机、陆云同入洛，时号"三俊"。例拜郎中。历尚书郎。赵王伦篡位，以荣为子大将军虔长史。初，荣宴饮，见执炙者有欲炙之色，割炙啖之。客问故，曰："岂有终日执之而不知其味者？"及伦败，荣被执，将诛，而执炙者为督率，救之，得免。齐王冏诛伦，召荣为大司马主簿，荣惧祸，终日昏酣，不综府事。以情告友人冯熊，熊谓冏长史葛旟曰："以顾荣为主簿，所以甄拔才望。今府大事殷，非酒客之政。"旟曰："荣江南望士，且居职日浅，不宜轻代易之。"熊曰："可转为中书侍郎，不失清显，而府更收实才。"旟然之，白冏，以为中书侍郎，在职不复饮酒。或诘之曰："何前醉而后醒耶？"荣惧，乃复饮。及冏诛，荣以讨葛旟功封嘉兴伯。长沙王乂为骠骑，复以荣为长史。乂败，转成都王颖丞相从事中郎。惠帝幸临漳，以荣兼侍中，遣行园陵。会张方据洛，不得进，避之陈留。及帝西迁长安，征为散骑常侍，以世乱不应，遂还吴。东海王越聚兵于徐州，以荣为军咨祭酒，属广陵，相陈敏反，阻兵据州，假荣右将军、丹徒内史。荣数践危亡，恒以恭逊自免。敏欲诛诸士，荣说解之，敏纳其言，悉引诸豪任之。仍遣甘卓出横江，坚甲利器，尽以委之。荣私于卓曰："若江东之事可济，当共成之。然卿观事势有济理否？敏既常才，政令反覆，子弟各以骄矜，其败必矣。而吾等安然受其官禄，事败之日，使江南诸军函首送洛，题曰'逆贼顾荣、甘卓之首'，岂惟一身颠覆，辱及万世，可不图之？"卓从之。明年，周玘、纪瞻与荣及卓起兵攻敏，荣舟在南岸，敏率万余人出，不获济。荣麾以羽扇，其众溃散。事平，还吴。永嘉初，征拜侍郎，行至彭城，见祸难方作，遂轻舟还。元帝镇江东，以荣为军司，加散骑常侍。凡所谋画，皆以咨焉。六年，卒官，赠侍中、骠骑将军，谥曰"元"，后追封为公。墓在葑门东九里朝天湖南。《寰宇记》云：在赤门外九里，即其地也。

齐

何求，字子有。其先灊人。宋宜都太守铄子也。元嘉末，为文挽郎，历太子洗马、丹阳郡丞，清退无嗜欲。后为太子中舍人。泰始中，妻亡，还吴葬旧墓。除中书郎，不拜，仍住吴，隐居波若寺，足不逾户，人莫见其面。久之，除永嘉太守。一夕，乘小船逃归，隐虎丘山。齐永明四年，拜大中大夫，不就。卒。

何点，字子晢，求弟。幼居父母丧，尽哀。及长，感家祸，欲绝昏宦，不肯娶。博通群书，善谈论。家本素族，亲姻多贵仕，虽不入城府，而遨游人间，不簪不带，以人地并高，无所与屈。或乘柴车，蹑草屦，恣心所适，致醉而归。兄求卒，点蔬食，不饮酒。泰始末，征太子洗马。齐初，征中书侍郎、太子中庶子，并不就。梁武帝革命，与点有旧，赐鹿皮巾召之。点以巾褐入华林园，诏拜侍中，辞疾不受。天监二年，卒。

何胤，字子季，更字胤叔。八岁居忧，致毁如成人。及长，好学不倦。仕齐，以后族贵显，拜表辞职。东之会稽，居若耶山云门寺。初，胤兄求、点并栖遁，故或称求为孝隐士，点为小隐；又称求为大山，胤为小山；又称何氏三高。永元中，征胤为太子詹事；梁武帝诏为特进光禄大夫，并不就。给白衣尚书禄，固辞。迁秦望山，起学舍。七十余，乃移还吴，居虎丘山西寺讲经论，僧徒从之。尝禁杀，有虞人逐鹿，径来趋胤，伏而不动。又有鸟如鹤，红色，集讲堂，驯狎如家禽。大通三年，卒，年八十六。

唐

张从师，郡人。生平见张说所撰墓志云，冲和纯粹，辩博闳达，卓荦好古，傥荡逸群，忘怀乐道如浮云无心、野鹤独立。上元二年，终，葬虎丘西原。子惟俭、惟静，弱岁皆通左氏、谷梁《春秋》。

归崇敬，字正礼。天宝中，举博学通坟典科，对策第一。授左拾遗。肃宗次灵武，迁官集贤校理，以贫求出外。未几，有事桥陵、建陵，召还参掌仪典。代宗幸陕，召问得失，崇敬极陈："生民疲敝，当以俭化天下，则国富而兵可用。"大历初，充吊祭、册立新罗使。海道风涛，舟几坏。众谋更期，崇敬不肯，遂独济使还，不辱命。授国子司业兼集贤学士。八年，遣祀衡山，未至而哥舒晃乱。广州监察御史惮之，请望祀。崇敬正色曰："君命，岂有畏耶？"遂往。在职多所建议，坐事贬饶州司马。德宗立，召还，累迁兵部尚书，封余姚郡公。年八十八卒，谥曰"宣"。论撰十数篇。

归登，字冲之，崇敬子也。举孝廉高第，补四门助教。又举贤良方正。贞元初，自美元尉拜右拾遗。裴延龄得幸，熊执易疏论之，以草示登，登动容曰："雷霆之下，君难独处，愿窜我名。"转右补阙，迁工部侍郎。宪宗朝，以徙职入谢，上问政所先，登知帝睿而果于断，劝顺纳谏诤，中外传为谠言。累官工部尚书，封长洲县男。元和末卒，谥曰"宪"。

归融，字章之，登之子。元和中进士，事文宗为翰林学士。开成初，拜御史中丞。湖南观察使卢周仁进羡余钱亿万，融奏请还之，代贫民租入。累官兵部尚书，封晋陵郡公。会昌后，朝廷典礼多本融议。大中七年，卒。子仁晦、仁翰、仁宪、仁绍、仁泽，皆登进士第。

陆龟蒙，字鲁望，吴人。元方七世孙。举进士不第，辟苏、湖二郡从事，退隐松江甫里，有田数十顷、屋二十楹。田苦下雨，潦则与江通，故常苦饥，身畚臿茠刺。或讥其劳，答曰："尧，舜霉瘠，禹胼胝，彼圣人也。吾褐衣，敢不勤乎？"嗜茶，品泉，不喜与流俗交。尝设篷席，赍束书、茶灶、笔床、钓具往来，时谓江湖散人。或号天随子、甫里先生。以高士召，不至。李蔚、卢携素重之，及当国，召拜左拾遗。诏方下，龟蒙卒。光化中，赠右补阙。有集二十卷。

五代

皮光业，字文通，日休子也。日休为苏州从事，光业家于苏，美仪容，善议论。

钱镠辟以为属。吴越建国，以为相，教令仪注，多出其手。尝于坐间得句云“行人折柳垂轻絮，飞燕衔泥带落花”，众交口誉。裴光约抗声曰：“二语偏枯不工，以柳俱有絮泥，或无花也。”光业折服。父以文章名，子璨、孙子良，皆以文雄于江东。

吴仁璧，字廷实。天顺二年进士，初从学庐山道士，时于古松流水间独坐终日，神专气寂。道士曰：“能出世乎？”曰：“能居久之，似不忘求名意。”道士曰：“一第甚易，但他年勿干英雄。”仁璧既成名，之江东，吴越王镠待以客礼，访求天文，辞不知。欲辟入幕，又辞。天复初，镠具礼币，请为母秦国夫人水邱氏墓碑，固辞。镠怒，沉之江，时人怜之。有诗一卷。

宋

刘少逸，亡其字。年十一，文辞精敏，有老成体。从其师潘阆谒长洲令王禹偁、吴县令罗处约，以文为贽。二令疑其假手，未之信，因与联句，略不涉思，凡数十联，皆敏妙，胜于出句。二令敛手服，闻于朝，赐进士及第，官至尚书员外郎。

叶清臣，字道卿。幼敏异好学，善属文，举进士，知贡举刘筠奇其策，擢第二，授太常奉礼郎，累迁太常丞，进直史馆。京师地震，上疏极言时政阙失，中云：“范仲淹、余靖以直言被黜，天下之人齰舌不敢议朝政者将二年。愿深自咎责，许忠直敢言之士，庶几明威降鉴。”数日，范仲淹等皆迁徙。会诏求直言，清臣复上疏论大臣专政，仁宗嘉纳之。宝元初，请外，为两浙转运副使。时太湖有民田，豪右踞上游，水不得泄，民莫敢诉。清臣请疏盘龙汇、沪渎入于海，人赖其利。庆历初，出知江宁府，入为翰林学士。丁父忧，服除，以翰林侍读学士知邠州，又改澶州，知永兴军。浚三白渠，溉田六千顷余。上御天章阁召公卿，出手诏，问当世急务。清臣条对，极论时政，言多劘切。复为翰林学士，权三司使。时清臣以河北乏兵食，自汴漕米由河阴输北道者七十余万。又请发大名库钱以佐边籴，而安抚使贾昌朝格诏不从。清臣固争，疏其跋扈。乃徙昌朝郑州，清臣为侍读学士，知河阳。卒，赠左谏议大夫。

胡稷言，字正思。少学文于宋郊。性伉爽，敢谈天下事。出所著时议，献范文正仲淹。仲淹称之。既从胡文昭瑗学，遂精经术。以特奏补官，调晋陵尉，历主鄞县簿、山阴丞，度不能究设施，乞致仕，即所居临顿里，筑小圃，编篱莳菊，自拟泉明，恬澹寡欲。日晡后，不复饮食。客至，清言而已。独喜延引后辈，时论归之。

元绛，字厚之。其先姓危氏，吴越王恶其姓，易为元绛。举进士，以廷试误赋韵，得学究出身。再举，登第。调江宁推官，摄上元令。范文正仲淹为安抚使，表其才，知永新县，擢江西转运判官，入为度支判官。时侬智高反岭南，宿军邕州，而岁漕不足。绛出为广东转运使，建濒江水寨数十，以待逋寇。建治十五城，楼堞器械皆备，军食有余。以功迁工部郎中，擢天章阁待制，进龙图阁直学士，知开封府，拜三司使，参知政事。后加资政殿学士，以太子少保致仕归吴，与陈师孟等为九老会。有居第在带城桥，知州章岵为建衮绣坊。年七十六卒，赠太子少师，谥章简。有《文集》四十卷、《谳狱集》十三卷。

林虙，字德祖。少颖悟绝人。伯父希，尝获古镜，背有"龙翔"二字，虙从傍曰："是非唐大帝时物乎？"希异之曰："是儿眉过于目，当复以文名世，可继祖德矣。"因以德祖字之。登进士，除润州教授，入为太学录，复出，教授常州。时方以三舍取士，虙身为劝率，服教者众。大观三年，廷试常士，预选者五十三人。上赐诏曰："进贤，受上赏。知州、教授特转一官。"虙由奉议郎改宣德郎。知州徐申于学之南立进贤坊、荣赐亭以崇之。在职六年，陛对请加邹、兖二国公谥，除开封府左司录，以府尹不礼，上章乞老，归卒。虙尝作朱长文《吴郡图经续记序》中云："吾家居于苏，著籍此州者五十年。今带城桥儒学坊，吾家榜也。"知虙为城南人云。

方惟深，字子通。父龟年，泉州人，能点笔作赋，为公卿所重，官至屯田郎，卒葬长洲，因家焉。惟深乡贡第一，试礼部不中，即弃去。有田数十亩，与弟躬耕竭作，闲则读书著文，每一篇出，人争传诵。游王安石门，安石称其精淳警绝，然观新法不善，渐与疏远，略无比附意。元符初，郡将荐于朝。崇宁中，复以遗逸应诏，皆不赴。有司举贡籍，以年格得兴化军助教。未几，即去官。年四十，无子，而弟有子，以为先人有后足矣，即屏居于外。既老，预知死期，丧葬皆有治命。年八十三。有《诗集》十卷。

杨懿孺，字彝甫。其先自浦城徙长洲。少孤力学，言行相顾，朝无夕储，神夷气昌，闾里不尽知其贫也。崇宁二年，特奏名，后调南昌簿，居一岁，不乐，载妻子归吴。时与方惟深并称，号"吴中二老"。

黄由，字子由。父云，通经术，教授里中。宁宗在嘉邸，尝书"成斋"二字赐之，后为淮西酒官。由少承家学，善属文。淳熙八年，廷对时，甘升为入内押班，招权市贿，与曾觌、王抃相盘诘。由对策及之，遂举进士第一。吴自有科目以来，冠多士者自由始。授南安签判，秩满，通判绍兴府，往新嵊督行荒政，改粜为赈，擅发米五万石予民，除正字，迁著作佐郎。使金还，迁将作监、嘉王府赞读。绍熙五年，孝宗疾革，光宗不能视疾，人情恐惧。由请嘉王过重华宫问安，孝宗为感动。宁宗即位，累擢权礼部尚书兼吏部，将大用之。会知锦州王沆上疏乞置伪学之籍，于是赵汝愚以下凡五十九人俱以伪学得罪著籍。由上言：“人主不可待天下以党，与不必置籍以示不广。”御史张岩劾由阿附权臣、植立党与，遂罢由而擢沆利路转运判官。嘉定初，由知绍兴府、浙东安抚使，闻嵊县旧有虎患，讹言虎岁久有神，善变化，或为僧形，或为猨狙，莫可踪迹。由祷于神，募勇士殄灭无遗种，民赖以安。三年，除刑部尚书兼直学士院，官至正奉大夫。卒，赠少师。宅在县治东北醋库巷。

胡元质，字长文，城南人。初寓临安，闻邻夜哭，询之，乃贫士，为人责偿，鬻其女，与别。元质倾橐予之。光宗即位，荐入为太学正，历给事中。尝极论“人主言动不可不谨”至累百言，帝书之座右，为书王褒《圣主得贤臣颂》及亲制《大才论》以赐，出守和州、太平、建康，皆有政绩。淳熙中，四川制置使知成都，奏减蜀盐虚额钱，大略谓：蜀盐取之于井，山谷之民相地穿凿，深至六七十丈，幸而得泉，以木革为囊，数十人引大绳汲取之，自子至午，泉脉渐竭，乃缒人入井，以手掬取，投之于井，引绳以上。此数十人昼夜号呼，推车挽绳不息，然后得水，入灶煎熬成盐。比南方煮海，人力所及，与陕西解池工力百倍。又有小井，谓之卓筒，大不过数寸，深亦数十丈，以竹筒设机抽泉，穷日之力，所得无几。盐户困穷，可以概见。而简州盐额最重，虚额尤多云云。由是每岁计豁除折估钱五万四千九百余贯。又请蠲夔路九州民间岁置金银重币，蜀人德之。后历官敷文阁学士、吴郡侯，致仕，卒，赠金紫光禄大夫。元质平居未尝疾言遽色，评人短长，或告人之倾己，辄俯首欲寐，人服其长厚。子绾、纲、绛，皆有名。

方万里，字子万。嘉定四年进士，教授江阴军，储义廪，置小学，谨礼仪。绍定五年，以朝奉郎知江阴军，累迁太常簿，赠正奉大夫。万里问学履行，远近敬之。赵汝述守平江，遇之甚。至汝述卒，宾客皆散去，万里独为护丧，时人义之。有宅在带城桥东。

姚原，字子东。七岁而孤，不借师长，自能读书。尝应举，即弃去，曰：“穷达有命，名无妄求。”由是杜门著述，号北窗居士。有《纂玄洞微经》《剡溪丛话》《玉林瑶篇》等书。

张庆之，字子善。少喜读诸子书，精思积年，拟太玄，作测灵，绝意仕进，有游山水癖，移家虎丘，著《虎丘赋》，号海峰野逸。仿五柳先生作《海峰逸民传》，以伯夷、蒋诩、陶潜、司空图自况，且谓沉冥似海，峻厉似峰，时人尚其狷介。初，文天祥守平江，庆之齿诸生之列。洎亡国，集杜诗，备述天祥平生大节。有《海峰文编》并《老子注》《测灵衍语》。

元

袁易，字通甫。其先汴人。祖珦，南渡，葬蛟龙浦之赭墩，世居长洲。父枢，娶濮安王女为郡马。元军下江南，与拒敌，全家被害。有仆负易窜，得不死。少英敏向学，尝荐于朝，不就。隐吴淞之滨，筑堂名静春，左江右湖，禽鱼翔泳。或风止雨收，小舟出没，扣舷高歌，望而知为世外人也。赵子昂重其品，作《卧雪图》贻之。与郭麟孙、龚璛称“吴中三君子”。有诗四卷。子泰、孙永福，亦以能诗名。

俞元燮，字邦亮。少贫，养母甚孝。通书传，博采群说，著《集传》十卷、《或问》二卷。郡校士子，以专经师之。尝谓其徒曰：“宋亡，举子余习非经本旨，文极则反质矣。朝廷取人材，于斯文必求诸义理之实乎？”未几，延祐科举诏下，多如所云。而元燮终身不与省试。

金可文，城南人。少负经世才。元初，自晦于众。尝以邱园科召，不赴，曰：“幸有庐一区可以避风雨，田一丘可以给衣食，学圣贤道，终身自乐，不愿仕也。”锡号贞逸。

陈深，字子微，别号清全，阖闾浦人。宋亡，闭门著书。天历间，或以能书荐，潜匿不出。著《读易编》《读书编》《读春秋编》等书，请业者屦户外满，年八十五卒。卒之前，惟饮酒诵白乐天诗，谓子植曰：“吾中无所愧，惟全归而已。”有遗书一卷。植字叔方，少负才气，喜与倜傥之士游。既而折节读书，著孝行，屡辟召，不起。

陆德原，字静远，天随裔孙也。喜与宿儒游，以学校事为事。尝请于郡，创甫里书院，建斋立师，事闻于朝，即署德原为山长。大德六年，移长洲县学。德原谓规制隘陋，以豪民从贷钱数万缗，责其本助之，学乃改观。又葺吴中子游道南祠。秩满，迁徽州路儒学教授。时徽学亦久废，谋改作，财用不足，愿倾家以资土木费。会郡檄来吴，购良材、募善工以往，遽得疾，终于家。

边景元，字长卿，宋朝奉大夫珣八世孙。幼端谨好书，累世明于《春秋》。丞相文天祥手书“世麟”二字名其堂，景元指示子孙曰：“愿我后人毋忘先业也。”廷臣荐于朝，为国子伴读，以病辞，居乡教授生徒。会长洲邑庠久废，弦诵无所，乃告郡之巨家，度材庀工，恢廓旧规，后称极盛，厥功伟焉。子昌，字伯盛。张士诚据吴，以礼招致，予以官，弗就。

李世英，字伯英，精于书学，作《韵类》三十卷，以字为本，以音为干，以义训为枝叶，自一而二，井井不紊。书成，凡十年。从子文伯，又本《说文》作《字鉴》五篇，辨点画，正伪谬，时推小学功臣。

虞堪，字胜伯，宋丞相允文后。家吴淞之滨，伐薪汲泉，天趣自足。乡人尝设义塾，延讲教。家多藏书，重先世手泽。闻有雍公遗迹，千里外必多方购得之。从祖《伯生遗稿》亦堪编定。洪武初，强荐起，官云南府学教授，卒于任。所著有《鼓枻集》。

张介福，字子祺。先世自覃怀徙吴中，家葑、娄间。家故贫寒，不能具夹襦，或以纻絮遗之，不受。张士诚之乱兵入其家，危坐不为起，命导之他所，不应，以刀斫其面，伤仆地，既醒，复取冠戴之不动。兵怪，以为昼乃见异物，惊走去。又恐，或发其墓，往庐焉。士诚闻，欲罗致之，不可。使其弟往问，语以“无乐乱，无贪天祸，无失人心”等语。病且死，谓其友曰：“吾志慕古，未能万一，惟无污于时，庶几哉！”

吴淳，字伯善，与兄同居，兄疾废，不良于行，卧床十余年。元末兵乱，淳负兄避兵，遇寇，淳拜曰：“吾可杀，兄不可害也。”贼故斫兄，淳以身蔽之，与兄各中数创，死乱尸中。贼退后苏，兄既死，独身遁卑由山，即阳山。以寿终。

宋通，字文杰。家饶于资，好读书，慕古人奇节，仕元为万户侯。壬辰兵起，尽散其家财以卫闾党。时张士诚据平江，一时志节之士多归之，通不屑往。洪武初，以贤良征，复不就，曰：“吾家世有隐德，不愿富贵，但愿吾子孙得为善人，永保诗书之泽足矣！”乃卜居枫江，相地九龙山，与妻偕隐焉。妻沈氏，即万三女，知有家难，不受嫁资，其高朗略如通云。后宗伯吴宽题其像曰：“彦英挺生，肇基于吴。风举鸿冥，自爱吾瑜。翱翔九区，风月五湖。何以裕后？左史右图。志明继之，孝养愉愉。时歌南陔，琴酒欢呼。维彼喆人，实师吾徒。观文定数，言可以想。其高致矣，崇祀乡贤。复置专祠，春秋编祭。”

明

高启，字季迪，号槎轩。少有才略，长于诗。张士诚据吴，其佐饶介之多罗致名下士，重启诗，奉金币延为上客。启谢去，依妇翁隐吴淞江之青丘，号青丘子。洪武初，被召修《元史》，授翰林、国史院编修，复命教授诸功臣子弟，尽职。帝御阙楼，召对，特拜户部侍郎。启自陈年少，不敢当重任。又不闲握算，固辞。诏赉内帑白金放归，需异日用。时魏观以太常卿，出守吴郡，故与启善，为移其家于郡城夏侯里，时以政治咨访。会观改徒郡治于子城，启为作《上梁文》，有“龙蟠虎踞”

语，卫帅刻之，为危言以动上，以子城曾为僭号者所据，而观徙其地，有异志也。命御史张度按其事，度不为辨，上逮治观，连坐启，弃市，年三十九，无嗣。明初，吴下诗人有“北郭十友”，而启与杨基、张适、徐贲称“四杰”，时人匹唐之“王、杨、卢、骆”云。著有《缶鸣集》十二卷。景泰中，徐庸汇为《大全集》。

谢徽，字元懿，甫里人。与高启同应召，同授翰林院编修，同修《元史》，同召对称旨，启擢侍郎，徽擢吏部郎中，不受职，同赐金归里，同启坐法。后徽再起为国子助教，令终。诗有《兰庭集》。弟恭，字元功，有《蕙庭集》。

傅著，字则明。洪武初，诏修《元史》，命左丞相李善长为总裁官，征山林遗逸之士为纂修官。著与高启、谢徽诸人与焉。史成，归为常熟教谕。苏州知府魏观行乡饮酒礼，长洲教谕周敏侍其父南老，著侍其父玉，皆降而北面立，观礼者以为盛事。后历官知府，卒。

宋克，字仲温，居长洲南宫里，自号南宫生。亦居娄门，少任侠，好走马、击剑、究韬略。张士诚欲罗致之，不就，几中以法，以智免。家居，以气节自励。性抗直，人有过，辄面折之，无少容。与人论议，援事析理，期于必胜。同知凤翔府事，有政绩，寻卒。克中岁厌世事，辟一室，置周彝、汉鼎、唐琴、宋砚于其间，尤喜学书碑版，座右罗列。元季，学书者多宗赵承旨子昂，克独不受绳缚，亦书中之豪也。时有宋广，字昌裔，亦善书，时称“二宋书法”。

周敏，字逊学，南老子。少岁以儒士选，与同列者九人，备顾问。太祖问：“小儒生何籍？”曰：“苏州。”“有父母乎？”曰：“臣父母年七十。”太祖出为长洲教谕，俾就家养亲。魏守观之移府治也，忌者蜚语上闻，上使御史张度往觇度，诡为日者主敏斋。适新治落成，僚属率诣府贺，敏独不往。御史问焉，曰：“上命训诸生。贺上官，非吾分也。”后魏守罹罪，诸贺者皆不免，敏得脱，然已迁安都尉，为奸民所讦，械至京。建文帝在东朝，悉其冤，奏白无罪。诏诛奸民，赐敏大官膳，复职，终身以谨慎称。

王宾，初名国宾，字仲光，号光庵。性颖异，博学，尤精于医，与韩公望并以医名。宾不乐仕进，且母老，不忍离。或劝之出。曰：“吾惮为牺也。”久之，晦为清狂，人多厌弃之。姚善守吴郡，奇其人，造访，宾隐门内语曰：“勿惊吾母！”逾垣出。善屏车骑更往，始定交。年七十，先母死，已死复苏，抱母氏呼娘娘者数，然后绝。其笃孝如此。公望，名奕，一目眚，自号蒙斋。著诗自娱，兼以医利人，然不肯入贵人室。太守姚善既晤宾，复走访之，弈不见，再至，避之楞伽山，善随至，已泛舟入太湖。善太息曰："所谓名可得闻、身不可得见者，于韩先生遇之。"

赵文，字宗文，甫里人。洪武间，以人材举。母老，归养。永乐五年，翰林典籍梁时荐其有理民才，授知番易县，尝言："牧民如牧牛，顺其性，时其劳逸，自不纷糺也。"忤权贵人，谪静海，后赦归，优游江湖以终。所著有《慎独斋集》，题金山寺诗颔联云"淮海西来三百里，大江中涌一孤峰"。杨文贞士奇叹为绝唱，渡江访之。同时有周谷宾，名兴，亦甫里人，与宗文并以诗名。永乐初，以少师姚广孝荐，召试称旨，授官博士，坚辞不获，自残一足，得乞归，号跛樵。

戴君用，父福之，洪武中，监税失火，坐法。君用上书请代父死，刑官闻于朝，许之。妻吴能植节。

沈伯纲，本孟姓，少失父母，沈胜五抚为后。胜五法当诛，伯纲年十七，请代刑。胜五不许，固请代。临刑，明太祖怪年少，问其故，贷之，并免胜五死。

朱昱，父当远戍，年老不能行。兄惧累，遁去。昱愿代遣，有司以不成丁不听。时年才十五也。追逮其兄，榜掠昱殆遍，肌肉消烂，无怨言。部使者怜之，改留苏州卫。

刘政，字仲礼。其先汴人，迁于吴。父以礼，以明经荐授沛县教谕，能得士心，治家以孝弟闻。政生有至性，博学好问，其行义尤厉。建文元年，学士方孝孺主南畿试，以"托孤寄命"为题，得政卷，叹曰："此鸟中孤凤，当虚左待也。"遂置第一。政感孝孺知，益读书，思所以自奋。凡制度、礼乐、兵刑、河渠诸大务，靡不究心。会靖难师起，闻其师孝孺以不草诏被刑，愤极恸哭，不食死。政后多名臣耳，孙曙另有传。

赵友同，字彦如。先世金华人，徙居长洲。少从宋潜溪濂游。洪武末，任华亭训导，岁满，当迁，姚广孝言其世良于医，授太医院御医。又诏从夏原吉治水，原吉重其文学，荐于朝。诏修《永乐大典》暨《四书性理大全》。书成，当迁翰林，以母丧归。殁于家。孙同鲁，有文名。

夏时，字建中。性至孝，治《春秋》，通医学，受业友同父仁，尽得其传。永乐间，以经明行修举于乡，任苏州府学训导。

滕权，字用衡，后更名用亨，尚书德懋从子。少从德懋游学四方，广闻见，为文有法度，尤精六书之学。永乐三年，被荐，年已老矣，召试"祯符三诗"并书"麟凤龟龙"四大字，称旨，授翰林待诏，与友同并修《永乐大典》。

王汝玉，名璲，以字行。洪武末，以荐摄应天教授，擢翰林五经博士。永乐初，进检讨，再进赞善。仁宗在东宫时，与解学士缙等应教，撰《神龟赋》居第一，特深眷注。后缙以议建储触汉王高煦怒，媒糵至死，因缙牵连，汝玉同下狱。汝玉缘此论死。仁宗立，赠太子宾客，谥文靖。兄汝器，名琏，洪武壬子会试，授编修，肄业文华堂，命宋濂为师，琏在选中。弟汝嘉，名琎。永乐中，诏修《五经四书性理大全》，授翰林、五经博士，进侍读。仁宗初，开弘文阁，琎日直其中，礼遇初终不衰。琏与琎皆有文誉，琎尤以理学显。

徐谦，字允高，宋徐奭十二世孙。登乡荐，任中书舍人，升光禄寺寺丞。建文中，丁母艰，服阕，将赴都，适勤王诏下，谦即募勇士数千，又与苏、镇、常、嘉、松知府姚善等，期为后援，遂先赴仪镇，与燕兵大战，胜之。既而燕兵四集，五郡援兵不继，战死，年五十五。

高庸，字季常，甫里人，季迪从子。永乐四年进士，尽子道，一出入必禀命于父。父命课耕，执犁鉏立陇畔，竟日杂佣保中，时已成进士也。授莆田县，视政或小有失平，父击版厅事后，庸入即趋跪受训，故境无冤狱。丁内艰归，改令余姚，卒于官。

陈祚，字永锡，永乐九年进士，选庶吉士，御笔授河南右参议，言事，谪太和山佃户，与妻王躬耕馌饷十年，处之晏然。宣德初，召为御史。按江西时，帝留意狗马声色，祚驰疏劝勤圣学，大略谓：帝王之学在于明理，明理在于读书，宋儒真德秀《大学衍义》，凡圣贤格言，靡不具载，欲致太平，舍是书不可，愿于听朝之暇，命儒臣进讲，非有大故，不宜间歇，必能开广聪明，增益德业，而邪佞之以奇巧荡上心者，自见疏远矣。上览疏，震怒曰："竖儒谓吾未读《大学》耶？"逮至京，籍其家，连父母、妻子禁系五年，其父竟瘐死。英宗立，复祚官。祚再按湖广，益持风节。辽王贵烚淫酷，祚与巡按吴政劾之。上怒，俱械至京，论死。未几，言俱验，得释，改南院御史，言事如故。寻迁福建按察佥事，民惧其威，不敢犯。神祠不载祀典者，悉撤去之，以其材修学宫与官舍。久之，引疾致仕。前此，父母死，稿葬。归，始改葬成礼。吴中庐舍已籍没有司，至是葺屋葑门郊外，居四年，卒。吴人称为"冷铁御史"。

孔友谅，字信伯，圣裔也。先世流寓于吴，遂为长洲人。永乐十六年进士，授庶吉士，出知双流县。宣德八年，命吏部择外官有文学者，试之，得友谅及胡桢等七人，令办事六科。二年，并官给事中，友谅得刑科，方授官，卒。宣宗初，尝上言于朝：一曰科举所以求贤，必文行相称，请于科举之岁，详核诸生，有行优者，乃许入试，庶国家得真才之用；一曰禄以养廉，禄入过薄，则生事不给，贪者巧取，廉者终穷，请量增官俸，俾俯仰有资；一曰古者赋役量土地、验丁口以输将，不应于常赋外复有和买、采办等事扰累，则国赋有常，民用不困。余多切于时务当时，颇见嘉纳，时论韪之。子镛，为名臣，别有传。

仰瞻，字宗泰。永乐九年举于乡，官虎贲卫经历，迁大理丞。正统间，奄人王振用事，百官相见，俱鞠跽为礼。大理卿薛瑄、少卿顾惟敬及瞻独不屈。某指挥死，振从子山欲娶其妾，妻不许，妾诬妻以药毒夫，煅炼成狱。瑄率少卿以下争之，瞻辨益力。振怒，欲杀瑄，瞻又与辨。蔚州卫兵沈荣冤狱，益忤振，遂谪瞻戍大同。景泰初，刑部尚书俞士悦、都御史陈镒辨其冤，复原官。瞻持法愈坚，与内阁王文论饥民事不合，引年归，加少卿致仕。瞻少岁师事郡学训导夏时，后经其门，必下车趋过，暮夜亦然。人服其长者。所居仰家庄，在葑、娄二门之郊。

顾巽，字顺中，葑溪里人。少好学，读书励行。乡儒周传精于《易》，师事之，尽得其所授。为文敷腴条畅，华实兼得，从受《易》著籍者数百人，而贺廉、孔友谅、顾恂辈皆取高第，魁其经。巽中永乐甲辰进士，未授官卒。时明鼎初定，制科文义承宋元余习，《易》学榛芜，诸家杂出。巽理取程、朱而酌于汉、唐注疏，不为诡奇之论。吴中《易》学实始于巽，说者谓不愧汉杨何云。子睢、孙余庆，俱第进士。

盛寅，字启东，居长洲之平江路。从王宾学医，精其术。永乐中，治内侍蛊症有奇效，名闻于上，授御医。尝扈从北征，东宫妃张氏十月经不通，众医以为有身也，而胀愈甚一日。上谓曰："东宫妃有病。"往视之，疏方皆破血剂。东宫怒曰："早晚当诞皇孙，此方何也？"不用，数日，病益急，乃复召诊之，曰："后三日臣不敢用药矣。"仍疏前方，乃锁之禁中。既三日，妃服药，下血数斗，疾乃平，知为神医也。宣宗即位，殊见敬礼。卒年六十有七，所著有《流光集》。

练纲，字从道，尹山人。中宣德十年乡试，以《春秋》著名，卒业太学。郕王监国，上《中兴八策》。既也先犯京城，纲极言和议不可就、南迁不可从，宜倚重于谦、石亨分任战守，择亲王忠孝者同守臣勤王，檄陕西守将入卫。王从之，拜监察御史。景泰改元，巡两淮鹾政，驸马都尉赵辉牟利，纠之复纠。尚书何文渊、侍郎项文耀，典选不公，而荐尚书王直、侍郎俞山为可用，帝嘉其直。时御史左鼎善章奏，纲善弹劾，京师谚曰："左鼎手，练纲口。"公卿以下咸惮之。后按福建，与按察使杨珏互讦，俱下吏。珏谪知黄州，纲判邠州。未几，谪经历，卒。祖名则成，洪武中官南道御史，尝劾大臣不法，人多侧目，后贬官，中毒卒。纲不愧祖风，而以言被祸，后先一辙。

施悌，字天禄，郭巷人。少岁补郡学生，领乡荐，屡试礼部不第。就选得湖广永州同知，会守缺人，署府事，清惠相济。尝勘事郴州，道遇徭贼，问姓名，从役欲更名应之，悌曰："政欲贼知我名，何更也？"贼曰："吾闻施公善抚民，吾忍犯耶？"解散去。任满，擢宗人府经历。久之，出守姚安。姚安远在滇南，夷獠相杂，剽捍易动。悌一以礼法、恩信示之，凡二载，烝烝向风。乞致仕归，已治装矣，疾作，遽卒。同知高凤，土官也，哭之甚哀。獠民有乞衣冠葬者，柩归葬尹山之阳。

顾睢，字敬顾，一字德明。中正统丙辰进士，授翰林庶吉士，调行人，台臣荐为御史，出治山东盐荚，值岁大祲，设法赈之，活者无算。常议狱赎锾以佐荒政，时太保王文为御史大夫，数称其才，期满当代，民泣留，从之。已而按察七闽，闽大治。又为赣州守，赣近岭南，多洞穴，穴中氓顽犷，民苦剽掠。睢用兵捣其穴，平之。诏赐金绮。睢长于为理，人不能欺。后王文成抚赣，多设城堡，控制洞蛮，民赖以安。赣人祀文成，因并祀睢，以报厥绩云。

刘珏，字廷美，号完庵。少警敏。太守况钟闻其才，推择为吏，谢弗愿，愿就博士学，守许之，遂举正统戊午乡试，以材荐授刑部主事，历官山西按察佥事。年甫艾，即致政归。闭门却扫，图史间列，作诗挥洒性灵，尤长于七言，而画笔出入吴兴、黄鹤间。长缄巨幅，经营林壑，称神品焉。

陈继，字嗣初，汝贤子。生十月，父死，母吴矢节立孤。继通经学，人呼"陈五经"，以古文名。奉母孝，仁宗初，有司上其事，命御史廉之，继方出汲，母立门外，继提瓮伛偻甚恭。既汲，母予以壶浆，拜而饮。上闻，重其行。时初开弘文馆，用杨士奇荐，召授五经博士，领阁事。与学士杨溥、侍讲王琎时备顾问。宣宗初，预修两朝《实录》，进检讨。逾年，引疾致仕归。子宽、完，皆有文名。继，吴县人，今祠堂在县桥巷东，隶元和。

刘铉，字宗器，号假庵。少孤，事母尽孝。尝割股以疗母疾。永乐中，举顺天乡试，授中书舍人。宣德时，预修两朝《实录》，迁兵部主事，仍供事内廷。再修《宣宗实录》，进侍讲。正统末，教习庶吉士。景泰中，进侍讲学士，直经筵。旋以高谷荐，迁国子祭酒，遭母丧，旨夺情，不奉诏。服除，复旧职。时陈恂已为祭酒，帝重铉，命与询并任，盖异数也。天顺初，擢少詹事。逾年，卒于位。铉性敦厚，言行不苟。其卒也，帝临朝悼叹曰："安得学行并优如斯人者耶？"成化初，谥文恭。著有《假庵稿》。

王敏，字时勉，宾从孙，宣德时人。治病多奇中，总戎某尝宴客，伶人为女子妆侑酒，时无疾，敏谓帅曰："伶明年当死。"帅诘之，曰："颊赭，面青色，形羸，气微促，肺经受病。肺，金也。火能克金，火令司天，其殆矣。"明年六月，欧血死。一千户，年二十，患病，体热频咳，昏愦作谵语，众以伤寒治。敏曰："此痘也。"与升均汤而痘出。一人疽发背，不起疡，医言疮起可治。敏曰："脉击指起，亦不治。"三日，果死。其神效类此。时同邑钱瑛，字良玉，晋府良医正宗道子。宣宗时，入太医院。宁阳侯孙生九月，惊悸、数啼、多汗，百方不治。瑛命坐儿于地，使掬水为戏，啼顿止。人问故，曰："时当春暮，儿丰衣帷处，不脱保母怀抱，郁热难泄，近水则火邪杀，得土气则藏气平，儿无事矣。"不药愈。同时又有张颐，以瞽人治病，能豫刻年月，决人生死，并有名吴中。

韩雍，字永熙。弱冠，中正统七年进士，授监察御史，出巡河道，旋巡按江西，纠弹墨吏，众不寒而栗。英宗北狩，西南寇盗充斥，邓茂七乘衅反。巡按福建御史汪澄牒邻境会讨，俄以贼议降止兵。雍曰："贼果降，止兵未晚也。不然，吾有备无患。"趋进兵，贼复畔，人以是服雍之能。擢都御史，时石亨伏诛，锦衣指挥刘敬坐饭亨于直房，朋党论死。雍抗言："朋党者，谓阿比浊乱朝政也，以一饭当之，何以处朝夕趋其门者？"敬得不坐。已复巡抚宣府、大同，晋兵部侍郎。英宗崩，左迁浙江参政。宪宗初，两广蛮寇大起，所在残破。拜都督赵辅为将军，发湖、湘、闽、粤兵十五万讨之。兵部尚书王竑言："韩雍才气无双，欲灭贼，非雍不可。"遂拜雍左佥都御史。雍驰至南京，与诸将议进取。时朝议谓："贼在广东者宜驱，在广西者宜困，期一二年扑灭。"诏录示诸将。众请分兵，雍曰："大藤峡为贼薮，本也，诸军不先穷其本，乃分趋其末。分兵势弱，趋末难尽。我全师并力，先取修仁、荔浦以孤贼势，乘胜取大藤峡，直倾贼巢。根本既倾，余迎刃解矣。"众从之。遂督大军，倍道进击，所过披靡，划修仁，下荔浦，诸洞尽克，将次至大藤峡，众议："峡乃天险，不易攻，不如以大军围之，俟其自毙。"雍曰：兵贵神速，峡周围五百里，纵甲兵数万，岂能断其出入？吾决计急攻，有言不进兵者，军法从事。令总兵官欧信等为五哨，攻其北；己与转等为八哨，攻其南；参将孙震等二军，从水路入，而别遣裨将守峡口，贼于山南立栅栅甚固，滚木、礌石、标枪、药弩如雨下。峡直上百余丈如剑立，虽阶梯不能上。雍身披重铠，帅敢死士，用团牌、扒山虎等器，冒险进，三军大呼，缘木攀藤而登。先是，潜遣壮士从间道绕出其后，至是发炮击贼，轰声震天，而欧信兵亦从北上，贼不能支，遂大败。先后破三十余寨，生擒贼魁侯大狗及党与七百八十余人，夺回被掳男妇二万余人，斩首及坠崖下死者无算。贼平，峡有藤，如蛟龙横亘两崖间，群蛮蚁度，名大藤峡。雍斧断之，改名断藤峡，勒崖石纪功而还。进雍右副都御史，提督两广军务。雍遇事机警，威严若神。方进兵大藤峡时，有儒生、里老数十百人，跪道左，愿为向道。雍叱曰："贼敢绐我，令缚而斩之。"左右错愕，何乃杀良民？既缚，袖露利刃，乃知间也，悉断手足，刳肠胃，挂箐棘间。贼惊为天神。时中贵人黄沁谓雍滥刑杀降，擅作威福，竟敕令致仕。归五年，卒，年五十七。正德中，谥襄毅。

陈鉴，字缉熙，中正统十四年进士，殿试第二人，授官编修。景泰中，充讲官，进修撰。天顺初，奉使朝鲜，迁侍读，预修《统志》。修《英宗实录》成，进侍读学士，升祭酒。初，国子月给钱，为会馔费。然多不时给，则贮为公费。会前祭酒邢让与众有隙，言者谓："让以公钱入已。"事并及鉴，廷问时，让争辨不已，鉴默不一言。人问其故，鉴曰："吾为祭酒，对刀笔吏掉舌，非自亵，亵国体也。"与让俱除名，未几，卒。鉴父润，以罪戍盖州。鉴请于朝，迎父榇归葬，并迎母归。后居母忧，方修《实录》，有诏起鉴，两上疏恳终制，允之。人重其行。故居在县东，后为黄鲁曾兄弟宅。

刘溥，字原博。八岁，赋《御沟》诗，人称奇童。长，侍祖父游京师。宣德中，授惠民局副使。溥精天官、占验、律历之学。正统十二年，京师牛妖足五，一足生于领，蹄反向上。溥占云："足五，余气也。高于领，小人在上也。反向，外寇骄中国也。"越二年，帝自将北征，溥从群臣后送驾，见日晕中黑外赤，心愈忧，乃赋《送驾》诗见志。俄有土木之变，言者交荐于朝，不报。卒授太医院吏目，非其志也。溥长于诗，与晏铎诸人称"十才子"。有《草窗诗稿》。

钦谦，居宝光寺侧，官太医院判。宣宗数召见，索秘方，三问，以不知对。最后谦伏地曰："臣以医受禄，职在保护圣躬。陛下承祖宗洪业，宜兢兢自爱，若此等方药，先贤不传，臣死不敢承旨。"宣宗愧怒，命武士以旃裹头付诏狱，囚窟室中，久之，上悔悟，释出，复其官。正统末，随驾出关，殉土木之难。

邹亮，字克明。少跅弛，周文襄忱训诫之，乃折节读书。郡守况钟莅吴，嘉亮才，荐擢吏部司务，迁监察御史，称职。亮能诗，时政有阙失，尝作《新乐府》数十章上于朝，颇见采纳，人谓之诗谏。弟顺，字克和，宣德乙卯举人，仕辰州知府，亦能诗。

盛昶，字允高。景泰辛未进士，授监察御史，清理山东马政，称职。出按广东，泷水贼颇炽，昶单骑入贼垒，谕降之，使还，劾巡抚揭稽不法，又劾镇守两广王翱失当轴意。会内苑翠被饰艅艎，张水嬉。疏谏上，怒命予杖，谪古田典史。天顺改元，迁罗江令。邑寇胡元昂乱，缉平之。流寇赵铎聚徒数万，所至屠戮。巡抚陈惟事招抚，贼益猖獗。昶上章直陈事势，即自剿捕杀贼，贼大败。川蜀赖以安全，特升叙州府。又值戎人洪筠高土猪叛，朝廷命内外大臣统兵讨之。昶在陈后，见前军却，突出冲击，流矢贯两耳，血流肩背，益力战，斩获百级，创甚，昏绝，得救苏。使者列上功，未报。以病废致仕。朝廷遣使赍玺书、金币、宝钞赐于家。卒，赐葬阳抱山，敕建专祠娄门外。

孔镛，字韶文，孔圣里人。景泰甲戌进士，知江西都昌县，改广东连山，两地有异政，擢高州知府。时高新被寇，镛身犯锋镝，斩贼魁，降其余党。离府城三十里有茅洞，洞袤数十里，广屯贼兵，推邓公长为渠，时出攻杀。镛视城中兵羸弱，难以力胜，乃身往招之。贼见一骑来，露千刃，夹道相向。镛徐徐至其营，下马中坐，曰：“尔杀我甚易，顾我来生尔者，尔辈皆良民，官府不善抚御，至于此，能反逆归顺，即我子弟。”贼曰：“尔何人？”曰：“我孔太守也。”贼曰：“圣人儿孙耶？”曰：“然。”贼皆罗拜。镛与极论祸福利害，极言背逆无令终者，且遍历贼营，谕以大义。晚索食饱餐。夜，高卧贼帐中，四鼓，命贼导归。众谓太守已死，方议设兵戒备。及归，大惊。明日，降者万余人，数日，贼皆解散。镇臣上其功，升广东按察副使，历广西按察使。平荔浦贼，迁左布政使。甫上事，擢右副都御史，巡抚贵州。贵州苗尤犷猾，名阿剌者善策算，而其子名溪，有勇力，可敌千夫。父子雄长溪峒间，时杀伤官兵。二十年，人莫敢制。镛先擒其党，降之，授以计，率壮士掩袭，擒二人至，不劳大军，平定剧贼，功在旦夕，镛之谋也。镛讨荔浦贼时，高树旗帜，大书姓名。贼望见，曰：“孔公，天神也。”俱窜走，故一战平之。入为工部右侍郎，舟至富阳，暴卒，年六十三。

尤淳，字公厚，安礼孙，居临顿里。景泰四年为乡贡士，知铅山县，调永年。前县有冤狱，连坐二十余人。淳至，俱得平反。净慈寺院，岁有一僧焚身，举国男女奔走，金钱辇集。淳心动，率伍伯往觇，有僧坐积薪上，手足缠缚，眉额攒蹙。命下之，僧不能言，饮以药，少顷，泣曰：“身系远客，道人挟我来共饮，大醉，醒时身在薪上，口瘖无从叫呼，亦不知何由薙发也。”淳鞫得其奸状，诸僧伏法。燔其寺，愚民如梦觉。后以峻直去官。子樾，字宗阳，正德四年中礼部试，累官太仆寺卿，有纯行。

杜庠，字公序，中景泰五年进士，知攸县，即罢归，以诗酒自豪。在都下，会饮于陆孟昭馆中，海内诗人毕集。云间张汝弼揖曰：“此过赤壁，题惊人句杜先生也。”

持酒前为寿。长安中，呼为“杜赤壁”。落句云：“千年忠义出师表，万古江山八阵图。”一时传写艺苑。

沈钟，字仲律，泓之孙，世居甫里，后徙金陵。中天顺四年进士，授验封主事，升提学佥事，进副使，提学湖广、山东，与章懋、罗伦诸人称十君子。乞休归时，弟铠仍居长洲，钟往来其间。每当省墓，集故乡亲友，宴饮无虚日，以俸入给期功之贫者，年八十余卒。生平喜为诗，有中唐风趣。铠，字幼威，成化八年进士，仕至工部主事，亦工诗，未第时，与诸兄弟读书于高楼，面临荒江，弃谢人事，不下楼者五年，卒成令名。

文洪，字公大，庐陵籍，先世迁于长洲。通经学，弟子经指授者，每得高科。洪屡试辄北。成化元年，始中乡试。越三年，子林亦举于乡。岁壬辰，与林同应春官试，林成进士而洪得副榜，选涞水教谕，以病辞归，卒。林，字宗儒，初知温之永嘉，后改博平，升南京太仆寺丞，告归数年，起知温州府，以廉平称。未几，卒于官，至无钱具棺椁，郡人哀之。居乡与李太仆应祯、杨仪部循吉、沈处士周善，而徐迪功祯卿、唐解元寅，以后辈推奖之。洪次子森，字宗严，成化末年进士，令庆云，岁旱，有蝗灾，捕得，命瘗藏之。或问故，曰：“野无青草，异时何以自明？”既朝廷遣使验，民赖是免赋，而他郡多坐累。改郓城县，以气折德王。入为浙江道御史，乞归，再入为河南道，升南太仆少卿，旋升右佥都御史，乞休归，五年卒。森与林弟兄、师友。林子徵明，受业于森。森子斗，受业于徵明，而皆本于洪之家学。洪尝求葬地，术者指一旧冢曰：“得此必贵。”其家愿迁以售，洪斥不用，予以金，俾封植之。人叹为盛德，后子孙代为名臣。

胡琮，字文德。成化二年举进士，令江陵。时辽王不检，纵其下椎埋劫夺，琮绳以法。王托馈食名，遗以金钱，琮峻却。王知不可，劫持相戒敛戢，终琮之任，不敢横。考最，入为监察御史，以言事黜麻城令，稍迁常德同知。常守某深信琮，非琮莫与计事。有大珰自滇还，过郡，索贿赂，挞辱官吏。琮引伍伯出，声言欲检其橐装，珰惧，急引去。他日，有诏括金诸郡，檄牒交下，琮赞守持，不即行，僚属恐缓行诏书得罪。琮曰：“常德本不产金，况遭歉岁，可额外征乎？即罪，罪主议者，不以累诸君也。”已而，诏罢不征。他郡先奉行者，皆惭愧。丁母忧，起为处州同知，时州缺太守，政俱自琮出。州民掘地得矿，中官欲奏籍于官，争之不得，即上疏抗言。朝廷从之，民皆德琮，欲叩阍请为太守。而琮已无宦情矣。会考满，赴吏部，乞致仕，后增秩山西参议，年七十九卒，无子。

吴宽，字原博，吴之干将西里人。父孟融，以孝行著。融父寿宗疾，往西山汲涧煮药，日三十里，无间。宽性温雅和厚，弱冠，负重名，举成化壬辰进士第一人，授修撰，入史馆，侍东宫，进位宗伯。宽既居审谕德教之任，又为朝廷礼官，深惧辅导不力，为近习所移。尝侃侃正言，多所补益。帝甚嘉之。孝庙时，周太后崩，议升祔礼，未有定。宽引《鲁颂》姜嫄閟宫，《春秋》考仲子宫，皆别庙，汉唐皆然，至宋始有并祔如嫡者，此非礼之甚，不足为天朝法。帝从之，为别祀奉慈殿，不得与奉先匹。又议："元吴澄祀于学，云《礼》所谓有事于先圣先师，凡有功经学者称师，别于先圣，不责其全也。若汉马、郑诸儒，皆得称师，澄何可废耶？"宽之学，无不考，而经义尤深，官尚书时，为其父治圃东城，有亭台、竹石之胜，所谓东庄是也。致仕后，徜徉其间，讲求法书、名画，士大夫有以文辞请者，不少吝。故宽之文独多于诗，所刻文曰《家藏集》。卒，谥文定。

顾余庆，字崇善，甲辰进士巽之孙、丙辰进士睢之子，中成化壬辰进士，授工部主事。孝宗朝，吴中大水，廷议择京官明习水利者疏治，余庆以吴人佐冬官，而又长于水利，用是奉诏治水经年，蓄泄有方，克副厥职。朝廷称其能当大用。而余庆已澹于仕进，里居筑三辰堂，太保岳蒙泉为书额，而王济之、吴匏庵、徐仲山、张东海及皇甫兄弟皆为赋诗。落成，匏庵又为之记，以三世俱发祥于辰，以为异云。

徐源，字仲山，居瓜泾港。成化十一年举进士，授工部主事，改兵部。时山东徂徕等处水溢，源承命相度泉脉，修治之。而天下武功爵，几渝数万，坐耗不资，为之按籍核实，滥冒一清。天子知源才，出为广东参政。值云桂猺叛，源深入瘴疠，督师济饷，寇赖以平。弘治十四年，升都察院右副都御史，巡抚山东。时岁方大祲，道殣相望。源忧心如捣，与敕使侍郎何鉴分行赈济，割临清仓米八万余石补漕额，至明年，将征偿，又为民陈疾苦状，诏悉蠲之。齐鲁之间，民得以苏。会阙里文庙灾，源疏请修复。落成，上命阁臣李东阳与源释奠，蒙白金、文绮之赐，学者荣之。源在部曹时，逆瑾擅政，权贵请嘱，诸曹郎奉命唯谨，而源阴籍其姓名，将入告，权贵为之敛手。及在东抚，泾王就封于沂，以水涸，将陆行之。国大为骚动，源檄所司，亟发卒浚淤，顺流而东，民卒无扰。少时母病目眚，源朝夕餂之，不少倦，隔岁而目明。所著诗文朴茂渊雅，有《瓜泾诗文集》。孙祯，官参政。

陈璚，字玉汝，号成斋。举成化戊戌进士，授兵科给事中，历刑科给事中，擢大理少卿，进南京左佥都御史，又进左副都御史，兼督操江诸军。乞休，卒于家。璚未第时，同吴文定公宽为古歌诗杂文，不屑程式，久困场屋，人咎之，璚不改。会试，所射策以能悉僻事，史馆交重其名。璘曰：“此吴先生教我也。”遂师事之。生平所居官，俱佐台事。与法司争论妖僧狱，继论中官及宁阳侯陈辅诸不法事，皆刚正有节概，而自恨不获以文史显。悒悒不乐，为未竟抱负云。所居在大姚村。

蒋廷贵，字原用，世居吴淞江之滨。廷贵为诸生，通《易》理。成化七年举南畿，又七年成进士，授永平乐亭知县。方视事，岁适大饥，民剥树皮以食。廷贵曰：“我虽位卑，然救民我责也。”亟具疏奏免什六七，民恃以不转徙。师出建州，道经永平，廷贵承部牒，总山海诸关驿，凡车马刍食，于师无缺，于民不扰。乐亭地故僻，前令治率苟且。廷贵举废治阙，越二年而境内大治。县治后故有门吏出入，通馈谒无忌。廷贵塞之。会病作，不便者撼以阴阳吉凶之说，曰：“人孰无死？即死，命也，门何预焉？”治事益力，病大作，又撼之，终不动，乃殁。郡守以下，皆哭之。殁后一月，生遗腹男，名焘，字仰仁，母徐为武功伯天全翁女。焘四岁，母口授小学，即成诵。八岁，达四子书、诸经。十一，属文能作惊人语。补弟子员，郡庠试南都，自方岳重臣及部使者皆器重，比之江夏黄童。性孝谨，受母教，恭肃如严师。年十七，得疾死。良吏竟无后。

周诏，字希正。少随父泰令海外乐会。父卒，有欲留娶之者，诏曰：“父死之谓何而乂因以为夷乎？”遂匍匐万里，归其丧。长益自励。成化庚子，举于乡，为兴国纪善。时典则未备，乃本祖训为书数千言以规佐之。及睿宗登遐，寄以后命，因朝夕纳诲，世宗尤见亲信。及入继嗣，历念藩邸旧学，擢詹事侍读。大礼议兴，诸臣不能将顺，屡有诤论，上为赫怒，多见斥辱。诏转移密勿，常谓：“陛下制礼尊亲，群臣未达，然不敢阿附，固其忠谅。今若亟罪彼，怀二三者将何以罪之？”因免冠请老，上为动心。寻进太常少宗伯，卒。

沈林，字材美，世为官浦人。中成化辛丑进士，初任晋州，民间利害，次第罢行。州人尸祝之云：“小沈公，吾父母也。”时年未三十，故云。入司刑曹，出知广西顺庆府，锄顽犷，除淫祀，建城郭，兴学校，大吏以材能荐，升云南参政。时讹传安南举兵，将内向，远近恇攘。大臣谋治兵应之，将上闻。林曰：“我无衅，何得内侵？应彼地自相贼杀耳！”即驰至，侦之，果然。众服其静镇。升山西布政，入觐时，太监刘瑾盗政，奴视内外官。林不为礼，因落职。瑾败，起广西布政，旋升贵州巡抚。贵当湖、蜀接壤，猺獞杂居，铜仁乌罗诸苗时出杀敚，前抚臣以化外不究，久之，叫呶讙哗，次及内地。林谓：“丑类不揃刈，民何以安？”帅将士深入，截其粮道，俟贼困，纵击，继以火枪、飞炮，歼灭殆尽，缚龙通保等，俘获牛羊、器械无算。陈家孟溪等九十余寨，以次降顺。闲田牛种，按地给与，悉为良民。丁父艰归，服阕，诏起山东巡抚，中途病剧，乞致政归。后四年卒，年六十九。孙名大谟，恩荫浔州太守，亦有政声。

沈勋，字有虔，号爱筠，葑溪人。成化十七年恩贡，仕国子助教。端重有师法，时祭酒陈骥以诗教训，士勋谓："词华取人，恐长浮竞，宜以笃行实学为主。"骥然其说。肄业六堂者，一时丕变。商文毅公辂器重之。任二年，遭父忧归，服除，不起。文毅公题《竹泉春雨》诗以赠，高其志也。居乡，深自抑损，子弟有荡佚者，召之至，与讲古人孝弟、廉洁事，以化导之。遇岁歉，斗米三百钱，道殣相望，毁家纾之，家渐落，不悔。后泛舟吴江之简村，被盗，盗曰："尔非沈助教乎？"曰："然。"盗皆俯首拜曰："是尝活百里外人，吾等何忍劫夺？"悉还所有焉。子济，有古文名。

邢量，字用理，号蠢斋，隐居葑郊，终身不娶，居三楹，青苔黄叶，折铛败席，萧然乐也。嗜古如饮食，卧榻之外，唯堆积书卷。或叩以疑义，如贯珠引绳。少宰吴文定公访之，值处士方执爨，无童子应门。少宰假邻家木榻坐门外，俟其终食乃进。佥事陈公永锡致政归，峻厉不与世接，惟挟册就处士质疑，处士经岁不一往。郡守某闻其名，令以诗见。处士曰："古有采诗，无献诗，吾岂以为羔雁哉！"卒不见。有遗稿若干卷。门人朱存理序而传之后。从孙丽文，名参，性孤孑，早岁丧妻，不再娶。客至，无人具茗碗。断薪火，以冷食自给。遇大雨雪，客往视之，屋三角已渗漏，参把书一册，坐一角不渗处，见客，哦所得佳句，铿锵发金石声，其高隐亦相埒云。

戴冠，字章甫，嗜古学，屡试被绌，循年资贡礼部，授绍兴府训导，以其学教授诸生，称职。参议韩某访水利得失，冠条析今古利弊及兴筑事宜，韩如其言行之，民甚便。未几，为怨家所诬，遂罢归。先是，三原王公恕抚吴，重冠名，召见，每共谈政治。及冠谒选，三原为大冢宰，讶曰："尔尚举子耶？"因问当今切务，冠条数事，大要以用贤为国家最急，又劝三原不弃迩言，不恃己见，勿以尝挫折违素志，言论侃侃，多所讽劝。三原改容纳之，退谓左右："吾于邹汝愚外，目中惟见此人也。"罢官后，益究心身心之学。正德七年卒，年七十一。所著有《濯缨集》。

朱存理，字性甫，世居采葑溪。幼从学里师，知其业卑浅，难进于古，乃从杜琼先生游。自少至老，未尝废学。闻人有奇书，必借，借必手自缮写。自群经诸史，下逮山经地志，无不观览。所纂集有《经子钩玄》《吴郡献征录》《铁网珊瑚》等书，诗有《野航集》。同时有朱尧民凯，亦不乐荣利，能识前人理言遗事，亦性喜购书，减衣削食以遂嗜好，恬如也。时称“两朱先生”。正德七年，存理死后一年，凯亦死。文待诏徵明志存理墓及凯，谓：“两先生殁，吴中故实往往无所于考焉。”

王观，字惟颙，宾曾孙，有隐人风。治疾，审天时地气、五行生克，不胶故方。遇病者家贫苦，以己资赈之，人服其道术之良，江南北推为上医。

张世华，字君美，颐子。尝入太医院，从征西南，军士饥渴，寒暖不节，多道病。投以药，辄全活。吴中大疫，世华携药囊于通衢，随请而应。有酬以金者，笑而谢之。

张敞，字文理，葑门郊外人，以田为业，勤于力作，视他农率倍入，家用是殷。一乡举为赋长，凡赋役，先期办集，邑宰称其能。且能推所有以恤人之不足，性仁孝，痛父早殁，事母薛夙夜敬慎，每吁天祝曰：“使吾母享百岁。”既而果然。母寿日，敞拜于前，诸孙曾玄罗拜于后，母顾之，喜呼老儿子不置。母殁，敞年七十余矣。祥除之后，悲思不已，遘疾殁。殆古所称孝弟力田者欤！

陆完，字全卿，甫里人。为诸生时，中官王敬至苏，以事廷曳诸生，诸生奋击之。完实未与，恶完者中之，敬首列完名上闻。巡抚王恕疏敬罪，上逮敬还，完得免。举成化末年进士，谒选，恕方为冢宰，曰：“是尝击阉人者，当为御史。”已果有声台中。武宗时，累迁至兵部侍郎。时大盗刘六、刘七、杨虎、齐彦明等聚众数万，惠安伯张伟、都御史马中锡讨之无功，完身请往，进右都御史，假节钺用军兴法，得诛二千石以下。完率副总兵、游击等败杨虎于霸州，虎死，余贼扰山东，完击破之。复突霸州，京师戒严。朝命都御史彭泽、咸宁伯仇钺与完三道进兵，贼败，刘六中流矢死，余党奔邳州，又抵镇江。完会军进讨，贼抵通州，遭大风，弃舟走狼山。完夜导兵登山蹙之，旗麾所指，三军奋击。彦明、刘七先后中矢，赴水死，余贼平。还朝，进兵部尚书，加太子太保，改吏部尚书，加少保。完以书生仗钺立功阃外，遂长中台，领百官。吴中以战伐著者，韩襄毅雍外，莫之或先也。前此，在按察时，为宁王宸濠所器重。及为兵部，王陈旧好，欲复护卫并屯田。完答书令以祖制为词，如其言请，上许之。后宸濠反，株累，并逮系完，论死。世宗立，以平贼功，在八议之列，戍福建靖海卫。初，完尝梦至一山曰大武，及至靖海，有山如其名，叹曰：“数已前定，何必逃耶？”遂卒于戍所，年七十。

卷二十三

人物

吴一鹏，字南夫，虎丘山塘人。弘治六年成进士，改官庶吉士，授编修，进侍讲。中贵刘瑾怒不进谒，会编缵《孝宗实录》成，以谙练政务为名，出为南京刑部郎，移礼部郎。瑾伏诛，仍为侍讲，历官至南吏部尚书，致仕归，卒年八十三，谥文端。先是，一鹏居翰林二十年不迁，而以史成得南曹郎、尚书侍郎资，有在后者不自安，一鹏抱案自若，无几微见词色。生平不求速荣，不择美职，譬之大河不匮不盈。易名文端，有以哉！子子孝，字纯叔，嘉靖八年进士，官至湖广参议，以文章显。常病《宋史》冗杂，欲加删润，未就而卒。

皇甫录，字世庸。其先自安定迁吴之长洲。登弘治丙辰进士，为礼部郎。明习国家典故，一时秩宗倚以为重。出守顺庆，山寇窃发，郡皆按甲不敢出，而录独率吏士力疾穷讨，既平，使者上其功，而录已报罢归。著书以为乐，录文章尔雅，萃于一门。子冲、涍、汸、濂，皆传其学。吴中称“四皇甫”。

顾兰，字荣甫，临顿里人。尝仕为令矣，晚慕陶处士潜，因号春潜居士。兰诸生时，有古文名。弘治十一年举乡试，七上礼部不中，授山东淄川县，扰民敝政悉更张之。改江西乐安，乐安俗甚陋，兰以礼教化民，民乃悦。以不善事上官劾归，性廉洁，在淄时，当入觐，徒手无一钱，百姓馈数十缗，力郤之。及归，田庐俱废，存荒圃数弓，艺竹木，莳花药，抱瓮灌溉，日循畦数周，非风雨晨，弗辍也。宾至，摘蔬果，设茗粥饷之，无几微不自得意。子德育，字克成，自号少潜，家贫力学，有父风。孙祖辰，字其武，家益贫，终日静坐，人与相对，如遇秋潭皎月，心骨俱冷。文文肃叹为“声名沉寂三隐中之最高者”云。

钱贵，字元抑。弘治十一年中乡试，正德中试吏部，入格，授太常寺典簿。时用羽士为卿少，贵上言：“秩宗之任，典礼乐，和神人，不宜参列异端，致辱国体。”嘉靖初，言：“太监萧敬贪饕诈谖，不宜在上左右。”又会萃王振、曹吉祥、刘瑾前后奸政事，为《三宦传》上之。时中官方用事，防其渐也。在太常三年，乞骸骨归，不允。疏再上，进鸿胪丞以宠之。既归，营生圹于所居之傍，人谓："年甫逾艾，不宜遽治身后事。"贵含笑谢之。未几卒，君子谓之知命。

黄鲁曾，字得之；弟省曾，字勉之，俱吴县籍。正德丙子，鲁曾举于乡，以《易》魁其经。嘉靖辛卯，省曾亦以《春秋》魁其经。省曾一再试不中，辄弃去，以古文词鸣。而鲁曾老于公车，生平立志节，不肯诡随。严分宜欲罗致之，终莫能屈。年七十五殁，至是去省曾殁已十有五年矣。所著书文甚夥，惜不尽传。省曾少岁与其兄散金购书，喜谈经济。先达王文恪公鏊、杨仪部循吉皆为延誉，王新建守仁、湛某泉若水先后讲学，省曾游于其门。李空峒梦阳以诗雄河洛间，相与羽翼，大约重交游、志古学，意趣然也。而虞山钱蒙叟贬梦阳，并及鲁曾兄弟，此门户之见，岂笃论耶？有《五岳山人集》《舆地经》等书行世，吴中称"二黄先生"。

王涣，字涣文，亦字文通。正德十四年，以尚书领乡荐，试礼部不中，卒业太学，释褐，官嘉兴府判，凡三年，改东川军民府。东川隶贵省，在乌撒之西，夷獠杂居，官此土者比于投窜。涣以体弱不往，未几卒。涣博通群籍，尤工文辞，作赋得汉人体，诗宗孟郊。所纂有《两晋南北奇谈》[1]，艺林珍之。

朱纨，字子纯，号秋崖。正德辛巳进士，历官至浙江巡抚兼福建海道。请一切从军兴法，诏许之。闽浙间倭人与商贾久互市，诸贵家多负其直，倭粮匮为盗，诸贵家给其去，曰："他日酬汝直。"他日至，负如故。倭大怒，而内地奸民复煽为乱，遂大焚掠。纨至，严通番禁，犯者置重辟。抚倭岛六百余人，海疆肃然。未一年，朝议非之，欲革巡抚为巡视。前此纨愤势家庇贼，上疏言："去外国盗易，去中国盗难，去中国衣冠之盗尤难。"语陗激，诸贵家之在朝者皆怨，且失海中利，必欲败纨所为。至是御史周亮、给事中叶镗建议侵削巡抚权，纨益愤力疾破海洋诸贼，数献捷，乞帝穷治通贼官党羽。又疏陈"明国是，正宪体，定纪纲，扼要害，除祸本，重断决"凡六事，语侵执政，执政滋不悦。会佛郎机国人，连黑白诸番行劫，纨擒其渠，并余众共四百人。或传其将为变，纨令副将诛之。言官劾纨不俟奏请，擅杀冒功，遣官按之，文致其罪，遂落职听勘。纨慷慨草生志，仰药卒。既卒，中外不敢言海事。后倭寇大作，流毒东南者二十余年。

王懋明，字仅初。不乐仕进，喜集旧闻，多撰述。无锡华学士察，重其诗，劝侨

① 原误作"《两音南北奇谈》"，据《〔乾隆〕长洲县志》改。

居锡山，与姚咨、施翼互相倡和，称“锡山四友”。懋明心迹妙善，溢为清音，其诗非以声律工也。既老，仍归吴中。

钱同爱，字孔周，长洲生。读经史诸子，有所得，随手札记，积成卷帙，为文奇倔，骤读之，棘口不能句，然思玄格古，孑孑独造，众非笑之，不顾也。自弘治辛酉至正德丙子，凡六试应天不售，弃儒生服。所居室庐靓深，图籍罗列，时招良朋觞酌，含醺赋诗，凭轩而歌，邈然高寄。晚岁困于徭役，得末疾，无向时轩揭意，然耽古、学好、交游终身不变也。所善徐祯卿、唐寅、汤珍、王守、王宠，皆以诗文切靡，称古道交。其没也，文徵明志其墓。

文徵明，以字行，初名璧，更字徵仲，号衡山。年十六，父温州守林，没于官，吏民以千金赙，徵明曰：“孤不敢以生者污先公清德。”却之，郡人为建却金亭。服除，补长洲生，益励志节。巡抚俞某闵其清贫，欲遗之金，指所衣蓝袍曰：“敝至此耶？”徵明曰：“偶遭雨耳！”俞竟不能言遗金事。徵明既刻苦力学，而以其才旁及艺文、绘事。正德末，以岁贡生诣部试，授翰林院待诏，预修国史。岁时恩赉，与诸词臣齿。永嘉张璁，父林知温州时所造士也，方宠任，讽徵明附之，辞不一见。而当其时，适杖议礼诸臣于朝堂，皆忤璁者，遂翻然乞身归。既归，以文翰自娱，造请者日众。顾所许独素交与窭人子，而权门富家罕得片缣，尤不轻许者。诸王及中贵人曰：“此国体也。”先是宁藩以厚币聘名下士，徵明固辞。或谓：“徵明独不能为枚叟、相如耶？”笑不答。未几，宸濠败，人服其高。岁晚时出，游佳山水，妇人稚子望而知为文先生，啧啧艳羡，如是者三十年。年九十卒，卒之日，为人草志石已，掷笔而逝。子彭，字寿承，号三桥；嘉，字休承，号文水。彭国子博士，嘉和州学正，皆工书，嘉兼能画云。

张准，字元平，百口桥人。随父昶客辇毂下，逐什一之利。有共事者，赀视准未及半，中分其息，不满意，准多与之，犹未足，嗾豪戚家敚而有之，准怡然也。后其人遇盗劫，悉丧所有，准独无恙。居家时，有仆自都下归，报车覆，计失所有五百金，时准适晚饭，饮啖自如。又闻仲子举乡试，略不动色，众服其器量。子冲，字应和，亦服贾。途中闻父病，乃倍道归，夜行遇盗，砍伤其股，尽祛箧中金，而故人所附千金未失也。故人子来视，见创甚，不敢问附金事。冲云：“盗劫吾金，君家金故在。”悉还之。滂，字应霖，准仲子，嘉靖七年中顺天试，选台州推官，建正气楼，祀方正学以鼓厉郡人。去任，台人肖像祀之。

王庭，字直夫，号阳湖。举正德癸酉乡试，当计偕不欲行，父强之，至中途，忽心动，返，父果得疾，未几卒。中嘉靖二年进士，历南曹郎，出为瓯闽按察佥事。瓯闽在山海间，故多宝货，庭官衙萧然，能不厌清贫也。进江西参议，乞骸骨归。居乡，劝诱里中后进，遇不率教者，身与诸子侄、门人习弦诵、揖让，使之感动。有以他人过告者，曰："而不面谕之使改，而传闻人耳耶？"年八十乃卒。

陆粲，字子余，一字浚明。世居陈湖之东。少时谒王文恪公鏊，曰："子当以文章名世。"嘉定五年，举进士，选庶吉士，授工科给事中。上言："请开弘文馆，与博闻有道之士讲求治术，则上下之情相通。"帝不能用，既历陈数大事，最后触帝怒，下诏狱，杖三十。寻释之。时张璁、桂萼相继入相，权倾天下，廷臣以议礼得宠，莫敢讼言。粲露章劾之，谓："璁刚愎自用，执拗多私，而萼外若宽迂，中实深刻，犯者立毙。"中历举其纳货赂，树私人。而王琼、严嵩尤魁杰者。帝感动，为斥二相。已而詹事霍韬诋粲受杨一清指使，且力言璁、萼之忠。帝召还二相，夺一清官，谪粲贵州都镇驿丞，稍迁永新县，以母老乞归，里居十八年，论荐者三十余疏，俱报罢。霍韬亦荐粲，粲曰："天下事坏于佥人，尚欲以余波污我耶？"母没，毁甚，未终丧卒。

王穀祥，字禄之；陆师道，字子传。穀祥嘉靖八年进士，选庶吉士，改吏部考功，署文选郎，谪真定刷，不赴归。后屡荐起，不应。膺末疾，卒。师道，嘉靖十七年进士，授工部主事，改礼部仪制，告归后，荐起，累官尚宝少卿，复告归，病痱卒。两人出处、孝行、诗文著作及能书、善画皆同。穀祥与文待诏游，师道官仪部归，亦游待诏门。而师道少受经于穀祥，故其不乐冕芾、难进易退如一辙也。有女名卿子，能诗，适赵宧光，以偕隐终。

徐祯，字世兆，号尧山。大父源，为宪宗朝名臣。祯少孤，事母孝养尽志。自厉其学，年二十二登嘉靖壬辰进士。初任刑曹郎，多所平反，不徇权。贵人请属，以是拂当路意。出知滦州，迁贰临江，移刺袁州。时分宜用事，豪暴莫制。祯缚其平头奴首恶者，得以宁辑。及宪副广西，敕理兵务，定东阑之叛，擢参东粤，平黎人之寇。世庙嘉其功，将大用。寻以母老，道远不能迎养，竟挂冠归。母终，以哀毁卒。

皇甫冲，字子浚，顺庆大守录长子也。嘉靖七年登乡荐，弟涍、汸、濂，各登进士第，而冲尚为举子，蹭蹬二十余年卒。冲好骑射，尝屈里中武人，凡挟丸、击踘、斗鸡、走狗暨声韵、音律，靡不擅长。较论文艺，海内宿儒皆为折角。及对父师执友，退然若不能语。撰《几策》《兵统》《枕戈杂言》等书，凡数十万言。

皇甫涍，字子安，中嘉靖十一年进士，初授工部主事，改礼部，历仪制员外郎。

在仪制时，夏尚书言请建储，凡十疏，皆滓起草。储位定，言德之，且奇其才。会置东宫僚属，以滓补右春坊、右司直，言者论改官有私，并诬以扈从失期，因外谪，浮沉久之，量移南京刑部郎，分臬浙东，大计京官，以南曹事论罢，悒悒而卒，年四十九。蔡子木哭以诗"五字沉吟诗品绝，一官憔悴世途难"，为之呜咽出涕。所著有《少玄集》。

皇甫汸，字子循，号百泉，七岁能诗，四子中最著者也。弱冠，御史许宗鲁按吴，奇其才。适当汸逆妇东江，以所乘巨舫给传迎婚，官吏护从至三百人，时人艳焉。嘉靖八年成进士，授国子博士，擢虞部郎。适劾武定侯郭勋夺贾人金事，勋诬以慢旨，下诏狱，寻释，迁黄州司李。已迁工曹，擢司勋。时大计有中伤兄滓者，汸与争辨，为言官所纠，被谪家居。久之，移开州别驾、同知处州，迁云南按察佥事，中白简，遂落职。汸归，诗酒自娱，时偕名流宴游湖山几三十年，至八十乃卒。有《司勋集》六十卷。

皇甫濂，字子约。嘉靖二十三年进士，授工部主事，典惜薪厂。有贾人伪增数罔利，濂按其罪杖之。贾人女，司空文明妾也。文召濂切责，濂抗言："公掌国政，奈何听人侵冒？且欲夺属下吏守法耶？"文改容谢，心实衔之。大计，谪河南布政司理问，稍迁兴化府同知，入觐，投劾不赴。里居数年，卒。有《水部集》十二卷。

刘凤，字子威，汀州司李梅子也。嘉靖二十三年进士，由中书舍人拜监察御史，左迁兴化司李，移吴兴，升河南按察司佥事，罢归，以老寿终。凤学问奥博，苦心复古，所著《乐府》，动摹古音。虽尘筌未忘，町径犹在，要之，披沙求金，自得风人之旨。皇甫子循称其明允。折狱廷，寡争讼，又可以想其治术焉。

袁洪愈，字抑之，宋西京提刑使珦后。珦以汴京人，从高宗南渡，卒葬长洲蛟龙浦之赭墩，世为长洲人。十一传至洪愈，以吴县籍举乡试第一，成进士为嘉靖二十六年，授中书舍人，擢礼科给事中，纠检讨梁绍儒附和权要文选郎白璧，招权鬻官；侍郎葛守礼无行败检；冢宰李默阿党私人。上切责守礼与默下璧狱，斥绍儒于外。绍儒，大学士严嵩羽翼也。嵩怒甚，然以清望莫可为罪，出为福建佥事，历河南参议、山东提学副使、湖广参政，所在以清节著。嵩败，召为南太仆少卿，迁太常。万历中，迁南工部右侍郎，进右都御史。时御史谭希忠建言："请复阁中丝纶簿，宫中置祖制铁牌。"语侵内竖，上严旨勘讯，将坐以诬罔。洪愈称引典故，委曲解释，且言："迩者言事之臣，每以不当圣心，重加谴罚。夫天威难犯，人情易摧，如各以言为戒，脱有大故，谁为陛下言者？"上霁容，御史得薄罚。进南礼部尚书，旋改吏部。未一岁，引年归，加太子少保致仕，年七十四卒，赠太子太保，谥安节，赐葬蛟龙浦，与祖墓相望焉。生平以人事国，荐于慎行、海瑞、王世贞为名臣，荐王敬臣为名儒，真特识也。子一鹗，荫官治中，馑粥不继以死。孙徵，字公白，崇祯中拔贡。

张勉学，字益甫。嘉靖二十六年进士，由翰林出为吏科给事中。时陶仲文劝帝修炼，授封爵。勉学谓："左道不当列朝臣右。"驳之，忤旨，罚俸。又尝奉旨勘边，核奏仇鸾戮中国人，冒斩级功。大学士严嵩与鸾表里，诬其阻抑边功，谪内黄丞，久之，量移吉安推官，迁南刑部主事，转郎中，升湖广佥事，分巡长沙。长沙藩府庄田、房租税特重，豪奴倍收，有不能偿，没人子女为奴婢。勉学悉平其额，岁听县官征解，民咸便之。进参议，分守衡永。衡永邻两广间，威德兼施，苗民慑服。政府恐其内迁，以蜚语中伤，解任归林，居十余年卒。初在内黄时，大吏重其文行，延主元城书院，与诸生析经义、论治术，造就甚多。时比赵德之在潮州云。

邱宏，更名鹏，字志宏，甫里人。嘉靖二十九年进士，由行人历吏部主事、户部员外郎。在吏部时，尚书李默欲大用之。鹏以默分宜严氏私人，不为所用，卒未显。鹏八岁时即能文，随父谒杨缓斋潜，杨问："何名？"曰："名宏。"杨曰："试以姓名作一破题。"应声曰："姓同圣人之名，名同圣人之德。"杨曰："珪璋器也。"既长，博通群经，尤邃《易》学。一时名流从之游者，如入马、郑门，而同里有金应徵字懋德者，尝师事宏。嘉靖四十四年进士，除奉新令，尽职，升刑部主事，迁郎中，恤刑两浙，全活二百余人。旋备兵赣南长宁，民有倡乱者，或请发兵剿捕。应徵谓："此属为饥寒所迫，急之则角，缓之则散。"乃下令谕之，皆散为良民，人感其德，祀名宦。陟云南参政，疾卒。邱无嗣，凡身后事，悉应徵经纪之，岁时祭祀惟谨。有著述，必援引邱先生云云，人高其行。

刘畿，字子京，号羽泉。嘉靖二十九年进士，除知瑞安，以九等别户产，以九则定徭役，邑人便之。俄岛寇犯黄岩，去邑尚远，急趣徙旁地子女、货贿纳内城，而增其雉堞，储粮粻，募兵壮为守备计。月余，寇果至，掠无所得，乃遁去。复募壮士并邑中子弟，教之为陆阵，遏贼于飞云江，又歼贼于铜岭。以上考入为吏科给事中，进通政参议，升太仆卿，迁顺天府尹。弹射豪贵，诸奸猾不寒而栗。以筑张家湾城功，进右副都御史，巡抚两浙。时矿贼起婺源，流劫德兴、玉山，遂犯常山，势张甚。畿疾发所部兵，由衢州分三道入，大破之。俘斩劲贼七千余人，悉解散。捷闻，升兵部右侍郎。未几，移病归里，卒。

杨成，字汝大，一字震崖，世居娄门外官渎。登嘉靖丙辰进士，授工部营缮司主事，迁都水司郎中，司芦沟桥及三殿工，裁冗费数十万，内臣干请，不得行，咸指目之曰："此强项郎也。"出为浙江副使，平反冤狱，人称神明。隆庆初，转四川参政。蜀王故贵倨，监司朝王恭谨逾节，成据礼争之，王不能屈。复按王所侵山林陂泽，悉还之民。累迁广西布政使。入觐，吏请如故事以羡金治装，成曰："金也，焉用故事为？"却不受。万历元年，召为应天府尹，进右副都御史、巡抚江西。时巨盗李大鸾等蔓延江楚两省，成会楚抚剿除之。复以计平积盗叶隆盛，散其党千人。有两姓相格杀者，赣抚名之为贼，移檄会剿。成曰："此一狱吏事耳，奈何勤兵？"江陵有私憾于饶守陈适，会王府盗印，欲坐适罪。成曰："杀人媚人，吾弗为也。"时论皆以成为正。入为工部侍郎，迁尚书，以屡失江陵意，改南京转礼部，移疾归。江陵罢，起南京吏部尚书，改兵部，参赞机务。时神宗御宇日久，万机倦勤，储位未定，罪奄张鲸睢恣不法，夤缘思复用。成率南九卿三具疏，请御朝讲、请法祖建储[①]、请斥罪奄，声震天下。疏入，鲸立赐斥罢。成沉默寡言，至军国大计，侃侃不阿类如此。年七十，乞致仕，疏七上，加太子少保，赐乘传归。逾年，复召掌御史台，辞不赴。八十，存问。卒于家，谕祭葬，谥庄简，崇祀江西名宦及郡乡贤。

蒋彬，字原中，居城东葑门。嘉靖己未进士。初，彬父尝辱于令，彬奋曰："是彬不肖而令父辱。"乃走山中读书，夜蚋嘬肤，纳足瓮中。寺僧闵其勤苦，以鱼羹进。彬谢曰："父方苦役，子宁下咽乎？"既成进士，任兰溪令。时有寇警，督府使者络绎于道，所过横索。彬止具酒食，大帅过邑，索骑不得，取民马去，彬追及，正色责之，卒以马还民。擢官祠祭。时方议薛文清从祀，彬力赞其议。新郑相柄国，欲罗致之，弗应。出为高州守。值寇屠电白，州县多残破，彬殚力捍御，以理谕解散贼首等数千人。有黎宗京者，最枭勇，独不肯下，以计擒之，系狱。其子煽众噪城下，彬立毙之，捐尸于濠。贼始惧，请降。考满，入觐，随请终养归，卒。

蒋梦龙，字子征，号鲁山，乐亭令廷贵从侄也。嘉靖四十年举于乡，又四年乙丑成进士，选临川令，署上考。会贵游某某以干请不遂，构蜚语，稍迁金华郡丞。丞金华时，职专捕盗。真盗者诛，陷盗者雪，台檄兼理狴犴，平反大辟暨城旦以下几二百人，寻摄兰溪、东阳及郡事，具有善政。擢南京刑部郎中，逾年，出佥楚臬，

① 原作"请法祖、请建储"，据《〔乾隆〕吴县志》改。

辖武昌、荆岳、常沔等州，兼控江西宁州。沿江多盗，乘帆风劫掠，出没不定。而大围山贼势张甚，梦龙戒所部扼险而守，时出奇兵捣之。有平江陈尉不戒，为盗所获，告急。时梦龙配沈殁官舍，视殓毕，不越宿行。设伏山下，诱贼出，一战擒贼首罗朝广，俘馘无算，群丑詟服。已仍置戍大围山麓，以绝祸本。久之，迁浙江少参。梦龙归省，视继母郁，叹曰："亲老矣，吾不能绝裾而弹冠。"遂请终养，免母丧，两台疏荐以十数，皆不应。家居二十余年，卒。次子矿，字公鸣，中万历乙酉乡荐，令宁远，化猺民读孔子书，猺建祠峒中，称"蒋夫子"云。

王问臣，字剡川。弱冠，中嘉靖四十一年进士，历官吏部文选员外郎。时政府揽权，欲罗致门下，不往，乞养归，杜门却扫几三十年，善书画，尤得写生趣，徐天池、陈白阳莫能过之。

袁尊尼，字鲁望，袠子。十岁，通晓经学。弱冠，中嘉靖癸卯乡试。又二十余年乙丑成进士，授刑部主事，乞南仪部，改南吏部。考功，进郎中，擢山东提学副使。公廉却私请，所识拔皆名下士，持宪体，不折节事抚按，缘是失巡抚意，持其短，察典当论罢。合省举子待试辇下者，欲叩阍为学使讼冤。朝议留之，尊尼意不可强，致仕归，未几卒，年五十二。

陆士鳌，字云和，家县治东偏。赋性鲁，读书非三百遍不成熟。夏月蚊蟁攒肤，弗辍也。然竟以鲁得之。嘉靖四十四年成进士，选承天府钟祥县。县，世宗旧邸也，宦竖骄横，每朔望县令必谒见，见必行跪拜礼。宦或出郊，必远送百里外。士鳌相见长揖径出，宦怒，士鳌曰："县令虽微，然为天子牧民，膝肯为若辈屈耶？"宦转服其劲，屡言于人曰："外僚中偶见此官，风节廉俊达于朝。"行取入为刑部主事，迁云南道御史，弹劾权贵，内外慑服。未几，卒于官。士鳌少时读书海觉寺，后寺僧有干请，贫无以应，解一带遗之，僧名其堂曰"遗带堂"，乡人至今传其事。

彭年，字孔嘉。以文行举入郡庠，不应举，学使者檄应乡试。年一之陪京，登钟山，望大江而返。诗宗盛唐，尚格律；书规模"二王"；文采风流与文待诏相后先。生平无失言、失色，人欲试之，饮之酒至醉，故乱以讙呶，益恂恂温克，人以是称长者。贵溪、分宜秉政，先后聘为记室，谢弗就。孑立孤往，天爵自尊。年六十二殁。著有《隆池山樵集》。

黄姬水，字淳甫，五岳山人勉之之子也。少工古文词及书法。勉之没，兄得之叹曰："吾弟不亡矣！"顾其子河水曰："吾名当不后勉之，乃尔不姬水若耶？"姬水试不利，遂弃诸生。值倭难作，侨居金陵六年，归，田园芜没，至不能自给。而所畜敦彝、法物、古碑版、名画终不忍舍。晚年谢客，必雅俊嗜古者始延见，不然达官长者不接也。诗有中唐人风格。《白下集》词旨凄惋，尤为擅场。河水更名德水，字清甫，撰《国华集》，亦有声，与姬水等。

王敬臣，字以道。父庭，江西参议，谢病归里，居三十年，敬臣备极色养，辟园亭，树花竹，时延执友以顺适亲意。父既老，得瞀眩疾，敬臣和衣卧榻下，微闻謦欬声，即起视安否。虽严寒盛暑，弗离也。调饮食，剂药饵，父缘此向愈。继母性褊急，小不可，洸溃叠加，敬臣跪而解不得，至夕不起。母素不善其妇，敬臣知母意，独居不入闺帏者十余年。母格其诚，遂如初。提学御史耿定向重其行，俾越次超贡，趣廷试，以亲老辞。后袁安节洪愈以真儒荐于朝，授国子博士，不赴。年八十三终。敬臣十岁时，节当清明，即书于几云："天何以清？人何以浊？天何以明？人何以昏？"长老惊异之。既长，师余干胡居仁。及教授弟子，谓："谈论不如述著，著述不如躬行。"又言："眼界不高，不足以达神化；胸襟不大，不足以侔天地；骨格不高，不足以语担当。"皆前儒蕴未发者。学者称少湖先生，私谥仁孝。

朱颢，字景南。父殁，庐墓三年。每闻哭声，乌鸟皆下。邻里有与父母争者，颢痛哭劝之。其人悔恨，卒尽子道。事闻，旌为孝行之门。

顾淳年，弱冠，父患痛风，痛不可忍，呼淳与决，欲自裁。淳祷于天，剪发际肉，投药以进，病立愈。

陆鏠，十岁丧父，哀毁逾礼。后奉母尽孝，两遇寇盗，负母出，哀呼："勿令吾母受惊。"盗舍之去。

杜遵，家贫苦，佣力养亲。父母相继殁，手自穿窴负土成葬地，乡人绘图以传。

邓汝南，力贫，养母，妻以语言触迕，遣之，终身不娶。母有怒，时掌其面，汝南笑而谢曰："勿伤母手。"母病，刲臂肉。既殁，肖像事之如生存。

郑熙母，孀居四十年，熙曲顺母意，至老如孩稚时。母爱幼孙，系季子出者，婚娶俱先己子。

顾爱石，甫里人。幼值母病，夜半赴神庙哀吁，割右臂，母愈。后父病，割左臂，亦如之。

金孝子，失名。父末疾，不能行，有所诣，必负之往还。家火灾，仓皇中，妇已负翁出，孝子误认在床褥也。冒烈焰入，焚死，亦甫里人。

卢士达，字德孚，葑门塘人。先代于世庙时值倭寇乱，捐赀助军需，旌为义门。

士达稍知书，有至性。父病痈剧，割股肉疗之。母蒋失明，偕其妻陈晨夕互舐，遂复故。父殁，居丧尽哀。每将旦，椎胸恸哭，声彻户外，闾巷感动曰："卢孝子哭声也。"庐墓三年，不入城市。母殁，士达已老，犹儒子泣。生平好善如利，遇事关风教者无不为。有横逆，不校其人，悔辄与分咎。仲子应琦，字景先，长洲生，亦有孝行。先是，士达好施与，家中落，复以践更赔累。至应琦，已为穷人。脩脡不足，辄佣书以供甘旨，得父母欢，曰："吾乐过三公也。"旌为"父子孝行之门"。孙玉成，少孤，奉母亦尽孝。

姚木，娄门郊外人。家贫，事父缺甘脆，时时杂佣保中，收工直养父。冬寒，持罟罶捕鱼，赤脚入波流，遇大鱼，如得异珍，曰："可作老人馔也。"父好酒，能作诗，尝独行庭中吟哦，作叉手状。木谓妻曰："汝舅因乏酒，诗未就。"急暖酒进。诗成，父歌呼起舞，木亦随后欢笑。每夜必待父寝，闻鼻息声，乃入内。父有怒，必跪问，怒不息，跪亦不起。时呼妻同跪，妻亦化之，终年无诟谇声。

马瑢，事母孝。其配以御穷故劳瘁致疾死，矢不重娶。所亲以瑢年未三十，劝买妾，不听。复劝其母氏命之，不得已，置一女奴。已嫁之，犹处子也，义声闻里党间。有司上其事，以义夫旌。子骥，为翰林孔目。王良相，郡庠生，年三十，病危，妻忧之，得疾遽死。后或劝之娶，曰："妻以我病忧死，我以妻死复娶，非人情也。"鳏居四十年，郡守义之。瑢居娄门，良相居甫里，皆嘉靖时人。

任郡丞环有馆人，名氏不传。世庙时，倭寇薄苏，台檄环以乡兵五百名御之。环出娄门，兵市人子，不习战，遇寇，兽散。环独身射寇，寇中有赤须者，持长刀来砍环，遇深沟，一跃而过。馆人见势，急挟环上马。寇奋刀砍之，刀及马尾。馆人直前手搏寇，连中数刃死。环得逸去，后竟成歼寇功。有乡农二人，方鉏田，寇自鲇鱼口入，获之，使为导，曰："掠货物，多结汝为好兄弟。"二人故引之官军处，倭望见旗旄，知二人绐己。诘之，曰："我肯引狗贼害良善耶？"呼"杀倭寇！"三倭怒，杀之烂泥中。顷官军至，倭就缚。乡人姓名亦不传。

居节，字士贞。少游文待诏门，颇得指授。先世故隶织染局，织监孙隆闻其名，欲招之往，节不肯见。隆怒，诬以逋帑，系狱，家遂破。僦屋三四椽于半塘，一琴一鹤外，别无长物。往还者多山僧、野樵、种花之客，炊烟屡绝。每之僧寺，寺僧分斋钵饭之，垂二十年，以穷死。诗清瘦见骨，画有南宋人意，后人时得之僧家。《枫桥夜泊》诗中云："变名张俭老，去国蔡邕轻。"想见初脱孙隆难时也。

管志道，字登之，中隆庆二年进士，授南京兵部主事，改刑部。时神宗倦勤，举朝泄泄，相臣刚愎，不受直言。志道陈奏利弊上之，大要言：祖制不设丞相，今阁体礼绝，则下议壅塞，请有事阁臣与乡僚面议。又言：阁臣缺，必翰林部寺参互而用，且深惜近日直言廷杖诸臣。时首辅张居正阅之，恚甚，曰："是不欲使我总百揆耶？何咄咄逼人。"又他所陈公铨擢厘巡察，疏多诋诃主者，咸造居正所，言志道狂踍，于是凡所陈列悉报罢。又前此居正夺情，时翰林徐中行、赵用贤抗疏，略言：内则父子，外则君臣，父死不奔丧，于君臣之义可知。两人并予杖，时称"翰林二谏"。疏实志道共议者。居正至是微闻之，欲驱除之无路，计志道所陈厘巡察条内，欲修高皇帝甲令分巡，与御史抗礼，度御史势重，必不可反。乃出志道按察佥事，分巡岭东诸郡，实欲假手御史也。至部，御史果与龃龉，白简上议勘问，以言官救，得降调。志道竟移疾归。居正败，得罪者皆起，志道如故。久之，以台疏还旧官，仍致仕。寻卒。志道务闳览，喜著述，说经处以佛教比辅之，故不得为纯儒。然诸奏疏，固不减贾长沙、陆敬舆也。

顾其志，字冲吾，号太冲。举隆庆辛未进士，弱冠登朝，由南昌倅晋考功郎，以廉洁著。旧例水衡钱数万，率与中贵人乾没为利。其志持风裁，务节省，有例金，峻却之。及视河张秋，修堤荆南，官办事治，时秦中边郡、朔方屡有哱警，而灵武以东寇尤充斥，适参政秦藩，即筹要害处，分符以扼其冲。常单骑冒风雪，自花马池直抵灵州，夜将半，后骑始集城中，指麾吴世显首鼠观变，有反形，诇知其狡谋，日夕简兵转饷，寻以计斩之，危城得安。以灵州功晋臬司，赐银币，转陕西左藩。先是，采榷使纵横海内，而秦中矿税二珰，鸱张尤横。其志痛加裁抑，天子知其才可大任，特进巡抚全陕，即奏止矿税、减织造、清邮传、察非常，通商撤关，缉奸禁暴，而生平所深嫉者奄竖，所不阿者权要，撤税令下，珰怒，诬咸宁令劫夺皇扛，欲中以纵属罪，上果震怒，逮税监，并逮令，秦民汹汹。其志为分别以情实告，令得薄其罪。而珰之橐已抵秦赋矣。时秦藩暴横，每擅杀人，凌辱长吏，莫敢谁何。其志严提三尺，疏陈其状，上悉按其罪。一时拘系得释者数百人。关中回纥杂处，时聚众攻掠，特提兵由乌兰河而北，入松山，阅芦塘红水形势，奏筑永泰、镇虏二城，西陲以宁。神庙采廷议，擢总督三边军务。启行之日，父老泣送者万人。其志威严若神，每岁巡边，坐武帐，指麾号令，诸部震慑，莫敢仰视。驭将有法如此。平生奏疏百余，多切中时弊。进兵部尚书，卒，赠太保，崇祀乡贤。子绳诒，以忠烈闻。

丁元复，字仲心，号玉阳，赠御史方池仲子，系出丁宽裔孙公著，入吴居娄东。

正统间，徙郡城南仓桥。元复赋性颖敏，书过目不忘。年十二，补博士弟子。嘉靖辛酉举于乡，隆庆辛未成进士，授山东阳信知县，劝农桑，省徭役，催科听断，具有规呈。集诸生谈艺说经，士风丕振。省试，入棘，取士称得人。满三载，征拜南京山西道监察御史，首劝上讲学，及请停织造诸疏，皆经国大计。盐艘集龙江关，商人行万金乞先发取利，正色拒之。亟召诸商，以次给符，不费一钱，廉声震畿甸。未几，出为四川佥事。方在南台时，会江陵相夺情，有讽疏留之者，同列观望，而有力者主其事，嗾之。元复顾同列曰："众欲做官，我亦欲做人，不能为宰相作私人也。"以故外转，旋奉诏裁革。里居四载，补福建兵巡道。时江陵已病革矣。迁浙江温处道参议，以法戢诚意伯刘世勋骄横，远近肃然。适病疡，乞归。病已，观风使者荐之，疏凡十五上，不出。课诸孙，较论文艺，一秉先正。平居孝友兼至，事亲能先意承志，执丧哀毁骨立，名成后，悲不自胜，曰："吾痛二亲之不逮耳！"伯兄元正，以高才早世，抚其子如己子，即马龙刺史文蔚也。林居三十年，不事私谒，惟里中疾苦病民者白上台去之，长、吴二县门摊银外，复有家资名色，请抚台郭公行牌，永革地字三四图。徭役繁重，请按院李公并二为一，至今称便。年八十五，卒，祀名宦。著《片玉斋稿》。子文起，郡学生，早卒；文美，改名肇亨，万历甲午举人，南京大理寺司务。

伍袁萃，字圣起，余福子。万历五年进士，知江西贵溪县。嗣真人张国祥伪篆事发，廉得其状，具爰书巡抚曹大野，欲从末减。袁萃上牍云："官可罢，三尺不可废；腕可断，一字不可易。"卒持法。任六年，升兵部主事，座主王锡爵再入相，奏纪建储，召对诸大计，时有三王并封议，力引正之。又疏请早建元良。已迁武选郎。时李成梁令第三子如桢谋掌锦衣，大司马不能拒。袁萃言："宁远势太盛，其子不宜令入禁中。"至以去就争，事得寝。旋以浙江按察佥事备兵杭、严，寻改视学政。未几，升湖广布政司参议，权珰陈奉骄横，请于抚按，不为礼徒党，不法者惩之。抚按意相左，拂衣归。四年，起，治兵海北，抑强暴，释冤滞，筑沿海扼要城如重镇。已引疾归，吏部移催复任。悬缺二年，竟不赴。卒。

张鼎思，字睿甫，与袁萃同榜进士，入翰林，改吏科给事中，历都给事。江南水灾，不待奏报，疏请蠲赈。尝巡视太仓，诏取库银十万两，具言边饷仰给，不应以供赍予，上即停诏。嗣真人请帑金修坛庙，上意欲予。鼎思上言："张道陵无功德及民，唐玄宗、宋道君累加封爵，由叶法善、林灵素辈所耸惥者，今纵未能裁抑，奈何崇之？"执不与中珰。出守太和山，欲兼辖军民，援正德中故事以请。鼎思又上疏言："先代成宪，宜法太祖、太宗，若武庙举动皆倍于正，不可法。"事竟不行。后论臬司某贪惏，为反噬，镌级出外，稍迁南太仆丞，寻迁南吏部主事。建储议起，礼官疏草皆出鼎思手。鼎思与袁萃分处南北，而计议略同，累迁浙江参政，分守金、严、衢三郡，擢江西按察司，入觐，路过里门，卒。

陆檄，字羽行，号冲台，代居葑门。隆庆四年，以《易》魁南畿。万历二年成进士，授工部都水司主事，分署夏镇，以堤束水，以水涤沙，水大治。当事欲并夏镇于徐淮，力持不可，乃已。进屯田都水郎中。朝廷每有征办，檄必稽掌故。执管钥惟谨，中贵要人不得有私请。历工曹。七年，迁山西按察副使、提督学政。时正学不明，士子影响二氏，诧为神奇。檄至，崇理学，谨绳尺，越礼教外者惩以法不贷，不一二年，顿改旧习。每课士阅文，十行并下。他人岁办者，檄以月办，更以余隙修地方便宜，抚按器重之。方拟上其绩于朝，而檄竟以不附权要，失执政意，嗾言者投劾归。既归，读书课诗，以一石支门，非素友不延接。家居二十余年，卒。

尤锡类，字孝征。万历八年进士，分较北闱，大臣以私请，固绝之。守真定，吏进羡万余金，不受，命修城垣，并施粥以济四方之饿者。巡抚檄取例金，持不与，被劾，廷议直之，调襄阳，旋得旨罢巡抚任。在襄阳时，清节益厉。擢贵州副使，播酋杨应龙反。朝命刘綎讨之，锡类署监军事。时言官劾綎逗遛多设难，有要君心，部议调綎南京，锡类以身家保綎得不调，卒成平播功，綎加左都督，锡类晋云南布政使，致仕归。

吴之佳，字公美，晚自号虚台。万历庚辰进士，由襄阳令擢谏垣，自田野登朝，历官禁近，遇事奋发敢直言。神庙时，太子未立，礼垣数请不得。寻奉严谴，之佳慨然约同官张栋、叶初春等，伏青蒲合词以进，一时疏诤诸臣皆削籍。之佳筑归来草堂，读书其中。旋以病卒。天启初，旌直谏功，加太仆少卿。少居齐门蠡溪口，世称竹墩吴氏。及贵，始迁葑溪。孙适，亦以谏垣知名。

丁文蔚，字仲理，长洲生。万历戊子，以岁贡判南康府事，洁己奉职三年，迁知云南马龙州，州故牂牁郡，民番杂居，号称难治。文蔚条五事：招流亡，清军伍，浚陂堰，广屯贮，苏马役，上诸当道，俱檄行之。未几，有杀宣抚、夺金牌符印举兵反者，围缅甸等处，距州四十里，烽火不绝，居民欲奔窜，文蔚于龙兴寺呼诸父老至，谕以大义，父老感泣，乃止。亲冒矢石，接战五坡岭，拔五寨。时刘綎以大军进缅连战，缚贼魁，献俘阙下，升赏有差，独不及文蔚。巡按周懋相录其功，上于朝。会有沮之者奏，遂寝。逾年，与部使议不合，解组归。杜门著述，有《礼约家训》《周易解谈》等书。

金士衡，字秉中，刑部郎中应徵子。万历二十年进士，授永丰知县，擢工科给事，兼掌六科事。进通政司参议，因荐李三才，目为党人。京察，降盐运同知，不赴。后以邹元标荐，起兵部郎中，进太仆少卿。天启初，引疾归，卒。士衡以直谏显，官给事时，见中使采矿监税之暴，疏言："刑余无赖，贪饕肆毒，民遭水旱兵燹，所在流离，忍复横征巧取以餍之哉？"时边衅四起，举朝泄泄。士衡疏言："神京资蓟辽为肘臂，蓟镇仗辽左为掎角，辽危则蓟镇不得独安，蓟镇危则京师不得高枕，此忠臣义士所扼腕痛心者也。"既甘肃地震，复疏言："前湖广、顺天、辽东、山西等处，或以天变告，或以牛妖、人妖告，今甘肃又以天鸣地裂告，陛下谓治征乎？乱征乎？若知其乱而怠缓从事，是以天下戏也。迩者边军告匮，而大内所积，朽腐自若，陛下何不出帑金数十万，分给九边，俾荷戈之夫效死疆场哉！且税使之出，有年于此矣，小民衣食不给，弃坟墓，转沟壑，而掊克之，臣旦夕不止。譬尪羸垂绝之夫，责以肩重而行千里，鲜有不毙者也。天下兵已困矣，民已殚矣，外则敌人乘虚，内则山海啸聚，一夫狂呼，群起响应。当此之时，谁为陛下扞御者？土崩瓦解，莫可收拾。然后陛下悔之恐无及矣。"疏上，俱不听。士衡清苦自励，作令时，邹元标往晤见卧具敝坏，馈大布二，叹息而去。曾劾总督王象乾起衅，后象乾弟象恒抚吴，意谓弗善也已。廉知士衡清介，称说不置，时人两贤之。

陈允坚，字贞甫。万历十九年荐于乡，二十三年中春官试，授浙江诸暨令。暨俗，嫁女竞侈靡，中户以下，至不敢举女，多淹死者。允坚定嫁女式，逾者予上役，其风顿息。兴水利，为民筑堤，远近相度，至夜，宿水滨，堤成，民永赖之。治最，转繁崇德。崇邑田以塘东西分沃瘠，岁额因之。黠者以沃壤寄籍瘠区，有司恶其诈，均则起科，荒民偿税至鬻卖男女。允坚履亩丈量，次第其额，困乃大苏。去任后，民请祀名宦。允坚通经学，士多从之。每乡会榜发，吴中中式者半，门下士及为治，有古循吏风。班史所谓以文学饰吏治者与？

杨大溁，字子澄，大司马成子也。为邑诸生，布衣踽步，人不知为贵公子。时大儒王敬臣以理学倡道东南，立说主敬，大溁从之游，与论难，退而沉思，谓始终惟慎独，敬臣深嘉起予。敬臣没，后学者严事大溁，溁性至孝，居父母忧，哀毁骨立。继丧生母，年及艾，犹孺子泣。兄弟四人，事伯兄如父。仲、季皆早卒，抚其女嫁之。岁荐饥，死亡相枕藉，买地掩骼，岁以万计。缇骑逮周顺昌，并坐赃，大溁置籍为劝输。初，吴人虽急顺昌难，犹惴惴惧。及既见大溁，咸曰："乃公尚尔，吾属敢后？"

咸赴义焉。子廷枢，负盛名，为儒宗，犹中夜立床下，谆谆训诲不少假。年五十九殁。娄东张仪部采曰："先生庸行皆绝，行孝其大源，而端则其统指也。"因谥端孝先生。崇祯初，祀乡贤。

王心一，字纯甫，号玄珠，华阳桥人。中万历四十一年进士，授行人司行人。熹宗初，授江西道御史，改山西道。值客、魏乱政，心一抗疏言："陛下眷念二人，加给土田，明示优录，恐东征将士闻而解体，况梓宫未殡，先念保母之香火；陵工未成，强入奄竖之勤劳。于理为不顺，于情为失宜。"严旨镌级调外。既皇子生，加恩，起，巡视芦沟桥，巡按广西。天启末，忤魏阉义儿崔呈秀，削籍。崇祯改元，珰败，呈秀诛，即家起原官。时方定逆案，主其事者畏祸，选耎逆党，不能尽除。被祸诸贤，亦未尽起。心一上《礼义廉耻》一疏，疏入，柄臣弗善。升太仆少卿，旋督饷两粤。丁外艰，服阕，起应天丞，寻升尹。时流寇张献忠号百万，躏庐、凤，逼舒城，有投策渡江之势。留京素无备，心一至，清马户，苏驿递，饬江防，城属邑之无城者，补军饷之无额者，屹然金汤之守。贼觇知之，不攻而去。以功擢南大理卿，晋少司寇。既以奄人余党柄政，修旧怨，冠带闲住。北京陷，愍皇帝殉社稷，时有同乡官受伪职，逃归。心一以檄文公讨之，留都破后，卒于家。

陆康稷[①]，字子育，号衷涵。万历四十四年成进士，释褐，知江西贵溪。时龙虎山张真人奸利犯科，牒捕之。真人不奉法，康稷持法急，浼权贵人关说，不可夺。真人卒，就捕。大吏重其才，调繁吉安之庐陵。方未至庐陵也，养济院群丐与富商汪某诟詈，随搏击，既解，丐之甲持一尸讼汪殴杀，检验有伤，狱成。康稷至，下令覆检，甲召群丐遮道号冤至五六百人，舆从几挤于水。康稷念官长渠且胁制，汪能死凶徒乎？一日，携群丐册籍按名给粮，竟籍无死丐姓名，令群丐解散，独留甲，问："籍中何独漏死丐姓名？"甲色变，语支吾，即出汪与质，康稷大声曰："杀人者汝也。"甲胆落，不能语。一鞠即得实。盖流丐垂死，适会汪搏击事，拉杀之以诬汪者也。随定首从、反坐，立释汪。远近慑服，谓"不愧挫张真人者"。政成，为天下县最，议授科员。魏珰因江右邹元标、李邦华荐，恶之，抑授兵部武选主事。故例锦衣卫考察属兵部，逆珰养子魏良卿掌卫事，疏言："本卫为天子禁，内臣不应属卿贰察。"下部议覆，大司马不敢议。康稷坚执祖制不便更张，疏遂寝。珰益嗛之。奉命省山陵，遭魏珰于道。珰奴视官僚辟行者，康稷直前并行，不受轹蹙。珰益怒。

① 陆康稷，原误作"陵康稷"，据《〔乾隆〕长洲县志》改。

会廷推文选主事，以名上，矫旨落职回籍，然无毫毛罪可指也。珰败，起主铨政。值政府淆乱之后，禁苞苴，别流品，人倚重焉。任职四年，以养亲归。南渡后，复起，加太常少卿，仍掌文选郎中事。见时事日非，在位者有燕雀处堂之势，遽引疾退，年六十病卒。

王佐圣，字克仲，大儒里人。父腾程，字雄飞，为王仁孝先生入室弟子。万历癸卯，举于乡，教谕宣州之旌阳，补浙之语溪，荐最，升睦州司李，没于官。生平破产买书以为乐，多著述。佐圣于万历壬子登贤书，崇祯中选青溪教谕，称职。巡抚张国维疏于朝，擢知四川遵义县。地连水西诸苗，苗以杀戮为耕作，众阻勿往。佐圣曰："普天率土，无可逃也。"遂叱驭往，既至，嘘枯摧强，民大悦服。相险要地名新站者，筑为新城，曰："寇至，遏其冲；深入，截其路。城此可以扼夷吭也。"乃招流亡，开边屯，整器械。渭水以西苗夷多受约束者。未几，贼将郭士奇、吴尚才拥众入寇，所过焚掠。佐圣督民兵且守且剿，擒郭、吴归，置之狱。遵人举酒庆。佐圣曰："决元凶，散余党，祸乃可弭。不然，正未艾也。"居上者忌其功，弗听。条守御十策，格不行。明年，贼首龙正国、吴尚贤帅大众直薄城下，同官窜走。佐圣冒矢石，昼夜拒敌。贼飞梯入城，而郭、吴越狱应之。佐圣知事急，以印付子恪，间道出，命服仗剑坐堂上。贼至，拔剑杀数贼，力屈，遂被害，时崇祯十五年四月也。先是，十里土司王尚明等听训练，矜奋忠义，欲为国家杀贼，闻变，举白旗进兵，及新站，大战，尽剜刈龙正国等，遵城复完，不出佐圣①所计画云。

龚元祥，字子祯。万历四十三年举于乡。崇祯辛未，选霍山教谕。时流贼寇江北庐、凤间，所在戒严。元祥与训导姚允恭辅邑令为扞御策，寇围霍，令解组绶去，元祥率士民固守。或劝之微服遁，毅然曰："食禄而违其难，不忠；临危而弃其城，不义。平日所讲者何事？乃鸟兽窜耶？"城陷，整衣冠危坐。贼缚去，逼令屈节，骂曰："死即死耳，何敢辱我？"贼杀之。子炳衡、婢冬女，亦遇害。越五日，须眉余怒气，以右食指掐心坎中，爪入寸许。训导姚泣而敛之。逾日，贼复至，姚亦死。元祥尝语门人曰："位无大小，皆可效忠，人亦图所以报国家、利民生耳！"又尝语季子曰："人生当为忠臣、义士，形躯有尽，性灵不朽。"其忠孝本之性生云。

陈淳，字道复，一号白阳山人，世居大姚村。少师事文待诏，诗不全佳，殊已动俗，特妙写生，好为奇诡之行。时南院有马姬者，慕淳画，求之不可得。一日，淳游

① 佐圣，原误作"佐臣"，据《〔乾隆〕长洲县志》改。

金陵，变名姓访姬，姬盛供张。淳故反其脂盝，遍洒绡幕。姬不怿。淳徐为勾研花叶，点缀苔石，顿觉意趣生动。姬为粲齿。淳曰：“何如？”姬曰：“画诚大佳，可惜微似陈白阳耳！”淳为大窘。其画格盖脱去徐熙、钱选之习，而变其貌者。子栝，亦能事。

陈祼，初名瓒，字叔祼，后以字行，号白室。熟精《离骚》《文选》，工山水，一竹一石俱得古人意。名流入吴者，争购祼缣素。晚遁迹虎丘，专于诗著，有《妪解集》。

陈元素，字古白，葑溪里人。晚徙塔儿巷，已复返城东，为邑名诸生。尝拟解首主司指策中语，颇触时忌，竟抑之。而四方名士益以此重其人。素长身玉立，言恂恂如不出口，而德器深醇，不妄臧否。经史之外，兼通艺事。书以欧、虞为骨，而出入于苏、米，片缄尺牍，人争贵之。其蝇头小楷，尤自珍重。文定申相国墓碑，时宰叶向高制铭矣，曰：“必得陈君书，可传我文。”遗以脱粟三百斛，其矜贵如此。间画兰，得子昂法，曰：“此吾作书余技耳！”萧然敝庐，不肯妄交，修身如玉五十余年，卒。

卷二十四

人物

文震孟，待诏徵明曾孙也。初名从鼎，字文起，号湛持。弱冠举于乡，十上礼部，至天启二年成进士，廷对第一，授翰林修撰。时太监魏忠贤擅权，禁讲学，兴党议，谋尽斥正人。震孟上疏言："勤政讲学之实，必君臣相对如家人、父子，则左右近习无缘可以蒙蔽。"又言："空人国，逐名贤，不减唐宋清流、伪学之禁。"云云。忠贤览之，怒摘疏中语为讥讪，矫旨予杖，辅臣力救免，得降调。未几，以孙文豸《步天歌》事株累削籍。《步天歌》者，哀熊廷弼诗也。事见《陈仁锡传》。震孟未第时，读书竹坞中，至是归居吴趋之青瑶屿，与里中周忠介顺昌及甥姚文毅希孟砥砺志节。既忠介被逮，震孟自度不免，预经理家事，俟缇骑至即自裁，后偶不及于祸。崇祯改元，复原官，进中允、谕德，充日讲兼纂修官。其在讲筵，讲《君使臣以礼》章，反复规讽，帝即出尚书乔允升、侍郎何世赏于狱。一日，讲《尚书·五子之歌》至"为人上者奈何不敬"，帝时以足加膝，闻其语，即以袖掩之，徐引下。其严惮如此。故事，经筵缺《春秋》，帝以有关治道，命择人进讲。震孟讲至"宰咺归赗"，言：咺位六卿之长而坏法乱纪，自王朝始，焉用彼相？大臣为之侧目。八年七月，升少詹事，旋进礼部侍郎，兼东阁大学士，入阁办事。先是，吕纯如为魏忠贤党，已定逆案，后交结吏部，欲借边才起用。震孟纠之，与温体仁不合，继又论挺击、红丸、移宫三案不合，方谋中伤而未有隙，既同入直，因深衷俟之。每拟旨，必商之震孟。震孟疏略，不及防，后借许誉卿事倾之，遂落职。许誉卿者，故劾魏忠贤者也，官给事中，震孟欲用为南太常。体仁嗾尚书谢升诬誉卿通震孟姻亲申绍芳营求美官，体仁拟削誉卿籍。震孟曰："科道为民，极荣事也，公玉成之矣。"体仁露章揭此语，帝怒，逐震孟归。在内阁止二阅月，归甫半载，值姚希孟卒，哭之恸。未十日，亦卒，无恤典。又四年，诏复职，赠官。南渡后，追谥文肃。

陈仁锡，字明卿，别号芝台，世居大姚里。少举于乡，七上春官不第。天启壬戌，以第三人入翰林，读书东观，凡天官、律历、方舆、水利、兵刑、象数之学，皆通之。熹宗朝，珰势烈甚，仁锡以讲官重望。会逆奄魏忠贤父子冒功求给铁券，使私人邀草诰词，仁锡奋曰："头可断，诰不可草。" 由是，触逆奄怒。居数日，进士顾同寅、生员孙文豸妖言狱起，两人皆太仓人也，以《步天歌》悼熊廷弼，为兵马司所捕。御史门克新锻炼成狱，词连文震孟及仁锡，先后削籍归。崇祯初，起原官，署国子司业。为文深醇简洁，三雍之士，一时为之丕变。年五十六卒，谥文庄。著书千余卷，藏于家。

顾麒，号桂里，由海虞卜居葑门天赐庄。阐明理学，隐居教授，负笈门下者多一时名士。著有《理学宗旨》《经史表微》《座右格言》等集。私谥文庄。墓在葑门外匠门塘受字圩。杨果撰志铭。

顾宗孟，字岩叟，世居天赐庄。少孤，读书敦行，事母以孝著。万历己未成进士，释褐，知浙江定海县事。县多盗，常探丸相聚为乱。发伏擿奸，歼其魁，盗悉以平。天启初，以卓异征入为监察御史。时珰祸猖炽，三吴士大夫如周忠介、忠毅两公皆相继被逮。宗孟心伤，力为挽救，几陷不测。无何而两周公诏狱死，乃叹曰："有老母在，未敢以身殉也。" 遂告归。归之日，母疾方苏，躬亲色养。母性严毅，岁时衣绣承欢，小不适，即命杖，犹作孺子泣。有直指诣门，门者入告，适长跪北堂不敢起。直指逡巡移晷，为叹息去。年五十二，以母丧哀毁卒，私谥孝介。

严桓，字德威，号公介，文靖公讷之孙、中翰治子也。治自常熟移家长洲之南仓桥，遂为长洲人。桓幼丧母，五岁绕文靖公膝，见几有《伍行人传》，就阅之。文靖曰："孺子何知？" 桓曰："易解耳，篇中大义了然。" 文靖奇之。年十二，补诸生，纂述前闻，声誉日起。所交皆当代名人，如文阁学震孟、姚宫詹希孟、顾侍御宗孟，相与晨夕切劘者也；徐宫詹汧、李侍御模，后起而师事者也。然诸公通籍后，未尝轻款其门。诸公有国事，必就访，桓为条分缕析，不少隐。试屡蹶，绝意利禄，曰："知遇可忘，书不可不读。" 颜其斋曰 "困学"，搜历代名贤理学、经济诸书，手自钩纂，积百余帙。崇祯癸未没，年六十八。

朱祖文，字叔经，亦字完天。祖名先，嘉兴人，以灭倭、守边功累升都督佥事、福建总兵，请告后家长洲乌鹊桥之东。子绂，死于孝。妻刘，以节行称。祖文，绂子也，应世袭苏州卫指挥，不就，让于弟祖武。读书励行为诸生，痛母氏苦节未扬，居恒郁郁。吏部郎周顺昌未习识祖文，缘孝廉文震孟言重母行，白之当事，得题旌。部牒下郡，祖文始知，感激泣下，欲为吏部死未有路。方吏部之忤珰被逮也，吴民仓皇激变，击杀缇绮。大吏草疏入告，祸不测。祖文念吏部此行且死，谁左右之者？潜诣被囚所，同宿公廨中。夜谓吏部曰："公慷慨就道，良善。然事未可知，脱有缓急，谁可告者？吾当先往为地。"吏部曰："徐银台名如珂。肝胆照人，必能济事；顾侍御名宗孟。意气不薄，可与计议；外此则鹿定兴、名善继。范吴桥、名景文。孙容城，名奇逢。急难皆可相告。"祖文别去，先走都下。比吏部婴极刑入狱，凡棘狴间纳馇荐蓐、吮疮浣血，一一阴为措置。已悬赇三千，祖文私幸，得旦夕告完；或缓死，百法丐贷都下，不足，独身走定兴，走吴桥，走容城，变姓名，触暑潦，冒昏夜，间关千余里，捃摭稍就，而吏部毙狱矣。当是时，奸党欲尽杀正士，罗网密布，而祖文得脱于危，幸也。顾自念事不就，又跋涉道路，不及亲视吏部殓，每清夜感恸，泪尽饮血，闻者凄恻。归未几，缘哭吏部故，劳悴愤懑，发病死。同时有朱德升者，名陛宣，著孝行。万历壬子，与吏部同举于乡。吏部被逮时，陛宣晨夕省视，同饮食坐卧，人以避祸讽之，陛宣怡然自若。后恤吏部家尽力。殁后，私谥孝介，与祖文称"二朱先生"。

沙舜臣，字子升，由长洲籍补郡庠生。素尚气节，当魏珰矫旨逮吏部周顺昌开读时，巡抚毛一鹭、巡按徐吉及道府以下皆在，士民坌集，舜臣偕诸生王节、刘羽仪、王景皋、殷献臣、杨廷枢、文震亨等直前谓一鹭曰："今人情如此，明公独不为青史计乎？缓宣诏书，据实上闻，请抚按勘治，惟明公责。"一鹭谩应，诸生更慷慨言曰："微闻道路知事所繇起，愿明公终始之。"一鹭愤然曰："诸生诵法孔子，知君臣大义，诏在，即君父在也。敢群聚而哗？"皆答曰："岂唯君父？二祖列宗，实式凭焉。诸生奉明公教，万一他日立朝，遇此等事，决当以死争。"往复不决，官旗激众怒，众共击之，至有死者。抚按草疏告变，具狱。后杀颜佩韦等五人，黜王节等诸人锢狱，舜臣与焉。珰败后，始释舜臣。事母孝，与弟舜年、舜民晨夕伺颜色、问起居，出门不敢越百里外，时称"一门三孝"云。

马士鲤，字云逵，工镌刻。天启间，吴中为魏阉建祠、立碑、刻文，须能手。巡抚毛一鹭檄府县饬士鲤镌刻。士鲤曰："安民不列姓名，故善。然已污我手矣。"宵遁免。后魏给事大中被逮，过吴，周吏部顺昌欲以幼女字其孙，仓卒无媒氏，士鲤任之。

宋学朱，字用晦，代居葑门。中崇祯四年进士，授南京工部主事，管宝源局，改云南道监察御史，巡按山东。方学朱出巡章丘，大兵破居庸城南下，本兵杨嗣昌檄山东巡抚颜继祖握兵移镇德州。太监高起潜拥重兵，驻临清，名声援，实观望也。

时远近震动，济南无守御备，学朱曰：“此藩封重地，吾虽无守土责，然吾不死守，谁当守者？”即驰还，与布政张秉文以下议守城，阅城中兵，止乡兵五百及莱州援兵七百人，皆不堪用。学朱叹曰：“张空拳，冒白刃，事势至此，死无日矣。”移檄高起潜，不发一兵，先后七上疏，皆留中。学朱见无救兵至，即率士卒登陴，设扞御策，檄州县训练民兵。部署方定，外围合。凡三十余日，城中粮不给，乞德王发帑金犒军，设佛郎机，穴城墉，向外轰击。复纵奇兵出战，长围稍却。越九日，城外添兵合围，蜂蚁屯集。明年正月二日黎明，学朱与兵备道周之训等守东南门，忽报攻西北城甚急，大兵肉薄争上。学朱跃马循城而西，持挺格斗，刃中于面，被缚去，不屈，死于城楼之旌竿。有顷，城楼焚，尸遂烬，之训亦死。兵退，学朱长子德宽抵济南，遍求父尸不得，招魂以殓。抚按累疏请恤，奉旨覆勘。次子德宜伏阙上书，旨察议，终不决。方学朱官御史时，曾劾杨嗣昌夺情请援兵，时嗣昌在枢辅，欲掣其肘，故不报。后议恤典，久格。南渡后，赠太常卿。

顾绳诒，字敬承，葑门人。其志仲子也。崇祯庚午，领乡荐，选授成都仁寿县。时流贼张献忠破蜀，据会城。以绳诒循吏，素得众心，遣人说之降。绳诒大声叱曰：“汝不识顾某为何人？吾恨不剚刃贼腹，雪国耻，顾从汝耶？”骂不绝口。说者去，绳诒驰马入学宫，拜先圣，复向阙拜，自经死。民感其义，瘗龙脑桥侧。

袁扉，字雪封，长洲诸生。幼孤，居祖丧尽诚、尽礼，庐墓三年。母没，亦如之。哭母气息不属，两目几损。或劝之，曰：“与其不及情，毋宁过情。予恶夫托先王之礼以文其凉薄也。”遗产悉付诸弟，己与妇晨夕不给，至摘马兰、杞菊为食，妇亦无怨言。族有五丧未举者，代为营丧。妇死，终身不再娶。后弃诸生，入深山终。著有《世范录》《易经阐解》等书。

周大启，字开美，崇祯甲戌进士，授黄州府推官，有政声。后晋除知黄州府事。时流寇披猖，往复屠掠，全楚溃败。大启至，则黄州城已被毁矣。乃召民负土，竟月城完如故。会迁提督学道，百姓遮留，不得，遂抵辰州。大启掌文事有权略，闻贼兵至，率土司兵及吏民计万人，逆贼于桃源。贼不敢犯，乃走蜀。甲申三月，闻变恸哭，望阙再拜，不食死。士民哀恸，藁葬于辰州，立祠祀之。

盛王赞，字子裁，本吴江人。后移居娄门。年五十余，成进士，令浙之兰溪。发摘如神，邻邑汤溪有奸徒聚众引漳汀人抄掠，令不能治，巡抚檄王赞办之。比至，服其威名，即解散去。缚其魁三四人，境内贴然。素清苦，自食粗粝，妻布素，衙斋中不辍纺织。举卓异第一。入觐，条地方利弊三事，曰南粮，曰驿递，曰盗贼，上嘉奖之。以忤巡按王范意，弹奏落职。一日，上语阁臣："盛王赞何以被参？"奏对："不善事上官。"上曰："此强项令也。"甲辰，吴抚张国维乞为东阳令。国维，东阳人也，遂补官。甫莅任，丁内艰归。晚岁不能具饘粥。吴人过兰溪遗爱祠，见守祠僧徒宽然衣食，曰："盛公转不如也。"

蒋铉，字伯玉，蒋圩人。弱冠，食饩于庠，讲经济学。南刑部侍郎王心一知之深，凡军国重务，降心商确。时流寇蜂起，朝命心一修留都所属城，费帑金数万、人役百万余工。心一专委之铉，上不费国，下不蠹民，功速而城完，当路者知其才。大司马张国维抚吴，尤敬礼，以四方多难，谘人材于铉。铉荐布衣程周祐，知勇可用，即以兵柄授之。后于六合大破流寇，国维寓书于铉，谓："使寇不得渡江而南，皆君荐士力也。"崇祯十二年，诏举贤良方正，国维首荐铉。筮《易》得"随之明夷"，蹙然曰："此何时？尚不思韬声匿迹耶？"称疾不赴，年七十六，终于家。

陈道立，字企洋，甫里人。于书无不读，尤喜论兵。崇祯辛未，流贼南下，巡抚张国维督师御贼，以道立为记室，有调度功。贼退，叙绩题请，不受。国朝初，总督李延龄以人才荐，不起。晚年以诗酒自娱终。

薄珏，字子珏，嘉兴籍。其学精微奥博，莫测所授。崇祯中，流寇犯安庆，巡抚张公国维令珏造铜炮，炮发三十里，每发一炮。设千里镜，视贼所在。贼先后糜烂。又制水车、水铳、地雷、地弩等器，歼贼殆尽。张公荐于朝，不报。退归吴门，萧然蓬户，如枯僧也。室中器具毕备，操觚著书，暇忽煅炼，忽碾刻，忽运斤。尝造浑天仪，周围不逾尺，而日月之盈缩朓朒，星辰之宿离伏逆，不爽累黍。其法用直线分割圆轮，以有定之角絜无定之边，东西南北，远至亿万里，如在咫尺。又论汉唐宋诸历家推算，独推郭守敬《授时历》为是。其名海外亦重之，然卒以穷死。所著有《浑天仪图说》《格物测地论》等书。

朱寿阳，祖文子。祖文，故义士，以身殉周忠介公之祸者也。寿阳少岁补府庠生，世袭应得苏州卫指挥，让于弟寿康。康死，让弟寿增，使就官。父有疾，常割股肉代药。父没，一言行惟恐违。曾祖都督先以御倭寇功，建专祠京口。逆阉矫旨变易天下祠院，都督祠亦在毁中。寿阳负病匍匐泣诉当事，当事怜之，祠赖以存。阉既诛，郡县以周忠介公故重其父，推德其子，赠官产五十亩，弗受。又赠金，弗受。人益重之。顾生平有经世略，能言人所不敢言。尝条十七议于抚臣张国维，时见采用。崇祯壬午，诏访庠序、岩穴之士，抚臣黄希宪檄符保举，知府陈弘谧以寿阳荐，授五经博士，不就。崇祯末，卒于家。

尤挺秀，字实甫，代居斜塘，孝友著乡里。岁大饥，邑令聘主赈济，勤而不私，全活无算。地界吴淞、金镜湖之间，素洼下，遇潦岁，民苦征输，请于令，列版籍水区，远近蒙惠。太守陈弘谧重其行，举乡饮宾。年八十二殁。子沦，字远公，置役田，立义冢，赈贷贫者，能继父志。

沈璜，字璧甫，居虎丘之西。长身赪颜，类河朔间人。重气任侠，往往急人之难。尝游辽左，督师袁崇焕延为上宾。督师误杀岛帅，璜知为失策，即辞去。及督师罹重典，酒阑灯灺，未尝不声悲泪下也。乱后之乌目山，夫妇为兵所害。

蒋若来，字龙江，娄门外人。本名家子，少岁无赖，有大力，人不敢忤视。与故将角力，故将负，妻以女，以故隶籍军伍中。时崇祯八年，流贼连破河南、江北诸县，皇陵烬。高迎祥、李自成径去，张献中独东围庐州、舒城等处。若来在舒城中，城外连营数十里，昼夜急攻。若来夜适守城，有贼渠逾城上，已及女墙，见若来卧，以矛刺若来，中颊。若来挥刅斫之，贼渠堕城下。若来随踊身下，斩贼渠，连杀数从贼。贼中遥见，谓天上飞来，一营大哗，曰："天神至矣！"拔营走。众贼营俱走，若来乘势杀贼，而城中知贼已乱，遂开门纵兵追逐。比晓，贼奔窜百里外，为官兵所杀及自相蹂躏死者遍野，沟塍皆满，以若来为首功。流贼攻桐城、无为、潜山、太湖、宿松诸城，应天巡抚张国维御之。献忠从英、霍遁，若来屡立战功，拔军伍中至参将。明年，贼从间道犯安庆，若来以八百人出战，败，堕深堑中，跳而上，几为贼获，弃兜鍪杂卒伍中免。时左良玉、马爌、刘良佐合兵救之，若来出奇兵接战，日晡不食，赤手搏贼将，掷贼所乘马，马骨俱折，遂大破贼。贼走潜山之天王古寨，国维移檄良玉搜山，良玉不应，寻北去。贼复出太湖，连蕲黄，势益炽。会总兵牟文绶偕刘良佐来救，若来借二军力，大破贼，贼始遁入湖广，以功拜右都督府，守安庆。十五年，献忠陷舒城，若来又战，败，奉旨带罪立功。是年秋，偕黄得功、刘良佐复大破贼于潜山，复原官，赐玉带，仍守安庆。后王师定鼎，所过臣服。若来曰："我以匹夫受天子厚恩，安能事两朝，作再醮妇耶？"召诸将至，与痛饮曰："诸公好为之，各人做各人事，不相强也。"呼爱妾出，手刅之，遂自杀于坐上。

杨廷枢，字维斗，一字复庵，成孙、大溁子也。崇祯庚午，举乡试第一。时东林之后，继以复社，学士大夫相与砥砺名行，而廷枢尤以一代文章节义为己任，弘奖风流，激杨清浊，海内之士视其言论风旨以为轻重，负笈而游者数千人，有"东南夫子"之称。又与同里徐汧、娄东张溥、张采并称"皋里、吴趋、西铭、南郭四先生"。皋里，廷枢所居也。周忠介被逮，廷枢身左右之，几被祸，弗恤也。顾秉谦、吕纯如辈以逆案废归，廷枢力持清议，使不得与乡之士大夫齿。阮大铖居金陵，复社之士为南都防乱揭。廷枢曰："此当如顾秉谦，己事在一乡则一乡攻之耳，不必广列江、楚、闽、浙人以示之党。"大铖闻，急遣使乞哀求解。廷枢曰："吾所言者国体耳，岂庇大铖耶？"由是大铖深衔之。南都后，大铖得志，修宿怨，构大狱。或劝廷枢稍委蛇以自解。廷枢曰："修身俟命，俭德避难，他非所知也。"甲申闻变，北向恸哭，誓以死赴。乙酉，庐墓邓尉山，不复入城市。丁亥，被难，抗辞不屈死，甚烈，有绝命词十二首，书之衣幅，激烈悲壮，与《正气歌》比埒，学者私谥忠文先生。弟廷祯，字公干，少为诸生，与兄齐名，早卒。子无咎，字震伯。方廷枢殉难时，甫十二岁。既长，曰："先君大故，恨未从死。"自是杜门隐居，历八十年，不改初服。与涧上徐枋、昆山朱用纯称"三高士"。枋、用纯父，亦皆励首阳之节，故三人称同志云。年八十九卒，私谥正孝。

许琰，字玉仲，吴县诸生，长洲甫里人。自励志节。崇祯十七年三月，流贼破京师，思陵殉社稷。问至，诸生临明伦堂，琰衰杖擗踊尽哀。已南都颁监国诏，而哀诏未颁。又诏中无讨贼意，琰愤甚，走诉大姓，谋倡义举兵，无应者，益愤，自经于福济观，道士解救，不死，复沉于胥江。时潞王奔吴，将适越，泊舟胥江，令人扶救之。琰知为潞王，责以召南方义士，合兵讨贼。王乱，以他辞不应。琰厉声曰："琰江左一秀才耳，平日诵圣贤书，尚知君父之仇不共戴天。王为天子懿亲，入与天子共起居，出分天子社稷之寄，一旦国破君亡，不思恢复，何面目见二祖列宗耶？"王不应。琰知王无复仇意，因椎胸曰："死耳！"跃入江，邻舟复救之，舁至家，家人日夕守，不得死。寻闻哀诏至，即庭中稽首号恸，遂绝粒。妻赵携幼子泣劝之食，饮以汤。琰自嚼其舌，噀血被面。及肢体自书"崇祯圣上"四字，凡数处。七日死，学者私谥潜忠先生，祀旌忠祠。

顾所受，字东吾，长洲生。与许琰善，闻琰死，往哭曰："公死矣，后死者其谁与归？"及南都拥立，君臣偷安，柄国者渔声色，营苞苴，党邪害正。所受居常愤愤，时啮臂出血。明年，王师渡江，崩角恐后。所受诣琰殡，告曰："受所以不死者，欲有所俟以成公志也。今已矣，敢不从公地下？"至学宫，拜先圣讫，投泮池中死，暴尸烈日中，神色如生。

顾维寰，长洲生，喜谈古今忠烈。崇祯甲申四月，帝凶问至，吴诸生哭于郡学。直指周一敬谒庙，衣绯衣，鸣金呵殿，扬扬而来。诸生中有黝而长者为张长澜，与维寰前数直指曰："此乾坤何等时，犹服此服耶？"指明伦堂额示之，褫其服。直指惶悚，然犹称流寇为西兵。维寰唾曰：“逆贼逆天犯上，凡带毛发、含血气者，皆欲食贼之肉，公称如敌国，意何为？”直指不敢对，逡巡去。两人叹曰：“祖宗养士三百年，今高爵厚禄者如此，大事可知矣。”是夜，误传长澜自经。维寰曰：“我不可后。”越五日，经于祖墓前古松树下。长澜虽未死，然终其身亦不辱志行。

许王家，字君聘，苏州郡学生。国变，隐居摇城，有吏趣之出，封利剑一，示以期，曰：“不出即死。”王家曰：“死，分也。吾固甘之。”或劝王家谓：“君一诸生，未食天禄，何遽以身殉？”王家曰：“君臣之义，岂论仕不仕耶？吾读孔子书‘杀身成仁，求生害仁’已讲之熟，公等勿复言。”以父母属妻，顾曰：“尔善事堂上，吾不能终养矣。”父母知志不可夺，含涕谓曰：“女行女志，勿念我二人。”王家肃衣冠，再拜，赴湖水死，年三十九。

汤传楹，字卿谋，比部玄洲子。虽为贵公子、高才生，而庭训志趣各殊，恒悒悒不自得。善诗歌，得昌谷体。年二十五，甲申之变，感愤死。妇丁哀恸，越宿死。有《湘中草》行世。

郑敷教，字士敬，名儒光宙子。湛深经术。天启中，吴中倡为文社，相砥砺。其时巨儒太仓推张溥、张采，常熟推钱禧、杨彝，华亭推陈子龙、夏允彝，吴中推杨廷枢、刘曙，而敷教掉鞅其间，分主五经、文字之选。崇祯庚午，廷枢解南畿，敷教与张溥、陈子龙、夏允彝同举于乡，一时文风士气为之丕变。后加寖广，于是云间几社、浙西闻社、金陵南社、历亭席社、昆阳云簪社、山左大社统会于吴，号为复社。声气之孚，应于千里，而党人之祸将作矣。思陵虑风俗之弊由于士习，而阁臣希旨奏溥等树党挟持，谗言罔极，祸几不测。至崇祯十五年，御史金毓峒、给事中姜埰各上疏白其事，始奉旨，不以语言文字罪人。社局稍定，而溥与敷教等始得高枕卧。至南都时，阮大铖等复翻旧案，吴中诸名士几濒于危，而敷教等绝无悔，尤意甘如饴也。敷教生徒之盛亚于廷枢，而韬光养晦，卒以自全，可谓明哲保身者矣。年七十，卒于家，门人私谥贞献先生。子之谟，字仙弢，长庠生。贯穿经史学。崇祯庚午，有房考潜通关节，之谟耻以非礼进，谢之，竟不赴闱。南渡后，宗伯钱谦益疏荐，不应召。隐居养亲述作，自命不愧清门后云。

许元溥，字孟宏，甫里人。父中书舍人自昌，以读书起家。溥少颖异，崇祯庚午举于乡。时东南名士倡为文社，争欲得溥。溥所选古今文，皆有典则。甲申后，遂不应试，莳兰艺菊。宾客到门，相与赋诗谭宴，留榻款洽，萧然烟水间而已。年五十卒。

陆坦，字履长。父嘉颖，居阊门外山塘。嘉颖以吏起家，力于为善，有砚癖，自号砚隐坦生。时嘉颖梦石化为龙，长而读书，有骨干，举崇祯庚午乡试，与杨廷枢、郑敷教、许元溥称“吴门四孝廉”，俱以名义自持，为乡里清议所宗主。然不事诡激，多阴行善。岁饥，疫疠并起，郡守属坦设法赈济。有闭籴者，坦率里中人长跪请。闭籴者感动，饥民卒赖以济。有少子与邻儿戏，眚右目，遂以死。邻父恐，弃其家遁。坦使人招之归，曰：“吾子死于命，非若子过也。”其仁厚如此。甲申，选南丰令，不就。隐支硎、邓尉间，年六十余卒。

吴适，字幼洪，少颖异，从杨忠文廷枢受学。中崇祯丁丑进士，释褐，除衢州司李，决冤狱，多所平反。以卓异征户科给事中。时遭丧乱，马阮秉政，群小丛集。阁臣姜曰广、御史刘宗周相继去，适愤激，极言老臣沦弃可惜，而勋臣赵之龙荐举匪人，壅遏言路，特疏纠之。先是，适进兵科，总兵宁南侯左良玉方与马阮交恶，举兵焚武昌，以清君侧为名，忌者谓出适意。又以适荐侍郎杨鹗疏中有“与良玉忼慨同仇”语为证，遂下于理。于是逆党诸臣争欲杀之，而南都已不守，明遂亡矣。归田后，治西园读书，年四十，筑不动轩，自谓有契于孟氏之旨。五十，卒于家。

张拱端，字孟恭。父度，昭勇将军，原籍山西太原，官于吴，乐其风土，因家焉。拱端聪颖绝人，过目成诵。为诸生，好奇任侠，游杨忠文、徐文靖之门，称入室弟子。后应辟，授职方主事。遘国变，杨、徐皆殉节，拱端遂逃于禅，易名兴机，以其学授二子、七女，皆工诗善画。筑别墅虎丘，栖隐其间。晚岁失明，年九十余卒。有《孤云集》。

华壮舆，字方雷，虎丘山塘人，名诸生。相貌奇伟，膂力过人。当明季多难，尝慷慨激发，有枕戈击楫之志。甲申后，从史阁部于军，临阵江上，力战死之。

叶襄，字圣野。少颖敏，父教授江左，从母受学。母张，贤母也。谕襄曰：“子瞻年稚，弗克从明允以游学；郈原家贫，复弗能入乡塾以从师，奈何？”襄闻命，锐志经学，为名诸生。时杨忠文廷枢联复社吴中，襄执经称高弟子，而襄之名日上。甲申后，高隐不出，诗屏钟、谭余论，严持科律，一以唐人为师。

陆世鎏，字彦修，陈墓人。崇祯己卯，登乡荐。鼎革后，不赴公车。布袍棕履，遁迹湖滨，以诗酒山水自放。与世人少交接，独喜同里后进陈载锡。载锡，字三卿，邑诸生。敦厚孝友，抚孤侄景琇饮食，教诲逾己出。后景琇成进士。载锡卒，景琇服三年丧。载锡著有《云间草堂诗》。

卞文瑜，字润甫，工画山水，不名一家。生平无定居，或寓结草庵，或东禅寺、竹堂寺，炉香碗茗，到处自随。每日二童子侍侧，一供磨墨，一供涤砚，俱通画理。有以势力索取者，命童子点笔应付之。太仓吴梅村作《画中九友歌》，文瑜与焉。女夫俞丝，亦以画名。

蒋钺，字仲雄，隐居吴淞间，以诗名，专工乐府、古诗以寄其慷慨、讽谕之意。虞山钱宗伯序其诗，以卢同、刘义为比，而叹“世无昌黎，谁为推挽而扬扢之者”，可以识其品概矣。

蒋献陛，字君玉，高州守彬孙、一骏子也。有至性，母久卧病，奉医药三年，无倦色。母殁，哀毁骨立，几成瘵疾。父感动，遂不再娶。既父殁时，祖母年七十八，有宿疾，献陛恐伤其心，每哭泣不敢出声，而枕席间血痕常斑然。祖母尝谓人曰：“我老年丧子，不至增茕独忧者，赖此孙也。”未弱冠时，著声庠序。鼎革后，筑室深山中，惟以读书著述为业，山中人亦罕见其面。年八十二卒。著有《礼记萃珠》《诗经题窾》《见闻纪训》等书。

文从昌，字顺之，号南岳。至性过人，事父母以孝闻。父疾，中夜吁天，黎明叩颡郡庙，数十日无间。母性严，时或征色发声，则长跪以请，俟霁颜后已。为人质直无矫饰。天资敏捷，古文、词、画皆得大意，构荫白堂于忠烈祠旁，植花栽竹，优游乐志以终。

国朝

顾廷琦，字佩坚，长洲生。父绳诒，崇祯末知蜀之仁寿县。张献忠破成都，不屈死。天下既定，廷琦孑身入蜀，遇川水暴涨，几死；绝粒数日，几死；遇强梁，遭豺虎，坠深渊，几死。阅四寒暑，始扶榇归。方廷琦之成都，不知父瘗薶处，呼号路侧，誓不欲生。由遵义民访殷继周、黄珪，由殷继周、黄珪访文运，由文运访曾大礼，始得之龙脑桥侧，庐墓数月，哀感行路，往返万四千余里，抵里门，须发尽白矣。

刘龙光，字蓼萧。父廷谔，官益王长史。国初，道梗不通，龙光扶病至盱江，故人无在者，祷于张令公之神，梦中告以石漈一语，然不知所谓。久之，遇一女僧，云石漈在闽广交，方今阻兵，须间道可达。龙光冒死逾白石岭而下，果得母于石漈空村中，名见娘村，宋时孝子王龙山见母处。父已先一年没矣。奉母扶榇归，孝养十余年，母没。

彭行先，字务敏，号贻令，晚居东城之竹堂，一号竹里老人。父汝谐，万历丙辰进士，未释褐卒。行先，其仲子也。生而端悫，不苟言笑。稍长，通六书，诵五经。

崇祯末，拔贡生，谒选，考授县令。甲申后，志不求进，独肆力于古文辞。雅善书法，尤习前朝典故，对客娓娓以为常。已而从孙定求以第一人及第。未几，孤孙宁求又以第三人入翰林，门第华耀。行先日夕键户，谢宾客。汤公斌开府吴中，命有司延致，固辞。致书币，亦不轻受报谒。年九十二，以寿终。

徐汝璞，字我石，号雪渔，周庄镇人。敦孝友，嗜读书，寄情歌咏。所居近白蚬江，与诗人、衲子雨蓑烟艇，常出没涛浪间，见者疑陆天随、张志和也。弟汝珍，字次玉，好任侠，应试留都，常挥千金结四方名流，因与贵池吴次尾、常州陈定生善。马、阮欲杀二人，几及之。汝璞乃匿其弟，避迹吴山中，足迹不入城府，长歌短韵，放浪傲睨以终。所著有《塞斋集》《松陵诗选》，年七十二卒。高人吴之纪志其墓。

褚篆，字苍书，长洲生。邃于经学，年既老，同学者半为古人，而篆以前明遗老抱遗经待人叩问，时比之伏生、申公。所居松吟堂，不远市廛，翛然若人世外。前人碑版罗列棐几，暇则作书，求者必应。己卯岁，圣祖仁皇帝南巡，召吴中耆硕于行在，以齿列篆在百岁老人，顾某次命书行、草各一幅，上嘉奖，赐“海鹤风姿”四大字以荣之。时篆年九十有三，又一年考终。

顾鳌，吴县人。顺治改元，方二岁。父仲常，与金瑞夫博金不胜，以刅刺仲常胁。仲常以手奉胁归，曰：“杀我者金瑞夫。”言讫死。时王师初下江南，无可控理。鳌稍长，询父死状，母告之，即市一利刅，淬之，挟以出入。中夜，念父，每号恸。尝顾影自言：“汝为带毛发男子，不复仇，无以立天地间。”母辄止之，曰：“金横暴乡里，汝年小，勿以命试也。”金微闻，心动，出入谨避之。辛丑冬，金跨马行胥口塘，鳌卒遇，尾其后行。金顾见鳌，欲加策疾驰，鳌跳踊刺之，金中伤下马，投入水，鳌亦投入水，连刺伤额。金夺鳌刅，亦刺鳌，俱死于水。寺僧救之，俱苏。金诬以盗，贿于官，将具狱。兵备王纪讯得实，谓：“既杀其父，又诬其子，虽经屡赦，罪不宥。”巡抚韩世琦上闻，斩金于市。鳌移居葑门之杨枝塘，年三十余死。

范可询，字问之，系出文正公，为郎中房十八世孙。生有至行，悉以遗赀让弟，屏居白公堤畔。为人乐易，未尝失色于人。文正有赡族义庄，族众推举为提管，竭心经理三十余年，族赖以赒。有同事干没义租，公私交累，毅然倾产代为之偿。康熙壬申岁，可询年六十七矣，督修天平山祖庙，不辞劳瘁，病暍卒。族人德之，配食文正书院及忠烈庙。子弥勋，号渔庄，太学生，授职不仕，克承先志，以勤俭起家，积良田千亩。易箦时，遗命其子瑶，尽数入义庄，用广文正遗泽。雍正八年，江苏巡抚尹公上其事。世宗宪皇帝诏旨旌奖，擢瑶刑部员外，出知山西大同府事。族人复公建专祠，祀弥勋于文正书院。事在相国嵇文敏公记中。可询一门父子、祖孙可谓无忝世德者矣。

顾苓，字云美，太仆卿存仁后。键户读书，潜心篆、隶学，家多载籍，专工博雅，凡金石、碑版以及鼎彝、刀尺、款识、虫鱼、蝌蚪之书，皆能诵之。晚而篆、隶益精，临摹秦汉牙章、玉印，砉然奏刀，见者以为高出赵子昂、吾士行、文三桥也。所居虎丘山塘，萧然敝庐，中悬思陵御书，时肃衣冠再拜，欷歔太息。识者知其困郁不舒，绝匿名迹，有以也。女一，妻瞿稼轩式耜，子易其名姓，俾脱于祸，人尤高之。著有《塔影园稿》六卷。

宋宓，字御之，初名德宽，侍御学朱长子。侍御殉难山东，宓年才弱冠，徒跣达济南。济南以兵火后，积骸成莽。有小吏指侍御遇害处，从其言遍求灰烬中，刺血滴骸骨，昼夜号泣，终不得，乃招魂以敛。寻伏阙请恤，哀动黼座。既长，偕两弟发愤力学。顺治戊子，弟德宜举南闱；辛卯，弟德宏举北闱。乙未，德宜成进士，旋列禁近，跻卿贰。而宓至康熙丁巳举顺天试，盖至是数入棘闱矣。岁甲子，子广业令直隶临城，值大旱，民悬正额。宓典遗产代民偿逋，兼设粥赈济。民德之，为立功德祠。广业，字性存，由拔贡生仕至济东道，祀名宦。

章在兹，字素文，吴县诸生，家长洲之濂溪坊。崇祯间，文社盛，在兹即有名于时，操经义选政。国朝辛卯、壬辰以后，清音选本行天下，每行卷房书出，各省贾人先纳直坊间，必待清音乃去。坊人具币聘、盛供给如待神明，有时序文既发，偶为婢仆所留，必厚馈剧宴而后得。选家之盛，自周介生、范文白以来，未有及清音者也。然在兹久困诸生，丁酉始中副榜，入成均，谒大司成于彝伦堂。大司成系吴中同社友，向以文字就质，受在兹讥弹改定者，故严峻其礼以愧之。在兹豪气摧抑，尝言："李广不侯而李蔡侯，真咄咄怪事。"方谒选，病卒。

彭珑，字云客，葑门人。中顺治丁酉顺天试，己亥成进士，授广东长宁县。未几，去官。少岁耽玩理学，以居敬穷理括《大学》宗旨，以戒惧慎独括《中庸》宗旨。教授学者，月朔望课文文星阁下，远近至者三百余人。每科得俊士，林林相望，受业者亦皆敦尚名教，不事跅弛，不问知为彭先生弟子也。年七十七没。子贵，赠国子司业。

宋德宏，字畴三。顺治辛卯，中顺天举人。慨前明复社为温体仁、阮大铖诸奸掊击，名贤抢丧，风流歇绝，思继续盛事，而彭进士珑有同志，慨然曰："朋友居人伦之一，吾辈负荷名教，奈何泛泛征逐？"遂举慎交社。四方络绎，设馆授餐，德宏诸昆弟任之，倾产弗靳也。德宏学本六经，酝酿深厚，设教城南，从学者日进，时方之河汾之门。没时年三十四。子贵，赠兵部武库司郎中。

蒋德埈，字公逊，顺治辛丑进士。性至孝，父病，刲股疗之。父卒，哀毁至极。入都，遇盗，同舟二人皆被劫，德埈仅免，存白金数十两，分给二人为置襆被、庀扉屦而别。岁饥，倾家赈济，全活数千人。月给缗钱为乳婴费，施絮施棺，埋胔掩骼，每岁无算。临卒，以腴田百三十亩为义庄以赡族，以百二十亩助于育婴堂。里人感其义，请之有司，建祠春秋祀享。仲兄维城，字公表，醇朴孝友，与弟德埈并善事父兄，家庭之内，融融乐易。父卒，尽哀。兄殁，抚孤二人，至性如一。凡置产、赡宗、捐田、育婴及岁歉赈饥诸善行，若埙篪之唱和焉。年六十余，犹应举不第，以明经学博终其身。

张庆孙，字曾余，世居嘉定。父慎德，徙郡城之东偏，以儒教授，故为长洲人。庆孙读父书，庐于匠门溪上，老树扶疏，清流荫席，聚生徒说经，晓畅厥旨。后徒益众，常临溪买鱼、借圃植蔬以给都养。举甲午乡试，旋以逋税罣误屏，不得与南宫试。晚年益以赋诗课子为事，年六十有二卒，弟子称之曰履素先生。有《尚书集要》《侣蛩斋集》。

汪琬，字苕文，号钝翁。乙未进士，授户部主事，旋为员外郎，左迁西城兵马司，已而分司大通桥，榷龙江关税务。家居十余载，以博学宏词征，授翰林院编修，与修《明史》。琬宦不达，浮沉郎署，入史馆者无几时，而直节峻望，为清议所宗。诗文称一代作者，与新城王阮亭、中州汤潜庵、大梁梁曰缉、宛陵施愚山辈切劘砥砺，蕴藉深醇，精严法律。本朝数十年来，以古文名家者，未能或先也。性伉直，不容人过，人皆严惮之。中岁解组，隐居尧峰山麓。征辟后，又葺山塘别业，所谓丘南小隐者居之。著有《类稿》《续稿》《尧峰文钞》，卒年六十七，私谥文清先生。学者即所居为丘南祠，春秋俎豆焉。

尤侗，字展成，号悔庵，晚自称西堂老人，居城东葑门。侗生而警敏，博闻强记，有才名，以贡谒选，除永平府司李，以法绳旗丁，降调。后以博学宏词征，授翰林检讨、直史馆，旋告归。侗才情绮丽，风流弘长，和易近人，不为崖岸。后进以诗文缣素请者，必满其志去。人咸乐就之。己卯，天子南巡，召见行殿，御书“鹤栖堂”匾赐之，即家晋侍讲，时年已八十有二矣。先是，侗清词丽句流传禁庭，章皇帝有“真才子”之目，而圣祖亦以“老名士”重之。晚而刊落才华，归于平澹，识者谓元之杨铁崖差足相仿云。

许定升，字升年，一字香谷，甫里人。生而敦朴有文，甲午举于乡，中乙榜，例得教，非其志也。闭门读书二十年，谒选，得阜城令。阜城频值岁饥，民持男女易斗米。升设法赈济，民赖以食。邑多盗小，不稔即劫掠贾客，谓之响马，不可究诘。升下车，廉得其巢窟，缚什伍杖杀之，民赖以安。居官公廉，出入惟驽骑，以一隶自随，曰："民力几何而事呵殿为？"后挂冠归。值岁凶，特设粥以食饿者。里中子某既许助百石矣，已而悔吝，不与，众将踣之。升曰："本欲活人，而蹶一家，不可！我尚有薄田二顷，无虑也。"卒尽斥卖以为设粥费，余如育婴、恤梏诸善事，岁必举行，乡人至今称道之。

宋兆鹤，字闻士，号信天，万户侯通裔孙、赠征仕郎王年长子。王年天生孝友，以文品世其家。以故兆鹤祗承父训，敦孝弟，研经史无敢少间焉。弱冠，赴都雍试，辄冠军，文誉日著。入秋闱，未售。留河工，方有成绩，以奔丧归。痛两亲不及侍养，韬晦杜门，集汉唐以来《礼记》讲义，心断手钞为一书，藏之家塾。斋中有联云"思亲世德，课子传经"，盖纪实也。复葺一室，颜曰"有怀"，供父母神像，敬奉如生，有"双亲未奉肠先断"之句。又敦宗睦族，亲戚有无力丧葬者，必拮据为之筹画。伯父母一家五棺，代为营葬，尽礼尽诚无或苟。著家训，立家庙，谆谆以子孙读书砥行为重。由国学考授征仕郎，以子周臣官部郎，赠中宪大夫。子照，入翰林，再赠文林郎。配陆氏，相夫课子，以忠孝训家，有"江左女宗"之称，历赠恭人。

宋实颖，字既庭，元万户侯通之裔，世居枫江。实颖少孤，事母孝。家贫，力学。年弱冠，即以文受知于徐宫詹汧。国初，吴下盛文社，有慎交、同声之目，而慎交人才尤甚。岁辛卯，举京兆，诸公卿以诗古文相倡酬者无不倾倒。摄席后，以江南奏销案罣误，不与会试。己未，以博学鸿词荐，寻罢归。久之，授扬州兴化县教谕。实颖宅心和惠，奖拔后进如不及，讲论经籍必津津尽其源流。相国文恪公与实颖故布衣兄弟，而商丘漫堂开府吴中，亦兄事之。桑梓利弊，必为尽所欲言。三吴后进游其门者，比于宋之胡安定、元之吴草庐云。年八十五卒。著有《易老轩文集》。

吴愉，字敬生，世主泰伯祀，端悫有度，言规行矩，长于博士业。老屋一区，授徒数十辈。尝占五经为课，每当省会试，与群弟子磨丹握椠，日夜为雒生诵。试毕，索阅闱牍，决若者隽，若者连隽，不爽毫黍，而愉独屡试屡否，以故群弟子登三事、跻六卿者几满朝列，愉仅以岁贡循资晚授江宁府溧水县司训，可谓诸公衮衮，一官独冷矣。愉深于性命之学，故能义命自安，不为物竞，视世之走声利、希苟得者，未能以彼而易此也。年八十卒，私谥端仁先生。

施敬先，字尔恭，号蓼劬，新桥巷人。中顺治辛卯乡试。性嗜学，博极群书。与兄学先相师友，生平以著述为业，而《尚书讲义》《性理摘要》羽翼宋儒，尤生平得力者。教授及门，比于挚恂、郑众。侄震铨，中康熙乙卯乡试第一，戊辰成进士，馆选，改户部员外郎，四方传诵其文，不知禀承家学，由诸父之陶铸者深也。彭侍讲定求，系敬先姊子，追挽前哲云“维我孝廉舅，屹峙儒林，式笃行崇，阇修湛思，窥圣域，千载颜原徒，肯袭马郑迹”，隐然以儒宗许之。

归圣脉，字薪传，号莪庵，彝亭里人。生八月，父文达卒，母陈苦节抚育。未弱冠，淹贯典籍，为长洲学生，发闻于时。弟子受经者，自千里外至。诸当事重其名，折节承教。晚岁聘修《苏州府志》，长、吴二邑志，不谬是非，并称多闻。圣脉承母氏教，志在表扬母节，陈情大吏，辄痛哭失声。大吏感其诚，得具题旌表。母节子孝，一时并称。

陆在新，字蔚文。少为名诸生，长于制举学。丙午，举于乡，授松府学教授。以巡抚汤公斌荐，知吉安府庐陵县。公廉有声，慈惠兼至。岁俭，不加鞭朴，至负垫千余金。卒之日，民相聚痛哭，为敛钱以偿。弟子彭定求为作传，并铭其墓。

顾天朗，字开一。事母至孝。顺治丙戌，中乙榜，补官学教习，考授县令，以母老不就也。子汧贵，屡受貤封，天朗愈益谦谨。庚午春，母病，侍疾积瘁。及母殁，一恸而绝，时人谓之死孝。古云“六十不致毁”，天朗年六十七，君子尤以为难。癸未，圣祖南巡，赐御书“孝靖”二字，专祀虎丘山塘。

韩菼，字元少，别字慕庐，家于娄门。从祖世能，官礼部侍郎。祖治、父馥，世有文行。菼早失母，从父受学，读书丙舍，徒步往来西山间。研精经史，贯穿百家，不屑为俗儒章句、剽窃之学。已而孤，贫益甚，学益励，然文多与世龃龉，而菼亦不求其合也。妇翁李挈之北游，入太学，三雍之士莫能及者，遂冠六堂。壬子，荐京兆。明年癸丑，试礼部第一。时逆藩已露叛萌，菼殿试策指陈深切，俨如贾晁，天子为之动容，复以第一人及第。本朝制科连掇会、状者，自菼始也。初，制科之文，士子承明季余习，颇伤繁缛，后降而为空疏、浮滑，自菼出而文风翕然丕变。在翰林十余年，以学士请假里居，筑寒碧斋，仍键户读书，有终焉之志。岁甲戌，特召还朝，上御乾清门，温语稠叠，充修《一统志》总裁及《平定方略》《政治典训》，凡馆阁制诰、铙歌郊祀诸作，多出菼手。擢少宰，掌翰林院，教习庶吉士，旋晋大宗伯。天下想望风采，谓宣麻在旦夕。而菼存念丘园，日谢客饮醇，寻以病卒，年六十有八。著有《有怀堂集》二十卷、《诗》六卷。

尤何，字定中，号贞岩；倬，字卓人，号慵庵。侗之弟。侗远宦永平，诸弟家居，奉亲读书，兄弟相师友。壬子，何举于乡，倬自课益力。及何教谕黟县，以课士最，授神木令。神木隶山陕，与蒙古接壤，地僻民悍，黍麦小歉即盗贼窃发，官吏捕之，窜匿界外，号为难治。何救菑赈饥，用恩执法，而出以至诚，人感其廉，俗赖以淳。尽瘁卒官，几无以殓。倬天性孝友，少慕朴学，凡性理、四子书及明儒讲解靡不省录。兄侗及兄子珍，父子官翰林，地望通显，而倬不改儒素，不以门阀自炫也。年八十，以岁贡授训导。又四年，终于家。

彭定求，字凝祉，号访濂。禀承家学，键户揣摩，未尝有窥园暇。壬子，举于乡；丙辰，会试第一；及对策，复赐第一，授翰林修撰，除国子司业。性好朴素，不事营进，官太学数年，知名士有贡入者，必与讲论周旋，洞彻义理。不给者，常减俸钱以资薪爨。一纻袍，数年不易也。晚家居，葺舍傍茧园数椽，课子孙其中，自号南畇老人。学宫圮坏，必倡举集金修治之。先贤徐文靖公旧祠虎丘，圮废，为立祠学宫以祀之。及刻《王仁孝先生遗集》，节刻中州汤潜庵先生诸书。民间政事有不便者，必言于官，请罢之。天子南巡，定求见行宫，命纂修《全唐诗》总裁，晋侍讲。年七十余卒。卒后数年，孙启丰复以会试第一、对策第一，举于雍正五年丁未。祖孙绳武，后先济美，实熙朝之盛事也。

彭宁求，字文洽，号瞻庭。少孤，事母孝，不辍于学。康熙壬戌举进士，对策赐第三人，授翰林院编修。恬澹寡欲，章句之外，工古文辞。善晋唐小楷及宋元诗。居母丧，朝夕哭泣，缌幕之外，罗列礼经，编纂成帙。衰麻粗粝，未尝入寝也。服阕，入都，补中允，分纂殿阁诸书。又疲于应教，家贫，不能延记室，心血枯瘁，年五十卒于官。

冯勖，字方寅，号勉曾，葑溪里人。家贫，业儒。父六皆，远馆闽地。已而耿逆乱闽中，父客死古田。勖南望长号，道路阻绝。祖及母复相踵殁，几不能办衾殓。勖仰天叹曰："勖挺此七尺，学书学剑，何自误如此？"遂布衣徒步入长安。时征博学鸿词，四方名士以荐集辇下者云合，勖厕焉。召试体仁阁，竟得第，授翰林院检讨。即请假归，道武夷，过仙霞关，入古田县。时耿逆初平，暴骸如莽。父榇寄一破寺中，寺僧已前死，遗榇纵横，未得其处。勖伏地痛哭，哀动行路。忽有老人曰："墙西有半寸钉者是。"谛视，则题识宛然，遂扶以归。年六十余，乞假，优游十余年卒。

文掞，字宾日，晚自号洗心翁。和州教授嘉之曾孙。清修古行，非祖父书弗读。

门无热客，所交多乡里耆旧。焚香啜茗，讨论文史，有褦襶客请见，频叩门弗应也。凡汉、魏、唐、宋诸文集及国朝典故、山经、地理等书，率常手录。诗学高、岑，每自矜贵，不轻誉人，而人无不倾心者。数吴中文献，每屈指。掞可谓不愧清门矣。

尤珍，字慧珠，晚号沧湄居士，侍讲侗子也。康熙壬戌成进士，入史馆。癸酉，迁右赞善。甲戌，乞养归，时四十有九。扶持杖履，耽玩林石，补《南陔》《白华》以见志，不复出矣。年七十四卒。少岁论诗，以严沧浪、明前后七子为归。归田后，嗜宋苏端明、陆剑南，曰："二公说尽道理也。"有《沧湄诗钞》《介峰札记》，多朴实近乎道者。

金居敬，字縠似，长洲生。少负才名，游京师三十年，屡踬场屋。乙丑成进士，年已暮矣。谒选，得山西之灵丘，人吏浃和。未几，卒于官。居敬深于经史、八大家文，为制举业，独取法归震川，故其文渟泓滂濞，不顾世俗，而其生平艰于遇合、困于小官，亦类震川也。

汤传榘，字子方，困童子试，二十七补长洲弟子员。康熙甲子举于乡，戊辰捷南宫，除福建清流县，户繁俗骄，号称难治。而远乡若梦溪、芹溪、炭山、罗村诸民，积岁抗赋。下车后，除里甲陋规，夫船驿骚悉归官办，民渐悦服。至是单骑往梦溪等处，播告大义，民大觉悟，输赋者相望于道。有命案，连坐者畏祸远窜，众竞指为元凶。传榘微行廉之，罪人乃获。六年，邑称治。时母氏春秋高，就养官舍，终不自适，因乞身归，曰："以章服养，何如以彩服养也。"抵里门，从学者众。矻矻著书，成《明儒大全》，与前所纂《四书合参》《春秋讲义》并行于世。戊子，侍母疾，心力俱瘁，卒。

张孝时，字嘉锡。笃于孝友，少讲明经学，久困童子试，以吴县籍补弟子员，已三十有八矣。越四年丁卯，中乡试。辛未，成进士，选庶吉士。散馆，外调，授滦城令，两期，擢知陕西之宁州。其在滦兴水利，清驲站，勤考课，立社学，尤慎于用刑，仿吕叔简《刑章八戒》，奉为法程。其在宁无改。每春夏刈麦时，停檄不下。雨暘失叙，出积谷平粜，请题分年带征，曰："吾宁拙催科，不忍重困吾农民也。"肺病，乞休，一夕卒于公署。

惠周惕，字元龙，号研溪，由东渚迁东城之清溪。溪流环绕，有红豆树荫其上，惕家焉。少从孝廉徐枋游，得其指授，凡周秦以来文章大家，及汉魏诗篇、乐府，靡不究其源委，撷其菁华。年二十余，拟解南闱，主司以文太古，中乙榜，即客游四方，交当世名士。己未，将以鸿词征，父艰，不与。晚而学益粹，文益醇。汪尧峰琬以古文名，于后进少许可，独于周惕，常援永叔称子瞻语曰："让此人出一头地。"康熙庚午，中京兆试。辛未成进士，入翰林，年已五十。复以国书不通晓外调，授密云令，卒于官。著有《诗说》三卷、《古文》三卷、《研溪集》十卷。

范景，字声佩。祖周，顺治己丑进士，居阊门下塘之长船浜。景举康熙辛酉乡试，出汤文正斌门，以名行自持。庚辰成进士，任辉县知县，官署萧然如僧斋、学舍。有故人访之，齑盐相对。留数日，别去，语景曰："吾闻县中某处旧例若干可得，君何不取？"景曰："吾清夜自思，寸心无愧，胜于多金矣。"事上官不谄。常上谒郡守，守家人有过，景坐府门，召之出，予大杖，一府震惊。景不为动，曰："吾所以成府公也。"迁倅庐州，卒于官。

汪份，字武曹，沂州知州希汲孙、巩昌同知元絅子。年十四，随大父任。大父有政声，以官逋系狱，份侍侧读书，连日夜不休，狱吏奇之。既长，益发愤于学，闭户考绎，凝思注想，欲齐踪古贤。选时艺，讲虚实变化，提揭穿合之法，四方宗之。所论撰《四书大全》四十四卷、《唐宋八家文》二十四卷行世，外有《易说》八卷、《乐说》四卷、《天文考》四卷、《兵制考》四卷、《沟洫考》四卷、《黄河考》四卷、《盐政考》六卷、《学校考》二卷、《钱币考》二卷，并精核可据。转以选文之法，盖其所长，非份志也。康熙己卯为乡贡士，癸未成进士，入翰林，甲午典粤西试，庚子视学滇南，方奉敕卒，年六十六。其卒也，贫几无以殓，不愧廉吏后云。

张大受，字日容，孝廉庆孙子，居匠门。弱冠即以能文称。岁庚午，举于乡。庚午得人之盛，为本朝乡荐第一，大受在选中，魁其经。其文传播，荒陬僻陋，无不知有大受者。大受名日起，诗古文辞日益工，四方名士投辖造门无虚日。置酒论文，谭经讲艺，门庭之盛，无与俪者。时同里韩宗伯菼操文章之柄，经品题者如登龙门，独推许大受。大受亦勤于接引，游其门者多至大官，而大受七上公车，始得一第，入翰林，年五十余矣。丁酉，为京兆同考官。庚子，四川典试，甫复命，即命视学贵州。每衡文多所拔擢，兴学举贤，蛮俗为之一变。后疾作，卒于官，年六十有五。著有《匠门书屋文集》三十卷。弟士琦，字天申，康熙甲子副榜，知江西永新县，有政声。

顾嗣立，字侠君，考功郎予咸子。少倜傥好学，尤深于诗。始得力元人虞、杨诸家，后乃出入三唐，掇昌黎、眉山之胜，诗益工，交益广。筑秀野草堂，海内知名之士来吴者，无不造门。宾客酬酢不少倦，而故交贫士之赖以给者，日常数十。岁己卯，天子南巡，召见御舟，即于是秋荐京兆。已而纂书殿阁，至壬辰，特赐进士，入翰林。迄散馆，咸谓文学侍从之选，无逾嗣立者，而竟不得留。明年，复拟外除，遂襆被归里，放浪山水诗酒间。所著有《秀野草堂集》《昌黎飞卿二家诗注》《元人诗》《诗林韶濩》等书。卒年五十八。

谢志发，字云翼。父文昌，通《书经》学，有撰著志，发绍述之。四十后专工诗，坐一角山楼，晨夕苦吟，每一诗成，常三五易稿。中夜既寝，有所得，必秉烛改定。人问其故，曰："作诗一句一字，不可不求其安。譬如君子立品，一行未善终是败，阙非全人。"老去，嗜陆放翁诗，尝拈其语示人云："会将趋古淡，渐可去浮嚣。"又云："律令合时原妥帖，工夫深处本平夷。"即其诗可知矣。所著有《一角山楼诗稿》。

蒋济选，字觉周，长洲生。以经书友教吴中，每讲期，听讲者环坐，馆舍几不能容。尝谓："学者于四子书宜先冥心搜索，思路断绝，然后取宋、元、明儒先语证之。"其为制义，穿穴六籍，不随风气。无事，日课一文，故箧衍所藏独多。然当时名下士俱得高位，弟子亦相次取科第去，而济选褐衣疏食以老，恬如也。先是，吉水李学使振裕选拔贡生，于长洲得佳卷二，一为张映葵，一为济选。问学博："谁最贫？"学博雅重济选，对："蒋生贫。"学使者意恐家贫无力办部费数十金，学博意适相左也，遂拔映葵。生平遭际多类此。辛卯乡试房考，以首卷荐，主司指礼经语为颣斤之至，是无心应举矣。越二年没，门人祀吴端仁书院中，以少时从端仁受经也。

陶唐谏，字正吾，周庄人。嗜善无厌。壮岁，遇乡农某葬亲于所佃田畔，田主讼之官，将毁冢，唐谏令迁葬己田中，田主甚惭。有地师寓吴，寄白金百金归。后三十年，其孙来吴，询之，两世奄忽矣，哭之恸，以所寄还之，封识宛然，其孙不知也。所居相近有急水港，为往来要津，向无渡船，每风雨辰，民苦不堪。唐谏设方舟济人，捐田亩所入以食舟子。晚岁，为善益力，赈饥者，衣寒者，药病者，棺殡者，岁无虚日，终身如一日也。初，年四十余无子，有相者相遇，曰："君阴行善，当生令子矣。"四十三，果生子。后年九十一，见四代，与宾筵，考终，邦人谓之备五福焉。同时有张处士士隆，字君茂，张家港人，嗜善不让唐谏。康熙丁巳大疫，村民遍染，人不敢叩门，士隆按户亲给医药，全活甚众。庚申，常州饥，流民至吴，倾囷仓活之。唐谏之设渡，利涉也，港在长洲县界，今属元和。而吴江县界亦名急水港，亦旧无渡船，士隆亦割田设渡，并设沈舍港渡。远近杠梁，或葺或建，补唐谏未足。缘此，两姓屡通婚姻。既没，里党思之。至今数为善者，并推陶、张云。

胡昌虞，字希山，国学生。事父母尽孝。少游京师，柏乡魏文毅公器重之，呼为小友，授以《朱子全义》《论性约言》等书。既归，曰："明体更当达用也。"讲先世文昭公治事之学，一切兵制、农田、水利皆娴熟。及长，遍游秦、楚、豫章、淮右、闽、粤。当世叩其所得，原原本本，不同务华绝根者也。晚岁，修祖祠，厘家乘，凡宗支在如皋及苏杭者，秩然不紊。敬宗收族，乡党奉为楷则焉。

杨成懋，字振卿。母施病危，刺血书吁天愿代母死，旋刲股肉和药进。母病已，计其年方孩幼，云："治田摇城江，以所入奉甘脆。"侍膳堂下，色怡怡然，务得亲欢心。亲没，几灭性。既葬，筑室于墓，风雨辰必往展视。牧竖恐伤其心，勿往刍牧。事兄友爱，抚孤侄如己子。姊为母钟爱，夫亡，迎姊暨三甥归，教养备至。甥长，以舅姓为姓，志不忘也。里中薰其德，称仁里。间有犯上者，相戒曰："汝不畏杨孝子知乎？"年六十六卒，君子谓之完行。

严渠成，字师厚，文靖公讷六世孙。甫生一岁而孤，母孙夫人砥节自守，瘁女红得衣食以长诸子。渠成长，口授诵读四子诸经，皆母氏教也。渠成性纯孝，念母氏苦节，无以报。厥考声国，亦赍志以殁。思褆身端己，学成名立，庶不辱所生。以故一言一动惟恐越规矩外，穿穴古今，无寒暑间。年二十余，受知于学使者莆田余公，补博士弟子员，术业益进，为文峻整典确，无世俗语言意思。与省试凡六，竟不售。先是甲辰岁，远馆二十里外，母年老，遘疾。渠成在馆，肉颤心悸，遽归，母病方两日，遂日侍左右，躬奉汤药，母病渐瘳。越五日，忽痰涌而殁；擗踊已绝，灌救始苏，誓不欲生，亲族力劝，乃勉饮勺水。自是益刻苦自贬，断荤血，食粗粝，有感触，哭泣几不成声。遇春秋荐享，倍哀。没身如一日。时诏征孝友方正之士，县举一人，元和令江公欲荐之，渠成坚辞，遂不果荐。江公益重其人，延为西宾。值分县伊始，遂聘修邑志，纂纪详核，字不苟下，志稿告成，渠成之力为多。岁戊申，葬先人于贺九岭之麓，积馆谷二百金，独任其费，诸兄欲分任，渠成力却之。并将祖父分授田亩尽划作祭田，不留分毫利己。迨江公迁太仓州守，渠成得疾于州署，归舟，过昆山，卒于途，年四十六。

黄农，字古处，五岳山人勉之六世孙。居衮绣坊。母吴遘病，奉侍三载，无倦容。母没，日夕号恸，经年后，时恍惚作见母状，家人误为痫。父呼与语，问答如常，知非真痫也。自是尫弱成疾。父以名诸生授经，地距家四五里，每晨往省，冲风冒雨，父怜其疾，止之。农后谨伺门外，馆僮出，问起居，知寝食安，乃去。先是，有日者谓父寿止五十二岁，适先一岁冬病笃，农愕然曰："日者言将验耶？"于岁除夕书《减算添父年疏》，元旦，遍诣祀典正神庙祈祷。忽一夕，惊喜曰："神许我矣。"

自是父果愈。后农病笃时，父在馆中，戒家人勿惊告吾父，以膳田易银置枕畔，谓妻金曰："吾得侍吾母矣，汝其相吾兄嫂善事吾父。"妻敬诺，始报，父归，含泪执手殁。父欲备棺衾，无措，得枕畔银，哭失声曰："彼死，犹恐贻吾忧也。"农事兄庭尽友爱，既没，身后事兄亦善视之。妻金以苦节闻。

朱之劢，字德彰。童年事亲即能愉色婉容，有训则跪而听。年十一，父客秦，之劢忽寒颤，因疑父在外衣单，亟制衣寄之，后知父果于是日失冬衣。家被盗，执母，以身卫之，母得不伤。雍正五年，巡抚陈时夏题旌。时先后题旌者又有孝子邱存礼、唐肇虞。

李汉，字韩友。父嘉釵没时，汉才十龄，母许苦节自矢。汉长，每事必禀命，终身言动必俟母颜色。母殁，每述母行，常哀恸失声。屡为母请旌，限于额不得。岁丁亥，圣祖仁皇帝南巡，御舟达浒关时期，门宿卫士林立两岸，汉沿途匐伏，吁陈母节，督抚诸大臣感其孝，不峻拒，谕令赴学院衙门题请，终不得达，后祔祀母于葑溪三节祠，而汉亦遂赍志殁矣。雍正元年，诏许幽隐苦节得以上陈。汉之子体父志，力请当事核实具题，母始得邀旌门之典。汉之孝行亦以次题旌，远近称世孝焉。

张文魁，字东溪，世居半十九都利一图水门桥。性敦朴纯孝，家极贫，佣工以养父母。主者具肉食，不自食，携归奉亲。父没，营葬，自具畚锸，盖草舍于墓侧，栖其中，晨夕上食如平时。三年后，始断哭泣。甲申之变，奉母及妹避之杭，猝遇兵，相失，号泣于浙东西凡二年。有客自严州来，与文魁同舟，知其寻母，故备述于桐庐县见一老妪，自诉乡里姓氏，避兵相失，与文魁言合。文魁立往桐庐，果得母于王姓家，妹亦在，迎归，孝养二十余年，始卒。文魁年八十一殁，葬长洲县九都七图羽字圩虎阜西。乾隆三年，巡抚许公具题旌表。

吴中英，字咸之，苏家巷人。父明山，游燕，客死。仆窃金逸去，妻李氏遗腹生中英，未识父也。长，寻旅榇，负黄袱，赤双踝，往返者三，最后至德州，哭泣道左。遇僧指引入庵，棺多尘积，是否莫辨。忽有群鹊噪集棺顶，因得当时题识，扶柩归里，得营葬焉。

盛建极，字用敷。年十二为孤子，父临殁，遗命曰："吾父母棺未葬，死有余憾。又吾生平以好施周急为己任而天夺吾年，汝能继志，吾目可瞑也。"建极涕泣受命。稍长，葬祖父母棺。凡姻族中之婚嫁、丧葬无不佽助，至老不衰者，从父志也。遇事必禀命母氏。母最怜长女，既嫁，家贫，建极月给薪水抚诸甥、甥女读书、习业，奁赠之费先已出。友爱两弟，递衣公产。后弟远过兄业，终厚推予用以悦母氏心。

里中有锦帆泾故迹，绵延几里，久经湮塞，雨后沟水泛溢，行人倾跌，老幼或至殒命。母于建极少时嘱之曰："汝长，当修治以利行人。"后卒如其言，远近无涉水患，从母志也。母张尽苦节，陈情当事得题旌云。雍正十年，建极以孝子题旌。

刘石龄，字介于，孝子龙光子。少颖慧，博通经史，绝意进取，笃嗜古学，遂以能诗名。尤工五言，尝北游恒岳，南窥衡湘，逾大庾，登罗浮，探奇历险，发于诗歌。故其晚年诗益清远奇丽，詹事陈元龙、宗伯韩菼拟荐之朝，石龄不可，卒以布衣终。所著有《瓠容草堂诗》《粤游小草》共六卷。

陈树珏，字禹烈，长洲生，都御史璚之后。性至孝，读书力学，不以贫废业。每应举，必五经。丁父艰，衰麻不释。服将除，适逢承重。服除，又丁母艰。如是者九年，帷堂之外，未尝易榻也。"三礼经"都成诵，平生学樸而醇，卒以不第。古称独行君子，珏庶几焉。

朱奕恂，字恭季，长洲学生。读书外无事，经史子集、《离骚》《文选》能熟精贯穿。为古今文，精光熊熊。尤长骈体，比周子山、唐之义山、宋之后山，能撷英咀腴，不在面目也。生平无疾言遽色，不言人过。友朋过从，坐陋室中，终日谈讨，如和风着物，使人矜躁都释。每试辄冠曹，学使者以能识朱生文为重，而奕恂谦抑自下，若无能然。秋试屡摈，无几微不平色，作《反穷鸟赋》以见志，人益重之。晚岁喜读未见书，手录数百卷，皆丹黄钩贯。年六十余卒。

汤万煌，字予明。一龙公以一本传万世，惟思孝与忠命名。孝廉珍入郡城，以文行名家。万煌，其裔也。万煌生而颖异，书过目不忘。叔传椝，自幼目为大器。为文原本经术，发挥性理，于隆、万诸名家尤得其秘，以故澁喜汪、德光顾，咸敬服之。弱冠时，受知于郇杨邵公，补博士弟子员，入郡庠，文誉日起。操文衡，自有明以来暨国朝诸名文，次第选刻成帙，风行海内，为举业家准绳，远近文社必延请秉笔，评定甲乙，不少假借。受其陶成者，不可胜数。及门数百人，口授指画，不惮劳苦，昼夜寒暑无间。亲其教者，掇巍科、登显士联翩而去，而万煌独屡困场屋，人皆扼腕称屈，而万煌坦如也。晚年来，益勤于课子，爱之深，督之切，以严父而兼慈母，期望甚笃。厥子世地，果能承受家学，早列黉宫，食廪饩，骎骎乎蜚鸣直上，人咸谓天之报施不爽。万煌性孝友，春秋祭享必诚必敬，事长兄如事父。弟早卒，抚诸侄如己子。为人爽直，胸无城府，仍恂恂不欲上，人望之可钦，即之可慕，令人默受其化焉。年七十卒。著《四书文稿》行世。

张锡祚，字偕行，更字永夫。始居南园，徙葑门塘之归村，又仍居南园，最后徙下沙塘。屋不过三间，筇屐书卷外，别无长物。东野《移居》诗“借车载家具，家具少于车”，盖实录也。客至时，不著冠。对素心友，齿在己下者，不让坐。每晨，突不烟，家人以餒告，曰：“古人有三旬九食者，先生肯为而辈扰耶？”性好诗，时时苦吟，品如空林残雪、鹤鸣秋晓。年五十二殁，无子，友人谋葬于灵岩山麓，高士陈炳题其碣曰“诗人张永夫墓”。

顾光世，字岸霄，长洲廪膳生。以厚伦睦族为己任。从祖前明侍御岩叟，名宗孟，立朝介节，未与祀典，请于大吏，得举行。宗族中孤寡者恤之，无师资者教诲之，尤严于享祀。尝谓子侄言：“事生事死，不外一诚字；萃涣合离，不外一敬字。诚敬二字，岂易得到？然离却便不足为人，生平得力在此。”年六十余，以岁贡生将补训导，呕血殁。由少时哭母成疾，终身不能瘳也。著有《周易大意》《性理大意》《禹贡辑注》《孝经辑注》等书。

龚汉英，字郜先，贯华亭籍，廪膳生。性仁孝，家贫，需馆谷以奉甘旨，得二人欢心。居母丧，几灭性。丧父，亦如之。兄汝秩没，事孀嫂如母，抚诸孤侄、侄女逾己出，为婚嫁，且析所置产资之。壮岁丧偶，不复娶。或劝之，曰：“与我共事父母，不忍忘也。”年六十二卒。

谢有煇，字立夫，葑门人。由长洲学生中雍正癸卯乡试，选怀宁教谕。每朔望，宣扬圣谕，训饬士子，以明行立节为先。学宫礼器残缺，率先办治，牒郡县，渐次完备。将事之日，斋肃恭敬，观礼者称极盛焉。协修《江南通志》，简核有法，计典卓异，授浙江处州、缙云知县任后，仁心爱民，非重犯不加扑抶。听讼时，如家人子弟，谆切劝谕之，两造各不争，或至涕泣。革除陋规，风清弊绝。征收自正，供解费外，无丝毫赢余。自卖田亩为民代完，有解无征银两，衙署之中清如僧舍，吏胥无染指，咸有怨声，弗顾也。乾隆丁巳秋，缙云受风雨灾，田禾被伤，有煇抱病勘灾，越岭渡溪，犯寒暑中，病逾深，卒年七十三。初隶学宫时，即能励志行、不苟取。居官清节，本于平日有守也。有《纂订古文赏音》行世，校订《二十一史南北版讹异》，未镌版，藏于家。

徐陶璋，字端揆，号达夫，明都御史源裔孙。中康熙乙酉乡试，乙未捷南宫，廷对第一，官翰林修撰。学问志行，实与名称，时论以公辅期之。丁父母丧，三年泣血，未尝见齿。补官后，分校礼闱，得山左邓钟岳，亦胪唱第一，一时谓衣钵相传。后乞假归，杜门扫轨，时穿穴六经，采取汉唐宋诸儒注疏以折一中，每午夜不倦。乾隆元年，补前职，充纂修实录官。晨入暮归，不言劳瘁。历二年卒。生平居心和厚，曰：“缯薄则裂，器薄则缺。薄未有可久者。”人有非意加者，曰：“我置其不善而思其善，则蒂芥不留于胸矣。”闻者以为格言。兄模，戊戌进士，亦以文行称。

顾惟灏，字纯侯。幼丧母，事父轮、继母徐竭筋力以养，极尽恭顺。父以事往采石，中路遇盗，挟白刃入舟，欲刃其父。灏抱持盗，泣曰：“宁杀我，勿伤吾父。”盗刃其肩，血淋漓被体，终不释。盗感叹而去。既随父之浙西，邻寓失火，已延及。灏适在外，冒火入，皇遽中，湿衣衾以蒙父，复冒火出，父得免，灏肤发焦矣。父好施予，亲朋有急难，命子周之。灏多方补救，己每至贬衣削食，不使父知，能养志也。父母相继殁，灏年几四十，哭泣如童稚。卜葬，不惑青乌家言，一准司马温公《葬论》，能以礼事其亲，君子重之。年六十四卒。

蒋逢源，字深资，太学生廷鉴子。年十三，母病，昼夜不寝者三阅月，母寻愈。兄乡贡士学海、诸生文河，志在显扬，常游学四方，逢源偕其弟昕夕定省，父母安之，忘伯仲子之不在侧也。父卒，三年泣血，形体毁瘠。后邻不戒于火，延烧其庐，逢源入火救母。母已仆楼下，仓皇负母出。既出，颠顿于地，伤一指，衣冠须发焦灼。母殁，一如哭父时。葬父母山中，躬亲畚挶。中岁，衣布、素食、虀盐，惟春秋享祀，始洁酒肴、荐时物，至老如一日，盖终身慕云。配熊，生一子，殁时逢源年二十五，不续娶，不置妾媵，因与配共事舅姑，不忍忘也。邦人嘉其孝，并高其义。

程树，字玉生，家葑溪里。应院试，年才十二，学使者奇其文，令覆诵五经、三传、三礼、《尔雅》，如澜翻。又命讲《易》文，言及观、渐二卦，大义通晓。补长洲弟子员。稍长，益探究理学、经济诸书。尝榜其书斋两楹曰：“文以载道，毋玩物丧志；学期济世，勿谋利计功。”即其志可睹矣。年二十一，遭大父丧，遽以毁卒。大父兆彪，仕比部主事，宦归，生计萧然。树方远之亳州，谋馆谷以佐亲，经营甘旨。比抵家，不及视大父含殓，哀伤逾节，遘疾而殒。时犹未婚云。树之死于孝，固可传，匪独才而早夭，足惜也。父明经名仁，亦素著士行。

宋照，字谨涵，号喜墨，万户侯通裔孙、赠中宪兆鹤之子。早失怙，晨昏痛亲，无欢容。读父书，泣数行下。奉母陆恭人能先意承志，温凊定省。自幼至长，无日懈。后名成，赴京师，以母年高不敢离膝下，南北往来如织。母殁，哀毁骨立，经营丧葬必诚必信。其天性纯孝如此。幼读书，一目数行，仍潜心攻苦，昼夜寒暑不辍学。专经史，尤于性理诸书搜精抉奥，以身体力行为己任，文词直抒所见，浑融精卓，不落小家伎俩。为人高爽，卓荦如光风霁月，而谦和醇谨，仍不敢少纵。岁辛卯，举于乡，戊戌成进士，入翰林。方期明体达用，为黼黻明盛之材，惜未大展其志，旋归里门，不接户外事，惟读书课子。尝言："经学之失在析理而不证以事，每失之窈渺；史学之失在综事而不绳以理，每失之支离。"又尝采《礼经》注疏汇为一编，曰："此吾家故业也。"乾隆二年，诏开三礼馆，廷臣荐照编辑。既任职，汲汲纂研家学，考据有原有本，纶扉大臣善之，以劳悴成疾，未成书卒。著有《礼经汇解全集》、《史间》二十帙、《息轩杂文集》若干卷。

宋献玉，字元镒，世居葑溪。年十七入郡庠，补增广生。胞弟献琛有房，误赁狂生获罪，继株连房主。琛年少，怯对簿。母丁素爱琛，号天哭泣，冀玉代雪而未忍出口。玉遂慨然身代，系狱三年，遇赦得免，一时士林推重。汪钝翁为作传，黄伊但、黄含英俱作诗以美之。

卷二十五

流寓

四方人士往来于吴者多矣，然非其人不传，即行谊可述而或舟车信宿，非游习于斯、瘗埋于斯者，不与焉。今自澹台灭明以下若干人，合为一编，使后有可考。他如东方朔之在吴为书师，蔡邕之避怨于吴，未详其地，不知所属，而梁鸿之依皋伯通庑下，地为吴县，无庸概入志中，惧淆也。志流寓。

周

澹台灭明，字子羽，武城人，孔子弟子。南游至江，从弟子三百人，识取予去就，名施乎诸侯。孔子闻之曰："吾以言取人，失之宰予；以貌取人，失之子羽。"《史记索隐》曰："今吴国东南有澹台湖，即其遗迹所在也。"

汉

梅福，字子真，九江寿春人。为南昌尉。去官，数上言变事，辄报罢。时京兆尹王章忠直，讥刺大将军王凤专政擅权，为所诛。王氏寖盛，灾异数见。福上书极言："章面折廷争，孝元皇帝擢之以厉具臣。陛下戮及妻子，折直士之节，结谏臣之舌，天下以言为戒，最国家之大患也。"又言："建始以来，日食、地震、水灾，亡与比数。阴盛阳微，金铁为飞，此何景也？"又言："汉兴以来，社稷三危，吕、霍、上官皆母后家也。自霍光之贤，不能为子孙虑，故权臣易世则危。《书》曰：'毋若火，始庸庸。'势陵于君，权隆于主，然后防之，亦亡及矣！"上不纳。后又上书封孔子之世以为殷后。先是，匡衡建议为王者存二王后，所以尊先王而存三统也。上寖其议。至福复言，乃封孔子世为殷绍嘉公。元始中，王莽专政，福弃妻子至九江，人传以为仙。后人有见福于会稽，变名姓，为吴市门卒。《吴地纪》云：门为蛇门。后其门堙塞，地属元和界。

晋

王珣，字元琳，与谢玄为桓温掾。温尝谓："谢掾年四十必拥旄杖节，王掾当作黑头公。"俱见敬重。由主簿累迁辅国将军、吴国内史。在郡为士庶所悦，征为尚书右仆射，转左，复领太子詹事。隆安初，王国宝用事，谋黜旧臣，迁珣尚书令。王恭赴山陵，欲杀国宝。珣止之曰："国宝虽终为祸乱，要罪逆未彰，今先事而发，必失朝野望。况拥强兵，窃发于京辇，谁谓非逆？国宝若遂不改，恶布天下，然后顺时除之。"恭乃止。既谓珣曰："比来视君，一似胡广。"珣曰："王陵廷争，陈平慎默，但问后终何如耳？"卒除国宝。后加散骑常侍。卒，谥献穆，改赠司徒。初，珣因谢安与绝婚有衅。及安薨，哭之恸。族兄献之曰："所望于法护。"法护，珣小字也。弟珉，字季琰，小字僧弥，才名出珣右。时人语曰："法护非不佳，僧弥难为兄。"辟主簿，举秀才，不行。后历著作散骑郎、黄门侍郎、侍中，代献之为长，兼中书令。时谓献之为大令，珉为小令，年二十八卒。珣在吴时，居虎丘为别业，戴逵尝与游处。珉买宅居昆山，亦居虎丘之东山。后珣兄弟俱舍别业为寺。

戴逵，字安道，谯国人。爱会稽多名山，尝居剡下。孝武时，以散骑常侍、国子博士累征，辞父疾，不就。郡县敦迫不已，乃逃于吴。内史王珣有别馆在虎丘山，逵潜诣之，与珣游处，号为"吴中高士"。会稽内史谢玄虑逵远遁不返，请绝召，命逵复还剡。时会稽谢敷澄靖寡欲，入太平山十余年，召皆不就。初，月犯少微。少微，一名处士星，占者以为隐士当之。逵有美才，人或忧之。俄而敷死，会稽人士以嘲吴人云："吴中高士，求死不死。"

戴颙，字仲若，与兄勃并受琴于父逵。桐庐县多名山，兄弟因留居止。勃疾患，医药不给。颙欲干禄以济养，乃求海虞令。事垂行，而勃卒，乃止。后出居吴下，吴下士人共为筑室，聚石引水，植林开涧，少时繁密，有若自然。三吴将守及郡内衣冠要其同游野泽，堪行便去，不为矫介，众以此多之。宋元嘉中，征，不就。衡阳王义季镇京口，长史张邵迎颙止黄鹤山，遂名戴公山。寓吴时，所居在唐为司勋陆郎中宅，后为北禅寺。

唐

皮日休，字袭美，一字逸少，襄阳人。性傲诞，隐居鹿门，自号间气布衣。咸通八年，第进士。崔璞守苏，辟军事判官。入朝，授太常博士。尝上书二通，其一请以《孟子》为学科，有能通其义者，其科选同明经；其二请以韩愈配享太学，谓有唐以来一人而已，苟不得在二十一贤之数，于典礼未备也。俱从之。黄巢陷长安，伪署学士，使为谶文，疑其讥己，遂及祸。此《新唐书》云尔。尹师鲁志皮子良墓云：曾祖日休，当黄巢陷长安时，依钱氏在浙，无受伪官及遇害事。明王文恪鏊谓：宋子京喜采琐事小说，作史时竟以入正史，理或然也。日休寓吴，与陆龟蒙所居临顿里相近，往来唱和。今其地称皮市。

罗隐，字昭谏，余杭人。本名横，十上不中第，遂更名。从事湖南淮润，无所合。久之，归，投钱镠，累官司勋郎。朱全忠以谏议大夫召，不行。尝劝镠讨全忠，大义愤激，镠不能用。年七十七卒。隐中岁入吴，与陆龟蒙游结庵于甫里北隅，今遗址尚存。

宋

苏舜钦[1]，字子美，潼川人，易简孙。父耆，工部郎中。当天圣中，文多病偶，独舜钦与穆修好，为古歌诗、杂文，一时豪俊从之游。初，以父任补太庙斋郎，调荥阳尉。时玉清昭应宫灾，上疏极陈得失。景祐初，举进士，改光禄寺主簿，知长垣县，迁大理评事。康定中，地震，言事尤切直。庆历四年，范仲淹荐为集贤校理，监进奏院。初，舜钦娶杜衍女。衍时与仲淹、富弼在政府，多引用闻人兴起庶政，御史王拱辰等不悦。会进奏院祠神，舜钦及右班殿直刘巽辄用鬻故纸公钱设乐会饮。拱辰讽其属鱼周询劾奏，并欲摇动衍，牵连仲淹。舜钦、巽坐除名，同时饮酒者得罪逐出。拱辰喜曰："吾一举网尽之矣。"舜钦率妻子来吴，作沧浪亭于吴越钱氏之南园，扁舟载书，葛巾野服，逍遥于红蕖绿浪间。间为歌诗，以泄愤懑。善草书，酒酣淋漓，从横落笔，争为人所爱慕。后得湖州长史，卒年四十一。嘉祐初，韩琦奏复原官。所著《沧浪集》十五卷。寓吴故居，后名苏家巷，在南园之东。

尹焞，字彦明，洛阳人，洙孙。年二十，师事程伊川颐。应举发策议诛元祐党人，焞曰："尚可以求仕乎？"不对而出。靖康元年，朝廷辩忠邪，召用才德之士，惧焞不至，以布衣召，不至，授以和靖处士。明年，金人陷洛，阖门被害。焞死复苏，窜于长安山中。长安陷，刘豫僭位，以礼聘之，逃去。夜徒步渡渭，匿阙水谷

① 原误作"苏顺钦"，据后文改。

中，自商州奔蜀至阆。绍兴五年，以崇政殿说书召，力辞。时有攻程氏者，焞曰："学程氏者焞也，生事之二十年，今又三十年矣，请就斥。"朝廷耻之。于是大臣显言焞拒刘豫之节、学问之正。上又思见焞，召之愈急。迫上命，布衣至行在所而病，上赐金帛存问慰劳，须病愈受命。病愈，又辞。上曰："卿尚可辞耶？朕渴卿久矣，知卿从伊川，俟卿讲学，不敢以有他。"遂就职。又除秘书郎。明年，迁太常少卿，权礼部侍郎，除徽猷阁待制。焞曰："病不能朝矣，而宠禄日至，虽主上贤我，我何功德当之？"辞不已，遂奉外祠，寓平江虎丘西庵，时年七十矣。又二年，卒于绍兴旅寓。方为从政说书，每赴讲，先夕沐浴更衣，陈所讲书于案上，朝服再拜，斋于燕室，谓："必欲以所言感悟君父，安得不敬？"临没，上遗表，末云："伏望皇帝陛下益隆圣学，广被名贤，惟祖宗为陛下之规，惟方策为陛下之鉴。洪惟我宋，度越前朝。惟子惟孙，有典有则。而况天方悔祸，民获小康，益勤宵旰之忧，必复国家之始。"云云。没，谥曰肃，准谥法，因严教敬之义。

魏了翁，字华父，邛州蒲江人。少称神童。庆元五年进士，召试学士院。时韩侂胄谋开边，了翁力言其不可。策出，众大惊。御史徐柟劾之，出知嘉定府。侂胄诛，收召诸贤，会史弥远当国，不能用，迁工部侍郎，旋与真德秀同罢。御史梁成大谓："真德秀，真小人；魏了翁，伪君子。此举大快公论。"识者笑之。绍定中，直学士院，在朝凡六月，前后二十余疏，皆当时急务。帝将引共政，而忌者合谋排摈之，言："了翁知兵。"以同佥书枢密院事督视江淮、京湖军马。陛辞，御书"鹤山书院"四大字赐之。寻召还，固辞求去。已而以浙东安抚使就医平江。尝至甫里，筑别业于罗隐庵故址。嘉熹初卒，赠少师，谥文靖。所著《鹤山文集》《九经要义》，又有《周易集义》《周礼井田图说》等书。

龚开，字圣与，淮阴人。少负才气。宋季，与陆秀夫善。宋亡，侨居吴之东城，持节孤峻，不肯泛爱。尝作文天祥及秀夫传，金华吴莱见之，称其序事中寓褒诛，予夺得迁固之遗。时高邮龚璛亦寓吴，与开为忘年友，时比之"汉两龚"。

吕浩叟，故宋臣。至元十一年，兵下江南，出使军前，持节见张弘范，抗词不屈。明年，宋亡，旧臣朝于京，授浩叟淮东宣慰使，赐金符玉带，以疾辞。后寓虎丘，构寿乐堂，卒，葬其地。

元

柳贯，字道传，浦江人。官翰林待制、国史院编修。弱冠，受业于仁山金履祥。

既而从乡先生方凤粤、谢翱诸前哲游，考秦汉以来文章变化，磨砻讲贯，卒成名家。至京师，为吴文正澄器赏，程文宪钜夫以墨一丸授之，曰："文章正印，今属子矣。"一时与黄溍、吴莱声名相埒。宋濂、戴良俱出其门。年七十三卒，私谥文肃。寓吴时，尝居甫里书院，有《迁居甫里精舍》诗并《书院记》。

倪瓒，字元镇，无锡人。居有云林堂、萧闲馆、清闷阁，阁如方塔，三层，疏窗四眺，遥峦远浦，云霞变幻，弹指万状。阁中藏书数千卷，手自勘定，三代鼎彝、名琴、古玉罗列左右。性好洁，见俗士，避去，恐浼盥颒，易水树石，时加洗拭。画笔萧疏简远，称其为人。诗亦如之。至正初，天下无事。一旦舍去故业，散给姻友，人或笑之。兵兴，富家多被祸。瓒放舟五湖三泖间，寓甫里，与陆德原、虞堪辈为诗文交，不罹于难，人服其识。明洪武七年，始还乡，年七十四矣。寓居邹氏。没，吴人周南老志其墓曰："元处士云林先生。"

谢应芳，字子兰，武进人。幼讲根柢学。元至正时，知天下将变，隐白鹤溪，构小室，颜曰"龟巢"，志退藏也。郡辟为乡校师，教弟子先质后文，学者争趋之。举三衢书院山长，不就。及天下兵起，避地吴中，或居吴淞江之甫里，或居葑门之独墅村。接其言论者谓谢子平平，久之，俱推让为不可。及天下定，仍归毗陵，年七十余矣。洪武初，诏修《元史》，梁寅、汪克宽、赵汸、陈谟、王彝、高启、谢徽等皆以布衣见征，而应芳以老病自晦免，人益重之。卒年九十七，有《辨惑编》《龟巢摘稿》诸集。

明

张观，字可观，嘉定人。性好游览，尝以轻舟载卷轴往还吴越，遇佳山水辙画，留数日甚两三月不去。笔墨所成，或千岩万壑，或一角山，或陂塘，平远皆入神诣，虽宗夏珪、马远及与盛懋、吴仲圭游而自得处，皆天趋也。徙居华亭，转之嘉禾。既老，侨居长洲之周庄，修圃灌花以终。

王志坚，字弱生，更字淑士，昆山人。中万历三十八年进士，旋卜居郡城之南园。肆志读书，其法先经后史、先史后子集。读经先注疏而后辨论；读史先证据而后发明；读子则谓唐以后无子，当取说家之有禆经史者补之；读集则定秦汉以后文为五编，考核碑志，援诗传、捃杂说以参订之。少岁同嘉定李流芳作诗，卷帙甚富，后删存七十余首，持论不苟然也。通籍后，授南兵部车驾主事，历郎中，选贵州提学佥事，乞养不起。天启初，起督浙江驿传，奔母丧归。崇祯四年，督湖广学政，礼部推为学政第一。凡二年，卒于官。

刘永锡，字钦尔，号剩庵，魏县人。中崇祯丙子乡试，选长洲学教谕，署崇明县事，庭无留狱。未几，遭鼎革，隐居相城。有大吏造其室，欲强之出。永锡袒裼疾视曰："我中州男子，年二十渡漳河，登大伾，跃马鸣鞘，两河豪杰谁不知我？乃以此相逼，将谓我畏死邪？"取壁上挂剑，欲自刭。门人抱持之，得解。寻移居阳城河之滨。妻栗氏，子临，女贞，织席以食，食不继时不举火，有遗之粟者，非其人不受。时隐君沈得舆、钦圻亦来阳城，定世外交。尝登高丘，吊落日，相与歌泣。永锡曰："茫茫宇宙中路，知己乃在沈君。"后沈归故里，求同志士不得，益困惫。有老奴从魏县来，劝之归，曰："室庐故在也。"曰："我非不欲归，奉君命来此，义不可归。"命其子同老奴归，谓："祖宗丘墓，责在汝。"麾之去。时岁荒，得食愈艰，每杂糠籺作饭。妻病，不能下咽，竟饿死。女许字同邑某氏子，某氏宦于粤，音问阻绝，恐以衣食累其父，自经死。前此，其子同老奴归，伤于盗，坠车折臂死。永锡既无家，买一破船，往来江湖间。尝泛舟中流，鼓枻而歌曰："白日堕兮野荒荒，逐凫雁兮侣牛羊，壮士何心兮归故乡。"风水荡激，歌声甚遒，闻者哀之。后几年，讫穷饿死。弟子徐晟、陈三岛，友人陆泓葬永锡于虎丘之山塘。

姜埰，字如农，莱阳人。崇祯辛未进士。初，除密云县令，改仪真，有声。入为礼部主事，选授礼科给事中。时思陵求治甚殷，寇氛猖炽，而宰臣宜兴周延儒首鼠两端，阴重不泄。埰欲为折槛久矣。会行人司副熊开元召对德政殿，语侵大臣。时宜兴在侧，上命草疏入。及疏入而上怒不可回，遂逮开元，命杖一百。埰于是劾宜兴，力辨开元无罪，有云："大臣不言则小臣言之，皇上何所见而偏徇若是？"语过激，并杖埰，下锦衣卫狱，几死。时埰弟垓方官行人，因微服匐匍事其兄，周旋橐饘不去。方狱急时，而莱阳寇陷，埰父泻里以下阖门死难者数十人。垓席稿阙门，愿以身代。埰归办丧事，上为恻然，乃削埰籍，戍宣城。甲申后，埰放流吴市，往来宣城间。临死，谓其子曰："敬亭，吾戍所也，戍者吾君所命，吾未闻后命而君亡，吾犹罪人也。死必埋我戍所。"年七十卒，葬宣城，私谥贞毅先生，立祠虎丘剑池之侧。子安节、实节。安节归宣城守墓，而实节留吴守祠。安节，字勉中，有笃行；实节，字学在，工诗画，师云林，晚寓虎丘，生前预立墓石，题曰"莱阳姜仲子之墓"，论者或称其达，或以为未忘后世名，即杜预沉碑意云。

姜垓，字如须，给事埰之弟。中崇祯庚辰进士，出詹事徐公汧门，除行人。初入署，见题名碑有逆臣阮大铖、崔呈秀姓名，曰："奈何与众正同列？"特疏请碎其额，重书勒石。思陵允之。已而给事以直言得罪，上命锦衣逮治诏狱。垓急难奔走，出入圜扉无稍间。及受杖午门，给事负痛气绝，垓口含溺喂之，始再苏，日夜营护，调治医药，得不死。及给事遣戍宣城，南都再建，而权奸构党，阮大铖辈方修旧怨，必欲杀垓而后快。于是垓从吴门，变名姓，遁迹台宕间，始免。久之，复来吴。著有《箕笞集》，识者比于西台之恸哭、泽畔之行吟。年四十卒，葬西山之竺坞，与给事埰同祀虎丘，学者称“莱阳二姜先生”云。子寓节，字奉世，绰有门风。

黄周星，字九烟，金陵人。少育于楚湘周氏，亦为楚人。崇祯十三年进士。又三年，授计部主事。明年夏，以国变弃家，流寓吴越间。在吴寓阳城湖滨，后更名人更，字略似，号半非，晚又号笑苍道人。生平或笑或哭，感触无端，遇沈冥放废之士，执手悲歌，声激水涯。尝自言：“身多患难，幼时遇酖毒，不死。”丙子，公车出洞庭，遇盗，不死。丁丑，遘寒疾，不汗，发狂，不死。庚辰，京邸触凶，办不死。丙戌，避乱闽海，复遇盗，不死。浮沉三十余年，年七十，仰天叹曰：“吾今不可以死乎？”与妻孥诀别，慷慨饮醇酒，尽数斗，竟日夕不醒，人以为真死矣，仍不死。后泛舟浙东，被发长啸，自沉水死。著述盈百卷，今所传者惟《唐诗选》《惊天泣鬼怡人集》。

国朝

戴易，字南枝，一字巢南，山阴人。慕严子陵之风，著有《三千六百钓台》诗，太白句“广张三千六百钓”，义取诸此，非专咏钓台也。来吴中，流寓虎丘，与杨无咎善。又因无咎与徐枋定交。枋临没，以书招无咎、易偕至，无咎为抚其孤，而易卖字为枋营葬。尝冬日衣葛，终日不再食，奔走娄东、晋陵间，积连岁卖字金，卒葬枋于真如坞，时人义之。后没于虎丘，所书八分，不汉不唐，应求之工拙之外。

唐甄，字铸万，初名大陶，蜀之成都人。父偕泰，崇祯丁丑进士，官吴江令。蜀中乱，因家于官。甄随父至吴，好读书，兼理文书达治体。乱后，甄从间道归省坟墓，时故庐已毁，而一二亲故无有存者。寓居高崖僧舍，读书其中。值蜀秋试，中丁酉举人，拣选山西长子县令，首先蚕桑，导民树桑八十万本，公廉有声。甫十月，以逃人诖误去官，复居吴。甄非秦汉之书不读，尝谓：“唐宋以来，文章冗蔓，不克举秦火于天下，当举秦火于私家。”著书不袭古人一语，得《衡书》上下篇，共九十七篇，志在权衡天下也。后欲韬名匿迹，更名《潜书》。诗以唐人为宗，羁旅幽忧，抚时感慨。蜀人费密、宁都魏禧尝称之。晚沉潜诗疏，作《诗义》数十卷。年七十五，卒于葑门之东。无子。

李仙根，字子静，号南津，蜀遂宁人。父实，崇祯癸未进士，为长洲县令，而仙根留蜀养母。会张献忠破蜀，所至屠灭。仙根乃奉母奔吴，时父已去官，隐吴淞。仙根灌园操作，负米以养。本朝平定蜀后，乃归省墓。中乡试，辛丑成进士，入对第二人，除弘文院编修，迁侍读。康熙七年，安南王黎维禧擅兵，夺部统使莫元清高平土地。事闻，上命仙根持节往谕，归元清故土，赐麟蟒服，晋秩一品，乘传至安南。维禧坚不奉诏，而选其国中利口数十辈，更番狡辨。仙根义不辱命，执其通使大臣，付之吏，反覆开谕，宣布天子威德。安南人见仙根风裁峻厉，词旨严正，震慑以为天人，遂俯首服，卒返其侵地而还。迁祭酒，跻阁学。会吴三桂叛，上以仙根文臣之知兵者，命理饷驻荆州。未几，召归，改副都御史。时逆藩甫定，无辜株连者甚众，仙根力为平反，全活万人。寻升户部钱法侍郎，历三岁，以罣误罢官归。戊辰入都，留补光禄寺卿，卒于官，年七十。

陈奕禧，字子文，海宁人。工书法，京朝士大夫多从学书者。究心金石之学，穷山僻径，残碑断碣，偶有所见，必剜剔苔藓而出之，以故藏庋甚富。起家安邑丞，入为户曹郎，出守石阡。石阡道远，乏行资，乃留都下，卖字一月，得数千金以治装。至郡，书“天下第一郡楼”六大字于署，自为之记。时人赋诗记述者甚众。未几，以兄诜抚黔回避归，流寓苏州定慧寺前。再起南安守，卒于官。

施何牧，字赞虞，号觉庵，崇明人。中康熙乙丑进士，官吏部考功郎。壬午，典贵州试，得人最盛。请急归，得明侍御顾岩叟之高酣亭，遂家焉。薜门萝屋，青苔满壁，素心友至，谈讨典籍，终日忘倦，清风披拂，如坐深山空林中。外此，声势交屏，弗接也。官于吴者欲识其面，不易得。张清恪公伯行抚吴，同年友也，终其任一二相见。最后，张与制府噶互劾，大吏承问者及部议俱掎摭张，欲治以罪。圣祖仁皇帝罪制府，嘉张清节，复其官，时士大夫交口称张荣遇，牧独曰：“受恩愈重，报称愈难。察吏安民以答圣天子倚毗，愿公刻刻在心，讲明理学转在后也。”时张断断分朱陆异同，故云张益重之。逍遥林下几三十年，卒。生平论诗必宗盛唐，一语及宋诗者，必斥之，有前七子李、何遗风。所著有《一山诗文稿》及《史聲》《明诗选》等书。

卷二十六

列女

闺门为王化之始，谓内治而后国与天下可理也。凡瑀琚珩璜之节，威仪动作之度，与夫经术、图史、文藻、吟咏之娴，并足采录，不止以节见。而女贞亮节，尤行之皦皦者。夫士君子读书励行，慷慨自许，及临死生利害，每蒙面苟富贵焉。而弱女子始终不变，或有决脰自经以明其心者，讵非人道之重耶？汇而辑之，昭我管彤，表风土之厚实，以彰世教之隆。志列女。

汉

陆氏，郁林太守绩女，张白妻。绩于郁林所生，因名郁生。年十三，嫁白。甫三月，白兄温以事废，连坐，白徙他郡。白有姊妹，郁生相依以居，衣食之，不少缺。白死，有谋娶者，郁生呼天誓殉，义不改嫁。谋者惧而止。姚信表上其事，旌于朝。

吴

张氏三女，温之妹，少有节行。兄温为孙权所囚，姊妹已嫁者皆见录夺，其中妹先适同郡顾承官，命改嫁丁氏，成婚有日，悲愤不食，饮药而死。举朝嘉叹，乡里图画为之赞颂。

晋

陆氏，张茂妻。永昌元年，茂为吴国内史。王敦反，沈充起兵吴兴应之。茂与三子俱为所害，陆倾家产，率茂部曲讨充。充败，诣阙上书，为茂谢不克之责。帝览之嘉叹，诏曰："茂夫妻忠诚，举门义烈，宜追赠茂大仆。"

宋

孔氏，吴郡太守顾琛母。晋隆安初，琅邪王廞于吴中作乱，诏以孔为贞烈将军，悉以女人为官。孔氏为司马，部署严明，人不敢犯。及孙恩乱，东土大饥，人相食。孔散家粮以赈，邑里全活者众。生子，皆以孔为名。时年百余岁矣。后又数年，乃卒。

张建第五女，三岁丧母，啼哭甚哀。家人屡劝之，稍止。会天雨，灵床上屏风，平生旧物，屋漏沾湿。霁，出暴之。女一见，伏床流涕。家人怪其不起，乃往抱持，荐席淹渍，精神伤沮，不能饮食。医胗云："肠断矣！"吐血数日而亡，中外悲叹，咸称死孝。

齐

褚氏，范法恂妻。勤苦执妇业。宋昇明中，孙昙瓘谋反，亡命。褚谓其子僧简曰："孙越州，先姑之子，与汝父亲则从母兄弟，交则义重古人，逃窜脱不免。身后之事是汝责也。"昙瓘寻伏法，僧简奉母命殓而葬之。褚年七十余，齐永明中卒。僧简在都，闻病，驰归。未至而褚已卒，将殡举尸，尸重不能起。俄而僧简至，乃成殓焉。

韩兰英，郡人。宋孝武时，献《中兴赋》，被赏入宫。明帝用为宫中职僚，武帝以为博士，教六宫书学，以其年老多识，呼为韩公。时有颜氏女，夫嗜酒，父母夺之，入宫为列职。帝以春夜命兰英赋诗，曰："丝竹犹在御，愁人独向隅。弃置将已矣，谁怜微薄躯？"帝深嘉之。按，《隋志》：梁有宋后宫司仪《韩兰英集》四卷。

唐

吴仁壁女，少敏慧，能为诗文。父教以玄象、阴阳之学，稍循览，即通其术。仁壁自登第后，不事生业，尝居越中佯狂求食。一日，女谓父曰："大人慎事出入，恐罹忧毒。"父颔之。天复初，钱镠进爵为越王，镠母秦国夫人水丘氏殂，具礼币请为志文。仁壁不从，被系。女私泣曰："文星失位，大人其不免乎？"越宿，镠命沉之江，并女同害，时年十八。

宋

钱氏，广陵王玄孙女、郑绛妻。幼秀悟，长适绛。姑姓严，钱侍起居惟谨。姑疾，不解衣者半年，药石必亲尝。后进绛为吏部郎，调官陕右，贫不能具行装。钱之姊，宦家妇也，怜其贫，自京师持赠金币数奁。钱谢曰：“身受姊赐，固无害，但无以全吾夫之廉。”却不受。靖康初，以寿卒。

何氏，郡人吴永年妻。建炎四年，金兵陷平江，永年与其姊及何奉母逃匿。母老傴步，扶掖乃进，为贼所得，将絷其姊及何。何绐之曰：“诸君何不武耶？我妇人辈，东西惟所命耳，奚絷为？”贼信其言，驱之前行，次水滨，何顾其夫曰：“吾不负君者，请从此诀。”奋身入河，其姊继之，俱溺死。陈长方作《二烈妇传》。

胡氏，平江尚书元功女、状元黄由妻。性端慧，善笔札，工诗文，额其室曰惠斋，因自号惠斋居士。弹琴奕棋，吟咏不辍。其于声华绮丽泊如也。间写竹，短幅横披，翛疏有致，时尤宝之。

元

赵淑仪，梦炎女，居吴。梦炎年七十余，婴病危笃，家贫，无子，不能具医药。淑仪年十八，泣下沾襟，私自焚香祷天，刲股以进，父患寻愈，乡党异之。大德中，里社上于总管，董章制《孝女歌》，书彩障表门，仍赠钱帛豚酒。

邱端一，郡人，赘花林齐一亿。亿早亡，邱誓死不他适。元季，淮兵寇吴下，蹂躏民居，突入邱氏，其父遇害。端一挺身救父，贼见其美，欲污之。端一大骂不辱，夺其刀刺贼，为贼所杀。尸僵立不仆，勃勃余怒气，贼惊拜而去。

后载妻，失其姓。载为平江路吏，至正丙申，行役京口，妻年三十，姿色殊丽，生一子一女。城陷，属子女于姻，谓之曰：“吾夫在远，罹此大变，或不幸被强辱，虽欲死，不得，宁捐躯以全我志。子女可保，幸善视之。”语未绝，兵入，妻赴水死。

郑氏允端，字正淑，宋太史尚书左丞相魏国清之后，居吴中，号花桥郑氏。嫁施伯仁，能诗文，娴内则。至正丙申，乱兵据城，家为盗所破，得疾死，年三十。宗族私谥曰贞懿氏。有集曰《肃雝》，自为序。

七姬者，段氏、程氏、翟氏、徐氏、罗氏、卞氏、彭氏，浙江行省左丞潘元绍妾也。至正丁未，元绍在吴临战。一旦归，谓七姬曰：“我受国重寄，义不顾家，脱有不虞，若等当自引决。”段氏于诸姬最少，曰：“主君遇妾厚，微主君言，妾敢有它志？请及君时死。”遂入室自缢，六人亦相继经死，乃焚其尸，合而瘗之后圃。张羽为《权厝志》，宋克书，卢熊篆额。

担夫妇，不知姓名。夫在官仓担米，张士诚据吴，应募充战士。丁未六月，战死城西。妇号泣城下，得其尸，解衣遍拭之，敛于棺，哭尽哀。既焚，收骨，裹以帛，行至河滨，仰天大恸曰：“吾得死所矣！”抱夫骨沉于水。

明

王氏，楼绍妻，会稽人，徙长洲。绍元时乡贡士，蚤即世，王守志抚孤数十年，卒。洪武二年，子澄请表母节，朝命御史潜核，有以既死难之。御史移文，有云：“若以死生有间，则比干之墓谁封？”时善其论，遂获旌，学士宋濂作传。

华氏，张新妻；胡斗奴，张彦达妻。一门双节，俱洪武中旌表。

金淑宁，德儒女，年二十三，嫁张员外概。洪武十九年，概以事获罪，吏具辞将置于法。淑宁闻之，曰：“吾虽归张未及期月，夫死，义不独生，与其死于夫死之后，孰若死于未死之前？”家人辈劝少缓，淑宁曰：“吾志已决，慎无相阻！”阖户，遂经死。后三日，概得宥免。天台林右为作《张烈妇传》。

顾三娘，张得妻，洪武三十一年旌表。

卓永洁，徐宣妻。建文壬午，宣卒，卓年二十一，遗子女二，卓苦志抚育。越二年，两孤相继死。既而舅姑亦没，卓经营丧葬，操守益坚。后依孀母居。母尝疾笃，巫医皆不效，为割股作糜以进，母食而愈。后母死，执丧尽礼，人称节孝。

金氏，陈彦良妻，永乐四年旌表。

陆氏，萧山训导王永年妻，永乐八年旌表。

于氏，得泉女，许赘徐景仁。未婚而景仁以罪坐劓。其父以子残废，欲解婚。女不从，曰：“彼初非残者。”竟成婚。后数年，景仁以旧事成金齿。其弟于禄谓曰：“若他适，可免；否则，死万里矣。”氏曰：“此何难！”遂自缢死。

徐氏，赵学逊妻，宣德六年旌表。

陈贵华，处士信臣女，陆阜妻。阜长词赋，宣德甲寅，以文事赴县，遇贼，蹈水死。氏年二十有八，辍膏沐，躬机杼，上奉舅姑，下抚三子。武功伯徐有贞作传。

张淑，仰余泽妻，正统三年旌表。

张氏，华季谋妻。甫笄，守节，年七十余终。正统五年旌表。

邹氏，陈复妻，正统九年旌表。

张氏，韩伯济妻，正统十年旌表。

陆淑清，阳城湖滨人。聪慧识字，年二十二，许嫁村人杨绍。两家赤贫，不能嫁娶。绍执役往京师，邻有恶少，艳陆容色，谋娶之。招集党羽，分撼其翁、父，胁以必从。翁、父惧，许诺。淑清闻之，号哭达曙。恶少舁彩舆，鼓乐前导，至门，淑清阖户，裂衣裙，大书“烈女不更二夫”六字。书毕，即以所裂幅自经死。

娄氏，乐会令周泰妻也。博通五经，子弟咸来就学，即家立讲堂，隔绛纱幔，分课经书，仿佛韦逞母宣文君故事。泰令乐会，卒于官。娄奉骸骨，间关归葬，节操弥著。女宗懿范，世共高之。

刘氏，靖节公政孙女、周公美妻，景泰三年旌表。

浦氏，陆埙妻，天顺二年旌表。

吴氏，王公著妻；华氏，陈顺妻，俱成化十二年旌表。

尤氏，魏公晋妻，成化十八年旌表。

吴氏，顾镃妻。年二十二归镃。越三载，镃卒，遗孤泾赋质羸弱，吴苦心抚之。少长，日严其课程，寒暑不辍。或劝之少节，吴曰：“未亡人止此一息，脱不肖，无以见先夫于地下。”镃举进士，任水曹郎。成化十八年旌表。

吴氏，萧贵妻，成化十九年旌表。

文良卿，都宪森女。年十四时，父疏劾刘瑾，家人群阻之，良卿默然。人问故，答曰：“大人忠鲠，今居言路，斥阉寺，肃朝廷，分也。儿女子何喋喋为？”字孝廉毛锡朋。姑韩喜读书，尝撰《北齐史演义》以娱之。良卿有妹，许字陆进士子，夫殁，誓不再字。良卿嘉其志，为造小阁以居，凡米盐薪菜之属，皆馈焉。年未四十卒，良卿哭之过时而悲，其友爱如此。

皇甫氏，杜弘妻，弘治二年旌表。

顾氏，御史睢女、刘嘉绩妻。年十七，适绩。绩负才早卒，遗孤稚孙甫四月，伤痛殊甚，投缳僻所，姑救之，得苏。自是，衣缟素，断荤血，昼则纺绩织纴以糊口，夜则观经史、小学、列女传诸书，姑赖以养，子赖以成，守节五十年，寿逾七十。知县邝璠式庐，旌异之。

徐氏，武功伯有贞女、乐亭令蒋廷贵继室。年未三十，夫卒于官，号躄几绝。念遗腹系宗祊一线，强进食，舍逆旅，生子焘，抚之归吴。后焘为神童，年十七夭，徐益痛悼不堪，苦节五十余年。以命妇故，格于成例，不与旌典。

都氏，年十七，归刘点为继室。时前妻子畿方四岁，抚若己出。举二子坊、堪。点死，都年二十八。家素贫，常昼啜一粥，暮不篝灯。都断发茹辛，以教养三子为己职。年六十余，闻于朝，旌表。又以畿贵，封太淑人。

杨氏，蒋焕妻。焕弱冠领乡荐，早殁。杨矢志不二，六十年如一日，寿八十余终。从子鳌，诸生，配怀氏。鳌亦早死，怀志节终始，与杨类，人称“双节”。邑令江盈科作传。

朱氏双节，俱朱文辉女，姊曰秀芳，适刘乾；妹曰秀兰，适庠生徐云程。芳一年寡，时十九；兰三年寡，时二十二，同居守节，并年五十三而殁，合葬龙墩里。

季氏，姚祥妻；吴氏，姚舜民妻，俱少寡。季守五十余年，吴守四十余年。姚氏代有贞媛，与蒋氏妇、朱氏女称双节者，一时三家。

蔡氏，冯旻妻。性端淑，年十六嫁旻。一年旻卒，妇时有娠，明年生子，名时春。三岁患痘，危甚，妇叩天泣曰："吾所以留者非贪生，为此儿也。儿亡，我必亡矣。"痘寻愈。自是，织纴抚之成立。及长，为娶陆经女，婚期年而时春殀，生子仅四月，陆奉姑命抚之，子亦有成，陆年八十有一卒。

袁氏，徐昇妻，生子华。未几而昇殁，时年二十七。袁抚孤，食贫，事舅姑垂三十年。遇岁恶，粗粝不充，而舅姑极滋味，节孝备著。嘉靖初旌表。子华自为志。

薛妙安，葑溪里人，张灏妻。年甫笄，丧母，逾年丧父，弟妹皆幼，薛哀毁中节，办丧事尽礼。归灏后，以俭约处家，事舅及两后姑，皆曲尽妇道。教子治生，且日以孝友、谦和训勉。一门之内，愉愉如也。灏先卒，每遇忌辰，辄悲泣不食。自宣德癸丑迄嘉靖辛卯，年九十九，身历八朝，及见四世。郡守胡瓒宗特书"遐寿"二字颜其堂，上其事于朝，为立人瑞坊以表之。既尢疾终，吴一鹏作传，黄省曾表其墓。

陆氏，黄玑妻。玑遘疾，陆以女红佐医药。玑殁，鬻其居，敛葬之。依母氏所，母阴受聘，将嫁之。陆私泣曰："违亲非孝也，再醮非节也，有一于此，生不如死。"适遇寒食，祭夫毕，夜即雉经死。郡守胡缵宗表其闾。

沈氏，幼许字罗雄州守张哲子应奎。未婚而应奎死，讣闻，哭之恸。间谓侍婢曰："吾死，尸当归张。"婢讶其言，然不为意。一日，瞯婢出，闭户自缢。婢还，救得不死。未几，有妪至，与其母语，窃听之，知有他约，遂引刀断发、割右耳为誓。及奎葬，谓父母曰："不获事其生，宜送其死。"即衰绖庐墓所，见窀穸止一穴，命垩其傍为穴祔之，曰："吾终归于是。"年六十八卒。郡守蔡国熙闻于上，表之，赵永言作传。崇祯末建祠。

林氏，甫里陈大清妻。大清中嘉靖癸卯举人，仕福建龙岩令。氏生一子，名汝峦。大清去官归，遘疾卒，氏许以身殉。一日，俟婢抱子出，赴井死。媳马氏，汝峦妻也，生二子。汝峦死，遗孤俱幼，氏拮据丧葬。子稍长，为延师督课，迄于成立，孀居三十余年殁。

苏氏，曹绶妻。二十七，夫亡，寡居四十九年，卒年七十五。无子，侄苏宝葬之，归太仆有光题其墓。

凌氏，杨恺妻。恺亡，所亲议改适，凌剪发、断一指，血淋漓以示，议者咋舌去。育遗孤，卒抚之成。有司以应诏朝命旌之。

顾阿姝，陈林妻。嘉靖二十三年四月，遭倭乱，姝负儿匿田间，为贼所得。以少而美，驱之行，至吴塘桥，弃儿跃于桥下，遂溺死。

三贞女者，皆同死倭难者也。嘉靖癸丑夏，倭寇吴中，有妇女被劫，乘间逸去。一弱女，散失其父母，求得之，号泣曰："我力不能自卫，求死未得，何颜复存世间？"遂投河死，未悉其姓氏。又蔡氏女，寇来，举家奔，为贼所执，褫其衣，驱之前，过桥，陡窜入水，贼援之，不死。至暮，俟贼寝，抽刀连刃之，力弱未殊，群贼惊呼，磔其肢体。又韩碧溪女，素有志操，闻贼之暴，尝誓于父母曰："缓急不能相顾，幸无女罪，惟不作门户羞。"及临难，仓皇而驰，望见裸而持刀者，遂投于河。贼援之，奋力脱，入深处溺死。

张氏，甫里张林山人，镊工张绹女，嫁缝匠杨孝。嘉靖甲寅五月，倭寇掠甫里，执妇人，欲污之，给以往古庙中。贼信之，纵令前导，至即阖其门，投井死。

何氏，年十九，适陆禨。未四月，夫卒，弃耀饰，极哀毁，矢志守节，动遵礼法，五十年如一日。隆庆元年旌表。

陈氏，张秩妻。年二十寡，怀妊三月，生一子，勉为立孤计。舅姑欲夺之，乃断发毁容，足不逾阈，嫠居四十年卒。隆庆初旌表。

陈氏，朱宠妻。宠卒时年二十三，遗孤逾周才二月。姑强之嫁，遂断一指，不食者七日。不能强而止，终身不御色服，教其子业医市药，家亦起。于时有学生顾征妻，方伯查应兆女，皆与之同节。

何关金，何家厍人。幼许陈惠。惠殀，何年十六，奔丧送葬，矢不改字。念母在，复返。舅殁，往持丧。葬毕，返如初。母亡，乃归陈门，嗣子云鹏奉养之。万历十八年，建贞义坊旌其门，岁赉粟米。

龚氏，寿昌女、徐桴妻。年十八，嫁桴。桴死，龚年二十五，誓死守节。侍女吴氏，龚之媵也，生一男，不育。龚寡时，吴年十八，亦誓死不改嫁，众为置嗣，奉事二寡，同居共苦，声不逾户，垂六十余年。有司采其事以闻。万历二十年，表曰"双节之门"。

施氏，甫里龚淮妻。淮卒，施年十九，遗孤三岁，恸绝不欲生。舅姑劝止之，截发投棺，守节尽孝。万历乙未，有司旌庐赐帛，年七十有四终。

徐氏，陈子禄妻，守节五十七年，万历丙申年旌表。

李氏，蒋溪里人，年十九，适同里张昆。昆堕水死，矢志守节。会阋墙变起，诱令夺志，氏之死无二，赖吴令傅公力持之，得完其节。年六十三卒。伍袁萃有传。

董氏，适上虞丞周偁[1]为侧室。周疾革，命氏曰："若年方富，无子，我死，若择所之。"氏泣曰："妾蒙君爱，脱不幸，躯可捐也，敢萌它志？"周逝，欲死者数，姑百计防之。一日，得间，取纨扇，书"冰清玉洁"四字于上，用衰绖自经死。邑令江盈科上其事，并作传。

姜氏，年十八，适吴会。会善丹青，婚数月，举家病疫。父与大父相继死，俄而会亦死，独姜与姑相守。姑私念荒疫洊饥，新妇改适，可得粟，为老人终岁饱也。隐讽之，不得。谇语激之，不得。谋于所亲，强迫之。姜不得已，至夜，伺同寝小姑熟睡，捡夫所遗丹青一缣，系衽带自经死。江盈科作传。

蔡氏，湖广安陆人。父本渊，以经传显。有周琦者，以父官兴邸，入安陆籍为诸生。琦子伦，聘蔡为室。琦归后，遣其子就婚于楚。蔡以舅姑远，定省有阙，非子妇体，走数千里来吴。未十年，伦卒。既而舅姑又相继卒。蔡内外诸事，只身独任。嫠居五十七年，寿八十有四。顾际明作传。按，蒋溪有三节妇祠，曰董，曰姜，曰蔡也。互见《坛祠》。

庄氏，诸生顾两疏妻。嫁十载，两疏殁，氏年二十八，执节孀居。赋性严毅，教孤儿宗孟，尝课读至夜半，颜色不少假，有小失，即长跪，或竟日不命之起，不起。方髫丱，隶诸生，试辄冠其曹。直指使者及郡邑长爱宗孟才，廉其母节操，入采风疏。万历己卯，奉旨旌门。天启壬戌，宗孟官定海令，封太孺人。丙寅，子为御史，予告终养。至崇祯七年卒。宗孟妾王氏，年二十四寡，抚孤成立，亦有姑庄氏风。

烈妇朱氏，甫里人，嫁董朝宪，生子，娶徐应臣女。应臣艳朱氏姿，趣女归宁，并延朝宪饮。饮半，忽起曰："请安坐，我取酒之冽者来。"突至朝宪家叩门，氏方罢沐，语音亟胡，以为宪醉也。发楗，直抵氏前，扼其吭。氏碎唇、刳胸，声甚厉，邻媪秉烛救护之，急趣朝宪归。氏愤詈踣地，张目把泪，曰："吾必死，故忍以俟若。吾死，若截吾体埋之，自胸以上者请磔以饲狗。"言讫，引刀断一指，血溅衣裙。越三日，应臣诱朝宪会饮于甥家，释憾。氏益愤，乘大雨，登广济桥，投水死。桥上双

---

① 原作"周称"，据《长元节孝祠志·董烈妇传》改。

履宛然，内衣缝纫百结。其尸逆流徐应臣门，怒目指发，勃勃有生气。时万历丙辰六月初九日。里父老上其事于郡县，台察置应臣于辟，旌其庐，并建祠祀焉。

刘氏，朱绂妻。绂举于乡，早卒，刘年二十四，断发抚孤子祖文读书砥行。弱冠，补博士弟子。痛母志节未扬，不遑寝食。会文相国震孟为孝廉时，与祖文习谈其母贞操于吏部周顺昌，顺昌慨然为白当道。天启初，类题取旨，命表其闾。风义所感，苦节获旌，舆论传之。

周氏，龚汝骐妻。汝骐为名诸生，秋试不捷，抑郁抱病死。含殓后，氏从容整衰绖，阖户自缢。天启初旌表。

杜氏，诸生陈三锡妻。三锡为仁锡从弟，力学早夭，氏守节五十余年。天启中旌表。

程氏，汪大训妻。大训早卒，氏抚教遗孤廷柱成进士，官副使。天启中，以节闻，旌其闾。

高氏，葑溪人。年十七，归里民殷庚。时摄补缺丁，庚之伯兄当应。庚谓氏曰："伯耄而病，此行恐不反。仲虽壮，主宗政，不可往。吾欲代之，何如？"氏曰："此义事，何必谋及妇人？"庚遂往，旋发回，至瞿塘峡，舟败而殁。氏闻之恸，曰："若强挽之，当时未必决。吾欲成其义，乃至杀其身。吾误吾夫，何以生为？"不食数日，垂死，姻戚劝之曰："汝方娠，幸而生子，则汝夫不死矣。"氏起谢曰："我痛深，计不及此。"后娩身得男，苦节抚之，年八十余终。史羊生有传。

徐媛，字小淑，太仆泰时女。幼婉慧，笃好诗史，适参议范允临。范晚岁辞官，偕隐天平山。淑与赵宧光妻陆相倡和，山林闺阁，极一时之盛。著有《络纬吟》行世。

陆卿子，尚宝师道女。嫁赵宧光，偕隐寒山。博学能诗，有《考槃集》《拟古》诸作，较徐淑《络纬吟》为高。子均，妇文俶，字端容，贡士从简女。性明慧，善写生，幽葩奇卉、翎毛草虫，渲染鲜韵，均手为题署，远近购取。贵姬季女，争师事焉。

甫里许氏，一时称纯节者三。褚氏者，许自学妻也。年十九适自学，三年而夫亡，止抱一女，长依居之，苦节五十年，始议元溥为嗣。元溥举于乡，事褚至孝，尝为褚易故衣。褚泣曰："衣食分也，予生平无完帛，恐溢则为祸。"出其囊中衣，纵家人观之，曰："此几十年物，吾御之若新。"观者咸太息。王氏者，许自正妻。归氏者，许自立妻。王氏二十三而寡，家苦贫，从父母居。父母复苦贫，又少无子。父母亡，依幼弟。当初寡时，父母悲伤其志，不敢言。一日，授色丝褐衣探之，王氏泣不受，曰："未亡人终身不衣色服矣。"归氏生二子，年二十九而寡。事姑孝，抚二子迄有成立。三氏齿差等，相得如同气。褚年最长，王、归谨事之。岁时伏腊，诸母会食相劳苦，竟日不闻欢笑声。崇祯辛未，请于朝，旌褚氏。明年，旌王氏。又明年，旌归氏。

陆氏，诸生金永思妻。永思疾卒，陆痛绝复苏，善承翁意，力诲长子浑登贤书。学臣孙之益疏闻，旌闾。

仰氏，大理寺评事瞻裔孙女，史必通妻。年二十七寡，苦节自矢。崇祯间，巡抚祁彪佳奏旌其门。

张氏，曹文明妻。年二十一寡，守节四十余年，抚孤应旌为咸阳县尹。崇祯二年旌表。

黄氏，长洲诸生为中女，史云翔妻。云翔少失学，流浪狭邪，染痼疾，家亦废。为中不令成婚，女曰："夫虽不良，一诺为重。即死，宁敢有它志？"遂归云翔。晨夜刺绣养姑。亡何，翔病殁，黄年二十，忍死守节。姑欲举翔丧，黄泣曰："有叔云翱在，俟其娶妇生子承祧，丧乃举。"因绝荤血，与姑相守。然以哀痛不胜，竟卒。卒前三日，沐浴设祭，酹酒夫灵，见者无不泣下。

王氏，甫里人，文学问川女。幼字同里陶允润，十八而归。时允润已得瘵疾，阅四月卒。王毁容绝食，将以殉。舅姑勉以守节立孤，稍自宽。既以季子嗣允润，未及期，嗣复殇。舅亦相继殁。姑苦贫，迫之改适，王矢志不变。润之世父南野嘉其义，嗣以幼子，析田赡之。王勤渠，拮据三十余稔，子幸成立，允润卒有后。崇祯八年，督学倪元璐具题旌表，金士衡立传。

金桂淑，方幼时，母氏常苦病，兄弟皆在外塾，桂淑早暮侍汤药，不少懈。许字张树，未成婚，树死，桂淑年十五，闻之，哭踊弥日，誓欲守志。服除，或来议姻，父以告，桂淑伏地号泣，不欲生，议遂寝。守贞十四载，崇祯丙子六月十五日卒，年二十有八。巡按王志举旌其门曰"贞节"。

王氏，周嘉妻。嘉为练兵千总，赴援江浦，有功归，家娄门，娶王，方十九岁。新婚一月，皖城告急，复遣援。临行，谓其妻曰："闻贼氛甚恶，有不虞，汝将若何？"王曰："第奋力前行，勿以妾故贻内顾忧，妾必不忍相负。"嘉至皖，猝遇贼，力战死。凶问至，王断发绝粒，朝夕哀号。其姑慰之止。越九日，姑偶出，即于灵前投缳死。崇祯十年，抚臣张国维具题建坊并置祠，同嘉祀焉。

烈妇杨氏，倪士义妻。士义死，杨誓不独生，为夫营圹，命凿"鸳鸯"二字于圹石。未逾月，邻有讽其改适者，杨面发赤，遂自刭死。乡士大夫义之，为敛资合葬于虎丘山郡厉坛之北，礼部尚书王铎撰《鸳鸯圹碑》。

叶氏，甫里严孟济继室。嫁二载，夫故，守节五十四年。崇祯十二年旌表。

徐氏，申用明妻。用明死，氏苦志守节，抚教孤子诒芳领乡荐。崇祯末旌表。

周氏，太常卿诏四世孙世治女。年十八，适葑溪顾君敏。甫一载，君敏卒，无子，抚幼叔为嗣。未几，舅姑卒，鞠凶相继，氏为经纪丧葬，咸中礼节。年六十有五卒，守志四十余年。邑令李实纪其事。

李氏，吴明山妻。年二十三，归于吴。六载，明山游燕，客死德州。遗腹生中英，粗粝不完，纺织抚孤。孤长，令其寻父骸骨，几死道路，卒成孝子名，人两贤之。

金氏，庠生龚允培妻。流寇时，避难娄郊，为土贼所劫，义不受辱，被砍死。巡抚张国维给奖。

临顿路面店妇，孀居。崇祯甲申，京师破。闻变，邻妇语曰："娘传来北方信，朝中旧官皆为新官，吾等百姓将为顺民矣。"妇曰："此何言？吾所以必死也。"阖扉自经于夫柩前。

费氏，杨廷枢继室。廷枢殉难，氏与俱，欲从死。时廷枢诸弟子请曰："吾师已殉国，有两孤在，俱幼，母未可死。"乃削发投尼寺。其宗党复请，始归故庐。以廷枢被难，故戒家人无用杀生，终身蔬食，不脱麻素。时覆巢之下，家难洊至。氏心力为瘁，病亟，曰："吾向者固欲从死，今久不报，恐地下望我，吾死后矣。"遂卒。

陈氏，刘曙继室也。适曙甫六载，曙殉节金陵。被逮时，氏随之往。既扶曙榇归葬，欲俱死。曙母谓："已奉养乏人，无以死殉。"氏忍死，事姑如曙生时。抚诸子皆成立。

蒋氏，副使一泓女，字杨庄简成孙焞南。婚时，焞南已病，扶掖成礼。氏合卺后，即侍汤药。婚八月而焞南卒。氏拮据门户，更遭世变，流离播迁，卒抚嗣子成立，苦节五十年，年六十余卒。

毛氏，河阳卫经历国卿女。年十九，适长洲诸生顾廷槐。鼎革时，槐与氏避难乡曲。槐遘疾卒，薄殓村舍，氏年二十有八，无子。适闻国卿殉难河阳，氏欲死者再，以嗣子未定，不死。年五十有八卒，后乾隆元年旌表。

国朝

王氏，孝廉邹化明妻。顺治乙酉，避兵陈湖，归遇乱兵吴淞江，连发流矢。氏恐其祸不免也，顾谓化明曰："子有两亲在，急揭浅循芦中可避，我从此逝矣。"化明避，即放舟江心，赴水死。

张氏，文学弘谟女，适十房庄徐树声为妻。婚未期，树声死，遗腹生一子。乙酉秋，乱兵溃，横剽掠如燹，氏怀孤儿匿僻室中，时佩刀以自殉。儿啼失声，为剽骑所得。妇即解刀刺颈，刃小，不能深入，血淋漓，僵仆不起。骑视其足跣，投以两朱鞋，强曳之行。妇怒麾之，骂不绝口，以所佩刀复刺其颈。骑怒其不可强，遂攒刃㓟之，体被数十创死。

周氏，副使陈琦孙妇也。乙酉六月，湖寇蜂起，放舟引避，猝为寇所执，甘言诱之。氏大骂曰："死则已耳！"奋袂赴水死。次媳张氏，方舟而行，亦大呼曰："姑得死所。"亦奋起赴水死。女孙甫十三，骂不绝口，被刺死。见义不屈，一门长幼三人。

黄氏，年十九，适陆禧。禧为饶州倅桢适玄孙，未抱子卒。氏年二十三，逾六日，生遗腹子谦。时乙酉六月，土寇窃发，家人谋避难。氏指宅中池水谓曰："亡者在殡，委而走，非情也。贼若来，吾当死此，去将安之？"偶不及于难，事舅姑能尽妇道。既寡居，即断荤血，而每食必营甘旨以献。抚教孤子恩勤备至，读书稍懈，辄怒。弱冠，补诸生，则又诫曰："汝今当益修行为正人君子，吾可告无罪于汝父矣。"家贫，纺织至老不怠。孝事父母，生养死葬，咸出其力。同母弟某遭乱，妻子离散，氏收养终身。弟死，买地葬之，命子谦岁祭其冢。年五十四卒。孙枝林立，大宗不斩，皆妇力也。康熙庚子，太仓王相国掞特题"节孝"二字以表其行。

许氏，潜忠先生琰女也。年十九，归甫里赵升侯。未一年而升侯没，家贫无子，氏矢志不二。琰喜曰："女能守节，不辱我矣。"甲申之变，琰恸哭绝粒死，舅姑又相继殒，氏益茕茕独处一椽，聊蔽风雨，辟纑资赡，布蔬外无他求也。每遇父殉难忌辰，必号泣致祭，至老不衰。年六十有二卒。

郁氏，黄姬水冢孙文瑛妻。文瑛喜读书。父嘉芳，督课严峻。瘵疾卒，氏年二十三，子大埈甫三龄，矢节抚孤四十余年。每乡党欲请题旌，必命孤婉辞曰："守节，礼也；立孤，分也，不敢邀旌典以为名。"顺治九年卒，年六十八。

王氏，聂应葵妻。葵客淮徐间，病卒，遗孤方周岁，脱簪珥经营诸事，扶榇归葬，苦节六十余年。顺治十年旌表。

吴氏，刑科给事之佳孙女。年十六，嫁金之崟。崟有羸疾，时舅维基秉铎溧阳，念子病，挈赴任所。吴勤奉汤药，阅八月，竟不起。吴誓以身殉，舅姑谕止之曰："汝为冢妇，宗祧所系，殉节与立后，自有轻重。况我系官于此，叔又年稚，携骸骨归葬，汝责也。”吴号泣受命，扶柩还里。既而舅历官南北，姑及祖姑在堂，孝养备至。及殁，哀毁几至灭性。方嗣事未定，每值时祭及夫忌辰，辄跽灵前，吞声饮泣。久之，始得从子为嗣，辛勤教育，不惮劳勚，苦节四十余年，年六十六卒，

汤氏，郡诸生邱贞继妻也。年十九，归邱，二十二夫亡，无子。念舅姑老，偕亡非礼，借十指供甘旨。越数年，舅姑相继殁，典贷殡殓，百计营葬，并前室姚氏四棺并举。茕茕一身，归依父母以居，苦节三十七年，卒年五十八。有司给“节孝长存”额奖之。

吴氏，袁泰征妻。嫁四年，泰征死，遗孤骏甫三岁，吴抚之成立。年八十有七卒。

金氏，吴慎庵妻。二十四岁夫亡，抚孤，守节四十余年卒。

顾氏，金廷扬妻。年十九，适廷扬，二十六而寡。家贫，纺绩依母兄以老，卒六十有四。

陈氏，赠詹事允坚孙女。二十，归诸生许质。三年，质死，止一女，置嗣守节，孝养舅姑。家贫，躬亲操作，不辞劳瘁。尝锄地有金，念昔年朱氏姑曾居此，或其故物，仍掩之。后姑从滇中归，追忆所藏，竟忘其处。陈为指示，一无所遗。勤苦四十年，年六十有三卒。质从弟虹，亦诸生，妻伍氏，吴相国裔。虹死，伍年二十二，无子，立从子心康为夫后，抚教之入黉序，曰：“吾将借此以报地下矣。”挹郁伤神，不数日死。

周氏，年二十一，嫁诸生陈宗锡。崇祯癸酉，宗锡赴应天试，房考赏其文，与主司争元，不得，竟落副榜。宗锡愤郁成瘵疾，病笃，谓周曰：“吾病不起，无子，幸有弟在，可弗忧无后。唯尽妇道，以代子职，吾目始瞑。”言讫卒。周时年二十六，孝养舅姑，借女工以奉甘旨。既得从子为嗣，恩勤教诲，克底成立，辛苦四十余年。宗党欲以节孝上之有司，周峻谢曰：“吾知尽妇道，非为名也。”年六十有八卒。

陈氏，归文达妻。文达死，时陈年二十一，孤方八月。易箦，顷携孤怀中，顾谓陈曰：“白发在堂，呱呱在抱。须善处之。”陈曰诺，目遂瞑。后陈屡欲死而不忍愧负其言也。舅殁后，适充南运赋长，孤子拖累不休，氏日夜哀号，诉族孝廉继登，白之官，始免。后孤圣脉以岁贡生见重士林，母氏教也。顺治十八年，旌表建坊。

钮氏，郡学生沈际飞继妻。年三十而寡，无子，姑伊年迈，钮守志养姑。叠遭兵荒，纺绩给食，历八年。姑殁，殚力丧葬毕，归依其兄。兄之孙陆龙甫周岁，丧母，钮抚之如子，年八十二卒。巡抚汤斌、督学李振裕俱给额奖之。

闻氏，郁士贤妻。年三十七夫死，未期年，罹火灾，闻伏棺号恸，誓与俱烬。姑

力救，闻恐伤姑，仓皇出，墙倾，折左臂。俄而焰息，棺得无恙。晚以籧具覆，子女露栖柩侧瓦砾中。家无长物，拮据修治，辛勤四十余载。康熙二十年旌表。

苏氏，年二十二，为冯万钟继妻。六载夫卒，时姑已先殁，舅年老，苏勤纺绩事之。抚教三子甚严肃。舅殁，哀毁尽礼。既而长子亦病卒，苏痛伤益甚，长斋，绣佛历，年八十三而终。

姚氏，程应斗妻。康熙二十三年旌表。

杨氏，许字钮成惠。年六岁，父母相继殁，归钮为养媳。成婚后，事舅姑曲尽孝敬。姑病，昼夜侍汤药，数月不少懈。及殁，恸绝复苏，如是者再。逾旬日，竟卒。里党咸称死孝。

徐氏，吴嘉祚妻。年二十八寡。嘉祚久病，徐谨奉汤药。病革，每夜吁天请代，卒不起。姑迈，子甫七岁，仰事俯育，只身独任。康熙二十六年旌表。

王氏，幼许字史洽。舅诸生，贫不能娶，洽因为秦赘。王虽依父母居，而事舅及继姑能尽妇道。甫二年，舅殁，脱簪珥具棺殓如礼。舅有遗逋，复以针指所积渐次偿之，不以贻继姑忧。亡何，姑信谗言，仇视洽，洽每叹曰："为人子而不得乎亲，奚以生为？"王事姑益谨，冀少解。而洽郁郁自伤，沉馆舍井中死。王闻变，奔哭恸绝，复苏。洽之从父恐以食口贻己累，遽议改适。王抢地呼天，欲碎首阶下。父母泣慰曰："汝无子而殉夫，则若敖之痛，汝实贻之，盍置嗣以延宗祧？不愈于身殉乎？"议立族子勇为后，年六岁，视如己出。继姑甘旨无缺，而自食粗粝。姑亦感动。惟痛夫死非命，辄悲咽不能止。一日，授经嗣子，捡洽所存败簏，睹遗书，号恸不能起。父母急迎医诊视，云肠已断。水浆不入口，逾数日而死，年三十有四。

钱氏，枋女。年十七，适长洲生蒋维垣。七载，维垣殁。氏念二子俱幼，且遗腹未娩，身不敢殉死。后葬夫事姑。姑殁，经营丧葬俱尽礼。教子成通儒，代守诗礼，苦节三十二年卒。

戴氏，适廪生朱之策。五年而寡，年二十四，抚遗孤，事翁姑尽瘁心力。翁姑殁，家虽贫，丧葬中礼。教子伊蔚，尝曰："读书但期躬行实践，稽古求荣，非所望于汝曹也。"性不喜佛。疾革时，谕家人曰："我自失所天四十九年于兹，今得相从地下矣，勿号哭以乱我心，勿作佛事以违古礼。"君子以知礼许之。

郑氏，许培妻。培家贫，写山水易食。氏年二十七，生一子。未期，培卒。氏无依倚，归母家。母性严，且多子。氏曲承母志，力作佐之，相依六载。子稍长，僦舍列居，纺绩自给，辛勤三十年。子克成立，娶媳抱孙，卒绵夫祀。乡党重之。

薄氏，张尚志妻。二十四而寡，遗孤甫周岁，舅姑又相继殁。薄矢志不移，守节四十余年卒。

朱贞女，农家子也。许字诸文忠。年十三，文忠夭，朱誓不再字，孝养父母，守贞五十八年。文忠兄君顺娶张氏。君顺卒，时张年二十三，遗孤甫五月，舅姑年俱八旬，张矢志不二，以耕绩供俯仰，卒持门祚，苦节三十余年。

黄氏，性端静，幼喜读《孝经》《女训》诸书。年十九，适胡士彦。不三载，夫亡，誓从死，因怀娠，冀得一男以延宗祀。及产女，女又殇，遂决志死。间归，语母曰："三年服不可不终，且父客京师，亦欲一见，我姑俟之。"亡何，父归，问起居外，徐曰："儿为未亡人，不能仰报父母恩，奈何？"父勉慰之。会夫家失火，烬士彦棺。黄闻之，仓皇而归，家人辈已拾遗骨弃城下。黄伤痛甚，潜至其地，以衣裹之归，置卧侧，将卜地以葬。士彦之弟以为不祥，数诟詈其嫂。黄不得已，割左臂肉，同枯骨置瓻内，抱送城下，哭而瘗之。往别父母，举止从容如平时。还即自经死。郡守胡世威闻之，委官致奠，给"节烈完人"额以奖之。

钱氏，韩载郁妻。年二十九，夫死，无子，抚从子为嗣。家贫，纺绩以给，事舅姑尽孝，守节五十余年，年八十三卒。

朱氏，陶凤妻。生子甫三岁，凤卒。朱年未三十，矢志抚孤。孤幸成立，娶妇生孙。子又死，朱复抚孙，辛苦万状。年七十三，有司给奖曰"冰霜清节"。

黄贞女，字慧珠，甫里人。许字闵士彀。士彀夭，黄年十五，欲奔丧，父母不可，遂长斋椎结，不事膏沐，历九载。会有妄希委禽者，黄闻，恸哭，愤懑欲死。父母知不可强，归女于闵，礼见舅姑，易衰绖，终三年制。康熙戊辰，有司匾其居曰"从一完贞"。

呼鸡妇，不详其姓氏，相传葑溪里人。姑性酷暴，暮失鸡，令妇觅鸡东城上，厉声敕曰："鸡回汝亦回，不则无见我也。"妇呼至夜分，不得，赴隍水死。每至白露后风雨夜，微闻是声，极悲楚，盖数十年矣。里人顾晋闻而哀之，作《呼鸡妇》诗云："秋宵月黑风凄凄，有妇上城来呼鸡。鸡不得，心头急。可怜新妇命如鸡，生死全凭鸡得失。一声乍高还乍低，似闻咽泪复悲啼。呜呼！早填隍水死亦乐，不向林间叫姑恶。"

徐氏，阊门下塘人。年十九，许字陈姓。未嫁，夫病瘵，舅姑信术士言"吉礼可疗疾"，遂娶焉。匝月，夫竟卒。舅姑欲嫁之，氏泣对曰："妇命不辰，罹此惨毒，作未亡人，甘如饴矣。"强之不可，更怒，遣之。氏遂归父母家。岁余，颇为兄弟辈不容。氏出簪珥买一椽于父居之旁，自与一婢共居，长斋绣佛，日借针指以给。年七十四卒，自营生圹于虎丘之北，嘱亲属葬之。太史严虞惇特表曰“有吴贞节徐氏之墓”。

陈氏，泗水县知县谟女，王家说妻。年二十四寡，舅已早殁，陈奉孀姑，妇兼子职，抚孤丁濂为高材生。学使许汝霖给奖曰“节孝传芳”。年八十有一卒。雍正十三年旌表。

顾氏，年二十，适郡诸生陈德升。九载，德升殁，氏哀痛欲殉。舅姑以子女俱幼，谕止之。未五月，舅卒，氏为长媳，一切殡殓、丧葬之事，禀命于姑，拮据独任。娴于礼法，教子成立。苦节三十余年，年六十卒。学使张榕端给奖曰“节并松筠”。

蒋氏，戊戌进士德埈女兄也。幼敏慧，与埈同塾，日诵千言，姊弟不相下。及长，适太学顾琛书，事舅姑孝，善相夫，能黾勉有无。夫卒，时年三十二，舅年老，诸孤俱幼，经营丧葬无失礼，日夕操作以佐仰事、俯育费，教三子以端方、孝弟为根本，日课经史，贫不能购，辄手录以授。季子方开，以笃行为高材生，癸巳举于乡，人皆指为节母之报。

汪氏，河南学道永瑞女。年十八，适李震。震故名族，以力学遘疾卒。氏年二十有五，家贫，无子，抚三女俱嫁士族，年五十六卒。秀水朱检讨彝尊题其棺曰“松筠高节”。

陆氏，文学树德女。幼通《孝经》《内则》诸书。长适顾琪年。琪年抱夙疴，陆亲奉汤药，不二载，遽殁，时年二十二，无子，号恸绝粒，几滨于死，尽脱簪珥以营丧葬。夫遗田产，悉归舅姑佐甘旨，长斋守节者二十六年卒。

陆氏，郡庠生予兼女。年十九，适刘昭武。亡何，昭武遘危疾，妇刲臂肉进，竟不起。号恸欲从死，姑力挽之，形神伤瘁，几无生气。姑劝令服药，不应，第曰：“姑奉侍有人，吾夫亡，无子，死且晚矣。”日夜啼泣，泪尽，两目流血，殷红被体，见者无不心恻。未几，一恸卒，距昭武亡七月。

陆氏，长庠生茂京女。年十八，适庠生顾升。生以力学病瘵卒，氏年二十有六，家贫，无子，抚一女，纺绩自给，年八十一卒。

支氏，诸生凌京元妻。甫逾三十寡，遗一子，未娶卒，氏哭泣不欲生。既念宗祧为重，择族中昭穆相当者嗣焉，勉立门户，持艰履辛者四十余年，年七十八卒。

丁氏，文学仲行女，诸生蔡璿聘室。将嫁而璿死，讣闻，衰绖奔丧，礼见舅姑。先是，舅无子嗣，璿妇归，求立后。舅议以兄之次孙嗣，争继者睥睨起，乘间椎击保母，儿怖死，妇虽哀愤，毫不为动。逾年，嗣儿弟生，妇复立之。食息起居，昼夜调护，御强族，保遗赀，心力交瘁而殒，年四十四。

宋氏，乡饮大宾尔城女，孝廉实颖胞妹。少抚于兄，年二十三，适计焕为继妻。焕寒苦，艺学不遇，郁郁死。氏年二十九，绝粒欲从之。家人以有遗腹，各相劝勿死，乃长斋绣佛。阅百余日，生子永。家贫落，藜羹不糁，仍依实颖以居。坐卧一小楼，不御熏泽，辛勤十指，二十余年如一日。迨永稍长，知读书，学业稍惰，辄跪责之曰："我为汝不敢自暇逸，而反欲求逸耶？"既游庠，则又诫曰："儿须开拓心胸，勿以此自足也。"出女工所积，为孤完婚娶，置数椽，使自树立以奉宗祀。康熙四十二年，学使张泰交具题旌表。氏之母，叶烈妇也。顺治乙酉，以湖寇入城，赴井死。氏故鞠于实颖，卒以节著，真无忝于其母云。

张氏，盛应蛟妻。年二十八寡，遗三子一女，皆未成立，纺绩教养。应蛟殁时，翁姑皆前死未葬，氏日悲惨暴，引为己责，遂殚力经营，勉置坏土。先一年，葬舅姑，次一年葬夫。又节缩所赢，运土封，植松楸马鬣，靡不周至。每春秋祭扫，氏必亲往，至老不废。康熙四十二年旌表。

谢氏，杨隆起妻。年二十七，夫亡，有子仅三岁。氏数欲死殉，舅力止之，氏因破镜以自誓曰："死者不可复生，破者不可复完，有如此镜。"矢节三十余年。为子娶妇生子，氏曰："子有妇，夫有孙，我事毕矣，将归报地下。"忽一日，沐浴更衣，拜辞其舅，扼吭死。死后十年，督学张泰交具题旌表。

郑氏，年十八，适顾峻。峻死，遗孤幼稚。氏拮据门户，励志抚育子长，课文砥行，俾不替先业。康熙四十二年旌表。

王氏，庠生茂春女，顾庆荣妻。夫死时，年二十八，家贫，孤幼，矢志不改，茹长斋，以女红自给，孝养孀姑杭氏，丧葬尽礼。抚孤子寿丰、三锡，教诲并严，俱能成立，守节四十余年殁。康熙四十二年旌表。

卢氏，吴予彰妻，孝廉阶升胞姊。性端静，寡言笑。年二十三，夫遘疾卒，有遗腹。未几，生子，辛勤抚育。子渐长，氏益勤苦，蓬发炙面，面黄瘦焠，掌足重茧，而身服垢污，粗则操井臼、治场圃役作，细则躬纺绩、组纴、刺绣、缝纫之属，或眠睡疲寝，以拳椎胸胁间，神气复振，不寐达旦。历四十年，家渐厚，为子娶妇生孙。子又卒，氏伤痛甚。一日，忽感泣曰："吾能薄而财聚，无功而家昌，败亡之形见矣，蓄此何为？"遂出所有，班散亲姻，萧然如旧。年六十有八卒。卒之日，囊无余物，亲党之蒙其惠者，咸各出钱以殓云。

丁氏，文学观韶女。年十六，适诸生邹城。城死，丁年二十一，遗子女四，舅姑老，家贫，逋负纷积。丁悉出嫁时妆，鬻而偿之，仰事俯育惟借女红以给。既而舅姑相继没，丁执丧尽礼，拮据营葬，自舅姑以逮夫叔，并举七棺，见者感泣。抚教二子甚严毅。次子怀棠，十月而孤，稍长，自为督课，补邑诸生。年五十八，里党合词请旌。丁知之，命二子力谢曰："守节乃尽我分，邀天家旌典，吾不敢也。"逾年卒。

李氏，徐元发继妻。年三十一，夫亡，家壁立，姑八十余，遗一子一女，借针指给食。姑丧子亡，目昏不能生活。或劝改节，不应。逾年，竟馁死。

吴氏，文学造女，太学生陈之正妻。年二十四寡，舅嗣泰年老，家无次丁，吴殚力奉养。及殁，拮据丧葬，抚抱嗣子以延宗祀，尤备极劳勚。苦节二十余年卒。雍正十三年旌表。

马氏，陶学诗妻。二十八寡，誓抚遗孤，纺绩佐食。子长，为娶媳。甫抱孙，子又殁。媳干氏，善承家法，冰蘖共守二十年。孙有室，干又亡，马乃操家事十余年，年七十八卒。境苦节坚，人悲其遇。

吴烈女，名闰姐，冢宰一蜚女，许字宋启业。启业殀，家人不使女知，已微闻之，时时饮泣。尝作细字，见人辄匿，迫则碎之，人莫知其故也。有陆氏者，强委禽焉。烈女若为弗闻，而志欲引决。尝吞金指环，不死。又常临井独坐，欲自溺，未遂。会一蜚出，女送之，夜阖户自缢死。缢帛即宋氏聘物衣带，中片纸书"生为宋家人，死为宋家鬼"二语，即前此所作细字也。翁迎其柩，与启业合葬。当事皆旌之，士大夫赋诗纪其事。

陈氏，甫里人，文学三辰女。年十七，适严惟式。式以苦学得疾死，时年十九，遗孤甫晬，陈鞠育备至。越三载，庐舍遭火，冒烟焰救夫柩，几死，家遂破。舅叔异处，乃卜数椽于父居之旁，尽脱簪珥，恳其父为治生计。初，舅姑罹毁后析产，诸子授田数十亩。陈念王舅姑窀穸未安，悉辞以佐葬事。后舅姑年老，又力迎奉养，绝不委任。及殁，办丧葬悉中礼。苦节五十二年，卒年七十。当初寡时，制《崩城吟》三十首，哀思苦调，读者咸为凄绝。雍正十三年旌表。

王氏，字长湄，忠烈公佐圣冢孙女，诸生李庆生妻。生以攻苦遘疾，不起，王年二十四，无子，止一女，凭尸欲绝者再。念姑老女幼，夫棺在殡，勉复苟活。遂拮据葬夫，预为己圹，以俟同穴。无何，女又殇，王惟奉孀姑以居，晨昏操作，极瀡髓之奉。及殁，亟出女红所积，为舅姑营葬事。又值母年高，病笃，束身归侍。母死，益茕茕无所倚，旦夕哀号，水浆不下咽，逾旬而卒。荼苦四十余年，终以节孝死，不愧忠烈后云。

张学典，字羽仙，征君拱端女。工诗及填词。十岁为《采莲赋》，虞山钱宗伯亟赏之。兼精绘事。为杨无咎继室。穷居偕隐，糟糠不厌。或讶之曰："何太自苦？"氏曰："王霸妻有言，子伯之贵孰与孺仲之高哉？"抚前室子女倍己出，教二子继光、绳武。贫不能数延师，经史书传，多氏手授。两女芝、芬，女孙锦，皆教以诗。母女、祖孙一堂酬唱，声常出金石。著有《花樵集》十余卷。氏同母姊妹七人，亦皆能诗，人人有集。第五妹学象，字凌仙，与氏孪生，诗名亦相埒，集曰《砚隐》。学象中岁而寡，贫不能自存，氏尝分宅居之。学象年老，白发绛纱，为世女宗。而氏女芝，字当湖文学汪彩。彩卒，早寡，无子，依母氏以居。有《淑芳集》。诗音旨清婉。苦节三十余年，俱以贫未及旌。

张蘩，字采于，吴诏妻。幼通文史，工吟咏，有《衡栖集》，清平和婉，得风人之体。子岳，通经术，繇母氏指授。晚年，守贫颐性，名益著，诗亦弥工。

孙嫊，吴庠生云客女。幼明慧，娴经史，兼工写生。及笄，归严廷锳，贤且孝。锳早殁，遗子女七，椎发垢面，勤操作，任抚教，无倦容，寒灯败帷，垂四十载。晚课女孙辑古名媛文百余首，细为评注，名曰《古文鞶鉴》，识者以为可补中垒《列传》、汝南《女典》之阙。康熙癸未秋，巡抚张伯行表其庐，榜曰"独娴大义"。

张氏，名淑英，太学施瑛妻，孝廉庆孙女也。六岁，父教以《鲁论》《毛诗》，一遍成诵。能辨四声。年十九。归于施。六年而寡，茹斋守节二十年卒。

顾氏，贡生南式女，文学何焜妻。焜卒，年二十九，守节抚孤三十余年。戚党欲请题旌，坚辞不许。年六十五卒。

严氏，孝廉朱凤姝女。幼抚于叔，长适王弘。弘以恩贡应试金陵，殂于逆旅。氏年二十五，毁容屏饰，泣血抚孤，事舅姑尤孝敬。性端庄，喜愠不形，足不逾阈，孀居三十六年殁。

邵氏，徐彬妻。性仁孝，谙大体。彬卒，二子皆幼，氏悉力调护，艰苦备尝。事姑善先意承志，姑之女贫而无子，氏迎养之，终身如一日。临殁，切嘱其子："勿以我不在，为德不卒也。"郡守陈鹏年给额，表其幽行。

张氏，庠生珍女，吴庠生顾山进继妻。山进死，氏年三十二，遗孤四人，俱幼稚。经营家事，井井有规矩。事舅姑能孝养，殁后，丧葬悉中礼。训诸孤读书励行，先业卒赖以不坠。郡守陈鹏年制额旌之，年七十八卒。

杨贞女，庄简公成元孙女。年十八，许字同里张生始。未嫁，生始病卒，贞女口不言而私自饮泣。有来议婚者,辄终日不食。母怪,问之,曰:“从一而终,女子志也,岂以生死易节?”母颔之,遂依母以终身。及卒,谓两兄曰:“礼,女未庙见而死,归葬于女氏之党。吾虽聘于张,然未尝结褵庙见。吾死,勿以棺归张。”乃葬母墓侧。

陆氏,顾九功妻。九功早世,时有与孤龂龁者,氏内抚孤,外御侮,支撑门户,家业荡然,洴澼绂以供饘粥。子稍长,严勖其成。孀居五十余年卒。郡守陈鹏年给匾旌庐。

陆氏,王助妻。年十九归王。二十四寡,遗孤甫晬,家贫,或劝改适。氏泣血毁容,志不可夺。守节四十七年卒。郡守陈鹏年表其闾曰“芳谷幽兰”。

顾氏,诸生吴昌言妻。年二十八,夫亡,事舅抚孤。家贫,织纴力食,苦志孀居二十余年卒。郡守陈鹏年旌之曰“白首完贞”。

蒋氏,诸生顾溱妻。溱早卒,与妾沈氏励志守节,各抚遗孤成立。雍正十三年,具题旌表。

顾氏,官浦人。年二十,嫁于唐。五年寡,无子。舅姑贫,难以存活,依父栖身,早夜纺织,为夫营葬。又置田数亩以供衣食,年四十七卒。临终,谆嘱将此田为翁养老资。今唐家执业称“孝妇田”。

陈氏,海昌人,宗伯清恪公诜女。幼熟经史,通晓大义。年十七,适太学生庄祖望,毗陵太史朝生长子也。侨居吴城之东二年,祖望病故,遗腹生子歆。氏孝养高堂,恩抚弱息,家庭之内,雍雍如也。舅即世,遗未成立子女十二人,氏尽鬻妆奁,代舅婚嫁。仲叔官临洮,眷属不能归,氏慨助得还里。又抚其子,教诲饮食如己出。父清恪公殁,母太夫人春秋高,思念不置,而孤子歆以广文荐授邑宰,板舆迎养。氏惟教以居官致身之道,却不赴任。扁舟归里,奉侍孝思,所给仕养不移,尤人所难能云。康熙五十五年旌表,雍正三年封孺人。

徐氏,德威女。年十七,适龚汝秩,甫九载而寡。家贫,就养夫弟汉英,借女红佐薪水,终事舅姑,抚孤成立。守节四十三载殁。

宋氏,吴玉衡妻。年二十而寡。亲操井臼,守节尽礼,乡党咸称苦节。

李氏,金符继室。符工咏诗,常昼夜苦吟不倦,力学得疾卒,遗三子一女,尚幼稚。家无叔伯兄弟,氏矢志苦节,独抚遗孤成立,娶三媳,嫁一女,皆十指辛勤所积。年六十四卒。太守陈鹏年表其庐,榜曰“松筠节劲”。

王氏，文尚岳[①]继妻。二十三寡，抚孤成立。媳陆氏，南岳子叔英继妻。二十九丧夫，姑媳双节。

徐氏，文辕妻。时滇逆猖乱，辕从军万里外，卒，遗孤提甫数龄，徐欲捐躯以殉。辕从弟妇俞，时同居，止之曰："若则得矣，如黄口何？"徐因忍死，抚孤子。后俞亦寡，与徐励志守节。长沙陈鹏年有《双节传》。

滕氏，年十八，适诸生苏纶为继妻。未三载，纶遘危疾，滕侍汤药不少懈。纶卒，舅年老，遗孤三岁，滕昼夜辟纑以供俯仰。岁饥，自食糠秕，奉舅甘旨无缺。抚前室子女，幼鞠育，长嫁娶，殚力营办，不异所生。前室长子琦早夭，聘室王氏过门守贞，滕与为同志四十余年，冰孀互砥，贞节出自一门，里党时相叹异焉。

姜氏，程廪年继室。廪年殁时，姜年二十，无子。翁，细人也，不晓大义，屡逼姜改适，遂逐之，依兄嫂以居。未几，兄亦死，伶仃孤苦，尝竟日不得食，资缝纫、纺绩以生，苦节四十余年。

闵氏，陈用爵妻；范氏，陈家蕡妻，居悬桥巷，姑媳两世，俱青年孀居，一抚五岁子，一抚十岁子。闵守节五十五年，范守节五十年。康熙五十六年旌表双节。

谢氏，陆侍国妻。年二十四，夫亡，姑老，子方晬。氏屏容饰以奉亲，抚孤为己任，苦节五十六年，年八十卒。康熙五十六年旌表。

吴氏，周之祯妻，大宗伯士玉胞姊也。幼娴女训，秉性端严。年十九，归周。越五载，生子煜。未六月，夫亡。氏励节抚孤。家贫，恒纺织治馇粥。子稍长，令从舅氏游，课学勉行，为长洲庠生。又抚庶生女甫周岁以长以嫁，倍于己出。终身缟素，闺范肃然。年六十七卒。康熙五十六年旌表。

滕氏，太学王景登妻。年二十九寡，遗一子三女。子冠为娶媳，甫举一孙而子死。未几，孙又夭。长、次二女皆前死，滕独抚幼女成立。晚依婿家以终，年七十有四。

申氏，尚宝司丞榕曾女，范安宏妻。年二十六，夫卒，遗孤尚幼。氏奉舅姑命，苦志抚育，且力勤织纴以供菽水。舅姑殁，办丧葬事，贫而尽礼。年七十有二卒。苦节四十七载。

姚氏，长庠生顾灿聘室；吕氏，张凤鸣聘室，俱康熙六十一年旌表。

---

① 据后文，似乎应该叫"文南岳"。本志《冢墓》有载："文南岳墓，在廿三都六图李王庙。子世光祔。孙龄墓，在南岳墓西北。"

胡氏，太学生陈济生妾，雍正元年旌表。

宋氏，庠生学程女。少秉至性，母抱危疾，割臂肉和药以进，疾渐可。年二十，归庠生王周秩。夫病，亦刲股和药以治。年二十八，夫死，上事孀姑，备极孝敬。姑病殁，三世五棺，氏鬻产经营，悉安窀穸。时遗孤继孟才四龄，氏抚以成立，授之室，生一子。而继孟又殁，氏即以抚子者抚孙，与寡媳艾氏茕茕相依，食贫孤苦者四十余年，年七十有四卒。雍正二年旌表。媳艾氏，二十三寡，卒年四十八，贞节之行与姑先后一辙。

王氏，昆山人，丙辰进士中翰缉植女。年十七，适长洲诸生宋敏行。越四载，夫殁，遗孤二。氏恩勤抚教，有丸熊画荻风。事翁姑恪敦妇道，为夫营葬，十载焦思，条脱流黄，摒挡几尽。孀居三十余年，贞操弥励。雍正二年旌表。

范氏，文正公裔，适沈永贞。二十六寡，矢志抚孤。家贫，舅姑老，氏勤纺绩以给食。后相继殒，又勉力撑撑，殡葬如礼。口授孤儿字，不少姑息。长就傅，修膳恒取诸典揭。长子上珍弱冠，隶诸生籍；孙堉，入吴庠为岁贡生。雍正三年旌表。

沈氏，吴邑学生缪士竑妻，家娄门之华阳桥。幼娴姆训，长于文词。年二十二，归于缪，以贤孝闻。阅四载，孀居，毁容饰，绝文翰，抚孤成立。日以能读父书为训，苦节三十余年，卒年五十七。雍正三年旌表。

朱氏，罗载元妾。生一子，甫三岁，载元死，朱年二十九，与嫡李氏孝养舅姑，抚育孤子，经营丧葬，勤苦备尝。年六十五殁。李曰："朱死矣，吾甘苦与共，宁忍独生？"一恸而病，越六日亦殁。雍正三年旌表。李格于年例，郡给奖。

钮氏，诸生金之镇继室。年二十四寡，水米不入口者三日。既念遗孤方就傅，当为其难者，遂破镜毁容，椎结操作，门户之事一身独任，俾其子专意读书，补县诸生。守节四十九年卒。雍正三年旌表。

贞女陈氏，甫里人，马康明聘妻。未婚而康明卒，陈方笄，父母复议婚施姓。陈急赴水，以救得免，遂归马。施谋娶不遂，讼县署，县事通判吴重举嘉陈志节，上其事于巡抚，给额旌闾。雍正三年旌表。

沈氏，熊允文妻。年二十三，生子十八日而夫丧，悲恸求死。宗族以大义劝勉，矢志立孤，报夫地下。雍正三年旌表。

金氏，孝子黄农妻也。农以哭母成疾死，氏时年二十五，子生四岁，女遗腹七月。氏恸绝复苏，力请于翁，葬夫柩于母冢侧，成夫志也。家徒壁立，借女红奉衰舅甘旨，教子读书端品，不事姑息。每漏下四十刻，织作吟诵声犹彻户外，勤苦四十余年，子若孙相继游庠。雍正三年旌表。

李氏，年十七，嫁施尔弘。二十四，夫亡，舅年迈，遗孤三岁。氏力谋事养。子既冠，为娶媳尤氏。未三载，子又亡，无出。姑媳相依苦守。又以宗祧攸系，谋于族，为亡儿置嗣娶妇。三世之事，一身兼任。雍正三年旌表。

吴氏，明给谏适孙女。年十八，嫁郡庠增广生陆应良。二十四寡，事姑抚子，备历劬勚。既卜地葬夫，时忽忽若有所见，因力谋改葬，启穴视之，果水啮其半棺，群惊，叹为苦节所感云。雍正三年旌表。

毛氏，文学顾靖女。年十九，适归信生，生一女。信生遇疾卒，氏年二十三，擗踊踣地，欲死者再。姑力谕以有娠五月，得子可延宗祀，氏乃止。及生男，氏曰："夫既有子，吾当为夫立后，未可以死矣。"日借针指糊口。时岁荒，易米奉姑，而私啜糠秕。姑殁，举丧葬。子女成立，以婚以嫁，辛勤所积，经营诸事，无失礼。雍正三年旌表。

王氏，诸生沈一鹗妻；高氏，陶士龙妻；王氏，韩秉质妻；朱氏，孙文进妻；高氏，徐时修妻；何氏，陆文吉妻；金氏，沈继城妻；姚氏，沈维翰妻；周氏，胡文荣妻，俱雍正三年旌表。

吴氏，叶深妻。深苦志力学，成婚二载，举子江昆。深得风疾，不省人事。氏调理汤药，抚育幼稚，持艰履辛，历十七年。深卒，丧葬之事，尽礼尽哀。日夜课子读书，冀克振先业。乙未、丙申，江昆与孙天申相继补博士弟子员，氏始一色喜，谓："可无负地下望。"未几，昆又死，氏伤悼甚，右目失明。又七年，病卒，年七十七。

徐氏，年二十一，归邱绍阶。甫三月而绍阶死，时方娠，哀恸不欲生。姑曲慰强存，期年，举一子，尽力保护，心血几枯。子长，娶华氏。既抱孙，子又殀。华年二十有八，食贫苦，守志操，一如其姑。姑年七十有四殁。

陆氏，文学声远女。年二十，嫁张有堡，三年寡。时岁洊饥，族党欲夺其志，妇俟人静后，引带自经。姑惊起，急解灌苏。纺绩补缀，勉自存活。越十年，季房生子，抚为后。又经营百计，卜葬夫棺，遂得羸疾。苦节四十九年，年七十卒。

金氏，年十九，适甫里顾昭明，相夫事亲，极甘脆之奉。昭明死，时年三十，无子，争嗣者睥睨侵啮，家益贫落。抚女长，适刘氏，就养女家。女年二十八，亦无子，寡母女茕茕澼絖度日。金现年八十一，女亦年五十三。

胡贞女，名韫玉，江苏布政献征孙女，许字原武知县许懋德子大成。未嫁而大成卒。懋德以征输累破家，卒于中州。故乡无居室，贞女告其父母，矢志归许，脱簪珥，买屋数椽以居。奉姑孝谨，米盐薪水以针纫佐之。贞女出华朊，甘贫苦，能立劲节，为尤难云。

陆氏，幼字张期纯。十八，归张。夫已得瘵疾，氏谨奉汤药，衣不解带。阅四月，夫殁，每恸辄绝。旋奉舅姑命，抚育嗣子。家素贫，资十指供俯仰。子长，游庠，勉为娶妇。既抱孙，夫妇同月病殁，氏保护孤孙，倍加劳苦。年十九，孙复殀，时舅姑已前死，未葬，乃慨然曰："向者不即谋入土，盖有所待也。今复何待？"勉力营办，并举六丧，栖身无所，假戚属半椽，聊蔽风雨，境穷节苦历五十八年。

严氏，甫里人，年十七，适同里王家旦，二年而寡。氏椎心泣血，抚半岁孤，备尝艰苦。又以夫门五棺未葬，力弃住房，经营窀穸，搘撑大事。有烈丈夫风，完节五十三年。

陆氏，文学乡饮大宾锦之女。年十七，适太学许其成。成为崇祯庚午孝廉元溥孙、文学王俨子，以省试得疾死。陆年二十九，无子，舅姑即世，两叔尚幼，独持门户，为抚养成立婚娶。后两叔各有子，并立两侄为夫后，守节四十余年，乾隆元年旌表。

汤氏，无锡孝廉梁女，庚辰庶常董麒继室。麒释褐甫半载，殁于都，氏年二十九，孤子幼，为前室所出，无所倚，忍死抚子。贫弗克延师，身自督课，膏火资于针指，守节二十八年。而麒兄本素、麒侄茂功妻，两顾氏，亦早寡，一门三节。本素妻，黄埭顾鸣玉女。婚五载而本素卒，氏年二十五，以无子绝粒欲殉，舅姑劝止之，为嗣两子，俱殇，逢讳日，辄终日哭，不食，历五十年以为常。茂功妻，太学顾锦女。茂功为诸生，赴省试，遘疾归。氏衣不解带，三月中寒，左足因之不仁。夫殡，呕血渍地，时氏年二十六。今守节三十年。三节同居葑门相王巷。

黄氏，刘梓妻。年二十寡，遗孤五月，氏纺绩抚养，以迄成立。事舅姑曲致孝敬。及殁，举丧葬如礼。孀居四十余年，操厉甚苦。乾隆元年旌表。

陈氏，幼识字，知大义。未嫁而夫病，父有悔志，氏曰："命也，奈何改节？"后结褵，夫病剧，吁天请代，刲股以进。夫死，贫不能自存，依于父以居。父多疾，喜怒不常。氏婉曲事之，垢秽俱躬亲。父怜女少也，又欲夺其志，不可。历苦节三十余年。

徐氏，长洲廪生顾维藩妾也。相夫佐嫡，能识大体。维藩卒，氏年二十七，子幼，家贫，氏借十指度日，弃宅葬夫，播迁靡定。子稍长，为授书择偭，辛勤拮据三十年。金氏，庠生顾璐妻，徐之从侄妇也。年二十九寡，遗孤二，氏忍贫鞠育，纺绩缝纫，穷昼夜不倦。舅姑年迈，氏奉事惟谨，尤严于训子。子亦遵诲攻业，补邑诸生。

陆氏，文学筠女。年十七，适长洲诸生丁殿扬。二十一，夫亡。氏勤苦执妇业，事舅姑能尽孝，抚九月孤以养以教，严慈并至，孀居三十年，足不逾门，以知礼称。

马氏，甫里姚受益妻。年二十，归姚。二十五，丧夫，无子，舅姑无倚。氏早夜纺绩，代夫孝养。亡何，相继殒，又百计经营，五丧并举。立锥无地，归依兄嫂。苦节三十余年。

陈氏，戈允中妻。年二十八，夫亡。夫之兄若弟以氏无子，止一女，阴令舅氏某劝之改适。舅乘间微言之，陈擗踊号恸曰："死者骨肉未寒，伯与叔视我如陌路。我不即死者，夫在殡，女在抱耳。今长者不勖以大义，忍出此言，是速我死也。"欲引刃自刭，舅力止之。自是无敢以此言进者。家故贫，夫殁，遗有公产，尽为夫之兄弟攫去，氏亦不较。贫益甚，不得已归依母家。勤针黹，鬻升斗自给。女既适人，乃依婿家以居。年六十有三，距夫死时已阅三十六年矣。

李氏，太学德符女，吴华妻。华病故时，年十九，尊嫜在堂，藐孤在抱，以事育为己任。舅谌秉铎高邮，姑宋氏居里，氏相依侍奉，务得欢心。未几，舅姑即世。孤稍长，氏诲以读书励行，苦节垂三十余年。

钱氏，吴导恒妻。年十七，嫔于吴，事舅姑以孝闻。夫卒，年二十三，苦志守节。舅姑殁，殚力营葬。事毕，即键户长斋，戚属罕有见其面者。

尤氏，州同知珂女，吴泰妻。年十六而嫁，二年而寡，无子，义不欲生。姑勉慰之，乃强食息。每饮泣不敢出声，恐伤姑意。越三年，自经死。

卢氏，年十七，许字姚永锡。永锡得疯疾，请辞婚。氏不可，垂十余年。永锡卒，氏奔赴丧所，抱木主痛哭，遂归于姚。家贫，衣食常不充。姑复性严难事，氏无纤毫怨悔。年五十四卒。永锡从妹，为孝廉田修女，许字顾某。未婚婿卒，氏誓不再适，归于顾，以贞女守夫丧，历二十余年。姚氏素多苦节，明姚荣三妻黄及文毅公希孟母文，皆以节孝旌。今田修女固文毅之曾孙，而卢氏亦文毅之曾孙妇也，宜门风不坠云。

陈氏，韩定京妻。家壁立，孝于舅姑。定京死，年二十七，遗子女三。氏蓬首垢面，力勤纺绩。又并衣缩食，冻馁不恤，为夫营葬。乾隆元年旌表。

施氏，高英妻。年十六，归高。甫浃岁，英应试，遘疾而卒，遗孤在抱，家复赤贫，氏力作抚之，现年五十有三，苦节三十七载。

章氏，年十八，适周彩若。彩若已染瘵疾，氏仓皇调护一年，死。舅姑老无倚，氏纺绩以供孝养。既而相继逝，遂栖身母家，益自勤苦，寸累铢积，并举三丧。又遍延宗党，力请置嗣。嗣定，恩勤抚教，迄有成立。苦节三十八年。

罗氏，徐复继妻。年二十一嫁复。四年，复遘疾，目且瞑，呼氏嘱曰："我前室所生子，久嗣兄后，汝怀孕九月，幸而男，善为抚养，以绵我祀。"逾月，果生男。氏悲痛之余，亲为呴哺。家贫，昼夜操作，寒暑无间。孤知读书，则自为督课。尝启箧，得断针数十，泣以语儿曰："此吾篝火辛勤以活儿命者也。"复弟凯妻毛氏，齿长于罗，于归及称孀，亦先于罗。凯卒年二十六，时妊六月，及期生子，爱养备志。稍长，借纺绩延师，督课不少姑息。既与罗氏先后寡，每言及门户事，相勉相泣，妯娌并节几三十年，并雍正十三年旌表。

顾氏，开化丞赞女。性端淑，年十九，嫔于宋沅。沅能文，早卒，氏年二十七，伤痛绝粒。既念遗孤尚幼，勉强存活，辛苦拮据者二十余年。课读勉行，有古贤母风。

顾氏，文学惟馨女，徐嗣昭妻。嗣昭锐志嗜学，咯血卒。氏年二十八，遗孤五月，抚育成立，未娶子，又殁。氏孑居苦守，冰操愈坚，乡党高之。

蒋氏，太学廷女。年二十二，适娄门汪拱辰。五年而寡，秉节孀居，事舅姑，黾勉有无。及殁，两世未葬，积针指资，力为卜兆，亲相畚筑。遗孤世偀才数月，苦志抚育，能辨字，即口授章句。弱冠，登贤书，母教居多。雍正四年旌表。

汪氏，陈墓於子斌妻。二十四寡，家酷贫，长孤三岁，次遗腹距夫亡一月而生。坚志守节，借纺绩以供俯仰，事后姑尤以孝闻。雍正四年旌表。

孟氏，周允恒妻；卢氏，增广生邱承周妻；沈氏，邱文濂继妻，俱雍正四年旌表。

顾氏，长庠生卢裕继妻。二十九寡，生一子，殀，冰孀矢守，苦节三十五年。

曹氏，彝亭王琛妻。二十五寡，苦守四岁孤。被粗茹淡，悉力操作。耕奴织婢，楚楚有家法。子长，亦不失母教。

章氏，太学王锡位妻。年十九，夫亡，无子，止一女，励志抚之。性端重，御家严肃，礼法独持。二十余年，冰操凛然。

贞女谢氏，孝廉有辉女也。年十六，许字顾长源。未嫁而源卒，时年十八，以从一自矢，毁容释彩，随讣奔丧，成服守节。姑闵其志，将析田二十亩为薪水资，氏不受，曰："翁夫未葬，留以营窀穸可也。"长洲学博倪典学重其行，为作《让田记》。

朱氏，张在钧妾。二十八寡，无子，深识大体，矢志守节。嗣季房侄，辛勤抚教，迄有成立。

徐氏，陈树琳妻。十八归陈，四年寡，上事孀姑，下抚嗣子，三十余年贞操如一。郡守给奖曰“孝慈完节”。

郁氏，贞丰里人。年二十一，嫁蔡日章。五年，日章死，子生一岁，励节抚孤。未几，遘回禄，家业荡然。舅姑老病，纺绩侍食。及殁，勉力丧葬，能中礼节。荼苦三十余年卒。

王氏，洪洞县知县芝女，适国学顾行为室。九载，夫亡，年二十七，时孤子达甫六岁。氏辛勤鞠育，期以读书立品。后孤修洁自好，为庠序中有守士，体母教也。氏寡居后，茹斋衣缟，足不逾阈者垂四十年，称完节焉。乾隆三年旌表，时年六十有五。

许氏，文钪妻。年二十二寡，孝事翁及庶姑，辛勤艰苦，抚子永年成立，世有贤节妇称。

陆氏，孙宪得妻；程氏，吴仁德妻。雍正四年，详具题旌表。

黄氏，生员朱镄妻；严氏，监生胡聪妻。雍正七年，详具题旌表。

王氏，唐宗商妻；贞女戴氏，程之俊聘妻。雍正八年，详具题旌表。

毛氏，生员仰天植妻。婚七载，生二子一女。夫卒，年二十八，织纴以养翁姑，恩勤以育幼稚。翁姑病，躬亲汤药。殁后，殡葬合礼。训子女成立。女适朱之劢。长子鼎玉娶于郎，婚五年，鼎玉死，郎仅二十三岁，抚棺长号，誓不欲生。毛谕抚孤为重，郎衔哀强忍。姑病，吁天请代。卒后，丧葬力任，不委诸叔氏，人称其贤。雍正九年旌表。

周氏，邱志道妻；裴氏，监生张宏度妻；傅氏，生员张俊德妻；戴氏，周祥发妻；顾氏，朱宏绪妻；张氏，施玉鉴妻；叶氏，宋渊妻；严氏，顾廷正妻；葛氏，黄宸铣妻，俱雍正九年详具题旌表。

黄氏，陈又遵妻；冯氏，生员胡士焕妻；凌氏，蔡忠宸妻；沈氏，顾溱妾；申氏，生员施恩泽妻，俱雍正十年详具题旌表。

谢氏，顾景荣妻；张氏，沈子愉妻；张氏，监生王用俊妻；徐氏，陈佩玉妻；程氏，宋之炌继妻；宋氏，夏准妻；钱氏，吴自远妻；周氏，生员马熙妻；陈氏、谈氏，俱户部员外郎沈曾颐妾；王氏，黄国祥妻；孙氏，黄国瑞妻；蒋氏，顾汉臣妻；曹氏，王献其妻；张氏，生员王时亨妻；袁氏，金彩贯妻；翁氏，生员龚鼎基妻，俱雍正十一年详具题旌表。

李氏，毛志震妻；顾氏，董本素妻；沈氏，江起嵋妻；杨氏，陶天锡妻；沈氏，监生庄祖祜妻；陈氏，顾沄妻；钦氏，监生沈穀妻；金氏，顾璐妻；顾氏，卢天翫妻；郑氏，容县知县叶之循继妻，俱雍正十二年详具题旌表。

孙氏，沈应祥妻；宋氏，陆谔妻；施氏，宋斌妻；沈氏，金廷琇妻；顾氏，生员黄戴涛妻；支氏，杨元吉妻；黄氏，归吉士妻；周氏，王慕溪妻；顾氏，徐引妻；孟氏，杨汝立妻；李氏，杨茂林妻；周氏，赵道济妻；张氏，喻彩臣妻；袁氏，程仲詹妻；李氏，施廷正妻；陈氏，姚仁妻；戴氏，徐树穀妻，俱雍正十三年详具题旌表。

吕氏，朱文秀妻；范氏，州同知王鼎礼妻；俞氏，陆澄妻；钱氏，申玫妻；朱氏，程有椽妻；苏氏，陈玉书妻；邱氏，陆尊三妻；朱氏，赵天锡妻；张氏，叶长升妻；范氏，程世模妻；黄氏，陆皦妻；吴氏，监生陆镕妻；张氏，徐泰妻；张氏，汪显初妻；唐氏，生员顾宗周妻；张氏，申熊占妻；黄氏，谢履祥妻；裴氏，生员王烈妻；何氏，俞邻天妻；胡氏，吴曦妻；赵氏，生员顾宗龄妻；金氏，监生高日华继妻；贞女蒋氏，马圣传聘妻，俱乾隆元年详具题旌表。

缪氏，殷是宪妻，结褵三载，夫故，守节，以媳而代子职，事翁姑至孝。姑殁，哀毁骨立，寝食俱废。无嗣，几不欲生。翁乃立侄嗣宗为是宪后，氏即恩勤抚养，珍若己出。平居不苟言笑，操家勤俭，常缟素茹斋。及岁时祭享，品肴丰洁，几筵展拜，未尝不涕泗滂沱，人咸称为节孝。乾隆元年，详具题旌表。

顾氏，长洲生鼎荣女，申墉聘室。未婚而墉殁，讣闻，哭几绝，欲往守贞。母谕止之，泣曰："儿既许申，敢有他志？夫虽亡，终当往。否有死而已。"父母亲党知志不可回，许之。于夫殓日往，奉神主，成妇礼。嗣侄世铣为后，时方五岁，后教养兼至，勉世铣勤学，午夜不辍。氏篝火纺绩以待，计课程无阙，许就寝，率以为常。氏素弱，力疾操作，子劝少节。氏曰："尔闻敬姜言乎？彼有家者且然，吾居贫，何敢逸？"幼娴诗礼，见古史中孝友、节义事，手录不置。教子必及立身行己之大，曰："取科名，止获人爵，君子所重更有在也。"古所称女宗者，氏庶几近之。

周氏，太学生惇裕次女。年二十一，适许周德为妻。六载，周德染血症殁，氏欲殉死。母谕以死易，立节难，当为其难者。氏识大义，勉从之，以事翁姑、抚孤子为重。许本甫里故家，至是中落，时阙菽水。氏瘁力女红，易甘旨，事舅姑。姑病，衣不解带者两阅月。姑殁，附身附棺，脱簪珥以办。翁年七十八殁，经营丧葬悉中礼节。翁姑未殁时，咸谓："媳妇如此，使吾老人相忘膝下无子，衰门之幸多矣。"氏称："未亡时，子炎方三岁。既长，勖以从善立行，廉俭持家，发闻于时，不忘母氏勉为其难之谕也。"生平布衣藿食，中岁不夜哭，终身不逾阃，宗党谓之知礼。

贞女夏氏，生员良士胞姊。年十六，许字[1]，未嫁而夫浪游，不知所之。历十年，不通音问。夫家不忍女之迨吉失时也，令蹇修持问名原帖还之。女励志守贞，义不再字，依弟同居，奉母至于白首，从无怨言。今年已五十有四，距许字将四十年，矢志守贞时亦几三十年矣。

宋贞女，名景卫，生员程树聘室。树年二十一，哭大父疾卒。贞女闻变，誓以死殉。父谕以轻生不若守贞，乃请归守于程，以明从一之义。幼习礼，工诗，至是，诗止，不复作。遇节烈事，间借以发抒己志。有《西河陈烈妇诗》六十四韵，中云："由来夫妇比君臣，策名亦有未受职。清风孤竹师夷齐，商朝未禄周耻食。"读者叹其可追配共姜之矢《柏舟》，称才与节兼者已。初，贞女请归于程，会父远行，未即命往。姑病亟，贞女以不获侍汤药，刺指血书疏，吁天请减算以代。君子尤重其孝，以为不愧程生妇云。

毛氏，周勋业妻；沈氏，王宗赐妻；王氏，顾仁原妻；周氏，监生文屺瞻妻；文氏，吴天球妻；归氏，顾元培妻；倪氏，吴藩继妻；顾氏，监生宋沅妻；张氏，丁僖妻；陈氏，徐国维妻；冯氏，褚维宁妻；郑氏，褚维翰妻；褚氏，诸张筠妻；杜氏，荣大章妻；黄氏，监生陈树琏妻；金氏，杨时亶妻；王氏，沈大成妻；姚氏，州同知夏以璜继妻；顾氏，长庠生张正仪妻；王氏，汤宜祚妻；朱氏，汤可立妻；邵氏，长庠生娄德培妻；谢氏，张湘湄妻；马氏，顾奕世妻，皆早岁夫亡，家贫，守节历三四十年，贞操弥励，允协题旌者也。

沈氏，胡光裕妻；赵氏，盛王立妻；钱氏，李九鹏妻；钱氏，张阮文妻；李氏，翰林沈世奕妾；马氏，翰林沈朝初妾；蒋氏，庄玉署妻；胡氏，朱炜妻；程氏，郭钦文妻；孙氏，庠生张予夔继妻；陆氏，顾衷妻；施氏，沈曾熙妻；俞氏，沈曾熊妻；陆氏，庠生丁殿飏妻；车氏，凌灿云妻；张氏，周之鉴妻；潘氏，汤子茂妻；沈氏，殷蟠逸妻；张氏，宋斗位妻；朱氏，张阮武妻；尤氏，朱元文妻；李氏，吴明山妻；傅氏，李天爵妻；朱氏，陈宗器继妻；黄氏，邹濬继妻；胡氏，周维新妾；郁氏，王应星继妻；龚氏，刘天来妻；凌氏，王豫公妻；氏[2]，褚士荣继妻；蔡氏，殷尚臣妻；吴氏，朱承业妻；陆氏，王助妻；钱氏，蒋维垣妻；许氏，监生汪之滨妾；贞女潘氏、贞女李氏、贞女冯氏，皆守节年久，合例于乾隆四年具题旌表。

---

①"字"后原为二墨丁。

②"氏"前原为一墨丁。

卷二十七

二氏

二氏之徒，儒者不道。然其间固有娴习文雅，欲逃于儒，又迹著荒幻而不乖于正者，亦非君子所必斥也。或产于吴，或自四方而至，地属元和县者，皆得列焉。志二氏。

晋

竺道生，钜鹿人，姓魏氏。初入庐山，幽栖七年。后游长安，从什公受业。关中僧众咸谓神悟，独文字之师以生为邪，摈之。遂来虎丘，聚石为徒，讲《涅槃经》至“阐提有佛性”处，曰：“如吾所说，契佛心否？”群石皆首肯之。今虎丘有点头石。

阐道一，晦处隐智，人莫能知。王珣兄弟深加敬事，受知简文帝。后隐虎丘。颜鲁公诗“登坛仰生一”，谓道生、道一也。

梁

䣭䣭尊者，天监中，住宝华山智显禅院，有卓锡峰。又住虎丘，泉随涌出，名䣭䣭泉。今名憨憨泉。

慧响，姓怀氏，吴兴人。天监中，居虎丘，不得甘泉，乃俯地侧听，得泉，名虎跑泉。

隋

智琰，字明璨，姓朱氏，梁散骑侍郎献之孙。幼事通玄璩法师，授典，过目成诵。尝游都下，与道安禅师齐名。陈亡，归虎丘，面岩壑者三十年。杨素、苏威皆尝驻节山中，接其绪论。炀帝镇淮扬，具币招致。琰恐累使者，为之勉起。及见，辞疾归。

既寂，埋虎丘东寺。

智聚，住虎丘东寺。至德二年，奉敕太极殿，进讲《金光明经》，天子嘉礼。归卧旧山。开皇间，玺书劳问。寂后，窆山之南。

唐

瑗，字辨空，常披一衲，不计寒饥，勤行精进。尝撰《武丘名僧苑》一卷、注《郁子》两卷、《文集》三卷。

清顺尊者，魏庠守郡，奏改虎丘律寺为禅，迎尊者至寺为开山祖。后有圆悟禅师说法，张魏公浚尝有《祭禅师》文，称其法明正因，超卓奇特，真古佛语。嗣绍隆，得临济心妙，大播东南。住虎丘三年，死，葬山后。

遇贤，姓林氏，长洲人。状貌伟怪，口容双拳。母初孕，梦吞大珠。少溺水，溯流复还，出家郡城东禅寺。嗜酒，呼为林酒仙。醉则作诗，时有天趣。又能前知人祸福，言无不验。有疾病者，书符与之，立愈。郡中有虎患，遇贤见之，骑以出城，患遂息。一日，渡江，风涛大作，舟将覆，解袈裟为帆，风浪便息。郡守梅珣赠以诗曰："出入常携一古藤，三衣粗重貌棱棱。红尘酒满何曾醉？知是僧中第几僧？"明时，藤杖与衣犹在寺中。

定钦，定慧院僧，与苏长公相善。公谪惠州，尝拟《寒山十颂》，使其徒卓契顺往惠州，寄慰安否？苏得诗，甚嘉之，有曰："语有璨忍之通，而词无岛可之寒。"为和八首。初，契顺为其师持书至惠，且曰："惠州不在天，上行即到耳。"投书径还。公问其所求，答曰："契顺惟无所求，故来惠州；若有求者，当走都下矣。"苦问不已，乃曰："昔蔡明远，鄱阳一校耳。颜鲁公绝粮江淮间，远载米周之。鲁公怜其意，遗以尺书，天下至今知有明远。今契顺虽非明远，然区区万里之勤，倘可援鲁公例得数字乎？"公遂为书《归去来辞》以遗之，勒碑于寺。

惠铨，北禅僧，佯狂垢污，而诗绝清婉。尝书西湖一山寺壁曰："落日寒蝉鸣，独归林下寺。柴扉应未掩，片月随行履。唯闻犬吠声，又入青萝去。"苏子瞻爱而和之曰："但闻烟外钟，不见烟中寺。幽人夜未寝，草露湿芒履。惟应山头月，夜夜照来去。"

天纪，碛砂寺僧，与高安僧元至善。至注周伯弜所选《唐人三体诗》，方万里作序，吴人谓之"碛砂唐诗"。

元

维则，字天如，俗姓谭氏，永新人。得法于本中峰。本时住天目山之狮子岩。至正初，维则名其居曰狮子林，识授受之原也。与朱德润交善，时承旨赵子昂及行省平章买住屡荐入，召问，皆称疾不赴。所注有《楞严会解》《净土或问》，语录、别录若干卷。

明

永隆，姓施氏，尹山寺僧也。洪武壬申，四方沙弥给牒京师者三千人，悉籍为军。时方旱，祷雨，隆因乞焚身以代之。至雨花台，望阙再拜，取瓣香，书“风调雨顺”四字，语中使曰：“为我奏之。”既焚，雨即大澍。上喜曰：“此真永隆雨也。”籍军得勉。

妙声，字九皋，景德寺僧。博综内外典，兼善诗文，主北禅寺。洪武中，与西白万金同被召，主天下僧教，有《东皋录》七卷。

良琦，字元璞，吴郡人。自幼读书，学禅白云山中。杨维祯云：“琦公既究禅理，亦通儒学。能诗，其余技也。”住天平山之龙门，示寂于城东之孤云庵。

雪梅，吴僧。嘉靖中，游金陵，踪迹奇异，不拘戒律。日湛茗饮，间进酒肉。寓报恩寺十余年，见法师据高座讲经，便笑曰：“乱说乱说。”偶出一语辨驳，闻者汗下。工诗文，自序其诗，以寒山拾得自况。专修净土，讲“四书”《周易》，时有新理。后住吴之东禅寺、竹堂寺，僧腊八十余化。

天际，来自少林，习武艺，推第一手。嘉靖中，住虎丘，敕赐金牌剿倭，所至有功。后欲予以官，不受，终老灵岩山。嗣玉庵，亦传其法。盗至，随手而毙。

妙显，长洲姚氏子，削发于碛砂寺。初不读书，后渐明内典，住葑门之化城庵。养母尽孝。既受儒者业，讲伦常性命之理，曰：“佛教皆空，只独善一身。必圣人之道，真实可行也。”时大吏闻其名，召问祸福，曰：“僧所知者为臣尽忠、为子尽孝，未然之事未敢知，亦不必知也。”予以金，不受。后仍归碛砂，年八十余垂死，谓其徒曰：“葬我须用儒家礼，断勿火化，致既死以后亏体辱亲。”其徒从之。以上释氏。

唐

柳条青，大中末，乞食吴中。尝击筇踏歌，得钱辄饮。好事者觅其踪，终不可得。

阅五六年，因大雪冻死于市。市人具棺瘗于齐门之左，每遇日出时，冢上有紫气，高五六尺。近视之，无所见也。后一年，有处士皇甫颜者来访之，示以冢处。皇甫持酒脯祭之，发棺，得青竹杖，无他物，表其冢曰“谷隐柳处士墓”。自是不复有紫气矣。

宋

古无极，居葑门道堂。暑中，开户而眠，蚊蝇不敢入。扁其室曰“小小蓬居”，以白垩涂四壁，皎然如雪。中设榻，尝出所携瓢、笛、鱼鼓等悬之，以书一束为枕，自酿酒一瓮于床头。人有求饮，摇手弗许。猫犬至，即俛首疾回，无敢窥其内。经年不见挥拂，一尘不生。未尝出募于外，而钱不乏。疑其挟术，逼问之，笑而不言。一夕，撤去器物，不知何往。明日迹之，葑、娄、盘、阊四门人皆见其负笼荷杖出门去矣。

元

金善信，字实之，长洲儒家子。好老氏学。父母尝为纳妇，有子矣。后师事莫月鼎，传其术，遂构仁寿观，日与徒研核玄旨。其言以为：心神至虚，无所汩没。诸阴消尽，诸阳自集。盖有形者阳，阳益胜阴，气益调精，我得清净，去道无难矣。荐于朝，赐号弘道法师。

明

周玄真，字玄初，嘉兴人。年十二，辞家入紫虚观，从李大无为道士。至正戊子，年二十，始来苏，住葑门外报恩道院。玄真能以符箓召鹤，因名所居曰来鹤轩。洪武戊申，李韩公迎玄真致雨，有应。明年庚戌，上召问鬼神情状，锡宴光禄。又明年，上召问雷霆所以神之故，对曰：“天地之间，阴阳运转，故有神。神，与人合者也。”上悦，授领神乐观事。玄真尝修建安里桥于通衢，继主常熟致道观，复修丹井。死，葬莫月鼎墓次。

裴庆，性落魄，嗜酒。每卧人户外，日无醒时，市儿时狎侮之，不为意。偶至人家饮酒，或有老妪病，即自断衣带，煮汤疗之。其卧处无雪，时大学士夏言闻其名，往见之，庆坚不肯出。夏遣人牵出，连呼杀人，夏不之悟也，后果不免。嗣真人张某，朝京师，道经吴门，访庆，邀至舟中，以裴仙称，且拜之。庆，南园人，或传盘门人。

国朝

吕崐，字贞九。弱冠，工文词。司李倪长圩摄郡篆，值校士得崐卷，奇其才，置第一，随补学官弟子员。未一年，遭鼎革，毁初服，逃于黄冠，衲衣草履，遍游峨嵋、黄岩诸名山。晚岁，绝烟火，日采松花、枸杞为食，终于西山之草庐。有诗文集若干卷，倪司李为序而传之。

李朴，字天木，一字紫中。幼与施道渊亮生同学。年四十辟谷，昼夜不眠，与人语，随机开示，总期使人了悟。善诗，亦长画。顺治乙未，挂瓢于甫里之圆白堂。庚戌秋，无疾而逝。学者谥为冲白先生。

唐老老者，不知何许人也。长须广颡，年五十余，若歌若哭，被发百结。或作椎髻，布被鹑衣，虮虱满席。人与之钱，不受。馈之粟，拜而受之。常于冬月危坐长洲学宫侧鸭脚树下，即以苇席数片栖而息焉。煮一瓦铛，不食盐蔬。持一髹漆碗，每食必拭数次。闻其歌，掺秦声，或曰唐藩之弟，或曰鲁府仪宾，李长洲实、李侍御模闻来，叩之终日，笑而不答，终莫得其实也。一日，天大雪，坐泮池侧，凿冰解衣以浴。视其体，蓬蓬如釜上气，人疑其仙。一夕，襆被去，不知所之。以上道流。

卷二十八

寺观

像教西流，化人东骛。二氏兴而梵刹琳宫几遍区宇，奉其教者遂奔走之若狂矣。自古迄今，虽迭见兴替，要与坛壝、祠祀并存，缘其徒以善果、福德之说诱天下，故集事易而功之终废者鲜也。为存其建置夷毁之由，附于揽古搜遐之例，俾宰世轴者或得以考，且以觇风教之盛衰焉。志寺观。

东禅教寺，在城东地三图。吴赤乌二年，陈丞相宅池中生瑞莲，遂舍为寺，名镇国院。唐大中间，敕改东禅明觉寺。宋建隆时，异僧遇贤号林酒仙尝居之。寺中有祠，祠后有红豆树，犹传为遇贤手植云。

宝光讲寺，在城东北隅，郁林太守陆绩舍宅建。门有郁林石，初名郁林石寺。吴赤乌时，郡守请额，赐今名。至明洪武初，开拓郡城，废为军营，始迁寺于跨塘桥西。今属长洲县。郁林石见吴宽《记》。

北禅讲寺，在城东北隅利三图。晋戴颙宅，唐司勋郎中陆洿居此。按，《吴郡志》：乾元寺，唐有之，今不知所在。然顾况撰《乾元寺记》有云："晋高士戴逵子颙之宅。"而皮日休、陆龟蒙《避暑北禅寺联句》亦云："歊蒸何处避？来入戴颙宅。"则今北禅即古乾元寺也。宋祥符初，赐名大慈，中有大通阁、观堂、元黄溍记。雨花堂、禁蛙池。

万寿禅寺，在城东利一图。晋义熙中，西域僧法愔建，名净寿院。梁改安国，唐改长寿。宋大中祥符二年，丁谓奏改万寿禅院。崇宁中，诏加崇宁，寻改天宁。绍兴中，改万寿报恩光孝禅寺，为徽宗荐严之地。唐时，僧贯休尝居此。休号禅月大师，故寺有禅月阁。尝画十八罗汉像，颇著灵异。寺前周广顺中所立尊胜石幢犹存。吴越军节度、上柱国邵思宝、周承礼等题名。元末兵毁。明洪武间重建。学士宋濂记。嘉靖辛丑，巡按舒汀改为长洲学，僧证果移佛像就寺之东结茨覆之，仍称万寿庵。

僧通泉变服南游，蓄赀矢复。归，觅天宫寺后基地，依银杏三株构讲堂，重门闳宫，奉善财、伽蓝二像，挈其徒玄炯、道因居之，称万寿禅财院。

天宫寺，在城东利一图。创自晋末，初名武平。后废为民居。唐景福五年，光禄大夫许台舍宅，僧了然建，改今名。明正统九年，僧弘演发地得二铁像，因创说法堂。景泰辛未，建大殿，有碑记。寺僧诗文著名者有听源、月江、印宗、水知、慧川、万峰、玄若。归继登有《七高僧传》。

普福寺，在城东北隅娄门路。创自晋朝，后废，仅存残碑半截及土山、银杏三株，大各二十围。顺治初，僧遍云、普润矢愿兴复，走关东募缘。时当积雪，赤足立雪中，经旬不懈，施舍辐辏。癸巳归吴，恢复基址，鼎建大殿、祖堂、斋堂、天王殿。宗伯韩菼撰记。

灵鹫教寺，在城东北隅亨一图。梁天监中，僧永光建，名永光寺，又名东林院。明隆庆六年，大殿回禄。崇祯三年，里人潞安府募褚于仁重建，僧守静又募建药师殿、天王殿、禅堂。

广化教寺，在城东北隅。后梁乾元三年，诸葛氏舍宅建，名崇吴禅院。宋大中祥符元年，改赐今额。中更兵火。淳熙二年，都僧正清立善医，以所得药资增建经楼。宋景定间，改为长洲学，今为文忠烈公祠。

双塔禅寺，在城东南隅。唐咸通中，州民盛楚建，名般若院。吴越钱氏改罗汉院。宋雍熙中，王文罕建两砖塔对峙，遂名双塔。至道初，赐《御书》四十八卷，改寿宁万寿禅院。绍熙中，为提举常平祝圣道场，提举徐谊尝给以常平田。嘉熙中重建。明永乐八年，僧本清重建。康熙十五年，里人唐尧仁捐资建天王殿、山门、方丈、禅堂、法堂。

定慧禅寺，在双塔寺西，初名西方院，本双塔之子院也。宋祥符中，赐今额，始贰于双塔寺。僧定钦与苏长公善。公游吴，于竹下构啸轩待之。及谪惠州，使其徒卓契顺寄诗慰安，公书《归去来辞》以遗之。明正统中，勒碑于寺。康熙初，倾圮，里人唐尧仁捐赀建大殿、观音殿，重修弥勒殿。

积庆禅寺，在善教桥北。宋开宝八年，郡人盛名舍宅建，僧法翌开山。绍兴间赐额。元季兵毁。明洪武初僧普照，永乐中僧永宗、戒坦，相继重建。今名李王庙。

静德庵，在城东北隅贞三图。旧名报恩庵。宋元祐中，僧寂庆建。

资寿寺，一云尼寺。在城东隅。宋绍兴间建，有正法堂，又有砖浮图。靖康中，邑人翁氏建。

石像庵，在城东北隅贞三图。宋淳熙间，僧清一垦地，得石观音像，因建。明万历初，僧大千、定莲增建大云阁。郑敷教记。

光明庵，在城南仁一图。宋淳熙间，僧永安建。明万历中重修，崇祯末毁。康熙间，僧咸益重建。

圆通庵，旧名通玄，在城南。宋淳熙间，僧原净建。

圆明庵，在城东北隅。宋嘉泰间建，元至元癸未重修。

大智寺，在城东北隅贞一图。宋端平元年，万户姚八郎舍宅建，僧本筌开山。景定二年，赐今额。明洪武间，汰去庵院，存十二大寺，大智与焉。

崇庆庵，一名百花庵。在城东北隅亨四图。宋淳祐八年，僧法冲建。元大德间重建。

普福院，在城东隅。元至元间，浦氏创建，后废。僧觉证重建。黄溍记。

金井庵，在城东北隅亨四图。元至元间建，后毁，明洪武初重建。

佛慧庵，在城东北隅。元大德十年，僧法亮建造，为北禅寺子院。

慈云庵，在东北隅。元至大间，瑞沙门开山，明僧祖道重建。

昭庆寺，在城东北隅利一图。元天历元年，宣政院阿咱剌建，僧怀寿开山。至正元年，复建旃檀阁。黄溍记。

狮子林寺，在城东北隅贞一图。元至正二年，僧维则建。则多聚奇石，状类狻猊，故名。十二年，赐额菩提正宗寺，内有卧云室、立雪堂、问梅阁、指柏轩、禅窝、竹谷诸胜，溪壑深邃，岩石玲珑，为一时绝境。欧阳玄记。史官王彝有《游狮子林记》。明嘉靖间，为势家所占，止存弥陀院。万历二十年，僧明性具奏追复，敕赐圣恩寺额、藏经全部，重建普光明殿。顺治八年，僧海翔、甬东居士陈大贤领众重修，建藏经阁。康熙间，大殿毁，其狮子林诸遗址虽久为民间有而丘壑具在，考园林者犹必首及焉。

天龙庵，在城北利三图。元至正己丑，僧惠慈建为北禅子院。明万历己酉，郡绅缪国维捐赀，僧广乾重修，西构兰陵祠，东筑桥，浚池以为放生地。

昙华庵，在城东地三图，旧名东林庵。元至正间，僧圆净建。

卢师庵，在东南隅仁三图。明成化间，都御史韩雍创建。

万寿庵，在城东北隅贞三图。明嘉靖间，废万寿寺为学宫。禅月山房僧真果移佛像就寺之东，结茅覆之。千户唐岳舍地创庵，嗣僧鹫峰募郡绅徐如珂捐赀，拓地建山门、正殿、禅堂、香积、准提阁。

磐陀庵，在城东地三图。明万历三十五年，南溟僧性海创建。后渐圮。崇祯十五年，郡绅申绍芳捐赀修。康熙九年毁。辛亥，僧原净、本易复建。

普济庵，在城东地三图。原名茅阶堂，士人金汝珂舍别业建。崇祯六年，侍御顾宗孟重建，傍有顾氏家祠。顺治十六年，灵岩僧洽、化等重修，改今名。

慈航庵，一名青松庵。在城东仁三图，侍御顾宗孟舍建，敦请宁波僧无能设置慈航，瘗无主尸骸。顺治八年，僧悦然募建大殿、禅堂。内有碑记。

三昧庵，在城东北隅正三图。天启间，有老僧结茅为庵。康熙乙酉，僧月林易以瓦屋，颜今名。壬戌，邓尉僧天杰置庵后隙地，建寮舍厨湢数楹。己巳，构三世佛殿。

善庆庵，在城东北隅贞三图。崇祯二年，僧大慧寂音建。

杯渡庵，在城北亨三图。明崇祯间，僧觉支建。

寄叶庵，在城东北隅贞三图。明崇祯间，僧等伦即祖居改建。康熙癸丑，扩建大殿、方丈、禅堂及厨湢寮舍、山门。又置庵后额田，以半筑基建大悲阁五楹，半为饭僧田。

报本庵，在城东南隅仁一图。明崇祯间重建。康熙庚申冬，织造副使胡士拔感神梦。越明春，得石像于葑门接渡桥之荒草中，俨如梦睹，矢愿捐修，六载迄工，迎石像于庵，为精蓝。

生生庵，在城东地三图百狮子桥东。顺治初，庠生顾廷椿舍基，僧继文募建。

寿星庵，在城东南隅仁一图。康熙间，僧法舟重建。

以上城内

云岩禅寺，在虎丘，晋王珣[①]及弟珉别业也。咸和二年，舍建，即剑池分为东、西二寺。会昌间毁，后合为一。宋至道中重建。王随记。景祐中，建御书阁。叶清臣记。绍兴中，宋达建藏殿。张浚记。寻遭兵毁。元至元四年，僧普明重建。黄溍记。明永乐初重修。杨士奇记。崇祯己巳冬，大殿、文殊殿、万佛阁、浮图悉毁于火，巡抚张国维重建大殿。钱谦益记。顺治初，总戎杨承祖重建天王殿。康熙乙未，大殿毁，鹾使李煦重建，圣祖仁皇帝敕赐匾额，恭悬于寺，宸章焕烂，山林梵刹亘古常垂光曜云。额凡九，俱见《山阜》。

① 原误作“王殉”，据《〔正德〕姑苏志》改。

寿圣教寺，在九都彩云里半塘，中有稚儿塔。晋道生诵《法华经》，童子死，葬此。义熙十一年，商人谢本夜闻诵经声，旦见坟生青莲花。事闻，诏建塔，名法华院。宋治平间，赐今额。绍兴七年重建。元时，寺僧善继血书《华严》大部藏寺中，明学士宋濂题跋，今犹存。

保圣教寺，在二十都甫里。梁天监二年创建。宋祥符六年，僧惟吉重建。殿供释迦，旁列十八尊者，神光闪耀，形貌如生。江南北诸郡佛像皆莫能及，相传为唐时圣手杨惠之所摹。寺之西北有安隐堂。归有光记。

崇福教寺，在三十一都尹山。梁天监二年，僧佐律建。寺有澹台灭明书院。宋尹和靖慕其胜会，侨寓焉。元末倾废。洪武初，僧永隆驻锡，尝运巨木，鸠工鼎新。明季，又圮。康熙壬戌，里人乡饮宾顾士祯捐资重建。

慈报庵，在二十七都。梁天监二年，僧戒真建。宋祥符八年毁。庆历五年，僧契高自钱塘来，复建，后毁。明景泰六年，承天寺都纲永端与弟自悟建。

大觉教寺，在二十七都大姚山。梁天监间，僧道邦建。寺有东明子院，颇幽胜。

白莲讲寺，在二十都甫里。梁天监间创。唐大中间修，后为陆龟蒙别墅，祠堂在焉。宋熙宁六年，僧惟吉重建。

永寿教寺，在二十七都席墟，陈湖之左。唐大中十一年，刺史管洪舍宅建，僧真悟开山。内有普贤殿。宋元符间，寺僧海真、悟继重建，明初倾圮。宣德间，僧正宗创建大殿。

五福庵，在二十都。唐中和间，僧法智建。

永庆庵，在二十二都下雉渎。五代广顺元年，僧祖庆建。宋建炎初，瑞光寺僧怀秀重建。永乐元年，僧源堤再建。

文殊庵，在九都沈塘村。宋至道三年，僧智殊建，为金山寺下院。明弘治间，僧克修、至能葺。嘉靖间，郡绅陈鎏、陆师道倡众重建。王鏊记。

金福讲寺，在二十六都周庄。宋元祐间建。淳祐二年，周迪功郎更新之。景定间，敕赐金额。嘉靖初毁，僧秋壑、慈念、良能继创。顺治戊子，总戎杨承祖捐俸修建。

青莲庵，在九都石牛头，即古圆觉庵。宋绍兴三年，僧本立建，赐额。明正统七年，僧善璥葬母圆觉废址旁，即此建庵，后渐圮。顺治十一年，僧愿如重建。

化城庵，在葑门外葑四图。宋绍兴四年，僧普济建。明碛砂寺僧妙显操行清高，尝居此庵。

佛慧庵，在虎丘寺东。宋绍兴间，僧无善建，径树幽僻，有钟秀轩。明僧默堂名其室曰简默堂。

碛砂禅寺，旧名延圣禅院，在二十六都陈河之北。宋乾道间，僧道源建。诗僧天纪尝注周伯弜所选三体诗，名《碛砂唐诗》，中有大藏经板。明永乐十五年，僧智端重修建。

普利庵，在葑门外灭渡桥北。宋淳熙间，僧永宁建。明隆庆间，僧广成重建。

接待教寺，在娄门外。一名胜感寺。宋嘉定间，僧净梵建，有玄音堂、含晖楼、挹清阁、止息斋、云深处、一掬轩、松花室、听闻室。明宣德间，僧峋有中重修。康熙间，郡绅蒋德埈重修。埈兄维城以良田五十亩舍之。

崇福教寺，在二十八都章练塘。宋嘉定间，僧德修建。寺有灵山堂，额系宋徽宗御书。明永乐元年，僧宗器重修建。

清远庵，在二十六都周庄。宋淳祐间建。明初，兵燹，僧玉琳复兴之。万历中，又毁。崇祯十四年，僧照音重建。

青莲庵，在二十九都。宋咸淳二年建，久废。顺治十年，僧物外募建。

石牛庵，在九都通国桥西。宋咸淳六年，僧志珍建，初名即山庵。明万历二年，僧维静重建，因庵前有石牛，相传唐时物，更今名。

法华教寺，在葑门外斜塘。宋僧用宣及其徒行遇建，取半塘法华旧额为名。

马庵，在九都马庵浜，原名永福。元至正二年，僧天如建。

白椎庵，在九都，晋竺道生放生处。元至正间，僧慧观建，初名文殊庵。明洪武间，僧道衍驻锡其中，更今名。万历间，僧湛明重建。

杨安寺，在阊门外杨安浜。元至正间建。明初，渐圮。正统间，重修建。

十方禅院，即永庆庵，在周庄。元戊子年，僧志修建。

澄庵，在九都上津桥北。明洪武间建。万历三十六年，僧天然重修。

现瑞庵，在葑门外二图。明弘治间，僧清修建。天启七年，僧照晗重修。

海慧庵，在葑门外古石家汇东，即普利庵废址。明万历四年，五台僧如海购地建，初名海会。顺治十二年，僧济岩改今名。

染香庵，在娄字二图。明万历间，僧寄浮建。庵左向有广孝阡，系洪武三年设。崇祯七年，巡抚张国维给帖修复。

仁寿庵，在东十九都。万历间，中翰许元祐建。

蒲庵，在九都。明天启间，僧慎独建。

接引庵，在二十四都黄瓜泾桥内。明崇祯七年，士人龚允培为僧净云建。

戒幢律院，在九都，旧为徐太仆西园。子工部溶舍为复古归原寺。崇祯八年兴建，改今名。

甘露律院，在阊门西半塘。初仅一茶亭，崇祯间，僧净起建经堂、佛殿。康熙九年，藩司慕天颜复建殿阁，即庵前至西山庙桥官河为放生池，禁网捕。净起复有退居，与院址相接，名香岩庵。

佛华禅院，在九都彩云里。明崇祯十六年，邓尉僧弘璧建。

海藏庵，在东十九都，本里人中翰许元祐梅花墅。顺治三年，子孝廉元溥舍建。

右僧坊

修真道院，在城东北隅平江路庆历桥南。宋淳祐间，道士李祖真建，奏请赐额。明嘉靖中，道士石文献拓址修建。

回真道院，在城东北隅苑桥巷。宋咸淳二年，道士沈道祥建，内奉吕祖像。吕尝自称为回道人，故名。顺治己丑，道士郑秉中重修。郑敷教记。康熙甲寅，道士周弘教建天倪堂。

卫道观，在城东北隅贞二图。宋咸淳间，绵州道士邓道枢游于吴，得上官氏废圃建。明初颓废。弘治间，道士张复淳重修建，初名会道。嘉靖辛丑，迁长洲学于城东。以观在学后，形家言此为学之外卫，巡按舒汀为易今名，命有司重新之。大学士严讷记。

老君堂，在城东北隅利三图。明万历甲寅，松江朱国盛建堂以奉垢仙刘真人。康熙乙卯，道士施道渊重葺。今为全真派居之。

已上城内

善成道院，在娄门外官渎。创自唐初，废兴不一。康熙壬子，郡绅蒋德埈捐建斗姥阁，道士吴昭科募缘恢廊。埈兄维城复将间壁市房四间舍之。

通明道院，在下二十都甫里镇之西张汇。宋祥符间建。明崇祯末，里人戴章甫、沈养舟重建。

澄虚道院，在二十六都周庄。宋元祐间建。

龙井庄道院，在葑门塘。元至元间，邓道枢建。明洪武间，里人瞿汉卿修。今为僧舍，名龙井庵。

通神道院，在陈墓镇。元天历间建，为何蓑衣真人下院。明正统间，道士顾永和重建。

崇福道院，在娄门外。元元统初，道士周守仁建。

报恩道院，在葑门外。明洪武初，道士周玄初建，有来鹤轩。玄初奉母苦行清修，院旁其母林氏墓在焉。

灵官庙，在葑门外。明初建。康熙中，道士陈庆云重修。

祐圣山居，在九都二十九图。明弘治甲子，道士杨道常建。康熙乙卯，道士徐日清等复建斗姥阁。

右道观

普济堂，在虎丘山塘。

育婴堂，向在玄妙观内，因乳妇散处，未便稽查。乾隆五年，江苏巡抚张公请旨改置王废基，构数百廛，聚居乳妇以便查察。

锡类堂，在结草庵前。升任郡守姚孔钠修，掩埋之政，以革火化陋俗。详宪“建置”。

广仁堂，在清真观侧。先是，邑善士费廷俞等倡广仁会，为有坟而贫不能葬者代管。窀窆后，遂买地观旁，建堂为司会公所。又元和旧与长洲共一官坛，在葑门外，近邑民周永奇捐助义冢四亩四分七厘六毫，邑令张若爔详宪，元和始另置官坛一所，地在廿四都廿九图受字圩，附记于此。

右城内外善举诸堂附见

卷二十九

艺文

求艺文于吴，其在吴中人士，犹粤之镈、燕之函、秦之庐，夫人而能者也。其在四方人士，非犹郑之刀、宋之斤、鲁之削，迁地弗良者也。然邑志所载，必求其关政治、重伦物，与夫山水、故迹、名贤言行相表里者，而风云月露之辞阙焉。首诏旨，志恤民也；次奏疏，为民请命也；次文移，次议，次考，次书，次序，次记，次说，次有韵语，而于各体中又以时代先后为次。览者因文考义，有以识其体要所存云尔。志艺文。

康熙二十六年十一月二十六日

上谕户部：朕惟古帝王统御万方，乂安九有，殚心怀保，节爱攸先，期于物力充裕，爰以振业黎元，俾膏泽旁流，咸蒙美利。朕自御极以来，轸恤民依，力图休养。唯理财为裕国之大经，蠲贷为爱民之实政。历年敦崇节俭，严核浮冒，盖欲为布德行惠之资。频年以来，各省钱粮虽已次第蠲免，但江苏所属各郡县为财赋重地，额征钱粮甲于他省，且累岁输将供亿，效力维勤。兹用大沛恩膏，除漕项钱粮外，所有康熙二十七年应征地丁各项钱粮俱著蠲免，二十六年未完钱粮亦悉与豁除。又陕西省钱粮，前虽已行蠲免，但念该省人民用兵之际，转输馈饷，效力可念，再宜加恩，以弘乐利。其康熙二十七年应征地丁各项钱粮及二十六年未完钱粮，亦著俱与蠲免。尔部速行该地方官，通行晓谕，务使小民均沾实惠，以副朕爱育苍生至意。如有不肖有司、官吏借端朦混，及私行重征者，该督抚指名题参，从重治罪。如该督抚徇隐不行纠举，或经察奏，或被告发，定行一并从重治罪。尔部即遵谕行。特谕。

康熙二十八年

圣驾临郡，恩蠲府属历年一应带征钱粮。康熙十七年起，二十五年止。

上谕江南督抚曰：朕南巡以来，轸念民依，勤求治理。顷至江南境上，所经宿迁诸处，民生风景较前次南巡稍加富庶。朕念江南财赋甲于他省，素切留心，因尚有历年带征钱粮，恐为民累，出京时曾讯户部，知全省积欠约有二百二十余万。今亲历兹土，访知民隐，无异所闻。除江南正项钱粮已与直隶各省节次蠲免外，再将江南全省积年民欠，一应地丁钱粮、屯粮、芦课、米麦豆杂税概与蠲除。自此民免催征，官无参罚。尔督抚务须切实举行，俾均沾实惠，副朕爱恤民生至意。如有以完作欠、侵收肥己等弊，一经发觉，定行从重治罪。夫民为邦本，足民即以富国。朕平日躬行节俭，一丝一粟未尝轻费，所以如此简约者，无非爱养物力，为优恤元元之地在民间，惟正之供军国所需，岂易骤言蠲免？迩年，国用少裕，故能频沛恩施，总期藏富于民，使家给人足，则礼让益敦，庶几渐臻雍穆之治欤！著速行传谕，令咸知朕意。特谕。

康熙三十年十二月初四日

上谕户部：朕抚驭区宇三十年以来，蚤夜图维，惟以爱育苍生，俾咸臻安阜为念。比岁，各省额征钱粮业已次第蠲豁，其岁运漕米向来未经议免。朕时切轸怀，所有京通仓米谷樽节支给，数载于兹。今观历年储积之粟，确足供用，应将起运漕粮逐省蠲免，以舒民力。除河南省明岁漕粮已颁谕免征外，湖广、江西、浙江、江苏、安徽、山东应输漕米，著自三十一年始，以次各免蠲一年。至江宁、京口、杭州、荆州大兵驻防地方，亦应预行积贮，著将三十一年起运三十年漕米截留十万石，存贮仓廒，令该地方官敬慎守视，以备需用。尔部即遵谕行。特谕。三十一年始，以次各蠲，则三十四年应蠲苏州漕粮。

康熙五十三年

上谕户部：今闻江南、浙江、河南、山东田麦歉收，恐交冬米价腾贵，宜先将漕米三十万石分贮江宁、苏州、淮扬、杭州、开封诸府，著漕运总督亲身阅兑，速行运至，令其加谨照数收贮。有此米石，军民心即安帖，米价自不致腾贵矣。

雍正二年

上谕：浙江、江南沿海地方，七月十八九日海潮泛溢，田禾不无损坏。朕轸念灾黎，惟恐失所，业经饬两省督抚发仓赈济，多方抚恤。但杭、嘉、苏、松等府人稠地狭，向来出米无多，虽丰年亦仰给他属。今沿海被灾，恐将来米价腾贵，小民艰食。河南、山东接壤江南，收成丰稔，可速动司库银两，山东买米六万石，河南买米四万石，选委廉干贤员，陆续运交苏州巡抚平粜。所粜之银，移还补库。特谕。

雍正三年三月十九日

上谕：览管理户部事务怡亲王等所奏，具见勤求民隐、为国推恩之意，正应户部办理之事。苏、松之浮粮，当日部臣从未陈奏。尝廑皇考圣怀，屡颁谕旨，本欲施恩议减。乃彼时大臣以旧额相沿已久，国课所关綦重，恐损上益下，非理财之道，数以不应裁减固执覆奏。凡国家大事，因革损益，必君臣计议，画一始可举行。若皇考违众独断，既非询谋佥同之义，且恐一时减免，倘后来国用不足，又开议论之端，只得从众议而中止。

然圣慈轸念苏、松诞敷渥泽，屡蠲旧欠，以纾民力。其数较他处为多，是亦与裁减正额无异也。今怡亲王等悉心筹画，斟酌奏请，甚为可嘉。朕仰体皇考爱民宽赋之盛心，准将苏州府额征银蠲免三十万两，松江府额征银蠲免十五万两。《论语》曰：“百姓足，君孰与不足？”《周易》曰：“损上益下，民悦无强。”朕但愿百姓之足，时存益下之怀，用是特沛恩膏，著为定例，俾黎民轻其赋税，官吏易于催科。可饬令该地方知之。钦此。

雍正四年十二月二十一日

上谕：江南地方今岁秋冬雨水稍多，低洼之处未免减收。目前米价虽平，恐明岁青黄不接之时，价值不免昂贵。朕心轸念，预为筹画，已特遣专官将从前截留粮米一一清查，会同该督抚商酌，以济地方之用。又令该督抚动用正项钱粮，委员于邻省采买米谷，以备积贮平粜之需。朕思苏、松、常、镇四府地广人稠，需米甚多，而四府所属漕兑共一百四十余万石，居七省漕粮三分之一。今州县既有被水之区，恐小民输纳匪易。著将成灾五分以上之地亩应出漕米缓征一半，约计将及二十万石，俾闾阎既宽正额之输，将来地方又有多余之米粟，则编户穷黎当不虑其乏食矣。其缓征一半漕米，著于雍正五年秋收后带征完纳。其不成灾之地亩，仍照额征之数，准其红白兼收。著将此速谕该督抚遵行。钦此。

乾隆二年四月十六日

钦奉恩诏：一苏、松浮粮前已蒙世宗宪皇帝特降谕旨裁免四十五万两，以纾民困。但江省粮额尚有浮多之处，著再加恩免额征银二十万两。该督抚确查详核，务使均匀，俾民得沾实惠。钦此。

请旌张白妻陆氏表　〔汉〕姚信

臣闻唐虞之政，举善而教，旌德擢异，三王所先。是以忠臣烈士，显名国朝；淑妇贞女，表迹家闾。盖所以阐崇化业、广殖清风。使苟有令性，幽明俱著；苟怀懿姿，士女同荣。故王蠋建寒松之节，而齐王表其里；义姑立殊绝之操，而鲁侯高其门。臣切见故郁林太守陆绩女子郁生，少履贞特之行，幼立匪石之节，年始十三，适同郡张白。侍庙三月，妇礼未卒，白遭罹家祸，迁死异郡。郁生抗声昭节，义形于色，冠盖交横，逝而不许。奉白姊妹险巇之中，蹈履水火，志怀霜雪，义心固于金石，体信贯于神明。送终以礼，邦士慕则。臣闻昭德以行，显行以爵，苟非名爵，则劝善不严，故士之有诔，鲁人忘其勇；杞妇见书，齐人哀其哭。乞蒙圣朝斟酌前训，上闻天聪，下垂坤厚，褒郁生以义姑之号，以厉两髦之节，则皇风穆畅，士女改视矣。

开浚河道疏略永乐二年　〔明〕夏原吉

浙西诸郡，苏、松最居下流，合常、嘉、湖三郡之水，汇为太湖，纳杭、湖、宣、歙诸山水，注淀山诸湖，以入三泖。顷因浦港湮塞，汇流涨溢，伤害苗稼。拯治之法，宜浚吴淞诸浦，导其壅淤入海。按：吴淞江旧袤二百余里，广百五十余丈，西接太湖，东通大海，前代屡浚屡塞，不能经久。自吴江长桥至夏驾浦，约百二十余里，虽稍通流，实多浅窄。又自夏驾浦抵上海南跄浦口，可百三十余里，则沙草壅障，已成平陆。工费浩大，难以施工。臣等相视，得嘉定刘家港，即古娄江，径通大海；常熟白茅港，径入大江，皆系广川通流，急宜疏吴淞江南北两岸安亭等浦港，引太湖诸水入刘家、白茆二港，使直注江海。又松江大盈浦，乃通吴淞要道，下流壅遏，难即通流，傍有范家浜至黄浦口、跄浦口，可径达海，宜浚令深阔，上接大盈浦，以通湖泖之水，此皆《禹贡》三江入海之迹。俟水道既通，乃相度地势，各置石闸，以时启闭。每岁水涸时，修圩岸以御暴流。如此则事功可成，于民为便。

开吴淞江疏隆庆三年　　江南巡抚海瑞

题为修复水利以济迫切饥民事。《禹贡》称："三江既入，震泽底定。"三吴水利，当浚之使入于海，从古然也。娄江、东江系是入海小道，惟吴淞江尽泄太湖之水，由黄浦入海。事起近年以来水利臣旷职不修，抚按亦不留心，致潮泥日有积累，日月继嗣，通道填淤，虽曰水势就下，而无下可为就矣。时遭久潦震荡，太湖因之奔涌四溢，势所必至。为害之大，淹浥禾亩，如嘉靖四十年、今隆庆三年是也。而小为淹没漂浥之患，亦时有之。是吴淞一水，国计所需，民生攸赖。修之举之，不可一日缓也。臣于旧岁十二月巡历上海县，亲行相视，旋委上海县知县张嵿率领沿江住居父老，按行故道，量得淤塞当浚地，长该一万四千三百三十七丈三尺。原江面阔三十丈，今议开十五丈，计该用工银七万六千一百二两二钱九分。今以水荒，缺少秋收，兼之二麦未播，时方春正月之初，米每石价银已八钱五分矣。饥民动以千百，告求赈济，臣已计将积年导河夫银、臣本衙门赃罚银两、各仓储米谷并溧阳县乡官太仆寺少卿史际义出赈济谷二万石，率此告济饥民，按工给与银米，于今正月初二日，按江故道兴工挑浚，委松江府同知黄成乐督率上海县知县张嵿、嘉定县知县邵一本分理。兴工之中，兼行赈济，千万饥民稍安职矣。但工程浩大，银两不敷，饥馑频仍，变故叵测，官储民积计至二月间尽矣。江南四面皆荒，湖广、江西有收成，府县又执行闭粜，无从取米。伏望皇上轸念民饥当恤，吴淞江水道，国计所关，敕下该部酌议。量留苏、松、常三府漕粮二十万石，准照前旨银数改折，凡应天等十一府州县库贮，不拘各院道诸臣项下，无碍赃罚银两，听臣调用。浙江杭、嘉、湖三府与苏、松、常三府共此太湖之水，吴淞江开则六府均蒙其利，塞则六府同受其害，其库藏银亦应如应天府等一例取用。彼处饥民，亦听上工就食。吴淞借饥民之力而故道可通，饥民借银米之需而荒饥有济，一举两利，地方不胜幸甚。

请浚吴淞白茆疏天启四年　　江南巡抚周起元

江南苏、松、常、镇四郡，幅员不过五百里，岁输租粒数百万，最急莫如水利。而水利之最大者，莫如吴淞江、娄江与白茆港三道。盖环苏、松、常与嘉、湖数郡之湖泽归翕于此，为宣泄入海之道。近娄江刘家河一线仅通吐纳，而吴淞与白茆二水则淤为平陆，前代屡浚，姑不具论。阅历十朝，并荷明旨，专官浚治。惟今四十余年，竟未施工，以致吴淞江自澳塘以至新泾口，及东西芦浦三坝等处六七十里淤殿不通。白茆港则梅林、塘墩、镇泾等处俱久填塞。先后建议诸臣叩阍求浚，辄因中寝。吴中亿万生灵，引领以望涣汗之颁。地方不敢擅兴大役。迩年小有水灾，低田辄淹，直、浙数郡皆受患。如长洲、常熟、昆山、太仓、嘉定、上海、青浦、无锡、宜兴等州邑之间荒田数万顷，每漕白兑运，有司苦派高乡摊补，而高乡赋役原重，宁甘为低区代赔，有司考成降罚，而小民徒累敲朴，亦终不能完额。

今年巨浸稽天瀰漫千里者，水之为害也。雨后停蓄经三旬不消者，水利不修之为害也。若又因循不治，则东南水患日甚一日，而国赋与民生两受其累矣。臣查曩抚臣海瑞开吴淞江，用银七万有奇。近按臣薛贞委官估计，数亦相当。白茅港则常熟知县宋贤力请疏浚，约该银五万。通两江港工费，以十二万计。窃查万历三十六年水灾，荷蒙神宗皇帝轸恤苏、松等府，赈银五万。今时力诎，度皇上不能多发公帑。然如神庙赈灾之数，必不容少。或可即就此赈数再添一二万，兴举河工，俾臣檄各乡饥民尽赴工作，计丈定工，计人授糈，计日给值，所全活必无量而水利亦修。虽有霖涝，不至伤稼。贡赋常盈，足国足民，实两攸借。尚欠五万两，容臣于所属搜括积欠导河银并赃赎，再查照往牍，或量行募派，以奏其绩。

若夫浚之之法，惟在循其故道，浅者加深，窄者使广，应闸者建闸，应堰者筑堰，应石者甃石。倘民间有于淤地之旁锄垦成业，如不妨河面、河心，不难稍缩，以曲存其种植，期于水流通泻而止。

昔成祖皇帝命夏原吉治水，遣官赍《水利书》以赐。原吉重其委任，因得殚力成功。今皇上念勤法祖，东南水利久已留神。臣待罪巡抚，以国计民生为第一义，敢不据实上请？于工部司属中特简练达官一员，前来专董浚治，以明圣意之决行，不为道旁之筑舍。至于分理府佐等官，则就所属遴选，臣不敢不尽心焉。以去任未举行。

请改民运为官运疏略崇祯十五年　江南巡抚黄希宪

为北运当极敝之时，救敝有长便之策，亟宜商酌以苏民困，以裕国储事。窃惟白粮为上供急需，递年佥点粮长春办解兑，相沿久矣。迩因民穷财尽，百弊丛生，半为包棍侵渔，半为胥役掯索，以及剥浅守冻、赴京交纳等费动以千计。一承此役，鲜不家破人亡。遂至靡岁不迟，无邑不欠，院道府县，降罚频仍，官民并受其困，而公家正额究无完结之期。若不亟为变计，不几沦胥以亡乎？

臣博访舆情，参稽故典，惟通邑照亩均派，春办随漕并征，委以专官，依期督解，庶民间无偏累之虞而上下无推诿之患。但事经创始，谋贵万全。行苏松道，会同常镇道，通盘打算，如何官府可免参罚之愆，如何粮长可杜身家之累。随该本道看得白粮，上供也，藩禄也，官廪也。非若漕米之为军糈，故解不用军而用民，重其事也。

爰考初制，开征有正米、有耗米，起运有夫船银、夫船米，抵京有车脚银，犹恐不支，更有贴役银，皆编入会计。如苏属正米五万四千七百三十有奇，编耗米一万五千六十八石有奇，此近加三矣。又加以舂办米一万七百三十三石有奇，是又加二也。苏属用船一百一十编，夫船银九千六百六十两有奇，夫船米二万一千九百九十有奇，贴役银一万四千二百七十有奇，抵京交纳编车脚等银一万五千七百八十有奇，何其虑之周且详哉？惟恐其病民也。

然法无不善而情有不同，情生而弊生矣。且弊中生弊，情中生情，遂至大坏而不忍言。盖民运必佥殷实之人，惟其产，不惟其才，所以衰老、冲幼与寡妇之子、呫哔之士，皆必佥之。此辈不能亲任间关之劳，必求一人代之。于是包棍得以插身而入，人皆好逸，彼独好劳，其心概可知也。所以公贴之外，又有私贴。私贴每分至数百两之多，未已也，尚有加贴。究竟加贴亦不能免于赔累，非尽此棍之花费也。盖此棍蓄花费之志，所以给银领批，挂号验米，雇船官胥种种，得而抽扣之，勒索之。自此，白粮一事遂为奸棍官胥所盘踞。间有正身奋然而起，亲领其事，则包棍等多方构陷，使之费苦更倍于雇倩而后已。由是，民之视之如赴汤蹈火，非诡寄于他户，即瓜分为碎里。每当点役之年，胥役到门如市，人情纷纷，夤缘求免。其不免者，无钱之小家耳。以小家不多之产，当大户必避之差，产尽而身随之，何足怪哉？

今欲苏民裕国，莫善于均征米而官运之。官运则民无雇倩之费，一便也；官无佥役之难，二便也；钱粮既自官支，胥役无从抽扣，三便也；在船皆官役，船户无敢凌虐，四便也；催攒皆官事，沿途无敢抛撇，五便也；况米属均征，则苦乐之形不立，巧拙之情自化，粮不必诡寄飞洒，差不必就易避难，民心以厚，民俗以淳，六便也。六便既得，则国无亏储，京师实而根本固，民鲜赔累，元气充而盗贼息矣等因具详到臣。臣看得白粮之役，至今日而苦极矣。佥点之失真，包揽之赔累，奸胥积蠹之朘削，种种剥害，不忍见闻。以致解粮有鬻产而无生者，有弃家而远窜者，有投缳而自尽者，不谓熙攘生聚之地，萧条困惫，一至于斯。臣受事两年，目击万状，因而广询博访，达权通变，舍官征官解之法，别无长策。兹据苏、常两道具详，臣亦无容更易，惟立法必期可久，而革弊不妨过严。此臣纬恤杞忧，尚有不能已于言者。

语云：有治人，无治法。总部一官，虽属粮厅职掌，第责任甚重，断非庸碌能胜，必厅不乏用，乃可临期简用。察得苏、松、常各裁通判一员官，已另疏请。复乞敕吏部择附近州县正官，年力精强、饶有才望者，照缺速推，勒限受事，以听遴委。如两次督运全完，即与优擢，以昭激劝，庶总部得人而诸务可犁然举矣。语云：一法立，一弊生。外而衙蠹包棍，内而部胥积歇，引户每视粮解为奇货，今改为官解，未免拂其狼心，必至多方阻挠。或包棍潜入京师，串通积役，仍肆把持；或引户交构外奸，伪造讹言，动摇耳目，有一于此，皆足害成。乞敕五城御史及缉事衙门，凡遇此等，即置重典，庶蝥贼一清，美利可久，东南数百万生灵早脱水火，祖宗亿万年根本永巩苞桑。伏望皇上轸此孑遗，毅然乾断，敕部立覆举行。疏上，下部议，曰可，乃遂允行。至今赖之。

请征解白粮本色疏康熙四年　　江南巡抚韩世琦

窃惟江南一隅，滨江负海，地极冲繁。而苏、松二郡更为赋重民疲，且海氛初靖，水旱频仍，节年钱粮，每多逋负，参奏追呼，殆无虚日。迩者，康熙三年分应运白粮计簿持筹，以天庾充满，议改折色。臣自奉文之日，遵将勒限严征。但吴地本年糙米每石时价不过六七钱，白米不过八九钱，而白粮改折，内部批照顺治十二三年贵米之重价，每石征银二两，加以起解扛费，则一石之折征约费民间三石之本色矣。又旧额起运白粮项内，其上供玉粒系舂办上白，而府部院等衙门与运船水手等米，全书开载原系糙粳。今内部不分白、糙，俱照总数一例折数二两，则糙米与白米同价矣。更有舂办一项，原因民间征输之时，本系糙米，必须舂过方成白粮，是以编此舂办之款，以为糙米舂白之折耗，向来原非起解之数。今改折若照糙米定价，则舂办即在其中，而又重复算派，皆作正数，岂非一项两征，舂办之外复加舂办乎？嗟！此髓枯力竭之穷民，奚能当此贱米重价正耗并折之征求哉？故部臣有云：白粮节年征解，本色俱各全完，一经折银，历年拖欠甚多。臣详察其故，实缘折价浮于时值，而糙米正耗一例科征，民力有所难堪耳！朝廷虚有增折之名，而不能实得其济；百姓枉受敲朴之迫，而徒苦剜肉难医。臣身在地方，目击斯状，既虞功令之莫违，又念民瘼之当惜，忧惧战兢，寝食俱废。然终不敢擅为稍宽，业将三年分之现征者，现在日夕督催。另核完欠奏报外，今四年分应运白粮又奉文改折一半，而算派价值，仍一概泥照三年之成例，是贵则可增，贱则不减，小民之穷困，焉得不日甚一日？非惟将来之折价断难取盈，有亏国计，恐遗黎之离散逃亡，势所不免。伏乞圣主睿慈，特赐鉴裁，自今以后，白粮改折，必视年岁之丰凶，照米价之贵贱，随时酌定，分别糙白，按款科征。而舂办一项，原系白粮舂办之耗米，俯赐减除，免入折征数内，庶万民咸颂薄赋之皇仁，输将不致逋负，而国家亦免挂有征无纳之虚额，而完解获资实用矣。

请减浮粮疏康熙五年　　江南巡抚韩世琦

窃惟皇图弘远，国用浩繁，当今之所甚亟者，莫财赋若也。然财赋之重首称江南，而江南之中惟苏、松为最。臣详按，其地在《禹贡》本属下下之壤，厥后地窄人稠，小民勤于耕作，渐输上上之赋。今上古井田之制不可复论，自秦而降，率皆税亩。汉初，田租什五税一，文景三十而税一。东汉初，行什一之税。后亦三十而税一。由晋迄唐，至天宝以后，兵革四起，东南之税始增。五季之间，亩收增减不一。至宋而更定税法，江浙每亩不出一斗之外。考之郡志，宋代之征于苏州者，夏税科钱，秋粮科米，约其岁额，共计不过三十余万；征于松江者，科则亦同于苏州，共计岁输不过二十余万。其后，因行公田，赋法杂乱。元初，仍宋之旧。至延祐中，增定赋额，苏州增至八十余万，松江增至七十余万。至于元末，有张士诚窃据姑苏，取民无制，苏州增至一百万，松江亦于旧额有加。

迨故明洪武初，克士诚，怒民之附寇，乃取豪族所收佃户入租之私簿，付诸有司，令加其数，以定田税，遂一时骤加，有一亩征粮七斗以上者。自此，苏州多至三百万石，松江多至一百四十万余石。于是，民困不堪，连岁逋负。至洪武十三年，知取民之不均，命减其额。自七斗五升至四斗四升者，减十之二；自四斗三升至三斗六升者，俱止征三斗五升；自三斗四升以下者，各如其旧。及建文二年，下诏有云：苏、松准私租起税，特以惩一时之顽民耳，岂可为定则，以重困一方？宜悉与减免，照各处起科，亩不得过一斗。未几，永乐夺位，乃尽革建文之政，苏、松之民复罹重赋之厄。至宣德、正统间，民间之逋赋日甚，特遣重臣巡抚其地，清追不能，屡议蠲免，苏州得减秋粮七十余万石，松江得减秋粮三十余万石。然十分止轻其二三，存额尚属烦多。不惟与他处税亩之例相去犹若天渊，即与同省连壤之常州，起科亦甚不侔。从兹以后之主计者，但曰东南财赋之乡，减之则国用不足，勿可易也。自万历以迄于明末，惟有不时额外之浮增，而无复宽省之恩泽矣。虽然明之科征悬有其额，而民之实完于国者岁不过十分之五六。故彼时殿最，苏、松之有司，终明之世，以完及七分者即为上考。徒担重敛之名，原无输将之实。

今我皇清肇造，万化聿新，凡故明弊政，莫不犁然革除。而田赋则一照万历年间之例以为准，其末季冒滥浮加之项固已一切删去，第所照万历年间应征之数载在《新订全书》者，苏州则共平米二百五十余万石，每亩犹有科至三斗七升五合与三斗四升不等；松江则共平米一百二十余万石，每亩犹有科至三斗六升五合不等。切观疆域田土，古今止有此数，与宋元之先无异也，而赋税之输即不能遽比有宋以前之太轻，独奈何三倍于元时乎？故明有虚额而不责其实完，民力难支，已不可言。

今也司农握算，但按《全书》所载，有一项之编征，即有一项之拨解，定限考成，必责十分全完，不则参罚随之。是故，顺治二年以至康熙元年，岁岁压欠，积逋之数动盈千万，而不急图变计，则鸠形鹄面、啼饥号寒之遗黎不胥填于沟壑，必流散于四方。

伏念我皇上仁覆如天，明见万里。去年，察旧欠之难追，悯生民之当恤，特降俞旨，宽免顺治十五年以前逋赋矣。今年又因星变，复颁恩诏，尽蠲顺治十八年以前钱粮矣。真所谓视民如伤，与天合德，直当比隆三代，非汉唐以下所可多见也。

臣之愚昧，窃敢推广皇度，与其民力不胜，逃亡莫保，议蠲于催征不得之后，孰若预涣恩纶，施惠于浮粮当减之先？全民于敲脂剥髓之余，孰若早敷宽政，爱养于元气不瘁之日？扩普天一视同仁，怜吴民偏重之累，将苏、松二府钱粮，仿佛元时制赋旧额，兼照各省现征大例，准与酌量，大赐减省。如云目前军国多需，势难多减，则亦依常州接壤之科则。再若万万不能，亦祈于十分之中稍减其二三，庶皇上子惠元元，率土同观，苏民困而召天休，永培国本于亿万斯年矣。

地方坏弊日甚疏略康熙十年　　　　江宁巡抚马祜[1]

该臣看得台臣条奏：长洲等州县从无升任之官一案，遵行藩臬二司确察，今据详议前来。臣择其苏、松之民受病最切，苏、松之吏受累最深之处，为我皇上陈之。一曰赋役独重，民力困竭；一曰坍占未除，包荒犹在。查苏、松额赋之重，较宋代多七倍，比元朝多三倍。江西袁、瑞二州浮粮已蒙减免，今苏、松事属一例，未邀同仁

---

① 原误作“马祐”。

之视，至沿途马路、烽墩、营堡、公占民田，坍江、坍海、版荒田地，人户包赔。除据详报批行确勘另疏具题外，惟重额浮粮，或照接壤之常州起科，或减十分之一二，统祈敕部酌议减除施行。奉旨：该部议奏。

请浚刘河吴淞江疏康熙十年　　江宁巡抚马祜

该臣看得刘河、吴淞江乃江南苏、松、常，浙江杭、嘉、湖六府积水合流，潴于太湖，此二河，分道入海、走泄湖水之咽喉也。修则六府同其利，塞则六府同其害。历代以来，凡遇淤塞，俱特遣大臣驻扎吴中，专修水利，动支正项钱粮拨充疏浚经费。臣稽考成书，故明嘉隆间吴淞道复淤，太湖四溢，淹没田庐，水患频仍，民生困苦。时有巡抚海瑞条奏疏治，因费大役繁，请留漕米二十万石，又动浙江六府无碍官银，俱充工费，令各处被灾饥民上工就食，修复水利，兼行赈济。水灾宁息，事工告成，刊载典章，班班可考也。迄今已及百年，潮泥日壅，故道全淤。本朝鼎建二十余载，官斯土者惮于工程浩大，所费无资，视为末务，因循不举，以致上年夏月霪雨连旬，潮水泛溢，禾苗悉淹，民居胥溺，积水三月不消，农工废业，人户流亡，总由刘河、吴淞入海之口淤塞涌聚，无从走泄之故也。臣念国计民生，关系重大，钦遵敕书内开江南水利久塞、宜酌量疏浚堤防煌煌天语，敢不悉心讲求？随檄司道府县各官延集士民，博采舆论。又与总督臣麻勒吉、浙抚臣范承谟咨商，疏浚刘河、吴淞故道诚为第一急务，并行藩司，委官丈勘刘河淤道二十九里，共长五千二百二十丈，河面开阔不等，总计人夫三十九万八千四百一十二工，建闸二座，每座工费千金，以备水旱蓄泄，约共需费四万两。吴淞江东至新泾口，皆成平陆，应开四千三百五十一丈。自新泾口迤至赤雁口黄渡，应浚七千五百余丈，修复旧址坝闸约共需费十万两。据司议援引明臣海瑞开浚故事，请留康熙九年分江浙两省漕折银两，用充工费。臣再四思维，当此异常水灾之后，村落饥民逃荒乞食，日以万计，哀号求赈，在在皆然。臣与属官勉力捐俸，分发煮粥，不过苟延旦夕，实切救死不暇，万难佥派民夫，举此大工。若欲徒责地方各官设处捐助，亦终成画饼，势不得不请用正项以济目前急务。仰恳皇上俯念此江浙六郡为国家财赋重地，将苏、松、常三府康熙九年分漕折银九万两，浙省杭、嘉、湖三府漕折银五万两，恩准留充疏浚河工经费，俾各处灾荒饥民就近上工趁食，是修水利之中兼行救饥之事，一举两利者矣。但恐部臣不允，议留漕折，则难为无米之炊，必致贻误地方。惟有再议将估计工费一十四万均派苏、松、常、杭、嘉、湖六府属去年被灾州县，分年按亩输解抵还漕折，不致重罹水患。此出臣万不得已之计。倘蒙皇上轸恤灾伤孑遗，仍赐动支正项，地方幸甚！民生幸甚！

请减浮粮疏康熙十三年 江苏布政慕天颜

窃惟江南钱粮，独苏、松最重，亦惟苏、松积逋从未有一岁照额十分全完者，岂民之尽抗顽而不畏敲朴乎？岂官之尽阘茸而甘误考成乎？臣初至地方，即根究苏、松钱粮所以不完之故，绅民耆老无一不曰："故明之初，重加浮粮，积困难堪。地之所产，租之所入，实不敷于供输，是以民困日甚，不能完额。"臣思苏、松二府田亩粮额，若照各省算科，几有十倍。即以邻郡常、镇科则相形，苏、松亦两倍过之，俱不敢比例请减。假使苏、松重赋，或一官曾经征足，或一县可以全完，或一岁偶完及额，是朝廷实收其用，而小民力犹能胜，相习既久，臣亦不敢请也。臣查康熙八年以前奏销之数，每年欠至六七十万，大半欠在苏、松。即迩来抚臣与臣殚力劝输，康熙十年、十一年考成，虽未完不及一分，而以他属之完，合苏、松之欠，通融算结之数，非苏、松亦能完至九分也。苏、松岁逋累万，断断难清。节年造报，恩诏赦免册、上谕停征册，本折民欠可稽。臣考故明之世，此等州县钱粮完至七八分即为上考。今漕粮升合皆归天储，地丁分厘皆拨正用，有一不完，参罚随之矣。小民之膏血无存，则有司之智勇俱困，甚至那垫以塞责一时，此盈而彼缺，旧补而新亏，在民之收支反混，徒有虚额无实济，积年悬项，仍奉皇恩赦蠲。与其赦免于民力既穷之后，孰若早沛恩纶，培养斯民为万年根本之图也哉！

我皇上御极之初，钦颁上谕，谕户部查洪武以后，因有旧怨，或一处钱粮征收甚重，或一处不许牛耕、教人自耕，此等情由，尔部详议察奏。煌煌恩诏，昭布中外。此苏、松钱粮甚重，正为故明仇怨所加者。臣细查江苏赋税源流，《禹贡》"扬州厥田下下"。唐天宝后，财赋始增。宋宝祐、景定间，苏郡苗米额至三十万，松郡苗米额至二十七万。元世祖时，悉循宋旧。迨延祐中，苏州府夏税丝二万二千余斤、秋粮八十八万余石，松江府夏税秋粮一十五万余石。明洪武初，定天下赋税，官田起科每亩五升三合五勺，民田每亩三升三合五勺，重租田每亩八升五合五勺。惟苏州因张士诚久抗不下，怒其附寇，取豪族租簿，俾有司加税，名为官田。故苏州特重，松江亦然，苏、松粮额共至四百万矣。建文方诏减免，永乐仍复洪武旧制。宣德五年，敕谕减租，每田一亩旧额一斗至四斗者减十分之一，自四斗一升至一石者减额十分之三。正统元年，官田准民田起科，苏、松减额粮八十余万石，从抚臣周忱之请也。当是时，苏州逋赋七百九十万，松江逋亦甚多。忱与知府况钟曲算奏减之，而王鏊犹称民间重额尚未尽除。继此，因漕运解脚递增耗米沿为正粮，并入平米额内，不分正耗。至万历时，代有增加。臣考苏、松旧志及《从信录》《文献通考》诸书，历载沿革甚详。

我皇朝刊定《赋役全书》，苏州府田地九万五千余顷，科平米二百四十五万，岁征本色米、豆一百五万余石，折色银一百二十七万余两；松江府田地四万一千余顷，科平米一百二十一万，岁征本色米、豆四十三万余石，折色银六十三万余两。此照万历年间定赋，而万历年间之赋额比宋已多七倍，比元已多三倍。两郡之民，困于浮粮三百余年矣。如江西瑞、袁等属，故明所加浮粮已奉世祖章皇帝特允，布政司庄应会条陈，磨对旧额，赐予豁免，则苏、松事同一例，可以仰邀天恩。前抚臣韩世琦于康熙四年疏请减额，未蒙部议允行。臣等条议剀切具题，仍未议允。臣非不知苏、松财赋，天下军需所系，难以议减。叠经诸臣条请，何敢再行渎奏？但臣迫切仰吁皇恩者，以臣身在地方三载，设法催科，未能如额，实因民间尾欠，究竟催征不得，原无济于军需。况臣今所请量减，亦仅指催征不得之虚数，于岁入无损，于民困大苏。恭逢圣主在上，将起百代之衰，不使一夫不获，宁忍两郡亿万生灵沉困于故明之弊政乎？臣谨就今日万难足额者而言，每年约有民欠本折三十余万，内荒坍公占者居其一，浮粮难完者居其二。若止得荒坍公占之粮除豁，而浮粮不行减除，则苏、松赋税仍旧难完。今荒坍公占田地除臣另疏奏请勘豁外，其浮粮之难完者亦仅二十余万矣。即以此二十余万，将苏、松田地计算，如极重科则每亩三斗以至四斗外者，每平米一石请减一斗；科则二斗以外者，每平米一石请减七升；科则二斗以内者，每平米一石请减五升；以下地荡山涂等则，可不议减。如是合算苏、松二属田粮本折酌减，与实欠无征之数相仿。在朝廷减其必不能完之数，洪恩已沛而国计未亏；在百姓宽其所万难措办之征，实惠普沾而正供自力，则考成可期全完，而那移之弊从此杜绝矣。

请减浮粮疏康熙二十年　　江苏巡抚慕天颜

窃惟江南钱粮独重于天下，苏、松财赋独重于江南，人人所共知也。因额重而逋赋难清，因积欠而民生日困，又人人所共知也。臣于康熙十三年备员布政使，入觐时遵旨陈言，恭具苏、松浮粮万难完额等事一疏上奏，其中备陈历代增加赋税原委，及故明仇怨重征、江西恩豁有例，缕悉情事，叩请酌减，久达御前，未蒙俞旨。

时值军兴，需饷孔亟。今八载，不敢续陈。伏思我皇上加恩于江南百姓，蠲减赈恤，屡邀特旨，倍极优渥。而江南百姓之急公报效，较之往昔，亦有大可嘉尚者。溯自康熙元年以前钱粮，苏、松民欠每年实有十分二三。即康熙十年至十三年，难完数已及九分。然而存留钱粮未经裁充兵饷，设法先充起运而缓存留，是止算起运之未完不及一分，而合算起存，仍有一二分逋欠不等也。至康熙十四年以来，存留钱粮尽裁充饷，而完额亦至九分以外。是向之稍宽于存留者，今则急公并输矣，比之往时考成，起运正数完足十分而有余矣，况叠遭水旱之时乎？又且官宦加征、士庶捐例，无一不出在耕纴中。逆贼吴三桂反叛之后，王师出征，军需取给于江南不下三千余万，源源不匮，此无他，赤子之寸诚，感戴我皇上深恩，仰体我皇上焦劳，恨不同心灭贼，故不自计其家之有无，互相鼓舞，多方典鬻，竭蹶输将耳。但存此不及一分之民欠，即日加敲朴，断断难完者，非民之不尽力也，更非官之不设法也，实因粮额过浮，法无可设，法无可尽也。今四海荡平，车书一统，向之尽力以报君恩者，切望九重之瀐泽；今之宽仁以培国脉者，实在万姓之休养。臣荷蒙皇上使过之仁，不加斥逐，仍赐降级调用。去位之臣，安敢复言民事？但念人臣去国，义不忘君。受恩深重，睹兹久困民生，今正苏息养元之日。臣不避斧钺，再渎天听。臣非市恩于谢职之日，实为宽息此民所以报君也。臣计苏州赋额平米三百六十六万有奇，臣原疏奏请酌减浮粮二十余万，如上则三斗至四斗外者，每石减一斗；中则二斗外者，每石减七升；下则二斗以内者，每石减五升；其一斗以内之科则不减。在国家正课原止减其必不能完之虚数，在两郡万民共得纾其万难措办之催征。若照江西布政使庄应会请瑞、袁二属浮粮减额，臣之所请更少也。至于民困情状，臣经屡奏；浮粮缘由，载臣前疏，俱不敢琐陈。臣不职，不能为皇上养斯民于乐利，惟庆太平有象，冀伸此愚忱，奠安邦本万年耳。伏乞皇上矜原俯鉴苏、松小民急公有效、积苦宜苏，特赐准臣原疏敕部议，复行新抚臣核定二府田科则酌减数目，造册请旨施行。

请蠲缓压欠疏

江南巡抚汤斌

三吴赋税甲天下，军储供亿仰给实多。我皇上智勇天锡，命将受钺，渊谋睿算，威震海隅而转输不匮。江南每岁本折五六百万，较他省盖数倍焉。我皇上念财赋重地，于军需匮乏之际犹蠲漕免丁，带征漕欠，除一时并征之累。诏到之日，黄童白叟靡不举手加额，感激而泣，以为皇上如天之仁，轶唐虞而超三代，实亘古所未有也。独是漕粮，虽荷天恩，而地丁钱粮自康熙十八年至二十二年，五年并征，民力犹恐不支。每臣一出，士民环马首泣诉，求为陈情者，殆无虚日。

臣以国课关系重大，隆恩未可妄邀，晓以大义，使各勉力输将，而士民皇皇哀求不已。既而思之，使并征有益于国，臣何敢妄有所请？乃于国计无所补益，而下民实为苦累，臣不为奏陈，是为溺职，上负圣恩矣，故敢冒昧为我皇上言之。

臣按苏、松等处，赋额繁重，虽在丰年，所入常不敷所出。乃十八、十九两年异常灾荒，逋欠独多。今年之尾欠，即为来岁之带征。下年之未完，又为次年之并比，陈陈相因，日以增益。小民终岁胼胝，不过亩收石粟，欲正供之外兼完积逋，势必不能。且钱粮之在公家，虽有起存漕项之分，而小民之输将，总一条编，原无差别。未完起存钱粮之民，即是未完漕项之民。今计十八年至二十三年未完地丁，并时追呼。而二十四年新粮，又复起征矣。州县比较，大率十日一限。假使每日轮比一年，则十日仅三日空闲，而七日赴比矣。近城附郭，犹得稍息。其穷乡僻壤，奔走道途，匍匐公庭，欲求尽力农桑，不可得已。设有司见考成期迫，不暇念及民生，或一日而并比数年，则先因某年之欠而加责之，血肉淋漓，哀号之声上干天和，亦所必至也。臣仰体皇上视民如伤之仁，时时告诫有司，既不忍使疾苦遗黎，受此摧残，又不敢以定限考成为之宽假，诚恐民之积欠已多，剜补无术，惟有拼此皮骨以捱征比。官知递年压欠，催科计穷，亦惟拼一降革以图卸担。究之官之更代愈速，钱粮之头绪愈乱，加以蠹役乘机侵欺，小民逃亡相继，国课必至大绌。臣愚以为民间止有此力，并征数年，其输纳不加多，带征一年，其输纳不加少。而分年带征，则官免畏顾考成、那新补旧之弊，民免累日并比、荒废农桑之苦，所全实大也。故敢冒昧叩恳皇上推广带征漕欠之德意，俯俞臣请，除康熙二十三年钱粮尚未奏销，不敢请缓，将康熙十八年至二十二年民欠地丁钱粮，俯照漕项一例，于康熙二十四年起，分年带征，以纾民困。臣又念此数年中，十八、十九两年水旱叠承，地多版荒，人多逃亡，今时已五载，牵连亲族者有之，遗累邻户者有之，所谓有粮无田、有户无人者实实不乏。倘蒙圣恩将此两年概赐除豁，自二十年后分年带征，务期全完，在民既无并征之累，在官又无虚悬之额，然后律以考成之法，小民亦各有心，既感皇恩，又怵功令，谁不踊跃争先以完正供？此实有裨公帑、无损国计，而江南士庶歌咏皇仁亿万斯年，永永无极矣！

请蠲苏松浮赋疏康熙二十四年　汤斌

臣惟财赋为国家根本之计，而苏、松尤为最重之乡。臣以庸碌谬抚兹土，见钱粮屡年拖欠，每当奏销之期，多有尝欠至五十余万，最少亦不下三四十万。夙夜疚心，惧无以仰佐国计，恒惴惴不安。初疑怠玩，继疑豪强之顽梗。乃一载以来，询问耆硕，体察民隐，间尝巡行阡陌，访田则之高下，考征科之多寡，然后知苏、松逋赋实由民力维艰。斟酌调剂，贵在及时。敢悉心为我皇上陈之：

苏、松土隘人稠，一夫所耕不过十亩，而倚山傍湖，旱涝难均。即丰稔之岁，所得亦自有限。而条银漕白正耗以及白粮经费漕赠五米十银、杂项差徭，不可胜计，而仰事俯育、婚嫁丧葬举出其中，终岁勤动，不能免鞭朴之苦。故苏、松俗好浮华，而独耕田输税之农民艰难实甚。两府与常、镇、嘉、湖皆壤地相接而赋额轻重悬殊。即江、浙、闽、楚并号财赋之乡，区区两府，田不加广，而可当大省百余州县之赋，民力所以日绌也。夫两府田赋之重，固起自明初。臣尝考洪武年间，籍张士诚将民私产号为官田，赋额特重，而民田之起科较轻。永乐以后，漕运愈远，加耗滋多。宣德、正统间，巡抚周忱奏减苏州租七十余万石、松江租三十余万石，民困稍苏。至嘉靖初，苏州知府王仪请行均田之法，尽括官民田而裒益之。当时稍救官田之敝，但正耗兼配科则繁杂，吏易为奸。其后以耗米作为正粮，又运诸费额外取之于民，因事派征。又如所谓九厘地亩之类，日渐加益，非复正、嘉以前之旧。至启、祯时，军饷孔殷，加派日繁，民不堪命矣。

本朝定鼎，田赋悉照万历年间则例，尽革明末无艺之征，洵称救民水火。近年，因时制宜，如白粮经费、运军行月、永折加价等项载在《全书》。其官收、官兑之法，最称便民，不可更易。然亦因明朝赋重役繁，以耗作正，不得已为此补救之计，而民力则已殚也。顺治初年，钱粮起存相半，考成之例尚宽，后因兵饷急迫，起解数多，又定十分考成之例，一分不完，难逭部议。以四十余万钱粮之州县，至与小县钱粮不上数千或仅一二万者，一例考成。官斯土者，虽贤如黄霸、鲁恭，何能自免谪谴？夫人千里而来为吏，谁肯以催科无术，甘心自弃？一存顾惜功名之念，则展转苟且之计必生，或以存留而抵起解，或以此项而借彼款，或以新粮而抵旧欠。参罚期迫，则以欠作完。赔补维艰，又以完为欠。种种弊窦，莫可究诘。一经发觉，身家俱丧。官之更代日勤，蠹胥因之作奸，头绪纷淆，侵渔任意。虽严加追比，究之款额空悬。惟二十二年适遇岁丰，二十三年荷蒙圣恩蠲漕，故仅有一二县地丁全完，而仍多挂欠，又以年外报完，未副议叙之例。夫人才力不甚相远，岂他省之吏干济独优而苏、松之官催科偏拙？良以百姓之脂膏既竭，则有司之智勇俱困，而前途之功名绝望，则官箴之砥砺难期，心已灰矣，地方何赖？吏治人才皆足惜也，积欠年久，惟待赦蠲。我国家弘敷大赍，每一赦诏，苏、松免租多者百万，少者七八十万。是粮额虽重，原非可完之数，与其赦免于追呼既穷之后，何若酌减于征比未加之先，使得完肌肤而乐升平，且无损国家岁入之实数乎？

苏、松版荒，所在都有。臣常委官履亩踏勘，非尽石田不可耕也，只因田不抵赋，力难任役，一户逋逃，数家株累，小民畏惧，不敢承佃。倘蒙圣恩稍赐宽减，其孰不踊跃复业？数年之后，按亩升科，将见田额渐增，国赋日裕。是蠲无益之虚额，而收垦田之实课也。前此诸臣，累累陈请，适当军兴旁午、饷需告匮之日，且俱言前朝苛政，欲复宋元之旧，事势难行。今赖皇上德威远播海表，日出之邦、绝域不庭之国，莫不稽首来享，奉琛恐后，斯正国家休养蒸黎、培植根本之时。上年銮舆亲巡，洞见村落萧条，深轸圣怀。又蠲漕免丁，带征积欠，深仁厚泽，沦肌浃髓。白叟黄童，感极而泣，以为生逢尧舜之主，视民如伤。若地方官能以民艰上闻，必当大沛恩膏，起三百年之痌疾。臣身在地方，义无可诿，不敢远引宋元之说，亦不敢比常、镇、嘉、湖之例，惟叩恳我皇上念民力之已竭，察虚额之无益，宸衷独断，涣发德音。及此纂修《简明全书》之时，传集廷议，将苏、松钱粮合盘打算，各照科则，量减一二分，定适中可完之实数，无存过重必欠之虚额，再将科则稍加归并，使简易明白，便于稽核，或将赋额最重州县另立劝惩之典，不与小县一例考成，使守令知可以久任、可以升迁，不至苟且因循，事务废弛，庶几野无不耕之土，户无不完之租，民力裕而吏治清，税赋充而国用足。亿万年太平、无疆之休端在是矣。臣非不知赋额久定，未便更张，但体国经野，贵永久而无弊，苟有未善，正宜变通，况前朝之苛政乎？我皇上神圣立极，事事垂法万世，此尤关国计民生之大者，宸谟远算，总自睿裁，非微臣所能仰赞也。

请减苏松浮粮奏

雍正三年三月十七日，管理户部事务怡亲王等折奏：钦惟我皇上念切苍生，勤求民隐，惜闾阎之疾苦，咨稼穑之艰难，赈济蠲除有加无已，赐租减赋动盈数千百万，德洋泽溥。凡海隅日出之所，无不被沾浩荡，仁心实政，诚亘古史册所未有也。

臣等伏查苏、松田税，宋时每亩输赋一斗，元时水田不过五升。明太祖因苏民为张士诚固守不降，尽籍诸豪族及富民田以为官田，按私租簿为税额，每亩四五斗、七八斗至一石以上。苏州一府，秋粮至二百七十四万六千余石。时民田仍照元时之额，岁输仅十五万石，余皆征之官田。松江官田略少，秋粮亦至一百三十余万石。计苏州田、地、山、荡、滩、溇等共九万九千九百余顷，松江田地等四万八百余顷，以宋时均税一斗合算，苏州正额只应一百四十万余石，乃加增二百六十四万余石，几二倍于原额矣。

至宣德时，以苏、松官田租额太重，递减二分、三分，苏、松二府减七十余万石。巡抚周忱定均耗之法，以官田税额摊派民田，每亩税额少者一斗九升，多者三斗六七升不等。其后以二府额粮太多，地产米石不敷，始于平米内改征条折，此地丁等项折银所由始也。

嘉靖时，增江浙赋税百二十万，苏、松又在加增之内。嗣后，东南被倭，又有额外提编之加。万历时，又每亩加增九厘，后于九厘外再加三厘。自宣德递减之后，嘉靖、万历时复递增浮额三十余万。于是二府之民，终明之世，困于重赋。

我朝平定海内，悉除前明苛政。各省赋税，凡嘉靖以后加增者概行蠲免；洪恩浩荡，万民乐业。惟苏、松二府，明代屡增之额，因未经详晰奏请，至今仍旧。伏查苏州府条折、兵饷、徭里、人丁、匠班、随漕经费等项，岁征银一百六十二万六千九百两零，松江府条折、兵饷、徭里、人丁、匠班、随漕经费等项岁征银八十三万三千五百三十两零。苏州府正耗漕白等项岁征米九十七万五千二百三十石零，松江府正耗漕白等项岁征米四十一万八千五百八十石零。其岁征额米，历年以来，民间输纳完者居多。且天庾正供，兵食攸关，无庸请减。惟额征地丁银项，每至次年奏销之期，苏州一府民欠必至三十余万两，松江一府民欠必至十五六万两，积累数年，动至三四百万。幸遇圣朝特施旷典，蠲免宿逋至数百万。而数年之内，粮户日受追比之苦，地方官亦因承追而罢去者多矣。此虽有额征之名，而无征收之实也。

我皇上心周蔀屋，洞照万里。雍正二年，江西南昌府属明初加增浮粮已蒙恩旨酌减宽免。今苏、松浮粮事同一体，但从来加浮之额为数太多，国家经费浩繁，理难照减。查苏州地丁银一百二十九万五千余两，松江地丁银六十七万四千余两，或应酌减几分。臣等不敢擅拟，仰候皇上钦定。此实出自圣主旷代特恩，非苏、松二府臣民所敢冀望。倘蒙俞允，伏祈敕下江南督抚、布政司，将所减银两作何分减之处，秉公均派，无少偏枯，则二府十二州县百万黎元之子子孙孙咸永戴高天厚地于千万世矣。臣等谨将苏、松二府每年实征地丁等项银两数目、漕白等项米石数目并自康熙五十七年至雍正元年民欠地丁钱粮数目开单呈览，为此谨奏请旨。

减额蠲荒议略康熙十一年　　　　江苏布政司慕天颜

为地方之敝坏日甚等事，奉宪行开准吏部咨开，通查所属地方从无升任之官，因何事故，悉心确察，作何调剂，不致枉弃人材缘由到司。本司遵奉宪檄，采集属郡之议，直陈其重大切要者二端：

一则曰钱粮额重，征输难完。夫江南赋重甲于天下，而苏、松二府尤甚焉。计其额粮，不惟较他省轻重悬殊，即较接壤之常、镇，亦已倍而有余。考其由来，明初以张士诚窃踞苏州，怒地方之附逆抗顺，遂取民间租籍，照额定课，故常、镇之田每亩科平米一斗五六升，下至八升、五升不等，苏、松独有浮粮重额，在明朝虽已屡减，犹每亩至三斗七八升至三斗一升、二斗五升、二斗三升，下则之田亦科一斗九升。

夫收租不能倍于他处之产，而输课独多于他处之额。岁丰则谷贱伤农，入不敷出，一亩之租未能完一亩之赋；岁凶则颗粒无收，追比不应，一亩之粮反增数亩之费。富者贫，贫者逃亡，小民膏血无存，有司智勇俱困，付之无可如何。且额征之课，奉拨紧饷，完解稍迟，即应谴责，席不暇暖，已造交盘，故削职者殆无虚岁，而逋赋者终成逝波。今通计苏、松二府自元年起至九年止，按民欠未完存钱粮凡十二万有奇。司府之催解，已笔秃而唇焦；州县之敲追，至血飞而肉烂。官徒削籍，饷竟虚悬。此实因赋重以致敝坏而枉弃人材也。

一则曰坍荒田地，缺额无补。夫三吴州县，有地处极高，遇旱则无水可戽者；有地处极低，遇潦则连河漂没者。如此硗瘠之区，全借雨旸时若，庶几可望薄收，否则终岁勤动，无颗粒之登。然而皇恩犹可拯援，良吏犹能补救。若板荒、坍江、坍海、公占田地，未经请豁，累民包赔，其苦实甚焉。

沿江沿海州县，如太仓、嘉定、常熟、上海等处，怒潮冲击，沃壤立付洪流；沙土倾颓，片刻能消数顷。始也坍去犹少，摊赔已属难支。继而日削月深，逋赋渐多，逃绝无田无主，县官向谁征索？其不束手挂惢，岂可得乎？至板荒之田，大抵在高燥之区，佃户抛逃，业主故绝，相沿数十载，一望不毛。即使广为招募，给以牛种，土坚如石，苇根盘结，难于犁锄。况地绝水源，栽种之后，仍无灌溉，断难开垦升科者。此坍荒之害，额粮从何措办？

此外则又有公占之处。公占者，马路、桥梁、烽墩、土堡、营房等类是也。太仓、常熟、昆山、嘉定、上海等州县俱有公占田亩，及长洲、丹阳、武进、无锡逼近官塘去处，又有马踏荒田。国家为封疆之计，立堡设墩，修筑马路，无非保护斯民。但沿海各省，迁截界外田粮，例俱蠲豁。此虽非迁截者比，然地已为朝廷公用，贫民且悲失业，岂堪又苦赔粮？不知当日有司何不申请豁除痼害，一至于此？

今通计苏、松、常、镇坍江、坍海、板荒、公占、荒田未完各年钱粮不下数十万。在有司即八面长材，未有不力竭计穷，蒙冤削职，实为此荒缺以致地方敝坏而枉弃人材也。

夫额赋之繁重如此，荒粮之逋缺如此，而明季时，州县有司完及八分者，即得报最，故犹闻有升任之官。即我朝功令綦严，征解钱粮必期十分完足，而世祖章皇帝时，未完不及一分者，亦予免议。今则未完一分以下者，州县罚俸一年，司府罚俸半年，俱停升转。夫各州县额征起存地丁虽多寡不等，分厘俱关考成，即使赋非重额、田无荒废，而巨万金钱岂能零星尾欠？概以严法绳之，惟有坐受参处。然就州县而言之，犹或有勉完及额者。至于知府管辖各属，此县即已报完，彼县又或挂欠，此项偶或无欠，他项又仍未完，参差不齐，势所必有。而统计其管辖应完之数，稍欠分厘，即列住俸之条，似非鼓舞激劝之道。如苏、松、常、镇四府，无一岁能全完，无一岁不参罚者矣。藩司统辖岁额三百五十余万，苏、松等处四郡钱粮最繁，镇或完而常不完，常、镇或完而苏、松不完，总计岁额即使竭蹶督催，或不欠至二分之多，亦止能完及九分以外，若概以他省钱粮易完之藩司一例奏考，自不免挂名参罚矣。

为今日计，请宪台特赐具题亟为调救之方，以垂永久之利。苏、松二郡额赋量为酌减，即不能如他省之轻，亦得照常、镇科则，一体分别征输，则民力稍宽一分，国课总收实效而民困可苏矣。

坍海、坍江、板荒、公占田地，见在遴员诣各属州县逐一踏勘造册，呈宪达部，请赐豁除赋粮。其板田荒地有尚堪招募开垦者，力能设法劝输垦种，许以五年后升科，有司仍准纪录，则虚粮既豁，款项亦减，无包赔挂欠之忧矣。其考成则例，即不敢过望宽息，请照世祖章皇帝旧例，未完不及一分者准予免议，则司府多方督征，长吏安心比解。如是，而地方之官犹不能整顿精神以树尺寸之效者，此庸钝不肖之才，又何有枉弃之嗟也？

覆详节略 慕天颜

看得苏、松两郡土田在《禹贡》昔称下下，赋额原未浩繁。自唐天宝而后，东南赋额始增，然亦不至重困。继此以降，苏州府粮额，宋宝祐年间，苗米二十八万八千六百石，增至三十万三千三百八十石；松江府粮额，宋景定间，苗米加征一十五万八千二百石，并绍熙间旧额，共二十七万五百一十六石。元延祐中，苏州额赋夏税丝二万二千四百斤，秋粮八十八万二千一百石，轻赍钞二千二百锭；松江府夏秋二税六十五万三千九百余石，又加九万一千九百余石，共七十四万五千余石。此宋、元二朝之往额，载在志籍者也。

明洪武初，定天下赋税，官田起科每亩五升三合五勺，民田每亩三升三合五勺，重租田每亩八升五合五勺，芦地每亩五合三勺四抄，草塌地每亩三合一勺，没官田每亩二升。惟苏州因张士诚久抗不下，怒地方之附逆，乃取诸豪族租簿，俾有司加税，故苏州特重，而松江、嘉、湖次之。至十四年春，命户部减其额，凡一亩科七斗、五斗至四斗四升者减十之二，四斗三升至三斗六升者俱止征三斗五升，其以下仍旧。建文二年，诏减江浙租赋，云：苏、松准私租起税，特以惩一时之顽民，岂可为定则，以重困一方民？悉与减免，照各处起科，亩不得过一斗。永乐间，仍复洪武旧制。宣德五年，又敕谕减租，每田一亩旧额一斗至四斗者各减十分之二，自四斗一升以上至一石以上者各减十分之三，令嘉、湖、苏、松等府官田准民田起科，每亩秋粮四斗一升以上至一石者减作二斗七升，二斗七升至四斗者减作二斗一升，一斗至二斗者减作一斗。从巡抚侍郎周忱之言也。按周文襄本传称：是时，苏州额粮二百九十余万石，民不堪命，流亡日多，遂逋额七百九十一万余石。忱乃与知府况钟曲算奏减八十余万，而王鏊犹称民间重额今未尽除。凡此沿革旧额，苏松志、《从信录》纪载甚详也。自后田赋相沿。弘治以迨万历年间，虽曾丈量复定赋税，大约有增无损，民困日深。则是苏、松浮粮，周文襄虽已奏减而困累尚多。宁不有待于我皇上尧舜之再生，弘施浩荡者乎？

今按本朝《赋役全书》：苏州实在田地九万五千一十九顷二十八亩零不等，斗则共科实熟平米二百四十五万八千八百五十六石零，派征本色米、豆一百五万八千三百五石零，税徭折色银一百一十七万四千一百三十一两零；松江府田地四万一千二百三十四顷八十亩零不等，斗则共科平米一百二十一万一千四百九十二石零，派征本色米四十三万三千九百二十一石零。照宋多增七倍，照元多增三倍。

二郡民生积困三百余年，未有不髓竭血枯，驯至不可救药者。然明时地方之官，犹能保全升任，盖因完粮至七八分，即注上考。巡抚朱大器曾有完及八分官得升迁之疏。是民间尚有可缓之二分，稍得存活。今则考成迫切，功令森严，有司即八面长材，无不束手坐困，而苟全功名之念，一时催提紧急，势必那移补垫。一年奏考或完，通任之逋缺愈甚；上年之额课或了，今岁之新赋又亏。且前官以逋欠而镌职，后官接任，复将新征之银代前官垫解，以致本任交代，递垫递缺，牵混不清，被参听勘，莫不颠连困苦。

本司忝任钱粮之总，若不痛切力陈，有负朝廷任使之意。窃有所不敢，而亦何以自安也。今遵宪檄，查顺治十八年上谕已于坊刻《治平略》内，江西布政司王廷疏中恭述。又昆山绅士向刻《苏松浮粮汇考》内亦载此条。今具备呈，并《姑苏志》《从信录》及前抚韩于康熙四年间《请豁浮粮疏稿》并陈宪屯其江西南昌、袁、瑞三府题豁浮粮缘由，一载《治平略》内，又松江绅耆《备录便览》一并呈阅，伏祈宪台详加采择。稽宋、元之旧额，则知苏州田赋原未倍于他省之科征；近访江西之豁除，则知往代浮粮久已邀圣朝之悯鉴。况天语痛革从前仇怨一方，征收甚重之害，正苏、松二郡得解倒悬之时。若蒙特疏具题，斟酌于宋、元、明之间，或照他省一例起科，或即照常、镇一体定则，将民困少苏，国课无缺，本固邦宁之计，亿万年泽被无疆，而地方有司展布才猷，不终枉弃，又其后焉者也。

至于各属板荒、坍缺、公占田地，查太仓州荒占田六十六顷八十五亩零，嘉定县积荒抛荒田一百九顷一十四亩零，于彻骨之累等事案内覆勘；长洲县抛荒田二百六十六顷九十六亩零，于板荒奉旨核蠲等事案内覆勘；常熟县荒田五百七十三顷九十亩零，于查勘荒田事各案勘报；松属之华亭县板荒田一百一十八顷三十九亩零，娄县板荒田荡一百八十一顷二亩，上海县板荒田五十六顷四十九亩零，青浦县板荒田四百四顷四十亩零，俱于板荒为累等事案内查勘。常属之宜兴县板荒田三万二百七十九亩零，于哀吁积尾等事案内查勘；镇属之金坛县积荒田七万五千八百六十五亩零，于钦奉上谕事案内题豁；又徐州板荒田四千七百二十五顷一十七亩八分八厘，蒙总漕部院帅具题在案。此外尚有昆山、丹阳等县，俱有板荒、公占田亩，仰候汇查造册申报。夫此坍板荒田，又不特浮粮之累，盖彼尚有田可种，岁收薄敛，不足完公。此则并无地可耕，典鬻路穷，奚堪倍累？至公占田土，皆系顺治年间为上差会阅沿海安置营房、台寨，修筑马路、桥梁地，已公用，粮未豁除，俱恳宪恩并赐题豁。

兴筑娄江石塘申文万历四十二年　〔明〕胡士容

长洲县为兴筑石塘事。知县胡士容窃照得：三吴固为泽国，而长洲益复低洼，所恃为障水、蓄水者，独有修筑塘岸一节耳！其在乡塍岸听民自筑外，查得娄门外之东接昆山，齐门外之北接常熟，葑门外之南接吴江。此又当湖水之冲而为水陆通途，尤其最紧者也。

然娄江塘较之葑、齐，又自不同。地如釜底，东通大海，南达沙湖，北接阳城、巴城诸湖，名曰至和塘，实娄江故道，为东南诸水入海之尾闾，又系军民二运粮艘出入、上司飞递公文、商贾往来络绎必繇之要道，修筑更宜先耳！乃每每修筑，不过编篱为捷，插木为桩，所以一遇霪潦，洪水泛涨，风浪冲决，灌田没路，徒费徒劳，其何济乎？

职益反覆踌躇，以为此非若常、昆之石砌，决不可耳！已经督同水利主簿张稜临塘勘量，自娄门外下纤埠头起，至昆山界止，共长六千六百四十五丈一尺，内除前任知县韩原善详支官银筑过陆泾灞、西张泾等处样塘一百五丈，其未筑六千五百四十丈一尺，合用青石每一丈计，一层价三钱七分八厘，四层该银一两五钱一分二厘；每丈桩木大小十根不等，价三钱七分；每丈用灰三十七斤八两，该银三分；石匠錾凿做光，筑砌扛桩，每丈工食银四钱一分；断桩削尖，每丈工食银八厘，计一丈共银二两三钱三分，总计该银一万五千二百三十八两四钱三分三厘。又夹水内塘八百八十丈三尺，议用黄沙、乱石筑砌，每丈料工银一两二分，计该银八百九十七两九钱六厘。又查东西龙溇、彝亭泾、戚家泾等处，水势极深，应添大塘石一层，共用石一百三十丈，每丈价银四钱二分算，该银五十四两六钱。及查坍坏朱泾、宪济、周泾、新桥四座，共估料工银三十六两三钱四分，四项通共该银一万六千二百五十七两二钱七分九厘。查得本县四十一、二两年分，原编导河夫银六百两，并查东库现贮各院道府项下入官、还官、变易、盗赃、失风、无主、无碍银九百六十六两七钱四分六厘五毫，余及本县项下赎罪人犯银两已收者，并将支用办料鸠工。余少银两，俟职再行陆续议处，申请济用，庶蓄水障水有备无患，而泽国丁田少有所瘳，不但便民之涉而已矣！

石塘工完申文万历四十三年　胡士容

长洲县为兴筑石塘事。奉本府帖文，蒙苏松兵备道俞宪牌备蒙抚、按、漕、盐四院申详筑造塘工缘由前事，仰府官吏即查筑造娄门官塘工式所估料价是否实数，所议动导河夫银及见贮各院道府各项官银中间恐有不应动支，设或吊取，作何抵补？其估用工料余少之数作何设处，一一酌议妥当、申报等因，备帖到县。

今该本县知县胡士容看得：塘工浩大，搜查帑金得十分之一。当此公私交困，兴是巨万之举，又不得不多方设处，盖既图兴利，赖于斯民，自不敢恤一身之劳瘁。原详各院道入官等项钱粮，切思边海之邦，宜备不虞，仍听贮库不动支外，先将导河夫银与职所捐俸薪、赎锾共银八百六十一两给发办料，委主簿张稜选择诚谨耆民邹廉、郑大淳、余栎等董督，于四十二年二月十九日一面兴筑，一面劝谕阖郡士民义助。有乡绅先达大学士申时行等，举人徐洌等，监生翁正学等，生员盛际等，本县县丞汪其俊等，商民汪芳、张邦篚等，一倡百从，共捐助银三千六百八十四两九钱七分零。民邹廉、许策、夏奉石等愿捐己资，共助筑过青石塘一千七百九十四丈五尺；监生顾绪余等助筑过青石塘六十丈五尺；生员顾维桢等助筑过青石塘八十九丈。及蒙抚、按两院并本县详罚李廷言等筑过青石塘七百二十二丈，桥二座；又蒙院、道、府详允发下变易通倭赃货银二千两、监生王腾宇银一千五百一十两五钱八分，本县项下罚追胡试等银一千二百四十三两三分三厘，通共银九千二百九十九两五钱八分三厘。又该职亲诣塘所，备细覆估，其青石外塘，原估照昆山事例，今每丈减去工料银三钱三分，实该银二两，共给发银七千七百四十八两一钱七分。筑完青石外塘三千八百七十四丈一尺，又给发银八百三十二两六钱九分七厘。共筑完黄石内塘二百十七丈八尺，修造朱泾、宪济、周泾、新桥四座，杨泾、萧泾、陆市、司马、吴泾等桥六座，泄水平桥二十六条，并东西龙溇、戚家泾等处水势极深处所增大石、木料等项，于本年二月二十八日完工。讫所有耆民、宕户、石工等领状包固甘结，在卷申报外，又用过兴工破土祭礼等项银三两六钱七分，竖立界址石牌、城砖、砌灰、桩木等项工料银一十一两三钱三分，俱有案卷。又查得塘工大举，尤宜慎始图终，日夜不无坍塌，所宜预为防备。今查除完讫存银七百三两七钱一分六厘，内听会同吴县、吴江见行修筑宝带桥工二百两外，相应于内动支银三百两，委端谨耆硕，择买膏腴常稔田，召佃管种，另立印簿，岁收花利积贮，专抵修塘之用。日后设或冲颓，务令估勘，明确动支修筑，不得别项那放，以滋浸没。伏候详允，一并勒石。余银二百三两七钱一分六厘，听抵刊刻碑石与夫刷印书册，及备木扁、花红、给赏塘工事内效劳员役等项，另文申报。

置修塘义田申文万历四十三年　胡士容

长洲县为兴筑石塘事。案奉各院道批详前事，该知县胡士容，将塘工省存银七百三两七钱一分六厘，内除听修宝带桥二百两，又听勒碑册、给扁等项银二百三两七钱一分六厘，计遵动支银三百两，唤令原委督工诚谨殷实耆民邹廉、郑大淳、俞栎各项银一百两，选买沃腴常稔园字等圩上则田共计一百五十亩，每岁收租，除办税粮外，每五十亩应收纳租米三十五石，计准银一十七两五钱。但官田与民田不同，官佃与民佃少异，宜照民间稍示宽恤，每五十亩再减租银二两五钱，止令纳租银一十五两，计一百五十亩共应取租银四十五两，丰年不增，凶年不减，岁以为常，无容更变，庶几乐佃乐输，而民无逋岁，官有实用矣。

再照义田一节，田既属之官，田租亦属之官租，其非民间所得侵逋，明矣。所虑者，官府之那借，掾胥之干没耳。抑或度支不足，遂旁启别门，而岁月延淹，视为故事。每见利弊移人，即贤者不免，是不可不图永久策也。

盖职向者区区之意，自娄江塘之外，尚欲南筑葑塘以接松陵，北筑齐塘以接海虞，而属以民穷财尽，大工不可一时并举，故止筑此四十五里，即复以余银置田，岁积钱四十五缗，铢积寸累，度十年便足为葑塘之用度，二三十年便足为齐塘之用。后有贤者，家视其事，可不必再借力于民矣。

若夫今日之塘，亦既坚厚，且十年之内，自有匠工包修，其认状具在，而何所用官帑为？即用之，或取之一二年足矣，岂必岁岁而用之？政惟岁岁不用，则租可贮而息亦可长，岂非贤智者他日之事乎哉？伏望檄下本县，遵令勒石，仍立为册，自今伊始，田亩分圩开注于前，租数逐年登记于后，凡出纳之数，一一必书。其非塘工以内，一毫不许动支。每遇岁终，验数贮入，并送查盘。银及百两以上，即仍令买田，岁收花利如初。倘有奸胥冒破，及指称动支塘外别用，或虚立修塘名色付取，称为公费，必吏引侵欺之律，官严簠簋之条，庶田租、水利还相为济，而台恩宪法永施不穷。职今日之任劳任怨任谤，或可谅于数十世之后也。今将田亩圩号丘段及佃户姓名一并开报，拟合申详。

至和塘考　〔宋〕沈括

至和塘自昆山县达于娄门凡七十里，自古皆积水，无陆途。民病涉久，欲为长堤抵郡，无处求土。嘉祐中，有献计就水中以蘧篨为墙，栽两行，相去三尺，去墙六丈又为一墙，亦如此。漉水中淤泥，实蘧篨中，候干，则以水车畎去两墙间旧水，墙间六丈，皆留半以为堤脚，掘其半为渠，取土以为堤，每三四里则为一桥，以通南北之水。不日堤成，至今为利。

版荒减则原详本府申文乾隆元年九月廿四日 张若㸌

元和县为援例详题改则事。窃惟则壤成赋，原因地土之腴瘠，定科则之重轻。兹查卑邑分管田地，《全书》开载版荒田、地、山、荡捌拾玖顷玖拾玖亩有零，向已另编科则，止征荒折，不办漕粮，但每亩额征重者有至壹钱伍陆分不等。卑职因公下乡，留心察看，或草根蟠结，泥石如骨；或水滩洼地，非漏即淹。一切禾稻杂粮，皆不可以种植。间有生长柴草，抵办折银什不偿一。是以卑县应征荒银壹千壹百叁拾余两，历来逋欠。一遇催追，小民惟以赔粮哀吁，诚为可悯。

卑职已于通饬查报坍案内附达宪聪。再查卑邑所辖贰拾柒都南伍图内有漕则田荡五顷八十亩零，原系版荒。康熙十七年清丈，改作漕田。然地实低瘠，历年积水，丰年不登。现今水淹，并无生植，似应仍改荒则，一并减征。正在逐一查勘核明版荒原案，造册详报。

间接奉宪台转，奉藩宪札开，照得昆、新两县坍荒田荡，现奉特恩谕，查地方有司当钦遵速办，务使实在赔粮者早除积累，可以办纳者酌量定则。坍者系滨临何湖何江？果历年冲削，实在并无形迹。荒者又因何缘由？现在出产何项？每亩每年可以办银若干？应将某则？照减某则？应令印官详细确勘，绘图造册，取具印结，速详该府应须严加稽察，毋任遗漏。荒坍转将熟田混冒等因到府，转谕下县。仰见圣明，诚求保赤。各宪念切民依，卑职忝居民牧，敢不敬谨办理？

除坍没、公占等项田地，核册查勘，归本案另报外，伏查卑邑前项荒田不植五谷、止生柴草，计每亩原额征银自壹钱陆分至柒分陆厘零不等，应请照荒地科则，每亩征折银陆分玖厘伍毫。其版荒荡亩，不堪种植，惟长游草，计每亩原额征银自肆分柒厘零至贰分壹厘零不等，应请照荒山科则，每亩征折银壹分伍厘伍毫零。用敢分晰区图田荡，援照昆、新两邑裁减浮粮恩例，造具细册，呈恳转请具题。倘得仰邀旷典，则阖邑黎民咸沾宪德于无既矣。

奉宪勘验核题节略 张若㸌

元邑分管田地，《全书》开载有版荒田、地、山、荡八十九顷九十九亩有零，地土瘠硗，不能种植五谷，是以丈列额外另编科则，止征荒折，不办漕粮。每亩额征重者至一钱五六分不等，额征荒银一千一百三十余两，历来逋欠。

再二十七都南五图内有漕则田荡五顷八十亩零，原系版荒，于康熙十七年清丈之时改作漕田，然地实低瘠，历年水淹，并无生植。乾隆元年，钦奉恩诏，裁减昆、新两邑浮粮，遂于九月援例具详，请将前项荒田照荒地科则，每亩征折银六分九厘五毫，其版荒荡亩照荒山科则，每亩征折银一分五厘五毫零。

奉院司批委总捕厅勘验得实，除坍占田荡七顷七十八亩四分九厘三毫另案汇请豁粮，又则赋相当田荡二十二顷三亩五分四厘五毫毋庸请减外，实荒田荡六十顷一十七亩八分一厘五毫。南五图下低田荡二顷一十三亩四分一厘五毫，概系硗瘠不毛水滩洼地，援照荒地荒山并减，业经造册核题。

卷三十

艺文

吊阖闾赋　〔明〕王鏊

昔阖闾之霸吴兮，卒托体乎兹丘。慨往迹之日湮兮，曾不可乎复求。峰峦纷环合兮，浮屠台殿郁以相缪。叶。忽平冈之坼裂兮，剑池滃沦而深黑。俯莫测其所穷兮，仰不见乎白日。两崖嵚崎而斗啮兮，又巉岩而斗绝。信天造之险巇兮，为神怪之窟穴。将举首而闚其浅深兮，先魂惊而惨栗。彼吕政之雄哮兮，力驱石而填海。将破山而求之兮，藐不知其所在。宜元之之不信兮，谓往牒之我绐。岁正德之协洽兮，剑池忽焉其枯涸。何昔日之滃沦兮，今山径之峣崅。伊水旱之常数兮，非予心之所度。石嵢谺而双敞兮，类墓门之颓驳。试往造乎其间兮，将举首而旋却。始沮洳以忽明兮，谅欲退而不可。俨凑题之可扪兮，森怪石之欲堕。岂漆灯之将灭兮，若有俟乎王果。唉吴王之物化兮，求仿佛之不见。想澒池之既尘兮，何有玉凫与金雁。彼槃郢与扁诸兮，疑此语之为幻。何千年之神闷兮，忽一朝而呈露也。旋黯然而复闭兮，殆神物之呵护也。前骊山之强项兮，后会稽之妖珈。锢南山其犹有隙兮，信多藏之为害。独空空兮以保全兮，因兹丘而增慨。

虎丘剑池赞　〔宋〕张栻

湛乎渊停，其静养也。卓乎壁立，其自守也。历四时而无亏，其有常也。上汲而不穷，其用不胶也。其有似于君子之德乎，吾以是徘徊而不能去也。

上吕相书　〔宋〕范仲淹

姑苏四郊略平，窊而为湖者十之二三。西南之泽尤大，谓之太湖，纳数郡之水。湖东一派，浚入于河，谓之松江。积雨之时，湖溢而江壅，横没诸邑。虽北压杨子江而东抵巨浸，河渠至多，堙塞已久，莫能分其势矣。惟松江退落，漫流始下。或一岁大水，久而未耗，来年暑雨，复为沴焉。人必荐饥，可不经画？今疏导者不惟使东南入于松江，又使东北入于杨子江与海也，其利在此。

夫水之为物，蓄而渟之，何为而不害？决而流之，何为而不利？或曰：江水已高，不纳此流。某谓不然，江海所以为百谷王者，以其善下耳，岂独不下于此耶？江流若高，则必滔滔旁来，岂复姑苏之有乎？矧今开亩之处，下流不息，亦明验矣。或曰：日有潮来，水安得下？某谓不然，大江长淮，无不潮也。来之时刻少，而退之时刻多。故大江长淮会天下之水，能毕归于海也。或曰：沙因潮至，数年复塞，岂人力之可支？某谓不然，新导之河，必设诸闸，常时扃之，以御来潮，沙不能塞也。每春理其闸外，工减数倍矣。旱岁亦扃之，驻水溉田，可救熯涸之灾；涝岁则启之，可疏积水之患。或谓：开亩之役，重劳民力。某谓不然，东南之田，所植惟稻，大水一至，秋无他望。灾沴之后，必有奇疫。乘其羸惫，十不救一，谓之天灾，实由饥耳。如能使民以时，导达沟渎，保其稼穑，俾百姓之不饥而死，曷为其劳哉？民勤而生，不犹愈于惰而死乎？或谓：力役之际，大费军食。某谓不然，姑苏岁纳苗米三十四万斛，官司之粜又不下数百万斛。去秋蠲放者三十万，官司之粜，无复有焉。如丰稔之岁，春役万人，日食三升，一月而罢，用米九千石耳。荒歉之岁，日以五升召民为役，因而赈济，一月而罢，用米万五千石耳。量此之出，较彼之入，孰为费军食哉？或谓：陂泽之田，动成沙瀰，导川而无益也。某谓不然，吴中之田，非水不植，减水使浅，可以播种，非必决而涸之然后为功也。昨开五河，泄去积水。今岁平和，秋望七八。积而未去，犹有二三未能播种。复请增理数道，以分其流，使不停壅。纵遇大水，其去必速，而无来岁之患矣。

又松江一曲，号曰盘龙。父老传云出水尤利，如总数道而开之，灾必大减。苏秀间有秋之半，利已大矣。畎浍之事，职在郡县。不时开导，刺史、县令之职也。然今之世，有所兴作，横议先至，非朝廷主之，则无功而有毁，守土之人恐无建事之意矣。苏、常、湖、秀膏腴千里，国之仓庾也。浙漕之任，及数郡之守，宜择精心尽力之吏，不可以寻常资格而授，恐功利不至，重为朝廷之忧，且失东南之利也。

三学上陆冢宰书　〔明〕文徵明

比承荣膺简注，进秉钧衡，邸报播闻薄海外内，莫不鼓舞称忭。况乡里后生，与有光宠者乎？恭惟明公，累朝旧德，盛世珪璋，特达光明。大雅恺悌，出入将相，声望伟然。天下之人所为望霖雨于明公者，非一日矣。今兹端委庙堂，进退百官以佐天子出令，而运斯世于掌握间，固明公分内事也。

某等猥贱晚末，莫展贺私。方与四方人士咏嗟盛德，以为天下斯文之庆，岂敢意外干犯？辄有陈请，而事机可乘，势有不容已者，亦恃雅度汪濊、不深谴责，故卒言之。

窃惟国家入仕之阶，惟有学校一途，而当时法式章程，咸出我太祖高皇帝亲定，最为详密。而累朝列圣，不无少有更张，诚以圣化优游，泳涵滋久，人材猬兴，其势有不得不更者。故随时消息而行者，不以为敝论者，不以为非。盖自洪武二十五年重定岁贡额数，郡学岁贡二人，州学再岁三人，县学岁一人。当时人材尚少，儒学生徒往往不充廪增正数，除乡试中式之外，其余在学者不过五六年，升贡者不出三十岁，故其人皆精力有余，入仕可用，而其功名政业往往参于正奏之列，无少轩轾也。

自永乐元年、正统二年、景泰元年三次开科，各处解送举人不拘额数，遂有顿增至二百名者，一时国学人众。乃量减贡额，然中间或行或否，皆视解额增损。厥后，解额既定，而贡额竟不能复，坐是学校壅滞，遂有垂白不得入仕者。于是胡忠安公在礼部，思以通融振塞，建行四十强仕之例，而士子稍复自拔。历五十余年，人材又多，学校又大壅滞。太原周公在礼部，乃举复洪武二十五年之例，然仅仅五年而止。迤逦至于今日，开国百有五十余年，承平日久，人材日多，生徒日盛，学校廪增正额之外，所谓附学者不啻数倍，此皆选自有司，非通经能文者不与，虽有一二倖进，然亦鲜矣。

略以吾苏一郡八州县言之，大约千有五百人，合三年所贡，不及二十，乡试所举，不及三十。以千五百人之众，历三年之久，合科贡两途而所拔才五十人。夫以往时人才鲜少，隘额举之而有余，顾宽其额，祖宗之意，诚不欲以此塞进贤之路也。及今人材众多，宽额之而不足，而又隘焉，几何而不至于沉滞也。故有食廪三十年不得充贡，增附二十年不得升补者，其人岂皆庸劣驽下、不堪教养者哉？顾使白首青衫，羁穷潦倒，退无营业，进靡阶梯，老死牖下，志业两负，岂不诚可痛念哉？

比闻侍从交章论列，而当道者竟格不行，岂非以不材者或得缘此倖进而重于变例乎？殊不知此例自是祖宗旧制，而拔十得五，亦古人有所不废，岂可以一人之故，并余人而弃之？或谓四十之例若行，则不胜求仕者之多，将遂无所位置。此又何足病哉？今但杜其愿受教职之请，限以依亲之例，程其入监之期，一时士子，幸而解其学校之苦，稍纾目前之急，莫不甘心自引，岂皆以得禄为荣哉？不然，即有所授，亦不至大妨天下之贤。即如近时上马入粟者，皆得比于充贡之例，循资历岁，亦皆有所畀授。此其人固有能自立者，然而倖进者不为不少。朝廷所得于彼者几何？遂使纨袴之子得以夺贤俊之路。有识者尝疾首痛心于此矣。

明公崛起学校，奋身贤科，操古人之心，负天下之望。目历而知，身更而信，能不有慨于心？今当可为之时，在得为之地，能不惜一举手振袂之劳，则其事无不济者。若四十之例，事大体重，不敢觊觎，而岁贡二人，则是洪武旧制，又经近岁举行，伏望留意检察。或因人建言举行，或乘大霈条下，使士子得沾涸辙之恩，而仕路无鲇竿之叹。则岂特区区乡里与有荣泽，实天下斯文之幸也。

昔宋富郑公当国，而同学友段希元、魏升平犹滞场屋。公不欲私于二人，乃建一举三十年推恩之例，当时以为盛事，后世以为美谈。近时胡忠安公四十强仕之举，太原周公一岁二贡之例，或谓皆有所为而行，盖皆不私于一人而必推之天下也。二公一代名臣，世之论者曾不以此少公，而更以为美，诚以其能公天下之心而行也。若明公今日之举，则又以天下之心行天下之事。初无二公之为，则其所成所益，又当出于其上，不特二公而止也。伏惟留意处分，天下幸甚，斯文幸甚。

上王侍御书　　赵同鲁

窃念国家赋税，莫重于东南。东南列郡，吾苏为最。然自成化辛丑大祲之后二三年来，虽获小康，迄今伤者未起，病者未复，室家子女，坏者未尽葺、卖者未尽赎，譬犹病后之人，仅存喘息，肌肉未充，元气犹弱，未可遽谓无疾而不加以樽节爱养也。原其昔之酿成此患者，由当时有司奏灾后时所致也。奈何今年自夏徂秋，亢阳为虐，田畴龟拆，除有水车戽可救外，其田傍山高阜，人力不及，禾苗槁死者，损其三之一。秋成失望，诚为可忧。阁下今已先时奏闻，吴民幸甚。近蒙钦敕主事陈大人来苏，盘究税粮余米，易银解京，赈济关陕饥民，此诚出皇上之渊衷、国家之急务，不容已者。古者列国尚相赒恤，假贷乎无有，矧今天下一统，天下之民皆我皇上之赤子、皆吾民之同胞，其不可赒恤乎？然有一说焉，以吾苏生齿繁夥若此，所存税粮不过四十万石，即今荒旱之兆已著，其可不预备赈济之计乎？必也足乎此，而后及乎彼，可也。若尽数以奉承之，则吴民何所仰乎？使东南之力本既尽，则何以给公上之赋税、充朝廷之储峙乎？抑以天下形势言之，则畿内者腹心也，关陕者四肢也。今四肢有疾而欲剜腹心之肉以补之，其患将有不可胜言者，岂特救疲成瘘而已哉！此愚所以怀漆室之忧也。阁下诚能听纳愚言，与之商确处置，如有不协，即条陈以闻，务使彼此兼济，遐迩均安，以销患于未萌，则民虽至愚，孰不感阁下之恩德于无穷，而阁下之名位禄寿方兴未艾，其有既乎？

又上李侍御书　赵同鲁

吾苏今年春三月不雨，自四月以终五月，霪雨连绵，洪水泛滥，田畴淹没殆尽，人民垫溺无算。以长洲一县计之，仅存者十无二三。其间插莳未周、已莳而全白者又过半焉，况皆重则之田、穷赤之产。男女力车戽，旦夜筑堤防，东坍西倒，则疲于奔命，饥肠欲绝，足跰成血。

先是，既重困于开河之役矣，今复罹此，愁叹载途，如不欲生者何？盖惩成化辛丑之弊故也。其时，有司勘灾，急于奉上，缓于恤民，此等之田，目力所不睹，足迹所不及，望阙报数，以荒为熟。催科之际，急若束湿。血肉淋漓于道路，死殣枕藉于原野。是时，尝进言于巡抚大人今冢宰王公矣，伏蒙开纳，深加奖与，停免折粮官银之半，计数万两，布匹称是，然亦未能苏其一二，死亡者万计，此前车之覆、后车之鉴也。

今被灾之田已沐奏闻矣。踏勘之际，伏望委任清正官员，沿丘履亩，务存矜恤。宽一分则民受一分之惠，深克一分则民受无穷之患。阁下何惜而不救其垂绝之命乎？且赋役者，朝廷之财用。吾民者，皇上之赤子。赤子为国家之元气，财用直其肌肉耳，与其惜肌肉，孰若保元气之为要乎？此圣人治未病之意也！夫兽穷则攫，鸟穷则啄，人穷为盗，固其所也。即今盗贼充斥，已非履霜之渐，后必甚焉，此坚冰之必致者也。不然饥馁之民，来岁将何力本以事耕种而待秋成乎？今欲革而正之，果何术哉？必也恤其饥寒，救其疾苦，以革其心。严粮里保伍之任，以塞其源；校巡捕桩栅之制，以绝其流，庶乎斯患之可消弭矣！

虎丘山序　〔晋〕顾野王

夫少室作镇，以峻极而标奇；太华神掌，以削成而称贵。若兹山者，高不抗云，深无藏影，卑非培塿，浅异疏林。秀壁数寻，被兰杜于苔藓；椿枝十仞，挂藤葛与悬萝。曲涧潺湲，修篁荫映。路若绝而复通，石将颓而更缀。抑巨丽之名山，信大吴之胜壤。若乃九功六义之兴，依永和声之制。志由兴作，情以词宣。形言谐于韶夏，成文畅于钟律。由来尚矣。未有登高能赋而韬斐丽之章，入谷忘归而忽锵铿之节。

故总辔齐镳，竞雕虫于山水；云合雾集，争歌颂于林泉。于时风清邃谷，景丽修峦。兰佩堪纫，胡绳可索。林花翻洒，乍飘飏于兰皋；山禽啭响，时弄声于乔木。班草班荆，坐磻石之上；濯缨濯足，就沧浪之水。倾缥瓷而酌旨酒，剪绿叶而赋新诗。肃尔若与三径齐踪，枪然似共九成偕韵。盛矣哉！聊述时事，寄之翰墨。

虎丘夜宴序 〔唐〕独孤及一作李白

方今内有夔龙皋伊以佐百揆，外有方叔召虎以守四海。天下之人，高枕无事，则琴壶以宴朋友，笑歌以展霞月，吾党之职也。我是以有今兹虎丘之会。

岩岩虎丘，奠吴西门。崒然如香楼金道，自下方而踊，锁丹霞白云于莲宫之内。会之日，和气满谷，阳春逼人，岩烟扫除，肃若有待。

余与夫不乱群于鸥鸟者，衔流霞之杯而群嬉乎其中。笑向碧潭，与松石道旧。兕觥既发，宾主醉止。狂歌送酒，坐者皆和吴趋；敷奏云去，日没梵天月白。万里如练，松阴依依，状若留客。于斯时也，抚云山为我辈，视竹帛如草芥。颓然乐极，众虑皆遣。于是奋髯屡舞，而叹今夕何夕。同者八人，醉者皆赋，以为此山故事。

三吴水利图考序 皇甫汸

昔禹抑洚水、疏九州、陂九泽，诸夏乂安，功施于三代。自是之后，荥阳下引，则宋、郑、陈、蔡、曹、卫与汝、泗会于楚，西通汉川、云梦之野，东通鸿沟、江淮之间，齐酾淄济，蜀穿一江，于吴则通三江五湖，皆可行舟。余用溉田，百姓飨其利，而水利之说兴焉。子长著论于河渠，孟坚推广于沟洫，而不利之书成焉。郑国始开，而秦以饶足；宣房未塞，而汉遂不支。此其利害之大较矣。

吴本具区，涌川开渎，吞江纳汉，出乎大荒之中，行乎东极之外，浸莫大焉。若夫壤垆映野，畛畷带郭，灌注则埆瘠盈钟，壅阏则腴衍枯粒。海陵之储，天府之所仰给也。元嘉肇苎溪之功，大业兴京口之役，盖地势西北高而东南下也。其要在于导之使趋，故曰“三江既入，震泽底定”是已。矧扬州之域，厥土涂泥，易于淤积；厥田下下，难于障流。加之淫雨告灾，稽天示逆，牛马莫辨，而民其鱼乎？

甲辰之岁，侍御新昌沃洲吕公，际灵长之运，立宁晏之朝。奉輶轩而来巡，缅澄清以寄慨。甫肃吏轨，亟求民瘼。乃建议陈疏，条列五便，酌贾让之令猷；殚及三虑，存郑生之往鉴。上当宸衷，下协群算，诏报曰可，言悉施行。民罔怼劳，职司惟恪，缘抚臣骤迁，虽功未克竣，而惠亦沾矣。间又考迹往牒，综核旧闻。搜桑氏之经，详周官之制。远追韩牧，近昉谢琛。时则文太史氏雅善舆图，穷河源于笔端，收祇轴于指掌。草未杀青，而瓜代行矣。图置郡斋，书存私箧。越岁己未，太守阳曲王公承麾莅止，留心民务，周省阡陌，劝课农桑。每思白公之遗，叹召父之羡。因览兹图，爰购全帙，校而刻之，属序于余。

其为编也，总图一，郡图四，川图一，县图十有八，为水二千二百九十有奇，为岸一，为堰十、坝二十有五、闸三十有一，各系以考说。凡奏疏二，次议[①]一，以至诸贤论述、名臣奏记，并采而附焉。缺嘉与湖者，以非管辖之地，骢未遑驻也。《夏书》载禹治水，而篇名贡者，重邦本也。逮公总宪西台，督储南甸，今日成赋之逸，咸昔底绩之劳，若心计而预定焉者。经国其有征乎？夫治水必躬历山川，非妄意户牖可测而知也。以禹之神，而不免蹈毳即檋者，盖地有卑高，土有沃卤，湍有缓急，脉有浅深，势有迂迹，非咨询相度，力曷施哉！其次莫若智，智者亦故而已，谓循禹之旧也。

余尝登姑苏，望五湖，求源于宣、歙，溯委于苕、荆，乃知水由五堰、百渎，东汇于三江，北折[②]而之海。白茆、七鸦，尤要害也。大都水渟则为害，流则为利，泄则不渟，蓄则不竭，浚则长流，而后浸溉适宜，漕挽称便。弭谤者取喻于防川，卫生者致察于荣络。合单子之书，殆思过半矣。我明若夏忠靖公已试之迹，吴、李遵之，功特最焉。汉延年之言曰："河须按图书、观地形，令水工准高下，虽桑海或迁，而归墟则一。"是编也，实千载可率之典，功与言同不朽云。

清理田粮序

知府王仪

仪再守苏之三年，量田摊耗之议已行。切念苏州一府，其赋当天下什二。赋既繁剧，而田额渐失其初。伪弊滋蔓，际此而不知救正之，则豪强擅其利，而民立困矣。于是量田则事核而难隐，摊耗则赋平而额足。二者，补救之大本也。且夫量田之议，大臣疏于朝，而得请摊耗之法。邻守试于湖而有征，遵而举之，亦何难哉？乃若所谓坍荒、公占、无征之地，其赋凡十一万五千七百石有奇，详求所以抵补之者，盖亦尝切有请焉。取其六于各邑所隐之田，取其四于两京杂税之内，则足以相准矣。擅减公家之赋，所不敢也。使民世入无田之赋，吾独忍乎哉？检阅官笥，凡奏议、移文、书呈、问辩得于上下者若干言，悉使佐书录之，类比条分，萃而成册，

① 原作"工计"，据《天津图书馆孤本秘籍丛书》本《三吴水利图考》改。

② 原作"载折"，据《天津图书馆孤本秘籍丛书》本《三吴水利图考》改。

则谨序其前而刻诸梓焉。非以自伐也，有录则可考，可考则易知。使世有厚誉我者，翻是录也，当知其非一人之劳。其或有罪我者，则亦当原仪也蚤夜不忘苏民之意乎？

虎丘山志序　　徐乾学

新刻《虎丘山志》系太仓顾子伊人重修，其书分本志、泉石、寺宇、古迹、祠墓、人物、高僧、仙鬼、题咏、杂志为十卷。既告葳，寓书京师，属予序。

予惟此山有志，昉于明初王仲光宾。宾盖据曾王父敉《云峤类要》旧本，然已断烂不复全。其后有雁门文肇祉本，最后则松陵周氏本。周本緐芿失次，且未及流传。世所传，雁门本也。

伊人折衷三家，芟芜剔薉，发凡起例，其功为巨。嗟夫！兹山之有闻于世也，旧矣。其间洞壑巉岩，林峦秀削，好事者仅视为游宴之地。嘉山美树，举湮没于声歌酣饮之中，其识最弇鄙不足道。即有一二好古之士，问阖闾之古墓，访王珣之旧宅，岁月逾迈，光景弥新，亦第以风流相叹悼耳！

今观伊人是书，事迹则存其真者，踳驳者不录。文赋则载其雅者，诞谩者不录。山川景物亦尝广收博采，以附古者登高作赋之遗。然聊为兹山备掌故耳！惟遇古今奇伟节烈之士及一切名贤、理学幽翳不传之区，如唐颜鲁公、宋尹和靖诸剩迹，不惜钩深摘隐，大书特书，若惟恐忠孝之或绝于人间，而大道一日不彰于天下也。如伊人者，可谓知所用心矣。后之人观其取舍，审其别择，其亦将抚是编而忾息也夫！

续修长洲县学募序　　彭定求

长洲学宫在郡城之东，规模恢广。自帅府驻苏时，权为理事公署，蹂躏独甚，至圣殿、明伦堂岌乎将颓，先贤两庑与启圣公祠倾废无存。于是，定求始基于壬戌，殿堂甫修，两庑亦建，再募于癸酉，而启圣祠乃成，计集募一千七百两有奇，自分绠短汲深，力綦惫矣。尚有巨工未兴，以待能者。暨丙子风雨告灾，殿堂之修者复敝。芝岩顾中丞慨焉伤之，捐金五百，鸠工庀材，因得撑撑梁栋，以迄于今。然此当大敝极坏之后，拮据经营，特先其至急者尔。若按诸前志，则残阙正多，迥不逭郡学之弘丽，并不逭吴县学之缮修完好也。特先举旧观之宜急复者，一曰万代宗师坊，所以钦崇圣教，海寓齐观也，今则柱石孤立矣；一曰万仞宫墙，所以树诸崇翰，孔固厥基也，今则一望平芜矣；一曰泮池，原通河渠之水，汇潴泓然，采芹藻、歌思乐义取诸此；一曰兴贤、达材两坊，俨乎礼门义路，俾过其下者矩步绳趋，弗敢逾越，今则流者淤塞，峙者颓败矣。凡此四者，不独系观瞻之隆替，亦关学校之兴衰，此而不复，旧观未可以借手也。定求养疴却扫，概谢交游，然恐蹈有初鲜终之咎，故复不揣言轻如羽，告募至三，统计诸工，估费八百两有奇，较之前此所募，犹不过三之一也。

伏惟圣人之道，如日中天，恭遇我皇上崇儒右文，隆名盛典，度越曩代。天下学校所在，御笔有悬，御赞有刻。且当翠辇时巡，睠顾南服。广乡举之额，增入泮之名。凡列儒林，靡不沾被乐育矣。独我长洲为吴中首邑，人文荟萃，而胶庠根本之地，乃使之抱残守阙，惟吾党之羞也。将伯之呼，乌能已已。愿我同志不拘人地，佽助观成，无诮定求发棠之请，勒石铭功，翘首以俟。

康熙癸未十月既望撰。

卷三十一

艺文

虎丘云岩寺记 〔宋〕王随

夫玄黄判质，肇自乎太极；融结辨位，式分于方域。凡钟灵秀之气，悉为胜异之壤。图志具载，言不可已。姑苏，乃吴会剧部，茂苑名封。川涂当闽越之冲，分次应斗牛之宿。膏田多稼，岁储以之流衍；云屋比居，风俗于焉富庶。俯重湖之缥缈，烟景何穷？睇百城之纡余，金刹相望。

虎丘山者，按《吴地记》云：本名海涌山，去吴县西九里二百步，高一百三十尺，周二百一十丈。《越绝书》曰：吴王阖闾冢，在吴县阊门外，名曰虎丘，下池广六十步，水深一丈五尺，铜棺三重，澒池六尺。玉凫之流、扁诸之剑、鱼肠三千在焉。发卒六十万人治之。葬之三日，白虎踞其上，故有兹号。又《世说》云：秦皇帝因游海右，自沪渎经此山。乃欲发圹取宝，忽有白虎出而拒之。始皇挺剑刺虎，虎奔而隐，因改为虎丘焉。故上有剑池，或曰秦皇试剑池，亦谓之磨剑池。今则长十有三丈，阔余三寻，其深则莫可测矣。古诗云“剑池无底浸云根”，又云“沉沉剑池水，直上连沧溟”。后以唐祖庙讳，更为武丘云。其山又有响师虎泉、陆羽茶井、真娘墓、生公台。石壁现其鬼诗，林迳回其仙驭。诡异之迹，莫可悉述。

云岩寺，即晋王氏伯仲珣、珉舍别业以创焉。始于一山中分两寺，故颜鲁公诗云：“不到东西寺，于今五十春。”今则合而为一。先是，至道中，岳牧贰卿魏公庠改为禅刹，延清顺尊者演法主之。彼美招提，实为绝境。粉垣回缭，外莫睹其崇峦；松门郁深，中回藏于嘉致。故前贤诗云：“老僧只怕山移去，日暮先教锁寺门。”又云：“宿云侵晓去，不待寺门开。”若乃层轩翼飞，上出云霓。华殿山屹，旁碍星日。景物清辉，寮宇岑寂。千年之鹤多集，四照之花竞折。垂组彯缨之彦，靡不登临；达心了义之人，终焉宴息。允所谓浙右之壮观，天下之灵迹者矣。

其有古高僧之行乐，诸名公之咏题。编录尽存，羌难备叙。禅师用慈道行明洁，智怀渊廓。自招提宗唱，克奉神君。屡飞翰于云鸾，祈镂文于金石。愧先圣之叹，辄成章于狂斐；敩头陀之碑，聊寓言于髣髴云尔。

时天圣二年岁次甲子六月二十八日撰。

王长洲祠堂记先建虎丘，后建县治之东　黄由

《孟子》之言大丈夫曰“富贵不能淫，贫贱不能移，威武不能屈”，盖古所谓大丈夫者，必有高天下之识、容天下之量，盖天下之气，不得志则独善其身，得志则未尝不欲行其道。乘田委吏，不敢辞卑而尽吾职之当然。及乎立人朝，则委身致主，死生祸福不足以动其心。此岂寻常琐琐者所能为也？后世徒见古人功名鼎盛，以为是出于偶然，不知胸中涵养，早正素定，非一朝夕，而纪旗常汗简者，特其粗也。

内翰王公元之自为布衣，已慨然有经纶天下之志。洎遭明时，事圣君，正色立朝，凛乎不可犯。文忠苏公至追配以汉唐六君子，平生大节，载在信史。夫人能言之。

若夫服勤小官，孜孜民事，言谊卓然，有大过人者，国史逸其传，或不得而记也。公以雍熙改元宰吴之长洲，首论榷酒之弊，惧遗斯民之害，以至激风俗、厚教化、抑兼并、哀流亡形诸议论、垂诏后来者大率皆有深旨，非涵养之厚，不以职守大小贰其心者，能若是乎？

公没二百年，邦人虽知公之有德于民，莫有发其微者。今总卿赣川曾侯慎来宰是邑，始求公像绘之，而并镵欧阳、苏、黄三公诗赞于石，尝属予序其大概矣。盖曾侯之去十有七年，天台黄君宜实来拜公遗像，而且叹祠事之礼犹缺，乃辟县治之东，建堂而奠焉。而求文以为记。

窃谓人之出治，莫难于始终一节。昔王文公介甫宰鄞有声，利兴害除，民甚便之。其后坐庙堂、临大政，乃用其所以治鄞者治天下。学术不正，喜同恶异，为相声名，减于为邑。公则不然，自令满召试，再陟谏坡，三登掖垣，而晚入翰苑，危言谠论，裁抑冗费，禁戢游惰，缓刑薄赋，修德厚本，一一为上言之，而爱民之意前后一辙。咸平以来，卒为名臣。

然则由百里之政充而至于致君泽民，果且有异乎哉？长洲为今壮县，令宰名德，前后相望。有因是有闻而登宰辅者，岂公流风在人，于今未泯耶？黄君旧同学校，知其人不苟，为政三年，去之日，如始至。燕居之所，未暇葺治，而独于此焉惓

惓，可谓知所本矣。予嘉其志，故书之。

庆元六年，黄由记。

社坛记 孙应时

古之制祀，以社次郊，郊尊而社亲。尊，故天子专之；亲，故达于庶人。非土不国，非谷不食，故有社，斯有稷。勾龙于土，弃于谷，厥有大造，开济万世，故以为配。春秋祈报之外，救灾出火，师田行役，献功戮罪，君臣上下日相与听命于社，礼乐刑政于是焉出。故曰："明乎其义，治国其如示诸掌乎？"

世衰，王制坏，古义隐，妖妄百出，而祠庙猬兴。亵天蠹民，幻为邪说。日盛月滋，上之人不以禁，又从臾之。天下郡县虽通祀社稷，世守不废，以为三代之旧章，独其制度之形似、仪物之文具而已。有司者一岁再祀，民不与观也。民于社日，或各从其俚俗，鼓舞迎享，醉饱相乐，不知其何人，且何礼也。水旱禳祈，奔走如织，于社稷缺如也。

呜呼！知古者得无太息于斯乎！今令甲，守令下车，必视社稷，饬坛壝，而遵用或寡，且诿曰小祀，祀亦不亲其事。至若倚郭之县，自为社于阛阓偪仄之间，往往灭裂最甚。

长洲县之社，在吴郡城内，当县治西南四十九步，荒毁有年。庆元九年四月，知县事天台黄侯宜一治新之。坛宇中度，门垣靓深，途巷触辟，身率寮吏，时祀必谨。

黄侯，儒者，为县如古循吏，多善政可诵。此其细事，若不待书。虽然，爱礼者存羊。因今之制，存古之意，君子重之。县实小，侯承天子之命，司社与民，固未有忽略社稷而能父母其民者也。然则凡黄侯之善政，乃自社稷坛始。予是以记之，因诏来者知所继焉。

六年八月记。

新建和靖尹先生祠记 黄榦

和靖尹先生寓居平江府虎丘西庵，榜曰"三畏斋"。所题杂录、《论语解》皆可考。所寓即上方也。去之七十有五年，郡守、直秘阁陈君芾，通守、太学博士丁君焴，始度庵空地为屋，绘先生像祠焉。尊前贤，厉后学也。

先生讳焞，洛阳人。年二十，师伊川程子。举闱策士，议诛元祐党人，不答，遂弃举子业。靖康初，以布衣召，不至。诏褒[①]为和靖处士。洛阳陷，家歼焉。先生死复苏，窜长安山谷中。逆豫以礼聘，溺水逃去，展转蜀道累年。绍兴五年，以崇政殿说书召，凡二十辞。八年冬，始入见，除秘书郎。明年，迁太常少卿，权礼部侍郎。每选辄力辞。其冬，除徽猷阁待制，提举万寿观，辞不已，遂奉外祠，即虎丘以居，年已七十矣。贫无以为归也。后二年，竟没于会稽之寓舍。先生所寓于世如此。

盖尝考先生之所学，笃于践行，不为虚语，未尝求人之知，人亦莫能窥其所蕴也。今其所见者，经帏进讲，门人记录耳。唯即其所寓于世者，观其所处，然后知先生之于道，卓乎不可及矣。利害者，人心之私；义理者，道心之公。公私之间，迭为胜负，一取一舍，而贤不肖可知也。至于历险难之极而不变，处贵显之骤而不动，抱仁戴义终其身而不悔，非盛德能若是乎？礼义充于中，则祸福成败、荣辱得失，轇轕万变，日陈乎前而心自若也。程子之门，从游之士皆宏博俊伟，极天下之选，而于先生亟称之，其察之深矣。颜渊退然如愚，而夫子称之，亦曰："箪瓢陋巷，不改其乐。"又曰："庶乎，屡空。"然则先生者，程门之颜氏欤？里巷小人，颠冥利害之涂，不足道。学士大夫则知礼义矣，临利害若毛发许，弃其所守者，可叹也。闻先生之风，得无小愧？有志于道者，亦可以自勉欤？二君为是祠，有补于名教大矣。故述其躬行之大节，以示学者，庶几念之于身，而得先生之道云。嘉定七年六月既望，黄幹记。

景文堂记　　赵与鉴

吴郡立学，自范文正公始。附城两县，其有学也亦宜。然自景祐以来二百余年，吴邑有而长洲缺焉。按《吴郡志》：县南一百步有孔子庙，邑令王公禹偁尝为文，属郡侯状元柴成务为之记。今庙与碑不可复考，意者强室兼并，梵宫侵渔，未有能经理之者。景定四年，制诰天下县设主学，而宋君楚材来主长洲县事。宋君，蜀之眉山人。经明行修，于《易》尤邃。避难来吴，隶职和靖书院。尝为尹肃公请谥，趋向端的，人皆贤之。恕斋洪公勋与法从诸公共荐于朝，俾兼书院堂长，以其未立学也。已而乡大夫列祠于郡，趣开试，乃即近县废院为讲习之所，师友裹粮，月试旬课，户屦群集。于是宋君就请以废院为学，捐俸余与束脩之入，葺而新之。佥判方君山京，雅相推敬。会有争没官田为拟充学廪，太守陈公均闻而是之。未逾年而

① 原作"诏哀"，据《虎阜志》改。

学有绪，严像设，崇讲座，黉舍翼如，衿佩襜如，始无负天朝建学立师之意。乃揭直舍之堂曰景文，丐文于守。守属与鉴为之记。

然则宋君之意，其惟范希文之是景乎？与鉴不文，何足以知之。窃惟文正公宏勋巨节，掀揭宇宙，文章特其余事。方其《上宰相书》言朝政得失、民间利病，凡万余言。文正王公曾见而伟之。及考其平生所为，无出是书。而尤以兴学为先务。庆历中，开天章阁，召问辅臣为治之要；诏天下立学取士，先德行，不专文词，皆公所建请。然则文正之所谓文，岂特摛章演义云乎哉！吴为文正之乡，吴学乃文正所立，立学又文正所请。今长洲昉有学，不于文正乎景，其谁景耶？凡百君子入斯学，登斯堂，仰前修之超卓，思始创之艰难，盖知所以自立云。咸淳改元中元日记。

长洲县学记　　俞掞

古者比闾族党，莫不有学。今环百里之地而为县，讵可缺欤？按《吴郡志》：唐置长洲县，距今三百余年，而学不建，岂簿书期会不暇，俎豆之事未之闻欤？景定壬戌，诏县增立学，用丕儒教。宋君楚材实在此选。至之日，乃叹曰："官以主学名，居无庐，士无廪，师倚席不讲，惕然以惧。"乡寓刘公震孙列其行于郡，即近县废寺为肄习之所，士不间远近，裹粮而来，旬有讲，月有试，考德问业，于此可观。宋君又惧无以继，乃裒俸余与束脩之入，请于郡，因寺建学，以惠悠久。太守陈公均亲来相度，指前一塔矗如文笔，顾而揖曰："殆天相欤？"于是徙佛像于他所，宋君遂与诸公经之营之，斫者斤者亦各自献其艺，由礼殿至学门，焕然一新。斋舍庖湢，靡不具备。起于乙丑春，成于丙寅夏。民有争田不决，前守拨充养士，具上于朝。会召入，季公镛来守是邦，悉以归之。而士有所养，宋君之志亦少舒究矣。属予记之，辞不敏，请益力。

夫教亦多术矣，孟子吃紧诲人处曰：学问之道无他，求其放心而已矣。盖人之所以灵于万物者，以有是心焉耳。是心虽依血气而生，而一点光明，具众理，应万事，未有触之而不动、感之而不应。孩提之童，莫不知爱其亲。及其长也，莫不知敬其兄。是之谓本。心物交物，引而去之，此心放矣。从耳之欲而教婬哇，从目之欲而悦纷华，从口之欲而饫肥甘，鼻之于臭，四肢之于安佚，亦莫不然。若放而不求，流而忘返，放僻邪侈，无所不至，而一点光明未尝泯灭，反而求之心在我矣。是故出入无时，莫知其乡。一息而游，尧舜之天。一息而沦，盗跖之渊。圣狂之分，求不求耳！然此心之放，亦岂俟于形著哉！有所忿懥，有所恐惧，有所好乐，忧患而不得其正，皆谓之放。人能于日用之间，每事省察，有不善未尝不知，知之未尝复行。颜何人哉，希之则是。呜呼！孟子之所谓求放心者，岂如释氏死灰槁木，付此心无所用哉。自吾恻隐而推谓之仁，自吾羞恶而推谓之义，自吾辞逊是非而推，礼与智无不尽矣。举斯加彼，可以参天地、赞化育，此君子所大过人者，善推其所为而已矣！矧今撤缁庐而敞儒宫，立师道而新士习，同堂合席，相与讲明，当何如哉！始而省察，以存此心之全体；终而充广，以达此心之大用，庶乎可以为士矣！是又宋君之所深望，故并书之。咸淳二年四月朔记。

建灭渡桥记　〔元〕张元亨

吴城东南有塘接吴江，达临安，孔道也。由赤门湾距葑门，水道间之，非渡不行。舟人横暴，侵凌旅客，风晨雨昏，或颠越取货。昆山僧敬修几遭其厄，懂得免。走诉公廷，法治之。既思创建石梁，利济永久。偕里人陈玠、张光福遍吁郡城，诚以感物，公以服众，敏以集事。期月，金钱汇萃，爰兴工作。始大德二年十月，讫工四年三月。桥成，长二十八丈四尺，高三丈六尺，广视高之半有加，工万六千有奇，费三千有奇，南北往来，踊跃称庆。名灭渡，志平横暴也。杠梁，王政之一，成于空桑氏，教有位者恧焉。因士民请，志其缘起，刻于石，以待后之修复者。

大德四年，平江路长洲县知县张元亨记。

长洲县学记　陈旅

郡邑必设学，以教其人而治之。徒制民以法，而不纳民于道，非善国也。唐武后时，以吴县地大，治有所不及，始割县北境置长洲县，而未尝建学。是时，岂知教之为足尚哉？宋世，主学事者常假并县浮图氏之室以为学，则亦未有专所矣。

皇元既一六合，乃兴起学校以崇化基，天下莫不向风。而当时邑令以浮图氏之室既不可久假，遂即长洲驿舍为孔子庙。大德六年，县徙丽郡治。十年，移驿材构县治。故址庳隘简陋，师弟子登降周旋相荡摩，又无所于休，不足副国家右文之盛心。

郡人陆德原顾而叹曰："长洲为吴巨邑，自唐至今六百余载，而庙学若此。吾虽非其民而与其民同郡，况吾学孔子之道者也，道有不同者乎？幸而席先世赀产，足以供公上之赋，而具衣食于吾私矣。于此而用其赢，不亦可乎？"县长官元童公闻而喜曰："是能纾吾责者。"益以礼，劝之成。于是，筮吉日，除故县治地，筑长垣周之，前起礼殿，辟黄庭穹门，翼以邃庑，后为两斋，为堂，为庖庾，凡所宜有者，以次皆为之。材必良，工必善，规制严壮而攻作坚缜。浙右邑校，盖未有能胜之者。又属名工凝土为先圣、四侑、十哲之像，而绘群贤于从祀之位。道德之光，宛其在此。至元再元之三年三月经始，明年十月告成。观者咨嗟，谓世之人率罄其所有，以为老佛氏之宫，今亦有为是者乎？德原又以为学虽美，而岁入不足以养士，则徒为是虚器也。乃又以田如干亩为学田以实之。

五年秋，旅以国史之命如京师，道出吴门。邑之人士来请记，辞弗获，乃与之言曰：

古者，党庠、术序与二十五家之塾，皆所以教其人也。今长洲之民远处郡郭外，而学设于此，得无不相及乎？抑闻之，士者，民之秀也，秀民虽生穷乡，不欲自局于耳目所接之近，故必游通都名城，以充广其所学。而姑苏为郡，当东南大道之交，而名士大夫之所集也。邑人之来此者，出而有见闻之富，退而讲道艺于其学。学成而归，则以美德著于其乡，必有观感而企之者矣。一乡得一士，犹足善俗，况多士哉！子皆邑之秀民也，能益美其身以归表于其人，庶几建学者之意欤！《诗》云："攸介攸止，蒸我髦士。"吾将见长洲之士，烝烝然起于田野之间矣。是为记。

德原，字静远，笃慎闿敏，蕴抱美器，而退然不自表襮。今为徽州路儒学教授云。

济农仓记　　王直

君子之为政也，既有以养其民矣，则必思建长久之利，使得其养于无穷，盖仁之所施，不可以有间也。苏州济农仓，所谓建长久之利而思养其民于无穷者也。苏之田赋，视天下诸郡为最重，而松江、常州次焉。然岂独地之腴哉，要皆以农力致之者。赋既重，而又困于有力之豪，于是农始弊矣。盖其用力劳而家则贫，耕耘之际，非有养不能也，故必举债于富家而倍纳其息，幸而有收，私债先迫取足而后及官租，农之得食者盖鲜，则又假贷以为生，卒至于倾产业、鬻男女，由是往往弃耒耜，为游手末作，田利减、租赋亏矣。

宣德五年，太守况侯始至，问民疾苦，而深以为忧。会行在工部侍郎周公奉命巡抚至苏州，况侯白其事，恻然思有以济之，而公廪无厚储，志勿克就。七年秋，苏及松江、常州皆稔，周公方谋预备，适朝廷命下，许以官钞平籴及劝借储备，以待赈恤。乃与况侯及松江太守赵侯豫、常州太守莫侯愚协谋而力行之，苏州得米二十九万石，分贮于六县，名其仓曰济农仓。盖曰农者，天下之本，是仓专为赈农设也。

明年，江南夏旱，米价翔贵。有诏令赈恤，而苏州饥民四十余万户，凡一百三十余万口，尽发所储，不足赡，田里多馁殍者，周公复思广为之备。先是，各府秋粮当输者，粮长、里胥皆厚取于民，而不即输之官，逋负者累岁。公欲尽革其弊以惠民。是年立法，于水次置场，择人总收而发运焉。细民径自送场，不入里胥之手，视旧所纳减三之一，而三府当运粮一百万石，贮南京仓以为北京军职月俸，计其耗费，每用六斗致一石。公曰："彼能于南京受俸，独不可于此受乎？若请于此给之，既免劳民，且省耗费米六十万石以入济农仓，民无患矣。"众皆难之，而况侯以为善，力赞其决，请于朝，从之。而苏州省米四十余万石，益以各场积贮之赢及前所储凡六十九万石有奇。公曰："是不独济民饥，凡粮之远运有失及欠负者亦于此取借赔纳。秋成，止如数还官。若夫修圩岸、浚河道，有乏食者，皆计口给之。如是，则免举债以利兼并之家，农民无失所者，田亩治、赋税足矣。"

是冬，朝京师，以其事咨户部，具以闻，上然其计。于是，下苏州，充广六县之仓以贮焉。择县官之廉公有威与民之贤者，掌其册籍，司其出纳，每以春夏之交散之，先下户，次中户，敛则必于冬而足。凡其条约，皆公所定画，俾之遵守。又令各仓皆置城隍神祠，以儆其人之或怠惰而萌盗心焉。

宣德九年，江南又大旱，苏州大发济农之米以赈贷，而民不知饥，皆大喜，相率而诣况侯，请曰："朝廷矜念我民，简左右大臣以抚我日，凡所以安养之术，盖用心至矣。而又得我公协比以成之。往者岁丰，民犹有窘于衣食、迫于债负、不能保其妻子者，今遇凶歉，乃得安生业、完骨肉，此天子之仁、巡抚大臣之惠、我公赞相之力也。今济农仓诚善矣，然巡抚大臣有时而还朝，我公亦有时而去，良法美意，惧其久而坏也，则民何赖焉？愿刻石以示后人，俾善继之，永勿坏。"况侯[1]然之，属前史官郡人张洪疏其始末，因医官盛文刚来北京，以书请予记。

予观成周之制，县都皆有委积以备凶年。隋唐社仓，盖本诸此。我太祖高皇帝尝出楮币属天下耆老，俾积谷以济民，亦成周圣人之志也。历岁浸久，其弊滋甚，至于无所质究，有司亦不知问，而豪右兼并之家盖无处无之，则天下之民受其弊也多矣，岂独苏州哉！

今苏人得我周公，以沈毅宏达之姿推行天子恤民之仁。况侯以闿敏勤慎佐之，

---

① 侯，原作"毅"，据《〔乾隆〕长洲县志》改。

收其枉费以施实惠，而民免于馁殍之患，岂非幸哉！后之君子因其旧而维持之，使上之仁被于无穷，而是人之贤不肖、治行之能否亦由此可考焉。

重建宝带桥记　　陈循

苏州府城之东南半舍，古运河之西，有桥曰宝带。按，运河自汉武帝时开，以通闽越贡赋，首尾亘震泽东壖百余里，风涛冲激，不利舟楫。唐刺史王仲舒始作巨堤障之，以为挽舟之路，实今为郡之要道也。然河之支流断堤而入吴松江以达于海者，堤不可遏，桥所为建也。仲舒鬻所束宝带以助工费，故因以名。宋元以来，修葺不继，遂致倾圮无遗。有司架木以济行旅，每有覆溺之患。

正统七年，庐陵周公恂如以工部右侍郎巡抚兹地，睹之兴慨，乃与知府朱胜谋曰："是役工费浩繁，不可轻举。"乃戒有司豫备工材之用。又四年为十一年，公率知府及长洲知县张旻、吴县知县叶锡往计度之，所积咸具，而俾耆民李禧等董其工。桥长千三百二十尺，洞其下凡五十有三，而高其中之三，以通巨舰。其用材，计石二千六百丈、木四万二千五百株、灰二十四万三千六百斤、铁一万四百斤、米二千六百石。桥既成，咸赞颂曰："此周公与朱侯经画之得宜，县大夫奉命程督之有方，其惠甚大，不可无记。"会锡以考绩至京师，来求为文。夫为政之道，在于惠民，惠民之事，苟有所当为，虽圣贤亦未尝嫌于劳而不为。孔子言政之美而曰："惠而不费，劳而不怨。"孟子之谓王政亦曰："岁十一月，徒杠成；十二月，舆梁成，而民不病于涉。"盖谓事之有关于王政，虽费且劳，亦不为过，而况于不劳者乎？况于惠而不费者乎？诸公之为惠于是邦，而能勉圣贤之所不嫌，其超出于众人之从政也远矣。斯桥之建，舟楫得往来之安，行旅无徒涉之患，商贾无盗贼之虞，郡邑省屡葺之苦，其于惠也孰大焉？予故嘉之而为记。

重建尹山桥记　　钱溥

天顺六年秋七月，长洲县重建尹山桥成。其冬，予使交南还，县耆老浦嗣昌迓予而请曰："尹山距吴城东南十里许，有土峃然，起若覆笠，而枕于运河之阳。旧有石梁跨其上，废凡四十余年，有司惮工巨而费殷，仅驾木为梁，既高且危，每风雨晨夕间，商旅提携、樵苏负荷而往返者，不无奔仆跌溺之虞。"都宪万安刘公巡抚东吴，丛务既饬，大慰人望，爰命郡守黄岩林侯曰："是尹山为民涉之病，盍易木以石乎？"捐俸以倡之。桥不逾年而底于成，长凡二十二丈三尺，高四丈二尺，而广视其高三分之一，以石计四千五百五十，以工计四千九百有奇，坚致宏壮，视昔有加。

先是，灭渡、宝带二桥，正统初，大司空庐陵周公尝命郡守况侯成之。尹山虽同峙吴城之南，独遗之而未举，岂非有待二君子乎？噫！桥聿成于久废之余，功甚难也。刘公能廓先辈之宏规，林侯存心爱物，将有过于前守之为者，宜其同德协谋，成此有不难也。愿为文志之以为颂。

予曰：事出于昔人之所难，而成于今日之所易，非惠而知为政乎？郑子产，春秋惠人也，捐所乘舆以济人于溱洧，孟子讥之，盖谓政有大于此者。诸葛武侯常言："治世以大德，不以小惠。"至于治蜀，而桥梁、道路靡不缮理。然则冬月成梁，民自免于病涉矣，何必市惠以徼民哉？二君子可谓知为政矣。苏人歌颂，将逾于郑舆人之颂，推是德于人，人当不止于治吴也。

系以诗曰："尹山有桥，界于吴域。石既云陨，木贻其戚。都宪治吴，大施厥德。命彼郡侯，俾复以石。过者思焉，有永其无斁。"

长洲县重修儒学记　　夏时正

学在郡城之艮隅，创于前元至正中。成化壬辰五月，巡按监察御史古赵郑君铭、提学监察御史浮梁戴君珊行部至兹，会郡守鄱阳邱侯霁始至，展谒庙行学，顾瞻庭宇，湫隘弗称，岁久将压不治。咸曰："是我辈责也，将撤而新之。"侯任其事，持以告巡抚右副都御史古汴毕公亨，因出公帑羡余金为相。邑令余金视职为亲，恭勤夙夜。主簿刘恩，委命之严，守敦厥役，赀裕出公，材贞且良，百役具兴，群工和会。始工于是年八月，讫工于明年五月，左庙右学，式如恒度，王屋四柱，两序拱向，棨戟门列，棂星外辟，庙之规也。讲肄有堂，合食有所，庖廪对峙，燕私区别，学之制也。轮奂翚翼，丹青黝垩，称所宜有，罔或不备。落成之日，郑君率属长贰、师生释菜，礼容恪恭，气象弥新。黄白之叟，衣冠之彦，环望咨嗟，知所感奋。于是，教谕陈裕与诸讲下，欣庆厥美，谓宜有述。乃具兴作，请邱侯记之。

侯惟不伐是崇，逊出为谊，能示不能，问道盲者，手书累幅，敦劝生员何天衢、王泰远属时正作记。自揆旧殖，老益繁芜，敢请固辞。二生曰："此太守之意，亦泰等师生意也，可无辞。"乃作而言曰：

道原于天，而委重于圣人。圣人身备斯道，而继天立极。君焉有尧、舜、禹、汤、文、武斯道行于天下；臣焉有皋、契、伊、傅、周、召斯道行于其君，运际亨嘉，洽隆熙治，不可尚矣。吾夫子生于周末，适丁衰否，道可尧、舜、禹、汤、文、武而天不君之，德可皋、契、伊、傅、周、召而君不臣之，然吾夫子之心未尝一日忘天下也。聘历诸国，辙环天下，卒老而归，系定删述，传弟子以诏方来。天之道以明，地之理以察，人之极以立，两仪奠位，万物化成。以功云贤于尧舜，恩云同乎罔极。学以宗之，万世无违；庙以祀之，天下靡间。惟荡荡巍巍，固不以庙学而加隆污，然而由学尊庙，恒兆孚颙之化；因庙表学，式著毓才之重。化理攸系，不亦大哉？因计兹学多历年所衣绣，分符几何人也。阅岁月之如流乐，因循而靡事，果何心哉！今诸君子于视政之初，志惟本始，式克从事，协心一德，不期月而有成，固知风化急所先务，其重道兴贤端有征矣。惟兹髦士，有圣贤为之依归，有师友资其讲习，有饩有居，得以优游厌饫于诗书礼乐之域者，可不知所自而自勉哉！我国家列圣相承，道德致礼，动必我夫子之道是准，而必有夫子遗经是稽，异端他道不得杂之，亦既迈越前代以还虞周雍熙泰和之盛矣。其所以建千万年不拔之丕基，而有以资夫股肱耳目左右后先者，正有望于后贤也。维兹髦士，幸际昌期，穷经致用，惟患无之。弗患有之而弗庸，维患不能行，知而不能行，于穷经也奚为？《易》曰："忠信，所以进德也。修辞立其诚，所以居业也。"见辞之必以其实也。《语》曰："志于道，据于德，依于仁，游于艺。"知艺之当后于实践也，无徒富口耳。美文华而亡实行，惟孝弟、忠信、礼义、廉耻之敦，以无负国家作养之盛。诸君子重道兴贤之至意，惟藩维翰，为柱为石，庶几皋、契诸臣事业，尧、舜君民尚在，诸髦士之自勉也。若夫诸骏奔执事姓名、工费、材具数目则并载之其阴。

捐义田记华嵒捐田在习仪乡二十三都九图　　吴宽

古之圣人，制器以利天下之用，播谷以充天下之食，其于生民之虑至矣。若夫建人极、惇天伦，使君臣、父子、兄弟、夫妇各安其位而不相乖争，以得用其用、食其食于天下，虽尧舜文武皆与有功。然而数圣人当君师之责，居亿兆之上，其道固然也。孔子穷而在下，无责而功则过之，有若所谓自生民以来，未有盛于孔子者也。夫功之大者，其报同是。故一器之制，工人不敢忘其巧；一谷之播，农夫不敢忘其勤。是皆有祀焉以报之，而况功之在乎日用彝伦之内者，宋周元公所谓"宜乎万世无穷，王祀夫子"者也。

天下皆有学，学皆有庙，以祀夫子。至其门人，与汉、唐、宋、元以来诸贤，凡有功斯道者，皆得从祀。然其粢盛牲币，一惟临事取具于民，未有制田以特供其事者。长洲，苏之首邑也。近岁，有司狭陋其学，既并其庙新而大之，顾统于郡中。岁时祀事，县大夫与师生不得专意荐享，馨香弗闻，肥腯弗陈，殿庑寥寥，位特虚设。

邑人华嵒氏既遣其子河入学为弟子员，且曰："长洲与吴学并列郡城，彼有田以充日用、释菜之费，繄此独无，甚为缺典，愿割常稔田二十亩籍于学，岁可得米四十斛以充之。"于时，教谕四明陈君、训导章浦赵君、会稽朱君咸嘉其意，为白于提学、监察御史浮梁戴公曰："此义士也！"遂移于郡邑，俾籍其田如嵒之愿。既又曰："岁月渐久，田将不至于废乎？是宜刻石以示后人。"会郡守鄱阳邱侯去任，不果。未几，蠡吾刘侯以监察御史来代，而阳曲赵侯亦以进士出为邑令，相与奉行惟谨。于是，陈君等以书来京师，属余记之。

嗟夫！夫子之道如天，其日月之照临、雨露之沾濡、风霆之鼓动于万物者，随处而是。一田之入，不足以盛其祀事；一祀之修，不足以彰其功德。盖虽欲报之，有不可得而报者。而嵒复为此举，岂有助于尊崇之意哉！夫亦尽其心而已。则其为人，与世之好施予，止于资浮屠、老子以妄希利益者，贤愚可知矣。长洲，余父母邦也，去之数年，庙学改建，固欲拭目以观，况有若嵒之好德若此，可辞无记？

嵒字洛瞻，本常之无锡人，为南齐孝子宝之后，今占籍长洲，世总乡赋，勤约谨厚，乡人以为贤云。

沙河堤记　　吴宽

《周礼·职方氏》：东南曰扬州，其泽薮曰具区，浸曰五湖。今苏郡在古扬州境内，而具区即太湖也，又在今吴县境内。独所谓五湖者，莫考其迹。然水所潴，辄数千顷，以湖名者，不知有几，岂即《周礼》之五湖耶？或曰：太湖中分为五，故名。夫既曰具区，不应复言五湖，是必不然。凡田之并湖者，既借灌溉之利，而风波冲激，田塍辄崩，则有浸淫之苦。至于舟楫往来，固擅乘载之利，然而风波猝兴，港潴无避，亦有覆溺之忧，盖利害之相倚伏如此。

湖之在偏隅者不必论。若距郡城东二十里曰沙湖，凡太仓、昆山、嘉定、崇明之人之所必经者，其广袤各数十里，横绝道上。其北多腴田，其中多舟楫，人以为患者尤甚。旁有盗薮，以行劫为业。客舟为风波所阻，集于岸下，多不能免，人益患之。昔人欲筑堤以捍水者久矣，皆以土石所施，无所附丽，其功难成，遂置之。

弘治丙辰，工部主事姚君文灏奉敕来督水利，始白于巡抚右副都御史朱公，谓堤可筑。公往视之，亦曰可筑。且曰：是宜用卷埽法。盖吾治河决时，所已试者也。

谋既协，姚君乃专任其事。先时，君从工部侍郎徐公浚常熟江口，获苇利之占于民者，以为公用。及是，遂赖其济。一时夫卒尽力，材用毕具。功垂成，而君移疾去矣。

今郎中傅君潮来代，周行田野，水利大兴。他日，行至沙湖，叹曰：是堤之功，其可已乎？至是，巡抚为左都御史彭公，复劝相之，而堤竟以完告。其阔为丈三，长为丈三百六十，隐然如城，坚壮可久，而水势汪汪，安流成渠，人皆称便。

惟古土工之兴，《春秋》谨之。大抵因民之所利而利之则易，违之则难，然又有难易焉者。孟子曰：为高必因丘陵，为下必因川泽。盖言因其势者则易也。故世之捍水者，未有不因于土之势，然非知乎水之性，亦终于坏而已。

今夫沙湖为堤，既无所因，可谓难矣。顾其水湍悍特杀而抑之，其漩洄演漾固无所滞，此其所以竟成也。彼梁作淮堰，成而即坏，惟障而塞之，不知其性尔。水利之不行已久，行则有利焉。然能去其患，则利在其中，如是堤然。盖耕者无浸淫之苦，则安于田亩；行者无覆溺之忧，则乐于道路；贾者无掠夺之恐，则保其货财。利何溥于此？

是役也，前守为史侯简，今为曹侯凤，皆经画其事者。若通判陈纬，知县刘珂、邝璠，县丞窦胤，主簿喻秉，则劳绩并著，皆可书者。于是傅君使来，请文刻石。予郡人也，喜水患之能去，且知君才操，与姚君并美，无忝于上命也。遂为之记。后之人尚谨视之，以无隳其功云。

廉石记　　吴宽

石之产于吴者，奇形怪状，不可尽述。良工采之，好事者赏之，君子则藐之。于此有石焉，顽然数尺，重而不奇，蠢而不怪，尽山中皆是物也。良工弃之，好事者藐之，君子则赏之。岂徒赏之，又从而贵之、敬之，视其物殆与鲁璜、秦璧等，非物也，人也。

盖当汉末，吴郡陆公绩，仕于孙氏，为郁林太守。相传泛海归[①]吴，舟轻恐覆，取巨石为装，盖其廉如此。公家娄门之内，临顿里之北，石留民家，至今犹存而埋没土中，仅露其背，过者犹能指而称之，曰："此汉陆公郁林石也。"然未有表识之者。

今监察御史胙城樊君祉巡按吴中，闻而美之，谓知府史侯简曰："先哲遗物，固

① "归"字原缺，据《〔乾隆〕苏州府志》补。

宜表识，且有可以风厉乎人者在，顾其石僻在东城，非官吏朝夕属目之所，其为埋没等耳，吾将有以置而立之。”侯以为然。吴县知县邝郗、长洲县丞王伦相与督役夫，曳置察院之侧，作亭覆之，而樊君为名之曰“廉石”。石始僻而通，久湮而显，观者哄然，足迹不绝，皆曰：“古之才御史，必以扬清为事。樊君此举，虽去之千四百年之久犹扬之，况近者乎？且御史之职在乎举贤，举贤者可以激劝乎一时，石之不朽，虽至于千万年可也，其有功于风纪甚大且久。”

惟昔南中有贪泉焉，饮之者见宝货，以两手攫而怀之，物之能移人心如此。今之廉石，正与此戾。自兹以往，凡过而视之者，其廉士固欣然摩挲爱玩，以益励其操；若夫贪者，将俯首赧颜，趋而过之，有不动心而改行者，尚得为人类也乎？

石之立，为弘治丙辰四月二日。越月而亭成，樊君既题其楣曰“汉郁林太守陆公廉石[①]”，复别[②]琢石，请予为记。予美其事，故诺而助成之。

重筑沙湖堤记

唐时升

昔在弘治九年丙辰，始筑沙河堤，至于今盖有百余年矣。骇川惊波，震撼啮蚀，几十之二。日引月长，势将不能自止。观察曹公言于中丞赵公，欲重治之。会司徒郎管公来治关税，剔弊厘奸，商旅咸集。岁额之外，得金一千四百有奇。公曰：“今岁幸有余入，吾不敢加于常课以困后来者，其可留以予民，必有所以用之。”以书告中丞暨观察二公，二公计曰：“用管公之遗于沙河，其泽可以永久。”遂令郡县庀木石之数，度畚锸之役，适与金相当，乃兴事，凡为堤七十五丈，高十尺，广六尺。五阅月，金尽而堤成焉。内涵外流，狂澜不兴。东船西舫，如涉康庄，民甚乐。

余观太湖从三江东下，其泛滥四出者，遇洿潴则复成湖，沙湖在郡城之东，其南北与二江相吞吐，而当四县走集之地，公私期会，与百货之出入，毋论昼夜晦暝，舳舻常相望。一旦南风驱波涛而下，如万马之腾骧，舟黏北岸，尺寸不得行。北风骤至，则漂荡入湖中，樯摧橹折，如箭脱弦，故奸人依以为窟穴。盲风怪雨之日，则鸟聚鼠伏，伺候行者。而湖之阳，皆亩种之田，谷芽之春，稼成之秋，风起浪涌，一望泙湃，不见踪迹，此昔人之所为作堤也。

《传》曰：“无平不陂，无往不复。”假使数十年之后，湖堤尽废，波涛横行，道路多惊，亦孰知为谁之过者！吾忧当事者之莫以为意也，以今之时而举百年之废，上

---

① 原稿无“廉石”二字，据《苏州府纂修识略》补。

② 原作“复刻”，据《苏州府纂修识略》改。

不知费，下不知劳，沧波沆漭之间，隐然如城郭。前人之绩将坠而复存，可谓盛矣！若夫千金之积，不以自私，而用之于民，捍患救灾，垂无疆之休，使过之者讴吟叹息，想见其人。盖贤者所至，必有遗泽，没世而不忘者也。后之继今者，将废而随举之，后毁而复成之，皆若斯堤之不坏也，则国家根本之地，永有望矣。

重修夹浦桥记　沈焘

吴号泽国，诸水会于具区，流而为三江，以入于海。水由地中行，其最冲要者莫有甚于夹浦桥。其地去郡城四十里，在鲇鱼口之下流，众流所经，水势迅疾，舟楫不能横截中流而渡。南通闽浙，北接淮扬，实为漕运孔道。时或烈风甚雨，篙人棹卒，每多告艰。

宋绍兴初，建为石桥，人皆称便。桥有五空，因以五星为名。西纳具区之水，由吴淞以达诸海，奔流日夜，靡有停息，遂为深渊，人疑其下伏蛟龙。我朝宣德间，一夕大风雨，遂倾圮，久未有复之者。

前巡抚工部侍郎文襄周公忱，创为浮桥以代之，造船一十六艘，锁以铁绳，架为浮桥。上济渡，下通泄，权宜无逾此制。岁久，屡葺屡坏，行者亦每间阻。迩者都察院右副都御史瓜泾徐公源，与其弟南昌经历君澄数过此，切以为忧。适冬官正郎傅公潮奉敕治水，乃具利害白之。公临视数四，拟复建石梁，谋于郡守曹公凤，乃集乡人野老计之。阔三十六丈，深如五之一。或又疑其成之难者，乃命长洲尹刘君珂、吴江尹孙君杰，络绎往返，议皆如前。公仰思切切，有间曰："得之矣！无易前人成制，吾但集材鼎新，捐荒图丰而已！"又令通判沈君浦、陈君玮，县尹刘君泽复视之，皆曰宜然。遂增船四艘，并旧凡二十，选真楠，募良工，俾县丞窦君胤、喻君秉，协董其事。自浦南迤北，其维之贯之之具，悉倍于前；斤之构之之工，咸精于昔。又衡于梁者，加丰厚之木；系于坼者，尽巩固之方。步而履之，有若平地；俯而视之，顿忘其险。更置守者六人，人有厚给，寓有安居，傍建屋数楹，行而劳者有所憩。弘治庚申季冬十九日，桥成，乡人聚而观之，咸曰："休哉！不烦吾众而溥其利，而享其安，其功岂小补哉！"爰征文于焘，刻石以昭不朽。

焘以为知水道者事疏浚，利徒涉者建桥梁。桥梁建立，实有碍于疏浚之势；疏浚川泽，每多略乎桥梁之举。二者将安处乎？求其水道疏通而桥梁修举并行不悖而彼此均利，莫如浮桥，其孰能与于此哉！《传》曰："如智者亦行其所无事，则智亦大矣！"

是役也，其庶几乎！率由美政，步武芳躅，不倍乎疏浚之道，而得乎博济之术，则其识量宏远，夫岂后生末学所能窥哉！因叙其颠末，俾后之人知所考云。

吴郡建文丞相祠碑记　王鏊

忠义之在天下未尝亡，而宋世以身殉国、能信大义于天下者，视前代为独盛，而文丞相之死，尤伟且显。其许国之志，屡踬而奋，百挫不回。至于今，愚夫稚子皆知其为烈也。

夫死一也，有重于泰山，有轻于鸿毛，则所处者异耳。是故非死之难，处死为难。若公可谓善处死也。自古死国者非一，然皆居其官、死其事，职也。

方元兵渡江，诏征天下勤王，无一人至者。公于时出知远州，非有天下之责，乃慨然奖率三军，毁家徇国，其气固已凛然盖天下。及挺身使敌，被执而逸，流离间关，山栖海窜，卒达行在。当是时，宋盖亡矣，犹号召义旅，克复州县。军败身执，志在必死。祈死不死，卒致之燕。虽元之君臣，亦皆咨叹其贤，必欲生之不得，卒死柴市，从容南向，有若平时。盖成仁取义，公志素定于中，非若仓卒履变，忼慨杀身之为。此公之死所以独异，而其节尤伟且显者。读其传，诵其诗，悲其志，想见其人，於乎！虽与日月争光可也。

公之起则知平江，常州受围，公遣兵援之。会诏趣入卫，公去而平江旋送款矣。使公不去平江，必能与常犄角，常犹战不屈，公其有不能乎？二州戮力，势或可支。即不能支，亦当背城死战。元兵不敢长驱，临安得徐为之备，不致仓卒衔璧，一旦猝而亡国也。其后公过吴门，感念凄怆。民闻公至，无不垂涕者。于此见公之惓惓于吴，吴人之不能忘公也。

公既死，燕京、庐陵皆有祠，而吴独缺。太仆少卿文君森，其先自庐陵徒衡山，自衡来吴，盖公之裔胄也。子斗，愿以其地作庙，世守其祀。巡按监察御史谢君琛以闻于朝，诏可，赐其庙曰忠烈，有司春秋享祀如礼。

正德十年月日，庙成，斗请予记其事于丽牲，以诏来裔。铭曰：

嘻吴故墟，有巍新宫。宫祀为谁？丞相信公。有元吞噬，兼并中夏。饮马长江，已无宋社。公独奋然，率兵勤王。吾伸吾义，焉知存亡？崎岖岭海，有死无二。卒死于燕，卓哉正气。公身可杀，公志莫敓。于万斯年，其气烈烈。撑持乾坤，昭揭日月。唯忠唯义，率土向之。况兹吴门，公所素治。公治于吴，不能百日。公惠在吴，终古不没。公胤公遗，后复吴居。作庙世守，帝命所俞。纲常民彝，弗渝弗坠。猗祀千秋，为世臣砺。

正气堂记　　顾鼎臣

监察御史谢君琛按吴之五阅月，上言：故宋少保右丞相信国公文天祥，当宋季年，以勤王之师开阃平江，凡几月，虽事出仓卒，而功德显著。去数百年，而郡人思之不忘，法应祠祀，宜令有司建祠，岁时致祭。复其子孙之在吴者一人守之。制曰可。

于是有司奉诏恐后，越岁，祠成。又于祠之隙地，为堂三楹。大学士长沙李公东阳书其榜曰“正气堂”，取公所作歌而表识之也。其裔胄监察御史森，属鼎臣为记。

夫一元之气，其初混然。阴阳迭运不齐，而邪正形焉。是故为灾祥，为治乱，为君子、小人，为华夏、蛮陌，虽变故相寻，而正气之在天下，未尝一日泯也。是气也，得其常，则为君臣之都俞、父子之慈爱、夫妇之和乐；得其变，则妇死于节、子死于孝、臣死于忠，不可易也。君子得天地阴阳之正而不亏于物，故其气之所至，雷霆为之威，日月为之明，金石为之开，江汉为之流，鬼神为之昭，四维以张，三纲以正，人极以立。孟子曰：“我善养吾浩然之气。”又曰：“其为气也至大、至刚，以直养而无害，则塞于天地之间，惟其正也。”

公当有宋末造，以身殉国，殚力恢复，屡踣益奋，国亡身系，不屈不挠，卒之从容就义，视死如归。是非浩然之气充塞天地者，能若是乎？公之言曰：“身为宋臣，岂事二姓？”

呜呼！南渡宰相若秦桧、贾似道、陈宜中、留梦炎之徒，豢养富贵，恩礼优渥，天子固以心膂待之者也，而嗜利偷生，卖国事仇，曾不以宋臣自命。以公之正气视之，如鬼蜮粪秽，不足道者也。而后世秉彝之好，与斧钺之诛，有较然不容混者矣。为邪为正，果孰得而孰失哉？

或者以“公知平江凡三阅月，尔名实未加，追而祀之，其义何居？”君子曰：“帝昺之世，三光不明，人文几塞，天下一大厄也。”惟公为能信大义、严大分、守正处，顺其节，可上拟夷齐之谏周，孔明之辅汉，求仁得仁，光昭百世。絜德度功，所在庙祀，宜也。

矧公尝守兹土，吴中人士所谓焄蒿凄怆，若或见之者乎？诚使郡县之吏，岁时对越；学士大夫，载瞻遗像；族属世胄，仰思前烈，油然兴起其忠孝之心，则于国家治效，岂小补哉？

长洲县重建儒学记　朱希周

长洲为苏之巨邑，而附于郡治。自宋景定间始立学于城之东北，厥后毁而复创。至于国朝，又尝拓地而改建矣。顾其地犹为卑隘，顷教谕萧君文佐谋于诸生，为迁改之计。咸谓城东有僧寺高爽宏壮，建学惟称。乃白于巡抚都宪欧阳公铎、夏公邦谟，提学侍御冯公天驭，巡按侍御赵公继本，皆曰可。既而有海寇之警，其事遂寝。越明年，诸生复白于巡按侍御舒公汀，而郡守王侯廷、县令吴君世良亦以为请，公乃躬诣僧寺而遍阅焉，叹曰："彼僧徒之居者，若是其侈耶？学校为养士之地，顾弗若耶？是固所当迁改者，不可已也。"遂委通守边君偲、吴县令张君道与吴君专董其事，而贰守王君文儒，通守包君梧、牛君佐，节推陈君一德，亦共为之规画。

于是，即其宫室之旧，或饰而为新，或撤而改造，间以旧学之可用者合而成之。其制，庙学皆南向，其左由棂星门而入，重之以戟门，而中为先师殿，殿之旁两庑列焉。右由儒学门而入，重之以礼门，而中为明伦堂，堂之旁为两斋，曰进德、曰修业。而斋之南北，诸生之房列焉。庙之北为启圣祠，又北曰尊经阁。堂之北为名宦、乡贤二祠。又北则累石为山，山之上为敬一亭，尊御制也。若夫棂星门之前，则树以绰楔。儒学门之外，则凿为泮池。祭器有库，射圃有亭，会馔有堂，游息有所，以至廨宇、仓廪之类，各量其地之所宜而建室焉。其隙也，则有田数亩可供粢盛，而为园者三，为桥者三，为池、为馆者各一，凡游观之具，靡不备矣。乃若兹地之形胜，则山拱于西，水汇于东，前有桥曰升龙，内有河曰玉带，灵秀所钟，殆若预为学宫设者，岂偶然哉！

是役也，经始于嘉靖辛丑十二月，以明年三月落成。盖由诸君之董其事者，勤于综理，夙夜弗懈，故其成功之速如此。王侯暨吴君谓："侍御兴学之功，不可以无纪。"乃属希周为记。

惟昔泮宫之作，见于《鲁颂》。今其规制虽不可考，然观诗人所以张大其事，则其宫室之壮观可想见也。圣朝诞敷文教，凡天下郡县皆立泮宫，视古列国之制，固无异者，抑岂可卑隘而弗称哉？若兹学之改建，其宏丽壮伟无复加矣，然岂徒为观美而已乎？将使士之居其所者，德于是而进焉，业于是而修焉，斯不为虚设已耳！

盖尝观乎学宫，其堂之高大而光明也，有似乎君子之道，致广大而极高明者焉；其隅之直方以固也，有似乎德之严正，见于威仪之抑抑者焉；其黝恶丹漆，涣乎华采之溢目也，有似乎文章之盛，膏沃而光烨者焉。然则入其门而登其堂者，得无有所感发而激厉乎？

吴中素称文献之邦，盖子游之遗风在焉。士之向学，固其所也。矧又有为之作兴者哉！自是人才之盛，当益倍于往者，其出而为国家用者，将不胜其多矣。是固监司守令期望之意也！侍御公按吴，风纪大振，威德并施，其善政不可殚述，而建学造士，尤有关于风化者，故记之以示永久，俾后之人有考焉。

长洲县重修儒学记　　文徵明

嘉靖十有五年岁在丙申秋八月，长洲县重修儒学成。乃是月四日丁亥，知县事渭南贺侯躬率博士弟子，释菜于先师孔子。新宫桓桓，豆笾维饰。陟降旋辟，俨肃有仪。父老宾属，爰观爰庆，谓数十年来所未有。

既明日，诸博士弟子相率言于某曰："维兹长洲，实苏之辅邑，有庙学而制统于郡。故事，月朔庙谒，春秋有事，县官师生旅拜于郡学，以为故常。有祭田，瘠薄不足更费，岁时惟学官行事，而有司不与也。顷岁，有司之贤者，间一行之。牢醴狼籍，取具临时，而其事亦不恒举。夫有司之贤有才者，固足集事。而或不然，则委诸故事。是故或举或不举惟其人，而学之废兴以之。兹学之建，昉自宋季。即浮屠藏殿为之，狭隘弗称。历元及国朝，数有建置，而踵其庳陋，无所展拓。正德丁丑，提学御史安福张公鳌山，尽斥僧庐益之，而未暇改为也。侯始至，以学校首政，顾月朔不得专谒，则以次日将事，视学弗葺且敝，慨然以起废为任，节用制财，乘时僦工，爰相厥攸，亟请于监司、于郡守，既议克协，悉撤其故而新之。首礼殿，次两庑，次讲堂、斋庐，从而戟门、缭垣以至廪庾，庐湢之属，亦以次告成，砻以密石，华以丹垩，翚奂严翼，实完实坚。乃斥隙地，俾居民占业而税其间，架牟其所入，以给岁祀。于是庙学之制始备，而礼文始益弗愆，谓某故学诸生也，俾有述焉。"

维古士见于师，以菜为贽，故始入学者，必释菜以祀其先师。是故有学则有庙，庙而弗祀，犹无庙也。长洲为东南望邑，学视上庠，官有常员，士游于学有常额，而庠有廪饩，事皆应于法，而有庙弗视，岂其制则然？殆有司之失也。侯之为是，岂独行礼哉？亦以复国家立学之制焉尔。夫学校之设，所以育英才以为致礼之具，其法自三代而下，惟我国家为详，而其任为特重。盖仕者，必选自有司，举于礼部，然后登用于朝。然非学校，无自而升也。故进虽多途，惟学校之出为正，而他途者不与。

宋庆历间，尝诏天下立学校矣。然惟州郡有之，县不满二百人者不得立。至于学制，虽见于程子之议，而实未尝用。今内自畿甸，外而荒服，偏州鄙邑，莫不有学。学必具官，士必板列，必选于民秀而考其行能，闲卫升黜，必有法程，而所授受肄习，必孔氏之教，莫不切于治理、周于实用，粹然必出于正。

呜呼！学校之习，一出于正则。凡有司之所选、礼部之所举，与夫朝廷之所登用，有不正焉者，不可得也。故百余年名卿巨人所以出而为国家之用，其立言、立事与致身效命者，莫非学校之出，而出他途者盖鲜也。夫正学之效，章明较著如此。近时学者或厌其卑近，而游心高远，于凡语言文字、礼乐刑政之属，一切以为支离靡烂，为不足为，而惟坐谈名理，标示玄邈，以为道在是矣。而推究厥用，不知其所以立言、立事与夫致身效用，于昔人何如也？

吾侯所为，惓惓兴学之意，其亦有所择哉！或谓习久不滋，事日就弛。今之所谓学校，特具文耳，而何以兴为？是睹其迹而不知所以探其原也。孔子曰："君子之道，譬犹防焉。以旧防为无用而坏之者，必有水败；以旧礼为无用而去之者，必有乱患。"侯其知所防哉！

侯名府，字应璧，己丑进士，仁明恺弟而敏于政，是役特其一事尔。相是役者，县学教谕建昌李泓，训导安仁熊魁、乌程潘佐，董役者义官张璹。

射圃记　　袁袠

长洲县学，盖故有射圃云。孙侯视学之明年，整一法轨，兴修故典，士既同风，乃考彝章、循典训，曰："维是射圃之不治，鞠为灌莽，于何考德？事其在我。"乃即祀殿之东隙隅而卜食焉。芟屏椔翳，罗剔砂砾，量物鸠徒，庀材计庸，凝土抟埴。基址既定，辨阶位，列方次，画侯垒丰，轩堂门楹，翬革荼张而射圃完矣。乃属记于予。

《书》不云乎"侯以明之"，习于虞庠，试于泽宫。夫礼社，三代以来未之有改也。明兴，文教熙洽，迩来承平既久，而法禁渐弛，黉校崩圮，讲肄无所。又何射圃之能为？君子曰："孙侯其达于礼矣！令天下之兴教者皆若人焉，礼教其行矣乎！"是故记之，以志举废，且使后之人有所考焉。

迁尹和靖先生书院记 袁衮

和靖书院旧在虎丘西庵，遗基久湮。天水胡公缵宗来守兹土，考道之暇，大惧荒没为往哲羞，抑无以法将来，即故地祠而祀焉。又以僻在郊外，学者罕至，乃徙祠于龙兴寺，榜其门曰“和靖书院”，颜其堂曰“三畏”。列楹周阿，揭虔妥灵。顾瞻弁裳，耸焉起敬。又以香火于缁衣，惧岁久浸怠，乃选胶序弟子员，弦诵其中，修皇王之业，趋孔孟之轨，以无忘和靖先生之意。公暇则游焉，横经析疑，躬督肄习。设俎豆盏斝于堂上，悬夏楚朴棰于堂下，董以学官，申以科条，将使四方则之，后世传之，曰：“苏湖之教，其再见乎？”公之志也。

初，尹肃公师事伊川，为程门高弟，遭宋不造，阖室婴金人之害沉渊，逃刘豫之聘，振铎于兹，卒以穷死。所寓斋亭，又复圮坏，使其不得志于当时者。又将无闻于后世，惜哉！公是举也，兼三善焉，屏淫昏之鬼以攘异教，崇往哲以修典刑，振黉序以训群胄。后之人能率其故典，时加敦劝，俾无遗坠，则观旂之什，协于闷宫矣。诸生诵法孔子，而不知相劝于古道者，其何赖于兹？院成，命衮记其事而镵之于石。

定慧寺苏文忠公啸轩碑记 黄省曾

吴宫之东，有禅寺一区，曰定慧者。宋祥符中，真宗皇帝赐今额，岁得缁度一人，褒为丛林唱道之所。于时沙门颙师白履戒香，重于儒苑。文忠苏公之游吴也，交缔雅密。师乃疏观剔幽渠，揽竹构为清轩，命之曰啸，盖特款公舒灏气而畅高襟也。

入我圣代，曰净因者。永乐中，修校藏典，以名缁见征。归则杜影，精堵银书，《方广庄》，耀寺宝传。至妙玹，益弘清矩。正统中，告圮于郡守况公，舍禄为望佛宫焕新。工部侍郎文襄周公巡抚南国，命玹摹勒苏书墨本，永之瑶珉。志言在纪，总是以观。则此刹越历虽缅，而净业如一也。

岁之庚子，秀释仁济辈展经于兹。予尝戾止流连，结带娱话终日。凡苏公曩昔之所，响鸟窥行乐，月引归步。信乎幽寂之境，非鸿遁之士莫能宴而居也。

一日，住持守成慨捧公编，因而请记。予诺而语之曰：由宋而来，世运鼎革。吴之华堂戟府，化为茅绳，纷而屡矣。独此轩者，幸托于荒凉岑落之界，乃巍历而犹存，可俾后贤缘此仰追超迥之躅，则释氏之有德于公者，亦远矣。

乃令守成绘文忠之像，奉之轩中。上嗣颙师缀辟之怀，予也作记标阐，以补苏公之阙。庶周、况二公崇慕前哲，殷勤缉绪之泽，或有嘉逢也。

嘉靖庚子三月望。

新建文星阁记　　徐显卿

长洲县建学，故在郡城东北。当事者为二百年来虽科第不乏，然而科第不元、仕宦不相，乃迁城东南，改福宁寺为学宫。自嘉靖辛丑迄今六十年，科第、仕宦者如故，不加盛。万历己丑，侍御李君，故长洲令，来按吾苏，加意学校。时开府周公精形家言，同诣学，周遭相视，谓："右翼双浮图，是曰文笔，左空缺不称，当有所建竖。"于是邑侯陈君捐俸筑台，属博士吴君董治之，崇二丈余，拟构穹阁。又八年，而邑侯江君复捐俸经营，请于开府赵公，观察曹公、彭公各檄发赎锾，邑博黄君、袁君、陈君复请余为疏，倡诸缙绅先生各捐金助役，鸠工庀材，以典史唐惟仁、诸生刘伸领其事，数月告成。崔嵬摩空，金碧陆离，岿如翼如。识者谓："长洲士自兹益彬彬盛矣。"于是邑侯江君、邑博黄君、袁君、陈君请余为记。

余闻庠序者，礼乐既兴之所用，非所以兴礼乐也。矧乃兹阁，当事诸公宁为长洲士科第仕宦计哉！科第非人材不重，人材非科第不显。若谓科第为人材，是谓庠序即礼乐也，而可乎？

自古不愧科名者尠，其不科第而享四海千秋之名者不乏，则科第重乎？人材重乎？当世重科第，士之岩穴闾巷者，立德立言，其于立功无当也，则国家何赖焉？试阅科第题名，其功在朝廷，望重华夏，而儿童走卒皆知其姓名者，此人材不愧科第者也。其掇巍科、历卿相，一时一乡非不籍，甚或其身尚在，或身殁未几，身名翳如。叩诸博学多闻、文章命世之士，而茫然不知为何人，不能名其一事之善者，此科第也，非人材也。科第、人材判然若两物，士君子亦可知所重矣。然则当道诸公所为惓惓者，作士育材云尔，宁为科第乎哉！自兹长洲士有如韩襄毅雍、孔侍郎镛者继踵，则兹阁虽与麒麟、凌烟并峙可也。

李君名尧民，余甲戌分校礼闱所取士；周公名继，赵公名可怀，曹公名时聘，彭公名国光，邑令陈侯名其志，江侯名盈科，博士吴君名良治，黄君名承询，袁君名本，陈君名朝东。兹阁突兀，数公丽石不朽矣。

宋文丞相祠碑记 江盈科

姑苏祠文丞相，以丞相曾守平江，功德在民，而其子孙有自宦家姑苏者，能世丞相之祀，奉祠衣裳而俎豆焉。祠因故学宫，规模宏敞，足壮观瞻。乃岁久圮废，垣墙棂牖，剥落断蚀，肖像芜坏，丹绘罔饬。盈科拜谒庭阶，四顾怆恻，用是稍捐饩廪，葺而新之。爰妥厥灵，因为之记曰：

嗟乎！人臣之忠莫大于忘其家与其身，而不忍忘其国；人臣之功莫大于以其国存，莫难于使其国不待存而存、亡而不亡。夫惟秉天下之至忠，乃能为天下之所至难，斯丞相之谓乎！

夫丞相生平载在国史，不啻详矣。乃说者疑其志大而才疏，倘所称成败论人者耶？余窃谓：载籍以还，人臣之忠莫大于丞相，而为人臣之所难为亦莫过于丞相。盖屋庐丘园，人所恋也，而公捐金募士，破产勤王，无少靳惜；室家，人所昵也，而公糟糠仳离，美人尘土，无少挂系；子女，人所爱也，而公黄口中陨，白璧委道，无少牵萦；头颅发肤，人所百计图全也，而公蹈虎尾，临不测，以遂杀身成仁之素志。精贯白虹，义指皎日，可不谓天下之大忠耶？

当是时，绍兴之祚不长，海岛之舟已覆。回首中原，黍禾满目。然鲁阳之戈一奋，空卷之士不难。沫血采薇之魂，尚延控弦之众，相顾喘息。然则元之君臣，盖不敢以海上奏凯之会为宋亡之年，而直以柴市就刑之朝为宋亡之日。

呜呼！公存而宋存，公亡而宋亡。公之关于宋何如哉？且也《正气》一歌，寒奸邪之魄；成仁一赞，感鬼神之泣。使夫享有宋之土者，不能收有宋之人心；斩赵氏之国脉者，不能夺孤臣之志气。天柱以扶，地维以植。则公之在天壤，所谓日星河岳亘古常存者与？噫！苟非至忠，孰能为其至难有如斯者。记成之日，勒于贞珉。用彰往烈，爰告后人。

役田记 江盈科

于役，民之分也。然在上者，必度其力之所能堪，即力所能堪，或因役以疲，至于有所不胜，而难乎其继，则亦为上者之过矣。夫圉人之御牛马，引重致远，鞭棰使之，岂不甚劳？然而困毙辕下者较少，何也？盖丰其水草，均其践更，故力常蓄而不竭，是以虽劳而不死。为人上者，通乎圉人之道以御民，即岁役其民，必不至于不胜而不可继。

余之令长洲也，自漕粮二十万石，听卫卒输税外，计所应运白粮凡若干，半输京都，半输陪都，岁役凡若干人。陪都稍近，转运稍易。京都最远，且难舟楫，徒旅守候交割，骚然繁费，校算额编贴役银米载在经赋者，非不与其役相称，而余犹皇皇然，念其或疲于力而终至于不可继也，于是为置役田。役田有三项：其一为省存夫船银所置买者，其一追原役田银另买者，其一为士夫田多之家欲为子孙蠲役而割其田十之一以助往役之人也者，共计三项，得田二千九十四亩。岁除赋税之入，以其花利九百七十一石计，民之领南北运者，就中剂量远近、繁简、难易而轻重布之，号曰役米。盖欲使往役之人稍有所借而不疲于力。

或曰："额编有贴矣，又复贴之，不过丰乎？"是不然，御牛马者闻丰其水草，不闻惜水草之过丰而议节之，凡以蓄其力而使之，为可继耳。且也往役之人，其力能堪则不至于转辗攀累，而闾里之民皆得其所。故置役田者，所以安往役之人也，亦即所以安一邑之人也。爰发其义以告来兹，用勒诸石，树仪门之左。

筑娄江石堤记万历四十三年 文震孟

苏，故泽国也，江淮之水繇京口历毗陵，从苏注海。震泽汇宣、歙、苕、霅之巨浸，宣吐于长、昆二邑间。而娄江实所繇道，至和塘最当其冲荡云。

自宋转运使乔维岳决堤为泾，水患滋起，以迄于今。当事者苦于任事之难，至插棘树版以杀水势，亦几无谋矣。广济胡侯士容自嘉定令移剧长洲，日延父老问所疾苦，而知娄江之塘不可缓也。曰："是且病涉、病溺、病飞挽、病农，谁司民牧，责可诿诸？"既又相度土宜，而知非石堤无以障水势。经始焉，里计者四十有五，丈计者六千七百，桥计者二十有六，其巨者三十有八，金钱计者万五千有奇。顾邑民贫，府库竭，莫可调发，仅搜导河官帑之羡金不满千，悉捐岁俸与赎锾所入，集好义之众，期月而成。自长至昆，长堤如带，屹然如山。于是，行者歌于道，榜人歌于河，农歌于野，穑人成功。更以其赢金，益尽捐禄俸，买田三顷，其半以属耆老，为永堤计。且将续海虞、松陵之役，而半以给泽宫贫士，俾免于寒饥。侯乃过予而言曰："不佞兹役也，幸借贤士大夫之宠灵与父老子弟之力获，籍手报绩。请记焉，非以耀成事也。此堤一日而不毁，即不佞之所以怀士大夫与父老子弟者一日而不忘！"

吁！侯之材，岂不甚异哉！顾其言，又何长者乃尔！侯之始事也，国人以为难，而侯不阻，侯之算长也；侯之集事也，国人以为惧，而侯不怵，侯之操洁也；今之竣事也，国人以为世世之功，而侯不喜，侯之心苦也。故此堤一日而不毁，即士大夫、父老子弟之颂侯者一日而不忘！

侯曰："唯唯，敬拜君子之明训。"因书以为记。时万历乙卯六月吉旦。

详抚请立便民碑记天启四年　　长洲知县张梧茂

长洲县为严立会计以垂永远事。照得江南赋役浩繁，奸弊丛生，所凭以出纳者，会计由单耳。故先年有《经赋册》之刻，又有《赋役全书》之刻。法至缕析，而小民稍知，奸胥弗利。且率乘正署错承之际、新旧交代之时，巧肆欺罔。始而缓匿由单，既且混乱会计，任意飞洒，恣情干没以中饱焉。当事者既傯遽不暇详查，而彼闾阎小民耳目邈渺，亦安能一一执田粮而叩堂皇哉！鼠雀滋弊，不可问矣。迨征解之时，又复那移支放，以便私图，致京边紧额。历年以来，逋负如丘，而官与民且两受其累。本县深晰弊端，思垂永例，莫如勒石通衢，细载田亩、银米之数，与比较缓急之序，使小民一目了然。即每岁稍有增除，不妨临期另示。总以六月定推收，九月初一日定由单，则官民可画一征输，而奸胥无所用其欺矣。有地方之责者，上凛国课，下念民瘼，其永鉴诸。

长洲县知县张梧茂勒石。

五人墓碑记　　张溥

五人者，盖当蓼洲周公之被逮，激于义而死焉者也。至于今，郡之贤士大夫请于当道，即除魏阉废祠之址以葬之，且立石于其墓之门，以旌其所为。

呜呼，亦盛矣哉！夫五人之死，去今之墓而葬焉，其为时止十有一月耳。夫十有一月之中，凡富贵之子，慷慨得志之徒，其疾病而死，死而湮没不足道者，亦已众矣，况草野之无闻者欤？独五人之皦皦，何也？

予犹记周公之被逮在丁卯三月之望。吾社之行为士先者，为之声义，敛资财以送其行，哭声震动天地。缇骑按剑而前，问："谁为哀者？"众不能堪，抶而仆之。是时，以大中丞抚吴者为魏之私人，周公之逮，所由使也。吴之民方痛心焉，于是乘其厉声以呵，则噪而相逐。中丞匿于溷藩以免。

既而以吴民之乱请于朝，按诛五人，曰颜佩韦、杨念如、马杰、沈扬、周文元，即今之傫然在墓者也。然五人之当刑也，意气扬扬，呼中丞之名而詈之，谈笑以死。断头置城上，颜色不少变。有贤士大夫发五十金，买五人之脰而函之，卒与尸合。故今之墓中全乎为五人也。

嗟夫！大阉之乱，缙绅而能不易其志者，四海之大，有几人与？而五人生于编伍之间，素不闻《诗》《书》之训，激昂大义，蹈死不顾，亦曷故哉？且矫诏纷出，钩党之捕遍于天下，卒以吾郡之发愤一击，不敢复有株治。大阉亦逡巡畏义，非常之谋，难于猝发，待圣人之出，而投缳道路，不可谓非五人之力也。

由是观之，则今之高爵显位一旦抵罪，或脱身以逃，不能容于远近，而又有剪发杜门，佯狂不知所之者。其辱身贱行，视五人之死，轻重固何如哉？是以蓼洲周公忠义暴于朝廷，赠谥美显，荣于身后。而五人亦得以加其土封，列其姓名于大堤之上，凡四方之士，无有不过而拜且泣者，斯固百世之遇也。不然，令五人者保其首领，以老于户牖之下，则尽其天年，人皆得以隶使之，安能屈豪杰之流，扼腕墓道，发其志士之悲哉！

故余与同社诸君子哀斯墓之徒有其石也而为之记，亦以明死生之大，匹夫之有重于社稷也。贤士大夫者，冏卿因之吴公，太史文起文公，孟长姚公也。

兴复广孝阡记　张国维

顷予镇抚江南，首询民风淑慝，而驻节苏郡，则尤教化所自始也。其地襟江带湖，人文挺秀，无论巍科巨卿，项背相望，即抱忠矢节、与日月争光者，亦指不胜屈。观感所及，凡衣冠袯襫之流，罔不吉凶循礼。独市廛驵侩、公门厮养，皆以火葬相沿袭，父子、祖孙、兄弟、妻妾，朝而易箦，暮投烈焰，旋裹其骨，或置峻坂，或沉深渊。于是环城内外，昼夜焚尸，秽气腾触，悍然无忌。

其初，溺浮屠之说，以四大为幻，一空所有，不知就佛氏教言，亦云证果示寂，吐三昧火为荼毗，自起自灭，未若今愚夫愚妇之积薪燃炬，毁骨扬灰也。

伊川先生有言：古人之法，必犯大恶以为梼杌、穷奇，寸磔不足偿其罪，则焚其尸。今试问死者生前与戚属相视何如亲昵？一旦就木，形去神存，魄散灵在，遂忍膏血涂草莽、煨烬散薮泽乎？倘云葬则周身周棺之具，并需坚厚，力不能赡，胡缁黄斋醮、冀资冥福，唾手数十缗，毫无顾惜，独不可供蔂梩之用乎？

说者谓：苏为泽国，山浅而田贵，赋役繁重，细民弗获营兆，独不有向设义冢乎？因核纪载，弘治间，知府曹凤特创规制，郡凡六门，门各一冢，冢各延袤百五十亩，隶长洲者四，隶吴者二，吴文定宽为之记，魏恭简校垂之训，沈逸民《周颂》之诗琅琅在人口颊，曷不动蠢顽之恻隐而掩覆犹寥寥乎？

或又言：义冢自隆庆间知府蔡国熙禁火化，加土修埴，至万历之季，火化之风再炽，里正胥徒忽利旷土，告佃起科，半为乌有。更民间以义冢相逼，瘗囚之壑，耻舁榇入其隧。余耸然曰："是无难，亟檄两邑按故籍而复顷亩之纵横，禁瘗囚于邻壤，再筑垣为限，培以封树，改颜其阡曰广孝阡，俾市井蚩蚩之众顾名思义，更化易俗，瞻马鬣而兴悲，望松楸而陨涕，死者免毁弃之惨，生者逭流殛之刑，其于名邦风教，未必无补。"

余与郡邑有司共膺王命而莅兹土，庶几稍慊于心乎！遂伐石为之记。

重修长洲县学记　　丁思孔

古先王敷教以治天下，自党庠术序无非学校，而其教之之人，即一乡之贤士大夫，习知土俗性情，因以简其帅与不帅者，而兴之屏之，则人之淑慝咸相见，而一无所容其欺伪矫饰之情，所以事劝而业成。凡智能勇功之事，为国家建大猷、肩大任者，无不出其中。故自禅让以还，代以武功定天下。及统绪甫集，未有不汲汲于敷饰文教以为永安长治之基者，诚以效虽缓而功久也。迨行之寖远，儒学与吏治既分两途，一切理民经国皆以为不必出于乡三物之中，而惟智能勇功之是骛。举凡古初历世磨钝之具，率视为迂阔无当之虚文，相与掉臂而去之。设有司其职者，鳃鳃焉惟德教是忧。及众起而嗤讪之，其非笃信而强力者，亦且靡然置之而不敢复道。于以求人心之敦茂而道德之凝承也，不綦难哉！于此有人焉，不顾时俗之浮言，毅然立教以为己任，举废起衰以行之，亦人所难能矣。

目今大江以南若姑苏，固吴越之一大都会也。承要离、伍胥之流风，文以延陵季子辞让之节，其于慷慨愤激之事，或至灭顶剥肤而不暇惜，岂非明于忧患之故而独立不惧者哉！然而弊化奢丽之虞，亦已久矣。司是教者，就所长以正之，因其弊而革之，要厥观摩，必自学校始矣。

尝考志乘，在郡之儒学三，而长洲学宫建置独后，创于宋之景定，再立于元至正间，而改设于明之嘉靖。历年滋多，倾圮是患。训导王君受事典学，喟然叹兴，捐赀以谋完葺，度材庀工，未几而栋宇克新，垣墉尽缮，其所谓毅然己任者欤！

思孔不敏，司会是邦，慄慄焉惟教养无术之是惧。王君修学成，而乡先生暨学之诸弟子员，咸造余而请为之记，且曰："砻石以须久矣！"余嘉王君之志，与余之见固有合也。今天子缉熙逊敏，向意揆文，凡中外明扬之典，必察其有无兴行教化以为考课之殿最。斯东吴人士将由兹学之振兴知所以导民成俗，其本必在乎是。于以絜隆夫比闾族党之化，其亦将有合矣。王君名玢，安庆桐城人。

康熙十六年岁贡生。

摊耗派征说　〔明〕王仪

客有过仪而问曰："子，郡主也，一方之休戚于子寄之。金花银一两旧征米四石，而子准米二石；米价三钱八分，而子准五钱，不有病于民与？"仪曰："子过矣，论折色者当考夫银数之赢亏，不当较夫准米之多寡。盖米数可增可减，而银数则一定而不可移也。以长洲一县言之，本色平米四十四万五千一百一十八石零，金花银五万两、白银五万二千六百四十三两零。若照旧例，金花准四石、白银准二石三斗，共该本折平米五十六万零，每亩该米四斗五升六合。以今二石准之，止该平米四十四万零，每亩止该三斗七升五合。以米准银，多则耗米增之，少则耗米减之。或增或减，而金白银一十万二千六百之数则自若也，毫厘丝忽可以增减否耶？旧例，金花准米四石，今议准米二石，盖旧日金花二石为实，米二石为虚数。仪止派实米二石，其二石之虚数则削之，则名虽二石，其实即旧日之四石也。论者不察耗米之减，而但欲准米之多；不审实数之如旧，但较虚数之减旧，何耶？"客曰："子好异，无惑乎众论之纷纷也。轻之重之，与时合之，人将何言欤？"予曰："岂好异哉！余不得已也。异时奸书愚弄官民，与婴儿无异。驾为支离之说，曰白银准若干、金花准若干，必如是而有益于民。不知国有常赋，赋有定额，岂可以私智增之减之？不过为此参差不一之则而为己侵渔之地耳，官府率为所罔而不知，小民阴受其祸。予乃取其不一者通而变之，而画为至一之法，使奸书无以高下其手，富者不得以有利而就轻，贫者不得以无利而存重，为地方计，为穷民计也。"客曰："唯谨受命！"

薙茶说　文震孟

吴山之虎丘，名艳天下。其所产茗柯，亦为天下最，色香与味在常品外，如阳羡、天池、北源、松萝，俱堪作奴也。以故好事家争先购之，然所产极少。竭山之所入，不满数十斤。而自万历中，有大吏而汰者，檄取于有司，动以百斤计。有司之善谀者，若以此役为职守。然每当春时，茗花将放，二邑之尹即以印封封其园，度芽已抽，则二邑胥吏之黠者逾垣入，先窃以献令。令急先以献大吏，博色笑。其后得者辄银铛其僧，痛棰之。而胥吏辈复啖咋僧，尽衣钵资不足偿，攒眉蹙额，或闭门而泣，如是者三十余年矣。

客有读书其地者，往往为僧咨嗟而莫为之计。余笑谓客："设有僧具勇猛力者，拔去根株，无留纤寸，具此手段，便许之成佛作祖。”直戏言耳。甲子岁，有巡方使者督责尤苦，僧某竟如予言，薙除略尽，盖已辨此身殉也。

一日，郡伯礼亭寇公过予，言曰：“当吾作守而有此举，差强人意。”余笑曰：“乃以见明公之德政耳！使非明公惠爱素著，即有成佛作祖之僧，其能决绝如是耶？”公亦笑曰：“敢烦史笔，少记数语，为守土官解嘲可乎？”他日，述此语于邑侯同凡陈公，公复大笑曰：“有是哉！多欲则多事，多事则扰民，能使根株拔尽、无留纤寸者，精可成佛作祖，粗可抚民莅众，世法略具此矣。”盖寇、陈二公一时守令之最贤者也，故能为此语。余因记之，以备郡志中一则佳语。

题七姬权厝志后张羽文　宋克书　卢熊篆　　文徵明

伪周据吴日，开宾贤馆以致天下豪杰，故海内文章技能之士悉粹于吴。其陪臣潘元绍，以国戚元勋位重宰相，虽酗酒嗜杀，而特能礼下文士，故此石出于仓卒之际，而一时文章、书、字皆极天下之选。

羽字来仪，一字辅凤，浔阳人。元末避地来吴，入国朝为太常司丞，其文清雄峭拔，足以配古。克字仲温，长洲人，国朝为凤翔府同知，博学任侠，其书称逼钟、王。熊字公武，昆山人，国朝为兖州知州，篆籀之精，独步一时。方宾贤盛时，三公与杨廉夫、高季迪辈俱号高迈、不为所屈者，今不免亦为之俯首执笔，其礼罗之勤，有可知者。昔人谓时衰代替，武人所好，涉于衣冠。观此有深感焉。

卷三十二

艺文

圣祖仁皇帝御制虎丘诗

秀璧名吴水，悬萝接紫霞。仁风期大吏，厚俗止纷华。停辇舆情问，开轩畊亩赊。笙歌陈勿用，意使尽桑麻。

圣祖仁皇帝御制虎丘题句

试剑犹留石，生公尚有台。爱看山后景，错落野田开。

圣祖仁皇帝御制忆苏州风俗诗

邓尉梅梢月，虎丘浪里峰。人争天地秀，物杂理文宗。俗尚非交让，官箴乏协恭。物情常如此，何日受时雍。

同沈恭子游虎丘　清远道士

我本长殷周，遭罹历秦汉。四渎与五岳，名山尽幽窜。及此客区中，始有近峰玩。近峰何郁郁，平湖渺瀰漫。吟挽川之阴，步上山之岸。山川共澄彻，光彩交凌乱。白云蓊欲归，青松忽消半。客去川鱼静，人来山鸟散。谷深中见日，崖幽晓非旦。闻子盛游遨，风流足词翰。嘉兹好松石，一言常累叹。勿谓予鬼神，忻君共幽赞。

从永阳王游虎丘山　〔陈〕张正见

沧波壮郁岛，洛邑镇崇芒。未若兹山丽，岧峣擅水乡。地灵侔少室，涂艰像太行。重岩标虎踞，九曲峻羊肠。溜深涧无底，风幽谷自凉。柙沉余王气，剑隐绝星光。白云多异影，丹桂有丛香。远看银台耸，洞塔杂山庄。瑞草生金地，天花照石梁。

陪陆长源裴枢游武丘寺 〔唐〕皎然

云水夹双刹，遥疑涌平陂。入门见藏山，元化何繇窥。曳组探诡怪，停骢访幽奇。情高气为爽，德暖春亦随。瑶草自的皪，黄楼争蔽亏。金精发坏陵，剑彩沉灵池。一览匝天界，中峰步未移。应来生公石，列坐援松枝。

题东武丘寺 白居易

香刹看非远，祇园入始深。龙蟠松矫矫，玉立竹森森。怪石千僧坐，灵池一剑沉。海当亭两面，山在寺中心。酒熟凭花劝，诗成倩鸟吟。寄言轩冕客，此地好抽簪。

夜游西武丘寺 白居易

不厌西丘寺，闲来即一过。舟船转云岛，楼阁出烟萝。路入青松影，门临白月波。鱼跳惊秉烛，猿觑怪鸣珂。摇曳双红旆，娉婷十翠娥。容满、蝉态等十妓从游也。香花助罗绮，钟梵避笙歌。领郡时将久，游山数几何。一年十二度，非少亦非多。

武丘寺路 白居易

自开山寺路，水陆往来频。银勒牵骄马，花船载丽人。芰荷生欲遍，桃李种仍新。好约湖堤上，长留一道春。

武丘寺路宴留别 白居易

银泥裙映锦障泥，画舸停桡马簇蹄。清管曲终鹦鹉语，红旗影动駮𩌦嘶。渐销醉色朱颜浅，欲语离情翠黛低。莫忘使君吟咏处，女坟湖北虎丘西。

游虎丘 刘禹锡

青林虎丘寺，林际翠微路。立见山僧来，遥从鸟飞处。兹峰沦宝玉，千载惟丘墓。埋剑人空传，凿山龙已去。扪萝披翳荟，路转夕阳遽。虎啸崖谷寒，猿鸣松杉暮。徘徊北楼上，海江穷一顾。日映千里帆，鸦归万家树。暂因惬所适，果得捐外虑。庭暗栖还云，檐香滴甘露。久迷空寂理，多为声华故。永欲投此山，余生岂能误？

发苏州后登武丘寺望海楼　　刘禹锡

独宿望海楼，夜深珍木冷。僧房已闭户，山月方出岭。碧池涵剑彩，宝刹摇星影。却忆郡斋中，虚眠此时景。

虎丘寺　　张籍

望月登楼海气昏，剑池无底浸云根。老僧只怕山移去，日暮先教锁寺门。

题虎丘东寺　　张祜

云树拥崔嵬，深行异俗埃。寺门山外入，石壁地中开。仰砌池光动，登楼海气来。伤心万古意，金玉葬寒灰。

题虎丘西寺　　张祜

嚣尘楚城外，一寺枕通波。松色入门远，冈形连院多。花时常到处，别路半经过。惆怅旧禅客，空房深薜萝。

虎丘石壁诗　　幽独君

青松多悲风，萧萧声且哀。南山接北山，幽垄空崔嵬。白日空昭昭，不照长夜台。虽知生者乐，魂魄安能回？况复念所亲，痛哭心肝摧。恸哭复何言，哀哉复哀哉。

答幽独君诗　　无名氏鬼

神仙不可学，形化空游魂。白石非我朝，青松为我门。虽复隔幽垄，犹知念子孙。何以遣悲怨，万物归其根。寄言世上人，莫厌临芳樽。庄生问枯骨，王乐复何言。

虎丘　　〔宋〕范仲淹

昔见虎耽耽，今为佛子岩。云寒不出寺，剑净未离潭。幽步萝垂境，高禅雪闭庵。吴都十万户，烟瓦亘东南。

虎丘　　苏轼

入门无平地，石路穿细岭。阴风生涧壑，古木翳潭井。湛卢谁复见，秋水光耿耿。铁花秀岩壁，杀气禁蛙黾。幽幽生公堂，左右立顽矿。当年或未信，异类服精猛。胡为百岁后，仙鬼互驰骋。窈然留清诗，读者为悲哽。东轩有佳致，云水丽千顷。熙熙览生物，春意破清冷。我独属无事，暖日相与永。喜鹊翻初旦，愁鸢蹲落景。坐见渔樵还，新月溪上影。悟彼良自咍，归田行可请。

虎丘　　〔元〕郯韶

春草青青绕阖闾，山深石径转崎岖。空闻落日腾金虎，无复重泉闭玉凫。陆羽井深春雨歇，生公石在白云孤。伤心莫问鱼肠剑，怨逐秋声上辘轳。

雪霁顾仲瑛偕予与陈惟允坐剑池上惟允为写图因赋诗云　　郯韶

残雪落林度西岭，阴涧寒泉凝素绠。两僧倚树听微钟，一鹤临流照清影。松间旭日映山椒，白云英英如雨飘。何当为置王摩诘，更添一树红芭蕉。

题张校理王著作徐记室游虎阜　　〔明〕高启

前身似是云水僧，余习爱觅名山登。最怜虎阜在平地，一丘势敌千崚嶒。缺崖深深翳密叶，欹石兀兀缠危藤。昔年无事恣幽赏，拄杖叩门来屡曾。风廊听竹移广簟，雪屋煨芋明高灯。禅堂素壁醉题满，老衲喜客无嗔憎。别来三载困尘土，散落略尽同游朋。谷猿清叫烟雾隔，宵梦欲往天瞢瞢。幽怀郁抱不得写，一月雨声眠枕肱。相亲尚有北郭友，材尽齐楚惭曹滕。张君名驹禀神骏，王子快鹘生锋棱。并淹客馆校遗籍，云路万里违骞腾。徐卿亦是瑚琏器，远役又欲行担簦。明朝山鹊定鸣霁，跬步可游何不能。一林一涧幽景在，遥想与鹊无亏增。朱樱绿笋虽已过，正爱夏木阴层层。欲营此行况甚易，妇有藏酒鱼新罾。出城不必借车马，已办布袜青行縢。吾侪虽穷自有乐，相聚岂比虫薨薨。乱离拨置且勿道，愿赋妙语留传誊。

剑池　　高启

干将欲飞出，岩石裂苍矿。中间得深泉，探测废修绠。一穴通海源，双崖树交影。山中多居僧，终岁不饮井。杀气凛犹在，栖禽夜频警。月来照潭空，云起嘘壁冷。

苍龙已何去？遗我清绝境。听转辘轳声，时来试幽茗。

第三泉亭联句　　王鏊　王铨　都穆

凿开孤嶂一痕青，鏊。洞酌还来漱玉亭。铨。霜落丹枫秋欲老，穆。池涵宝剑气无腥。鏊。煎从桑苎传三昧，饮对离骚喜独醒。却怪又新多浪语，铨。独于杨子诧中泠。穆。

题虎丘　　日本僧天祥

东西两寺今为一，有客登临见断碑。剩水残山王霸业，苦风酸雨鬼仙诗。楼台半落长洲苑，箫鼓时来短簿祠。槩郢鱼肠何处是？辘轳千尺向空池。

虎丘中秋新霁　　〔国朝〕吴伟业

万籁广场合，道人心地平。天留今夜月，雨洗去年兵。歌管星河动，禅灯风露清。凄凉阖闾墓，断壑起松声。

癸巳春日禊饮社集虎丘即事四首　　吴伟业

杨柳丝丝逼禁烟，笔床书卷五湖船。青溪胜集仍遗老，白袷高谈尽少年。笋屐莺花看士女，羽觞冠盖会神仙。茂先往事风流在，重过兰亭意惘然。

兰台家世本贻谋，高会南皮话昔游。执友沦亡惊岁月，诸郎才调擅风流。十年故国伤青史，四海新知笑白头。修禊只今添俯仰，北风杯酒酹营丘。

访友扁舟挂席轻，黎花吹雨五茸城。文章兴废关时代，兄弟飘零为甲兵。茂苑听莺春社饮，华亭闻鹤故园情。众中谁识陈惊坐？顾陆相看是老成。

绛帷当日重长扬，都讲还开旧草堂。少弟诗篇标赤帜，故人才笔继青箱。抽毫共集梁园制，布席争飞曲水觞。近得庐陵书信否？寄怀子美在沧浪。

颜书石刻　　吴伟业

鲁公戈法胜吴钩，决石锥沙莫与俦。火照断碑山鬼出，剑潭月落影悠悠。

阖闾墓　　王士禛

剑池春日水清虚，石壁临风吊阖庐。于越行成谁狡狯？夫椒往事重欷歔。飘零王气传金虎，寂寞空山葬玉鱼。太息恩仇竟何在？荒台青草认姑胥。

恭纪万岁楼落成　　尤侗

阊阖天高紫气浮，苍龙夙驾下苏州。春风初绕千人石，晓日群瞻万岁楼。汉诏蠲租追地节，唐碑颂德胜之罘。吾皇游豫民歌舞，虎阜从今号帝丘。

真娘墓　　〔唐〕白居易

真娘墓，虎丘道。不识真娘镜中面，唯见真娘墓头草。霜催桃李风折莲，真娘死时犹少年。脂肤荑手不牢固，世间尤物难留连。难留连，易消歇。塞北花，江南雪。

真娘墓　　李商隐

虎丘山下剑池边，长遣游人叹逝川。罥树断丝悲舞席，出云清梵想歌筵。柳眉空吐效颦叶，榆荚还飞买笑钱。一自香魂招不得，只应江上独婵娟。

真娘墓　　〔宋〕谭铢

虎丘山下冢累累，松柏萧条尽可悲。何事世人唯重色？真娘墓上独留诗。

真娘墓　　〔明〕梅鼎祚

何不学仙冢累累，白阳西郭阴风悲。虎丘一叩真娘墓，薜荔援墙兰委露。千岁蒙茸几树花？夜飘鬼火晓啼鸦。向怜挟瑟弹清月，犹忆吹箫乘彩霞。吴阊少年往来道，黛蛾钗燕谁能好？酒滴春云梦不消，泉声幽咽钟声老。陌上行游缓缓归，昨日红颜今日非。东望阖闾穿葬处，玉凫欲化湛卢飞。

顾湄云：按此诗，曹石仓《名胜志》载为宋米芾作。盖繇吴中有《含翠亭》伪帖，曾假是诗托元章以行，题曰“元丰壬辰米芾书”，流传人间。即博洽如石仓，尚不能辨。及考元丰纪元，始戊午，终乙丑，而无壬辰，其败阙已见。史明古有言：“世之作伪者，幸其浅陋不学，古人得而议之。”此类是也。今从《禹珠集》中录是诗以正之。

女坟湖吴王葬女处　　〔唐〕陆龟蒙

水平波淡绕回塘，鹤殉人沈万古伤。应是离魂双不得，至今沙上少鸳鸯。

五人墓行　〔国朝〕邵长蘅

春光澹沲山塘路，游丝晴絮娇芳树。路旁剥落三尺碑，云是前朝五人墓。借问五人谁中央？突兀颜佩韦。东西四冢排累累，墓门昼锁松风回。书生曾读前朝史，依稀能说前朝事。天启年间岁在寅，缇骑四出惊狂猘。此时一舸飞吴阊，阘靴绣袄来昂藏。吏部短衣出就逮，观者拥塞如堵墙。轰薨万口那可辨？哭声震天日色黄。五人大呼奋臂起，形势歘忽溷蠭螗。谁何一校先横尸？中丞却避御史忙。诏收弃市罪激变，至今死骨传芬芳。忆昔逆阉恣涂炭，鋘斧铜瓮衣冠殃。诸公骈首填牢户，东林首指左与杨。篨舆就考备五毒，尸虫啮肌不得葬。叶阉奴更灼熏天焰，穹祠金榜蛟龙翔。凤阙敢拟至尊埒，龟趺忽立成均旁。往往嵩呼九千岁，冕旒衮玉争辉煌。宁知势歇顿翻覆，七尺自绝阜城吭。生祠处处毁斥尽，木石估值充边防。岂惟阉祠旋毁撤，廿年变故那能说。鼎湖凫雁飞满天，钟山天寿狐狸穴。玉匣珠襦夜不扃，皇陵白骨愁冬青。眼前寂寞一坏土，参天桧柏苍虬鳞。年年寒食山桥畔，指点飞花说五人。

山塘旅寓二首　〔明〕姜埰

忆弟看云日，飘零满地愁。烽烟迷古戍，花草转皇州。作客犹初夏，携家及暮秋。向来登眺意，憔悴仲宣楼。

地接苍山远，年催白发新。登临兴废眼，离乱死生身。秋水有孤骛，寒塘无几人。渡江诸弟子，随意五湖春。

山塘纪事二首　〔国朝〕朱彝尊

寒食山塘路，游人队队偕。桁杨充罪隶，箫鼓导神牌。红粉齐当牖，银花有堕钗。殷勤短主簿，端笏立阼阶。吴俗，迎城隍神至虎丘，道士以王珣地主，袍笏立阼阶，延至厉坛。

神来官道拥，祝祭厉坛仍。活脱青袍引，纵横绣幰乘。巫风书具训，奢俗礼宜惩。手版纷纷集，吾怜张季鹰。吴俗，土谷神城内外各十多，以手版迎城隍。张翰祠，葑门外，亦与焉。

寄顾云美 〔国朝〕汪琬

遥羡风流顾恺之，爱翻新曲覆残棋。家临绿水长洲苑，人在青山短簿祠。芳草乍逢飞燕候，落花已过浴蚕时。一春不得同游赏，孤负风光满鬓丝。

阖闾城西有卖花翁讨春之士往往造焉因招袭美 〔唐〕陆龟蒙

故城边有卖花翁，水曲舟轻去尽通。十亩芳菲为旧业，一家烟雨是元功。闲添药品年年别，笑指生涯树树红。若要见春归处所，不过携手问东风。

卖花辞山塘多种花者 〔明〕高启

绿盆小树枝枝好，花比人家别开早。陌头担得春风行，美人出帘闻叫声。移去莫愁花不活，卖与还传种花诀。余香满路日暮归，犹有蜂蝶相随飞。买花朱门几回改，不如担工花长在。

种花 〔国朝〕邵长蘅

山塘映清溪，人家种花树。清溪鸭头青，门前虎丘路。春阳二月中，杂花千万丛。朝卖一丛紫，夕卖一丛红。百花百种态，牡丹大娇贵。一株百朵花，十千甫能卖。朱门买花还，四面护红阑。绣幕遮风日，娇歌间清弹。复有闲花木，点缀白石盆。咫尺丘壑趣，屈蟠松桧根。买置几案间，一盆直千镮。老圃解种花，老农解种谷。种谷输官租，种花艳依目。种花食肉糜，种谷食糠粃。还复受敲朴，肉剜难为医。嗟呀重嗟呀，老农苦奈何？呼儿卖黄犊，明年学种花。

宿半塘寺 〔宋〕郑思肖

一襟清气足，此夜岂人寰？醉影松杉下，吟身风露间。秋悬当殿月，云宿近城山。明发骑鲸去，飘然不可攀。

题半塘寺顾叔明画松壁 〔明〕孙宁

顾君叔明善画松，笔势直与韦偃同。片缣幅纸不易得，人争一睹清双瞳。玉岩上人即粲可，早跻十地成全功。禅房素壁耀霜雪，绘画未许来庸工。叔明对此役意匠，捉笔跳叫声摩空。须臾貌作老蛟影，毫端瞥若回腥风。隔坐时疑翠涛响，钩帘或讶玄云封。宿鹤已去落花尽，庭前细雨春蒙蒙。老夫寻幽适相遇，览之便觉心神融。酒酣信手一挥洒，醒愧浣花溪上翁。

临顿里　〔唐〕皮日休

郛郭旷若郊墅，余每相访，款然惜去。因成五言十首，奉题屋壁。

一方萧洒地，之子独深居。绕屋亲栽竹，堆床手写书。高风翔砌鸟，暴雨失池鱼。暗识归山计，村边买鹿车。

篱疏从绿槿，檐乱任黄茆。压酒移溪石，煎茶拾野巢。静窗悬雨笠，闲壁挂烟匏。支遁今无骨，谁为世外交。

茧稀初上簇，醅尽未乾床。尽日留蚕母，移时祭麹王。趁泉浇竹急，候雨种莲芒。更葺园中景，应为顾辟疆。

静僻无人到，幽深每自知。鹤来添口数，琴到益家资。坏堑生鱼沫，颓檐落燕儿。空将绿蕉叶，来往寄闲诗。

夏过无担石，日高开板扉。僧虽与筒簟，人不典蕉衣。鹤静共眠觉，鹭驯同钓归。生公石上月，何夕约谈微。

经岁岸乌纱，读书三十车。水痕侵病竹，蛛网上衰花。诗任传渔客，衣从递酒家。知君秋晚事，白帻刈胡麻。

寂历秋怀动，萧条夏思残。久贫空酒库，多病束鱼竿。玄想凝鹤扇，清斋拂鹿冠。梦魂无俗事，夜夜到金坛。

闭门无一事，安稳睡凉天。砌下翘饥鹤，庭阴落病蝉。倚杉闲把易，烧术静论玄。赖有包山客，时时寄紫泉。

病起扶灵寿，翛然强到门。与杉除败叶，为石整危根。薜蔓狂遮壁，莲茎卧枕盆。明朝有忙事，召客斸桐孙。

缓颊称无利，低眉号不能。世情都大薄，俗意就中憎。云态不知骤，鹤情非会征。小臣谁奉诏，来此写姜肱。

袭美题郊居十首次韵酬之　陆龟蒙

近来惟乐静，移傍故城居。闲打修琴料，时封谢药书。夜停江上鸟，晴晒箧中鱼。出亦图何事？无劳置栈车。

倩人医病树，看仆补衡茅。散发还同阮，无心敢慕巢。简便书露竹，樽待破霜匏。日好林间坐，烟萝仅欲交。

倭僧留海纸，山匠制云床。懒外应无敌，贫中直是王。池平鸥思喜，花尽蝶情忙。欲问新秋计，菱丝一亩强。

故山空自掷，当路竟谁知。只有经时策，全无养拙资。病深怜炙客，炊晚信樵儿。谩欲陈风俗，周官未采诗。

福地能容堑，玄关讵有扉。静思琼板字，闲洗铁筇衣。鸟破凉烟下，人冲暮雨归。故园秋草梦，犹记绿微微。

水影沉鱼器，邻声动纬车。燕轻梢坠叶，蜂懒卧燋花。说史评诸例，论兵到百家。明时如不用，归去种桑麻。

禹穴奇编缺，雷平异境残。静吟封篆检，归兴削帆竿。白石堪为饭，青萝好作冠。几时当斗柄，同上步纲坛。

强起披衣坐，徐行处暑天。上阶来斗雀，移树去惊蝉。莫问盐车骏，谁看酱瓿玄。黄金如可化，相近买云泉。

野入青芜巷，陂侵白竹门。风高开栗刺，沙浅露芹根。迸鼠缘藤桁，饥乌立石盆。东吴虽不改，谁是武王孙。

疏慵真有素，时势尽无能。风月谁为敌，林泉幸未憎。酒材经夏阙，诗债待秋征。只有君同僻，闲来对曲肱。

题陆山人楼山人名去奢楼，唐为戴颙宅故址。 〔唐〕储光羲

暮声杂初雁，夜色涵早秋。独见海中月，照君池上楼。山云拂高栋，天汉入清流。不惜朝光满，其如千里游。

寄冯侍御 白居易

扬州驿里梦苏州，梦到花桥水阁头。觉后不知冯侍御，此中昨夜共谁游。

师子林十二咏 〔明〕高启

师子峰

风生百兽低，欲吼空山夜。疑是天目岩，飞来此山下。

含晖峰

演漾弄晴晖，江山秋敛扉。我吟康乐句，日暮澹忘归。

吐月峰

四更栖鸟惊，山白初上月。起开东阁看，正在云峰缺。

立雪堂

堂前参未退，立到雪深时。一夜山中冷，无人只自知。

卧云室

夕卧白云合，朝起白云开。惟有心长在，不随云去来。

问梅阁

问春何处来？春来在何许？月堕花不言，幽禽自相语。

指柏轩

清阴护燕几，中有忘言客。人来问不应，笑指庭前柏。

玉鉴池

一镜寒光定，微风吹不波。更除荷芰影，放取月明多。

冰壶井

圆甃夏生冰，光涵数星冷。窗有定中僧，休牵辘轳绠。

修竹谷

翠竹落经床，林鸠午鸣后。笋出恐人来，编篱遮谷口。

小飞虹

初看卧波影，应恐雨崇朝。过涧寻师去，端如度石桥。

大石屋

浑沌复轮囷，全无斧凿纹。门临五湖水，坐纳四山云。

吊七姬冢　高启

叠玉连珠弃草根，仙游应逐马嵬魂。孤坟掩夜香初冷，几帐留春被尚温。佳丽总伤身薄命，艰危未负主多恩。争妍无复呈歌舞，寂寂苍苔锁院门。

百口桥　王宾

百口桥边春日斜，旧时开遍紫荆花。山东人说张公艺，此是吴中顾训家。

东禅　宋僧遇贤

门前绿树无啼鸟，庭下苍苔有落花。聊与东风论个事，十分春色在谁家？

登文星阁　〔国朝〕程邑

城隅瞻眺对芳春，杰阁巍峨迥绝尘。凭槛应疑到霄汉，卷帘长可摘星辰。千年俎豆威仪肃，三月莺花气象新。犹有名山异书在，剑光遥烛斗牛津。

定慧院颙师为予竹下开啸轩　〔宋〕苏轼

啼鸩催天明，喧喧相诋诮。暗蛩泣夜永，唧唧自相吊。饮风蝉至洁，长吟不改调。食土蚓无肠，亦自终夕叫。鸢贪声最鄙，鹊喜意可料。皆缘不平鸣，恸哭等嬉笑。阮生已疏狂，孙子亦未妙。道人开此轩，清坐默自照。冲风振河海，不能号无窍。寂寂吾何言？风来竹自啸。

乌鹊桥　高启

乌鹊南飞月自明，恨通云汉水盈盈。夜来桥上吴娃过，只道天边织女行。

南园在城南，吴越广陵王钱元璙所辟，营之三十年，胜甲吴中。今郡学东菜圃也。　高启

君不见平乐馆，古城何处寒云满。君不见奉诚园，荒台无踪秋草繁。白石沉山水归海，寒暑频催陵谷改。皇天大运有推移，富贵于人岂长在？请看当年广陵王，双旌六纛何辉煌？幸逢中国久多故，一家割据夸雄强。园中欢游恐迟暮，美人能歌客能赋。车马春风日日来，杨花吹满城南路。叠石为山，引泉为池，辟疆旧园何足奇？经营三十年，欲令子孙永保之。不知回首今几时，繁华扫地无复遗。门掩愁鸮啸风雨，种菜老翁来作主。空余怪石卧池边，欲问兴亡不能语。春已去，人不来。一树两树桃花开，射堂蹋圃俱青苔。何须雍门琴，但令对此便可哀。人生不饮胡为哉？人生不饮胡为哉？

南园二首　〔国朝〕彭孙遹

三月南园雨复晴，轻衣初试踏青行。碧桃水暖通人境，绿柳阴浓覆女城。春草欲将幽佩结，夕阳多傍画桡明。闲中易有芳时恨，花落空林已暗惊。

闻唱吴歈早倦听，南园犹作片时停。集贤旧苑春将暮，相国东门草自青。南园，广陵王钱元璙池馆，宋集贤校理苏舜钦买居之，在吴东门。芳树斜阳成畹晚，孤帆细雨极飘

零。朝来触目多惆怅，榆荚花残已满庭。

葑溪杂兴　〔明〕韩雍

霜重林已空，风高水愈涸。荒园一散步，暮景觉萧索。忽见古梅树，横斜出篱落。揽衣看枝柯，相将绽红萼。岁寒幸有此，气味尽可托。

与二弟泛舟游吴氏东庄因寄匏翁　文林

缘城眕流水，榆柳绿荫门。舣舟信登涉，忽得吴公园。小亭面高冈，萝径隐可扪。青山出墙头，白云宿林根。歌莺滞池曲，游鱼戏波浑。繁景当首夏，过雨气微温。老我独已乐，偕有弟与昆。清唱散林木，起行历郊原。日斜乱人影，眷恋忘归辕。水木予夙好，况兹故情敦。主人方宦达，乐事谁与论？室迩人则遐，相思黯消魂。出处各有会，一笑复余尊。

雨夜宿吴匏庵宅　沈周

雨中客舍苦局促，故人招我有尺牍。书云竹居可闲坐，烹茶剪韭亦不俗。得书径往兴亦豪，何虑冲泥污双足。开门山林在城市，湿绿如云亚群竹。主人罄折故意深，道慰契阔须信宿。榻上为我设衾枕，堂中为我罗酒肉。我时肺病已绝饮，强举一觞连五六。长谈细辨困仆夫，灯影檐花乱书屋。羡君有弟雅谊同，山水光明信珠玉。故事方思卫八家，还咏逍遥堂后木。人生良会岂易易，他日如今又难卜。谬图菲语何足记？雪泥聊耳知鸿鹄。

西施采莲欧冶铸剑所　李绅

岚光花影绕山阴，山转花稀到碧浔。倾国美人妖艳远，凿山良冶铸炉深。凌波莫惜临妆面，莹锷当期出匣心。应是蛟龙长不去，若耶秋水尚沈沈。

采莲泾在城东南。　高启

青房戢多子，采得侬心喜。今夜水风凉，君王宿船里。行处绿云迷，歌声一道齐。回头调越女，何似若耶溪？

赤门道中　　张羽

片帆迢递入吴烟，竹溆芦洲断复连。柳影浓遮官道上，蝉声多傍驿楼前。近湖渔舍皆悬网，面浦人家尽种莲。行到吴王夜游处，满川芳草独堪怜。

荷花荡夜归次吴水部德征诗　　文林

采芳日暮未言归，处处村家息杼机。水漫莲洲愁路断，月明沙渚觉鸥飞。高歌小海风波急，回首横塘烟火微。兰棹屡移尊屡倒，不知露下已沾衣。

宝带桥　　释善住

运得他山石，还将石作梁。直从堤上去，横跨水中央。白鹭下秋色，苍龙浮夕阳。涛声当夜起，并入榜歌长。

宝带桥吊陈玮妻张氏　　〔国朝〕吴有涯

不得死郎前，将心托何处？桥边水呜咽，定向吴江去。丙戌正月被掳，至此，投水死。

澹台湖　　施闰章

子羽善含章，耿介蕴雄略。高步薄诡随，楼遁蹑芒屩。寥寥衡门内，弦歌时间作。中流怒双蛟，长啸气不怍。挥剑复碎璧，慷慨何卓荦。宁知渡江来，音徽助文学。古墓缅云烟，荒祠照城郭。洋洋湖波间，流风一如昨。

九里湖　　吴骥

太湖风涛涌银屋，望处令人骇心目。岂知数里小澄湖，近接吴淞烟水曲。未能朝宗会百川，颇擅清虚远尘俗。沿堤冉冉春流漫，拍岸溶溶朝雨足。桃花浪暖镜光明，时动微澜皱轻縠。忘机鸥鸟自往还，无意汀蒲为谁绿？农忧亢旱资灌溉，户有鲜鳞供口腹。我游朔方思故乡，恒厌黄埃暗山谷。此日南归得纵观，欣闻渔唱声相续。欲收佳景入吟怀，俄报斜阳去何速。

顾荣庙 〔明〕高启

晋侍中顾彦先有墓并祠在长洲之东，久而废为淫祀，县令周君复之，为赋是诗。

军司吴国秀，神机夙超朗。弱冠游洛师，已蒙南金赏。崎岖诸王幕，沉湎务遵养。中罹广陵艰，计服匪诚枉。风云一挥扇，义旅臻同响。事成耻言勋，飘然理归鞅。晋社始徂迁，群贤悉收奖。道谒真感会，矫翼丹霄上。德闻一代称，迹泯千龄往。时屯乏良佐，英谟益堪想。坛祠托荒郊，萧条并榛莽。荛童侵雨隧，淫巫闯神幌。大夫过停辕，式瞻为含怆。衣冠复故貌，几筵陈新享。寡劣忝乡人，因歌表遐仰。

问吴宫辞并序 〔唐〕陆龟蒙

甫里之乡曰吴宫，在长洲苑东南五十里，非夫差所幸之别馆耶？披图籍，不见其说。询故老，不得其地。其名存，其迹灭，怅然兴怀古之思，作《问吴宫辞》。

彼吴之宫兮江之涯，复道盘盘兮高且斜。波摇疏兮雾蒙箔，菡萏国兮鸳鸯家。鸾之箫兮蛟之瑟，骈筠参差兮界丝密。燕曲房兮上初日，月落星稀兮歌酣未毕。越山丛丛兮越溪疾，美人雄剑兮相先后出。火姑苏兮沼长洲，此宫之丽人兮留乎不留。霜氛重兮孤榜晓，远树枯疏兮愁烟悄渺。欲摭愁烟兮问故宫，又恐愁烟兮惟白鸟。

暑中迁寓甫里精舍 〔元〕柳贯

城隅亦有果园坊，容得闲人借草堂。何必渔樵之笠泽，故多水石近沧浪。过桥稍接鱼虾市，泛艇遥连雁鹜乡。秋雨几时能破块，夜灯休负读书床。

怀甫里 倪瓒

筇竹依依故里，石刊翰墨模糊。庞公力田二顷，拾遗扁舟五湖。

野老移家图为谢应芳赋 袁华

野老移家向何许？乃在吴淞之甫里。治生懒学陶朱公，钓竿欲觅玄真子。小儿读书坐船头，大儿击楫歌中流。细君斫脍妇炊黍，老子醉卧芦花秋。人生真乐不易得，儿女团圞居泽国。避秦何必问桃源，朝泊江南暮江北。

谒甫里祠　〔明〕高启

衣冠寂寞半尘丝，想见江湖独卧时。遁迹虚烦明主诏，感怀犹赋散人诗。钓鱼船去云迷浦，斗鸭阑空草满池。芳藻一杯谁为奠？鼓声只到水神祠。

偶过甫里乘月至白莲寺访天随故祠　文徵明

一龛香火白莲宫，古社犹题甫里翁。坐挹高风千载上，依然故宅五湖东。雨荒杞菊流萤度，月满陂塘斗鸭空。故草已随尘土化，空瞻遗像寂寥中。祠有唐时遗像，为狂人所仆，腹中皆翁手稿，后像虽设而稿不可复得矣。

魏文靖旧宅唐罗昭谏先曾结庵于此　蒋铉

野庙斜阳古渡头，千年唐宋水空流。蒲砧响落三更月，牧篴寒生万树秋。老我乱离来避地，昔人哀怨此登楼。于今不必凭高望，荒草吴宫更起愁。

青丘子歌　高启

江上有青丘，予徙家其南，因自号青丘子。闲居无事，终日苦吟，间作《青丘子歌》，言其意以解诗淫之诮。

青丘子，臞而清，本是五云阁下之仙卿。何年降谪在世间，向人不道姓与名。蹑屩厌远游，荷锄懒躬耕。有剑任羞涩，有书任纵横。不肯折腰为五斗米，不肯掉舌下七十城。但好觅诗句，自吟自酬赓。田间曳杖复带索，傍人不识笑且轻。谓是鲁迂儒楚狂生，青丘子闻之不介意，吟声出吻不绝咿咿鸣。朝吟忘其饥，暮吟散不平。当其苦吟时[①]，兀兀如被酲。头发不暇栉，家事不及营。儿啼不知怜，客至不果迎。不忧回也空，不慕猗氏盈。不惭被宽褐，不羡垂华缨。不问龙虎苦战斗，不管乌兔忙奔倾。向水际独坐，林中独行。斫元气，搜元精，造化万物难隐情。冥茫八极游心兵，坐令无象作有声。微如破悬虱，壮若屠长鲸。清同吸沆瀣，险比排峥嵘。霭霭晴云披，轧轧冻草萌。高攀天根探月窟，犀照牛渚万怪呈。妙意俄同鬼神会，佳景每与江山争。星虹助光气，烟露滋华英。听音谐韶乐，咀味得太羹。世间无物为我娱，自出金石相轰铿。江边茅屋风雨晴，闭门睡足诗初成。叩壶自高歌，

---

① 原作“当其苦时”，漏一“吟”字。

不顾俗耳惊。欲呼君山老父，携诸仙所弄之长笛，和我此歌吹月明。但愁歘忽波浪起，鸟兽骇叫山摇崩。天帝闻之怒，下遣白鹤迎。不容在世作狡狯，复结飞珮还瑶京。

碛砂寺在陈湖北　　沈周

双幢落日倚渔汀，北下孤舟此暂停。野客偶惊云外犬，老僧随掩石边经。沙洲独树藤萝紫，古殿遗基荠麦青。今夜试留湖上枕，疏钟高浪不堪听。

游张林山　　徐贲

偶为寻花到竹西，两山云气接高低。午烟僧舍林塘窅，春野人家草树齐。水鹤晴时行麦陇，园蜂暖处识兰畦。自怜远地归来后，才是登临便感凄。

陈湖秋泛　　陈基

平湖秋色晓苍苍，鼓枻声传浦溆凉。鸿雁欲来天拍水，蒹葭初老露为霜。菊荒甫里人何在？鲈入松江兴转长。不用临流重怀古，苇花菱叶满沧浪。

夜渡吴淞江怀古　　〔唐〕宋之问

倚棹望兹川，消魂独黯然。乡连江北树，云断日南天。剑别龙初没，书成雁不传。离舟无限意，催渡复催年。

过吴淞　　李郢

片帆孤客晚夷犹，红蓼花前水驿秋。岁月方惊离别尽，烟波仍驻古今愁。云阴故国山川暮，潮落空江网罟收。还有吴娃旧歌曲，棹歌遥散采菱舟。

吴淞渔乐　　〔明〕沈贞吉

家住沧洲白鸟边，捕鱼沽酒自年年。桃花浪暖堪垂钓，杨柳风轻不系船。帆影带归孤屿月，笛声吹散一江烟。武陵亦是人间路，谁说仙家别有天。

题李无晦醉眠亭　　〔宋〕苏轼

已向闲中作地仙，更于酒里得天全。从教世路风波恶，贺监偏工水上眠。

君且归休我欲眠，人言此语出天然。醉中对客眠何害？始信陶潜未若贤。

题醉眠亭　　苏辙

是非一醉了无余，惟有胸中万卷书。已把人生比蘧传，更将江浦作阶除。欲眠宾客从教去，倒卧氍毹岂暇舒？京洛旧游真梦里，秋风无复忆鲈鱼。

泛淀山湖　　〔明〕屠隆

扁舟凌紫氛，萧洒绝人群。浦暗遥吞树，湖空不碍云。浪推沙鸟出，风挟寺钟闻。故有沧州癖，徘徊春夕曛。

干将墓　　高启

干将善铸剑，剑成终杀身。吴伯亦遂亡，神物岂不神？始知服诸侯，威武不及仁。徒劳冶金铁，精光动星辰。莫邪应同埋，荒草千古春。青蛇冢间出，犹欲恐耕人。

彝亭问潮馆　　〔国朝〕徐崧

千年鸭脚树婆娑，亭畔行舟日夜过。莫问海潮重到未，状元吾郡自来多。

夜至阳城田家　　〔明〕高启

东津渡头秋月辉，南陵寺里远钟微。主人入夜门未掩，蒲响满塘鹅鸭归。

渡阳城湖　　释法杲

不知何所事，身堕渺茫间。岸白流鱼沫，天青出蚬山。树微看渐灭，云薄去如闲。无限随波意，轻舟试往还。

低田妇　　沈周

湖田十年才一耕，今年又与湖波平。男儿筑岸妇踏水，日长踏多力不生。百辐翩翩转鸦尾，涂足蓬头濯风雨。君不见田家不悔苦生涯，生女还复嫁田家。

吴歌六首　　屠隆

下田春水深，高田春水绿。何故把长镵，无钱买黄犊。

两男易盎粟，犹胜委长渠。厨中无夜饭，门外催官租。
天上明月光，朣胧照华堂。富家一夕宴，贫家千日粮。
莲子湖中生，亦在湖中长。娇女年十三，乘舟学荡桨。
风篷鸣夜雨，水槛出苍烟。夫妻湖口住，白首不相捐。
终朝出饷馌，薄暮归织布。谁家怀春女？轻衫若烟雾。

舶趠风是风起，天不雨，约十日余乃止。　〔宋〕苏轼

吴中梅雨既过，飒然清风弥旬，岁岁如此，吴人谓之舶趠风。是时，海舶初回，云此风自海上与舶俱至云尔。

三旬已过黄梅雨，万里初来舶趠风。几处萦回度山曲，一时清驶满江东。惊飘簌簌先秋叶，唤醒昏昏嗜睡翁。欲作兰台快哉赋，却嫌分别问雌雄。

秋雷叹吴谚云："秋孛辘，损万斛。"谓立秋日雷也。　范成大

立秋之雷损万斛，吴侬记此占年谷。汰哉丰隆无藉在，政用此时鸣孛辘。向来夏旱连三月，吁嗟上诉声满屋。讼风未慭复占雷，助魃为妖天更酷。我虽闲寂忝祠史，家请官供尚仓粟。尘甑贫交满目前，卒岁将何救枵腹。但愿吴侬言不验，共割黄云炊白玉。天人远近叵戏论，禅灶安能尸祸福。

冬舂行　范成大

腊中储蓄百事利，第一先舂年米计。群呼步碓满门庭，运杵成风雷动地。筛匀箕健无粞糠，百斛只费三日忙。齐头圆洁箭子长，隔篘耀日雪生光。土仓瓦龛分盖藏，不蠹不腐常新香。去年薄收饭不足，今年顿顿炊白玉。春耕有种夏有粮，接到明年秋刈熟。邻叟来观还叹嗟，贫人一饭不可赊。官租私债分如麻，有米冬舂能几家？

烧火盆行　范成大

春前五日初更后，排门燃火如晴昼。大家薪干胜豆萁，小家带叶烧生柴。青烟满城天半白，栖鸦惊飞啼格磔。儿孙团坐鸡犬忙，邻曲欢笑遥相望。黄宫气应才两月，岁阴犹骄风栗烈。将行阳令作好春，正要火盆生暖热。

照田蚕行 范成大

乡村腊月二十五，长竿燃炬照南亩。近似云间森列星，远如风起飘流萤。今春雨涂茧丝少，秋日雷鸣稻堆小。丰家今夜火最明[①]，的知新岁田蚕好。夜来风焰西复东，此占最吉余难同。不惟桑贱谷芃芃，仍更苎麻无节菜无虫。

分岁祠 范成大

质明奉祠古今同，吴侬用昏盖土风。礼成乐彻夜未艾，饮福之余即分岁。地炉火暖苍术香，行盘果饵如蜂房。就中脆饧专岁物，四座齿颊锵冰霜。小儿但喜新年至，头角长成添意气。老翁把杯心茫然，增年反尔减吾年。荆钗劝酒仍祝愿，愿翁尊前且强健。君看今岁旧交亲，大有人无此杯分。老翁饮罢笑捻须，明朝重来醉屠酥。

打灰堆词 范成大

除夜将阑晓星烂，粪扫堆头打如愿。杖敲灰起飞扑篱，不嫌灰涴新节衣。老媪当前再三祝，只要我家常富足。轻舟作商重船归，大牸引犊鸡哺儿。野茧可缫麦两岐，短袄换着长衫衣。当前婢子挽不住，有耳犹能闻我语。但如我愿不汝呼，一任汝归彭蠡湖。

卖痴呆词 范成大

除夕更阑人不睡，厌禳迟钝迎新岁。小儿呼叫出长街，家有痴呆叫人买。二物于人谁独无，就中吴侬偏有余。巷南巷北卖不得，相逢大笑相揶揄。老翁块坐重檐下，独要买添今问价。儿云翁买不须钱，奉赊痴呆千百年。

灯市行 范成大

吴台今古繁华地，偏爱元宵灯影戏。春前腊后天好晴，已向街头作灯市。叠玉千丝似鬼工，剪罗万眼人力穷。两品争先最先出，不待三五迎东风。儿童种麦荷锄倦，偷闲也向城中看。酒垆博塞杂歌呼，夜夜长如正月半。灾伤不及十之三，岁寒

① 原无“秋日雷鸣稻堆小。丰家今夜火最明”两句，据《〔正德〕姑苏志》补。

民气如春酣。农家只幸荒年少，始觉城中灯市好

祀灶词 范成大

古称腊月二十四，灶君朝天欲言事。云车风马少流连，家有杯盘丰腆祀。猪首烂熟双鱼鲜，豆沙甘松粉饼团。男儿酌酒女儿避，酹酒烧钱灶君喜。婢子斗争君莫闻，猫狗触秽君莫嗔。送君醉饮登天门，杓长杓短勿复云，乞取利市归来分。

爆竹行 范成大

岁朝爆竹传自昔，吴侬正月前五日。食残豆粥扫罣尘，截筒五尺煨荒薪。节间汗流火方透，健仆取将仍立走。儿童却退避其锋，当阶击地雷霆吼。一声两声百鬼惊，五声六声鬼巢倾。十声连百神道宁，八方上下皆和平。却拾焦头垒床底，犹有余威可驱厉。屏除药物添酒杯，尽日嬉游夜浓睡。

迎春歌 〔明〕袁宏道

东风吹暖娄江树，三衢九陌凝烟雾。白马如龙破雪飞，犊车碾水穿香度。铙吹拍拍走烟尘，炫服靓妆十万人。罗额鲜明纷彩胜，社歌缭绕簇芒神。绯衣金带印如斗，前列长官后太守。乌纱新缕汉宫花，青奴跪进屠苏酒。采莲舟上玉作幢，歌童毛女白双双。梨园旧乐三十部，苏州新谱十三腔。假面胡头跳如虎，窄衫绣袴槌大鼓。金蟒缠身神鬼妆，白衣合掌观音舞。观者如山锦相属，杂沓谁分丝与肉。一路香风吹笑声，十里红纱遮醉玉。青莲衫子藕荷裳，透额垂髫淡淡妆。拾得春条夸姊妹，袖来佳果掷儿郎。急管繁弦又一时，千门杨柳破青枝。独有闭门袁大令，尘拥书床生网丝。

走三桥词 陆伸

细娘分付后庭鸡，不到天明莫浪啼。走遍三桥灯已落，却嫌罗袜污春泥。吴人呼处女为细娘。

冶游 〔国朝〕邵长蘅

吴峰如点黛，吴溪如染蓝。吴娃艳妆裹，冶游心所忺。玉腕黄金钏，鸦鬟琥珀簪。月华百褶裙，杏子单红衫。二月春始半，蹋青邀女伴。小桃虎丘红，新柳山塘

短。烧香观音山，丝绣三丈幡。拔钗供佛会，共郎游梵天。五月胥江怒，水嬉欢竞渡。团扇薄不遮，故教冶容露。六月荷花荡，轻桡泛兰塘。花娇映红玉，语笑熏风香。中秋千人石，听歌细如发。十八楞伽山，湖亭待串月。何许更登高，吴山黄花节。冶游春复秋，婉娈不知愁。西乡大养蚕，东乡种棉花。养蚕姊条桑，种花妹纺车。侬自袖手坐，衣著绫罗纱。

红菱　　尤侗

采莲歌未歇，又唱采菱歌。头角峥嵘甚，肌肤冰雪多。紫衣能映坐，罗袜解凌波。我欲搴花蕊，妆台照翠蛾。

冰窨歌　　尤倬

我闻古之凌阴备祭祀，今何为者惟谋利。君不见葑溪门外二十四，年年特为海鲜置。潭深如井屋高山，潴水四面环冰田。孟冬寒至水生骨，一片颇黎照澄月。窨户重裘气扬扬，指麾打冰众如狂。穷人爱钱不惜命，赤脚踏冰寒割胫。槌舂撞击声殷空，势欲敲碎冯夷宫。砯砰倏惊倒崖谷，淙琤旋疑响琼玉。千筐万筥纷周遭，须臾堆作冰山高。堆冰成山心始快，来岁鲜多十倍卖。海鲜不发可奈何？街头六月凉冰多。

乾隆元和县志两种

下

苏州工业园区档案管理中心 编

广陵书社

（乾隆二十六年）元和县志

重修元和县志序

凡修国史，必征志于郡国，郡国征志于州县。是邑志者，国史所取资也。考核不详，是非失实，史家何由征信乎？而邑志之良者寥寥无几，或辑成于仓卒，纪载疏略；或增窜于妄庸，去取冒滥。崔铣之《安阳》、汪来之《北地》、孙立亭之《富平》，独见称说，以其无疏略、无冒滥也。

世宗宪皇帝御极之二年，析长洲之半为元和。晋江江公来令斯邑，谓分邑之初，不可无志以备考鉴。因延施觉庵、杨皋里诸先生为总裁，予与顾君嗣宗辈四五人为分纂，设局竹堂，悉心搜采，秉公商榷，三年而成书。书乍成，江公移治畽城。未付剞劂，志落夫己氏手，删改窜易。人物、艺文二门，半归荒谬，私自镌刻将成矣。桐城张公来令元和，见之，谓几成秽志，禁其成书，属宋方伯晓岩改易，且增十来年所未备。方伯服阕，旋赴都。张公委邑人监刊，其人未谙体例，删改窜易，犹夫前人。元和一志，大失始修之旧矣。

岁己卯，同年云梦肖野许公调任元和，勤敏恤民，百废渐举。念志乘为一邑掌故，风土人情，因革损益，与时递迁，不加修辑，何以彰圣朝文物之盛、涵煦之深？因先定章程条例，邀予主其增删。而编纂之功，顾子禄百悉心经画。举向之滥入者删之，后之阙略者补之。除分野、疆域、城池、山阜、水利、学校、兵防等项，凡无可增损者，一仍其旧。兹则志御制以纪省方之盛典，志赋役以述恩膏之洊加，志孝义以见至性之过人，志选举以见人文之日盛，志宦绩以见职守之维严。志人物，则事功无可称者，贵显弗录；志行有可取者，微隐必登。志艺文，则言关政治，事备劝惩，然后入之；一切务华失实、留连景光，不收也。为卷三十有六，为期十月而成。虽不敢谓与《安阳》《北地》《富平》诸书颉颃，而疏略冒滥者无之矣。

今之为吏者，并以刀笔筐箧为能。许公抚字情殷，催科不扰，讼退政闲，复兢兢以志乘为务，既可备后来之考鉴，亦可为国史所取资，殆班史所谓“以经术润饰吏治”者乎？

予喜是书得复旧观，觉庵诸公数寒暑之苦心未没，而后修者不疏不滥，张继前贤。故序其初终以弁简端云。

赐进士出身、诰授通奉大夫、晋光禄大夫、礼部尚书、予告在籍食俸、里人沈德潜撰，时年八十有九。

序

《周礼·地官》：土训，掌道地图，以诏地事。王巡守，则夹王车。诵训，掌道方志，以诏观事。王巡守，则夹王车。邑志者昉于《周礼》，所以备顾问、广献纳也。皇上法古，时巡銮舆。所至询风俗于典章，讨沿革于载籍，则邑志尚矣。但田赋时有损益，户口岁渐蕃滋，沟洫之堤防屡易，学士之撰著日多。执旧志以上陈黼座，恐典章失实，载籍非真，志为文具，何以资政治哉！

治承乏元和，政讼纷繁，簿书填委，早夜孜孜，惟抚字催科是务。赖人情协和，得免陨越。听断之暇，取邑志反复披览，因知修辑之不可缓也。志创于雍正四年分县以后，刻于乾隆五年，迄今又二十余年。土田则有销升，赋税则有蠲复。仓庾改而形势殊，人材聚而科目盛。上谕列于艺文，则亵王言；独行入于人物，则乖史例。皇上聪明天纵，学贯百川，古迹名区，并留题咏。山川生色，泉石增辉。扈跸群公，咸为属和。是宜特列一门，使人知天章睿藻，具有化工；卷阿矢音，复见今日。爰请同年大宗伯归愚沈公为总裁，而秉笔则任之上舍顾君禄百，十阅月告成。删其滥冗，补其阙略。叙赋役之由重而轻，述生齿之由寡而众。力勤而孳息愈饶，制备而疏蓄并利。乡有淳风，争斗不作；里鲜莠民，胠箧渐息。皆因圣圣相承，深仁厚泽，涵濡百二十年之久，是以臻此熙皞也。至人物之进退，一本至公，不随不刻；节孝之阐扬，悉原实据，无僭无遗。岂非一邑之文献与！

从来邑志之良贵，思精体要，文赡旨洁。昔人称康对山之《武功》、韩五泉之《朝邑》、吕泾野之《高陵》、赵浚谷之《平梁》，而其地则皆秦地，人则皆秦人，他省罕有匹者。是志精而要、赡而洁，秦人不必擅美于前。他日，既可为巡守夹车之献，且以传之艺林焉。

治借公指南，间相参酌，得观厥成，序其缘起，以告来者。

乾隆辛巳畅月，赐进士出身、敕授文林郎、知元和县事、云梦许治撰并书。

原序

张若爔

元和分邑，自世宗宪皇帝御极之二年始。时莅斯任者为晋江江公，政通人浃，邑乃称治。因思大邑始分，宜作志以垂考核，乃造请邑之巨公硕士，裒集旧闻，诠次简编。越一岁书成，未及镌版而公移任嘉定，迄今十余年矣。若爔来官此土，识浅才拙，以弗克胜任是惧。赖天子圣圣相承，深仁厚泽，渐涵浸润，邑虽棼烦，得以无事。而国家方修《一统志》书，宜荟萃郡邑志进诸阙廷。念元和自辑志以后，此十余年中，自疆域、分野、城池、土田、山阜、水泽，无容更易外，其他如赋税之递减、学校之振兴、职官之临莅、科第之日增、风俗之渐还淳朴、人材之争自濯磨，与夫孝子节妇之饬纪敦伦，维持世教，蒸蒸然进而日上，搜而罗之，以广采择，固有民社者责也。

爰访旧时分纂之士，俾复修辑，订讹核实，微显阐幽，不谬是非，不伤繁琐，邑志之中，有史笔焉，不止徒夸奥博以争胜于文辞而已。夫邑之有志，所以备一邑之掌故也，而实为居官者触目警心之助。览建置疆隅，念东南泽国，或未尽经理也；览职员师儒，念设官分职，或未尽教养也；览选举科目，念人才辐辏，何以爬罗剔抉，连茹汇征也；览水利兵防，念疏浚训练，何以顺性利导，有备无患也；而且览田赋徭役，念天子减租赐复，牧民者益当寓抚字于催科也；览民风土俗，念盛世鼓舞，作兴长民者，急当以劝相为转移也。他如览人物之林立、节孝之敦行、祠祀之报赛，以及第宅冢域之久而弥芳，文章道艺之典而可久，则所以表章幽隐、褒奖劝励、精诚感格、流连凭吊、讨论弦诵者，无不备焉。后之视今，犹今之视昔。一己之儆惕，即垂为后人之鉴衡可也。而且邑志之成，幸当圣人继承之世，与海内休养生息于无穷，则夫宣上德意以昭示天下者，不在于兹也耶？至于网罗未备及向所传疑而不敢穿凿附会以实之者，姑从阙如，以俟后博洽之君子。

原序

江之炜

世宗宪皇帝御极之二年，减浮粮，省徭役，劝农桑，兴学校，海宇之内，生息理极。又允督臣分大县之请，于苏、松、常三府，凡地广赋重者分之。而长洲所分，厥名元和，锡嘉名也。时之炜承乏斯邑，幸值圣化洋溢、仁育义正之时，虽拙于理民，不致陨越以即罪戾。因思宣上德意，备载土风，使后世有所遵守者，惟邑志为宜。

按：长洲旧志，前明神宗时邑令江讳盈科修之。入本朝，邑令祝讳圣培又修之。江《志》长于典藻，祝《志》详于征考，各有所长，互见得失。岁月既久，理宜增修。又适当分邑之初，不可无志以资考鉴。爰敦请乡先生之负夙望暨士林之多闻者，设局纂修，毋徇私、毋瞻顾，岁序一周，其书乃成。之炜得从诸公后，稍加润色，告蒇事焉。

披览是书，地分其半，事核于前。讹者正之，幽者章之。自分野设建，山川之明秀，城隍之峻深，学校之增修，户口之殷殖，赋役之由简而繁、由繁而减，与夫农田、水利、礼乐、兵刑、文章、政治之炳，耀于简编；忠孝、节烈之光，辉于日月。凡可法可传者，略备焉。斯文献之攸寓，而古今考镜之一资也。

方欲登诸枣梨，永为守是土者征信，因之炜移治郿邑，未竟厥绪。相距十年，桐城张公讳若爔来令兹土，又适当朝家纂修《一统志》时，因复开馆续修，载前志所未及，立体设例，概从原本，而缺者补、繁者简，事增文省，粲然成帙。窃喜向所成者之不烦更张，而二人同志为能共底于成也。

夫今日之元和，即昔日长洲之半，而唐万岁通天以前之吴县也。汉《第五伦传》称其"俗多淫祀"，《续图经》称其"尚文尚佛"，旧志亦谓其"有恒产，好奢侈"。今民之生其间者，熙熙然有日臻于上之势，人谓其风俗变迁使然，而抑知圣祖渐涵于前，世宗继承于中，皇上休养于后，其潜驱默率者，固如是之深且久哉！

盖觇一邑可以知一郡，觇一郡可以知天下，则邑志之成，亦外史氏之所掌，圣朝之德化，于以见焉。统志之修，未必不有取于斯志也！

重修姓氏

篡修

元和县知县　　许　治

协修

元和县学训导　　程元基

总裁

礼部尚书在籍食俸　　沈德潜

编辑

长洲县监生　　顾诒禄

分校

元和县廪生　　吴　智

元和县廪生　　顾宗泰

元和县廪生　　於　宁

长洲县廪生　　汪美基

初修姓氏

纂修

知太仓州事前元和县知县	江之炜
元和县知县	张若爔

总裁

吏部考功司员外	施何牧
翰林院庶吉士	吴瞻淇
翰林院编修	杨绳武
翰林院修撰	徐陶璋
翰林院庶吉士	宋　照

分纂

元和县学廪生	顾绍敏
元和县学廪生	朱奕恂
吴县学岁贡生	杨继光
长洲县学廪生	沈德潜
歙县副榜贡生	吴中衡
长洲县学生员	严渠成

卷首

图考

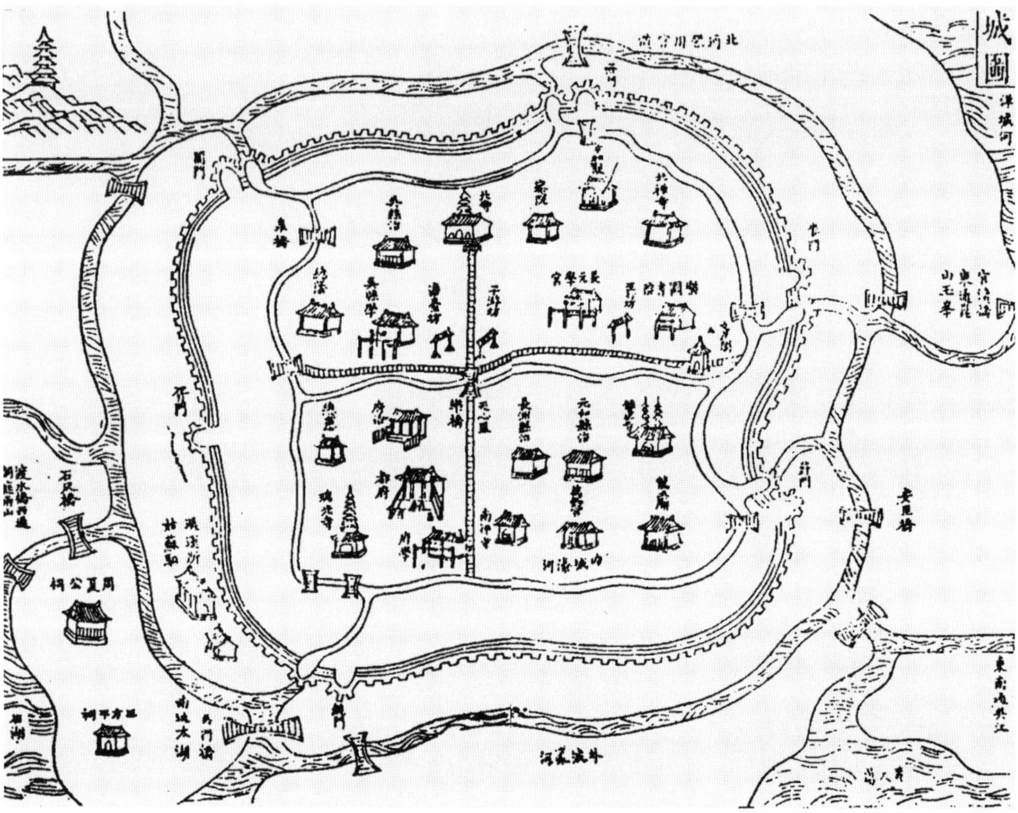

城图

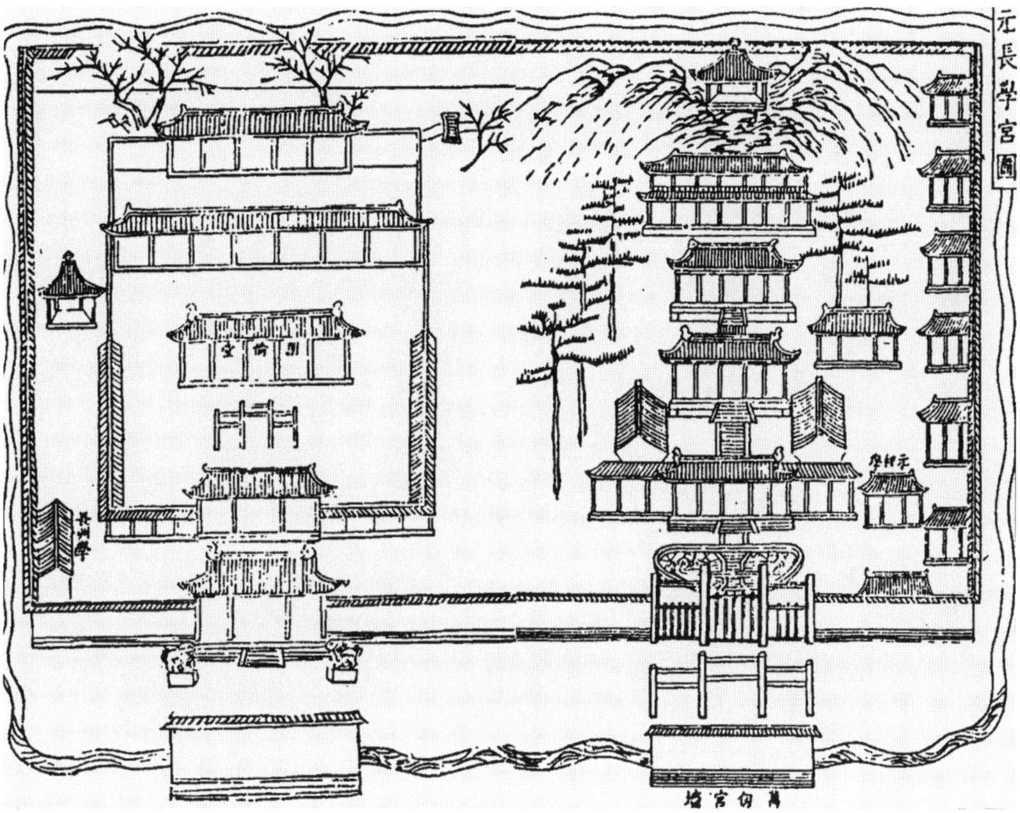

元长学宫图

元和县田圩图

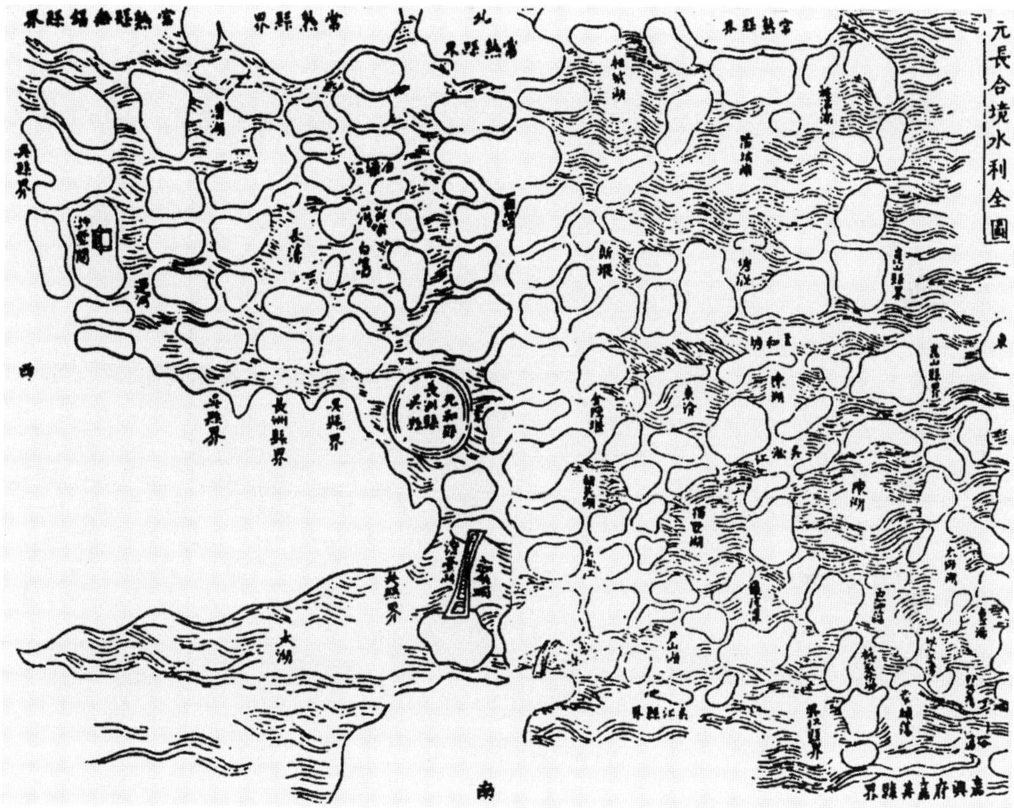

元长合境水利全图

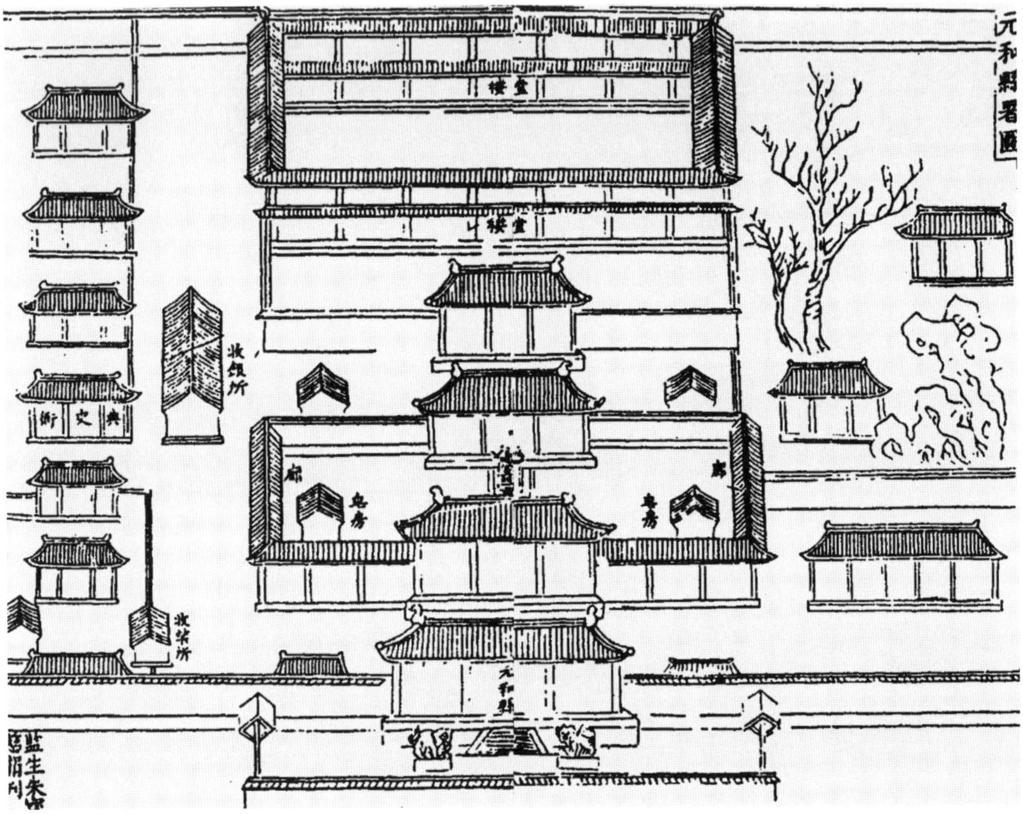

元和县署图

卷一

建置沿革附

自古帝王疆理天下，曷尝不因时以制宜？而论者谓后世分域愈多，所统愈狭。殊不知《禹贡》九州，虞帝分为十二，至夏殷复合为九。考《周礼》及《尔雅》所纪，殷制有徐、幽、营而无青、梁、并，周制有青、幽、并而无徐、梁、营，疆域分合，已不尽同若此。

秦时改置郡县，汉唐以后分并损益，益难枚举。大抵古之立制也多疏阔，而后渐精详。古民淳俗朴，简约易治；后人满地冲，庞杂难理。然则因时变通，务在宜民，亦何古之足拘？即如吴中属县，自隋以前，未有长洲。至唐万岁通天元年，始分吴县之北境，添设长洲。于是，历宋、元、明因之不改。

本朝承前代之旧，亦无所更易。然自世祖章皇帝抚临区夏，声教四讫。圣祖仁皇帝六十余年，深仁厚泽，遍浃海隅，屡次南巡，蠲租赐复，尤注意吴民。迨世宗宪皇帝缵承大统，善继善述，仰推圣祖之惠爱，豁免浮粮以苏积困。吴民幸沐盛朝累世煦妪之恩，百年以来，生齿日繁。而抚字催科为守令者，益觉未易。宪皇帝洞悉民隐，鼓舞吏治。于是允督臣之请，以苏、松、常三府所属州县钱粮尤重，大者每县各分为二，而长邑所分之县，御定嘉名曰元和。元和虽只得长洲之半，而其税入之繁多、簿书之填委，尚逾他省之府。然较之前此，固已繁剧，分理稍为易治矣。

我皇上御极以来，再减苏、松浮赋，勤民恤吏之心，先后一揆，而于东南疆域分建，一仍前制，盖诚灼见乎？因时制宜之善，可为万世体国经野者法也。

今谨叙明元和建置之由，列诸卷首。先督疏原始也，次部议询谋也。记嘉名俞旨，昭乾断也。沿革附焉，备稽考也。志建置。

雍正二年六月十九日，两江总督臣查弼纳题为请分大县以收实效事：窃照江南赋税甲于天下，苏、松所属大县，额征地丁漕项杂税银米，多者至四十余万，是一县粮额与四川、贵州一省之额数相等。况州县钱粮纳户零星，款项繁杂，民情巧诈，百端诡隐，征比倍难，加以人情好讼，盗贼窃劫刑名又极纷繁，县令征比钱粮、办理钦部案件，日夜匆匆，不得休息。力既疲惫，才难兼顾，安有余力除弊？故莅任未几，动多罣误，升迁者少，获罪者多，非尽其才不逮，实亦力不能周也。夫人之材力不甚相悬，岂他省之吏干济独优而苏、松之官材能偏拙？良以事务殷繁，则才短于肆应；而赋税难清，则政拙于催科。官既不能久任，吏遂夤缘舞法，蚀课蠹民，奸弊百出，亦事势之必然也。

臣闻琴瑟不调，取而更张；流之不洁，在澄其源。大县难理，莫若分而为二，则银少易征，上有益于国课；事简易从，下有裨于民生。此亦因地制宜，补偏救弊之一术也。查苏州府属之长洲、吴江、常熟、昆山、嘉定五县，太仓一州；松江府属之华亭、娄县、青浦、上海四县；常州府属之武进、无锡、宜兴三县，额征银米多者至四十余万，少亦不下二三十万。以此十三州县各分为两，其钱谷刑名尚与大省之中府相等，经理亦非易易。然较之未分之前，仅为得半，中材或可奏效矣。至大县既分，官役、俸工、仓库、城池亟应筹画。

臣查苏州府有同知三员、通判一员，松江府有同知二员、通判二员，常州府有同知一员、通判三员。三府共同知六员、通判六员，其名虽有捕盗、管粮、海防、水利之不同，而其事实堪兼理。原属冗员，今每府止留同知一员、通判一员，以捕盗者兼司海防，以管粮者兼司水利，其余同知三缺、通判三缺尽可裁汰。请将三府现任同知、通判拣选才堪牧民之同知三员、通判三员，以摄新分之县，仍照原衔升转，将来遇有事故缺出，仍听部选知县治理。再长洲、吴江、昆山、华亭、娄县、青浦、上海，此七县皆有县丞二员，夫县有一丞佐理足矣，何必有二？此七缺亦应裁去。再此外之首领佐杂，现遵谕旨议裁具奏。

今新分之县，只添设知县一员、典史一员，将以上所裁之官役俸工，尽足以供新县之用，俸不须增、役无多添而足用。至城池，则臣于上年查海之时亲历边海地方，见武职驻扎之处多有城垣，新设沿海之县，令其与武职同城，如常熟所分之县应驻福山，嘉定所分之县应驻吴淞，上海所分之县，应驻川沙，华亭所分之县应驻青村，娄县所分之县应驻金山卫，皆现有城垣，无庸兴筑。

再苏、松二府附郭俱有两县，常州府城内独止武进一县，今将武进所分之县即驻府城，与武进分理，比照苏属之长、吴，松属之华、娄，正复相等。常州通判三员，原有衙署在府，即改作新分县署，不特城不必建而衙署已备，仓库亦易为力。此外长洲等七县，即各择该县境内地方紧要、人民殷庶之市镇居住。查江南属县亦有未经建城之处，此新分之七县，应否即行建城、统听部议遵行？

至仓库衙署，如有公所，即行修整居住；如无公所，酌量建造，均请动支正项钱粮应用。臣遴委谙练道府大员，料估督造，其分县疆域，自某某处至某某处归旧县管辖，自某某至某某处归新县管辖，以及田亩若干、钱粮若干，内地州县应居何处市镇之处，并一切应行事宜，统候俞旨允行之日分晰条议具题。再太仓一州，现在请改直隶，倘蒙恩准，即将该州所分之县并崇明、嘉定及嘉定所分之县，均归该州管辖。所有新分之十三县，听部颁县名，以垂永久。微臣刍荛管见，未必有当，仰请圣主睿鉴。缘系分县事理，贴黄难尽，伏乞皇上全览，敕部议覆施行。

七月初八日，奉旨九卿会议具奏。初九日，抄出到部。户部等衙门会议，得两江总督查弼纳奏称江南赋税甲于天下，苏、松所属大县，额征地丁漕项杂税银米，多者至四十余万，纳户零星款项繁杂，征比倍难，加以盗案刑名又极纷烦。查苏州府属之长洲、吴江、常熟、昆山、嘉定五县，太仓一州；松江府属之华亭、娄县、青浦、上海四县；常州府属之武进、无锡、宜兴三县，额征银米多者至四十余万，少亦不下二三十万，以此十三州县各分为两等语。查江南为财赋重地，而苏、松、常三府之州县尤为繁剧，一州县之钱粮，多者至四十余万，少者不下二三十万，兼之民情巧诈，讼狱繁多，为牧令者即有肆应之才亦难治理。今该督请将苏州府属之长洲、吴江、常熟、昆山、嘉定五县，太仓一州；松江府属之华亭、娄县、青浦、上海四县；常州府属之武进、无锡、宜兴三县，凡十三州县各分为两。夫以难理之地，责之一人，虽长材不能兼顾，分而为二，但勤职即可奏功，此诚因地制宜之良法也。应如该督所请，将长洲等十三州县各分立一县。

又疏称将苏、松、常三府所有同知六员、通判六员，各裁去三员，每府止留同知一员、通判一员，以捕盗者兼司海防，以管粮者兼司水利。将三府现任同知、通判内拣选六员，以摄新分之县，仍照原衔升转，将来遇有事故缺出，仍听部选知县治理。其长洲、吴江、昆山、华亭、娄县、青浦、上海七县皆有县丞二员，亦应各裁其一，新分之县只设知县一员、典史一员，将以上各项所裁之官役俸工供新县之用等语。查苏、松、常三府同知、通判十二员，其职掌原可兼顾，而长洲等七县各多一县丞，尤可裁省，其所分十三县止设知县十三员、典史十三员，已足办理县务，又以所裁同知三员、通判三员、县丞七员之官役俸工银两移为新设二十六员之俸工，既无增于经费，复裁并其冗员，亦应如该督所请，将苏、松、常三府同知、通判各裁去其三员，长洲等七县县丞各裁去其一员，其新分之县各设知县一员、典史一员。

又疏称边海地方武职驻札之地多有城垣，新设沿海之县，令其与武职同城，如常熟所分之县应驻福山，嘉定所分之县应驻吴淞，上海所分之县应驻川沙，华亭所分之县应驻青村，娄县所分之县应驻金山卫，皆现有城垣，无庸兴筑。武进所分之县即驻常州府城，与武进分理，其所裁同知、通判之衙署，即作新分县署。此外长洲等七县各择该县境内地方紧要之市镇居住，江南属县亦有未建城之处，此应否即行建城，统听部议等语。查江南州县或有未建城之处，然系地僻粮少、讼简刑清之州县，故虽无城郭之固，亦可保无虞。今长洲等七县以钱粮重大，故分为两县，所分之县钱谷刑名与大省之中府相等，仓库、牢狱关系重大，是必不可不建立城池者也。然建立工费浩繁，且江苏之大市、大镇虽人烟凑集，而其中多溪河水港，且田畴阡陌错杂其间，若于此建立城垣，形局不能方整，又不无侵占田亩。

臣等愚见，窃谓长洲等所分七县，其设立官吏宜照附郭两县之例，与旧县同城而治。其太仓州分出之县，即为太仓州之附郭，则既无建立之费，又有城垣之守。而百姓之纳粮完赋者，虽分两邑，原在一城，与昔无异。将来分进生员之肄业者，即附于旧县之学宫，则学宫亦可不必另建，似为省便。至常熟之福山、嘉定之吴淞、上海之川沙、华亭之青村，虽有城垣，系分汛驻防之地，其规模狭小，不称建设大县。又居民寥寥，借欲所居成邑，非数年迁徙不能，恐滋烦扰。且沿近海边，兵民杂处，亦有未便。而华亭之金山卫，自有学宫、仓库，虽系卫所，实与一县无异，不便又将一县并入。似应将常熟等五县新分之县所设官吏，亦与旧县同城而治。其武进所分之县，应如该督所请，即驻府城，与武进分理，则吏治得分县之利，百姓无分县之烦矣。

又疏称分县疆域自某某至某某处归旧县管理，自某某至某某处归新县管理，以及田亩若干、钱粮若干，一切应行等事宜，统候俞旨允行之日分晰酌议具题等语。查苏、松、常三府地亩皆分属区图，而区图之地犬牙相错，非履亩按域不能清界。而钱粮有花户甲户，一县田亩多者至三十余万顷，纳粮花甲名姓即有数百余万，其分疆划界，推收图甲，诚非月日可办。今立法之始，必期尽善无遗，方可永行无弊。应令该督选择才干道府大员，将此十三州县田亩、疆域、钱粮、刑狱案卷，一一详查，分晰清楚，应归旧县、新县，确然分定，纤悉无遗，详造清册，具题一面，将仓库、衙署或以公所修整，或作何建造，斟酌妥议，再请皇上特赐新县嘉名。分县既定，该督将拣选才能之员，题请署摄，将来缺出，仍听部选。至太仓州分出与嘉定县分出之县，该督业经题请太仓州改为直隶，现在户部议覆，恭候命下之日，应如该督所请，均归太仓州管辖可也。

九月初一日题，本月初四日奉旨依议。

雍正三年六月二十一日，江宁巡抚张楷题请苏、松、常三府属太、长等十三州县，恭请皇上钦定嘉名，颁给印信，铨选人员，部议覆奏。八月初一日，奉旨依议。大学士马齐等拟定新分县名，恭呈御览。奉御笔朱批，圈出长洲县新分之县为元和县，吏部移咨礼部，铸结元和县印。

按：元和分自长洲，长洲分自吴县，则元和亦古之吴地也。自古迄今，吴地之分合改更，有沿有革，详著于篇，以备参考。

夫吴自唐、虞、夏、商以来，皆在扬州境内。泰伯来奔之后，始号勾吴，然其城在无锡之梅里。至仲雍五世孙周章，始封吴子。周敬王之六年，周章十六世孙阖闾始城姑苏，都之。元王三年，越灭吴，吴入于越。显王三十五年，楚威王灭越，吴又入于楚。楚考烈王元年，以其地封春申君黄歇，歇使其子城故吴为假君。秦并天下，置三十六郡，以吴为会稽郡治，领县三十六，始制吴县。二世元年，项梁起兵吴中。汉高祖六年，立从兄贾为荆王，王淮东三十三城，都吴。十一年，贾为英布所杀，国除，复为郡。十二年，复封兄子濞为吴王。景帝三年，濞反，被诛，国除，复为郡。后汉顺帝永建四年，分浙江以西为吴郡，领十三县。三国属吴。晋平天下，分天下为十九州，吴为扬州。建武元年，改为吴国。宋永初二年，罢吴国，仍为吴郡。梁太清三年，改为州。大宝元年，复为郡。陈祯明元年，复割为州。隋开皇九年，平陈，改为苏州。苏州之名，所由起也。大业元年，复改为吴州。二年，又改为郡。唐高宗武德四年，复为苏州。武后万岁通天元年，割吴县之北境置长洲县，时始有长洲之号，以吴王长洲之苑得名也。肃宗乾元二年，改长洲县，置长洲军。代宗大历五年，军废，仍为县。而苏州亦以玄宗天宝元年，复改为吴郡。肃宗至德二载，复为苏州。范《志》作“乾元二年”。代宗大历十三年，以苏州为雄州，领县七，而长洲仍属焉。吴、长洲、嘉兴、海盐、常熟、昆山、华亭共七县。唐末，杨行密与钱镠互争其地。后梁贞明三年，吴越自称苏州为中吴府。后唐同光二年，升为中吴军。宋开宝八年，仍为苏州。政和三年，以徽宗尝镇于此，升为平江府。元至元十四年，改为平江路。至正十六年，张士诚据之，称为隆平府。十七年，复为平江路。明太祖吴元年九月，下平江，擒士诚，改苏州府，领州一太仓。县七，吴、长洲、昆山、常熟、吴江、嘉定、崇明。国朝因之。雍正二年，准两江督臣查弼纳之疏，分苏、松、常三府内州县之钱粮重大、地方繁剧者，每县分而为二，而长洲亦在所分之中，奉旨锡以嘉名曰元和。此沿革之大略也。

卷二

疆域分野附

昔有虞氏肇十有二州，封山以定疆界。禹敷土奠高山大川，以别州境。周制，大司徒建邦之土地之图。汉世，乃有司空郡国舆地图，凡以九州绣壤不区分之无由，明彼此，别远近，循次序，而奏治功，治一邑与治天下无以异。元和剖长洲地立县，同隶一城，而各治所分疆域，则自四境、程涂、铺界、星野，晰之贵精，而志之不宜略矣。若邑之中有乡里，有都图，有街巷，有桥梁，有村镇，皆疆域中事，向之为志者往往不统于疆域，而分类以书之，志都图则不知所辖为何街巷、何桥梁、何村镇，而志街巷、桥梁、村镇又不知属于何都、何图，阅者茫如也。兹合数者，概归疆域，以乡统里，里统都，都统图，图则注街巷、桥梁、村镇于其下，若网在纲，有条而不紊，岂不开卷如指掌哉！志疆域。

四境

东出娄门至界浦四十里，亦名界牌，抵昆山县境。

西出阊门至来凤桥十里，西北至虎丘西山庙十里，抵长、吴二县境。

南出葑门至夹浦桥十八里，抵吴江县境。

北出齐门至薛泾四十五里，抵常熟县境。

程涂

东至昆山县七十里。

西至吴县二里、长洲县一里。

南至吴江县四十里。

北至常熟县一百里。

东南至松江府华亭县一百二十里。

西北至常州府无锡县一百里。

京师陆路三千三百四十里，水路四千七百八十里。

江南省城陆路五百里，水路五百四十里。

铺界十里为铺，旧每铺设司兵十名，今止二名。

自葑门抵吴江界曰白莲铺、在北三十一都朱泾桥南。尹山铺、在中三十一都花泾港北。柳胥铺。在南三十一都张家桥南。

自娄门抵昆山界曰利民铺、在二十三都官渎桥东。芦泾铺、在西二十二都下雉渎桥东。萧泾铺、在下二十二都沙湖口北。陆市铺。在中十九都彝亭东。

乡里　都图　街巷　桥梁　村镇

乐安乡仁寿里在城内东。长洲县旧管图三，今分元和县图一。

半十九都副扇

地三图：清道桥、今名东小桥，西属地四图。积庆寺后巷、今名张家巷，西属地四图。叶家巷、西属地四图。迎葑桥、旱桥、南属仁三图。天赐庄、即韩衙前，旧名姜家衖。望信桥、蟾宫桥、折桂桥、宋绍兴二十七年建。百狮子桥、寿星桥、黄卖子桥、佐家桥、仙境桥、石匠巷、吴承议桥、吴王桥、汤家桥、张公桥、官太尉桥、泰明桥、唐家巷、夹城巷、顾亭桥、宋端平二年建，北属贞三图。尽市桥、今名兴市。尽市桥巷。

上元乡全吴里在城内东。长洲县旧管图四，今分元和县图二。

半十九都副扇

地二图：福民桥、南垸长；北垸东元，西长。长邑署、东元，西长。义役仓桥、今名仓桥，傍有落星石，东元，西长。四酒务巷、今名泗酒巷。平桥、元大德间建，南元，北长。永定桥、今名西小桥，南元，北长。马军巷、公孙巷、醋库巷、东属地四图。吉祥衖、朱进士巷、混堂巷、乌鹊桥、古有乌鹊馆，因名。唐白居易诗"乌鹊桥红带夕阳"即此，北元，南长。衮绣坊巷、锦绣桥、今废。水仙巷、带城桥、宋嘉泰元年重建，南元，北长。带城桥巷、船舫桥、今废。船舫巷、采真坊巷、东元，西长。王卖柴巷、木杏桥、桥中分界，东元，西长。阔街头巷、网师巷、西元，东长。绿水仓桥。一作乐输仓桥，今废。

地四图：金雀巷、南仓桥、沈衙衖、东元，西长。积庆寺前巷、今名严衙前。七塔寺前巷、今名钱衙前。王场河头、西街、胡书记桥、东元，西长。金鼓桥、东元，西长。十郎巷、十郎巷者，十仓夫所居也。明师围城，张士诚事危，十郎应募出战，皆封以将军，赐金绮，出阊门，运铁头枪，浴血而前，明师为之稍却。时李伯昇忿士诚赏薄，曰："吾力守孤城无赏，而市井无赖乃重于我耶？"因射书于徐中山曰："勿退，彼能出而不能还也。"因复围守之，及还而伯昇闭门不纳，遂俱溺死沙盆潭下。东属利一图。多贵桥、东属利一图。司马巷、东属利一图。筱桥、俗名竹筱桥，南元，北长。草桥。南元，北长。

东吴上乡颜安里在城内东南，长洲县旧管图三，今分元和县图二。

半十九都副扇

仁一图：红杏子桥、西长桥、俗名西烧香桥。东长桥、俗名东烧香桥。善教桥、俗名新造桥，北属仁三图。吴家巷、一名南白塔子巷，新造桥南堍。十泉街、东元，西长。相王巷、苏家巷、宋苏舜钦居此，因名。春和桥、旧名砖桥。明隆庆元年，知府蔡国熙重建，改今名。北属仁三图。二郎巷、程桥。

仁三图：新造桥巷、孔夫子巷、旧有夫子庙。景祐中，割南园地立学，巷名以此。明孔镛居之，后更孔副使巷，东元，西长。李王庙巷、吴衙场、盛家带、庵桥、一名卢师桥。望门桥、清安桥、俗名红桥。龙潜嘴。

道义乡守节里在城内东北。长洲县旧管图三，今分元和县图二。

半十九都副扇

贞一图：四通桥、东元，西长。乘鲤坊巷、俗名鹦哥巷，东元，西长。广化寺桥、南堍长；北堍东元，西长。金狮子桥、南元，北长。史家巷、南元，北长。旧学前、温家下岸、县桥、长洲旧县治东，故又名县东桥。可过桥、曹胡徐桥、东元，西长。花桥、唐白居易诗"梦到花桥水阁头"即此。东元，西长。东花桥巷、白塔子桥、旧名东章家桥，东元，西长。东白塔子巷、同芳巷、狮林寺巷、日辉衖。南元，北长。

贞三图：朱巷、张家桥、西属利一图。南张家巷、众善桥、俗名青石桥。卫道观巷、罗家桥、混堂巷、庆历桥、传芳巷、富孙桥、兴隆巷、奚家桥、骑龙巷、俗名麒麟巷。三家村、葛百户巷、北张家巷、芦荻巷、张香桥、北属利四图。张香桥巷、东虹桥、虹桥浜、九庙场、东道桥、李基巷、韩家浜、通济桥、兴隆桥、南开明桥、北开明桥、东周太保桥、北仓桥、徐鲤鱼桥、姚家角。

大云乡庆云里在城内东北。长洲县旧管图三,今分元和县图二。

半十九都副扇

利三图:临顿桥、临顿,吴时馆名。《吴地记》云:吴王征夷,尝顿憩宴军士,因此置桥。南元,北长。迎春桥、俗名周通桥。南堍长;北堍东元,西长。华阳桥、百口桥、东汉顾训五世同居,聚族百口,因其所居名桥。百家巷、东元,西长。南寨巷、北寨巷、即道观衖。崇甫巷、即油车衖。平家巷、北元,南长。过军桥、吴郎桥、寺桥。

利四图:新桥、新桥巷、东属贞三图。斛子衖、东属贞三图。朱马交桥、流真巷、东属贞三图。石人衖、东属贞三图。丁香巷、东属贞三图。胡厢使桥、胡厢使桥巷、东属贞三图。唐家桥、棋杆衖、东属贞三图。打急路桥、俗更倒吉利桥,西属贞一图。魏家桥、北属贞三图。迮家园、德庆庵桥、西斜桥、塔影浜、东斜桥、六庙桥、十庙桥、管家园、做伞桥、南元,北长。程桥。今名水浮香桥。

凤池乡澄胥里在城内东。长洲县旧管图三,今分元和县图一。

半十九都副扇

利一图:马津桥、南元,北长。甫桥、南元,北长。逍遥巷、今名甫桥浜。洞桥、儒达巷、今名洞桥浜。道堂巷、寿宁寺巷、今名双塔寺前。胭脂桥、东属地三图。白蚬桥、濂溪坊、东元,西长。苑桥、相传吴王有苑囿于此,故名。新学前、玉带桥、俗名水门桥。寿安桥、东属贞三图。通利桥、东属贞三图。资福桥、庙堂桥、西堍长;东堍北元,南长。雪糕桥、积庆桥、熙宁桥、萧家巷、兵马使桥、北元,南长。临顿路、北元,南长。大儒巷、报恩桥、斜路桥、百石桥、石皮衖、今名石子街。南显子巷、北显子巷、五圣阁下、县桥巷、天宫寺桥、一在寺南,一在寺西。陆家巷、包婆巷、运通巷。

乐安下乡仁寿里在城内东北。长洲县旧管图三,今分元和县图一。

半十九都副扇

亨四图:中路桥、元大德元年建。南堍东元,西长,北堍长。马场头、碎金巷、白塔子巷南。碎银巷、白塔子巷北,今名谢衙前。北元,南长。善耕桥、东属贞三图。任蒋桥、宋嘉定四年建,西元,南长。定跨桥、俗名跨塘桥。《吴地记》云:吴王阖闾造。东堍长,西堍南长,北元。花溪、南元,北长。北园、东元,西长。沙河塘、北元,南长。俞家浜、东元,西长。新街桥、新街桥巷、北仙桥。俗名赌带桥,齐门内。

以上城内,共七乡七里半都十一图。

武丘乡采云里在城外西北。长洲县旧管都五，今分元和县都一，计图十二。

九都正扇一都至八都属长洲，故元和自九都始。

二图：九都正扇原三十四图，元和分止四图，故从第二图始。南至吴县界，东至吴县界。来凤桥、万历三十六年创基，康熙二年，僧越凡、慧光同募建，北属二十七图。凤皇桥、来仪桥、顾家桥、双阑干桥、宋家桥、元宋通居此，因名。急水桥、东元，西吴。铜杓浜、红桥浜、娘娘浜、梅家浜、姚家浜、天竺庵前、西元、东吴。明扬桥。

十二图：北至长洲县界。斟酌桥、明万历乙酉，里人张相秦重建。绿水桥、明万历二年建。普福桥、东属十三图。虹桥、花园衖、猴狲浜。

十九图：北至长洲县界。泰定桥、俗名白马桥。毛家桥、八字桥、李王庙桥、南元，北长。时家庄浜、破虏墩。

二十图：北至长洲县界，南至长洲县界。钱万二桥、俗名钱卖女桥。宋末建，明正统间，知府况锺再建。嘉靖十一年，刘茹苓重建。南元，北长。半爿营、南元，北长。灶灰营、北元，南长。徐祥衖、北元，南长。打索场、北元，南长。北濠巷、郦季子巷、庄家园、凌家栈、王师浜、水沟衖、官衖。

九都副扇

三图：南至吴县界。冶坊浜、东属四图。蒋家桥、东属四图。涌金桥、东属四图。太平桥、东属四图。南石桥、东属四图。陶家池、江家桥、马庵浜、毛家衖、居家桥、北石桥。东属四图。

四图：东至长洲县界。通津桥、俗名下津桥。明成化十八年建，康熙四年修，北元，南吴。长善浜、西元，东长。旱桥、西园、乐姐姆桥、塌水桥、吴泾浜、东属二十九图。高田上、陆庄桥、引善桥。东元，西长。

五图：西至长洲县界。兴隆桥、莲花兜、彩云桥、俗名半塘桥，宋政和元年重建，北属十三图。六房庄。

八图：西至长洲县界，北至长洲县界。虎丘山、便山桥、俗名望山桥。北堍元；南堍东元，西长。万点桥、俗名范店桥。明弘治十三年重建。西山庙桥、康熙九年，进士王廷台等重建，改名元庆。席场衖、躲赛桥、俗名躲债桥。孙板桥、东元，西长。谢家桥、东元，西长。郁家浜、朱家浜。西元，东长。

十三图：北至长洲县界。洞桥、宋咸淳四年建，明崇祯十一年修。白公桥、明万历甲辰年建。白云桥、普济桥、北元，南长。白公堤、鸭脚浜。

二十七图：南至长洲县界，东至吴县界。马铺桥、西元，东吴。马铺衖、西元，东吴。水月亭、凤皇墩。

二十八图：南至吴县界，西至长洲县界，北至长洲县界。芙蓉桥、方家桥、倪家桥、东属三图。十房庄桥、东元，西长。管家浜、南元，北长。太平桥、南元，北长。青龙桥。南元，北长。

二十九图：南至长洲县界，东至长洲县界。通贵桥、明弘治初建。隆庆二年，五色云见桥上。崇祯十三年修，南元，北长。新桥、南元，北长。石牛头、湖田上、杨庵浜、杨庵衖、东长，西元。杨庵桥、北元，南长。众安桥、北元，南长。资福桥、北元，南长。卞家衖、求签衖。

益地乡金生里在城外东北。长洲县旧管都五。今分元和县都一，计图十五。

上十七都正扇

一图：北至长洲县界。

徐匠浜、寺前港、胡家滨、时家浜、钮子田。

二图：徐庄镇、徐庄桥、俗名徐店桥。和安桥、南属上下七都副扇三图。赵家浜、河沙泾、银桥、朱板桥、马家浜。

四图：许思桥、吴童浜、蠡塘桥、练奴泾、金雀港、争气桥、义冢。

五图：金桥、小猪浜、掘头浜、陆家浜、彭家巷、观音浜、荷花浜、杜家浜。

十图：章家浜、陆巷浜、马宪浜、周阿太堂头、林家港。

十一图：阳城湖北滩。白蚬山、周家圩、王家角、北汀、东汀、下田圩。

十三图：虾鳜里、姚家角、罗婆桥、张家浜、倪家浜、钱虎子浜、顾家浜、广渡桥、鲇鱼荡、黄泥埧。

十七图：阳城湖西滩。长浜。

上十七都副扇

三图：徐庄、南。韩庄桥、冠子溇、涨泾港、孙间桥、杨树浜、野猫墩。

六图：过乡圩。

七图：五溇泾镇、许家浜、薛家庄、小桥浜、曹家浜。

八图：阳城湖西滩。

五溇泾、南属上十七都正扇十七图，北属本都十五图。福昌桥、西属本都十五图。窑浜、蓑衣浜、车泾、支家浜、费家浜、千步泾、白兔泾、马蚬泾、细浜。

九图：井亭桥、西属二十四都正扇二图。林家港、石家湾、吴婆浜、胡范泾。

十二图：沈店桥、龙潭、东夹皂、西夹皂、横港桥、石狮泾、新开溇。

十五图：申明亭、蛇泾港、方基浜、周家浜、薛家浜。

依仁乡仁义里在城外东。长洲县旧管都五，今分元和县都四，计图五十三。

中十九都正扇

塘　十图：阳城湖南滩。青墩浦、十图港、北属五十四图。谢家浜、南属五十四图。沈殳桥、东属五十四图。摇头泾。

塘　十一图：阳城湖南滩西滩。画师浜、草鞋山、夷林泾、姚家浜、眠泾港、火义浜、牛桥。

塘　十四图：东至新阳县界。瑞凝桥、石灰港。

塘　十九图：北至至和桥。戴墟浦、姚家港、百家圩、顾浦。

塘　二十图：北至至和塘。戚家泾、昌泾、田堵浜、陈泾港。

塘　五十二图：凌家桥、徐渎桥、安家浜、南仓浜、水东浜、庙堂泾、赵叚堰、库里浜、木杓溇、义冢。

塘　五十四图：彝亭山、吴王阖闾时，东彝寇吴，吴结亭于此以御，故名。今俗呼为维亭。卢家浜、苏家浜、姚殷浜、盛家桥、山塘浜、巷路、吴招军浜、鼓手浜。

中十九都副扇

塘　十二图：田堵村、夷林泾。

塘　十三图：南至至和塘，东至新阳县界。陆市铺桥、西属中十九都正扇五十二图。史家港桥、里漕泾桥、赵家浜桥、界浦桥西元、东新。北汀巷。

塘　十五图：东库、横港、邓家角。

塘　十六图：杨家库。

塘　十八图：后戴墟、姚家浜、庄浜、鳗黎泾、小横港、张霞浦。

塘　四十七图：彝亭东市、四马泾、定胜桥、黄泥溇、寺浜。

塘　五十五图：东至新阳县界。界牌头、蓁村、西横泾。

半十九都正扇

塘　八图：阳城湖南滩。张巷村、周家溇、蔡庄、从巷港。

塘　九图：彝亭镇、金巷、王店桥、定胜桥。

塘　二十一图：沙河北滩，北至至和塘。瓦屋港、方巷、殷家港。

二十五图：西张村、后巷村、青丘浦、北西江。

二十七图：吴淞江北滩。戴家田村、王方村、西青丘浦、庙塘。

五十一图：归家港、大白荡、方家段、王圩。

塘　五十六图：顾巷、周泾、阳泾、从巷。

塘　五十七图：彝亭下塘、方巷泾。

半十九都副扇系城内地方，图十有一，已列在前。

半十九都又副扇系附郭地方。

葑一图：安里桥、明洪武初，里人周元初重建，姜渐记，西属葑三图。徐公桥、宋徐雅建，庆元四年重建，西属葑三图。红板桥、石灰窑、草野湾、朱家衖、凌家牌坊、蒋家桥。东属葑二图。

葑二图：马路桥、南属葑四图。横街上、车缺口、敌楼。

葑三图：青果巷、婆鸡桥、西街、衢浜场、杨枝塘桥、俗名西浮桥，东属葑四图。牛场渚、狭河里。

葑四图：竹行头、朝天桥、俗名浮桥。窑浜、橹行渚。

娄一图：虹桥、即钓桥。宋庆元间建，顺治四年圮，知县李廷秀重建。永宁桥、南属二十四都正扇十四图。利民桥、周家衖。

娄二图：官渎桥、元至正二年建，东属二十三都正扇三图。汪家桥、西属二十三都正扇一图。马衖。

南十九都正扇

十七图：庙后段、赵巷港、六十亩里。

二十三图：王家圩、西河田、陆家段。

二十四图：南洲、北洲、赵巷、南巷村、北白田、河田村、赵家湾。

二十八图：陆巷、南洲、学堂泾。

三十五图：金家庄、许马村、张庄圩、安家浜。

四十八图：顾浦、龚家荡、毛家角、尖圩上、石牌、杨家田、项田桥。里人沈纪常、陈起先捐建。

南十九都副扇

二十二图：牛草圩、直上港、学田圩、金家段。

二十六图：吴淞江北滩。索路、青丘浦、龙潭湾、三家村、杨家田村。

二十九图：吴淞江北滩。褚巷、陆巷、曹家田、孙家溇。

三十图：吴淞江北滩。邓巷、龙腰。

三十一图：吴淞江北滩。李家泾、庵泾港、邓巷港。

三十二图：查巷、吴巷。

五十八图：潭子里、涅泾、牛草渭。

东十九都正扇

三十三图：刁巷、张家坞、仓登浦、专浦、王巷、唐家田。

三十六图：大港上、殷家段、吴家港。

四十一图：云龙、大林浦、大厍、孔家港。

四十四图：东至新阳县界。六直镇、和丰桥、鬼神坛、司巷港桥、东美桥、泾美桥、泾巷桥、界浦港、广济桥、甫里塘。

五十九图：南港村、大西港、里西港。

东十九都副扇

三十四图：前戴区、里巷港、南李巷。

三十七图：李巷港、金家庄、范金溇。

三十八图：东至新阳县界。倪伯墓、石灰港、界浦上。

三十九图：战浦、缪泾、木杓湾、东江渚、马泾、仓场上、韩溪。

四十图：东至新阳县。云龙、孔家港、周家港。

四十六图：眠牛泾、六直、姚家衖、凤阳桥、和丰桥、中安桥、环玉桥、章家衖、芦席衖、小猪衖。

五十图：马庄圩、张泾、界浦。

吴宫乡宝座里在城外东。长洲县旧管都五，今仍之。

上二十都正扇

六图：杨家浜、陈婆溇、徐家角、郎西填、明乡荡、牛城头。

八图：孙妃港、大宅港、牛草湾、荷花田。

九图：白荡湾、顾察浜、杨泾港。

十图：澄湖、陆家湾、褚家浜、蒋家浜。

十一图：曲善泾、石五泾、碓坊桥、朱家渡、袁家白荡、双漕溇。

十三图：东至新阳县界。西荡村、杨泾港、胡娘子溇、川心溇、冯家坝、独芸田。

十四图：于家湾、褚家浜、匠人浜、庙浜。

十五图：东至新阳县界。矾清湖、一名范迁湖。陈墓塘、九千浜。

上二十都副扇

一图：东至新阳县界。王浦河、白洋、芜短。

二图：东至新阳县界。太平桥、锦溪桥、众安桥、中和桥、陈墓镇、里和桥。

三图：东至新阳县界。邵塔港、道院港。

四图：王家浜、金村、王家湾。

五图：塘南港、北行泾、双溇、古村。

七图：章港、唐家浜、北拆。

十二图：东至新阳县界。陈墓镇、陈墓司公署旧址。莸荇桥、时家窑。

四十一图：和尚坝、林家浜、王家浜、曲善泾。

中二十都正扇

十六图：陈湖北滩。小平圩、西荡村、甫里塘、南澄、太平圩。

十七图：陈湖北滩。盖濠村、杨家湾、下坝浜、大垂。

十八图：东至新阳县界。石灰泾、后进泾、田肚浜、界浦。

十九图：西洋村、尚百亩。

二十图：东至新阳县界。东洋村、叶家田、河界田。

二十一图：东庄浜、顾家浜、东张林山、西张林山、合塘桥、山金浜、北山田。

二十二图：砚瓦里、师姑泾浜、七圣浜、袁家浜。

四十二图：包家厍、吴家溇、蛇长泾、南陶。

中二十都副扇

二十三图：陈湖北滩。东赵段、西赵段。

二十四图：吴淞江滩。前漳港、南庄港、直渎浦。

二十五图：支家堰、墺上、寺西港。

二十六图：孙墓村、唐家浜、孙受浦、合塘港、南横港。

二十七图：吴淞江滩。公田村、陆巷、王家浦、三万浦、蒋浦港、浮高。

二十八图：吴淞江滩。唐村港、林家港、南塘上。

四十三图：上明田、周家浜、后漳港、薛家浜、直渎浦、庄港。

四十四图：柴积浜、陶巷、抢岸、费家浜、朱家堰。

下二十都正扇

二十九图：吴淞江滩。唐村、蒋浦、千亩潭、龚塘港。

三十一图：吴淞江滩。东浮阜、严家厍、新漕港。

三十三图：吴淞江滩。清水港、合塘、田肚。

三十五图：吴淞江滩。甫里塘、东施村、西施村、南洋泾。

三十七图：陈家浜、张林桥、香花桥。

三十九图：东至新阳县界。吉家浜、六直南栅、仁寿庵桥、唐家衖、眠牛泾、浦泾桥。

四十二图：大流浦、丰庄。

四十五图：张家厍、新曹港。

下二十都副扇

三十图：吴淞江滩。东浮皋、西浮皋。

三十二图：吴淞江滩。严家厍、心焦港、孙妃村。

三十四图：杨泾、淘沙泾。

三十六图：六直西栅、马公桥、西张汇、永宁桥、杨家衖、乡约所、通斜桥、长生泾。

三十八图：东至新阳县界。庙济溇、双庙、金家浜、王婆溇、南栅头。

四十三图：金巷浜、丰庄、泗马泾界、杨松泾。

四十六图：六直西栅、猛将桥、寿亭桥、西河头、寺浜、张巷浜。

上二十一都正扇

十图：吴淞江滩。方前、宋巷、庙尖、吴家角、何家村。

十二图：沙湖南滩。西白田、钱家浜、泥潭上、吴家潭、凤里浦、下圩头。

十三图：沙湖南滩。直上港、龙潭村、东横港、畅浦、瑶草泾。

塘　十五图：阳城湖南滩。周泾桥、小彝亭、宋家浜、缩里桥。东属本都十六图。

塘　十六图：俞家浜、袁朱溇、北宋巷、施家浜、惠家浜。

二十一图：潭子头、南北洲、杨家浜、戚家地、油盛港、吴巷。

上二十一都副扇

九图：吴淞江滩。中江田、张家庄、青丘浦、宋巷。

十一图：吴淞江滩。西江田、火泛泾、外江荡、东西汀。

十四图：吴淞江滩。谈家港、外河田、南盛。

十七图：沙河南滩。田肚里、东陆巷、后河田、北河田。

十九图：凤里浦、荷花湾、郁陆泾。

二十图：南盛村、西横港、三蛮溲、和尚浜。

下三十一都正扇

塘　一图：阳城湖南滩。潘家浜、大树浜、南汕麻港、马宅浜。

塘　三图：阳城湖北滩。田泾港、撑埣、池家浜、萧泾溇、鹤颈湾、赤鱼渚、淀泾、石泗。

塘 五图：南阳城北滩，北阳城南滩。阳城村、大方湾、穿心溇、莲池湖、南汀浜、庙港。

塘 七图：沙区、青龙桥、南洲。

塘 十八图：阳城湖滩。阳城村、八千浜、施家浜、赵家浜、章家塔。

塘 二十二图：阳城湖滩。油麻港、承天庄。

下二十一都副扇

塘 二图：三万步、梅家田、谈家东、九万步。

塘 四图：南至长洲县界，北至长洲县界。下营田。

塘 六图：沙湖滩。宋坟、后沙墟、唐家浜、乌溇、河田、横港。

塘 八图：唐浦、小南海、宁浦港、西陆巷、小马田、短浜。

塘 二十图：南庄港、钱家溇、葛家港。

塘 二十三图：邱家浜、小横港、陈塔浜、杨安浜、八尺泾、朔桥港、顾四泾浜。

习义乡孝廉里在城外东。长洲县旧管都三，今仍之。

东二十二都正扇

塘 十二图：傅宅、王墩、庵浜、深泾、下甲溇。

塘 十四图：阳城湖滩。田家溇、北溇、湾头、潇泾、双溇。

塘 十五图：阳城湖滩。横泾港、薄巷、沈巷港、堰荡、翁家浜、吴家浜、庄家荡。

塘 十九图：阳城湖滩。孙墓、马家村、陆家村。

塘 二十一图：阳城湖滩。清水港、姚家溇、四千溇、潘家浜。

塘 二十七图：黄泥溇、西南村、张泾湾、龙溇。

塘 二十八图：阳城湖滩。荡上、中行村、乌盆泾、九千浜、苏家港。

东二十二都副扇

塘 十三图：南萧泾、斛扒溇、七千埗、杨山溇、黄道浜。

塘 十六图：阳城湖滩。悬珠、白莲泾、筲箕浜、萧泾。

塘 十七图：阳城湖滩。朱家簖、大吴村、匠人浜。

塘 十八图：下脚浜、和尚浜。

塘 二十二图：顾打浜、李家浜、黄蟹段、司家段、庙圩段、金家角。

塘 二十三图：西王墩、王巷桥、东。百子溇、秋溇、东王墩。

西二十二都正扇

塘　一图：东张泾、西张泾、蠡塘、西。徐家村、徐家堰、囊下、毛庄桥。东。

塘　三图：阳城湖南滩。汤家港、后巷里、古溇、朱秀浜。

塘　五图：阳城湖南滩。横泾、小吴泾、顾家巷、陆家圩库。

塘　六图：阳城湖南滩。丫前、汶上、下旺浜、义口、九曲港、蚱蜢泾。

塘　七图：朱泾头、望泾浜、前庄村、殷家坟头。

塘　十图：阳城湖南滩。北泗、南泗、卢福泾、后泾港、馒团溇、车塘湾、居泾浜。

塘　二十四图：大吴泾、横港桥。

西二十二都副扇

塘　二图：阳城湖南滩。唐巷浜、陈八娘村、陆家庄、南水巷、北水巷、古楼桥、朱家庄桥、薄家浜、吴泾桥。

塘　四图：下雉渎、戴家村、朱泾头、泥桥浜、永庆桥、俗名外跨塘桥，康熙元年圮，里人顾奕年捐赀建。龙渭桥、吴泾、楼下。

塘　八图：车渡浜、南吴村、徐婆浜、南庄村、网巾浜。

塘　九图：尖圩、韩家舍、宋庄、方泾、卢福泾。

塘　十一图：阳城湖南滩。鹁鹳城、毛塔。

塘　二十五图：阳城湖南滩。范庄、杨家庄、金巷、南泗、青沼湖。

塘　二十六图：阳城湖滩。珓上、横塘。

二十三都正扇

一图：苏巷浜、闵家桥、道观衖、莫家衖、查家衖、周和山、钱婆浜、马路、镬扒浜、三马墩、利民铺。

二图：薛家浜、做篮浜。

塘　三图：永安桥、俗名里跨塘桥。明万历九年，里士蒋二南重建，康熙十一年圮，曾孙进士蒋德峻倡助，僧惟悦重募建，北属娄二图。邢家桥、邹家桥、凌家庄、传芳浜、下纤埠、义冢。

塘　四图：三青子、卢家庄、石家庄、潭泾、段泾、周家浜。

塘　五图：唐家浜、倪家浜。

北四图：杨家角、孙家角、袁家角、彭家浜、范泾河、朝天阁、黄泥浜桥、夏家桥、善千浜、毛泾浜。

北七图：陆家桥、后泾浜、孙思桥、枕头巷。

西七图：王家墩、严家巷、高家角、乐家桥、蒋家浜、虎啸桥。北属二十三都副扇十八图。

塘　十一图：滕巷浜、方家浜、韩家浜、陆家庄、长不了山、朱婆浜。

二十三都副扇

塘　六图：李王庙前、划船稍、褚泾桥、康熙十五年，郡绅蒋维城损资重建。孝廉桥、谭泾桥、周家桥、杜家浜、邱家浜、土公浜、张巷浜。

塘　七图：王家浜、史家桥、朱家村、唐庄桥、张店桥、瑶浜、猛将港、和丰港、郭家浜、秋家浜。

塘　八图：王家庄、毛泾浜、田家浜、赵家村、孟巷、严家浜、深泾浜、苏母浜。

塘　九图：汤家港、褚泾、顾家浜、东朱村、浦家巷。

塘　十图：阳城湖南滩。丫头浜、莲花浜、金西圩。

塘　十三图：彭堰滩。蔡家浜、曹庄、朱家角、陈墩浜、严家浜、姚兴浜、薛家浜。

塘　十四图：彭堰滩。下圩、唐家塔、藕金浜、南洋泾、燕窝里、行船溇。

塘　十八图：陈家桥、眠牛浜、洪家浜、董家桥、孙墩浜、严家浜、方家浜、梅家浜。

陈公乡金栖里在城外东南。长洲县旧管都三，今仍之。

二十四都正扇

一图：华家浜、河泊所。

二图：金家桥、东。小桥浜、干将泾、窑浜、葑门塘。

五图：西板桥、东。马王浜。

六图：黄天荡北滩。库上、张家库。

九图：金泾澛南滩、独墅湖北滩。花柳村、赛公桥、老鼠浜。

十图：桑家桥、匠门塘、秋塘浜、温曹村。

十一图：何家堰头、翁家浜、蒋姆思桥。

十三图：仰家庄、申明亭基。

十四图：陈司泾桥、东属十五图。庆陵桥、富墓泾。

十五图：罗家桥。西。

二十一图：金泾澛北滩。东沿村

二十二图：华氏浜、北顾村、华宅前、蒋巷村、西庄。

二十三图：竹园浜、吴阡浜、圩田村、万宁荡、俞桥、陶家浜、西过。

二十五图：金泾浛北滩。南庄、东浜、西奚巷、四安桥、里人华廉夫建。鸡陂港、官开泾、斜溇口、石家堰、葛庄。

二十九图：陈家浜、周家角。

二十四都副扇

三图：太保浜、井亭桥浜。

四图：普福桥俗名小黄石桥。桑桥浜、秋塘浜、居家村、东板桥。

七图：黄天荡北滩。十里泾、石炮浜、湾塘里。

八图：金泾浛南滩。韩家舍、葑溪二堰桥、俗名黄石桥。明成化间张昶建，顺治初圮。康熙八年，僧惟初重建。徐巷村、遗庵桥。

十二图：匠门塘、盈宿桥、刘安浜、仰家村、张家浜。

十六图：金泾浛北滩。洋泾桥、黄泥浜、鸭脚泾。

十七图：蒋浜、彭港、朱施、尹家桥、木香港。

十八图：杨家村、何家浜、顾村桥、观上、褚司泾。

十九图：夏母浜、四马泾、邵渎泾。

二十图：金泾浛北滩。渡船口、唐家浜、北叶村、风皇泾、叶家浜、火刀浜、赵巷村、江泾。

二十四图：金泾浛北滩。南斜庄、北斜庄、官开泾、庵浜、郭家庄、蠡塘口。

二十六图：金泾浛西滩。曹家田、蒋巷港、张渎桥。

二十七图：金泾浛西滩。蒋巷、师姑田渚、朱巷泾。

二十八图：金泾浛北滩。璩巷村、陆金坝。

三十图：华家桥、金家桥。

上二十五都正扇

一图：浒泾、沈泾浜。

二图：沙湖西滩。龙墩庄前、心泾浜、赵家泾、吕巷、吴巷村。

四图：韩庄、顾家桥。

八图：南厍、私巷、李家角、夏家村、范家浜、移巷。

十图：王墩港、张巷、东奚巷、大庄。

十八九图：二图合管，不分界限。八千溇、陆家会、吴生泾、王墓、张巷桥、金村、章家浜、郁巷浜、城隍庙桥。

二十二图：樊家潭、大溇圩、横泾。

二十三图：龚巷、乌嘴浜、姚马村。

上二十五都副扇

三图：大吟浦、小吟浦、北王村、下方泾。

五图：姚马村、长浜、赵家庄、陈家巷坛。

六图：塘东村、显宗溇。

七图：徐家园、梁巷、虹桥港、顾巷港。

九图：北斜塘、姚巷、小庄村、红纱浜。

十一图[1]：金泾滃东滩。鸭城村、琼姬墩、广字圩滩。

二十图：梁浦、蛇溇、万八溇、异马溇、郭巷浜。

二十一图：独墅湖东滩。王墓、后宫浜、杜仓浜、东宫浜、胡家桥、杨家桥、郁家桥、安里桥、白虎桥、大通桥。

二十四图：南斜塘、村里。

下二十五都正扇

十二图：独墅湖北滩。华林浜、华林村、华林桥。

十三图：葑圩、北周巷、王墓村、里仁桥、朱间桥。

十四图：东华林、华家栈、璧山港。

十六图：西梁、东梁、栅头、庙浜、车塘村、舍里、梁家桥。

十九图：上潭、冯窑。

二十一图：南周巷、王墓塘、梁浦港。

下二十五都副扇

十五图：金家角、弥陀泾、采莲泾。

十七图：金家堰、下潭、陈家带、何家港。

十八图：鹤田上、横泾浜。

二十图：杨家田、吴家湾、南横港、马巷。

二十五图：谢婆圩、荡田圩、白龙潭。

苏台乡贞丰里在城外东。长洲县旧管都四，今仍之。

中二十六都正扇

① “图”字原无，据上下文补。

六图：东至青浦县界。冷家湾、东管村、贤行港、八千坝、祝家田、颖村。

八图：汤湾、金家荡、葫芦溇、田鸡浜、秀王浜。

十图：鸭头湾、戴浜、祝家浜、张家浜。

十一图：中塘港、筲箕港、孙妃港、宅前。

二十图：池家浜、孙家浜、清水港。

三十九图：陈湖东滩。青浦庙、长纤路、吴家湾。

中二十六都副扇

七图：东至新阳县界，东至青浦县界。下长汛、小圩、朱家浜、王家湾。

九图：浦家店前、南鹤田、钱王浜。

十二图：西宅港、龙亭、羊家浜。

十三图：和尚田港、塔上、官场泾。

十四图：蟠龙浦、龙亭。

南二十六都正扇

一图：东至青浦县界，南至青浦县界。青龙桥、福寿桥、金巧桥、周庄南栅头、银子浜、四成址、东宅溇。

十八图：西至吴江县界，白蚬港东滩。西田肚、大营浦、杨家浜。

二十二图：摇城湖北滩，陈湖西滩。水东浜、季家田、摇城。

三十八图：陈湖西滩。盛德、方家河、石家浜。

北一图：陈湖西滩。舍湾、东蒋坞、堑头。

北二图：陈湖西滩。南田溇、西蒋河、堑头村、塔上、梅家带。

三十六图：西[①]至吴江县界，白蚬港东滩。周庄北栅。

三图：东至青浦县界。周庄镇、永安桥、里人徐松泉、徐竹溪捐资建。世德桥、里人徐正吾建。耘田港、质洞。

南二十六都副扇

二图：西至吴江县界，南至吴江县界。周庄西栅、贞丰桥。

四图：南至吴江县界。赵浜、南沙泾、急水港、俞家浜、陈家浜、庙浜。

十五图：韩镇、祈庄、下埧浜。

十六图：陈湖南滩。三朱浜、缪浜、大营浦、黄泥埧、长乐里。

---

① 西，原误作“酉”。

十九图：白蚬港西滩，陈湖南滩。张家港、林家浦、石头填。

二十一图：南至吴江县界。行泾、横港。

二十三图：陈湖西滩。盛德、梅树湾、冰窨浜、浪打川、水车浜。

三十七图：南至吴江县界。东田肚、许家港、双庙、朱里浦、北沙圩。

北二十六都正扇

二十五图：吴淞江北滩。陈家港、陆庄泾、葫芦浜、大溪浦。

二十六图：吴淞江滩。乌贞湾、菱盘溇、上清江。

二十七图：司家浜、杨港、张港、王村、杨树溇。

二十八图：吴淞江滩。三姑村、东关村、舍浜、库场、东江村、秀王田、杨树溇。

二十二图：陈湖北滩。凌家港、东坛村、双板桥、合塘村。

三十四图：俞家浜、王浮田、韦庄浜、西斜港。

四十图：马塔村、奚婆泾、横港桥、袁家库、南徐浜、戈家浜。

北二十六都副扇

二十四图：吴淞江滩。陈家港、南。店前、染池港、白湄浦、大溪浦、龚老人湾、三姑村。

二十九图：陈湖北滩。秀王圩、席墟村、张师泾、中横港。

三十图：陈湖北滩。席墟、舍浜、杨家湾、师姑泾。

三十一图：吴淞江滩。公田村、秀王村、戴家田、杨家湾、管巷。

三十三图：合塘上、莲花磉、费家湾、严家浜。

四十二图：盛家浜、横泾港、荡田村、王家浜、下云、乌镇湾。

二十七都正扇

三图：镬潭村、西操、小龙港。

北五图：朱家浜、大姚、寺河、吾家浜、谭家港、白渠洋。

八图：田肚浜、薛家浜、横港桥、圣场、乌儿嘴。

南五图：白家浜、钱王浜、织洞、库上、钱家库。

十图：和尚庄、西库浜、长填、盆浦。

十七图：高田浜、冯家桥、朱里浦、太婆浦、王家浜。

二十四图：西车坊、姚家浜、潭墩填、洛阳桥。

二十六图：吴淞江滩。东车坊、钱家田、绕港。

二十七图：上潭、李家圩、王家潭、陈家浜。

二十七都副扇

四图：陈湖西滩。大姚、陈夏浜、金钗浦、小龙港。

六图：长坝、石墩港、沽令泾、陆店桥。

七图：王墩浜、观常泾、杨泾溇。

九图：吴淞江东滩。西南湾、长浜、姚家浜。

十一图：打生港、沈家荡、金钗浦、斛扒浜、朱家坝、张家浜。

十二图：西南湾、和尚庄、朱墟浦。

二十三图：南至吴江县界。江田、何家荡、芮家浜、戴舍浜。

二十九图：张安堰、上潭、严家汇。

东吴下乡颜安里在城外东南。长洲县旧管都二，今仍之。

二十八都正扇

六图：南至吴江县界。章练塘镇、王家桥、李汇上、李王港、尤家浜。

七图：西至吴江县界，北至青浦县界。北庄桥、李巷港、黄家荡、华亭港、行泾。

八图：王家桥、鲇鱼溇、俞家地、丁家浜、陆家浜。

九图：西至青浦县界，北至青浦县界。泖口、王河田、沈家村、高家带、行泾桥、九家村。

十图：南至青浦县界，东至青浦县界。南庄、东庄、北町。

十一图：东至青浦县界，南至华亭县界，西至吴江县界。南朱村、斜港、南禄。

二十八都副扇

一图：东至青浦县界，西至嘉善县界。白虎头、西蔡、鳑皮肚、南章。

二图：西至嘉善县界，北至青浦县界。王家垛、鹤荡、五行泾、叶舍荡。

三图：南至青浦县界。西堡、南插港、小白荡。

四图：北至青浦县界。网带、潭子、田湾。

五图：章练塘镇、李王港、李家带。

二十九都正扇

塘 一图：黄天荡西滩。北堰田、杨枝塘、鸭蛋浜、陈家浜。

塘 二图：马家浜、陆家板桥、西街、衢浜、牛场址、竹墩、归安竹墩沈氏居此，得名。杨湾沚、沈家桥、小桃源。

塘 四图：黄天荡北滩。冰厂上、青龙港。

塘 七图：顾荣墓、南。斜港、盛头浜、汤堡港、俞家厍、呼鲤泾。北。

塘 十一图：赭墩湖北滩。花泾港、王老泾、郑家浜、莫家溇、杨家厍溇、沈家溇。

塘 十三图：慈庄村、即河浜。

塘 十六图：蔡家圩、倪家浜、计家湾、新港、居窑、下百亩、上堡港、马船兜。

塘 三十图：黄天荡西滩。荡里、瓦砾泾、神仙港、百脚桥、小龙口、仲家桥。

塘 三十二图：独墅湖西滩。萧家浜、五花泾、浪打川、曹村港、汤堡里、川心溇。

二十九都副扇

塘 三图：外城湾、灭渡桥、一名接渡桥，元大德间，昆山僧敬修创建，张元亨记。明正统间，太守况锺重建。西属北三十一都正扇一图。徐家港、里城湾、赤门坛、小桥、广孝阡。一顷二十七亩三分七厘。

塘 五图：卜家浜、杨堰里。

塘 六图：市浦塘、铜杓浜、乌龙泾、沈行浜、吴巷浜、辛巷浜、盛头浜。

塘 九图：陆家厍、谭家港、南汀港、雷尖渚、姚墓塘。

塘 十图：濠里、牛桥、里人朱国梁建。长浜、海曹、湾里、花泾港。

塘 二十二图：独墅湖东滩。蔡家圩、葫芦浜、横港、西港、居窑桥、北石桥。

塘 二十八图：郭庄圩、调车湾、道义湾、养老五十八、车河桥、道人浜。

塘 三十三图：独墅西、市浦塘。

尹山乡堵城里在城外东南。长洲县旧管都三，今仍之。

南三十一都正扇

塘 二十六图：西湾、陆家浜、方家浜。

塘 二十七图：杜家桥、陆公桥、善浦港、姚家浜、南溇上、钱家汇、唐墩、虾笼缺、镬扒浜。

塘 二十八图：小良田、金丝港。

塘 二十九图：江家浜、彭家浜、外田、戈家湾。

塘 三十图：薛家浜、后村港、白洋、斜港。

塘 三十一图：郭家浜、六浦、五浦、碓坊浜、东横浦。

南三十一都副扇

塘 二十图：江铁桥、张客桥、卢坝埧、塘光泾、吴家尖、仲家浜。

塘 二十一图：塔溇港、西库浜、马踏浜。

塘　二十二图：石灰浜、青池湾、圣堂湾、张墓港、师姑埧、古塘。

塘　二十三图：西至吴江县界。

居家庙、连家汇、新开河。

塘　二十四图：西至吴江县界。徐家浜、龙翔湾。

塘　二十五图：南至吴江县界。祝家田、王家坝、夹浦桥、东境属吴江县。宋绍兴初建石桥，水势迅疾。明宣德间圮，遂不复建。巡抚侍郎周忱创造船十六艘，以铁绳驾为浮桥。弘治间，都水郎中傅潮又为增置，沈焘记。嘉靖间，重建石桥，寻圮。万历三十一年重建。十三洛。

塘　四十一图：西至吴江县界，南至吴江县界。荡油港、南江，北元。瓜泾港、东西兜。

中三十一都正扇

塘　十一图：姜庄、邵搭里、九盛、蔡浜、邵浜、费溇。

塘　十二图：西至吴江县界。下田、王家浜、虾笼浜、马河桥、鲇鱼埧。

塘　十三图：朱塔浜、钱家村、金家村、油库埧、洋山荡、黄泥埧、杭家浜。

塘　十四图：迷圩田、尤家浜、王家浜、三家村、尹山桥、天顺六年，知府林一谔重建，钱溥记。百花港、济川桥、连射桥、南町港、桃花港、宝带桥。唐王仲舒捐带助建，故名。宋绍定四年，郡守邹应博重建。明正统间，巡抚侍郎周忱修治，陈循记。

塘　十五图：庄后、长山港、冯墓泾、长船湾、无常墩。

塘　十六图：尹山、尹山镇、购师桥、庙桥、钱家山。

塘　十七图：乌盆港、北浜、栅东、孔家泾、龙泾港、外白田、磨湾里、蚂蝗渚、茨菇湾、顾储桥、张凤浜、鸨鹝浜、鹦鹝浜。

塘　十八图：丝网溇、尹山镇。

塘　十九图：桃花圩、九曲湾、郭家浜、邵福溇、许家浜、棉花溇、王土泾、锦帆泾、双坝、广连桥、砻檽浜、塘夫浜。

塘　三十九图：尹山湖南滩。九曲、徐家浜、善浦桥、南深港、殷家浜。

中三十一都副扇

塘　东十四图：赭墩湖西滩。韩家浜、武家浜、计家浜、杨家库。

塘　三十二图：六浦桥、横港、南浜、水西村、卢墩、何浦溇。

塘　三十三图：张家浜、吴家浜、张家泾、白田港、马巷港、义冢。

塘　三十四图：月河溇、万步头、桑园浜、萧家浜。

塘　三十五图：吴淞江滩。蛟龙圩、葛朱浜、马家篩、马巷、篗子浜。

塘　三十六图：九里湖滩。外田、太平桥、湾船溇、蒋家浜、瑶草湾、何家港、运田溇。

塘 四十图：赭墩湖南滩。下北浜、永济桥、俗名大桥。西官浦、王家浜、沈家湾、三元村、碓坊头、袁家港、太平桥。

北三十一都正扇

塘 一图：浜北圩、青洋地、计家厍、陆家村、乌沙浜、采莲泾、盐仓基、铜锤浜、水绿泾。

塘 二图：烧香桥、张家角、灯草桥、通仙桥。

塘 三图：西吴县界。藕梢浜、陈家厍、香花桥、邵渎泾、马形墩、道士桥。

塘 四图：澹台湖北滩。道士圩、朱家村、季家岸、新开溇、王家村、箬帽浜、蟹眼泾、道婆墩、猪头荡、破窑浜、丰乐桥。

塘 五图：王家田、百脚港、百脚桥、外櫆渚、夏圩、蒯家浜。

塘 六图：中潭港、西长浜、姜家港、斑鱼溇。

塘 上八图：河田里、王巷村、朱泾桥。

塘 十图：郭巷、沈婆浜、於家浜、潘家浜。

北三十一都副扇

塘 七图：和尚圩、九盛里、查家浜、汤家浜、宋家浜。

塘 下八图：独墅湖西滩。王家田、独墅村、烧人浜。

塘 九图：郭巷、马村。

塘 十二图：油车圩、上西港、中西港、下西港、乌泥泾、南深港、陈王墓浜。

塘 十五图：尹山河东滩，赭墩湖西滩。王老泾、赭墩、东西两村。浮曹、百文浦、寺庄、四百亩田上。

塘 十七图：北高村、横港村、严家村、杜仓港、黄沙浜、周婆浜。

塘 二十五图：杨家浜、直利泾、郭家浜、崔泾浜。

塘 三十七图：镬底潭北滩。高垫、金园里、汤家浜、太平桥、白龙潭、十里泾、布浦塘。

以上城外，共九乡九里二十六都三百八十六图。

按，长洲县立都四十有七，剖为正副成九十四扇，加城内半十九都副扇，共九十五扇，管图七百四十一。康熙十七年，清丈裁无田有图者七，故图额七百三十四。今元和分二十六都，半剖为五十三扇，管图三百九十七。所裁图七，元和有六焉，仍附列左方以备考：

东十九都正扇内裁四十五图、六十图。

东十九都副扇内裁四十九图。

下二十都副扇内裁四十图。

二十九都副扇内裁三十一图。

北三十一都正扇内裁三十八图。

分野附

国朝时宪书法，推精测微，度越千古，较僧一行、郭守敬诸家，不啻倍蓰。自箕四度十七分历斗至牛一度六分，中书名星纪宫，西书名磨羯宫。尝测苏州旧隶八邑之分野，总属其宫之斗六度。细分之，则吴县、吴江乃长洲之西北隅，八斗六度九分起至二十八分；常熟、昆山及长洲之东南隅，八斗六度二十九分起至六十分；太仓、嘉定八斗六度六十一分起至七十二分；崇明八斗六度七十三分起至七十九分。前人言吴越分野，不过统言大略，无逐一区分者。兹元和析长洲之西北隅，又析其东南隅，则元和分野亦八斗六度九分至六十分，无差忒矣。前志所列，言人人殊，舛误不精，故不备录。

卷三

城池

溯县之未立也，苏郡城长、吴两县分治之城也。今既建元和，析置土地，则金城汤池，处三之一矣。自卧龙街南登城，历葑门、娄门迄于范杞梁湾，广袤一十八里，自当坚垣墉、固吾圉。况吴为江南大都会，东濒海，西临太湖，水陆之冲，南北舟车云集，将所称申画郊圻、慎固封守者，尤綦重焉。为邑长者，可不知保障之责之有所归乎？雉堞之多寡，楼橹之坚瑕，壁垒之高卑厚薄，濠堑之深浅广狭，备御之有地，浚筑之有时，布诸方策，庶守土者察之尽职焉，志城池。

元和县隶苏州府，与长洲县、吴县分治郡城。吴治城西，长洲治城东，元和析长洲立县，则又东焉。城有六门，元和辖者二，曰娄在东北，曰葑在东南。其在北者曰齐门，则长洲所辖也。在西曰阊门、胥门，在南曰盘门，吴所辖也。元和界自卧龙街南登城，由葑门历韩家浜，过娄门，至范杞梁湾，一十八里。雉堞凡一千一百一十八，合计之，城为“亚”字形，周四十五里五十三步，高二丈八尺，女墙高六尺，厚一丈八尺。自阊门南至胥门六百三十九丈五尺，自胥门南至盘门三百八十八丈七尺，自盘门东至葑门一千一百一十八丈，自葑门北至娄门八百六十四丈二尺，自娄门北至齐门五百八十丈，自齐门西至阊门八百九十二丈二尺五寸，总计四千四百八十三丈六尺五寸，为一万二千二百九十三步九分，南北一十二里，东西九里。五门各有水关，惟胥门阙焉。城楼六座，旗台三座，胥门姑苏台一座。敌台五十七座，垛头三千五十一个，军器库房六所，官厅六所，窝铺一百五十七间，营房每门六间，其锁钥则掌于总捕同知，此今之规制也。而自古以来之沿革，则详录于左，备观览焉。

吴泰伯筑城梅里，在今无锡境。诸樊始徙都于此。唐陆广微《吴地记》云：阖闾城，周敬王六年，伍子胥筑大城周回四十二里三十步，小城八里二百六十步。陆门八，以象天之八风；水门八，以象地之八卦。

《吴都赋》云“通门二八，水道六衢”是也。西阊、胥二门，南盘、蛇二门，东娄、匠二门，北齐、平二门，不开东门者，为绝越之故也

按：城门之号，见春秋吴越者，惟阊、蛇、望齐。《越绝书》作阊、胥、盘、蛇、娄、匠、齐、平，而葑、赤不与。《续经》作盘、蛇、阊、胥、娄、葑、将、齐，而赤、平不与。今从《吴地记》。

隋杨素徙城横山东，即今所谓新郭也。

唐武德九年，复还旧，乃分城之东置长洲县，以卧龙街为界。自阖闾始造，历一千八百余年，附郭止吴邑。嗣是以后，则长、吴分隶焉。时遇王郢之乱，刺史张搏重筑之，八门悉启，雉堞称雄。

梁武德二年，始以砖甃，高二丈四尺，厚二丈五尺，里外浚濠。

宋初，门塞其二，惟胥、阊、盘、葑、娄、齐六门，后胥门亦废。政和中，复修治之。其故废塞者，皆刻石为识。宣和五年，诏加重甃。建炎间，遭兵燹。淳熙中，郡守谢师稷又缮完之。至开禧间，隤圮殆半，而城隍亦多为菱荡、稻畦侵啮。时史弥远为常平，图复之。嘉定十六年，弥远在相位，遂奏请，得赐钱粟。郡守赵汝述、沈皞相继修治，为一路城隍之最。宝祐二年，赵汝述增置女墙，补建葑、娄、齐三门楼。开庆元年，诏复增修。景定末，风坏娄、齐二楼，咸淳初重建。元定江南，凡城池悉命堙毁，虽设五门，荡无防蔽。至正十一年，兵起，诏天下缮完城郭，郡守高履筑垒开濠，还辟胥门。掘土姑苏驿下，得石镌“胥门”二字，乃重辟之。城高三丈三尺，下地累石三层，加以大甓，凡厚三丈五尺，面广一丈六尺，仍甃巨石为水沟，每门上建戍楼，下作娥眉甬道，周回夹以长濠，视昔有加焉。

明平张士诚，更加修筑，倍为高广。嘉靖末，汪直勾引东寇掠扰江浙，同知任环修治城堡，以严防御。崇祯间，流氛四起，诏饬修练储备，知府陈洪谧署长洲事，牛若麟设法整修。

国初，巡按御史秦世桢修葺各门楼橹，重建阊门钓桥。康熙元年，巡抚韩世琦复建官厅、军器库，于六门增置铺舍，规制具举，其雄峙如百二河山焉。

娄门，东门也，以直臻娄县而名。《吴地记》云：本号疁门，秦时有古疁县。及汉，王莽改为娄县。范《志》云：今昆山县东北三里许，有聚落，尚名娄县。

葑门，东南门也。《续志》云：吴有葑田，谓茭土胶结，可以种植者，故名。或谓之封门，取封隅义。《国语》韦注云：封山、隅山在吴郡永安县，又名鲭鲟门。《史

记·子胥传》注云：越开示浦，子胥以涛荡罗城。开此门，有鲊鲟随荡入，故名门。常堙塞，范文正公守郡，辟之。

按：二门，元和所辖也。旧仍有赤门、蛇门、匠门，亦元和分地。赤门在盘、葑二门间，以南方属火，故名。今南城下有大沟，外濠之水从此入祝桥，以入于燕家桥，即赤门水道也。蛇门在巳方，因以为名。《吴越春秋》云：吴地在辰，其位为龙，故于城南门上反羽为两鲵绕，以象龙角。越在巳，其位为蛇，故于南大门上置木蛇北首向内，示越属吴也。《吴地记》称：汉梅福为南昌尉，避乱易姓名，隐吴门为市卒。此吴门在江西，记附会也。匠门，在葑、娄之间，又名干将门。阖闾使干将于此置冶铸剑，故名。今有匠门塘，直东有欧冶、干将墓，或省称曰将门，三门皆久废。

元和所隶者二门，其外则有阊门、胥门、盘门，属吴县，齐门及旧平门属长洲。阊门名象天门，通阊阖风也。阖闾欲破楚，在楚西北，故立阊门以通天气。《吴地记》云：亦号破楚门。吴伐楚，大军从此门出。陆机诗曰：阊阖势嵯峨，飞阁跨通波。孔子登山望东吴，叹曰：吴门有白气如练。今置曳练坊及望舒坊，因此。胥门一名姑胥门。《越绝书》云：外有九曲路，阖闾从此游姑胥台，以望太湖，盖取姑胥山为名也。宋绍兴中，作驿馆其上，亦号姑苏台。《祥符图经》云：子胥家于此，后抉目悬于门，故名盘门。《吴地记》云：古作蟠门，尝刻木为蟠龙，以镇越也。又云：水陆相半，萦回屈曲，故名。

盘门、齐门，《吴越春秋》云：阖闾十年，既破齐，齐以女为质，吴为太子波聘之。齐女少，日夜号泣，成疾。阖闾乃造北门，令女往游其上，因名曰望齐门。平门一名巫门。《吴地记》云：平门水陆通毗陵，子胥平齐，大军从此出，故号平门。今有平门塘，一云巫咸所葬，故又号巫门。今废。以上诸门不统于元和，然同城也，宜附录焉。

卷四

公署

公署者，临民之地，政教号令之所从出也。旧制高其闬闳，厚其墙垣，岂徒饰观云尔哉？盖不如是，不足以示森严、昭体统也。《周礼》以八法制官府，郑锷注：谓百官所居曰府。唐房琯历慈溪、宋城、济源诸县令，所在缉治廨舍，良有以也。况元和析地郡城，廨舍创新，规模制度非仍旧贯者比，乌可无书？若城中有大中丞行台，有织造府，有布政使司，有苏松太巡道署，有苏州府，长洲、吴县署，有城守营游击守备署，有抚标中军游击守备署，虽同城而地非所辖，故不备书。书其在元和境者于左。志公署。

雍正三年，江宁巡抚张楷题请苏、松、常三府属太、长等十三州县，各择公所建设官署。所有长洲县新分之元和县，议将原任苏州织造李煦案内孔夫子巷入官房屋一所改造，咨明工部饬行在案。雍正四年八月，元和县绅士尤珂等呈称孔夫子巷入官房屋改建县治，街巷褊窄，房舍卑狭，库藏、监狱势须另买民房添造，所需工价费用烦多，现有十郎巷陈姓房舍，地处高平，规模宽广，估计价值，改建县治，于国计民生均有攸赖等情到县。

本县知县江之炜据呈通详，业经前后覆核公议妥洽。雍正五年十月二十五日，江宁巡抚陈时夏汇题前事。十一月二十日，奉旨该部议奏。本月二十一日，抄出到部。该工部等衙门议得江苏巡抚陈时夏疏称：长洲县新分之元和县，应建衙署，先经议以原任苏州织造李煦案内入官房屋改造，缘系年久倾圮，势须拆建，兼之地处窄狭，必得另买民房添造库狱，所需工费价用繁多。经臣咨部请买十郎巷陈姓民房改建，部覆应令具题到日再议等因，随行布政司遵照覆。

今据布政使张坦麟详称，李煦案内官房，实缘年久损坏，势必拆卸改造，工价与房价费至六千余两之多，今十郎巷陈姓民房规模宏敞，堪为改建，其监狱、库舍不用另买民房拆造，一切工费止需三千余两，不特催科听讼可免拥挤，而库藏、狱囚皆归谨密，民情称便等情。臣查元和县衙署既据请买民房改建，所有李煦案内入官房屋应听本案觅售，变价归结。臣谨会同署督臣范时绎合词具题等因，前来查元和县应建衙署。

该抚既称李煦案内官房，实缘年久损坏，势必拆卸改造，工价与房价费至六千余两之多，今十郎巷陈姓民房规模宏敞，堪为改建，一切工费止需三千余两，不特催科听讼可免拥挤，而库藏、狱囚皆归谨密，民情称便，所有李煦案内入官房屋，仍听本案觅售变价归结等语，应如该抚所请，准其另买十郎巷民房，改建元和县衙署。工竣之日，将实用过工费银两，备造清册题销。至李煦入官房屋，亦应如所请，仍听本案觅售变价、归结可也等因。

雍正五年十二月初九日，题本月十一日奉旨依议。

县令治堂廨

大堂三间、理民听事所。露台一座、前立戒石。两翼书办房共十间、皂隶房六间、仪门五间、迎宾馆三间、大门三间、八字墙二堵、照墙一堵。已上俱堂以外。

川堂三间、东西库房四间、宅门一间、走道二间、内厢房六间、三堂五间、楼五间上下共十间、厢楼上下共四间、库门一间、库门后厢楼上下十八间、上房大楼十间、大楼下房五间、走廊九间、花厅三间、花厅西首一间、花厅前厢披共四间、书房四间、东西厢房四间、书房东首下房三间、后书房三间、书房左首走廊二间、内房八间、厨房库房下房共一十六间。已上俱堂以内。

粮衙衙署

大门一间、大堂三间、堂后一间、皂房二间、土地祠一间、门房一间、上房六间、下房五间、厨房一间、侧披一间。

捕衙衙署

大堂三间、书门房皂共二间、仪门三间、大门一间。已上俱堂以外。

二堂五间、上房五间、厨房三间。已上俱堂以内。

禁房

虎头门一间、禁班房一间、萧王堂三间、更房一间、官厅三间、监房十五间、监内衙道六十丈、监外围墙五十丈。

卷五

学宫

曾子固云：古人自家至于天子之国，皆有学。自幼至于长，未尝去于学之中。举凡人之起居、饮食、动作之小事，及于修身为国家天下之大事，皆自学出，而无斯须去于教，则学校之设不可一日而荒也，审矣！

元和立县，凡城池、疆域、山川、田赋、户口，无不与长洲分。惟学宫，独与长洲共者，匪簿书期会之是急，正急于端士习而明教化也。盖先师庙貌宜辉煌，门序正位讲艺之堂宜闳敞，择地鸠工，经营匪易。而春秋释奠及《诗》《书》、六艺、弦歌讨论之事，皆不可以姑待。如必俟新庙落成，始命师儒进髦士，声鼓钟，陈俎豆，习威仪，长器识，范奇邪，岂所以弘宣德意哉！

兹以教谕教长洲，以训导训元和，学宫则仍其旧，诚明于缓急之数，而教之不可以不先也。宫墙肄业之所当新者，次第兴焉，则长吏之责，其何敢怠？志学宫。

学宫建置，雍正三年十月，析长洲地建元和县，因即长洲县学宫，更其榜曰长洲元和县学。教谕仍司长洲学事，改训导为元和训导，司元和学事。盖教化不可缓，分建将有待也。

考长洲县立于唐万岁通天二年，初亦未有学，附于府庠，曰丽泽斋。宋景定三年，制诏天下县设主学，用丕儒教。时宋楚材以选至，叹曰："官以主学名，而居无庐，士无廪，师倚席不讲，可乎？"乃请于太守陈均，即广化寺改建焉。在今府治东北，讲堂曰礼堂，魏文靖公篆。四斋曰富文、贵德、广业、博学。有两浙西路提点刑狱公事，俞琰记。因企慕范文正公，又建景文堂。有通判平江军府赵与鉴记。此长洲立学之权舆也。寻毁。元初，邑令改驿舍为孔子庙。大德六年，县徙丽郡治，因移驿材构学于县治故基。郡人前徽州路教谕陆德原谓其隘陋，欲倾家创建之。县长元童以礼劝赞，乃于至元再元之三年，鸠工庀材，筑长垣，前起礼殿、广庭、穹门，翼以邃庑，后为两斋，伦堂、庖湢以次兴举，凝土为先圣、四侑、十哲像，绘群贤从祀之位，置田以养士，学制始备。有同知制诰兼国史院编修官陈旅记。

明洪武七年，知县宋文敏、张翔辟学门于庙右。又立先贤祠，祀季札、韦应物、陆龟蒙、范仲淹、魏了翁、文天祥，久之俱废。成化九年，巡按御史郑铭、提学御史戴珊、郡守邱霁乃拓东南地改建焉。左为大成殿，夹以两庑；右为明伦堂；周伯琦篆。东、西两斋，曰进德、曰修业。有夏时正记。正德十六年，知县郭汲建尊经阁，后起土山。嘉靖十五年，知县贺府修葺，增名宦乡贤祠，此长洲再立之学也。今名旧学。

十八年，教谕萧文佐以此地湫隘不称，谋迁之。会有诏毁浮图之非敕建者，佥谓城东福宁寺应毁。文佐乃率诸生李子纯、文嘉、李禴、叶鹤年、苏献可、卢化承请于抚按、提学，皆可之以海寇寝。十九年，知县吴世良至，与诸生议合，乃复请于巡按御史舒汀。汀躬诣寺阅视，而默与知府王廷相规度，仲冬举事，废福宁寺为学宫，则今两县之合学也。有朱希周记。其制左庙右学，各有门，门前为起凤街，树绰楔曰万代宗师，拱照棂星门。街东为外泮池，跨池为梁，曰升龙；池南筑墙，曰万仞宫墙，拱照学门。东为玉带桥、圣域坊，西为茂苑桥、贤关坊。庙由棂星门入，重以戟门，而中为先圣殿，殿之旁两庑列焉。学由儒学门入，重以礼门，中为明伦堂，堂后为事友轩，堂东为进德斋，西为修业斋，斋南北为号舍。东舍后有小径二，一折而北为名宦祠，一折而北过飞虹桥为乡贤祠。二祠久圮，今建庙东。西舍后为射圃，中有观德亭。庙学之间有夹道，由夹道北折而东为先师庙，后为启圣祠。今名崇圣祠。祠附礼乐二库，自右入迤北为尊经阁，阁后有土山，构道山亭其上。遵山径而北有桥曰望阙，跨玉带河，东为蔬圃，稍西为桃李园。由园而北而西聚太湖石，垒小山，建敬一亭。由尊经阁而东，为会馔堂，又东为俸廪仓。折而北有岐路，一南行通东夹道，一东行为跨玉桥。过桥北折为游息所，又北为杏花村、嘉树馆，有橘数十株，南折而东有小池，池有桂，跨池之桥曰折桂。过桥屋数楹，藏宋元以来石刻。后有土山松林，莳杂花数十株，名春宴园。又东莳竹数百竿，名小淇园，盖玉带河以东之地尽于此。春宴园北至游息所东，有田数亩，可供粢盛。玉带河东南之境也。

所谓玉带河者，由东南外河入，直北贯跨玉桥，折而西，经游息所前、尊经阁后，逾望阙、飞虹两桥而出外河，以其环纡如带，故名。三十二年，巡按御史徐洛修。四十三年，知府徐节再修。隆庆二年，知县周良臣、教谕李国珍于学门内建腾蛟起凤塞门，种柏二百株。六年，巡抚陈道基又修，开内泮池，徙学前民居，去升龙桥，改圣域坊为兴贤坊、贤关坊为达材坊。巡按刘日睿、知府吴善言、知县陈用宾、教谕周安叔协理兴修。万历十七年，巡按李尧民输二千金，建升龙桥于东南，浚玉带河，移建万代宗师坊及敬一亭，创聚奎楼、土地祠，筑万仞宫墙。巡抚周纪、知府石昆玉、同知王典、知县陈具志、教谕吴良治、训导周养中捐锾助理。

国朝顺治十一年，督学国史院侍读石申捐俸修葺，未竣事，教谕王瑀踵修。未几，有镇帅居之，殿堂仅存两庑，启圣祠、尊经阁、道山亭悉为荒土。康熙二十一年，翰林院侍讲彭定求时官修撰，为文告先师，倡捐金钱，在京募于同籍，家居告之当事。维时巡抚余国柱暨监司守令各有助，委教谕姚焱、训导王珍率诸生钮希文重建两庑及明伦堂、棂星门，而余犹未备。布政使丁思孔有记。三十二年，启圣祠始成，盖定求重行劝募，荏苒数载，时势多阻，因视旧址稍缩数武，乃克卒工。彭定求有记。四十四年，定求导善士马俊捐金一千七百两，建尊经阁，阁五楹，拟置经籍藏其中。又导建道山亭，古木乔荫，清流潆洄。讲业之余，相与游泳，令人作春风舞雩之想。彭定求有记。雍正五年，元和县知县江之炜、长洲教谕邹增、元和训导孔传爀又募修正殿先师庙五楹，奉至圣先师孔子神位，上悬圣祖仁皇帝御书“万世师表”及世宗宪皇帝御书“生民未有”扁额。座前石碑二，为圣祖仁皇帝御制《孔子赞》《四子赞》。

左右列四配神位：

东配：复圣颜子、述圣子思子。

西配：宗圣曾子、亚圣孟子。

稍后列十哲神位：

东哲先贤：闵子、冉子、端木子、仲子、卜子。

西哲先贤：冉子、宰子、冉子、言子、颛孙子。

康熙五十一年二月，大学士九卿奉圣祖仁皇帝上谕：朕自幼冲即好读书，亦好写字，一切经史，靡不遍阅成诵。在昔贤哲所著之书，间或字句与中正之理稍有未符，或稍有瑕疵者，后儒即加指摘，以为理宜更正。惟宋之朱子注明经史、阐发载籍之理，凡所撰释之文字，皆明确有据而得中正之理。今五百余年，其一字一句莫有论其可更正者。观此，则孔孟之后，朱子可谓有益于斯文，厥功伟矣！朕既深知之而不言，其谁言之？朱子宜如何表章崇奉？尔等与九卿会同具议以闻。

于是大学士九卿公同集议，仰惟皇上统绍勋华，道宗邹鲁，礼明乐备，治定功成，勤劳万几，间有余暇，手不释书，心惟志学。躬圣神文武之德，契濂洛关闽之传。宝翰亲题，昭文明于天壤；云章永焕，树仪表于人间。彰显遗徽，甄录嗣裔。既光前而耀后，洵振古而超今。而尤于朱夫子之全集，沈潜研究，实践敦行。尝谓朱夫子发明圣道，轨于至正。高不入于虚无，卑不杂于刑名。使六经之旨大明，圣学之传有继。

孔孟以来，为功弘巨。今特谕臣等会议优崇之典，臣等谨查朱子在孔庙东庑先贤之列，相应仰遵谕旨，移于大成殿十哲之次，配享先圣，以昭我皇上表章先贤之至意，通行到学，随择吉恭捧木主，升配于东哲之列，位次先贤卜子。两庑列先贤先儒神位，历朝以来，各有增迁。

康熙二十四年，奉旨改称宋儒周、邵、二程、张、朱六子为先贤，位次左氏下。五十五年，以学臣余正健请，增祀范仲淹。雍正三年，奉旨复祀蘧瑗、林放、秦冉、颜何、郑康成、范宁，增祀牧皮、县亶、公都子、乐正克、公孙丑、万章、诸葛亮、王通、尹焞、罗从彦、黄幹、陈淳、魏了翁、何基、赵复、王柏、金履祥、许谦、陈澔、罗钦顺、蔡清、陆龙其凡二十八人。故今之位次东庑则先贤蘧瑗、澹台灭明、原宪、南宫适、商瞿、漆雕开、司马耕、有若、巫马施、颜辛、曹恤、公孙龙、秦商、颜高、壤驷赤、石作蜀、公夏首、后处、奚容蒧、颜祖、句井疆、秦祖、县成、公祖句兹、燕伋、乐欬、狄黑、孔忠、公西蒧、颜之仆、施之常、申枨、左丘明、秦冉、牧皮、公都子、公孙丑、张载、程颐，先儒公羊高、孔安国、毛苌、高堂生、郑康成、诸葛亮、王通、司马光、欧阳修、胡安国、尹焞、吕祖谦、蔡沈、陆九渊、陈淳、魏了翁、王柏、许衡、许谦、王守仁、薛瑄、罗钦顺、陆龙其凡六十二位。西庑则先贤林放、宓不齐、公冶长、公皙哀、高柴、樊须、商泽、梁鳣、冉孺、伯虔、冉季、漆雕徒父、漆雕哆、公西赤、任不齐、公良孺、公肩定、鄡单、罕父黑、荣旗、左人郢、郑国、原亢、廉洁、叔仲会、公西舆如、邽巽、陈亢、琴张、步叔乘、秦非、颜哙、颜何、县亶、乐正克、万章、周敦颐、程颢、邵雍，先儒穀梁赤、伏胜、后苍、董仲舒、杜子春、范宁、韩愈、范仲淹、胡瑗、杨时、罗从彦、李侗、张拭、黄幹、真德秀、何基、赵复、金履祥、陈澔、陈宪章、胡居仁、蔡清凡六十一位。此今之定制也。

圣祖仁皇帝御制《孔子赞序》曰：盖自三才建而天地不居其功，一中传，而圣人代宣其蕴。有行道之圣，得位以绥猷；有明道之圣，立言以垂宪。此正学所以常明、人心所以不泯也。粤稽往绪、仰溯前徽，尧、舜、禹、汤、文、武达而在上，兼君师之寄，行道之圣人也。孔子不得位穷而在下，秉删述之权，明道之圣人也。行道者，勋业炳于一朝；明道者，教思周于百世。尧、舜、文、武之后，不有孔子则学术纷淆、仁义湮塞，斯道之失传也久矣。后之人而欲探二帝、三王之心法，以为治国平天下之准，其奚所取衷焉？然则孔子之为万世一人也，审矣！朕巡东国，谒祀阙里，景企滋深，敬摛笔而为之赞曰：清浊有气，刚柔有质。圣人参之，人极以立。行著习察，舍道莫由。维皇建极，惟后绥猷。作君作师，垂统万古。曰惟尧、舜、禹、汤、文、武。五百余岁，至圣挺生。声金振玉，集厥大成。序书删诗，定礼正乐。既穷象系，亦严笔削。上绍往绪，下示来型。道不终晦，秩然大经。百家纷纭，殊途异趣。日月无逾，羹墙可晤。孔子之道，惟中与庸。此心此理，千圣所同。孔子之德，仁义中正。秉彝之好，根于天性。庶几夙夜，勖哉令图。溯源洙泗，景躅唐虞。载历庭除，式观礼器。摛毫仰赞，心焉遐企。百世而上，以圣为归。百世而下，以圣为师。非师夫子，惟师于道。统天御世，惟道为宝。泰山岩岩，东海泱泱。墙高万仞，夫子之堂。孰窥其藩，孰窥其径。道不由人，克念作圣。

《颜子赞》：圣道早闻，天资独粹。约礼博文，不迁不贰。一善服膺，万德来粹。能化而齐，其乐一致。礼乐四代，治法兼备。用行舍藏，王佐之器。

《曾子赞》：洙泗之传，鲁以得之。一贯曰唯，圣学在兹。明德新民，止善为期。格致诚正，均平以推。至德要道，百行所基。纂承统绪，修明训词。

《子思子赞》：于穆天命，道之大原。静养动察，庸德庸言。以育万物，以赞乾坤。九经之重，大法是存。笃恭慎独，成德之门。卷之藏密，扩之无垠。

《孟子赞》：哲人既萎，杨墨昌炽。子舆辟之，曰仁曰义。性善独辟，知言养气。道称尧舜，学屏功利。煌煌七篇，并垂六艺。孔学攸传，禹功作配。

崇圣祠，在圣庙之后，旧名启圣祠。祀启圣公，以先贤颜无繇、曾点、孔鲤、孟孙激配，先儒程珦、朱松、蔡元定、周辅成从祀。

雍正元年三月，内阁礼部奉上谕：至圣先师孔子道冠古今，德参天地，树百王之模范，立万世之宗师，其为功于天下者至矣！而水源木本积厚流光，有开必先，克昌厥后，则圣人之祖考，宜膺重厚之褒封，所以追溯前徽，不忘所自也。粤稽旧制，孔子之父叔梁公，于宋真宗时追封启圣。自宋以后，历代遵循。而叔梁公以上，则向来未加封号，亦未奉祀祠庭。朕仰体皇考崇儒重道之盛心，修崇德报功之典礼，意欲追封五代，并享烝尝，用伸景仰之诚，广慰羹墙之慕。内阁礼部可会同确议具奏。钦此！

该臣等谨议：至圣先师孔子，秉生安之至德，集金玉之大成，道备一身，教垂万世，历代虽有尊崇之礼，而自启圣公以上，封位未加，祀典未备。我皇上作君作师，传心传道，孝思不匮，弘施锡类之恩，慕德无穷，推广报功之典，以孔子为百代之师，晋先世以尊崇之号。特颁谕旨：追封五代，并享烝尝。此诚旷古未有之异数也。

臣等谨稽典礼，详考世系。孔子之五世祖木金父公，自宋迁鲁，始姓孔氏。高祖祈父公、曾祖防叔公、祖伯夏公、父叔梁公，凡五代，除叔梁公应照旧封启圣公外，木金父公至伯夏公四代，皆应追封公爵。臣等谨拟木金父公追封为肇圣公，祈父公追封为裕圣公，防叔公追封为贻圣公，伯夏公追封为昌圣公。即于启圣祠内安设神牌，按昭穆位次，每年春秋致祭。其牲牢酒醴、笾豆簠簋，每神位前各照启圣公例陈设。其启圣祠向系专祀叔梁公，故以启圣为名。今圣朝异数合祀五代，拟更名曰崇圣祠。候命下之日，将追封字样通行国子监、顺天府、直省府州县卫学及衍圣公一体遵行。至钦奉上谕一道，应颁发国子监及阙里勒石庙庭，以光盛典。其追封诰命，交与内阁撰拟。国子监之启圣祠改造扁额、添设神牌、祭器等项，交与工部，俟造完之日，交钦天监，择吉入庙。其余各省，行令该地方官各行办理可也。

四月，大学士马齐等启奏：奉上谕五伦为百行之本，天地君亲师，人所宜重。而天地君亲之义，又赖师以彰明。自古师道无过于孔子，诚首出之至圣也。我皇考崇儒重道，超轶千古，凡尊崇孔子典礼，无不备至。朕蒙皇考教育，自幼读书心切，景仰欲再加尊崇，更无可增之处，故敕部追封孔子以上五代。今部议封公上，考前代帝王皆有追崇之典，唐明皇封孔子为文宣王，宋真宗加封至圣文宣王，父叔梁纥为齐国公。后加封孔子为大成至圣文宣王，加封齐国公为启圣王。至明嘉靖时，犹以王系臣爵改称为至圣先师孔子，改启圣王为启圣公。王、公虽属尊称，朕意以为王爵较尊。孔子五世应否封王之处，着问诸大臣具奏。钦此。

该臣等会议，得明伦阐教治世之大经，崇德报功右文之盛典。历稽史册纪载之文，皆有推尊孔子之礼。圣祖仁皇帝重道崇儒，典章明备。我皇上因心仁孝，好古敏求。统道法之渊源，以光大为继述。谓伦常为百行之本原，至行立万世之师表。特谕追封五代，典礼已极优隆。犹以公爵之尊未若王爵，复降谕广赐咨询。臣等钦奉之下，深服圣裁。允当众议佥同，请自叔梁公以上至木金父公凡五代，并追封为王爵，谨拟追封木金父公为肇圣王、祈父公为裕圣王、防叔公为贻圣王、伯夏公为昌圣王、叔梁公为启圣王。至入庙之日，国子监及阙里各遣大臣一员，读文祭告。祭文翰林院撰拟，祭品照例备办，余俱照原议，仍将追封王爵上谕一并颁发勒石可也。随通行到本学。

雍正二年秋，如制安奉，并复以先儒张迪从祀。明伦堂五楹屏门书《大学》圣经一章。雍正五年，元和县知县江之炜恭制扁额，敬书圣祖仁皇帝御制《训饬士子文》悬于正中，其词曰：

国家建立学校，原以兴行教化，作养人材，典至渥也。朕临驭以来，隆重师儒，加意庠序。近复慎简学使，厘剔弊端。务期风教修明，贤才蔚起，庶几朴棫作人之意。乃比来士习未端，儒教罕著。虽因内外臣工奉行未能尽善，亦由诸生积锢已久，猝难改易之故也。兹特亲制训言，再加警饬尔。诸生其敬听之。从来学者，先立品行，次及文学。学术事功，原委有序。尔诸生幼闻庭训，长列宫墙，朝夕诵读，宁无讲究？必也躬修实践，砥砺廉隅。敦孝顺以事亲，秉忠贞以立志。穷经考义，无杂荒诞之谈；取友亲师，悉化骄盈之气。文章归于淳雅，毋事淫华；轨度式于规绳，最防荡轶。子衿佻达，自昔所讥。苟行止有亏，虽读书何益？若夫宅心不淑，行己多愆。或蜚语流言，胁制官长；或隐粮包讼，出入公门；或唆掇奸猾，欺孤凌弱；或招呼朋类，结社要盟。乃如之人，名教不容，乡党弗齿。纵幸脱褫扑，滥窃章缝，返之于衷，能无愧乎？况乎乡会科名，乃抡才大典，关系尤巨。士子苟有真才实学，何患困不逢年？顾乃标榜虚名，暗通声气，夤缘诡遇，罔顾身家。又或改窜乡贯，希图进取，嚣凌腾沸，罔利营私。种种弊端，深可痛惜。且夫士子出身之始，尤贵以正。若兹厥初，拜献便已。作奸犯科，则异时败检，逾闲何所不至？又安望其秉公持正，为国家宣猷树绩，膺后先疏附之选哉！朕用嘉惠尔等，故不禁反复惓惓。兹训言颁到，尔等务各体朕心、恪遵明训，一切痛加改省，争自濯磨，积行勤学，以图上进。国家三年登造，束帛弓旌，不特尔身自荣，即尔祖父，亦增光宠矣。逢时得志，宁俟他求哉？若仍视为具文，玩愒弗警，毁方跃冶，暴弃自甘，则是尔等冥顽无知，终不能率教也。既负栽培，复干咎戾。王章具在，朕不能为尔等宽矣。自兹以往，内而国学，外而直省乡校，凡学臣师长，皆有司铎之责者。并宜传集诸生，多方董劝，以副朕怀。否则职业弗修，咎亦难逭，勿谓朕言之不预也。尔多士尚敬听之哉！

教谕廨，旧在会馔堂北。后廨废，即明伦堂后事友轩为斋舍。复废，遂移居学门右之训导廨。

训导旧有二员，因建二廨，一在学门右，今教谕居之；一在旧教谕廨东北，从东夹道入。康熙二十一年，训导王玢捐橐三百金重建，中为斋堂，左右为书舍。堂后接聚奎楼，旁即玉带河，前后左右遍值桃柳，蔚然成蹊。

名宦祠，旧在明伦堂后。康熙二十四年，巡抚汤斌毁淫祠，以其材建于圣庙之东，祀唐太子中允、前长洲县令盐官岑仲翔，县令萧审，侍御史、前县令滕遂，县尉曲阿谈戭；宋翰林学士、前县令巨野王禹偁，翰林学士、前县令王嘉言，禹偁子。县令临江刘立言，两浙提刑、前县令鞠真卿，大理寺丞、前县令卭州常安民，中奉大夫、前县丞永嘉项公泽，主学眉山宋楚材；元长洲令元童；明知县宋敏文，兵部职方员外郎、前儒学教谕庐陵周岐凤，知县张翔，县丞修武刘幹，都御史、前县令内江余金，教谕庐陵彭道，监察御史、前县令新昌俞集，知寿州、前教谕莆田林僖，延平知府、前教谕京山裴椿，监察御史、前县令济宁李尧民，江西右参政、前县令山阴祁承爜，县令莱阳宋继发；国朝礼部尚书、前提督江南学政海宁许汝霖，内阁学士兼礼部侍郎、前提督江南学政磁州张榕端，都察院左副都御史、前提督江南学政古田余正健，总督河道兵部右侍郎、前苏州知府、谥恪勤湘潭陈鹏年，共二十八位。

乡贤祠，旧在明伦堂后、飞虹桥之北。巡抚汤斌撤淫祠之木石，改建于圣庙之东，与名宦祠并列，祀唐望江令鞠信陵，右补阙陆龟蒙；宋敷文阁学士、少师、谥献惠胡元质，刑部尚书黄由，秘书少监阮登炳，著作佐郎王蘋，兴化军助教方惟深，枢密院编修兼太学博士朱长文；元广平路总管、轻车都尉、封京兆郡侯浦源，万户侯宋通；明翰林院修撰申屠衡，贵州参议尤安礼，翰林院侍讲王琎，太子太保、刑部尚书俞士悦，山西佥事刘珏，浙江道监察御史练纲，总镇两广右都御史、谥襄毅韩雍，礼部尚书、赠太子太保、谥文定吴宽，都察院右副都御史沈林，布政使沈杰，山西参议胡琮，温州府知府文林，右春坊右谕德沈焘，温州府同知程遵，鸿胪寺寺丞钱贵，都察院右副都御史朱纨，江西右参议王庭，国子监博士王敬臣，湖广副使金世龙，通政司右通政顾九思，太子太傅、兵部尚书顾其志，浙江参政袁一虬，湖广佥事管志道，刑部郎中钱有威，和州学正文嘉，生员、私谥贞孝朱祖文，霍山县教谕龚元祥，广西副使张文奇，赠礼部主事、原任上饶知县李鸿，崇德知县陈允坚，詹事府少詹事、赠礼部右侍郎、谥文毅姚希孟，广东参议伍袁萃，广西道监察御史、私谥孝介顾宗孟，文学、私谥真文陈元素，礼部右侍郎兼东阁大学士、赠礼部尚书、谥文肃文震孟，国子监祭酒、赠詹事府詹事、谥文庄陈仁锡，处士沈周，兵科给事中吴适；国朝赠山阴县知县顾所载，庐陵县知县陆在新，吏部考功司员外郎顾子咸，宗人府府丞、前巡抚河南兵部右侍郎顾汧，日讲起居注官、翰林院侍讲彭定求，天长县学教谕张映葵。

舒公祠，旧在训导廨东，祀明巡按御史、侯官舒汀德。其移建新学也，今改于明伦堂后事友斋故址。

谈公祠，在舒公祠后教谕廨旧基，祀唐长洲县尉谈戭。

徐公祠，在圣庙东、名宦祠之北，祀明詹事府少詹事徐汧。康熙四十六年，侍讲彭定求言于大银台曹寅，捐金倡建，与检讨潘耒协力落成。又一祠在虎丘山，巡抚汤斌建，今圮。

彭公祠，在徐公祠北，祀翰林院侍讲彭定求。诸生以其捐倡修学，竭蹶经营者三十余年，故白诸上官，于学中建专祠。

学田，始于宋景定间，太守陈均因民争田不决，遂拨以养士。奏上，会召入朝。季镛继为守，悉以归之。俞掞有记。元至正间，郡人陆德原捐资创建学宫，又以田如千亩养士，然前县志皆未言亩数。明成化十年，邑人华嵒捐田二十亩为月朔释菜田，在习义乡二十三都九图。吴宽有记。万历二十五年，知县江盈科买田一百十亩入于学。三十六年，大饥，知县祁承爜发帑，委诸生尤挺秀赈济，余百余金归县。县以代旌额费，挺秀固辞，乃置上田五十亩，籍于学宫。嘉靖间，知县吴世良著《学志》云：旧学田二十亩三厘一毫，每年租税二十二石二斗一升四合，每年还官本折色米八石九斗六升，坐落本县亨字三图，地基一百六丈二尺，居民起盖房屋，朝南三十六间，每祭每间，纳租银一钱五分；朝西五十二间半，每祭每间，纳租银一钱二分五厘。新学内田七亩，每年起租米七石，坐落本县利字一图；升龙桥南田十亩四分，每年起租米十石四斗六升，坐落本县利字三图。学内花果树共二百八十三株，每年约计利银五十两七钱四分四。围屋九十五间，共二十五亩，每亩起租一石，居民佃住。雍正五年，查明现在学田实数：南三十一都二十五图共田十八亩七分六厘五毫，四十一图共田十一亩一分七厘九毫，北二十六都四十二图共田十亩，二十九都十一图共田八十一亩七分五厘，北三十一都十五图共田六十七亩五分四厘五毫，二十九都九图共田五十一亩五分九厘九毫，上二十五都九图共田五十六亩八分二厘三毫，下二十一都二十三图共田六十四亩三分六厘四毫，二十四都一图共田十五亩三分八厘，二十四都十二图共田十四亩八分，上二十五都十图共田七亩八分九厘三毫。以上通共学田四百亩四分八厘九毫，每年除办钱粮外，又解学租银八十五两六钱八分一厘。

文星阁，旧名钟楼，在学宫之东南。初，巡按御史舒汀改建新学，形家以兑方双塔并峙，谓为文峰，巽方亦宜高耸为左翼，以壮文明之象。万历十五年，周中丞继、李侍御尧民、陈令其志始基之。又八年，江令盈科再迁今地。续修者祁令承爜、韩令原善、许令尔忠，久之渐圮。崇祯五年，郡人陈仁锡、文震孟以文为导。明年，涂令必昌遂捐俸成焉，祀周、李、陈、江于阁下。陈仁锡有记。

国朝康熙间，邑人彭进士珑、吴训导愉、宋赠郎中德宏，相与讲学其中，遂为士子肄业之所。每月朔望，集阁下会课，绅士缪彤、顾汧、彭定求、吴承励、汪铨频修之。珑没，弟子立嗣于西偏，又祀愉于阁下，祀德宏于彭祠之南。定求与诸门人计久远，乃撤旧宇，重建堂室，奉三先生而合祀焉，缪彤、王喆生有记。而以高第弟子六人侑享，告之当路，载在祀典。六人者，彭侍读宁求、汤进士传榘、张庶常孝时、张孝廉孝扬、郑进士骃、董庶常麒，皆一时入室之彦，文章政事卓卓可称者也。后于弟子中复益三人，一为诸生蒋济选，一为诸生顾咨揆，一为学博张映葵，学行与六人相埒。阁之始也，因乎学宫，故附志学宫之末。

乾隆十七年，侍郎彭启丰倡众重修。侍郎有记。

卷六

坛祠

先农坛之特创也，重民事也。社之祭也，土也。稷之祭也，谷也。山川，民所瞻仰也。风云雷雨，祈丰年、忧水旱也。祭城隍，幽有鬼神也。祭厉，悯无后也。司牧之有专祠也，功德在人，宜报也。乡先生之有专祠也，或尊其道德，或仰其功烈，或嘉其行谊，所谓没而可祭于社也。粢盛醴齐，或统于有司，或不尽统于有司，要皆得祀典之正，而非淫祀也。元和新建，大事宜先，故汇而考之，著于篇，俾有民社之责者知所崇祀。志坛祠。

先农坛，在城内仁一图相王巷内，建于雍正五年，守土官始行祈谷也。先是，雍正四年八月初九日，内阁奉上谕：

国以民为本，民以食为天。朕即位以来，念切民依，举行耕耤之礼，殚竭精诚，为民祈谷。乃于雍正二年三月，耤田叠产嘉禾，有至一茎九穗者。朕心亦以为偶然之事，今据府尹刘于义进呈，今岁耤田所产自一茎双穗、三穗以至八穗、九穗，皆硕大坚好，异于常时。朕见之，心甚慰悦，特令宣示廷臣。朕并非以此为祥瑞，夸耀于众也。盖实有见于天人感召之理，捷于影响，无纤毫之或爽。朕以至诚肫恳之心，每岁躬耕耤田，以重农事。即蒙上帝降鉴，叠产嘉禾，以昭休应。似此八穗、九穗之谷，岂人力之所能强为？亦岂人君所能强之使有乎？天人感应之理，朕见之最真最切，但恐此心不诚耳，诚则未有不动者，即如从前青海蠢动，朕为边陲忧虑，虔祷宫中，不数旬而捷音即至，疆圉宁谧。又如前岁夏间，近畿雨泽稍愆，朕在宫中默祷，减膳修省，虔诚叩恳，不数日而甘霖大沛，禾稼有秋。此皆近年以来，朕亲行亲验之事。至于去年夏秋之间，时常阴雨，朕在宫中，但觉雨水稍多，不知其大为民患，而李维钧并不将畿辅被潦实情具奏，是以朕竟不闻知，未曾早为虔祷，殚竭诚心以挽天意，而纾民困。及蔡珽署直隶总督事务，详细奏闻，朕宵旰忧勤，几废寝食，于是截漕发仓，多方赈济，京城设厂，各邑兴工，俾穷民皆得糊口，是以地方虽被水灾，而小民不致流离失所，朕抚绥悯恤之念，实为迫切。今岁二麦丰收，禾黍畅茂，此皆上天俯鉴朕衷，故加惠黎元，而锡以盈宁之庆也。盖天生民而立之君，鉴观在上，人君一念敬谨，政事无阙，天必嘉之佑之；一念放逸，政事有乖，天必儆之戒之，此一定之理也。况人君抚驭臣庶，位处极尊，所以赏罚之者，独有上天耳！是以朕每于水旱等事，皆实心内省，必系朕有过失，上天儆戒示谴也。至于各省旱潦之事，朕皆视同一体，原无彼此之别。惟是地方相隔路远，彼地偶有水旱，有司未必即行具报，及至奏达朕前，而紧急之时已过，是以朕无从尽其诚心为之祈祷，此其责则全在本省督抚矣。督抚受朕委任之重，为朕养育万民，必视百姓之疾苦如痛痒之在己身，一遇水旱饥馑，必思所以致此之由，或因本省之政事吏治有阙，即思速为改易之，或因本地之人心风俗不端，即思速为化导之，兢兢业业，修省祈祷，竭尽诚心，一如朕之朝乾夕惕，断无不可以挽回天意者。假若闻朕之政治稍有缺失，亦即直言陈奏，不必隐讳，如此则官与民联为一体，臣与君又联为一体，太和翔洽，实意交孚，天听虽高，诚呼吸可通矣。朕每岁躬耕耤田，并非崇尚虚文以为观美，实是敬天勤民之至意。《礼》曰：天子为耤千亩，诸侯百亩。据此，则耕耤之礼亦可通于臣下矣。朕意欲令地方守土之官，俱行耕耤之礼，使知稼穑之艰难，悉农民之作苦，量天时之晴雨，察地方之肥硗，如此则凡为官者皆时存重农劝稼之心，凡为农者亦断无苟安怠惰之习，似与养民务本之道大有裨益。着九卿详议具奏，钦此。

臣等公同伏读上谕，钦惟我皇上至德同天，深仁育物。朝乾夕惕，时时以四海为心；旰食宵衣，念念恐一夫失所。肫诚昭格于上帝，恩膏遍及于群黎，是以虔祷宸宫而边陲之捷音即至，默祝大内而寰宇之甘雨覃敷，响应昭然，纤毫不爽。诚如圣谕所云，天听虽高，呼吸可通者也。至于截漕发仓，近畿无虞荒歉；兴工设厂，穷民尽获安全。是天地生成之功，固无弗至；而皇上怀保之德，实靡不周。保合太和，参赞化育。运四海于一心，视九州为一体。在昔所称圣君哲后，难与比隆；即古所谓盛世昌期，孰能媲美？我皇上圣不自圣、安愈求安，念国以民为本，民以食为天，躬亲胼胝之劳，岁行耕耤之典。是以嘉禾叠产，九穗频生。异瑞奇征，骈臻协应。况今岁百谷畅茂，二麦丰收。闾阎获乐利之休，百室有盈宁之庆。何一非皇上至诚格天之所致也。今后令耕耤之礼通于臣下，欲地方守土之官俱行耕耤之典，使知稼穑艰难，农民作苦，天时晴雨，地方肥硗，仰见我皇上敬天勤民、重农务本之至意有加无已，洵从古未有之旷举，万世不易之良规。即宜恪遵上谕，通行奉天、直隶、各省，举行耕耤之典，查督抚系通省大吏，府、州、县、卫、所等官皆有守土之责，相应行文。奉天府府尹、直隶、各省督抚转行各府、州、县、卫、所于各该地方，择洁净之地，照九卿所耕耤田四亩九分之数，设立先农坛，于雍正五年为始，每岁仲春亥日，府尹、督抚及府、州、县、卫、所等官率所属之员、耆老、农夫恭祭先农之神，照九卿耕耤之例，行九推之礼，务须实心奉行，以重民依。其设立先农坛并恭祭先农，俱令动支正项钱粮，其所用数目，各该地方官报明户部查核。耤田所收之米粟，敬谨收贮，以供各该处祭祀之粢盛。将各处设立耤田亩数，令该抚报明户、礼二部存案。庶为官者皆以重农课稼为心，则为农者自无苟安怠惰之习，于国计民生大有裨益矣。

随经通行至元和县。雍正五年，建先农坛于相王巷南，置天字圩一百九十丘官田二亩二分二厘八毫，又四百九十一丘官田三亩，共五亩二分二厘八毫，略浮于部颁定额四亩九分之数。此元和得建先农坛之始。

乾隆三年，知县事张若曦因旧制卑隘不称，且前此经营苟简，修役不时，乃即先农坛故基详宪改筑。墙之土者易以瓦，阶之倾者甃以石。殿宇檐楹之为风雨所侵损者，涂塈丹雘，崇饰一新。又移建牌坊一座，头门三间。正殿两旁，重构造配房二间。鸠工庀材，共费朱提九十八两有奇，经始于是年之七月初一日，即于是秋八月初八日告竣事。是役也，因旧增新，不独规模式廓，而工力亦视昔较为完固，庶可肃观瞻而虔祀事焉。

社稷坛，在吴县阊门外义慈巷，实府社稷坛也。宋置子城西南四里，元迁盘门外。明洪武三年，知府陈宁更建于长洲县石牌巷。宣德八年，知府况钟移至今所，国朝因之。长、吴附郭，宋、元时各有坛，今与元和皆统祭于府坛制，累石为之，纵横俱三丈，高四尺二寸，凡三阶，阶三级，前设拜坛，高尺许，东西三丈六尺，南北二丈四尺。坛之西南为神厨，正南为宰牲房，房之前为水池。府斋房二所，县斋房二所，东西相峙。坛之内垣东西三十五步，南北三十三步，四面皆涂丹；外垣深六十四步，广六十二步。门北出大门一、仪门三，亦俱涂以丹。石主二，一埋坛南正中，一卧于地，长四尺二寸，径一尺二寸。神牌二，高三尺三寸，题曰“府社之神”“府稷之神”，每岁春秋仲月上戊日，三县随府官具祭如礼。

风云雷雨境内山川城隍坛，亦府坛也，在吴县盘门外。宋置吴县治西南四里，元徙长洲县葑门外。明洪武间移置今所。坛制亦累石为之，东西三丈六尺，南北三丈七尺，高四尺二寸，四面有阶，阶三级。坛之东北为宰牲房，房之前为水池，又前为库房。坛之东南为府斋房，西南为县斋房。坛之内垣东西三十五步，南北三十六步，四周俱涂丹。外缭短垣基凡二十四步。前门一、仪门三，亦涂以丹。春秋择日，同坛设三神位，各高三尺三寸，题曰“风云雷雨之神、山川之神、城隍之神”。旧制，府官主祭，三县陪祀。雍正十年三月初九日，钦奉世宗宪皇帝谕旨行，令直省府、州、县修理社稷、风云雷雨山川城隍等坛，以重祀典。至今上乾隆二年十一月初六日，礼部遵旨议覆社稷、山川风云雷雨等坛。嗣后，每逢祭期，省会之地督抚、将军、都统、副都统率令司道文武属员，各按品级分班行礼，布政司系地方正印官，仍令主祭。其府、州、县地方如有提镇道员，亦令各按品级分班行礼，府、州、县正印官仍令主祭。又行令郡邑各坛应行修理者，支动正帑，估报核修。至各坛祭器有制造未备以及岁久损坏者，并遵照会典如式修造。于是苏郡三县合祀诸坛，次第及时修整。春秋届祀，大中丞率属行礼，骏奔有恪，秩祀加隆于昔矣。

厉坛，在元和县九都虎丘山寺右旁，实郡厉坛也。长洲旧有邑厉坛，在白莲桥，后废，因与吴县附祭于郡。今元和亦如之，累石为坛，纵横各三丈，高四尺，每岁春清明日、秋七月望、冬十月朔，以仪从迎府县城隍神至，请钦依祭文，祭阖郡无祀鬼神。府官主祭，三县官陪祀。

乡厉坛，祭各乡无祀鬼。旧制每一里建一坛，俗呼孤魂坛。岁清明、七月望、十月朔，各里设祭坛，高三尺，树以松楸，立碑其上，周围缭垣门一。长洲县旧有七百四十一所，若与元和分祀，当不下数百所也。今皆湮废，为民居所侵，屋其上者十九，仅存者亦鞠为茂草矣。泽及枯骨，此典宜兴复焉。

城隍庙，在萧家巷。雍正四年八月，里民张品伦等谓元和既分县，阴阳一理，应添设县城隍司，以昭祀典。凤池乡旧有土谷张明庙，乃汉朝名将也，即以兼理城隍为宜。知县江之炜闻于府，复与举人、生员等议，佥以城隍当祀，而他神兼摄为非，宜移张神于左之便殿，而以正殿立元和城隍神像，署其门曰“元和县城隍之庙”，似属妥洽。因详之上官，皆报可，遂以其年十二月二十七日设像成礼焉。

赤兰相王庙，在葑门内仁一图，土谷神也。《吴地纪》云：神为南面讨击将军黑莫郝，周敬王时筑城而死，人呼赤兰将军，亦呼相王。或云赤兰即赤门之讹，相王即伍相云。

灵济白龙庙，在长洲县阳山澄照寺。其祀事，元和主之。相传东晋隆安中，缪氏室女产龙，惊悸而死，乡人厚葬之，号曰龙冢。每岁是日，龙必归省母。宋以祈雨应，屡封龙忠烈昭应广惠灵丰公，母显正孚顺圣善妃，载于祀典，春秋祀之。宋胡伟元、胡应皆有碑记。

澹台灭明祠，在尹山麓，后移建山上。

亚圣祠，在东禅寺西，祀孟夫子，并祀孟母。旧在顾家巷。五十三世孙、松江府判官孟潼，宋昭慈后侄孙也，以祖信安郡王孟忠厚，镇吴有功，请于有司，改立为祠，创性善家塾，以教俗党。子森集守之，后废。明万历中，移建今处。康熙间，粮道刘鼎助修。

韩将军庙，在娄门官渎桥。将军名说，汉人，为横海将军，与朱买臣同受诏，在吴中治楼船，破东越有功，故祀之。

朱氏忠孝祠，在亚圣祠东，祀汉尚书朱穆、唐洗马朱仁轨。

二戴夫子祠，在虎丘山东，祀汉信都太傅戴德、博士戴圣二公，删定《礼经》，有功圣学。康熙二十六年，督学李振裕建祠。

顾元公庙，祀晋骠骑将军顾荣。在黄天荡东有墓焉，故名其地曰顾荣墓。祠久圮，元至正间，邑令周舜臣更新之。周伯琦有记。

东山短薄祠，在虎丘山门内，祀晋司徒王珣。珣与弟珉舍别业为寺，今皆为土神，颜曰故东山庙。

西山庙，在虎丘山门外万点桥西，祀晋司徒王珉。

五贤祠，在虎丘山。明万历戊戌，邑令江盈科即平远堂建祠，祀唐太仆少卿兼御史中丞韦应物，太子太傅、刑部尚书、赠尚书右仆射、谥文敏白居易，太子宾客、检校礼部尚书、赠户部尚书刘禹锡，宋翰林学士、知蕲州王禹偁，前礼部尚书兼端明殿翰林院侍读学士、赠太师、谥文忠苏轼，以韦、白、刘俱刺吴郡，王宰长洲，苏则晚年寓吴也。

归宣公祠，在葑门仁三图给谏坊内。公讳崇敬，唐大历中翰林学士、兵部尚书，封余姚郡公，谥宣。子登，累官工部尚书，封长洲县男，谥宪。父子有声于朝，祀宣公而以宪公配焉。明嘉靖间，裔孙归大道重修。

甫里先生祠，祀唐高士陆龟蒙也。祠在县东五十里甫里，白莲寺即其故宅。或云卒后葬其旁，遂庙食焉。宋嘉定十七年，钱塘龚时辅别建祠于左。胡宿有碑铭。元元统时，裔孙德原即是地请建书院，有宣圣殿、明伦堂、大小学二斋，俨然学宫规制，旋设山长，以教来学。戴良有《送甫里书院下山长序》。至正间，县尹马玉麟重建养鸭池、桂子轩，日久渐圮，汛营居其中。康熙甲子，睢州汤斌抚吴，崇尚正学，于是甫里人士得奉宪檄撤而新之，蔚然复旧观焉。

魏谏议祠，祀宋谏议大夫、知州事魏庠。至道中，奏改虎丘律寺为云岩禅寺，因为建祠。

王翰林祠，祀宋翰林学士、知蕲州、前长洲令王禹偁。天禧四年，子嘉言复宰长洲，作堂祀之。后移堂于虎丘，刊《苏文忠赞》于其中。知州康孝基撰碑。

孙学士祠，在万寿寺。宋天圣中，直史馆临江孙冕守郡，有善政，吏民立祠祀之。今改为县学。久废。

章庄敏公祠，在报恩寺东，即宋章太师楶家庙。公在泾原御夏有功，徽宗赐庙于怀德军，额曰“忠烈”。嘉定末，其孙请立于此。今为天妃宫。

周濂溪先生祠，在忠烈祠西弦歌里，祀宋周茂叔先生也。初先生四世孙兴裔以和州观察使驻节平江，奏立祠于吴县胥台乡。其裔孙文英、南老自道州来，因家焉。祠屡复而卒废。明正统间，十四世孙渊等迁于家，颜其堂曰“崇本”。大学士王真记。万历中，十七世孙与爵复建专祠，前堂祀先生，后堂祀先生父，以武功大夫兴裔配。万历末，十八世孙希夔复建于弦歌里，以裔孙制机、检察使才、秘书省检阅文字玙祔焉，大学士申时行记。春秋编祭长洲。

二程夫子祠，祀宋大儒明道、伊川二先生也。祠旧在府学西。高宗时，伊川从子沂知昆山县，因故广平侯程师孟宅建，后毁。顺治十七年，府学教授程邑重建于饮马桥北。康熙九年，少司空程文彝时官庶常，以祠址逼隘，买地虎丘而移建焉。后堂祀先生之父大中公，诸生程端、程永祚等，又于祠后别立一室，祀先生远祖晋新安太守元谭、陈云麾将军灵洗、散骑常侍文季、唐歙州都知兵马使沄。

三贤祠，在西岭，祀宋范文正公仲淹、胡安定先生瑗、尹和靖先生焞。嘉靖间吴文端公一鹏建。湛文简公若水有记。

尹和靖祠，祀宋儒尹肃公焞。初在虎丘西庵，公读书处也，尝自题其斋曰“三畏”。嘉定七年，士人黄士毅请于郡守陈芾、通守丁焴，绘像祀之。后二年，贰卿孟猷改建于上方通幽轩之南。端平二年，胡淳请即其地为学，仓司曹豳因奏立书院，设四斋曰三省、务本、朋来、时习，提举马述建君子堂。嘉熙四年，提举陈振孙作藏书室。咸淳初，提举李芾建蒸居堂，奉先圣。元初，为云岩寺僧所据。延祐元年，移乌鹊桥北。郡守道童重建殿庑、门堂，后废。吴令汪亘以公祠宜在虎丘，仍于西庵故址重建和靖书院。

三杨公祠，在虎丘二山门外，一名道南书院，祀宋龟山杨先生时明、少保兵部尚书庄简公成、崇祯庚午解元忠文先生廷枢，康熙六十年布政使杨朝麟建。庄简公有祠在黄鹂坊巷，崇祯五年巡抚庄祖诲建。十一年，巡抚张国维以庄简公子端孝先生大渫配享。乾隆三年，生杨柱峰请帑重修并编祭焉。

乐圃书院，在城内地三图，祀宋先贤太学博士朱长文，贤嗣进士朱发配享。公没于元符元年，弟子范纯仁等建明教堂祀之。宝祐三年，敕建乐圃书院。元毁于兵燹。明太祖时新之，岁久倾圮。康熙己亥，有司因其裔孙之请，以慈济庵改建。西傍有忠节祠，祀宋海盐尉朱良；东傍有孝友祠，祀旌表孝子朱之劢。

盛御史祠，在娄门，祀明御史盛昶。

康都官祠，在虎丘山，祀宋康孝基。

蒋学士祠，祀宋枢密学士、左谏议大夫、知州事蒋堂，在虎丘山。

陈朝散祠，祀宋朝散大夫、行在尚书、吏部员外郎、知州事阆州陈省华。

叶少列祠，祀宋朝散大夫、尚书刑部郎中、知州事叶参。

姚秘阁祠，祀宋右朝散郎、直秘阁、两浙路转运判官、郡守姚宪。《姑苏志》云：已上三祠并在虎丘云岩寺。乾道五年，郡人立。教授陈伯震有记。今废。按：叶少列祠在千顷云之东，嘉靖初郡守胡缵宗重建。

南山书院，宋宗室赵忠果公故祠也。公名训之，为吴令，多惠政。后知永丰，遇统制杜彦叛，拒战以殁。子贵一，卜筑横溪彩云里。士庶不忘忠果旧泽，就所居构书院祀之。明万历间，督学御史柯挺按吴，重其裔孙凤风节，造庐访谒，询所欲。凤愀然以先祠毁于兵燹对，即为新之。少师申时行有记。

延平李先生祠，在娄门，祀宋儒李靖公侗也。自公四世孙大昌徙居吴郡，至明永乐四年，士民仰慕仪型，建祠于县治东，后废。康熙二十八年，十八世孙尧钦捐资修娄门内社学，巡抚洪之杰撤淫祠改建。

刘文靖公祠，祀宋儒刘屏山先生子翚也。公为宋太师、忠显公韐之季子，少傅、忠定公子羽之弟，文公朱子之师，闽之崇安人。以六世孙靖节公顺之历平江榷茶提举，遂籍于苏，因有专祠，年久倾颓。康熙二十五年，学使李振裕改建于贞三图李基巷，以靖节配享。

总管庙，在葑门外匠门塘西，祀汴人金和。和随驾南渡，侨居于吴。其子名细，官太尉，没皆为神。细在理宗朝尝著灵异，遂封灵祐侯。侯之子昌，昌子元士，复皆为神。元至正间，尝阴翊海运，俱封总管。又进封昌为洪济侯、元士为利济侯。

张忠靖祠，在师林寺家庙内，祀宋浙西帅干兼枢密院提刑张日明。

都南张公祠，在乘鲤坊东，祀宋平江路通判、赠节度使张日中，横渠先生七世孙，建昌军南城人。端宗朝任平江，倡义卫民，政绩大著，寻迁兴化军。时文信国公开府勤王，率师以应，复吉、赣等州。信国公师溃，公奋力拒战。元李恒麾铁骑横击，公身受数创，犹刃十余人，被执死。信国哭之，有"绝域耻为吴地辱，封疆甘作宋臣忠"之句。事闻，配祀祖忠敏公。其子洛居吴，因世享。崇祯间，以裔孙工部郎中适、保定知府柷、福清知县朝仪、饶州通判慕渠四贤配享。祠圮，改建于吴县南状元坊。

忠烈祠，在乘鲤坊，祀宋丞相信国公文天祥。公知平江时，诏天下勤王，遂入卫。后还平江，吴城已为元有，感愤悲悼，慰抚遗民而去。治吴虽不久，而惠之在吴终古不可没也。明初，未有专祠。正德十年，裔孙太仆少卿文森愿以其地立祠奉祀，巡按谢琛以闻，诏赐庙额曰"忠烈"。嘉靖二十六年，长洲学宫既迁，郡守金城以公祠湫隘不称，议改旧学为祠。巡按饶天民以闻，诏复可之。族孙待诏徵明为书《正气歌》于壁。万历间，祠渐圮，邑令陈其志、胡士容相继修葺。康熙庚戌，后裔世光又新之。乙丑，巡抚汤文正公斌以公裔孙待诏徵明、大学士震孟配享。己丑，巡抚于公准率属重葺。世宗宪皇帝七年，诏发帑修古圣贤祠墓，公祠得邀盛典。今上御极，复降谕旨修葺。鸠工于乾隆二年，讫工于乾隆三年，庙貌重新，俎豆生色。乾隆二十四年，裔孙朝节损资重修。学政李因培记。

周孝子庙，在城中东南隅。孝子名容，常熟人，事母有至行，人称为周孝子。没为神，能保护乡闾，有驱虎、除蝗、救水旱、攘盗贼诸显迹。宋淳熙间，赐额曰"灵惠"。祈祷接踵，庙廷隘不能容。成化七年，里人王英募卫千户陈俊割地以广其址，庙制始备。旁浚井，病者汲井，投紫苏煎饮即瘥。礼部尚书吴宽有记。

许文正公祠，在甫里，祀元儒鲁斋先生许衡。明初建，嘉靖间毁于倭。康熙八年，裔孙王俨重建。

原鲁先生祠，在娄门报恩寺东。先生顾姓，名愚，元末隐居不仕，以伊洛之学倡里中，学者翕然宗之。孙存仁，中明嘉靖间进士，官礼科给事，以直谏谪戍居庸，后还职，卒赠太仆卿。先是，郡守金城建祠吴县卧佛寺东，后督学耿定向移建大石，钟继英复建娄门，以太仆卿配。周琉有记。

开平忠武王祠，祀明鄂国公、追封开平王、谥忠武常遇春。吴元年，开平受命讨张士诚，将围平江，驻虎丘寺，得免兵燹，因为立祠。今废。

四贤祠，在虎丘白莲池旁，祀明夏忠靖公原吉、周文襄公忱、王端毅公恕、海忠介公瑞，皆抚吴有功德于民者。

五经陈公祠，在县桥巷，祀明翰林检讨陈继。继有孝行，贯穿经学，人呼为“陈五经”。杨士奇荐为国子博士，寻改翰林。

周文襄公祠，祀明工部右侍郎、巡抚江南庐陵周忱，在虎丘法堂后。公抚吴十九年，奏减粮额七十余万，吴人德之，为画像立祠。

孔侍郎祠，在东花桥巷，祀明兵部左侍郎、赠尚书孔文忠公镛。

陈大中丞祠，在丁香巷，祀明都察院左副都御史操江陈璘。

吴文定公祠，在天赐庄，祀明太子太保、礼部尚书吴宽。

沈大中丞祠，在葑门外官浦，祀明都察院右副都御史沈林。

徐公祠，在韩蕲王庙东，祀明大中丞徐源。

朱恭靖祠，旧在北濠，今移虎丘二山门，祀明太子太保、吏部尚书朱希周。

周巡抚祠，旧在胥门驿右，今移虎丘二山门，祀应天巡抚周孔教，与朱恭靖祠合祭。

侍御陈公祠，在虎丘寺内东偏。侍御名瑞，福建人，明嘉靖二十四年来按吴，风裁中多甘雨之惠，复任一载，去后民多思之，为立生祠。

申文定公祠，祀明少师、大学士申时行，在虎丘第三泉之右。专祠在城中。

朱秋崖祠，在文忠烈祠西，祀明都御史、开府浙闽朱纨。嘉靖三十三年，巡抚张景贤建，给田一百四十余亩，以供祀事，俾其子正元世守焉。今移学宫东。

文待诏祠，祀明翰林院待诏文徵明，在文忠烈祠内。

顾太保祠，在旧学前醉竹祠，祀明三边总督顾其志。

顾孝介祠，在天赐庄，祀明监察御史顾宗孟。

邓孝子祠，在娄门张香桥，祀明孝子邓汝甫。陈仁锡有记。

三讲官祠，在虎丘二山门竹亭东，祀明东阁大学士文文肃公震孟、詹事府少詹姚文毅公希孟、国子监祭酒陈文庄公仁锡。文肃别配享忠烈祠。

叶公祠，在带城桥西，祀明御史、天启间邑令叶成章。康熙十一年，改为双清书院，合祀邑令沈恩举。二公皆闽产，均令长洲，善政亦相类，故并祀之。

五人祠，在山塘，祀颜佩韦、马杰、杨念如、沈扬、周文元。详见冢墓。

许公祠，在六直镇，祀明中书许自昌。

吴公祖孙合祠，在仁三图，祀明太仆吴之佳、兵科给事吴适。

忠孝龚公祠，在平江路中营基巷，祀明殉难赠助教龚元祥、孝子龚炳衡。

张公祠，在虎丘白公堤，祀明巡抚玉笥张国维。崇祯甲戌抚吴，在任七年，惠泽覃被。庚辰去任，士民德之，建祠。

忠烈王公祠，在大儒坊巷，祀明殉难保城知县王佐圣。

正心书院，在虎丘山前斟酌桥西。明崇祯十六年，吴邑令牛若麟捐资建，中堂奉先贤周程十子，后为学舍，又后为楼，额曰“正修讲院”。去后士民思之，于后楼奉生位祀焉。见史官徐汧《去思碑记》。鼎革时，学舍倾圮，巡抚马祐更额“正心书院”。孝廉郑敷教题，进士赵炳书。

蔡忠襄公祠，在虎丘古鹤涧边。康熙二十五年建，祀明山西殉难巡抚蔡懋德。

莱阳二姜先生祠，祀明给谏姜如农暨弟吏部如须。给谏名埰，以言事廷杖，谪宣城。国变，不果行，卒，治命葬敬亭山下。吏部名垓，葬苏州，祠在养鹤涧旁。

宋文恪公祠，在虎丘二山门，祀文华殿大学士宋德宜。

方公祠，在虎丘金粟房，祀分守苏松常道方国栋。

吴郡守祠，在虎丘清和书院，祀苏州知府吴道煌。

蒋公祠，祀戊戌科进士蒋德峻，祠在甫里。以其恬澹不仕，有鲁望风也。又弃田宅，施糜粥，建桥梁，里党德之，建祠与甫里祠相对。

顾孝靖祠，在山塘白公堤，祀赠河南巡抚、赐御书“孝靖”匾额、孝子顾天朗，子宗人府府丞汧从祀。

韩宗伯祠，在县东北，祀礼部尚书韩菼。祠前带水，俗名状元浜。有塔影入河，随时隐见。公未第时，即于此教其乡。及掇大魁，乡人以为灵秀所钟。给假家居，从游者极一时之寒隽。后卒宦邸，诸生请于官，特建专祠，有司以时祭祀。祠内悬圣祖仁皇帝特赐“润色鸿业”匾额。

汪公祠，在虎丘二山门，圮废，移祭尧峰山墓所。祀本朝翰林院编修汪琬。

张孝廉祠，在儒学东。孝廉名庆孙，以文行知名，祀乡贤。子大受，官翰林院检讨，建祠宅南。宋太宰荦题其堂曰“履素”，学者私谥曰“履素先生”。

七姬庙，在赛金巷。七人皆元末左丞潘元绍侧室也。程氏年三十，翟氏、徐氏年二十三，罗氏、卞氏、彭氏年二十二，段氏年十八，敌临境，七人同日皆自经死。详元张羽《权厝志》。

三节妇祠，在葑门外，祀旌表节妇蔡氏、姜氏、董氏。万历戊戌年，里人陈诗建。诗请于县，免祠基税粮。知县江盈科撰传，史羊生作记。康熙戊子，周稼重修。乾隆辛巳，稼孙周怀仁再修。

贞节祠，在给谏坊，祔唐归宣公祠。宣公裔孙文达早卒，妻陈氏教子守节。顺治十六年，旌表建坊。

怡贤亲王祠，在虎丘山塘，雍正八年建。

以上祠宇皆在元和境，而祀事则不尽统于元和。有祭自长、吴者，亦有其子孙自祭者。

禹王庙，在吴县柳巷。

先贤郑子祠，在吉由巷，祀孔子弟子郑国，字子徒，唐赠荣阳伯，宋加封朐山侯，明改称先贤郑子。

王子祠，在甫里，祀隋文中通后裔王竹溪世守。

伍相国祠，在胥门内朱家园，祀伍行人员也。祠旧建盘门内。宋建中靖国元年，直秘阁吴仲举知苏州，奏请赐额"英烈"。元大德三年，增为忠孝感惠显圣王。明成化十五年，庙毁，巡按刘魁、知府刘瑀重建。万历四十年，裔孙参议伍袁萃移置今所，年久倾圮。国朝康熙五十六年，裔孙伍大钧捐资倡族重建。

胡安定公祠，在府学。范文正公既舍宅为学，给田五顷以赡学徒，延安定胡先生瑗主教事，故后人于学中置专祠。

宋文公祠，在吴县十庙前，巡抚赵士麟废十庙改建。

张宣公祠，在吴县，祀宋大儒南轩先生栻。

胡公祠，在金阊，祀宋太常博士胡则。

沈尚书祠，在青龙桥，祀唐吏部尚书沈传师。

范文穆公祠，在茶磨山，祀宋参知政事范成大。其地即公别墅也。明正德间，侍御卢雍建祠，以孝宗手书碑石嵌诸壁。王鏊有记。后圮，万历四十年重建。崇祯十二年，巡抚张国维修。

徐晋宁侯祠，在郡学东，祀宋苏州通判徐奭。

张太傅祠，在大营门，祀宋枢密使、前知平江府张世杰。

朱司农祠，在干将坊东，祀宋孝子朱寿昌。

刘靖节祠，在干将坊巷，祀明洪武举人刘政，万历初诏建。

韩襄毅公祠，在府学东，祀明两广总制韩雍。嘉靖二十三年，巡按御史吕光洵立祠。

录功祠，在府城隍庙西，祀明兵备副使、赠光禄卿任环。嘉靖时，倭寇掠苏境，时公为府同知，负创披坚，设伏制胜，尽歼之。朝廷嘉其功，三十九年敕建。

敕建节孝祠，在子城基，合祀元、长二县节孝妇女。雍正元年建。

袁公祠，在府城隍庙西芥隐书院，明吏部尚书袁安节公世祠也。汉司徒公安、晋吴国内史忠介公崧、宋京西提刑襄简公珦、工部侍郎忠愍公枢，旧各有祠，后废，皆移祭书院。

袁六俊祠，在醋坊桥，祀明别驾袁表、国子生袁褧、员外袁衮、赠廉使袁褒、刑部主事袁袠、贡士袁裘，兄弟六人，皆以文行知名吴中，称曰“六俊”。康熙二十五年，曾孙士俊请于督、抚、学三院，饬建专祠。

马公祠，在子城基东天王堂，祀本朝巡抚马清恪公祜。祜抚吴，多善政，卒于官，士民建坊请祀。

于公祠，旧在西天王堂，祀两江总督于清端公成龙。公以劳卒官，士民公建。后孙准巡抚江南，又建府学，与汤公祠相并，名二贤祠。乾隆十五年，六和学训导吴中衡捐资重葺，清出祊田以供香火。

汤公祠，在府学明伦堂西，祀江苏巡抚、谥文正公汤斌。

贞烈祠，在吴县大营门，祀张应奎聘室沈氏。崇祯间，题旌建祠。

以上祠在他邑编祭，并及元和，故附志之。

先贤临濮侯施之常祠，在双塔寺东，从社坛移建。

宋三贤祠，在仁寿里，祀朝议大夫孙载、大理寺评事孙临、朝散郎孙察，裔孙明苏州通判理祔。

丁参议元复祠，在丁香巷。

韩公祠，在山塘，祀江苏巡抚韩世琦。祠久废。乾隆十九年，沈尚书德潜请于巡抚庄有恭，清出修建。

孙诚孝祠，在仁寿里，祀明孝子孙永正。知府黄鹤鸣记。

蒋参议祠，在山塘，祀明兵备道蒋灿。

忠义孝悌祠，在文庙东。雍正元年诏建，祀宋朱良，明盛昶、刘政、龚元祥、徐谦、王光裕、龚炳衡、周尚贤、盛王赞、邓汝南、徐道、王文禄、孙永正，本朝归圣脉、顾天朗、程大儒、朱之劢、李汉、孙鼎钟、邱存礼、程文焕、黄农、盛建极、孙丰毂、施潍、张文魁、徐国撍、顾惟灏、杨成懋、吴中英。

以上建在康熙、雍正间。前志失载及乾隆间移建清出者。

邓公祠，在圣庙东、忠孝祠北，祀明封宁河王、赐谥武顺邓愈。祭编长邑旧祠，在唯亭，圮废。乾隆二十六年，训导李良弼创建，有记。

文仁孝祠，在忠烈祠西旁，祀孝子文龄。

双节祠，在长寿庵内，祀明节妇王氏、陆氏。

顾贞孝祠，在花溪南，祀明贡士顾国本。

沈氏宗祠，在葑门外竹墩，礼部尚书沈德潜建，以祀湖州分支诸祖及赠内阁学士国学世烈、赠内阁学士文学钦圻、赠内阁学士锺彦，内有诰封三代墓表御赐“诗坛耆硕”匾额。

唐孝子祠，在虎丘山塘，祀旌表孝子唐肇虞。裔孙候选员外郎文栋助义田五百亩赡族。

江孝子祠，在十房庄，祀孝子江国正。子铉置产赡族。

节孝祠，在桐桥，祀礼部儒士贝启祚节妇程氏，曾孙绍溥建。

以上新建者。

卷七

仓庾

《周礼》：廪人掌九谷之数，仓人掌粟入之数，此王国所储以治年之丰凶而预为之防者也。郡县既建，以迄于今，各有仓庾，俟民间所入，以达天府，廪禄、匪颁、祭祀、军国之需于是乎出。与《周礼》所载殊矣。

元和分邑，不复设仓，只割长洲之半，后又与长洲易地重建，仓隔址连，征输尤易，故详记其缘起更变之由与两邑分隶之所。官斯土者，时其修葺，谨其出纳，可无愧转输之司焉。志仓庾。

长邑仓庾在城西者一，曰浒溪；在城东者五，曰青丘，曰预备，曰席墟，曰获溪，曰苏巷。从转输所便也。明宣德间，巡抚周文襄公忱实度地创建之，廒宇轩敞，垣墙周峻，前后凿垣为门，门皆临水，中驾木杠，以通往来，连络如贯，而分都别区，悉有定所。岁之所入，指囷可计。预备仓本名济农，文襄与太守况公钟专为赈恤农人设也。其仓不储稄秸，乃奉朝命以官钞易米平粜，及借劝富室所输，蓄积以备凶荒。宣德六年旱，九年又旱，发以赈饥，民甚赖之。向后此法渐弛，遂更今名。仓割数区以隶，其用与诸仓等，间有以罚赎及赢余之米贮焉，以佐赈贷之需者。迨嘉靖十五年间，屋多倾圮，县尹澧南贺府白于抚按侯公位、郭公宗皋，规画更新，上则揭楼疏棂以通米气，下则横木铺版以远地湿，每仓厅事三间，庖室咸备。预备仓厅事前建亭二，左立碑，右覆井，门道筑楼三楹，中栖仓神，左县鼓，视旧贯加恢廓焉。青丘仓中又有城仓一所，乃三十九年里民杨钦等白于巡抚建之，以贮城中及附郭粮税者，今亦都不复如曩制矣。雍正四年，增设元和，与长洲分县，析青丘、席墟、苏巷三仓隶于元邑。乾隆九年，知县张曰谟为长元仓廒犬牙交错，稽察难周，白粮赁房春办，以漕白仓廒亟宜归并，具详改建云。查卑县向来征收漕米，分有三仓，一曰青丘，一曰席墟，一曰苏巷，三仓相距里许，不能联给。至春办白粮，向无廒座贮米之地，亦无碓坊舂臼，租赁齐门外民栈办理，每岁租银六十两，于存县三分漕费内给发。查征收漕粮例应官收官兑，亲驻仓场督察，只缘窎远难稽，胥役因而舞弊。况卑县之小席墟仓，间隔附在长邑之预备仓南首。此系分县时，按照图籍而论，彼此划分未经虑及错综之未善。卑县管见，将大小席墟仓归于长邑，易换荻溪仓，则仓廒联络一气，两邑廒座不致错综，官民咸得其便。继准长邑札商换仓，洵属两善。换仓之后，即将荻溪仓之东首，建造白粮仓廒数十间，置备碓臼等项，则漕白二仓均并一处，官之耳目可周，民之输将亦易，更将旧仓之邃僻者改为明显、曲折者易为直捷，俾稽察了然、藏奸不易，所有旧仓历年久远，木朽瓦破，墙垣倾圮，概俱无用，改建新仓，必须另购料工，即变青丘仓基价购备，并将租赁民栈之资以抵不敷，请于存县费钱内动支，详奉苏州府傅椿转详云：长、元两邑仓廒四散隔绝，犬牙相错，印官稽察难周，出纳未便。两邑旧仓内，将元邑之大小席墟仓改作长邑之仓，长邑荻溪仓改作元邑之仓，庶各得毗连，不致彼此夹杂。旧廒统行拆卸，另建新廒，所需工料不许动支库项。长邑以阊门内之浒溪仓基变价抵办；元邑以青丘仓基易办，不敷于长邑变卖浒溪仓基价余剩银内动支办造，则两邑仓廒均得整齐完固、收兑漕粮、官民咸便等情，奉各宪批允勘估办理，共计料工银六千两，缘青丘仓僻处东城，价值无几，将变卖青丘仓基银及支长邑余剩浒溪仓银购办，实属不敷，张令捐资重建。乾隆十年九月起工，十月工竣。以向来苏巷仓改建丰乐仓，计造房屋一百六十六间，内除官厅、仓署、倒串房屋二十九间外，实在贮米廒房一百三十七间，分编泰、履、临、丰、益、恒、升字七廒。易换长邑之荻溪仓，改建豫顺仓，计造房屋八十六间，内除仓门、官厅、神舍房屋四间外，实在贮米廒房八十二间，分编晋、豫、观三字廒。东首即系白粮仓，计仓厅、臼房共三十三间。所有两仓坐隶完漕都图开后。

丰乐仓坐隶

半十九都正扇

八图、九图、二十一图、二十五图、二十七图、五十一图、五十六图、五十七图。

副扇

仁一图、仁三图、地二图、地三图、地四图、亨四图、利一图、利三图、利四图、正一图、正三图、蒔一图、蒔三图、蒔四图、娄一图、娄二图。

东十九都正扇

三十三图、三十六图、四十一图、四十四图、五十九图。

副扇

三十四图、三十七图、三十八图、四十图、四十六图、五十图。

南十九都正扇

十七图、二十三图、二十四图、二十八图、三十五图、四十八图。

副扇

二十二图、二十六图、二十九图、三十图、三十一图、三十二图。

下二十都正扇

二十九图、三十一图、三十三图、三十五图、三十七图、三十九图、四十二图、四十五图。

副扇

三十图、三十二图、三十四图、三十六图、三十八图、四十三图、四十六图。

上二十一都正扇

十图、十二图、十三图、十五图、十六图、十八图、二十一图。

副扇

九图、十一图、十四图、十七图、十九图、二十图。

二十八都正扇

六图、七图、八图、九图、十图、十一图。

副扇

一图、二图、三图、四图、五图

南三十一都正扇

二十六图、二十七图、二十八图、二十九图、三十图、三十一图。

副扇

二十图、二十一图、二十二图、二十三图、二十四图、二十五图、四十一图。

二十九都正扇

一图、二图、四图、七图、十一图、十三图、十六图、三十图、三十二图。

副扇

三图、五图、六图、九图、十图、二十二图、二十八图、三十三图。

九都

二图、三图、四图、五图、八图、十二图、十三图、十九图、二十图、二十七图、二十八图、二十九图。

中三十一都正扇

十一图、十二图、十三图、十四图、十五图、十六图、十七图、十八图、十九图、三十九图。

副扇

三十二图、三十三图、三十四图、三十五图、三十六图、四十图、东十四图。

北三十一都正扇

一图、二图、三图、四图、五图、六图、上八图、十图。

副扇

七图、下八图、九图、十二图、十五图、十七图、二十五图、三十七图。

上二十都正扇

六图、八图、九图、十图、十一图、十三图、十四图、十五图。

副扇

一图、二图、三图、四图、五图、七图、十二图、四十一图。

中二十都正扇

十六图、十七图、十八图、十九图、二十图、二十一图、二十二图、四十二图。

副扇

二十三图、二十四图、二十五图、二十六图、二十七图、二十八图、四十三图、四十四图。

下二十五都正扇

十二图、十三图、十四图、十六图、十九图、二十一图。

副扇

十五图、十七图、十八图、二十图、二十五图。

南二十六都正扇

一图、三图、十八图、二十二图、三十六图、三十八图、北一图、北二图。

副扇

二图、四图、十五图、十六图、十九图、二十一图、二十三图、三十七图。

中二十六都正扇

六图、八图、十图、十一图、二十图、三十九图。

副扇

七图、九图、十二图、十三图、十四图。

北二十六都正扇

二十五图、二十六图、二十七图、二十八图、三十二图、三十四图、四十图。

副扇

二十四图、二十九图、三十图、三十一图、三十三图、四十一图、四十二图。

二十七都正扇

三图、南五图、北五图、八图、十图、十七图、二十四图、二十六图、二十七图。

副扇

四图、六图、七图、九图、十一图、十二图、二十三图、二十九图。

豫顺仓坐隶

上十七都正扇

一图、二图、四图、五图、十图、十一图、十三图、十七图。

副扇

三图、六图、七图、八图、九图、十二图、十五图。

中十九都正扇

十图、十一图、十四图、十九图、二十图、五十二图、五十四图。

副扇

十二图、十三图、十五图、十六图、十八图、四十七图、五十五图。

下二十一都正扇

一图、三图、五图、七图、十八图、二十二图。

副扇

二图、四图、六图、八图、二十图、二十三图。

东二十二都正扇

十二图、十四图、十五图、十九图、二十一图、二十七图、二十八图。

副扇

十三图、十六图、十七图、十八图、二十二图、二十三图。

西二十二都正扇

一图、三图、五图、六图、七图、十图、二十四图。

副扇

二图、四图、八图、九图、十一图、二十五图、二十六图。

二十三都正扇

一图、二图、三图、四图、五图、十一图、北四图、北七图、西七图。

副扇

六图、七图、八图、九图、十图、十三图、十四图、十八图。

二十四都正扇

一图、二图、五图、六图、九图、十图、十一图、十三图、十四图、十五图、二十一图、二十二图、二十三图、二十五图、二十九图。

副扇

三图、四图、七图、八图、十二图、十六图、十七图、十八图、十九图、二十图、二十四图、二十六图、二十七图、二十八图、三十图。

上二十五都正扇

一图、二图、四图、八图、十图、十八图、十九图、二十二图、二十三图。

副扇

三图、五图、六图、七图、九图、十一图、二十图、二十一图、二十四图、僧图。

以上各图现在田亩平米实数详载《赋税》卷中。

常平仓，在县署南半十九都地二图，大门五间，二门一间，仓厅一间[①]，廒房五十二间。

社仓，一在娄门外二十四都十四图，共十一间；一在尹山南三十一都二十五图，共八间；一在唯亭半十九都九图，共六间；一在章练塘二十八都六图，共八间一厢房；一在周庄南二十都一图，共五间；一在角直东十九都四十六图，共十间；一在斜塘上二十五都二十四图，共六间。俱于乾隆七年知县黄建中在捐谷项内用折价建造。

---

① “仓厅一间”原作“仓厅一门”，据文义改。

卷八

职官

考唐虞建官之制，十二牧而外，一乡一邑之任，莫得详焉。《周礼》大司徒之属，虽有卿大夫、州长、党正、族师、闾胥、比长众职，而乡大夫卿一人，则其爵太尊，下至五家为比，比长一人，犹以下士为之，官不太冗乎？若遂大夫之下有县正，每县下大夫一人，各掌其县之政令，以颁田里，以分职事，掌其治讼，庶比今之县令矣。然《春秋》又称邑宰，似与《周礼》里宰之名相类，秦废封建，始立郡县，县始有令，令之下乃有丞、尉，历汉、唐及宋，益以主簿。前明定制，改令为知县，改尉为典史，而丞与主簿皆仍其旧。然地有繁简之不同，治有剧易之各判。繁剧之地，丞、簿、尉皆备，又常添设以襄其治；其简易者，一知、典而已辨。至于乡镇辽远要害之处，更有巡检之司，与武职同缉盗贼，得兼听民讼，此与汉制乡三老、啬夫、亭长之属同类，而即《周礼》鄙、师、酂长之遗意也。今元和分自长邑，变繁为简，变剧为易，故丞、簿不全设。然较之前此之长邑，稍或简易，而视他省府州之县，犹当以极繁极剧者比之也。身其职者，善催科之法，寓抚字之仁，既不旷职，亦不扰民，于国家变通旧制，添设诸县，以镇抚民人之意，庶无或负焉。志职官。

知县

张福昶，福建漳州府南靖县人。康熙乙酉科举人，初选元和县，于雍正三年十一月初十日到任，时长洲县缺官，兼摄长洲篆。明年，江抚张具题改调长洲。

江之炜，福建泉州府晋江县人。康熙丙子科举人，先任广东南海县，内升部曹，未任职，补选长洲县，江抚张具题改调元和，于雍正四年二月初六日到任，后升太仓州知州。

郝霭，顺天府霸州人。由廪贡教习于雍正六年二月初五日到任，雍正八年去任。

朱奎扬，浙江绍兴府山阴县人。由例监于雍正八年六月初七日到任，雍正十年江抚乔世臣题署淮安府知府。

李世金，镶蓝旗汉军。由例监以同知管县事，雍正十年七月初一日到任，十二年七月升补太湖同知。

张若爔，安徽安庆府桐城县人。由例监于雍正十二年七月初八日到任，乾隆五年正月以病乞假，三月十一日离任。

黄建中，陕西西安府咸宁县人。雍正十二年拔贡。乾隆元年，命往江苏委署震泽县、嘉定县、无锡县、吴县。乾隆五年，江抚张题署元和县，于三月十一日到任。乾隆十年，题请实授。乾隆八年四月二十六日，降调卸事。

王定远，顺天府大兴县人。长邑县丞，八年委署元和县，四月二十七日到任，九年三月初六卸事。

张曰谟，安徽桐城县人。由监生考授州同知，明史馆效力，议叙，乾隆二年改授县丞，选授金山县县丞。五年，调补元和县县丞。八年七月，题请升署元和县。乾隆九年三月初七日到任，十三年九月十一日卸事。

李建中，河南彰德府武安县人。由廪生中式，雍正元年癸卯恩科举人，丁未会试续榜壬戌科，截取知县，挑发江苏，先委扬州府同知，继署元和县知县，于乾隆十三年九月十二日到任，十四年八月十三日卸事。

彭学麟，贵州贵阳府贵筑县人。由戊午科举人、己未科进士，乾隆十四年挑选引见，补授元和县知县。十四年八月十四日到任，十五年奉调池州府贵池县，五月三十日卸事。

王名标，浙江绍兴府山阴县人。由监生康熙五十八年捐县丞，拣发陕西，委署安塞县知县，调繁潼关县。丁忧服满，挑发江南，题授贵池县。于乾隆十五年总督黄题调元和县，本年六月初一日到任，十六年丁母忧，于本年八月十三日卸事。

李光祚，长洲县知县，署元邑印务。乾隆十六年八月十三日到任，本年九月二十一日卸事。

福安，镶黄旗满洲都统佐领下人。由戊午科举人以知县用，拣发江南，委署江宁理事同知。又署元和县，于十六年九月二十二日到任，十七年四月初二日卸事。

李永书，直隶河间府河间县人。由拔贡生拣选，以知县用，历署闽省仙游、福清、晋江等县，实授长泰县，调繁晋江县，升任泉州府同知。丁忧回籍，服满引见，仍以知县用，补授荆溪县知县，调任常熟县，复调元和县，于乾隆十七年四月初三日到任，十八年二月初七日卸事。

李棠，直隶河间府河间县人。由壬子科副榜、戊午科举人、壬子科进士候选知县，拣发江南，先委如皋县，继署元和县。于乾隆十八年二月初八日到任，本年九月二十四日卸事。

朱绍文，镶白旗汉军。由监生捐纳州同，授丹阳县县丞，题署宿迁县，再署高淳县。乾隆十三年，调补元和县。乾隆十八年九月二十四日到任，十九年二月选授云南永北府同知，四月二十日卸事。

刘若洙，镶红旗汉军。由监生捐纳州同，文颖馆效力，议叙，拣发江南，委署江宁县县丞，继署震泽县县丞，题署吴县知县，复署元和县。于乾隆十九年四月二十一日到任，调署长洲县知县，八月十四日卸事。

孙耀德，直隶宣化府怀来县人。由乙卯科举人捐知县，挑发江苏，历署武进、靖江、苏州府督粮同知、上元、砀山、昆山等县。乾隆十五年，题署江阴、宿迁、金匮等县，再调元和县。于乾隆十八年八月十八日到任，于乾隆二十四年十月丁忧，十一月初四日卸事。

许治，湖北德安府云梦县人。由乾隆戊午科举人、己未科进士，十四年特授陕西宜君县知县，丁母忧服满，十九年八月补昆山县，二十二年题调松江府华亭县，继调元和县，于乾隆二十四年十一月初四日到任。

县丞

李元瑞，山西平阳府洪洞县人。由例监于雍正三年四月初六日到长洲县，添设县丞任。四年二月初六日，改授本县县丞任事，八年七月升太仓州同。

滕栻，顺天府大兴县人。由吏员于雍正八年八月初三日到任，于乾隆五年九月二十五日丁母忧卸事。

张曰谟，江南安庆府桐城县人。由监生考授州同知，明史馆效力，议叙，乾隆二年改授县丞，三年六月选授松江府金山县县丞，调元和县县丞。于乾隆六年四月二十五日到任，题署元和县知县，于乾隆八年十月二十九日赴部引见离任。

熊永统，江西赣州府石城县人。由附生捐纳贡生，考授县丞。雍正十一年，补元和县县丞。于乾隆九年五月十八日到任，十一年八月以降级卸事。

宁基丕，直隶河间府阜城县人。由己酉拔贡生于乾隆十一年补授元和县县丞，于十一月初六日到任，乾隆十二年丁母忧，于八月十五日卸事。

王绩，镶黄旗汉军佐领下人。拔贡候选，乾隆二年保举孝廉方正，引见以应得之缺即用。乾隆十二年补元和县县丞，十二月二十八日到任，十三年七月十三日去任。

孙宏度，直隶河间府阜城县人。由生员医书馆效力，议叙，十一年选授松江府经历，十四年八月调元和县县丞，十四年十一月二十八日到任。

典史

滕栻，顺天府大兴县人。由吏员于雍正四年三月初五日到任，雍正八年八月升本县县丞。

路云登，直隶真定府晋州藁城县人。由吏员于雍正八年八月初八日到任，十三年四月以年老去任。

李琚，直隶大名府魏县人。由吏员于乾隆二年三月初九日到任，乾隆十年三月十六日去任。

倪式璐，顺天府大兴县人。由吏员选授无锡县典史，调补元和县典史。乾隆十年十一月二十五日到任，乾隆二十年七月十六日告病去任。

高祈，湖北汉阳县人，顺天府大兴县籍。由吏员于乾隆十七年选昭文县典史，调元和县典史。乾隆二十一年正月十九日到任，现今请改归汉阳县籍。

巡检

章方来，顺天府宛平县人。由内阁供事，于康熙六十一年六月二十九日到长洲县巡检任，雍正四年二月初八日分属元和，六年二月丁忧去任。

周英，顺天府宛平县人。由吏员于雍正六年十一月初十日到任，乾隆元年七月丁艰去任。

童绍美，顺天府大兴县人。由吏员于乾隆二年四月二十一日到任，于乾隆九年四月初三日丁母忧卸事。

阮斌，浙江绍兴府诸暨县人。由吏部堂吏兼则例馆供事，选授元和县陈墓司巡检，于乾隆九年十月二十一日到任，乾隆二十年十月二十六日缘事离任。

张三重，河南河南府巩县人。由总吏役满即用，历署海州吏目、高桥司巡检、淮安府山阳县典史、荆溪县典史，调补元和县角直司巡检，于乾隆二十一年九月初四日到任。

儒学训导

陈于堂，江南扬州府江都县人。岁贡生，康熙五十六年四月初十日到长洲县儒学训导任，雍正四年三月初二日改授元和，七月十七日以改授主簿去任。

孔传爔，江南常州府江阴县人。岁贡生，雍正四年七月十八日到任，十二年十二月年老休致。

沈位，淮安府盐城县人。岁贡生，雍正十三年七月十三日到任，乾隆四年十二月十二日去任。

吴弘文，松江府娄县人。雍正甲辰科举人，长洲县儒学教谕，署元和县儒学训导，乾隆四年十二月十三日到任，乾隆五年闰六月二十四日卸事。

吴中衡，徽州府歙县人。副榜贡生，中雍正己酉科副榜，任颍州府亳州训导。丁忧服满，乾隆五年补授元和县儒学训导，闰六月二十五日到任，乾隆十六年十二月十六日升授常熟县教谕去任。

费天修，江南扬州府甘泉县人。由廪贡生捐训导，乾隆十六年选授元和县训导，本年十二月十七日到任，于乾隆二十四年闰六月二十八日丁父忧去任。

王廷敭，徽州府歙县人，寄籍浙江。中乾隆丙辰举人、壬戌会试明通榜，改归江南。乾隆十四年十二月任长洲县教谕，于二十四年七月初四日署元和训导，二十五年三月初四日卸事。

李良弼，江南镇江府金坛县人。由岁贡生国子监肄业期满，于乾隆二十四年八月选授元和县训导，二十五年三月初四日到任。

卷九

兵防

先王弧矢之利以威天下，必有事于备兵，然兵所以卫民，即所以用民，故寓兵于农，甸出长毂，后世乡兵之设，犹有古之意哉！元和东连水国，非剑盾矛铤之地，宜讲者水师，宜法者团练。宋元以来，军伍之制载在典籍，要在备兵而知所用，则弭盗安民之策系此矣！所以沿湖塘汛具列如左，其宜设而未备者，俟长民者之筹画焉。志兵防。

东塘自娄门吊桥起至昆山县界，计程五十里。

里跨塘汛

营房三间、炮台五个、牌坊一座、木楼一座、旗杆一根。

外跨塘汛

营房三间、炮台三个、牌坊一座、木楼一座、旗杆一根、烟墩一座。坐落陆金坝。

小彝亭汛

营房三间、炮台三个、牌坊一座、木楼一座、旗杆一根、烟墩一座。坐落护门泾桥。

大彝亭汛

营房三间、炮台三个、牌坊一座、木楼一座、旗杆一根、烟墩一座。坐落陆市铺。

南塘自葑门外灭渡桥至吴江县界，计程三十里。

接渡桥汛

营房三间、炮台五个、牌坊一座、木楼一座、旗杆一根、烟墩一座。坐落灯草桥南。

宝带桥汛

营房三间、炮台五个、牌坊一座、木楼一座、旗杆一根、烟墩一座。坐落尹山桥北茶亭。

夹浦桥汛

营房三间、炮台五个、牌坊一座、木楼一座、旗杆一根

附郭阊门外

圣塘湾汛

营房三间、烟墩三座、牌坊一座、旗杆一根。

元和娄门外东境至陆市铺交昆山县界，旧时设险凡三重：官渎桥营，所以捍卫娄门，为第一重；陆泾桥，筑土坝，建敌楼，设团营于阳城湖滨，为彝亭官渎二营之策应，为第二重；最东近陆市铺，设小彝亭营，若外户然，为第三重，其地南有沙湖，北有阳城，最为险要。前明兵备任公环防御倭寇，尝奏大捷，即第三重处也。北有阳城村团营、相城团营，为湖防而设；获区团营，为彭漴而设，皆缺一不可。

葑门外东境六里为黄石桥营，又六里为金泾漴，又六里为斜塘营，又六里为塘浦营，向有巡司，后并于陈墓司。吴淞江转折而南处也，土坝在焉。自此而东为六直浦，接昆山界。塘浦设险，防吴淞江水寇之患。

葑门外东南境一里许有瓦屑泾，在接渡桥北。从此境入，历朝天湖，六里至独墅湖，三里至镬底潭，又东八里至陈湖，又东南至淀山湖，又东南至泖湖。陈湖旷野，难于设备。镬底潭有村落，驻兵于此，水寇从松江三泖来者，可以御之。

葑门外直南境，历接渡桥营，过此为尹山镇，过此为夹浦，乃吴淞江上流也。东通淀湖三泖，西对夹泾港，连太湖，南抵吴江莺脰诸湖。此处宜设团营官兵，而其东吴淞江诸处又设兵以为外障，则水寇西不得犯吴江，北不得犯长洲，而犄角之势成矣。

齐门外直北境五里为陆墓，又五里为周泾铺，又二里为蠡口，从此而北至永仓敌楼，与常熟接壤，即所谓元和塘也。通计团营之设者七，无量营、石家浜营、夹塘东西四立，乃第一层；陆墓营、南桥镇营，亦东西立，乃第二层；陆墓之北为蠡口营，蠡口西北为冶长营，冶长东北为永仓营，形如鼎足，乃第三层。塘之东为彭漴，为阳城湖、施泽湖，通常熟、昆山二县；塘之西为长荡，为漕湖，为黄埭荡，通无锡县。蠡口者，郡城之北户也，度地驻防，无逾于此。

浒墅，在阊门外西北境二十五里，南北运道要冲也。有户部钞关。其南为枫桥，东北为虎丘、山塘，皆商贾骈集、物货辐凑之地。浒墅设险，而又设望亭团营以联缀之，境之西北得外卫焉。连上一则系长洲境，恐形胜不全，故备列于此。

乾隆四年，添建尹山桥汛营房三间。十五年，添建炮台五座。

卷十

风俗

班孟坚有言：南隅好商贾，召父富以本业；颍川好争讼分异，黄韩化以笃厚。故善为政者，将使潜移而默率，必先端本以清源，则民情无矫拂之劳，风俗有更新之美。圣朝政教翔洽，海内时雍于变。然每降谕旨，犹谆谆以正人心、维风俗为急务，诚以下之所为俗，即上之所为治也。元和地当吴会，素号名区，新分望邑，其风俗之醇漓，今昔之更变，有可考而知焉。任司牧之责者，所当留心补救者也。志风俗。

今之元和，昔之长洲也。昔之长洲，古之吴会也。风气习俗，大约不甚相远，然细分之，即一城之内亦有各不相同者。娄、葑偏东南，其人多俭啬，储田产；齐门勤职业，习经纪，不敢为放逸之行；盘门地僻野，其人家多贫，类乔野习于礼貌，娴于世务者鲜；阊、胥地多阛阓，四方百货之所集，仕宦冠盖之所经，其人之所见者广、所习者奢，拘鄙谨曲之风少，而侈靡宕佚之俗多矣。

今元和境内娄、葑为多，而虎丘、山塘与阊为近，国奢示俭，国俭示礼，移佩犊之风而起弦歌之化，所贵先达垂之懿范，司牧示以准绳云尔。

《史记·吴泰伯世家》曰：泰伯之奔荆蛮，自号勾吴，荆蛮义之，从而归之千余家。其后，季札亦贤而让国。故吴中之士彬彬礼让，泰伯实开风气之始。

延陵季子以让国立名，而太史公称为闳览博物君子，以其请观周乐，见微而知清浊也。然则博学多闻，亦始自延陵者乎？《汉书·地理志》云：吴有严助、朱买臣贵显，汉朝文辞并发，然则吴地文章之始，实开于严、朱也。人皆知子游以文学倡导东南，抑知前有延陵，后有严、朱，其功亦未可没耶？

《史记》：吴自阖庐、春申、王濞招天下喜游子弟，都会之间，浸浸称浮靡矣。又曰：项梁以兵法部勒吴中之豪，及项籍以八千子弟渡江，百战百胜，宜其民风习于武健，然迄今风俗工文词而薄骑射，多仁柔而少刚决，则知山川风气不可强也。

东汉桓帝永兴二年，麋豹为吴郡太守，按行属邑，问风俗于功曹唐景，景对曰："处家无不孝之子，立朝无不忠之臣，文为儒宗，武为将帅。"时人善其对。

陆士衡《吴趋行》美其山泽藏育，土风清嘉，文德礼让，多士济济。谢灵运《会吟行》远称越叟，近溯梁鸿，书土风而美贤达。至其层台飞阁之巍峨，飞燕鹢首之游历，知其风俗之由来者远矣。

《隋志》：风俗澄清，道教隆洽。

明季，士大夫好持清议，敦气节，重名义，善善同清，恶恶同浊，有东汉党锢诸贤之风。其小人亦慷慨慕义，公正发愤，然或时捍法网。

本朝初载，遗风犹存。近数十年来，缙绅先生杜门扫轨，兢兢自守，与地方官吏不轻通谒。或间相见，备宾主之礼以去。学宫士子多读书自好，鲜履讼庭。富厚之家，踊跃急公，输将恐后。其小人重犯法、少生事，固教化之隆，亦风俗之厚也。

吴中人文甲于天下，今核其在元和境中世近而名尤著者：明初高季迪启，诗为一代之冠；正嘉间，四皇甫连镳接轸，海寓艳称。高居吴淞之青丘，皇甫居县治东北孔夫子巷，今元和界也。

本朝古文推汪编修琬，制义推韩宗伯菼。汪家于阊门下塘而别墅在虎丘，韩居娄门内，地皆属于元和。自有明三百年来，先后诗文宗匠，蔚然代兴，可以识地灵矣。

《颜氏家训》曰：邺下风俗多以妇持门户，江东妇女绝无交游。吴中至今此风未变，秉礼之家，闺门整肃。族党姻戚，多终身不相识面。邻里之门，有没齿不相通名者。

吴中男子多工艺事，各有专家，虽寻常器物，出其手制，精工必倍于他所。女子善掺作，织纴刺绣，工巧百出，他处效之者莫能及也。

昌黎韩子曰："风俗与化移易。"向未尝不敦庞淳厚，而后凌夷者有之矣。吴中典礼自守，衣冠尔雅，土物盖藏，号称最盛。今则安逸乐，竞侈靡，虽舆台贱隶高门大宅、御舆乘马，衣服不衷，饮馔无度。即妇人女子，轻装直髻，一变古风。或冶容炫服，有一衣之值至二三十金者。昔贾生言风俗之弊，富人大贾以衣绣被墙，而倡优下贱帝服后饰。今日之弊，正坐于此。文繁而质寡，外富而中贫。僭越既久，日流匮乏，欲民之无饥、无寒，不可得也。《诗》曰："彼都人士，垂带而厉。彼君子女，卷发如虿。"令人慨然有余慕焉。

往时，前辈别流品，重门第，清门旧族，虽世远凌替，人犹目而敬之曰：“此某先生之后。”至于市井家，虽富比陶顿，而吐弃不顾。近今以来，素封之家莫不结纳当路、攀附荐绅，人亦乐与之交，或重以婚姻。而旧德名贤之后式微不振，足及门而不通者有之矣。

《记》有之曰：“教训正俗，非礼不备。”则礼者乃风俗之本源、善治之良法也。礼之最切者，冠婚丧祭，而踵事增华，日新月盛，有不可不为厘革者。冠礼，古人首重三加之典、筮日之仪，所以尊元首、责成人也，近今罕有行者。孩提之童，髫龀之岁，皆已有冠，冠之也易，则虽成人而冠者亦忘其所以为冠之义矣。其能隆饰品行以不愧成人之道者，所由鲜也。次而婚礼，乃人伦之始，系宗祧之重，古人傧相必择士类，今则用庸俗小人，诵秽亵鄙语，掠发牵巾，俗陋可笑。近复争尚奢侈，僭拟无节，舆肩八座，婢用宫妆，转相仿效，夸荡成习。此风不革，何以正俗？至于丧者，送死之大端，罔极之至痛，必诚必信，致敬致哀。今乃用鼓乐、用优人，命曰参材，是居忧之地，适为听乐之所也。若夫吊丧之礼，古人只鸡絮酒、生刍一束，千里来临，皆必有故。孔子云：为汝哭也，来者拜之。知伯高而来者，勿拜也。今则泛传讣音，牵率贵介，轩盖络绎，酒食讙呶，以漠不相识之人行漠不相关之吊，此何故也？至于祭者，三鼎五鼎，古人皆有定分。今则贩夫贾竖家，稍充腴，牲牢满座，祭奠连床，筵陈彝鼎之器，屏列谄媚之词，识者见之，哑然失笑。此等风俗，必礼教彰明，然后可以挽回而整齐之。大端之当革者如此。

吴、长、元三邑，皆附郭吴邑，田较瘠薄，而土产特饶。山有松薪，林有果实，圃有瓜蓏，兼种桑饲蚕，所在利益，故赋税易完。长、元二邑田多额重，力农外无他业，一遭水旱，正供易亏，逋欠岁积，日受扑抶，而官长亦多亏空之累，非民有浮顽，亦地势使然也。

东城之民多习机业。机户名隶官籍，佣工之人，计日受值，各有常主。其无常主者，黎明立桥以待唤，缎工立花桥，纱工立广化寺桥。又有以车纺丝者曰车匠，立濂溪坊。什百为群，粥后始散。向时颇称乐业，今则多失业矣。而机户以织作输官，时或不足，至负官债而补苴无术者，亦往往然也。

苏布名称四方，习是业者在阊门外上、下塘居多，谓之字号。自漂布、染布及看布、行布各有其人，一字号常数十家赖以举火，惟富人乃能办此。近来本重而利微，折阅者多亦外强而中干矣。

吴地善讴乐府，所传《白纻舞辞》《白符舞辞》《白凫鸠舞辞》，有舞必有辞，辞以节舞也。音虽纡缓，而讽劝存焉。他如《江南弄》《江南曲》《采莲》《采菱》等曲，皆得《吴歈》之遗。自魏良辅创为新声，竹肉相间，一字几度，一刻袅袅，欲绝将绝，复萦淫哇并起，而古意亡矣。此声音之微具，有古今升降之感。

虎丘、山塘，吴中游赏之地，春秋为盛，冬夏次之。每花晨月夕，仙侣同舟，佳人拾翠，暨四方宦游之辈，靡不毕集。读白乐天《宴游》诸诗，唐时已然矣。其间花市则红紫缤纷，古玩则金玉灿烂，孩童弄具，竹器用物，鱼龙杂戏，罗布星列，令人目不暇给。至于红栏水阁点缀，画桥疏柳，斗茶赌酒，肴馔倍于常价，而人愿之者，乐其便也。虽游者不无烦费，而贫民之赖以养生者亦众焉。

虎丘人善以盘松、古梅、时花嘉卉植之磁盆为几案之玩，一花一木皆有可观。人家苑囿中有欲栽培花果、编葺竹屏草篱者，非其人不为工。相传宋朱勔以花石纲误国，子孙屏斥不与四民之列，因业种花，今其遗风也。

士、农、工、商谓之“四民”。吴中贫户不务职业子弟，少岁教习梨园，色艺既高，驱走远方，献媚取利。此游惰民之最而寡廉鲜耻之尤者，里巷翻为美谈，亦可丑矣。至慕女作门楣，多重财货而轻骨肉者，此又君子所不忍道也。

吴中有三大蠹：一为讼师，民间凡有狱讼，出为谋主幻辞狡诈，惑乱官长，往往倾人之家；一为奸胥，舞文弄法，修怨肆螫，甚者能刺阴事以挟持官长；一为打降，言威胁人使降也。凡两造讦讼对簿乍毕，辄伺伏狙击，以假命诬人者亦多号召之，此辈积恶酿祸，每鲜令终。然前后相承，愍不畏死。司牧者为民除弊，当以此为首务云。

吴俗信鬼好巫，诸祀典不载者，每崇奉之，而祀五通神尤甚。巫言神娶某女为妾，女心动，鬼物若或凭之，久之，得羸疾死。又有求利之徒，书券契向神乞贷纸钱后，家道日兴，岁竭筋力千倍偿之，否则家立破。愚民奔走若狂，积三百余年矣。中州汤潜庵斌抚吴，疏于朝，土偶沉诸湖，木偶畀诸火，其患遂绝。然今迎神赛会之风未息也。前五六年，诡言春申君娶妻，极金珠、翠钿、侍女、从嫁、鸾旗、鼍鼓、龙笛、凤箫之盛，大家命妇有送嫁祠庙者，一时举动，传笑四方，而长民者不之问也。西门豹之投女巫，狄梁公之废淫祀，果异人任与？

量晴较雨，农人之长技。而元和所分，水泽为多，加以近年水旱屡见，晴雨关系尤重。田家五行口诀宜留心焉。每岁元旦，占候风云。风自东南来，岁必大稔。东风次之，东北又次之，西则歉，西北有红云气则稔，白黑则歉。谚云：“岁朝乌漉秃，高低田稻熟。”元旦立春最佳。谚云：“百年难遇岁朝春。”立春日宜晴暖。谚云：“春寒多雨水，春暖百花香。”八日为谷日，俗呼为上八，是夜看参星过月西则旱，否则多水。谚云：“参星参在月背上，鲤鱼跳在镬榧上。参星参在月口里，种田种在石臼里。”又云：“上八不见参星，下八不见红灯。”

自元旦至十二日，当一岁之月，以瓶汲水，日准其轻重，以卜水旱。重则是月多水，轻则旱。正月十五夜月明时，建木表于地，长一尺五寸，据表之长而中分之为七寸半者，二月影适及为丰，不及则旱，过则水。二月十二日为花朝，晴则百物成熟。谚云：“有利无利只看二月十二。”三月亦喜晴，麦乃有秋。谚云：“三月沟底白，莎草变成麦。”上巳日听蛙声占水旱，午前鸣者高田熟，午后鸣者低田熟。唐人诗：“田家无五行，水旱听蛙声。”四月初八日夜雨则伤小麦。谚云：“小麦不怕神共鬼，只怕七日八夜雨。”十六日晴则水，大雨则旱，惟阴云为佳。芒种后逢壬日为入梅，梅天多雨，梅水极佳，蓄之瓮中，水味经年不变。《稗雅》云：“四五月间，梅欲黄落，蒸湿而雨，谓梅雨。”天寒主旱。谚云：“黄梅寒，井底干。”夏至日起，时时分三节，共十五日，三日为头时，五日为中时，七日为末时。梅雨时雨，田所必资也。方梅而雨则主旱，时尽而雨则主涝。谚云：“高田只怕迎梅雨，低田只怕送时雷。”中时而雷谓之腰鼓报，亦主多雨，名倒黄梅。五月忌甲申、乙酉日雨，雨则大水。《道山纪闻》云：“春夏甲申日雨，占为米贵。秋甲子雨，则稻禾吐芽，亦主谷贵。”《便民图纂》又云：“春甲子雨，撑船入市；夏甲子雨，赤地千里。秋甲子雨，禾头生耳；冬甲子雨，飞雪千里。”又五月朔旦为旱禾本命日，忌雨。四月二十日为小分龙日，五月二十日为大分龙日，前此雨必遍及。自分龙后，或及或不及，若有分之者。谚云：“夏雨隔田晴。”分龙次日雨则主丰稔。六月初不宜雨。谚云：“初一落雨井泉枯，初二落雨井泉浮，初三落雨连太湖。”小暑日若东南风及成片白云起，则有舶趠风，主退水兼主旱。苏东坡诗：“三时已断黄梅雨，万里初来舶趠风。”三伏宜晴宜热。谚云：“六月弗热，五谷弗结。”立秋日忌雷。谚云：“秋孛辘，损万斛。”秋后虹见为天收，虽稔亦减分数。处暑日喜雨，白露日雨主歉收。八月二十四日为稻藁生日，雨则藁多腐。谚云：“烧干柴，吃白米。”八月露下而雨为淋露，九日霜降而云为护霜。秋分在社前则田有收而谷贱，在社后则无收而谷贵。谚云：“分后社，白米遍天下；社后分，白米像锦墩。”九月九日晴，冬无雨雪。谚云：“九月十三晴，钉靴挂断绳。”霜降日有霜则米贵，小雪日见雪则米贱。十一月十七日为弥陀佛生日，东南风则米贵，西北风则米贱。谚云：“风吹弥陀面，有米也不贱；风吹弥陀背，无米也不贵。”冬至后逢第三戊为腊，腊前三番雪谓之三白。谚云：“若要麦，见三白。”又云：“腊雪是被，春雪是鬼。”主来岁丰，杀蝗虫子。谚云：“一寸雪入泥深一尺，一尺雪入泥深一丈。”苏东坡诗：“遗蝗入地应千尺。”郡志及长邑志俱载袁宏道《岁时纪异》云：立春日迎春于东郊，竞看土牛。今娄门有迎春坊，因是得名。元旦爆竹三声，然后启户。家之长幼列拜神祇，谒祠堂祖宗像，后拜尊长，以次贺岁，作春盘，啖节糕。佛寺烧香，礼年忏。今俗尚拜年，有从未识面而互相投帖拜贺，以多为荣者。然守礼清门，尚无此风。五日祀五路神以祈利达。上元食油饎、粉丸，采松枝、竹叶结棚于通衢。昼则悬彩，杂引流苏；夜则燃灯，辉煌火树。朱门宴赏，衍鱼龙，列膏烛，金鼓达旦，名曰灯市。此风因岁歉民贫，久衰歇矣。妇女走历三桥，云可免百病。二月始和，即命楼船箫鼓游山览胜。十九日，相传观音大士诞辰，游支硎山，士女连袂进香。清明插柳扫墓。四月八日，浮屠以释迦诞，作浴佛会。端午为龙舟竞渡，户帖朱符，食角黍、石首鱼，饮雄黄菖蒲酒，簪榴花、艾叶，以辟邪。取蚕茧剪虎形，簪于髻右，名茧虎。今则䌷为之，或并用金丝，又加以蒜粽之类，并为人以坐虎背，名曰健人。六月二十四日游荷花荡，七夕乞巧穿针。今将面作花油煎，名巧果。十五日中元，修斋荐亡，为盂兰盆会，谓之鬼节。八月朔，取草头露磨墨，点小儿额、腹曰天灸。中秋，倾城游虎丘，笙歌彻夜。十八日昏时，登楞枷山望湖亭，看石湖中串月。二十四日，以新秫米为糍饵，祀灶。重阳登高，游治平寺。袁中郎云：“苏州三件大奇事：六月荷花二十四，中秋无月虎丘山，重阳有雨治平寺。”寺中牵羊赌采，为摊钱之戏。饮黄花酒，作骆驼蹄食之。今以糕代，名重阳糕。十月朔下元，再谒墓。冬至，尊长处贺节。入腊，舂一岁粮藏之藁囤，呼为冬舂米。今人多用仓廒，其米之杵多而好者曰四糙，次米冬舂，间有七日即黄者，此为下品。十二月观傩于市。初一日，扮男女灶王，向人家跳舞乞钱，至二十四日止。八日以菜果入米为粥，曰腊八粥。二十四日，拂屋尘，祀灶。是夕爆竹。旧志注引范成大《爆竹行》，直是火烧竹耳，今之所谓炮竹者，非是物也。以硝黄等类火药数种，用纸数十层，名曰炮杖，极小如豆，极大至尺许，有一声、双声至数十声者，声多者名霸王鞭，又名子孙炮杖，迎娶者用之。各燃火炉于门外，焰高者喜，谓之糁盆，今谓之松盆。田家烧长炬，名照田蚕。除夜，复炮竹，焚苍术及辟瘟丹，饮守岁酒。夜分祀瘟。今祀井祀门有之，祀瘟则无。易门神，更春帖，接新岁灶神，封井泉，插松柏、芝麻秸于檐端，画石灰于道，象弓矢以射祟。今亦有画米囤、飞钱之类于室中。一岁风俗，大抵如此。

《郡志》有《方言》一段，其中有不合于今者去之，合者存之。如相谓曰侬，如你侬、我侬也。谓不慧曰呆，范成大有《卖痴呆》诗。问为何如曰宁馨，晋山涛谓王衍：“何物老妪，生此宁馨儿？”谓嬉戏曰薄相，薄音勃。谓不任事曰缩朒，《汉·五行志》：“王侯缩朒。”骂佣工曰客作，《汉·匡衡传》：“衡乃与客作，而不求价。”谓绦脱之蕊为苏头，挚虞云：“流苏者，缉鸟尾垂之[1]若流然，以其蕊下垂，故曰苏。"谓葺理整齐之曰修娖，唐中和二年，修娖步伍。谓责人而姑警之曰受记，警谕以俟其悛改也。责人曰数说，如汉高之数项羽，范雎之数须贾，数其罪而责之。指镮曰手记，郑康成《诗笺》云：后妃群妾以礼御于君所，女史书其日月，授之以镮。当御者著于左手，既御者著于右手。谓虹曰鲎，许候切。嘲笑人曰阿癐癐，谓冷暖适中曰温暾，王建诗："新晴草色暖温暾。"发粘曰膱，音织。《考工记》："凡昵之类注。"物之不齐曰参差，参音搀，差音叉。七参八差是也。谓多聚曰多许，许字音若黑可切。语后每曰那，《后汉书》"公是韩伯休那"。亦曰哉。《左传》："诺哉，与君王哉。"

① "垂之"原作"重之"，据《乾隆苏州府志·风俗》改。

卷十一

土田

马端临云：古人重田，后人重赋。重田，故疆里沟洫饬治维勤；重赋，故稳秸输将钩稽必悉，而不知重赋者，益不得不重田也。吴中之赋甲于天下久矣，夫田以泽国而腴，亦以泽国而削。今元和分壤，直葑、娄二门以东，登城一眺，汪洋瀰漫，皆巨浸也。淫潦一降，尾闾莫泄，则千万顷之绿畴、紫陌、红稻、香粳胥灭没于烟波浩淼之中矣。又况濒江绕湖之产，洪涛骇浪，日夕舂撞，其化为无何有者，何可胜道？而挂版籍者如故，奉催科者如故也。他如公占无产、积荒无主者，复不少焉，有心者其可不亟为之所乎？

今首标新邑土田总额，以举其纲；次列田、地、山、荡科则高下、荒熟之数，以详其目，纲目既举，开卷瞭然，然后仰稽前代田制，凡有关兹土者，悉以次附列。迄于今时，若前人论著可法、可传者，亦录之，以备采择。志土田。

雍正三年，始置元和。新县疆域既定，土田是分，所实征田、地、山、荡、溇、堑共六千一百六十五顷八十二亩一分一厘五毫，内实熟田、地、山、荡、溇六千六十七顷九十三亩一分九厘一毫；原荒田、地、山、荡、溇九十七顷八十八亩九分二厘四毫。

计田地五千七百九十九顷八十亩二分五厘六毫，内实熟田地五千七百一十七顷六十九亩三毫，原荒田地八十二顷一十一亩二分五厘三毫。

三斗七升五合田五千五百七十七顷一十亩六分八厘八毫。内实熟田五千五百二十四顷四十五亩一分二厘九毫，原荒田五十二顷六十五亩五分五厘九毫。

三斗田一顷八十八亩三分五厘五毫。内实熟田一顷七十亩八分七厘九毫，原荒田一十七亩四分七厘六毫。

二斗八升田七十七顷二十七亩一分四厘六毫。内实熟田六十八顷三十九亩八分三厘五毫，原荒田八顷八十七亩三分一厘一毫。

二斗六升一合七勺田二十五亩二分五厘七毫。实熟。

二斗六升田二顷八十八亩六分五厘五毫。内实熟田一顷二十亩四分一厘四毫，原荒田一顷六十八亩二分四厘一毫。

二斗五升田二顷十四亩六分五厘。实熟。

二斗三升田一顷五十亩八分七厘三毫。内实熟田一顷四十七亩一分八厘八毫，原荒田三亩六分八厘五毫。

二斗田七十八顷一十三亩一分八厘八毫。内实熟田六十八顷八十亩一分六厘九毫，原荒田九顷三十三亩一厘九毫。

一斗八升七合五勺田三十七亩三分三厘五毫。实熟。

一斗八升田一十七顷九十五亩三分四毫。内实熟田九顷四十三亩七毫，原荒田八顷五十二亩二分九厘七毫。

一斗六升田一亩三分二毫。实熟。

一斗五升田四顷七十九亩九分四厘四毫。内实熟田四顷七十九亩七分四毫，原荒田二分四厘。

一斗三升三合水堑六亩三分。实熟。

一斗三升田四十七亩六分二厘四毫。实熟。

一斗二升五合八勺田九亩七分八厘。实熟。

一斗二升五合田二顷六十六亩六厘二毫。实熟。

一斗二升二合田六分三厘五毫。实熟。

一斗二升田二顷七十一亩四厘一毫。实熟。

一斗一升九合田四十八亩二分八厘五毫。实熟。

一斗一升三合田二顷一十六亩一分二厘七毫。实熟。

一斗九合田七十九亩三分三厘九毫。实熟。

一斗三合田一十亩九分二厘八毫。实熟。

三斗七升五合地三顷三十七亩三分四厘一毫。内实熟地三顷二十六亩一分六厘八毫，原荒地一十一亩一分七厘三毫。

二斗八升地四顷二十一亩二分七厘。内实熟地四顷一十九亩一分九厘五毫，原荒地二亩七厘五毫。

下则一斗三升一合五抄地一十八顷三十二亩四分七厘七毫。内实熟地一十七顷六十二亩三分，原荒地七十亩一分七厘七毫。

六斗地一分。实熟。

四斗地二分五厘。实熟。

计荡三百六十六顷一亩八分五厘九毫，内实熟荡三百五十顷二十四亩一分八厘八毫，原荒荡一十五顷七十七亩六分七厘一毫。

一斗荡一百五十七顷一十五亩九厘二毫。内实熟荡一百四十二顷七十一亩三厘九毫，原荒荡一十四顷四十四亩五厘三毫。

七升荡九十六亩五分五厘九毫。实熟。

五升荡一百四顷三十六亩四分一厘五毫。内实熟荡一百三顷三十三亩九分七毫，原荒荡一顷二亩五分八毫。

四升二合荡二千亩九分二毫。实熟。

四升一合荡三十二顷六十五亩八分三厘五毫。内实熟荡三十二顷六十四亩八分七厘二毫，原荒荡九分六厘三毫。

三升五合荡二十二亩八分一厘一毫。实熟。

三升三合荡二顷七十四亩五分二厘三毫。实熟。

三升荡三十顷九亩八分五厘一毫。内实熟荡二十九顷八十六亩六分七厘二毫，原荒荡二十三亩一分七厘九毫。

二升荡九十四亩九分九毫。实熟。

一升五合荡一十顷五十二亩八分。内实熟荡一十顷四十五亩八分三厘二毫，原荒荡六亩九分六厘八毫。

止征一斗荡二亩八分七厘。实熟。

止征五升荡二十三顷六十九亩六分八厘。实熟。

止征三升荡二顷三十九亩六分一厘二毫。实熟。

按：元和分土，其前代疆理之法久载在长洲邑志中，宜未有异也。然观长邑旧志，惟约举宋元以来田制、顷亩、斗则、高下之数，以备遗忘，而不知古人当日所为制田之政、设田之官与论著修治水田之要者，其良法美意，时昭著史册间，而秕政之为田害者，亦自不少，不宜概置弗论也。用更订其有关兹土利弊及可为莅兹土之法戒者，益附入焉，庶经国者得有所考鉴云。

宋制

充进军仓者曰公田。亩租上自一石五斗，下至七斗一升四合。

傍江湖水浅处筑围为田曰围田。亩租四斗至三斗。

经理沙涨地为田曰沙田。亩租三斗至二斗。

开垦草地为田曰成田。亩收二斗。

民用工力耕种在公闲田曰营田。亩租四斗至三斗二升。

给与文武官员养廉地，召民佃种曰职田。亩租上自八斗七升，下至六斗三合五勺。

断没各项田土曰没官田，亦曰常平田。

乡民出助保正差役者曰义役田。

官买民田，岁储备荒曰局官租田，又曰社仓田。

给养鳏寡孤独、老幼残疾曰养济局田，亦曰居养院田。

官发以充囚食曰囚粮田。以上科租，高下有差，高者不逾一石五斗，下至三斗。

政和六年，立管干圩岸围岸官，法三年无隳损湮塞者赏之。平江府修围田二千余顷。《宋史》。

嘉祐五年，转运使王绳臣建议请令苏、湖、常、秀修作田塍，位位相接，以御风涛。令县官教诱殖利之户自作塍岸，定其劝课，当时推行之。《宋史》。

绍兴二年，诏守令到任半年，具水源湮塞合开修处以闻；任满日，以兴修水利图进，其劳效明著者赏之。《宋史》。

按：以上三则，真治吴要务，但必如朱子所云，推择官吏，委任责成，以实心行之，乃克奏效耳。

范文正公尝言于朝曰：江南围田，每一围方数十里，中有河渠，外有门闸，旱则开闸引江水之利，涝则闭闸拒江水之害，旱涝不及，为农美利。尝询诸高年，云曩时两浙未纳土时，苏州有营田军四部，共七八千人，又有撩浅夫，专为农事导河筑堤，以减水患。于是岁熟，钱五十文籴米一石。自归宋之后，慢于农政，不复修举田围，河港大半堕坏，江浙之米石不下一贯，比之往时，其贵十倍，民安得不困？国安得不虚也？《文献通考》。

乾道六年，监进奏院事李结献《治田三议》：一曰敦本，二曰协力，三曰因时。司农丞郑亶议云："古人治塘浦阔深者，盖欲取土以为堤岸，非专为决积水。若堤岸高厚，借令大水之年，江湖之水高于民田五七尺，而堤岸尚出于塘浦三五尺，故虽大水不入于民田，民田既不容水，则塘浦之水自高于江，而江之水亦高于海，不须决泄而水自湍流矣。此古人治低田之法也。若知决水而不知治田，则所谓开浚之地，不过积土于两岸之侧，霖雨荡涤，复入塘浦。不五七年，填淤如旧，前功尽弃。为今之务，莫若专务治田。乞诏监司守令相视苏、湖、常、秀诸州水田塘浦，紧切去处，发常平义仓钱米，多寡量行，借贷与田主之家，令就此农隙作堰车水，开浚塘浦，取土修筑两边田岸，立定丈尺，众户并力，官司督以必成。且民间筑岸，所患无土。今既开浚塘浦，积土自多。而又塘浦阔深，易以流泄。田岸既成，水害自去。此臣所谓敦本之义也。百姓非不知筑堤固田之利，然而不能者，或因贫富同段而出力不齐，或公私相吝而因循不治，非协力不可。百姓所鸠工力有限，必赖官中补助。官中非因饥歉，难以募民，兴役非因时不可。"《宋史》。

《文献通考》云：江东水乡，堤河两涯而田其中，谓之圩。农家云：圩者，围也。内以围田，外以围水，盖河高而田在水下。沿堤通斗门，每门疏港以溉田，故有丰年而无水患。

绍兴元年，诏议修圩官赏罚。《宋史》。

元制

田用围法，长洲通县田共一千七百八十八围。元世祖颁《农田辑要》之书，于民立司农司，专掌农桑、水利分布。劝农官及知水利者巡行郡邑，察举勤惰。所在牧民长官提点农事。岁终，第其成否，转申司农司及户部，户部考之以为殿最。又颁《农桑之制》一十四条于民，语繁，不能尽载。《元史》。

明制

洪武初，定天下土田为二等，曰官田，曰民田。官田如职田，如学田，如没入田，皆谓官田。准官田则起科，而没入官田，有一没再没至三四没者，等则递增，科米一石仅折银二钱五分，以宽之民田，如新开，如沙塞及民间所买之田，与夫寺观田，皆谓之民田。准民田则起科租二等，曰夏税，曰秋粮，有本色，有折色。盱江邓元锡《函史》。

按，《续文献通考》云：张士诚据姑苏，常遇春等统兵攻之，久不下。太祖怒其附寇，籍没义兵头目田及遍赐功臣田，悉照租额为税额，立其名曰官田，每亩起科至七斗五升，而民田则不过五斗起科。又按《长洲志》云：洪武初，官田凡一十一则：七斗三升、六斗三升、四斗三升、三斗三升、二斗三升、一斗三升、一斗五升、三升、一升。又功臣还官田、开垦田，俱名官田，上则一石六斗三升。又抄没田凡六则：七斗三升、六斗三升、五斗六升、五斗三升、四斗三升、四斗。又民田十则：五斗三升、四斗三升、三斗三升、二斗六升、二斗三升、一斗六升、一斗三升、五升、三升、一升之不同，是官民田之轻重又未可概论矣。

又按，王鏊云：洪武初，官田重额止于七斗三升，而令民间乃有一石三斗、一石六斗或二石者，盖莫知其所始，岂所谓抄没官田者乎？固非定则也。观此则知明初之田制在当时已不可考矣。

《日知录》云：官田自汉以来有之。《宋史》：建炎元年，籍蔡京、王黼等庄以为官田。开禧二年，诛韩侂胄。明年，置安边所。凡侂胄及其他权倖没入之田及围田、湖田之在官者，皆隶焉。输米七十二万一千七百斛有奇，钱一百三十一万五千缗有奇而已。景定四年，殿中侍御史陈尧道、右正言曹孝庆、监察御史虞宓、张晞颜等言：乞依祖宗限田议，自两浙江东西官民户逾限之田，抽三分之一买充公田，得一千万亩之田，则岁有六七百万斛之入。丞相贾似道主其议，行之。始于浙西六郡，凡田亩起租满石者，予二百贯，以次递减。有司以买田多为功，皆谬以七八斗为石。其后，田少与硗瘠，亏租与佃人负租而逃者，率取偿田主。六郡之民，多破家矣。《理宗纪》言：平江、江阴、安吉、嘉兴、常州、镇江六郡已买公田三百五十余万顷。而平江之田特多。元之有天下也，此田皆别领于官。《松江志》言：元时，苗税公田外，复有江淮财赋都总管府领故宋后妃田，以供太后。江浙财赋府领籍没朱清、张瑄田以供中宫。又《元史》：天历二年十月，立平江等处田赋提举司稻田提领所，领籍没朱国珍、管明田，以赐丞相脱脱，拨赐庄领宋亲王及新籍明庆、妙行二寺田又有汪关关满经历田。以赐影堂、寺院、诸王、近臣，又有括入白云宗僧田，皆不系州县原额，而《元史》所纪赐田大臣如拜住、燕帖木儿等，诸王如鲁王琱阿不剌、郯王彻彻秃等，公主如鲁国大长公主等，寺院如集庆、万寿二寺，无不以平江田，而平江之官田又多，至张士诚据吴之日，其所署平章、太尉等官皆出于负贩小人，无不志在良田美宅，一时献纳之产遍于平江，而一入版图，亦按其租簿没之。已而富民沈万三等又以事被籍，是故改平江曰苏州，而苏州之田多而又多。故宣德七年六月，知府况钟所奏之数，长洲等七县秋粮二百七十七万九千余石，而民粮止一十五万三千一百七十余石，官粮至二百六十二万五千九百三十余石，是一府之地无虑皆官田而民田不过十五分之一也。且夫民田仅以五升起科，而官田之一石者奉诏裁其十之三而犹为七斗，是民间之田一入于官，而一亩之粮化而为十四亩矣。此固其极重难返之势，始于景定，迄于洪武，而征科之额十倍于绍熙以前者也。

洪武二十年，进鱼鳞图册。先是，命户部核实天下田土，富民畏避差役，以田产诡寄亲邻、佃仆，奸弊百出。上闻之，遣国子监生武淳等往各处随其税粮多寡定为几区，区设粮长四人，使集粮户。耆民躬履田亩以度量之，图其田之方圆，次其事，悉书主名及田之四至，编汇成册，其法甚备，谓之鱼鳞图册。至是成上之。

按：朱子知漳州，以版籍不正，田赋不均，公私不胜其弊，惓惓议行经界。鱼鳞图册，即经界意也。

宣德七年，巡抚侍郎周忱清造田地拖圩册，赋则始清。

弘治十六年，长洲县实征官田地等项九千六百六十顷，民田地等项三千七百九十二顷有奇，学田一十四顷有奇。

按：洪武时，苏州一府田额共九万八千五百六顷。至是年会计，则官田至九万七千七百八十六顷三十五亩零，民田五万七千四百六十三顷六十二亩零。

嘉靖十七年，巡抚欧阳必进、知府王仪仿嘉兴知府赵瀛均田之策，令官田民调剂之。仪因督同通判蒙佾等，履亩清量，长洲县田地等项原额一万二千四百八十六顷有奇，今清出五百一十二顷有奇，共实科一万二千九百九十八顷有奇。

万历八年，诏行丈量田地科则一清。

按，《会典》：洪武时，天下土田总计八百四十九万六千五百二十二顷零，岁久滋弊，奸伪百出，豪强常有田无粮，而贫民日受其病矣。至弘治十五年，总计天下土田止四百二十二万八千五十八顷九十二亩零，视洪武田额且不及其半，而军国又受其病矣。时阁臣欲行清丈以洗其弊，咸以为便。诏行诸路，若有挠法者，皆请下理。以故天下奉行惟谨。凡庄田、职田、屯田、民田皆就疆理，无有隐奸。

万历四十八年，长洲县实征田、地、山、荡、溇共一万三千二百六十二顷一十六亩六分一厘五毫。其科则详见《赋税》中。

天启六年，长洲县实征田、地、山、荡、溇共一万二千九百六十一顷六十五亩五分三厘，其科则详见《赋税》中。内田地凡三十五则，共一万二千二十四顷三十二亩五分三厘三毫，山、荡、溇凡一十九则，共九百三十七顷三十二亩九分九厘七毫。

国朝

顺治二年，平定江南，其土田科则悉以前朝万历中为准。

康熙三年，清造鱼鳞册，长洲县实征田、地、山、荡、漊等项共一万三千二百六十一顷六十五亩五分四厘，科则详见《赋税》中。内学田一千六十四亩，塘工田五十亩，旧义役田一千八百五十亩，新义役田一千五百五十六亩，西宁侯禄粮田二千七顷四十一亩零，龙兴寺田一十顷九亩零。

田地凡五十七则，共实征一万二千三百二十四顷三十二亩五分四厘三毫；山、荡、漊等项凡二十二则，共实征九百三十七顷三十二亩九分九厘七毫。

康熙十五年，巡抚都御史马祜、布政司慕天颜详请题委长洲县知县李敬修清丈造鱼鳞图册，至十七年告竣。

原额田、地、山、荡、漊共一万三千二百六十一顷六十五亩五分四厘，今丈见一万三千二百七十顷一十四亩七分一厘四毫。又额外龙兴、禄粮二田、地、荡共三十七顷四十三亩一分五厘五毫，丈见与原额同。通共长洲县田、地、山、荡、漊、堑一万三千三百一十六顷五十七亩八分六厘六毫。其科则俱详载《赋税》中。

今元和县分得田、地、山、荡、漊、堑并丈升增等项共六千一百六十六顷八十二亩九分三厘八毫。又自乾隆九年起至二十三年止，通计额外升科田、地、荡一十九顷九十五亩九分二厘七毫，通共额该田、地、荡六千一百八十六顷七十八亩八分六厘五毫，内于乾隆元年勘报坍没详奉题准，从乾隆三年起，准豁田、地、荡八十一顷五十一亩四分五厘三毫。又除准豁公占田、地、荡一顷九十一亩八厘九毫外，实存田、地、荡六千一百三顷三十六亩三分二厘三毫，内以实熟低三斗七升五合则田九十七亩七分三厘八毫，改减二斗则熟田办赋。又以极低三斗七升五合则熟田一十三亩三分六厘三毫，改减一斗三升一合五抄则荒地办赋。又以熟低二斗则田一亩八分五厘二毫、熟低一斗五升则田一十亩九分三厘三毫，均改熟一斗则荡办赋。又以极低一斗五升则熟田一亩九分二毫，改减荒一斗三升一合五抄则荒地办赋。又以极低一斗二升五合则田五亩八分二厘，改减熟一斗则荡办赋。又以极低一斗二升五合则熟田一亩三分一厘三毫，改减荒一斗三升一合五抄则地办赋。又以极低一斗则熟荡九十七亩七厘二毫，改减熟五升则荡办赋。又以极低一斗则荡二顷四十三亩二分五厘八毫、极低五升则熟荡二十六亩七分五厘九毫，均改荒一升五合则荡办赋。又以版荒三斗七升五合则田、版荒三斗则田、版荒二斗八升则田、版荒二斗六升则田、版荒二斗则田、版荒一斗八升则田、版荒一斗五升则田，通计七则版荒田共四十七顷一十六亩六分二厘五毫，均改一斗三升一合五抄则荒地办赋。又以版荒一斗则荡、五升则荡、三升则荡，通计三则版荒荡共九顷一十九亩三分一厘，均改版荒一升五合则荡办赋。科则详载《赋税》中。

按：古人疆理土田特重经界，遂人、匠人实掌其赋，而岁首又特命田大夫皆修封疆、审端径遂，故其时田无欺隐，赋无虚额，人无巧伪，诚仁政之要务也。后人清丈一法，即其遗意，特积久不举，则其弊又生。

今自康熙十七年清丈后，已垂八十余年，奸民之飞诡影射既未能免，而江湖坍没及版荒公占为民累者，且日以寖多，而开垦复熟之隐匿未尽入官者，其数度亦不少。主计者惟有急举清丈之法，履亩清勘，奸弊自除。以有余补不足，以新赋抵旧额，既可减虚赔之患，又不亏惟正之供，计无有善于此者。今即不能合全邑以厘剔之，但专就版荒旧额及复熟新额与为清丈以抵坍没土田，殆未必无少补云。

卷十二

赋税

元和诸邑之所以分，凡以为赋重也。世宗宪皇帝悯浮赋之久为民累，沛然断自宸衷，于苏府减三十万，于松府减十五万。自雍正三年始，著为定例。今天子践祚，圣圣相承，加恩无已。于乾隆二年，恩诏条内苏、松二府，又裁减额征银二十万两，屡捐内府之金钱，频渥恩膏于蔀屋，如天之仁，度越千古，德莫大焉，惠莫溥焉。又前此督臣请添设诸邑，苏、松、常三府添设十三邑。仰邀俞允凡慎简良牧，以益广子惠于无穷。则莅兹土者，宜何如勤恤民隐，以上体皇仁，宁为保障，无为茧丝之盛意。与夫赋税者，国命与民命所交相系者也，奉九式之定制，作一路之福星，而于以上裕国计，下全民生，诚有民社者责也，孰能当此而无憾者乎？志赋税。

征米征银数

雍正三年，初设元和县，分得实征田、地、山、荡、溇合丈见原额，以及历年升科，凡龙兴禄粮学田等，共六千一百六十五顷八十二亩一分一厘五毫，共科平米二十一万六千五百八十二石九斗四升四合三勺五抄七撮。

三斗七升五合则

实熟田五千五百二十四顷四十五亩一分二厘九毫，平米二十万七千一百六十六石九斗二升六合四勺五抄；原荒田五十二顷六十五亩五分五厘九毫，平米一千九百七十四石五斗八升二合一勺九抄五撮。

三斗则

实熟田一顷七十亩八分七厘九毫，平米五十一石二斗六升三合七勺；原荒田一十七亩四分七厘六毫，平米五石二斗四升二合八勺。

二斗八升则

实熟田六十八顷三十九亩八分三厘五毫，平米一千九百一十五石一斗五升三合八勺；原荒田八顷八十七亩三分一厘一毫，平米二百四十八石四斗四升七合二勺。

二斗六升一合七勺则

实熟田二十五亩二分五厘七毫，平米六石六斗九合八勺。

二斗六升则

实熟田一顷二十亩四分一厘四毫，平米三十一石三斗七合七勺；原荒田一顷六十八亩二分四厘一毫，平米四十三石七斗四升二合六勺。

二斗五升则

实熟田二顷一十四亩六分五厘，平米五十三石六斗六升二合五勺。

二斗三升则

实熟田一顷四十七亩一分八厘八毫，平米三十三石八斗五升三合二勺；原荒田三亩六分八厘五毫，平米八斗四升七合六勺。

二斗则

实熟田六十八顷八十亩一分六厘九毫，平米一千三百七十六石三升三合八勺；原荒田九顷三十三亩一厘九毫，平米一百八十六石六斗三合八勺。

一斗八升七合五勺则

实熟田三十七亩三分三厘五毫，平米七石三勺。

一斗八升则

实熟田九顷四十三亩七毫，平米一百六十九石七斗四升一合二勺四抄；原荒田八顷五十二亩二分九厘七毫，平米一百五十三石四斗一升三合四勺。

一斗六升则

实熟田一亩三分二毫，平米二斗八合三勺。

一斗五升则

实熟田四顷七十九亩七分四毫，平米七十一石九斗五升五合七勺；原荒田二分四厘，平米三升六合。

一斗三升三合则

实熟水堑六亩三分，平米八斗三升七合九勺。

一斗三升则

实熟田四十七亩六分二厘四毫，平米六石一斗九升一合一勺三抄。

一斗二升五合八勺则

实熟田九亩七分八厘，平米一石二斗三升三勺。

一斗二升五合则

实熟田二顷六十六亩六厘二毫，平米三十三石二斗五升七合七勺。

一斗二升二合则

实熟田六分三厘五毫，平米七升七合五勺。

一斗二升则

实熟田二顷七十一亩四厘一毫，平米三十二石五斗二升四合九勺。

一斗一升九合则

实熟田四十八亩二分八厘五毫，平米五石七斗四升五合九勺。

一斗一升三合则

实熟田二顷一十六亩一分二厘七毫，平米二十四石四斗二升二合四勺。

一斗九合则

实熟田七十九亩三分三厘九毫，平米八石六斗四升八合。

一斗三合则

实熟田一十亩九分二厘八毫，平米一石一斗二升五合六勺一抄七撮。

三斗七升五合则地

实熟地三顷二十六亩一分六厘八毫，平米一百二十二石三斗一升三合；原荒地一十一亩一分七厘三毫，平米四石一斗八升九合九勺。

二斗八升则

实熟地四顷一十九亩一分九厘五毫，平米一百一十七石三斗七升四合六勺；原荒地二亩七厘五毫，平米五斗八升一合。

下则一斗三升一合五抄则

实熟地一十七顷六十二亩三分，平米二百三十石九斗四升九合五勺六抄五撮；原荒地七十亩一分七厘七毫，平米九石一斗九升六合七勺。

六斗则

实熟地一分，平米六升。

四斗则

实熟地二分五厘，平米一斗。

一斗则荡

实熟荡一百四十二顷七十一亩三厘九毫，平米一千四百二十七石一斗三合九勺；原荒荡一十四顷四十四亩五厘三毫，平米一百四十四石四斗五合三勺。

七升则

实熟荡九十六亩五分五厘九毫，平米六石七斗五升九合二勺。

五升则

实熟荡一百三顷三十三亩九分七毫，平米五百一十六石六斗九升五合三勺五抄；原荒荡一顷二亩五分八毫，平米五石一斗二升五合四勺。

四升二合则

实熟荡二十亩九分二毫，平米八斗七升七合九勺。

四升一合则

实熟荡三十二顷六十四亩八分七厘二毫，平米一百三十三石八斗五升九合七勺；原荒荡九分六厘三毫，平米三升九合五勺。

三升五合则

实熟荡二十二亩八分一厘一毫，平米七斗九升八合四勺。

三升三合则

实熟荡二顷七十四亩五分二厘三毫，平米九石五升九合三勺。

三升则

实熟荡二十九顷八十六亩六分七厘二毫，平米八十九石六斗七抄；原荒荡二十三亩一分七厘九毫，平米六斗九升五合三勺八抄。

二升则

实熟荡九十四亩九分九毫，平米一石八斗九升八合二勺。

一升五合则

实熟荡一十顷四十五亩八分三厘二毫，平米一十五石六斗八升七合四勺三抄；原荒荡六亩九分六厘八毫，平米一斗四合五勺。

止征一斗则

实熟荡二亩八分七厘，平米三斗七合一勺。

止征五升则

实熟荡二十三顷六十九亩六分八厘，平米一百二十六石七斗七升七合九勺。

止征三升则

实熟荡二顷三十九亩六分一厘二毫，平米七石六斗九升一合六勺。

共应征本色起存等米、麦、豆，合一十一万二千七百五十七石八斗三升一合九勺八圭三粟八颗五粒七黍五稷三糠三秕，遇闰加征漕粮正耗、漕赠等米二百四十石九斗一升一合四抄；又加征行月局恤等米三百九十五石二升二合一勺三抄六撮；又原荒复熟加征米三斗六升九合九勺六抄七撮九圭一粟六颗八粒一黍七秕。

共应征折色起存等银，除减赋银二万一千九百五十九两六钱四厘四丝七微一纤九沙三尘六渺八漠八埃一巡外，实征银七万一千九百四两三钱六分四厘四毫一丝七忽四微六纤三沙九尘一渺二漠八埃五巡，遇闰加征银七百九十两九钱二分二厘三毫四丝六忽四微二纤一沙三尘七渺一漠一埃八巡。

元和县田、地、荡共六千一百五十五顷四十九亩五分九厘，内版荒田、地、荡八十九顷九十九亩八分五厘三毫，又坍没田、地、荡八十一顷五十一亩四分五厘三毫，又公占田地荡一顷六十四亩五厘三毫。二项已经详宪核题豁免钱粮。

共平米二十一万六千五百二石五斗五升九合八勺，内版荒平米三千三十三石五斗六升一合三勺。已经详宪核题减科。

乾隆二年，钦奉恩诏再减赋银九千六百一十一两三钱九分七厘八毫。又钦奉上谕：白粮改漕减科经费银七百六十一两一钱二分九厘八毫五丝五忽二微六纤五沙四尘一渺九漠五埃，米六百三十一石五斗七升七合六勺六抄四撮七圭一粟四颗二粒一黍三稷四糠。

现在额征漕米一十一万二千二百二十六石三斗三升三合八抄四撮二圭四粟三颗四粒八稷九糠四秕三粞，遇闰加编米一百五十四石四斗八升一合六抄三撮九圭一粟六颗八粒一黍七秕。

额征地漕银六万三千八百六十六两六钱九分七毫一丝九忽三微七纤四沙九尘九渺八埃七逡六巡，遇闰加编银八百四十三两二钱一厘二毫一丝六忽一微一纤二尘八渺九漠一埃六逡二巡。

乾隆五年，知县张若㸐附记。

征丁银数

雍正四年，元和县分得人丁四万九千七百三十五丁，共应征丁银一千九百五十两一钱二分二厘七毫八丝九忽，遇闰加征银七十五两二钱二分二厘七毫四丝九忽，其额外增溢人丁七百五十七丁，归于《盛世滋生册》内，钦遵恩诏，永不加赋。又分征匠班银三百六十八两六钱，又宝带桥罾网租银二两五钱。

本色起解支销数

一、起运漕粮正改兑正耗米九万二千三百四十二石四斗八升七合一勺八抄一粟一颗七粒二黍，遇闰折扣灰石减编米二百二十七石九斗六升二合九勺。

一、漕赠五米四千六一十七石一斗二升四合三勺四抄五撮三圭六粟五颗九粒七黍五稷九糠五粃四粞八禾，遇闰折扣灰石减编米一十一石三斗九升八合四勺五抄。

一、起运白粮正耗米三千二百八十七石七斗，又给军盘用耗米二百五十二石九斗，又存县盘用耗米二百五十二石九斗，又舂办米七百五十八石七斗，又运船水手饭米一百八十二石八升八合。

一、解南省仓粳米二十四石六斗一升二合二勺八抄九撮七粟一颗八粒四黍。

一、解南黑豆八十石五斗四升三合二勺三抄五撮八粟八颗九粒四黍五稷六糠七粞九禾。

一、解南糙粳共米二千二百六十八石二斗四升三合六抄六撮一圭五粟一颗二粒二黍四稷九糠七粃二粞，遇闰加征米三十二石九斗七升九合一勺二抄四撮七粟一颗二粒四黍四稷五糠八粃一粞七禾。

一、省卫运军行月米一千七百九十八石二斗七升一合七勺四抄五撮一圭二粟六颗五粒四黍。

一、扬州仓半本月粮米七百三十石五斗五升九合六勺三抄八撮七圭一粟四颗三粒六黍五稷七粃四粞八禾。

一、镇江仓半本月粮米二百一十七石一斗二合三勺三抄四撮一圭四粟九颗六粒八黍。

一、苏、太、镇三卫运军行月并丈升增米二千七十二石八斗七升七合九勺一抄二撮九圭五粟三颗五粒二黍；遇闰加征米一百八十一石五斗九升一合五抄七撮二圭二粟五颗七黍七稷四糠六粃三粞。

一、局匠口粮米一千七百三十二石六升三合五勺，遇闰加征米一百四十三石六斗九升七合一勺三抄六撮。

一、恤孤口粮米四百二十六石四斗三升八合，遇闰加征米三十五石五斗三升六合五勺。

折色起解支消数

一、随漕轻赍席木板正扛费银八千八百六十四两八钱八厘一毫四丝三忽九微二纤三沙六尘四漠七埃。

一、灰石银一千六百九十八两九钱七分五厘七毫三丝八忽一微五纤五沙八尘七渺八漠二埃九逡一巡；遇闰加征银二百七十两三钱九分八厘八丝九忽一微九纤八沙七尘四渺六漠二逡二巡。

一、漕赠十银九千二十两一钱五分六毫六丝七忽六微二纤二沙一尘四渺八漠；遇闰加征银二十二两九钱四分三厘八毫八丝。

一、协济各仓米麦折正扛费并苏、太、镇三卫军三民七军储贴运等银四千三百一十三两九分四厘九毫六丝七微五纤六尘九漠。遇闰加征银一百六十八两一钱八分九厘九毫九丝五微一纤七沙八尘一漠五埃六逡二巡。内凤阳仓麦折正扛费银二百九两八钱九分八厘七毫四丝一微。又米折正扛费银四百四十一两八钱九分二厘五丝八忽。扬州仓米折正扛费银四百三十八两二钱六分三厘二毫六丝二忽三微三纤一沙六尘九漠。镇江仓麦折正费银九十五两四钱九分三厘四毫四丝六忽五纤。苏、太、镇三卫民七科正费银一百一十七两四钱八分四毫一丝七忽二微六纤九沙。军三银二百九十六两三钱八分一厘二毫。苏州卫军储银一千四十三两四钱四分五厘四毫七丝。太仓卫军储银八百八十六两二钱三分八厘一毫八丝七忽。镇海卫军储银七百八十四两二厘一毫八丝。又贴遇闰银二百二十两七钱九分五厘二毫，遇闰加苏、太、镇三卫半折行月银一百六十八两一钱八分九厘九毫九丝五微一纤七沙八尘一漠五埃六逡八巡。

一、白粮募船水脚由闸总协部官经费等项共银六千九百八两二钱六分四毫五忽九微四纤八沙九尘六渺五漠五埃。内节省经费充饷银四千七百一十一两六钱一分二厘八毫四丝八忽九微二纤七沙七尘六渺五漠。给军经费银二千一百二十四两六钱四分七厘五毫五丝七忽二纤一沙二尘五埃。量斛束包挑运夫工食银七十二两。

一、淮镇修河米折正费并导河夫银七百五十六两四钱六分三厘二毫一丝四忽，内米折正银六百四十九两一钱七分五厘七毫，解费银一十二两九钱八分三厘五毫一丝四忽，导河夫银九十四两三钱四厘。

一、驿站夫马工料原编改编共银八千八十八两一钱五分，遇闰加编银五百八十二两四钱。内新裁水旱夫工食银六十七两八钱九分九厘；闰月银五两六钱五分八厘。

一、只应各款共银七百四两二钱六分六厘。

一、各衙门官役俸工并存留支给共银二千九百五十八两六钱六分五厘六毫九丝九忽二微二纤二沙五尘五渺六漠六埃五逡，遇闰加编银一百三十五两八钱一分二厘二毫四丝二忽二微四纤。

一、起存扛脚银七百八十一两二分五厘三毫五丝九忽一微一纤八沙六渺九埃，遇闰加编银七两五钱五厘三毫。

一、额拨漕项裁扣银六百四十两一钱四分。

一、解司地丁充饷银一万六千六百六两八分二厘四毫八丝九忽一微二纤五沙三尘六漠二埃三逡九须，遇闰加征银三百六两七钱二分一厘九毫三丝九忽四沙七渺四漠一埃六逡三巡二须。

按：以上诸条乃分县以后之制也。前此者，自宋以来复备书之。盖不读全史不知本朝之深仁厚泽，真亘古无二也者。

圣祖仁皇帝广运之德，如天好生，赐累岁之租，不须岁祲，留上方之供，时佐民飧，亦既史不胜书、民不胜颂矣。

世宗宪皇帝嗣统，继爱民之志而益光大之，特沛鸿恩，减数百载之浮赋，以宽亿万姓之膏脂，汪濊之泽与三江共永矣。迩年雨旸失时，蠲赈相继，民不知灾。又特遣重臣巡视苏、松诸府，讲求水利，疏河筑闸，使蓄泄有资，复广积贮，以殚未雨绸缪之计。今皇上嗣位，复减浮赋二十万两，务期民登康阜，比户可封，深仁厚泽，有加无已。盖虽三代盛王，其视民如伤，恐未有若斯之深且切者也。可谓非至仁也乎？

宋

宋之岁赋其类有五：曰公田之赋，官庄、屯田、营田赋，民耕而收其租者是也；曰民田之赋，百姓各得专之者是也；曰城郭之赋，宅税、地税之类是也；曰杂变之赋，牛羊、蚕丝、食盐之类，随其所出变而输之者是也；曰丁口之赋，计丁率米是也。其输有常处，而以有余补不足，则移此输彼、移近输远，谓之支移。其入有常物，而一时所须则变而取之，使其直轻重相当，谓之折变。其输之迟速，视收成早晚，而宽为之期。夏有至十月、秋有至明年二月者，所以纾民力也。自祖宗承五代之乱，王师所至，务去民疾苦。苛细之敛，划革几尽。尺缣斗粟，无所增益。一遇水旱，徭役则蠲除倚阁，殆无虚岁。倚阁者后或岁凶，亦辄蠲之。而又田制不立、甽亩转易、丁口隐漏、兼并伪冒者，未尝考按，故赋入之利，视古为薄。丁谓尝曰："二十而税一者有之，三十而税一者有之。"盖谓此也。《文献通考》。

太平兴国中，遣左补阙王永、太仆寺高象先均定田税。凡田则中、下二等，中田一亩夏税钱四分四文，秋米八升；下田一亩夏税钱三分三文，秋米七升四合。

宋初，取民之额甚轻。自熙丰更法，崇观多事，靖炎军兴，乃随时增益焉。

大中祥符八年，复诏禁诸仓羡余。《宋史》。

元丰二年，平江府苗额三十四万九千斛，帛八万匹，纩二万五十两，免役钱八万五千缗有奇。《府志》。

淳熙十一年，平江府苗额三十四万三千二百五十六石，夏税折白钱四十三万九千三百五十六贯，上供诸色钱一百二十三万一千二百八贯各有奇。《府志》。

宝祐五年，定平江府苗额三十万三千三百八十石有奇。自后，岁实征税管三十五万六千五百贯，关子苗米二十八万三千九百石；续管二万三千三百石，赡军米九千四百石，各有奇。《府志》。

元

元之取民，大率以唐为法。其取于内郡者曰地税、曰丁税，此仿唐之租庸调也。取于江南者曰夏税、曰秋税，此仿唐之两税也。《元史》。

至元十九年，用姚元之请，命江南税粮依宋旧例，折输绵绢杂物。是年二月，又用耿左丞言，令输米三之一，余并入钞，以折色以上百万锭为率，其输米者止用宋斗斛，以宋一石当今七斗故也。《元史》。

延祐四年，行经理法，悉以上、中、下三等八则计亩起科。平江府夏税丝二万二千四百斤，秋租银八十八万二千一百石，轻赍一千二百锭。度所入与宋倍蓰。《元史》。

明

洪武初，平江府夏税丝二十五万四千三百两，大麦正耗一万一百石，小麦五万一千八百石，豆一十七石，菜子二十七石，粮糙粳九十四石，钱钞一万九百八十贯，各有奇；秋粮正耗二百一十四万六千六百石，黄豆二千二百八十石，各有奇。花椒八斤七两五钱。《府志》。

七年五月，上以苏、松、嘉、湖四府租税太重，特令户部计其数，如亩税七斗五升者除其半，以苏民力。《长洲县志》。

十三年，又奉上命，比年苏、松各郡之民困于重赋，而官不知恤，其重者宜悉减之。于是，旧额田亩科七斗五升至四斗四升者减十之二，四斗三升至三斗六升者俱止征三斗五升。以下仍旧。自今年为始，通行改科。《长洲县志》。

建文二年，均江浙田赋，诏曰：国家有惟正之供，田赋不均，民不可得而治。江浙赋独重，而苏、松准私租起科，特以惩一时之顽民耳，岂可为定例，以重困此一方民，宜悉与蠲免。照各处起科，亩则不过一斗，苏、松人仍得任户部。《长洲县志》。

按：永乐继统，尽革建文之政，仍照洪武则例，卒不得减。

宣德五年，减苏府赋七十二万石有奇，从巡抚周忱、知府况钟之言也。

按：自明祖以私租科税，吴民大困，然蠲租之诏时下，且建都金陵，转漕便利，及迁都北平，漕运费烦，民益不支，苏府逋额至七百九十一万余石，常、松亦然。乃特命周公巡抚其地。公与知府况钟曲算数月，时苏府官民田赋共二百七十七万石，乃奏减七十二万余石，他府以次减，民困少苏。先是，知府金公纲奏称额重，文皇怒，槛车至京以死。事虽不行，其人正未可没也。

七年三月，奉旨但系官田塘地税粮，不分古额、宋元之额。近额，洪武之额。悉依宣德五年六月二十四日敕谕恩例，每田一亩纳粮自一斗至四斗者，各减十分之二，自四斗一升至一石以上者，各减十分之三，永为定例。《长洲县志》。

巡抚侍郎周忱清造《田地拖圩册》，赋则始清。长洲县原额科米四十一万二千七百三十一石有奇，清出隐蔽科米一万五千五百一十二石，共正米四十二万八千二百四十三石有奇。《长洲县志》。

八年，巡抚周忱奏定加耗折征例。洪武、永乐中，税粮额重，繁费滋多，每正米一石征平米二石，而犹不足。忱尽除宿弊，设法通融。二年后，逋欠悉完。至是，着为定例。加耗如征正粮，每石加耗六七斗不等，凡夏税、麦豆、丝绵、户口、食盐、马草、义役、军需、颜料、逃绝、积荒田粮起运脚耗，悉总此支拨。其后视岁丰凶及会计多寡，或减或加，卒不出此数。折征如每金花银一两一钱，准平米四石六斗，或四石四斗，每两加车脚销蹙银八厘。

按：先是，秋粮有正有耗，官田耗重，民田耗轻，或豪户耗轻，小民耗重，甚苦不均。文襄公抚吴，创为平米法，官民田皆画一加耗。初年正米一石加耗米七斗，计输将远近之费为支拨，支拨之余者，存贮县仓，曰余米。次年余米多，正米一石减加耗为六斗。又次年，余米益多，减加耗为五斗。最后令县各立仓贮余米，曰济农仓。数年之间，仓米大饶。凡陂塘堰圩之役，计口而给食者，于是取之江河之运不幸遭风涛凶失者，得以假借。农时犁牛种食不能自给，及水旱之灾，辄用以济，民困大苏。后主计者掊克取容，悉以耗余归正赋，税额反盈，而民力益惫矣。

正统元年，行在户部奏浙江直隶苏、松等处减除岁粮数目已命重覆，尚多不实，请移文各处巡抚侍郎并司府县官用心覆实。其官田、准民田起科，每亩秋粮四斗一升至一石以上者，减作二斗一升；二升至二斗者，减作一斗。明白具奏，送部磨勘。

四年，奏准苏、松等府官民田地，因水坍涨去处，有司丈量。涨出者给附近小民承种，照民田例起科，坍没者悉与开豁税粮。

弘治十六年，巡抚都御史魏绅、知府林世远详定实征册，通府夏税丝三十二万八千四百六十两有奇，长洲县九万九十两。麦五万三千六百六十四石有奇，长洲县一千八百石。钞二万一千九百六十三贯七百七十二文；崇明县丝、麦、钞俱无。秋粮正米二百三万八千六百四十石，连耗米共三百五万六千一十四石，各有奇。长洲县四十一万七千七百石。通府秋粮运解南北两京白糙等米连耗三十七万九千四百四十五石。此上供及勋臣官吏禄俸俱系民运。兑军运北京计正米六十五万五千石，耗米五十七万七百二十七石。俱漕运总兵派拨各卫官军来仓兑运京、通二仓，以为军储。王府白熟米连耗一万一百七石。此系亲王在京充禄米之数，及之国乞恩，遂令苏民远道输送，所费倍蓰，民尤苦之。淮安改兑正耗米五万五千四百四十石，折色京库金花银折米五十七万四千五百石，阔白绵布折米一十五万一千石；凤阳、扬州二府折银米一万四千五百一十八石。《府志》。

按：洪武中正耗不过二百一十四万，至永乐以后，漕运愈远，加耗滋多，乃至三百万石。逮宣德中，周忱、况钟已奏减七十余万石矣。后来如嘉靖三年、万历四十八年，苏赋之额皆不逮此，而此条除夏税外，正耗米已三百五万六千一十四石有奇，不应增多至此，恐有伪谬，不足深据也。

嘉靖三年，知府胡缵宗著《田赋考》，条目有八：一原额，一原坐，一岁征，一岁科，一岁办，一每岁不时加派数略，一验派征粮法，一验派运粮法。《经赋考验》。

按：宣德间周文襄公《苏郡拖圩图册》今不可得而见矣。至嘉靖初，郡守胡公《田赋考》即文襄遗法。今考其岁征之数，通府本色米一百四十二万八千九百五十二石零，折色银四十四万七千九百九十八两，内折粮、折麦银共十九万五千一百五十三两零，每银一两折米四石，麦折亦如之。又阔白布一十九万匹，每匹折米一石。是时，正耗米约征二百七十余万石，然而金花阔布轻折在内，实征于民者不过二百二十余万石耳。

十七年，知府王仪核摊田粮斗则，轻重始均。

按经赋册：嘉靖中，嘉兴知府赵瀛始建均田之策，巡抚欧阳公因锐意调剂。知府王公请尽括官民田裒益之，履亩清丈。于是始定不等科则：长洲县三则，最重者三斗七升五合；吴县二则，最重者三斗四升四合；昆山三则，最重者三斗三升五合；吴江亦三则，最重者三斗七升六合；常熟四则，最重者三斗二升；太仓三则，最重者三斗三升；嘉定土稍瘠，科则不等，最重者二斗八升，盖尽苏郡起存岁用。又桑株地，亩例征丝绢、马草等项，俱已摊粮均派，不复另款输纳。总计二百四十七万四千二百一十三石有奇，正米二百三万有奇，外耗米四十四万四千二百余石，以备地方公用。后因主计者以苏郡有派剩余米，尽括而归之官，遂以耗作正，相沿至今。巡抚都御史欧阳必进、知府王仪核造经赋册，以八事定税粮：一曰以原额计其始，本府官民田地若干亩，征米若干石，征麦若干石。二曰以事故除其虚，除公占田地若干亩，不纳米钞荡若干亩。三曰以分项别其异，官田地五斗以上不起耗田若干亩，一斗以下、四斗以上加耗田若干亩，民田地加耗田若干亩，坍荒折银田地若干亩，原勘版荒田地若干亩，告勘纳银积荒草荡若干亩，白水荡若干亩，免垦免税田若干亩，夏税科麦不科粮田地若干亩，新涨河涂若干亩，坍江坍湖积荒草荡若干亩，告垦免税荡若干亩。四曰以归总正其实，额征平米若干石，除纳银平米若干石，该本色米若干石，折色银若干两，练兵银若干两。五曰以坐派起其运，户部坐派本色米若干石，折色银若干两，马草若干束，小麦若干石，丝绢若干匹，料价若干两。六曰以运余拨其存，起运秋粮外，该存留本色若干石支派某项，折色若干两支派某项。七曰以存余考其积，存留本、折二色派余正数及削并畸零，谓之羡余，俱存贮备用。八曰以征一定其额。凡金花白银粗细布价，一例均摊各衙门，正耗白粮外，加春办等项，省去头绪，止作本色粮米、折色白银两项派征。又以八事考里甲：一曰丁田，二曰庆贺，三曰祭祀，四曰乡饮，五曰科贺，六曰恤政，七曰公费，八曰备用。又以三事定均徭：曰银差，曰力差，曰马差。著为定例。自是，民间输纳止入本、折二色，里中及均徭应纳官者，并入折色征之。

二十五年，总理粮储工部尚书李充嗣言：苏、松、常、嘉、湖五府，正德年间，以内府新添小火者五千三十二名，岁用食粮，各府增派共二万四千一百四十八石，余解进供用库及节年所派南京酒醋局等衙门，复不下数千通，加耗共一十三万七千余石。岁比不登，小民重困，乞敕该部核免。户部题覆从之。

三十三年，加编练兵银六万九千四百八十六两四钱一分一毫。长洲县加银一万二千八百八十五两五分三厘六毫。

三十六年，加征工部四司工料银二万三千三百四十六两有奇。长洲县加银二千九百五十两三钱零。

万历十七年，巡抚周继、知府石昆详定经赋册，长洲县除西宁侯禄田外，实征田、地、荡一万三千二百五十九顷一亩零，平米四十五万四千三十九石零。

二十年，征东募兵，议增府属田税每亩加编银三厘。

万历四十八年，长洲县实在田、地、山、荡、溇共一万三千二百六十二顷一十六亩六分一厘五毫，内听祁知县官置役田五十一亩七厘五毫，设立官役津贴役费外，实征官民田、地、山、荡一万三千二百六十一顷六十五亩五分四厘。国初，赋税大率准此，故详志之。

内六斗地一分，五斗地二分，四斗地二分五厘，三斗七升五合官田一万一千三百一十八顷四十八亩九分，平米四十二万四千四百四十三石三斗三升七合五勺。

上则三斗七升五合地一十六顷八十二亩三分八厘六毫，平米六百三十石八斗九升四合七勺五抄。

三斗田五顷五十四亩二分二毫，平米一百六十六石二斗六升六勺。

二斗八升民田五百六十一顷一亩七分六厘七毫，平米一万五千七百八石二斗一升四合八勺。

中则二斗八升地四十六顷三十九亩八分三毫，平米一千二百九十九石一斗四升四合八勺。

二斗六升一合七勺田二十五亩九分五厘六毫，平米六石七斗九升二合七勺。

二斗六升田一十顷一十九亩四分四厘四毫，平米六百二十五石五升五合四勺。

二斗五升田二十八亩八厘五毫，平米七石二升一合五勺五抄。

二斗三升田二十二亩八分三厘，平米五石二斗五升九勺。

二斗九合田一亩二分，平米二斗五升八勺。

二斗田地一百六十五顷八十二亩七厘九毫，平米三千三百一十六石四斗一升五合。

一斗九升一合田三十亩，平米五石七斗三升。

一斗八升七合五勺田四十八亩二分，平米九石三斗七合五勺。

一斗八升田五十顷六十一亩五分七厘八毫，平米九百一十一石八升四合。

一斗六升田二亩，平米三斗二升。

一斗五升三合五勺田四亩一分五厘一毫，平米六斗三升七合二勺。

一斗五升一合五抄地一亩二分三厘，平米一斗八升五合七勺九抄。

一斗五升田三顷二十九亩三分五厘三毫，平米四十九石四斗三合。

一斗四升五合田一十亩，平米一石四斗五升。

一斗四升田三顷一十亩五分九厘三毫，平米四十三石四斗八升三合。

一斗三升七合六勺田二顷三亩六分六毫，平米二十七石八斗三升二合九勺。

一斗三升三合水堑三分五厘，平米四升六合五勺五抄。

下则一斗三升一合五抄地一百二十八顷九十三亩三厘九毫，平米一千六百八十九石六斗三升二合七勺五抄。

一斗三升田二亩七分二毫，平米三斗五升一合一勺六抄。

一斗二升五合八勺田九亩七分九厘，平米一石二斗三升一合六勺。

一斗二升五合田二顷六十五亩八分七厘九毫，平米三十三石二斗三升四合八勺二抄。

一斗二升二合溇一亩，平米一斗二升二合。

一斗二升田三顷二十亩九分四厘一毫，平米三十八石五斗一升二合九勺。

一斗一升九合田四十四亩六分六厘，平米五石二斗一升四合四勺。

一斗一升三合田一顷六亩二分二厘二毫，平米一十二石三合一勺。

一斗一升一合田六亩九厘四毫，平米六斗七升六合四勺。

一斗九合田二顷二十九亩六分八厘八毫，平米二十五石九斗三升六合。

一斗三合五勺田一十八亩七分五厘二毫，平米一石九斗四升八勺。

一斗三合田二十六亩三分六厘七毫，平米二石七斗一升五合八勺。

一斗田、地、荡二百一十九顷四十二亩四分七厘四毫，平米二千一百九抢四石二斗二升七合四勺。

七升荡二顷五十九亩七分九厘，平米一十八石一斗八升五合三勺。

六升五合五勺荡三十一亩七分四厘，平米二石七升六合六勺。

六升四合田一亩一分一厘四毫，平米七升一合三勺。

五升田荡一百二十三顷七十二亩三分二厘二毫，平米六百一十八石六斗一升六合六勺。

四升四合荡一亩一分三毫，平米四升八合五勺。

四升二合荡四亩四分二厘，平米一斗八升五合六勺。

四升一合荡一百四十六顷九十九亩五分六厘五毫，平米六百二石六斗八升二合一勺六抄。

三升五合荡二十亩，平米七斗。

三升三合荡三十二亩二分，平米一石六升二合六勺。

三升荡五十七顷二十九亩四分五厘七毫，平米一百七十一石八斗八升三合七勺。

二升荡七十二亩九分五厘五毫，平米一石四斗五升九合一勺。

一升六合山六亩五厘八毫，平米九升六合九勺。

一升五合山荡二百二顷五十三亩一厘八毫，平米三百三石七斗九升五合二勺七抄。

一升一合荡六亩，平米六升六合。

一升荡二十六亩，平米二斗六升。

不等则荡田一十二顷一十亩三分八厘一毫，平米五十八石一斗三合九勺。

河田三十二亩五分，平米九斗二升八合。

水面税粮浮长等米五十二石七斗七合八勺。

止征不等山荡一百七十顷三十一亩九分三厘六毫，平米八百三十三石二斗三升五合七勺。

另不料粮地一分四厘六毫。

又减则平米四百四十石七斗五合五勺。

右通县额征平米四十五万四千三十九石九斗九升八合五勺，将应征增减扣算外，实每平米一石，验派本色米四斗八升八合五勺九抄零，内兑军民运米四斗五升九合六勺零，军储恤孤米二升八合九勺七抄零，折色银二钱四分六厘九毫。

该减免派剩米一升七合四勺二抄。另编练兵银二分八厘三毫零，贴役解扛银一分一厘一毫九丝。

每人丁一丁编派均徭银二分一厘六毫零，里甲银一分六厘一毫零。

每田一亩编派均徭银七厘二毫一丝，里甲银五厘三毫九丝，暂编辽饷银三厘五毫，又扛银四丝九忽。

每不等斗则荡、溇一亩概派均徭银三厘六毫六忽，里甲银二厘六毫九丝，暂编辽饷银一厘七毫二丝，又扛银二丝四忽。

泰昌元年，即万历四十八年。加派边饷银五厘五毫。内户部三厘五毫，兵、工二部各一厘，并原派三厘五毫，其亩九厘，今谓之九厘地亩银。

天启六年，知县张茂梧详抚请立便民碑记。

验派田地

三斗七升五合田，每亩本色一斗八升五合四抄，折徭一钱二分七厘二毫零。

三斗田，每亩本色一斗四升八合七勺五抄，折徭一钱六厘二毫零。

二斗八升田，每亩本色一斗三升八合八勺三抄，折徭一钱六毫零。

二斗六升一合七勺田，每亩本色一斗二升九合七勺六抄，折徭九分五厘四毫零。

二斗六升田，每亩本色一斗二升八合九勺一抄，折徭九分五厘六忽零。

二斗五升田，每亩本色一斗二升三合九勺六抄，折徭九分二厘二毫零。

二斗三升田，每亩本色一斗一升四合四抄，折徭八分六厘五毫零。

二斗九合田，每亩本色一斗三合六勺三抄，折徭八分七厘九忽零。

二斗田，每亩本色九升九合一勺六抄，折徭七分八厘一毫零。

一斗九升一合田，每亩本色九升四合七勺，折徭七分五厘六毫零。

一斗八升七合五勺田，每亩本色九升二合九勺七抄，折徭七分四厘六毫零。

一斗八升田，每亩本色八升九合二勺五抄，折徭七分二厘五毫零。

一斗六升田，每亩本色七升九合三勺三抄，折徭六分六厘九毫零。

一斗五升三合五勺田，每亩本色七升六合一勺一抄，折徭六分五厘一毫零。

一斗五升田，每亩本色七升四合三勺七抄，折徭六分四厘一毫零。

一斗五升一勺五抄地，每亩本色七升四合八勺九抄，折徭六分四厘四毫零。

一斗四升五合田，每亩本色七升一合八勺九抄，折徭六分二厘七毫零。

一斗四升田，每亩本色六升九合四勺一抄，折徭六分一厘三毫零。

一斗三升三合水堑，每亩本色六升五合九勺四抄，折徭五分九厘四毫零。

一斗三升六合七勺田，每亩本色六升七合七勺八抄，折徭六分四毫零。

一斗三升田，每亩本色六升四合四勺五抄，折徭五分八厘五毫零。

一斗二升五合八勺田，每亩本色六升二合三勺七抄，折徭五分七厘三毫零。

一斗二升五合田，每亩本色六升一合九勺八抄，折徭五分七厘一毫零。

一斗二升二合溇，每亩本色六升四勺九抄，折徭五分六厘三毫零。

一斗二升田，每亩本色五升九合五勺，折徭五分五厘七毫零。

一斗一升九合田，每亩本色五升九合，折徭五分五厘四毫零。

一斗一升三合田，每亩本色五升六合二抄，折徭五分三厘七毫零。

一斗一升一合田，每亩本色五升五合三抄，折徭五分三厘二毫零。

一斗九合田，每亩本色五升四合四勺，折徭五分二厘六毫零。

一斗三合五勺田，每亩本色五升一合三勺一抄，折徭五分一厘一毫零。

一斗三合田，每亩本色五升一合七抄，折徭五分九毫零。

一斗三升一合五抄地，每亩本色六升四合九勺七抄，折徭五分八厘八毫零。

六斗地一分，本色二升九合七勺五抄，折徭一分八厘零。

五斗地二分，本色四升九合五勺八抄，折徭三分二厘四毫零。

四斗地二分五厘，本色四升九合五勺八抄，折徭三分三厘五毫零。

验派山荡

一斗田、地、荡，每亩本色四升九合五勺八抄，折徭三分九厘零。

七升河荡，每亩本色三升四合七勺，折徭三分六毫零。

六升五合五勺荡，每亩本色三升二合四勺七抄，折徭二分九厘四毫零。

六升四合田荡，每亩本色三升一合七勺三抄，折徭二分九厘零。

五升荡，每亩本色二升四合七勺九抄，折徭二分五厘零。

四升四合荡，每亩本色二升一合八勺一抄，折徭二分三厘三毫零。

四升二合荡，每亩本色二升八合二抄，折徭二分二厘八毫零。

四升一合荡，每亩本色二升三勺二抄，折徭二分二厘五毫零。

三升五合荡，每亩本色一升七合三勺五抄，折徭二分八毫零。

三升三合荡，每亩本色一升六合三勺六抄，折徭二分三毫零。

三升荡，每亩本色一升四合八勺七抄，折徭一分九厘四毫零。

二升荡，每亩本色九合九勺一抄，折徭一分六厘六毫零。

一升六合山，每亩本色七合九勺三抄，折徭一分五厘五毫。

一升五合山，每亩本色七合四勺三抄，折徭一分五厘二毫零。

一升一合荡，每亩本色五合四勺五抄，折徭一分四厘一毫零。

一升荡，每亩本色四合九勺五抄，折徭一分三厘八毫零。

河田，每亩本色一升四合一勺五抄，折徭一分九厘零。

止征不等山荡，每亩本色二升四合二勺五抄，折徭二分四厘七毫零。

不等则田荡，每亩本色二升三合八勺，折徭二分四厘五毫。

验派人丁

额编人丁一十四万八百九十九丁，每丁徭里银三分八厘九毫零。

崇祯元年，加编因粮输饷银四千九百两二钱八分五厘三毫。

九年，加编因粮输饷银四千五百五十一两七钱九分三厘。以上二年，止于管输五两以上官、大户派征，不增入会计。

十年，改编因粮输饷为均粮并溢地银共四千二百七十九两三钱四分九毫，加入条编按亩均输。部文止征解一年。

十二年，加编练饷银三万八百一十六两二钱九分九厘三毫。

十三年，免征均粮溢地剿饷。

十四年，加给苏州陆营兵月粮一钱，该银五十六两二钱五分五厘四毫。

十五年，诏免加派练饷。

国朝

顺治二年，平定江南。上念苏、松赋重，其额征悉准前朝万历中为则，以苏民力。仍诏蠲本年税粮十分之七、兵饷十分之四，其明末无埜之征，悉永除之。

三年，巡抚都御史土国宝照前朝巡抚黄希宪所奏题行白粮官运，计亩均编役费。

四年，复征九厘地亩银三万三千六百六十三两六钱五分三厘九毫四丝八忽。即万历四十六年以后递增边饷。巡抚都御史土国宝题改织局口粮，俱征本色。

九年，总督漕运沈文奎题定加编白粮正耗米，工部题加都水司料价银二千七百二十三两七钱四分五厘五毫四丝三忽。

十四年，免各卫仓加编席竹等米。巡抚都御史张中元编定《赋役全书》。

十七年，改折解北南运白粮米七千九百一十五石一升七合八勺一抄，该折征银一万一千八百七十二两零。

顺治十八年三月，上谕查洪武以来因有雠怨，或一处钱粮征收甚重，或一处不许牛耕，教人自耕，此等情由，尔部察议奏。

康熙元年，总督漕运蔡士英题加扬州仓本色米、工部题用灰石于漕粮，内改折正耗米起解，每石折银一两二钱，仍征五米六分十银一钱。

康熙三年，长洲县原额平米四十五万四千三十九石九斗九升八合五勺，内除前朝会计有积荒祭田等米七千四百九十三石二斗七升零，续奉各院道详允公占、祠寺、义冢、版荒、坍没田粮等米一万四千五百四石二斗五升九合，共荒平米二万一千九百九十七石五斗三升零，俱照本色每石征折银五钱。又科练兵银三分七忽零，共该银一万一千六百七十二两七分零。另征外实熟平米四十三万二千四十二石四斗六升四合八勺，照依新订经制起存钱粮，实征验派每平米一石，派征条折兵饷银三钱一分八厘四毫零，该银一十三万七千五百八十八两五钱九分七厘零。又科本色米豆五斗一升三合六勺零，该米豆二十二万二千一百二十七石四斗九升一合八勺零。又科本色麦一合一抄零，该麦四百三十九石五斗六升一合二勺四抄。又将前山荡二亩准田一亩，共该折净田一万三千七百九十二顷九十九亩二厘一毫，每亩科九厘，地亩银九厘一毫零，该银一万一千六百六十八两八分八厘一毫零。又将前田内除优免乡绅举贡生员等户田五百三十顷四十九亩三分，该优免银六百六十六两六钱五分零。又解部充饷不算外，实存折净田一万二千二百六十二顷四十九亩七分二厘二毫，每亩科徭里银一分二厘五毫零，该银一万五千四百三两五钱九分九厘一毫零。

右五项共银一十七万六千九百九十九两五厘零。

原额人丁一十万五百七十二丁，内除乡绅、举贡生员优免人丁二千五百五十三丁半，今奉文止免本身一丁，该一千一百一十三丁，余存丁一千四百四十丁半，并吏承不免，该银五十四两三钱六厘六毫零。又编审新增人丁九百四丁，该银三十四两八分六毫零，解部充饷外，实在当差人丁九万八千一十八丁半，每丁科徭里银三分六毫，该银三千六百九十五两二钱八分二厘二毫零，合田地人丁二项，共银一十八万七百八十二两六钱七分四厘五毫零。

以上折色征收总数。

户部本折银七万六千一百八十七两七钱二分九厘四毫零。

礼部本折银四百九十九两六钱七分九厘三毫。

兵部折色银七百一十二两七钱五分。

工部本折银八千六百三十八两四钱七分零。

四部本折滴珠垫扛解费银四千一十九两九分七厘二毫零。

轻赍芦席等银二万九百四十八两三钱二分九厘三毫零。

白粮募船水脚银一万四千四百二十二两四钱二分四厘九毫零。

解南改解北部银三十七两九钱四厘一毫零。

协济河工并各仓米麦折银三千七百六十一两七钱七分八厘九毫零。

协济站银二千四百一十两二钱。

南糙贴役银五百九十二两四钱四厘一毫零。

解南折色兵饷银四千二百四十二两四钱二分二厘五毫零。

本府各营兵饷银一万六千六十九两九钱七分三厘零。

存留折色军储银六千六百二十五两三厘八毫三丝。

存留支给银一千七百六十两五钱八分八厘八毫零。

新定经费俸工等银二千六百七十五两六钱四分九厘，实余剩银一百九两八钱五分九厘六毫零。

白粮经费工食银一千九百二十两一钱七分一厘五毫。

本县支给银九千六百四十四两七钱九厘六毫零。

裁省并解费银三千七百四十八两四钱九分一厘五毫零。

优免丁粮解部充饷银七百五十五两三分七厘四毫零。

以上折色起解支销总数。

额征本色夏税麦四百五十九石五斗六升一合二勺四抄。

额征本色秋粮米二十二万一千九百六十二石五斗九升六合八勺零。

额征黑豆一百六十四石八斗九升五合。

以上征收本色总数。

兑军正米一十二万五石四斗六升五合，加四耗米四万八千二石一斗八升六合。

改兑正米七千六百九十五石七合，加三耗米二千三百八石五斗二合一勺。

白粮正米一万一千九十四石一斗七升三合一抄五撮。

耗米五千二百六十六石四斗六合八勺一抄六撮，舂办米二千四百八十六石二斗一升二合八勺三抄，运船水手饭米七百九十八石七斗八升四勺五抄七撮八粟。

协济扬州仓米七百七十六石六斗五升五合七勺零。

协济镇江仓米四百三十九石五斗六升一合二勺四抄。

解南各卫仓白粳正米一百九十二石一斗二升九合四勺三抄，耗米三十八石四斗二升五合八勺零，舂办米四十六石一斗一升一合六抄零，夫船米七十六石八斗五升一合七勺零。

兵粮糙粳米一百六十二石三斗五升二合五勺。

黑豆夫船米五十四石九斗六升五合。

各卫仓糙粳米八千五百四十一石三斗七合八勺五抄。

存留本色一万四千四百一十二石六升四合四勺。

以上本色起解支销实数。

又折色绫纱料价银一千三百六十二两一钱五分五厘六毫零。每五年奉工部题准派征。

四年，巡抚都御史韩世琦请征白粮本色科，臣杨雍建相继具疏，准永不改折。是年，因星变，诏尽蠲顺治十八年以前积欠钱粮。

五年，巡抚都御史韩世琦请减浮粮。

十年，田、地、山、荡一万三千二百六十一顷六十五亩五分四厘，共科平米四十五万四千三十九石九斗九升八合五勺，内荒平米二万一千九百九十七石五斗三升三合七勺，实熟平米四十三万二千四十二石四斗六升四合八勺，派征本色米二十二万二千四百七十七石四斗二升五合七勺零，豆一百六十四石八斗九升五合，麦四百三十九石五斗六升一合二勺四抄，折色银一十七万七千五百三十七两六钱七分五厘二毫零，每平米一石派本色米五斗一升四合九勺零，豆三勺八抄零，麦一合一抄零，折色银三钱二分五毫四丝零一。另项优免银六百六十六两六钱五分一毫零。

原额新增人丁一十万一千四百七十六两，共派征银三千七百一十三两一钱四分一厘一毫零。又另项优免等银八十八两三钱八分七厘二毫。

又康熙五年，审增人丁七百六十五丁，该科银三十一两五钱二分五厘五毫。

又不在丁田内匠班一千一百二十二名，该银六百八十一两三钱。

又宝带桥罾网银二两五钱。

右正杂各项总计征本色米、麦、豆二十二万三千八十一石八斗八升一合三勺一抄，折色银一十八万二千七百二十三两一钱七分九厘三毫零。

本色起运存留数

起运地丁米二十万六千五百一十二石四升九合六勺一抄。

起运地丁豆一百六十四石八斗九升五合。

存留地丁米一万五千九百六十五石三斗七升五合九勺一抄，遇闰加米八百四石二斗三升二合五勺。

存留地丁麦四百三十九石五斗六升一合二勺四抄。

折色起运存留数

起运地丁正垫滴珠银九万三千一十五两三钱六分四毫，扛银一千五百六十七两四钱八分九毫。

解费银一千八百一十九两一钱一分三毫，遇闰加正垫滴珠银九十九两九钱四分四厘九毫，扛银一十五两二钱八分一毫，解费银一两七钱四分四厘二毫。

存留地丁银八万五千九百六十三两五钱九分九厘七毫，遇闰加银一千一百一十六两八钱八分一厘五毫。

办料数

本色北绢二十八匹一丈三尺六寸三分三厘一毫。每匹原价银一两五钱。

本色南绢二匹九分四厘七毫。每匹原价银七钱。

本色颜料等项共料二千二百二十二斤一十一两四钱二分七厘。

以上办料三项俱改折。

另附轮编各项折色绫绢料价并解费银一千三百六十二两一钱五分五厘六毫。

每五年奉工部题准派征饯行会试举人每名酒席盘缠银三十两，新中式举人每名坊仪银一百五十五两二钱，花红旗匾牌坊酒席及各上司行贺通在此内。新中进士每名行贺酒席牌坊等银共一百二十四两，新中武进士每名坊仪银五十一两。旧科武举人会试每名路费二十四两，新科武举人同。府、州、县宴待应试生员每名盘缠银三两，舟金五钱，卷资三钱，宴待花红酒席二钱八分二厘，共四两八分二厘。诸项于顺治十三年准部议奉裁充饷，康熙二十年奉恩诏酌复。

又复编姑苏驿纤夫银四百三十二两，部议归并漕项十银，与地丁一例征收。部议准存归项下银七钱三收放。

十三年，布政司使慕天颜请减浮粮。疏载《艺文》。

十八年，夏秋不雨，飞蝗蔽野，禾稼俱尽。巡抚都御史慕天颜题准灾轻重，蠲折有差。又题准自康熙十三年起至十六年止，一应钱粮俱分年带征，民困少苏。

十九年，水大灾，巡抚都御史慕天颜具题，准循例照灾轻重，蠲减地丁钱粮有差。

二十年，荡平三逆，颁赦十七年以前钱粮尽行蠲复。

二十一年，巡抚都御史慕天颜再疏请减浮粮。疏载《艺文》。

二十三年九月，上谕江南、浙江等处地方，缘前兵兴转饷繁苦，特加轸恤。二十四年起运二十三年漕米，概免十分之三。府属除嘉定改折、崇明存留外，余六州县原漕米七十九万四千七百三石二斗一升三合八勺，内除常熟留漕五万六千八百七十七石八斗四升八勺外，征运米七十三万七千八百二十五石四斗九合，内蠲米二十六万四千九百一石七升一合二勺。又圣驾东巡，谕所过地方宜加轸恤，蠲免长、吴二县二十四年丁银七千八百七十九两四钱四分一毫零。

二十四年十月，巡抚都御史汤斌请减浮粮。疏载《艺文》。

二十六年，圣恩蠲免苏州府二十七年应征地丁各项钱粮，并二十六年未完钱粮，尽行蠲免。

二十七年，重编《长洲简明赋役全书》。

一、旧《全书》内开载各部寺衙门钱粮十有余条，此等钱粮俱已并归户部，今俱删除，止存地丁、起运、存留、漕项、河工等切要款目编入《全书》，以便稽查。

一、银米尾数自忽、撮以下径行截去，银三两四钱二分八厘一毫六丝，米九石九斗一升九合六勺四抄。

一、本县地亩七十一则、人丁二则，如新增人丁、开垦地亩俱应照原编等则起科，毋得另立科则，致轻重不符。

一、旧《全书》内田地，每亩科平米若干，每平米一石科税粮银若干、漕赠银若干、南漕米各若干，又每田一亩派徭里银若干、九厘银若干，今将此等名色俱合作一处，止开每亩征银若干、征米若干，不耗外加耗，以致多派累民。

一、起运漕米原有定数。遇闰年，灰石折银数多，起运漕粮数少；不遇闰年，灰石折银数少，起运漕米数多。以致由单奏销册内，漕项、银米、钉船等数每岁增减不一，难以稽查。今将增减款目删去，惟按旧《全书》原额定数编造，俾本折银米岁岁划一，以便稽查。

一、旧《全书》内开载本色物件。康熙二十三年十二月内九卿会议，已经定价在案。今将原编本色物件银两归入起运银内，办价之时，该县照九卿会议定价在于起运银内动用。嗣后如有增办物料，亦照会议定价在于起运银内动用。

一、廪生饩原额，每名一十两，遇闰加一两。顺治十四年，裁三分之二。康熙二年，又将所留之一全裁。于二十四年五月内，仍复三分之一在案。该县将应支之数在起运内支给。

一、文武科场银两，向系每年豫将数目编定，存贮州县，届科举年，始解藩司供用。今归入起运内，遇宾兴年，藩司径按应用之数于起运银内动用。

一、旧《全书》内共征米二十万余石、豆一百余石、麦四百余石，每田地一亩征米一斗几升，又征豆一勺几抄，麦几勺几抄，百姓难以输纳。今将此豆、麦名色除去，一概征米，以便输纳。

一、驿站钱粮，原额银二百八十八两，该县照应需之数，即于本县起运银内径行支销。如岁额钱粮不敷，藩司即于本府附近州县起运银内径行拨给，永停隔属拨。

征米、征银数

原额田、地、山、荡、堑、溇共一万三千三百一十六顷五十七亩八分六厘七毫，分七十一则征收。

一则三斗七升五合熟田一万一千七十七顷七十一亩九分五厘一毫，每亩征银一钱六分九毫一丝，共银一十七万八千二百五十一两五钱八分四厘六毫三丝；每亩征米一斗九升七合八勺四抄，共米二十一万九千一百六十一石六斗二合七勺八抄。

二则三斗七升五合荒田三百一十一顷三十七亩三厘一毫，不派本色，每亩征地徭银二钱二分一厘六毫六丝，共银六千八百八十六两二钱六分五厘七毫七丝。

一则三斗熟田一顷九十二亩七分七厘七毫，每亩征银一钱三分三厘二毫一丝，共银二十五两六钱七分九厘八毫二丝；每亩征米一斗五升八合二勺七抄，共米三十石五斗一升八合一抄。

二则三斗荒田一十九亩一分一厘五毫，不派本色，每亩征地徭银一钱八分一厘四毫一丝，共银三两四钱六分七厘六毫五丝。

一则二斗八升熟田三百顷一十三亩三分四厘四毫，每亩征银一钱二分五厘八毫二丝，共银三千七百七十六两二钱七分八厘九毫四丝；每亩征米一斗四升七合七勺二抄，共米四千四百三十三石五斗七升一合一勺七抄。

二则二斗八升荒田二百五十九顷八十二亩一厘六毫，不派本色，每亩征地徭银一钱七分八毫一丝，共银四千四百三十七两九钱八分八厘一毫五丝。

一则二斗六升一合七勺熟田二十五亩二分五厘七毫，每亩征银一钱一分六丝，共银三两七分九丝；每亩征米一斗三升八合七抄，共米三百四斗八升七合二勺三抄。

一则二斗六升熟田一顷八十一亩八分九厘九毫，每亩征银一钱一分八厘四毫三丝，共银二十一两五钱四分二厘二毫九丝；每亩征米一斗三升七合一勺七抄，共米二十四石九斗五升一合八勺。

二则二斗六升荒田五顷三十三亩四分二厘二毫，不派本色，每亩征地徭银一钱六分二毫一丝，共银八十五两四钱五分九厘五毫三丝。

一则二斗五升熟田二顷五十七亩九分八厘三毫，每亩征银一钱一分四厘七毫四丝，共银二十九两六钱九毫六丝；每亩征米一斗三升一合八勺九抄，共米三十四石二升五合三勺七抄。

二则二斗五升荒田一十四亩八分一厘七毫，不派本色，每亩征地徭银一钱五分四厘九毫一丝，共银二两二钱九分五厘三毫。

一则二斗三升熟田一顷五十一亩八分，每亩征银一钱七厘三毫五丝，共银一十六两二钱九分五厘七毫三丝；每亩征米一斗二升一合三勺四抄，共米一十八石四斗一升九合四勺一抄。

二则二斗三升荒田三亩六分八厘五毫，不派本色，每亩征地徭银一钱四分四厘三毫一丝，共银五钱三分一厘七毫八丝。

一则二斗熟田一百四十三顷七十二亩一分三厘五毫，每亩征银九分六厘二毫七丝，共银一千三百八十三两六钱五厘四毫三丝；每亩征米一斗五合五勺一抄，共米一千五百一十六石四斗三合九勺六抄。

二则二斗荒田三十三顷一十亩一分二厘二毫，不派本色，每亩征地徭银一钱二分八厘四毫一丝，共银四百二十五两五分二厘七毫六丝。

一则一斗八升七合五勺熟田三十七亩三分三厘五毫，每亩征银九分六毫六丝，共银三两四钱二分二厘一毫；每亩征米九升八合九勺二抄，共米三石六斗九升三合一勺七抄。

一则一斗八升熟田一十一顷六十三亩四分四厘八毫，每亩征银八分八厘八毫九丝，共银一百三两四钱一分八厘八毫九丝；每亩征米九升四合九勺六抄，共米一百一十石四斗八升一合二抄。

二则一斗八升荒田三十七顷一十亩三厘八毫，不派本色，每亩征地徭银一钱一分七厘八毫一丝，共银四百三十七两七分九厘五毫七丝。

一则一斗六升熟田一顷七亩一分七厘三毫，每亩征银八分一厘五毫，共银八两七钱三分四厘五毫九丝；每亩征米八升四合四勺一抄，共米九石四升六合四勺七抄。

二则一斗六升荒田一十六顷一十九亩一分三厘四毫，不派本色，每亩征地徭银一钱七厘二毫一丝，共银一百九十五两二分九厘三毫五丝。

一则一斗五升熟田一十六顷八十八亩三分八厘六毫，每亩征银七分七厘八毫一丝，共银一百三十一两三钱七分三厘三毫一丝；每亩征米七升九合一勺三抄，共米一百三十三石六斗一合九勺八抄。

二则一斗五升荒田三十六亩九分四厘一毫，不派本色，每亩征地徭银一钱一厘九毫六丝，共银三两七钱六分四厘六毫五丝。

二则一斗四升五合荒田一十亩一厘七毫，不派本色，每亩征地徭银九分九厘二毫六丝，共银九钱九分四厘二毫八丝。

一则一斗四升熟田一顷八十二亩八分九毫，每亩征银七分四厘一毫，共银一十三两五钱四分七厘九毫七丝；每亩征米七升三合八勺六抄，共米一十三石五斗二合二勺七抄。

二则一斗四升荒田三顷四十八亩五分一厘二毫，不派本色，每亩征地徭银九分六厘六毫一丝，共银三十三两六钱六分九厘七毫四丝。

一则一斗三升六合七勺熟田一顷八十三亩一分二厘六毫，每亩征银七分二厘，共银一十三两三钱四分九厘八毫八丝；每亩征米七升二合一勺二抄，共米一十三石二斗七合四抄。

一则一斗三升三合熟堑六亩三分，每亩征银七分一厘五毫三丝，共银四钱五分六毫三丝；每亩征米七升一勺七抄，共米四斗四升二合七抄。

一则一斗三升熟田三顷五十七亩五分七毫，每亩征银七分四毫二丝，共银二十五两一钱七分五厘六毫四丝；每亩征米六升八合五勺八抄，共米二十四石五斗一升七合八勺三抄。

二则一斗三升荒田五十五亩二分二厘三毫，不派本色，每亩征地徭银九分一厘三毫一丝，共银五两四分二厘四毫一丝。

一则一斗二升五合八勺熟田九亩七分八厘，每亩征银六分八厘八毫七丝，共银六钱七分三厘五毫四丝；每亩征米六升六合三勺七抄，共米六斗四升九合九抄。

一则一斗二升五合熟田二顷六十六亩六厘二毫，每亩征银六分八厘五毫七丝，共银一十八两二钱四分三厘八毫七丝；每亩征米六升五合九勺四抄，共米一十七石五斗四升四合二勺二抄。

一则一斗二升二合熟漤田六分三厘五毫，每亩征银六分七厘四毫七丝，共银四分二厘八毫四丝；每亩征米六升四合三勺六抄，共米四升八勺六抄。

一则一斗二升熟田二顷七十一亩四厘一毫，每亩征银六分六厘七毫三丝，共银一十八两八分六厘五毫六丝；每亩征米六升三合三勺一抄，共米一十七石一斗五升九合六勺。

一则一斗一升九合熟田四十八亩二分八厘五毫，每亩征银六分六厘三毫六丝，共银三两二钱四厘一毫九丝；每亩征米六升二合七勺八抄，共米三石三升一合三勺三抄。

一则一斗一升三合熟田二顷一十六亩一分二厘七毫，每亩征银六分四厘一毫四丝，共银一十二两八钱六分二厘三毫八丝；每亩征米五升九合六勺一抄，共米一十二石八斗八升三合三勺三抄。

一则一斗一升熟田二亩九分五厘三毫，每亩征银六分三厘四毫，共银一钱八分七厘二毫二丝；每亩征米五升八合五勺六抄，共米一斗七升二合九勺二抄。

二则一斗一升一合荒田六亩三分六毫，不派本色，每亩征地徭银八分一厘二毫，共银五钱一分二厘二毫九丝。

一则一斗九合熟田九十亩八分二厘七毫，每亩征银六分一厘六毫六丝，共银五两六钱九分一厘二毫一丝；每亩征米五升七合五勺，共米五石二斗二升二合五勺五抄。

二则一斗九合荒田八十一亩八厘，不派本色，每亩征地徭银八分一毫一丝，共银六两六钱六分一厘三毫五丝。

一则一斗三合五勺熟田八亩七分八厘三毫，每亩征银六分六厘三丝，共银五钱三分二厘五毫一丝，每亩征米五升四合六勺，共米四斗七升九合五勺五抄。

一则一斗三合熟田三顷八十七亩七分一厘三毫，每亩征银六分四毫五丝，共银二十三两四钱三分七厘二毫五丝；每亩征米五升四合三勺四抄，共米二十一石六升八合三勺二抄。

一则三斗七升五合熟地四顷一十四亩三分二厘一毫，每亩征银一钱六分九毫一丝，共银六十六两六钱七分一毫六丝。每亩征米一斗九升七合八勺四抄，共米八十一石九斗七升一合四勺四抄。

二则三斗七升五合荒地一十一亩一分七厘三毫，不派本色，每亩征地徭银二钱二分一厘一毫六丝，共银二两四钱七分一厘。

一则二斗八升熟地八顷六十八亩一分九厘六毫，每亩征银一钱二分五厘八毫二丝，共银一百九两二钱二分四厘三毫四丝；每亩征米一斗四升七合七勺二抄，共米一百二十八石二斗四升九合九勺四抄。

二则二斗八升荒地六亩三分二厘九毫，不派本色，每亩征地徭银一钱七分八毫一丝，共银一两八分一厘五毫。

一则一斗三升一合五抄熟田一百四顷六十五亩三分三厘二毫，每亩征银七分八毫一丝，共银七百四十一两五分一毫五丝；每亩征米六升九合一勺四抄，共米七百二十三石五斗七升三合五抄。

二则一斗三升一合五抄荒地二顷四十二亩一分七厘，不派本色，每亩征地徭银九分一厘八毫七丝，共银二十二两二钱二分八厘一毫五丝。

一则六斗熟地一分，每亩征银二钱四分四厘，共银二分四厘四毫，每亩征米三斗一升六合五勺五抄，共米三升一合六勺五抄。

一则五斗熟地二分，每亩征银二钱七厘七丝，共银四分一厘四毫一丝；每亩征米二斗六升三合七勺九抄，共米五升二合七勺五抄。

一则四斗熟地二分五厘，每亩征银一钱七分一毫四丝，共银四分二厘五毫三丝；每亩征米二斗一升一合三抄，共米五升二合七勺五抄。

一则一斗熟田、地、荡、溇二百八顷二十四亩四厘六毫，每亩征银四分八厘一毫三丝，共银一千二两二钱六分一厘三毫三丝；每亩征米五升二合七勺五抄，共米一千八十八石四斗八升八合四勺二抄。

二则一斗荒田、地、荡六十七顷二十九亩九分四厘一毫，不派本色，每亩征荒折地徭银六分四厘二毫，共银四百三十二两六分二厘二毫一丝。

一则七升熟荡八顷三亩二分七厘一毫，每亩征银三分七厘五丝，共银二十九两七钱六分一厘一毫九丝；每亩征米三升六合九勺三抄，共米二十九石六斗六升四合七勺九抄。

一则六升五合五勺熟荡二十六亩八分二厘九毫，每亩征银三分五厘五毫九丝，共银九钱四分九厘四毫七丝；每亩征米三升四合五勺五抄，共米九斗二升六合九勺四抄。

一则五升熟地、田、荡、溇一百九十七顷三十亩六分二厘一毫，每亩征银二分九厘六毫七丝，共银五百八十五两四钱七厘五毫二丝；每亩征米二升六合三勺六抄，共米五百二十石二斗九升六合四勺七抄。

二则五升荒田荡一顷四十五亩七分，不派本色，每亩征地徭银三分七厘七毫，共银五两四钱九分二厘八毫九丝。

一则四升四合熟荡一十七亩五分一厘一毫，每亩征银二分七厘四毫五丝，共银四钱八分六毫七丝；每亩征米二升三合二勺一抄，共米四斗六合四勺三抄。

一则四升二合熟荡二十亩九分二毫，每亩征银二分六厘七毫一丝，共银五钱五分八厘二毫九丝；每亩征米二升二合一勺五抄，共米四斗六升二合九勺七抄。

一则四升一合熟荡九十五顷九十八亩四分七厘六毫，每亩征银二分六厘三毫四丝，共银二百五十二两八钱二分三厘八毫五丝；每亩征米二升一合六勺三抄，共米二百七石六斗一升五合三勺。

二则四升一合荒荡九分六厘三毫，不派本色，每亩征地徭银三分二厘九毫三丝，共银三分一厘七毫一丝。

一则三升五合熟荡二顷三十二亩四厘三毫，每亩征银二分四厘一毫三丝，共银五两五钱九分九厘；每亩征米一升八合四勺六抄，共米四石二斗八升三合五勺一抄。

一则三升三合熟荡二顷八十亩七分一厘一毫，每亩征银二分三厘三毫九丝，共银六两五钱六分五厘八毫三丝；每亩征米一升七合四勺一抄，共米四石八斗八升七合一勺七抄。

一则三升熟荡七十四顷一十五亩四分九厘五毫，每亩征银二分二厘二毫八丝，共银一百六十五两二钱一分七厘二毫二丝；每亩征米一升五合八勺二抄，共米一百一十七石三斗一升三合一勺三抄。

二则三升荒荡二十九亩一分五厘二毫，不派本色，每亩征地徭银二分七厘一毫，共银七钱九分四丝。

一则二升熟荡九十四亩九分九毫，每亩征银一分八厘五毫九丝，共银一两七钱六分四厘三毫五丝；每亩征米一升五勺五抄，共米一石一合二勺八抄。

一则一升五合熟田、山、荡、溇一百九十三顷一十五亩六分五厘八毫，每亩征银一分六厘七毫，共银三百二十三两三钱四分四厘一毫四丝；每亩征米七合九勺一抄，共米一百五十二石七斗八升六合八勺五抄。

二则一升五合荒田荡五十五亩三分六厘五毫，不派本色，每亩征地徭银一分九厘一毫五丝，共银一两六分二毫一丝。

一则一斗熟荡二十二亩八分六厘一毫，每亩征银五分七毫二丝，共银一两一钱五分九厘五毫；每亩征米五升六合四勺五抄，共米一石二斗九升五勺。

一则五升熟山荡六十五顷九十二亩一分四厘五毫，每亩征银三分九毫六丝，共银二百四两九分二厘八毫；每亩征米二升八合二勺二抄，共米一百八十六石三升三勺三抄。

一则三升熟山荡二十六顷四十五亩七分三厘八毫，每亩征银二分三厘六丝，共银六十一两一分七毫一丝；每亩征米一升六合九勺三抄，共米四十四石七斗九升二合三勺四抄。

一则二升熟荡二亩五分五厘二毫，每亩征银一分九厘一毫一丝，共银四分八厘七毫六丝；每亩征米一升一合二勺九抄，共米二升八合八勺一抄。

孔氏阙里分祠祭田隶元邑者十顷三十二亩豁免丁徭。祭条缓至十月启征，按月均输一分，不列奏限。

以上共地丁银二十万四百三十八两一钱九分一厘二毫三丝，遇闰加银一千九十四两七分一厘三毫九丝；共米二十二万八千九百一十三石九斗一合八勺五抄，遇闰加米八百四石二斗三升二合五勺六抄。

征丁银数

人丁九万八千一十八丁五分，每丁征银三分九厘一毫三丝，共银三千八百三十五两四钱六分三厘九毫。

又复优免绅衿本身丁九百一丁五分，未据报免，仍每丁征银三分九厘一毫三丝，共银三十二两八钱四分一厘六毫四丝。

以上共丁银三千八百六十八两三钱五厘五毫四丝，遇闰加银一百四十九两七钱八分二丝；又不在地丁之内，另征网租银二两五钱；又匠班银六百八十一两三钱。

起运存留银数

通共征银二十万四千九百九十二两九钱九分六厘七毫七丝，遇闰加银一千二百三十三两八钱五分一厘四毫一丝。

一、起运银一十三万七千九十七两四钱一分六厘一毫一丝，遇闰月加银五百五十五两三钱七分三厘五毫四丝。

一、漕项银六万一百三十二两九钱八厘九毫七丝，遇闰加银三百四十二两五钱，内轻赍银一万五千六百五十两一钱六厘五毫二丝，易米银七十七两一钱九分三厘九毫六丝，芦席银六百七十八两九钱五分七厘六毫三丝，木板银二百七十六两八钱八分七厘三毫八丝，扛解银四百八十两一分五厘九毫三丝。过江六升米折银二千六百五十四两九钱九厘五毫三丝。灰石米折银四千五百一十七两五钱八分七厘二毫。漕赠银一万七千四百八十一两七分六毫。白粮经费银七千七百二十七两九钱三厘五丝。

凤阳仓米折银八百七十九两四钱二分九厘八毫，扛解银二十两二钱二分六厘八毫六丝。凤阳仓麦折银四百一十七两七钱二分八厘八毫，扛解银九两六银七厘七毫五丝。扬州仓米折银八百七十三两四钱八分七厘九毫四丝，扛解银一十八两七钱七分九厘九毫九丝。镇江仓麦折银一百九十两六钱四厘七毫，解费银三两八钱一分二厘九丝。苏、太、镇三卫浅船民七银二百三十四两四钱九分六毫四丝，解费银四两六钱八分九厘八毫六丝。苏、太、镇三卫军储银六千一百二十八两二钱四分八厘七毫九丝，遇闰加银三百四十二两五钱。贴运银四百四十九两五钱二分八毫。江宁省卫行月银一千三百五十七两六钱。

一、河工银一千五百四十八两一钱一厘七毫六丝。工部核销。

一、存留银六千二百一十一两八钱六分九厘九毫三丝，遇闰加银三百三十五两九钱七分七厘八毫七丝。

巡抚俸银二十九两六钱四分五厘。

钞关巡捕官廪粮银二十四两，遇闰加银二两。

知府俸银六十二两四分四厘。

海防同知俸银八十两。门子二名，工食银一十二两，遇闰加银一两。皂隶一十二名，工食银七十二两，遇闰加银六两。步快八名，工食银四十八两，遇闰加银四两。轿、伞夫七名，工食银四十二两，遇闰加银三两五钱。灯夫二名，工食银一十二两，遇闰加银一两。

司狱俸银三十一两五钱二分。皂隶二名，工食银一十二两，遇闰加银一两。

府学教官俸银三十一两五钱二分。膳夫二名，工食银四十两，遇闰加银三两三钱三分三厘三毫。门斗三名，工食银二十一两六钱，遇闰加银一两八钱。

知县俸银四十五两。门子二名，工食银一十二两，遇闰加银一两。皂隶十六名，工食银九十六两，遇闰加银八两。民壮五十名，工食银三百两，遇闰加银二十五两。轿、伞、扇夫七名，工食银四十二两，遇闰加银三两五钱。灯夫四名，工食银二十四两，遇闰加银二两。库子四名，工食银二十四两，遇闰加银二两。斗级四名，工食银二十四两，遇闰加银二两。禁卒八名，工食银四十八两，遇闰加银四两。

县丞二员，俸银八十两。门子二名，工食银一十二两，遇闰加银一两。皂隶八名，工食银四十八两，遇闰加银四两。马夫二名，工食银一十二两，遇闰加银一两。

主簿俸银三十三两一钱一分四厘。门子一名，工食银六两，遇闰加银五钱。皂隶四名，工食银二十四两，遇闰加银二两。马夫一名，工食银六两，遇闰加银五钱。

典史俸银三十一两五钱二分。门子一名，工食银六两，遇闰加银五钱。皂隶四名，工食银二十四两，遇闰加银二两。马夫一名，工食银六两，闰月加银五钱。

巡检二员，俸银六十三两四分。皂隶四名，工食银二十四两，闰月加银二两。弓兵四十二名，工食银二百二十三两二钱，闰月加银一十八两六钱。

儒学教官俸银三十七两五钱二分。斋夫三名，工食银三十六两，闰月加银三两。膳夫二名，工食银四十两，闰月加银三两三钱三分三厘三毫。门斗三名，工食银二十一两六钱，闰月加银八钱。

一、看司门子二名，工食银七两二钱，闰月加银六钱。

一、听事义民一十三名，工食银一百四两，闰月加银八两六钱六分六厘六毫。

巡盐巡捕民壮二十名，工食银一百四十四两，闰月加银一十二两。

河下皂隶一百二十名，工食银八百六十四两，闰月加银七十二两。

河下灯夫八十名，工食银三百七两一钱三分六厘，闰月加银二十五两五钱六分四厘六毫七丝。

河下吹手二十四名，工食银二百一十六两，闰月加银一十八两。

本府钟鼓夫一名，工食银三两，闰月加银二钱五分。

龙衣船水手，工食银八十七两六钱二分七厘六毫六丝。

仙船水手一十名，工食银七十二两，闰月加银六两。

本府铺兵九名，工食银八十一两，闰月加银六两七钱五分。

本县铺兵九十九名，工食银八百九十一两，闰月加银七十四两二钱五分。

孤贫二百九十九名，口柴薪布花银二百九十九两。

表笺银一十八两三钱一分四厘六毫五丝。

习仪拜牌等银二十两。

文庙香烛银三两六钱。

各坛庙祭祀银二百一十两。

乡饮银一十七两五钱。

龙衣船修理银一十一两二钱四分六厘九毫三丝。

各营船械银五百一十三两一钱九分五厘八毫四丝。

岁终新书七十两。

司府造册纸张工费银六十三两三钱九分三厘。

青田长单银二十两。

修理监仓银五两。

一、二年一办银。本府岁贡盘费银一十七两一钱四分二厘八毫。本县岁贡盘费银六十两。

一、三年一办银。会试举人盘费银四十一两三钱三分三厘三毫三丝。进士牌坊银六十六两一钱三分三厘三毫三丝。武进士牌坊银六两六钱六分六厘六毫六丝。

一、学租银一百三十六两三分六厘。学院报销。

起运存留米数

通共征米二十二万八千九百一十三石九斗一合八勺五抄，遇闰加米八百四石二斗三升二合五勺六抄。

漕粮正兑正米一十一万七千八百四十七石九斗四合四抄，耗米四万七千一百三十九石一斗六升一合八勺。

改兑正项米七千五百五十六石六斗四升六合二勺，耗米二千二百六十六石九斗九升三合九勺。

漕赠五米八千七百四十石五斗三升五合三勺。

白粮正项米一万一千一百九十九石四斗六升四合七勺五抄，耗米五千二百八十三石一斗五升九合八勺。

春办米二千四百九十四石一斗二升一合七勺三抄。

运船水夫饭米八百一石三斗二升一合四勺六抄。

江宁省卫行月米三千六百五十二石四斗九升四合九勺六抄。

苏、太、镇三卫行月米四千二百一十石二斗五升一合三勺八抄，遇闰加米三百七十一石三斗。

扬州仓米一千五百五十八石二斗五升二合七勺五抄。

镇江仓麦易米四百四十石九斗五升九合五勺三抄。

一、存留米五千二百一十一石七斗一升七合二勺四抄，遇闰加米四百三十二石九斗三升二合五勺六抄。内局匠口粮四千一百三十一石八斗九升三合一勺，闰月加米三百四十三石二斗三升二合五勺六抄。孤贫口粮米一千七十九石八斗二升四合一勺四抄，闰月加米八十九石七斗。

一、应存米一万五百八十石九斗一升六合六勺五抄。候拨兵粮。

蠲免恩典

康熙二十六年十一月二十六日，上谕户部：朕惟古帝王统御万方，乂安九有，殚心怀保，节爱攸先，期于物力充裕，爰以振业黎元，俾膏泽旁流，咸蒙美利。朕自御极以来，轸恤民依，力图休养，唯理财为裕国之大经，蠲贷为爱民之实政。历年敦崇节俭、严核浮冒，盖欲为布德行惠之资。频年以来，各省钱粮虽已次第蠲免，但江苏所属各郡县为财赋重地，额征钱粮甲于他省。且累岁输将供亿，效力维勤，兹用大沛恩膏，除漕项钱粮外，所有康熙二十七年应征地丁各项钱粮俱著蠲免，二十六年未完钱粮亦悉与豁除。又陕西省钱粮，前虽已行蠲免，但念该省人民用兵之际，转输馈饷，效力可念，再宜加恩，以弘乐利。其康熙二十七年应征地丁各项钱粮及二十六年未完钱粮，亦著俱与蠲免。尔部速行该地方官，通行晓谕，务使小民均沾实惠，以副朕爱育苍生至意。如有不肖有司官吏借端朦混及私行重征者，该督抚指名题参，从重治罪。如该督抚徇隐不行纠举，或经察奏，或被告发，定行一并从重治罪。尔部即遵谕行。特谕。

康熙二十八年，圣驾南巡，谕江南督抚将全省积年民欠一应地丁钱粮、屯粮、芦课、米麦豆杂税概与蠲除。

上谕江南督抚曰：朕南巡以来，轸念民依，勤求治理。顷至江南境上，所经宿迁诸处，民生风景较前次南巡稍加富庶。朕念江南财赋甲于他省，素切留心。因尚有历年带征钱粮，恐为民累。出京时，曾询户部，知全省积欠约有二百二十余万。今亲历兹土，访知民隐，无异所闻。除江南正项钱粮已与直隶各省节次蠲免外，再将江南全省积年民欠，一应地丁、钱粮、屯粮、芦课、米麦豆杂税，概与蠲除。自此，民免催征，官无参罚。尔督抚务须切实举行，俾均沾实惠，副朕爱恤民生至意，如有以完作欠、侵收肥己等弊，一经发觉，定行从重治罪。夫民为邦本，足民即以富国。朕平日躬行节俭，一丝一粟未尝轻费。所以如此简约者，无非爱养物力，为优恤元元之地在民间。惟正之供，军国所需，岂易骤言蠲免！迩年国用少裕，故能频沛恩施，总期藏富于民，使家给人足，则礼让益敦，庶几渐臻雍穆之治欤！著速行传谕，令咸知朕意。特谕。

二月初四日，上幸虎丘，苏属士民刘廷栋等、松属士民张三才等，候驾幸万岁楼，出二山门，伏奏云：圣谕亲览民情，钦遵上达天听。上驻跸垂问。奏云：苏、松浮粮，明太祖怒百姓附张士诚抗师固守，加罚重粮，叩求圣恩酌减。上命内侍收进，本日回銮。奉旨九卿科道汇议。

二十九年三月二十一日，上谕户部：著九卿等集议，量减苏、松浮赋。

三十年十二月初四日，上谕户部：将起运漕粮自三十一年始，逐省以次各蠲免一年。

上谕户部：朕抚驭区宇三十年以来，早夜图维，惟以爱育苍生、俾咸臻安阜为念。比岁各省额征钱粮业已次第蠲豁，其岁运漕米向来未经议免。朕时切轸怀，所有京通仓米谷樽节支给，数载于兹。今观历年储积之粟，确足供用，应将起运漕粮逐省蠲免，以舒民力。除河南省明岁漕粮已颁谕免征外，湖广、江西、浙江、江苏、安徽、山东应输漕米，著自三十一年始，以次各免蠲一年。至江宁、京口、杭州、荆州大兵驻防地方，亦应预行积贮，著将三十一年起运三十年漕米截留十万石，存贮仓廒，令该地方官敬慎守视，以备需用。尔部即遵谕行。特谕。苏州漕粮于三十四年输免。

三十二年九月，奉旨江苏、安徽夏旱，免本年漕粮三分之一，俟至应蠲年分补还。

三十四年，诏将江宁、苏、松、常、镇、淮、扬、徐等处起运漕粮尽行蠲免。

三十八年三月，奉旨江苏、安徽所属旧欠带征钱粮，除康熙三十三年恩诏内已经赦免外，其三十四、五、六年一应地丁、米麦豆杂税，俱著豁免。

四十年，奉旨江苏省州县除漕项外，将四十一年地丁、钱粮尽行蠲免。

四十五年十月，奉旨江苏、安徽等省，自康熙四十三年以前未完地丁、银米通行豁免，其旧欠已完在官而现年钱粮未完足者，亦准扣抵。

四十六年，江苏等处旱。十月，奉旨本年所征漕粮每州县或留八九万石，或十万石，酌量赈给。十一月，奉旨康熙四十七年江南通省人丁额征银两悉行蠲免。其本年被灾安徽巡抚属七州县、三卫，江宁巡抚属二十五州县、三卫，应征地亩银共二百九十七万五千二百余两、粮三十九万二千余石，一概免征，所有旧欠带征银米，并暂停追取。

四十七年四月，奉旨以江西、湖广漕粮三十余万石至苏、松，减价平粜。十月，以江南水灾，蠲免通省地丁银四百七十五万四百两有奇，旧欠银米亦暂停追取。

五十年，上谕升平日久，国用充盈，将天下一应钱粮分三年次第蠲免，以纾民力。江苏省地丁于五十二年轮免，并免历年旧欠。

五十三年，上谕户部：今闻江南、浙江、河南、山东田麦歉收，恐交冬米价腾贵，宜先将漕米三十万石分贮江宁、苏州、淮扬、杭州、开封诸府，著漕运总督亲身阅兑，速行运至，令其加谨照数收贮，有此米石，军民心即安帖，米价自不致腾贵矣。

五十四年，以苏、松等处水灾，蠲免地丁银、米有差，仍赈济饥民。

五十六年十一月，奉旨豁免安徽、江苏等处带征地丁、屯卫银两，其带征漕项银、米麦豆，免征各半。

五十八年，奉旨截留江南漕米，分贮苏、松诸府，以备赈济。

六十年，总督常鼐、巡抚吴存礼准里民呈丁随田办，于是以长邑丁银三千八百九十三两四分一毫零，均入通邑实熟田地平米中，照依各则，每石加银八厘九毫五丝八忽九微四纤二沙八尘六渺九漠六埃三逡七巡。

是年，赈济江、苏、松、常、镇、扬所属州县饥民。

雍正元年六月，奉旨蠲江苏各属康熙十一年至五十年未完地丁银七百二十九万六千二百九十两零，米豆四十三万七千二百二十石零，又芦课等银一十九万二千七百三十三两零。

是年，江、苏、常、镇、淮、扬六府属内二十二州县秋禾被旱、虫伤。诏各准被灾分数蠲免地丁银有差。

二年六月，特恩蠲免江南全省康熙四十六年至五十年旧欠地丁银六十三万三百余两，米麦二十六万八千六百七十余石。十二月，蠲免苏、松、常、镇、淮、扬所属十五州县本年被灾地丁银七万三千八百五十余两，米豆六千五百四十余石，仍赈济饥民，缓征漕米。

又奉上谕：浙江、江南沿海地方七月十八九日海潮泛滥，田禾无不损坏。朕轸念灾黎，惟恐失所。业经饬两省督抚发仓赈济，多方抚恤。但杭、嘉、苏、松等府人稠地狭，向来出米无多，虽丰年，亦仰给他属，念沿海被灾，恐将来米价腾贵，小民艰食。河南、山东接壤江南，收成丰稔，可即动司库银两，山东买米六万石、河南买米四万石，选委廉干贤员，陆续运交苏州巡抚平粜，所粜之银移还补库。特谕。

三年三月十七日，管理户部事务怡亲王等折奏：钦惟我皇上念切苍生，勤求民隐。惜闾阎之疾苦，咨稼穑之艰难。赈济蠲除，有加无已。赐租减赋，动盈数千百万。德洋泽溥，凡海隅日出之所，无不被沾浩荡，仁心实政，诚亘古史册未有也。臣等伏查苏、松田税，宋时每亩输赋一斗，元时水田不过五升。明太祖因苏民为张士诚固守不降，尽籍诸豪族及富民田以为官田，按私租簿为税额，每亩四五斗、七八斗至一石以上，苏州一府秋粮至二百七十四万六千余石，时民田仍照元时之额，岁输仅十五万石，余皆征之官田。松江官田略少，秋粮亦至一百三十余万石。计苏州田、地、山、荡、滩、漊等共九万九千九百余顷，松江田地等四万八百余顷。以宋时均税一斗合算，苏、松正额只应一百四十万余石，乃加增二百六十四万余石，几二倍于原额矣。至宣德时，以苏、松官田租额太重，递减二分、三分，苏、松二府减七十余万石。巡抚周忱定均耗之法，以官田税额摊派民田，每亩税额少者一斗九升，多者三斗六七升不等。其后以二府额粮太多，地产米石不敷，始于平米内改征条折，此地丁等项折银所由始也。嘉靖时，增江浙赋税百二十万，苏、松又在加增之内。嗣后，东南被倭，又有额外提编之加。万历时，又每亩加增九厘，后于九厘外再加三厘。自宣德递减之后，嘉靖、万历时复递增浮额三十余万。于是，二府之民终明之世，困于重赋。我朝平定海内，悉除前明苛政。各省赋税凡嘉靖以后加增者，概行蠲免。洪恩浩荡，万民乐业。惟苏、松二府明代屡增之额，因未经详晰奏请，至今仍旧。伏查苏州府条折兵饷、徭里、人丁、匠班、随漕经费等项，岁征银一百六十二万六千九百两零；松江府条折兵饷、徭里、人丁、匠班、随漕经费等项，岁征银八十三万三千五百二十两零。苏州府正耗漕白等项，岁征米九十七万五千二百三十石零；松江府正耗漕白等项，岁征米四十一万八千五百八十石零。其岁征额米，历年以来，民间输纳完者居多，且天庾正供，兵食攸关，无庸请减。惟额征地丁银项，每至次年奏销之期，苏州一府民欠必至三十余万两，松江一府民欠必至十五六万两，积累数年，动至三四百万。幸遇圣朝时施旷典，蠲免宿逋至数百万，而数年之内，粮户日受追比之苦，地方官亦因承追而罢去者多矣。此虽有额征之名而无征收之实也。我皇上心周蔀屋，洞照万里。雍正二年，江西南昌府属明初加增浮粮，已蒙恩旨酌减宽免。今苏、松浮粮事同一体，但从来加浮之额为数太多。国家经费浩繁，理难照减。查苏州地丁银一百二十九万五千余两，松江地丁银六十七万四千余两，或应酌减几分。臣等不敢擅拟，仰候皇上钦定。此实出自圣主旷代特恩，非苏、松二府臣民所敢冀望，倘蒙俞允，伏祈敕下江南督抚、布政司，将所减银两作何分减之处，秉公均派，无少偏枯，则二府十二州县百万黎元之子子孙孙，咸永戴高天厚地于千万世矣。臣等谨将苏、松二府每年实地丁等项银两数目、漕白等项米石数目，并自康熙五十七年至雍正元年民欠地丁钱粮数目，开单呈览，为此谨奏请旨。

本月十九日，奉上谕：览管理户部事务怡亲王等所奏，具见勤求民隐、为国推恩之意，正应户部办理之事。苏、松浮粮，当日部臣从未陈奏，尝廑皇考圣怀，屡颁谕旨。本欲施恩议减，乃彼时大臣以旧额相沿已久，国课所关綦重，恐损上益下，非理财之道，数以不应裁减固执覆奏。凡国家大事因革损益，必君臣计议画一，始可举行。若皇考违众独断，既非询谋佥同之义，且恐一时减免，倘后来国用不足，又开议论之端，只得从众议而中止。然圣慈轸念苏、松诞敷渥泽，屡蠲旧欠，以纾民力，其数较他处为多，是亦与裁减正额无异也。今怡亲王等悉心筹画，斟酌奏请，甚为可嘉。朕仰体皇考爱民宽赋之盛心，准将苏州府额征银蠲免三十万两，松江府额征银蠲免十五万两。《论语》曰：“百姓足，君孰与不足？”《周易》曰：“损上益下，民悦无疆。”朕但愿百姓之足，时存益下之怀，用是特沛恩膏，著为定例。俾黎民轻其赋税，官吏易于催科，可饬令该地方知之。钦此。

时布政使鄂尔泰查照旨内事理钦遵施行，查得苏属额征除杂办并人丁外，实该田地项下每两应减蠲银二钱三分五厘一丝五忽四微九纤六沙三尘二渺五漠六埃四逡七巡，其通行合属官吏、绅衿、士民、粮里人等知悉。

雍正四年，大水，田畴多没。奉旨被灾州县俱照该府所题分数减免有差。又诏以从前积贮米分路煮粥赈饥。自四年十二月始至来年闰三月止，复出米分路减价平粜，民忘其饥。又命抚臣动支库银四万两，委员往湖广、江西运米平粜。又特开捐贡监例，大县二万千石，中县一万石，小县八千石，将米谷分贮各邑以备赈。

上谕：江南地方今岁秋冬雨水稍多，低洼之处未免减收，目前米价虽平，恐明岁青黄不接之时，价值不免昂贵。朕心轸念，预为筹画，已特遣专官将从前截留粮米一一清查，会同该督抚商酌，以济地方之用。又令该督抚动用正项钱粮，委员于邻省采买米谷，以备积贮平粜之需。朕思苏、松、常、镇四府地广人稠，需米甚多，而四府所属漕兑共一百四十余万石，居七省漕粮三分之一。今州县既有被水之区，恐小民输纳匪易，著将成灾五分以上之地亩应出漕米缓征一半，约计将及二十万石，俾闾阎既宽正额之输，将来地方又有多余之米粟，则编户穷黎当不虑其乏食矣。其缓征一半漕米，著于雍正五年秋收后带征完纳。其不成灾之地亩仍照额征之数，准其红白兼收。著将此速谕该督抚遵行。钦此。

十年三月，奉旨以康熙五十一年起至雍正四年，官侵、吏蚀包揽钱粮分为十年带征，完纳之分数为次年蠲免之分数。

十一年十二月，奉上谕：江苏雨水稍多，收成歉薄，著将乙卯年起运漕米截留二十万石，于被水州县平粜，新旧条银及本年南漕等米缓至来年麦熟开征，仍令动支仓谷分别赈济，又将本年漕米一半折征。每石折征银一两。

十三年九月，皇上初即位，上谕：各省民欠钱粮十年以上者，已于恩诏内概予蠲免，其余未完民欠尚有应征者，朕思缵绪方初，惟当继述我皇考惠养黎元之至意，俾服畴力穑之人，均沐恩膏，积逋全释，若未蠲之项尚事征收，民间不无烦扰。兹特再行降旨，于恩诏外，将雍正十二年以前各省钱粮内曾有官侵、吏蚀二项，乃从民欠中分出者，比时差往大臣官员办理，原不妥协，亦著照民欠例宽免。此朕仰体皇考诚求保赤之仁，深念吾民厚生正德之意，各省军民人等身受国恩至渥，自应感动天良，屏除陋习，明守法奉公之大义，循则壤成赋之常经，共为良民免追呼之扰累，倘疲玩性成，不知悛改，则是我民中最为愚顽之人，既无畏威之念，亦鲜怀德之心，国法具在，朕亦不能为宽贷也。尔等即交部遵行。钦此。

十月，豁免各处漕项芦课及学租杂税等银。

十二月，豁免雍正十二年以前带征、缓征漕项本折银米。

乾隆二年四月，上谕：苏、松浮粮，前已蒙世宗宪皇帝特降谕旨裁免四十五万两，以纾民力。但江省粮额尚有浮多之处，著再加恩免额征银二十万两。该督抚确查详核，务使均匀，俾民同沾实惠。钦此。

当经巡抚邵基以江省或系江南全省咨部请示，准部覆此项蠲免悉照雍正三年恩例遵行。于是，苏、松二府及从苏州分出之太仓州暨昭文、崇明二县划隶通州沙地额征折色银两，于本年钦奉恩诏之日为始，除去匠班、人丁不减外，其余将二十万两之数，按额验算，均匀摊派，计田地项下，每正银一两，应蠲减银一钱三分三厘六毫五丝三忽一微四纤二沙三尘。时急公之户，先已多完者，即将溢完银两留抵下年钱粮。

又奉上谕：每年所需白粮不过十万石，仍照常征收外，其余十二万，著漕运总督会同该督抚酌行改征漕粮，其经费银米俱照漕例征收，以纾民力。钦此。

乾隆四年，钦奉恩旨：将本年解司地丁银两全行蠲免，当经总督部堂那饬县查明通邑大小花户银数，奏准将五钱以下小户全行蠲免，其五钱以上之户每户验蠲银两四钱一分一厘。

乾隆十年六月初九日，上谕：我朝列圣相承，深仁厚泽，无时不加意培养元元，以期家给人足。百年以来，薄海内外，物阜民康，共享升平之福。朕临御天下十年于兹，抚育蒸黎民依，念切躬行俭约，薄赋轻徭，孜孜于保治之谟，不敢稍有暇逸，常守节用爱人之训，凡以为民也。今寰宇敉宁，既鲜糜费之端，亦无兵役之耗，所有解部钱粮原为八旗官兵及京员俸饷之所需，计其所给较之宋时养兵之费，犹不及十之一二，至于各处工程为利民之举者，亦只取给于存公银两，即朕偶有巡幸赏赉，所颁亦属无几。是以左藏尚有余值。数年来，直省偶有水旱，朕加恩赈济，多在常备之外。如前年江南被水，抚绥安插计费帑金千余万两，此皆因灾伤补救而沛恩泽者。朕思海宇乂安，民气和乐，持盈保泰，莫先于足民，况天下之财止有此数，不聚于上，即散于下。仰惟我皇祖在位六十一年，蠲租赐复之诏，史不绝书。又曾特颁恩旨，将天下钱粮普免一次。我皇考旰食宵衣，勤求民瘼，无日不下减赋宽征之令，如甘肃一省征赋全行豁免者十有余年，此中外所共知者。朕以继志述事之心，际重熙累洽之候，欲使海澨山陬一民一物，无不均沾大泽，为是特降谕旨：将乾隆丙寅年直省应征钱粮通行蠲免。其如何办理之处，著大学士会同该部即速定议具奏。钦此。廷臣议：准普天下钱粮分三年轮免，遂于乾隆十一年免江苏省钱粮。

乾隆十三年夏，二麦被冰雹灾伤。题奉谕旨：被灾州县照原报灾分田数蠲免地丁银米。

乾隆十六年，上谕：朕巡幸江浙，问俗省方，广沛恩膏，聿昭庆典。更念东南贡赋甲于他省，其历年积欠钱粮，虽屡准地方大吏所请，分别缓带，以纾民力，而每年新旧并征，小民终未免拮据。朕宵旰勤劳，如伤在抱。兹当翠华亲莅，倍深轸切，用普均沾之泽，以慰望幸之忱。著将乾隆元年至十三年江苏积欠地丁二百二十八万余两、安徽积欠地丁三十万五千余两，悉行蠲免，俾官无罣误，民鲜追呼，共享升平之福。夫任土作贡，岁有常经，自应年清年款。江苏积欠乃至二百二十余万之多，催科不力，有司实不能辞其咎，而玩疲成习，岂民间风俗之浇漓尚有未尽革欤？朕以初次南巡，故特加恩格外，嗣后该地方官务宜谆切劝谕，加意整顿，其在小民，亦当湔除旧习，勉效输将，勿谓旷典可希冀屡邀，而惟正之供任其逋负也。其浙江一省，虽额数略少于江苏，而节年以来，并无积欠，岂犬牙相错之地不齐乃至是欤？此具见浙省官民敬事急公之义，而江苏官民所宜怀惭而效法者也。朕甚嘉焉，著将本年应征地丁钱粮蠲免三十万两，以示鼓励。该督抚其仰体朕惠爱黎元之意，严饬所属，实力奉行，使闾阎咸沾实惠。倘有不肖官吏，以完作欠，希图侵蚀。察出即行纠参，从重治罪。并将此通行晓谕知之。钦此。

当经户部奏明恩旨，蠲免江省民欠钱粮，其实欠在民者，自应遵照谕旨，即行豁免。所有未完役蚀银两，应请查照乾隆十二年四月军机大臣议覆前任江督尹继善奏，将役蚀银两勒限监追，原案仍分别著追，奉旨依议。

又奉恩旨，蠲免漕耗银十分之六。

乾隆二十年，田禾被虫灾。奉旨照题报灾，分田数照例蠲免地丁银米。所有灾地饥民，照例分别极贫、次贫，按月给赈。复蒙恩旨，加赈一二月。又经抚部院奏准，将勘不成灾之处贫民，每名借给一月口粮。

乾隆二十一年，钦奉恩诏蠲免乾隆十四年起至二十一年止未完地丁银两。

乾隆二十二年三月十八日，奉上谕：朕稽古省方，乘时布泽，翠华所至，赐赉蠲租，而省会驻跸之地，加恩宜渥，其将江南之江宁、苏州，浙江之杭州附郭诸县，本年应征地丁银两，悉予豁免，用昭行庆施惠之盛典。该部即遵谕行。钦此钦遵。

当经升任布政司托奏请，将五两以下之户全行蠲免。复经在县以花分之户设局抽并，分别大、中、小户，以二两以内为小户，全行蠲免；以二两至五两以内之户为中户，每户验蠲银一两一分四厘；其自五两起以上之户，仍行照征。又奉恩旨，将乾隆十年以前未完漕项银米并蠲剩未完四分耗羡银两尽行豁免。

乾隆二十三年，夏雨过多，低田被淹。奉旨照题报灾，分田数蠲免地丁银米。

乾隆二十四年，田禾秋被虫、风灾祲，当经抚部院以被灾较重，题请将灾田应征地漕银米按分蠲免，其蠲剩银米照例分年带征。

按：吴民之为浮粮困也，盖四百有余载矣。世宗宪皇帝特颁裁减谕旨，著为定例，旷荡之恩，自天而至，此真白叟黄童所额手欢呼，喜极而继之以感泣者也。今上御极之初，继志述事，减而又减，湛恩汪濊，浃髓沦肌。自今以往，吴民之得以服我先畴咏歌勤苦者，非圣天子蠲租赐复，重熙累洽，实有以曲赐而安全之哉！而有不踊跃急公、输将恐后者，必非人情。然窃尝念之，苏郡岁逋之有三十余万也，其困于力所不给者，固不啻半；其困于有粮无田，如积荒、公占、坍没及隐匿飞洒之类。与夫产去粮存、逃亡灭绝、莫可按稽者，应亦几当其半焉。此皆民隐之不及上闻，而足以窘主计者之心思智虑者也，又将何术以善其后欤？至乾隆元年，经县令张若爔查勘版荒并低瘠田荡，详请咨题改减科则，又以坍没、公占田荡详题豁免粮赋。迨经先后奉准，部覆题，奉谕旨准减准豁。

漕挽附

自民收变为官收，而民困一纾。自漕白之民兑、民运胥变为官兑、官运，而民困尽纾。此昭代之制所为度越前朝万万者也。乃运弁、旗丁之横，为官吏害者，又日加甚焉。夫为官吏害[①]，即何莫非为百姓害也。按：吴下各卫，每一旗军管一运船，名虽领粮四百八十有三石，而于中实取加四耗。入京仓者，裁三百四十五石耳，余一百三十八石皆旗军有也。又每船卫给屯粮五六户不等，约得米皆不下百余石。又每船县给行粮五十余石，又县给月粮三十余石，又县给原折银一十三两零，又县给新增折银一十三两零，又县贴备银二十二两零，又奉按院奏题增每石加米五升，每船又加米二十四石，又每石加使用银五分，每船又加银二十四两零，共约计一军运米三百四十五石，而所得官民耗赠银米已不啻倍之。又复得官民赠用银几至百两，其修舱篷、桅、席、缆等项官价在外，是朝廷所以恤之与州县官所以徇之者，綦详且至矣。

而溪壑之欲无有厌，心百计勒索，少不遂意，则官被其询，吏受其虐，莫敢谁何。沿途纵粜，以饱私橐，虑有亏缺，则搀入糠粃，灌以江河之水。米色有低恶潮烂，则仍自州县官，任其参责，任其赔补，而旗丁无与焉。彼复何惮而不肆其恶哉？昔巡抚仪封张公伯行之莅兹土也，当收粮之日，仓设二牌于厅事前，一戒饬官民，一约束旗弁。又日遣人持令箭巡行诸仓，米必干洁，斛必准平，官吏俱无所容其干没，且随收随兑，随兑随开，虽有奸弁，罔不胁息。奉命间日，又亲自微行以纠察之，此官与民所为胥受其福，而诵思至今不衰也。非留心民瘼者所当奉行勿替者乎？

① 原作“为官利害”，据《〔乾隆五年〕元和县志》改为“为官吏害”。

卷十三

徭役

邑分矣，土田赋税皆有异，而徭役独无异？间考苏郡、长邑诸旧志，其所载累朝徭法，以志寰宇可也，以志江浙诸郡邑无不可也，夫何异之有？矧元和新建，又奚志哉？或曰：徭役与田赋相表里，无志是无役也。用更考之史书，撮其梗概，推其利弊得失之所由，以见本朝役法，允为度越前代。而所以造生民之福者，正非浅鲜也。志徭役。

《周礼》：均人掌力政。丰年，公旬三日；中年，二日；无年，一日，盖其慎也。至唐立租庸调之制，岁役民率二十日，无事则日输绢三尺，谓之庸，几于滥矣。然有事而加役二十五日者，免调；三十日者，租、调俱免。抑犹有恤民之心焉。逮宋及明，其弊尚忍言哉？

间尝考之，宋之衙前、主官物及输运者。里正、督课赋税者。耆户长，主盗贼者。明之首名粮长及马头诸役，固职官所未易胜者也，而谓齐民能任之乎？至若宋之散从、杂职以下，明之库子、斗级以下，则又古者府史、胥徒、庶人在官而廪于公者之所为，乃悉指为役，概征诸民。至历时经岁，而不得息。资产既竭，逋负未除，子孙尽没，邻保犹逮。呜呼！何其毒民甚哉！夫以有宋诸君子所纷争聚讼者，数十百年。有明诸君子所弥缝调剂者，又数十百年，而迄无定见。无他，以未能权乎当役与不当役之辨而清其源也。

我国家损益明制，因所当因，革所当革，取数百年厉民之政，悉举而廓清之。秋粮糙、白二米，悉从官收、官兑，军运至北，而首名粮长之害除矣。条折令有田者自行封投，而柜收之害免矣。催科用截票，用滚单，民自按期上输，即有征比，只令该图书承应，而经催排年、赔补之害免矣。总计大小徭役所费，尽入一条鞭，征官自雇办，更不累民。自两税法行，租、调与庸并入两税中，兹复随事酌增其法。自嘉靖十七年，知府王仪始。详见《赋税志》中。其他庶人在官者，皆例有工食以代其耕，息事宁民，法良意美，讵非万世所当遵守勿替者欤？

抑尝询诸父老，当鼎建之初，暨耿、郑二逆造变之日，师旅往来旁午，堤塘有修，桥梁有筑，舟船有维挽之劳，马匹有刍秣之供。马匹倒弊，又有赔买之苦。以至运粮造船、组甲火药诸需，供亿浩繁，民或未能衽席安也。

自康熙二十三年后，薄海清晏，纤尘不惊，民自急公输赋外，又亩贴各图书银二三分，以佐其攒造册籍及催输往来之费，余则别无纤悉烦扰。四十余年间，农安于耕，儒安于读，父老安于含哺，子弟安于嬉游，而硕鼠无歌、村厖无吠者，皆幸生太平无事之日也。则上之所以休养生息、拊摩煦妪以遗之乐利者，非至仁曷克臻此者乎？

若其法制之详，固阖郡相同，恐非一邑所当志也。故不复多赘云。

卷十四

水利

从来言东南水利者，莫如范文正公仲淹《上宰臣书》、郏司农丞亶《六失六得书》、单进士锷《吴中水利书》，其间或主得水利，或主去水害。主得水利者，即大禹沟洫之方；主去水害者，即大禹决排之法。皆言全吴水利，而一邑之措置，不外此也。

元和水势，上承具区，下注昆山、太仓以入大海，澹涵渟泓，莫盛于此。膏腴瘠薄之田，咸资灌溉，使蓄泄寡术，无以治水，即无以治田。兹先按其脉络，循其分合所云，吴地卑下，触处成川者，一览了然；次条列水患，详陈治法，得古人遗意而变通之，有农田水利之责者，准古酌今，亦考镜之一助也。若夫太湖之原委，与三江辨论之异同，应载郡志中，无庸备书。志水利。

元和水道，距吴江者二：由葑门接渡桥南行，历尹山夹浦至吴江之三里桥者，正道也；由接渡桥东行，历朝天湖、尹山湖，出同里河西口者，间道也。距昆山者三：由娄门东行，历陆金坝、彝亭、真义至昆山者，中路也；由葑门东行，历黄石桥、金泾湤、唐浦、吴淞江而收界浦或小濩浦者，南路也；由娄门官渎，出阳城河东行，收西湖滩，归绰墩者，北路也。与华亭相通者三：由葑门瓦屑泾东行，历独墅湖、陈湖、淀山湖、谢泽、圆泖而至华亭西门者，中路也；由葑门东行，历黄石桥、金泾湤、唐浦、六直、碛澳塘行而至华亭北门者，北路也；由葑门接渡桥南行，历尹山湖、同里、周庄、章练塘、尤墩而至华亭西门者，南路也。识其经流，余可详列焉。

吴淞江，太湖委也。袤二百五十余里，其流西南自夹浦桥迤逦而东，经官浦、九里河，东过镬底潭，自大姚分支东入陈湖，过周庄，通淀山湖，又东至嘉定县界，又东北流，合上海县黄浦入海。境内之川莫大于是。

澹台湖，在太湖之东。《史记》：澹台灭明“南游至江”。注谓：吴国东南澹台湖，其故居址所陷也。东过宝带桥，入运河，分流入朝天湖、金泾漴。直北正行则经葑门环城为濠，至娄门东入娄江。

尹山湖，旧名尹山淹，与独墅湖合尾入朝天湖。

朝天湖，葑门东南，出瓦屑泾，过荷花荡，为朝天湖。即黄天荡，旧注分为二，失考也。收口为新塘，凡六里，通独墅湖。新塘之中为浪打穿，向与独墅湖合，有风涛之险。明太仆卿吴默筑堤障之，今赖以安。

独墅一作树。湖，湖之西为朝天湖，湖之北为王墓湖，湖之东为尹山湖，每遭风波，几至断渡。东南最险处也。

镬底潭，潭之首即陈湖尾也。又为吴淞江横经之道，比诸河为深。一名蛟龙潭，一名车坊漾。其北口为高家店，过江田村，东南为大姚，出口为陈湖，西折为摇城湖。摇城，本越摇王所居，后讹为姚。

陈湖，周六十里，一名沉湖，相传邑聚所陷。今湖底街井可见。东南行为小陈湖，通白蚬江，收口为萧田湖。过周庄镇，通长白荡。直东为章练塘，过此为嘉善县界。即古由拳县。过白蚬江，又东南行，通淀山湖，青浦县界。

金泾漴，一名金镜湖，一名金鸡湖，由葑门塘出黄石桥为西漴，过此为东漴，中有花柳村间，之南为麋渎，北为龙溇，东六里为斜塘，又六里为塘浦。过鲇鱼口非五龙桥南之鲇鱼口。乃吴淞江转北而南之处，由此经千亩潭、莲花磔直东为六直浦，接昆山县境。

淀山湖，为苏秀诸湖中最低下处，东南与青浦县界，西南与吴江县界。湖北有范迁漾、东西二宿浦，东有朱沙港、漕港。邑中之湖吐纳众水者，以湖为雄长焉。

沙湖，在娄门之东，一名金沙湖，上通金泾漴，下通吴淞江，而青丘前、后戴墟其潆绕也。北通娄江，波涛驰突，舟行者，时濒于危。明工部主事姚文灏筑堤，用治河卷扫法。后工部郎中傅朝继之，堤成，广三丈，袤三百六十丈，为南北障蔽，迄今民利涉云。

至和塘，西自府城娄门，东经沙湖，又东过小彝亭、大彝亭至真义，为新阳县界。塘凡七十里，内四十五里属元和县。先是积水无陆，民颇病涉。宋至道间，知府陈省华筑堤。皇祐间，发运使许某建议筑塘，朝命王安石相视，奏请如许议，未之行也。至和间，邱与权为昆山簿，慨然任事，请郡守吕光禄居简同心计画，始告蒇事焉。塘成于至和年，因名。

下雉渎，由至和塘直东为上雉渎。俗名米筛河。又东为下雉渎，北折为彭漴，通鹈鹕城。

彭淯，在娄门外官渎东北，下通阳城湖、施泽湖。

阳城湖，湖广七十里，长洲巨浸也。东通巴城湖，出傀儡荡，为昆山县界。东北为施泽湖，即阳城湖分流，非二河也。近昆山、常熟二县界，西北过相城湖，北通昆城河，入常熟县界，南出娄江为新分元和县界。按：湖自横泾以西、莲花朵以东、彝亭以北、阳城村以南为东湖；莲花朵阳城村以西，石狮泾、承天庄以东为中湖；官渎在其南，相城在其北，承天庄在其东，邢店港在其西，湖虽分为三，实一湖也。今唯东湖之半属元和，余皆属长洲云。

按：北与常熟县通者，为蠡口，为冶长泾，为东长荡、西长荡，为白荡，为黄埭荡，为漕湖，为鹅肫荡诸水，西北与无锡县通者为射渎，为浒墅，为望亭、新安诸水，应详载《长洲县志》。

河形

郡城河形，横者有三，直者有四，三横河之西半为吴县界，故不载，其四直河西二直河属吴县者，亦不载。余长、元分隶者，备书之。城中河形如人身血脉，贵于联络贯注。城外河形为漕挽及行旅、商贾所必由，或宣或泄，所关甚巨，丈尺广狭，旧界具在。后有修浚者，尚其考而知之。长、元虽备书，然界限仍自分划。

城北横河，自娄门大关至张香桥，长八十丈有奇，阔四丈有奇。张香桥至华阳桥，长一百五十丈有奇，阔三丈有奇。华阳桥至周通桥，长七十丈有奇，阔三丈有奇。周通桥至临顿桥，长八十丈有奇，阔三丈有奇。临顿桥至中路桥，即天妃宫桥。长一百丈有奇，阔三丈。西入长洲县界。

城中横河，自里城河至顾亭桥，长一百丈有奇，阔四丈有奇。顾亭桥至升龙桥，长五十丈有奇，阔三丈。升龙桥至尽市桥，长一百二十丈有奇，阔三丈有奇。尽市桥至白蚬桥，长三十丈有奇，阔三丈。白蚬桥至甫桥，长一百丈有奇，阔二丈。甫桥至马津桥，过北为长洲县界。长五十丈阔二丈。马津桥至筱桥，长五十丈有奇，阔二丈。筱桥至草桥，长四十丈有奇，阔二丈。草桥至阍桥，长七十丈有奇，阔二丈。阍桥至乘鱼桥，长六十丈有奇，阔二丈。乘鱼桥至乐桥，长六十丈有奇，阔二丈。西入吴县界。

城南横河，自葑门水关，斜迤至望门桥，俗名红桥。长六十丈有奇，阔四丈有奇。望门桥至望信桥，旁有迎葑桥。长二百丈有奇，阔四丈有奇。迎葑桥西转至清道桥，俗名东小桥。长一百丈有奇，阔三丈有奇。清道桥至南仓桥，再至永安桥，俗名西小桥。长一百五十丈有奇，阔二丈。永安桥至平桥，长六十丈有奇，阔二丈。平桥至饮马桥，属长洲县界。长一百二十丈有奇，阔二丈。西入吴县界。

城东直河，自华阳桥起至石家角通济桥，长五十丈有奇，阔二丈。通济桥至庆历桥，长七十丈有奇，阔三丈。庆历桥至打急路桥，长七十丈有奇，阔三丈。打急路桥至胡厢使桥，长七十丈有奇，阔二丈。胡厢使桥至通利桥，长六十丈有奇，阔二丈。通利桥至众安桥，长四十丈有奇，阔二丈。众安桥至苏军桥，长七十丈有奇，阔二丈。苏军桥至积庆桥，长三十丈有奇，阔二丈。积庆桥至雪糕桥，长三十丈有奇，阔二丈。雪糕桥至寺后桥，长六十丈有奇，阔二丈。寺后桥至寺东桥，长三十丈，阔二丈。寺东桥至苑桥，长四十丈有奇，阔二丈有奇。自此稍西行，越中横河之水，接尽市桥。过此为官太尉桥。苑桥至官太尉桥，长六十丈有奇，阔二丈。官太尉桥至吴王桥，自此河形带东向。长六十丈，阔三丈。吴王桥至延寿桥，长七十丈有奇，阔三丈。延寿桥至百狮子桥，长五十丈有奇，阔三丈。百狮子桥至望信桥，长三十丈有奇，阔三丈。自此稍东南行，合城南横河之水，入望门桥，出葑门。

城中直河，自齐门赌赛桥至北新桥，长一百丈有奇，阔三丈。北新桥至跨塘桥，长一百五十丈有奇，阔二丈。自此稍东行，入城北横河，仍南入任蒋桥。跨塘桥至任蒋桥，长五十丈有奇，阔二丈。任蒋桥至善耕桥，长七十丈有奇，阔二丈。善耕桥至东章家桥，俗名白塔子桥。长八十丈有奇，阔二丈。东章家桥至花桥，长四十丈有奇，阔二丈。花桥至曹胡徐桥，长三十丈有奇，阔二丈。曹胡徐桥至旧长洲学东桥，过此为长洲县界。一百丈有奇，阔二丈。旧长洲学东桥至徐贵子桥，长四十丈有奇，阔二丈。徐贵子桥至醋坊桥，长八十丈有奇，阔二丈。醋坊桥至青龙桥，长九十丈有奇，阔二丈。青龙桥至大郎桥，长二十丈，阔二丈。大郎桥至顾家桥，长四十丈有奇，阔二丈。自此稍西行，合中横河之水，仍南入竹槁桥。竹槁桥至金母桥长一百丈有奇，阔二丈。金母桥至夏侯桥长一百二十丈有奇，阔二丈。夏侯桥越南横河至仓桥，仍入元和县界。长四十丈有奇，阔二丈。仓桥南行，迤东至帝师桥，长六十丈有奇，阔二丈。帝师桥过岁有桥俗名福民桥。至乌鹊桥，长一百丈，阔二丈。乌鹊桥至带城桥，长二百丈有奇，阔二丈。带城桥至善教桥，俗名新造桥。长一百五十丈有奇，系长洲界。阔二丈。善教桥至春和桥，俗名砖桥。长一百五十丈，阔二丈有奇。春和桥至葑门水关，合南横河之水，自西北来合流而出。长六十丈有奇，阔二丈。至龙潜嘴倍阔。水自此出葑门。

娄门外河：娄门市河，即至和塘西。西自永宁桥，东至官渎口，长四十丈有奇，西阔七丈、东阔九丈。官渎口东至永安桥，长四百一十丈有奇，阔九丈。坝基河，长三百七十九丈，南北阔一十二丈，东西阔四丈。

葑门外河：安里桥至吴家泾，长二百八十八丈，阔四丈有奇。此为商贾行旅之通渠。匠门塘，长二百一十丈，阔三丈有奇。此下为葑门外支河。洋泾，长二百七丈，阔三丈。张墓司桥河，长一百二十丈，阔二丈有奇。尹山镇河，西接运河，东至庙桥，长三百五丈，阔三丈有奇。

阊门外河：渡僧桥至上津桥，南属吴县，北属长洲。长一百五十七丈八尺，阔三丈。上津桥至下津桥，南属吴县，北属长洲。长四百一十丈有奇，阔三丈有奇。下津桥趋来凤桥，至枫桥湾，南自马铺桥以西、急水桥以东为元和界，北岸俱属元和县界。长五百二十丈有奇，阔三丈有奇。枫桥至浒墅关，皆长洲县界。计二十里，堤长二千六百丈有奇，阔狭不一。杨庵浜河，自三板桥北行转东，出通贵桥，长七十七丈，阔一丈七尺。山塘桥河南接沙盆潭，北行至通贵桥，长一百一丈有奇，阔三丈有奇。此下为商贾行旅之通渠。通贵桥至通济桥，长三十六丈有奇，阔二丈有奇。通济桥至半塘桥，长三百丈有奇，阔三丈有奇。此为白公堤之东段。半塘桥至西山庙桥，长二百五十丈有奇，阔四丈有奇。此为白公堤之西段。塔影浜等河三道，共长一百六十三丈，阔三丈有奇。

水利议

行水之法，上流宜疏，下流宜泄。太湖受宣、歙、杭、湖诸山之水而分入于三江，其出吴江垂虹桥顺流而东，渐次入吴淞江者，境中上流之水也；承吴县鲇鱼口之水，绕郡城而东，历昆山、太仓，从刘家河入海者，境中下流之水也。

上流宜疏，明侍郎徐贯议开吴江县江尾茭芦之地，凿长桥水窦，导引太湖之水，散入吴淞江、淀山湖二处，业已见之施行矣。下流宜泄，范文正、夏忠靖、周文襄诸公，或开茜泾、下张、七鸦、盐铁等处，由刘家河直达于海；开白茆、福山湖、许浦直达于江，历历有成效矣。

而邑中水利不兴，一遇大水，巨浸稽天，有渟滀三五月而不得疏通者。及猝遇熯干，土田荦确，无从引水灌溉。揆厥所由，一由上流、下流等处，前人功绩未能继续疏泄，既久，渐就湮淤；一由境内之水，纵横旁溢，而治水治田之法无人焉。条议而为之备，是以旱既苦旱，涝尤苦涝，而上田、下田钧蒙其害也。

夫元和水势，旁通众渎，上流诸水譬诸咽喉，下流诸水譬诸尾闾，而境内诸水则其腹也。咽喉不入尾闾，不泄固足为生人之病，然使咽喉可入、尾闾可泄，而腹中饱满不能承受以达之于下，其不同归于病者几何？则元和之水利，不可不急求矣。

顾欲求其利，先当知其弊。约而言之，其弊有五：高乡之人但期通水，而不知浚渠蓄水，所以常苦旱；低乡之人但期泄水，而不知筑围障水，所以常苦潦。偷目前之安，忘他日之祸，一弊也。浦渎泾港岁久不浚，旧岸之泥霖雨荡涤，渐入于河，日积月累，河身填淤，不能容水，二弊也。河之四旁杂植茭芦，茭芦既生，泥沙附之，可种菱芡，菱芡蔓衍，泥沙愈多，可种稻苗，有力者升科轻粮，传为世业，入之版籍，而不知河流日狭，骎成平田，淫雨暴涨，膏腴之壤并为巨浸，以前所升之毫末，易所浸之巨万，以有力者之牟利，易万户之灾荒，三弊也。明末至今，中间尝建开河之议矣，然知治水而不知治田，所以民之受益者寡，盖开河而不筑岸，则水终乱行；开河而不得蓄泻之宜，则水旱无备，加以吏胥侵渔，豪右梗议，金钱縻费，不旋踵而仍复壅遏，四弊也。古者治水、治田各有专司，唐宋以来，都水有监，营田有使，开江有卒，撩浅有夫。前明水利等官，巡按御史何永芳奏请革除，自后屡兴屡废，既无专官，而为有司者，惟以簿书期会，可幸无过，鲜有以斯民疾苦之原、国家财赋之本，留心经画，以致水政日坏，而官民俱不得其安，五弊也。积此五弊而不为之所，尚得岁称丰稔以供上上之赋乎哉？

宋郏亶云：治田者本，治水者末，不治其本而治其末，未易一二治也。备列四事，酌而行之：一曰筑圩里田，二曰开治港浦，三曰修筑塘坼，四曰除去壅塞。

古人云：圩者，围也。内以围田，外以围水，盖低乡支河之水，容受众流，比田反高，不设圩坼以围之，则弥望皆水，势不可遏。

范文正公云：低田赖圩坼，甚于都邑赖城池，乃笃论也。筑圩之法，略分三等，水中创立，无基而成者，必用木、用石方可奏功，此最难者也；平地筑基，虽无可凭借，然不费木石，积累自成，此稍易者也；向有古岸，后渐倾颓者，止费修葺，不烦创竖，此尤易者也。其间岸之高卑，更须相度地势，大抵极低之田，务筑极高之岸。其田之稍高者，岸自不妨稍卑。虽田有高卑，而岸能齐一，则无患矣。围岸之内，又须别立子岸。子岸者，围岸之辅也。其高下较围岸之半而过之，盖虑外围水浸易坏，故复作内围以固其堤防，两者层次束水，捍御既周，而又每处立圩长一人，越一二年，率逐圩之人修治之，将田治而水亦与之俱治。

昔熙宁四年，苏州大水，独昆山陈、顾、陶、湛、晏数家之圩高大，了不为患，足有明征。此筑圩里田，治下田之最急者也。

开河之法，循古人遗意，或五里、七里而为纵浦，或七里、十里而为横塘。塘、浦阔者二十余丈，狭者十余丈，深者一二丈，浅者几及一丈，即开浚之土筑为堤岸，塘浦日以阔深，堤岸日以高厚。其法，先开支河，旁及支中之支，次及干河，旁及干中之支。虑奸伪售欺，则立信桩于水以试之；虑浅深不一，则行木鹅于水以齐之。如是数年，远近无不治之水，而河之势自高于江，江之势自高于海矣。

他如沿江近海高仰之处，凡江流潮汐可以引入者，或为纵浦，或为横塘，亦如下田之法，而深则过之。将旱可戽救，水可旁泻，此高下之所共为利赖者也。

堤之当修者，如至和塘达昆山七十里，塘之两岸，旧又有六塘、四十四浦、六十四泾以接引河泽。灭渡桥南塘达吴江三十余里，吴江以南又三十余里。元和塘达常熟几及百里，塘之两岸旧皆多设塘浦、泾港、水裃，一以承太湖之水，一以泻昆承、阳城二湖之水，岁月既久，波流荡啮，日就废坏。塘浦、泾港、水裃亦多阏遏，宜筑土甃石，务完务坚，而又广为桥梁，釃其渠以出水，走其流以至江，俾向时旧规，一朝顿复。通沟洫之宣泻，利行人之往来，莫便于此。

至论除去壅塞，其向为河身，而今为平陆者，则当稽其故道，量其浅深而开除之。其茭芦丛生，菱芡滋蔓，与夫横截鱼簖，约束水势，致波流不行，潮沙渐积者，则严为禁止而疏涤之。不规小利，不阻权势，不委奸胥，二三年间，诸弊可除，河流自阔，河身自深也。凡境内之水，总宜加开除疏涤之功，而吴淞江一带渔利者倍多，壅塞亦倍甚，相厥缓急而次第施之，则可以无此患矣。

顾天下之事，专任则易为力，兼及则难为功。方今府、州、县正官职守烦重，而佐贰事权又轻，宜仿弘治年间旧例，或设郎中一员，或设主事一员，专职水利，董率属官，晓谕乡民，务使濒河之田勇往修治，先治低洼，后及高区，果实心任事者，督抚勘验，上闻于朝，以凭超擢，则职守者竞劝民利，不期自兴，此计之最上者也。否则乡里之大家、一方之有德望者，率先勤劳倡导闾党为堤防之事，行之一圩则收一圩之利，行之数圩则收数圩之利，闻风兴起，所在效法，不费国家金钱，而在民之浚几同于在官之浚，此又事之经久可行者也。不然人事不修，诿之天行，上下苟安，日以堕坏，其害可胜道哉！

若夫上流之水，纵未能如单锷之议，建千桥于吴江；苏子瞻之议，尽徙吴江之民以为他州之利。然如长桥之七十二裃，长桥以南之二百余裃，凡填为平壤者，须急为疏通，而豪强侵占菱芦之地，宜尽加垦辟，使水行迅疾，其流及远也。下流之水，如茜泾、下张等处，前人所开凿者，宜循其故道，岁加浚深，而浑潮沙泥不致倒入也。如是，境内之水利修，上流、下流亦受其益，上流、下流之水利修，境内益蒙其利。水治而田无不治矣。

至于城中水道，虽多湮塞，然桥梁、石岸故迹可稽，司民社者按三横四直干河、支河以通其血脉，人工较易，縻费较省，不必如治田、治水详加论列云。大河之滨，波浪冲啮，田亩往往沦没于水，不妨种菱芦以固堤岸，此与淤浅处不同，但不得援此籍口耳。

夫欲去水之害者，必尽水之利，非区区水利，止于去害而已也。《周礼·职方》曰：其泽薮曰具区，其川三江，其浸五湖。夫曰泽薮，非如长江天堑，滔滔江汉之地矣。盖其底浅，其流漫，其土涂泥易生百物。

昔人擅三江五湖之利，比于秦楚之沃野云连。今据水道，一自湖州诸港汇于莺脰湖，溢于庞山湖、陈湖、白蚬江、淀山湖，趋于三泖，归于黄浦出海；一自吴江趋于吴淞江出海；一自胥门鲇鱼口出，绕郡城之娄门，经至和塘，由昆山入太仓刘家湖出海。

元和割长洲之半，而入水之路，元和实为襟喉。水利治，则上承下泄，田不为灾；水利不治，则漫衍泛溢，败禾伤稼，固其势也。然人知吴田遇水之为害，而不知遇旱之害更可忧。自明初筑东坝，芜湖以上九阳江之水已不入太湖，西北之源既绝，则下流稍平，下流既平，则潮泥易塞，而入江之路渐以微矣。往年六月不雨，至八月，东湖为涸，舟楫往来，仅留带水。而陈湖、独墅诸河积水之区，几如晨星之丽汉。古人凿渠，皆以溉田，非止为救溺计也。

吴都所赋，再熟之稻。以今地宜考之，实不能再熟。而稻秫、菰粱之类，实非水不滋。一遇旱灾，束手无策，亦何取乎江湖之相灌输哉？必欲复禹之故绩，则东坝宜开，令九阳江之清水复入太湖，湖流迅疾，自不至平波漫流，有填淤之患。且江水高于湖，湖水高于海，顺其势而利导之，岁即旱干，江流自可长引也。如以溧阳、溧水二邑水患为忧，不知东坝虽开，原可建闸数重，千桥走水，量水势之缓急而启闭之，岂即有冲决之患哉？

且当时原为明祖卜陵钟山，引水北拱，用陈嵩之说，筑东坝，截九阳江之水以激收之，非专为利民计也。然俗尚因循，易挠众论，其说难行。若筑堤护田，不惟为捍水之良图，实可为救旱之至计。

试言其说，东南大泽，大概低浅，平时水不过三尺，一经枯旱，弥望沙涂，田中既无水养禾，而田外之水远至一二里外，虽有万牛不能桔槔而上，诚于旱干之时，或三冬水涸之日，相葑门以外东南大泽，所在令民圩外掘壕，即取壕泥坚筑外岸。

壕圩阔深，则岸圩高厚，又令每圩设水闸、斗门，潦则夹塘可以护田，旱则长沟可以灌溉，而又设田畯之官，严赏罚之令，量圩计田，度田出人，计人出钱，不遗力，不后时，即日置数百车，日役数千人，自河而港，自港而田，或以人，或以牛，或以帆，务力省而功倍。风车式，用车盘一，车轴一，轴头置拨其上，略如牛车之式，而广加倍，盘上建篾篷五，风大则三之，篷高八尺，阔三尺，斜引其篷以招之，视风之大小以为高下。大旱之岁，必有大风，曰南撩，曰舶趠。灌水之速，更疾于牛，只用一人料理其侧。五六月间，用以灌塘，或以溉田，一日之用，可以省数人之费，而又无刍牧攘窃之患，扬州、高邮、泰兴之间皆用之，而吴人不知，坐视苗之黄萎而莫知救，可叹也。而又恐戽水喷馌之不齐也，则鸣金以一之；恐决渠盗水之不免也，则击柝以防之；恐怠力玩时劳逸先后之不均也，则籍记其役以程之。盖众心齐，则功立举；趋役均，则事不隳，又何忧乎旱魃之为虐哉？

宋时，单锷、郏亶之说并行一时，原其旨，大率锷之议详于导水，亶之见详于治田。二公之说，非有偏也，合之则愈美耳！

今以湖水泛溢之故，而忘川原涤涤之可虞，必利水之速行以为快，是何异因噎而废食也。故曰去水之害者，必尽水之利。是在济时之相贤、司牧者之责矣！

三吴水利书目

范文正有言：水利未兴，横议先至，非朝廷主之，则无功而有毁。故守土之人，无建事之意，信哉范公之言也。宋元以来，言三吴水利者，不下数十家，大抵转相祖述，救弊补偏，而水不免于泛滥者，任事之难，其人与工费之无所出也。诚有人有财，上得其官，下应其役，集旧说而经画之，水何患不治？因采其尤深切著明者，备其目于左：

宋范仲淹《上吕夷简水利书》

卫泾《与提举赵霖言水利书》

宜兴单锷《吴中水利略》

昆山郏亶《言苏州水利》

郏亶《重浚白鹤汇》

郏侨《水利书》

《水利考》

都水庸田使司行都水监《集江湖水利》

都水书吏吴执中《言水势》

大德初都水监《开江置木闸议》

大德十年都水监任仁发《浚吴淞江》

至大初江浙行省《督治田围》

泰定初开江复立都水庸田使司《置石闸》

潘应武《言决放湖水》

永乐初,尚书夏原吉《治吴淞江诸水》

弘治中,邑人史鉴《议》

大学士徐阶《论水利书》

严文靖讷《水利圩图序》

宗伯陆树声《与按院论水利书》

嘉靖中,巡按吕光洵《督浚塘浦疏》

嘉靖中,编修王同祖《治水要略》

袁黄《三吴水利考》

太仆归有光《三吴水利论》

归有光《与熊兵道书》

归有光《与县令书》

隆庆三年,巡抚海瑞《开吴淞江疏》

天启四年,巡抚周起元《疏》

崇祯十年,御史李模《浚吴淞诸水疏》

康熙十年,巡抚马祜《浚刘河吴淞江疏》

尚书沈德潜《元和水利议》

卷十五

山阜

阳山为吴之镇，山今既属于长洲，则隶元和者皆小山矣。然虎丘明秀甲于三吴，远迩艳称，与宇内灵区奥府相埒，不可以高卑论也。其余东南诸阜，凡列山之数者，例得备书。览古之士，履勾吴之故壤，吊阖闾之遗迹，置身其间，可慨然而赋矣。志山阜。

虎丘，一名海涌。唐避高祖父讳曰武丘。在破楚门西七里，高一百三十丈，周一百一十丈。按《吴越春秋》云：阖闾葬虎丘，扁诸之剑、鱼肠，三千在焉。葬三日，金精扬为白虎，据其上，故名。王珣《虎丘记》云：山大势周岭，南则是山径，两面壁立，交林上合，蹊路下通，升降窈窕，亦不卒至。而前明长洲尹江盈科所辑《县志》谓：山径自西而入。今揆之形势，迳道始从南入，渐次从西南登陟。两说各有见也。吴兴太守褚渊常眺览是山，叹曰："世之所称多过其实，今睹虎丘逾于所闻。"而顾野王《序》云：高不抗云，深无藏影。卑非培塿，浅异棘林。路若绝而复通，石将断而更缀。最为得之。其间如涧之渊深，泉之清泠，石之崚嶒，亭台梵宇之高塽而弘敞，与夫前贤之栖托、文人之题咏、高僧之遗迹，无不汇集。

康熙甲子岁以后，圣祖仁皇帝省方观民，六飞所届，屡邀万乘，登眺山巅，宫阙形如众星拱极，为行在所。遂使泉石增荣，卉木被宠，则吴岳之神秀，洵与嵩岱诸山并重于天地间也。

至《吴地记》谓：秦皇经此山，欲发坟求剑，有白虎蹲其上，乃止。后吴王孙权穿之，亦无所得。今凿处遂成深涧之二说者，应好事者传之。考诸旧史，则无闻焉。

泉石一十有一

剑池，范致能《吴郡志》云：两岸划开，中涵石泉，深不可测。王随《记》云：

长一十有三丈，阔余三寻，深则莫可测识。而《吴越春秋》云：阖闾葬虎丘，凿池四周，池广六十步，水深丈余，似未足形其深广也。

石井泉，在剑池藏经阁后。《煎茶水记》载：刘伯刍论水七等，以虎丘石井为第三。或又传陆羽品定。

白莲池，在生公讲台下，周百三十步。相传说法时，池生千叶莲，故名。即清远道士养鹤涧也。

憨憨泉，在山之下。梁时，憨憨尊者所开，有淳化年吕升卿题字。

向师虎泉，《续图经》云：虎泉在山后仓基上，而王随《记》有向师虎泉。然所从来不可考也。

炼丹井，在回仙径南。唐伸诗"因过祖龙求剑处，却思清远炼丹时"。

千人石，亦名千人坐。大石平坦数亩，如削。唐贾岛诗"上陟千人坐，低窥百尺松。"指此也。《续图经》云：生公讲经，下有千人列坐，故名。

点头石，相传异僧竺道生讲经虎丘，人无信者。乃聚石为徒，与谈至理，石皆点头。今遗迹尚存。

试剑石，在路侧。中开如剖，取其形似也。《吴郡志》谓秦皇试剑，又云吴王试剑，必求其人以实之，毋乃凿乎？

铁花岩，剑池侧。有岩如削，取东坡"铁花秀岩壁"句。

走砌石，李习之文："虎丘有走砌石。"石在山径，有趋走之势。

宫殿楼台亭轩一十有一匾额附见。

万岁楼。康熙甲子岁，圣祖仁皇帝南巡至苏州，登虎丘山。越三载丁卯，赐蠲江苏所属本年未完钱粮及明年应征地丁钱粮。兆姓欢呼，无由仰报高厚，因建万岁楼于虎丘之阳，勒珉以昭圣德。阖郡士民踊跃趋事，鸠工饬材，于戊辰冬月，度悟石轩故址而经始焉。明年己巳春正，不匝月而落成。楼高三丈六尺有奇，中立御碑，高一丈九尺有奇，刊蠲赋圣谕于上，俾天下后世登降兹山，跪读圣训者，如觐天子之光，常矢蹈德咏仁之意云。

巡幸驻跸行宫。圣祖仁皇帝御极四十有五年，大化翔洽，文德武功，覃敷宇内。而东南亿兆，屡邀属车巡幸，蠲租赐复，截漕留赈，赦过宥罪，恩膏日下，沦肌浃髓，凡黄童白叟，咸在春风化雨、熙熙皞皞之中。越明年丁亥，天子将巡视河工，指授方略，复行南巡之典。吴民鼓舞踊跃，咸思古王者巡狩方岳，各有明堂制度，翼然会同有绎如，在首善之地，预于丙戌冬月，爰始考卜，经营度地，天启神秀，地藏巩固，莫如虎丘为宜。一时诹吉程材，钱布委注，趋事子来，鼛鼓弗胜。越三阅月，皇居告成。体象乎天地，经纬乎阴阳。阙门嵬峨，宫殿轩翼。左城右户，廉远堂高。周以钩陈，卫以严更，缭垣绵亘，日曜霞鲜。三吴之民，颙颙然望幸焉。岁三月，翠华临幸，天颜有喜。湛恩频施，滋液渗漉。雨沛荄苏，波恬鱼泳。士民瞻仰稽拜者，奚啻亿万万计？自白公之堤、生公之石，嵩呼欢忭，声闻数十里外。自有兹山以来，无此盛事也。迄今金鳌玉蝀，耸峙云烟杳霭间。经辇路过阙庭，凡有血气者，一如瞻云就日之时，将亿万斯年永永不忘帝德矣。

御书亭。亭凡二：一亭勒圣祖仁皇帝《忆苏州风俗》诗；一亭峙二碑，俱勒圣祖仁皇帝《题虎丘》诗，在山之巅。

御书匾额：虎阜禅寺。山门。路接天阊。二山门。青云境。万岁楼。天光云影。万岁楼。仙境澄辉。云岩寺正殿。旷宜楼。即致爽阁，址在行宫。静观斋。在塔后。香界连云。天王殿。云光台。关神勇殿。

皇上御书亭。亭凡二，勒乾隆十六年南巡虎丘寺《和东坡韵》，二十二年南巡虎丘寺《再和东坡韵》御笔。吴中自丁亥三月，圣祖仁皇帝翠华临幸，四十六年，吴民瞻云就日之思，无日无之。恭逢皇上仰绳祖武，仿古时巡，特谕官吏无用繁华，惟山林古迹略为修葺。虎丘为玉辇首经之地，黄童白叟拜跪聚观，欢欣踊跃。皇上训以返朴还淳，继登山顶，眺揽清嘉，和苏轼韵纪事。丁丑春，銮舆重过，策马山塘，听歌舞之无声，幸朴淳之有效。赋诗志喜，再登山顶，重和苏诗。穹碑摹勒，与圣祖仁皇帝书亭后先照耀，永镇山林焉。

御书匾额：须弥春满。大殿。春皋丽瞩。行宫。海涌岚浮。寝宫。吴天蓬阆。太后宫。

云岩禅寺。晋王珣与弟珉别业。咸和二年，舍为寺，即剑池分东、西二寺。唐会昌时毁，后合为一，移建山上。佛殿后有浮图，乃山之绝顶。互见《寺观》。

可中亭。刘梦得《生公讲台》诗有“一方明月可中亭”句。刘本《金陵咏古》诗也，附会于此，得名。

千顷云。在旧方丈前，取东坡“云水丽千顷”句。

小吴轩。寺东南隅，有轩飞阁跨岩，势极耸峻，俯首眺望，平林远水，联冈断陇，烟火万家，尽在槛外。觉置身此轩，勾吴一览也。

和靖读书堂。尹和靖自书“三畏堂”匾额，在十八折之上。

陈公楼。陈致文出钱二十万，跨两崖建桥其上。为井干以便引水，寺僧便之。

楼今废。

望海楼。刘梦得有《宿望海楼》诗。今废。

古迹三、轶事一

清远道士诗。道士不知何许人，有《同沈恭子游虎丘》诗，颜鲁公书之，为刻崖上。今渐磨灭。

颜鲁公大书。鲁公书“虎丘剑池”四大字，刊置石旁。“虎丘”二字岁久中断，后人摹勒镌补之。

蔡忠惠篆书。忠惠公书“生公讲台”四字，立于石侧。或云李阳冰书，非也。

幽独君诗。大历中，于剑池石壁隐出幽独君二诗，观察使李道昌以闻于朝，代宗敕道昌祭之。后数日，复隐出一诗。鬼怪之事，君子不道。然前人备载之，不能遽削也。

尹山，在葑门南十八里。形如覆笠，枕运河之滨。相传尹吉甫葬地，然读六月之诗云“来归自镐”，则尹为镐京人，无缘葬于吴地，应讹传也。尹和靖读书于此，庶几近之。

大姚山，俯瞰陈湖，波涛沿洄。其麓先贤吴文定宽、陈中丞璚读书于大觉寺，即其地也。

张林山，在六直镇南，有东、西二山，东北者稍高。相传谓张苍葬地，不足据也。

周和山，本土阜也，在娄门外官渎西北。相传太守周和葬于此，因以山名。然考《郡志》，太守中无周和其人者。

白蚬山，在阳城湖滨，渔户堆螺蚬于土阜上，日积月累，渐次成山。远近过者，照曜如晴雪云。

彝亭山吴王养鱼处，在阳城湖滨之南，去彝亭镇三里，高六丈余，上有壮缪侯关公庙。

凤凰墩，在凤皇桥北。

龙墩，在沙湖之西。因龙见于此，故名。

琼姬墩，在北斜塘。或谓夫差女墓，非也。夫差女葬处在阳山，与夫差墓相近。

其他如阳山、阳抱山、徐侯山、甑山、恩山、顾山，皆属长洲县境，应详书于《长洲志》中。

卷十六

物产

昔先王辨土地，察原隰，教民树畜，务兴自然之利。以故箕畴八政，食货先之。元和割长洲以分治，而水土之产，华实之毛，或假人工，或缘俗尚。其同者则互为汲，而异者则别以地，俾知土无遗利，民无遗力，因物制宜，而财用亦于焉不匮矣。志物产。

粳之属

百日种。一名喇嘛稻，又名西番籼。三月种，五月熟，一岁两收，粒长而色赤，作饭有香如香粳。康熙五十五年，颁种葑门外二十四都六七两图，常佃之。

早红莲。一名救工饥，四月种，六月熟，粒小而色白。

师姑粳。即矮稻，粒圆如珠。

金成稻。四月种，七月熟，米红而大，性硬。

早白稻。五月种，八月熟，皮芒米白。又一种九月熟曰晚白，又名芦花白。

黄粳籼。五月种，九月熟。

紫芒稻。五月种，九月熟。紫谷白粒。张方平诗“鲈脍饭紫芒”。

天落黄、芋艿黄。二种并色黄而香。

金裹黄。

鸭嘴黄。

箭子稻。粒瘦长，雪色，味香甘，晚熟稻品之最高者。

下马看。秀时最易，一名三朝齐。

麻皮粳。作饭，粒长。

薄十分。作粥易腻。

老来红。

包十石。

累泥乌。

土塘青。

糯之属

金钗糯。粒长，酿酒最佳。刘梦得诗“酒法得传吴米好”。

闪西风。一名早中秋，有芒。

赶陈糯。四月种，七月熟，有芒。

羊须糯。谷多，芒长。

香珠糯。有芒。

黄瓜糯。无芒。

鹅脂糯。张方平诗“鹅脂酒清醇”。

秋风糯。一名官糯。

扁蒲糯。无芒。

虎皮糯。一名蟹壳糯，色班。

川梗糯。粒大，无芒。

胭脂糯。壳红，粒白。

小娘糯。不耐风雨。

观音糯。

茄糯。有芒。

麦之属

大麦。碓碎，与米粞酿熟成糖，夏日泡汤服，温补。

小麦。磨细为面，宜合酱，或成酒曲。

穬麦。磨碎如粞，和米煮饭。

荞麦。

西番麦。形如稷而枝叶大，结子累累如芡实。

粟之属

秤钩粟。一名环儿粟,性软。

鸡头粟。性硬。

菽之属

蚕豆。九月种,蚕时熟,故名。

青豆。自初夏至仲秋俱鲜食,或煮熟熏干点茶,晚秋收实。

豇豆。有紫、白二种,又有裙带豇,十八豇。

黄豆。

黑豆。

白扁豆。俗名沿篱豆,扁阔而甘糯者胜,龙爪紫色者为下。

刀豆。蔓生,紫花,形如刀,作蔬食。

豌豆。一名寒豆。

蓏之属

王瓜。《月令》"王瓜生",即此。

丝瓜。其蒂可治痘。

西瓜。出虎丘者名徐家青,味甘,里松,其种最佳。甫里次之。

香瓜。又名甜瓜,有金、银二色。

南瓜。贫家用以代饭,元宋元诗"西风茅屋卧寒瓜"。

酱瓜。色青而小,入酱为菹醢。

匏。大而扁者可食,小而长、细腰者可玩,摩挲光泽为皿盂诸器,殊雅。

瓠。亦匏类,锐上丰下,煮熟可食。郑珣瑜所谓"去毛烂蒸,莫拗折颈"即此。

生瓜。形细而长。

芋。一名蹲鸱,种水田曰水芋,旱地曰旱芋。

薯蓣。即山药。

茄。有紫、白、尖、圆,早晚各种。

蔬之属

荠菜。俗呼野菜。《淮南子》名水菜，冬水而生，夏土而死。

薹菜。冬种春生，薹可食，二月开花，四月收其子压油，又名油菜。

春菜。俗名水白菜。

芥菜。二种：一曰黄农芥，一曰鸡脚芥，味辣，亦可腌藏。收其子，捣汁以和他殽，名芥沫，味极辛。

菘菜。叶大味甘曰牛肚，叶薄味少苦曰紫菘，似蔓青曰白菜，入夏不大者曰夏菘。

苋菜。有一种曰灰藋，叶小茎柔而赤者曰马齿。又赤茎者，《尔雅》所谓蒉也。

菠菱菜。种出颇陵国，今讹为菠菱。

塌颗菜。穷冬煮芼食。

藏菜。秋种，肥白而长，经霜煮食，甚美。冬日腌藏以备岁。

蓬蒿。叶细而尖，春生台开花后，渐不可食。

莴苣。一名千金菜，高丽国使者入贡，隋人求得其种，酬以千金，故名。

落苏。俗呼茄子。

溪毛之属

莼菜。出吴淞江，叶似露葵，四月生名雉尾莼，最肥美，茎细如钗，股短长随水深浅。又名丝莼。张翰因秋风思莼羹，即此。

芹菜。生春泽中，洁白有节，腌渍可食。

荇菜。似莼，结子，煮之味甘，名荇酥，野人多食之。

水实之属

菱。两角曰菱，四角、三角曰芰，其叶似荇，白花赤实，其花昼合宵开，随月转移，有红、白二种，白者名馄饨菱，红者名老红菱。又一种特大，色红，味鲜美，名雁来红，又呼顾姚荡。荡系两姓合有，故名。出葑门外附近荡田及乡间浜港，俱有之。

藕。出葑门外杨枝荡者佳。

莲实。一名湖目，莲房所生，剖食，味鲜美。

芡。叶似荷而大，俗呼鸡豆，出江田、何家荡、车坊及葑门外杨枝荡，大而糯者为上，粳者为下。

茨菇。即凫茨，凡水田中俱可植之。

葧荠。即凫茈，产水田中，有红、黑二种，红者味鲜美，黑者次之。其性可软铜。

茭白。即菰也，出葑门外杨枝荡。今南园水田亦有之。

花果之属

樱桃。即含桃，有尖、圆两种。

消梅。松脆异常，入口即化。

官城梅。著花最晚，子先熟。

杏梅。一名鹤顶梅，实大味甘。

水蜜桃。色红白，味甘多汁。

李光桃。形似桃而光泽如李。

寿星桃。树矮，著花，结大实。

林檎。一名来禽，俗呼花红。

李。有青脆、紫粉二种。又一种名嘉庆子，小而青，脆松可口。

石榴。单叶者结实子色淡红，味甘鲜。

金柑。圆者曰金豆，长大者曰牛奶柑。

银杏。即鸭脚子，俗名白果。

茶之属

虎丘茶。出虎丘金粟房，叶微带黑，不甚苍翠，点之，色白如玉，而作豌豆香。宋人呼为白云茶。卜万祺《松寮茗政》云：色味香韵，无可比拟，茶中王也。明时例岁，有司以此申馈大吏，诣山采制，胥皂骚扰，守僧不堪，薙除殆尽。学士文震孟作《薙茶说》以伤之。后复植如故，有司计偿其值，采馈同前例。睢州汤公斌镇抚三吴，严禁属员馈送，寺僧亦疲于艺植，此种遂萎，今不可复得云。

笋之属

燕来笋。燕来时生，故名。

护居笋。一名哺鸡笋。

粉金笋。粉金竹所生。

五月贵。诸笋种各不同，味皆鲜美。凡园林村郭，所在皆有之。

木之属

盘松。出虎丘，绳约其枝，盘结作虬龙状，久之，遂若天成，高可五六尺，低可二三尺，凡剔牙、罗汉等松皆然。

桧。出虎丘，亦以人工盘结如松，每一本上，其枝屈曲作五六层者胜。

黄扬。岁长一寸，遇闰则减二寸，故云“黄扬厄闰年”。

红豆树。在东禅寺，树围三四丈，耸出群木。相传为林酒仙手植，春末夏初开花，秋深结子，花如僧鞋，菊色，似藕合，结实累累如珊瑚。是花开，其年多水。后为俗僧斧之，树遂枯死。

柏。所在皆有，惟虎丘中山门之西北柏树街共六株，崔嵬矗立，迥异他木。相传为明初开平王常遇春所植。

柽。俗呼西湖柳。

黄连树。村落间俱有，极高大，其苗可食。

木槿。《诗》名舜华，村落间多植之。

冬青。所在有之，土人种以取蜡，子可入酒，名女贞实。

竹之属

燕竹。

护居竹。一名哺鸡竹。范成大云：“以其蔓延如鸡之哺子也。”

粉金竹。

慈姥竹。丛生，冬、夏二次发笋。

水竹。又有小水竹，高不及尺，细如针。虎丘人种盆盎中。

潇湘竹。有斑。

凤尾竹。比潇湘竹又小。

花之属

梅花。以惊蛰为候，各处皆有，惟虎丘人取江梅以佳本栽接之，开花敷腴，名玉蝶梅。间有一枝上作两色、三色者，亦取他本栽接，离奇蟠曲，古意可观。

桃。种各不同，惟浅红重叶，名人面桃者最胜。

玉兰。一名辛夷，虎丘后山玉兰堂者最大。相传南宋时从闽移植。

山茶。深红者名宝珠，浅红者名杨妃，白者名白菱，花大心繁者曰蜀茶。近多洋茶，来自海外，移花接木而成，重叶丰腴，其品最贵。

牡丹。宋时蓝师稷开第东城，手植三千株。今惟胜云红犹存其种。

荷。有红、白、黄、碧、锦边、并头、西番、罗汉、观音诸种，葑门外最甚。

桂。《郡志》云：桂本岭南木，吴地不常有之。唐时，尚少植者。白乐天守郡日，谓苏之东城有桂一株，惜其不得地，赋诗唁之，有“子堕本从天竺寺，盘根今在阖闾城”之句。

蜡梅。色似蜜脾，香又相近，故名。凡三种：花小香浅者名九英，俗讹为狗蝇；花疏，开常半含者名磬口；色深黄如檀香者名檀香。

草之属

菩提。叶如栗子，有二种：圆而大者为龙眼，细而长者为凤眼。康熙五十八年，赐植虎丘寺中。

美人蕉。叶碧花红，本粤中种。

芭蕉。背阴植之，绝盛。间有开花者，瓣大如莲，浆即甘露。

鸡冠。向惟扇面、扫箒二种，今多来自海外，绚烂可夺五色云矣。又有短种，名寿星鸡冠，或云即玉树后庭花也。

老少年。红者名雁来红，黄者名汉宫秋，红黄间色者名十样锦。

药之属

白芷。一名药香草也。《本草》云：出吴地者良。陆龟蒙有《采药赋》。

枸杞。一名仙人杖，根即地骨皮。

乌头。俗名僧鞋菊，花色可爱。

忍冬藤。即金银花。

杂植之属

席草。出甫里大姚，冬月种，小暑后刈。

灯草。种法与席草同，出郭巷大姚，其心作灯炷、入药，皮制雨蓑。

鳞之属

鲤鱼。鱼中惟鲤最寿且大，当脊有三十六鳞，得阳数。

鲫鱼。冬月味美，吴人有“寒鲫夏鲤”之称。有青鲫，出阳城湖。

银鱼。出吴淞江。

鲙残鱼。状如银鱼而大。相传吴王江行食鲙，弃鱼而化。冬月带子者名挨水啸。

菜花土附。菜花时出，附土而行，不似他鱼浮水，故名。

虾虎。类土附而腮红，善食虾如虎，俗名新妇鱼。又一种麦吹风，麦熟时出。

鯸鮧。俗名淡水河鲀。

四腮鲈。吴淞江有之。

介之属

蟹。葑门外诸湖俱有，惟出吴淞江者大而色黄，益肥美。陆龟蒙有《蟹志》。

鳖。出葑门外诸湖。陶朱公呼为神守，畜之池，使鱼不散。

蚬。

蛏。本海错，吴中向无此种，近惟匠门塘章家桥下有之。

羽之属

黄雀。冬初西风急，千百成群自江外飞至，食稻而肥。又呼稻头雀，甫里有之。

鹜。俗名野鸭，出甫里、阳城湖等处。

雉。俗名野鸡。以汉吕后讳故，不称雉。

毛之属

獾。类犬，又一名猯，类猪，俱穴地而窟，肉肥美，皮可御寒。

狸。俗名香狸，或云即麝香。

刺猬。俗名偷瓜官，入药止心痛。

帛之属

锦。五色成文，有海马、云鹤、宝相、球门诸类，又有紫白、落花、流水，充装潢卷轴之用。

纻。出东城，有素，有花纹，有金缕，其制不一。《禹贡》所谓织文是也。

绢。《左传》杜预注：吴地贵绢，郑地贵纻，有生绢，有熟绢。又有白生丝织成，缜密如蝉翼，可供丹青者，名画绢；稍厚而密者为罗底绢，皆出东城。

纱。素者名银条，即汉所谓方空也；花纹者名夹织；轻狭而縠文者曰绉纱。

绫。唐时充贡，谓之吴绫。《旧唐书》：天宝中，吴郡贡纺绫。大历六年，禁织龙凤、麒麟等纹，其薄而鸾鹤纹者，充装饰书画之用。

生纱。有花、素，出彝亭蔡顾巷。

布之属

棉布。出甫里、周庄、陈墓。

浜布。出彝亭。

麻布。出尹山。

杂造之属

毛毯。出前后戴区。

席。出虎丘者厚而密，出甫里者薄而松。

蓑衣。出姜庄、郭巷。

蓑衫。出五溇泾。农人治田时，借以蔽日。若蓑衣则唯雨中用之。

麦柴笠。出娄门外。农人治田时戴之。

芦席。出斜塘。大者名匾船，小者名衬仓。

篾帘。出下雉渎之北。

薄包。出彝亭者装粮米、棉花，出杨枝荡者装店肆果物。

铜杓。出大姚。

班竹器。出虎丘山塘。椅桌、香几、书架、床榻之类，填以银杏板，制造极精。

盆景。四时花卉皆植磁盆。有一树一石，仿云林大痴画本者，出虎丘山塘。

酝酿之属

煮酒。以腊月酿成，煮过泥封，经两三岁，味最醇厚。其酿而未煮，旋即沽卖者，谓之生泔酒。

三白酒。以白面造曲，用泉水浸米、白米酿成，故名。

白酒。以草药酿成，置壁间月余，色清味冽，谓之靠壁清。又名竹叶清，又名秋露白，乡间人谓之杜茅柴，以十月酿者尤佳，名十月白。

烧酒。取糟粕蒸之，滴水成酒，名滴花。加以香料，名五香烧，色如琥珀。

品馔之属

水晶脍。以赤尾鲤净洗去涎，用新水慢火熬浓，去鳞渣待冷，即凝缕切之，沃以五辛，俗云脒子。

鲈鱼脍。即张翰所思者，其法不传。

蓑衣饼。脂油和面，一饼数层，惟虎丘制之。

饧。以麦芽熬米为之，古谓之餦餭。《楚辞注》谓之饴，唐人有胶牙饧，见陆龟蒙《祀灶解》。今总谓之糖。

火捧。以面为之，状如连环，出甫里。

储用之属

冰窖。在葑门外，设窖二十四座，以按二十四气，每遇严寒戽水蓄于荡田，冰既坚，取贮于窖。盛夏，需以护鱼鲜，并以涤暑。《诗》所谓"纳于凌阴"者是也。然节宣调燮之意，不存矣。

布坊。俗名字号店，在阊门外，漂染俱精。

油坊。在娄、葑两门及甫里、周庄、陈墓等处。每至春间，堆贮菜子，用以压油。

工作之属

裱褙作。米南宫《画史》有苏州裱褙之名，擅能已久。

窑作。出陆墓，徐庄工部官砖亦于此烧造。

织作。在东城，比户习织，不啻万家，工匠各有专能，计日受值。匠或无主，黎明林立以候相呼，名曰唤找。

染作。出娄门外彝亭。

卷十七

第宅坊表附

《诗》有云“高山仰止，景行行止”，盖古先哲人虽往，而溯其里居，访其遗址，犹敬段干者式其庐，过高阳者表其里，所谓地以人传也。若夫坊以表德，成周旌淑之旨寓焉。汇而存之，不独旧德名贤，流徽未泯，而瞻绰楔，而树风声。后有作者，其亦知所兴起也夫。志第宅。

周

澹台灭明宅，在宝带桥之西。《史记》：灭明南游至江。《索隐》注谓：吴国东南有澹台湖，即其遗迹。《吴地记》以为灭明宅所陷云。

汉

越王摇宅，在摇城。俗讹呼姚盛。高帝时，王佐诸侯平秦，即吴王子所居，封之以奉越后。

顾训宅，在百口桥。训，东汉人，五世同居，聚族百口，因以名桥。《吴郡志》：训，岁朝会集子孙，依次行酒，虽三岁以下，并自知位次。

郁林太守陆绩宅，在临顿里，后舍为宝光寺，门有巨石，即郁林石也。明初，迁寺，石没民家。弘治间，易名廉石，移北察院左。吴宽记。今置郡学况公祠前。

吴

陈丞相宅，今东禅教寺。赤乌间，其宅生瑞莲，遂舍为寺。

晋

高士戴颙宅，今北禅寺。唐司勋郎中陆洿尝居之，有花桥、水阁以追其事。见白居易诗。

齐

高士何求宅，在武丘山，弟点、胤亦隐此。

唐

处士陆龟蒙宅，在临顿桥。皮日休云“郛郭旷若郊墅”，龟蒙《幽居赋序》云：陆子居全吴，东距长洲故苑一里。又云：泰伯，勾吴通侯，旧里地接虎丘，门临鹤市。

光禄大夫许台宅，在临顿路东。景福五年，舍为天宫寺。

宋

魏公元绛宅，在带城桥西北。绛尝参豫大政，引年归老，知州章岵为建衮绣坊。

长史苏舜钦宅，在南园，今名苏家巷。

右史上官涣酉宅，在仁美坊，中有采菊堂。仁美坊，今名南显子巷。

方惟深宅，在城东。惟深，本莆田人。父龟年，为屯田郎，卒葬长洲，因家焉。以《过黯澹滩》诗，王荆公器之，遂游其门，授兴化军助教，归隐故庐，部使守帅下车，恒即庐访之。

鄱阳守郑希尹宅，在带城桥。

进士周沔宅，在县治东北，与方子通为邻，有蓬斋。

著作郎张几道宅，在万寿寺桥。王荆公修三经义，几道与焉。

袁襄简公珦宅，在东吴乡蛟龙浦之赭墩。珦官京西提刑观察使，从高宗南渡，保障东吴，因家焉。

五柳堂，山阴簿胡稷言所居，在临顿里陆龟蒙故址也。稷言弃官归，凿圃疏池，终隐于此。子峄，文行继其父，又取老杜“宅舍如荒村”句，名曰“如村”。孙进士百能，知江山县，请老，复筑堂曰“宜休”云。

都丞徐本中宅，在带城桥东。淳熙初，为浙西提刑，偶得元少保故宅，葺治之。宁宗御题其扁曰“岁寒堂”。后以江东运副奉祠而归。

万卷堂，侍郎史正志所居，在带城桥南，旧有石记，为僧磨毁。

成斋，在醋库巷。黄云为乡先生，授弟子经时所名也。宁宗在嘉邸，大书以赐之。云字景祥，时为淮西酒官。子由，淳熙八年状元及第，郡守韩彦质为建状元坊。

万华堂，在资寿寺后。今濂溪坊北。提刑蓝师稷所居。师稷字叔诚，开封府人，植牡丹至三千株，多于洛中名品，后惟胜云红存焉。

方使君万里宅，在带城桥。

寿乐堂，吕浩叟宅也，在虎丘。浩叟尝使元军，抗词不屈。宋亡，授淮东宣慰使，不就，隐此。

元

高士袁易宅，在蛟龙浦之赭墩。所居有静春堂，学者称为静春先生。子平江教授泰，重建福源山房。王祎记。

南轩，山人虞堪所居，在甫里。

宋克宅，在南宫里，自号南宫生，后居娄门。

万户侯宋通宅，在阊门外急水桥东、双阑干桥西。今有木梁，名宋家桥。

隐君周仲达宅，在青丘。子思敬，有野人居。俱见高启诗。

明

户部侍郎高启宅，在吴城东北。张士诚据吴，启避于青丘。洪武初，被召官京师，寻致政归。郡守魏观尝同史馆，欲朝夕亲与，因徙之居夏侯里。

征士谢徽宅，在甫里。

眉寿堂、怡云轩，征士周兴养亲筑也，在甫里。钱惟善记。

鄱阳知县赵文宅，在甫里三元祠衖。弟兵部郎中宗礼，亦居此。

福建佥事陈祚宅，在葑门外，名陈佥事巷。

大理丞仰瞻宅，在葑门外，名仰家庄。

监察御史练纲宅，在尹山。

都御史韩襄毅雍宅，在葑门内。本姜家衖，今名天赐庄。溪流环带，竹木交荫，中有堂曰葑溪草堂。邱浚记。有进士、都宪两坊。

祭酒陈鉴宅，在乌鹊桥东北，有手书二大坊：一石井坊，曰“词林及第”，井铭曰：资尔山骨，卫兹灵泉于千万年，庆流涓涓。后火毁，宅废。五岳山人黄省曾即其地结庐栖隐，有曲林草堂、自得斋。王守仁题。

工部侍郎孔镛宅，在清道桥南，后圃有泉曰“墨池”。今称孔夫子巷。

□□楼，工部主政沈铠建，在甫里。铠未第时，日与兄钟诵读其上，卒以成名。

有双进士坊，在众安桥西。

三辰堂，工部主事顾余庆筑也。在葑门。太保岳正书额，宗伯吴宽记。

左都御史陈璚宅，在大姚。孙白阳山人淳，亦居此。

处士邢量宅，在葑门外。今名邢家衖。从孙参，亦居此。后弃去，诛茆于野云。

处士朱存理宅，在葑门外。朱凯亦同里。

乐亭知县蒋廷贵宅，在甫里邓巷。今名蒋家圩。从侄参政梦龙亦同里。

山东巡抚沈林宅，在官浦。

少保陆完宅，在甫里。

顺庆知府皇甫录宅，在孔夫子巷。少司空孔镛故宅也。子冲、涍、汸、濂亦居此。

乐安知县顾兰宅，在临顿里。

刑部尚书钱邦彦宅，在望信桥西七塔寺前巷。今名钱衖前。嘉靖戊戌，巡抚张凤为建尚书坊。顺治间重修，改题"仰止三达"。

少保严文靖讷宅，在南仓桥西积庆寺前巷。今名严衖前。文靖祖籍吴中，入相后，筑室于兹，命长子中翰治居之。治子贡士桓，构困学斋，读书其中，有《困学斋记》。文震孟书额。

参政金应征宅，在甫里众安桥南。子太仆士衡，移居平江路胡厢使桥北。

给事陆粲宅，在陈湖东。

仁孝先生王敬臣宅，在兵马司桥东。今称大儒巷。万历乙酉建坊，额其里曰"仁孝里"。

大司马顾其志宅，在苑桥巷。

高士居节宅，在虎丘山塘。

刑科给事吴之佳宅，在善教桥东北，有归来草堂。今名吴衖场。孙兵科给事适，移居望门桥北，有不动轩。

侍御顾宗孟宅，在天赐庄。

司李王腾程宅，在大儒巷。子遵义知县忠烈公佐圣，亦居此。

陈文庄公仁锡宅，在葑门内下塘，有白松堂、白松河，南轩辕台故物也。公奉使册封周籓王，以白松制带赠之，取为堂额。

贞孝先生朱祖文宅，在衮绣坊。

恤赠助教龚元祥宅，在中营基巷。

山东巡按宋学朱宅，在葑门内下塘新造桥东。

兰溪知县盛王赞宅，在阳城湖滨。

国朝

编修汪琬宅，在阊门外下塘，有苕华书屋，琬给假归，闭户著述于此。康熙甲子，圣驾南巡，特赐御书一轴，以悬于堂。

进士蒋德峻宅，在娄门。又居甫里太平桥西。

侍讲尤侗宅，在葑门新造桥东，有七业堂、玉青堂。康熙己卯，翠华巡幸，特恩召对，御题"鹤栖堂"额以赐之。

禹城知县许定升宅，在甫里东美桥之西。弟永州知府虬，亦同里。

宗伯韩菼宅，在娄门。明万历间，菼祖丙午孝廉黄岩县令治，始居此宅，有开云堂、文震孟书。寒碧斋、绀雪斋。皆董其昌书。明末兵燹，半为荒土。菼重加修筑，更葺虮轩、归愚、咫闲、斗室，临流构敞宇，遥望西山作庐墓，图悬于壁，志白云思亲意。御题"有怀堂"额以赐焉。

侍讲彭定求宅，在葑门苏家巷西，有衣言堂。定求父进士珑重葺，并构读书处曰"志矩斋"。戴易书。定求复于宅后作堂，颜曰"南畇草堂"。宋曹书。

侍郎彭启丰宅，在南畇草堂东，启丰辟以奉母者。乾隆十六年，御赐"慈竹春晖"匾额。因度隙地，规为小园，中有兰陔堂、环荫室、含清阁、幔仙阁、延绿轩，可眺瞩南园胜景。

尚书沈德潜宅，在阔街头巷。有御赐"敏忠堂"额，裘侍郎曰修书，内悬御赐"词宗耆硕""道存风雅""鹤性松身""玉音""学有本源""蓬瀛人瑞"诸匾额。

九赉阁，在竹墩，尚书沈德潜藏赐序、赐诗所。

赐佛龛，在竹墩，尚书沈德潜供御赐金佛处。

清旷楼，尚书沈德潜旧宅。

惠侍讲士奇宅，在学宫南清溪。中有研溪书屋，庭植红豆树，分自东禅寺，六十年一花。东禅既遭斩伐，惟研溪书屋独存。乾隆壬戌盛开。

右第宅

明

世美坊，在娄门内迎春坊西。景泰四年，为癸酉科举人尤淳立。

进士坊二：在葑门外衎浜，为天顺丁丑张翥、弘治庚戌张约立。

世掌台纲坊，在阊门外下塘下津桥东。成化丁未，为御史毛理立。

宫詹坊，在葑门外灵官庙南，为少詹周诏立。

旌义坊，在葑门外普福桥西。弘治五年，为邑人卢珪赈饥立。

大学士坊，在阊门外山塘桥西，为吴宽立。

殿中执法坊，在阊门外下津桥东，为御史徐申立。

经元肃宪坊，在甫里广济桥东。嘉靖元年，为都察院司务陆山立。

人瑞坊，在葑门外。嘉靖时，为张灏妻薛氏年百岁立。

进士坊，在娄门内，为隆庆戊辰进士韩世能立。

清朝法从坊，在甫桥西。万历时，为山西监察御史丁元复父丁世熙立。

藩屏硕望坊，在甫桥西，为浙江布政使司丁元复立。

大学士坊，在娄门外接官亭。万历时，为少师申时行立。

贞义坊，在甫里。万历十八年，为贞女何氏立。

三节坊，在葑门外。天启初，为周称侧室董氏、吴会妻姜氏、周伦妻蔡氏立。

坤仪毓德坊，在葑门程桥东。崇祯九年，为嘉定伯周奎立。

泽被东南坊，在虎丘山塘。崇祯十六年，为应天巡抚张国维立。

旌烈坊，在乘鲤桥东葛百户巷。崇祯末，敕建为阵亡千总周嘉殉节王氏立。

旌节坊：一在葑门内折桂桥东，为生员顾两疏妻庄氏；一在山塘，为赠行人司汪大训妻程氏；一在彝亭，为生员龚汝骐妻姜氏；一在甫里，为许自学妻褚氏立。

国朝

德崇宇宙坊，在虎丘山塘。顺治初，为平治江南刑部左侍郎李延龄立。

恪勤斯称坊，在虎丘，为宗人府顾汧立。

乐善好施坊，在寒山寺浜，为赠通议大夫戈元鑰立。

至行堪嘉坊，在长元学宫东，地三图，为旌表孝子朱之劢立。

文孝子坊，在萧家巷。为旌表孝子文龄立。

唐孝子坊，在虎丘山塘。为旌表孝子唐肇虞立。

双节坊，在地二图南园木杏桥南。为张学堪妻何氏、张学洙妻邢氏立。

节孝坊，在虎丘山塘。为贝启祚妻旌表节妇程氏立。

旌节坊：一在娄门外滕王浜，为郁士贤妻闻氏；一在山塘泰定桥，为程应斗妻姚氏；一在曹胡徐巷，为盛应蛟妻张氏；一在同芳巷，为沈永贞妻范氏；一在娄门外，为罗载元妾朱氏；一在郭巷，为施尔弘妻李氏；一在胡厢使桥巷，为陶士龙妻高氏；一在中营基巷，为邱文濂妻沈氏立。一两世三节坊，在葑门内天赐庄折桂桥东，为生员顾宗周妻唐市氏、生员顾宗龄妻赵氏、顾溱侧室沈氏立；一坊在葑门外尹山镇，为太学生许其成妻陆氏立。

雍正八、九年后，穷檐苦节，俱得上陈，表扬母节者，随在建坊矣。故不及备书。

卷十八

园亭

园林之葺，所以适游观也。水则渟泓明瑟，石则刻削峥嵘，即一壑一丘，辄令人作濠濮间想。然而玉楼金谷，不逾时而荡为墟莽榛丛矣。陆天随《过辟疆园》诗云："草色与行人，谁能问遗迹？"抚今吊古，怀怆独深。举其知名者，著之于篇。池平台圮之余，犹仿佛当时之胜概焉。志园亭。

周

梧桐园，在吴宫，吴王夫差园也。《乐府》云："梧宫秋，吴王愁。"《郡志》载：吴宫在长洲茂苑东南五十里。今名吴宫乡。园无考。或云在甫里塘，其地名枫庄者是。

晋

王珣与弟珉别墅，在虎丘山。咸和二年，舍二墅为东、西寺。

唐

韦应物山庄，在吴淞江南。常放舟吟诗于此，故名吟浦。

陆龟蒙别业，在甫里吴宫乡。龟蒙躬耕于此，地数亩，屋三十楹。田计十万步，中有八景：曰清风亭、光明阁、杞菊畦、双竹堤、桂子轩、斗鸭池、垂虹桥、斗鸭阑，后为白莲寺，建祠塑像。宋咸淳中，有无赖子醉，仆其像于水。腹中所藏皆平生诗文稿云。

罗隐庵，在甫里北隅。隐尝慕龟蒙，愿与之游，因结庵于里，时相酬唱焉。

陆山人楼亭，《广异记》云：苏州山人陆去奢亭子，即戴颙宅也。见储光羲诗。

褚家林亭，《松陵唱和集》云在震泽之西。《范志》云当在淞江之旁。

东墅与南园，皆广陵王元璙帅吴时，其子文奉为衙内指挥使所创，经营三十年，极园池之胜，奇卉异木，皆成合抱。又累土为山，亦成岩谷。晚年经度不已，每燕集其间，任客所适。文奉跨白骡，披鹤氅，缓步花径，或泛舟池中。客与往来，闻客笑语，就之而饮。

宋

李无晦醉眠亭，在淞江之旁。无晦名行中，隐居不仕。东坡、颖滨尝过访、留题。

何仔园，在尹山。种植甚繁，牡丹尤多。周益公尝游。见《南归录》。

醒心亭。熙宁间，曹僚履中所葺，在葑门内。有土阜对峙水中，虽巨浸弗没，号曰“浮墩”。相传有双松参天。建炎之难，溃兵欲伐之，陨石如雨，乃止。今放生池即其地。

魏文靖了翁别业，在甫里，即罗隐庵址也。有庄田数顷，名魏家厍。

元

徐处士清宁庵，在张林西山。大德甲辰葺，凿池屈曲，引流种树。前列二亭，左曰“怡闲”，右曰“蒙泉”。

笠泽渔隐，陆德原筑也，在吴淞江上。德原，龟蒙九世孙，有《续杞菊赋》。筑室其间，思复江湖散人故事焉。

明

东庄，吴文定公宽之父孟融所治也，在葑门内。中有稻畦、桑园、果园、振衣台、折桂桥、麦丘、竹田、续古堂、拙修庵、耕息轩、知乐亭诸胜。孙奕，又增建看云、临渚二亭。

南园，在阳城东湖，郑景行所筑。前临巨浸，后据亩丘，中多聚奇石为山，环以修竹、名花，有撷芳径、观鱼槛、听鹤亭。

东园，在甫里眠牛泾北，马文远勖所筑，为周兴、赵文辈诗文酬唱之所。中有佳石曰翠云朵。

都御史徐源别业，在瓜泾。中有池馆、林泉之胜，与夹浦桥相望，名曰“夹浦书庄”。

五湖田舍，白阳山人陈淳所居，在大姚村，堂曰“阅帆”，轩曰“碧云”。

晨熹楼，为司真皇甫涍读书处。旁有亭曰梧亭，在孔夫子巷宅。

紫芝园，在阊门外上津桥，徐太学墨川园也，文待诏、仇十洲为之布画。入门，百步长廊以达于园，垒假二山，号“假山”“徐云”。

徐参议廷祼园，在葑门内天赐庄东。公安袁宏道称其画壁“攒青飞流界，练水行石中”。人穿洞底，巧逾生成，幻若鬼工，千蹊万壑，游者几迷出入。

徐冏卿泰时有东园、西园，在阊门外下塘，石屏高三丈，阔可二十丈，玲珑峭削如一幅横披山水，了无断续痕。周生时臣所垒也。堂侧有土垄甚高，多古木。垄上太湖石一座，名“瑞云峰”，高三丈余，相传宣和间，朱勔所凿，才至舟中，石盘忽沉湖底，觅之不得，遂未果行。后乌程董氏购去，载至中流，船亦覆。董氏募善没者取之，后为徐氏移置园中。旧闻此石每夜有光烛空，故名“瑞云”。今淹没民家久矣。

南星别业，黄姬水读书处，在省曾旧庐南偏。

着胜亭，司李王腾程即宅中隙地，缀以奇花、怪石，作亭于其间，嘱参议范允临颜之。

参政丁元复别业，在十郎巷。叠石为山，疏渠为沼，碧柳高梧，映带左右。宋时为杨和王别墅，故地多闲旷，绝类山居，今改为元和治署。

梅花墅，在甫里姚家衖西。秘书许自昌选地百亩，潴水蓄鱼，梅柳纵横，竹箭秀擢，犖石为岛，峰峦攒立。中亭馆、台榭俱备，时与四方名流赋诗宴饮其间。

松石园，在甫里通明道院之南。兴府良医马用所构。松石，其别号云。

归氏园，在苑桥巷，创自归太学湛初。洞石玲珑，有堂颜曰“米文”。后归水部胡汝淳，易颜曰“洽隐山房”。

高酣亭，侍御顾宗孟建，文震孟题。在天赐庄。宅旁叠石环花，为读书宴息之所。后考功施何牧侨寓于此。

塔影园，在虎丘便山桥南数武，文肇祉所筑。后处士顾苓居之，更其名曰“云阳草堂”。中有室曰“松风寝”。

御史李模别业，在龙墩墓旁，有春水船、紫函阁、颐厂、唯龛、静寄、晶庐诸室。子文学炳，绝迹城府，时加葺治，终身栖隐焉。

芳草园，在定跨桥北，青霞居士顾凝远筑。水石清幽，花竹秀野，别馆闲亭，颇极佳胜。后屡易主，仅传其名曰“花溪”云。

国朝

亦园，在葑门内，赠检讨尤沦筑。中有揖青亭、水哉轩诸胜。子侗，筑看云草堂，益加修葺。孙珍，又增建。

御书亭。

丘南小隐，编修汪琬葺也，在虎丘。编修读书于此，执经问业者，常屦满户外。殁后，改祠，祀编修于其中。

薛家园，在娄门外下塘，薛宗濂筑。月波楼、锦香亭为园中最胜处。宗濂女孙琼，有《过旧居废园》定风波词云：曲径蒙茸草没鞋，秋千倒影卧苍苔。贱杀韶光轻断送，珍重，榆钱增价买愁来。　昔日繁华何处去，无据，年年啼鸟怨花开。深锁朱扉人不到，谁教，东风吹遍好楼台。

葑水园，翰林检讨冯勖所筑，在葑门外，堂曰“含青”，亭曰“红香”。晚岁建碑亭，勒御制咏鹤诗于石。

留卧园，在娄门内，翰林汪份读书处。有遄喜斋、砚材书屋、秋香径、知乐草堂。

匠门书屋，在城东，检讨张大受所居。前邻古寺，傍枕河滨，有孝廉船、读书亭、侣蛩斋、潮生阁、活碧轩，园多古木，老干横空，绿阴昼寂，极为幽胜。

洽隐园，在小显子巷。少微真人韩馨隐居于此。康熙间毁。园中诸胜，惟小林屋存焉。

网师小筑，宋副使宗元构以养母者。内有北山草堂、无喧庐、小山丛桂轩、濯缨阁、梅花铁石山房、蹈和室、溪西小隐、度香艇、花影亭、半巢居、斗屠苏、丽瞩楼十二景。

萱圃，在下津桥东，周广文谨宅。子孙世居之，堂曰敬绍。仲子秉义于宅后构小园，名曰萱圃，中有荆乐书堂、云竦阁、晓白亭、煮石窝、竹坡、淡香居。

涉园，在宝成仓对河，中有数帆阁、濯缨池、借笠亭、晴雪轩、觅句廊、吟窝，陆宣公墓柏重青碑在吟窝中。贡士王廷魁画，南北名人题咏，裔孙保宁太守陆锦勒石。

其他如管家园、连家园、金家园、穆家园，遗迹久湮，漫无可考，仍阙焉。

卷十九

冢墓

昔赵文子观乎九京，辄发吾谁与归之叹。则夫抚迹怀人，闻风兴起，昔贤归藏之所，固甚重乎其详之也。夫君公之尊，或锢南山而不足。而柳下季垄，五十步有樵采之刑，谁谓蒿里无贤愚耶？然而沧桑递易，封翳弗翦，恐有居三不朽之一，而后人莫识其松楸者矣。是以追考墟墓，谨而录之，俾后之过九京者，不啻其人可作，斯亦所为树之风声者也。志冢墓。

周

吴王阖庐墓，在虎丘剑池。《越绝书》及《吴越春秋》云：阖庐之葬，穿土为川，积壤为丘，发吴都之士十万人，共治运土凿池，周广六十步，水深一丈五尺，铜棺三重，澒池六尺，黄金珠玉为凫雁，扁诸、盘郢、鱼肠之剑在焉。葬三日，金精上腾为白虎，蹲踞于上，因名虎丘，或云墓即今虎丘寺法堂基也。

吴王墓有三：一在蛇门外大丘，去县十五里；一在匠门外欚溪渎中，去县二十里；一曰胥女大冢，去县四十五里。皆见《越绝书》。

越王史墓。《越绝书》云：巫门外冤山大冢，故越王史冢也。去县二十里。又云：蒸山南夏驾大冢者，越王不审名冢，去县二十五里。

申公巫臣墓。《郡国志》：在匠门西南。《祥符图经》云：在将门外。《吴地记》云：在巫门外。

孙武墓。《越绝书》云：在巫门外，大冢去县十里。《东溪书》引《皇览》云：在吴县东门外。《吴地记》云：在平门西北二里，地名永昌。

干将墓，在匠门外。《吴地记》云：匠门本名干将门，门外有干将墓，后讹为“匠”。

麋王墓，在平门外武里。

吴神巫葬地。《越绝书》云：匠门外欐溪渎中连乡大丘者，吴故神巫所葬也。

琼姬墓，在金镜湖滨。互见《山阜》。

澹台灭明墓，在澹台湖傍。

莫格墓。《越绝书》云：去县二十里虎丘之北。莫格，古贤避世者。

赤兰将军坟。《吴地记》云：在匠门南。

汉

三老顾综墓，在娄门外塘北，与朱梁坟相直。《吴地记》云：在酱醋城东北三里。顾况撰《庙碑》有云“刊石娄门，德辉不灭”。碑今亡。

朱梁墓，在娄门外东南二里。梁本名肇，避和帝讳改。郡中朱氏多其后。

颍川太守陆宏墓，在平门外西北三里。或云在华亭县西北四十里。按：陆绩长子官会稽南郡都尉，其为颍川太守者曰闳，乃宏八世祖也。

吴

吴王权妃墓，在甫里孙妃村。今名孙墓。

晋

淮南内史朱诞墓，在娄门外一里。

骠骑将军顾荣墓。《寰宇记》云：在赤门外九里。陆广微《记》：在吴县东南二十里，侧有左威将军张敏坟。今实在葑门东六里黄天荡南，俗称顾邑墓，西有祠，题曰“顾将军庙”。荣从子和，亦葬此。

吏部侍郎冯公墓，在张林西山。墓存无考，因土人锄地得唐大历七年张游信志石，有“葬于晋吏部侍郎冯公坟侧”之句。按《晋史》，侍中冯紞兄恢有传，而逸此，岂即恢耶？

稚儿塔，在彩云里寿圣教寺内。晋道生诵《法华经》，童子死，葬此。义熙十一年，商人谢本夜闻诵经声。朝起，见冢上生青莲花，人传为诵经之应云。

唐

右补阙陆龟蒙墓，在甫里，旁有白莲寺。龟蒙中和初卒，给事颜荛志墓。

河南法曹参军张从师墓，在虎丘山之西原。张说撰墓志云：冲和纯粹，辨博闳达，卓荦好古，傥荡逸群。

真娘墓，在虎丘路傍。《图经》云：在云岩寺西南山下。李绅《诗序》：真娘，吴之妓人，歌舞有名者。死葬武丘寺前，吴中少年从其志也。墓多花草以蔽其上。

幽独君墓，在虎丘山北。大历十三年，有鬼题二诗，隐于石壁之上。载《艺文》。观察使李道昌异其事，遂具奏闻，敕令致祭。道昌祭文曰：呜呼！万古丘陵化无再出，君是何人，能闲诗笔。何代而亡？谁人子侄？曾作何官？是谁仙室？寂莫夜台，悲呼白日。不向纸上，石中隐出。桃源三月，绿草垂杨。黄莺百转，猿声断肠。不题姓字，宁辨贤良？呜呼痛哉！叹息先贤。空传经史，终无再还。青松岭上，嵯峨碧山。大唐政集，已记诗言。痛复痛兮何处宾，悲复悲兮万古坟。能作诗兮感天地，声哀怨兮泪沾巾。感吾皇兮列清酌，愿当生兮事明君。后数日，石上复隐出诗一首。幽明虽异路，平昔忝工文。欲知潜寂处，山北两孤坟。今寺之北有二坟，甚高大，荆榛丛蔚，究莫知为何人所葬云。

宋

迪功郎金章墓，在摇城村。宝庆元年，筑石鄮山。今子孙皆祔葬。

处士章康墓，在武丘乡莱字圩。

运干汤辉墓，在虎丘西谢巷。

太守周和墓，在娄门外官渎桥之东北，俗称周和山。

贡士沈埠墓，在冶坊浜西岸；子处士辅墓，冶坊浜东岸。

京西提刑使袁珦墓，在葑门外蛟龙浦之赭墩。曾孙忠愍公枢祔。

学正顾襄墓，在虎丘山下。

黄居简墓，在虎丘。居简，字元易，建安人。工诗。嘉兴中卒，通判翁逢龙葬之。

吕浩叟墓，在虎丘山。

元

杨椿墓，在虎丘山西华里。

静春先生袁易墓，在蛟龙浦之赭墩。黄溍志。

莫月鼎墓，在陈公乡。

七姬墓，在郡城东北隅潘氏后圃。张羽作《权厝志》，宋克书，卢熊篆额。

明

兖州知府卢熊墓，在武丘乡。

兵部侍郎李賷墓，在陈公乡。

博士周兴墓，在张林西山。

赠兵部郎中赵华一墓，在云龙西庄字圩。子鄱阳知县文祔。有自撰生圹志。

县丞刘幹墓，在虎丘山塘普福寺东。公，怀庆人。永乐中，为长洲丞，多善政。士民怀之。衣冠葬焉，称刘公墩。

赠礼部侍郎谥文恭刘铉墓，在虎丘南袁公巷。

乐会县令周泰墓，在武丘乡半塘之原。墓本宋开禧间周氏祖茔，至泰，复加葺治。后卒于官，返柩葬此。乐会民思之，奉衣冠立冢以祀，吴宽撰墓表。

赠虎贲右卫经历仰仁泽墓，在葑门外陈公乡章墓泾。杨士奇撰墓表。子大理寺右丞瞻祔。张镛撰志铭，徐理撰记。

山东提学副使沈钟墓，在甫里皇字圩。

工部主政沈铠墓，在张林官字圩。

翰林院待诏文徵明墓，在武丘乡花泾桥之原。岭南黄佐撰志。

处士邢量墓，在葑门外北原縻字圩。有自撰生圹志。

文庄先生顾麒墓，在葑门外匠门塘受字圩。杨果撰志铭。

乐亭知县蒋廷贵墓，在依仁乡之王巷。李东阳撰志，吴宽撰墓表。

赠左副都御史陈孟善墓，在大姚乡大觉寺西南。吴宽撰志。

赠都御史徐孝质墓，在瓜泾港。孝质，山东巡抚源之祖。性至孝，有隐德。卜兆时，相传有异人指授，今土人称“大坟头”云。

赠礼部尚书杨琼墓，在娄门外官渎滕王浜。

五岳山人黄省曾墓，在匠门华家桥北干将墓西。

处士邢参墓，在虎丘山之西麓。

姚安郡守施悌墓，在尹山。都穆撰志铭。

太子太保袁安节公洪愈墓，在葑门外东吴乡蛟龙浦之赭墩，赐葬。徐汸撰志。子顺天府治中一鹗祔。

赠布政司参议金樾墓，在甫里吴宫乡。袁洪愈撰志铭。

文学黄姬水墓，在匠门塘。孙文煐祔。

太傅王文肃公锡爵墓，在阊门外来凤桥西，赐葬。

河间府同知陈光祖墓，在虎丘后。孙乡贡进士宗之祔。

詹事府詹事姚希孟墓，在娄门外下雉渎西、金泾堰北。

端孝先生杨大溁墓，在虎丘。

参议蒋梦龙墓，在甫里吴巷。

嘉定伯周奎祖墓，在匠门塘东北。奎，明愍帝烈皇后父。崇祯初年，奉旨修葺祖茔，建坊树碑。

五人之墓，在虎丘山塘。五人者：颜佩韦、杨念如、马杰、沈扬、周文元也。天启间，逆阉魏忠贤矫旨逮吏部周顺昌。五人公愤，倡众击缇骑至死，因被戮。士民哀之，敛葬白堤之东。吴太仆默题曰“五人之墓”。杨解元廷枢表为“义风千古”，张太史溥作《五人墓碑记》。

葛贤墓，在虎丘山塘。贤，原名成。万历辛丑，内监孙隆私设税务，市井咸怨。成倡众击所委官，焚其家。私税由是止。人呼为葛将军，系狱十余年，遇赦得释。高颜佩韦等五人之义，庐于墓侧，为洒扫居守。卒，遂葬此。文相国震孟题其墓曰“有吴葛贤之墓”。

太仆卿吴默墓，在顾荣墓旁。

烈妇杨氏墓，在虎丘山郡厉坛之北。礼部尚书王铎撰碑，见《烈女传》。

长洲教谕刘永锡墓，在虎丘山塘。

巡按御史宋学朱墓，在葑门外黄石桥东花柳村。

忠文先生杨廷枢墓，在虎丘十房庄。

潜忠先生许琰墓，在石牛头列字圩。

赠礼部侍郎韩宗道墓，在上十七都三图飘字圩。

彭学一墓，在二十三都十一图习义乡上字圩官渎。

国朝

大学士宋文恪公德宜墓，在沙河北、萧泾桥东。赐葬。

烈妇顾氏墓，在虎丘山塘张公祠东。妇为吴县下堡严灿妻，灿为土豪金华陷狱，当死，妇荼苦万状，冀白夫冤。顺治八年，御史秦世桢按吴，妇号泣呼冤，自到堂下。世桢雪其冤，具题旌表，遂葬于此。

归节妇陈氏墓，在沙河东诛字圩。节妇，长洲归文达妻，二十一寡，生子圣脉仅八月。陈孝事舅姑，课子成立。顺治十六年旌表。

双节墓，在娄门外习义乡，葬明节妇王氏，媳陆氏祔。学士孙致弥撰志铭。

赠内阁学士国学沈世烈墓，在竹墩。

赠内阁学士文学沈钦圻墓，在葑门外姜家村。村在王家田南、宝带桥东北。进士叶燮志墓。子赠内阁学士钟彦祔。

庐陵知县陆在新墓，在娄门塘习义乡北若字圩。侍讲彭定求撰志铭。

文学顾埴墓，在尹山乡师姑圩。编修汪琬撰志铭。子太学希喆、进士三典，孙文学求懿祔。

黄孝子农墓，在葑门外陈公乡糜字圩。

赠翰林院修撰徐允武墓，在尹山南樊庄字圩。太史张大受撰志铭。子进士模祔。

正孝先生杨无咎墓，在娄门外坝基桥内做篮浜。

翰林院庶吉士顾嗣立墓，在葑门外黄石桥。

翰林院庶吉士宋照墓，在虎丘后十房庄昆字圩。

文南岳墓，在廿三都六图殊字圩李王庙。子世光祔。

孝子文龄墓，在南岳墓西北。编修杨绳武撰志铭。

朱元卿墓，在葑门苏台乡。

顾文学竑墓，在上廿五都二图飞字圩吕巷村。褚篆志墓。

节妇徐国维妻陈氏墓，在娄门贵字圩。媳金氏祔。

孝子徐国搢墓，在娄门外贵字圩。

河南学使庄朝生墓，在上廿五都二图莱字圩龙墩。侍讲尤侗撰志铭。

儒士唐立寰墓，在枫镇倪家桥。长子处士全，私谥诚孝，墓在虎丘。

沈孝子永吉墓，在二十四都二十图孔字圩八叶村，地三亩七分。

王教谕天赐墓，在二十三都一图睦字圩，与配节妇宋氏合葬。缪洗马曰藻撰志铭。

进士姚馩墓，在九都二十九图石牛头。

唐国学时彦墓，在二十四都二十一图友字圩宾临浜。

张文学万年墓，在二十四都二十图孔字圩赵巷村。

有粮义冢，在唯亭东十九都三图，长洲县监生陈寓捐葬无主骨殖。

卷二十

科目

成周取士，以乡三物教万民，而宾兴之汉代，选举有贤良方正、茂才、孝廉暨博士弟子、文学、明经之目。隋唐以后，专尚科举，或用诗赋，或用对策。有明专重经义，我朝因之。盖经义之制，代六经、四子之言，阐濂洛关闽之旨，学者发而为文。由诵习辞章，而引之于道德仁义，匪但对偶声律而已。吴中为人文渊薮，千百年来，人材辈出，文章事业，震耀前后。入国朝，举礼闱第一、廷对第一者，指不胜屈，称极盛焉。元和为长洲分邑，故通籍于既分以后者，始得备录。而雍正甲辰以前科目，应入《长洲志》中，示不淆也。要之，人不以科目重，而科目则以人重。膺选举者，尚其争自砥砺，以蕲无负于三不朽之一云。至副榜与选拔恩贡、岁贡，例得并书。志科目。

乡贡士

雍正七年己酉科南闱中式解元沈戌开

　姜本渭

己酉科顺天中式

　戴廷纶

雍正十年壬子科南闱中式解元郭长源

　谢于蕃

壬子科顺天中式解元邵大业

　沈景兰

雍正十三年乙卯科南闱中式解元吴镇兖

　庄大中　韩庆曾

乾隆元年丙辰科南闱中式解元梅理

李炯

乾隆三年戊午科南闱中式解元陶绍景

张昌蕃　周儁　沈英

戊午科顺天中式

宋宗元

乾隆六年辛酉科南闱中式解元龚朝聘

沈道然

辛酉科顺天中式

宋巨源

乾隆九年甲子科南闱中式解元薛观光

夏良士　张国宁　金捷

甲子科顺天中式解元冯秉忠

顾元揆　方懋禄

乾隆十二年丁卯科南闱中式解元徐步蟾

陈景韩　陈奎耀　彭绍谦

乾隆十五年庚午科南闱中式解元梅戭

梅戭　张焕

庚午科顺天中式解元马国采

顾德懋　申赞皇

乾隆十七年壬申恩科南闱中式解元仲鹤庆

沈光裕　郭镛

壬申恩科顺天中式

施文嬦　陆宇丰

乾隆十八年癸酉科南闱中式解元胡溶

尤世宜　周浩　顾天锡

癸酉科顺天中式解元佘继绅

邱廷澜　江二仪

乾隆二十一年丙子科顺天中式解元李骏

唐熼　张叶钰　陈国枋

乾隆二十四年己卯科南闱中式解元孙仝敞

吴鼎科　邓安道　张定厚　孙麟徵

乾隆二十五年庚辰恩科南闱中式解元仲嘉德

顾声雷　陈初哲　李堡　沈士骏

进士

雍正十一年癸丑科陈倓榜

沈景兰

乾隆五年丁巳科于敏中榜

庄大中

乾隆七年己未科庄有恭榜

张昌蕃

乾隆十年乙丑科钱维城榜

宋巨源　张国宁

乾隆十三年戊辰科梁国治榜

方懋禄

乾隆十六年辛未科吴鸿榜

顾德懋

乾隆十七年壬申恩科秦大士榜

李炯

乾隆二十二年丁丑科蔡以台榜

邱廷澜　夏良士

乾隆二十六年辛巳恩科王杰榜

沈士骏　郭镛

贡生恩拔、岁副并录，以年之先后为叙。

雍正六年拔贡

费师益

六年岁贡

汪琇

雍正十年壬子科南闱副榜

彭廷抡

雍正十年壬子科顺天副榜

顾祖望

雍正十二年岁贡

吴瑜

雍正十三年乙卯科顺天副榜

陆廷鉽

乾隆元年恩贡

徐钥

乾隆三年岁贡

周宗濂

乾隆三年戊午科南闱副榜

陶善圻　盛德

乾隆六年拔贡

方懋禄

乾隆七年岁贡

庞蒋经

乾隆十一年岁贡

郁大龄

乾隆十三年岁贡

苏綍

乾隆十四年恩贡

汤世地

乾隆十五年岁贡

徐稜

乾隆十五年庚午科南闱副榜

沈士骏

乾隆十六年恩贡

吕纶

乾隆十七年壬申恩科南闱副榜

顾学潮

乾隆十八年癸酉科南闱副榜

胡元会

乾隆十九年岁贡

黄球

乾隆二十一年丙子科顺天副榜

钮翰城

乾隆二十三年岁贡

朱光斗

乾隆二十四年己卯科顺天副榜

姜晟

卷二十一

宦绩

汉多循吏，班史所谓“凡事简易，与民休息，所居民富，所去民思”者是也。唐代如阳城，何易于之属，犹循斯义。后以催科、抚事判而为二，且左牵右掣，救过不遑，虽有恤民之心，而未能径行煦育，求如古人臣之尽职，盖亦难矣。然能于催科之中寓抚字之意，持躬廉洁，听断不枉，则亦未尝无循吏焉。元和自雍正二年分县，于今二十六年，令丞及尉莅斯土者，班班可考。采月旦之公评，孚缁衣之攸好，就其敏于任事，能以牧民为心者，纪其政绩，而其余概从阙如，彰直道也。后之居官者，循是考之，以求无背于曰清、曰慎、曰勤之义，是亦前事之师也。夫至儒学、训导之训士，亦不后于县尹之治民，此又以经术为本原者已。志宦绩。

江之炜

之炜莅任后，以去恶为首务，如讼师、奸吏、打降三者，得其实，务严治之，曰：“锄稂莠正，以培嘉禾也。”邑中绅士之植品而多闻者，悉心延访，曰：“教我未足，是吾师也。”学宫岁久，渐就倾圮，率先劝导，捐资修复。告成之，曰：“释奠鼓征，远近观礼，称彬彬焉。”后以诖误去任，民常思之。

朱奎扬

奎扬敏于听讼，能色听、辞听，直决是非。遇奸猾之尤者，不动声色，婉曲引诱，得其情实。奸民悚然曰：“我辈以讼为饮食，目中未尝见此发奸擿伏者也。”吴民每以假命图赖，告讦不已，往往破家。而奸人得于其中取利。奎扬严绝之，能化大事为小事，化小事为无事。任三年，大吏以其绩闻于朝，升署淮安府事。

张若爔

若爔莅官，慈祥廉明，以实心为本。每决狱，事无巨细，必反覆推勘。谓堂下人畏威，倘有枉屈，后虽悔无及也。久之，人服其真诚，不敢有欺之者。而他邑疑狱，大吏多委决谳，悉昭平允焉。境内有版荒八十余顷，不能种植，民久赔累。若爔申文大吏，照恩诏裁减昆新两县浮粮之例，请题减额，民咸感戴。他如重赏获巨盗，分俸给贫生，锄奸，通商旅，有古循吏风。宰邑七载，因劳致疾。乾隆五年春，以病乞假，民攀辕不得。陈情督抚题达，愿病痊补官日，仍任元和，此民之公心也。

黄建中

作令慈详伉直，听狱明慎，不轻责一人，罪实而情可原者，薄征之。遇不孝不义之事，则怒形于色，略无姑息。不阿上官，依理而行。尤重学校，以为士者民之坊、教者政之本。时进诸生，诲以敦伦立品。县试务拔真才，披阅不倦。所取前列，多有登科第者。去官之日，士庶无不流涕。

李永书

莅官数月，整饬官方。持己以廉，听讼以慎，吏民无不爱敬。秉烛视事，常至达旦，案无留牍。革除陋规，以清操自励。待胥吏未尝专任威严，和平浑厚，中鑑若水镜，胥吏自不敢欺。敬士怜才，士之以讼至者，劝其读书，毋干户外。古所称清慎勤者，公无愧焉。

孙耀德

治元和最久。居心平和，不为刻核行，以沽清誉。狱有疑，必详审后决。尝谓："居官理案，不在依违二三，而在虚心体察，致使杀之而不怨，纵之而不背。不假手吏胥，吏胥无由因缘为奸。"贫不能治装，至典质以行。又可知其廉洁之操矣。收漕宽厚，粮户德之。以艰归。

许治

居官和惠廉明，听讼无疾言厉色。民得竟其说，申其情，曲直判，而两造输服。试诸童，取理醇法正，曰："此心术所关，进身之始也。"洁清白，矢养廉外无纤毫染指，而收漕一事，尤德于民。元和土厚农勤，米本圆洁。乾隆十六年，以滨海下邑入京仓者，米多霉变。因御史言：令州县加意选收。各省州县兢兢小心，惟恐误收低米出兑，受骑丁之侮。存仓有霉变之虞，不得不严行驳换，道远而费巨，致完漕遂为畏途。公视米色苟佳，随到随收，课额早足，绝无霉变。人比之马伸之在郫县、冯元淑之在浚仪云。

吴中衡

考课有法，文章得之家传。工骈体，时以授诸生。为陈文肃公大受所知，以公事檄理督视育婴堂，丈步上江两县芦洲。平时知其勤而无私也。捐俸修于清端公成龙祠，赎盗卖祠田，觉罗雅公为记嘉之。监紫阳书院，深得士心。院设朱子位，春秋释采，详拨震泽田租羡银供费，祔祀张清恪公伯行。

费天修

居官勤敏，教士端严。学宫后旧有玉带河，年久淤塞，形家谓长元两邑因此科目稀少。天修首为捐俸，劝募开浚。自是乡会隽者渐多。虎丘唐宋五贤祠屋宇倾颓，天修捐俸修整。二十一年，郡中染疫，设药局以疗贫民。刻醴泉集以课诸生，以忧去职。

王廷蒿

待士和易，遇事鲠直。文章师法前民，生童得所准则。岁科新进，例有薄贽以佐苜蓿盘。从前司铎者或至露断而争。君贫者不取，富者厚薄听之。俸入不足供薪木，典揭以用。鄙弃时习，非素交，庆吊不赴。署元和一如在长洲时。监紫阳书院，端厚勤谨，士乐其宽。院长重其行，大吏爱其廉。

卷二十二

人物

陆机《吴趋行》云："属城咸有士，吴邑最为多。八族未足侈，四姓实名家。文德熙淳懿，武功侔山河。"而唐景亦曰："家无不孝之子，朝无不忠之臣。文为儒宗，武为将帅。"虽不无溢美之辞，要以山水清嘉，人文汇萃，此其选也。元和地分长洲之半，而人材挺生，足当三不朽之一者，后先相望，次而隐居独行，艺进乎道，不幸遭时变故，知以义自重而不忍决裂其防者，亦不乏焉。汇而传之，前事之不忘，后事之师也。流风遗烈，更百世下犹有感慕而兴起者乎？前志分类颇繁，今统以人物名之。孝义而流寓，别系于后。

长洲置县始唐万岁通天元年，唐以前人物不属长洲，于元和益无与也。然里居、茔域可考，如顾综、顾训、陆绩、顾荣之类。应属元和，又前史及旧志概称长洲，而别无里居、茔域稽核者，如归登、叶清臣之类。应两邑并存，虑彼此不收，致湮没也。

自明以来，凡籍称长洲而人系元和者，固当备列。即籍非长洲，而人实元和者，如黄鲁曾、袁洪愈之类。亦得列焉。又有人与籍皆非，而祠墓在元和，其人实有可传者，如陈继、杨廷枢之类。亦并列焉。惟显属他邑，与元和无与者，不得混入，以紊体例。持此以为准，庶无混淆挂漏之失矣。志人物。

东汉

顾综，字文纬，吴人。明帝时，辟有道，历御史大夫、尚书令。时帝举三老之礼，以正月上日践辟雍，设几杖，从综乞言。综于《东汉书》无传，相传有墓在娄门外塘北。唐顾况撰庙碑，有云"刊石娄门，德辉不灭"，其征也。吴丞相雍，其裔孙。明人周复俊赞曰："尊事黄耇，显融儒术。上代玄规，明王懿则。首辟三雍，昭示万国。文纬老成，帝师其德。"

顾训，东汉人，仕太原太守，五世同居，聚族至百口。《吴郡志》云：训岁时聚，子孙悉坐，依次行酒，三岁以下，并自知位次。所居旁有桥，吴人以百口名之，又名试饮桥。地在今跨塘桥东，故知子姓同居，不始张公艺也。

陆绩，字公纪。父康，少笃孝弟，勤修行。太守李肃举康孝廉，肃坐事诛，康为敛送还乡，以义称。绩年六岁，于九江见袁术，术出橘，绩怀三枚，去，拜辞，堕地。术曰："陆郎作宾客，而怀橘乎？"绩跪答曰："欲归遗母。"术大奇之。孙权建国，辟为奏曹掾，以直道见惮，出为郁林太守，加偏将军。绩志在儒雅，虽有军事，著述不废。比归，无装，舟轻不可越海，取石为重，人称其廉，号郁林石，亦号廉石，故居舍为宝光寺。

吴

顾雍，字元叹。德宇淹深，夙播人誉。权为吴王，累迁大理奉常，领尚书令，封阳遂乡侯。拜侯还第，而家人不知。雍不饮酒，寡言语，举动时当。权常叹曰："顾君不言，言必有中。"至饮宴欢乐之际，左右恐有酒失，雍必见之，不敢肆。权亦曰："顾公在坐，使人不乐。"后改太常，进封醴陵侯，代孙邵为丞相。选用随材，授任心无适。莫时访逮民间，及政职所宜，转密以闻。见纳，则归之于上，不用，终不宣泄。权以此重之。为相十九年，年七十六卒。孙荣，以功业显于晋。

晋

顾荣，字彦先，雍次子穆之子也。仕吴黄门侍郎。吴平，与陆机、陆云同入洛，时号"三俊"。例拜郎中。历尚书郎。赵王伦篡位，以荣为子大将军虔长史。初，荣宴饮，见执炙者有欲炙之色，割炙啖之。客问故，曰："岂有终日执之而不知其味者？"及伦败，荣被执，将诛，而执炙者为督率，救之，得免。齐王冏诛伦，召荣为大司马主簿，荣惧祸，终日昏酣，不综府事。以情告友人冯熊，熊谓冏长史葛旟曰："以顾荣为主簿，所以甄拔才望。今府大事殷，非酒客之政。"旟曰："荣江南望士，且居职日浅，不宜轻代易之。"熊曰："可转为中书侍郎，不失清显，而府更收实才。"旟然之，白冏，以为中书侍郎，在职不复饮酒。或诘之曰："何前醉而后醒耶？"荣惧，乃复饮。及冏诛，荣以讨葛旟功封嘉兴伯。长沙王乂为骠骑，复以荣为长史。乂败，转成都王颖丞相从事中郎。惠帝幸临漳，以荣兼侍中，遣行园陵。会张方据洛，不得进，避之陈留。及帝西迁长安，征为散骑常侍，以世乱不应，遂还吴。东海王越聚兵于徐州，以荣为军咨祭酒，属广陵，相陈敏反，阻兵据州，假荣右将军、丹徒内史。荣数践危亡，恒以恭逊自免。敏欲诛诸士，荣说解之，敏纳其言，悉引诸豪任之。仍遣甘卓出横江，坚甲利器，尽以委之。荣私于卓曰："若江东之事可济，当共成之。然卿观事势有济理否？敏既常才，政令反覆，子弟各以骄矜，其败必矣。而吾等安然受其官禄，事败之日，使江南诸军函首送洛，题曰'逆贼顾荣、甘卓之首'，岂惟一身颠覆，辱及万世，可不图之？"卓从之。明年，周玘、纪瞻与荣及卓起兵攻敏，荣舟在南岸，敏率万余人出，不获济。荣麾以羽扇，其众溃散。事平，还吴。永嘉初，征拜侍郎，行至彭城，见祸难方作，遂轻舟还。元帝镇江东，以荣为军司，加散骑常侍。凡所谋画，皆以咨焉。六年，卒官，赠侍中、骠骑将军，谥曰"元"，后追封为公。墓在葑门东九里朝天湖南。《寰宇记》云：在赤门外九里，即其地也。

齐

何求，字子有。其先灊人。宋宜都太守铄子也。元嘉末，为文挽郎，历太子洗马、丹阳郡丞，清退无嗜欲。后为太子中舍人。泰始中，妻亡，还吴葬旧墓。除中书郎，不拜，仍住吴，隐居波若寺，足不逾户，人莫见其面。久之，除永嘉太守。一夕，乘小船逃归，隐虎丘山。齐永明四年，拜大中大夫，不就。卒。

何点，字子晳，求弟。幼居父母丧，尽哀。及长，感家祸，欲绝昏宦，不肯娶。博通群书，善谈论。家本素族，亲姻多贵仕，虽不入城府，而遨游人间，不簪不带，以人地并高，无所与屈。或乘柴车，蹑草屦，恣心所适，致醉而归。兄求卒，点蔬食，不饮酒。泰始末，征太子洗马。齐初，征中书侍郎、太子中庶子，并不就。梁武帝革命，与点有旧，赐鹿皮巾召之。点以巾褐入华林园，诏拜侍中，辞疾不受。天监二年，卒。

何胤，字子季，更字胤叔。八岁居忧，致毁如成人。及长，好学不倦。仕齐，以后族贵显，拜表辞职。东之会稽，居若耶山云门寺。初，胤兄求、点并栖遁，故或称求为孝隐士，点为小隐；又称求为大山，胤为小山；又称何氏三高。永元中，征胤为太子詹事；梁武帝诏为特进光禄大夫，并不就。给白衣尚书禄，固辞。迁秦望山，起学舍。七十余，乃移还吴，居虎丘山西寺讲经论，僧徒从之。尝禁杀，有虞人逐鹿，径来趋胤，伏而不动。又有鸟如鹤，红色，集讲堂，驯狎如家禽。大通三年，卒，年八十六。

唐

张从师，郡人。生平见张说所撰墓志云。冲和纯粹，辩博闳达，卓荦好古，傥荡逸群，忘怀乐道如浮云无心、野鹤独立。上元二年，终，葬虎丘西原。子惟俭、惟静，弱岁皆通左氏、谷梁《春秋》。

归崇敬，字正礼。天宝中，举博学通坟典科，对策第一。授左拾遗。肃宗次灵武，迁官集贤校理，以贫求出外。未几，有事桥陵、建陵，召还参掌仪典。代宗幸陕，召问得失，崇敬极陈："生民疲敝，当以俭化天下，则国富而兵可用。"大历初，充吊祭、册立新罗使。海道风涛，舟几坏。众谋更期，崇敬不肯，遂独济使还，不辱命。授国子司业兼集贤学士。八年，遣祀衡山，未至而哥舒晃乱。广州监察御史惮之，请望祀。崇敬正色曰："君命，岂有畏耶？"遂往。在职多所建议，坐事贬饶州司马。德宗立，召还，累迁兵部尚书，封余姚郡公。年八十八卒，谥曰"宣"。论撰十数篇。

归登，字冲之，崇敬子也。举孝廉高第，补四门助教。又举贤良方正。贞元初，自美元尉拜右拾遗。裴延龄得幸，熊执易疏论之，以草示登，登动容曰："雷霆之下，君难独处，愿窜我名。"转右补阙，迁工部侍郎。宪宗朝，以徙职入谢，上问政所先，登知帝睿而果于断，劝顺纳谏诤，中外传为谠言。累官工部尚书，封长洲县男。元和末卒，谥曰"宪"。

归融，字章之，登之子。元和中进士，事文宗为翰林学士。开成初，拜御史中丞。湖南观察使卢周仁进羡余钱亿万，融奏请还之，代贫民租入。累官兵部尚书，封晋陵郡公。会昌后，朝廷典礼多本融议。大中七年，卒。子仁晦、仁翰、仁宪、仁绍、仁泽，皆登进士第。

陆龟蒙，字鲁望，吴人。元方七世孙。举进士不第，辟苏、湖二郡从事，退隐松江甫里，有田数十顷、屋二十楹。田苦下雨，潦则与江通，故常苦饥，身畚臿茠刺。或讥其劳，答曰："尧，舜霉瘠，禹胼胝，彼圣人也。吾褐衣，敢不勤乎？"嗜茶，品泉，不喜与流俗交。尝设篷席，赍束书、茶灶、笔床、钓具往来，时谓江湖散人。或号天随子、甫里先生。以高士召，不至。李蔚、卢携素重之，及当国，召拜左拾遗。诏方下，龟蒙卒。光化中，赠右补阙。有集二十卷。

五代

皮光业，字文通，日休子也。日休为苏州从事，光业家于苏，美仪容，善议论。

钱镠辟以为属。吴越建国，以为相，教令仪注，多出其手。尝于坐间得句云“行人折柳垂轻絮，飞燕衔泥带落花”，众交口誉。裴光约抗声曰：“二语偏枯不工，以柳俱有絮泥，或无花也。”光业折服。父以文章名，子璨、孙子良，皆以文雄于江东。

吴仁璧，字廷实。天顺二年进士，初从学庐山道士，时于古松流水间独坐终日，神专气寂。道士曰：“能出世乎？”曰：“能居久之，似不忘求名意。”道士曰：“一第甚易，但他年勿干英雄。”仁璧既成名，之江东，吴越王镠待以客礼，访求天文，辞不知。欲辟入幕，又辞。天复初，镠具礼币，请为母秦国夫人水邱氏墓碑，固辞。镠怒，沉之江，时人怜之。有诗一卷。

宋

刘少逸，亡其字。年十一，文辞精敏，有老成体。从其师潘阆谒长洲令王禹偁、吴县令罗处约，以文为贽。二令疑其假手，未之信，因与联句，略不涉思，凡数十联，皆敏妙，胜于出句。二令敛手服，闻于朝，赐进士及第，官至尚书员外郎。

叶清臣，字道卿。幼敏异好学，善属文，举进士，知贡举刘筠奇其策，擢第二，授太常奉礼郎，累迁太常丞，进直史馆。京师地震，上疏极言时政阙失，中云：“范仲淹、余靖以直言被黜，天下之人齰舌不敢议朝政者将二年。愿深自咎责，许忠直敢言之士，庶几明威降鉴。”数日，范仲淹等皆迁徙。会诏求直言，清臣复上疏论大臣专政，仁宗嘉纳之。宝元初，请外，为两浙转运副使。时太湖有民田，豪右踞上游，水不得泄，民莫敢诉。清臣请疏盘龙汇、沪渎入于海，人赖其利。庆历初，出知江宁府，入为翰林学士。丁父忧，服除，以翰林侍读学士知邠州，又改澶州，知永兴军。浚三白渠，溉田六千顷余。上御天章阁召公卿，出手诏，问当世急务。清臣条对，极论时政，言多劘切。复为翰林学士，权三司使。时清臣以河北乏兵食，自汴漕米由河阴输北道者七十余万。又请发大名库钱以佐边籴，而安抚使贾昌朝格诏不从。清臣固争，疏其跋扈。乃徙昌朝郑州，清臣为侍读学士，知河阳。卒，赠左谏议大夫。

胡稷言，字正思。少学文于宋郊。性伉爽，敢谈天下事。出所著时议，献范文正仲淹。仲淹称之。既从胡文昭瑗学，遂精经术。以特奏补官，调晋陵尉，历主鄞县簿、山阴丞，度不能究设施，乞致仕，即所居临顿里，筑小圃，编篱莳菊，自拟泉明，恬澹寡欲。日晡后，不复饮食。客至，清言而已。独喜延引后辈，时论归之。

元绛，字厚之。其先姓危氏，吴越王恶其姓，易为元绛。举进士，以廷试误赋韵，得学究出身。再举，登第。调江宁推官，摄上元令。范文正仲淹为安抚使，表其才，知永新县，擢江西转运判官，入为度支判官。时侬智高反岭南，宿军邕州，而岁漕不足。绛出为广东转运使，建濒江水寨数十，以待逋寇。建治十五城，楼堞器械皆备，军食有余。以功迁工部郎中，擢天章阁待制，进龙图阁直学士，知开封府，拜三司使，参知政事。后加资政殿学士，以太子少保致仕归吴，与陈师孟等为九老会。有居第在带城桥，知州章岵为建衮绣坊。年七十六卒，赠太子少师，谥章简。有《文集》四十卷、《谳狱集》十三卷。

林虙，字德祖。少颖悟绝人。伯父希，尝获古镜，背有“龙翔”二字，虙从傍曰：“是非唐大帝时物乎？”希异之曰：“是儿眉过于目，当复以文名世，可继祖德矣。”因以德祖字之。登进士，除润州教授，入为太学录，复出，教授常州。时方以三舍取士，虙身为劝率，服教者众。大观三年，廷试常士，预选者五十三人。上赐诏曰：“进贤，受上赏。知州、教授特转一官。”虙由奉议郎改宣德郎。知州徐申于学之南立进贤坊、荣赐亭以崇之。在职六年，陛对请加邹、兖二国公谥，除开封府左司录，以府尹不礼，上章乞老，归卒。虙尝作朱长文《吴郡图经续记序》中云：“吾家居于苏，著籍此州者五十年。今带城桥儒学坊，吾家榜也。”知虙为城南人云。

方惟深，字子通。父龟年，泉州人，能点笔作赋，为公卿所重，官至屯田郎，卒葬长洲，因家焉。惟深乡贡第一，试礼部不中，即弃去。有田数十亩，与弟躬耕竭作，闲则读书著文，每一篇出，人争传诵。游王安石门，安石称其精淳警绝，然观新法不善，渐与疏远，略无比附意。元符初，郡将荐于朝。崇宁中，复以遗逸应诏，皆不赴。有司举贡籍，以年格得兴化军助教。未几，即去官。年四十，无子，而弟有子，以为先人有后足矣，即屏居于外。既老，预知死期，丧葬皆有治命。年八十三。有《诗集》十卷。

杨懿孺，字彝甫。其先自浦城徙长洲。少孤力学，言行相顾，朝无夕储，神夷气昌，闾里不尽知其贫也。崇宁二年，特奏名，后调南昌簿，居一岁，不乐，载妻子归吴。时与方惟深并称，号“吴中二老”。

黄由，字子由。父云，通经术，教授里中。宁宗在嘉邸，尝书“成斋”二字赐之，后为淮西酒官。由少承家学，善属文。淳熙八年，廷对时，甘升为入内押班，招权市贿，与曾觌、王抃相盘诘。由对策及之，遂举进士第一。吴自有科目以来，冠多士者自由始。授南安签判，秩满，通判绍兴府，往新嵊督行荒政，改粜为赈，擅发米五万石予民，除正字，迁著作佐郎。使金还，迁将作监、嘉王府赞读。绍熙五年，孝宗疾革，光宗不能视疾，人情恐惧。由请嘉王过重华宫问安，孝宗为感动。宁宗即位，累擢权礼部尚书兼吏部，将大用之。会知锦州王沇上疏乞置伪学之籍，于是赵汝愚以下凡五十九人俱以伪学得罪著籍。由上言：“人主不可待天下以党，与不必置籍以示不广。”御史张岩劾由阿附权臣、植立党与，遂罢由而擢沇利路转运判官。嘉定初，由知绍兴府、浙东安抚使，闻嵊县旧有虎患，讹言虎岁久有神，善变化，或为僧形，或为猨狙，莫可踪迹。由祷于神，募勇士殄灭无遗种，民赖以安。三年，除刑部尚书兼直学士院，官至正奉大夫。卒，赠少师。宅在县治东北醋库巷。

胡元质，字长文，城南人。初寓临安，闻邻夜哭，询之，乃贫士，为人责偿，鬻其女，与别。元质倾橐予之。光宗即位，荐入为太学正，历给事中。尝极论“人主言动不可不谨”至累百言，帝书之座右，为书王褒《圣主得贤臣颂》及亲制《大才论》以赐，出守和州、太平、建康，皆有政绩。淳熙中，四川制置使知成都，奏减蜀盐虚额钱，大略谓：蜀盐取之于井，山谷之民相地穿凿，深至六七十丈，幸而得泉，以木革为囊，数十人引大绳汲取之，自子至午，泉脉渐竭，乃缒人入井，以手掬取，投之于井，引绳以上。此数十人昼夜号呼，推车挽绳不息，然后得水，入灶煎熬成盐。比南方煮海，人力所及，与陕西解池工力百倍。又有小井，谓之卓筒，大不过数寸，深亦数十丈，以竹筒设机抽泉，穷日之力，所得无几。盐户困穷，可以概见。而简州盐额最重，虚额尤多云云。由是每岁计豁除折估钱五万四千九百余贯。又请蠲夔路九州民间岁置金银重币，蜀人德之。后历官敷文阁学士、吴郡侯，致仕，卒，赠金紫光禄大夫。元质平居未尝疾言遽色，评人短长，或告人之倾己，辄俯首欲寐，人服其长厚。子绾、纲、绛，皆有名。

方万里，字子万。嘉定四年进士，教授江阴军，储义廪，置小学，谨礼仪。绍定五年，以朝奉郎知江阴军，累迁太常簿，赠正奉大夫。万里问学履行，远近敬之。赵汝述守平江，遇之甚。至汝述卒，宾客皆散去，万里独为护丧，时人义之。有宅在带城桥东。

姚原，字子东。七岁而孤，不借师长，自能读书。尝应举，即弃去，曰：“穷达有命，名无妄求。”由是杜门著述，号北窗居士。有《纂玄洞微经》《剡溪丛话》《玉林瑶篇》等书。

张庆之，字子善。少喜读诸子书，精思积年，拟太玄，作测灵，绝意仕进，有游山水癖，移家虎丘，著《虎丘赋》，号海峰野逸。仿五柳先生作《海峰逸民传》，以伯夷、蒋诩、陶潜、司空图自况，且谓沉冥似海，峻厉似峰，时人尚其狷介。初，文天祥守平江，庆之齿诸生之列。洎亡国，集杜诗，备述天祥平生大节。有《海峰文编》并《老子注》《测灵衍语》。

元

袁易，字通甫。其先汴人。祖珣，南渡，葬蛟龙浦之赭墩，世居长洲。父枢，娶濮安王女为郡马。元军下江南，与拒敌，全家被害。有仆负易窜，得不死。少英敏向学，尝荐于朝，不就。隐吴淞之滨，筑堂名静春，左江右湖，禽鱼翔泳。或风止雨收，小舟出没，扣舷高歌，望而知为世外人也。赵子昂重其品，作《卧雪图》贻之。与郭麟孙、龚璛称“吴中三君子”。有诗四卷。子泰、孙永福，亦以能诗名。

俞元燮，字邦亮。少贫，养母甚孝。通书传，博采群说，著《集传》十卷、《或问》二卷。郡校士子，以专经师之。尝谓其徒曰：“宋亡，举子余习非经本旨，文极则反质矣。朝廷取人材，于斯文必求诸义理之实乎？”未几，延祐科举诏下，多如所云。而元燮终身不与省试。

金可文，城南人。少负经世才。元初，自晦于众。尝以邱园科召，不赴，曰：“幸有庐一区可以避风雨，田一丘可以给衣食，学圣贤道，终身自乐，不愿仕也。”锡号贞逸。

陈深，字子微，别号清全，阖闾浦人。宋亡，闭门著书。天历间，或以能书荐，潜匿不出。著《读易编》《读书编》《读春秋编》等书，请业者屦户外满，年八十五卒。卒之前，惟饮酒诵白乐天诗，谓子植曰：“吾中无所愧，惟全归而已。”有遗书一卷。植字叔方，少负才气，喜与倜傥之士游。既而折节读书，著孝行，屡辟召，不起。

陆德原，字静远，天随裔孙也。喜与宿儒游，以学校事为事。尝请于郡，创甫里书院，建斋立师，事闻于朝，即署德原为山长。大德六年，移长洲县学。德原谓规制隘陋，以豪民从贷钱数万缗，责其本助之，学乃改观。又葺吴中子游道南祠。秩满，迁徽州路儒学教授。时徽学亦久废，谋改作，财用不足，愿倾家以资土木费。会郡檄来吴，购良材、募善工以往，遽得疾，终于家。

边景元，字长卿，宋朝奉大夫珣八世孙。幼端谨好书，累世明于《春秋》。丞相文天祥手书“世麟”二字名其堂，景元指示子孙曰：“愿我后人毋忘先业也。”廷臣荐于朝，为国子伴读，以病辞，居乡教授生徒。会长洲邑庠久废，弦诵无所，乃告郡之巨家，度材庀工，恢廓旧规，后称极盛，厥功伟焉。子昌，字伯盛。张士诚据吴，以礼招致，予以官，弗就。

李世英，字伯英，精于书学，作《韵类》三十卷，以字为本，以音为干，以义训为枝叶，自一而二，井井不紊。书成，凡十年。从子文伯，又本《说文》作《字鉴》五篇，辨点画，正伪谬，时推小学功臣。

虞堪，字胜伯，宋丞相允文后。家吴淞之滨，伐薪汲泉，天趣自足。乡人尝设义塾，延讲教。家多藏书，重先世手泽。闻有雍公遗迹，千里外必多方购得之。从祖《伯生遗稿》亦堪编定。洪武初，强荐起，官云南府学教授，卒于任。所著有《鼓枻集》。

张介福，字子祺。先世自覃怀徙吴中，家葑、娄间。家故贫寒，不能具夹襦，或以纻絮遗之，不受。张士诚之乱兵入其家，危坐不为起，命导之他所，不应，以刀斫其面，伤仆地，既醒，复取冠戴之不动。兵怪，以为昼乃见异物，惊走去。又恐，或发其墓，往庐焉。士诚闻，欲罗致之，不可。使其弟往问，语以“无乐乱，无贪天祸，无失人心”等语。病且死，谓其友曰：“吾志慕古，未能万一，惟无污于时，庶几哉！”

吴淳，字伯善，与兄同居，兄疾废，不良于行，卧床十余年。元末兵乱，淳负兄避兵，遇寇，淳拜曰：“吾可杀，兄不可害也。”贼故斫兄，淳以身蔽之，与兄各中数创，死乱尸中。贼退后苏，兄既死，独身遁卑由山，即阳山。以寿终。

宋通，字文杰。家饶于资，好读书，慕古人奇节，仕元为万户侯。壬辰兵起，尽散其家财以卫闾党。时张士诚据平江，一时志节之士多归之，通不屑往。洪武初，以贤良征，复不就，曰：“吾家世有隐德，不愿富贵，但愿吾子孙得为善人，永保诗书之泽足矣！”乃卜居枫江，相地九龙山，与妻偕隐焉。妻沈氏，即万三女，知有家难，不受嫁资，其高朗略如通云。后宗伯吴宽题其像曰：“彦英挺生，肇基于吴。风举鸿冥，自爱吾瑜。翱翔九区，风月五湖。何以裕后？左史右图。志明继之，孝养愉愉。时歌南陔，琴酒欢呼。维彼喆人，实师吾徒。观文定数，言可以想。其高致矣，崇祀乡贤。复置专祠，春秋编祭。”

明

高启，字季迪，号槎轩。少有才略，长于诗。张士诚据吴，其佐饶介之多罗致名下士，重启诗，奉金币延为上客。启谢去，依妇翁隐吴淞江之青丘，号青丘子。洪武初，被召修《元史》，授翰林、国史院编修，复命教授诸功臣子弟，尽职。帝御阙楼，召对，特拜户部侍郎。启自陈年少，不敢当重任。又不闲握算，固辞。诏赉内帑白金放归，需异日用。时魏观以太常卿，出守吴郡，故与启善，为移其家于郡城夏侯里，时以政治咨访。会观改徙郡治于子城，启为作《上梁文》，有“龙蟠虎踞”

语，卫帅劾之，为危言以动上，以子城曾为僭号者所据，而观徙其地，有异志也。命御史张度按其事，度不为辨，上逮治观，连坐启，弃市，年三十九，无嗣。明初，吴下诗人有“北郭十友”，而启与杨基、张适、徐贲称“四杰”，时人匹唐之“王、杨、卢、骆”云。著有《缶鸣集》十二卷。景泰中，徐庸汇为《大全集》。

谢徽，字元懿，甫里人。与高启同应召，同授翰林院编修，同修《元史》，同召对称旨，启擢侍郎，徽擢吏部郎中，不受职，同赐金归里，同启坐法。后徽再起为国子助教，令终。诗有《兰庭集》。弟恭，字元功，有《蕙庭集》。

傅著，字则明。洪武初，诏修《元史》，命左丞相李善长为总裁官，征山林遗逸之士为纂修官。著与高启、谢徽诸人与焉。史成，归为常熟教谕。苏州知府魏观行乡饮酒礼，长洲教谕周敏侍其父南老，著侍其父玉，皆降而北面立，观礼者以为盛事。后历官知府，卒。

宋克，字仲温，居长洲南宫里，自号南宫生。亦居娄门，少任侠，好走马、击剑、究韬略。张士诚欲罗致之，不就，几中以法，以智免。家居，以气节自励。性抗直，人有过，辄面折之，无少容。与人论议，援事析理，期于必胜。同知凤翔府事，有政绩，寻卒。克中岁厌世事，辟一室，置周彝、汉鼎、唐琴、宋砚于其间，尤喜学书碑版，座右罗列。元季，学书者多宗赵承旨子昂，克独不受绳缚，亦书中之豪也。时有宋广，字昌裔，亦善书，时称“二宋书法”。

周敏，字逊学，南老子。少岁以儒士选，与同列者九人，备顾问。太祖问：“小儒生何籍？”曰：“苏州。”“有父母乎？”曰：“臣父母年七十。”太祖出为长洲教谕，俾就家养亲。魏守观之移府治也，忌者蜚语上闻，上使御史张度往觇，度诡为日者主敏斋。适新治落成，僚属率诣府贺，敏独不往。御史问焉，曰：“上命训诸生。贺上官，非吾分也。”后魏守罹罪，诸贺者皆不免，敏得脱，然已迁安都尉，为奸民所讦，械至京。建文帝在东朝，悉其冤，奏白无罪。诏诛奸民，赐敏大官膳，复职，终身以谨慎称。

王宾，初名国宾，字仲光，号光庵。性颖异，博学，尤精于医，与韩公望并以医名。宾不乐仕进，且母老，不忍离。或劝之出。曰：“吾惮为牺也。”久之，晦为清狂，人多厌弃之。姚善守吴郡，奇其人，造访，宾隐门内语曰：“勿惊吾母！”逾垣出。善屏车骑更往，始定交。年七十，先母死，已死复苏，抱母氏呼娘娘者数，然后绝。其笃孝如此。公望，名奕，一目眚，自号蒙斋。著诗自娱，兼以医利人，然不肯入贵人室。太守姚善既晤宾，复走访之，弈不见，再至，避之楞伽山，善随至，已泛舟入太湖。善太息曰：“所谓名可得闻、身不可得见者，于韩先生遇之。”

赵文，字宗文，甫里人。洪武间，以人材举。母老，归养。永乐五年，翰林典籍梁时荐其有理民才，授知番易县，尝言：“牧民如牧牛，顺其性，时其劳逸，自不纷糺也。”忤权贵人，谪静海，后赦归，优游江湖以终。所著有《慎独斋集》，题金山寺诗颔联云“淮海西来三百里，大江中涌一孤峰”。杨文贞士奇叹为绝唱，渡江访之。同时有周谷宾，名兴，亦甫里人，与宗文并以诗名。永乐初，以少师姚广孝荐，召试称旨，授官博士，坚辞不获，自残一足，得乞归，号跛樵。

刘敏，字孟功，以礼子。学行纯笃，事父至孝，凡可以悦亲者，为之惟恐不及。亲殁久，言及辄泪下。仲弟敬，婴疾，药饵必手治，弗假仆从。士有寒而来归者，周之不厌。有司闻其贤，荐授德清令，锄强植善，民甚怀之。后以善书征入翰林，擢中书舍人。朝士多推重之。修撰张洪尝为文赠之曰：“南北宦游来京者，所称许必曰孟功，有不知孟功者，盖非贤也。”其重之如此。

刘政，字仲理。以礼子，敏弟。以礼以明经荐授沛县教谕，训士有法，能得士心，治家以孝弟闻。政生有至性，博学好问，其行义尤厉。建文元年，学士方孝孺主南畿试，以“托孤寄命”为题，得政卷，叹曰：“此鸟中孤凤，当虚左待也。”遂置第一。政感孝孺知，益读书，思所以自奋。凡制度、礼乐、兵刑、河渠诸大务，靡不究心。会靖难师起，闻其师孝孺以不草诏被刑，愤极恸哭，不食死。政后多名臣耳，孙曙另有传。

赵友同，字彦如。先世金华人，徙居长洲。少从宋潜溪濂游。洪武末，任华亭训导，岁满，当迁，姚广孝言其世良于医，授太医院御医。又诏从夏原吉治水，原吉重其文学，荐于朝。诏修《永乐大典》暨《四书性理大全》。书成，当迁翰林，以母丧归。殁于家。孙同鲁，有文名。

夏时，字建中。性至孝，治《春秋》，通医学，受业友同父仁，尽得其传。永乐间，以经明行修举于乡，任苏州府学训导。

滕权，字用衡，后更名用亨，尚书德懋从子。少从德懋游学四方，广闻见，为文有法度，尤精六书之学。永乐三年，被荐，年已老矣，召试“祯符三诗”并书“麟凤龟龙”四大字，称旨，授翰林待诏，与友同并修《永乐大典》。

王汝玉，名璲，以字行。洪武末，以荐摄应天教授，擢翰林五经博士。永乐初，进检讨，再进赞善。仁宗在东宫时，与解学士缙等应教，撰《神龟赋》居第一，特深眷注。后缙以议建储触汉王高煦怒，媒蘖至死，因缙牵连，汝玉同下狱。汝玉缘此论死。仁宗立，赠太子宾客，谥文靖。兄汝器，名琏，洪武壬子会试，授编修，肄业文华堂，命宋濂为师，琏在选中。弟汝嘉，名琎。永乐中，诏修《五经四书性理大全》，授翰林、五经博士，进侍读。仁宗初，开弘文阁，琎日直其中，礼遇初终不衰。琏与琎皆有文誉，琎尤以理学显。

徐谦，字允高，宋徐奭十二世孙。登乡荐，任中书舍人，升光禄寺寺丞。建文中，丁母艰，服阕，将赴都，适勤王诏下，谦即募勇士数千，又与苏、镇、常、嘉、松知府姚善等，期为后援，遂先赴仪镇，与燕兵大战，胜之。既而燕兵四集，五郡援兵不继，战死，年五十五。

高庸，字季常，甫里人，季迪从子。永乐四年进士，尽子道，一出入必禀命于父。父命课耕，执犁鉏立陇畔，竟日杂佣保中，时已成进士也。授莆田县，视政或小有失平，父击版厅事后，庸入即趋跪受训，故境无冤狱。丁内艰归，改令余姚，卒于官。

陈祚，字永锡，永乐九年进士，选庶吉士，御笔授河南右参议，言事，谪太和山佃户，与妻王躬耕馌饷十年，处之晏然。宣德初，召为御史。按江西时，帝留意狗马声色，祚驰疏劝勤圣学，大略谓：帝王之学在于明理，明理在于读书，宋儒真德秀《大学衍义》，凡圣贤格言，靡不具载，欲致太平，舍是书不可，愿于听朝之暇，命儒臣进讲，非有大故，不宜间歇，必能开广聪明，增益德业，而邪佞之以奇巧荡上心者，自见疏远矣。上览疏，震怒曰："竖儒谓吾未读《大学》耶？"逮至京，籍其家，连父母、妻子禁系五年，其父竟瘐死。英宗立，复祚官。祚再按湖广，益持风节。辽王贵烚淫酷，祚与巡按吴政劾之。上怒，俱械至京，论死。未几，言俱验，得释，改南院御史，言事如故。寻迁福建按察佥事，民惧其威，不敢犯。神祠不载祀典者，悉撤去之，以其材修学宫与官舍。久之，引疾致仕。前此，父母死，稿葬。归，始改葬成礼。吴中庐舍已籍没有司，至是葺屋葑门郊外，居四年，卒。吴人称为"冷铁御史"。

孔友谅，字信伯，圣裔也。先世流寓于吴，遂为长洲人。永乐十六年进士，授庶吉士，出知双流县。宣德八年，命吏部择外官有文学者，试之，得友谅及胡桢等七人，令办事六科。二年，并官给事中，友谅得刑科，方授官，卒。宣宗初，尝上言于朝：一曰科举所以求贤，必文行相称，请于科举之岁，详核诸生，有行优者，乃许入试，庶国家得真才之用；一曰禄以养廉，禄入过薄，则生事不给，贪者巧取，廉者终穷，请量增官俸，俾俯仰有资；一曰古者赋役量土地、验丁口以输将，不应于常赋外复有和买、采办等事扰累，则国赋有常，民用不困。余多切于时务当时，颇见嘉纳，时论韪之。子镛，为名臣，别有传。

仰瞻，字宗泰。永乐九年举于乡，官虎贲卫经历，迁大理丞。正统间，奄人王振用事，百官相见，俱鞠跽为礼。大理卿薛瑄、少卿顾惟敬及瞻独不屈。某指挥死，振从子山欲娶其妾，妻不许，妾诬妻以药毒夫，煅炼成狱。瑄率少卿以下争之，瞻辨益力。振怒，欲杀瑄，瞻又与辨。蔚州卫兵沈荣冤狱，益忤振，遂谪瞻戍大同。景泰初，刑部尚书俞士悦、都御史陈镒辨其冤，复原官。瞻持法愈坚，与内阁王文论饥民事不合，引年归，加少卿致仕。瞻少岁师事郡学训导夏时，后经其门，必下车趋过，暮夜亦然。人服其长者。所居仰家庄，在葑、娄二门之郊。

顾巽，字顺中，葑溪里人。少好学，读书励行。乡儒周传精于《易》，师事之，尽得其所授。为文敷腴条畅，华实兼得，从受《易》著籍者数百人，而贺廉、孔友谅、顾恂辈皆取高第，魁其经。巽中永乐甲辰进士，未授官卒。时明鼎初定，制科文义承宋元余习，《易》学榛芜，诸家杂出。巽理取程、朱而酌于汉、唐注疏，不为诡奇之论。吴中《易》学实始于巽，说者谓不愧汉杨何云。子瞻、孙余庆，俱第进士。

盛寅，字启东，居长洲之平江路。从王宾学医，精其术。永乐中，治内侍蛊症有奇效，名闻于上，授御医。尝扈从北征，东宫妃张氏十月经不通，众医以为有身也，而胀愈甚一日。上谓曰："东宫妃有病。"往视之，疏方皆破血剂。东宫怒曰："早晚当诞皇孙，此方何也？"不用，数日，病益急，乃复召诊之，曰："后三日臣不敢用药矣。"仍疏前方，乃锁之禁中。既三日，妃服药，下血数斗，疾乃平，知为神医也。宣宗即位，殊见敬礼。卒年六十有七，所著有《流光集》。

练纲，字从道，尹山人。中宣德十年乡试，以《春秋》著名，卒业太学。郕王监国，上《中兴八策》。既也先犯京城，纲极言和议不可就、南迁不可从，宜倚重于谦、石亨分任战守，择亲王忠孝者同守臣勤王，檄陕西守将入卫。王从之，拜监察御史。景泰改元，巡两淮鹾政，驸马都尉赵辉牟利，纠之复纠。尚书何文渊、侍郎项文耀，典选不公，而荐尚书王直、侍郎俞山为可用，帝嘉其直。时御史左鼎善章奏，纲善弹劾，京师谚曰："左鼎手，练纲口。"公卿以下咸惮之。后按福建，与按察使杨珏互讦，俱下吏。珏谪知黄州，纲判邠州。未几，谪经历，卒。祖名则成，洪武中官南道御史，尝劾大臣不法，人多侧目。后贬官，中毒卒。纲不愧祖风，而以言被祸，后先一辙。

施悌，字天禄，郭巷人。少岁补郡学生，领乡荐，屡试礼部不第。就选得湖广永州同知，会守缺人，署府事，清惠相济。尝勘事郴州，道遇傜贼，问姓名，从役欲更名应之，悌曰："政欲贼知我名，何更也？"贼曰："吾闻施公善抚民，吾忍犯耶？"解散去。任满，擢宗人府经历。久之，出守姚安。姚安远在滇南，夷獠相杂，剽捍易动。悌一以礼法、恩信示之，凡二载，烝烝向风。乞致仕归，已治装矣，疾作，遽卒。同知高凤，土官也，哭之甚哀。獠民有乞衣冠葬者，柩归葬尹山之阳。

顾瞻，字敬顾，一字德明。中正统丙辰进士，授翰林庶吉士，调行人，台臣荐为御史，出治山东盐荚，值岁大祲，设法赈之，活者无算。常议狱赎锾以佐荒政，时太保王文为御史大夫，数称其才，期满，当代，民泣留，从之。已而按察七闽，闽大治。又为赣州守，赣近岭南，多洞穴，穴中氓顽犷，民苦剽掠。瞻用兵捣其穴，平之。诏赐金绮。瞻长于为理，人不能欺。后王文成抚赣，多设城堡，控制洞蛮，民赖以安。赣人祀文成，因并祀瞻，以报厥绩云。

刘珏，字廷美，号完庵。少警敏。太守况钟闻其才，推择为吏，谢弗愿，愿就博士学，守许之，遂举正统戊午乡试，以材荐授刑部主事，历官山西按察佥事。年甫艾，即致政归。闭门却扫，图史间列，作诗挥洒性灵，尤长于七言，而画笔出入吴兴、黄鹤间。长缄巨幅，经营林壑，称神品焉。

陈继，字嗣初，汝贤子。生十月，父死，母吴矢节立孤。继通经学，人呼"陈五经"，以古文名。奉母孝，仁宗初，有司上其事，命御史廉之，继方出汲，母立门外，继提瓮伛偻甚恭。既汲，母予以壶浆，拜而饮。上闻，重其行。时初开弘文馆，用杨士奇荐，召授五经博士，领阁事。与学士杨溥、侍讲王琎时备顾问。宣宗初，预修两朝《实录》，进检讨。逾年，引疾致仕归。子宽、完，皆有文名。继，吴县人，今祠堂在县桥巷东，隶元和。

刘铉，字宗器，号假庵。少孤，事母尽孝。尝割股以疗母疾。永乐中，举顺天乡试，授中书舍人。宣德时，预修两朝《实录》，迁兵部主事，仍供事内廷。再修《宣宗实录》，进侍讲。正统末，教习庶吉士。景泰中，进侍讲学士，直经筵。旋以高谷荐，迁国子祭酒，遭母丧，旨夺情，不奉诏。服除，复旧职。时陈询已为祭酒，帝重铉，命与询并任，盖异数也。天顺初，擢少詹事。逾年，卒于位。铉性敦厚，言行不苟。其卒也，帝临朝悼叹曰："安得学行并优如斯人者耶？"成化初，谥文恭。著有《假庵稿》。

王敏，字时勉，宾从孙，宣德时人。治病多奇中，总戎某尝宴客，伶人为女子妆侑酒，时无疾，敏谓帅曰："伶明年当死。"帅诘之，曰："颊赭，面青色，形羸，气微促，肺经受病。肺，金也。火能克金，火令司天，其殆矣。"明年六月，欧血死。一千户，年二十，患病，体热频咳，昏愦作谵语，众以伤寒治。敏曰："此痘也。"与升均汤而痘出。一人疽发背，不起疡，医言疮起可治。敏曰："脉击指起，亦不治。"三日，果死。其神效类此。时同邑钱瑛，字良玉，晋府良医正宗道子。宣宗时，入太医院。宁阳侯孙生九月，惊悸、数啼、多汗，百方不治。瑛命坐儿于地，使掬水为戏，啼顿止。人问故，曰："时当春暮，儿丰衣帷处，不脱保母怀抱，郁热难泄，近水则火邪杀，得土气则藏气平，儿无事矣。"不药愈。同时又有张颐，以瞽人治病，能豫刻年月，决人生死，并有名吴中。

韩雍，字永熙。弱冠，中正统七年进士，授监察御史，出巡河道，旋巡按江西，纠弹墨吏，众不寒而栗。英宗北狩，西南寇盗充斥，邓茂七乘衅反。巡按福建御史汪澄牒邻境会讨，俄以贼议降止兵。雍曰："贼果降，止兵未晚也。不然，吾有备无患。"趋进兵，贼复畔，人以是服雍之能。擢都御史，时石亨伏诛，锦衣指挥刘敬坐饭亨于直房，朋党论死。雍抗言："朋党者，谓阿比浊乱朝政也，以一饭当之，何以处朝夕趋其门者？"敬得不坐。已复巡抚宣府、大同，晋兵部侍郎。英宗崩，左迁浙江参政。宪宗初，两广蛮寇大起，所在残破。拜都督赵辅为将军，发湖、湘、闽、粤兵十五万讨之。兵部尚书王竑言："韩雍才气无双，欲灭贼，非雍不可。"遂拜雍左佥都御史。雍驰至南京，与诸将议进取。时朝议谓："贼在广东者宜驱，在广西者宜困，期一二年扑灭。"诏录示诸将。众请分兵，雍曰："大藤峡为贼薮，本也，诸军不先穷其本，乃分趋其末。分兵势弱，趋末难尽。我全师并力，先取修仁、荔浦以孤贼势，乘胜取大藤峡，直倾贼巢。根本既倾，余迎刃解矣。"众从之。遂督大军，倍道进击，所过披靡，划修仁，下荔浦，诸洞尽克，将次至大藤峡，众议："峡乃天险，不易攻，不如以大军围之，俟其自毙。"雍曰：兵贵神速，峡周围五百里，纵甲兵数万，岂能断其出入？吾决计急攻，有言不进兵者，军法从事。令总兵官欧信等为五哨，攻其北；己与转等为八哨，攻其南；参将孙震等二军，从水路入，而别遣裨将守峡口，贼于山南立排栅甚固，滚木、礌石、标枪、药弩如雨下。峡直上百余丈如剑立，虽阶梯不能上。雍身披重铠，帅敢死士，用团牌、扒山虎等器，冒险进，三军大呼，缘木攀藤而登。先是，潜遣壮士从间道绕出其后，至是发炮击贼，轰声震天，而欧信兵亦从北上，贼不能支，遂大败。先后破三十余寨，生擒贼魁侯大狗及党与七百八十余人，夺回被掳男妇二万余人，斩首及坠崖下死者无算。贼平，峡有藤，如蛟龙横亘两崖间，群蛮蚁度，名大藤峡。雍斧断之，改名断藤峡，勒崖石纪功而还。进雍右副都御史，提督两广军务。雍遇事机警，威严若神。方进兵大藤峡时，有儒生、里老数十百人，跪道左，愿为向道。雍叱曰：“贼敢给我，令缚而斩之。”左右错愕，何乃杀良民？既缚，袖露利刃，乃知间也，悉断手足，刳肠胃，挂箐棘间。贼惊为天神。时中贵人黄沁谓雍滥刑杀降，擅作威福，竟敕令致仕。归五年，卒，年五十七。正德中，谥襄毅。

陈鉴，字缉熙，中正统十四年进士，殿试第二人，授官编修。景泰中，充讲官，进修撰。天顺初，奉使朝鲜，迁侍读，预修《统志》。修《英宗实录》成，进侍读学士，升祭酒。初，国子月给钱，为会馔费。然多不时给，则贮为公费。会前祭酒邢让与众有隙，言者谓：“让以公钱入己。”事并及鉴，廷问时，让争辨不已，鉴默不一言。人问其故，鉴曰：“吾为祭酒，对刀笔吏掉舌，非自亵，亵国体也。”与让俱除名，未几，卒。鉴父润，以罪戍盖州。鉴请于朝，迎父榇归葬，并迎母归。后居母忧，方修《实录》，有诏起鉴，两上疏恳终制，允之。人重其行。故居在县东，后为黄鲁曾兄弟宅。

刘溥，字原博。八岁，赋《御沟》诗，人称奇童。长，侍祖父游京师。宣德中，授惠民局副使。溥精天官、占验、律历之学。正统十二年，京师牛妖足五，一足生于领，蹄反向上。溥占云：“足五，余气也。高于领，小人在上也。反向，外寇骄中国也。”越二年，帝自将北征，溥从群臣后送驾，见日晕中黑外赤，心愈忧，乃赋《送驾》诗见志。俄有土木之变，言者交荐于朝，不报。卒授太医院吏目，非其志也。溥长于诗，与晏铎诸人称“十才子”。有《草窗诗稿》。

钦谦，居宝光寺侧，官太医院判。宣宗数召见，索秘方，三问，以不知对。最后谦伏地曰：“臣以医受禄，职在保护圣躬。陛下承祖宗洪业，宜兢兢自爱，若此等方药，先贤不传，臣死不敢承旨。”宣宗愧怒，命武士以旃裹头付诏狱，囚窟室中，久之，上悔悟，释出，复其官。正统末，随驾出关，殉土木之难。

邹亮，字克明。少跅弛，周文襄忱训诫之，乃折节读书。郡守况钟莅吴，嘉亮才，荐擢吏部司务，迁监察御史，称职。亮能诗，时政有阙失，尝作《新乐府》数十章上于朝，颇见采纳，人谓之诗谏。弟顺，字克和，宣德乙卯举人，仕辰州知府，亦能诗。

盛昶，字允高。景泰辛未进士，授监察御史，清理山东马政，称职。出按广东，泷水贼颇炽，昶单骑入贼垒，谕降之，使还，劾巡抚揭稽不法，又劾镇守两广王翱失当轴意。会内苑翠被饰艅艎，张水嬉。疏谏上，怒命予杖，谪古田典史。天顺改元，迁罗江令。邑寇胡元昂乱，缉平之。流寇赵铎聚徒数万，所至屠戮。巡抚陈惟事招抚，贼益猖獗。昶上章直陈事势，即自剿捕杀贼，贼大败。川蜀赖以安全，特升叙州府。又值戎人洪�高土猪叛,朝廷命内外大臣统兵讨之。昶在陈后,见前军却,突出冲击,流矢贯两耳,血流肩背,益力战,斩获百级,创甚,昏绝,得救苏。使者列上功,未报。以病废致仕。朝廷遣使赍玺书、金币、宝钞赐于家。卒,赐葬阳抱山,敕建专祠娄门外。

孔镛,字韶文,孔圣里人。景泰甲戌进士,知江西都昌县,改广东连山,两地有异政,擢高州知府。时高新被寇,镛身犯锋镝,斩贼魁,降其余党。离府城三十里有茅洞,洞袤数十里,广屯贼兵,推邓公长为渠,时出攻杀。镛视城中兵羸弱,难以力胜,乃身往招之。贼见一骑来,露千刃,夹道相向。镛徐徐至其营,下马中坐,曰:“尔杀我甚易,顾我来生尔者,尔辈皆良民,官府不善抚御,至于此,能反逆归顺,即我子弟。”贼曰:“尔何人?”曰:“我孔太守也。”贼曰:“圣人儿孙耶?”曰:“然。”贼皆罗拜。镛与极论祸福利害,极言背逆无令终者,且遍历贼营,谕以大义。晚索食饱餐。夜,高卧贼帐中,四鼓,命贼导归。众谓太守已死,方议设兵戒备。及归,大惊。明日,降者万余人,数日,贼皆解散。镇臣上其功,升广东按察副使,历广西按察使。平荔浦贼,迁左布政使。甫上事,擢右副都御史,巡抚贵州。贵州苗尤犷猾,名阿剌者善策算,而其子名溪,有勇力,可敌千夫。父子雄长溪峒间,时杀伤官兵。二十年,人莫敢制。镛先擒其党,降之,授以计,率壮士掩袭,擒二人至,不劳大军,平定剧贼,功在旦夕,镛之谋也。镛讨荔浦贼时,高树旗帜,大书姓名。贼望见,曰:“孔公,天神也。”俱窜走,故一战平之。入为工部右侍郎,舟至富阳,暴卒,年六十三。

尤淳,字公厚,安礼孙,居临顿里。景泰四年为乡贡士,知铅山县,调永年。前县有冤狱,连坐二十余人。淳至,俱得平反。净慈寺院,岁有一僧焚身,举国男女奔走,金钱辇集。淳心动,率伍伯往觇,有僧坐积薪上,手足缠缚,眉额攒蹙。命下之,僧不能言,饮以药,少顷,泣曰:“身系远客,道人挟我来共饮,大醉,醒时身在薪上,口瘖无从叫呼,亦不知何由薙发也。”淳鞫得其奸状,诸僧伏法。燔其寺,愚民如梦觉。后以峻直去官。子樾,字宗阳,正德四年中礼部试,累官太仆寺卿,有纯行。

杜庠,字公序,中景泰五年进士,知攸县,即罢归,以诗酒自豪。在都下,会饮于陆孟昭馆中,海内诗人毕集。云间张汝弼揖曰:“此过赤壁,题惊人句杜先生也。”持酒前为寿。长安中,呼为“杜赤壁”。落句云:“千年忠义出师表,万古江山八阵图。”一时传写艺苑。

沈钟，字仲律，泓之孙，世居甫里，后徙金陵。中天顺四年进士，授验封主事，升提学佥事，进副使，提学湖广、山东，与章懋、罗伦诸人称十君子。乞休归时，弟铠仍居长洲，钟往来其间。每当省墓，集故乡亲友，宴饮无虚日，以俸入给期功之贫者，年八十余卒。生平喜为诗，有中唐风趣。铠，字幼威，成化八年进士，仕至工部主事，亦工诗，未第时，与诸兄弟读书于高楼，面临荒江，弃谢人事，不下楼者五年，卒成令名。

文洪，字公大，庐陵籍，先世迁于长洲。通经学，弟子经指授者，每得高科。洪屡试辄北。成化元年，始中乡试。越三年，子林亦举于乡。岁壬辰，与林同应春官试，林成进士而洪得副榜，选涞水教谕，以病辞归，卒。林，字宗儒，初知温之永嘉，后改博平，升南京太仆寺丞，告归数年，起知温州府，以廉平称。未几，卒于官，至无钱具棺椁，郡人哀之。居乡与李太仆应祯、杨仪部循吉、沈处士周善，而徐迪功祯卿、唐解元寅，以后辈推奖之。洪次子森，字宗严，成化末年进士，令庆云，岁旱，有蝗灾，捕得，命瘗藏之。或问故，曰："野无青草，异时何以自明？"既朝廷遣使验，民赖是免赋，而他郡多坐累。改郓城县，以气折德王。入为浙江道御史，乞归，再入为河南道，升南太仆少卿，旋升右佥都御史，乞休归，五年卒。森与林弟兄、师友。林子徵明，受业于森。森子斗，受业于徵明，而皆本于洪之家学。洪尝求葬地，术者指一旧冢曰："得此必贵。"其家愿迁以售，洪斥不用，予以金，俾封植之。人叹为盛德，后子孙代为名臣。

胡琮，字文德。成化二年举进士，令江陵。时辽王不检，纵其下椎埋劫夺，琮绳以法。王托馈食名，遗以金钱，琮峻却。王知不可，劫持相戒敛戢，终琮之任，不敢横。考最，入为监察御史，以言事黜麻城令，稍迁常德同知。常守某深信琮，非琮莫与计事。有大珰自滇还，过郡，索贿赂，挞辱官吏。琮引伍伯出，声言欲检其橐装，珰惧，急引去。他日，有诏括金诸郡，檄牒交下，琮赞守持，不即行，僚属恐缓行诏书得罪。琮曰："常德本不产金，况遭歉岁，可额外征乎？即罪，罪主议者，不以累诸君也。"已而，诏罢不征。他郡先奉行者，皆惭愧。丁母忧，起为处州同知，时州缺太守，政俱自琮出。州民掘地得矿，中官欲奏籍于官，争之不得，即上疏抗言。朝廷从之，民皆德琮，欲叩阍请为太守。而琮已无宦情矣。会考满，赴吏部，乞致仕，后增秩山西参议，年七十九卒，无子。

吴宽，字原博，吴之干将西里人。父孟融，以孝行著。融父寿宗疾，往西山汲涧煮药，日三十里，无间。宽性温雅和厚，弱冠，负重名，举成化壬辰进士第一人，授修撰，入史馆，侍东宫，进位宗伯。宽既居审谕德教之任，又为朝廷礼官，深惧辅导不力，为近习所移。尝侃侃正言，多所补益。帝甚嘉之。孝庙时，周太后崩，议升祔礼，未有定。宽引《鲁颂》姜嫄閟宫，《春秋》考仲子宫，皆别庙，汉唐皆然，至宋始有并祔如嫡者，此非礼之甚，不足为天朝法。帝从之，为别祀奉慈殿，不得与奉先匹。又议："元吴澄祀于学，云《礼》所谓有事于先圣先师，凡有功经学者称师，别于先圣，不责其全也。若汉马、郑诸儒，皆得称师，澄何可废耶？"宽之学，无不考，而经义尤深，官尚书时，为其父治圃东城，有亭台、竹石之胜，所谓东庄是也。致仕后，徜徉其间，讲求法书、名画，士大夫有以文辞请者，不少吝。故宽之文独多于诗，所刻文曰《家藏集》。卒，谥文定。

顾余庆，字崇善，甲辰进士巽之孙、丙辰进士睢之子，中成化壬辰进士，授工部主事。孝宗朝，吴中大水，廷议择京官明习水利者疏治，余庆以吴人佐冬官，而又长于水利，用是奉诏治水经年，蓄泄有方，克副厥职。朝廷称其能当大用。而余庆已澹于仕进，里居筑三辰堂，太保岳蒙泉为书额，而王济之、吴匏庵、徐仲山、张东海及皇甫兄弟皆为赋诗。落成，匏庵又为之记，以三世俱发祥于辰，以为异云。

徐源，字仲山，居瓜泾港。成化十一年举进士，授工部主事，改兵部。时山东徂徕等处水溢，源承命相度泉脉，修治之。而天下武功爵，几渝数万，坐耗不资，为之按籍核实，滥冒一清。天子知源才，出为广东参政。值云桂猺叛，源深入瘴疠，督师济饷，寇赖以平。弘治十四年，升都察院右副都御史，巡抚山东。时岁方大祲，道殣相望。源忧心如捣，与敕使侍郎何鉴分行赈济，割临清仓米八万余石补漕额，至明年，将征偿，又为民陈疾苦状，诏悉蠲之。齐鲁之间，民得以苏。会阙里文庙灾，源疏请修复。落成，上命阁臣李东阳与源释奠，蒙白金、文绮之赐，学者荣之。源在部曹时，逆瑾擅政，权贵请嘱，诸曹郎奉命唯谨，而源阴籍其姓名，将入告，权贵为之敛手。及在东抚，泾王就封于沂，以水涸，将陆行之。国大为骚动，源檄所司，亟发卒浚淤，顺流而东，民卒无扰。少时母病目眚，源朝夕餂之，不少倦，隔岁而目明。所著诗文朴茂渊雅，有《瓜泾诗文集》。孙祯，官参政。

陈璚，字玉汝，号成斋。举成化戊戌进士，授兵科给事中，历刑科给事中，擢大理少卿，进南京左佥都御史，又进左副都御史，兼督操江诸军。乞休，卒于家。璚未第时，同吴文定公宽为古歌诗杂文，不屑程式，久困场屋，人咎之，璚不改。会试，所射策以能悉僻事，史馆交重其名。璚曰："此吴先生教我也。"遂师事之。生平所居官，俱佐台事。与法司争论妖僧狱，继论中官及宁阳侯陈辅诸不法事，皆刚正有节概，而自恨不获以文史显。悒悒不乐，为未竟抱负云。所居在大姚村。

蒋廷贵，字原用，世居吴淞江之滨。廷贵为诸生，通《易》理。成化七年举南畿，又七年成进士，授永平乐亭知县。方视事，岁适大饥，民剥树皮以食。廷贵曰："我虽位卑，然救民我责也。"亟具疏奏免什六七，民恃以不转徙。师出建州，道经永平，廷贵承部牒，总山海诸关驿，凡车马刍食，于师无缺，于民不扰。乐亭地故僻，前令治率苟且。廷贵举废治阙，越二年而境内大治。县治后故有门吏出入，通馈谒无忌。廷贵塞之。会病作，不便者撼以阴阳吉凶之说，曰："人孰无死？即死，命也，门何预焉？"治事益力，病大作，又撼之，终不动，乃殁。郡守以下，皆哭之。殁后一月，生遗腹男，名焘，字仰仁，母徐为武功伯天全翁女。焘四岁，母口授小学，即成诵。八岁，达四子书、诸经。十一，属文能作惊人语。补弟子员，郡庠试南都，自方岳重臣及部使者皆器重，比之江夏黄童。性孝谨，受母教，恭肃如严师。年十七，得疾死。良吏竟无后。

周诏，字希正。少随父泰令海外乐会。父卒，有欲留娶之者，诏曰："父死之谓何而又因以为夷乎？"遂匍匐万里，归其丧。长益自励。成化庚子，举于乡，为兴国纪善。时典则未备，乃本祖训为书数千言以规佐之。及睿宗登遐，寄以后命，因朝夕纳诲，世宗尤见亲信。及入继嗣，历念藩邸旧学，擢詹事侍读。大礼议兴，诸臣不能将顺，屡有诤论，上为赫怒，多见斥辱。诏转移密勿，常谓："陛下制礼尊亲，群臣未达，然不敢阿附，固其忠谅。今若亟罪彼，怀二三者将何以罪之？"因免冠请老，上为动心。寻进太常少宗伯，卒。

沈林，字材美，世为官浦人。中成化辛丑进士，初任晋州，民间利害，次第罢行。州人尸祝之云："小沈公，吾父母也。"时年未三十，故云。入司刑曹，出知广西顺庆府，锄顽犷，除淫祀，建城郭，兴学校，大吏以材能荐，升云南参政。时讹传安南举兵，将内向，远近恇攘。大臣谋治兵应之，将上闻。林曰："我无衅，何得内侵？应彼地自相贼杀耳！"即驰至，侦之，果然。众服其静镇。升山西布政，入觐时，太监刘瑾盗政，奴视内外官。林不为礼，因落职。瑾败，起广西布政，旋升贵州巡抚。贵当湖、蜀接壤，猺獞杂居，铜仁乌罗诸苗时出杀敚，前抚臣以化外不究，久之，叫呶讙哗，次及内地。林谓："丑类不揃刈，民何以安？"帅将士深入，截其粮道，俟贼困，纵击，继以火枪、飞炮，歼灭殆尽，缚龙通保等，俘获牛羊、器械无算。陈家孟溪等九十余寨，以次降顺。闲田牛种，按地给与，悉为良民。丁父艰归，服阕，诏起山东巡抚，中途病剧，乞致政归。后四年卒，年六十九。孙名大谟，恩荫浔州太守，亦有政声。

沈勋，字有虔，号爱筠，葑溪人。成化十七年恩贡，仕国子助教。端重有师法，时祭酒陈骥以诗教训，士勋谓："词华取人，恐长浮竞，宜以笃行实学为主。"骥然其说。肄业六堂者，一时丕变。商文毅公辂器重之。任二年，遭父忧归，服除，不起。文毅公题《竹泉春雨》诗以赠，高其志也。居乡，深自抑损，子弟有荡佚者，召之至，与讲古人孝弟、廉洁事，以化导之。遇岁歉，斗米三百钱，道殣相望，毁家纾之，家渐落，不悔。后泛舟吴江之简村，被盗，盗曰："尔非沈助教乎？"曰："然。"盗皆俯首拜曰："是尝活百里外人，吾等何忍劫夺？"悉还所有焉。子济，有古文名。

邢量，字用理，号蠢斋，隐居葑郊，终身不娶，居三楹，青苔黄叶，折铛败席，萧然乐也。嗜古如饮食，卧榻之外，唯堆积书卷。或叩以疑义，如贯珠引绳。少宰吴文定公访之，值处士方执爨，无童子应门。少宰假邻家木榻坐门外，俟其终食乃进。佥事陈公永锡致政归，峻厉不与世接，惟挟册就处士质疑，处士经岁不一往。郡守某闻其名，令以诗见。处士曰："古有采诗，无献诗，吾岂以为羔雁哉！"卒不见。有遗稿若干卷。门人朱存理序而传之后。从孙丽文，名参，性孤孑，早岁丧妻，不再娶。客至，无人具茗碗。断薪火，以冷食自给。遇大雨雪，客往视之，屋三角已渗漏，参把书一册，坐一角不渗处，见客，哦所得佳句，铿锵发金石声，其高隐亦相埒云。

戴冠，字章甫，嗜古学，屡试被绌，循年资贡礼部，授绍兴府训导，以其学教授诸生，称职。参议韩某访水利得失，冠条析今古利弊及兴筑事宜，韩如其言行之，民甚便。未几，为怨家所诬，遂罢归。先是，三原王公恕抚吴，重冠名，召见，每共谈政治。及冠谒选，三原为大冢宰，讶曰："尔尚举子耶？"因问当今切务，冠条数事，大要以用贤为国家最急，又劝三原不弃迩言，不恃己见，勿以尝挫折违素志，言论侃侃，多所讽劝。三原改容纳之，退谓左右："吾于邹汝愚外，目中惟见此人也。"罢官后，益究心身心之学。正德七年卒，年七十一。所著有《濯缨集》。

朱存理，字性甫，世居采葑溪。幼从学里师，知其业卑浅，难进于古，乃从杜琼先生游。自少至老，未尝废学。闻人有奇书，必借，借必手自缮写。自群经诸史，下逮山经地志，无不观览。所纂集有《经子钩玄》《吴郡献征录》《铁网珊瑚》等书，诗有《野航集》。同时有朱尧民凯，亦不乐荣利，能识前人理言遗事，亦性喜购书，减衣削食以遂嗜好，恬如也。时称"两朱先生"。正德七年，存理死后一年，凯亦死。文待诏徵明志存理墓及凯，谓："两先生殁，吴中故实往往无所于考焉。"

王观，字惟颙，宾曾孙，有隐人风。治疾，审天时地气、五行生克，不胶故方。遇病者家贫苦，以己资赈之，人服其道术之良，江南北推为上医。

张世华，字君美，颐子。尝入太医院，从征西南，军士饥渴，寒暖不节，多道病。投以药，辄全活。吴中大疫，世华携药囊于通衢，随请而应。有酬以金者，笑而谢之。

陆完，字全卿，甫里人。为诸生时，中官王敬至苏，以事廷曳诸生，诸生奋击之。完实未与，恶完者中之，敬首列完名上闻。巡抚王恕疏敬罪，上逮敬还，完得免。举成化末年进士，谒选，恕方为冢宰，曰："是尝击阉人者，当为御史。"已果有声台中。武宗时，累迁至兵部侍郎。时大盗刘六、刘七、杨虎、齐彦明等聚众数万，惠安伯张伟、都御史马中锡讨之无功，完身请往，进右都御史，假节钺用军兴法，得诛二千石以下。完率副总兵、游击等败杨虎于霸州，虎死，余贼扰山东，完击破之。复突霸州，京师戒严。朝命都御史彭泽、咸宁伯仇钺与完三道进兵，贼败，刘六中流矢死，余党奔邳州，又抵镇江。完会军进讨，贼抵通州，遭大风，弃舟走狼山。完夜导兵登山蹙之，旗麾所指，三军奋击。彦明、刘七先后中矢，赴水死，余贼平。还朝，进兵部尚书，加太子太保，改吏部尚书，加少保。完以书生仗钺立功阃外，遂长中台，领百官。吴中以战伐著者，韩襄毅雍外，莫之或先也。前此，在按察时，为宁王宸濠所器重。及为兵部，王陈旧好，欲复护卫并屯田。完答书令以祖制为词，如其言请，上许之。后宸濠反，株累，并逮系完，论死。世宗立，以平贼功，在八议之列，戍福建靖海卫。初，完尝梦至一山曰大武，及至靖海，有山如其名，叹曰："数已前定，何必逃耶？"遂卒于戍所，年七十。

卷二十三

人物

吴一鹏，字南夫，虎丘山塘人。弘治六年成进士，改官庶吉士，授编修，进侍讲。中贵刘瑾怒不进谒，会编缵《孝宗实录》成，以谙练政务为名，出为南京刑部郎，移礼部郎。瑾伏诛，仍为侍讲，历官至南吏部尚书，致仕归，卒年八十三，谥文端。先是，一鹏居翰林二十年不迁，而以史成得南曹郎、尚书侍郎资，有在后者不自安，一鹏抱案自若，无几微见词色。生平不求速荣，不择美职，譬之大河不匮不盈。易名文端，有以哉！子子孝，字纯叔，嘉靖八年进士，官至湖广参议，以文章显。常病《宋史》冗杂，欲加删润，未就而卒。

皇甫录，字世庸。其先自安定迁吴之长洲。登弘治丙辰进士，为礼部郎。明习国家典故，一时秩宗倚以为重。出守顺庆，山寇窃发，郡皆按甲不敢出，而录独率吏士力疾穷讨，既平，使者上其功，而录已报罢归。著书以为乐，录文章尔雅，萃于一门。子冲、涍、汸、濂，皆传其学。吴中称“四皇甫”。

顾兰，字荣甫，临顿里人。尝仕为令矣，晚慕陶处士潜，因号春潜居士。兰诸生时，有古文名。弘治十一年举乡试，七上礼部不中，授山东淄川县，扰民敝政悉更张之。改江西乐安，乐安俗甚陋，兰以礼教化民，民乃悦。以不善事上官劾归，性廉洁，在淄时，当入觐，徒手无一钱，百姓馈数十缗，力郤之。及归，田庐俱废，存荒圃数弓，艺竹木，莳花药，抱瓮灌溉，日循畦数周，非风雨晨，弗辍也。宾至，摘蔬果，设茗粥饷之，无几微不自得意。子德育，字克成，自号少潜，家贫力学，有父风。孙祖辰，字其武，家益贫，终日静坐，人与相对，如遇秋潭皎月，心骨俱冷。文文肃叹为“声名沉寂三隐中之最高者”云。

钱贵，字元抑。弘治十一年中乡试，正德中试吏部，入格，授太常寺典簿。时用羽士为卿少，贵上言：“秩宗之任，典礼乐，和神人，不宜参列异端，致辱国体。”嘉靖初，言：“太监萧敬贪饕诈谖，不宜在上左右。”又会萃王振、曹吉祥、刘瑾前后奸政事，为《三宦传》上之。时中官方用事，防其渐也。在太常三年，乞骸骨归，不允。疏再上，进鸿胪丞以宠之。既归，营生圹于所居之傍，人谓："年甫逾艾，不宜遽治身后事。"贵含笑谢之。未几卒，君子谓之知命。

黄鲁曾，字得之；弟省曾，字勉之，俱吴县籍。正德丙子，鲁曾举于乡，以《易》魁其经。嘉靖辛卯，省曾亦以《春秋》魁其经。省曾一再试不中，辄弃去，以古文词鸣。而鲁曾老于公车，生平立志节，不肯诡随。严分宜欲罗致之，终莫能屈。年七十五殁，至是去省曾殁已十有五年矣。所著书文甚夥，惜不尽传。省曾少岁与其兄散金购书，喜谈经济。先达王文恪公鏊、杨仪部循吉皆为延誉，王新建守仁、湛某泉若水先后讲学，省曾游于其门。李空峒梦阳以诗雄河洛间，相与羽翼，大约重交游、志古学，意趣然也。而虞山钱蒙叟贬梦阳，并及鲁曾兄弟，此门户之见，岂笃论耶？有《五岳山人集》《舆地经》等书行世，吴中称"二黄先生"。

王涣，字涣文，亦字文通。正德十四年，以尚书领乡荐，试礼部不中，卒业太学，释褐，官嘉兴府判，凡三年，改东川军民府。东川隶贵省，在乌撒之西，夷獠杂居，官此土者比于投窜。涣以体弱不往，未几卒。涣博通群籍，尤工文辞，作赋得汉人体，诗宗孟郊。所纂有《两晋南北奇谈》[①]，艺林珍之。

朱纨，字子纯，号秋崖。正德辛巳进士，历官至浙江巡抚兼福建海道。请一切从军兴法，诏许之。闽浙间倭人与商贾久互市，诸贵家多负其直，倭粮匮为盗，诸贵家给其去，曰："他日酬汝直。"他日至，负如故。倭大怒，而内地奸民复煽为乱，遂大焚掠。纨至，严通番禁，犯者置重辟。抚倭岛六百余人，海疆肃然。未一年，朝议非之，欲革巡抚为巡视。前此纨愤势家庇贼，上疏言："去外国盗易，去中国盗难，去中国衣冠之盗尤难。"语陗激，诸贵家之在朝者皆怨，且失海中利，必欲败纨所为。至是御史周亮、给事中叶镗建议侵削巡抚权，纨益愤力疾破海洋诸贼，数献捷，乞帝穷治通贼官党羽。又疏陈"明国是，正宪体，定纪纲，扼要害，除祸本，重断决"凡六事，语侵执政，执政滋不悦。会佛郎机国人，连黑白诸番行劫，纨擒其渠，并余众共四百人。或传其将为变，纨令副将诛之。言官劾纨不俟奏请，擅杀冒功，遣官按之，文致其罪，遂落职听勘。纨慷慨草生志，仰药卒。既卒，中外不敢言海事。后倭寇大作，流毒东南者二十余年。

王懋明，字仅初。不乐仕进，喜集旧闻，多撰述。无锡华学士察，重其诗，劝侨

① 原误作"《两音南北奇谈》"，据《〔乾隆〕长洲县志》改。

居锡山，与姚咨、施翼互相倡和，称“锡山四友”。懋明心迹妙善，溢为清音，其诗非以声律工也。既老，仍归吴中。

钱同爱，字孔周，长洲生。读经史诸子，有所得，随手札记，积成卷帙，为文奇倔，骤读之，棘口不能句，然思玄格古，孑孑独造，众非笑之，不顾也。自弘治辛酉至正德丙子，凡六试应天，不售，弃儒生服。所居室庐靓深，图籍罗列，时招良朋觞酌，含醺赋诗，凭轩而歌，邈然高寄。晚岁困于徭役，得末疾，无向时轩揭意，然耽古、学好、交游终身不变也。所善徐祯卿、唐寅、汤珍、王守、王宠，皆以诗文切靡，称古道交。其没也，文徵明志其墓。

文徵明，以字行，初名璧，更字徵仲，号衡山。年十六，父温州守林，没于官，吏民以千金赙，徵明曰：“孤不敢以生者污先公清德。”却之，郡人为建却金亭。服除，补长洲生，益励志节。巡抚俞某闵其清贫，欲遗之金，指所衣蓝袍曰：“敝至此耶？”徵明曰：“偶遭雨耳！”俞竟不能言遗金事。徵明既刻苦力学，而以其才旁及艺文、绘事。正德末，以岁贡生诣部试，授翰林院待诏，预修国史。岁时恩赉，与诸词臣齿。永嘉张璁，父林知温州时所造士也，方宠任，讽徵明附之，辞不一见。而当其时，适杖议礼诸臣于朝堂，皆忤璁者，遂翻然乞身归。既归，以文翰自娱，造请者日众。顾所许独素交与窭人子，而权门富家罕得片缣，尤不轻许者。诸王及中贵人曰：“此国体也。”先是宁藩以厚币聘名下士，徵明固辞。或谓：“徵明独不能为枚叟、相如耶？”笑不答。未几，宸濠败，人服其高。岁晚时出游佳山水，妇人稚子望而知为文先生，啧啧艳羡，如是者三十年。年九十卒，卒之日，为人草志石已，掷笔而逝。子彭，字寿承，号三桥；嘉，字休承，号文水。彭国子博士，嘉和州学正，皆工书，嘉兼能画云。

张准，字元平，百口桥人。随父昶客辇毂下，逐什一之利。有共事者，赀视准未及半，中分其息，不满意，准多与之，犹未足，嗾豪戚家敚而有之，准怡然也。后其人遇盗劫，悉丧所有，准独无恙。居家时，有仆自都下归，报车覆，计失所有五百金，时准适晚饭，饮啖自如。又闻仲子举乡试，略不动色，众服其器量。子冲，字应和，亦服贾。途中闻父病，乃倍道归，夜行遇盗，砍伤其股，尽袪箧中金，而故人所附千金未失也。故人子来视，见创甚，不敢问附金事。冲云：“盗劫吾金，君家金故在。”悉还之。滂，字应霖，准仲子，嘉靖七年中顺天试，选台州推官，建正气楼，祀方正学以鼓厉郡人。去任，台人肖像祀之。

王庭，字直夫，号阳湖。举正德癸酉乡试，当计偕不欲行，父强之，至中途，忽心动，返，父果得疾，未几卒。中嘉靖二年进士，历南曹郎，出为瓯闽按察佥事。瓯闽在山海间，故多宝货，庭官衙萧然，能不厌清贫也。进江西参议，乞骸骨归。居乡，劝诱里中后进，遇不率教者，身与诸子侄、门人习弦诵、揖让，使之感动。有以他人过告者，曰："而不面谕之使改，而传闻人耳耶？"年八十乃卒。

陆粲，字子余，一字浚明。世居陈湖之东。少时谒王文恪公鏊，曰："子当以文章名世。"嘉定五年，举进士，选庶吉士，授工科给事中。上言："请开弘文馆，与博闻有道之士讲求治术，则上下之情相通。"帝不能用，既历陈数大事，最后触帝怒，下诏狱，杖三十。寻释之。时张璁、桂萼相继入相，权倾天下，廷臣以议礼得宠，莫敢讼言。粲露章劾之，谓："璁刚愎自用，执拗多私，而萼外若宽迂，中实深刻，犯者立毙。"中历举其纳货赂，树私人。而王琼、严嵩尤魁杰者。帝感动，为斥二相。已而詹事霍韬诋粲受杨一清指使，且力言璁、萼之忠。帝召还二相，夺一清官，谪粲贵州都镇驿丞，稍迁永新县，以母老乞归，里居十八年，论荐者三十余疏，俱报罢。霍韬亦荐粲，粲曰："天下事坏于佥人，尚欲以余波污我耶？"母没，毁甚，未终丧卒。

王穀祥，字禄之；陆师道，字子传。穀祥嘉靖八年进士，选庶吉士，改吏部考功，署文选郎，谪真定尉，不赴归。后屡荐起，不应。膺末疾，卒。师道，嘉靖十七年进士，授工部主事，改礼部仪制，告归后，荐起，累官尚宝少卿，复告归，病痱卒。两人出处、孝行、诗文著作及能书、善画皆同。穀祥与文待诏游，师道官仪部归，亦游待诏门。而师道少受经于穀祥，故其不乐冕芾、难进易退如一辙也。有女名卿子，能诗，适赵宧光，以偕隐终。

徐祯，字世兆，号尧山。大父源，为宪宗朝名臣。祯少孤，事母孝养尽志。自厉其学，年二十二登嘉靖壬辰进士。初任刑曹郎，多所平反，不徇权。贵人请属，以是拂当路意。出知滦州，迁贰临江，移刺袁州。时分宜用事，豪暴莫制。祯缚其平头奴首恶者，得以宁辑。及宪副广西，敕理兵务，定东阑之叛，擢参东粤，平黎人之寇。世庙嘉其功，将大用。寻以母老，道远不能迎养，竟挂冠归。母终，以哀毁卒。

皇甫冲，字子浚，顺庆大守录长子也。嘉靖七年登乡荐，弟涍、汸、濂，各登进士第，而冲尚为举子，蹭蹬二十余年卒。冲好骑射，尝屈里中武人，凡挟丸、击踘、斗鸡、走狗暨声韵、音律，靡不擅长。较论文艺，海内宿儒皆为折角。及对父师执友，退然若不能语。撰《几策》《兵统》《枕戈杂言》等书，凡数十万言。

皇甫涍，字子安，中嘉靖十一年进士，初授工部主事，改礼部，历仪制员外郎。

在仪制时，夏尚书言请建储，凡十疏，皆涍起草。储位定，言德之，且奇其才。会置东宫僚属，以涍补右春坊、右司直，言者论改官有私，并诬以扈从失期，因外谪，浮沉久之，量移南京刑部郎，分臬浙东，大计京官，以南曹事论罢，悒悒而卒，年四十九。蔡子木哭以诗“五字沉吟诗品绝，一官憔悴世途难”，为之呜咽出涕。所著有《少玄集》。

皇甫汸，字子循，号百泉，七岁能诗，四子中最著者也。弱冠，御史许宗鲁按吴，奇其才。适当汸逆妇东江，以所乘巨舫给传迎婚，官吏护从至三百人，时人艳焉。嘉靖八年成进士，授国子博士，擢虞部郎。适劾武定侯郭勋夺贾人金事，勋诬以慢旨，下诏狱，寻释，迁黄州司李。已迁工曹，擢司勋。时大计有中伤兄涍者，汸与争辨，为言官所纠，被谪。家居久之，移开州别驾、同知处州，迁云南按察佥事，中白简，遂落职。汸归，诗酒自娱，时偕名流宴游湖山几三十年，至八十乃卒。有《司勋集》六十卷。

皇甫濂，字子约。嘉靖二十三年进士，授工部主事，典惜薪厂。有贾人伪增数罔利，濂按其罪杖之。贾人女，司空文明妾也。文召濂切责，濂抗言：“公掌国政，奈何听人侵冒？且欲夺属下吏守法耶？”文改容谢，心实衔之。大计，谪河南布政司理问，稍迁兴化府同知，入觐，投劾不赴。里居数年，卒。有《水部集》十二卷。

刘凤，字子威，汀州司李梅子也。嘉靖二十三年进士，由中书舍人拜监察御史，左迁兴化司李，移吴兴，升河南按察司佥事，罢归，以老寿终。凤学问奥博，苦心复古，所著《乐府》，动摹古音。虽尘筌未忘，町径犹在，要之，披沙求金，自得风人之旨。皇甫子循称其明允。折狱廷，寡争讼，又可以想其治术焉。

袁洪愈，字抑之，宋西京提刑使珦后。珦以汴京人，从高宗南渡，卒葬长洲蛟龙浦之赭墩，世为长洲人。十一传至洪愈，以吴县籍举乡试第一，成进士为嘉靖二十六年，授中书舍人，擢礼科给事中，纠检讨梁绍儒附和权要文选郎白璧，招权鬻官；侍郎葛守礼无行败检；冢宰李默阿党私人。上切责守礼与默下璧狱，斥绍儒于外。绍儒，大学士严嵩羽翼也。嵩怒甚，然以清望莫可为罪，出为福建佥事，历河南参议、山东提学副使、湖广参政，所在以清节著。嵩败，召为南太仆少卿，迁太常。万历中，迁南工部右侍郎，进右都御史。时御史谭希忠建言：“请复阁中丝纶簿，宫中置祖制铁牌。”语侵内竖，上严旨勘讯，将坐以诬罔。洪愈称引典故，委曲解释，且言：“迩者言事之臣，每以不当圣心，重加谴罚。夫天威难犯，人情易摧，如各以言为戒，脱有大故，谁为陛下言者？”上霁容，御史得薄罚。进南礼部尚书，旋改吏部，未一岁，引年归，加太子少保致仕，年七十四卒，赠太子太保，谥安节，赐葬蛟龙浦，与祖墓相望焉。生平以人事国，荐于慎行、海瑞、王世贞为名臣，荐王敬臣为名儒，真特识也。子一鹗，荫官治中，饘粥不继以死。孙徵，字公白，崇祯中拔贡。

张勉学，字益甫。嘉靖二十六年进士，由翰林出为吏科给事中。时陶仲文劝帝修炼，授封爵。勉学谓："左道不当列朝臣右。"驳之，忤旨，罚俸。又尝奉旨勘边，核奏仇鸾戮中国人，冒斩级功。大学士严嵩与鸾表里，诬其阻抑边功，谪内黄丞，久之，量移吉安推官，迁南刑部主事，转郎中，升湖广佥事，分巡长沙。长沙藩府庄田、房租税特重，豪奴倍收，有不能偿，没人子女为奴婢。勉学悉平其额，岁听县官征解，民咸便之。进参议，分守衡永。衡永邻两广间，威德兼施，苗民慑服。政府恐其内迁，以蜚语中伤，解任归林，居十余年卒。初在内黄时，大吏重其文行，延主元城书院，与诸生析经义、论治术，造就甚多。时比赵德之在潮州云。

邱宏，更名鹏，字志宏，甫里人。嘉靖二十九年进士，由行人历吏部主事、户部员外郎。在吏部时，尚书李默欲大用之。鹏以默分宜严氏私人，不为所用，卒未显。鹏八岁时即能文，随父谒杨缓斋潜，杨问："何名？"曰："名宏。"杨曰："试以姓名作一破题。"应声曰："姓同圣人之名，名同圣人之德。"杨曰："珪璋器也。"既长，博通群经，尤邃《易》学。一时名流从之游者，如入马、郑门，而同里有金应徵字懋德者，尝师事宏。嘉靖四十四年进士，除奉新令，尽职，升刑部主事，迁郎中，恤刑两浙，全活二百余人。旋备兵赣南长宁，民有倡乱者，或请发兵剿捕。应徵谓："此属为饥寒所迫，急之则角，缓之则散。"乃下令谕之，皆散为良民，人感其德，祀名宦。陟云南参政，疾卒。邱无嗣，凡身后事，悉应徵经纪之，岁时祭祀惟谨。有著述，必援引邱先生云云，人高其行。

刘畿，字子京，号羽泉。嘉靖二十九年进士，除知瑞安，以九等别户产，以九则定徭役，邑人便之。倭岛寇犯黄岩，去邑尚远，急趣徙旁地子女、货贿纳内城，而增其雉堞，储粮粻，募兵壮为守备计。月余，寇果至，掠无所得，乃遁去。复募壮士并邑中子弟，教之为陆阵，遏贼于飞云江，又歼贼于铜岭。以上考入为吏科给事中，进通政参议，升太仆卿，迁顺天府尹。弹射豪贵，诸奸猾不寒而栗。以筑张家湾城功，进右副都御史，巡抚两浙。时矿贼起婺源，流劫德兴、玉山，遂犯常山，势张甚。畿疾发所部兵，由衢州分三道入，大破之。俘斩劲贼七千余人，悉解散。捷闻，升兵部右侍郎。未几，移病归里，卒。

杨成，字汝大，一字震崖，世居娄门外官渎。登嘉靖丙辰进士，授工部营缮司主事，迁都水司郎中，司芦沟桥及三殿工，裁冗费数十万，内臣干请，不得行，咸指目之曰："此强项郎也。"出为浙江副使，平反冤狱，人称神明。隆庆初，转四川参政。蜀王故贵倨，监司朝王恭谨逾节，成据礼争之，王不能屈。复按王所侵山林陂泽，悉还之民。累迁广西布政使。入觐，吏请如故事以羡金治装，成曰："金也，焉用故事为？"却不受。万历元年，召为应天府尹，进右副都御史、巡抚江西。时巨盗李大鸾等蔓延江楚两省，成会楚抚剿除之。复以计平积盗叶隆盛，散其党千人。有两姓相格杀者，赣抚名之为贼，移檄会剿。成曰："此一狱吏事耳，奈何勤兵？"江陵有私憾于饶守陈适，会王府盗印，欲坐适罪。成曰："杀人媚人，吾弗为也。"时论皆以成为正。入为工部侍郎，迁尚书，以屡失江陵意，改南京转礼部，移疾归。江陵罢，起南京吏部尚书，改兵部，参赞机务。时神宗御宇日久，万机倦勤，储位未定，罪奄张鲸睢恣不法，夤缘思复用。成率南九卿三具疏，请御朝讲、请法祖建储[①]、请斥罪奄，声震天下。疏入，鲸立赐斥罢。成沉默寡言，至军国大计，侃侃不阿类如此。年七十，乞致仕，疏七上，加太子少保，赐乘传归。逾年，复召掌御史台，辞不赴。八十，存问。卒于家，谕祭葬，谥庄简，崇祀江西名宦及郡乡贤。

蒋彬，字原中，居城东葑门。嘉靖己未进士。初，彬父尝辱于令，彬奋曰："是彬不肖而令父辱。"乃走山中读书，夜蚋嘬肤，纳足瓮中。寺僧闵其勤苦，以鱼羹进。彬谢曰："父方苦役，子宁下咽乎？"既成进士，任兰溪令。时有寇警，督府使者络绎于道，所过横索。彬止具酒食，大帅过邑，索骑不得，取民马去，彬追及，正色责之，卒以马还民。擢官祠祭。时方议薛文清从祀，彬力赞其议。新郑相柄国，欲罗致之，弗应。出为高州守。值寇屠电白，州县多残破，彬殚力捍御，以理谕解散贼首等数千人。有黎宗京者，最枭勇，独不肯下，以计擒之，系狱。其子煽众噪城下，彬立毙之，捐尸于濠。贼始惧，请降。考满，入觐，随请终养归，卒。

蒋梦龙，字子征，号鲁山，乐亭令廷贵从侄也。嘉靖四十年举于乡，又四年乙丑成进士，选临川令，署上考。会贵游某某以干请不遂，构蜚语，稍迁金华郡丞。丞金华时，职专捕盗。真盗者诛，陷盗者雪，台檄兼理狴犴，平反大辟暨城旦以下几二百人，寻摄兰溪、东阳及郡事，具有善政。擢南京刑部郎中，逾年，出佥楚臬，辖武昌、荆岳、常沔等州，兼控江西宁州。沿江多盗，乘帆风劫掠，出没不定。而

① 原作"请法祖、请建储"，据《〔乾隆〕吴县志》改。

大围山贼势张甚，梦龙戒所部扼险而守，时出奇兵捣之。有平江陈尉不戒，为盗所获，告急。时梦龙配沈殁官舍，视殓毕，不越宿行。设伏山下，诱贼出，一战擒贼首罗朝广，俘馘无算，群丑詟服。已仍置戍大围山麓，以绝祸本。久之，迁浙江少参。梦龙归省，视继母郁，叹曰："亲老矣，吾不能绝裾而弹冠。"遂请终养，免母丧，两台疏荐以十数，皆不应。家居二十余年，卒。次子矿，字公鸣，中万历乙酉乡荐，令宁远，化猺民读孔子书，猺建祠峒中，称蒋夫子云。

王问臣，字剡川。弱冠，中嘉靖四十一年进士，历官吏部文选员外郎。时政府揽权，欲罗致门下，不往，乞养归，杜门却扫几三十年，善书画，尤得写生趣，徐天池、陈白阳莫能过之。

袁尊尼，字鲁望，袠子。十岁，通晓经学。弱冠，中嘉靖癸卯乡试。又二十余年乙丑成进士，授刑部主事，乞南仪部，改南吏部。考功，进郎中，擢山东提学副使。公廉却私请，所识拔皆名下士，持宪体，不折节事抚按，缘是失巡抚意，持其短，察典当论罢。合省举子待试辇下者，欲叩阍为学使讼冤。朝议留之，尊尼意不可强，致仕归，未几卒，年五十二。

陆士鳌，字云和，家县治东偏。赋性鲁，读书非三百遍不成熟。夏月蚊蝱攒肤，弗辍也。然竟以鲁得之。嘉靖四十四年成进士，选承天府钟祥县。县，世宗旧邸也，宦竖骄横，每朔望县令必谒见，见必行跪拜礼。宦或出郊，必远送百里外。士鳌相见长揖径出，宦怒，士鳌曰："县令虽微，然为天子牧民，膝肯为若辈屈耶？"宦转服其劲，屡言于人曰："外僚中偶见此官，风节廉俊达于朝。"行取入为刑部主事，迁云南道御史，弹劾权贵，内外慑服。未几，卒于官。士鳌少时读书海觉寺，后寺僧有干请，贫无以应，解一带遗之，僧名其堂曰遗带堂，乡人至今传其事。

彭年，字孔嘉。以文行举入郡庠，不应举，学使者檄应乡试。年一之陪京，登钟山，望大江而返。诗宗盛唐，尚格律；书规模"二王"；文采风流与文待诏相后先。生平无失言、失色，人欲试之，饮之酒至醉，故乱以讙呶，益恂恂温克，人以是称长者。贵溪、分宜秉政，先后聘为记室，谢弗就。孑立孤往，天爵自尊。年六十二殁。著有《隆池山樵集》。

黄姬水，字淳甫，五岳山人勉之子也。少工古文词及书法。勉之没，兄得之叹曰："吾弟不亡矣！"顾其子河水曰："吾名当不后勉之，乃尔不姬水若耶？"姬水试不利，遂弃诸生。值倭难作，侨居金陵六年，归，田园芜没，至不能自给。而所畜敦彝、法物、古碑版、名画终不忍舍。晚年谢客，必雅俊嗜古者始延见，不然达官长者不接也。诗有中唐人风格。《白下集》词旨凄惋，尤为擅场。河水更名德水，字清甫，撰《国华集》，亦有声，与姬水等。

王敬臣，字以道。父廷，江西参议。敬臣年十九，受业于魏校。性至孝，父谢病归里，居三十年，备极色养，辟园亭，树花竹，时延执友以顺适父意。父疽发背，亲自吮舐。既得瞀眩疾，卧于榻下，夜不解衣。微闻謦欬声，即跃起视安否。虽严寒盛暑，弗离也。调饮食，剂药饵，事必躬亲，不假手童仆。父缘此向愈。事继母如事父，继母性褊急，小不可，洸溃叠加，敬臣跪而解不得，至夕不起。母素不善其妇，敬臣恐拂母意，独居书堂，不入闺帏者十三载。母格其诚，待妇加礼。提学御史耿定向重其行，俾越次超贡，趣廷试，敬臣以亲老辞。后袁安节洪愈以真儒荐于朝，授国子博士，不赴。诏以所授官致仕。巡按御史甘士玠复荐吏部，以敬臣年高，请有司时加优礼。诏可。年八十五终。敬臣十岁时，节当清明，即书于几云："天何以清？人何以浊？天何以明？人何以昏？"长老惊异之。初受校默成之旨，尝言："议论不如著述，著述不如躬行。"故居常杜口静坐。自见耿定向语以"圣贤无独成之学"由是多所诱掖，弟子从游者至四百余人。其学以慎独为先，以标立门户为戒。学者尊为少湖先生。

居节，字士贞。少游文待诏门，颇得指授。先世故隶织染局，织监孙隆闻其名，欲招之往，节不肯见。隆怒，诬以逋帑，系狱，家遂破。僦屋三四椽于半塘，一琴一鹤外，别无长物。往还者多山僧、野樵、种花之客，炊烟屡绝。每之僧寺，寺僧分斋钵饭之，垂二十年，以穷死。诗清瘦见骨，画有南宋人意，后人时得之僧家。《枫桥夜泊》诗中云："变名张俭老，去国蔡邕轻。"想见初脱孙隆难时也。

管志道，字登之，中隆庆二年进士，授南京兵部主事，改刑部。时神宗倦勤，举朝泄泄，相臣刚愎，不受直言。志道陈奏利弊上之，大要言：祖制不设丞相，今阁体礼绝，则下议壅塞，请有事阁臣与乡僚面议。又言：阁臣缺，必翰林部寺参互而用，且深惜近日直言廷杖诸臣。时首辅张居正阅之，恚甚，曰："是不欲使我总百揆耶？何咄咄逼人。"又他所陈公铨擢厘巡察，疏多诋诃主者，咸造居正所，言志道狂謬，于是凡所陈列悉报罢。又前此居正夺情，时翰林徐中行、赵用贤抗疏，略言：内则父子，外则君臣，父死不奔丧，于君臣之义可知。两人并予杖，时称"翰林二谏"。疏实志道共议者。居正至是微闻之，欲驱除之无路，计志道所陈厘巡察条内，欲修高皇帝甲令分巡，与御史抗礼，度御史势重，必不可反。乃出志道按察佥事，分巡岭东诸郡，实欲假手御史也。至部，御史果与龃龉，白简上议勘问，以言官救，得降调。志道竟移疾归。居正败，得罪者皆起，志道如故。久之，以台疏还旧官，仍致仕。寻卒。志道务闳览，喜著述，说经处以佛教比辅之，故不得为纯儒。然诸奏疏，固不减贾长沙、陆敬舆也。

顾其志，字冲吾，号太冲。举隆庆辛未进士，弱冠登朝，由南昌倅晋考功郎，以廉洁著。旧例水衡钱数万，率与中贵人干没为利。其志持风裁，务节省，有例金，峻却之。及视河张秋，修堤荆南，官办事治，时秦中边郡、朔方屡有哱警，而灵武以东寇尤充斥，适参政秦藩，即筹要害处，分符以扼其冲。常单骑冒风雪，自花马池直抵灵州，夜将半，后骑始集城中，指麾吴世显首鼠观变，有反形，诇知其狡谋，日夕简兵转饷，寻以计斩之，危城得安。以灵州功晋臬司，赐银币，转陕西左藩。先是，采榷使纵横海内，而秦中矿税二珰，鸱张尤横。其志痛加裁抑，天子知其才可大任，特进巡抚全陕，即奏止矿税，减织造，清邮传，察非常，通商撤关，缉奸禁暴，而生平所深嫉者奄竖，所不阿者权要，撤税令下，珰怒，诬咸宁令劫夺皇扛，欲中以纵属罪，上果震怒，逮税监，并逮令，秦民汹汹。其志为分别以情实告，令得薄其罪。而珰之橐已抵秦赋矣。时秦藩暴横，每擅杀人，凌辱长吏，莫敢谁何。其志严提三尺，疏陈其状，上悉按其罪。一时拘系得释者数百人。关中回纥杂处，时聚众攻掠，特提兵由乌兰河而北，入松山，阅芦塘红水形势，奏筑永泰、镇虏二城，西陲以宁。神庙采廷议，擢总督三边军务。启行之日，父老泣送者万人。其志威严若神，每岁巡边，坐武帐，指麾号令，诸部震慑，莫敢仰视。驭将有法如此。平生奏疏百余，多切中时弊。进兵部尚书，卒，赠太保，崇祀乡贤。子绳诒，以忠烈闻。

丁元复，字仲心，号玉阳，赠御史方池仲子，系出丁宽裔孙公著，入吴居娄东。正统间，徙郡城南仓桥。元复赋性颖敏，书过目不忘。年十二，补博士弟子。嘉靖辛酉举于乡，隆庆辛未成进士，授山东阳信知县，劝农桑，省徭役，催科听断，具有规呈。集诸生谈艺说经，士风丕振。省试，入棘，取士称得人。满三载，征拜南京山西道监察御史，首劝上讲学，及请停织造诸疏，皆经国大计。盐艘集龙江关，商人行万金乞先发取利，正色拒之。亟召诸商，以次给符，不费一钱，廉声震畿甸。未几，出为四川佥事。方在南台时，会江陵相夺情，有讽疏留之者，同列观望，而有力者主其事，嗾之。元复顾同列曰："众欲做官，我亦欲做人，不能为宰相作私人也。"以故外转，旋奉诏裁革。里居四载，补福建兵巡道。时江陵已病革矣。迁浙江温处道参议，以法戢诚意伯刘世勋骄横，远近肃然。适病瘍，乞归。病已，观风使者荐之，疏凡十五上，不出。课诸孙，较论文艺，一秉先正。平居孝友兼至，事亲能先意承志，执丧哀毁骨立，名成后，悲不自胜，曰："吾痛二亲之不逮耳！"伯兄元正，以高才早世，抚其子如己子，即马龙刺史文蔚也。林居三十年，不事私谒，惟里中疾苦病民者白上台去之，长、吴二县门摊银外，复有家资名色，请抚台郭公行牌，永革地字三四图。徭役繁重，请按院李公并二为一，至今称便。年八十五，卒，祀名宦。著《片玉斋稿》。子文起，郡学生，早卒；文美，改名肇亨，万历甲午举人，南京大理寺司务。

伍袁萃，字圣起，余福子。万历五年进士，知江西贵溪县。嗣真人张国祥伪篆事发，廉得其状，具爰书巡抚曹大野，欲从末减。袁萃上牍云："官可罢，三尺不可废；腕可断，一字不可易。"卒持法。任六年，升兵部主事，座主王锡爵再入相，奏纪建储，召对诸大计，时有三王并封议，力引正之。又疏请早建元良。已迁武选郎。时李成梁令第三子如桢谋掌锦衣，大司马不能拒。袁萃言："宁远势太盛，其子不宜令入禁中。"至以去就争，事得寝。旋以浙江按察佥事备兵杭、严，寻改视学政。未几，升湖广布政司参议，权珰陈奉骄横，请于抚按，不为礼徒党，不法者惩之。抚按意相左，拂衣归。四年，起，治兵海北，抑强暴，释冤滞，筑沿海扼要城如重镇。已引疾归，吏部移催复任。悬缺二年，竟不赴。卒。

张鼎思，字睿甫，与袁萃同榜进士，入翰林，改吏科给事中，历都给事。江南水灾，不待奏报，疏请蠲赈。尝巡视太仓，诏取库银十万两，具言边饷仰给，不应以供赍予，上即停诏。嗣真人请帑金修坛庙，上意欲予。鼎思上言："张道陵无功德及民，唐玄宗、宋道君累加封爵，由叶法善、林灵素辈所耸恿者，今纵未能裁抑，奈何崇之？"执不与中珰。出守太和山，欲兼辖军民，援正德中故事以请。鼎思又上疏言："先代成宪，宜法太祖、太宗，若武庙举动皆倍于正，不可法。"事竟不行。后论臬司某贪啉，为反噬，镌级出外，稍迁南太仆丞，寻迁南吏部主事。建储议起，礼官疏草皆出鼎思手。鼎思与袁萃分处南北，而计议略同，累迁浙江参政，分守金、严、衢三郡，擢江西按察司，入觐，路过里门，卒。

陆檄，字羽行，号冲台，代居葑门。隆庆四年，以《易》魁南畿。万历二年成进士，授工部都水司主事，分署夏镇，以堤束水，以水涤沙，水大治。当事欲并夏镇于徐淮，力持不可，乃已。进屯田都水郎中。朝廷每有征办，檄必稽掌故。执管钥惟谨，中贵要人不得有私请。历工曹。七年，迁山西按察副使、提督学政。时正学不明，士子影响二氏，诧为神奇。檄至，崇理学，谨绳尺，越礼教外者惩以法不贷，不一二年，顿改旧习。每课士阅文，十行并下。他人岁办者，檄以月办，更以余隙修地方便宜，抚按器重之。方拟上其绩于朝，而檄竟以不附权要，失执政意，嗾言者投劾归。既归，读书课诗，以一石支门，非素友不延接。家居二十余年，卒。

尤锡类，字孝征。万历八年进士，分较北闱，大臣以私请，固绝之。守真定，吏进羡万余金，不受，命修城垣，并施粥以济四方之饿者。巡抚檄取例金，持不与，被劾，廷议直之，调襄阳，旋得旨罢巡抚任。在襄阳时，清节益厉。擢贵州副使，播酋杨应龙反。朝命刘綎讨之，锡类署监军事。时言官劾綎逗遛多设难，有要君心，部议调綎南京，锡类以身家保綎得不调，卒成平播功，綎加左都督，锡类晋云南布政使，致仕归。

吴之佳，字公美，晚自号虚台。万历庚辰进士，由襄阳令擢谏垣，自田野登朝，历官禁近，遇事奋发敢直言。神庙时，太子未立，礼垣数请不得。寻奉严谴，之佳慨然约同官张栋、叶初春等，伏青蒲合词以进，一时疏诤诸臣皆削籍。之佳筑归来草堂，读书其中。旋以病卒。天启初，旌直谏功，加太仆少卿。少居齐门蠡溪口，世称竹墩吴氏。及贵，始迁葑溪。孙适，亦以谏垣知名。

丁文蔚，字仲理，长洲生。万历戊子，以岁贡判南康府事，洁己奉职三年，迁知云南马龙州，州故牂牁郡，民番杂居，号称难治。文蔚条五事：招流亡，清军伍，浚陂堰，广屯贮，苏马役，上诸当道，俱檄行之。未几，有杀宣抚、夺金牌符印举兵反者，围缅甸等处，距州四十里，烽火不绝，居民欲奔窜，文蔚于龙兴寺呼诸父老至，谕以大义，父老感泣，乃止。亲冒矢石，接战五坡岭，拔五寨。时刘綎以大军进缅连战，缚贼魁，献俘阙下，升赏有差，独不及文蔚。巡按周懋相录其功，上于朝。会有沮之者奏，遂寝。逾年，与部使议不合，解组归。杜门著述，有《礼约家训》《周易解谈》等书。

金士衡，字秉中，刑部郎中应徵子。万历二十年进士，授永丰知县，擢工科给事，兼掌六科事。进通政司参议，因荐李三才，目为党人。京察，降盐运同知，不赴。后以邹元标荐，起兵部郎中，进太仆少卿。天启初，引疾归，卒。士衡以直谏显，官给事时，见中使采矿监税之暴，疏言："刑余无赖，贪饕肆毒，民遭水旱兵燹，所在流离，忍复横征巧取以餍之哉？"时边衅四起，举朝泄泄。士衡疏言："神京资蓟辽为肘臂，蓟镇仗辽左为犄角，辽危则蓟镇不得独安，蓟镇危则京师不得高枕，此忠臣义士所扼腕痛心者也。"既甘肃地震，复疏言："前湖广、顺天、辽东、山西等处，或以天变告，或以牛妖、人妖告，今甘肃又以天鸣地裂告，陛下谓治征乎？乱征乎？若知其乱而怠缓从事，是以天下戏也。迩者边军告匮，而大内所积，朽腐自若，陛下何不出帑金数十万，分给九边，俾荷戈之夫效死疆场哉！且税使之出，有年于此矣，小民衣食不给，弃坟墓，转沟壑，而掊克之，臣旦夕不止。譬尪羸垂绝之夫，责以肩重而行千里，鲜有不毙者也。天下兵已困矣，民已殚矣，外则敌人乘虚，内则山海啸聚，一夫狂呼，群起响应。当此之时，谁为陛下扞御者？土崩瓦解，莫可收拾。然后陛下悔之恐无及矣。”疏上，俱不听。士衡清苦自励，作令时，邹元标往晤，见卧具敝坏，馈大布二，叹息而去。曾劾总督王象乾起衅，后象乾弟象恒抚吴，意谓弗善也已。廉知士衡清介，称说不置，时人两贤之。

陈允坚，字贞甫。万历十九年荐于乡，二十三年中春官试，授浙江诸暨令。暨俗，嫁女竞侈靡，中户以下，至不敢举女，多淹死者。允坚定嫁女式，逾者予上役，其风顿息。兴水利，为民筑堤，远近相度，至夜，宿水滨，堤成，民永赖之。治最，转繁崇德。崇邑田以塘东西分沃瘠，岁额因之。黠者以沃壤寄籍瘠区，有司恶其诈，均则起科，荒民偿税至鬻卖男女。允坚履亩丈量，次第其额，困乃大苏。去任后，民请祀名宦。允坚通经学，士多从之。每乡会榜发，吴中中式者半，门下士及为治，有古循吏风。班史所谓以文学饰吏治者与？

杨大溁，字子澄，大司马成子也。为邑诸生，布衣踽步，人不知为贵公子。时大儒王敬臣以理学倡道东南，立说主敬，大溁从之游，与论难，退而沉思，谓始终惟慎独，敬臣深嘉起予。敬臣没，后学者严事大溁，溁性至孝，居父母忧，哀毁骨立。继丧生母，年及艾，犹孺子泣。兄弟四人，事伯兄如父。仲、季皆早卒，抚其女嫁之。岁荐饥，死亡相枕藉，买地掩骼，岁以万计。缇骑逮周顺昌，并坐赃，大溁置籍为劝输。初，吴人虽急顺昌难，犹惴惴惧。及既见大溁，咸曰：“乃公尚尔，吾属敢后？”咸赴义焉。子廷枢，负盛名，为儒宗，犹中夜立床下，谆谆训诲不少假。年五十九殁。娄东张仪部采曰：“先生庸行皆绝，行孝其大源，而端则其统指也。”因谥端孝先生。崇祯初，祀乡贤。

王心一，字纯甫，号玄珠，华阳桥人。中万历四十一年进士，授行人司行人。熹宗初，授江西道御史，改山西道。值客、魏乱政，心一抗疏言：“陛下眷念二人，加给土田，明示优录，恐东征将士闻而解体，况梓宫未殡，先念保母之香火；陵工未成，强入奄竖之勤劳。于理为不顺，于情为失宜。”严旨镌级调外。既皇子生，加恩，起，巡视芦沟桥，巡按广西。天启末，忤魏阉义儿崔呈秀，削籍。崇祯改元，珰败，呈秀诛，即家起原官。时方定逆案，主其事者畏祸，选耎逆党，不能尽除。被祸诸贤，亦未尽起。心一上《礼义廉耻》一疏，疏入，柄臣弗善。升太仆少卿，旋督饷两粤。丁外艰，服阕，起应天丞，寻升尹。时流寇张献忠号百万，躏庐、凤，逼舒城，有投策渡江之势。留京素无备，心一至，清马户，苏驿递，饬江防，城属邑之无城者，补军饷之无额者，屹然金汤之守。贼觇知之，不攻而去。以功擢南大理卿，晋少司寇。既以奄人余党柄政，修旧怨，冠带闲住。北京陷，愍皇帝殉社稷，时有同乡官受伪职，逃归。心一以檄文公讨之，留都破后，卒于家。

陆康稷[①]，字子育，号衷涵。万历四十四年成进士，释褐，知江西贵溪。时龙虎山张真人奸利犯科，牒捕之。真人不奉法，康稷持法急，浼权贵人关说，不可夺。真人卒，就捕。大吏重其才，调繁吉安之庐陵。方未至庐陵也，养济院群丐与富商汪某诟詈，随搏击，既解，丐之甲持一尸讼汪殴杀，检验有伤，狱成。康稷至，下令覆检，甲召群丐遮道号冤至五六百人，舆从几挤于水。康稷念官长渠且胁制，汪能死凶徒乎？一日，携群丐册籍按名给粮，竟籍无死丐姓名，令群丐解散，独留甲，问："籍中何独漏死丐姓名？"甲色变，语支吾，即出汪与质，康稷大声曰："杀人者汝也。"甲胆落，不能语。一鞠即得实。盖流丐垂死，适会汪搏击事，拉杀之以诬汪者也。随定首从、反坐，立释汪。远近慑服，谓"不愧挫张真人者"。政成，为天下县最，议授科员。魏珰因江右邹元标、李邦华荐，恶之，抑授兵部武选主事。故例锦衣卫考察属兵部，逆珰养子魏良卿掌卫事，疏言："本卫为天子禁，内臣不应属卿贰察。"下部议覆，大司马不敢议。康稷坚执祖制不便更张，疏遂寝。珰益嗛之。奉命省山陵，遭魏珰于道。珰奴视官僚辟行者，康稷直前并行，不受轹蹷。珰益怒。会廷推文选主事，以名上，矫旨落职回籍，然无毫毛罪可指也。珰败，起主铨政。值政府淆乱之后，禁苞苴，别流品，人倚重焉。任职四年，以养亲归。南渡后，复起，加太常少卿，仍掌文选郎中事。见时事日非，在位者有燕雀处堂之势，遽引疾退，年六十病卒。

王佐圣，字克仲，大儒里人。父腾程，字雄飞，为王仁孝先生入室弟子。万历癸卯，举于乡，教谕宣州之旌阳，补浙之语溪，荐最，升睦州司李，没于官。生平破产买书以为乐，多著述。佐圣于万历壬子登贤书，崇祯中选青溪教谕，称职。巡抚张国维疏于朝，擢知四川遵义县。地连水西诸苗，苗以杀戮为耕作，众阻勿往。佐圣曰："普天率土，无可逃也。"遂叱驭往，既至，嘘枯摧强，民大悦服。相险要地名新站者，筑为新城，曰："寇至，遏其冲；深入，截其路。城此可以扼夷吭也。"乃招

---

① 原误作"陵康稷"，据《〔乾隆〕长洲县志》改。

流亡，开边屯，整器械。渭水以西苗夷多受约束者。未几，贼将郭士奇、吴尚才拥众入寇，所过焚掠。佐圣督民兵且守且剿，擒郭、吴归，置之狱。遵人举酒庆。佐圣曰："决元凶，散余党，祸乃可弭。不然，正未艾也。"居上者忌其功，弗听。条守御十策，格不行。明年，贼首龙正国、吴尚贤帅大众直薄城下，同官窜走。佐圣冒矢石，昼夜拒敌。贼飞梯入城，而郭、吴越狱应之。佐圣知事急，以印付子恪，间道出，命服仗剑坐堂上。贼至，拔剑杀数贼，力屈，遂被害，时崇祯十五年四月也。先是，十里土司王尚明等听训练，矜奋忠义，欲为国家杀贼，闻变，举白旗进兵，及新站，大战，尽剜刈龙正国等，遵城复完，不出佐圣[①]所计画云。

龚元祥，字子祯。万历四十三年举于乡。崇祯辛未，选霍山教谕。时流贼寇江北庐、凤间，所在戒严。元祥与训导姚允恭辅邑令为扞御策，寇围霍，令解组绶去，元祥率士民固守。或劝之微服遁，毅然曰："食禄而违其难，不忠；临危而弃其城，不义。平日所讲者何事？乃鸟兽窜耶？"城陷，整衣冠危坐。贼缚去，逼令屈节，骂曰："死即死耳，何敢辱我？"贼杀之。子炳衡、婢冬女，亦遇害。越五日，须眉余怒气，以右食指掐心坎中，爪入寸许。训导姚泣而敛之。逾日，贼复至，姚亦死。元祥尝语门人曰："位无大小，皆可效忠，人亦图所以报国家、利民生耳！"又尝语季子曰："人生当为忠臣、义士，形躯有尽，性灵不朽。"其忠孝本之性生云。

陈淳，字道复，一号白阳山人，世居大姚村。少师事文待诏，诗不全佳，殊已动俗，特妙写生，好为奇诡之行。时南院有马姬者，慕淳画，求之不可得。一日，淳游金陵，变名姓访姬，姬盛供张。淳故反其脂盝，遍洒绡幕。姬不怿。淳徐为勾研花叶，点缀苔石，顿觉意趣生动。姬为粲齿。淳曰："何如？"姬曰："画诚大佳，可惜微似陈白阳耳！"淳为大窘。其画格盖脱去徐熙、钱选之习，而变其貌者。子栝，亦能事。

陈祼，初名瓒，字叔祼，后以字行，号白室。熟精《离骚》《文选》，工山水，一竹一石俱得古人意。名流入吴者，争购祼缣素。晚遁迹虎丘，专于诗著，有《妪解集》。

陈元素，字古白，葑溪里人。晚徙塔儿巷，已复返城东，为邑名诸生。尝拟解首主司指策中语，颇触时忌，竟抑之。而四方名士益以此重其人。素长身玉立，言恂恂如不出口，而德器深醇，不妄臧否。经史之外，兼通艺事。书以欧、虞为骨，而出入于苏、米，片缄尺牍，人争贵之。其蝇头小楷，尤自珍重。文定申相国墓碑，时

---

① 原误作"佐臣"，据《〔乾隆〕长洲县志》改。

宰叶向高制铭矣，曰："必得陈君书，可传我文。"遗以脱粟三百斛，其矜贵如此。间画兰，得子昂法，曰："此吾作书余技耳！"萧然敝庐，不肯妄交，修身如玉五十余年，卒。

卷二十四

人物

文震孟，待诏徵明曾孙也。初名从鼎，字文起，号湛持。弱冠举于乡，十上礼部，至天启二年成进士，廷对第一，授翰林修撰。时太监魏忠贤擅权，禁讲学，兴党议，谋尽斥正人。震孟上疏言："勤政讲学之实，必君臣相对如家人、父子，则左右近习无缘可以蒙蔽。"又言："空人国，逐名贤，不减唐宋清流、伪学之禁。"云云。忠贤览之，怒摘疏中语为讥讪，矫旨予杖，辅臣力救免，得降调。未几，以孙文豸《步天歌》事株累削籍。《步天歌》者，哀熊廷弼诗也。事见《陈仁锡传》。震孟未第时，读书竹坞中，至是归居吴趋之青瑶屿，与里中周忠介顺昌及甥姚文毅希孟砥砺志节。既忠介被逮，震孟自度不免，预经理家事，俟缇骑至即自裁，后偶不及于祸。崇祯改元，复原官，进中允、谕德，充日讲兼纂修官。其在讲筵，讲《君使臣以礼》章，反复规讽，帝即出尚书乔允升、侍郎何世赏于狱。一日，讲《尚书·五子之歌》至"为人上者奈何不敬"，帝时以足加膝，闻其语，即以袖掩之，徐引下。其严惮如此。故事，经筵缺《春秋》，帝以有关治道，命择人进讲。震孟讲至"宰咺归赗"，言：咺位六卿之长而坏法乱纪，自王朝始，焉用彼相？大臣为之侧目。八年七月，升少詹事，旋进礼部侍郎，兼东阁大学士，入阁办事。先是，吕纯如为魏忠贤党，已定逆案，后交结吏部，欲借边才起用。震孟纠之，与温体仁不合，继又论挺击、红丸、移宫三案不合，方谋中伤而未有隙，既同入直，因深衷俟之。每拟旨，必商之震孟。震孟疏略，不及防，后借许誉卿事倾之，遂落职。许誉卿者，故劾魏忠贤者也，官给事中，震孟欲用为南太常。体仁嗾尚书谢升诬誉卿通震孟姻亲申绍芳营求美官，体仁拟削誉卿籍。震孟曰："科道为民，极荣事也，公玉成之矣。"体仁露章揭此语，帝怒，逐震孟归。在内阁止二阅月，归甫半载，值姚希孟卒，哭之恸。未十日，亦卒，无恤典。又四年，诏复职，赠官。南渡后，追谥文肃。

陈仁锡，字明卿，别号芝台，世居大姚里。少举于乡，七上春官不第。天启壬戌，以第三人入翰林，读书东观，凡天官、律历、方舆、水利、兵刑、象数之学，皆通之。熹宗朝，珰势烈甚，仁锡以讲官重望。会逆奄魏忠贤父子冒功求给铁券，使私人邀草诰词，仁锡奋曰："头可断，诰不可草。"由是，触逆奄怒。居数日，进士顾同寅、生员孙文豸妖言狱起，两人皆太仓人也，以《步天歌》悼熊廷弼，为兵马司所捕。御史门克新锻炼成狱，词连文震孟及仁锡，先后削籍归。崇祯初，起原官，署国子司业。为文深醇简洁，三雍之士，一时为之丕变。年五十六卒，谥文庄。著书千余卷，藏于家。

顾麒，号桂里，由海虞卜居葑门天赐庄。阐明理学，隐居教授，负笈门下者多一时名士。著有《理学宗旨》《经史表微》《座右格言》等集。私谥文庄。墓在葑门外匠门塘受字圩。杨果撰志铭。

顾宗孟，字岩叟，世居天赐庄。少孤，读书敦行，事母以孝著。万历己未成进士，释褐，知浙江定海县事。县多盗，常探丸相聚为乱。发伏摘奸，歼其魁，盗悉以平。天启初，以卓异征入为监察御史。时珰祸猖炽，三吴士大夫如周忠介、忠毅两公皆相继被逮。宗孟心伤，力为挽救，几陷不测。无何而两周公诏狱死，乃叹曰："有老母在，未敢以身殉也。"遂告归。归之日，母疾方苏，躬亲色养。母性严毅，岁时衣绣承欢，小不适，即命杖，犹作孺子泣。有直指诣门，门者入告，适长跪北堂不敢起。直指逡巡移晷，为叹息去。年五十二，以母丧哀毁卒，私谥孝介。

严栢，字德威，号公介，文靖公讷之孙、中翰治子也。治自常熟移家长洲之南仓桥，遂为长洲人。栢幼丧母，五岁绕文靖公膝，见几有《伍行人传》，就阅之。文靖曰："孺子何知？"栢曰："易解耳，篇中大义了然。"文靖奇之。年十二，补诸生，纂述前闻，声誉日起。所交皆当代名人，如文阁学震孟、姚宫詹希孟、顾侍御宗孟，相与晨夕切劘者也；徐宫詹汧、李侍御模，后起而师事者也。然诸公通籍后，未尝轻款其门。诸公有国事，必就访，栢为条分缕析，不少隐。试屡踬，绝意利禄，曰："知遇可忘，书不可不读。"颜其斋曰"困学"，搜历代名贤理学、经济诸书，手自钩纂，积百余帙。崇祯癸未没，年六十八。

朱祖文，字叔经，亦字完天。祖名先，嘉兴人，以灭倭、守边功累升都督佥事、福建总兵，请告后家长洲乌鹊桥之东。子绂，死于孝。妻刘，以节行称。祖文，绂子也，应世袭苏州卫指挥，不就，让于弟祖武。读书励行为诸生，痛母氏苦节未扬，居恒郁郁。吏部郎周顺昌未习识祖文，缘孝廉文震孟言重母行，白之当事，得题旌。部牒下郡，祖文始知，感激泣下，欲为吏部死未有路。方吏部之忤珰被逮也，吴民仓皇激变，击杀缇绮。大吏草疏入告，祸不测。祖文念吏部此行且死，谁左右之者？潜诣被囚所，同宿公廨中。夜谓吏部曰：“公慷慨就道，良善。然事未可知，脱有缓急，谁可告者？吾当先往为地。”吏部曰：“徐银台名如珂。肝胆照人，必能济事；顾侍御名宗孟。意气不薄，可与计议；外此则鹿定兴、名善继。范吴桥、名景文。孙容城，名奇逢。急难皆可相告。”祖文别去，先走都下。比吏部婴极刑入狱，凡棘狴间纳饘荐蓐、吮疮浣血，一一阴为措置。已悬赇三千，祖文私幸，得旦夕告完；或缓死，百法丐贷都下，不足，独身走定兴，走吴桥，走容城，变姓名，触暑潦，冒昏夜，间关千余里，捃摭稍就，而吏部毙狱矣。当是时，奸党欲尽杀正士，罗网密布，而祖文得脱于危，幸也。顾自念事不就，又跋涉道路，不及亲视吏部殓，每清夜感恸，泪尽饮血，闻者凄恻。归未几，缘哭吏部故，劳悴愤懑，发病死。同时有朱德升者，名陛宣，著孝行。万历壬子，与吏部同举于乡。吏部被逮时，陛宣晨夕省视，同饮食坐卧，人以避祸讽之，陛宣怡然自若。后恤吏部家尽力。殁后，私谥孝介，与祖文称“二朱先生”。

沙舜臣，字子升，由长洲籍补郡庠生。素尚气节，当魏珰矫旨逮吏部周顺昌开读时，巡抚毛一鹭、巡按徐吉及道府以下皆在，士民坌集，舜臣偕诸生王节、刘羽仪、王景皋、殷献臣、杨廷枢、文震亨等直前谓一鹭曰：“今人情如此，明公独不为青史计乎？缓宣诏书，据实上闻，请抚按勘治，惟明公责。”一鹭谩应，诸生更慷慨言曰：“微闻道路知事所繇起，愿明公终始之。”一鹭愤然曰：“诸生诵法孔子，知君臣大义，诏在，即君父在也。敢群聚而哗？”皆答曰：“岂唯君父？二祖列宗，实式凭焉。诸生奉明公教，万一他日立朝，遇此等事，决当以死争。”往复不决，官旗激众怒，众共击之，至有死者。抚按草疏告变，具狱。后杀颜佩韦等五人，黜王节等诸人锢狱，舜臣与焉。珰败后，始释舜臣。事母孝，与弟舜年、舜民晨夕伺颜色、问起居，出门不敢越百里外，时称“一门三孝”云。

马士鲤，字云逵，工镌刻。天启间，吴中为魏阉建祠、立碑、刻文，须能手。巡抚毛一鹭檄府县饬士鲤镌刻。士鲤曰：“安民不列姓名，故善。然已污我手矣。”宵遁免。后魏给事大中被逮，过吴，周吏部顺昌欲以幼女字其孙，仓卒无媒氏，士鲤任之。

宋学朱，字用晦，代居葑门。中崇祯四年进士，授南京工部主事，管宝源局，改云南道监察御史，巡按山东。方学朱出巡章丘，大兵破居庸城南下，本兵杨嗣昌檄山东巡抚颜继祖握兵移镇德州。太监高起潜拥重兵，驻临清，名声援，实观望也。

时远近震动，济南无守御备，学朱曰：“此藩封重地，吾虽无守土责，然吾不死守，谁当守者？”即驰还，与布政张秉文以下议守城，阅城中兵，止乡兵五百及莱州援兵七百人，皆不堪用。学朱叹曰：“张空拳，冒白刃，事势至此，死无日矣。”移檄高起潜，不发一兵，先后七上疏，皆留中。学朱见无救兵至，即率士卒登陴，设扞御策，檄州县训练民兵。部署方定，外围合。凡三十余日，城中粮不给，乞德王发帑金犒军，设佛郎机，穴城墉，向外轰击。复纵奇兵出战，长围稍却。越九日，城外添兵合围，蜂蚁屯集。明年正月二日黎明，学朱与兵备道周之训等守东南门，忽报攻西北城甚急，大兵肉薄争上。学朱跃马循城而西，持挺格斗，刃中于面，被缚去，不屈，死于城楼之旌竿。有顷，城楼焚，尸遂烬，之训亦死。兵退，学朱长子德宽抵济南，遍求父尸不得，招魂以殓。抚按累疏请恤，奉旨覆勘。次子德宜伏阙上书，旨察议，终不决。方学朱官御史时，曾劾杨嗣昌夺情请援兵，时嗣昌在枢辅，欲掣其肘，故不报。后议恤典，久格。南渡后，赠太常卿。

顾绳诒，字敬承，葑门人。其志仲子也。崇祯庚午，领乡荐，选授成都仁寿县。时流贼张献忠破蜀，据会城。以绳诒循吏，素得众心，遣人说之降。绳诒大声叱曰：“汝不识顾某为何人？吾恨不剸刃贼腹，雪国耻，顾从汝耶？”骂不绝口。说者去，绳诒驰马入学宫，拜先圣，复向阙拜，自经死。民感其义，瘗龙脑桥侧。

袁扉，字雪封，长洲诸生。幼孤，居祖丧尽诚、尽礼，庐墓三年。母没，亦如之。哭母气息不属，两目几损。或劝之，曰：“与其不及情，毋宁过情。予恶夫托先王之礼以文其凉薄也。”遗产悉付诸弟，己与妇晨夕不给，至摘马兰、杞菊为食，妇亦无怨言。族有五丧未举者，代为营丧。妇死，终身不再娶。后弃诸生，入深山终。著有《世范录》《易经阐解》等书。

周大启，字开美，崇祯甲戌进士，授黄州府推官，有政声。后晋除知黄州府事。时流寇披猖，往复屠掠，全楚溃败。大启至，则黄州城已被毁矣。乃召民负土，竟月城完如故。会迁提督学道，百姓遮留，不得，遂抵辰州。大启掌文事有权略，闻贼兵至，率土司兵及吏民计万人，逆贼于桃源。贼不敢犯，乃走蜀。甲申三月，闻变恸哭，望阙再拜，不食死。士民哀恸，藁葬于辰州，立祠祀之。

盛王赞，字子裁，本吴江人。后移居娄门。年五十余，成进士，令浙之兰溪。发摘如神，邻邑汤溪有奸徒聚众引漳汀人抄掠，令不能治，巡抚檄王赞办之。比至，服其威名，即解散去。缚其魁三四人，境内贴然。素清苦，自食粗粝，妻布素，衙斋中不辍纺织。举卓异第一。入觐，条地方利弊三事，曰南粮，曰驿递，曰盗贼，上嘉奖之。以忤巡按王范意，弹奏落职。一日，上语阁臣："盛王赞何以被参？"奏对："不善事上官。"上曰："此强项令也。"甲辰，吴抚张国维乞为东阳令。国维，东阳人也，遂补官。甫莅任，丁内艰归。晚岁不能具饘粥。吴人过兰溪遗爱祠，见守祠僧徒宽然衣食，曰："盛公转不如也。"

蒋铉，字伯玉，蒋圩人。弱冠，食饩于庠，讲经济学。南刑部侍郎王心一知之深，凡军国重务，降心商确。时流寇蜂起，朝命心一修留都所属城，费帑金数万、人役百万余工。心一专委之铉，上不费国，下不蠹民，功速而城完，当路者知其才。大司马张国维抚吴，尤敬礼，以四方多难，谘人材于铉。铉荐布衣程周祐，知勇可用，即以兵柄授之。后于六合大破流寇，国维寓书于铉，谓："使寇不得渡江而南，皆君荐士力也。"崇祯十二年，诏举贤良方正，国维首荐铉。筮《易》得"随之明夷"，蹙然曰："此何时？尚不思韬声匿迹耶？"称疾不赴，年七十六，终于家。

陈道立，字企洋，甫里人。于书无不读，尤喜论兵。崇祯辛未，流贼南下，巡抚张国维督师御贼，以道立为记室，有调度功。贼退，叙绩题请，不受。国朝初，总督李延龄以人才荐，不起。晚年以诗酒自娱终。

薄珏，字子珏，嘉兴籍。其学精微奥博，莫测所授。崇祯中，流寇犯安庆，巡抚张公国维令珏造铜炮，炮发三十里，每发一炮。设千里镜，视贼所在。贼先后糜烂。又制水车、水铳、地雷、地弩等器，歼贼殆尽。张公荐于朝，不报。退归吴门，萧然蓬户，如枯僧也。室中器具毕备，操觚著书，暇忽煅炼，忽碾刻，忽运斤。尝造浑天仪，周围不逾尺，而日月之盈缩朓朒，星辰之宿离伏逆，不爽累黍。其法用直线分割圆轮，以有定之角絜无定之边，东西南北，远至亿万里，如在咫尺。又论汉唐宋诸历家推算，独推郭守敬《授时历》为是。其名海外亦重之，然卒以穷死。所著有《浑天仪图说》《格物测地论》等书。

朱寿阳，祖文子。祖文，故义士，以身殉周忠介公之祸者也。寿阳少岁补府庠生，世袭应得苏州卫指挥，让于弟寿康。康死，让弟寿增，使就官。父有疾，常割股肉代药。父没，一言行惟恐违。曾祖都督先以御倭寇功，建专祠京口。逆阉矫旨变易天下祠院，都督祠亦在毁中。寿阳负病匍匐泣诉当事，当事怜之，祠赖以存。阉既诛，郡县以周忠介公故，重其父，推德其子，赠官产五十亩，弗受。又赠金，弗受。人益重之。顾生平有经世略，能言人所不敢言。尝条十七议于抚臣张国维，时见采用。崇祯壬午，诏访庠序、岩穴之士，抚臣黄希宪檄符保举，知府陈弘谧以寿阳荐，授五经博士，不就。崇祯末，卒于家。

尤挺秀，字实甫，代居斜塘，孝友著乡里。岁大饥，邑令聘主赈济，勤而不私，全活无算。地界吴淞、金镜湖之间，素洼下，遇潦岁，民苦征输，请于令，列版籍水区，远近蒙惠。太守陈弘谧重其行，举乡饮宾。年八十二殁。子沦，字远公，置役田，立义冢，赈贷贫者，能继父志。

沈璜，字璧甫，居虎丘之西。长身赪颜，类河朔间人。重气任侠，往往急人之难。尝游辽左，督师袁崇焕延为上宾。督师误杀岛帅，璜知为失策，即辞去。及督师罹重典，酒阑灯灺，未尝不声悲泪下也。乱后之乌目山，夫妇为兵所害。

蒋若来，字龙江，娄门外人。本名家子，少岁无赖，有大力，人不敢忤视。与故将角力，故将负，妻以女，以故隶籍军伍中。时崇祯八年，流贼连破河南、江北诸县，皇陵烬。高迎祥、李自成径去，张献中独东围庐州、舒城等处。若来在舒城中，城外连营数十里，昼夜急攻。若来夜适守城，有贼渠逾城上，已及女墙，见若来卧，以矛刺若来，中颊。若来挥刃斫之，贼渠堕城下。若来随踊身下，斩贼渠，连杀数从贼。贼中遥见，谓天上飞来，一营大哗，曰："天神至矣！"拔营走。众贼营俱走，若来乘势杀贼，而城中知贼已乱，遂开门纵兵追逐。比晓，贼奔窜百里外，为官兵所杀及自相蹂躏死者遍野，沟塍皆满，以若来为首功。流贼攻桐城、无为、潜山、太湖、宿松诸城，应天巡抚张国维御之。献忠从英、霍遁，若来屡立战功，拔军伍中至参将。明年，贼从间道犯安庆，若来以八百人出战，败，堕深堑中，跳而上，几为贼获，弃兜鍪杂卒伍中免。时左良玉、马爌、刘良佐合兵救之，若来出奇兵接战，日晡不食，赤手搏贼将，掷贼所乘马，马骨俱折，遂大破贼。贼走潜山之天王古塞，国维移檄良玉搜山，良玉不应，寻北去。贼复出太湖，连蕲黄，势益炽。会总兵牟文绶偕刘良佐来救，若来借二军力，大破贼，贼始遁入湖广，以功拜右都督府，守安庆。十五年，献忠陷舒城，若来又战，败，奉旨带罪立功。是年秋，偕黄得功、刘良佐复大破贼于潜山，复原官，赐玉带，仍守安庆。后王师定鼎，所过臣服。若来曰："我以匹夫受天子厚恩，安能事两朝，作再醮妇耶？"召诸将至，与痛饮曰："诸公好为之，各人做各人事，不相强也。"呼爱妾出，手刃之，遂自杀于坐上。

杨廷枢，字维斗，一字复庵，成孙、大溁子也。崇祯庚午，举乡试第一。时东林之后，继以复社，学士大夫相与砥砺名行，而廷枢尤以一代文章节义为己任，弘奖风流，激扬清浊，海内之士视其言论风旨以为轻重，负笈而游者数千人，有"东南夫子"之称。又与同里徐汧、娄东张溥、张采并称"皋里、吴趋、西铭、南郭四先生"。皋里，廷枢所居也。周忠介被逮，廷枢身左右之，几被祸，弗恤也。顾秉谦、吕纯如辈以逆案废归，廷枢力持清议，使不得与乡之士大夫齿。阮大铖居金陵，复社之士为南都防乱揭。廷枢曰："此当如顾秉谦，己事在一乡则一乡攻之耳，不必广列江、楚、闽、浙人以示之党。"大铖闻，急遣使乞哀求解。廷枢曰："吾所言者国体耳，岂庇大铖耶？"由是大铖深衔之。南都后，大铖得志，修宿怨，构大狱。或劝廷枢稍委蛇以自解。廷枢曰："修身俟命，俭德避难，他非所知也。"甲申闻变，北向恸哭，誓以死赴。乙酉，庐墓邓尉山，不复入城市。丁亥，被难，抗辞不屈死，甚烈，有绝命词十二首，书之衣幅，激烈悲壮，与《正气歌》比埒，学者私谥忠文先生。弟廷祯，字公干，少为诸生，与兄齐名，早卒。子无咎，字震伯。方廷枢殉难时，甫十二岁。既长，曰："先君大故，恨未从死。"自是杜门隐居，历八十年，不改初服。与涧上徐枋、昆山朱用纯皆励首阳之节，时称"三高士"云。年八十九卒，私谥正孝。

许琰，字玉仲，吴县诸生，长洲甫里人。自励志节。崇祯十七年三月，流贼破京师，思陵殉社稷。问至，诸生临明伦堂，琰衰杖擗踊尽哀。已南都颁监国诏，而哀诏未颁。又诏中无讨贼意，琰愤甚，走诉大姓，谋倡义举兵，无应者，益愤，自经于福济观，道士解救，不死，复沉于胥江。时潞王奔吴，将适越，泊舟胥江，令人扶救之。琰知为潞王，责以召南方义士，合兵讨贼。王乱，以他辞不应。琰厉声曰："琰江左一秀才耳，平日诵圣贤书，尚知君父之仇不共戴天。王为天子懿亲，入与天子共起居，出分天子社稷之寄，一旦国破君亡，不思恢复，何面目见二祖列宗耶？"王不应。琰知王无复仇意，因椎胸曰："死耳！"跃入江，邻舟复救之，舁至家，家人日夕守，不得死。寻闻哀诏至，即庭中稽首号恸，遂绝粒。妻赵携幼子泣劝之食，饮以汤。琰自嚼其舌，噀血被面。及肢体自书"崇祯圣上"四字，凡数处。七日死，学者私谥潜忠先生，祀旌忠祠。

顾所受，字东吾，长洲生。与许琰善，闻琰死，往哭曰："公死矣，后死者其谁与归？"及南都拥立，君臣偷安，柄国者渔声色，营苞苴，党邪害正。所受居常愤愤，时啮臂出血。明年，王师渡江，崩角恐后。所受诣琰殡，告曰："受所以不死者，欲有所俟以成公志也。今已矣，敢不从公地下？"至学宫，拜先圣讫，投泮池中死，暴尸烈日中，神色如生。

顾维寰，长洲生，喜谈古今忠烈。崇祯甲申四月，帝凶问至，吴诸生哭于郡学。直指周一敬谒庙，衣绯衣，鸣金呵殿，扬扬而来。诸生中有黝而长者为张长澜，与维寰前数直指曰："此乾坤何等时，犹服此服耶？"指明伦堂额示之，褫其服。直指惶悚，然犹称流寇为西兵。维寰唾曰："逆贼逆天犯上，凡带毛发、含血气者，皆欲食贼之肉，公称如敌国，意何为？”直指不敢对，逡巡去。两人叹曰：“祖宗养士三百年，今高爵厚禄者如此，大事可知矣。”是夜，误传长澜自经。维寰曰：“我不可后。”越五日，经于祖墓前古松树下。长澜虽未死，然终其身亦不辱志行。

许王家，字君聘，苏州郡学生。国变，隐居摇城，有吏趣之出，封利剑一，示以期，曰：“不出即死。”王家曰：“死，分也。吾固甘之。”或劝王家谓：“君一诸生，未食天禄，何遽以身殉？”王家曰：“君臣之义，岂论仕不仕耶？吾读孔子书‘杀身成仁，求生害仁’已讲之熟，公等勿复言。”以父母属妻，顾曰：“尔善事堂上，吾不能终养矣。”父母知志不可夺，含涕谓曰：“女行女志，勿念我二人。”王家肃衣冠，再拜，赴湖水死，年三十九。

汤传楹，字卿谋，比部玄洲子。虽为贵公子、高才生，而庭训志趣各殊，恒悒悒不自得。善诗歌，得昌谷体。年二十五，甲申之变，感愤死。妇丁哀恸，越宿死。有《湘中草》行世。

郑敷教，字士敬，名儒光宙子。湛深经术。天启中，吴中倡为文社，相砥砺。其时巨儒太仓推张溥、张采，常熟推钱禧、杨彝，华亭推陈子龙、夏允彝，吴中推杨廷枢、刘曙，而敷教掉鞅其间，分主五经、文字之选。崇祯庚午，廷枢解南畿，敷教与张溥、陈子龙、夏允彝同举于乡，一时文风士气为之丕变。后加寖广，于是云间几社、浙西闻社、金陵南社、历亭席社、昆阳云簪社、山左大社统会于吴，号为复社。声气之孚，应于千里，而党人之祸将作矣。思陵虑风俗之弊由于士习，而阁臣希旨奏溥等树党挟持，谗言罔极，祸几不测。至崇祯十五年，御史金毓峒、给事中姜埰各上疏白其事，始奉旨，不以语言文字罪人。社局稍定，而溥与敷教等始得高枕卧。至南都时，阮大铖等复翻旧案，吴中诸名士几濒于危，而敷教等绝无悔，尤意甘如饴也。敷教生徒之盛亚于廷枢，而韬光养晦，卒以自全，可谓明哲保身者矣。年七十，卒于家，门人私谥贞献先生。子之谟，字仙弢，长庠生。贯穿经史学。崇祯庚午，有房考潜通关节，之谟耻以非礼进，谢之，竟不赴闱。南渡后，宗伯钱谦益疏荐，不应召。隐居养亲述作，自命不愧清门后云。

许元溥，字孟宏，甫里人。父中书舍人自昌，以读书起家。溥少颖异，崇祯庚午举于乡。时东南名士倡为文社，争欲得溥。溥所选古今文，皆有典则。甲申后，遂不应试，莳兰艺菊。宾客到门，相与赋诗谭宴，留榻款洽，萧然烟水间而已。年五十卒。

陆坦，字履长。父嘉颖，居阊门外山塘。嘉颖以吏起家，力于为善，有砚癖，自号砚隐坦生。时嘉颖梦石化为龙，长而读书，有骨干，举崇祯庚午乡试，与杨廷枢、郑敷教、许元溥称“吴门四孝廉”，俱以名义自持，为乡里清议所宗主。然不事诡激，多阴行善。岁饥，疫疠并起，郡守属坦设法赈济。有闭籴者，坦率里中人长跪请。闭籴者感动，饥民卒赖以济。有少子与邻儿戏，眚右目，遂以死。邻父恐，弃其家遁。坦使人招之归，曰：“吾子死于命，非若子过也。”其仁厚如此。甲申，选南丰令，不就。隐支硎、邓尉间，年六十余卒。

吴适，字幼洪，少颖异，从杨忠文廷枢受学。中崇祯丁丑进士，释褐，除衢州司李，决冤狱，多所平反。以卓异征户科给事中。时遭丧乱，马阮秉政，群小丛集。阁臣姜曰广、御史刘宗周相继去，适愤激，极言老臣沦弃可惜，而勋臣赵之龙荐举匪人，壅遏言路，特疏纠之。先是，适进兵科，总兵宁南侯左良玉方与马阮交恶，举兵焚武昌，以清君侧为名，忌者谓出适意。又以适荐侍郎杨鹗疏中有“与良玉忼慨同仇”语为证，遂下于理。于是逆党诸臣争欲杀之，而南都已不守，明遂亡矣。归田后，治西园读书，年四十，筑不动轩，自谓有契于孟氏之旨。五十，卒于家。

张拱端，字孟恭。父度，昭勇将军，原籍山西太原，官于吴，乐其风土，因家焉。拱端聪颖绝人，过目成诵。为诸生，好奇任侠，游杨忠文、徐文靖之门，称入室弟子。后应辟，授职方主事。遘国变，杨、徐皆殉节，拱端遂逃于禅，易名兴机，以其学授二子、七女，皆工诗善画。筑别墅虎丘，栖隐其间。晚岁失明，年九十余卒。有《孤云集》。

华壮舆，字方雷，虎丘山塘人，名诸生。相貌奇伟，膂力过人。当明季多难，尝慷慨激发，有枕戈击楫之志。甲申后，从史阁部于军，临阵江上，力战死之。

叶襄，字圣野。少颖敏，父教授江左，从母受学。母张，贤母也。谕襄曰：“子瞻年稚，弗克从明允以游学；邴原家贫，复弗能入乡塾以从师，奈何？”襄闻命，锐志经学，为名诸生。时杨忠文廷枢联复社吴中，襄执经称高弟子，而襄之名日上。甲申后，高隐不出，诗屏钟、谭余论，严持科律，一以唐人为师。

陆世鎏，字彦修，陈墓人。崇祯己卯，登乡荐。鼎革后，不赴公车。布袍棕履，遁迹湖滨，以诗酒山水自放。与世人少交接，独喜同里后进陈载锡。载锡，字三卿，邑诸生。敦厚孝友，抚孤侄景琇饮食，教诲逾己出。后景琇成进士。载锡卒，景琇服三年丧。载锡著有《云间草堂诗》。

卞文瑜，字润甫，工画山水，不名一家。生平无定居，或寓结草庵，或东禅寺、竹堂寺，炉香碗茗，到处自随。每日二童子侍侧，一供磨墨，一供涤砚，俱通画理。

有以势力索取者，命童子点笔应付之。太仓吴梅村作《画中九友歌》，文瑜与焉。女夫俞丝，亦以画名。

蒋钺，字仲雄，隐居吴淞间，以诗名，专工乐府、古诗以寄其慷慨、讽谕之意。虞山钱宗伯序其诗，以卢同、刘义为比，而叹“世无昌黎，谁为推挽而扬扢之者”，可以识其品概矣。

蒋献陛，字君玉，高州守彬孙、一骏子也。有至性，母久卧病，奉医药三年，无倦色。母殁，哀毁骨立，几成瘵疾。父感动，遂不再娶。既父殁时，祖母年七十八，有宿疾，献陛恐伤其心，每哭泣不敢出声，而枕席间血痕常斑然。祖母尝谓人曰：“我老年丧子，不至增茕独忧者，赖此孙也。”未弱冠时，著声庠序。鼎革后，筑室深山中，惟以读书著述为业，山中人亦罕见其面。年八十二卒。著有《礼记萃珠》《诗经题窾》《见闻纪训》等书。

文从昌，字顺之，号南岳。至性过人，事父母以孝闻。父疾，中夜吁天，黎明叩颡郡庙，数十日无间。母性严，时或征色发声，则长跪以请，俟霁颜后已。为人质直无矫饰。天资敏捷，古文、词、画皆得大意，构荫白堂于忠烈祠旁，植花栽竹，优游乐志以终。

国朝

顾廷琦，字佩坚，长洲生。父绳诒，崇祯末知蜀之仁寿县。张献忠破成都，不屈死。天下既定，廷琦孑身入蜀，遇川水暴涨，几死；绝粒数日，几死；遇强梁，遭豺虎，坠深渊，几死。阅四寒暑，始扶榇归。方廷琦之成都，不知父瘗薶处，呼号路侧，誓不欲生。由遵义民访殷继周、黄珪，由殷继周、黄珪访文运，由文运访曾大礼，始得之龙脑桥侧，庐墓数月，哀感行路，往返万四千余里，抵里门，须发尽白矣。

刘龙光，字蓼萧。父廷谔，官益王长史。国初，道梗不通，龙光扶病至盱江，故人无在者，祷于张令公之神，梦中告以石漈一语，然不知所谓。久之，遇一女僧，云石漈在闽广交，方今阻兵，须间道可达。龙光冒死逾白石岭而下，果得母于石漈空村中，名见娘村，宋时孝子王龙山见母处。父已先一年没矣。奉母扶榇归，孝养十余年，母没。

彭行先，字务敏，号贻令，晚居东城之竹堂，一号竹里老人。父汝谐，万历丙辰进士，未释褐卒。行先其仲子也。生而端悫，不苟言笑。稍长，通六书，诵五经。崇祯末，拔贡生，谒选，考授县令。甲申后，志不求进，独肆力于古文辞。雅善书法，尤习前朝典故，对客娓娓以为常。已而从孙定求以第一人及第。未几，孤孙宁求又以第三人入翰林，门第华耀。行先日夕键户，谢宾客。汤公斌开府吴中，命有司延致，固辞。致书币，亦不轻受报谒。年九十二，以寿终。

徐汝璞，字我石，号雪渔，周庄镇人。敦孝友，嗜读书，寄情歌咏。所居近白蚬江，与诗人、衲子雨蓑烟艇，常出没涛浪间，见者疑陆天随、张志和也。弟汝珍，字次玉，好任侠，应试留都，常挥千金结四方名流，因与贵池吴次尾、常州陈定生善。马、阮欲杀二人，几及之。汝璞乃匿其弟，避迹吴山中，足迹不入城府，长歌短韵，放浪傲睨以终。所著有《塞斋集》《松陵诗选》，年七十二卒。高人吴之纪志其墓。

韩馨，字幼明，号清谐，八岁作擘窠大字，书武丘五人墓碣，董其昌、陈元素赋长歌赠之。十三游郡庠第一。既入南雍，司成王某奇其文，取冠多士。父治为黄岩令，卒官，偕弟馚扶柩归里，赙赠无所受。兄弟友爱，后以徭役事为人构衅。馨任劳任怨弗顾。弟卒，与侄菼欢好如初。课侄读书，大魁天下。国变，家遭寇焚，载先世栗主遁迹荒野。时平，卜居洽隐园，苍松秀石，翰墨自娱。与郑敷教、金俊明诸遗老以气节相尚。著有《绀雪堂稿》《洽隐园墨刻》。子樵，字声谷[①]，太学生，性孝谨，登大耋，与宾筵。孙骐，字其武，岁贡生，工诗文。著有《补瓢存稿》。

褚篆，字苍书，长洲生。邃于经学，年既老，同学者半为古人，而篆以前明遗老抱遗经待人叩问，时比之伏生、申公。所居松吟堂，不远市廛，翛然若人世外。前人碑版罗列棐几，暇则作书，求者必应。己卯岁，圣祖仁皇帝南巡，召见行在，书行、草各一幅，上嘉奖，赐“海鹤风姿”四大字以荣之。时篆年九十有三。又一年，考终。

顾苓，字云美，太仆卿存仁后。键户读书，潜心篆、隶学，家多载籍，专工博雅，凡金石、碑版以及鼎彝、刀尺、款识、虫鱼、蝌蚪之书，皆能诵之。晚而篆、隶益精，临摹秦汉牙章、玉印，砉然奏刀，见者以为高出赵子昂、吾士行、文三桥也。所居虎丘山塘，萧然敝庐，中悬思陵御书，时肃衣冠再拜，欷歔太息。识者知其困郁不舒，绝匿名迹，有以也。女一，妻瞿稼轩式耜，子易其名姓，俾脱于祸，人尤高之。著有《塔影园稿》六卷。

宋宓，字御之，初名德宽，侍御学朱长子。侍御殉难山东，宓年才弱冠，徒跣达济南。济南以兵火后，积骸成莽。有小吏指侍御遇害处，从其言遍求灰烬中，刺血滴骸骨，昼夜号泣，终不得，乃招魂以敛。寻伏阙请恤，哀动黼座。既长，偕两弟发

---

① 字声谷，原作“子声谷”，据《〔乾隆〕长洲县志》改。

愤力学。顺治戊子，弟德宜举南闱；辛卯，弟德宏举北闱。乙未，德宜成进士，旋列禁近，跻卿贰。而宓至康熙丁巳举顺天试，盖至是数入棘闱矣。岁甲子，子广业令直隶临城，值大旱，民悬正额。宓典遗产代民偿逋，兼设粥赈济。民德之，为立功德祠。广业，字性存，由拔贡生仕至济东道，祀名宦。

章在兹，字素文，吴县诸生，家长洲之濂溪坊。崇祯间，文社盛，在兹即有名于时，操经义选政。国朝辛卯、壬辰以后，清音选本行天下，每行卷房书出，各省贾人先纳直坊间，必待清音乃去。坊人具币聘、盛供给如待神明，有时序文既发，偶为婢仆所留，必厚馈剧宴而后得。选家之盛，自周介生、范文白以来，未有及清音者也。然在兹久困诸生，丁酉始中副榜，入成均，谒大司成于彝伦堂。大司成系吴中同社友，向以文字就质，受在兹讥弹改定者，故严峻其礼以愧之。在兹豪气摧抑，尝言："李广不侯而李蔡侯，真咄咄怪事。"方谒选，病卒。

彭珑，字云客，葑门人。中顺治丁酉顺天试，己亥成进士，授广东长宁县。未几，去官。少岁耽玩理学，以居敬穷理括《大学》宗旨，以戒惧慎独括《中庸》宗旨。教授学者，月朔望课文文星阁下，远近至者三百余人。每科得俊士，林林相望，受业者亦皆敦尚名教，不事跅弛，不问知为彭先生弟子也。年七十七没。子贵，赠国子司业。

宋德宏，字畴三。顺治辛卯举人。重交游，慨前明复社为温体仁、阮大铖诸奸掊击，名贤沦丧，思继续盛事，与彭进士珑、吴广文愉，偕兄举人德宓、大学士德宜举慎交社。四方来吴者，适馆授餐，倾产弗靳。为文酝酿深厚，设教城南，生徒云集。时方之河汾之门。殁年三十四，门人私谥正谊先生。以子定业贵，赠兵部武库司郎中。

蒋德埈，字公逊，顺治辛丑进士。性至孝，父病，刲股疗之。父卒，哀毁至极。入都，遇盗，同舟二人皆被劫，德埈仅免，存白金数十两，分给二人为置襆被、庀扉屦而别。岁饥，倾家赈济，全活数千人。月给缗钱为乳婴费，施絮施棺，埋胔掩骼，每岁无算。临卒，以腴田百三十亩为义庄以赡族，以百二十亩助于育婴堂。里人感其义，请之有司，建祠春秋祀享。仲兄维城，字公表，醇朴孝友，与弟德埈并善事父兄，家庭之内，融融乐易。父卒，尽哀。兄殁，抚孤二人，至性如一。凡置产、赡宗、捐田、育婴及岁歉赈饥诸善行，若埙篪之唱和焉。年六十余，犹应举不第，以明经学博终其身。

张庆孙，字曾余，世居嘉定。父慎德，徙郡城之东偏，以儒教授，故为长洲人。

庆孙读父书，庐于匠门溪上，老树扶疏，清流荫席，聚生徒说经，晓畅厥旨。后徒益众，常临溪买鱼、借圃植蔬以给都养。举甲午乡试，旋以逋税罣误屏，不得与南宫试。晚年益以赋诗课子为事，年六十有二卒，弟子称之曰履素先生。有《尚书集要》《侣蛩斋集》。

汪琬，字苕文，号钝翁。乙未进士，授户部主事，旋为员外郎，左迁西城兵马司，已而分司大通桥，榷龙江关税务。家居十余载，以博学宏词征，授翰林院编修，与修《明史》。琬宦不达，浮沉郎署，入史馆者无几时，而直节峻望，为清议所宗。诗文称一代作者，与新城王阮亭、中州汤潜庵、大梁梁曰缉、宛陵施愚山辈切劘砥砺，蕴藉深醇，精严法律。本朝数十年来，以古文名家者，未能或先也。性伉直，不容人过，人皆严惮之。中岁解组，隐居尧峰山麓。征辟后，又葺山塘别业，所谓丘南小隐者居之。著有《类稿》《续稿》《尧峰文钞》，卒年六十七，私谥文清先生。其著籍弟子顾希喆、计炳、董文琛，侯官林佶为立祠丘南。

尤侗，字展成，号悔庵，晚自称西堂老人，居城东葑门。侗生而警敏，博闻强记，有才名，以贡谒选，除永平府司李，以法绳旗丁，降调。后以博学宏词征，授翰林检讨、直史馆，旋告归。侗才情绮丽，风流弘长，和易近人，不为崖岸。后进以诗文缣素请者，必满其志去。人咸乐就之。己卯，天子南巡，召见行殿，御书“鹤栖堂”匾赐之，即家晋侍讲，时年已八十有二矣。先是，侗清词丽句流传禁庭，章皇帝有“真才子”之目，而圣祖亦以“老名士”重之。晚而刊落才华，归于平澹，识者谓元之杨铁崖差足相仿云。

许定升，字升年，一字香谷，甫里人。生而敦朴有文，甲午举于乡，中乙榜，例得教，非其志也。闭门读书二十年，谒选，得阜城令。阜城频值岁饥，民持男女易斗米。升设法赈济，民赖以食。邑多盗小，不稔即劫掠贾客，谓之响马，不可究诘。升下车，廉得其巢窟，缚什伍杖杀之，民赖以安。居官公廉，出入惟驽骑，以一隶自随，曰：“民力几何而事呵殿为？”后挂冠归。值岁凶，特设粥以食饿者。里中子某既许助百石矣，已而悔吝，不与，众将踣之。升曰：“本欲活人，而蹶一家，不可！我尚有薄田二顷，无虑也。”卒尽斥卖以为设粥费，余如育婴、恤榇诸善事，岁必举行，乡人至今称道之。子廷鑅，字子逊，工诗，康熙庚子顺天举人，为福建武平县知县，有廉惠声。

沈钦圻，字得舆，长洲生，与朱隗、金俊明、叶襄以文章气谊有声坛坫。思陵徇社稷，福王南渡时，事不可为，隐居葑溪之竹墩，布衣藜杖以老，好赴人缓急。有黠者除夕叩门云："被劫掠，非数十金不能治装归。"尽检橐中金与之。既知其伪，童仆窃笑。曰："吾以不欺待人，不逆其诳也。"工诗，初模刘随州，中更衰乱，师杜少陵，晚出入乐天、剑南。陆太仆世廉极心折焉。暮年，几不给晨夕，怡然自得。荒圃一区，遍艺名卉，亲汲水灌畦为乐。以孙德潜贵，赠内阁学士兼礼部侍郎。

顾其蕴，字大来，明长庠生。少秉异姿，淹贯史传，笺释"六经"奥义，多汉儒所未及。晚尤研精理学，进窥濂洛之奥。甲申后，绝意科举，闭户著书自娱。尝语及门曰："陶靖节托兴诗篇，义熙以后但书甲子。少陵讥其不能达道，是未为知靖节者。"筑宝树园于城之东偏，方袍幅巾，啸歌自得。时而悲歌慷慨，泣数行下。从弟予咸，登进士，为考功郎。或为之劝驾，谢弗应。日与尤侗、沈荃、宋实颖辈饮酒赋诗。人但知其意致闲远，而不知其志节有大过人者。著有《缶吟集》《真钩轩稿》行世。

卷二十五

人物

宋实颖，字既庭，元万户侯通之裔，世居枫江。实颖少孤，事母孝。家贫，力学。年弱冠，即以文受知于徐宫詹汧。辛卯，举京兆，诸公卿倾倒。摄席后，以江南奏销案罣误，不与会试。己未，以博学鸿词荐，寻罢归。久之，授扬州兴化县教谕。实颖宅心和惠，奖拔后进如不及，讲论经籍必津津尽其源流。相国文恪公与实颖故布衣兄弟，而商丘漫堂开府吴中，亦兄事之。桑梓利弊，必为尽所欲言。三吴后进游其门者，比于宋之胡安定、元之吴草庐云。年八十五卒。著有《易老轩文集》。

吴愉，字敬生，世主泰伯祀，端悫有度，言规行矩，长于博士业。老屋一区，授徒数十辈。尝占五经为课，每当省会试，与群弟子磨丹握椠，日夜为雒生诵。试毕，索阅闱牍，决若者隽，若者连隽，不爽毫黍，而愉独屡试屡否，以故群弟子登三事、跻六卿者几满朝列，愉仅以岁贡循资晚授江宁府溧水县司训。愉深于性命之学，故能义命自安，不与物竞，视世之走声利、希苟得者，未能以彼而易此也。年八十卒，私谥端仁先生。

施敬先，字尔恭，号蓼劬，新桥巷人。中顺治辛卯乡试。性嗜学，博极群书。与兄学先相师友，生平以著述为业，而《尚书讲义》《性理摘要》尤足羽翼宋儒。教授及门，比于挚恂、郑众。侄震铨，中康熙乙卯乡试第一，戊辰成进士，馆选，改户部员外郎，四方传诵其文，不知禀承家学，由诸父之陶铸者深也。孙瀛升，字士登，敦行工文，交朋忠信，尤重师门。尝受业于汪编修琬。琬殁，有显者欺其孤子，瀛升为之辨诬，不以势要少沮云。

归圣脉，字薪传，号莪庵，彝亭里人。生八月，父文达卒，母陈苦节抚育。未弱冠，淹贯典籍，为长洲学生，发闻于时，弟子受经者自千里外至。诸当事重其名，折节承教。晚岁聘修《苏州府志》，长、吴二邑志，不谬是非，并称多闻。圣脉承母氏教，志在表扬母节，陈情大吏，辄痛哭失声。大吏感其诚，得具题旌表。母节子孝，一时并称。

陆在新，字蔚文。少为名诸生，长于制举学。丙午，举于乡，授松江府学教授，以巡抚汤公斌荐，知吉安府庐陵县。公廉有声，慈惠兼至。岁俭，不加鞭朴，至负垫千余金。卒之日，民相聚痛哭，为敛钱以偿。弟子彭定求为作传，并铭其墓。

顾天朗，字开一。事母至孝。顺治丙戌，中乙榜，补官学教习，考授县令，以母老不就也。子汧贵，屡受貤封，天朗愈益谦谨。庚午春，母病，侍疾积瘁。及母殁，一恸而绝，时人谓之死孝。癸未，圣祖南巡，赐御书"孝靖"二字，专祀虎丘山塘。

韩菼，字元少，别字慕庐，家于娄门。从祖世能，官礼部侍郎。祖治、父馥，世有文行。菼早失母，从父受学，读书丙舍，徒步往来西山间。研精经史，贯穿百家，不屑为俗儒章句、剽窃之学。已而孤，贫益甚，学益励，然文多与世龃龉，而菼亦不求其合也。妇翁李挈之北游。壬子，荐京兆。明年癸丑，试礼部第一。时逆藩已露叛萌，菼殿试策指陈深切，俨如贾晁，天子为之动容，复以第一人及第。本朝制科连掇会、状者，自菼始也。初，制科之文，士子承明季余习，颇伤繁缛，后降而为空疏、浮滑，自菼出而文风翕然丕变。在翰林十余年，以学士请假里居，筑寒碧斋，仍键户读书，有终焉之志。岁甲戌，特召还朝，上御乾清门，温语稠叠。充修《一统志》总裁及《平定方略》《政治典训》，凡馆阁制诰、铙歌郊祀诸作，多出菼手。擢少宰，掌翰林院，教习庶吉士，旋晋大宗伯。天下想望风采，佥谓旦夕宣麻。而菼寻以病卒，年六十有八。著有《有怀堂集》二十卷、《诗》六卷。乾隆十七年二月，皇上念菼种学绩文，湛深经术，追谥文懿。

尤何，字定中，号贞岩；倬，字卓人，号慵庵。侗之弟。侗远宦永平，诸弟家居，奉亲读书，兄弟相师友。壬子，何举于乡，倬自课益力。及何教谕黟县，以课士最，授神木令。神木隶山陕，与蒙古接壤，地僻民悍，黍麦小歉即盗贼窃发，官吏捕之，窜匿界外，号为难治。何救菑赈饥，用恩执法，而出以至诚，人感其廉，俗赖以淳，尽瘁卒官，几无以殓。倬天性孝友，少慕朴学，凡性理、四子书及明儒讲解，靡不省录。兄侗及兄子珍，父子官翰林，地望通显，而倬不改儒素，不以门阀自炫也。年八十，以岁贡授训导。又四年，终于家。

彭定求，字凝祉，号访濂。禀承家学，键户揣摩。壬子，举于乡；丙辰，会试第一；及对策，复赐第一，授翰林修撰，除国子司业。性好朴素，不事营进，官太学数年，知名士有贡入者，必与讲论周旋，洞彻义理。不给者，常减俸钱以资薪爨。一纻袍，数年不易也。晚岁家居，葺舍傍茧园数椽，课子孙其中，自号南畇老人。学宫圮坏，必倡举集金修治之。先贤徐文靖公旧祠虎丘，圮废，为立祠学宫以祀之。及刻《王仁孝先生遗集》，节刻中州汤潜庵先生诸书。民间政事有不便者，必言于官，请罢之。天子南巡，定求见行宫，命纂修《全唐诗》总裁，晋侍讲。年七十余卒。雍正丁未，孙启丰复会试第一、对策第一。祖孙绳武，后先济美，实熙朝之盛事也。

彭宁求，字文洽，号瞻庭。少孤，事母孝，不辍于学。康熙壬戌举进士，对策赐第三人，授翰林院编修。恬澹寡欲，章句之外，工古文辞，善晋唐小楷及宋元诗。居母丧，朝夕哭泣，缌幕之外，罗列礼经，编纂成帙，衰麻粗粝，未尝入寝。服阕，至都，补中允，分纂殿阁诸书。又疲于应教，家贫，不能延记室，心血枯瘁，年五十卒于官。

冯勖，字方寅，号勉曾，葑溪里人。家贫，业儒。父六皆，远馆闽地。已而耿逆乱闽中，父客死古田。勖南望长号，道路阻绝。祖及母复相踵殁，几不能办衾殓。勖仰天叹曰："勖挺此七尺，学书学剑，何自误如此？"遂布衣徒步入长安。时征博学鸿词，四方名士以荐集辇下者云合，勖厕焉。召试体仁阁，竟得第，授翰林院检讨。即请假归，道武夷，过仙霞关，入古田县。时耿逆初平，暴骸如莽。父榇寄一破寺中，寺僧已前死，遗榇纵横，未得其处。勖伏地痛哭，哀动行路。忽有老人曰："墙西有半寸钉者是。"谛视，则题识宛然，遂扶以归。年六十余，乞假，优游十余年卒。

沈锺彦，字美初，钦圻子。性仁孝。钦圻临殁，嘱曰："吾家德薄，富贵功名不汝望，愿读书自好，乡里称善人。"锺彦守父训，一言一行必于道义。春秋祭享，每泣告曰："大人遗命，儿终身不敢忘。"家贫，积馆谷营葬父母。有赢余，抚恤族中孤寡，周济乡党死丧患难。少岁，留心绘事、篆刻。兴到时，复成诗。后专工分隶，一波一磔，与古人会。唐以下不加贬斥，宗法实在汉人。待友诚实不欺，所交皆一时耆硕。尝病甚，诸夙老咸来视汤药，冯检讨勖作祝文祷于神，乃愈。此信友之征也。以子德潜贵赠内阁学士兼礼部侍郎。

文掞，字宾日，晚自号洗心翁。和州教授嘉之曾孙。清修古行，非祖父书弗读。门无热客，所交多乡里耆旧。焚香啜茗，讨论文史，有襳襶客请见，频叩门弗应也。凡汉、魏、唐、宋诸文集及国朝典故、山经、地理等书，率常手录。诗学高、岑，每自矜贵，不轻誉人，而人无不倾心者。数吴中文献，每屈指。掞可谓不愧清门矣。

尤珍，字慧珠，晚号沧湄居士，侍讲侗子也。康熙壬戌成进士，入史馆。癸酉，迁右赞善。甲戌，乞养归，时年四十有九。扶持杖履，耽玩林石，补《南陔》《白华》

以见志，不复出矣。年七十四卒。少岁论诗，以严沧浪、明前后七子为归。归田后，嗜宋苏端明、陆剑南，曰："二公说尽道理也。"有《沧湄诗钞》《介峰札记》，多朴实近乎道者。

金居敬，字穀似，长洲生。少负才名，游京师三十年，屡踬场屋。乙丑成进士，年已暮矣。谒选，得山西之灵丘，人吏浃和。未几，卒于官。居敬深于经史、八大家文，为制举业，独取法归震川，故其文渟泓滂濞，不顾世俗，而其生平艰于遇合、困于小官，亦类震川。

汤传榘，字子方，困童子试，二十七补长洲弟子员。康熙甲子举于乡，戊辰捷南宫，除福建清流县，户繁俗骄，号称难治。而远乡若梦溪、芹溪、炭山、罗村诸民，积岁抗赋。下车后，除里甲陋规，夫船驿骚悉归官办，民渐悦服。至是单骑往梦溪等处，播告大义，民大觉悟，输赋者相望于道。有命案，连坐者畏祸远窜，众竞指为元凶。传榘微行廉之，罪人乃获。六年，邑称治。时母氏春秋高，就养官舍，终不自适，因乞身归，曰："以章服养，何如以彩服养也。"抵里门，从学者众。矻矻著书，成《明儒大全》，与前所纂《四书合参》《春秋讲义》并行于世。戊子，侍母疾，心力俱瘁，卒。从子万煌，字予明，亦以文行名。

张孝时，字嘉锡。笃于孝友，少讲明经学，久困童子试，以吴县籍补弟子员，已三十有八矣。越四年丁卯，中乡试。辛未，成进士，选庶吉士。散馆，外调，授滦城令，两期，擢知陕西之宁州。其在滦兴水利，清驲站，勤考课，立社学，尤慎于用刑，仿吕叔简《刑章八戒》，奉为法程。其在宁无改。每春夏刈麦时，停檄不下。雨旸失叙，出积谷平粜，请题分年带征，曰："吾宁拙催科，不忍重困吾农民也。"肺病乞休，一夕卒于公署。

惠周惕，字元龙，号研溪，由东渚迁东城之清溪。溪流环绕，有红豆树荫其上，惕家焉。少从明孝廉徐枋游，得其指授，凡周秦以来文章大家，及汉魏诗篇、乐府，靡不究其源委，撷其菁华。年二十余，拟解南闱，主司以文太古，中乙榜。即客游四方，交当世名士。己未，将以鸿词征，父艰，不与。晚而学益粹，文益醇。汪尧峰琬以古文名，于后进少许可，独于周惕，常援永叔称子瞻语曰："让此人出一头地。"康熙庚午，中京兆试。辛未成进士，入翰林，年已五十。复以国书不通晓，外调密云令，卒于官。著有《诗说》三卷、《古文》三卷、《研溪集》十卷。

范景，字声佩。祖周，顺治己丑进士，居阊门下塘之长船浜。景举康熙浙江辛酉乡试，出汤文正斌门，以名行自持。庚辰成进士，任辉县知县，官署萧然如僧斋、学舍。有故人访之，虀盐相对。留数日，别去，语景曰："吾闻县中某处旧例若干可得，君何不取？"景曰："吾清夜自思，寸心无愧，胜于多金矣。"事上官不谄，常上谒郡守，守家人有过，景坐府门，召之出，予大杖，一府震惊。景不为动，曰："吾所以成府公也。"迁倅庐州，卒于官。

汪份[1]，字武曹，沂州知州希汲孙、巩昌同知元絅子。年十四，随大父任。大父有政声，以官逋系狱，份侍侧读书，连日夜不休，狱吏奇之。既长，益发愤于学，闭户考绎，凝思注想，欲齐踪古贤。选时艺，讲虚实变化，提揭穿合之法，四方宗之。所论撰《四书大全》四十四卷、《唐宋八家文》二十四卷行世，外有《易说》八卷、《乐说》四卷、《天文考》四卷、《兵制考》四卷、《沟洫考》四卷、《黄河考》四卷、《盐政考》六卷、《学校考》二卷、《钱币考》二卷，并精核可据。转以选文之法，盖其所长，非份志也。康熙己卯为乡贡士，癸未成进士，入翰林，甲午典粤西试，庚子视学滇南。方奉敕，卒，年六十六。其卒也，贫几无以殓，不愧廉吏后云。

张大受，字日容，孝廉庆孙子，居匠门。弱冠即以能文称。岁庚午，举于乡。庚午得人之盛，为本朝乡荐第一，大受在选中，魁其经。其文传播，荒陬僻陋，无不知有大受者。大受名日起，诗古文辞日益工，四方名士投辖造门无虚日。置酒论文，谭经讲艺，门庭之盛，无与俪者。时同里韩宗伯菼操文章之柄，经品题者如登龙门，独推许大受。大受亦勤于接引，游其门者多至大官。而大受七上公车，始得一第，入翰林，年五十余矣。丁酉，为京兆同考官。庚子，四川典试，甫复命，即命视学贵州。每衡文多所拔擢，兴学举贤，蛮俗为之一变。世宗皇帝闻其清廉，命留任三年。疾作，卒于官，年六十有四。著有《匠门书屋文集》三十卷。弟士琦，字天申，康熙甲子副榜，知江西永新县，有政声。子绵初，庠生，亦能文。

顾嗣立，字侠君，考功郎予咸子。少倜傥好学，尤深于诗。始得力元人虞、杨诸家，后乃出入三唐，掇昌黎、眉山之胜，诗益工，交益广。筑秀野草堂，海内知名之士来吴者，无不造门，宾客酬酢不少倦。而故交贫士之赖以给者，日常数十。岁己卯，天子南巡，与举人张大受同召见御舟，即于是秋荐京兆。已而纂书殿阁，至壬辰，特赐进士，入翰林。迄散馆，咸谓文学侍从之选无逾嗣立者，而竟不得留，遂襆被归里，放浪山水诗酒间。所著有《秀野草堂集》《昌黎飞卿二家诗注》《元人诗》《诗林韶濩》等书。卒年五十八。兄嗣协，广东新会令。未宦时，于秀野草堂西筑

① 自"汪份"至"大受亦勤于接"一个筒子叶，《江苏历代方志全书》本作"愉深于性命之学"至"得具题旌表"，实乃前文复出。

依园，读书其中，与金侃、潘镠、黄份、金贲、蔡元翼、曹基酬唱往还，时号“依园七子”。

刘石龄，字介于，孝子龙光子。少颖慧，博通经史，绝意进取，笃嗜古学，遂以能诗名，尤工五言。尝北游恒岳，南窥衡湘，逾大庾，登罗浮，探奇历险，发于诗歌，故其晚年诗益清远奇丽。詹事陈元龙、宗伯韩菼拟荐之朝，石龄不可。卒以布衣终。所著有《瓠容草堂诗》《粤游小草》，共六卷。

谢志发，字云翼。父文昌，通《书经》学，有撰著志，发绍述之。四十后专工诗，坐一角山楼，晨夕苦吟，每一诗成，常三五易稿。中夜既寝，有所得，必秉烛改定。人问其故，曰：“作诗一句一字，不可不求其安。”所著有《一角山楼诗稿》。

蒋济选，字觉周，长洲生。以经书友教吴中，每讲期，听讲者环坐，馆舍几不能容。尝谓：“学者于四子书宜先冥心搜索，思路断绝，然后取宋、元、明儒先语证之。”其为制义，穿穴六籍，不随风气。无事，日课一文，故箧衍所藏独多。然当时名下士俱得高位，弟子亦相次取科第去，而济选褐衣疏食以老，恬如也。先是，吉水李学使振裕选拔贡生，于长洲得佳卷二，一为张映葵，一为济选。问学博：“谁最贫？”学博雅重济选，对：“蒋生贫。”学使者意恐家贫无力办部费数十金，学博意适相左也，遂拔映葵。生平遭际多类此。辛卯乡试，房考以首卷荐，主司指《礼经》语为颣斤之至，是无心应举矣。越二年殁，门人祀吴端仁书院中，以少时从端仁受经也。

陶唐谏，字正吾，周庄人。嗜善无厌。壮岁，遇乡农葬亲于所佃田畔，田主讼之官，将毁冢，唐谏令迁葬己田中，田主甚惭。有地师寓吴，寄白金百金归。后三十年，其孙来吴，询之，两世奄忽矣，哭之恸，以所寄还之，封识宛然，其孙不知也。所居相近有急水港，为往来要津，向无渡船，每风雨辰，民苦不堪。唐谏设方舟济人，捐田亩所入以食舟子。晚岁，为善益力，赈饥者，衣寒者，药病者，棺殣者，岁无虚日，终身如一日也。初，年四十余无子，有相者相遇，曰：“君阴行善，当生令子矣。”四十三，果生子。后年九十一，见四代，与宾筵，考终，邦人谓之备五福焉。同时有张处士士隆，字君茂，张家港人，嗜善不让唐谏。康熙丁巳大疫，村民遍染，人不敢叩门，士隆按户亲给医药，全活甚众。庚申，常州饥，流民至吴，倾囷仓活之。唐谏之设渡，利涉也，港在长洲县界，今属元和。而吴江县界亦名急水港，亦旧无渡船，士隆亦割田设渡，并设沈舍港渡。远近杠梁，或葺或建，补唐谏未足。缘此，两姓屡通婚姻。既殁，里党思之。至今数为善者，并推陶、张云。

宋兆鹤，字闻士，号信天，万户侯通裔孙，王年长子。王年天生孝友，以文品世其家。兆鹤祗承父训，敦孝弟，研经史。弱冠，赴北雍试，未售，以奔丧归。痛两亲不及侍养，韬晦杜门，葺一室，颜曰“有怀”，供父母神像，敬奉如生。敦睦宗族，亲戚有无力丧葬者，必拮据为之筹画。葬伯父母一家五棺，教子孙读书砥行。以子周臣贵，赠中宪大夫；照入翰林，再赠文林郎。

严渠成，字师厚，文靖公讷六世孙声国子。甫生一岁而孤，母孙夫人砥节自守，瘁女红得衣食以育诸子。渠成长，口授诵读四子诸经，皆母氏教也。渠成性纯孝，念母苦节，无以报，思禔身端己，学成名立，不辱所生，故一言一动惟恐越规矩外，穿穴古今，无寒暑间。年二十余，补博士弟子员，为文峻整典确，六与省试不售。母殁，断荤血，食粗粝，春秋荐享，哭泣倍哀，没身如一日。诏征孝友方正之士，元和江令欲荐之，渠成坚辞，江令益重其人，聘修《元和邑志》，纂纪详核，字不苟下，志稿告成，渠成与有力焉。积馆谷葬父，请旌母节。诸兄欲分任其费，渠成力却之。祖父分授田亩作为祭田，不留分毫。江令迁太仓州守，延为西宾。渠成得疾州署，归舟过昆山，卒于途，年四十六。

陈树珏，字禹烈，长洲生，都御史璠之后。性至孝，读书力学，不以贫废业。每应举，必五经。丁父艰，衰麻不释。服将除，适逢承重。服除，又丁母艰。如是者九年，帷堂之外，未尝易榻。三礼经都成诵，平生学朴而醇，卒以不售。古称独行君子，珏庶几焉。子灿简，字廷撰，读书立品，克类其父。孝行亦相似，侍父病致疾，先父卒。

朱奕恂，字恭季，长洲学生。读书外无事，经、史、子、集、《离骚》、《文选》能熟精贯穿。为古今文，精光熊熊。尤长骈体，比周之子山、唐之义山、宋之后山，能撷英咀腴，不在面目也。生平无疾言遽色，不言人过。友朋过从，坐陋室中，终日谈讨，如和风着物，使人矜躁都释。试辄冠曹，学使者以能识朱生文为重，而奕恂谦抑自下，若无能然。秋试屡摈，无几微不平色，作《反穷鸟赋》以见志，人益重之。晚岁喜读未见书，手录数百卷，皆丹黄钩贯。年六十余卒。

张锡祚，字偕行，更字永夫。始居南园，徙葑门塘之归村，又仍居南园，最后徙下沙塘。屋不过三间，笫屐、书卷外，别无长物。东野《移居》诗“借车载家具，家具少于车”，盖实录也。客至时，不著冠。对素心友，齿在己下者，不让坐。每晨，突不烟，家人以馁告，曰：“古人有三旬九食者，先生肯为而辈扰耶？”性好诗，时时苦吟，品如空林残雪、鹤鸣秋晓。年五十二殁，无子。友人谋葬于灵岩山麓，高士陈炳题其碣曰“诗人张永夫墓”。

顾光世，字岸霄，长洲廪膳生。以厚伦睦族为己任。从祖前明侍御宗孟，立朝介节，未与祀典，请于大吏，得举行。严于享祀。尝谓子侄言："事生事死，不外一诚；萃涣合离，不外一敬。诚敬二字，岂易得到？然离却便不足为人，生平得力在此。"年六十余，以岁贡生将补训导，呕血殁。由少时哭母成疾，终身不能瘳也。著有《周易大意》《性理大意》《禹贡辑注》《孝经辑注》等书。

谢有煇，字立夫，葑门人。由长洲学生中雍正甲辰乡试，选怀宁教谕。每朔望，宣扬圣谕，训饬士子，以敦行立节为先。学宫礼器残缺，率先办治，将事之日，斋肃恭敬，观礼者称极盛焉。计典卓异，授浙江处州缙云知县。仁心爱民，非重犯不加扑抶。听讼时，如家人子弟，谆切劝谕之，两造各不争。革除陋规，征收自正，供解费外，无丝毫赢余，自卖田亩，为民代完有解无征银两。乾隆丁巳秋，缙云风雨灾，田禾被伤。有煇抱病勘灾，越岭渡溪，犯寒暑中，病卒，年七十三。著有《纂订古文赏音》《二十一史南北版讹异》。

徐陶璋，字端揆，号达夫，明都御史源裔孙。中康熙乙酉乡试，乙未捷南宫，廷对第一，官翰林修撰。学问志行，实与名称，时论以公辅期之。丁父母丧，三年泣血，未尝见齿。补官后，分校礼闱，得山左邓钟岳，亦胪唱第一，一时谓衣钵相传。后乞假归，杜门扫轨。时穿穴六经，采取汉、唐、宋诸儒注疏以折一中，每午夜不倦。乾隆元年，补前职，充纂修实录官。晨入暮归，不言劳瘁，历二年卒。生平居心和厚，曰："缯薄则裂，器薄则缺。薄未有可久者。"人有非意加者，曰："我置其不善而思其善，则蒂芥不留于胸矣。"闻者以为格言。兄模，戊戌进士，亦以文行称。

宋照，字谨涵，号喜墨，兆鹤之子。早失怙，晨昏痛亲，无欢容。读父书，泣数行下。奉母能先意承志，温凊定省。自幼至长，无一日懈。母殁，哀毁骨立，经营丧葬，必诚必信。留心经史制义，直抒所见，不落小家。为人高爽，识见过人，而谦和醇谨，仍不敢少纵。岁辛卯，举于乡；戊戌，成进士，入翰林；旋归里门，不接户外事，惟读书课子。尝言："经学之失在析理而不证以事，每失之窈渺；史学之失在综事而不绳以理，每失之支离。"又尝采《礼经》注疏汇为一编，曰："此吾家故业也。"乾隆二年，诏开三礼馆，廷臣荐照编辑。既任职，纂研考订，以劳悴卒。著有《礼经汇解全集》、《史间》二十帙、《息轩杂文集》若干卷。

程树，字玉生，家葑溪里。应院试，年才十二，学使者奇其文，令覆诵五经、三传、三礼、《尔雅》，如澜翻。又命讲《易》文，言及观、渐二卦，大义通晓。补长洲弟子员。稍长，益探究理学、经济诸书。尝榜其书斋两楹曰："文以载道，毋玩物丧志；学期济世，勿谋利计功。”年二十一，遭大父丧，遽以毁卒。大父兆彪，仕比部主事，宦归，生计萧然。树方远之亳州，谋馆谷以佐亲，经营甘旨。比抵家，不及视大父含殓，哀伤逾节，遘疾而殒，时犹未婚云。树之死于孝，固可传；匪独才而早夭，足惜也。父明经，名仁，亦素著士行。

惠士奇，字仲儒，周惕子。为诸生，有声坛坫。康熙戊子，乡试第一。己丑会试，选庶吉士，授编修，视学广东。粤中士鲜知实学，士奇教以诵习五经、三礼、三传，士蒸蒸向学，文风丕振，为粤东数十年学臣冠。世宗宪皇帝知其廉，命再任三年，累迁至侍读学士。以体统触忤贵介，蹉跌归。先是，周惕作《诗说》，士奇作《易说》《礼说》《春秋说》配之，人谓惠氏经学传家。今上登极，起补侍讲，纂修三礼。旋以老乞休，殁，粤东人士祀于韩山昌黎公位侧。著有《归耕》《人海》等集。子栋，能世其家学，注《王士正精华录》，尝以经学荐。

韩孝基，字祖昭，菼子。中康熙己卯乡试，庚辰会试，选翰林院庶吉士。时菼为掌院学士，父子同官禁近，而退然自下，一如单门寒素。菼殁，家居养母二十年不出。世宗宪皇帝召修《明史》，分纂英宗及景皇帝本纪，于北狩、夺门、登极、守御诸大事，考据《实录》，参核野乘，审定是非，直伸褒贬，合良史法。书成，移疾归，掌紫阳书院，教以前民法脉，引掖后学，文风以正。今上南巡，迎驾行在。上念先朝旧臣，书“家学耆儒”赐之。孝基教子孙“毋以门第相高，勿以语言相竞”，识者谓孝基能守父家法云。年九十殁。

顾绍敏，字嗣宗，号东樵，少师张孝廉庆孙。能以古文为笔法为时文，工诗。山阳许给事志进来吴，独赏之，结兄弟交而去。屡试南北不售。与惠侍讲士奇交，士奇视学粤东，引以为助。校文之暇，吊古咏怀，游历愈广，诗格愈高，识者谓得江山之助。邑令以孝廉方正荐，不就。聘修《元和邑志》，与沈尚书德潜分立人物志。故家名德，绍敏任之；高人才士，德潜任之。杨编修绳武题其后曰：“沈老于法，恬于词，骨劲气清，意惬事核，今之子固也；顾肆于才，雄于气，以议论入叙事，以驰骤见纪律，今之子瞻也。”志盖出二人手云。

彭正乾，字存诚，定求子。胚胎前光，恂恂自下，绝去贵介习，禀承庭训，校辑先儒诸书。师事王少湖，手俟后一编，敦行不怠。试省闱，既荐不售，退益自刻苦，研炼经义，具有法程。居父丧，独致哀毁。既葬，犹泣慕不止。教子孙常举先世旧德，反复申绎，屏去文饰，一归笃诚。吴中人士推为笃学暗修，尽伦无憾。尝主乡饮宾席。以子启丰贵，赠吏部侍郎。

徐夔，字龙友，县学生。高祖明通政司如珂。魏珰矫旨逮周忠介顺昌，吴民击杀缇骑。巡抚毛一鹭入告，欲尽诛吴民。如珂以危言正谕激奄党宰臣顾秉谦，秉谦哀恳魏奄，得以保全。夔以清门贤裔，能文章，兼工诗歌，有声艺林。家贫，馆谷不足供母甘旨。游京师，僻处萧寺，不谒贵人。居半年，无所遇，归。惠侍讲士奇视学广南，邀之往，殁于其署，抱才芼郁，吴中士林咸悲之。尝笺注《李义山诗》、王尚书士正《精华录》，极其典核。有《凌雪轩诗稿》，其女刻以行世。

徐葆光，字亮直。壬辰科第三人，授编修。长身玉立，仪表秀伟，诗文雅赡，兼工书法。康熙间，充册封琉球副使，赐正一品麟蟒服。顺过吴门，乡人荣之。归撰《中山传信录》。平生交最厚者为陈周震，字彦瑜，少葆光二岁，与葆光同日补博士弟子员，仪表文名亦相埒，时谓“一瑜一亮”，以岁贡生终。

宋匡业，字鼎来。龆龀时即能曲承父母颜色，人称孝童。父德受谒选京师，殁于邸舍，哀号奔丧，几致毁形，与人言辄流涕，终身如一日。母殁，亦如之。从兄殁，寡嫂无依，分屋居之，嗣以己子。亲友急难，倾家拯恤，不足，典揭以应。身处盛族，淡于荣利。究心先儒语录，奉行《朱子家训》。谦退谨约，无疾言遽色，而遇事诚笃，不欺不校，里党奉为楷模。雅好吟咏，生平嗜梅，咏梅诗成帙，因号梅亭。以子宗元贵，赠中宪大夫、按察使司副使。弟勤业，字彬来，与兄同迎父柩，事母同备色养。任四川顺庆府通判，升山西泽州同知，勤慎任事，三摄府篆，并有廉声。引年家居，不与户外。睦宗族，厚朋旧，介而能和，盖兄弟齐行者。

周准，字钦莱，号迂邨，诸生。世居甫里，中年迁吴之临顿。生平无机心械事，不欺人，亦不虞人欺。刻苦为诗，年二十，裹粮游武昌、沔汉，不谒一人。居近皮墅，与陈培脉及其兄永铨倡和。常随沈尚书德潜至京师，游京师者皆骛名利，准独超然名利之外。居半载，兴尽归。尚书归田，偕游黄山云海，得诗数十首。不事生产，有无悉掌之其配蒋。晚年，蒋殁。庶母弟不弟，屡侵虐之，遂破其家。病于枯寺，舁至永铨家，卒。著有《虚堂吟稿》《瓢中》《鹤皋》《玉楮》《人海》《黄海》诸集。永铨，字允武，并能诗。希风开宝，仰窥汉京，好逸处，与架上古人为缘。四十以后，弃诸生，足不出户外，并不见一人。时人以准为迂，永铨为僻，二人皆终身寡过者。培脉，字树滋。少负俊才，与诸才士角逐名场。众人皆升云路，培脉独老于诸生。诗宗盛唐，为新城王尚书士正所赏。平生足迹半天下，晚归依李中丞馥，处境困穷，不知其穷也。年六十余卒。

卷二十六

流寓

四方人士往来于吴者多矣，然非其人不传，即行谊可述而或舟车信宿，非游习于斯、瘗埋于斯者，不与焉。今自澹台灭明以下若干人，合为一编，使后有可考。他如东方朔之在吴为书师，蔡邕之避怨于吴，未详其地，不知所属，而梁鸿之依皋伯通庑下，地为吴县，无庸概入志中，惧淆也。志流寓。

周

澹台灭明，字子羽，武城人，孔子弟子。南游至江，从弟子三百人，识取予去就，名施乎诸侯。孔子闻之曰："吾以言取人，失之宰予；以貌取人，失之子羽。"《史记索隐》曰："今吴国东南有澹台湖，即其遗迹所在也。"

汉

梅福，字子真，九江寿春人。为南昌尉。去官，数上言变事，辄报罢。时京兆尹王章忠直，讥刺大将军王凤专政擅权，为所诛。王氏寖盛，灾异数见。福上书极言："章面折廷争，孝元皇帝擢之，以厉具臣。陛下戮及妻子，折直士之节，结谏臣之舌，天下以言为戒，最国家之大患也。"又言："建始以来，日食、地震、水灾，亡与比数。阴盛阳微，金铁为飞，此何景也？"又言："汉兴以来，社稷三危，吕、霍、上官皆母后家也。自霍光之贤，不能为子孙虑，故权臣易世则危。《书》曰：'毋若火，始庸庸。'势陵于君，权隆于主，然后防之，亦亡及矣！"上不纳。后又上书封孔子之世以为殷后。先是，匡衡建议为王者存二王后，所以尊先王而存三统也。上寖其议。至福复言，乃封孔子世为殷绍嘉公。元始中，王莽专政，福弃妻子至九江，人传以为仙。后人有见福于会稽，变名姓，为吴市门卒。《吴地纪》云：门为蛇门。后其门堙塞，地属元和界。

晋

王珣，字元琳，与谢玄为桓温掾。温尝谓："谢掾年四十必拥旄杖节，王掾当作黑头公。"俱见敬重。由主簿累迁辅国将军、吴国内史。在郡为士庶所悦，征为尚书右仆射，转左，复领太子詹事。隆安初，王国宝用事，谋黜旧臣，迁珣尚书令。王恭赴山陵，欲杀国宝。珣止之曰："国宝虽终为祸乱，要罪逆未彰，今先事而发，必失朝野望。况拥强兵，窃发于京辇，谁谓非逆？国宝若遂不改，恶布天下，然后顺时除之。"恭乃止。既谓珣曰："比来视君，一似胡广。"珣曰："王陵廷争，陈平慎默，但问后终何如耳？"卒除国宝。后加散骑常侍。卒，谥献穆，改赠司徒。初，珣因谢安与绝婚有衅。及安薨，哭之恸。族兄献之曰："所望于法护。"法护，珣小字也。弟珉，字季琰，小字僧弥，才名出珣右。时人语曰："法护非不佳，僧弥难为兄。"辟主簿，举秀才，不行。后历著作散骑郎、黄门侍郎、侍中，代献之为长，兼中书令。时谓献之为大令，珉为小令。年二十八卒。珣在吴时居虎丘为别业，戴逵尝与游处。珉买宅居昆山，亦居虎丘之东山。后珣兄弟俱舍别业为寺。

戴逵，字安道，谯国人。爱会稽多名山，尝居剡下。孝武时，以散骑常侍、国子博士累征，辞父疾，不就。郡县敦迫不已，乃逃于吴。内史王珣有别馆在虎丘山，逵潜诣之，与珣游处，号为"吴中高士"。会稽内史谢玄虑逵远遁不返，请绝召，命逵复还剡。时会稽谢敷澄靖寡欲，入太平山十余年，召皆不就。初，月犯少微。少微，一名处士星，占者以为隐士当之。逵有美才，人或忧之。俄而敷死，会稽人士以嘲吴人云："吴中高士，求死不死。"

戴颙，字仲若，与兄勃并受琴于父逵。桐庐县多名山，兄弟因留居止。勃疾患，医药不给。颙欲干禄以济养，乃求海虞令。事垂行，而勃卒，乃止。后出居吴下，吴下士人共为筑室，聚石引水，植林开涧，少时繁密，有若自然。三吴将守及郡内衣冠要其同游野泽，堪行便去，不为矫介，众以此多之。宋元嘉中，征，不就。衡阳王义季镇京口，长史张邵迎颙止黄鹤山，遂名戴公山。寓吴时，所居在唐为司勋陆郎中宅，后为北禅寺。

唐

皮日休，字袭美，一字逸少，襄阳人。性傲诞，隐居鹿门，自号间气布衣。咸通八年，第进士。崔璞守苏，辟军事判官。入朝，授太常博士。尝上书二通，其一请以《孟子》为学科，有能通其义者，其科选同明经；其二请以韩愈配享太学，谓有唐以来一人而已，苟不得在二十一贤之数，于典礼未备也。俱从之。黄巢陷长安，伪署学士，使为谶文，疑其讥己，遂及祸。此《新唐书》云尔。尹师鲁志皮子良墓云：曾祖日休，当黄巢陷长安时，依钱氏在浙，无受伪官，及遇害事。明王文恪鏊谓：宋子京喜采琐事小说作史，时竟以入正史，理或然也。日休寓吴，与陆龟蒙所居临顿里相近，往来唱和。今其地称皮市。

罗隐，字昭谏，余杭人。本名横，十上不中第，遂更名。从事湖南淮润，无所合。久之，归，投钱镠，累官司勋郎。朱全忠以谏议大夫召，不行。尝劝镠讨全忠，大义愤激，镠不能用。年七十七卒。隐中岁入吴，与陆龟蒙游，结庵于甫里北隅，今遗址尚存。

宋

苏舜钦[1]，字子美，潼川人，易简孙。父耆，工部郎中。当天圣中，文多病偶，独舜钦与穆修好，为古歌诗、杂文，一时豪俊从之游。初，以父任补太庙斋郎，调荥阳尉。时玉清昭应宫灾，上疏极陈得失。景祐初，举进士，改光禄寺主簿，知长垣县，迁大理评事。康定中，地震，言事尤切直。庆历四年，范仲淹荐为集贤校理，监进奏院。初，舜钦娶杜衍女。衍时与仲淹、富弼在政府，多引用闻人兴起庶政，御史王拱辰等不悦。会进奏院祠神，舜钦及右班殿直刘巽辄用鬻故纸公钱设乐会饮。拱辰讽其属鱼周询劾奏，并欲摇动衍，牵连仲淹。舜钦、巽坐除名，同时饮酒者得罪逐出。拱辰喜曰："吾一举网尽之矣。"舜钦率妻子来吴，作沧浪亭于吴越钱氏之南园，扁舟载书，葛巾野服，逍遥于红蕖绿浪间。间为歌诗，以泄愤懑。善草书，酒酣淋漓，从横落笔，争为人所爱慕。后得湖州长史，卒年四十一。嘉祐初，韩琦奏复原官。所著《沧浪集》十五卷。寓吴故居，后名苏家巷，在南园之东。

尹焞，字彦明，洛阳人，洙孙。年二十，师事程伊川颐。应举发策议诛元祐党人，焞曰："尚可以求仕乎？"不对而出。靖康元年，朝廷辩忠邪，召用才德之士，惧焞不至，以布衣召，不至，授以和靖处士。明年，金人陷洛，阖门被害。焞死复苏，窜于长安山中。长安陷，刘豫僭位，以礼聘之，逃去。夜徒步渡渭，匿阙水谷

---

[1] 原误作"苏顺钦"，据后文改。

中，自商州奔蜀至阆。绍兴五年，以崇政殿说书召，力辞。时有攻程氏者，焞曰："学程氏者焞也，生事之二十年，今又三十年矣，请就斥。"朝廷耻之。于是大臣显言焞拒刘豫之节、学问之正。上又思见焞，召之愈急。迫上命，布衣至行在所而病，上赐金帛存问慰劳，须病愈受命。病愈，又辞。上曰："卿尚可辞耶？朕渴卿久矣，知卿从伊川，俟卿讲学，不敢以有他。"遂就职。又除秘书郎。明年，迁太常少卿，权礼部侍郎，除徽猷阁待制。焞曰："病不能朝矣，而宠禄日至，虽主上贤我，我何功德当之？"辞不已，遂奉外祠，寓平江虎丘西庵，时年七十矣。又二年，卒于绍兴旅寓。方为从政说书，每赴讲，先夕沐浴更衣，陈所讲书于案上，朝服再拜，斋于燕室，谓："必欲以所言感悟君父，安得不敬？"临没，上遗表，末云："伏望皇帝陛下益隆圣学，广被名贤，惟祖宗为陛下之规，惟方策为陛下之鉴。洪惟我宋，度越前朝。惟子惟孙，有典有则。而况天方悔祸，民获小康，益勤宵旰之忧，必复国家之始。"云云。没，谥曰肃，准谥法，因严教敬之义。

魏了翁，字华父，邛州蒲江人。少称神童。庆元五年进士，召试学士院。时韩侂胄谋开边，了翁力言其不可。策出，众大惊。御史徐柟劾之，出知嘉定府。侂胄诛，收召诸贤，会史弥远当国，不能用，迁工部侍郎，旋与真德秀同罢。御史梁成大谓："真德秀，真小人；魏了翁，伪君子。此举大快公论。"识者笑之。绍定中，直学士院，在朝凡六月，前后二十余疏，皆当时急务。帝将引共政，而忌者合谋排摈之，言："了翁知兵。"以同佥书枢密院事督视江淮、京湖军马。陛辞，御书"鹤山书院"四大字赐之。寻召还，固辞求去。已而以浙东安抚使就医平江。尝至甫里，筑别业于罗隐庵故址。嘉熹初卒，赠少师，谥文靖。所著《鹤山文集》《九经要义》，又有《周易集义》《周礼井田图说》等书。

龚开，字圣与，淮阴人。少负才气。宋季，与陆秀夫善。宋亡，侨居吴之东城，持节孤峻，不肯泛爱。尝作文天祥及秀夫传，金华吴莱见之，称其序事中寓褒诛，予夺得迁固之遗。时高邮龚璛亦寓吴，与开为忘年友，时比之"汉两龚"。

吕浩叟，故宋臣。至元十一年，兵下江南，出使军前，持节见张弘范，抗词不屈。明年，宋亡，旧臣朝于京，授浩叟淮东宣慰使，赐金符玉带，以疾辞。后寓虎丘，构寿乐堂，卒葬其地。

元

柳贯，字道传，浦江人。官翰林待制、国史院编修。弱冠，受业于仁山金履祥。

既而从乡先生方凤粤、谢翱诸前哲游，考秦汉以来文章变化，磨砻讲贯，卒成名家。至京师，为吴文正澄器赏，程文宪钜夫以墨一丸授之，曰："文章正印，今属子矣。"一时与黄溍、吴莱声名相埒。宋濂、戴良俱出其门。年七十三卒，私谥文肃。寓吴时，尝居甫里书院，有《迁居甫里精舍》诗并《书院记》。

倪瓒，字元镇，无锡人。居有云林堂、萧闲馆、清閟阁，阁如方塔，三层，疏窗四眺，遥峦远浦，云霞变幻，弹指万状。阁中藏书数千卷，手自勘定，三代鼎彝、名琴、古玉罗列左右。性好洁，见俗士，避去，恐浼盥颒，易水树石，时加洗拭。画笔萧疏简远，称其为人，诗亦如之。至正初，天下无事。一旦舍去故业，散给姻友，人或笑之。兵兴，富家多被祸。瓒放舟五湖三泖间，寓甫里，与陆德原、虞堪辈为诗文交，不罹于难，人服其识。明洪武七年始还乡，年七十四矣。寓居邹氏。没，吴人周南老志其墓曰："元处士云林先生。"

谢应芳，字子兰，武进人。幼讲根柢学。元至正时，知天下将变，隐白鹤溪，构小室，颜曰"龟巢"，志退藏也。郡辟为乡校师，教弟子先质后文，学者争趋之。举三衢书院山长，不就。及天下兵起，避地吴中，或居吴淞江之甫里，或居葑门之独墅村。接其言论者谓谢子平平，久之，俱推让为不可。及天下定，仍归毗陵，年七十余矣。洪武初，诏修《元史》，梁寅、汪克宽、赵汸、陈谟、王彝、高启、谢徽等皆以布衣见征，而应芳以老病自晦免，人益重之。卒年九十七，有《辨惑编》《龟巢摘稿》诸集。

明

张观，字可观，嘉定人。性好游览，尝以轻舟载卷轴往还吴越，遇佳山水辙画，留数日甚两三月不去。笔墨所成，或千岩万壑，或一角山，或陂塘，平远皆入神诣，虽宗夏珪、马远及与盛懋、吴仲圭游而自得处，皆天趋也。徙居华亭，转之嘉禾。既老，侨居长洲之周庄，修圃灌花以终。

王志坚，字弱生，更字淑士，昆山人。中万历三十八年进士，旋卜居郡城之南园。肆志读书。其法先经后史、先史后子集。读经先注疏而后辨论；读史先证据而后发明；读子则谓唐以后无子，当取说家之有裨经史者补之；读集则定秦汉以后文为五编，考核碑志，援诗传、捃杂说以参订之。少岁同嘉定李流芳作诗，卷帙甚富，后删存七十余首，持论不苟然也。通籍后，授南兵部车驾主事，历郎中，选贵州提学佥事，乞养不起。天启初，起督浙江驿传，奔母丧归。崇祯四年，督湖广学政，礼部推为学政第一。凡二年,卒于官。

刘永锡,字钦尔,号剩庵,魏县人。中崇祯丙子乡试,选长洲学教谕,署崇明县事,庭无留狱。未几,遭鼎革,隐居相城。有大吏造其室,欲强之出。永锡袒裼疾视曰:"我中州男子,年二十渡漳河,登大伾,跃马鸣鞘,两河豪杰谁不知我?乃以此相逼,将谓我畏死邪?"取壁上挂剑,欲自刭。门人抱持之,得解。寻移居阳城河之滨。妻栗氏,子临,女贞,织席以食,食不继时不举火,有遗之粟者,非其人不受。时隐君沈得舆、钦圻亦来阳城,定世外交。尝登高丘,吊落日,相与歌泣。永锡曰:"茫茫宇宙中路,知己乃在沈君。"后沈归故里,求同志士不得,益困惫。有老奴从魏县来,劝之归,曰:"室庐故在也。"曰:"我非不欲归,奉君命来此,义不可归。"命其子同老奴归,谓:"祖宗丘墓,责在汝。"麾之去。时岁荒,得食愈艰,每杂糠籺作饭。妻病,不能下咽,竟饿死。女许字同邑某氏子,某氏宦于粤,音问阻绝,恐以衣食累其父,自经死。前此,其子同老奴归,伤于盗,坠车折臂死。永锡既无家,买一破船,往来江湖间。尝泛舟中流,鼓枻而歌曰:"白日堕兮野荒荒,逐凫雁兮侣牛羊,壮士何心兮归故乡。"风水荡激,歌声甚遒,闻者哀之。后几年,讫穷饿死。弟子徐晟、陈三凫,友人陆泓葬永锡于虎丘之山塘。

姜埰,字如农,莱阳人。崇祯辛未进士。初,除密云县令,改仪真,有声。入为礼部主事,选授礼科给事中。时思陵求治甚殷,寇氛猖炽,而宰臣宜兴周延儒首鼠两端,阴重不泄。埰欲为折槛久矣。会行人司副熊开元召对德政殿,语侵大臣。时宜兴在侧,上命草疏入。及疏入,而上怒不可回,遂逮开元,命杖一百。埰于是劾宜兴,力辨开元无罪,有云:"大臣不言则小臣言之,皇上何所见而偏徇若是?"语过激,并杖埰,下锦衣卫狱,几死。时埰弟垓方官行人,因微服匐匍事其兄,周旋橐饘不去。方狱急时,而莱阳寇陷,埰父泻里以下阖门死难者数十人。垓席稿阙门,愿以身代。埰归办丧事,上为恻然,乃削埰籍,戍宣城。甲申后,埰放流吴市,往来宣城间。临死,谓其子曰:"敬亭,吾戍所也,戍者吾君所命,吾未闻后命而君亡,吾犹罪人也。死必埋我戍所。"年七十卒,葬宣城,私谥贞毅先生,立祠虎丘剑池之侧。子安节、实节。安节归宣城守墓,而实节留吴守祠。安节,字勉中,有笃行;实节,字学在,工诗画,师云林,晚寓虎丘,生前预立墓石,题曰"莱阳姜仲子之墓",论者或称其达,或以为未忘后世名,即杜预沉碑意云。

姜垓,字如须,给事埰之弟。中崇祯庚辰进士,出詹事徐公汧门,除行人。初入署,见题名碑有逆臣阮大铖、崔呈秀姓名,曰:"奈何与众正同列?"特疏请碎其额，重书勒石。思陵允之。已而给事以直言得罪，上命锦衣逮治诏狱。垓急难奔走，出入圜扉无稍间。及受杖午门，给事负痛气绝，垓口含溺喂之，始再苏，日夜营护，调治医药，得不死。及给事遣戍宣城，南都再建，而权奸构党，阮大铖辈方修旧怨，必欲杀垓而后快。于是垓从吴门，变名姓，遁迹台宕间，始免。久之，复来吴。著有《篔筜集》，识者比于西台之恸哭、泽畔之行吟。年四十卒，葬西山之竺坞，与给事埰同祀虎丘，学者称"莱阳二姜先生"云。子寓节，字奉世，绰有门风。

黄周星，字九烟，金陵人。少育于楚湘周氏，亦为楚人。崇祯十三年进士。又三年，授计部主事。明年夏，以国变弃家，流寓吴越间。在吴寓阳城湖滨，后更名人更，字略似，号半非，晚又号笑苍道人。生平或笑或哭，感触无端，遇沈冥放废之士，执手悲歌，声激水涯。尝自言身多患难，幼时遇酖毒，不死。丙子，公车出洞庭，遇盗，不死。丁丑，遘寒疾，不汗，发狂，不死。庚辰，京邸触凶，办不死。丙戌，避乱闽海，复遇盗，不死。浮沉三十余年，年七十，仰天叹曰："吾今不可以死乎？"与妻孥诀别，慷慨饮醇酒，尽数斗，竟日夕不醒，人以为真死矣，仍不死。后泛舟浙东，被发长啸，自沉水死。著述盈百卷，今所传者惟《唐诗选》《惊天泣鬼怡人集》。

国朝

戴易，字南枝，一字巢南，山阴人。慕严子陵之风，著有《三千六百钓台》诗，太白句"广张三千六百钓"，义取诸此，非专咏钓台也。来吴中，流寓虎丘，与杨无咎善。又因无咎与徐枋定交。枋临没，以书招无咎、易偕至，无咎为抚其孤，而易卖字为枋营葬。尝冬日衣葛，终日不再食，奔走娄东、晋陵间，积连岁卖字金，卒葬枋于真如坞，时人义之。后没于虎丘。所书八分，不汉不唐，应求之工拙之外。

唐甄，字铸万，初名大陶，蜀之成都人。父偕泰，崇祯丁丑进士，官吴江令。蜀中乱，因家于官。甄随父至吴，好读书，兼理文书达治体。乱后，甄从间道归省坟墓，时故庐已毁，而一二亲故无有存者。寓居高崖僧舍，读书其中。值蜀秋试，中丁酉举人，拣选山西长子县令，首先蚕桑，导民树桑八十万本，公廉有声。甫十月，以逃人诖误去官，复居吴。甄非秦汉之书不读，尝谓："唐宋以来，文章冗蔓，不克举秦火于天下，当举秦火于私家。"著书不袭古人一语，得《衡书》上下篇，共九十七篇，志在权衡天下也。后欲韬名匿迹，更名《潜书》。诗以唐人为宗，羁旅幽忧，抚时感慨，蜀人费密、宁都魏禧尝称之。晚沉潜诗疏，作《诗义》数十卷。年七十五，卒于葑门之东。无子。

李仙根，字子静，号南津，蜀遂宁人。父实，崇祯癸未进士，为长洲县令，而仙根留蜀养母。会张献忠破蜀，所至屠灭。仙根乃奉母奔吴，时父已去官，隐吴淞，仙根灌园操作，负米以养。本朝平定蜀后，乃归省墓。中乡试，辛丑成进士，入对第二人，除弘文院编修，迁侍读。康熙七年，安南王黎维禧擅兵，夺部统使莫元清高平土地。事闻，上命仙根持节往谕，归元清故土，赐麟蟒服，晋秩一品，乘传至安南。维禧坚不奉诏，而选其国中利口数十辈，更番狡辨。仙根义不辱命，执其通使大臣，付之吏，反覆开谕，宣布天子威德。安南人见仙根风裁峻厉，词旨严正，震慑以为天人，遂俯首服，卒返其侵地而还。迁祭酒，跻阁学。会吴三桂叛，上以仙根文臣之知兵者，命理饷驻荆州。未几，召归，改副都御史。时逆藩甫定，无辜株连者甚众，仙根力为平反，全活万人。寻升户部钱法侍郎，历三岁，以罣误罢官归。戊辰入都，留补光禄寺卿，卒于官，年七十。

陈奕禧，字子文，海宁人。工书法，京朝士大夫多从学书者。究心金石之学，穷山僻径，残碑断碣，偶有所见，必剜剔苔藓而出之，以故藏庋甚富。起家安邑丞，入为户曹郎，出守石阡。石阡道远，乏行资，乃留都下，卖字一月，得数千金以治装。至郡，书“天下第一郡楼”六大字于署，自为之记。时人赋诗记述者甚众。未几，以兄诜抚黔回避归，流寓苏州定慧寺前。再起南安守，卒于官。

施何牧，字赞虞，号觉庵，崇明人。中康熙乙丑进士，官吏部考功郎。壬午，典贵州试，得人最盛。请急归，得明侍御顾岩叟之高酣亭，遂家焉。薜门萝屋，青苔满壁，素心友至，谈讨典籍，终日忘倦，清风披拂，如坐深山空林中。外此，声势交屏，弗接也。官于吴者欲识其面而不易得。张清恪公伯行抚吴，同年友也，终其任一二相见。最后，张与制府噶互劾，大吏承问者及部议俱掎摭张，欲治以罪。圣祖仁皇帝罪制府，嘉张清节，复其官，时士大夫交口称张荣遇。牧独曰：“受恩愈重，报称愈难。察吏安民以答圣天子倚毗，愿公刻刻在心，讲明理学转在后也。”时张断断分朱陆异同，故云张益重之。逍遥林下几三十年，卒。生平论诗必宗盛唐，一语及宋诗者必斥之，有前七子李、何遗风。所著有《一山诗文稿》及《史鞶》《明诗选》等书。

卷二十七

孝义

《吕氏春秋》曰："凡理国家者，必先务本。务本莫大乎孝。"夫孝，三皇五帝之本务，而万事之纲纪也。执一术而百善至，后世风谊衰薄，士大夫亦有不能尽者。借父耰锄，虑有德色，母取箕帚，立而谇语，自汉已然矣。勾吴为礼让之邦，匹夫竖子皆知竭力庭闱。永怀明发，即有残肢体、捐躯命，过于中道。然至性激发，杀身不悔，亦足以动天地、格鬼神、维教化、励末俗焉。至笃兄弟以任恤，厚宗族以睦姻，亲亲而仁民，皆可纪也。志孝义。

明

戴君用，父福之，洪武中监税失火坐法。君用上书请代父死。刑官闻于朝，许之。妻吴，能植节。

沈伯刚，本孟姓，少失父母，沈胜五抚为后。胜五法当诛，伯刚年十七，请代刑，胜五不许，固请代。临刑，明太祖怪年少，问其故，贷之，并免胜五死。

朱昱，父当远戍，年老不能行。兄惧累，遁去。昱愿代遣，有司以不成丁不听，时年才十五。追逮其兄，榜掠昱殆遍，肌肉消烂，无怨言。部使者怜之，改留苏州卫。

张敞，字文理，葑门郊外人。以田为业，勤于力作，视他农率倍入，家用是殷，一乡举为赋长。凡赋役，先期办集，邑宰称其能。且能推所有以恤人之不足。性仁孝，痛父早殁，事母薛夙夜敬慎，每吁天祝曰："使吾母享百岁。"既而果然。母寿日，敞拜于前，诸孙曾玄罗拜于后。母顾之喜，呼老儿子不置。母殁，敞年七十余矣。祥除之后，悲思不已，遘疾殁。殆古所称孝弟力田者欤。

朱颢，字景南。父殁，庐墓三年，每闻哭声，乌鸟皆下。邻里有与父母争者，颢痛哭劝之，其人悔恨，卒尽子道。事闻，旌为"孝行之门"。

顾淳，年弱冠，父患痛风，痛不可忍，呼淳与决，欲自裁。淳祷于天，剪发际肉，投药以进，病立愈。

陆鏠，十岁丧父，哀毁逾礼。后奉母尽孝，两遇寇盗，负母出，哀呼："勿令吾母受惊。"盗舍之去。

杜遵，家贫苦，佣力养亲。父母相继殁，手自穿窆，负土成葬地。乡人绘图以传。

邓汝南，力贫养母，妻以语言触迕，遣之，终身不娶。母有怒时，掌其面，汝南笑而谢曰："勿伤母手。"母病，刲臂肉。既殁，肖像事之如生存。

郑熙，母孀居四十年，熙曲顺母意，至老如孩稚时。母爱幼孙，系季子出者，婚娶俱先己子。

孙永正，字玉成。宋朝议大夫载裔。五岁，母丧在殡，邻火，抱棺哀恸，风旋火熄。事继母陆氏如所生。父继康，崇祯间佐上谷梁公为令太康时，流贼蹂躏太康。永正闻之，奔省父，昼夜徒跣行百五十里，所过城郭为墟，竟日不得食，饮涧水以饱。抵太康，父方与梁公孤城共守，相见号泣。乃间关奉父归。归而父病卒，晨夕拜哭，以头触柱，柱为之破。殁，私谥诚孝先生。祁忠敏彪佳抚吴，重其行，以"险阻备尝"额其堂，列祀忠孝祠。

顾爱石，甫里人。幼值母病，夜半赴神庙哀吁，割右臂愈母。后父病，割左臂亦如之。

金孝子，失名。父末疾，不能行，有所诣，必负之往还。家火灾，仓皇中妇已负翁出，孝子误认在床褥也，冒烈焰入，焚死。亦甫里人。

卢士达，字德孚，葑门塘人。先代于世庙时值倭寇乱，捐资助军需，旌为义门。士达稍知书，有至性。父病癃剧，割股肉疗之。母蒋失明，偕其妻陈晨夕互舐，遂复故。父殁，居丧尽哀，每将旦，椎胸恸哭，声彻户外，闾巷感动，曰："卢孝子哭声也。"庐墓三年，不入城市。母殁，士达已老，犹孺子泣。生平好善如利，遇事关风教者无不为。有横逆不校，其人悔，辄与分咎。仲子应琦，字景先，长洲生，亦有孝行。先是，士达好施与，家中落，复以践更赔累。至应琦，已为穷人，修脡不足，辄佣书以供甘旨，得父母欢，曰："吾乐过三公也。"旌为"父子孝行之门"。孙玉成，少孤，奉母亦尽孝。

姚木，娄门郊外人。家贫，事父缺甘脆，时时杂佣保中，收工直养父。冬寒，持罟罶捕鱼，赤脚入波流。遇大鱼，如得异珍，曰："可作老人馔也。"父好酒，能作诗，尝独行庭中吟哦，作叉手状，木谓妻曰："汝舅因乏酒，诗未就。"急暖酒进。诗成，父歌呼起舞，木亦随后欢笑。每夜必待父寝，闻鼻息声，乃入内。父有怒，必跪问，怒不息，跪亦不起。时呼妻同跪，妻亦化之，终年无诟谇声。

马瑢，事母孝，其配以御穷故，劳瘁致疾死，矢不重娶。所亲以瑢年未三十，劝买妾，不听。复劝其母氏命之，不得已，置一女奴，已嫁之，犹处子也。义声闻里党间。有司上其事，以义夫旌。子骥，为翰林孔目，亦有孝行。

王良相，郡庠生，年三十，病危。妻忧之，得疾遽死。后或劝之娶，曰："妻以我病忧死，我以妻死复娶，非人情也。"鳏居四十年，郡守义之。马瑢居娄门，良相居甫里，皆嘉靖时人。

顾国本，字君宁，贡生。读书务博综经史，有至行。父病，吁天祈身代。梦神授以药，乃瘳。倾家施予，友人鬻去其产，直千金，不责偿。岁歉，为粥以食饿者。束身敦行，乡里矜式。国变，隐居不仕。私谥贞孝先生。子端，高才生，承父志。明季衰乱，遁迹丘园，与弟竑有声复社，称"吴门二顾"。竑募筑至和塘，呈改漕粮官收官兑，为益桑梓。端子濡，力贫养母，抚幼弟成立，拯人患难，如在其身。亲族贫不能嫁娶、丧葬者，出财襄赞。竑子淞、渐，敦孝友，祖墓遇水，率合族谋迁葬。遇水旱，捐资周济乡党。立义冢，置祭田，修族谱。渐居父丧尽哀礼。伯仲均衣让食，救灾恤患，亲族赖之。端以孙贵，赠通奉大夫；濡以子贵，赠通奉大夫；淞以子贵，封征士郎、翰林院庶吉士。

任郡丞环有馆人，名氏不传世。世庙时，倭寇薄苏，台檄环以乡兵五百名御之。环出娄门兵，市人子不习战，遇寇兽散。环独身射寇，寇中有赤须者，持长刀来砍环，遇深沟，一跃而过。馆人见势急，挟环上马。寇奋刀砍之，刀及马尾，馆人直前手搏寇，连中数刃死。环得逸去，后竟成歼寇功。有乡农二人，方锄田，寇自鲇鱼口入，获之，使为导，曰："掠货物多，结汝为好兄弟。"二人故引之官军处，倭望见旗旄，知二人绐己，诘之，曰："我肯引狗贼害良善耶？"呼杀倭寇，三倭怒，杀之烂泥中。顷官军至，倭就缚。乡人姓名亦不传。

国朝

顾鳌，居葑溪之杨枝塘。父仲常，与金瑞夫博，瑞夫以刃刺之，中胁，以手奉胁归，曰："杀我者金瑞夫也。"言讫死。时鳌方二岁。稍长，询母得父死状，淬一刃，挟以出入。年十八，遇金乘马过胥口，鳌尾之行。金顾见鳌，欲疾驰避，鳌跃刺之，金中伤，投入水，鳌亦投水，连刺金，金亦夺刃刺鳌，俱死于水。寺僧救之，并苏。

金诬以盗，贿官具狱。兵备王纪讯得实，谓："既杀其父，又诬其子。虽经赦不宥。"金遂伏辜。

范可询，字问之，生有至行，悉以遗资让弟，屏居白公堤。为人乐易，未尝失色于人。文正有赡族义庄，族众推举为提管，经理三十余年，族赖以赒。有同事干没义租，公私交累，倾产代偿。督修天平山祖庙，不辞劳瘁，病暍卒。族人德之，配食文正书院及忠烈庙。子弥勋，号渔庄，太学生，授职不仕，勤俭起家，积良田千亩，遗命其子瑶入义庄，广文正遗泽。雍正八年，江苏巡抚尹公上其事。世宗宪皇帝诏旨旌奖，擢瑶刑部员外，出知山西大同府。族人公建专祠，祀之文正书院。

胡昌虞，字同升，号希山。父节，授徒于乡。昌虞甫十龄，间日诣父馆，省寒暖，问起居，大风雨必往。后父柩在殡，邻家失火，延烧及屋。昌虞自他所归，冒火入，抚棺恸哭，愿与俱焚。天骤雨，灭火。停棺室独存，昌虞犯烟焰死，三日复苏。母病剧，稽首北辰，愿减算益母。父母既葬，筑室墓旁，居三年。晚游京师，柏乡魏文毅公重其行，欲荐诸朝，昌虞以父母俱丧，无事禄养辞归。年七十一殁。

杨成懋，字振卿。年方孩幼，母施病危，吁天愿代母死，旋刲股肉和药进，母病已。治田摇城江，以所入奉甘脆，侍膳堂下，色怡怡然，务得亲欢心。亲殁，几灭性。既葬，筑室于墓，风雨辰必往展视，牧竖感之，弗往牧。事兄友爱，抚孤侄如己子。姊为母钟爱，夫亡，迎姊暨三甥归，教养备至。甥长，以舅姓为姓，志不忘也。里中熏其德，称仁里。年六十六卒。

朱之劢，字德彰。童年事亲，即能愉色婉容，有训则跪听。年十一，父客秦，之劢忽寒颤，因疑父在外衣单，亟制衣寄之，父果于是日失冬衣。家被盗，执母，以身卫之，母得不伤。雍正五年题旌，同旌者又有孝子邱存礼、孙丰穀。之劢子象贤，字圣涵，有父行，孝事其母，为万载县，著廉惠声。

唐肇虞，字顺江。九岁而孤，事母至孝。极贫，母膳必以甘毳。明末寇乱，母子相失，号哭访母，遍及大江南北。戎马倥偬，昼伏夜行，徒步经二三千里。一日，憩于镇江关帝庙，梦帝以金铃系其臂，肇虞心动，遂走金陵。遇一妪，见其憔悴无人形，询所自来，泣以告妪。引之归，出所留妇见之，果其母也。因奉母归，孝养终身。乾隆二年题旌。

张文魁，字东溪，世居水门桥西。性敦朴纯孝，家极贫，佣工以养父母。主者具肉食，不自食，携归奉亲。父殁营葬，自具畚锸，盖草舍于墓侧，栖其中，晨夕上食如平时，三年始断哭泣。甲申之变，奉母及妹避兵之杭，猝遇兵相失，号泣于浙东西凡二年。有客自严州来，与文魁同舟，知其寻母，故备述于桐庐县。见一老妪，自诉乡里与文魁言合，文魁立往，果得母于王姓家，妹亦在，迎归孝养二十余年，始卒。文魁年八十一殁，乾隆三年题旌。孙华祝，有孝行，学使李因培书额奖之。

吴中英，字咸之，苏家巷人。父明山，游燕客死，仆窃金逸去。妻李氏遗腹生中英，未识父也。长寻旅榇，负黄袱，赤双踝，往返者三。最后至德州，哭泣道左，遇僧指引入庵，棺多尘积，是否莫辨。忽有群鹊噪集棺顶，因得当时题识，扶柩归里营葬焉。

盛建极，字用敷。年十二而孤，父临殁，遗命曰："吾父母棺未葬，死有余憾。又吾生平以好施周急为己任，而天夺吾年，汝能继志，吾目可瞑矣。"建极涕泣受命。稍长，葬祖父母棺，凡姻族中婚嫁丧葬，无不佽助，至老不衰。遇事必禀命于母，母最怜长女，既嫁，家贫，建极月给薪水，抚诸甥读书习业。友爱两弟，推产以悦母心。里中有锦帆泾，故迹久湮，雨后沟水泛溢，母于建极少时嘱之曰："汝长当修治，以利行人。"后卒如其言。雍正十年题旌。

黄农，字古处，五岳山人勉之六世孙，居衮绣坊。母吴遘病，奉侍三载，无倦容。母殁，日夕号恸。经年后，时恍惚作见母状，家人误为痴。父呼与语，问答如常，知非真痴也，自是尪弱成疾。父以名诸生授经于外，距家四五里，每晨往省，冲风冒雨，父怜其疾，止之。农后谨伺门外，馆僮出，问起居，知寝食安乃去。有日者谓父寿止五十二岁，适先一岁冬病笃，农愕然曰："日者言将验耶？"于岁除夕书《减算添父年疏》，元旦遍诣祀典正神庙祈祷。忽一夕，惊喜曰："神许我矣。"自是父果愈。后农病笃时，父在馆中，戒家人："勿惊告吾父。"以膳田易银置枕畔，谓妻金曰："吾得侍吾母矣，汝其相吾兄嫂善事吾父。"妻敬诺，始报。父归，含泪执手殁。父欲备棺衾，无措，得枕畔银，哭失声曰："彼死，犹恐贻吾忧也。"农事兄庭尽友爱，既殁，身后事兄亦善视之。妻金以苦节闻。农乾隆五年题旌。

顾惟灏，字纯侯。幼丧母，事父铨、继母徐竭筋力以养，极尽恭顺。父以事往采石，中路遇盗，挟白刃入舟，欲刃其父。灏抱持盗，泣曰："宁杀我，勿伤吾父。"盗刃其肩，血淋漓被体，终不释。盗感叹而去。既随父之浙西，邻寓失火，已延及，灏适在外，冒火入，皇遽中湿衣衾以蒙父，负而出，父得免，灏肤发俱焦。父好施予，亲朋有急难，命子周之。灏多方补救，已至贬衣削食，不使父知，能养志也。父母相继殁，灏年几四十，哭泣如童稚，卜葬不惑青乌家言，一准司马温公《葬论》。能以礼事其亲，君子重之。年六十四卒。乾隆五年题旌。

管增，乾隆九年题旌。

夏珍，乾隆十三年题旌。

蒋逢源，字深资，太学生廷鉴子。年十三，母病，昼夜不寝者三阅月，母寻愈。兄学海、文河游学四方，逢源偕其弟昕夕定省，父母安之，忘伯仲之不在侧也。父卒，三年泣血，形体毁瘠。邻家失火，延烧其庐，逢源入火，负母出，颠顿于地，伤一指。迨母殁，一如哭父时，葬祭尽礼。妻熊氏，生一子，殁时，逢源年二十五，不更娶，不置妾媵。邦人嘉其孝，高其义。

宋献玉，字元镒，世居葑溪。年十七入郡庠，补增广生。胞弟献琛，有房，误赁狂生获罪，继株连房主。琛年少，怯对簿。母丁素爱琛，号天哭泣，冀玉代雪而未忍出口。玉遂慨然身代，系狱三年，遇赦得免，一时士林推重之。

龚汉英，字部先，廪生。绩学未售，家贫，孝事父母。居丧，几灭性。兄殁，事孀嫂如母，抚诸孤侄、侄女为婚嫁，析己产资之。壮岁丧偶，终不复娶。

戈地宪，字令嘉。少丧父，肩随伯叔，提携幼弟，克尽友于。事母先意承志，母老目盲，亲自扶掖，不假手婢妾。伯兄未葬，言及，辄流涕。晚召伯兄孙，畀以金，俾营斧堂。易箦之日，适兄棺下窆，时谓为冥感。既没，亲族皆哭失声，平时赖以举火者也。以子贵，初封修职郎；再以孙贵，赠通奉大夫。

周谨，字亦闻，少以文章有声庠序，事父母孝，待诸弟友于。父殁，独处殡室，窀穸既安，然后归寝。秉铎怀宁，教诸生敦行立品。应升县令，母老辞归。母病，侍汤药，扶持抑搔，衣不解带，中裙厕腧，身自浣洒。仲叔两弟亡，过时而悲。凡祖宗坟墓修葺祭扫，不以诿族众。有贫者，潜资其饘粥、婚嫁费，人皆德之。子秉义，孝亲敬兄，克似其父，亦能文章。

戈元轮，字用光。幼具至性，事父母以孝闻。习举业，见父综家政劳勚，弃去，代父经理，咸当父心。母病，侍汤药数月，衣不解带。母没，哭泣尽哀，丧葬尽礼。待兄弟，无尔我间。自龆龀至白首，怡怡友爱，时谓闺门雍睦，有德有则，可比陈元方兄弟。推恩宗族，有无相济，衣寒药病，施棺代葬，建义学，助亲友婚嫁，佐故交起家。岁歉，粜米减价平粜。子孙世守其法，两举乡饮不赴。以子贵，初封儒林郎，再赠通议大夫。先是，元轮创捐义田四百亩，为合族公产。元轮没，其子黄鸿、黄泳、黄淮、黄湘增置腴田六百亩，共一千亩，起建义庄，以承父志。大吏闻其一门孝友、父子相承，乾隆二十六年闻于朝。礼部尚书嵇璜为撰墓志。

江国祯，字湘侯。其先自歙迁吴。十四丧父，哀毁尽礼，人称孝童。敬事其母，巨细必禀命而后行，终日侍母侧，进食必问母甘否，曰甘，心乃安。或以事出，一日不见母，则卧不贴席。念故乡四世未葬，告母还歙，葬毕驰归，往回不逾月。邻居失火，国祯闻信奔归，视室庐在烈焰中，奋身入，见者牵之出，曰："入即死矣。"国祯曰："母将焚，尚求生耶？"竟负母出。母殁，擗踊几绝。春秋祭享，涕泗沾襟。创建生祠，祀其三世以上，置产以永蒸尝，有余以赡宗族。沈尚书德潜、刁宫詹嶲立传表之。

汪士荣，字伯仁。三岁丧母，八岁丧父，无伯叔兄弟，祖母冯氏抚之以长。自幼孝其祖母，晨昏定省，跬步不离。娶妇合卺，即谓妇曰："吾所以成立者，祖母恩也。若能孝我祖母，吾无求焉。"妇感其意，待太姑如母。祖母病，士荣扶持抑搔，不归寝者一载，对人辄引李令伯《陈情表》曰："臣无祖母，无以至今日。"祖母殁，哀毁骨立，乡党谓之顺孙。言信行果，成人之美，倾橐弗吝。而于宗族尤厚，族之吉凶患难，惟士荣是依。其殁也，远近亲疏无不悲恸失声者。周观察廷夔志其墓，韩宫洗彦曾为传。

杨模，字子式，号愚山，浙江仁和人。少随父业吴，遂家焉。天性纯笃，事亲以孝闻，待诸弟友爱。弟殁，抚侄如己子。年七十余，为弟经理丧葬，不以病老辞。生平行事皆培本根、务实学，不徇时俗好尚，交朋忠信，一言之诺必践。救灾恤患，不顾其身，人以比汉之杨政。郡守姚孔钖举模乡饮，以砥砺里党，不惑二氏说。临殁，诫子孙毋作佛事。雅好吟咏，有《寄闲诗稿》《训子篇》行世。

陶筱，字卫扬。先世由凤阳迁吴。少倜傥有智计。少游京师，公卿引重，而敦伦重义，出于天性。先是，筱父世魁念支派繁衍，欲效范文正公建义田赡族而力不逮，赍志没。筱用计然术，往来南北二十年，积金购常稔田一千一百五十亩，成父志，为义田赡族。又捐金千八百两，造义庄三十三楹，祀迁吴始祖靖侯于其中，而以父世魁配。族之人岁计其口，月给其廪，婚娶槥瘗，给各有差，立为规条，榜之义庄。大吏闻其事于朝，议叙员外郎即用。筱事父母备色养，母年高好施予，筱莫不先意行之。待兄弟友于，季弟早卒，抚其孤若己出。友朋以急难告者，倾橐相助，无吝色。与人交不设城府，或素有隙，及撄于难，挺身救之。以是乡间咸称筱为长者。

朱嘉遇，字上萃，希文子。尝请行销圩法，绝虚田赔累，吴人德之。子澄，字天鉴，石埭县教谕，廉洁持己，训课有方，改授江陵县丞，祟祀石埭名宦。以子肇基贵，赠中宪大夫。

顾秉忠，字葵如。少孤，嗣伯父后。善事两亲，愉色婉容，曲体亲志。父殁，既营窀穸，庐墓三年。一夕，忽心动不宁，因思父母葬域或有未安，择日启视，见两棺欹侧，棺墙悉有水痕。急觅另厝，冒寒雪，冲风雨，入山求地，誓愿不得善地不归，后乃卜葬于昆山。友爱同堂，兄弟婚嫁有赠，丧葬有助。人有急难，倾橐拯救，有古烈士风。郡守姜公顺蛟重其行，延与宾筵，方伯王公讳师书额以赠。及殁，沈大宗伯德潜志其墓，彭少司马启丰为之传。

徐炯，字汉广，世居陈湖东。父君贤，母冯氏，三岁没。事继母袁氏，能先意承志。年十三，父病，每夜对天祈祷。父没，擗踊哀号。父有遗产，尽让两兄。独葬两世五棺，族中有未葬者，捐资以助，妻朱氏亦赞成之。

卷二十八

列女

闺门为王化之始，谓内治而后国与天下可理也。凡瑀琚珩璜之节，威仪动作之度，与夫经术、图史、文藻、吟咏之娴，并足采录，不止以节见。而女贞亮节，尤行之皦皦者。夫士君子读书励行，慷慨自许，及临死生利害，每蒙面苟富贵焉。而弱女子始终不变，或有决脰自经以明其心者，讵非人道之重耶？汇而辑之，昭我管彤，表风土之厚实，以彰世教之隆。志列女。

汉

陆氏，郁林太守绩女，张白妻。绩于郁林所生，因名郁生。年十三，嫁白。甫三月，白兄温以事废，连坐，白徙他郡。白有姊妹，郁生相依以居，衣食之，不少缺。白死，有谋娶者，郁生呼天誓殉，义不改嫁。谋者惧而止。姚信表上其事，旌于朝。

吴

张氏三女，温之妹，少有节行。兄温为孙权所囚，姊妹已嫁者皆见录夺，其中妹先适同郡顾承官，命改嫁丁氏，成婚有日，悲愤不食，饮药而死。举朝嘉叹，乡里图画为之赞颂。

晋

陆氏，张茂妻。永昌元年，茂为吴国内史。王敦反，沈充起兵吴兴应之。茂与三子俱为所害，陆倾家产，率茂部曲讨充。充败，诣阙上书，为茂谢不克之责。帝览之嘉叹，诏曰："茂夫妻忠诚，举门义烈，宜追赠茂大仆。"

宋

孔氏，吴郡太守顾琛母。晋隆安初，琅邪王廞于吴中作乱，诏以孔为贞烈将军，悉以女人为官。孔氏为司马，部署严明，人不敢犯。及孙恩乱，东土大饥，人相食。孔散家粮以赈，邑里全活者众。生子，皆以孔为名。时年百余岁矣。后又数年，乃卒。

张建第五女，三岁丧母，啼哭甚哀。家人屡劝之，稍止。会天雨，灵床上屏风，平生旧物，屋漏沾湿。霁，出暴之。女一见，伏床流涕。家人怪其不起，乃往抱持，荐席淹渍，精神伤沮，不能饮食。医胗云："肠断矣！"吐血数日而亡，中外悲叹，咸称死孝。

齐

褚氏，范法恂妻。勤苦执妇业。宋昇明中，孙昙瓘谋反，亡命。褚谓其子僧简曰："孙越州，先姑之子，与汝父亲则从母兄弟，交则义重古人，逃窜脱不免。身后之事是汝责也。"昙瓘寻伏法，僧简奉母命殓而葬之。褚年七十余，齐永明中卒。僧简在都，闻病，驰归。未至而褚已卒，将殡举尸，尸重不能起。俄而僧简至，乃成殓焉。

韩兰英，郡人。宋孝武时，献《中兴赋》，被赏入宫。明帝用为宫中职僚，武帝以为博士，教六宫书学，以其年老多识，呼为韩公。时有颜氏女，夫嗜酒，父母夺之，入宫为列职。帝以春夜命兰英赋诗，曰："丝竹犹在御，愁人独向隅。弃置将已矣，谁怜微薄躯？"帝深嘉之。按，《隋志》：梁有宋后宫司仪《韩兰英集》四卷。

唐

吴仁壁女，少敏慧，能为诗文。父教以玄象、阴阳之学，稍循览，即通其术。仁壁自登第后，不事生业，尝居越中佯狂求食。一日，女谓父曰："大人慎事出入，恐罹忧毒。"父颔之。天复初，钱镠进爵为越王，镠母秦国夫人水丘氏殂，具礼币[①]请为志文。仁壁不从，被系。女私泣曰："文星失位，大人其不免乎？"越宿，镠命沉之江，并女同害，时年十八。

宋

钱氏，广陵王玄孙女、郑绛妻。幼秀悟，长适绛。姑姓严，钱侍起居惟谨。姑疾，

① 原作"具礼弊"，据《〔乾隆〕长洲县志》改。

不解衣者半年，药石必亲尝。后进绛为吏部郎，调官陕右，贫不能具行装。钱之姊，宦家妇也，怜其贫，自京师持赠金币数奁。钱谢曰：“身受姊赐，固无害，但无以全吾夫之廉。”却不受。靖康初，以寿卒。

何氏，郡人吴永年妻。建炎四年，金兵陷平江，永年与其姊及何奉母逃匿，母老僂步，扶掖乃进，为贼所得，将絷其姊及何。何绐之曰：“诸君何不武耶？我妇人辈，东西惟所命耳，奚絷为？”贼信其言，驱之前行，次水滨，何顾其夫曰：“吾不负君者，请从此诀。”奋身入河，其姊继之，俱溺死。陈长方作《二烈妇传》。

胡氏，平江尚书元功女、状元黄由妻。性端慧，善笔札，工诗文，额其室曰惠斋，因自号惠斋居士。弹琴奕棋，吟咏不辍。其于声华绮丽泊如也。间写竹，短幅横披，翛疏有致，时尤宝之。

元

赵淑仪，梦炎女，居吴。梦炎年七十余，婴病危笃，家贫，无子，不能具医药。淑仪年十八，泣下沾襟，私自焚香祷天，刲股以进，父患寻愈，乡党异之。大德中，里社上于总管，董章制《孝女歌》，书彩障表门，仍赠钱帛豚酒。

邱端一，郡人，赘花林齐一亿。亿早亡，邱誓死不他适。元季，淮兵寇吴下，蹂躏民居，突入邱氏，其父遇害。端一挺身救父，贼见其美，欲污之。端一大骂不辱，夺其刀刺贼，为贼所杀。尸僵立不仆，勃勃余怒气，贼惊拜而去。

后载妻，失其姓。载为平江路吏，至正丙申，行役京口，妻年三十，姿色殊丽，生一子一女。城陷，属子女于姻，谓之曰：“吾夫在远，罹此大变，或不幸被强辱，虽欲死，不得，宁捐躯以全我志。子女可保，幸善视之。”语未绝，兵入，妻赴水死。

郑氏允端，字正淑，宋太史尚书左丞相魏国清之后，居吴中，号花桥郑氏。嫁施伯仁，能诗文，娴内则。至正丙申，乱兵据城，家为盗所破，得疾死，年三十。宗族私谥曰贞懿氏。有集曰《肃雝》，自为序。

七姬者，段氏、程氏、翟氏、徐氏、罗氏、卞氏、彭氏，浙江行省左丞潘元绍妾也。至正丁未，元绍在吴临战。一旦归，谓七姬曰：“我受国重寄，义不顾家，脱有不虞，若等当自引决。”段氏于诸姬最少，曰：“主君遇妾厚，微主君言，妾敢有它志？请及君时死。”遂入室自缢，六人亦相继经死，乃焚其尸，合而瘗之后圃。张羽为《权厝志》，宋克书，卢熊篆额。

担夫妇，不知姓名。夫在官仓担米，张士诚据吴，应募充战士。丁未六月，战死城西。妇号泣城下，得其尸，解衣遍拭之，敛于棺，哭尽哀。既焚，收骨，裹以帛，行至河滨，仰天大恸曰："吾得死所矣！"抱夫骨沉于水。

明

王氏，楼绍妻，会稽人，徙长洲。绍元时乡贡士，蚤即世，王守志抚孤数十年，卒。洪武二年，子澄请表母节，朝命御史潜核，有以既死难之。御史移文，有云："若以死生有间，则比干之墓谁封？"时善其论，遂获旌，学士宋濂作传。

华氏，张新妻；胡斗奴，张彦达妻。一门双节，俱洪武中旌表。

金淑宁，德儒女，年二十三，嫁张员外概。洪武十九年，概以事获罪，吏具辞将置于法。淑宁闻之，曰："吾虽归张未及期月，夫死，义不独生，与其死于夫死之后，孰若死于未死之前？"家人辈劝少缓，淑宁曰："吾志已决，慎无相阻！"阖户，遂经死。后三日，概得宥免。天台林右为作《张烈妇传》。

顾三娘，张得妻。洪武三十一年旌表。

卓永洁，徐宣妻。建文壬午，宣卒，卓年二十一，遗子女二，卓苦志抚育。越二年，两孤相继死。既而舅姑亦没，卓经营丧葬，操守益坚。后依孀母居。母尝疾笃，巫医皆不效，为割股作糜以进，母食而愈。后母死，执丧尽礼，人称节孝。

金氏，陈彦良妻。永乐四年旌表。

陆氏，萧山训导王永年妻，永乐八年旌表。

于氏，得泉女，许赘徐景仁。未婚而景仁以罪坐劓。其父以子残废，欲解婚。女不从，曰："彼初非残者。"竟成婚。后数年，景仁以旧事戍金齿。其弟于禄谓曰："若他适，可免；否则，死万里矣。"氏曰："此何难！"遂自缢死。

徐氏，赵学逊妻，宣德六年旌表。

陈贵华，处士信臣女，陆阜妻。阜长词赋，宣德甲寅，以文事赴县，遇贼，蹈水死。氏年二十有八，辍膏沐，躬机杼，上奉舅姑，下抚三子。武功伯徐有贞作传。

张淑，仰余泽妻。正统三年旌表。

张氏，华季谋妻。甫笄，守节，年七十余终。正统五年旌表。

邹氏，陈复妻。正统九年旌表。

张氏，韩伯济妻。正统十年旌表。

陆淑清，阳城湖滨人。聪慧识字，年二十二，许嫁村人杨绍。两家赤贫，不能嫁娶。绍执役往京师，邻有恶少，艳陆容色，谋娶之。招集党羽，分撼其翁、父，胁以必从。翁、父惧，许诺。淑清闻之，号哭达曙。恶少舁彩舆，鼓乐前导，至门，淑清阖户，裂衣裙，大书“烈女不更二夫”六字。书毕，即以所裂幅自经死。

娄氏，乐会令周泰妻也。博通五经，子弟咸来就学，即家立讲堂，隔绛纱幔，分课经书，仿佛韦逞母宣文君故事。泰令乐会，卒于官。娄奉骸骨，间关归葬，节操弥著。女宗懿范，世共高之。

刘氏，靖节公政孙女、周公美妻。景泰三年旌表。

浦氏，陆埙妻。天顺二年旌表。

吴氏，王公著妻；华氏，陈顺妻。俱成化十二年旌表。

尤氏，魏公晋妻。成化十八年旌表。

吴氏，顾镃妻。年二十二归镃。越三载，镃卒，遗孤泾赋质羸弱，吴苦心抚之。少长，日严其课程，寒暑不辍。或劝之少节，吴曰：“未亡人止此一息，脱不肖，无以见先夫于地下。”镃举进士，任水曹郎。成化十八年旌表。

吴氏，萧贵妻。成化十九年旌表。

文良卿，都宪森女。年十四时，父疏劾刘瑾，家人群阻之，良卿默然。人问故，答曰：“大人忠鲠，今居言路，斥阉寺，肃朝廷，分也。儿女子何喋喋为？”字孝廉毛锡朋。姑韩喜读书，尝撰《北齐史演义》以娱之。良卿有妹，许字陆进士子，夫殁，誓不再字。良卿嘉其志，为造小阁以居，凡米盐薪菜之属，皆馈焉。年未四十卒，良卿哭之过时而悲，其友爱如此。

皇甫氏，杜弘妻。弘治二年旌表。

顾氏，御史曤女，刘嘉绩妻。年十七，适绩。绩负才早卒，遗孤稚孙甫四月，伤痛殊甚，投缳僻所，姑救之，得苏。自是，衣缟素，断荤血，昼则纺绩织纴以糊口，夜则观经史、小学、列女传诸书，姑赖以养，子赖以成，守节五十年，寿逾七十，知县邝璠式庐旌异之。

徐氏，武功伯有贞女、乐亭令蒋廷贵继室。年未三十，夫卒于官，号躄几绝。念遗腹系宗祊一线，强进食，舍逆旅，生子焘，抚之归吴。后焘为神童，年十七夭，徐益痛悼不堪，苦节五十余年。以命妇故，格于成例，不与旌典。

都氏，年十七，归刘点为继室。时前妻子畿方四岁，抚若己出。举二子坊、堪。点死，都年二十八。家素贫，常昼啜一粥，暮不篝灯。都断发茹辛，以教养三子为己职。年六十余，闻于朝，旌表。又以畿贵，封太淑人。

杨氏，蒋焕妻。焕弱冠领乡荐，早殁。杨矢志不二，六十年如一日，寿八十余终。

从子鳌，诸生，配怀氏。鳌亦早死，怀志节终始，与杨类，人称“双节”。邑令江盈科作传。

朱氏双节，俱朱文辉女，姊曰秀芳，适刘乾；妹曰秀兰，适庠生徐云程。芳一年寡，时十九；兰三年寡，时二十二，同居守节，并年五十三而殁，合葬龙墩里。

季氏，姚祥妻；吴氏，姚舜民妻。俱少寡。季守五十余年，吴守四十余年。姚氏代有贞媛，与蒋氏妇、朱氏女称双节者，一时三家。

蔡氏，冯旻妻。性端淑，年十六嫁旻。一年旻卒，妇时有娠，明年生子，名时春。三岁患痘，危甚，妇叩天泣曰：“吾所以留者非贪生，为此儿也。儿亡，我必亡矣。”痘寻愈。自是，织纴抚之成立。及长，为娶陆经女，婚期年而时春夭，生子仅四月，陆奉姑命抚之，子亦有成，陆年八十有一卒。

袁氏，徐昇妻，生子华。未几而昇殁，时年二十七。袁抚孤，食贫，事舅姑垂三十年。遇岁恶，粗粝不充，而舅姑极滋味，节孝备著。嘉靖初旌表。子华自为志。

薛妙安，葑溪里人，张灏妻。年甫笄，丧母，逾年丧父，弟妹皆幼，薛哀毁中节，办丧事尽礼。归灏后，以俭约处家，事舅及两后姑，皆曲尽妇道。教子治生，且日以孝友、谦和训勉。一门之内，愉愉如也。灏先卒，每遇忌辰，辄悲泣不食。自宣德癸丑迄嘉靖辛卯，年九十九，身历八朝，及见四世。郡守胡瓒宗特书“遐寿”二字颜其堂，上其事于朝，为立人瑞坊以表之。既无疾终，吴一鹏作传，黄省曾表其墓。

陆氏，黄玑妻。玑遘疾，陆以女红佐医药。玑殁，鬻其居，敛葬之。依母氏所，母阴受聘，将嫁之。陆私泣曰：“违亲非孝也，再醮非节也，有一于此，生不如死。”适遇寒食，祭夫毕，夜即雉经死。郡守胡缵宗表其闾。

沈氏，幼许字罗雄州守张哲子应奎。未婚而应奎死，讣闻，哭之恸。间谓侍婢曰：“吾死，尸当归张。”婢讶其言，然不为意。一日，瞷婢出，闭户自缢。婢还，救得不死。未几，有妪至，与其母语，窃听之，知有他约，遂引刀断发、割右耳为誓。及奎葬，谓父母曰：“不获事其生，宜送其死。”即衰绖庐墓所，见窀穸止一穴，命垩其傍为穴祔之，曰：“吾终归于是。”年六十八卒。郡守蔡国熙闻于上，表之，赵永言作传。崇祯末建祠。

林氏，甫里陈大清妻。大清中嘉靖癸卯举人，仕福建龙岩令。氏生一子，名汝峦。大清去官归，遘疾卒，氏许以身殉。一日，俟婢抱子出，赴井死。媳马氏，汝峦妻也，生二子。汝峦死，遗孤俱幼，氏拮据丧葬。子稍长，为延师督课，迄于成立，孀居三十余年殁。

苏氏，曹绶妻。二十七，夫亡，寡居四十九年，卒年七十五。无子，侄苏宝葬之，归太仆有光题其墓。

凌氏，杨恺妻。恺亡，所亲议改适，凌剪发、断一指，血淋漓以示，议者咋舌去。育遗孤，卒抚之成。有司以应诏朝命旌之。

顾阿姝，陈林妻。嘉靖二十三年四月，遭倭乱，姝负儿匿田间，为贼所得。以少而美，驱之行，至吴塘桥，弃儿跃于桥下，遂溺死。

三贞女者，皆同死倭难者也。嘉靖癸丑夏，倭寇吴中，有妇女被劫，乘间逸去。一弱女，散失其父母，求得之，号泣曰："我力不能自卫，求死未得，何颜复存世间？"遂投河死，未悉其姓氏。又蔡氏女，寇来，举家奔，为贼所执，褫其衣，驱之前，过桥，陡窜入水，贼援之，不死。至暮，俟贼寝，抽刀连刃之，力弱未殊，群贼惊呼，磔其肢体。又韩碧溪女，素有志操，闻贼之暴，尝誓于父母曰："缓急不能相顾，幸无女罪，惟不作门户羞。"及临难，仓皇而驰，望见裸而持刀者，遂投于河。贼援之，奋力脱，入深处溺死。

张氏，甫里张林山人，镊工张绹女，嫁缝匠杨孝。嘉靖甲寅五月，倭寇掠甫里，执妇人，欲污之，绐以往古庙中。贼信之，纵令前导，至即阖其门，投井死。

何氏，年十九，适陆礠。未四月，夫卒，弃耀饰，极哀毁，矢志守节，动遵礼法，五十年如一日。隆庆元年旌表。

陈氏，张秩妻。年二十寡，怀妊三月，生一子，勉为立孤计。舅姑欲夺之，乃断发毁容，足不逾阈，嫠居四十年卒。隆庆初旌表。

陈氏，朱宠妻。宠卒时年二十三，遗孤逾周才二月。姑强之嫁，遂断一指，不食者七日。不能强而止，终身不御色服，教其子业医市药，家亦起。于时有学生顾徵妻，方伯查应兆女，皆与之同节。

何关金，何家库人。幼许陈惠。惠夭，何年十六，奔丧送葬，矢不改字。念母在，复返。舅殁，往持丧。葬毕，返如初。母亡，乃归陈门，嗣子云鹏奉养之。万历十八年，建贞义坊旌其门，岁赉粟米。

龚氏，寿昌女、徐桴妻。年十八，嫁桴，桴死，龚年二十五，誓死守节。侍女吴氏，龚之媵也，生一男，不育。龚寡时，吴年十八，亦誓死不改嫁，众为置嗣，奉事二寡，同居共苦，声不逾户，垂六十余年。有司采其事以闻。万历二十年，表曰"双节之门"。

施氏，甫里龚淮妻。淮卒，施年十九，遗孤三岁，恸绝不欲生。舅姑劝止之，截发投棺，守节尽孝。万历乙未，有司旌庐赐帛，年七十有四终。

徐氏，陈子禄妻，守节五十七年，万历丙申年旌表。

李氏，葑溪里人，年十九，适同里张昆。昆堕水死，矢志守节。会阋墙变起，诱令夺志，氏之死无二，赖吴令傅公力持之，得完其节。年六十三卒。伍袁萃有传。

董氏，适上虞丞周偁[1]为侧室。周疾革，命氏曰："若年方富，无子，我死，若择所之。"氏泣曰："妾蒙君爱，脱不幸，躯可捐也，敢萌它志？"周逝，欲死者数，姑百计防之。一日，得间，取纨扇，书"冰清玉洁"四字于上，用衰绖自经死。邑令江盈科上其事，并作传。

姜氏，年十八，适吴会。会善丹青，婚数月，举家病疫。父与大父相继死，俄而会亦死，独姜与姑相守。姑私念荒疫洊饥，新妇改适，可得粟，为老人终岁饱也。隐讽之，不得。谇语激之，不得。谋于所亲，强迫之。姜不得已，至夜，伺同寝小姑熟睡，捡夫所遗丹青一缣，系衽带自经死。江盈科作传。

蔡氏，湖广安陆人。父本渊，以经传显。有周琦者，以父官兴邸，入安陆籍为诸生。琦子伦，聘蔡为室。琦归后，遣其子就婚于楚。蔡以舅姑远，定省有阙，非子妇体，走数千里来吴。未十年，伦卒。既而舅姑又相继卒。蔡内外诸事，只身独任。嫠居五十七年，寿八十有四。顾际明作传。按，葑溪有三节妇祠，曰董，曰姜，曰蔡也。互见《坛祠》。

庄氏，诸生顾两疏妻。嫁十载，两疏殁，氏年二十八，执节孀居。赋性严毅，教孤儿宗孟，尝课读至夜半，颜色不少假，有小失，即长跪，或竟日不命之起，不起。方髫丱，隶诸生，试辄冠其曹。直指使者及郡邑长爱宗孟才，廉其母节操，入采风疏。万历己卯，奉旨旌门。天启壬戌，宗孟官定海令，封太孺人。丙寅，子为御史，予告终养。至崇祯七年卒。宗孟妾王氏，年二十四寡，抚孤成立，亦有姑庄氏风。

烈妇朱氏，甫里人，嫁董朝宪，生子，娶徐应臣女。应臣艳朱氏姿，趣女归宁，并延朝宪饮。饮半，忽起曰："请安坐，我取酒之冽者来。"突至朝宪家叩门，氏方罢沐，语音含胡，以为宪醉也。发楗，直抵氏前，扼其吭。氏碎唇、刳胸，声甚厉，邻媪秉烛救护之，急趣朝宪归。氏愤詈踣地，张目把泪，曰："吾必死，故忍以俟若。吾死，若截吾体埋之，自胸以上者请磔以饲狗。"言讫，引刀断一指，血溅衣裙。越

[1] 原作"周称"，据《长元节孝祠志·董烈妇传》改。

三日，应臣诱朝宪会饮于甥家，释憾。氏益愤，乘大雨，登广济桥，投水死。桥上双履宛然，内衣缝纫百结。其尸逆流徐应臣门，怒目指发，勃勃有生气。时万历丙辰六月初九日。里父老上其事于郡县，台察置应臣于辟，旌其庐，并建祠祀焉。

刘氏，朱绂妻。绂举于乡，早卒，刘年二十四，断发抚孤子祖文读书砥行。弱冠，补博士弟子。痛母志节未扬，不遑寝食。会文相国震孟为孝廉时，与祖文习谈其母贞操于吏部周顺昌，顺昌慨然为白当道。天启初，类题取旨，命表其闾。风义所感，苦节获旌，舆论传之。

周氏，龚汝骐妻。汝骐为名诸生，秋试不捷，抑郁抱病死。含殓后，氏从容整衰绖，阖户自缢。天启初旌表。

杜氏，诸生陈三锡妻。三锡为仁锡从弟，力学早夭，氏守节五十余年。天启中旌表。

程氏，汪大训妻。大训早卒，氏抚教遗孤廷柱成进士，官副使。天启中，以节闻，旌其闾。

高氏，葑溪人。年十七，归里民殷庚。时摄补缺丁，庚之伯兄当应。庚谓氏曰："伯耄而病，此行恐不反。仲虽壮，主宗政，不可往。吾欲代之，何如？"氏曰："此义事，何必谋及妇人？"庚遂往，旋发回，至瞿塘峡，舟败而殁。氏闻之恸，曰："若强挽之，当时未必决。吾欲成其义，乃至杀其身。吾误吾夫，何以生为？"不食数日，垂死，姻戚劝之曰："汝方娠，幸而生子，则汝夫不死矣。"氏起谢曰："我痛深，计不及此。"后娩身得男，苦节抚之，年八十余终。史羊生有传。

徐媛，字小淑，太仆泰时女。幼婉慧，笃好诗史，适参议范允临。范晚岁辞官，偕隐天平山。淑与赵宧光妻陆相倡和，山林闺阁，极一时之盛。著有《络纬吟》行世。

陆卿子，尚宝师道女。嫁赵宧光，偕隐寒山。博学能诗，有《考槃集》《拟古》诸作，较徐淑《络纬吟》为高。子均，妇文俶，字端容，贡士从简女。性明慧，善写生，幽葩奇卉、翎毛草虫，渲染鲜韵，均手为题署，远近购取。贵姬季女，争师事焉。

甫里许氏，一时称纯节者三。褚氏者，许自学妻也。年十九适自学，三年而夫亡，止抱一女，长依居之，苦节五十年，始议元溥为嗣。元溥举于乡，事褚至孝，尝为褚易故衣。褚泣曰："衣食分也，予生平无完帛，恐溢则为祸。"出其囊中衣，纵家人观之，曰："此几十年物，吾御之若新。"观者咸太息。王氏者，许自正妻。归氏者，许自立妻。王氏二十三而寡，家苦贫，从父母居。父母复苦贫，又少无子，父母亡，依幼弟。当初寡时，父母悲伤其志，不敢言。一日，授色丝褐衣探之，王氏泣不受，曰："未亡人终身不衣色服矣。"归氏生二子，年二十九而寡。事姑孝，抚二子迄有成立。三氏齿差等，相得如同气。褚年最长，王、归谨事之。岁时伏腊，诸母会食相劳苦，竟日不闻欢笑声。崇祯辛未，请于朝，旌褚氏。明年，旌王氏。又明年，旌归氏。

陆氏，诸生金永思妻。永思疾卒，陆痛绝复苏，善承翁意，力诲长子浑登贤书。学臣孙之益疏闻，旌闾。

仰氏，大理寺评事瞻裔孙女，史必通妻。年二十七寡，苦节自矢。崇祯间，巡抚祁彪佳奏旌其门。

张氏，曹文明妻。年二十一寡，守节四十余年，抚孤应旌为咸阳县尹。崇祯二年旌表。

黄氏，长洲诸生为中女，史云翔妻。云翔少失学，流浪狭邪，染痼疾，家亦废。为中不令成婚，女曰："夫虽不良，一诺为重。即死，宁敢有它志？"遂归云翔。晨夜刺绣养姑。亡何，翔病殁，黄年二十，忍死守节。姑欲举翔丧，黄泣曰："有叔云翱在，俟其娶妇生子承祧，丧乃举。"因绝荤血，与姑相守。然以哀痛不胜，竟卒。卒前三日，沐浴设祭，酹酒夫灵，见者无不泣下。

王氏，甫里人，文学问川女。幼字同里陶允润，十八而归。时允润已得瘵疾，阅四月卒。王毁容绝食，将以殉。舅姑勉以守节立孤，稍自宽。既以季子嗣允润，未及期，嗣复殇。舅亦相继殁。姑苦贫，迫之改适，王矢志不变。润之世父南野，嘉其义，嗣以幼子，析田赡之。王勤渠，拮据三十余稔，子幸成立，允润卒有后。崇祯八年，督学倪元璐具题旌表，金士衡立传。

金桂淑，方幼时，母氏常苦病，兄弟皆在外塾，桂淑早暮侍汤药，不少懈。许字张树，未成婚，树死，桂淑年十五，闻之，哭踊弥日，誓欲守志。服除，或来议姻，父以告，桂淑伏地号泣，不欲生，议遂寝。守贞十四载，崇祯丙子六月十五日卒，年二十有八。巡按王志举旌其门曰"贞节"。

王氏，周嘉妻。嘉为练兵千总，赴援江浦，有功归，家娄门，娶王，方十九岁。新婚一月，皖城告急，复遣援。临行，谓其妻曰："闻贼氛甚恶，有不虞，汝将若何？"王曰："第奋力前行，勿以妾故贻内顾忧，妾必不忍相负。"嘉至皖，猝遇贼，力战死。凶问至，王断发绝粒，朝夕哀号。其姑慰之止。越九日，姑偶出，即于灵前投缳死。崇祯十年，抚臣张国维具题建坊并置祠，同嘉祀焉。

烈妇杨氏，倪士义妻。士义死，杨誓不独生，为夫营圹，命凿“鸳鸯”二字于圹石。未逾月，邻有讽其改适者，杨面发赤，遂自刭死。乡士大夫义之，为敛资合葬于虎丘山郡厉坛之北，礼部尚书王铎撰《鸳鸯圹碑》。

叶氏，甫里严孟济继室。嫁二载，夫故，守节五十四年。崇祯十二年旌表。

徐氏，申用明妻。用明死，氏苦志守节，抚教孤子诒芳领乡荐。崇祯末旌表。

周氏，太常卿诏四世孙世治女。年十八，适葑溪顾君敏。甫一载，君敏卒，无子，抚幼叔为嗣。未几，舅姑卒，鞠凶相继，氏为经纪丧葬，咸中礼节。年六十有五卒，守志四十余年。邑令李实纪其事。

李氏，吴明山妻。年二十三，归于吴。六载，明山游燕，客死德州。遗腹生中英，粗粝不完，纺织抚孤。孤长，令其寻父骸骨，几死道路，卒成孝子名，人两贤之。

金氏，庠生龚允培妻。流寇时，避难娄郊，为土贼所劫，义不受辱，被砍死。巡抚张国维给奖。

临顿路面店妇，孀居。崇祯甲申，京师破。闻变，邻妇语曰：“娘传来北方信，朝中旧官皆为新官，吾等百姓将为顺民矣。”妇曰：“此何言？吾所以必死也。”阖扉自经于夫柩前。

费氏，杨廷枢继室。廷枢殉难，氏与俱，欲从死。时廷枢诸弟子请曰：“吾师已殉国，有两孤在，俱幼，母未可死。”乃削发投尼寺。其宗党复请，始归故庐。以廷枢被难，故戒家人无用杀生，终身蔬食，不脱麻素。时覆巢之下，家难洊至。氏心力为瘁，病亟，曰：“吾向者固欲从死，今久不报，恐地下望我，吾死后矣。”遂卒。

陈氏，刘曙继室也。适曙甫六载，曙殉节金陵。被逮时，氏随之往。既扶曙榇归葬，欲俱死。曙母谓：“已奉养乏人，无以死殉。”氏忍死，事姑如曙生时。抚诸子皆成立。

蒋氏，副使一泓女，字杨庄简成孙焞南。婚时，焞南已病，扶掖成礼。氏合卺后，即侍汤药。婚八月而焞南卒。氏拮据门户，更遭世变，流离播迁，卒抚嗣子成立，苦节五十年，年六十余卒。

毛氏，河阳卫经历国卿女。年十九，适长洲诸生顾廷槐。鼎革时，槐与氏避难乡曲。槐遘疾卒，薄殓村舍，氏年二十有八，无子。适闻国卿殉难河阳，氏欲死者再，以嗣子未定，不死。年五十有八卒，后乾隆元年旌表。

国朝

王氏，孝廉邹化明妻。顺治乙酉，避兵陈湖，归遇乱兵吴淞江，连发流矢。氏恐其祸不免也，顾谓化明曰："子有两亲在，急揭浅循芦中可避，我从此逝矣。"化明避，即放舟江心，赴水死。

张氏，文学弘谟女，适十房庄徐树声为妻。婚未期，树声死，遗腹生一子。乙酉秋，乱兵溃，横剽掠如爇，氏怀孤儿匿僻室中，时佩刀以自殉。儿啼失声，为剽骑所得。妇即解刀刺颈，刃小，不能深入，血淋漓，僵仆不起。骑视其足跣，投以两朱鞋，强曳之行。妇怒麾之，骂不绝口，以所佩刀复刺其颈。骑怒其不可强，遂攒刃毙之，体被数十创死。

周氏，副使陈琦孙妇也。乙酉六月，湖寇蜂起，放舟引避，猝为寇所执，甘言诱之。氏大骂曰："死则已耳！"奋袂赴水死。次媳张氏，方舟而行，亦大呼曰："姑得死所。"亦奋起赴水死。女孙甫十三，骂不绝口，被刺死。见义不屈，一门长幼三人。

黄氏，年十九，适陆禧。禧为饶州倅桢适玄孙，未抱子卒。氏年二十三，逾六日，生遗腹子谦。时乙酉六月，土寇窃发，家人谋避难。氏指宅中池水谓曰："亡者在殡，委而走，非情也。贼若来，吾当死此，去将安之？"偶不及于难，事舅姑能尽妇道。既寡居，即断荤血，而每食必营甘旨以献。抚教孤子恩勤备至，读书稍懈，辄怒。弱冠，补诸生，则又诫曰："汝今当益修行为正人君子，吾可告无罪于汝父矣。"家贫，纺织至老不怠。孝事父母，生养死葬，咸出其力。同母弟某遭乱，妻子离散，氏收养终身。弟死，买地葬之，命子谦岁祭其冢。年五十四卒。孙枝林立，大宗不斩，皆妇力也。康熙庚子，太仓王相国掞特题"节孝"二字以表其行。

许氏，潜忠先生琰女也。年十九，归甫里赵升侯。未一年而升侯没，家贫无子，氏矢志不二。琰喜曰："女能守节，不辱我矣。"甲申之变，琰恸哭绝粒死，舅姑又相继殒，氏益茕茕独处一椽，聊蔽风雨，辟纑资赡，布蔬外无他求也。每遇父殉难忌辰，必号泣致祭，至老不衰。年六十有二卒。

郁氏，黄姬水家孙文瑛妻。文瑛喜读书。父嘉芳，督课严峻。瘵疾卒，氏年二十三，子大竣甫三龄，矢节抚孤四十余年。每乡党欲请题旌，必命孤婉辞曰："守节，礼也；立孤，分也。不敢邀旌典以为名。"顺治九年卒，年六十八。

王氏，聂应葵妻。葵客淮徐间，病卒，遗孤方周岁，脱簪珥经营诸事，扶榇归葬，苦节六十余年。顺治十年旌表。

吴氏，刑科给事之佳孙女。年十六，嫁金之崟。崟有羸疾，时舅维基秉铎溧阳，念子病，挈赴任所。吴勤奉汤药，阅八月，竟不起。吴誓以身殉，舅姑谕止之曰："汝为冢妇，宗祧所系，殉节与立后，自有轻重。况我系官于此，叔又年稚，携骸骨归葬，汝责也。"吴号泣受命，扶柩还里。既而舅历官南北，姑及祖姑在堂，孝养备至。及殁，哀毁几至灭性。方嗣事未定，每值时祭及夫忌辰，辄跽灵前，吞声饮泣。久之，始得从子为嗣，辛勤教育，不惮劳勚，苦节四十余年，年六十六卒，

汤氏，郡诸生邱贞继妻也。年十九，归邱，二十二夫亡，无子。念舅姑老，偕亡非礼，借十指供甘旨。越数年，舅姑相继殁，典贷殡殓，百计营葬，并前室姚氏四棺并举。茕茕一身，归依父母以居，苦节三十七年，卒年五十八。有司给"节孝长存"额奖之。

吴氏，袁泰徵妻。嫁四年，泰徵死，遗孤骏甫三岁，吴抚之成立。年八十有七卒。

金氏，吴慎庵妻。二十四岁夫亡，抚孤，守节四十余年卒。

顾氏，金廷扬妻。年十九，适廷扬，二十六而寡。家贫，纺绩依母兄以老，卒六十有四。

陈氏，赠詹事允坚孙女。二十，归诸生许质。三年，质死，止一女，置嗣守节，孝养舅姑。家贫，躬亲操作，不辞劳瘁。尝锄地有金，念昔年朱氏姑曾居此，或其故物，仍掩之。后姑从滇中归，追忆所藏，竟忘其处。陈为指示，一无所遗。勤苦四十年，年六十有三卒。质从弟虹，亦诸生，妻伍氏，吴相国裔。虹死，伍年二十二，无子，立从子心康为夫后，抚教之入黉序，曰："吾将借此以报地下矣。"挹郁伤神，不数日死。

周氏，年二十一，嫁诸生陈宗锡。崇祯癸酉，宗锡赴应天试，房考赏其文，与主司争元，不得，竟落副榜。宗锡愤郁成瘵疾，病笃，谓周曰："吾病不起，无子，幸有弟在，可弗忧无后。唯尽妇道，以代子职，吾目始瞑。"言讫卒。周时年二十六，孝养舅姑，借女工以奉甘旨。既得从子为嗣，恩勤教诲，克底成立，辛苦四十余年。宗党欲以节孝上之有司，周峻谢曰："吾知尽妇道，非为名也。"年六十有八卒。

陈氏，归文达妻。文达死，时陈年二十一，孤方八月。易箦，顷携孤怀中，顾谓陈曰："白发在堂，呱呱在抱。须善处之。"陈曰"诺"。目遂瞑。后陈屡欲死而不忍愧负其言也。舅殁后，适充南运赋长，孤子拖累不休，氏日夜哀号，诉族孝廉继登，白之官，始免。后孤圣脉以岁贡生见重士林，母氏教也。顺治十八年，旌表建坊。

钮氏，郡学生沈际飞继妻。年三十而寡，无子，姑伊年迈，钮守志养姑。叠遭

兵荒，纺绩给食，历八年。姑殁，殚力丧葬毕，归依其兄。兄之孙陆龙甫周岁，丧母，钮抚之如子，年八十二卒。巡抚汤斌、督学李振裕俱给额奖之。

闻氏，郁士贤妻。年三十七夫死，未期年，罹火灾，闻伏棺号恸，誓与俱烬。姑力救，闻恐伤姑，仓皇出，墙倾，折左臂。俄而焰息，棺得无恙。晚以籧具覆，子女露栖柩侧瓦砾中。家无长物，拮据修治，辛勤四十余载。康熙二十年旌表。

苏氏，年二十二，为冯万钟继妻。六载夫卒，时姑已先殁，舅年老，苏勤纺绩事之。抚教三子甚严肃。舅殁，哀毁尽礼。既而长子亦病卒，苏痛伤益甚，长斋，绣佛历，年八十三而终。

姚氏，程应斗妻。康熙二十三年旌表。

杨氏，许字钮成惠。年六岁，父母相继殁，归钮为养媳。成婚后，事舅姑曲尽孝敬。姑病，昼夜侍汤药，数月不少懈。及殁，恸绝复苏，如是者再。逾旬日，竟卒。里党咸称死孝。

徐氏，吴嘉祚妻。年二十八寡。嘉祚久病，徐谨奉汤药。病革，每夜吁天请代，卒不起。姑迈，子甫七岁，仰事俯育，只身独任。康熙二十六年旌表。

王氏，幼许字史洽。舅诸生，贫不能娶，洽因为秦赘。王虽依父母居，而事舅及继姑能尽妇道。甫二年，舅殁，脱簪珥具棺殓如礼。舅有遗逋，复以针指所积渐次偿之，不以贻继姑忧。亡何，姑信谗言，仇视洽，洽每叹曰："为人子而不得乎亲，奚以生为？"王事姑益谨，冀少解。而洽郁郁自伤，沉馆舍井中死。王闻变，奔哭恸绝，复苏。洽之从父恐以食口贻己累，遽议改适。王抢地呼天，欲碎首阶下。父母泣慰曰："汝无子而殉夫，则若敖之痛，汝实贻之，盍置嗣以延宗祧？不愈于身殉乎？"议立族子勇为后，年六岁，视如己出。继姑甘旨无缺，而自食粗粝。姑亦感动。惟痛夫死非命，辄悲咽不能止。一日，授经嗣子，捡洽所存败簏，睹遗书，号恸不能起。父母急迎医诊视，云肠已断。水浆不入口，逾数日而死，年三十有四。

钱氏，枋女。年十七，适长洲生蒋维垣。七载，维垣殁。氏念二子俱幼，且遗腹未娩，身不敢殉死。后葬夫事姑。姑殁，经营丧葬俱尽礼。教子成通儒，代守诗礼，苦节三十二年卒。

戴氏，适廪生朱之策。五年而寡，年二十四，抚遗孤，事翁姑尽瘁心力。翁姑殁，家虽贫，丧葬中礼。教子伊蔚，尝曰："读书但期躬行实践，稽古求荣，非所望于汝曹也。"性不喜佛。疾革时，谕家人曰："我自失所天四十九年于兹，今得相从地下矣，勿号哭以乱我心，勿作佛事以违古礼。"君子以知礼许之。

郑氏，许培妻。培家贫，写山水易食。氏年二十七，生一子。未期，培卒。氏无依倚，归母家。母性严，且多子。氏曲承母志，力作佐之，相依六载。子稍长，僦舍列居，纺绩自给，辛勤三十年。子克成立，娶媳抱孙，卒绵夫祀。乡党重之。

薄氏，张尚志妻。二十四而寡，遗孤甫周岁，舅姑又相继殁。薄矢志不移，守节四十余年卒。

朱贞女，农家子也。许字诸文忠。年十三，文忠夭，朱誓不再字，孝养父母，守贞五十八年。文忠兄君顺娶张氏。君顺卒，时张年二十三，遗孤甫五月，舅姑年俱八旬，张矢志不二，以耕绩供俯仰，卒持门祚，苦节三十余年。

黄氏，性端静，幼喜读《孝经》《女训》诸书。年十九，适胡士彦。不三载，夫亡，誓从死，因怀娠，冀得一男以延宗祀。及产女，女又殇，遂决志死。间归，语母曰："三年服不可不终，且父客京师，亦欲一见，我姑俟之。"亡何，父归，问起居外，徐曰："儿为未亡人，不能仰报父母恩，奈何？"父勉慰之。会夫家失火，烬士彦棺。黄闻之，仓皇而归，家人辈已拾遗骨弃城下。黄伤痛甚，潜至其地，以衣裹之归，置卧侧，将卜地以葬。士彦之弟以为不祥，数诟詈其嫂。黄不得已，割左臂肉，同枯骨置瓻内，抱送城下，哭而瘗之。往别父母，举止从容如平时。还即自经死。郡守胡世威闻之，委官致奠，给"节烈完人"额以奖之。

钱氏，韩载郁妻。年二十九，夫死，无子，抚从子为嗣。家贫，纺绩以给，事舅姑尽孝，守节五十余年，年八十三卒。

朱氏，陶凤妻。生子甫三岁，凤卒。朱年未三十，矢志抚孤。孤幸成立，娶妇生孙。子又死，朱复抚孙，辛苦万状。年七十三，有司给奖曰"冰霜清节"。

黄贞女，字慧珠，甫里人。许字闵士穀。士穀夭，黄年十五，欲奔丧，父母不可，遂长斋椎结，不事膏沐，历九载。会有妄希委禽者，黄闻，恸哭，愤懑欲死。父母知不可强，归女于闵，礼见舅姑，易衰绖，终三年制。康熙戊辰，有司匾其居曰"从一完贞"。

呼鸡妇，不详其姓氏。相传葑溪里人。姑性酷暴，暮失鸡，令妇觅鸡东城上，厉声敕曰："鸡回，汝亦回，不则无见我也。"妇呼至夜分，不得，赴隍水死。每至白露后风雨夜，微闻是声，极悲楚，盖数十年矣。里人顾晋闻而哀之，作《呼鸡妇》诗，云："秋宵月黑风凄凄，有妇上城来呼鸡。鸡不得，心头急。可怜新妇命如鸡，生死全凭鸡得失。一声乍高还乍低，似闻咽泪复悲啼。呜呼！早填隍水死亦乐，不向林间叫姑恶。"

徐氏，阊门下塘人。年十九，许字陈姓。未嫁，夫病瘵，舅姑信术士言“吉礼可疗疾”，遂娶焉。匝月，夫竟卒。舅姑欲嫁之，氏泣对曰：“妇命不辰，罹此惨毒，作未亡人，甘如饴矣。”强之不可，更怒，遣之。氏遂归父母家。岁余，颇为兄弟辈不容。氏出簪珥买一椽于父居之旁，自与一婢共居，长斋绣佛，日借针指以给。年七十四卒，自营生圹于虎丘之北，嘱亲属葬之。太史严虞惇特表曰“有吴贞节徐氏之墓”。

陈氏，泗水县知县谟女，王家说妻。年二十四寡，舅已早殁，陈奉孀姑，妇兼子职，抚孤丁濂为高材生。学使许汝霖给奖曰“节孝传芳”。年八十有一卒。雍正十三年旌表。

顾氏，年二十，适郡诸生陈德升。九载，德升殁，氏哀痛欲殉。舅姑以子女俱幼，谕止之。未五月，舅卒，氏为长媳，一切殡殓、丧葬之事，禀命于姑，拮据独任。娴于礼法，教子成立。苦节三十余年，年六十卒。学使张榕端给奖曰“节并松筠”。

蒋氏，戊戌进士德埈女兄也。幼敏慧，与埈同塾，日诵千言，姊弟不相下。及长，适太学顾琛书，事舅姑孝，善相夫，能黾勉有无。夫卒，时年三十二，舅年老，诸孤俱幼，经营丧葬无失礼，日夕操作以佐仰事、俯育费，教三子以端方、孝弟为根本，日课经史，贫不能购，辄手录以授。季子方开，以笃行为高材生，癸巳举于乡，人皆指为节母之报。

汪氏，河南学道永瑞女。年十八，适李震。震故名族，以力学遘疾卒。氏年二十有五，家贫，无子，抚三女俱嫁士族，年五十六卒。秀水朱检讨彝尊题其棺曰“松筠高节”。

陆氏，文学树德女。幼通《孝经》《内则》诸书。长适顾琪年。琪年抱夙疴，陆亲奉汤药，不二载，遽殁，时年二十二，无子，号恸绝粒，几滨于死，尽脱簪珥以营丧葬。夫遗田产，悉归舅姑佐甘旨，长斋守节者二十六年卒。

陆氏，郡庠生予兼女。年十九，适刘昭武。亡何，昭武遘危疾，妇刲臂肉进，竟不起。号恸欲从死，姑力挽之，形神伤瘁，几无生气。姑劝令服药，不应，第曰：“姑奉侍有人，吾夫亡，无子，死且晚矣。”日夜啼泣，泪尽，两目流血，殷红被体，见者无不心恻。未几，一恸卒，距昭武亡七月。

陆氏，长庠生茂京女。年十八，适庠生顾升。生以力学病瘵卒，氏年二十有六，家贫，无子，抚一女，纺绩自给，年八十一卒。

支氏，诸生凌京元妻。甫逾三十寡，遗一子，未娶卒，氏哭泣不欲生。既念宗祧为重，择族中昭穆相当者嗣焉，勉立门户，持艰履辛者四十余年，年七十八卒。

丁氏，文学仲行女，诸生蔡璇聘室。将嫁而璇死，讣闻，衰绖奔丧，礼见舅姑。先是，舅无子嗣，璇妇归，求立后。舅议以兄之次孙嗣，争继者睥睨起，乘间椎击保母，儿怖死，妇虽哀愤，毫不为动。逾年，嗣儿弟生，妇复立之。食息起居，昼夜调护，御强族，保遗赀，心力交瘁而殒，年四十四。

宋氏，乡饮大宾尔城女，孝廉实颖胞妹。少抚于兄，年二十三，适计焕为继妻。焕寒苦，艺学不遇，郁郁死。氏年二十九，绝粒欲从之。家人以有遗腹，各相劝勿死，乃长斋绣佛。阅百余日，生子永。家贫落，藜羹不糁，仍依实颖以居，坐卧一小楼，不御熏泽，辛勤十指，二十余年如一日。迨永稍长，知读书，学业稍惰，辄跪责之曰："我为汝不敢自暇逸，而反欲求逸耶？"既游庠，则又诫曰："儿须开拓心胸，勿以此自足也。"出女工所积，为孤完婚娶，置数椽，使自树立以奉宗祀。康熙四十二年，学使张泰交具题旌表。氏之母，叶烈妇也。顺治乙酉，以湖寇入城，赴井死。氏故鞠于实颖，卒以节著，真无忝于其母云。

张氏，盛应蛟妻。年二十八寡，遗三子一女，皆未成立，纺绩教养。应蛟殁时，翁姑皆前死未葬，氏日悲惨暴，引为己责，遂殚力经营，勉置坏土。先一年，葬舅姑，次一年葬夫。又节缩所赢，运土封，植松楸马鬣，靡不周至。每春秋祭扫，氏必亲往，至老不废。康熙四十二年旌表。

谢氏，杨隆起妻。年二十七，夫亡，有子仅三岁。氏数欲死殉，舅力止之，氏因破镜以自誓曰："死者不可复生，破者不可复完，有如此镜。"矢节三十余年。为子娶妇生子，氏曰："子有妇，夫有孙，我事毕矣，将归报地下。"忽一日，沐浴更衣，拜辞其舅，扼吭死。死后十年，督学张泰交具题旌表。

郑氏，年十八，适顾峻。峻死，遗孤幼稚。氏拮据门户，励志抚育子长，课文砥行，俾不替先业。康熙四十二年旌表。

王氏，庠生茂春女，顾庆荣妻。夫死时，年二十八，家贫，孤幼，矢志不改，茹长斋，以女红自给，孝养孀姑杭氏，丧葬尽礼。抚孤子寿丰、三锡，教诲并严，俱能成立，守节四十余年殁。康熙四十二年旌表。

卢氏，吴予彰妻，孝廉阶升胞姊。性端静，寡言笑。年二十三，夫遘疾卒，有遗腹。未几，生子，辛勤抚育。子渐长，氏益勤苦，蓬发炙面，面黄瘦滓，掌足重茧，而身服垢污，粗则操井臼、治场圃役作，细则躬纺绩、组纴、刺绣、缝纫之属，或眠睡疲寝，以拳椎胸胁间，神气复振，不寐达旦。历四十年，家渐厚，为子娶妇生孙。

子又卒，氏伤痛甚。一日，忽感泣曰："吾能薄而财聚，无功而家昌，败亡之形见矣，蓄此何为？"遂出所有，班散亲姻，萧然如旧。年六十有八卒。卒之日，囊无余物，亲党之蒙其惠者，咸各出钱以殓云。

丁氏，文学观韶女。年十六，适诸生邹城。城死，丁年二十一，遗子女四，舅姑老，家贫，逋负纷积。丁悉出嫁时妆，鬻而偿之，仰事俯育惟借女红以给。既而舅姑相继没，丁执丧尽礼，拮据营葬，自舅姑以逮夫叔，并举七棺，见者感泣。抚教二子甚严毅。次子怀棠，十月而孤，稍长，自为督课，补邑诸生。年五十八，里党合词请旌。丁知之，命二子力谢曰："守节乃尽我分，邀天家旌典，吾不敢也。"逾年卒。

李氏，徐元发继妻。年三十一，夫亡，家壁立，姑八十余，遗一子一女，借针指给食。姑丧子亡，目昏不能生活。或劝改节，不应。逾年，竟馁死。

吴氏，文学造女，太学生陈之正妻。年二十四寡，舅嗣泰年老，家无次丁，吴殚力奉养。及殁，拮据丧葬，抚抱嗣子以延宗祀，尤备极劳勚。苦节二十余年卒。雍正十三年旌表。

马氏，陶学诗妻。二十八寡，誓抚遗孤，纺绩佐食。子长，为娶媳。甫抱孙，子又殁。媳干氏，善承家法，冰蘖共守二十年。孙有室，干又亡，马乃操家事十余年，年七十八卒。境苦节坚，人悲其遇。

吴烈女，名闰姐，冢宰一蜚女，许字宋启业。启业夭，家人不使女知，已微闻之，时时饮泣。尝作细字，见人辄匿，迫则碎之，人莫知其故也。有陆氏者，强委禽焉。烈女若为弗闻，而志欲引决。尝吞金指环，不死。又常临井独坐，欲自溺，未遂。会一蜚出，女送之，夜阖户自缢死。缢帛即宋氏聘物衣带，中片纸书"生为宋家人，死为宋家鬼"二语，即前此所作细字也。翁迎其柩，与启业合葬。当事皆旌之，士大夫赋诗纪其事。

陈氏，甫里人，文学三辰女。年十七，适严惟式。式以苦学得疾死，时年十九，遗孤甫晬，陈鞠育备至。越三载，庐舍遭火，冒烟焰救夫柩，几死，家遂破。舅叔异处，乃卜数椽于父居之旁，尽脱簪珥，恳其父为治生计。初，舅姑罹毁后析产，诸子授田数十亩。陈念王舅姑窀穸未安，悉辞以佐葬事。后舅姑年老，又力迎奉养，绝不委任。及殁，办丧葬悉中礼。苦节五十二年，卒年七十。当初寡时，制《崩城吟》三十首，哀思苦调，读者咸为凄绝。雍正十三年旌表。

王氏，字长湄，忠烈公佐圣冢孙女，诸生李庆生妻。生以攻苦遘疾，不起，王年二十四，无子，止一女，凭尸欲绝者再。念姑老、女幼，夫棺在殡，勉复苟活。遂拮据葬夫，预为己圹，以俟同穴。无何，女又殇，王惟奉孀姑以居，晨昏操作，极瀡髓之奉。及殁，亟出女红所积，为舅姑营葬事。又值母年高，病笃，束身归侍。母死，益茕茕无所倚，旦夕哀号，水浆不下咽，逾旬而卒。荼苦四十余年，终以节孝死，不愧忠烈后云。

张学典，字羽仙，征君拱端女。工诗及填词。十岁为《采莲赋》，虞山钱宗伯亟赏之。兼精绘事。为杨无咎继室。穷居偕隐，糟糠不厌。或讶之曰："何太自苦？"氏曰："王霸妻有言，子伯之贵孰与孺仲之高哉？"抚前室子女倍己出，教二子继光、绳武。贫不能数延师，经史书传，多氏手授。两女芝、芬，女孙锦，皆教以诗。母女、祖孙一堂酬唱，声常出金石。著有《花樵集》十余卷。氏同母姊妹七人，亦皆能诗，人人有集。第五妹学象，字凌仙，与氏孪生，诗名亦相埒，集曰《砚隐》。学象中岁而寡，贫不能自存，氏尝分宅居之。学象年老，白发绛纱，为世女宗。而氏女芝，字当湖文学汪㸒。㸒卒，早寡，无子，依母氏以居。有《淑芳集》。诗音旨清婉。苦节三十余年，俱以贫未及旌。

张蘩，字采于，吴诏妻。幼通文史，工吟咏，有《衡栖集》，清平和婉，得风人之体。子岳，通经术，繇母氏指授。晚年，守贫颐性，名益著，诗亦弥工。

孙媿，吴庠生云客女。幼明慧，娴经史，兼工写生。及笄，归严廷锳，贤且孝。锳早殁，遗子女七，椎发垢面，勤操作，任抚教，无倦容，寒灯败帷，垂四十载。晚课女孙辑古名媛文百余首，细为评注，名曰《古文鞶鉴》，识者以为可补中垒《列传》、汝南《女典》之阙。康熙乙未秋，巡抚张伯行表其庐，榜曰"独娴大义"。

张氏，名淑英，太学施瑛妻，孝廉庆孙女也。六岁，父教以《鲁论》《毛诗》，一遍成诵。能辨四声。年十九。归于施。六年而寡，茹斋守节二十年卒。

顾氏，贡生南式女，文学何焜妻。焜卒，年二十九，守节抚孤三十余年。戚党欲请题旌，坚辞不许。年六十五卒。

严氏，孝廉朱凤姝女。幼抚于叔，长适王弘。弘以恩贡应试金陵，殂于逆旅。氏年二十五，毁容屏饰，泣血抚孤，事舅姑尤孝敬。性端庄，喜愠不形，足不逾阈，孀居三十六年殁。

邵氏，徐彬妻。性仁孝，谙大体。彬卒，二子皆幼，氏悉力调护，艰苦备尝。事姑善先意承志，姑之女贫而无子，氏迎养之，终身如一日。临殁，切嘱其子："勿以我不在，为德不卒也。"郡守陈鹏年给额，表其幽行。

张氏，庠生珍女，吴庠生顾山进继妻。山进死，氏年三十二，遗孤四人，俱幼稚。

经营家事，井井有规矩。事舅姑能孝养，殁后，丧葬悉中礼。训诸孤读书励行，先业卒赖以不坠。郡守陈鹏年制额旌之，年七十八卒。

杨贞女，庄简公成玄孙女。年十八，许字同里张生始。未嫁，生始病卒，贞女口不言而私自饮泣。有来议婚者，辄终日不食。母怪，问之，曰："从一而终，女子志也，岂以生死易节？"母颔之，遂依母以终身。及卒，谓两兄曰："礼，女未庙见而死，归葬于女氏之党。吾虽聘于张，然未尝结褵庙见。吾死，勿以棺归张。"乃葬母墓侧。

陆氏，顾九功妻。九功早世，时有与孤齮龁者，氏内抚孤，外御侮，支撑门户，家业荡然，洴澼絖以供饘粥。子稍长，严勖其成。孀居五十余年卒。郡守陈鹏年给匾旌庐。

陆氏，王助妻。年十九归王。二十四寡，遗孤甫晬，家贫，或劝改适。氏泣血毁容，志不可夺。守节四十七年卒。郡守陈鹏年表其闾曰"芳谷幽兰"。

顾氏，诸生吴昌言妻。年二十八，夫亡，事舅抚孤。家贫，织纴力食，苦志孀居二十余年卒。郡守陈鹏年旌之曰"白首完贞"。

蒋氏，诸生顾溱妻。溱早卒，与妾沈氏励志守节，各抚遗孤成立。雍正十三年，具题旌表。

顾氏，官浦人。年二十，嫁于唐。五年寡，无子。舅姑贫，难以存活，依父栖身，早夜纺织，为夫营葬。又置田数亩以供衣食，年四十七卒。临终，谆嘱将此田为翁养老资。今唐家执业称"孝妇田"。

陈氏，海昌人，宗伯清恪公诜女。幼熟经史，通晓大义。年十七，适太学生庄祖望，毗陵太史朝生长子也。侨居吴城之东二年，祖望病故，遗腹生子歆。氏孝养高堂，恩抚弱息，家庭之内，雍雍如也。舅即世，遗未成立子女十二人，氏尽鬻妆奁，代舅婚嫁。仲叔官临洮，眷属不能归，氏慨助得还里。又抚其子，教诲饮食如己出。父清恪公殁，母太夫人春秋高，思念不置，而孤子歆以广文荐授邑宰，板舆迎养。氏惟教以居官致身之道，却不赴任。扁舟归里，奉侍孝思，所给仕养不移，尤人所难能云。康熙五十五年旌表，雍正三年封孺人。

徐氏，德威女。年十七，适龚汝秩，甫九载而寡。家贫，就养夫弟汉英，借女红佐薪水，终事舅姑，抚孤成立。守节四十三载殁。

宋氏，吴玉衡妻。年二十而寡，亲操井臼。守节尽礼，乡党咸称苦节。

李氏，金符继室。符工咏诗，常昼夜苦吟不倦，力学得疾卒，遗三子一女，尚幼稚。家无叔伯兄弟，氏矢志苦节，独抚遗孤成立，娶三媳，嫁一女，皆十指辛勤所积。年六十四卒。太守陈鹏年表其庐，榜曰“松筠节劲”。

王氏，文尚岳[①]继妻。二十三寡，抚孤成立。媳陆氏，南岳子叔英继妻。二十九丧夫，姑媳双节。

徐氏，文辕妻。时滇逆猖乱，辕从军万里外，卒，遗孤逞甫数龄，徐欲捐躯以殉。辕从弟妇俞，时同居，止之曰：“若则得矣，如黄口何？”徐因忍死，抚孤子。后俞亦寡，与徐励志守节。长沙陈鹏年有《双节传》。

滕氏，年十八，适诸生苏纶为继妻。未三载，纶遘危疾，滕侍汤药不少懈。纶卒，舅年老，遗孤三岁，滕昼夜辟纻以供俯仰。岁饥，自食糠秕，奉舅甘旨无缺。抚前室子女，幼鞠育，长嫁娶，殚力营办，不异所生。前室长子琦早夭，聘室王氏过门守贞，滕与为同志四十余年，冰孀互砥，贞节出自一门，里党时相叹异焉。

姜氏，程廪年继室。廪年殁时，姜年二十，无子。翁，细人也，不晓大义，屡逼姜改适，遂逐之，依兄嫂以居。未几，兄亦死，伶仃孤苦，尝竟日不得食，资缝纫、纺绩以生，苦节四十余年。

闵氏，陈用爵妻；范氏，陈家賔妻，居悬桥巷。姑媳两世，俱青年孀居，一抚五岁子，一抚十岁子。闵守节五十五年，范守节五十年。康熙五十六年旌表双节。

谢氏，陆侍国妻。年二十四，夫亡，姑老，子方晬。氏屏容饰，以奉亲、抚孤为己任，苦节五十六年，年八十卒。康熙五十六年旌表。

吴氏，周之祯妻，大宗伯士玉胞姊也。幼娴女训，秉性端严。年十九，归周。越五载，生子煜。未六月，夫亡。氏励节抚孤。家贫，恒纺织治饘粥。子稍长，令从舅氏游，课学勉行，为长洲庠生。又抚庶生女甫周岁以长以嫁，倍于己出。终身缟素，闺范肃然。年六十七卒。康熙五十六年旌表。

滕氏，太学王景登妻。年二十九寡，遗一子三女。子冠为娶媳，甫举一孙而子死。未几，孙又夭。长、次二女皆前死，滕独抚幼女成立。晚依婿家以终，年七十有四。

申氏，尚宝司丞榕曾女，范安宏妻。年二十六，夫卒，遗孤尚幼。氏奉舅姑命，苦志抚育，且力勤织纴以供菽水。舅姑殁，办丧葬事，贫而尽礼。年七十有二卒。苦节四十七载。

---

① 据后文，似乎应该叫“文南岳”。本志《冢墓》有载：“文南岳墓，在廿三都六图殊字圩李王庙。子世光祔。”

姚氏，长庠生顾灿聘室；吕氏，张凤鸣聘室。俱康熙六十一年旌表。

胡氏，太学生陈济生妾，雍正元年旌表。

宋氏，庠生学程女。少秉至性，母抱危疾，割臂肉和药以进，疾渐可。年二十，归庠生王周秩。夫病，亦刲股和药以治。年二十八，夫死，上事孀姑，备极孝敬。姑病殁，三世五棺，氏鬻产经营，悉安窀穸。时遗孤继孟才四龄，氏抚以成立，授之室，生一子。而继孟又殁，氏即以抚子者抚孙，与寡媳艾氏茕茕相依，食贫孤苦者四十余年，年七十有四卒。雍正二年旌表。媳艾氏，二十三寡，卒年四十八，贞节之行，与姑先后一辙。

王氏，昆山人，丙辰进士中翰缉植女。年十七，适长洲诸生宋敏行。越四载，夫殁，遗孤二。氏恩勤抚教，有丸熊画荻风。事翁姑恪敦妇道，为夫营葬，十载焦思，条脱流黄，摒挡几尽。孀居三十余年，贞操弥励。雍正二年旌表。

范氏，文正公裔，适沈永贞。二十六寡，矢志抚孤。家贫，舅姑老，氏勤纺绩以给食。后相继殒，又勉力揞撑，殡葬如礼。口授孤儿字，不少姑息。长就傅，修膳恒取诸典揭。长子上珍弱冠，隶诸生籍；孙堉，入吴庠为岁贡生。雍正三年旌表。

沈氏，吴邑学生缪士竑妻。家娄门之华阳桥。幼娴姆训，长于文词。年二十二，归于缪，以贤孝闻。阅四载，孀居，毁容饰，绝文翰，抚孤成立。日以能读父书为训，苦节三十余年，卒年五十七。雍正三年旌表。

朱氏，罗载元妾。生一子，甫三岁，载元死，朱年二十九，与嫡李氏孝养舅姑，抚育孤子，经营丧葬，勤苦备尝。年六十五殁。李曰："朱死矣，吾甘苦与共，宁忍独生？"一恸而病，越六日亦殁。雍正三年旌表。李格于年例，郡给奖。

钮氏，诸生金之镇继室。年二十四寡，水米不入口者三日。既念遗孤方就傅，当为其难者，遂破镜毁容，椎结操作，门户之事一身独任，俾其子专意读书，补县诸生。守节四十九年卒。雍正三年旌表。

贞女陈氏，甫里人，马康明聘妻。未婚而康明卒，陈方笄，父母复议婚施姓。陈急赴水，以救得免，遂归马。施谋娶不遂，讼县署，县事通判吴重举嘉陈志节，上其事于巡抚，给额旌间。雍正三年旌表。

沈氏，熊允文妻。年二十三，生子十八日而夫丧，悲恸求死。宗族以大义劝勉，矢志立孤，报夫地下。雍正三年旌表。

金氏，孝子黄农妻也。农以哭母成疾死，氏时年二十五，子生四岁，女遗腹七月。氏恸绝复苏，力请于翁，葬夫柩于母冢侧，成夫志也。家徒壁立，借女红奉衰舅甘旨，教子读书端品，不事姑息。每漏下四十刻，织作吟诵声犹彻户外，勤苦四十余年，子若孙相继游庠。雍正三年旌表。

李氏，年十七，嫁施尔弘。二十四，夫亡，舅年迈，遗孤三岁。氏力谋事养。子既冠，为娶媳尤氏。未三载，子又亡，无出。姑媳相依苦守。又以宗祧攸系，谋于族，为亡儿置嗣娶妇。三世之事，一身兼任。雍正三年旌表。

吴氏，明给谏适孙女。年十八，嫁郡庠增广生陆应良。二十四寡，事姑抚子，备历劬勚。既卜地葬夫，时忽忽若有所见，因力谋改葬，启穴视之，果水啮其半棺，群惊，叹为苦节所感云。雍正三年旌表。

毛氏，文学顾靖女。年十九，适归信生，生一女。信生遇疾卒，氏年二十三，擗踊踣地，欲死者再。姑力谕以有娠五月，得子可延宗祀，氏乃止。及生男，氏曰："夫既有子，吾当为夫立后，未可以死矣。"日借针指糊口。时岁荒，易米奉姑，而私啜糠秕。姑殁，举丧葬。子女成立，以婚以嫁，辛勤所积，经营诸事，无失礼。雍正三年旌表。

王氏，诸生沈一鹗妻；高氏，陶士龙妻；王氏，韩秉质妻；朱氏，孙文进妻；高氏，徐时修妻；何氏，陆文吉妻；金氏，沈继城妻；姚氏，沈维翰妻；周氏，胡文荣妻。俱雍正三年旌表。

吴氏，叶深妻。深苦志力学，成婚二载，举子江昆。深得风疾，不省人事。氏调理汤药，抚育幼稚，持艰履辛，历十七年。深卒，丧葬之事，尽礼尽哀。日夜课子读书，冀克振先业。乙未、丙申，江昆与孙天申相继补博士弟子员，氏始一色喜，谓："可无负地下望。"未几，昆又死，氏伤悼甚，右目失明。又七年，病卒，年七十七。

徐氏，年二十一，归邱绍阶。甫三月而绍阶死，时方娠，哀恸不欲生。姑曲慰强存。期年，举一子，尽力保护，心血几枯。子长，娶华氏。既抱孙，子又夭。华年二十有八，食贫苦，守志操，一如其姑。姑年七十有四殁。

陆氏，文学声远女。年二十，嫁张有堡，三年寡。时岁洊饥，族党欲夺其志，妇俟人静后，引带自经。姑惊起，急解灌苏。纺绩补缀，勉自存活。越十年，季房生子，抚为后。又经营百计，卜葬夫棺，遂得羸疾。苦节四十九年，年七十卒。

金氏，年十九，适甫里顾昭明，相夫事亲，极甘脆之奉。昭明死，时年三十，无子，争嗣者睥睨侵啮，家益贫落。抚女长，适刘氏，就养女家。女年二十八，亦无子，寡母女茕茕澼絖度日。金现年八十一，女亦年五十三。

胡贞女，名韫玉，江苏布政献徵孙女，许字原武知县许懋德子大成。未嫁而大成卒。懋德以徵输累破家，卒于中州。故乡无居室，贞女告其父母，矢志归许，脱簪珥，买屋数椽以居。奉姑孝谨，米盐薪水以针纫佐之。贞女出华朊，甘贫苦，能立劲节，为尤难云。

陆氏，幼字张期纯。十八，归张。夫已得瘵疾，氏谨奉汤药，衣不解带。阅四月，夫殁，每恸辄绝。旋奉舅姑命，抚育嗣子。家素贫，资十指供俯仰。子长，游庠，勉为娶妇。既抱孙，夫妇同月病殁，氏保护孤孙，倍加劳苦。年十九，孙复夭，时舅姑已前死，未葬，乃慨然曰："向者不即谋入土，盖有所待也。今复何待？"勉力营办，并举六丧，栖身无所，假戚属半椽，聊蔽风雨，境穷节苦历五十八年。

严氏，甫里人，年十七，适同里王家旦，二年而寡。氏椎心泣血，抚半岁孤，备尝艰苦。又以夫门五棺未葬，力弃住房，经营窀穸，措撑大事。有烈丈夫风，完节五十三年。

陆氏，文学乡饮大宾锦之女。年十七，适太学许其成。成为崇祯庚午孝廉元溥孙、文学王俨子，以省试得疾死。陆年二十九，无子，舅姑即世，两叔尚幼，独持门户，为抚养成立婚娶。后两叔各有子，并立两侄为夫后，守节四十余年，乾隆元年旌表。

汤氏，无锡孝廉梁女，庚辰庶常董麒继室。麒释褐甫半载，殁于都，氏年二十九，孤子幼，为前室所出，无所倚，忍死抚子。贫弗克延师，身自督课，膏火资于针指，守节二十八年。而麒兄本素、麒侄茂功妻，两顾氏，亦早寡，一门三节。本素妻，黄埭顾鸣玉女。婚五载而本素卒，氏年二十五，以无子绝粒欲殉，舅姑劝止之，为嗣两子，俱殇，逢讳日，辄终日哭，不食，历五十年以为常。茂功妻，太学顾锦女。茂功为诸生，赴省试，遘疾归。氏衣不解带，三月中寒，左足因之不仁。夫殡，呕血渍地，时氏年二十六。今守节三十年。三节同居葑门相王巷。

黄氏，刘梓妻。年二十寡，遗孤五月，氏纺绩抚养，以迄成立。事舅姑曲致孝敬。及殁，举丧葬如礼。孀居四十余年，操厉甚苦。乾隆元年旌表。

陈氏，幼识字，知大义。未嫁而夫病，父有悔志，氏曰："命也，奈何改节？"后结褵，夫病剧，吁天请代，刲股以进。夫死，贫不能自存，依于父以居。父多疾，喜怒不常。氏婉曲事之，垢秽俱躬亲。父怜女少也，又欲夺其志，不可。历苦节三十余年。

徐氏，长洲廪生顾维藩妾也。相夫佐嫡，能识大体。维藩卒，氏年二十七，子幼，家贫，氏借十指度日，弃宅葬夫，播迁靡定。子稍长，为授书择偭，辛勤拮据三十年。

金氏，庠生顾璐妻，徐之从侄妇也。年二十九寡，遗孤二，氏忍贫鞠育，纺绩缝纫，穷昼夜不倦。舅姑年迈，氏奉事惟谨，尤严于训子。子亦遵诲攻业，补邑诸生。

陆氏，文学筠女。年十七，适长洲诸生丁殿扬。二十一，夫亡。氏勤苦执妇业，事舅姑能尽孝，抚九月孤以养以教，严慈并至，孀居三十年，足不逾门，以知礼称。

马氏，甫里姚受益妻。年二十，归姚。二十五，丧夫，无子，舅姑无倚。氏早夜纺绩，代夫孝养。亡何，相继殒，又百计经营，五丧并举。立锥无地，归依兄嫂。苦节三十余年。

陈氏，戈允中妻。年二十八，夫亡，夫之兄若弟以氏无子，止一女，阴令舅氏某劝之改适。舅乘间微言之，陈擗踊号恸曰："死者骨肉未寒，伯与叔视我如陌路。我不即死者，夫在殡，女在抱耳。今长者不勖以大义，忍出此言，是速我死也。"欲引刃自刭，舅力止之。自是无敢以此言进者。家故贫，夫殁，遗有公产，尽为夫之兄弟攫去，氏亦不较。贫益甚，不得已归依母家。勤针黹，鬻升斗自给。女既适人，乃依婿家以居。年六十有三，距夫死时已阅三十六年矣。

李氏，太学德符女，吴华妻。华病故时，年十九，尊嫜在堂，藐孤在抱，以事育为己任。舅谌秉铎高邮，姑宋氏居里，氏相依侍奉，务得欢心。未几，舅姑即世。孤稍长，氏诲以读书励行，苦节垂三十余年。

钱氏，吴导恒妻。年十七，嫔于吴，事舅姑以孝闻。夫卒，年二十三，苦志守节。舅姑殁，殚力营葬。事毕，即键户长斋，戚属罕有见其面者。

尤氏，州同知珂女，吴泰妻。年十六而嫁，二年而寡，无子，义不欲生。姑勉慰之，乃强食息。每饮泣不敢出声，恐伤姑意。越三年，自经死。

卢氏，年十七，许字姚永锡。永锡得疯疾，请辞婚。氏不可，垂十余年。永锡卒，氏奔赴丧所，抱木主痛哭，遂归于姚。家贫，衣食常不充。姑复性严难事，氏无纤毫怨悔。年五十四卒。永锡从妹，为孝廉田修女，许字顾某。未婚婿卒，氏誓不再适，归于顾，以贞女守夫丧，历二十余年。姚氏素多苦节，明姚荣三妻黄及文毅公希孟母文，皆以节孝旌。今田修女固文毅之曾孙，而卢氏亦文毅之曾孙妇也，宜门风不坠云。

陈氏，韩定京妻。家壁立，孝于舅姑。定京死，年二十七，遗子女三。氏蓬首垢面，力勤纺绩。又并衣缩食，冻馁不恤，为夫营葬。乾隆元年旌表。

施氏，高英妻。年十六，归高。甫浃岁，英应试，遘疾而卒，遗孤在抱，家复赤贫，氏力作抚之，现年五十有三，苦节三十七载。

章氏，年十八，适周彩若。彩若已染瘵疾，氏仓皇调护一年，死。舅姑老无倚，氏纺绩以供孝养。既而相继逝，遂栖身母家，益自勤苦，寸累铢积，并举三丧。又遍延宗党，力请置嗣。嗣定，恩勤抚教，迄有成立。苦节三十八年。

罗氏，徐复继妻。年二十一嫁复。四年，复遘疾，目且瞑，呼氏嘱曰："我前室所生子，久嗣兄后，汝怀孕九月，幸而男，善为抚养，以绵我祀。"逾月，果生男。氏悲痛之余，亲为呴哺。家贫，昼夜操作，寒暑无间。孤知读书，则自为督课。尝启箧，得断针数十，泣以语儿曰："此吾篝火辛勤以活儿命者也。"复弟凯妻毛氏，齿长于罗，于归及称孀，亦先于罗。凯卒年二十六，时妊六月，及期生子，爱养备志。稍长，借纺绩延师，督课不少姑息。既与罗氏先后寡，每言及门户事，相勉相泣，妯娌并节几三十年，并雍正十三年旌表。

顾氏，开化丞赞女。性端淑，年十九，嫔于宋沅。沅能文，早卒，氏年二十七，伤痛绝粒，既念遗孤尚幼，勉强存活，辛苦拮据者二十余年。课读勉行，有古贤母风。

顾氏，文学惟馨女、徐嗣昭妻。嗣昭锐志嗜学，咯血卒。氏年二十八，遗孤五月，抚育成立，未娶子，又殁。氏孑居苦守，冰操愈坚，乡党高之。

蒋氏，太学廷女。年二十二，适娄门汪拱辰。五年而寡，秉节孀居，事舅姑，黾勉有无。及殁，两世未葬，积针指资，力为卜兆，亲相畚筑。遗孤世倎才数月，苦志抚育，能辨字，即口授章句。弱冠，登贤书，母教居多。雍正四年旌表。

汪氏，陈墓於子斌妻。二十四寡，家酷贫，长孤三岁，次遗腹距夫亡一月而生。坚志守节，借纺绩以供俯仰，事后姑尤以孝闻。雍正四年旌表。

孟氏，周允恒妻；卢氏，增广生邱承周妻；沈氏，邱文濂继妻。俱雍正四年旌表。

顾氏，长庠生卢裕继妻。二十九寡，生一子，夭。冰孀矢守，苦节三十五年。

曹氏，彝亭王琛妻。二十五寡，苦守四岁孤。被粗茹淡，悉力操作。耕奴织婢，楚楚有家法。子长，亦不失母教。

章氏，太学王锡位妻。年十九，夫亡，无子，止一女，励志抚之。性端重，御家严肃，礼法独持。二十余年，冰操凛然。

贞女谢氏，孝廉有辉女也。年十六，许字顾长源。未嫁而源卒，时年十八，以从一自矢，毁容释彩，随讣奔丧，成服守节。姑闵其志，将析田二十亩为薪水资，氏不受，曰："翁夫未葬，留以营窀穸可也。"长洲学博倪典学重其行，为作《让田记》。

朱氏，张在钧妾。二十八寡，无子，深识大体，矢志守节。嗣季房侄，辛勤抚教，讫有成立。

徐氏，陈树琳妻。十八归陈，四年寡，上事孀姑，下抚嗣子，三十余年贞操如一。郡守给奖曰“孝慈完节”。

郁氏，贞丰里人。年二十一，嫁蔡日章。五年，日章死，子生一岁，励节抚孤。未几，遭回禄，家业荡然。舅姑老病，纺绩侍食。及殁，勉力丧葬，能中礼节。荼苦三十余年卒。

王氏，洪洞县知县芝女，适国学顾行为室。九载，夫亡，年二十七，时孤子达甫六岁。氏辛勤鞠育，期以读书立品。后孤修洁自好，为庠序中有守士，体母教也。氏寡居后，茹斋衣缟，足不逾阈者垂四十年，称完节焉。乾隆三年旌表，时年六十有五。

许氏，文轨妻。年二十二寡，孝事翁及庶姑，辛勤艰苦，抚子永年成立，世有贤节妇称。

陆氏，孙宪得妻；程氏，吴仁德妻。雍正四年，详具题旌表。

黄氏，生员朱镄妻；严氏，监生胡聪妻。雍正七年，详具题旌表。

王氏，唐宗商妻；贞女戴氏，程之俊聘妻。雍正八年，详具题旌表。

毛氏，生员仰天植妻。婚七载，生二子一女。夫卒，年二十八，织纴以养翁姑，恩勤以育幼稚。翁姑病，躬亲汤药。殁后，殡葬合礼。训子女成立。女适朱之劢。长子鼎玉娶于郎，婚五年，鼎玉死，郎仅二十三岁，抚棺长号，誓不欲生。毛谕抚孤为重，郎衔哀强忍。姑病，吁天请代。卒后，丧葬力任，不委诸叔氏，人称其贤。雍正九年旌表。

周氏，邱志道妻；裴氏，监生张宏度妻；傅氏，生员张俊德妻；戴氏，周祥发妻；顾氏，朱宏绪妻；张氏，施玉鉴妻；叶氏，宋渊妻；严氏，顾廷正妻；葛氏，黄㞬铣妻。俱雍正九年详具题旌表。

黄氏，陈又遵妻；冯氏，生员胡士焕妻；凌氏，蔡忠宸妻；沈氏，顾溱妾；申氏，生员施恩泽妻。俱雍正十年详具题旌表。

谢氏，顾景荣妻；张氏，沈子愉妻；张氏，监生王用俊妻；徐氏，陈佩玉妻；程氏，宋之炌继妻；宋氏，夏准妻；钱氏，吴自远妻；周氏，生员马熙妻；陈氏、谈氏，俱户部员外郎沈曾颐妾；王氏，黄国祥妻；孙氏，黄国瑞妻；蒋氏，顾汉臣妻；曹氏，王献其妻；张氏，生员王时亨妻；袁氏，金彩贯妻；翁氏，生员龚鼎基妻。俱雍正十一年详具题旌表。

李氏，毛志震妻；顾氏，董本素妻；沈氏，江起嵋妻；杨氏，陶天锡妻；沈氏，监生庄祖祐妻；陈氏，顾沄妻；钦氏，监生沈縠妻；金氏，顾璐妻；顾氏，卢天龱妻；郑氏，容县知县叶之循继妻。俱雍正十二年详具题旌表。

孙氏，沈应祥妻；宋氏，陆谔妻；施氏，宋斌妻；沈氏，金廷琇妻；顾氏，生员黄戴涛妻；支氏，杨元吉妻；黄氏，归吉士妻；周氏，王慕溪妻；顾氏，徐引妻；孟氏，杨汝立妻；李氏，杨茂林妻；周氏，赵道济妻；张氏，喻彩臣妻；袁氏，程仲詹妻；李氏，施廷正妻；陈氏，姚仁妻；戴氏，徐树穀妻。俱雍正十三年详具题旌表。

吕氏，朱文秀妻；范氏，州同知王鼎礼妻；俞氏，陆澄妻；钱氏，申玫妻；朱氏，程有椽妻；苏氏，陈玉书妻；邱氏，陆尊三妻；朱氏，赵天锡妻；张氏，叶长升妻；范氏，程世模妻；黄氏，陆皦妻；吴氏，监生陆镕妻；张氏，徐焘妻；张氏，汪显初妻；唐氏，生员顾宗周妻；张氏，申熊占妻；黄氏，谢履祥妻；裴氏，生员王烈妻；何氏，俞邻天妻；胡氏，吴曦妻；赵氏，生员顾宗龄妻；金氏，监生高日华继妻；贞女蒋氏，马圣传聘妻。俱乾隆元年详具题旌表。

缪氏，殷是宪妻，结褵三载，夫故，守节，以媳而代子职，事翁姑至孝。姑殁，哀毁骨立，寝食俱废。无嗣，几不欲生。翁乃立侄嗣宗为是宪后，氏即恩勤抚养，珍若己出。平居不苟言笑，操家勤俭，常缟素茹斋。及岁时祭享，品肴丰洁，几筵展拜，未尝不涕泗滂沱，人咸称为节孝。乾隆元年详具题旌表。

顾氏，长洲生鼎荣女，申墉聘室。未婚而墉殁，讣闻，哭几绝，欲往守贞，母谕止之，泣曰："儿既许申，敢有他志？夫虽亡，终当往。否有死而已。"父母亲党知志不可回，许之。于夫殓日往，奉神主，成妇礼。嗣侄赞皇为后，时方五岁，后教养兼至，勉赞皇勤学，午夜不辍。氏篝火纺绩以待，计课程无许就寝，率以为常。氏素弱，力疾操作，子劝少节。氏曰："尔闻敬姜言乎？彼有家者且然，吾居贫，何敢逸？"幼娴诗礼，见古史中孝友、节义事，手录不置。教子必及立身行己之大，曰："取科名，止获人爵，君子所重更有在也。"古所称女宗者，氏庶几近之。

周氏，太学生惇裕次女。年二十一，适许周德为妻。六载，周德染血症殁，氏欲殉死。母谕以死易、立节难，当为其难者。氏识大义，勉从之，以事翁姑、抚孤子为重。许本甫里故家，至是中落，时阙菽水。氏瘁力女红，易甘旨，事舅姑。姑病，衣不解带者两阅月。姑殁，附身附棺，脱簪珥以办。翁年七十八殁，经营丧葬悉中礼节。翁姑未殁时，咸谓："媳妇如此，使吾老人相忘膝下无子，衰门之幸多矣。"氏称："未亡时，子炎方三岁。既长，勖以从善立行，廉俭持家，发闻于时，不忘母氏勉为其难之谕也。”生平布衣藿食，中岁不夜哭，终身不逾阃，宗党谓之知礼。

贞女夏氏，生员良士胞姊。年十六，许字[①]，未嫁而夫浪游，不知所之。历十年，不通音问。夫家不忍女之迨吉失时也，令蹇修持问名原帖还之。女励志守贞，义不再字，依弟同居，奉母至于白首，从无怨言。今年已五十有四，距许字将四十年，矢志守贞时亦几三十年矣。

宋贞女，名景卫，生员程树聘室。树年二十一，哭大父疾卒。贞女闻变，誓以死殉。父谕以轻生不若守贞，乃请归守于程，以明从一之义。幼习礼，工诗，至是，诗止，不复作。遇节烈事，间借以发抒已志。有《西河陈烈妇诗》六十四韵，中云："由来夫妇比君臣，策名亦有未受职。清风孤竹师夷齐，商朝未禄周耻食。"读者叹其可追配共姜之矢《柏舟》，称才与节兼者已。初，贞女请归于程，会父远行，未即命往。姑病亟，贞女以不获侍汤药，刺指血书疏，吁天请减算以代。君子尤重其孝，以为不愧程生妇云。

毛氏，周勋业妻；沈氏，王宗赐妻；王氏，顾仁原妻；周氏，监生文屺瞻妻；文氏，吴天球妻；江氏，顾元培妻；倪氏，吴藩继妻；顾氏，监生宋沅妻；张氏，丁僖妻；陈氏，徐国维妻；冯氏，褚维宁妻；郑氏，褚维翰妻；褚氏，诸张筠妻；杜氏，荣大章妻；黄氏，监生陈树琏妻；金氏，杨时亶妻；王氏，沈大成妻；姚氏，州同知夏以璜继妻；顾氏，长庠生张正仪妻；王氏，汤宜祚妻；朱氏，汤可立妻；邵氏，长庠生娄德培妻；谢氏，张湘湄妻；马氏，顾奕世妻。皆早岁夫亡，家贫，守节历三四十年，贞操弥励，允协题旌者也。

沈氏，胡光裕妻；赵氏，盛王立妻；钱氏，李九鹏妻；钱氏，张阮文妻；李氏，翰林沈世奕妾；马氏，翰林沈朝初妾；蒋氏，庄玉署妻；胡氏，朱炜妻；程氏，郭钦文妻；孙氏，庠生张予夔继妻；陆氏，顾衷妻；施氏，沈曾熙妻；俞氏，沈曾熊妻；陆氏，庠生丁殿飏妻；车氏，凌灿云妻；张氏，周之鉴妻；潘氏，汤子茂妻；沈氏，殷蟠逸妻；张氏，宋斗位妻；朱氏，张阮武妻；尤氏，朱元文妻；李氏，吴明山妻；傅氏，李天爵妻；朱氏，陈宗器继妻；黄氏，邹濬继妻；胡氏，周维新妾；郁氏，王应星继妻；龚氏，刘天来妻；凌氏，王豫公妻；氏[②]，褚士荣继妻；蔡氏，殷尚臣妻；吴氏，朱承业妻；陆氏，王助妻；钱氏，蒋维垣妻；许氏，监生汪之滨妾；贞女潘氏、贞女李氏、贞女冯氏，皆守节年久，合例于乾隆四年具题旌表。

---

①"字"后原为二墨丁。

②"氏"字前原为一墨丁。

褚氏，沈锺彦室。事姑孝谨，相夫勤俭。家贫，遭水旱，升米三十文。氏日作烛心千余枝，易米、杂豆、麦屑为饭，以精者奉舅姑，自食其粗者。时行沴疫，举家㵐染。氏力疾侍姑病，调汤药，候寒暖，溲溺以手亲治之。一夕，邻人见黑气从沈氏墙垣中出，逾时乃散。明日，家之病者俱痊。人谓孝妇所感。年三十一没，以子德潜贵，赠夫人。

朱氏，顾希喆室。年十四适希喆，时姑已前没，遗四幼叔、三幼姑，太舅与舅俱在堂。希喆出主乡塾，氏掌家政，奉太舅与舅甘旨，为叔娶妇，嫁三姑，及时殡葬太舅与舅，无违礼。中岁，一子与夫相继殁，旋遭回禄，室庐荡尽。氏与寡媳张氏躬亲织纴，抚育孤孙以长。生平规言矩行，嘻笑不苟。里党称为礼宗。年九十七以终，见曾孙成立生玄孙云。

陆氏，宋兆鹤室。相夫课子，以忠孝训家。有江左礼宗之目。以子贵，历赠恭人。

孟氏，宋励业妻。夫亡，无子，生一女，抚侄为子，教之成立。女适士族，事姑尽孝，守节五十年。乾隆五年题旌。

陆氏，俞世瑄妻；邵氏，娄德培妻；金氏，杨亶时妻；胡氏，许先登妻；蒋氏，褚启仪妻；王氏，沈天祥妻；顾氏，孙杨妻；王氏，吴石安妻；吴氏，董方安妻；胡氏，何允修妻；俞氏，李鹤麟妻；陆氏，沈自新妻；姚氏，朱用甫妻；马氏，朱慎修妻；沈氏，尹万贞妻；程氏，洪令锡妻；王氏，朱瑞章妻；张氏，詹协和妻；唐氏，袁圣述妻；朱氏，丁启元妻；沈氏，龚云辅妻；郭氏，於忠基妻；沈氏，周佩兰妻；王氏，项德澍妻；沈氏，朱鼎妻；陈氏，樊越妻；居氏，华叔筠妻；刘氏，许七相妻；钱氏，王嘉秩妻；黄氏，陆禧妻；何氏，顾世演妻；袁氏，陈学永妻；沈氏，张天锡妻；姚氏，张天御妻；钦氏，郑震炎妻；赵氏，刘奕芳妻；周氏，金顾炳妻；滕氏，王景登妻；吴氏，陆圣公妻；陶氏，黄颖妾；郭氏，陆云间妻；金氏，陶屺思妾；王氏，顾宗孟妾；唐氏，徐成模妻；陈氏，吴絅章妻；潘氏，宋歅妻；蒋氏，李又常妻；刘氏，吴廷正妻；周氏，项壁妻；支氏，项元求妻；王氏，李庆生妻。俱乾隆五年具题旌表。

滕氏，苏纶继妻；曹氏，许存仁妻；胡氏，尤道基妻；金氏，苏瑞卿妻；屈氏，祁绍妻；谭氏，顾廷铉妻；章氏，周彩若妻；吴氏，陆莯妻；施氏，韩岩妻；金氏，朱瑞行妻；陈氏，朱文基妻；华氏，顾奭若妻；吴氏，陈永铭妻；李氏，陆贞吉妻；凌氏，陈素臣妻；沈氏，张圣武妻；李氏，谢朝初妻；朱氏，谢球妻；张氏，王德明妻；徐氏，诸玉书妻；吴氏，王玉瓒妻；朱氏，丁怿妻；王氏，张晟妻；屈氏，石贡男妻；陈氏，俞顺山妻；徐氏，周文顺妻；殷氏，俞仁吉妻；钱氏，朱学海妻；徐氏，邱景明妻；

林氏，陆子琦妻；王氏，顾其旋妻；丁氏，吴廷佐妻；吴氏，孙天籥妻；徐氏，龚汝秩妻；孟氏，陆文勋妻；王氏，吴临汉妾；许氏，文轨妻；韩氏，朱景周妻；沈氏，朱圣一妻；徐氏，迮君常妻；王氏，沈天叙妻；金氏，彭珍妻；姜氏，程廪年妻；顾氏，诸本侯妻；顾氏，王宗华妻；郑氏，顾肇基妻；冯氏，徐桂妻；吴氏，殷古籧妻；吴氏，陆鹤翔妻；王氏，朱振玉妻。俱乾隆六年具题旌表。

归氏，年二十，适顾元培为室。敬事太姑、舅姑，宗党称孝妇。元培工诗文，为汪编修份、张检讨大受所赏。粤东学使翁嵩年知其名，以币聘。时生子逋周岁，亲老子幼，犹豫未决。氏曰："脯脩可供菽水，山川可广见闻。仰事俯育，予责也。"乃行。在粤一年病殁。丧归，氏号恸求死，众劝止不得。舅曰："夫行何言而忍死耶？纵不为我夫妇计，独不为呱呱者计乎？"氏吞泪应。家贫，纺织易甘旨，养亲抚孤。太姑、舅姑疾，躬调汤药，扶持抑搔。及卒，经营丧葬无违礼，教子从名师，亲益友。勖之曰："富贵吾不汝望，望汝为端人正士，继祖、父志，吾他日得如尹和靖母受子善养，足矣。"苦节五十七年，乾隆七年题旌。以子永言贵，赠安人。

顾氏，王文忠妻；潘氏，唐永麟妻；钱氏，陈天孙妻；姚氏，徐文德妻；陈氏，陆彦瑜妻；宋氏，范德元妻；沈氏，马龙蟠妻；沈氏，徐鸿传妻；卢氏，柳丕绪妻；陆氏，苏宝田妻；朱氏，计以忠妻；钱氏，唐茂芝妻；徐氏，杨黼文妻；陆氏，王御祥妻；陆氏，刘汉妻；徐氏，陈天仪妻；顾氏，徐熙妻；姚氏，洪学濂妻；蒋氏，汤省三妻；金氏，费诚所妻；阮氏，阙永受妻；殷氏，吴子常妻；黄氏，徐子视妻；王氏，顾祥宇妻。俱乾隆七年具题旌表。

黄氏，米殿臣妻；郑氏，高岳妾；薛氏，王纶妻；陆氏，周惇妻；吴氏，管钥妻；黄氏，朱允文妻；沈氏，严锦妻；柴氏，张国祯妻；姜氏，钱自昭妻；陈氏，汪学亮妻；潘氏，朱建侯妻；吴氏，章君耀妻；陈氏，夏贤妻。俱乾隆八年具题旌表。

马氏，太学生顾渐侧室。夫亡，遗二女一子，子方四岁，辛勤抚育，以令成立。教之极严，不因爱姑息。竭力嫁二女，与正室寡媳、嫡孙同宅而居垂四十年，和好无间。终身不御采色，曰："此未亡人体也。"乾隆九年题旌。

陈氏，毕永俊妻。二十一，结缡未两月，夫亡，无子。长斋礼佛，誓无他志。家极贫，以辟麻易升米为生计。守节三十年。

朱氏，儒童顾之翰妻。二十五，夫亡，遗一子。勤女红以抚子，年二十七，家贫未娶，以瘵疾殁。氏一身茕茕，依其弟以居。守节五十余年，乾隆九年题旌。

张氏，顾承家妻；王氏，蒋芩妻；顾氏，张宁瑞妻；朱氏，王燏文妻；王氏，程锦荣妻；蒋氏，米世英妻；顾氏，吴用耻妻；毛氏，陈学潜妻；吴氏，方元龙妻；陈氏，方元龙妾；王氏，文明妻；陆氏，施绍衣妻；徐氏，赵申郊妻；朱氏，徐橡妻；连氏，徐机妻；李氏，顾瑞书妻。俱乾隆九年题旌。

陆氏，沈宏陞妻；金氏，朱琇妻；朱氏，韩尔卿妻；朱氏，王玉峰妻；吴氏，陆贻楠妻；宋氏，李致妻；沈氏，张卫师妻；郑氏，程文绶妻；张氏，周南士妻；张氏，周南侯妻；蒋氏，陈兆嘉妻；张氏，朱君顺妻。俱乾隆十年具题旌表。

顾氏，贡生彭遵儒妻。年二十三而寡，守节抚孤，事姑尽孝。年五十一卒。乾隆十一年题旌。

王氏，樊全德妻；范氏，顾壬植妻；王氏，唐濬妻；王氏，汤东侯妻；吴氏，陆一麒妻；沈氏，殷璿妻；计氏，陆观澄妻；张氏，朱绍文妻；潘氏，施琬妻；谢氏，施通元妻；徐氏，戴松年妻；滕氏，朱大树妻；汪氏，李兆奎妻；陆氏，李弘祚妻；裴氏，张珮声妻；王氏，朱志妻；施氏，韩我濬妻；邓氏，金懋修妻；陆氏，张金纯妻；沈氏，施慥妻；潘氏，施琬妻；华氏，顾模妻。俱乾隆十一年具题旌表。

张氏，沈禹锡妻；江氏，顾自任妻；王氏，顾溱涞妻；王氏，马时杰妻；蒋氏，王辉妻；吴氏，徐钥妻；周氏，王君相妻；洪氏，张鸿士妻；汪氏，戴有通妻；顾氏，丁孟嫈妻；萧氏，陈圻妻；叶氏，程有培妻；吴氏，张文俊妻；郑氏，全世德妻；杜氏，王珏妻；钱氏，周兆麟妻；陆氏，王受仓妻；陈氏，王受夫妻；江氏，徐万焘妾；钱氏，沈模妾；虞氏，苏茂佳妻；施氏，王己贞妻；计氏，徐彦明妻；马氏，朱世乾妻；庄氏，沈旦初妻；何氏，孙善庆妻；沈氏，计学海妻；陆氏，申用宁妾；陆氏，李朱耀妻；陆氏，李铉妻；翁氏，范汉雪妻；李氏，蔡王聘妻；胡氏，余文长妻。俱乾隆十二年具题旌表。

吴氏，陆志望妾；李氏，殷自天妻；钱氏，张凤鸣妻；韩氏，汤万熠妻；谢氏，顾令名妻；杨氏，徐子明继妻；张氏，许宿发妻；范氏，金杰妻；沈氏，陆贻祯妻；许氏，徐深公妻；戴氏，徐仙刘妻。俱乾隆十三年具题旌表。

何氏，侍读焯恩抚女，本姓王，明四川遵义县王佐圣谥忠烈裔孙。年十八，适太学生顾伟。甫二载，伟以瘵疾卒，无子，号恸欲绝。自是，足不逾阈二十年，孝养其舅，侍舅疾，衣不解带。舅卒，尽哀礼，鞠育幼叔，为娶妇生子，嗣夫后。乾隆十七年题旌。

吴氏，陆元登妻。十九岁而寡，遗腹士龙赖十指抚育，以继宗祧。卒年八十一。乾隆二十四年题旌。

何氏，张学堪妻；邢氏，张学洙妻。乾隆十七年题旌。

夏氏，计国治妻；马氏，杨震妻；诸氏，陆意龄妻。乾隆十八年详题给匾嘉奖。

程氏，适州判汪元傃，七年而寡。代夫孝养舅姑。姑病，侍床席逾月，夜不阖目。鞠育三子一女为婚嫁，教其子敦行读书，有声士林。乾隆二十二年题旌。

邱氏，适监生吴永裕。永裕殁，事舅姑尽孝，抚孤子成立，守节三十七年。乾隆二十五年题旌。

顾氏，年十八适监生钱廷熹。舅姑前殁，孝事太舅二十四年[1]。夫亡，氏躬亲操作。抚育孤雏。太舅卒，丧葬尽礼。持身淑慎，足不出户外，居家俭约。延师教子，不惜典揭以用。三子皆成立为士人。守节逾三十年。

樊氏，庠生顾景度妻。嫁时姑已亡，事曾太姑、太姑孝敬，先意承志，甘旨无缺，扶持抑搔，晨昏罔间，以礼禔躬，居家节俭。嫁三载，夫病，尽典嫁时奁具，供医药。卒不起，号恸几绝。自是，屏华饰，安布素，十二年未曾逾阈，人罕见其面。无子，抚侄为子，以劳瘁得疾殁。

江氏，适候补盐大使费淞。淞亡，呼抢欲殉。舅姑劝止之。无子，立侄承夫后，抚之，慈而能严。三女教以礼法。姑病疽，手为除拭，弗辞秽污。生母死，经营殡殓，为安窀穸。守节二十八年。

王氏，儒童曹文濬妻。二十六年而寡。姑先殁，事翁克尽孝敬，纺绩供甘旨。教其子堂读书为士，有声艺林。

汪氏，年十八适太学生蒋近光。时近光已病笃，结缡后即侍汤药，衣不解带，甫逾月，近光卒。抚侄为子，孝事舅姑，持家井井有条理。未几，室庐回禄，被烬无存。氏辛勤操作，铢积寸累，为子娶妇，卜地葬夫，为姑营寿圹。守节二十五年。

贞女吕氏，许配故民张凤鸣为妻。凤鸣未娶身亡，氏年二十二岁，闻讣，守贞奔丧成服。家极贫，赖十指所出养姑，孝敬终身，抚孤侄以存宗祀。长沙陈恪勤公鹏年守吴时，奇其贞操，书“贞姿天赋”以奖之。守贞四十六年，年六十七殁。康熙六十一年题旌。雍正九年，入贞节祠。侍讲惠士奇有传。

贞女陆氏，申密臣聘室。未嫁夫亡，闻讣，投缳，家人救援未死。遂归申门，奉夫位结缡。事舅姑曲尽妇礼，抚伯氏子为子。舅姑殁，丧毕，泣曰：“吾今可以死矣。”未几，归宁母家，乘间自缢死。守节十年，年三十三。

---

① 原稿缺“年”字，今补。

贞女蒋氏，重光女。许字儒童陈钰。年十七，钰亡，闻讣，女即绝铅华、屏罗绮，日夜饮泣。其姑朱氏继殁，父母怜其无依，意欲他适，女侦知，匿佩陈氏聘时指环，伺有变，更将自尽。嫂徐氏觉之，告翁姑，怜其志决。越四年，归陈氏，持身以严，操家以俭，补服夫与姑之丧，远近重其冰操云。

孝女彭氏，廷光女。性纯孝。乾隆二十五年冬，父病笃，剜肉和药以进，每夜焚香吁天，祈以身代。及父病革，三日不食。既殓，入厨下取刀，截喉而死。殡于父柩旁，书其灵帛曰“待旌孝女许嫁张门彭女之位”。

贞女张氏，儒童顾溥聘室。乾隆五年题旌。

贞女张氏，儒童朱涵光聘室。乾隆六年题旌。

贞女顾氏，儒童李廷仪聘室。乾隆八年题旌。

贞女叶氏，儒童吕瑗聘室。乾隆九年题旌。

贞女谢氏，儒童顾长源聘室；李氏，儒童王长琦聘室。俱乾隆十年题旌。

未旌节孝依《苏州府志》例附载。

申氏，儒童方普妻；陈氏，庠生施世然妻；张氏，孝子顾延年继妻；蒋氏，孝子顾载光妻；杨氏，钱某妻；周氏，儒童沈文琰妻；周氏，儒童沈玉田妻；徐氏，太学生蒋曾荦妻；汪氏，庠生莫让妻；朱氏，莫启贤妻；张氏，石安国妻；蒋氏，石虞让妻；钱氏，丁鹏妻；朱氏，候选通判毕永仁妾；钱氏，副榜贡生顾义山妻；陈氏，太学生朱之栋妻；叶氏，周宗尚继妻；叶氏，廪生周亮妻；薛氏，张兼妻；陈氏，顾翻妻；罗氏，潘汇一妻；蒋氏，廪生朱禄绥妻；邱氏，郁学礼妻；周氏，儒童曹文洪妻；陈氏，黄琛妻；李氏，胡鼎声妻；陆氏，杨瑞凤妻；孙氏，顾士桂妻；张氏，庠生王虹文妻；蒋氏，吴涛妻；陈氏，张璠妻；贞女邹氏，徐春观妻。

卷二十九

二氏

二氏之徒，儒者不道。然其间固有娴习文雅，欲逃于儒，又迹著荒幻而不乖于正者，亦非君子所必斥也。或产于吴，或自四方而至，地属元和县者，皆得列焉。志二氏。

晋

竺道生，钜鹿人，姓魏氏。初入庐山，幽栖七年。后游长安，从什公受业。关中僧众咸谓神悟，独文字之师以生为邪，摈之。遂来虎丘，聚石为徒，讲《涅槃经》至“阐提有佛性”处，曰：“如吾所说，契佛心否？”群石皆首肯之。今虎丘有点头石。

阐道一，晦处隐智，人莫能知。王珣兄弟深加敬事，受知简文帝。后隐虎丘。颜鲁公诗“登坛仰生一”，谓道生、道一也。

梁

䣯䣯尊者，天监中，住宝华山智显禅院，有卓锡峰。又住虎丘，泉随涌出，名䣯䣯泉。今名憨憨泉。

慧响，姓怀氏，吴兴人。天监中，居虎丘，不得甘泉，乃俯地侧听，得泉，名虎跑泉。

隋

智琰，字明璨，姓朱氏，梁散骑侍郎献之孙。幼事通玄璩法师，授典，过目成诵。尝游都下，与道安禅师齐名。陈亡，归虎丘，面岩壑者三十年。杨素、苏威皆尝驻节山中，接其绪论。炀帝镇淮扬，具币招致。琰恐累使者，为之勉起。及见，辞疾归。

既寂，埋虎丘东寺。

智聚，住虎丘东寺。至德二年，奉敕太极殿，进讲《金光明经》，天子嘉礼。归卧旧山。开皇间，玺书劳问。寂后，窆山之南。

唐

瑗，字辨空，常披一衲，不计寒饥，勤行精进。尝撰《武丘名僧苑》一卷、注《郁子》两卷、《文集》三卷。

清顺尊者，魏庠守郡，奏改虎丘律寺为禅，迎尊者至寺为开山祖。后有圆悟禅师说法，张魏公浚尝有《祭禅师》文，称其法明正因，超卓奇特，真古佛语。嗣绍隆，得临济心妙，大播东南。住虎丘三年，死，葬山后。

遇贤，姓林氏，长洲人。状貌伟怪，口容双拳。母初孕，梦吞大珠。少溺水，溯流复还，出家郡城东禅寺。嗜酒，呼为林酒仙。醉则作诗，时有天趣。又能前知人祸福，言无不验。有疾病者，书符与之，立愈。郡中有虎患，遇贤见之，骑以出城，患遂息。一日，渡江，风涛大作，舟将覆，解袈裟为帆，风浪便息。郡守梅珣赠以诗曰："出入常携一古藤，三衣粗重貌棱棱。红尘酒满何曾醉？知是僧中第几僧？"明时，藤杖与衣犹在寺中。

定钦，定慧院僧，与苏长公相善。公谪惠州，尝拟《寒山十颂》，使其徒卓契顺往惠州，寄慰安否？苏得诗，甚嘉之，有曰："语有璨忍之通，而词无岛可之寒。"为和八首。初，契顺为其师持书至惠，且曰："惠州不在天，上行即到耳。"投书径还。公问其所求，答曰："契顺惟无所求，故来惠州；若有求者，当走都下矣。"苦问不已，乃曰："昔蔡明远，鄱阳一校耳。颜鲁公绝粮江淮间，远载米周之。鲁公怜其意，遗以尺书，天下至今知有明远。今契顺虽非明远，然区区万里之勤，倘可援鲁公例得数字乎？"公遂为书《归去来辞》以遗之，勒碑于寺。

惠铨，北禅僧，佯狂垢污，而诗绝清婉。尝书西湖一山寺壁曰："落日寒蝉鸣，独归林下寺。柴扉应未掩，片月随行履。唯闻犬吠声，又入青萝去。"苏子瞻爱而和之曰："但闻烟外钟，不见烟中寺。幽人夜未寝，草露湿芒履。惟应山头月，夜夜照来去。"

天纪，碛砂寺僧，与高安僧元至善。至注周伯弜所选《唐人三体诗》，方万里作序，吴人谓之"碛砂唐诗"。

元

维则，字天如，俗姓谭氏，永新人。得法于本中峰。本时住天目山之狮子岩。至正初，维则名其居曰狮子林，识授受之原也。与朱德润交善，时承旨赵子昂及行省平章买住屡荐入，召问，皆称疾不赴。所注有《楞严会解》《净土或问》，语录、别录若干卷。

明

永隆，姓施氏，尹山寺僧也。洪武壬申，四方沙弥给牒京师者三千人，悉籍为军。时方旱，祷雨，隆因乞焚身以代之。至雨花台，望阙再拜，取瓣香书“风调雨顺”四字，语中使曰：“为我奏之。”既焚，雨即大澍。上喜曰：“此真永隆雨也。”籍军得勉。

妙声，字九皋，景德寺僧。博综内外典，兼善诗文，主北禅寺。洪武中，与西白万金同被召，主天下僧教，有《东皋录》七卷。

良琦，字元璞，吴郡人。自幼读书，学禅白云山中。杨维祯云：“琦公既究禅理，亦通儒学。能诗，其余技也。”住天平山之龙门，示寂于城东之孤云庵。

雪梅，吴僧。嘉靖中，游金陵，踪迹奇异，不拘戒律。日湛茗饮，间进酒肉。寓报恩寺十余年，见法师据高座讲经，便笑曰：“乱说乱说。”偶出一语辨驳，闻者汗下。工诗文，自序其诗，以寒山拾得自况。专修净土，讲“四书”《周易》，时有新理。后住吴之东禅寺、竹堂寺，僧腊八十余化。

天际，来自少林，习武艺，推第一手。嘉靖中，住虎丘，敕赐金牌剿倭，所至有功。后欲予以官，不受，终老灵岩山。嗣玉庵，亦传其法。盗至，随手而毙。

妙显，长洲姚氏子，削发于碛砂寺。初不读书，后渐明内典，住葑门之化城庵。养母尽孝。既受儒者业，讲伦常性命之理，曰：“佛教皆空，只独善一身。必圣人之道，真实可行也。”时大吏闻其名，召问祸福，曰：“僧所知者为臣尽忠、为子尽孝，未然之事未敢知，亦不必知也。”予以金，不受。后仍归碛砂，年八十余垂死，谓其徒曰：“葬我须用儒家礼，断勿火化，致既死以后亏体辱亲。”其徒从之。以上释氏。

唐

柳条青，大中末，乞食吴中。尝击筇踏歌，得钱辄饮。好事者觅其踪，终不可得。

阅五六年，因大雪冻死于市。市人具棺瘗于齐门之左，每遇日出时，冢上有紫气，高五六尺。近视之，无所见也。后一年，有处士皇甫颜者来访之，示以冢处。皇甫持酒脯祭之，发棺，得青竹杖，无他物，表其冢曰“谷隐柳处士墓”。自是不复有紫气矣。

宋

古无极，居葑门道堂。暑中，开户而眠，蚊蝇不敢入。扁其室曰“小小蓬居”，以白垩涂四壁，皎然如雪。中设榻，尝出所携瓢、笛、鱼鼓等悬之，以书一束为枕，自酿酒一瓮于床头。人有求饮，摇手弗许。猫犬至，即俯首疾回，无敢窥其内。经年不见挥拂，一尘不生。未尝出募于外，而钱不乏。疑其挟术，逼问之，笑而不言。一夕，撤去器物，不知何往。明日迹之，葑、娄、盘、阊四门人皆见其负笼荷杖出门去矣。

元

金善信，字实之，长洲儒家子。好老氏学。父母尝为纳妇，有子矣，后师事莫月鼎，传其术，遂构仁寿观，日与徒研核玄旨。其言以为：心神至虚，无所汩没。诸阴消尽，诸阳自集。盖有形者阳，阳益胜阴，气益调精，我得清净，去道无难矣。荐于朝，赐号弘道法师。

明

周玄真，字玄初，嘉兴人。年十二，辞家入紫虚观，从李大无为道士。至正戊子，年二十，始来苏，住葑门外报恩道院。玄真能以符箓召鹤，因名所居曰来鹤轩。洪武戊申，李韩公迎玄真致雨，有应。明年庚戌，上召问鬼神情状，锡宴光禄。又明年，上召问雷霆所以神之故，对曰：“天地之间，阴阳运转，故有神。神，与人合者也。”上悦，授领神乐观事。玄真尝修建安里桥于通衢，继主常熟致道观，复修丹井。死，葬莫月鼎墓次。

裴庆，性落魄，嗜酒。每卧人户外，日无醒时，市儿时狎侮之，不为意。偶至人家饮酒，或有老妪病，即自断衣带，煮汤疗之。其卧处无雪，时大学士夏言闻其名，往见之，庆坚不肯出。夏遣人牵出，连呼杀人，夏不之悟也，后果不免。嗣真人张某，朝京师，道经吴门，访庆，邀至舟中，以裴仙称，且拜之。庆，南园人，或传盘门人。

国朝

吕毖，字贞九。弱冠，工文词。司李倪长圩摄郡篆，值校士得毖卷，奇其才，置第一，随补学官弟子员。未一年，遭鼎革，毁初服，逃于黄冠，衲衣草履，遍游峨嵋、黄岩诸名山。晚岁，绝烟火，日采松花、枸杞为食，终于西山之草庐。有诗文集若干卷，倪司李为序而传之。

李朴，字天木，一字紫中。幼与施道渊亮生同学。年四十辟谷，昼夜不眠，与人语，随机开示，总期使人了悟。善诗，亦长画。顺治乙未，挂瓢于甫里之圆白堂。庚戌秋，无疾而逝。学者谥为冲白先生。

唐老老者，不知何许人也。长须广颡，年五十余，若歌若哭，被发百结。或作椎髻，布被鹑衣，虮虱满席。人与之钱，不受。馈之粟，拜而受之。常于冬月危坐长洲学宫侧鸭脚树下，即以苇席数片栖而息焉。煮一瓦铛，不食盐蔬。持一髹漆碗，每食必拭数次。闻其歌，掺秦声，或曰唐藩之弟，或曰鲁府仪宾、李长洲实、李侍御模闻来，叩之终日，笑而不答，终莫得其实也。一日，天大雪，坐泮池侧，凿冰解衣以浴。视其体，蓬蓬如釜上气，人疑其仙。一夕，襆被去，不知所之。以上道流。

卷三十

寺观

像教西流，化人东骛。二氏兴而梵刹琳宫几遍区宇，奉其教者遂奔走之若狂矣。自古迄今，虽迭见兴替，要与坛壝、祠祀并存，缘其徒以善果、福德之说诱天下，故集事易而功之终废者鲜也。为存其建置夷毁之由，附于揽古搜遐之例，俾宰世轴者或得以考，且以觇风教之盛衰焉。志寺观。

东禅教寺，在城东地三图。吴赤乌二年，陈丞相宅池中生瑞莲，遂舍为寺，名镇国院。唐大中间，敕改东禅明觉寺。宋建隆时，异僧遇贤号林酒仙尝居之。寺中有祠，祠后有红豆树，犹传为遇贤手植云。

宝光讲寺，在城东北隅，郁林太守陆绩舍宅建。门有郁林石，初名郁林石寺。吴赤乌时，郡守请额，赐今名。至明洪武初，开拓郡城，废为军营，始迁寺于跨塘桥西。今属长洲县。郁林石见吴宽《记》。

北禅讲寺，在城东北隅利三图。晋戴颙宅，唐司勋郎中陆洿居此。按，《吴郡志》：乾元寺，唐有之，今不知所在。然顾况撰《乾元寺记》有云："晋高士戴逵子颙之宅。"而皮日休、陆龟蒙《避暑北禅寺联句》亦云："歊蒸何处避？来入戴颙宅。"则今北禅即古乾元寺也。宋祥符初，赐名大慈，中有大通阁、观堂、元黄溍记。雨花堂、禁蛙池。

万寿禅寺，在城东利一图。晋义熙中，西域僧法愔建，名净寿院。梁改安国，唐改长寿。宋大中祥符二年，丁谓奏改万寿禅院。崇宁中，诏加崇宁，寻改天宁。绍兴中，改万寿报恩光孝禅寺，为徽宗荐严之地。唐时，僧贯休尝居此。休号禅月大师，故寺有禅月阁。尝画十八罗汉像，颇著灵异。寺前周广顺中所立尊胜石幢犹存。吴越军节度、上柱国邵思宝、周承礼等题名。元末兵毁。明洪武间重建。学士宋濂记。嘉靖辛丑，巡按舒汀改为长洲学，僧证果移佛像就寺之东，结茨覆之，仍称万寿庵。

僧通泉变服南游，蓄赀矢复。归，觅天宫寺后基地，依银杏三株构讲堂，重门闷宫，奉善财、伽蓝二像，挈其徒玄炯、道因居之，称万寿禅财院。

天宫寺，在城东利一图。创自晋末，初名武平。后废为民居。唐景福五年，光禄大夫许台舍宅，僧了然建，改今名。明正统九年，僧弘演发地得二铁像，因创说法堂。景泰辛未，建大殿，有碑记。寺僧诗文著名者有听源、月江、印宗、水知、慧川、万峰、玄若。归继登有《七高僧传》。

普福寺，在城东北隅娄门路。创自晋朝，后废，仅存残碑半截及土山、银杏三株，大各二十围。顺治初，僧遍云、普润矢愿兴复，走关东募缘。时当积雪，赤足立雪中，经旬不懈，施舍辐辏。癸巳归吴，恢复基址，鼎建大殿、祖堂、斋堂、天王殿。宗伯韩菼撰记。

灵鹫教寺，在城东北隅亨一图。梁天监中，僧永光建，名永光寺，又名东林院。明隆庆六年，大殿回禄。崇祯三年，里人潞安府募褚于仁重建，僧守静又募建药师殿、天王殿、禅堂。

广化教寺，在城东北隅。后梁乾元三年，诸葛氏舍宅建，名崇吴禅院。宋大中祥符元年，改赐今额。中更兵火。淳熙二年，都僧正清立善医，以所得药资增建经楼。宋景定间，改为长洲学，今为文忠烈公祠。

双塔禅寺，在城东南隅。唐咸通中，州民盛楚建，名般若院。吴越钱氏改罗汉院。宋雍熙中，王文罕建两砖塔对峙，遂名双塔。至道初，赐《御书》四十八卷，改寿宁万寿禅院。绍熙中，为提举常平祝圣道场，提举徐谊尝给以常平田。嘉熙中重建。明永乐八年，僧本清重建。康熙十五年，里人唐尧仁捐资建天王殿、山门、方丈、禅堂、法堂。

定慧禅寺，在双塔寺西，初名西方院，本双塔之子院也。宋祥符中，赐今额，始贰于双塔寺。僧定钦与苏长公善。公游吴，于竹下构啸轩待之。及谪惠州，使其徒卓契顺寄诗慰安，公书《归去来辞》以遗之。明正统中，勒碑于寺。康熙初，倾圮，里人唐尧仁捐赀建大殿、观音殿，重修弥勒殿。

积庆禅寺，在善教桥北。宋开宝八年，郡人盛名舍宅建，僧法翌开山。绍兴间赐额。元季兵毁。明洪武初僧普照，永乐中僧永宗、戒坦，相继重建。今名李王庙。

静德庵，在城东北隅贞三图。旧名报恩庵。宋元祐中，僧寂庆建。

资寿寺，一云尼寺。在城东隅。宋绍兴间建，有正法堂，又有砖浮图。靖康中，邑人翁氏建。

石像庵，在城东北隅贞三图。宋淳熙间，僧清一垦地，得石观音像，因建。明万历初，僧大千、定莲增建大云阁。郑敷教记。

光明庵，在城南仁一图。宋淳熙间，僧永安建。明万历中重修，崇祯末毁。康熙间，僧咸益重建。

圆通庵，旧名通玄，在城南。宋淳熙间，僧原净建。

圆明庵，在城东北隅。宋嘉泰间建，元至元癸未重修。

大智寺，在城东北隅贞一图。宋端平元年，万户姚八郎舍宅建，僧本筌开山。景定二年，赐今额。明洪武间，汰去庵院，存十二大寺，大智与焉。

崇庆庵，一名百花庵。在城东北隅亨四图。宋淳祐八年，僧法冲建。元大德间重建。

普福院，在城东隅。元至元间，浦氏创建，后废。僧觉证重建。黄溍记。

金井庵，在城东北隅亨四图。元至元间建，后毁，明洪武初重建。

佛慧庵，在城东北隅。元大德十年，僧法亮建造，为北禅寺子院。

慈云庵，在东北隅。元至大间，瑞沙门开山，明僧祖道重建。

昭庆寺，在城东北隅利一图。元天历元年，宣政院阿咱剌建，僧怀寿开山。至正元年，复建旃檀阁。黄溍记。

狮子林寺，在城东北隅贞一图。元至正二年，僧维则建。则多聚奇石，状类狻猊，故名。十二年，赐额菩提正宗寺，内有卧云室、立雪堂、问梅阁、指柏轩、禅窝、竹谷诸胜，溪壑深邃，岩石玲珑，为一时绝境。欧阳玄记。史官王彝有《游狮子林记》。明嘉靖间，为势家所占，止存弥陀院。万历二十年，僧明性具奏追复，敕赐圣恩寺额、藏经全部，重建普光明殿。顺治八年，僧海翔、甬东居士陈大贤领众重修，建藏经阁。乾隆二十二年，皇上南巡，驾幸寺中，赐“镜智圆照”匾，悬三世佛前。

天龙庵，在城北利三图。元至正己丑，僧惠慈建为北禅子院。明万历己酉，郡绅缪国维捐赀，僧广乾重修，西构兰陵祠，东筑桥，浚池以为放生地。

昙华庵，在城东地三图，旧名东林庵。元至正间，僧圆净建。

卢师庵，在东南隅仁三图。明成化间，都御史韩雍创建。

万寿庵，在城东北隅贞三图。明嘉靖间，废万寿寺为学宫。禅月山房僧真果移佛像就寺之东，结茅覆之。千户唐岳舍地创庵，嗣僧鹫峰募郡绅徐如珂捐赀，拓地建山门、正殿、禅堂、香积、准提阁。

磐陀庵，在城东地三图。明万历三十五年，南溟僧性海创建。后渐圮。崇祯十五年，郡绅申绍芳捐赀修。康熙九年毁。辛亥，僧原净、本易复建。

普济庵，在城东地三图。原名茅阶堂，士人金汝珂舍别业建。崇祯六年，侍御顾宗孟重建，傍有顾氏家祠。顺治十六年，灵岩僧洽、化等重修，改今名。

慈航庵，一名青松庵。在城东仁三图，侍御顾宗孟舍建，敦请宁波僧无能设置慈航，瘗无主尸骸。顺治八年，僧悦然募建大殿、禅堂。内有碑记。

三昧庵，在城东北隅正三图。天启间，有老僧结茅为庵。康熙乙酉，僧月林易以瓦屋，颜今名。壬戌，邓尉僧天杰置庵后隙地，建寮舍厨匽，构三世佛殿。

善庆庵，在城东北隅贞三图。崇祯间，僧大慧寂音建。

杯渡庵，在城北亨三图。明崇祯间，僧觉支建。

寄叶庵，在城东北隅贞三图。明崇祯间，僧等伦即祖居改建。康熙癸丑，扩建大殿、方丈、禅堂及厨匽寮舍、山门。又置庵后额田，以半筑基建大悲阁五楹，半为饭僧田。

报本庵，在城东南隅仁一图。明崇祯间重建。康熙庚申冬，织造副使胡士拔感神梦。越明春，得石像于葑门接渡桥荒草中，如所梦。矢愿捐修，迎像于庵。

月声庵，在仁孝里道义街，祀张中丞国维和祁巡按彪佳、涂邑侯必弘、慕中丞天颜、丁方伯思孔、李邑侯念兹、韩上舍馨。尚书沈德潜有记。

生生庵，在城东地三图百狮子桥东。顺治初，庠生顾廷椿舍基，僧继文募建。

寿星庵，在城东南隅仁一图。康熙间，僧法舟重建。

以上城内

云岩禅寺，在虎丘，晋王珣[①]及弟珉别业也。咸和二年，舍建，即剑池分为东、西二寺。会昌间毁，后合为一。宋至道中重建。王随记。景祐中，建御书阁。叶清臣记。绍兴中，宋达建藏殿。张浚记。寻遭兵毁。元至元四年，僧普明重建。黄溍记。明永乐初重修。杨士奇记。崇祯己巳冬，大殿、文殊殿、万佛阁、浮图悉毁于火，巡抚张国维重建大殿。钱谦益记。顺治初，总戎杨承祖重建天王殿。康熙乙未，大殿毁，鹾使李煦重建，圣祖仁皇帝敕赐匾额，恭悬于寺，宸章焕烂，山林梵刹亘古常垂光曜云。额凡九，俱见《山阜》。

寿圣教寺，在九都彩云里半塘，中有稚儿塔。晋道生诵《法华经》，童子死，葬

① 原误作“王殉”，据《〔正德〕姑苏志》改。

此。义熙十一年，商人谢本夜闻诵经声，且见坟生青莲花。事闻，诏建塔，名法华院。宋治平间，赐今额。绍兴七年重建。元时，寺僧善继血书《华严》大部藏寺中，明学士宋濂题跋，今犹存。

保圣教寺，在二十都甫里。梁天监二年创建。宋祥符六年，僧惟吉重建。殿供释迦，旁列十八尊者，神光闪耀，形貌如生。江南北诸郡佛像皆莫能及，相传为唐时圣手杨惠之所摹。寺之西北有安隐堂。归有光记。

崇福教寺，在三十一都尹山。梁天监二年，僧佐律建。寺有澹台灭明书院。宋尹和靖慕其胜会，侨寓焉。元末倾废。洪武初，僧永隆驻锡，尝运巨木，鸠工鼎新。明季，又圮。康熙壬戌，里人乡饮宾顾士祯捐资重建。

慈报庵，在二十七都。梁天监二年，僧戒真建。宋祥符八年毁。庆历五年，僧契高自钱塘来，复建，后毁。明景泰六年，承天寺都纲永端与弟自悟建。

大觉教寺，在二十七都大姚山。梁天监间，僧道邦建。寺有东明子院，颇幽胜。

白莲讲寺，在二十都甫里。梁天监间创。唐大中间修，后为陆龟蒙别墅，祠堂在焉。宋熙宁六年，僧惟吉重建。

永寿教寺，在二十七都席墟，陈湖之左。唐大中十一年，刺史管洪舍宅建，僧真悟开山。内有普贤殿。宋元符间，寺僧海真、悟继重建，明初倾圮。宣德间，僧正宗创建大殿。

五福庵，在二十都。唐中和间，僧法智建。

永庆庵，在二十二都下雉渎。五代广顺元年，僧祖庆建。宋建炎初，瑞光寺僧怀秀重建。永乐元年，僧源湜再建。

文殊庵，在九都沈塘村。宋至道三年，僧智殊建，为金山寺下院。明弘治间，僧克修、至能葺。嘉靖间，郡绅陈鎏、陆师道倡众重建。王鏊记。

金福讲寺，在二十六都周庄。宋元祐间建。淳祐二年，周迪功郎更新之。景定间，敕赐金额。嘉靖初毁，僧秋壑、慈念、良能继创。顺治戊子，总戎杨承祖捐俸修建。

青莲庵，在九都石牛头，即古圆觉庵。宋绍兴三年，僧本立建，赐额。明正统七年，僧善璥葬母圆觉废址旁，即此建庵，后渐圮。顺治十一年，僧愿如重建。

化城庵，在葑门外葑四图。宋绍兴四年，僧普济建。明碛砂寺僧妙显操行清高，尝居此庵。

佛慧庵，在虎丘寺东。宋绍兴间，僧无善建，径树幽僻，有钟秀轩。明僧默堂名其室曰简默堂。

碛砂禅寺，旧名延圣禅院，在二十六都陈河之北。宋乾道间，僧道源建。诗僧天纪尝注周伯弜所选三体诗，名《碛砂唐诗》，中有大藏经板。明永乐十五年，僧智端重修建。

普利庵，在葑门外灭渡桥北。宋淳熙间，僧永宁建。明隆庆间，僧广成重建。

接待教寺，在娄门外。一名胜感寺。宋嘉定间，僧净梵建，有玄音堂、含晖楼、挹清阁、止息斋、云深处、一掬轩、松花室、听闻室。明宣德间，僧岣有中重修。康熙间，郡绅蒋德埈重修。埈兄维城以良田五千亩舍之。

崇福教寺，在二十八都章练塘。宋嘉定间，僧德修建。寺有灵山堂，额系宋徽宗御书。明永乐元年，僧宗器重修建。

清远庵，在二十六都周庄。宋淳祐间建。明初，兵燹，僧玉琳复兴之。万历中，又毁。崇祯十四年，僧照音重建。

青莲庵，在二十九都。宋咸淳二年建，久废。顺治十年，僧物外募建。

石牛庵，在九都通国桥西。宋咸淳六年，僧志珍建，初名即山庵。明万历二年，僧维静重建，因庵前有石牛，相传唐时物，更今名。

法华教寺，在葑门外斜塘。宋僧用宣及其徒行遇建，取半塘法华旧额为名。

马庵，在九都马庵浜，原名永福。元至正二年，僧天如建。

白椎庵，在九都，晋竺道生放生处。元至正间，僧慧观建，初名文殊庵。明洪武间，僧道衍驻锡其中，更今名。万历间，僧湛明重建。

杨安寺，在阊门外杨安浜。元至正间建。明初，渐圮。正统间重修建。

十方禅院，即永庆庵，在周庄。元戊子年，僧志修建。

澄庵，在九都上津桥北。明洪武间建。万历三十六年，僧天然重修。

现瑞庵，在葑门外二图。明弘治间，僧清修建。天启七年，僧照晗重修。

海慧庵，在葑门外古石家汇东，即普利庵废址。明万历四年，五台僧如海购地建，初名海会。顺治十二年，僧济岩改今名。

染香庵，在娄字二图。明万历间，僧寄浮建。庵左向有广孝阡，系洪武三年设。崇祯七年，巡抚张国维给帖修复。

仁寿庵，在东十九都。万历间，中翰许元祐建。

蒲庵，在九都。明天启间，僧慎独建。

接引庵，在二十四都黄瓜泾桥内。明崇祯七年，士人龚允培为僧净云建。

戒幢律院，在九都，旧为徐太仆西园。子工部溶舍为复古归原寺。崇祯八年兴建，改今名。

甘露律院，在阊门西半塘。初仅一茶亭，崇祯间，僧净起建经堂、佛殿。康熙九年，藩司慕天颜复建殿阁，即庵前至西山庙桥官河为放生池，禁网捕。净起复有退居，与院址相接，名香岩庵。

佛华禅院，在九都彩云里。明崇祯十六年，邓尉僧弘璧建。

海藏庵，在东十九都，本里人中翰许元祐梅花墅。顺治三年，子孝廉元溥舍建。

右僧坊

修真道院，在城东北隅平江路庆历桥南。宋淳祐间，道士李祖真建，奏请赐额。明嘉靖中，道士石文献拓址修建。

回真道院，在城东北隅苑桥巷。宋咸淳二年，道士沈道祥建，内奉吕祖像。吕尝自称为回道人，故名。顺治己丑，道士郑秉中重修。郑敷教记。康熙甲寅，道士周弘教建天倪堂。

卫道观，在城东北隅贞二图。宋咸淳间，绵州道士邓道枢游于吴，得上官氏废圃建。明初颓废。弘治间，道士张复淳重修建，初名会道。嘉靖辛丑，迁长洲学于城东。以观在学后，形家言此为学之外卫，巡按舒汀为易今名，命有司重新之。大学士严讷记。

老君堂，在城东北隅利三图。明万历甲寅，松江朱国盛建堂以奉垢仙刘真人。康熙乙卯，道士施道渊重葺。今为全真派居之。

已上城内

善成道院，在娄门外官渎。创自唐初，废兴不一。康熙壬子，郡绅蒋德埈捐建斗姥阁，道士吴昭科慕缘恢廓。埈兄维城复将间壁市房四间舍之。

通明道院，在下二十都甫里镇之西张汇。宋祥符间建。明崇祯末，里人戴章甫、沈养舟重建。

澄虚道院，在二十六都周庄。宋元祐间建。

龙井庄道院，在葑门塘。元至元间，邓道枢建。明洪武间，里人瞿汉卿修。今为僧舍，名龙井庵。

通神道院，在陈墓镇。元天历间建，为何蓑衣真人下院。明正统间，道士顾永和重建。

崇福道院，在娄门外。元元统初，道士周守仁建。

报恩道院，在葑门外。明洪武初，道士周玄初建，有来鹤轩。玄初奉母苦行清修，院旁其母林氏墓在焉。

灵官庙，在葑门外。明初建。康熙中，道士陈庆云重修。

祐圣山居，在九都二十九图。明弘治甲子，道士杨道常建。康熙乙卯，道士徐日清等复建斗姥阁。

右道观

普济堂，在虎丘山塘。

育婴堂，向在玄妙观内，因乳妇散处，未便稽查。乾隆五年，江苏巡抚张公请旨改置王废基，构数百廛，聚居乳妇以便查察。

锡类堂，在结草庵前。升任郡守姚孔钠修，掩埋之政，以革火化陋俗。详宪“建置”。

广仁堂，在清真观侧。先是，邑善士费廷俞等倡广仁会，为有坟而贫不能葬者代管。窀穸后，遂买地观旁，建堂为司会公所。

永仁堂，在虎丘山塘。乾隆十七年，善士张云龙、周振绪怜贫人无棺，尸骸暴露，募缘施棺。暂借南濠水神阁居停。请尚书沈公德潜主堂。乾隆十九年，中丞庄公有恭拨给山塘前巡抚韩公世琦祠旁隙地建堂。韩祠久为僧售他姓，众善士捐资赎出，中奉韩公香火，西建大门、茶厅，堂终未建。乾隆二十六年，布政司安公捐银一百两，堂未克成。诸善士醵金为会，以建此堂，规模宏敞，榱桷焕然。沈尚书德潜为记。

三乐堂，在东禅寺林酒仙房，堂供文昌帝君像。乾隆十二年，里中好善者捐金修葺，适中丞庄公有恭饬行各属建惜字局，知苏州府刘慥檄行长元两学王廷嵩、费天修议设于此，兼行放生。

临海义庄，在元邑九都二图双栏杆桥。赠通议大夫戈元钥初置田四百亩赡族，临终命其子候选州同黄鸿、候选知府黄泳、贡生黄淮、候选知府黄湘，扩而大之。乾隆庚辰，黄鸿等续置田六百亩，共一千余亩，创立规条。族之茕独无依及废疾者，计口岁给米三石六斗。贫者自五十以外，岁给如其数。六十以外者，兼给以布帛。寡妇孤子加厚焉。贫不能为子婚嫁者，给银二十两。其无父母者，倍之。贫不能殡殓者，给银十两，葬如之。无力读书者，给以从师费。庄中备《十三经》《二十一史》诸书，有志者得以取阅。遇考试，量远近给资。习艺者，岁给米三石。春秋祭扫，葺坟茔，纂辑族谱，咸取诸此。有余则贮庄以备水旱。立庄正一人、庄副一人，司其出纳。建屋四十余楹，中设宗祠，祀迁吴始祖堂，而以赠通议大夫地宪配。朔望集子姓展拜，申办香以尽追远之诚。其制详密周备，可以惠宗族而绵世泽。乾隆二十六年六月，署两江总督高晋、江苏巡抚陈弘谋、江苏学政刘镛合词以闻。田在本邑者十一亩二分五厘，在长洲者七百五十四亩九厘三毫，在吴邑者二百三十八亩九分八厘，共一千零四亩三分二厘七毫。

海阳义庄，在乘鲤坊西，有宗祠。雍正九年，候选员外郎陶篠偕族从诸生尚滨等，祀奉明苏州卫千户、从征交趾、咸子关死事俊，及篠父赠奉直大夫世魁置赡族义田一顷五十亩，篠自捐田一千亩、捐金千八百两，建祠三十三楹，立庄正、庄副、司会、司庄各一人，按口而算、计日而给，丧葬婚嫁有助，鳏寡疾废有恤，贮经史诸书，许子姓能读书者取阅。月给膏火。制与范文正公书院略同。乾隆十五年，总督黄廷桂、巡抚觉罗雅尔哈善、学政庄有恭合词以闻。田在本邑者三百九十四亩六分一厘四毫，在长洲者九百八十二亩三分五厘，在吴邑者四十八亩一分八厘，共一千四百廿五亩一分四厘四毫。

又元和旧与长洲共一官坛，在葑门外，近邑民周永奇捐助义冢四亩四分七厘六毫，邑令张若爔详请，元和始另置官坛一所，地在二十四都二十九图受字圩，附记于此。

卷三十一

御制

考自古邑乘未有以御制分门者，汉高之幸沛，唐玄宗之幸鲁、幸陕，不乏篇章，未能汇而成集。我圣祖仁皇帝法古时巡，留题虎阜，至今辉映岩谷。皇上绳其祖武，两幸江南。玉辂所临，畴咨民瘼，托之歌诗。元和为驻跸之地，慈宁视膳之暇，一吟一咏，皆光风霁月之渊衷，鱼跃鸢飞之化理。其山林古迹，莫不宠以睿藻，琳琅璀璨，远迈汉唐，恭为编次，垂示艺林，睹天地之光华，仰羲娥之照耀焉。臣工和什，亦随题附载，以媲《卷阿》矢音之盛云。志御制。

赐礼部侍郎沈德潜归愚诗集序

沈德潜将锓其《归愚集》，前稽首而请序，且曰："人臣私集，自古无御序例，第受特达之知，敢恃宠以请，不即望序，或训示数语，可乎？"德潜老矣，怜其晚达而受知者，惟是诗。余虽不欲以诗鸣，然于诗也好之习之，悦性情以寄之，与德潜相商榷者有年矣。兹观其集，顾乐俞所请而序之。

夫德潜之诗，远陶铸乎李、杜，而近伯仲乎高、王矣。乃独取义于昌黎、归愚之云者，则所谓去华就实，君子之道也。夫子之训小子曰："何莫学夫诗？"使如后世雕龙祭獭之为者，圣人将斥而禁之，顾反疏其源而导其流乎？亦惟是名教之乐，必有言之不足而长言之者，舍是其何以哉！昌黎因文见道，始有是语，固不必执风骨体裁与李、杜较甲乙，而归愚叟乃能深契于此，识夷守约，敛藻就淡，于向日所为壮浪浑涵，崚嶒矫变，人惊以为莫及者，自视若不足，且有悔心焉。是则李、杜、高、王所未及言，而有合于夫子教人学诗之义也。

夫非常之人，然后有非常之遇。德潜受非常之知，而其诗亦今世之非常者，故以非常之例序之。异日者，江国行春，灵岩驻跸，思欲清问民艰，暇咨新什，将访归愚叟于愚公溪谷之间矣。诗古文书窗所夙嗜，践祚以来，万机鲜暇，虽时寄兴吟咏，而古文不数数为之，是序构思染翰，至四刻始就，非复有曩日弓燥手柔之乐，况能津逮古人耶？归愚叟于近代诗家视青丘、渔洋殆有过之无不及者，故乐为之序，不复计其工拙、迟速，书卷以赐。岁云暮矣，封事少稀，更偿文债，亦足为艺林增一胜事也。

乾隆辛未小除夜，书于坤宁宫之东阁。

圣祖仁皇帝御制虎丘诗

秀璧名吴水，悬萝接紫霞。仁风期大吏，厚俗止纷华。停辇舆情问，开轩畎亩赊。笙歌陈勿用，意使尽桑麻。

圣祖仁皇帝御制虎丘题句

试剑犹留石，生公尚有台。爱看山后景，错落野田开。

圣祖仁皇帝御制忆苏州风俗诗

邓尉梅梢月，虎丘浪里峰。人争天地秀，物杂理文宗。俗尚非交让，官箴乏协恭。物情常如此，何日受时雍。

圣祖仁皇帝御制仰苏楼诗

三天风雨百花催，独赏幽兰倚槛栽。俯瞰田间浮麦浪，舆情足食即春台。

圣祖仁皇帝御制虎丘诗

小阜回冈落照红，长廊曲榭构西东。独怜剑石潺湲水，霸业消沉在此中。

二

随风画檝到山塘，水市阴笼草木香。石不点头谁说法？惟存涧响杂笙簧。

皇上南巡御制诗

赐致仕侍郎沈德潜

水碧山明吴下春，三年契阔喜相亲。玉皇案吏今烟客，天子门生更故人。别后诗裁经细检，当前民瘼听频陈。老来底越精神健，劫外胎禽雪里筠。

恭和御制原韵　　沈德潜

归来游泳砚山春，三载瞻云谊倍亲。帝许林泉就闲客，臣为歌啸太平人。选言恐落元和后，前席难忘宣室陈。老去敢云颓晚节，寸心窃比耐霜筠。

二

二月光风浩荡春，省方万象许相亲。已辞青琐侪耕叟，重见黄衣识圣人。淮浦桃花靖波浪，臣迎驾淮浦。天章云锦叠铺陈。浑沦元气难赓和，中律应惭嶰谷筠。

驻跸姑苏

牙樯春日驻姑苏，为问民风岂自娱。艳舞新歌翻觉闹，老扶幼挈喜相趋。周谘岁计云秋有，旋察官方道弊无。入耳信疑还各半，果能万众庆恬愉。

恭和御制驻跸姑苏元韵　　沈德潜

省方万类庆昭苏，老幼扶携共宴娱。未向吴山看越绝，先逢蕃庶验吴趋。清嘉里巷风诚惯，充实仓箱语恐无。有待龚黄勤保赤，可知睿虑半忧愉。

恭和御制驻跸姑苏元韵　　钱陈群

碧城楼子见姑苏，凤艒徐临洽圣娱。山水清佳年谷顺，街衢笑乐吏民趋。玉梅金柳轻寒暖，密雨疏烟乍有无。见说比来风俗美，春随布濩倍欣愉。

皇太后游虎丘即景

闲登海涌峰，雨洗绿鬟浓。古迹多留咏，春郊尽力农。云楼既虚敞，月牖且从容。最引予心慕，虞歌每每逢。

二

谁云金宝气，化作虎丘山。西踞瞻湖墅，东临镇市阛。岩姿浮刻削，涧响泻潺湲。听法犹存石，生公旧往还。

三

梅绽三分白，麦抽千亩青。饮泉思陆羽，卓锡拟支硎。云罨石常润，风和草亦馨。智仁山水德，乐寿颂慈宁。

恭和御制皇太后游虎丘即景　　钱陈群

巑岏别作峰，云气淡逾浓。霁景初投寺，芳原正劝农。楼台皆入画，竹树各为容。要以娱慈眷，春长闰岁逢。

二

塘平鸭头水，塔涌佛螺山。花店罗千品，书坊近一阛。翻经台寂历，养鹤涧潺湲。行殿临高处，留看未拟还。

三

石布千人席，峦堆九仞青。梅应移邓尉，泉自压支硎。大士潮音静，寺有应梦观音石像。高檀柏子声。祈年还祝嘏，锡尔万方宁。

虎丘寺和东坡韵

曾闻沈恭子，论诗虎丘岭。商周二千年，逸事谈井井。平原为磨崖，光怪龙蛇耿。双绝寻无踪，累句分蛙黾。汲古得苏诗，兼金固在矿。硬语出横盘，有似鱼肠猛。当年图伯人，志气颇驰骋。倏尔埋澒池，嘱子徒凄哽。不及檠郢气，化石弹指顷。行春喜初地，不碍东风冷。天水目与畅，琴书兴以永。归骑寻兰蹊，江城入雨景。何当岩半阁，坐弄新蟾影。去留随所适，奚用山僧请。

恭和御制虎丘寺和东坡韵　　沈德潜

平田突孤峰，层叠见岚岭。入寺方登山，古迹认阴井。鱼肠破石飞，光与清霜耿。鸟雀不敢哗，何况叫蛙黾。清池通海源，汩汩出古矿。霸主志并吞，战伐逞雄猛。葬余白虎踞，精魄妄驰骋。后来仙鬼吟，倡答语凄哽。迄今溯前尘，转睫电光顷。后山眺平远，一片苍烟冷。霭霭松杉合，澹澹天水永。昆虞二山。两点青，百里指烟景。遥林晚钟声，夕照归鸦影。心得澹忘还，山童向予请。

恭和御制虎丘寺和东坡韵　　钱陈群

兹丘虽不高，亦自有峰岭。一凸涌平畴，临溪近闾井。野霭霏濛濛，春阳照耿耿。雁堵矗云霄，剑池绝蛙黾。虎气疑隐林，金精自藏矿。生公讲处石，藓质化犷猛。东风吹彩旒，上界瞩遥骋。商周凡几年，恭子语何哽。阖闾城郭非，伯业只俄顷。宁知陆羽泉，汲饮尚甘冷。缘涯一访古，吟兴相与永。坛高闻妙香，天暖对韶景。

具区渺无极，平碧浸云影。月挂梅花楼，留观奚用请。

恭和御制虎丘寺和东坡韵　　彭启丰

兹山亦名丘，入寺不知岭。灿灿炳明霞，沉沉汲深井。鱼肠与湛卢，剑气光犹耿。绝壁动龙蛇，深池禁蛙黾。胜地凿云梯，如金初出矿。生公峙讲台，顽石化狞猛。上方挂宝幡，下界瞩遥骋。人语可中亭，断魂声咽哽。临风吊阖庐，云烟换俄顷。踏磴未纡回，汲泉尚甘冷。霁景乍暄妍，吟情倍陶永。玉局标旧题，瑶篇绘新景。铁花秀岩深，梅梢和月影。阁道耀璇宫，从官奉朝请。

宴准噶尔夷使

渠搜入贡值巡方，后队随行许觐光。麾去招来遵我约，毡裘帕额适其常。三巡湛露申欢豫，二月东风正艳阳。深戒夸奢缠锦树，盈宁略足示来王。

恭和御制宴准噶尔夷使元韵　　沈德潜

六龙南服正巡方，即叙西戎仰帝光。魋结陪臣修觐礼，鸿胪大典肃朝常。馘鼠列席欢蛮语，花柳垂筵际仲阳。看遍吴民输爱戴，归途传谕白狼王。

海涌一峰

一峰突起青螺堆，万古罨秀临苏台。讵数层峦及叠嶂，饶看野竹兼疏梅。石泉鹤涧泻冰雪，梵宫琳宇栖崔巍。晴空照影入沧海，宛似涌出西蓬莱。是宜仙人所托憩，而我登临实快哉。

舟发姑苏

兰鹢发胥江，风平五两篗。霁天留晓月，麦焋入篷窗。行阅溪山画，真称文物邦。具区空阔里，涌出洞庭双。

恭和御制舟发姑苏元韵　　钱陈群

晓色展平江，牙樯正曳篗。纤纤林挂月，湛湛水明窗。官路连乡路，吴邦又越邦。掠舷多鹭羽，雪点每双双。

宝带桥　　沈德潜

匪伊垂之玉有条，两湖春水绿如浇。印公强取苏公物，飞作吴中第一桥。

田家春兴

湖山岂不美，最喜见田家。过雨修春耒，临溪转水车。东阡芃绿毯，西陌簇黄花。揽结真娱意，端胜玩物华。

二

城市厌笙歌，农讴惬听多。三时务耕织，六畜富鸡鹅。高廪村场积，新篘父老酡。今年春雨足，卜稔望晴和。

姑苏览古杂兴

泰伯开基后，原为礼让乡。谁知阖庐代，乃作互争场。熊胆心殊毒，鸱夷志不忘。一螺竟安在，烟水浩茫茫。

二

孙坚真有子，江左独称雄。鼎立曹刘际，瓜分山海中。鲁周司内外，襟带控西东。风与吴人便，无妨台起铜。

三

司徒构别墅，舍作化人园。想像林泉概，依稀松菊存。石经开士悟，屐带谢公痕。檠郢秦王索，荒唐说虎蹲。

四

是地称良守，风流白乐天。凿渠敦实政，揽景富嘉篇。已觉山塘好，重教霓舞传。木兰堂赋古，翘望属前贤。

五

五贤祠畔过，应物韦。果清真。刘禹锡。白居易。称同调，苏轼。王禹偁。继后尘。江山真助秀，烟月镇从新。即景求佳句，张家更绝伦。

六

绮角犹存里，莼鲈亦有亭。故山思遁世，上国重扬庭。平水常浮白，奇峰不断青。谁为高士传，于此取仪型。

七

近代工诗画，倪唐亦可称。林犹师子昔，坊是解元曾。最爱灵岩秀，真宜烟客登。沈德潜卜居灵岩山下，故诗及之。江河流不废，我许是人能。

恭和御制姑苏览古杂兴元韵 沈德潜

子札延陵去，终身远故乡。如何礼让俗，忽作斗争场。篡国身能蹈，称雄志不忘。梧宫凋落后，香草恨茫茫。

二

孙坚真有子，兵到避英雄。志锐渡江日，身轻射猎中。有谋迎汉帝，遗命霸江东。墓道今难问，三泉枉下铜。墓在盘门外，宋代被发。

三

绝艳莺花地，曾为短簿园。石顽头不点，鹤化涧空存。云际飘旛影，苔边印屐痕。旧闻狂梦晋，石上舞蹲蹲。明代张灵，字梦晋，衣朱衣，于千人石上作天魔舞。

四

屈指苏州守，韦郎白乐天。姓名今古重，不独为诗篇。简淡治能久，风流政可传。后来五马客，若个替前贤。

五

志在安天下，希文出处真。庙堂争去就，边境靖风尘。俎豆名山旧，褒崇圣藻新。言游道南后，正气有谁伦。

六

停云闻有馆，文待诏徵明。才子亦名亭。唐解元寅。水竹辞征辟，沈处士周。枝山薄府庭。祝京兆允明。画图留粉白，书卷袭鸦青。文苑兼高隐，邦人尚典型。

七

周谥忠介，顺昌。文谥文肃，震孟。诸正士，清节有同称。名教荷已久，艰危避岂曾。顾谥端文，宪成。高谥忠宪，攀龙。逢后劲，杨谥忠烈，涟。左谥忠毅，光斗。已先登。谁作东林传，应推哲匠能。

回銮至苏州驻跸

稽山修祀罢，浙水省方回。道便舟重驻，春深花尽开。舆情多眷恋，我意亦徘徊。怀保相关处，兹游益信哉。

皇上再南巡御制诗

丁丑春叠旧作韵赐予告侍郎沈德潜

前席何曾隔六春，三千里不间疏亲。星垣帝友岂无友，吴下诗人尚有人。咨度瘼情期达隐，评量句义欲胠陈。步趋望九虽称健，灵寿听教手握筇。

恭和御制叠韵赐臣沈德潜诗　沈德潜

淮浦重沾帝泽春，宛如孩幼遇慈亲。旧叨香案翻书吏，今拟桐江把钓人。韵语自天勤训诲，民艰匝地敢披陈。杖朝亦沐君恩赐，奏对还携五尺筇。

恭和御制叠韵赐沈德潜元韵　彭启丰

淮浦迎銮届仲春，白头前席倍情亲。宾筵望重骚坛老，帝座星辉钓濑人。当代诗篇经甲乙，一时民瘼许披陈。生同梓里云萝接，长伴乔松与翠筇。

驻跸苏州

乘时展义玉鸾巡，莅止吴城胥水滨。春色由来南国丽，民情较比昔年亲。纵看道左多欢忭，宁忘灾余有窭贫。鲜盖藏还尚华饰，此邦要务在还淳。

恭和御制驻跸苏州元韵　沈德潜

六载欣逢圣主巡，玉銮重驻大川滨。无年乍转丰登象。有识群依怙恃亲。风俗近华终少实，市廛疑富半忧贫。省方此日殷勤谕，望尔居民渐化淳。

恭和御制驻跸苏州元韵　钱陈群

銮舆两度协时巡，花柳依然媚水滨。夹岸讴吟相接应，近船父老更情亲。既沾恩泽仍沾幸，前岁以南邦岁歉，暂停巡典。昨年大熟，始有诹日南巡之旨。吴民望幸之心与望岁之心并殷矣。爱说盈宁不说贫。泰伯当年遗德在，勤劳要与俗还淳。

恭和御制驻跸苏州元韵　彭启丰

东南翘首望时巡，岩壑星罗震泽滨。照彻黄图宏帱覆，恩深赤子较情亲。观风欲教三吴俭，贷赋来苏万户贫。更饬法廉勤抚字，官方澄叙俗归淳。

观苏州闾阎之盛不减昔年既以慰怀兼成是什

旋转深叨造化功，昨春犹疫幸秋丰。肉疮剜补嗟黎献，满益损谦切己衷。资食资衣廑宵旰，任亲任近绕西东。羽林护卫曾何籍，膝下原吾赤子同。

恭和御制观苏州闾阎之盛不减昔年既以慰怀兼成是什元韵　　沈德潜

从来造化有全功，歉岁旋看土谷丰。沴疫已消逢泰象，阛阓无恙慰宸衷。愿占易卦水风井，不咏诗篇大小东。更望官胥无浚削，要令元气四方同。

恭和御制观苏州闾阎之盛不减昔年既以慰怀兼成是什元韵　　钱陈群

周循廛市课民功，城是金阊乡乐丰。凿井耕田忘帝力，饮和食德慰皇衷。士风枕葄称江左，估客帆樯下海东。兰棹省方通一水，由来吴会略相同。

恭和御制观苏州闾阎之盛不减昔年既以慰怀兼成是什元韵　　彭启丰

阳和回斡仰元功，万井依然卜屡丰。栉比连云歌恺泽，焚香结彩秉寅衷。星辰拱卫皆来北，河海汪洋尽注东。老幼扶携趋觐日，恩纶叠降后先同。

虎丘寺再和东坡韵

定光瞻宝塔，拾级登仙岭。遂径造其巅，下视寓万井。松涛虎啸翻，竹籁龙吟耿。苟尚颊舌感，此必下蛙黾。点头听经辈，金矣不复矿。生公本无涉，谁云服精猛。髯翁绝世才，儒佛场驰骋。胜游托毫句，岂真增跉哽。小坐仰苏楼，绿畴含麦顷。为祝今饼饵，宁忘昔饥冷。人言元气复，我叹哀鸿永。讵同彼子瞻，无事但揽景。归舆循山塘，群瞻翠华影。施惠贵及时，奚待大吏请。

恭和御制虎丘寺再和东坡韵　　沈德潜

銮舆出阖闾，城名。遥望见平岭。七里经山塘，廛市历井井。入寺登名山，气象何清耿。道旁咸屏息，无声靖蛙黾。涧水澄铁花，石磴耸苍矿。鱼肠藏三千，余气犹精猛。从骑整和鸾，不敢妄驰骋。银币赐老人，礼同祝噎哽。驾停小吴轩，晏坐弹指顷，苍烟识吴城，中多饥与冷。鸿雁安宅之，衣食计久永。宁羡海涌名，赏此纷葩景。孟圆有圆水，臬正得正影。谕尔节钺臣，端本为民请。

恭和御制虎丘寺再和东坡韵 　钱陈群

春旗指云岩，香舆跻晴岭。迤逦采吴风，绵延俯烟井。石路走欹斜，原田浮清耿。新雨落深池，生意矜蛙黾。鱼肠跃金精，苔纹篆古矿。惟余明月夜，一掣踞虎猛。清远可笑人，孤诣独陵骋。至今读其诗，泉声助呜哽。东坡坐东轩，悔不置二顷。揽古但叹嗟，客怀寄凄冷。宸游一再过，风恬昼初永。所欣周道诹，岂只娱清景。松迳复徘徊，斜晖移塔影。硎石纪重来，宁俟大吏请。

恭和御制虎丘寺再和东坡韵 　彭启丰

登城即见塔，入寺方知岭。下有第三泉，不异灵岩井。盘石坐坦平，剑峰气犹耿。高顶喧鸟雀，平田噤蛙黾。大殿辉黄金，清池涵古矿。霸气淬鱼肠，一道雄心猛。白虎踞山颠，精魄妄驰骋。后代仙鬼吟，月夜语凄哽。古迹成埃尘，弹指阅俄顷。宸游彩仗停，碧甸烟华冷。松杉随处合，天水与俱永。西山攒翠螺，列岫散霞景。拈韵续东坡，留题印清影。回首梅花楼，山僧应叩请。

山塘策马

山塘策马揽山归，淡荡韶春鞭漫挥。烘受朝晴花蕊绽，润含夜雨麦苗肥。曰游曰豫所无逸，乐水乐山亦静机。更喜吴民还易教，重来歌舞较前稀。辛未南巡，于返朴还淳之教，三致意焉。又明降谕旨地方大吏陈剧供奉，此来民间结香亭者，率不敢备歌舞之观，足见从令，为之心喜。

恭和御制山塘策马元韵 　沈德潜

白堤御马踏云归，七里经过鞭一挥。花市暖余红欲遍，春波涨后绿初肥。民歌帝德皆真意，帝喜民风得转机。绮丽屏除阛阓静，岂徒尘事到山稀。上以吴民除演剧、灯彩，渐得返朴还淳之意。

恭和御制山塘策马元韵 　钱陈群

晴郊游遍薄言归，缓策山塘一指挥。麃眼新篱红半掩，鸭头春水绿添肥。殷勤士女亲提命，活泼诗篇绘化机。舞榭歌台前日事，红桥白马记依稀。上以吴民从令不事粉饰为嘉予。

恭和御制山塘策马元韵　　彭启丰

七里山塘振策归，芳菲满目手频挥。堤边杨柳当风飐，市担桃花着雨肥。化俗因时惇雅尚，宁民随处阐真机。金阊万户同熙皞，再睹旌旗际会稀。

晓发苏州

视河将欲至徐城，五日姑苏便启行。浙省万民齐望幸，吴川一宿且兼程。是日不驻南斗圩，兼程至嘉兴。设缘玩景生留恋，岂是因心凛旦明。老幼不须攀载道，回涂当为小停旌。

恭和御制晓发苏州元韵　　沈德潜

百官千骑发吴城，仙仗迎阳次第行。后瞩万家尘起处，前期一路鸟飞程。桑阴秾罨雕轮隐，湖水空涵彩鹢明。料得由拳诸父老，堤边额手望龙旌。

恭和御制晓发苏州元韵　　钱陈群

巡春五日驻吴城，晨发今为浙右行。望幸方欣应迅至，时浙人望幸已数日矣。攀留还说莫兼程。只缘相度心逾切，前一日降旨回銮，时取道徐州，亲视河工。那计山塘花正明。为语环遮诸父老，算当十日便回旌。

游狮子林苏州府城内

早知狮子林，传自倪高士。疑其藏幽谷，而宛居闹市。肯构昔无人，久属他氏矣。今为黄姓涉园。手迹藏石渠，不忘赖有此。石渠宝笈旧藏有《狮子林图》，为倪高士真迹。讵可失目前，大吏称未饰。叶。未饰乃本然，益当寻屐齿。假山似真山，仙凡异尺咫。松挂千年藤，池贮五湖水。小亭真一笠，矮屋肩可掎。缅五百年前，良朋此萃止。浇花供佛钵，沦茗谈元髓。未拟泉石寿，泉石既半毁。西望寒泉山，赵氏遗旧址。亭台乃一新，高下焕朱紫。何幸何不幸？谁为剖其旨。似觉凡夫云，惭愧云林子。

恭和御制游狮子林元韵　　沈德潜

昔游狮子林，与偕方外士。诗僧樾亭。如游深林中，宛然离城市。五松空岩巅，年逾四百矣。洞穴地底通,游者迷彼此。传自荆蛮民,倪元镇头衔。古朴绝文饰。叶。一从别去后,忽忽成暮齿。景象付梦寐,千里在尺咫。近闻主数移,谁问荒丘水。辟疆只空名,隅地安足掎。幸有画卷存,内府叹观止。内府石渠宝笈藏有倪高士狮子林真迹。淡静与天游,清气入肌髓。至尊问吴风,林园犹未毁。卤部屏盛仪,里巷经故址。春余踯躅红,雨后莓苔紫。地重倪云林,品高赵承旨。从兹艺苑人,不薄林居子。

恭和御制游狮子林元韵　　彭启丰

屋角藏高峰,城隅隐修士。香积本安禅,幽岩偏近市。昂霄迥不群,玉立观止矣。狻猊状隆洼,窈洞迷彼此。规制嵌玲珑,斫椽去雕饰。叶。雨余藓斑斑,波净石齿齿。坦步远逾寻,侧视近盈咫。方壶照虚窗,仇池漾碧水。吐月楼可凭,含辉几堪掎。倪迂此逍遥,文友偕戾止。图书贮清闷,烟霞入骨髓。荏苒四百年,园亭基未毁。宸翰染新题,幽栖绚旧址。野蔓匝藤萝,春葩烂红紫。丘壑探芳踪,风徽参妙旨。天家缣素珍,人重云林子。

苏州启跸作

金阊三日略延留,凤艒平湖启跸邮。惠瀑重期清入听,灵岩回望翠凝眸。岂无余意民情恋,更有殷忧河务筹。况复秣陵亟徯我,便当减从一为游。

恭和御制苏州启跸作元韵　　沈德潜

吴侬遮道愿迟留,我后仁风速置邮。龙驭已回千里足,江干还注万人眸。甫行蠲复恩重沛,蠲积欠[1]后,又免巡幸所过本年地丁。欲奏平成策预筹。时驾将往徐州,平治水患。虞典时巡应计日,卷阿更望咏来游。

① 蠲积欠,原作"捐积欠",据文义改。

卷三十二

艺文

求艺文于吴，其在吴中人士，犹粤之镈、燕之函、秦之庐，夫人而能者也。其在四方人士，非犹郑之刀、宋之斤、鲁之削，迁地弗良者也。然邑志所载，必求其关政治、重伦物，与夫山水故迹、名贤言行相表里者，而风云月露之辞阙焉。首表奏疏，次文移，次议，次考，次书，次序，次记，次说，次有韵语，而于各体中又以时代先后为次，览者因文考义，有以识其体要所存云尔。志艺文。

请旌张白妻陆氏表　〔汉〕姚信

臣闻唐虞之政，举善而教，旌德擢异，三王所先。是以忠臣烈士，显名国朝；淑妇贞女，表迹家闾。盖所以阐崇化业、广殖清风。使苟有令性，幽明俱著；苟怀懿姿，士女同荣。故王蠋建寒松之节，而齐王表其里；义姑立殊节之操，而鲁侯高其门。臣切见故郁林太守陆绩女子郁生，少履贞特之行，幼立匪石之节，年始十三，适同郡张白。侍庙三月，妇礼未卒，白遭罹家祸，迁死异郡。郁生抗声昭节，义形于色，冠盖交横，逝而不许。奉白姊妹险巇之中，蹈履水火，志怀霜雪，义心固于金石，体信贯于神明。送终以礼，邦士慕则。臣闻昭德以行，显行以爵，苟非名爵，则劝善不严，故士之有诔，鲁人忘其勇；杞妇见书，齐人哀其哭。乞蒙圣朝斟酌前训，上闻天聪，下垂坤厚，褒郁生以义姑之号，以厉两髦之节，则皇风穆畅，士女改视矣。

开浚河道疏略永乐二年　〔明〕夏原吉

浙西诸郡，苏、松最居下流，合常、嘉、湖三郡之水，汇为太湖，纳杭、湖、宣、歙诸山水，注淀山诸湖，以入三泖。顷因浦港湮塞，汇流涨溢，伤害苗稼。拯治之法，宜浚吴淞诸浦，导其壅淤入海。按：吴淞江旧袤二百余里，广百五十余丈，西接太湖，东通大海，前代屡浚屡塞，不能经久。自吴江长桥至夏驾浦，约百二十余里，虽稍通流，实多浅窄。又自夏驾浦抵上海南跄浦口，可百三十余里，则沙草壅障，已成平陆。工费浩大，难以施工。臣等相视，得嘉定刘家港，即古娄江，径通大海；常熟白茅港，径入大江，皆系广川通流，急宜疏吴淞江南北两岸安亭等浦港，引太湖诸水入刘家、白茆二港，使直注江海。又松江大盈浦，乃通吴淞要道，下流壅遏，难即通流，傍有范家浜至黄浦口、跄浦口，可径达海，宜浚令深阔，上接大盈浦，以通湖泖之水，此皆《禹贡》三江入海之迹。俟水道既通，乃相度地势，各置石闸，以时启闭。每岁水涸时，修圩岸以御暴流。如此则事功可成，于民为便。

开吴淞江疏隆庆三年　　江南巡抚海瑞

题为修复水利以济迫切饥民事。《禹贡》称："三江既入，震泽底定。"三吴水利，当浚之使入于海，从古然也。娄江、东江系是入海小道，惟吴淞江尽泄太湖之水，由黄浦入海。事起近年以来水利臣旷职不修，抚按亦不留心，致潮泥日有积累，日月继嗣，通道填淤，虽曰水势就下，而无下可为就矣。时遭久潦震荡，太湖因之奔涌四溢，势所必至。为害之大，淹浥禾亩，如嘉靖四十年、今隆庆三年是也。而小为淹没漂浥之患，亦时有之。是吴淞一水，国计所需，民生攸赖。修之举之，不可一日缓也。臣于旧岁十二月巡历上海县，亲行相视，旋委上海县知县张嵿率领沿江住居父老，按行故道，量得淤塞当浚地，长该一万四千三百三十七丈三尺。原江面阔三十丈，今议开十五丈，计该用工银七万六千一百二两二钱九分。今以水荒，缺少秋收，兼之二麦未播，时方春正月之初，米每石价银已八钱五分矣。饥民动以千百，告求赈济，臣已计将积年导河夫银、臣本衙门赃罚银两、各仓储米谷并溧阳县乡官太仆寺少卿史际义出赈济谷二万石，率此告济饥民，按工给与银米，于今正月初二日，按江故道兴工挑浚，委松江府同知黄成乐督率上海县知县张嵿、嘉定县知县邵一本分理。兴工之中，兼行赈济，千万饥民稍安职矣。但工程浩大，银两不敷，饥馑频仍，变故叵测，官储民积计至二月间尽矣。江南四面皆荒，湖广、江西有收成，府县又执行闭籴，无从取米。伏望皇上轸念民饥当恤，吴淞江水道，国计所关，敕下该部酌议量留苏、松、常三府漕粮二十万石，准照前旨银数改折，凡应天等十一府州县库贮，不拘各院道诸臣项下，无碍赃罚银两，听臣调用。浙江杭、嘉、湖三府与苏、松、常三府共此太湖之水，吴淞江开则六府均蒙其利，塞则六府同受其害，其库藏银亦应如应天府等一例取用。彼处饥民，亦听上工就食。吴淞借饥民之力而故道可通，饥民借银米之需，而荒饥有济，一举两利，地方不胜幸甚。

请浚吴淞白茆疏天启四年　　江南巡抚周起元

江南苏、松、常、镇四郡，幅员不过五百里，岁输租粒数百万，最急莫如水利。而水利之最大者，莫如吴淞江、娄江与白茆港三道。盖环苏、松、常与嘉、湖数郡之湖泽归翕于此，为宣泄入海之道。近娄江刘家河一线仅通吐纳，而吴淞与白茆二水则淤为平陆，前代屡浚，姑不具论。阅历十朝，并荷明旨，专官浚治。惟今四十余年，竟未施工，以致吴淞江自澳塘以至新泾口，及东西芦浦三坝等处六七十里淤殿不通。白茆港则梅林、塘墩、镇泾等处俱久填塞。先后建议诸臣叩阍求浚，辄因中寝。吴中亿万生灵，引领以望涣汗之颁。地方不敢擅兴大役。迩年小有水灾，低田辄淹，直、浙数郡皆受患。如长洲、常熟、昆山、太仓、嘉定、上海、青浦、无锡、宜兴等州邑之间荒田数万顷，每漕白兑运，有司苦派高乡摊补，而高乡赋役原重，宁甘为低区代赔，有司考成降罚，而小民徒累敲朴，亦终不能完额。

今年巨浸稽天瀰漫千里者，水之为害也。雨后停蓄经三旬不消者，水利不修之为害也。若又因循不治，则东南水患日甚一日，而国赋与民生两受其累矣。臣查曩抚臣海瑞开吴淞江，用银七万有奇。近按臣薛贞委官估计，数亦相当。白茅港则常熟知县宋贤力请疏浚，约该银五万。通两江港工费，以十二万计。窃查万历三十六年水灾，荷蒙神宗皇帝轸恤苏、松等府，赈银五万。今时力诎，度皇上不能多发公帑。然如神庙赈灾之数，必不容少。或可即就此赈数再添一二万，兴举河工，俾臣檄各乡饥民尽赴工作，计丈定工，计人授糈，计日给值，所全活必无量而水利亦修。虽有霖涝，不至伤稼。贡赋常盈，足国足民，实两攸藉。尚欠五万两，容臣于所属搜括积欠、导河银并赃赎，再查照往牍，或量行募派，以奏其绩。

若夫浚之之法，惟在循其故道，浅者加深，窄者使广，应闸者建闸，应堰者筑堰，应石者甃石。倘民间有于淤地之旁锄垦成业，如不妨河面、河心，不难稍缩，以曲存其种植，期于水流通泻而止。

昔成祖皇帝命夏原吉治水，遣官赍《水利书》以赐。原吉重其委任，因得殚力成功。今皇上念勤法祖，东南水利久已留神。臣待罪巡抚，以国计民生为第一义，敢不据实上请？于工部司属中特简练达官一员，前来专董浚治，以明圣意之决行，不为道旁之筑舍。至于分理府佐等官，则就所属遴选，臣不敢不尽心焉。以去任未举行。

请改民运为官运疏略崇祯十五年　江南巡抚黄希宪

为北运当极敝之时，救敝有长便之策，亟宜商酌以苏民困，以裕国储事。窃惟白粮为上供急需，递年佥点粮长春办解兑，相沿久矣。迩因民穷财尽，百弊丛生，半为包棍侵渔，半为胥役掯索，以及剥浅守冻、赴京交纳等费动以千计。一承此役，鲜不家破人亡。遂至靡岁不迟，无邑不欠，院道府县，降罚频仍，官民并受其困，而公家正额究无完结之期。若不亟为变计，不几沦胥以亡乎？

臣博访舆情，参稽故典，惟通邑照亩均派，春办随漕并征，委以专官，依期督解，庶民间无偏累之虞而上下无推诿之患。但事经创始，谋贵万全。行苏松道，会同常镇道，通盘打算，如何官府可免参罚之愆，如何粮长可杜身家之累。随该本道看得白粮，上供也，藩禄也，官廪也。非若漕米之为军糈，故解不用军而用民，重其事也。

爰考初制，开征有正米、有耗米，起运有夫船银、夫船米，抵京有车脚银，犹恐不支，更有贴役银，皆编入会计。如苏属正米五万四千七百三十有奇，编耗米一万五千六十八石有奇，此近加三矣。又加以春办米一万七百三十三石有奇，是又加二也。苏属用船一百一十编，夫船银九千六百六十两有奇，夫船米二万一千九百九十有奇，贴役银一万四千二百七十有奇，抵京交纳编车脚等银一万五千七百八十有奇，何其虑之周且详哉？惟恐其病民也。

然法无不善而情有不同，情生而弊生矣。且弊中生弊，情中生情，遂至大坏而不忍言。盖民运必佥殷实之人，惟其产，不惟其才，所以衰老、冲幼与寡妇之子、呫哔之士皆必佥之。此辈不能亲任间关之劳，必求一人代之。于是包棍得以插身而入，人皆好逸，彼独好劳，其心概可知也。所以公贴之外，又有私贴。私贴每分至数百两之多，未已也，尚有加贴。究竟加贴亦不能免于赔累，非尽此棍之花费也。盖此棍蓄花费之志，所以给银领批，挂号验米，雇船官胥种种，得而抽扣之，勒索之。自此，白粮一事遂为奸棍官胥所盘踞。间有正身奋然而起，亲领其事，则包棍等多方构陷，使之费苦更倍于雇倩而后已。由是，民之视之如赴汤蹈火，非诡寄于他户，即瓜分为碎里。每当点役之年，胥役到门如市，人情纷纷，夤缘求免。其不免者，无钱之小家耳。以小家不多之产，当大户必避之差，产尽而身随之，何足怪哉？

今欲苏民裕国，莫善于均征米而官运之。官运则民无雇倩之费，一便也；官无佥役之难，二便也；钱粮既自官支，胥役无从抽扣，三便也；在船皆官役，船户无敢凌虐，四便也；催攒皆官事，沿途无敢抛撇，五便也；况米属均征，则苦乐之形不立，巧拙之情自化，粮不必诡寄飞洒，差不必就易避难，民心以厚，民俗以淳，六便也。六便既得，则国无亏储，京师实而根本固，民鲜赔累，元气充而盗贼息矣等因具详到臣。臣看得白粮之役，至今日而苦极矣。佥点之失真，包揽之赔累，奸胥积蠹之朘削，种种剥害，不忍见闻。以致解粮有鬻产而无生者，有弃家而远窜者，有投缳而自尽者，不谓熙攘生聚之地，萧条困惫，一至于斯。臣受事两年，目击万状，因而广询博访，达权通变，舍官征官解之法，别无长策。兹据苏、常两道具详，臣亦无容更易，惟立法必期可久，而革弊不妨过严。此臣纬恤杞忧，尚有不能已于言者。

语云：有治人，无治法。总部一官，虽属粮厅职掌，第责任甚重，断非庸碌能胜，必厅不乏用，乃可临期简用。察得苏、松、常各裁通判一员官，已另疏请。复乞敕吏部择附近州县正官，年力精强、饶有才望者，照缺速推，勒限受事，以听遴委。如两次督运全完，即与优擢，以昭激劝，庶总部得人而诸务可犁然举矣。语云：一法立，一弊生。外而衙蠹包棍，内而部胥积歇，引户每视粮解为奇货，今改为官解，未免拂其狼心，必至多方阻挠。或包棍潜入京师，串通积役，仍肆把持；或引户交构外奸，伪造讹言，动摇耳目，有一于此，皆足害成。乞敕五城御史及缉事衙门，凡遇此等，即置重典，庶蟊贼一清，美利可久，东南数百万生灵早脱水火，祖宗亿万年根本永巩苞桑。伏望皇上轸此孑遗，毅然乾断，敕部立覆举行。疏上，下部议，曰可，乃遂允行。至今赖之。

请征解白粮本色疏康熙四年　　江南巡抚韩世琦

窃惟江南一隅，滨江负海，地极冲繁。而苏、松二郡更为赋重民疲，且海氛初靖，水旱频仍，节年钱粮，每多逋负，参奏追呼，殆无虚日。迩者，康熙三年分应运白粮计簿持筹，以天庾充满，议改折色。臣自奉文之日，遵将勒限严征。但吴地本年糙米每石时价不过六七钱，白米不过八九钱，而白粮改折，内部批照顺治十二三年贵米之重价，每石征银二两，加以起解扛费，则一石之折征约费民间三石之本色矣。又旧额起运白粮项内，其上供玉粒系舂办上白，而府部院等衙门与运船水手等米，全书开载原系糙粳。今内部不分白、糙，俱照总数一例折数二两，则糙米与白米同价矣。更有舂办一项，原因民间征输之时，本系糙米，必须舂过方成白粮，是以编此舂办之款，以为糙米舂白之折耗，向来原非起解之数。今改折若照糙米定价，则舂办即在其中，而又重复算派，皆作正数，岂非一项两征，舂办之外复加舂办乎？嗟！此髓枯力竭之穷民，奚能当此贱米重价正耗并折之征求哉？故部臣有云：白粮节年征解，本色俱各全完，一经折银，历年拖欠甚多。臣详察其故，实缘折价浮于时值，而糙米正耗一例科征，民力有所难堪耳！朝廷虚有增折之名，而不能实得其济；百姓枉受敲朴之迫，而徒苦剜肉难医。臣身在地方，目击斯状，既虞功令之莫违，又念民瘼之当惜，忧惧战兢，寝食俱废。然终不敢擅为稍宽，业将三年分之现征者，现在日夕督催。另核完欠奏报外，今四年分应运白粮又奉文改折一半，而算派价值，仍一概泥照三年之成例，是贵则可增，贱则不减，小民之穷困，焉得不日甚一日？非惟将来之折价断难取盈，有亏国计，恐遗黎之离散逃亡，势所不免。伏乞圣主睿慈，特赐鉴裁，自今以后，白粮改折，必视年岁之丰凶，照米价之贵贱，随时酌定，分别糙白，按款科征。而舂办一项，原系白粮舂办之耗米，俯赐减除，免入折征数内，庶万民咸颂薄赋之皇仁，输将不致逋负，而国家亦免挂有征无纳之虚额，而完解获资实用矣。

请减浮粮疏康熙五年　　江南巡抚韩世琦

窃惟皇图弘远，国用浩繁，当今之所甚亟者，莫财赋若也。然财赋之重首称江南，而江南之中惟苏、松为最。臣详按，其地在《禹贡》本属下下之壤，厥后地窄人稠，小民勤于耕作，渐输上上之赋。今上古井田之制不可复论，自秦而降，率皆税亩。汉初，田租什五税一，文景三十而税一。东汉初，行什一之税。后亦三十而税一。由晋迄唐，至天宝以后，兵革四起，东南之税始增。五季之间，亩收增减不一。至宋而更定税法，江浙每亩不出一斗之外。考之郡志，宋代之征于苏州者，夏税科钱，秋粮科米，约其岁额，共计不过三十余万；征于松江者，科则亦同于苏州，共计岁输不过二十余万。其后，因行公田，赋法杂乱。元初，仍宋之旧。至延祐中，增定赋额，苏州增至八十余万，松江增至七十余万。至于元末，有张士诚窃据姑苏，取民无制，苏州增至一百万，松江亦于旧额有加。

迨故明洪武初，克士诚，怒民之附寇，乃取豪族所收佃户入租之私簿，付诸有司，令加其数，以定田税，遂一时骤加，有一亩征粮七斗以上者。自此，苏州多至三百万石，松江多至一百四十万余石。于是，民困不堪，连岁逋负。至洪武十三年，知取民之不均，命减其额。自七斗五升至四斗四升者，减十之二；自四斗三升至三斗六升者，俱止征三斗五升；自三斗四升以下者，各如其旧。及建文二年，下诏有云：苏、松准私租起税，特以惩一时之顽民耳，岂可为定则，以重困一方？宜悉与减免，照各处起科，亩不得过一斗。未几，永乐夺位，乃尽革建文之政，苏、松之民复罹重赋之厄。至宣德、正统间，民间之逋赋日甚，特遣重臣巡抚其地，清追不能，屡议蠲免，苏州得减秋粮七十余万石，松江得减秋粮三十余万石。然十分止轻其二三，存额尚属烦多。不惟与他处税亩之例相去犹若天渊，即与同省连壤之常州，起科亦甚不侔。从兹以后之主计者，但曰东南财赋之乡，减之则国用不足，勿可易也。自万历以迄于明末，惟有不时额外之浮增，而无复宽省之恩泽矣。虽然明之科征悬有其额，而民之实完于国者岁不过十分之五六。故彼时殿最，苏、松之有司，终明之世，以完及七分者即为上考。徒担重敛之名，原无输将之实。

今我皇清肇造，万化聿新，凡故明弊政，莫不犁然革除。而田赋则一照万历年间之例以为准，其末季冒滥浮加之项固已一切删去，第所照万历年间应征之数载在《新订全书》者，苏州则共平米二百五十余万石，每亩犹有科至三斗七升五合与三斗四升不等；松江则共平米一百二十余万石，每亩犹有科至三斗六升五合不等。切观疆域田土，古今止有此数，与宋元之先无异也，而赋税之输即不能遽比有宋以前之太轻，独奈何三倍于元时乎？故明有虚额而不责其实完，民力难支，已不可言。

今也司农握算，但按《全书》所载，有一项之编征，即有一项之拨解，定限考成，必责十分全完，不则参罚随之。是故，顺治二年以至康熙元年，岁岁压欠，积逋之数动盈千万，而不急图变计，则鸠形鹄面、啼饥号寒之遗黎不胥填于沟壑，必流散于四方。

伏念我皇上仁覆如天，明见万里。去年，察旧欠之难追，悯生民之当恤，特降俞旨，宽免顺治十五年以前逋赋矣。今年又因星变，复颁恩诏，尽蠲顺治十八年以前钱粮矣。真所谓视民如伤，与天合德，直当比隆三代，非汉唐以下所可多见也。

臣之愚昧，窃敢推广皇度，与其民力不胜，逃亡莫保，议蠲于催征不得之后，孰若预涣恩纶，施惠于浮粮当减之先？全民于敲脂剥髓之余，孰若早敷宽政，爱养于元气不瘁之日？扩普天一视同仁，怜吴民偏重之累，将苏、松二府钱粮，仿佛元时制赋旧额，兼照各省现征大例，准与酌量，大赐减省，如云目前军国多需，势难多减，则亦依常州接壤之科则。再若万万不能，亦祈于十分之中稍减其二三，庶皇上子惠元元，率土同观，苏民困而召天休，永培国本于亿万斯年矣。

地方坏弊日甚疏略康熙十年　　江宁巡抚马祜[①]

该臣看得台臣条奏：长洲等州县从无升任之官一案，遵行藩臬二司确察，今据详议前来。臣择其苏、松之民受病最切，苏、松之吏受累最深之处，为我皇上陈之。一曰赋役独重，民力困竭；一曰坍占未除，包荒犹在。查苏、松额赋之重，较宋代多七倍，比元朝多三倍。江西袁、瑞二州浮粮已蒙减免，今苏、松事属一例，未邀同仁之视，至沿途马路、烽墩、营堡、公占民田，坍江、坍海、板荒田地，人户包赔。除据详报批行确勘另疏具题外，惟重额浮粮，或照接壤之常州起科，或减十分之一二，统祈敕部酌议减除施行。奉旨：该部议奏。

请浚刘河吴淞江疏康熙十年　　江宁巡抚马祜

该臣看得刘河、吴淞江乃江南苏、松、常，浙江杭、嘉、湖六府积水合流，潴于太湖，此二河，分道入海、走泄湖水之咽喉也。修则六府同其利，塞则六府同其害。历代以来，凡遇淤塞，俱特遣大臣驻扎吴中，专修水利，动支正项钱粮拨充疏浚经费。臣稽考成书，故明嘉、隆间，吴淞道复淤，太湖四溢，淹没田庐，水患频仍，民生困苦。时有巡抚海瑞条奏疏治，因费大役繁，请留漕米二十万石，又动浙江六府无碍官银，俱充工费，令各处被灾饥民上工就食，修复水利，兼行赈济。水灾宁息，事工告成，刊载典章，班班可考也。迄今已及百年，潮泥日壅，故道全淤。本朝鼎建二十余载，官斯土者惮于工程浩大，所费无资，视为末务，因循不举，以致上年夏月霪雨连旬，潮水泛溢，禾苗悉淹，民居胥溺，积水三月不消，农工废业，人户流亡，总由刘河、吴淞入海之口淤塞涌聚，无从走泄之故也。臣念国计民生，关系重大，钦遵敕书内开江南水利久塞、宜酌量疏浚堤防煌煌天语，敢不悉心讲求？随檄司道府县各官延集士民，博采舆论。又与总督臣麻勒吉、浙抚臣范承谟咨商，疏浚刘河、吴淞故道，诚为第一急务，并行藩司，委官丈勘刘河淤道二十九里，共长五千二百二十丈，河面开阔不等，总计人夫三十九万八千四百一十二工，建闸二座，每座工费千金，以备水旱蓄泄，约共需费四万两。吴淞江东至新泾口，皆成平陆，应开四千三百五十一丈。自新泾口迤至赤雁口黄渡，应浚七千五百余丈，修复旧址坝闸约共需费十万两。据司议援引明臣海瑞开浚故事，请留康熙九年分江、浙两省

① 马祜，原误作"马祐"，据《〔乾隆〕长洲县志》改。下同。

漕折银两，用充工费。臣再四思维，当此异常水灾之后，村落饥民逃荒乞食，日以万计，哀号求赈，在在皆然。臣与属官勉力捐俸，分发煮粥，不过苟延旦夕，实切救死不暇，万难佥派民夫，举此大工。若欲徒责地方各官设处捐助，亦终成画饼，势不得不请用正项以济目前急务。仰恳皇上俯念此江浙六郡为国家财赋重地，将苏、松、常三府康熙九年分漕折银九万两，浙省杭、嘉、湖三府漕折银五万两，恩准留充疏浚河工经费，俾各处灾荒饥民就近上工趁食，是修水利之中兼行救饥之事，一举两利者矣。但恐部臣不允，议留漕折，则难为无米之炊，必致贻误地方。惟有再议将估计工费一十四万均派苏、松、常、杭、嘉、湖六府属去年被灾州县，分年按亩输解抵还漕折，不致重罹水患。此出臣万不得已之计。倘蒙皇上轸恤灾伤孑遗，仍赐动支正项，地方幸甚！民生幸甚！

请减浮粮疏康熙十三年　　江苏布政慕天颜

窃惟江南钱粮，独苏、松最重，亦惟苏、松积逋从未有一岁照额十分全完者，岂民之尽抗顽而不畏敲朴乎？岂官之尽阘茸而甘误考成乎？臣初至地方，即根究苏、松钱粮所以不完之故，绅民耆老无一不曰："故明之初，重加浮粮，积困难堪。地之所产，租之所入，实不敷于供输，是以民困日甚，不能完额。"臣思苏、松二府田亩粮额，若照各省算科，几有十倍。即以邻郡常、镇科则相形，苏、松亦两倍过之，俱不敢比例请减。假使苏、松重赋，或一官曾经征足，或一县可以全完，或一岁偶完及额，是朝廷实收其用，而小民力犹能胜，相习既久，臣亦不敢请也。臣查康熙八年以前奏销之数，每年欠至六七十万，大半欠在苏、松。即迩来抚臣与臣殚力劝输，康熙十年、十一年考成，虽未完不及一分，而以他属之完，合苏、松之欠，通融算结之数，非苏、松亦能完至九分也。苏、松岁逋累万，断断难清。节年造报，恩诏赦免册、上谕停征册，本折民欠可稽。臣考故明之世，此等州县钱粮完至七八分即为上考。今漕粮升合皆归天储，地丁分厘皆拨正用，有一不完，参罚随之矣。小民之膏血无存，则有司之智勇俱困，甚至那垫以塞责一时，此盈而彼缺，旧补而新亏，在民之收支反混，徒有虚额无实济，积年悬项，仍奉皇恩赦蠲。与其赦免于民力既穷之后，孰若早沛恩纶，培养斯民为万年根本之图也哉！

我皇上御极之初，钦颁上谕，谕户部查洪武以后，因有旧怨，或一处钱粮征收甚重，或一处不许牛耕、教人自耕，此等情由，尔部详议察奏。煌煌恩诏，昭布中外。此苏、松钱粮甚重，正为故明仇怨所加者。臣细查江苏赋税源流，《禹贡》"扬州厥田下下”。唐天宝后，财赋始增。宋宝祐、景定间，苏郡苗米额至三十万，松郡苗米额至二十七万。元世祖时，悉循宋旧。迨延祐中，苏州府夏税丝二万二千余斤、秋粮八十八万余石，松江府夏税秋粮一十五万余石。明洪武初，定天下赋税，官田起科每亩五升三合五勺，民田每亩三升三合五勺，重租田每亩八升五合五勺。惟苏州因张士诚久抗不下，怒其附寇，取豪族租簿，俾有司加税，名为官田。故苏州特重，松江亦然，苏、松粮额共至四百万矣。建文方诏减免，永乐仍复洪武旧制。宣德五年，敕谕减租，每田一亩旧额一斗至四斗者减十分之一，自四斗一升至一石者减额十分之三。正统元年，官田准民田起科，苏、松减额粮八十余万石，从抚臣周忱之请也。当是时，苏州逋赋七百九十万，松江逋亦甚多。忱与知府况钟曲算奏减之，而王鏊犹称民间重额尚未尽除。继此，因漕运解脚递增耗米沿为正粮，并入平米额内，不分正耗。至万历时，代有增加。臣考苏、松旧志及《从信录》《文献通考》诸书，历载沿革甚详。

我皇朝刊定《赋役全书》，苏州府田地九万五千余顷，科平米二百四十五万，岁征本色米、豆一百五万余石，折色银一百二十七万余两；松江府田地四万一千余顷，科平米一百二十一万，岁征本色米、豆四十三万余石，折色银六十三万余两。此照万历年间定赋，而万历年间之赋额比宋已多七倍，比元已多三倍。两郡之民，困于浮粮三百余年矣。如江西瑞、袁等属，故明所加浮粮已奉世祖章皇帝特允，布政司庄应会条陈，磨对旧额，赐予豁免，则苏、松事同一例，可以仰邀天恩。前抚臣韩世琦于康熙四年疏请减额，未蒙部议允行。臣等条议剀切具题，仍未议允。臣非不知苏、松财赋，天下军需所系，难以议减。叠经诸臣条请，何敢再行渎奏？但臣迫切仰吁皇恩者，以臣身在地方三载，设法催科，未能如额，实因民间尾欠，究竟催征不得，原无济于军需。况臣今所请量减，亦仅指催征不得之虚数，于岁入无损，于民困大苏。恭逢圣主在上，将起百代之衰，不使一夫不获，宁忍两郡亿万生灵沉困于故明之弊政乎？臣谨就今日万难足额者而言，每年约有民欠本折三十余万，内荒坍公占者居其一，浮粮难完者居其二。若止得荒坍公占之粮除豁，而浮粮不行减除，则苏、松赋税仍旧难完。今荒坍公占田地除臣另疏奏请勘豁外，其浮粮之难完者亦仅二十余万矣。即以此二十余万，将苏、松田地计算，如极重科则每亩三斗以至四斗外者，每平米一石请减一斗；科则二斗以外者，每平米一石请减七升；科则二斗以内者，每平米一石请减五升；以下地荡山涂等则，可不议减。如是合算苏、松二属田粮本折酌减，与实欠无征之数相仿。在朝廷减其必不能完之数，洪恩已沛而国计未亏；在百姓宽其所万难措办之征，实惠普沾而正供自力，则考成可期全完，而那移之弊从此杜绝矣。

请减浮粮疏康熙二十年　　　　江苏巡抚慕天颜

窃惟江南钱粮独重于天下，苏、松财赋独重于江南，人人所共知也。因额重而逋赋难清，因积欠而民生日困，又人人所共知也。臣于康熙十三年备员布政使，入觐时遵旨陈言，恭具浮粮万难完额等事一疏上奏，其中备陈历代增加赋税原委，及故明仇怨重征、江西恩豁有例，缕悉情事，叩请酌减，久达御前，未蒙俞旨。时值军兴，需饷孔亟。今八载，不敢续陈。伏思我皇上加恩于江南百姓，蠲减赈恤，屡邀特旨，倍极优渥。而江南百姓之急公报效，较之往昔，亦有大可嘉尚者。溯自康熙元年以前钱粮，苏、松民欠每年实有十分二三。即康熙十年至十三年，难完数已及九分。然而存留钱粮未经裁充兵饷，设法先充起运而缓存留，是止算起运之未完不及一分，而合算起存，仍有一二分逋欠不等也。至康熙十四年以来，存留钱粮尽裁充饷，而完额亦至九分以外。是向之稍宽于存留者，今则急公并输矣，比之往时考成，起运正数完足十分而有余矣，况叠遭水旱之时乎？又且官宦加征、士庶捐例，无一不出在耕纴中。逆贼吴三桂反叛之后，王师出征，军需取给于江南不下三千余万，源源不匮，此无他，赤子之寸诚，感戴我皇上深恩，仰体我皇上焦劳，恨不同心灭贼，故不自计其家之有无，互相鼓舞，多方典鬻，竭蹶输将耳。但存此不及一分之民欠，即日加敲朴，断断难完者，非民之不尽力也，更非官之不设法也，实因粮额过浮，法无可设，法无可尽也。今四海荡平，车书一统，向之尽力以报君恩者，切望九重之濊泽；今之宽仁以培国脉者，实在万姓之休养。臣荷蒙皇上使过之仁，不加斥逐，仍赐降级调用。去位之臣，安敢复言民事？但念人臣去国，义不忘君。受恩深重，睹兹久困民生，今正苏息养元之日。臣不避斧钺，再渎天听。臣非市恩于谢职之日，实为宽息此民所以报君也。臣计苏州赋额平米三百六十六万有奇，臣原疏奏请酌减浮粮二十余万，如上则三斗至四斗外者，每石减一斗；中则二斗外者，每石减七升；下则二斗以内者，每石减五升；其一斗以内之科则不减。在国家正课原止减其必不能完之虚数，在两郡万民共得纾其万难措办之催征。若照江西布政使庄应会请瑞、袁二属浮粮减额，臣之所请更少也。至于民困情状，臣经屡奏；浮粮缘由，载臣前疏，俱不敢琐陈。臣不职，不能为皇上养斯民于乐利，惟庆太平有象，冀伸此愚忱，奠安邦本万年耳。伏乞皇上矜原俯鉴苏、松小民急公有效、积苦宜苏，特赐准臣原疏敕部议，复行新抚臣核定二府田科则酌减数目，造册请旨施行。

请蠲缓压欠疏 江南巡抚汤斌

三吴赋税甲天下，军储供亿仰给实多。我皇上智勇天锡，命将受钺，渊谋睿算，威震海隅而转输不匮。江南每岁本折五六百万，较他省盖数倍焉。我皇上念财赋重地，于军需匮乏之际犹蠲漕免丁，带征漕欠，除一时并征之累。诏到之日，黄童白叟靡不举手加额，感激而泣，以为皇上如天之仁，轶唐虞而超三代，实亘古所未有也。独是漕粮，虽荷天恩，而地丁钱粮自康熙十八年至二十二年，五年并征，民力犹恐不支。每臣一出，士民环马首泣诉，求为陈情者，殆无虚日。

臣以国课关系重大，隆恩未可妄邀，晓以大义，使各勉力输将，而士民皇皇哀求不已。既而思之，使并征有益于国，臣何敢妄有所请？乃于国计无所补益，而下民实为苦累，臣不为奏陈，是为溺职，上负圣恩矣，故敢冒昧为我皇上言之。

臣按苏、松等处，赋额繁重，虽在丰年，所入常不敷所出。乃十八、十九两年异常灾荒，逋欠独多。今年之尾欠，即为来岁之带征。下年之未完，又为次年之并比，陈陈相因，日以增益。小民终岁胼胝，不过亩收石粟，欲正供之外兼完积逋，势必不能。且钱粮之在公家，虽有起存漕项之分，而小民之输将总一条编，原无差别。未完起存钱粮之民，即是未完漕项之民。今计十八年至二十三年未完地丁，并时追呼。而二十四年新粮，又复起征矣。州县比较，大率十日一限。假使每日轮比一年，则十日仅三日空闲，而七日赴比矣。近城附郭，犹得稍息。其穷乡僻壤，奔走道途，匍匐公庭，欲求尽力农桑，不可得已。设有司见考成期迫，不暇念及民生，或一日而并比数年，则先因某年之欠而加责之，血肉淋漓，哀号之声上干天和，亦所必至也。臣仰体皇上视民如伤之仁，时时告诫有司，既不忍使疾苦遗黎，受此摧残，又不敢以定限考成为之宽假，诚恐民之积欠已多，剜补无术，惟有拼此皮骨以捱征比。官知递年压欠，催科计穷，亦惟拼一降革以图卸担。究之官之更代愈速，钱粮之头绪愈乱，加以蠹役乘机侵欺，小民逃亡相继，国课必至大绌。臣愚以为民间止有此力，并征数年，其输纳不加多，带征一年，其输纳不加少。而分年带征，则官免畏顾考成、那新补旧之弊，民免累日并比、荒废农桑之苦，所全实大也。故敢冒昧叩恳皇上推广带征漕欠之德意，俯俞臣请，除康熙二十三年钱粮尚未奏销，不敢请缓，将康熙十八年至二十二年民欠地丁钱粮，俯照漕项一例，于康熙二十四年起，分年带征，以纾民困。臣又念此数年中，十八、十九两年水旱叠承，地多版荒，人多逃亡，今时已五载，牵连亲族者有之，遗累邻户者有之，所谓有粮无田、有户无人者实实不乏。倘蒙圣恩将此两年概赐除豁，自二十年后分年带征，务期全完，在民既无并征之累，在官又无虚悬之额，然后律以考成之法，小民亦各有心，既感皇恩，又怵功令，谁不踊跃争先以完正供？此实有裨公帑，无损国计，而江南士庶歌咏皇仁亿万斯年，永永无极矣！

请蠲苏松浮赋疏康熙二十四年　汤斌

臣惟财赋为国家根本之计，而苏、松尤为最重之乡。臣以庸碌谬抚兹土，见钱粮屡年拖欠，每当奏销之期，多有尝欠至五十余万，最少亦不下三四十万。夙夜疚心，惧无以仰佐国计，恒惴惴不安。初疑怠玩，继疑豪强之顽梗。乃一载以来，询问耆硕，体察民隐，间尝巡行阡陌，访田则之高下，考征科之多寡，然后知苏、松逋赋实由民力维艰。斟酌调剂，贵在及时。敢悉心为我皇上陈之：

苏、松土隘人稠，一夫所耕不过十亩，而倚山傍湖，旱涝难均。即丰稔之岁，所得亦自有限。而条银漕白正耗以及白粮经费漕赠五米十银、杂项差徭，不可胜计，而仰事俯育、婚嫁丧葬举出其中，终岁勤动，不能免鞭朴之苦。故苏、松俗好浮华，而独耕田输税之农民艰难实甚。两府与常、镇、嘉、湖皆壤地相接而赋额轻重悬殊。即江、浙、闽、楚并号财赋之乡，区区两府，田不加广，而可当大省百余州县之赋，民力所以日绌也。夫两府田赋之重，固起自明初。臣尝考洪武年间，籍张士诚将民私产号为官田，赋额特重，而民田之起科较轻。永乐以后，漕运愈远，加耗滋多。宣德、正统间，巡抚周忱奏减苏州租七十余万石、松江租三十余万石，民困稍苏。至嘉靖初，苏州知府王仪请行均田之法，尽括官民田而裒益之。当时稍救官田之敝，但正耗兼配科则繁杂，吏易为奸。其后以耗米作为正粮，又运诸费额外取之于民，因事派征。又如所谓九厘地亩之类，日渐加益，非复正、嘉以前之旧。至启、祯时，军饷孔殷，加派日繁，民不堪命矣。

本朝定鼎，田赋悉照万历年间则例，尽革明末无艺之征，洵称救民水火。近年，因时制宜，如白粮经费、运军行月、永折加价等项载在《全书》。其官收、官兑之法，最称便民，不可更易。然亦因明朝赋重役繁，以耗作正，不得已为此补救之计，而民力则已殚也。顺治初年，钱粮起存相半，考成之例尚宽，后因兵饷急迫，起解数多，又定十分考成之例，一分不完，难逭部议。以四十余万钱粮之州县，至与小县钱粮不上数千或仅一二万者，一例考成。官斯土者，虽贤如黄霸、鲁恭，何能自免谪谴？夫人千里而来为吏，谁肯以催科无术，甘心自弃？一存顾惜功名之念，则展转苟且之计必生，或以存留而抵起解，或以此项而借彼款，或以新粮而抵旧欠。参罚期迫，则以欠作完。赔补维艰，又以完为欠。种种弊窦，莫可究诘。一经发觉，身家俱丧。官之更代日勤，蠹胥因之作奸，头绪纷淆，侵渔任意。虽严加追比，究之款额空悬。惟二十二年适遇岁丰，二十三年荷蒙圣恩蠲漕，故仅有一二县地丁全完，而仍多挂欠，又以年外报完，未副议叙之例。夫人才力不甚相远，岂他省之吏干济独优而苏、松之官催科偏拙？良以百姓之脂膏既竭，则有司之智勇俱困，而前途之功名绝望，则官箴之砥砺难期，心已灰矣，地方何赖？吏治人才皆足惜也，积欠年久，惟待赦蠲。我国家弘敷大赉，每一赦诏，苏、松免租多者百万，少者七八十万。是粮额虽重，原非可完之数，与其赦免于追呼既穷之后，何若酌减于征比未加之先，使得完肌肤而乐升平，且无损国家岁入之实数乎？

苏、松版荒，所在都有。臣常委官履亩踏勘，非尽石田不可耕也，只因田不抵赋，力难任役，一户逋逃，数家株累，小民畏惧，不敢承佃。倘蒙圣恩稍赐宽减，其孰不踊跃复业？数年之后，按亩升科，将见田额渐增，国赋日裕。是蠲无益之虚额，而收垦田之实课也。前此诸臣，累累陈请，适当军兴旁午、饷需告匮之日，且俱言前朝苛政，欲复宋元之旧，事势难行。今赖皇上德威远播海表，日出之邦、绝域不庭之国，莫不稽首来享，奉琛恐后，斯正国家休养蒸黎、培植根本之时。上年銮舆亲巡，洞见村落萧条，深轸圣怀。又蠲漕免丁，带征积欠，深仁厚泽，沦肌浃髓。白叟黄童，感极而泣，以为生逢尧舜之主，视民如伤。若地方官能以民艰上闻，必当大沛恩膏，起三百年之痼疾。臣身在地方，义无可诿，不敢远引宋元之说，亦不敢比常、镇、嘉、湖之例，惟叩恳我皇上念民力之已竭，察虚额之无益，宸衷独断，涣发德音。及此纂修《简明全书》之时，传集廷议，将苏、松钱粮合盘打算，各照科则，量减一二分，定适中可完之实数，无存过重必欠之虚额，再将科则稍加归并，使简易明白，便于稽核，或将赋额最重州县另立劝惩之典，不与小县一例考成，使守令知可以久任、可以升迁，不至苟且因循，事务废弛，庶几野无不耕之土，户无不完之租，民力裕而吏治清，税赋充而国用足。亿万年太平、无疆之休端在是矣。臣非不知赋额久定，未便更张，但体国经野，贵永久而无弊，苟有未善，正宜变通，况前朝之苛政乎？我皇上神圣立极，事事垂法万世，此尤关国计民生之大者，宸谟远算，总自睿裁，非微臣所能仰赞也。

请减苏松浮粮奏

雍正三年三月十七日，管理户部事务怡亲王等折奏：钦惟我皇上念切苍生，勤求民隐，惜闾阎之疾苦，咨稼穑之艰难，赈济蠲除有加无已，赐租减赋动盈数千百万，德洋泽溥。凡海隅日出之所，无不被沾浩荡，仁心实政，诚亘古史册所未有也。

臣等伏查苏、松田税，宋时每亩输赋一斗，元时水田不过五升。明太祖因苏民为张士诚固守不降，尽籍诸豪族及富民田以为官田，按私租簿为税额，每亩四五斗、七八斗至一石以上。苏州一府，秋粮至二百七十四万六千余石。时民田仍照元时之额，岁输仅十五万石，余皆征之官田。松江官田略少，秋粮亦至一百三十余万石。计苏州田、地、山、荡、滩、溇等共九万九千九百余顷，松江田地等四万八百余顷，以宋时均税一斗合算，苏州正额只应一百四十万余石，乃加增二百六十四万余石，几二倍于原额矣。

至宣德时，以苏、松官田租额太重，递减二分、三分，苏、松二府减七十余万石。巡抚周忱定均耗之法，以官田税额摊派民田，每亩税额少者一斗九升，多者三斗六七升不等。其后以二府额粮太多，地产米石不敷，始于平米内改征条折，此地丁等项折银所由始也。

嘉靖时，增江浙赋税百二十万，苏、松又在加增之内。嗣后，东南被倭，又有额外提编之加。万历时，又每亩加增九厘，后于九厘外再加三厘。自宣德递减之后，嘉靖、万历时复递增浮额三十余万。于是二府之民，终明之世，困于重赋。

我朝平定海内，悉除前明苛政。各省赋税，凡嘉靖以后加增者概行蠲免。洪恩浩荡，万民乐业。惟苏、松二府，明代屡增之额，因未经详晰奏请，至今仍旧。伏查苏州府条折、兵饷、徭里、人丁、匠班、随漕经费等项，岁征银一百六十二万六千九百两零，松江府条折、兵饷、徭里、人丁、匠班、随漕经费等项岁征银八十三万三千五百三十两零。苏州府正耗漕白等项岁征米九十七万五千二百三十石零，松江府正耗漕白等项岁征米四十一万八千五百八十石零。其岁征额米，历年以来，民间输纳完者居多。且天庾正供，兵食攸关，无庸请减。惟额征地丁银项，每至次年奏销之期，苏州一府民欠必至三十余万两，松江一府民欠必至十五六万两，积累数年，动至三四百万。幸遇圣朝特施旷典，蠲免宿逋至数百万。而数年之内，粮户日受追比之苦，地方官亦因承追而罢去者多矣。此虽有额征之名，而无征收之实也。

我皇上心周蔀屋，洞照万里。雍正二年，江西南昌府属明初加增浮粮已蒙恩旨酌减宽免。今苏、松浮粮事同一体，但从来加浮之额为数太多，国家经费浩繁，理难照减。查苏州地丁银一百二十九万五千余两，松江地丁银六十七万四千余两，或应酌减几分。臣等不敢擅拟，仰候皇上钦定。此实出自圣主旷代特恩，非苏、松二府臣民所敢冀望。倘蒙俞允，伏祈敕下江南督抚、布政司，将所减银两作何分减之处，秉公均派，无少偏枯，则二府十二州县百万黎元之子子孙孙咸永戴高天厚地于千万世矣。臣等谨将苏、松二府每年实征地丁等项银两数目、漕白等项米石数目并自康熙五十七年至雍正元年民欠地丁钱粮数目开单呈览，为此谨奏请旨。

减额蠲荒议略康熙十一年　　江苏布政司慕天颜

为地方之敝坏日甚等事，奉宪行开准吏部咨开，通查所属地方从无升任之官，因何事故，悉心确察，作何调剂，不致枉弃人材缘由到司。本司遵奉宪榭，采集属郡之议，直陈其重大切要者二端：

一则曰钱粮额重，征输难完。夫江南赋重甲于天下，而苏、松二府尤甚焉。计其额粮，不惟较他省轻重悬殊，即较接壤之常、镇，亦已倍而有余。考其由来，明初以张士诚窃踞苏州，怒地方之附逆抗顺，遂取民间租籍，照额定课，故常、镇之田每亩科平米一斗五六升，下至八升、五升不等，苏、松独有浮粮重额，在明朝虽已屡减，犹每亩至三斗七八升至三斗一升、二斗五升、二斗三升，下则之田亦科一斗九升。

夫收租不能倍于他处之产，而输课独多于他处之额。岁丰则谷贱伤农，入不敷出，一亩之租未能完一亩之赋；岁凶则颗粒无收，追比不应，一亩之粮反增数亩之费。富者贫，贫者逃亡，小民膏血无存，有司智勇俱困，付之无可如何。且额征之课，奉拨紧饷，完解稍迟，即应谴责，席不暇暖，已造交盘，故削职者殆无虚岁，而逋赋者终成逝波。今通计苏、松二府自元年起至九年止，按民欠未完存钱粮，凡十二万有奇。司府之催解，已笔秃而唇焦；州县之敲追，至血飞而肉烂。官徒削籍，饷竟虚悬。此实因赋重以致敝坏而枉弃人材也。

一则曰坍荒田地，缺额无补。夫三吴州县，有地处极高，遇旱则无水可戽者；有地处极低，遇潦则连河漂没者。如此硗瘠之区，全借雨旸时若，庶几可望薄收，否则终岁勤动，无颗粒之登。然而皇恩犹可拯援，良吏犹能补救。若板荒、坍江、坍海、公占田地，未经请豁，累民包赔，其苦实甚焉。

沿江沿海州县，如太仓、嘉定、常熟、上海等处，怒潮冲击，沃壤立付洪流；沙土倾颓，片刻能消数顷。始也坍去犹少，摊赔已属难支。继而日削月深，逋赋渐多，逃绝，无田无主，县官向谁征索？其不束手挂愆，岂可得乎？至板荒之田，大抵在高燥之区，佃户抛逃，业主故绝，相沿数十载，一望不毛。即使广为招募，给以牛种，土坚如石，苇根盘结，难于犁锄。况地绝水源，栽种之后，仍无灌溉，断难开垦升科者。此坍荒之害，额粮从何措办？

此外则又有公占之处。公占者，马路、桥梁、烽墩、土堡、营房等类是也。太仓、常熟、昆山、嘉定、上海等州县俱有公占田亩，及长洲、丹阳、武进、无锡逼近官塘去处又有马踏荒田。国家为封疆之计，立堡设墩，修筑马路，无非保护斯民。但沿海各省，迁截界外田粮，例俱蠲豁。此虽非迁截者比，然地已为朝廷公用，贫民且悲失业，岂堪又苦赔粮？不知当日有司何不申请豁除痼害，一至于此？

今通计苏、松、常、镇坍江、坍海、板荒、公占、荒田未完各年钱粮不下数十万。在有司即八面长材，未有不力竭计穷，蒙冤削职，实为此荒缺以致地方敝坏而枉弃人材也。

夫额赋之繁重如此，荒粮之逋缺如此，而明季时，州县有司完及八分者，即得报最，故犹闻有升任之官。即我朝功令綦严，征解钱粮必期十分完足，而世祖章皇帝时，未完不及一分者，亦予免议。今则未完一分以下者，州县罚俸一年，司府罚俸半年，俱停升转。夫各州县额征起存地丁虽多寡不等，分厘俱关考成，即使赋非重额、田无荒废，而巨万金钱岂能零星尾欠？概以严法绳之，惟有坐受参处。然就州县而言之，犹或有勉完及额者。至于知府管辖各属，此县即已报完，彼县又或挂欠，此项偶或无欠，他项又仍未完，参差不齐，势所必有。而统计其管辖应完之数，稍欠分厘，即列住俸之条，似非鼓舞激劝之道。如苏、松、常、镇四府，无一岁能全完，无一岁不参罚者矣。藩司统辖岁额三百五十余万，苏、松等处四郡钱粮最繁，镇或完而常不完，常、镇或完而苏、松不完，总计岁额即使竭蹶督催，或不欠至二分之多，亦止能完及九分以外，若概以他省钱粮易完之藩司一例奏考，自不免挂名参罚矣。

为今日计，请宪台特赐具题亟为调救之方，以垂永久之利。苏、松二郡额赋量为酌减，即不能如他省之轻，亦得照常、镇科则一体分别征输，则民力稍宽一分，国课总收实效而民困可苏矣。

坍海、坍江、板荒、公占田地，见在遴员诣各属州县逐一踏勘造册，呈宪达部，请赐豁除赋粮。其板田荒地有尚堪招募开垦者，力能设法劝输垦种，许以五年后升科，有司仍准纪录，则虚粮既豁，款项亦减，无包赔挂欠之忧矣。其考成则例即不敢过望宽息，请照世祖章皇帝旧例，未完不及一分者准予免议，则司府多方督征，长吏安心比解。如是，而地方之官犹不能整顿精神以树尺寸之效者，此庸钝不肖之才，又何有枉弃之嗟也？

覆详节略　　慕天颜

看得苏、松两郡土田在《禹贡》昔称下下，赋额原未浩繁。自唐天宝而后，东南赋额始增，然亦不至重困。继此以降，苏州府粮额，宋宝祐年间，苗米二十八万八千六百石，增至三十万三千三百八十石；松江府粮额，宋景定间，苗米加征一十五万八千二百石，并绍熙间旧额，共二十七万五百一十六石。元延祐中，苏州额赋夏税丝二万二千四百斤，秋粮八十八万二千一百石，轻赍钞二千二百锭；松江府夏秋二税六十五万三千九百余石，又加九万一千九百余石，共七十四万五千余石。此宋、元二朝之往额，载在志籍者也。

明洪武初，定天下赋税，官田起科每亩五升三合五勺，民田每亩三升三合五勺，重租田每亩八升五合五勺，芦地每亩五合三勺四抄，草塌地每亩三合一勺，没官田每亩二升。惟苏州因张士诚久抗不下，怒地方之附逆，乃取诸豪族租簿，俾有司加税，故苏州特重，而松江、嘉、湖次之。至十四年春，命户部减其额，凡一亩科七斗、五斗至四斗四升者减十之二，四斗三升至三斗六升者俱止征三斗五升，其以下仍旧。建文二年，诏减江浙租赋，云：苏、松准私租起税，特以惩一时之顽民，岂可为定则，以重困一方民？悉与减免，照各处起科，亩不得过一斗。永乐间，仍复洪武旧制。宣德五年，又敕谕减租，每田一亩旧额一斗至四斗者各减十分之二，自四斗一升以上至一石以上者各减十分之三，令嘉、湖、苏、松等府官田准民田起科，每亩秋粮四斗一升以上至一石者减作二斗七升，二斗七升至四斗者减作二斗一升，一斗至二斗者减作一斗。从巡抚侍郎周忱之言也。按，周文襄本传称：是时，苏州额粮二百九十余万石，民不堪命，流亡日多，遂逋额七百九十一万余石。忱乃与知府况钟曲算奏减八十余万，而王鏊犹称民间重额今未尽除。凡此沿革旧额，苏、松志，《从信录》纪载甚详也。自后田赋相沿。弘治以迨万历年间，虽曾丈量复定赋税，大约有增无损，民困日深。则是苏、松浮粮，周文襄虽已奏减而困累尚多。宁不有待于我皇上尧舜之再生，弘施浩荡者乎？

今按本朝《赋役全书》：苏州实在田地九万五千一十九顷二十八亩零不等，斗则共科实熟平米二百四十五万八千八百五十六石零，派征本色米、豆一百五万八千三百五石零，税徭折色银一百一十七万四千一百三十一两零；松江府田地四万一千二百三十四顷八十亩零不等，斗则共科平米一百二十一万一千四百九十二石零，派征本色米四十三万三千九百二十一石零。照宋多增七倍，照元多增三倍。

二郡民生积困三百余年，未有不髓竭血枯，驯至不可救药者。然明时地方之官，犹能保全升任，盖因完粮至七八分，即注上考。巡抚朱大器曾有完及八分官得升迁之疏。是民间尚有可缓之二分，稍得存活。今则考成迫切，功令森严，有司即八面长材，无不束手坐困，而苟全功名之念，一时催提紧急，势必那移补垫。一年奏考或完，通任之逋缺愈甚；上年之额课或了，今岁之新赋又亏。且前官以逋欠而镌职，后官接任，复将新征之银代前官垫解，以致本任交代，递垫递缺，牵混不清，被参听勘，莫不颠连困苦。

本司忝任钱粮之总，若不痛切力陈，有负朝廷任使之意。窃有所不敢，而亦何以自安也。今遵宪檄，查顺治十八年上谕已于坊刻《治平略》内，江西布政司王廷疏中恭述。又昆山绅士向刻《苏松浮粮汇考》内亦载此条。今具备呈，并《姑苏志》《从信录》及前抚韩于康熙四年间《请豁浮粮疏稿》并陈宪电其江西南昌、袁、瑞三府题豁浮粮缘由，一载《治平略》内，又松江绅耆《备录便览》一并呈阅，伏祈宪台详加采择。稽宋、元之旧额，则知苏州田赋原未倍于他省之科征；近访江西之豁除，则知往代浮粮久已邀圣朝之悯鉴。况天语痛革从前仇怨一方，征收甚重之害，正苏、松二郡得解倒悬之时。若蒙特疏具题，斟酌于宋、元、明之间，或照他省一例起科，或即照常、镇一体定则，将民困少苏，国课无缺，本固邦宁之计，亿万年泽被无疆，而地方有司展布才猷，不终枉弃，又其后焉者也。

至于各属板荒、坍缺、公占田地，查太仓州荒占田六十六顷八十五亩零，嘉定县积荒抛荒田一百九顷一十四亩零，于彻骨之累等事案内覆勘；长洲县抛荒田二百六十六顷九十六亩零，于板荒奉旨核蠲等事案内覆勘；常熟县荒田五百七十三顷九十亩零，于查勘荒田事各案勘报；松属之华亭县板荒田一百一十八顷三十九亩零，娄县板荒田荡一百八十一顷二亩，上海县板荒田五十六顷四十九亩零，青浦县板荒田四百四顷四十亩零，俱于板荒为累等事案内查勘。常属之宜兴县板荒田三万二百七十九亩零，于哀吁积尾等事案内查勘；镇属之金坛县积荒田七万五千八百六十五亩零，于钦奉上谕事案内题豁；又徐州板荒田四千七百二十五顷一十七亩八分八厘，蒙总漕部院帅具题在案。此外尚有昆山、丹阳等县，俱有板荒、公占田亩，仰候汇查造册申报。夫此坍板荒田，又不特浮粮之累，盖彼尚有田可种，岁收薄敛，不足完公。此则并无地可耕，典鬻路穷，奚堪倍累？至公占田土，皆系顺治年间为上差会阅沿海安置营房、台寨，修筑马路、桥梁地，已公用，粮未豁除，俱恳宪恩并赐题豁。

兴筑娄江石塘申文万历四十二年　〔明〕胡士容

长洲县为兴筑石塘事。知县胡士容窃照得：三吴固为泽国，而长洲益复低洼，所恃为障水、蓄水者，独有修筑塘岸一节耳！其在乡塍岸听民自筑外，查得娄门外之东接昆山，齐门外之北接常熟，葑门外之南接吴江。此又当湖水之冲，而为水陆通途，尤其最紧者也。

然娄江塘较之葑、齐，又自不同。地如釜底，东通大海，南达沙湖，北接阳城、巴城诸湖，名曰至和塘，实娄江故道，为东南诸水入海之尾闾，又系军民二运粮艘出入、上司飞递公文、商贾往来络绎必繇之要道，修筑更宜先耳！乃每每修筑，不过编篱为捷，插木为桩，所以一遇霪潦，洪水泛涨，风浪冲决，灌田没路，徒费徒劳，其何济乎？

职益反覆踌躕，以为此非若常、昆之石砌，决不可耳！已经督同水利主簿张稜临塘勘量，自娄门外下纤埠头起，至昆山界止，共长六千六百四十五丈一尺，内除前任知县韩原善详支官银筑过陆泾灞、西张泾等处样塘一百五丈，其未筑六千五百四十丈一尺，合用青石每一丈计，一层价三钱七分八厘，四层该银一两五钱一分二厘；每丈桩木大小十根不等，价三钱七分；每丈用灰三十七斤八两，该银三分；石匠錾凿做光，筑砌扛桩，每丈工食银四钱一分；断桩削尖，每丈工食银八厘，计一丈共银二两三钱三分，总计该银一万五千二百三十八两四钱三分三厘。又夹水内塘八百八十丈三尺，议用黄沙、乱石筑砌，每丈料工银一两二分，计该银八百九十七两九钱六厘。又查东西龙溇、彝亭泾、戚家泾等处，水势极深，应添大塘石一层，共用石一百三十丈，每丈价银四钱二分算，该银五十四两六钱。及查坍坏朱泾、宪济、周泾、新桥四座，共估料工银三十六两三钱四分，四项通共该银一万六千二百五十七两二钱七分九厘。查得本县四十一、二两年分，原编导河夫银六百两，并查东库现贮各院道府项下入官、还官、变易、盗赃、失风、无主、无碍银九百六十六两七钱四分六厘五毫，余及本县项下赎罪人犯银两已收者，并将支用办料鸠工。余少银两，俟职再行陆续议处，申请济用，庶蓄水障水有备无患，而泽国丁田少有所瘳，不但便民之涉而已矣！

石塘工完申文万历四十三年　　胡士容

长洲县为兴筑石塘事。奉本府帖文，蒙苏松兵备道俞宪牌备蒙抚、按、漕、盐四院申详筑造塘工缘由前事，仰府官吏即查筑造娄门官塘工式所估料价是否实数，所议动导河夫银及见贮各院道府各项官银中间恐有不应动支，设或吊取，作何抵补？其估用工料余少之数作何设处，一一酌议妥当、申报等因，备帖到县。

今该本县知县胡士容看得：塘工浩大，搜查帑金得十分之一。当此公私交困，兴是巨万之举，又不得不多方设处，盖既图兴利，赖于斯民，自不敢恤一身之劳瘁。原详各院道入官等项钱粮，切思边海之邦，宜备不虞，仍听贮库不动支外，先将导河夫银与职所捐俸薪、赎锾共银八百六十一两给发办料，委主簿张稜选择诚谨耆民邹廉、郑大淳、余栎等董督，于四十二年二月十九日一面兴筑，一面劝谕阖郡士民义助。有乡绅先达大学士申时行等，举人徐洌等，监生翁正学等，生员盛际等，本县县丞汪其俊等，商民汪芳、张邦篚等，一倡百从，共捐助银三千六百八十四两九钱七分零。民邹廉、许策、夏奉石等愿捐己资，共助筑过青石塘一千七百九十四丈五尺；监生顾绪余等助筑过青石塘六十丈五尺；生员顾维桢等助筑过青石塘八十九丈。及蒙抚、按两院并本县详罚李廷言等筑过青石塘七百二十二丈，桥二座；又蒙院、道、府详允发下变易通倭赃货银二千两、监生王腾宇银一千五百一十两五钱八分，本县项下罚追胡试等银一千二百四十三两三分三厘，通共银九千二百九十九两五钱八分三厘。又该职亲诣塘所，备细覆估，其青石外塘，原估照昆山事例，今每丈减去工料银三钱三分，实该银二两，共给发银七千七百四十八两一钱七分。筑完青石外塘三千八百七十四丈一尺，又给发银八百三十二两六钱九分七厘。共筑完黄石内塘二百十七丈八尺，修造朱泾、宪济、周泾、新桥四座，杨泾、萧泾、陆市、司马、吴泾等桥六座，泄水平桥二十六条，并东西龙溇、戚家泾等处水势极深处，所增大石、木料等项，于本年二月二十八日完工。讫所有耆民、宕户、石工等领状包固甘结，在卷申报外，又用过兴工破土祭礼等项银三两六钱七分，竖立界址石牌、城砖、砌灰桩木等项工料银一十一两三钱三分，俱有案卷。又查得塘工大举，尤宜慎始图终，日夜不无坍塌，所宜预为防备。今查除完讫存银七百三两七钱一分六厘，内听会同吴县、吴江见行修筑宝带桥工二百两外，相应于内动支银三百两，委端谨耆硕，择买膏腴常稔田，召佃管种，另立印簿，岁收花利积贮，专抵修塘之用。日后设或冲颓，务令估勘，明确动支修筑，不得别项那放，以滋浸没。伏候详允，一并勒石。余银二百三两七钱一分六厘，听抵刊刻碑石与夫刷印书册，及备木扁、花红、给赏塘工事内效劳员役等项，另文申报。

置修塘义田申文万历四十三年 胡士容

长洲县为兴筑石塘事。案奉各院道批详前事，该知县胡士容，将塘工省存银七百三两七钱一分六厘，内除听修宝带桥二百两，又听勒碑册、给扁等项银二百三两七钱一分六厘，计遵动支银三百两，唤令原委督工诚谨殷实耆民邹廉、郑大淳、俞栎各项银一百两，选买沃腴常稔园字等圩上则田共计一百五十亩，每岁收租，除办税粮外，每五十亩应收纳租米三十五石，计准银一十七两五钱。但官田与民田不同，官佃与民佃少异，宜照民间稍示宽恤，每五十亩再减租银二两五钱，止令纳租银一十五两，计一百五十亩共应取租银四十五两，丰年不增，凶年不减，岁以为常，无容更变，庶几乐佃乐输，而民无逋岁，官有实用矣。

再照义田一节，田既属之官，田租亦属之官租，其非民间所得侵逋，明矣。所虑者，官府之那借，掾胥之干没耳。抑或度支不足，遂旁启别门，而岁月延淹，视为故事。每见利弊移人，即贤者不免，是不可不图永久策也。

盖职向者区区之意，自娄江塘之外，尚欲南筑葑塘以接松陵，北筑齐塘以接海虞，而属以民穷财尽，大工不可一时并举，故止筑此四十五里，即复以余银置田，岁积钱四十五缗，铢积寸累，度十年便足为葑塘之用度，二三十年便足为齐塘之用。后有贤者，家视其事，可不必再借力于民矣。

若夫今日之塘，亦既坚厚，且十年之内，自有匠工包修，其认状具在，而何所用官帑为？即用之，或取之一二年足矣，岂必岁岁而用之？政惟岁岁不用，则租可贮而息亦可长，岂非贤智者他日之事乎哉？伏望檄下本县，遵令勒石，仍立为册，自今伊始，田亩分圩开注于前，租数逐年登记于后，凡出纳之数，一一必书。其非塘工以内，一毫不许动支。每遇岁终，验数贮入，并送查盘。银及百两以上，即仍令买田，岁收花利如初。倘有奸胥冒破，及指称动支塘外别用，或虚立修塘名色付取，称为公费，必吏引侵欺之律，官严簠簋之条，庶田租、水利还相为济，而台恩宪法永施不穷。职今日之任劳任怨任谤，或可谅于数十世之后也。今将田亩圩号丘段及佃户姓名一并开报，拟合申详。

至和塘考　〔宋〕沈括

至和塘自昆山县达于娄门凡七十里，自古皆积水，无陆途。民病涉久，欲为长堤抵郡，无处求土。嘉祐中，有献计就水中以蘧篨为墙，栽两行，相去三尺，去墙六丈又为一墙，亦如此。漉水中淤泥，实蘧篨中，候干，则以水车畎去两墙间旧水，墙间六丈，皆留半以为堤脚，掘其半为渠，取土以为堤，每三四里则为一桥，以通南北之水。不日堤成，至今为利。

版荒减则原详本府申文乾隆元年九月廿四日　张若爔

元和县为援例详题改则事：窃惟则壤成赋，原因地土之腴瘠，定科则之重轻。兹查卑邑分管田地，《全书》开载版荒田、地、山、荡八十九顷九十九亩有零，向已另编科则，止征荒折，不办漕粮，但每亩额征重者有至一钱五六分不等。卑职因公下乡，留心察看，或草根蟠结，泥石如骨；或水滩洼地，非漏即淹。一切禾稻杂粮，皆不可以种植。间有生长柴草，抵办折银什不偿一。是以卑县应征荒银壹千壹百叁拾余两，历来逋欠。一遇催追，小民惟以赔粮哀吁，诚为可悯。

卑职已于通饬查报坍案内附达宪聪。再查卑邑所辖贰拾柒都南伍图内有漕则田荡五顷八十亩零，原系版荒。康熙十七年清丈，改作漕田。然地实低瘠，历年积水，丰年不登。现今水淹，并无生植，似应仍改荒则，一并减征。正在逐一查勘核明版荒原案，造册详报。

间接奉宪台转，奉藩宪札开，照得昆、新两县坍荒田荡，现奉特恩谕，查地方有司当钦遵速办，务使实在赔粮者早除积累，可以办纳者酌量定则。坍者系滨临何湖何江？果历年冲削，实在并无形迹。荒者又因何缘由？现在出产何项？每亩每年可以办银若干？应将某则？照减某则？应令印官详细确勘，绘图造册，取具印结，速详该府应须严加稽察，毋任遗漏荒坍转将熟田混冒等因到府，转谕下县。仰见圣明，诚求保赤。各宪念切民依，卑职忝居民牧，敢不敬谨办理？

除坍没、公占等项田地，核册查勘，归本案另报外，伏查卑邑前项荒田不植五谷、止生柴草，计每亩原额征银自壹钱陆分至柒分陆厘零不等，应请照荒地科则，每亩征折银陆分玖厘伍毫。其版荒荡亩，不堪种植，惟长游草，计每亩原额征银自肆分柒厘零至贰分壹厘零不等，应请照荒山科则，每亩征折银壹分伍厘伍毫零。用敢分晰区图田荡，援照昆、新两邑裁减浮粮恩例，造具细册，呈恳转请具题。倘得仰邀旷典，则阖邑黎民咸沾宪德于无既矣。

奉宪勘验核题节略　张若爔

元邑分管田地，《全书》开载有版荒田、地、山、荡八十九顷九十九亩有零，地土瘠硗，不能种植五谷，是以丈列额外另编科则，止征荒折，不办漕粮。每亩额征重者至一钱五六分不等，额征荒银一千一百三十余两，历来逋欠。

再二十七都南五图内有漕则田荡五顷八十亩零，原系版荒，于康熙十七年清丈之时改作漕田，然地实低瘠，历年水淹，并无生植。乾隆元年，钦奉恩诏，裁减昆新两邑浮粮，遂于九月援例具详，请将前项荒田照荒地科则，每亩征折银六分九厘五毫，其版荒荡亩照荒山科则，每亩征折银一分五厘五毫零。

奉院司批委总捕厅勘验得实，除坍占田荡七顷七十八亩四分九厘三毫另案汇请豁粮，又则赋相当田荡二十二顷三亩五分四厘五毫毋庸请减外，实荒田荡六十顷一十七亩八分一厘五毫。南五图下低田荡二顷一十三亩四分一厘五毫，概系硗瘠不毛水滩洼地，援照荒地荒山并减，业经造册核题。

娄江水利考　沈德潜

《禹贡》震泽底定，由于三江既入。三江之名，班固、桑钦、郭璞诸人论说不一，而张守节《史记正义》则曰：苏州东南三十里，名三江口。一江西南上七十里至太湖，名松江。后名吴淞江。一江东南上七十里至白蚬湖，名东江。一江东北下二百余里入海，名娄江。唐仲初之说亦然，蔡氏注《尚书》宗之，其说是也。后白蚬湖一带，凡小漕大沥及通海诸港日就浅狭，而东江之身遂湮。惟淀湖支流，北注吴淞，从娄之刘家港入海。安亭青浦湖存一线，逆趋夏驾浦，会娄之刘家港入海。此如假道出入，必以主者为归。而松江之水，势难与娄江敌也，则今之所重者在娄江矣。按：娄江自苏郡城而东，过彝亭，历昆山，经太仓，环城南而东，渐达于海。其间最大者曰刘家港，亦名刘家河。俗云刘即娄。娄者，刘也。此娄江入海口也。其他南入娄江者，为半泾，为吴塘。吴塘入嘉定界。引吴淞江水入者为顾浦。南泾娄江入吉泾。通常熟者为横沥。西承巴城湖之水，经昆山而东入海者曰茜泾、曰七鸦浦、曰杨林。此水道纲领之可考者。余小者弗及详也。

顾地濒于海，潮水往来，每挟泥沙而上。吴谚云："海水一潮，其泥一箬。"日积月累，支港渐淤。水无所蓄，高仰之田莫资灌溉。向之膏腴，尽成硗确。而一遇淫潦，泄泻无所。下洼水区，弥望渺漫。故昆山、嘉定、青浦、华亭之间，有弃高田而不耕，与欲耕而田已入于水者。及今为水利计，宜以疏浚为亟亟矣。

昔人论吴中水患之去，由开三十六浦于太仓、常熟境界，浚下流以承上流。其策非不善也，然开于下流，则海潮亦互入于白茆、七浦等塘，湖水之少，不敌海水之多，故仍不无壅塞之患。诚于湖口上流复多开河港以杀其怒，引湖水以灌注于三十六浦之间，则湖水强而潮水弱，泥沙自不至于堆积。

而又仿郏亶父子之议，如复冈门、开斗门、置闸设堰，以备旱潦，润泽而变通之，未有不去害而就利者也。抑犹有说焉，东江、松江虽或仅存其名，或渐失其旧，然按图考稽，故道可得。为大吏者，条分缕析，循故道而开浚之，俾淀湖之水从东泻而弗使北注，吴淞之水出安亭、青浦达沪渎而弗使逆行，则三江仍复其旧，而吴中永不受旱潦之灾矣。此千百世之利，而非可奏效于朝夕者也。

卷三十三

艺文

吊阖闾赋　〔明〕王鏊

昔阖闾之霸吴兮，卒托体乎兹丘。慨往迹之日湮兮，曾不可乎复求。峰峦纷环合兮，浮屠台殿郁以相缪。叶。忽平冈之坼裂兮，剑池滃沦而深黑。俯莫测其所穷兮，仰不见乎白日。两崖嵚崎而斗啮兮，又巉岩而斗绝。信天造之险巇兮，为神怪之窟穴。将举首而闚其浅深兮，先魂惊而惨栗。彼吕政之雄哮兮，力驱石而填海。将破山而求之兮，藐不知其所在。宜元之之不信兮，谓往牒之我绐。岁正德之协洽兮，剑池忽焉其枯涸。何昔日之滃沦兮，今山径之峣崅。伊水旱之常数兮，非予心之所度。石谽谺而双敞兮，类墓门之颓驳。试往造乎其间兮，将举首而旋却。始沮洳以忽明兮，谅欲退而不可。俨凑题之可扪兮，森怪石之欲堕。岂漆灯之将灭兮，若有俟乎王果。唉吴王之物化兮，求仿佛之不见。想澒池之既尘兮，何有玉凫与金雁。彼槃郢与扁诸兮，疑此语之为幻。何千年之神闷兮，忽一朝而呈露也。旋黯然而复闭兮，殆神物之呵护也。前骊山之强项兮，后会稽之妖珈。锢南山其犹有隙兮，信多藏之为害。独空空兮以保全兮，因兹丘而增慨。

虎丘剑池赞　〔宋〕张栻

湛乎渊停，其静养也。卓乎壁立，其自守也。历四时而无亏，其有常也。上汲而不穷，其用不胶也。其有似于君子之德乎，吾以是徘徊而不能去也。

上吕相书　〔宋〕范仲淹

姑苏四郊略平，窊而为湖者十之二三。西南之泽尤大，谓之太湖，纳数郡之水。湖东一派，浚入于河，谓之松江。积雨之时，湖溢而江壅，横没诸邑。虽北压杨子江而东抵巨浸，河渠至多，堙塞已久，莫能分其势矣。惟松江退落，漫流始下。或一岁大水，久而未耗，来年暑雨，复为沴焉。人必荐饥，可不经画？今疏导者不惟使东南入于松江，又使东北入于扬子江与海也，其利在此。

夫水之为物，蓄而渟之，何为而不害？决而流之，何为而不利？或曰：江水已高，不纳此流。某谓不然，江海所以为百谷王者，以其善下耳，岂独不下于此耶？江流若高，则必滔滔旁来，岂复姑苏之有乎？矧今开亩之处，下流不息，亦明验矣。或曰：日有潮来，水安得下？某谓不然，大江长淮，无不潮也。来之时刻少，而退之时刻多。故大江长淮会天下之水，毕能归于海也。或曰：沙因潮至，数年复塞，岂人力之可支？某谓不然，新导之河，必设诸闸，常时扃之，以御来潮，沙不能塞也。每春理其闸外，工减数倍矣。旱岁亦扃之，驻水溉田，可救熯涸之灾；涝岁则启之，可疏积水之患。或谓：开亩之役，重劳民力。某谓不然，东南之田，所植惟稻，大水一至，秋无他望。灾沴之后，必有奇疫。乘其羸惫，十不救一，谓之天灾，实由饥耳。如能使民以时，导达沟渎，保其稼穑，俾百姓之不饥而死，曷为其劳哉？民勤而生，不犹愈于惰而死乎？或谓：力役之际，大费军食。某谓不然，姑苏岁纳苗米三十四万斛，官司之籴又不下数百万斛。去秋蠲放者三十万，官司之籴，无复有焉。如丰稔之岁，春役万人，日食三升，一月而罢，用米九千石耳。荒歉之岁，日以五升召民为役，因而赈济一月而罢，用米万五千石耳。量此之出，较彼之入，孰为费军食哉？或谓：陂泽之田，动成沙瀰，导川而无益也。某谓不然，吴中之田，非水不植，减水使浅，可以播种，非必决而涸之然后为功也。昨开五河，泄去积水。今岁平和，秋望七八。积而未去，犹有二三未能播种。复请增理数道，以分其流，使不停壅。纵遇大水，其去必速，而无来岁之患矣。

又松江一曲，号曰盘龙。父老传云出水尤利，如总数道而开之，灾必大减。苏、秀间有秋之半，利已大矣。畎浍之事，职在郡县。不时开导，刺史、县令之职也。然今之世，有所兴作，横议先至，非朝廷主之，则无功而有毁，守土之人恐无建事之意矣。苏、常、湖、秀膏腴千里，国之仓庾也。浙漕之任，及数郡之守，宜择精心尽力之吏，不可以寻常资格而授，恐功利不至，重为朝廷之忧，且失东南之利也。

三学上陆冢宰书　　〔明〕文徵明

比承荣膺简注，进秉钧衡，邸报播闻薄海外内，莫不鼓舞称忭。况乡里后生，与有光宠者乎？恭惟明公，累朝旧德，盛世珪璋，特达光明，大雅恺悌，出入将相，声望伟然。天下之人所为望霖雨于明公者，非一日矣。今兹端委庙堂，进退百官，以佐天子出令，而运斯世于掌握间，固明公分内事也。

某等猥贱晚末，莫展贺私。方与四方人士咏嗟盛德，以为天下斯文之庆，岂敢意外干犯？辄有陈请，而事机可乘，势有不容已者，亦恃雅度汪濊、不深谴责，故卒言之。

窃惟国家入仕之阶，惟有学校一途，而当时法式章程，咸出我太祖高皇帝亲定，最为详密。而累朝列圣，不无少有更张，诚以圣化优游，泳涵滋久，人材猬兴，其势有不得不更者。故随时消息而行者，不以为敝论者，不以为非。盖自洪武二十五年重定岁贡额数，郡学岁贡二人，州学再岁三人，县学岁一人。当时人材尚少，儒学生徒往往不充廪增正数，除乡试中式之外，其余在学者不过五六年，升贡者不出三十岁，故其人皆精力有余，入仕可用，而其功名政业往往参于正奏之列，无少轩轾也。

自永乐元年、正统二年、景泰元年三次开科，各处解送举人不拘额数，遂有顿增至二百名者，一时国学人众。乃量减贡额，然中间或行或否，皆视解额增损。厥后，解额既定，而贡额竟不能复，坐是学校壅滞，遂有垂白不得入仕者。于是胡忠安公在礼部，思以通融振塞，建行四十强仕之例，而士子稍复自拔。历五十余年，人材又多，学校又大壅滞。太原周公在礼部，乃举复洪武二十五年之例，然仅仅五年而止。迤逦至于今日，开国百有五十余年，承平日久，人材日多，生徒日盛，学校廪增正额之外，所谓附学者不啻数倍，此皆选自有司，非通经能文者不与，虽有一二倖进，然亦鲜矣。

略以吾苏一郡八州县言之，大约千有五百人，合三年所贡，不及二十，乡试所举，不及三十。以千五百人之众，历三年之久，合科贡两途而所拔才五十人。夫以往时人才鲜少，隘额举之而有余，顾宽其额，祖宗之意，诚不欲以此塞进贤之路也。及今人材众多，宽额之而不足，而又隘焉，几何而不至于沉滞也。故有食廪三十年不得充贡，增附二十年不得升补者，其人岂皆庸劣驽下、不堪教养者哉？顾使白首青衫，羁穷潦倒，退无营业，进靡阶梯，老死牖下，志业两负，岂不诚可痛念哉？

比闻侍从交章论列，而当道者竟格不行，岂非以不材者或得缘此倖进而重于变例乎？殊不知此例自是祖宗旧制，而拔十得五，亦古人有所不废，岂可以一人之故，并余人而弃之？或谓四十之例若行，则不胜求仕者之多，将遂无所位置。此又何足病哉？今但杜其愿受教职之请，限以依亲之例，程其入监之期，一时士子，幸而解其学校之苦，稍纾目前之急，莫不甘心自引，岂皆以得禄为荣哉？不然，即有所授，亦不至大妨天下之贤。即如近时上马入粟者，皆得比于充贡之例，循资历岁，亦皆有所畀授。此其人固有能自立者，然而倖进者不为不少。朝廷所得于彼者几何？遂使纨袴之子得以夺贤俊之路。有识者尝疾首痛心于此矣。

明公崛起学校，奋身贤科，操古人之心，负天下之望。目历而知，身更而信，能不有慨于心？今当可为之时，在得为之地，能不惜一举手振袂之劳，则其事无不济者。若四十之例，事大体重，不敢觊觎，而岁贡二人，则是洪武旧制，又经近岁举行，伏望留意检察。或因人建言举行，或乘大霈条下，使士子得沾涸辙之恩，而仕路无鲇竿之叹。则岂特区区乡里与有荣泽，实天下斯文之幸也。

昔宋富郑公当国，而同学友段希元、魏升平犹滞场屋。公不欲私于二人，乃建一举三十年推恩之例，当时以为盛事，后世以为美谈。近时胡忠安公四十强仕之举，太原周公一岁二贡之例，或谓皆有所为而行，盖皆不私于一人而必推之天下也。二公一代名臣，世之论者曾不以此少公，而更以为美，诚以其能公天下之心而行也。若明公今日之举，则又以天下之心行天下之事。初无二公之为，则其所成所益，又当出于其上，不特二公而止也。伏惟留意处分，天下幸甚，斯文幸甚。

上王侍御书　　赵同鲁

窃念国家赋税，莫重于东南。东南列郡，吾苏为最。然自成化辛丑大祲之后二三年来，虽获小康，迄今伤者未起，病者未复，室家子女，坏者未尽葺、卖者未尽赎，譬犹病后之人，仅存喘息，肌肉未充，元气犹弱，未可遽谓无疾而不加以樽节爱养也。原其昔之酿成此患者，由当时有司奏灾后时所致也。奈何今年自夏徂秋，亢阳为虐，田畴龟拆，除有水车戽可救外，其田傍山高阜，人力不及，禾苗槁死者，损其三之一。秋成失望，诚为可忧。阁下今已先时奏闻，吴民幸甚。近蒙钦敕主事陈大人来苏，盘究税粮余米，易银解京，赈济关陕饥民，此诚出皇上之渊衷、国家之急务，不容已者。古者列国尚相赒恤，假贷乎无有，矧今天下一统，天下之民皆我皇上之赤子、皆吾民之同胞，其不可赒恤乎？然有一说焉，以吾苏生齿繁夥若此，所存税粮不过四十万石，即今荒旱之兆已著，其可不预备赈济之计乎？必也足乎此，而后及乎彼，可也。若尽数以奉承之，则吴民何所仰乎？使东南之力本既尽，则何以给公上之赋税、充朝廷之储峙乎？抑以天下形势言之，则畿内者腹心也，关陕者四肢也。今四肢有疾而欲剜腹心之肉以补之，其患将有不可胜言者，岂特救疲成瘘而已哉！此愚所以怀漆室之忧也。阁下诚能听纳愚言，与之商确处置，如有不协，即条陈以闻，务使彼此兼济，遐迩均安，以销患于未萌，则民虽至愚，孰不感阁下之恩德于无穷，而阁下之名位禄寿方兴未艾，其有既乎？

又上李侍御书　　赵同鲁

吾苏今年春三月不雨，自四月以终五月，霪雨连绵，洪水泛滥，田畴淹没殆尽，人民垫溺无算。以长洲一县计之，仅存者十无二三。其间插莳未周、已莳而全白者又过半焉，况皆重则之田、穷赤之产？男女力车戽，旦夜筑堤防，东坍西倒，疲于奔命，饥肠欲绝，足趼成血。

先是，既重困于开河之役矣，今复罹此，愁叹载途，如不欲生者何？盖惩成化辛丑之弊故也。其时，有司勘灾，急于奉上，缓于恤民，此等之田，目力所不睹，足迹所不及，望阙报数，以荒为熟。催科之际，急若束湿。血肉淋漓于道路，死殣枕藉于原野。是时，尝进言于巡抚大人今冢宰王公矣，伏蒙开纳，深加奖与，停免折粮官银之半，计数万两，布匹称是，然亦未能苏其一二，死亡者万计，此前车之覆、后车之鉴也。

今被灾之田已沐奏闻矣。踏勘之际，伏望委任清正官员，沿丘履亩，务存矜恤。宽一分则民受一分之惠，深克一分则民受无穷之患。阁下何惜而不救其垂绝之命乎？且赋役者，朝廷之财用。吾民者，皇上之赤子。赤子为国家之元气，财用直其肌肉耳，与其惜肌肉，孰若保元气之为要乎？此圣人治未病之意也。夫兽穷则攫，鸟穷则啄，人穷为盗，固其所也。即今盗贼充斥，已非履霜之渐，后必甚焉，此坚冰之必致者也。不然饥馁之民，来岁将何力本以事耕种而待秋成乎？今欲革而正之，果何术哉？必也恤其饥寒，救其疾苦，以革其心。严粮里保伍之任，以塞其源；校巡捕桩栅之制，以绝其流。庶乎斯患之可消弭矣！

虎丘山序　　〔晋〕顾野王

夫少室作镇，以峻极而标奇；太华神掌，以削成而称贵。若兹山者，高不抗云，深无藏影，卑非培塿，浅异疏林。秀壁数寻，被兰杜于苔藓；椿枝十仞，挂藤葛与悬萝。曲涧潺湲，修篁荫映。路若绝而复通，石将颓而更缀。抑巨丽之名山，信大吴之胜壤。若乃九功六义之兴，依永和声之制。志由兴作，情以词宣。形言谐于韶夏，成文畅于钟律。由来尚矣。未有登高能赋而韬斐丽之章，入谷忘归而忽锵铿之节。

故总辔齐镳，竞雕虫于山水；云合雾集，争歌颂于林泉。于时风清邃谷，景丽修峦。兰佩堪纫，胡绳可索。林花翻洒，乍飘飏于兰皋；山禽啭响，时弄声于乔木。班草班荆，坐磻石之上；濯缨濯足，就沧浪之水。倾缥瓷而酌旨酒，剪绿叶而赋新诗。肃尔若与三径齐踪，枪然似共九成偕韵。盛矣哉！聊述时事，寄之翰墨。

虎丘夜宴序　〔唐〕独孤及一作李白

方今内有夔龙皋伊以佐百揆，外有方叔召虎以守四海。天下之人，高枕无事，则琴壶以宴朋友，笑歌以展霞月，吾党之职也。我是以有今兹虎丘之会。

岩岩虎丘，奠吴西门。崒然如香楼金道，自下方而踊，锁丹霞白云于莲宫之内。会之日，和气满谷，阳春逼人，岩烟扫除，肃若有待。

余与夫不乱群于鸥鸟者，衔流霞之杯而群嬉乎其中。笑向碧潭，与松石道旧。兕觥既发，宾主醉止。狂歌送酒，坐者皆和吴趋；敷奏云去，日没梵天月白。万里如练，松阴依依，状若留客。于斯时也，抚云山为我辈，视竹帛如草芥。颓然乐极，众虑皆遣。于是奋髯屡舞，而叹今夕何夕。同者八人，醉者皆赋，以为此山故事。

三吴水利图考序　皇甫汸

昔禹抑洚水、疏九州、陂九泽，诸夏乂安，功施于三代。自是之后，荥阳下引，则宋、郑、陈、蔡、曹、卫与汝、泗会于楚，西通汉川、云梦之野，东通鸿沟、江淮之间，齐酾淄济，蜀穿一江，于吴则通三江五湖，皆可行舟。余用溉田，百姓飨其利，而水利之说兴焉。子长著论于河渠，孟坚推广于沟洫，而不利之书成焉。郑国始开，而秦以饶足；宣房未塞，而汉遂不支。此其利害之大较矣。

吴本具区，涌川开渎，吞江纳汉，出乎大荒之中，行乎东极之外，浸莫大焉。若夫壤垆映野，畛畷带郭，灌注则埆瘠盈钟，壅阏则腴衍枯粒。海陵之储，天府之所仰给也。元嘉肇苎溪之功，大业兴京口之役，盖地势西北高而东南下也。其要在于导之使趋，故曰"三江既入，震泽底定"是已。矧扬州之域，厥土涂泥，易于淤积；厥田下下，难于障流。加之淫雨告灾，稽天示逆，牛马莫辨，而民其鱼乎？

甲辰之岁，侍御新昌沃洲吕公，际灵长之运，立宁晏之朝。奉辖轩而来巡，缅澄清以寄慨。甫肃吏轨，亟求民瘼。乃建议陈疏，条列五便，酌贾让之令猷；殚及三虑，存郑生之往鉴。上当宸衷，下协群算，诏报曰可，言悉施行。民罔怼劳，职司惟恪，缘抚臣骤迁，虽功未克竣，而惠亦沾矣。间又考迹往牒，综核旧闻。搜桑氏之经，详周官之制。远追韩牧，近昉谢琛。时则文太史氏雅善舆图，穷河源于笔端，收祗轴于指掌。草未杀青，而瓜代行矣。图置郡斋，书存私箧。越岁己未，太守阳曲王公承麾莅止，留心民务，周省阡陌，劝课农桑。每思白公之遗，叹召父之羡。因览兹图，爰购全帙，校而刻之，属序于余。

其为编也，总图一，郡图四，川图一，县图十有八，为水二千二百九十有奇，为岸一，为堰十、坝二十有五、闸三十有一，各系以考说。凡奏疏二，次议[①]一，以至诸贤论述、名臣奏记，并采而附焉。缺嘉与湖者，以非管辖之地，骢未遑驻也。《夏书》载禹治水，而篇名贡者，重邦本也。逮公总宪西台，督储南甸，今日成赋之逸，咸昔底绩之劳，若心计而预定焉者。经国其有征乎？夫治水必躬历山川，非妄意户牖可测而知也。以禹之神，而不免蹈毳即欙者，盖地有卑高，土有沃卤，湍有缓急，脉有浅深，势有迂迩，非咨询相度，力曷施哉！其次莫若智，智者亦故而已，谓循禹之旧也。

余尝登姑苏，望五湖，求源于宣、歙，溯委于苕、荆，乃知水由五堰、百渎，东汇于三江，北折[②]而之海。白茆、七鸦，尤要害也。大都水渟则为害，流则为利，泄则不渟，蓄则不竭，浚则长流，而后浸溉适宜，漕挽称便。弭谤者取喻于防川，卫生者致察于荣络。合单子之书，殆思过半矣。我明若夏忠靖公已试之迹，吴、李遵之，功特最焉。汉延年之言曰："河须按图书、观地形，令水工准高下，虽桑海或迁，而归墟则一。"是编也，实千载可率之典，功与言同不朽云。

清理田粮序　　知府王仪

仪再守苏之三年，量田摊耗之议已行。切念苏州一府，其赋当天下什二。赋既繁剧，而田额渐失其初。伪弊滋蔓，际此而不知救正之，则豪强擅其利，而民立困矣。于是量田则事核而难隐，摊耗则赋平而额足。二者补救之大本也。且夫量田之议，大臣疏于朝，而得请摊耗之法。邻守试于湖而有征，遵而举之，亦何难哉？乃若所谓坍荒、公占、无征之地，其赋凡十一万五千七百石有奇，详求所以抵补之者，盖亦尝切有请焉。取其六于各邑所隐之田，取其四于两京杂税之内，则足以相准矣。擅减公家之赋，所不敢也。使民世入无田之赋，吾独忍乎哉？检阅官笥，凡奏议、移文、书呈、问辩得于上下者若干言，悉使佐书录之，类比条分，萃而成册，

---

① 原作"工计"，据《天津图书馆孤本秘籍丛书》本《三吴水利图考》改。
② 原作"载折"，据《天津图书馆孤本秘籍丛书》本《三吴水利图考》改。

则谨序其前而刻诸梓焉。非以自伐也，有录则可考，可考则易知。使世有厚誉我者，翻是录也，当知其非一人之劳。其或有罪我者，则亦当原仪也蚤夜不忘苏民之意乎？

虎丘山志序　　徐乾学

新刻《虎丘山志》系太仓顾子伊人重修，其书分本志、泉石、寺宇、古迹、祠墓、人物、高僧、仙鬼、题咏、杂志为十卷。既告蒇，寓书京师，属予序。

予惟此山有志，昉于明初王仲光宾。宾盖据曾王父敉《云峤类要》旧本，然已断烂不复全。其后有雁门文肇祉本，最后则松陵周氏本。周本緐芿失次，且未及流传。世所传，雁门本也。

伊人折衷三家，芟芜剔薉，发凡起例，其功为巨。嗟夫！兹山之有闻于世也，旧矣。其间洞壑巉岩，林峦秀削，好事者仅视为游宴之地。嘉山美树，举湮没于声歌酣饮之中，其识最弇鄙不足道。即有一二好古之士，问阖闾之古墓，访王珣之旧宅，岁月逾迈，光景弥新，亦第以风流相叹悼耳！

今观伊人是书，事迹则存其真者，踳驳者不录。文赋则载其雅者，诞谩者不录。山川景物亦尝广收博采，以附古者登高作赋之遗。然聊为兹山备掌故耳！惟遇古今奇伟节烈之士及一切名贤、理学幽翳不传之区，如唐颜鲁公、宋尹和靖诸剩迹，不惜钩深摘隐，大书特书，若惟恐忠孝之或绝于人间，而大道一日不彰于天下也。如伊人者，可谓知所用心矣。后之人观其取舍，审其别择，其亦将抚是编而忾息也夫！

续修长洲县学募序　　彭定求

长洲学宫在郡城之东，规模恢广。自帅府驻苏时，权为理事公署，蹂躏独甚，至圣殿、明伦堂岌乎将颓，先贤两庑与启圣公祠倾废无存。于是，定求始基于壬戌，殿堂甫修，两庑亦建，再募于癸酉，而启圣祠乃成，计集募一千七百两有奇，自分绠短汲深，力綦惫矣。尚有巨工未兴，以待能者。暨丙子风雨告灾，殿堂之修者复敝。芝岩顾中丞慨焉伤之，捐金五百，鸠工庀材，因得搘撑梁栋，以迄于今。然此当大敝极坏之后，拮据经营，特先其至急者尔。若按诸前志，则残阙正多，迥不逮郡学之弘丽，并不逮吴县学之缮修完好也。特先举旧观之宜急复者，一曰万代宗师坊，所以钦崇圣教，海寓齐观也，今则柱石孤立矣；一曰万仞宫墙，所以树诸崇翰，孔固厥基也，今则一望平芜矣；一曰泮池，原通河渠之水，汇潴泓然，采芹藻、歌思乐义取诸此；一曰兴贤、达材两坊，俨乎礼门义路，俾过其下者矩步绳趋，弗敢逾越，今则流者淤塞，峙者颓败矣。凡此四者，不独系观瞻之隆替，亦关学校之兴衰，此而不复，旧观未可以借手也。定求养疴却扫，概谢交游，然恐蹈有初鲜终之咎，故复不揣言轻如羽，告募至三，统计诸工，估费八百两有奇，较之前此所募，犹不过三之一也。

伏惟圣人之道，如日中天，恭遇我皇上崇儒右文，隆名盛典，度越曩代。天下学校所在，御笔有悬，御赞有刻。且当翠辇时巡，睠顾南服。广乡举之额，增入泮之名。凡列儒林，靡不沾被乐育矣。独我长洲为吴中首邑，人文荟萃，而胶庠根本之地，乃使之抱残守阙，惟吾党之羞也。将伯之呼，乌能已已。愿我同志不拘人地，佽助观成，无诮定求发棠之请，勒石铭功，翘首以俟。

康熙癸未十月既望撰。

重刻吴郡续图经序　　李因培

有宋乐甫先生以粹学宏蓄，寓志著述，其继安定先生为本州教授，学者之至益众，而郡学之规制亦由是始扩。所著经义有《易解》《书赞》《诗说》《春秋通志》《中庸解》诸书；于博古有《墨池编》《琴台杂志》《琴史》诸书，而《吴郡续图经》则以郡守之请，继《祥符图经》而有作也。盖真宗时奉朝命，郡国俱有图经之献，即今之郡邑志也。郡守以前，《图经》事多湮落，又形势之变易，法制之仍革，历数十年已多不侔，不能无事于续葺，旨在文不以多而适能补苴先事之罅漏，画陈见前之规模，咨畴而诿之先生。故此编之作，详而有要，简而益赡，合前《图经》，可共为一书，分之亦自作一书。至于纪事之中隐陈谟之思，若志水道则条晰利病，纪户口则筹嗟风俗，举关治道民生，尤不惜亹亹言之，又以见先生之心乎当世而未尝一日忘焉也。

凡纂郡邑志者，于时事，广之咨采，稽之案牒；于前事，必征史册以为信。然往往有一名一物潜徽琐典，史传所不尽存者，不能不时资纪载家言。前如汉《三辅黄图》《吴地记》《风土记》《襄阳耆旧传》《豫章记》等编，皆简册无多，而志乘家籍，一时睹闻传信，旁罗曲证，至有获其片语，如拱縢匮之藏、蓍龟之告。然则此编之存，不独为吴中志乘者，当虔先河之祭。即凡志勤往典，有不同鸿宝之秘之惜之者耶？是册一刻于宋元符间，迄五百年，别无锓本，故流播未广。其裔孙铨奉先生祀孝谨，于遗书多力为刊行，更出家藏此册抄本，校梓以传。是信先生著述之灵，愈久不可泯蚀，而若铨者，其不谓先生之贤子姓欤？

唐宋五贤祠碑记　雷铉

先贤祠宇修葺以时，邑有司职也。有司困于簿书，且数更代未暇及，而司训力图之，可不谓贤乎？苏州之有五贤祠，祀唐刺史韦公应物、白公居易、刘公禹锡，宋长洲令王公禹偁暨苏公轼，旧在虎丘山顶，岁久倾颓，主寄僧寮，欲兴复而艰于力。当道议旧守卢公祠改前室祀五贤，后室祀卢公，仍久而未就。元和学司训费君天修曰：五贤流风余韵，不可泯没，且圣主南巡，御制五贤祠诗，祠不修葺，何以称焉？乃遵前议，庀饬以蒇厥事。摄元和令李君棠为之请记。

夫祀韦、白、刘三公，为郡守者可式矣。祀王公，为令者可程矣。祀苏文忠，以公晚年尝寓吴，则凡为士君子者，咸可思矣。所谓奋乎百世之上，足以兴起乎百世之下者，其在斯乎！其在斯乎！费君推此意以造士，庶无负乃职，故记之。

重建邓武顺王祠记　李良弼

庚辰之春，余初莅元庠，恭谒忠义孝悌祠，见有先贤武顺王吴公神位而无朝代名号，随稽郡志，武顺王祠在唯亭，今废。何代何名仍未详载。一日，忽得勤斋朱君刊行伊祖兰州刺史月石先生《中露集》，读至《谒宁河邓武顺王祠》诗有“勋名惊海甸，绝塞著尊崇。士庶瞻依切，羌番企望同”之句，始知即《明史》中之功臣邓公讳愈者。

按：公虹县人，灭群寇于东南，征羌番于沙漠，赠宁河王，赐谥武顺。殁后，凡公镇守之地，皆叨享祀之隆。如西陲为平羌旧部，亦有专庙在焉。

盖月石先生素称秦关良翰，故望风景，慕而展谒之耳。夫公以开国大勋有功苏郡，固宜肃荐馨香，永光俎豆。但非诞生兹土，安可置之忠孝一祠？何况姓讳俱讹，草率已甚。揆之朝廷崇德报功之典，讵不谬哉！

余既忝秉铎，敢诿职司，遂割俸四十金，另创三楹于忠孝祠后，敬谨改正神位，以妥凭依白。郡守萨公请诸抚军陈大中丞，俞允举行，阅数月，又因饰治费匮。勤斋复推伊祖仰止之忱，慨捐三十余两，以竣厥工。自今庙貌聿新，祀典式正。虽得兰州表彰于前，勤斋赞助于后，然非公之英灵不泯，勋业弥昭，则显晦兴废，曷能转移于数月间乎？

爰述建祠梗概，勒之珬珉，愿后之来者有鉴而留意云耳！

文氏双节义祭田记　　杨绳武

吴中文氏出自宋名臣信国公之后，遗徽世泽，固可坊表于乡闾，而子姓之潜修节义、项背相承者，亦代有其人，指不胜屈也。如公裔孙南岳文君之继配王氏，并令嗣叔英之继配陆氏，姑媳守志，双节矫然，尤足以振家声而励颓俗，岂仅树闺闱之楷模哉！

按：王年十九，适南岳，有林下风洎乎称，孀年才二十三耳！前妻子仲英及己子俱在髫龀。王能柏舟自矢，抚孤成立，荼苦何尝！至六十二而即世。其媳陆氏，年二十二而于归，甫三旬而丧偶，一子昱，又早殇，茕茕艰苦，更甚于姑。守贞四十余年，享寿七十有六。

仲英先生天性孝悌，与叔英虽异母所出，而友爱无间。家颇贫，奉继母则极尽甘旨之养。陆早寡，曲加周赡。先生没时，陆尚未亡，嘱其子松颐事之一如亲母。又名孙敦仁曰："朝节以诚，勿忘苦节之义。"是两代之垂芳彤管，流誉千秋者，实赖松颐父子仰承贻烈，有以襄护之也。今敦仁复置长邑田九十五亩零，输赋之余，以供双节岁时荐享等用。恐日久就湮，乞余为记。

缅维仲英先生，余从幼即识之，嗣君松颐，订好尤深。迄于敦仁，交已三世。稔悉文氏伟人辈出，继继绳绳，内外相辉，孝慈兼至，洵为末俗之所难、邦家之所重，而况敦仁克己敬宗，力成义举，既以彰二母冰霜之劲节，且以慰祖父未竟之孝思，其远追忠烈，渊源不隳、松筠令望者，抑何盛欤！故不辞固陋，援笔以记之，俾与芳踪懿行同昭于宇宙云尔！

卷三十四

艺文

虎丘云岩寺记

〔宋〕王随

夫玄黄判质，肇自乎太极；融结辨位，式分于方域。凡钟灵秀之气，悉为胜异之壤。图志具载，言不可已。姑苏，乃吴会剧部，茂苑名封。川涂当闽越之冲，分次应斗牛之宿。膏田多稼，岁储以之流衍；云屋比居，风俗于焉富庶。俯重湖之缥缈，烟景何穷？睇百城之纡余，金刹相望。

虎丘山者，按《吴地记》云：本名海涌山，去吴县西九里二百步，高一百三十尺，周二百一十丈。《越绝书》曰：吴王阖闾冢，在吴县阊门外，名曰虎丘，下池广六十步，水深一丈五尺，铜棺三重，澒池六尺。玉凫之流、扁诸之剑、鱼肠三千在焉。发卒六十万人治之。葬之三日，白虎踞其上，故有兹号。又《世说》云：秦皇帝因游海右，自沪渎经此山。乃欲发坟取宝，忽有白虎出而拒之。始皇挺剑刺虎，虎奔而隐，因改为虎丘焉。故上有剑池，或曰秦皇试剑池，亦谓之磨剑池。今则长十有三丈，阔余三寻，其深则莫可测矣。古诗云“剑池无底浸云根”，又云“沉沉剑池水，直上连沧溟”。后以唐祖庙讳，更为武丘云。其山又有响师虎泉、陆羽茶井、真娘墓、生公台。石壁现其鬼诗，林迳回其仙驭。诡异之迹，莫可悉述。

云岩寺，即晋王氏伯仲珣、珉舍别业以创焉。始于一山中分两寺，故颜鲁公诗云：“不到东西寺，于今五十春。”今则合而为一。先是，至道中，岳牧贰卿魏公庠改为禅刹，延清顺尊者演法主之。彼美招提，实为绝境。粉垣回缭，外莫睹其崇峦；松门郁深，中回藏于嘉致。故前贤诗云：“老僧只怕山移去，日暮先教锁寺门。”又云：“宿云侵晓去，不待寺门开。”若乃层轩翼飞，上出云霓。华殿山屹，旁碍星日。景物清辉，寮宇岑寂。千年之鹤多集，四照之花竞折。垂组髟缨之彦，靡不登临；达心了义之人，终焉宴息。允所谓浙右之壮观，天下之灵迹者矣。

其有古高僧之行乐，诸名公之咏题。编录尽存，羌难备叙。禅师用慈道行明洁，智怀渊廓。自招提宗唱，克奉神君。屡飞翰于云鸾，祈镂文于金石。愧先圣之叹，辄成章于狂斐；敩头陀之碑，聊寓言于仿佛云尔。

时天圣二年岁次甲子六月二十八日撰。

王长洲祠堂记先建虎丘，后建县治之东　黄由

《孟子》之言大丈夫曰“富贵不能淫，贫贱不能移，威武不能屈”，盖古所谓大丈夫者，必有高天下之识、容天下之量，盖天下之气，不得志则独善其身，得志则未尝不欲行其道。乘田委吏，不敢辞卑而尽吾职之当然。及乎立人朝，则委身致主，死生祸福不足以动其心。此岂寻常琐琐者所能为也？后世徒见古人功名鼎盛，以为是出于偶然，不知胸中涵养，早正素定，非一朝夕，而纪旗常汗简者，特其粗也。

内翰王公元之自为布衣，已慨然有经纶天下之志。洎遭明时，事圣君，正色立朝，凛乎不可犯。文忠苏公至追配以汉唐六君子，平生大节，载在信史。夫人能言之。

若夫服勤小官，孜孜民事，言谊卓然，有大过人者，国史逸其传，或不得而记也。公以雍熙改元宰吴之长洲，首论榷酒之弊，惧遗斯民之害，以至激风俗、厚教化、抑兼并哀流亡，形诸议论、垂诏后来者大率皆有深旨，非涵养之厚，不以职守大小贰其心者，能若是乎？

公没二百年，邦人虽知公之有德于民，莫有发其微者。今总卿赣川曾侯慎来宰是邑，始求公像绘之，而并镵欧阳、苏、黄三公诗赞于石，尝属予序其大概矣。盖曾侯之去十有七年，天台黄君宜实来拜公遗像，而且叹祠事之礼犹缺，乃辟县治之东，建堂而奠焉。而求文以为记。

窃谓人之出治，莫难于始终一节。昔王文公介甫宰鄞有声，利兴害除，民甚便之。其后坐庙堂、临大政，乃用其所以治鄞者治天下。学术不正，喜同恶异，为相声名，减于为邑。公则不然，自令满召试，再陟谏坡，三登掖垣，而晚入翰苑，危言谠论，裁抑冗费，禁戢游惰，缓刑薄赋，修德厚本，一一为上言之，而爱民之意前后一辙。咸平以来，卒为名臣。

然则由百里之政充而至于致君泽民，果且有异乎哉？长洲为今壮县，令宰名德，前后相望。有因是有闻而登宰辅者，岂公流风在人，于今未泯耶？黄君旧同学校，知其人不苟，为政三年，去之日，如始至。燕居之所，未暇葺治，而独于此焉惓

惓，可谓知所本矣。予嘉其志，故书之。庆元六年，黄由记。

社坛记　　孙应时

古之制祀，以社次郊，郊尊而社亲。尊，故天子专之；亲，故达于庶人。非土不国，非谷不食。故有社，斯有稷。勾龙于土，弃于谷，厥有大造，开济万世，故以为配。春秋祈报之外，救灾出火，师田行役，献功戮罪，君臣上下日相与听命于社，礼乐刑政于是焉出。故曰："明乎其义，治国其如示诸掌乎？"

世衰，王制坏，古义隐，妖妄百出，而祠庙猬兴。亵天蠹民，幻为邪说。日盛月滋，上之人不以禁，又从臾之。天下郡县虽通祀社稷，世守不废，以为三代之旧章，独其制度之形似、仪物之文具而已。有司者一岁再祀，民不与观也。民于社日，或各从其俚俗，鼓舞迎享，醉饱相乐，不知其何人，且何礼也。水旱禳祈，奔走如织，于社稷缺如也。

呜呼！知古者得无叹息于斯乎！今令甲守令下车，必视社稷，饬坛壝，而遵用或寡，且诿曰小祀，祀亦不亲其事。至若倚郭之县，自为社于阛阓偪仄之间，往往灭裂最甚。

长洲县之社，在吴郡城内，当县治西南四十九步，荒毁有年。庆元九年四月，知县事天台黄侯宜一治新之。坛宇中度，门垣靓深，途巷触辟，身率寮吏，时祀必谨。

黄侯，儒者，为县如古循吏，多善政可诵。此其细事，若不待书。虽然，爱礼者存羊。因今之制，存古之意，君子重之。县实小，侯承天子之命，司社与民，固未有忽略社稷而能父母其民者也。然则凡黄侯之善政，乃自社稷坛始。予是以记之，因诏来者知所继焉。六年八月记。

新建和靖尹先生祠记　　黄幹

和靖尹先生寓居平江府虎丘西庵，榜曰"三畏斋"。所题杂录、《论语解》皆可考。所寓即上方也。去之七十有五年，郡守直秘阁陈君芾，通守、太学博士丁君焴，始度庵空地为屋，绘先生像祠焉。尊前贤、厉后学也。

先生讳焞，洛阳人。年二十，师伊川程子。举闱策士，议诛元祐党人，不答，遂弃举子业。靖康初，以布衣召，不至。诏褒[1]为和靖处士。洛阳陷，家歼焉。先生死复苏，窜长安山谷中。逆豫以礼聘，溺水逃去，展转蜀道累年。绍兴五年，以崇政殿说书召，凡二十辞。八年冬，始入见，除秘书郎。明年，迁太常少卿，权礼部侍郎。每选辄力辞。其冬，除徽猷阁待制，提举万寿观，辞不已，遂奉外祠，即虎丘以居，年已七十矣。贫无以为归也。后二年，竟没于会稽之寓舍。先生所寓于世如此。

盖尝考先生之所学，笃于践行，不为虚语，未尝求人之知，人亦莫能窥其所蕴也。今其所见者，经帏进讲，门人记录耳。唯即其所寓于世者，观其所处，然后知先生之于道，卓乎不可及矣。利害者，人心之私；义理者，道心之公。公私之间，迭为胜负，一取一舍，而贤不肖可知也。至于历险难之极而不变，处贵显之骤而不动，抱仁戴义终其身而不悔，非盛德能若是乎？礼义充于中，则祸福成败、荣辱得失，轇轕万变，日陈乎前而心自若也。程子之门，从游之士皆宏博俊伟，极天下之选，而于先生亟称之，其察之深矣。颜渊退然如愚，而夫子称之，亦曰："簞瓢陋巷，不改其乐。"又曰："庶乎，屡空。"然则先生者，程门之颜氏欤？里巷小人，颠冥利害之途，不足道。学士大夫则知礼义矣，临利害若毛发许，弃其所守者，可叹也。闻先生之风，得无小愧？有志于道者，亦可以自勉欤？二君为是祠，有补于名教大矣。故述其躬行之大节，以示学者，庶几念之于身，而得先生之道云。

嘉定七年六月既望，黄幹记。

景文堂记　　赵与鉴

吴郡立学，自范文正公始。附城两县，其有学也亦宜。然自景祐以来二百余年，吴邑有而长洲缺焉。按《吴郡志》：县南一百步有孔子庙，邑令王公禹偁尝为文，属郡侯状元柴成务为之记。今庙与碑不可复考，意者强室兼并，梵宫侵渔，未有能经理之者。景定四年，制诰天下县设主学，而宋君楚材来主长洲县事。宋君，蜀之眉山人。经明行修，于《易》尤邃。避难来吴，隶职和靖书院。尝为尹肃公请谥，趋向端的，人皆贤之。恕斋洪公勋与法从诸公共荐于朝，俾兼书院堂长，以其未立学也。已而乡大夫列词于郡，趣开试，乃即近县废院为讲习之所，师友裹粮，月试旬课，户屦群集。于是宋君就请以废院为学，捐俸余与束脩之入，葺而新之。佥判方君山京，雅相推敬。会有争没官田为拟充学廪，太守陈公均闻而是之。未逾年而

[1] 诏褒，原作"诏袁"，据《虎阜志》改。

学有绪，严像设，崇讲座，黉舍翼如，衿佩襜如，始无负天朝建学立师之意。乃揭直舍之堂曰景文，丐文于守，守属与鉴为之记。

然则宋君之意，其惟范希文之是景乎？与鉴不文，何足以知之。窃惟文正公宏勋巨节，掀揭宇宙，文章特其余事。方其《上宰相书》言朝政得失、民间利病，凡万余言。文正王公曾见而伟之。及考其平生所为，无出是书。而尤以兴学为先务。庆历中，开天章阁，召问辅臣为治之要；诏天下立学取士，先德行，不专文词，皆公所建请。然则文正之所谓文，岂特摘章演义云乎哉！吴为文正之乡，吴学乃文正所立，立学又文正所请。今长洲昉有学，不于文正乎景，其谁景耶？凡百君子，入斯学，登斯堂，仰前修之超卓，思始创之艰难，盖知所以自立云。咸淳改元中元日记。

长洲县学记　　俞掞

古者比闾族党，莫不有学。今环百里之地而为县，讵可缺欤？按《吴郡志》：唐置长洲县，距今三百余年，而学不建，岂簿书期会不暇，俎豆之事未之闻欤？景定壬戌，诏县增立学，用丕儒教。宋君楚材实在此选。至之日，乃叹曰："官以主学名，居无庐，士无廪，师倚席不讲，惕然以惧。"乡寓刘公震孙列其行于郡，即近县废寺为肄习之所，士不间远近，裹粮而来，旬有讲，月有试，考德问业，于此可观。宋君又惧无以继，乃裒俸余与束脩之入，请于郡，因寺建学，以惠悠久。太守陈公均亲来相度，指前一塔矗如文笔，顾而揖曰："殆天相欤？"于是徙佛像于他所，宋君遂与诸公经之营之，斫者斤者亦各自献其艺，由礼殿至学门，焕然一新。斋舍庖湢，靡不具备。起于乙丑春，成于丙寅夏。民有争田不决，前守拨充养士，具上于朝。会召入，季公镛来守是邦，悉以归之。而士有所养，宋君之志亦少舒究矣。属予记之，辞不敏，请益力。

夫教亦多术矣，孟子吃紧诲人处曰：学问之道无他，求其放心而已矣。盖人之所以灵于万物者，以有是心焉耳。是心虽依血气而生，而一点光明，具众理，应万事，未有触之而不动、感之而不应。孩提之童，莫不知爱其亲，及其长也，莫不知敬其兄。是之谓本。心物交物，引而去之，此心放矣。从耳之欲而教婬哇，从目之欲而悦纷华，从口之欲而饫肥甘，鼻之于臭，四肢之于安佚，亦莫不然。若放而不求，流而忘返，放僻邪侈，无所不至，而一点光明未尝泯灭，反而求之心在我矣。是故出入无时，莫知其乡。一息而游，尧舜之天。一息而沦，盗跖之渊。圣狂之分，求不求耳！然此心之放，亦岂俟于形著哉！有所忿懥，有所恐惧，有所好乐，忧患而不得其正，皆谓之放。人能于日用之间，每事省察，有不善未尝不知，知之未尝复行。颜何人哉，希之则是。呜呼！孟子之所谓求放心者，岂如释氏死灰槁木，付此心无所用哉？自吾恻隐而推谓之仁，自吾羞恶而推谓之义，自吾辞逊是非而推礼与智，无不尽矣。举斯加彼，可以参天地、赞化育，此君子所大过人者，善推其所为而已矣！矧今撤缁庐而敞儒宫，立师道而新士习，同堂合席，相与讲明，当何如哉！始而省察，以存此心之全体；终而充广，以达此心之大用，庶乎可以为士矣！是又宋君之所深望，故并书之。咸淳二年四月朔记。

建灭渡桥记　〔元〕张元亨

吴城东南有塘接吴江，达临安，孔道也。由赤门湾距葑门，水道间之，非渡不行。舟人横暴，侵凌旅客，风晨雨昏，或颠越取货。昆山僧敬修几遭其厄，懂得免。走诉公廷，法治之。既思创建石梁，利济永久。偕里人陈玠、张光福遍吁郡城，诚以感物，公以服众，敏以集事。期月，金钱汇萃，爰兴工作。始大德二年十月，讫工四年三月。桥成，长二十八丈四尺，高三丈六尺，广视高之半有加，工万六千有奇，费三千有奇，南北往来，踊跃称庆。名灭渡，志平横暴也。杠梁，王政之一，成于空桑氏，教有位者恧焉。因士民请，志其缘起，刻于石，以待后之修复者。

大德四年，平江路长洲县知县张元亨记。

长洲县学记　陈旅

郡邑必设学，以教其人而治之。徒制民以法，而不纳民于道，非善国也。唐武后时，以吴县地大，治有所不及，始割县北境置长洲县，而未尝建学。是时，岂知教之为足尚哉？宋世，主学事者常假并县浮图氏之室以为学，则亦未有专所矣。

皇元既一六合，乃兴起学校以崇化基，天下莫不向风。而当时邑令以浮图氏之室既不可久假，遂即长洲驿舍为孔子庙。大德六年，县徙丽郡治。十年，移驿材构县治。故址庳隘简陋，师弟子登降周旋相荡摩，又无所于休，不足副国家右文之盛心。

郡人陆德原顾而叹曰："长洲为吴巨邑，自唐至今六百余载，而庙学若此。吾虽非其民而与其民同郡，况吾学孔子之道者也，道有不同者乎？幸而席先世赀产，足以供公上之赋，而具衣食于吾私矣。于此而用其赢，不亦可乎？"县长官元童公闻而喜曰："是能纾吾责者。"益以礼，劝之成。于是，筮吉日，除故县治地，筑长垣周之，前起礼殿，辟黄庭穹门，翼以邃庑，后为两斋，为堂，为庖庾，凡所宜有者，以次皆为之。材必良，工必善，规制严壮而攻作坚缜。浙右邑校，盖未有能胜之者。又属名工凝土为先圣、四侑、十哲之像，而绘群贤于从祀之位。道德之光，宛其在此。至元再元之三年三月经始，明年十月告成。观者咨嗟，谓世之人率罄其所有，以为老佛氏之宫，今亦有为是者乎？德原又以为学虽美，而岁入不足以养士，则徒为是虚器也。乃又以田如干亩为学田以实之。

五年秋，旅以国史之命如京师，道出吴门。邑之人士来请记，辞弗获，乃与之言曰：

古者，党庠、术序与二十五家之塾，皆所以教其人也。今长洲之民远处郡郭外，而学设于此，得无不相及乎？抑闻之，士者，民之秀也，秀民虽生穷乡，不欲自局于耳目所接之近，故必游通都名城，以充广其所学。而姑苏为郡，当东南大道之交，而名士大夫之所集也。邑人之来此者，出而有见闻之富，退而讲道艺于其学。学成而归，则以美德著于其乡，必有观感而企之者矣。一乡得一士，犹足善俗，况多士哉！子皆邑之秀民也，能益美其身以归表于其人，庶几建学者之意欤！《诗》云："攸介攸止，蒸我髦士。"吾将见长洲之士，烝烝然起于田野之间矣。是为记。

德原，字静远，笃慎闿敏，蕴抱美器，而退然不自表褁。今为徽州路儒学教授云。

济农仓记　　王直

君子之为政也，既有以养其民矣，则必思建长久之利，使得其养于无穷，盖仁之所施，不可以有间也。苏州济农仓，所谓建长久之利而思养其民于无穷者也。苏之田赋，视天下诸郡为最重，而松江、常州次焉。然岂独地之腴哉，要皆以农力致之者。赋既重，而又困于有力之豪，于是农始弊矣。盖其用力劳而家则贫，耕耘之际，非有养不能也，故必举债于富家而倍纳其息，幸而有收，私债先迫取足而后及官租，农之得食者盖鲜，则又假贷以为生，卒至于倾产业、鬻男女，由是往往弃耒耜，为游手末作，田利减、租赋亏矣。

宣德五年，太守况侯始至，问民疾苦，而深以为忧。会行在工部侍郎周公奉命巡抚至苏州，况侯白其事，恻然思有以济之，而公廪无厚储，志勿克就。七年秋，苏及松江、常州皆稔，周公方谋预备，适朝廷命下，许以官钞平籴及劝借储备，以待赈恤。乃与况侯及松江太守赵侯豫、常州太守莫侯愚协谋而力行之，苏州得米二十九万石，分贮于六县，名其仓曰济农仓。盖曰农者，天下之本，是仓专为赈农设也。

明年，江南夏旱，米价翔贵。有诏令赈恤，而苏州饥民四十余万户，凡一百三十余万口，尽发所储，不足赡，田里多馁殍者，周公复思广为之备。先是，各府秋粮当输者，粮长、里胥皆厚取于民，而不即输之官，逋负者累岁。公欲尽革其弊以惠民。是年立法，于水次置场，择人总收而发运焉。细民径自送场，不入里胥之手，视旧所纳减三之一，而三府当运粮一百万石，贮南京仓以为北京军职月俸，计其耗费，每用六斗致一石。公曰："彼能于南京受俸，独不可于此受乎？若请于此给之，既免劳民，且省耗费米六十万石以入济农仓，民无患矣。"众皆难之，而况侯以为善，力赞其决，请于朝，从之。而苏州省米四十余万石，益以各场积贮之赢，及前所储，凡六十九万石有奇。公曰："是不独济农饥，凡粮之远运有失及欠负者亦于此取借赔纳。秋成，止如数还官。若夫修圩岸、浚河道，有乏食者，皆计口给之。如是，则免举债以利兼并之家，农民无失所者，田亩治、赋税足矣。"

是冬，朝京师，以其事咨户部，具以闻，上然其计。于是，下苏州，充广六县之仓以贮焉。择县官之廉公有威与民之贤者，掌其册籍，司其出纳，每以春夏之交散之，先下户，次中户，敛则必于冬而足。凡其条约，皆公所定画，俾之遵守。又令各仓皆置城隍神祠，以儆其人之或怠惰而萌盗心焉。

宣德九年，江南又大旱，苏州大发济农之米以赈贷，而民不知饥，皆大喜，相率而诣况侯，请曰："朝廷矜念我民，简左右大臣以抚我日，凡所以安养之术，盖用心至矣。而又得我公协比以成之。往者岁丰，民犹有窘于衣食、迫于债负、不能保其妻子者，今遇凶歉，乃得安生业、完骨肉，此天子之仁、巡抚大臣之惠、我公赞相之力也。今济农仓诚善矣，然巡抚大臣有时而还朝，我公亦有时而去，良法美意，惧其久而坏也，则民何赖焉？愿刻石以示后人，俾善继之，永勿坏。"况侯[①]然之，属前史官郡人张洪疏其始末，因医官盛文刚来北京以书请予记。

予观成周之制，县都皆有委积，以备凶年。隋唐社仓，盖本诸此。我太祖高皇帝尝出楮币属天下耆老，俾积谷以济民，亦成周圣人之志也。历岁浸久，其弊滋甚，至于无所质究，有司亦不知问，而豪右兼并之家盖无处无之，则天下之民受其弊也多矣，岂独苏州哉！

---

① 侯，原作"毅"，据《〔乾隆〕长洲县志》改。

今苏人得我周公，以沈毅闳达之姿推行天子恤民之仁。况侯以闿敏勤慎佐之，收其枉费以施实惠，而民免于馁殍之患，岂非幸哉！后之君子因其旧而维持之，使上之仁被于无穷，而是人之贤不肖、治行之能否，亦由此可考焉。

重建宝带桥记　陈循

苏州府城之东南半舍，古运河之西，有桥曰宝带。按，运河自汉武帝时开，以通闽越贡赋，首尾亘震泽东壖百余里，风涛冲激，不利舟楫。唐刺史王仲舒始作巨堤障之，以为挽舟之路，实今为郡之要道也。然河之支流断堤而入吴松江以达于海者，堤不可遏，桥所为建也。仲舒鬻所束宝带以助工费，故因以名。宋元以来，修葺不继，遂致倾圮无遗。有司架木以济行旅，每有覆溺之患。

正统七年，庐陵周公恂如以工部右侍郎巡抚兹地，睹之兴慨，乃与知府朱胜谋曰："是役工费浩繁，不可轻举。"乃戒有司豫备工材之用。又四年为十一年，公率知府及长洲知县张旻、吴县知县叶锡往计度之，所积咸具，而俾耆民李禧等董其工。桥长千三百二十尺，洞其下凡五十有三，而高其中之三，以通巨舰。其用材，计石二千六百丈、木四万二千五百株、灰二十四万三千六百斤、铁一万四百斤、米二千六百石。桥既成，咸赞颂曰："此周公与朱侯经画之得宜，县大夫奉命程督之有方，其惠甚大，不可无记。"会锡以考绩至京师，来求为文。夫为政之道，在于惠民，惠民之事，苟有所当为，虽圣贤亦未尝嫌于劳而不为。孔子言政之美而曰："惠而不费，劳而不怨。"孟子之谓王政亦曰："岁十一月，徒杠成；十二月，舆梁成，而民不病于涉。"盖谓事之有关于王政，虽费且劳，亦不为过，而况于不劳者乎？况于惠而不费者乎？诸公之为惠于是邦，而能勉圣贤之所不嫌，其超出于众人之从政也远矣。斯桥之建，舟楫得往来之安，行旅无徒涉之患，商贾无盗贼之虞，郡邑省屡葺之苦，其于惠也孰大焉？予故嘉之而为记。

重建尹山桥记　钱溥

天顺六年秋七月，长洲县重建尹山桥成。其冬，予使交南还，县耆老浦嗣昌迓予而请曰："尹山距吴城东南十里许，有土岿然，起若覆笠，而枕于运河之阳。旧有石梁跨其上，废凡四十余年，有司惮工巨而费殷，仅驾木为梁，既高且危，每风雨晨夕间，商旅提携、樵苏负荷而往返者，不无奔仆跌溺之虞。"都宪万安刘公巡抚东吴，丛务既饬，大慰人望，爰命郡守黄岩林侯曰："是尹山为民涉之病，盍易木以石乎？”捐俸以倡之。桥不逾年而底于成，长凡二十二丈三尺，高四丈二尺，而广视其高三分之一，以石计四千五百五十，以工计四千九百有奇，坚致宏壮，视昔有加。

先是，灭渡、宝带二桥，正统初，大司空庐陵周公尝命郡守况侯成之。尹山虽同峙吴城之南，独遗之而未举，岂非有待二君子乎？噫！桥聿成于久废之余，功甚难也。刘公能廓先辈之宏规，林侯存心爱物，将有过于前守之为者，宜其同德协谋，成此有不难也。愿为文志之以为颂。

予曰：事出于昔人之所难，而成于今日之所易，非惠而知为政乎？郑子产，春秋惠人也，捐所乘舆以济人于溱洧，孟子讥之，盖谓政有大于此者。诸葛武侯常言：“治世以大德，不以小惠。”至于治蜀，而桥梁、道路靡不缮理。然则冬月成梁，民自免于病涉矣，何必市惠以徼民哉？二君子可谓知为政矣。苏人歌颂，将逾于郑舆人之颂，推是德于人，人当不止于治吴也。

系以诗曰：“尹山有桥，界于吴域。石既云陨，木贻其戚。都宪治吴，大施厥德。命彼郡侯，俾复以石。过者思焉，有永其无斁。”

长洲县重修儒学记

夏时正

学在郡城之艮隅，创于前元至正中。成化壬辰五月，巡按监察御史古赵郑君铭、提学监察御史浮梁戴君珊行部至兹，会郡守鄱阳邱侯霁始至，展谒庙行学，顾瞻庭宇，陬隘弗称，岁久将压不治。咸曰：“是我辈责也，将撤而新之。”侯任其事，持以告巡抚右副都御史古汴毕公亨，因出公帑羡余金为相。邑令余金视职为亲，恭勤夙夜。主簿刘恩，委命之严，守敦厥役，赀裕出公，材贞且良，百役具兴，群工和会。始工于是年八月，迄工于明年五月，左庙右学，式如恒度，王屋四柱，两序拱向，棨戟门列，棂星外辟，庙之规也。讲肄有堂，合食有所，庖廪对峙，燕私区别，学之制也。轮奂翚翼，丹青黝垩，称所宜有，罔或不备。落成之日，郑君率属长贰、师生释菜，礼容恪恭，气象弥新。黄白之叟，衣冠之彦，环望咨嗟，知所感奋。于是，教谕陈裕与诸讲下，欣庆厥美，谓宜有述。乃具兴作，请邱侯记之。

侯惟不伐是崇，逊出为谊，能示不能，问道盲者，手书累幅，敦劝生员何天衢、王泰远属时正作记。自揆旧殖，老益繁芜，敢请固辞。三生曰：“此太守之意，亦泰等师生意也，可无辞。”乃作而言曰：

道原于天，而委重于圣人。圣人身备斯道，而继天立极。君焉有尧、舜、禹、汤、文、武，斯道行于天下；臣焉有皋、契、伊、傅、周、召，斯道行于其君。运际亨嘉，洽隆熙治，不可尚矣。吾夫子生于周末，适丁衰否，道可尧、舜、禹、汤、文、武而天不君之，德可皋、契、伊、傅、周、召而君不臣之。然吾夫子之心未尝一日忘天下也。聘历诸国，辙环天下，卒老而归，系定删述，传弟子以诏方来。天之道以明，地之理以察，人之极以立。两仪奠位，万物化成。以功云贤于尧舜，恩云同乎罔极。学以宗之，万世无违；庙以祀之，天下靡间。惟荡荡巍巍，固不以庙学而加隆污。然而由学尊庙，恒兆孚颙之化；因庙表学，式著毓才之重。化理攸系，不亦大哉！因计兹学，多历年所衣绣，分符几何人也。阅岁月之如流乐，因循而靡事，果何心哉！今诸君子于视政之初，志惟本始，式克从事，协心一德，不期月而有成，固知风化急所先务，其重道兴贤端有征矣。惟兹髦士，有圣贤为之依归，有师友资其讲习，有饩有居，得以优游厌饫于诗书礼乐之域者，可不知所自而自勉哉！我国家列圣相承，道德致礼，动必我夫子之道是准，而必有夫子遗经是稽，异端他道不得杂之，亦既迈越前代以还虞周雍熙泰和之盛矣。其所以建千万年不拔之丕基，而有以资夫股肱耳目左右后先者，正有望于后贤也。维兹髦士，幸际昌期，穷经致用，惟患无之。弗患有之而弗庸，维患不能行，知而不能行，于穷经也奚为？《易》曰："忠信，所以进德也。修辞立其诚，所以居业也。"见辞之必以其实也。《语》曰："志于道，据于德，依于仁，游于艺。"知艺之当后于实践也，无徒富口耳。美文华而亡实行，惟孝弟、忠信、礼义、廉耻之敦，以无负国家作养之盛。诸君子重道兴贤之至意，惟藩维翰，为柱为石，庶几皋、契诸臣事业，尧、舜君民尚在，诸髦士之自勉也。若夫诸骏奔执事姓名、工费、材具数目则并载之其阴。

捐义田记华嵒捐田在习仪乡二十三都九图　　吴宽

古之圣人，制器以利天下之用，播谷以充天下之食，其于生民之虑至矣。若夫建人极、惇天伦，使君臣、父子、兄弟、夫妇各安其位而不相乖争，以得用其用、食其食于天下，虽尧、舜、文、武，皆与有功。然而数圣人当君师之责，居亿兆之上，其道固然也。孔子穷而在下，无责而功则过之，有若所谓自生民以来，未有盛于孔子者也。夫功之大者，其报同是。故一器之制，工人不敢忘其巧；一谷之播，农夫不敢忘其勤。是皆有祀焉以报之，而况功之在乎日用彝伦之内者，宋周元公所谓"宜乎万世无穷，王祀夫子"者也。

天下皆有学，学皆有庙，以祀夫子。至其门人，与汉、唐、宋、元以来诸贤，凡有功斯道者，皆得从祀。然其粢盛牲币，一惟临事取具于民，未有制田以特供其事者。长洲，苏之首邑也。近岁，有司狭陋其学，既并其庙新而大之，顾统于郡中。岁时祀事，县大夫与师生不得专意荐享，馨香弗闻，肥腯弗陈，殿庑寥寥，位特虚设。

邑人华嵒氏既遣其子河入学为弟子员，且曰："长洲与吴学并列郡城，彼有田以充日用、释菜之费，繄此独无，甚为缺典，愿割常稔田二十亩籍于学，岁可得米四十斛以充之。"于时，教谕四明陈君、训导章浦赵君、会稽朱君咸嘉其意，为白于提学，监察御史浮梁戴公曰："此义士也！"遂移于郡邑，俾籍其田如嵒之愿。既又曰："岁月渐久，田将不至于废乎？是宜刻石以示后人。"会郡守鄱阳邱侯去任，不果。未几，蠡吾刘侯以监察御史来代，而阳曲赵侯亦以进士出为邑令，相与奉行惟谨。于是，陈君等以书来京师，属余记之。

嗟夫！夫子之道如天，其日月之照临、雨露之沾濡、风霆之鼓动于万物者，随处而是。一田之入，不足以盛其祀事；一祀之修，不足以彰其功德。盖虽欲报之，有不可得而报者。而嵒复为此举，岂有助于尊崇之意哉！夫亦尽其心而已。则其为人，与世之好施予，止于资浮屠、老子以妄希利益者，贤愚可知矣。长洲，余父母邦也，去之数年，庙学改建，固欲拭目以观，况有若嵒之好德若此，可辞无记？

嵒字洛瞻，本常之无锡人，为南齐孝子宝之后，今占籍长洲，世总乡赋，勤约谨厚，乡人以为贤云。

沙河堤记　　吴宽

《周礼·职方氏》：东南曰扬州，其泽薮曰具区，浸曰五湖。今苏郡在古扬州境内，而具区即太湖也，又在今吴县境内。独所谓五湖者，莫考其迹。然水所潴，辄数千顷，以湖名者，不知有几，岂即《周礼》之五湖耶？或曰：太湖中分为五，故名。夫既曰具区，不应复言五湖，是必不然。凡田之并湖者，既借灌溉之利，而风波冲激，田塍辄崩，则有浸淫之苦。至于舟楫往来，固擅乘载之利，然而风波猝兴，港潴无避，亦有覆溺之忧，盖利害之相倚伏如此。

湖之在偏隅者不必论。若距郡城东二十里曰沙湖，凡太仓、昆山、嘉定、崇明之人之所必经者，其广袤各数十里，横绝道上。其北多腴田，其中多舟楫，人以为患者尤甚。旁有盗薮，以行劫为业，客舟为风波所阻，集于岸下，多不能免，人益患之。昔人欲筑堤以捍水者久矣，皆以土石所施，无所附丽，其功难成，遂置之。

弘治丙辰，工部主事姚君文灏奉敕来督水利，始白于巡抚右副都御史朱公，谓堤可筑。公往视之，亦曰可筑。且曰：是宜用卷埽法。盖吾治河决时，所已试者也。谋既协，姚君乃专任其事。先时，君从工部侍郎徐公浚常熟江口，获苇利之占于民者，以为公用。及是，遂赖其济。一时夫卒尽力，材用毕具。功垂成，而君移疾去矣。

今郎中傅君潮来代，周行田野，水利大兴。他日，行至沙湖，叹曰："是堤之功，其可已乎？"至是，巡抚为左都御史彭公复劝相之，而堤竟以完告。其阔为丈三，长为丈三百六十，隐然如城，坚壮可久，而水势汪汪，安流成渠，人皆称便。

惟古土工之兴，《春秋》谨之。大抵因民之所利而利之则易，违之则难，然又有难易焉者。孟子曰："为高必因丘陵，为下必因川泽。"盖言因其势者则易也。故世之捍水者，未有不因于土之势，然非知乎水之性，亦终于坏而已。

今夫沙湖为堤，既无所因，可谓难矣。顾其水湍悍特杀而抑之，其漩洄演漾固无所滞，此其所以竟成也。彼梁作淮堰，成而即坏，惟障而塞之，不知其性尔。水利之不行已久，行则有利焉。然能去其患，则利在其中，如是堤然。盖耕者无浸淫之苦，则安于田亩；行者无覆溺之忧，则乐于道路；贾者无掠夺之恐，则保其货财。利何溥于此？

是役也，前守为史侯简，今为曹侯凤，皆经画其事者。若通判陈玮，知县刘珂、邝璠，县丞窦胤，主簿喻秉，则劳绩并著，皆可书者。于是傅君使来，请文刻石。予郡人也，喜水患之能去，且知君才操，与姚君并美，无忝于上命也，遂为之记。后之人尚谨视之，以无隳其功云。

廉石记　　吴宽

石之产于吴者，奇形怪状，不可尽述。良工采之，好事者赏之，君子则藐之。于此有石焉，顽然数尺，重而不奇，蠢而不怪，尽山中皆是物也。良工弃之，好事者藐之，君子则赏之。岂徒赏之，又从而贵之、敬之。视其物，殆与鲁璜、秦璧等，非物也，人也。

盖当汉末，吴郡陆公绩，仕于孙氏，为郁林太守。相传泛海归[①]吴，舟轻恐覆，取巨石为装，盖其廉如此。公家娄门之内，临顿里之北，石留民家，至今犹存，而埋没土中，仅露其背，过者犹能指而称之，曰："此汉陆公郁林石也。"然未有表识之者。

① 归，原本缺，据《乾隆苏州府志》补。

今监察御史胙城樊君祉巡按吴中，闻而美之，谓知府史侯简曰："先哲遗物，固宜表识，且有可以风厉乎人者在，顾其石僻在东城，非官吏朝夕属目之所，其为埋没等耳，吾将有以置而立之。"侯以为然。吴县知县邝鄱、长洲县丞王伦相与督役夫，曳置察院之侧，作亭覆之，而樊君为名之曰"廉石"。石始僻而通，久湮而显，观者哄然，足迹不绝，皆曰："古之才御史，必以扬清为事。樊君此举，虽去之千四百年之久犹扬之，况近者乎？且御史之职在乎举贤，举贤者可以激劝乎一时，石之不朽，虽至于千万年可也，其有功于风纪甚大且久。"

惟昔南中有贪泉焉，饮之者见宝货，以两手攫而怀之，物之能移人心如此。今之廉石，正与此戾。自兹以往，凡过而视之者，其廉士固欣然摩挲爱玩，以益励其操；若夫贪者，将俯首赧颜，趋而过之，有不动心而改行者，尚得为人类也乎？

石之立，为弘治丙辰四月二日。越月而亭成，樊君既题其楣曰"汉郁林太守陆公廉石[①]"，复别琢石，请予为记。予美其事，故诺而助成之。

重筑沙湖堤记　　唐时升

昔在弘治九年丙辰，始筑沙河堤，至于今盖有百余年矣。骇川惊波，震撼啮蚀，几十之二。日引月长，势将不能自止。观察曹公言于中丞赵公，欲重治之。会司徒郎管公来治关税，剔弊厘奸，商旅咸集。岁额之外，得金一千四百有奇。公曰："今岁幸有余入，吾不敢加于常课以困后来者，其可留以予民，必有所以用之。"以书告中丞暨观察二公，二公计曰："用管公之遗于沙河，其泽可以永久。"遂令郡县庀木石之数，度畚锸之役，适与金相当，乃兴事，凡为堤七十五丈，高十尺，广六尺。五阅月，金尽而堤成焉。内涵外流，狂澜不兴。东船西舫，如涉康庄，民甚乐。

余观太湖从三江东下，其泛滥四出者，遇洿潴则复成湖，沙湖在郡城之东，其南北与二江相吞吐，而当四县走集之地，公私期会，与百货之出入，毋论昼夜晦暝，舳舻常相望。一旦南风驱波涛而下，如万马之腾骧，舟黏北岸，尺寸不得行。北风骤至，则漂荡入湖中，樯摧橹折，如箭脱弦，故奸人依以为窟穴。盲风怪雨之日，则鸟聚鼠伏，伺候行者。而湖之阳，皆亩种之田，谷芽之春，稼成之秋，风起浪涌，一望泙湃，不见踪迹，此昔人之所为作堤也。

《传》曰："无平不陂，无往不复。"假使数十年之后，湖堤尽废，波涛横行，道路

---

① 廉石，原本缺，据《苏州府纂修识略》补。

多惊，亦孰知为谁之过者！吾忧当事者之莫以为意也，以今之时而举百年之废，上不知费，下不知劳，沧波沆漭之间，隐然如城郭。前人之绩将坠而复存，可谓盛矣！若夫千金之积，不以自私，而用之于民，捍患救灾，垂无疆之休，使过之者讴吟叹息，想见其人。盖贤者所至，必有遗泽，没世而不忘者也。后之继今者，将废而随举之，后毁而复成之，皆若斯堤之不坏也，则国家根本之地，永有望矣。

重修夹浦桥记　　沈焘

吴号泽国，诸水会于具区，流而为三江，以入于海。水由地中行，其最冲要者莫有甚于夹浦桥。其地去郡城四十里，在鲇鱼口之下流，众流所经，水势迅疾，舟楫不能横截中流而渡。南通闽浙，北接淮扬，实为漕运孔道。时或烈风甚雨，篙人棹卒，每多告艰。

宋绍兴初，建为石桥，人皆称便。桥有五空，因以五星为名。西纳具区之水，由吴淞以达诸海，奔流日夜，靡有停息，遂为深渊，人疑其下伏蛟龙。我朝宣德间，一夕大风雨，遂倾圮，久未有复之者。

前巡抚工部侍郎文襄周公忱，创为浮桥以代之，造船一十六艘，锁以铁绳，架为浮桥。上济渡，下通泄，权宜无逾此制。岁久，屡葺屡坏，行者亦每间阻。迩者都察院右副都御史瓜泾徐公源，与其弟南昌经历君澄数过此，切以为忧。

适冬官正郎傅公潮奉敕治水，乃具利害白之。公临视数四，拟复建石梁，谋于郡守曹公凤，乃集乡人野老计之。阔三十六丈，深如五之一。或又疑其成之难者，乃命长洲尹刘君珂、吴江尹孙君杰，络绎往返，议皆如前。公仰思切切，有间曰："得之矣！无易前人成制，吾但集材鼎新，捐荒图丰而已！"又令通判沈君浦、陈君玮，县尹刘君泽复视之，皆曰宜然。遂增船四艘，并旧凡二十，选真楠，募良工，俾县丞窦君胤、喻君秉，协董其事。自浦南迤北，其维之贯之之具，悉倍于前；斤之构之之工，咸精于昔。又衡于梁者，加丰厚之木；系于坼者，尽巩固之方。步而履之，有若平地；俯而视之，顿忘其险。更置守者六人，人有厚给，寓有安居，傍建屋数楹，行而劳者有所憩。弘治庚申季冬十九日，桥成，乡人聚而观之，咸曰："休哉！不烦吾众而溥其利，而享其安，其功岂小补哉！"爰征文于焘，刻石以昭不朽。

焘以为知水道者事疏浚，利徒涉者建桥梁。桥梁建立，实有碍于疏浚之势；疏浚川泽，每多略乎桥梁之举。二者将安处乎？求其水道疏通而桥梁修举并行不悖而彼此均利，莫如浮桥，其孰能与于此哉！《传》曰："如智者亦行其所无事，则智亦大矣！”

是役也，其庶几乎！率由美政，步武芳躅，不倍乎疏浚之道，而得乎博济之术，则其识量宏远，夫岂后生末学所能窥哉！因叙其颠末，俾后之人知所考云。

吴郡建文丞相祠碑记　王鏊

忠义之在天下未尝亡，而宋世以身殉国、能信大义于天下者，视前代为独盛，而文丞相之死，尤伟且显。其许国之志，屡踬而奋，百挫不回。至于今，愚夫稚子皆知其为烈也。

夫死一也，有重于泰山，有轻于鸿毛，则所处者异耳。是故非死之难，处死为难。若公可谓善处死也。自古死国者非一，然皆居其官、死其事，职也。

方元兵渡江，诏征天下勤王，无一人至者。公于时出知远州，非有天下之责，乃慨然奖率三军，毁家徇国，其气固已凛然盖天下。及挺身使敌，被执而逸，流离间关，山栖海窜，卒达行在。当是时，宋盖亡矣，犹号召义旅，克复州县。军败身执，志在必死。祈死不死，卒致之燕。虽元之君臣，亦皆咨叹其贤，必欲生之不得，卒死柴市，从容南向，有若平时。盖成仁取义，公志素定于中，非若仓卒履变，忼慨杀身之为。此公之死所以独异，而其节尤伟且显者。读其传，诵其诗，悲其志，想见其人，於乎！虽与日月争光可也。

公之起则知平江，常州受围，公遣兵援之。会诏趣入卫，公去而平江旋送款矣。使公不去平江，必能与常犄角，常犹战不屈，公其有不能乎？二州戮力，势或可支。即不能支，亦当背城死战。元兵不敢长驱，临安得徐为之备，不致仓卒衔璧，一旦猝而亡国也。其后公过吴门，感念凄怆。民闻公至，无不垂涕者。于此见公之惓惓于吴，吴人之不能忘公也。

公既死，燕京、庐陵皆有祠，而吴独缺。太仆少卿文君森，其先自庐陵徒衡山，自衡来吴，盖公之裔胄也。子斗，愿以其地作庙，世守其祀。巡按监察御史谢君琛以闻于朝，诏可，赐其庙曰忠烈，有司春秋享祀如礼。

正德十年月日，庙成，斗请予记其事于丽牲，以诏来裔。铭曰：

嘻吴故墟，有巍新宫。宫祀为谁？丞相信公。有元吞噬，兼并中夏。饮马长江，已无宋社。公独奋然，率兵勤王。吾伸吾义，焉知存亡？崎岖岭海，有死无二。卒死于燕，卓哉正气。公身可杀，公志莫敓。于万斯年，其气烈烈。撑持乾坤，昭揭日月。唯忠唯义，率土向之。况兹吴门，公所素治。公治于吴，不能百日。公惠在吴，终古不没。公胤公遗，后复吴居。作庙世守，帝命所俞。纲常民彝，弗渝弗坠。飨祀千秋，为世臣砺。

正气堂记　　顾鼎臣

监察御史谢君琛按吴之五阅月，上言：故宋少保右丞相信国公文天祥，当宋季年，以勤王之师开阃平江，凡几月，虽事出仓卒，而功德显著。去数百年，而郡人思之不忘，法应祠祀，宜令有司建祠，岁时致祭。复其子孙之在吴者一人守之。制曰可。

于是有司奉诏恐后，越岁，祠成。又于祠之隙地，为堂三楹。大学士长沙李公东阳书其榜曰“正气堂”，取公所作歌而表识之也。其裔胄监察御史森，属鼎臣为记。

夫一元之气，其初混然。阴阳迭运不齐，而邪正形焉。是故为灾祥，为治乱，为君子、小人，为华夏、蛮陌，虽变故相寻，而正气之在天下，未尝一日泯也。是气也，得其常，则为君臣之都俞、父子之慈爱、夫妇之和乐；得其变，则妇死于节、子死于孝、臣死于忠，不可易也。君子得天地阴阳之正而不亏于物，故其气之所至，雷霆为之威，日月为之明，金石为之开，江汉为之流，鬼神为之昭，四维以张，三纲以正，人极以立。孟子曰：“我善养吾浩然之气。”又曰：“其为气也至大、至刚，以直养而无害，则塞于天地之间，惟其正也。”

公当有宋末造，以身殉国，殚力恢复，屡踣益奋，国亡身系，不屈不挠，卒之从容就义，视死如归。是非浩然之气充塞天地者，能若是乎？公之言曰：“身为宋臣，岂事二姓？”

呜呼！南渡宰相若秦桧、贾似道、陈宜中、留梦炎之徒，豢养富贵，恩礼优渥，天子固以心膂待之者也，而嗜利偷生，卖国事仇，曾不以宋臣自命。以公之正气视之，如鬼蜮粪秽，不足道者也。而后世秉彝之好，与斧钺之诛，有较然不容混者矣。为邪为正，果孰得而孰失哉？

或者以“公知平江凡三阅月，尔名实未加，追而祀之，其义何居？”君子曰：“帝昺之世，三光不明，人文几塞，天下一大厄也。”惟公为能信大义、严大分、守正处，顺其节，可上拟夷齐之谏周，孔明之辅汉，求仁得仁，光昭百世。絜德度功，所在庙祀，宜也。

矧公尝守兹土，吴中人士所谓焄蒿凄怆，若或见之者乎？诚使郡县之吏，岁时对越；学士大夫，载瞻遗像；族属世胄，仰思前烈，油然兴起其忠孝之心，则于国家治效，岂小补哉？

长洲县重建儒学记　朱希周

长洲为苏之巨邑，而附于郡治。自宋景定间始立学于城之东北，厥后毁而复创。至于国朝，又尝拓地而改建矣。顾其地犹为卑隘，顷教谕萧君文佐谋于诸生，为迁改之计。咸谓城东有僧寺高爽宏壮，建学惟称。乃白于巡抚都宪欧阳公铎、夏公邦谟，提学侍御冯公天驭，巡按侍御赵公继本，皆曰可。既而有海寇之警，其事遂寝。越明年，诸生复白于巡按侍御舒公汀，而郡守王侯廷、县令吴君世良亦以为请，公乃躬诣僧寺而遍阅焉，叹曰："彼僧徒之居者，若是其侈耶？学校为养士之地，顾弗若耶？是固所当迁改者，不可已也。"遂委通守边君偲、吴县令张君道与吴君专董其事，而贰守王君文儒，通守包君梧、牛君佐，节推陈君一德，亦共为之规画。

于是，即其宫室之旧，或饰而为新，或撤而改造，间以旧学之可用者合而成之。其制，庙学皆南向，其左由棂星门而入，重之以戟门，而中为先师殿，殿之旁两庑列焉。右由儒学门而入，重之以礼门，而中为明伦堂，堂之旁为两斋，曰进德，曰修业。而斋之南北，诸生之房列焉。庙之北为启圣祠，又北曰尊经阁。堂之北为名宦、乡贤二祠。又北则累石为山，山之上为敬一亭，尊御制也。若夫棂星门之前，则树以绰楔。儒学门之外，则凿为泮池。祭器有库，射圃有亭，会馔有堂，游息有所，以至廨宇、仓廪之类，各量其地之所宜而建室焉。其隙也，则有田数亩可供粢盛，而为园者三，为桥者三，为池、为馆者各一，凡游观之具，靡不备矣。乃若兹地之形胜，则山拱于西，水汇于东，前有桥曰升龙，内有河曰玉带，灵秀所钟，殆若预为学宫设者，岂偶然哉！

是役也，经始于嘉靖辛丑十二月，以明年三月落成。盖由诸君之董其事者，勤于综理，夙夜弗懈，故其成功之速如此。王侯暨吴君谓："侍御兴学之功，不可以无纪。"乃属希周为记。

惟昔泮宫之作，见于《鲁颂》。今其规制虽不可考，然观诗人所以张大其事，则其宫室之壮观可想见也。圣朝诞敷文教，凡天下郡县皆立泮宫，视古列国之制，固无异者，抑岂可卑隘而弗称哉？若兹学之改建，其宏丽壮伟无复加矣，然岂徒为观美而已乎？将使士之居其所者，德于是而进焉，业于是而修焉，斯不为虚设已耳！

盖尝观乎学宫，其堂之高大而光明也，有似乎君子之道，致广大而极高明者焉；其隅之直方以固也，有似乎德之严正，见于威仪之抑抑者焉；其黝恶丹漆，涣乎华采之溢目也，有似乎文章之盛，膏沃而光烨者焉。然则入其门而登其堂者，得无有所感发而激厉乎？

吴中素称文献之邦，盖子游之遗风在焉。士之向学，固其所也。矧又有为之作兴者哉！自是人才之盛，当益倍于往者，其出而为国家用者，将不胜其多矣。是固监司守令期望之意也！侍御公按吴，风纪大振，威德并施，其善政不可殚述，而建学造士，尤有关于风化者，故记之以示永久，俾后之人有考焉。

长洲县重修儒学记　　文徵明

嘉靖十有五年岁在丙申秋八月，长洲县重修儒学成。乃是月四日丁亥，知县事渭南贺侯躬率博士弟子，释菜于先师孔子。新宫桓桓，豆笾维饰。陟降旋辟，俨肃有仪。父老宾属，爰观爰庆，谓数十年来所未有。

既明日，诸博士弟子相率言于某曰："维兹长洲，实苏之辅邑。有庙学而制统于郡。故事，月朔庙谒，春秋有事，县官师生旅拜于郡学，以为故常。有祭田，瘠薄不足更费，岁时惟学官行事，而有司不与也。顷岁，有司之贤者，间一行之。牢醴狼籍，取具临时，而其事亦不恒举。夫有司之贤有才者，固足集事。而或不然，则委诸故事。是故或举或不举惟其人，而学之废兴以之。兹学之建，昉自宋季。即浮屠藏殿为之，狭隘弗称。历元及国朝，数有建置，而踵其庳陋，无所展拓。正德丁丑，提学御史安福张公鳌山，尽斥僧庐益之，而未暇改为也。侯始至，以学校首政，顾月朔不得专谒，则以次日将事，视学弗葺且敝，慨然以起废为任，节用制财，乘时僦工，爰相厥攸，亟请于监司、于郡守，既议克协，悉撤其故而新之。首礼殿，次两庑，次讲堂、斋庐，从而戟门、缭垣以至廪庾、庐湢之属，亦以次告成，砻以密石，华以丹垩，翚奂严翼，实完实坚。乃斥隙地，俾居民占业而税其间，架牟其所入，以给岁祀。于是庙学之制始备，而礼文始益弗愆，谓某故学诸生也，俾有述焉。"

维古士见于师，以菜为贽，故始入学者，必释菜以祀其先师。是故有学则有庙，庙而弗祀，犹无庙也。长洲为东南望邑，学视上庠，官有常员，士游于学有常额，而庠有廪饩，事皆应于法，而有庙弗视，岂其制则然？殆有司之失也。侯之为是，岂独行礼哉？亦以复国家立学之制焉尔。夫学校之设，所以育英才以为致礼之具，其法自三代而下，惟我国家为详，而其任为特重。盖仕者，必选自有司，举于礼部，然后登用于朝。然非学校，无自而升也。故进虽多途，惟学校之出为正，而他途者不与。

宋庆历间，尝诏天下立学校矣。然惟州郡有之，县不满二百人者不得立。至于学制，虽见于程子之议，而实未尝用。今内自畿甸，外而荒服，偏州鄙邑，莫不有学。学必具官，士必板列，必选于民秀而考其行能，闲卫升黜，必有法程，而所授受肄习，必孔氏之教，莫不切于治理、周于实用，粹然必出于正。

呜呼！学校之习，一出于正则。凡有司之所选、礼部之所举，与夫朝廷之所登用，有不正焉者，不可得也。故百余年名卿巨人所以出而为国家之用，其立言、立事与致身效命者，莫非学校之出，而出他途者盖鲜也。夫正学之效，章明较著如此。近时学者或厌其卑近，而游心高远，于凡语言文字、礼乐刑政之属，一切以为支离靡烂，为不足为，而惟坐谈名理，标示玄邈，以为道在是矣。而推究厥用，不知其所以立言、立事与夫致身效用，于昔人何如也？

吾侯所为，惓惓兴学之意，其亦有所择哉！或谓习久不滋，事日就弛。今之所谓学校，特具文耳，而何以兴为？是睹其迹而不知所以探其原也。孔子曰："君子之道，譬犹防焉。以旧防为无用而坏之者，必有水败；以旧礼为无用而去之者，必有乱患。"侯其知所防哉！

侯名府，字应璧，己丑进士，仁明恺弟而敏于政，是役特其一事尔。相是役者，县学教谕建昌李泓，训导安仁熊魁、乌程潘佐，董役者义官张𬌗。

射圃记　　袁袠

长洲县学，盖故有射圃云。孙侯视学之明年，整一法轨，兴修故典，士既同风，乃考彝章、循典训，曰："维是射圃之不治，鞠为灌莽，于何考德？事其在我。"乃即祀殿之东隙隅而卜食焉。芟屏榗翳，罗剔砂砾，量物鸠徒，庀材计庸，凝土抟埴。基址既定，辨阶位，列方次，画侯坐丰，轩堂门楹，鞏革荼张而射圃完矣。乃属记于予。

《书》不云乎"侯以明之"，习于虞庠，试于泽宫。夫礼社，三代以来未之有改也。明兴，文教熙洽，迩来承平既久，而法禁渐弛，黉校崩圮，讲肄无所。又何射圃之能为？君子曰："孙侯其达于礼矣！令天下之兴教者皆若人焉，礼教其行矣乎！"是故记之，以志举废，且使后之人有所考焉。

迁尹和靖先生书院记　　袁褰

和靖书院旧在虎丘西庵，遗基久湮。天水胡公缵宗来守兹土，考道之暇，大惧荒没为往哲羞，抑无以法将来，即故地祠而祀焉。又以僻在郊外，学者罕至，乃徙祠于龙兴寺，榜其门曰“和靖书院”，颜其堂曰“三畏”。列楹周阿，揭虔妥灵。顾瞻弁裳，耸焉起敬。又以香火于缁衣，惧岁久浸怠，乃选胶序弟子员，弦诵其中，修皇王之业，趋孔孟之轨，以无忘和靖先生之意。公暇则游焉，横经析疑，躬督肄习。设俎豆盏斝于堂上，悬夏楚朴榧于堂下，董以学官，申以科条，将使四方则之，后世传之，曰“苏湖之教，其再见乎？”公之志也。

初，尹肃公师事伊川，为程门高弟，遭宋不造，阖室婴金人之害沉渊，逃刘豫之聘，振铎于兹，卒以穷死。所寓斋亭，又复圮坏，使其不得志于当时者。又将无闻于后世，惜哉！公是举也，兼三善焉，屏淫昏之鬼以攘异教，崇往哲以修典刑，振黉序以训群胄。后之人能率其故典，时加敦劝，俾无遗坠，则观旂之什，协于阏宫矣。诸生诵法孔子，而不知相劝于古道者，其何赖于兹？院成，命褰记其事而镵之于石。

定慧寺苏文忠公啸轩碑记　　黄省曾

吴宫之东，有禅寺一区，曰定慧者。宋祥符中，真宗皇帝赐今额，岁得缁度一人，褒为丛林唱道之所。于时沙门颙师白履戒香，重于儒苑。文忠苏公之游吴也，交缔雅密。师乃疏观剔幽渠，揽竹构为清轩，命之曰啸，盖特款公舒灏气而畅高襟也。

入我圣代，曰净因者。永乐中，修校藏典，以名缁见征。归则杜影，精堵银书《方广庄》，耀寺宝传。至妙玹，益弘清矩。正统中，告圮于郡守况公，舍禄为望佛宫焕新。工部侍郎文襄周公巡抚南国，命玹摹勒苏书墨本，永之瑶珉。志言在纪，总是以观。则此刹越历虽缅，而净业如一也。

岁之庚子，秀释仁济辈展经于兹。予尝戾止流连，结带娱话终日。凡苏公曩昔之所，响鸟窥行乐，月引归步。信乎幽寂之境，非鸿遁之士莫能宴而居也。

一日，住持守成慨捧公编，因而请记。予诺而语之曰：由宋而来，世运鼎革。吴之华堂戟府，化为茅绳，纷而屡矣。独此轩者，幸托于荒凉岑落之界，乃巍历而犹存，可俾后贤缘此仰追超迥之躅，则释氏之有德于公者，亦远矣。

乃令守成绘文忠之像，奉之轩中。上嗣颙师缀辟之怀，予也作记标阐，以补苏公之阙。庶周、况二公崇慕前哲，殷勤缉绪之泽，或有嘉逢也。

嘉靖庚子三月望。

新建文星阁记　　徐显卿

长洲县建学，故在郡城东北。当事者为二百年来虽科第不乏，然而科第不元、仕宦不相，乃迁城东南，改福宁寺为学宫。自嘉靖辛丑迄今六十年，科第、仕宦者如故，不加盛。万历己丑，侍御李君，故长洲令，来按吾苏，加意学校。时开府周公精形家言，同诣学，周遭相视，谓："右翼双浮图，是曰文笔，左空缺不称，当有所建竖。"于是邑侯陈君捐俸筑台，属博士吴君董治之，崇二丈余，拟构穹阁。又八年，而邑侯江君复捐俸经营，请于开府赵公，观察曹公、彭公各檄发赎锾，邑博黄君、袁君、陈君复请余为疏，倡诸缙绅先生各捐金助役，鸠工庀材，以典史唐惟仁、诸生刘伸领其事，数月告成。崔嵬摩空，金碧陆离，岿如翼如。识者谓："长洲士自兹益彬彬盛矣。"于是邑侯江君、邑博黄君、袁君、陈君请余为记。

余闻庠序者，礼乐既兴之所用，非所以兴礼乐也。矧乃兹阁，当事诸公宁为长洲士科第仕宦计哉！科第非人材不重，人材非科第不显。若谓科第为人材，是谓庠序即礼乐也，而可乎？

自古不愧科名者尠，其不科第而享四海千秋之名者不乏，则科第重乎？人材重乎？当世重科第，士之岩穴闾巷者，立德立言，其于立功无当也，则国家何赖焉？试阅科第题名，其功在朝廷，望重华夏，而儿童走卒皆知其姓名者，此人材不愧科第者也。其掇巍科、历卿相，一时一乡非不籍，甚或其身尚在，或身殁未几，身名翳如。叩诸博学多闻、文章命世之士，而茫然不知为何人，不能名其一事之善者，此科第也，非人材也。科第、人材判然若两物，士君子亦可知所重矣。然则当道诸公所为惓惓者，作士育材云尔，宁为科第乎哉！自兹长洲士有如韩襄毅雍、孔侍郎镛者继踵，则兹阁虽与麒麟、凌烟并峙可也。

李君名尧民，余甲戌分校礼闱所取士；周公名继，赵公名可怀，曹公名时聘，彭公名国光，邑令陈侯名其志，江侯名盈科，博士吴君名良治，黄君名承询，袁君名本，陈君名朝东。兹阁突兀，数公丽石不朽矣。

宋文丞相祠碑记　　江盈科

姑苏祠文丞相，以丞相曾守平江，功德在民，而其子孙有自宦家姑苏者，能世丞相之祀，奉祠衣裳而俎豆焉。祠因故学宫，规模宏敞，足壮观瞻。乃岁久圮废，垣墙榱牖剥落断蚀，肖像芜坏，丹绘罔饬。盈科拜谒庭阶，四顾怆恻，用是稍捐饩廪，葺而新之。爰妥厥灵，因为之记曰：

嗟乎！人臣之忠莫大于忘其家与其身，而不忍忘其国；人臣之功莫大于以其国存，莫难于使其国不待存而存、亡而不亡。夫惟秉天下之至忠，乃能为天下之所至难，斯丞相之谓乎！

夫丞相生平载在国史，不啻详矣。乃说者疑其志大而才疏，倘所称成败论人者耶？余窃谓：载籍以还，人臣之忠莫大于丞相，而为人臣之所难为亦莫过于丞相。盖屋庐丘园，人所恋也，而公捐金募士，破产勤王，无少靳惜；室家，人所昵也，而公糟糠仳离，美人尘土，无少挂系；子女，人所爱也，而公黄口中陨，白璧委道，无少牵絷；头颅发肤，人所百计图全也，而公蹈虎尾，临不测，以遂杀身成仁之素志。精贯白虹，义指皎日，可不谓天下之大忠耶？

当是时，绍兴之祚不长，海岛之舟已覆。回首中原，黍禾满目。然鲁阳之戈一奋，空卷之士不难。沫血采薇之魂，尚延控弦之众，相顾喘息。然则元之君臣，盖不敢以海上奏凯之会为宋亡之年，而直以柴市就刑之朝为宋亡之日。

呜呼！公存而宋存，公亡而宋亡。公之关于宋何如哉？且也《正气》一歌，寒奸邪之魄；成仁一赞，感鬼神之泣。使夫享有宋之土者，不能收有宋之人心；斩赵氏之国脉者，不能夺孤臣之志气。天柱以扶，地维以植。则公之在天壤，所谓日星河岳亘古常存者与？噫！苟非至忠，孰能为其至难有如斯者？记成之日，勒于贞珉。用彰往烈，爰告后人。

役田记　　江盈科

于役，民之分也。然在上者，必度其力之所能堪，即力所能堪，或因役以疲，至于有所不胜，而难乎其继，则亦为上者之过矣。夫圉人之御牛马，引重致远，鞭箠使之，岂不甚劳？然而困毙辕下者较少，何也？盖丰其水草，均其践更，故力常蓄而不竭，是以虽劳而不死。为人上者，通乎圉人之道以御民，即岁役其民，必不至于不胜而不可继。

余之令长洲也，自漕粮二十万石，听卫卒输税外，计所应运白粮凡若干，半输京都，半输陪都，岁役凡若干人。陪都稍近，转运稍易。京都最远，且难舟楫，徒旅守候，交割骚然，繁费校算，额编贴役银米载在经赋者，非不与其役相称，而余犹皇皇然，念其或疲于力而终至于不可继也，于是为置役田。役田有三项：其一为省存夫船银所置买者，其一追原役田银另买者，其一为士夫田多之家欲为子孙蠲役而割其田十之一以助往役之人也者，共计三项，得田二千九十四亩。岁除赋税之入，以其花利九百七十一石计，民之领南北运者，就中剂量远近、繁简、难易而轻重布之，号曰役米。盖欲使往役之人稍有所借而不疲于力。

或曰："额编有贴矣，又复贴之，不过丰乎？"是不然，御牛马者闻丰其水草，不闻惜水草之过丰而议节之，凡以蓄其力而使之，为可继耳。且也往役之人，其力能堪则不至于转辗攀累，而闾里之民皆得其所。故置役田者，所以安往役之人也，亦即所以安一邑之人也。爰发其义以告来兹，用勒诸石，树仪门之左。

筑娄江石堤记万历四十三年　文震孟

苏，故泽国也，江淮之水繇京口历毗陵，从苏注海。震泽汇宣、歙、苕、霅之巨浸，宣吐于长、昆二邑间。而娄江实所繇道，至和塘最当其冲荡云。

自宋转运使乔维岳决堤为泾，水患滋起，以迄于今。当事者苦于任事之难，至插棘树版以杀水势，亦几无谋矣。广济胡侯士容自嘉定令移剧长洲，日延父老问所疾苦，而知娄江之塘不可缓也。曰："是且病涉、病溺、病飞挽、病农，谁司民牧，责可诿诸？"既又相度土宜，而知非石堤无以障水势。经始焉，里计者四十有五，丈计者六千七百，桥计者二十有六，其巨者三十有八，金钱计者万五千有奇。顾邑民贫，府库竭，莫可调发，仅搜导河官帑之羡金不满千，悉捐岁俸与赎锾所入，集好义之众，期月而成。自长至昆，长堤如带，屹然如山。于是，行者歌于道，榜人歌于河，农歌于野，穑人成功。更以其羸金，益尽捐禄俸，买田三顷，其半以属耆老，为永堤计。且将续海虞、松陵之役，而半以给泽宫贫士，俾免于寒饥。侯乃过予而言曰："不佞兹役也，幸借贤士大夫之宠灵与父老子弟之力获，籍手报绩，请记焉。非以耀成事也，此堤一日而不毁，即不佞之所以怀士大夫与父老子弟者一日而不忘！"

吁！侯之材，岂不甚异哉！顾其言，又何长者乃尔！侯之始事也，国人以为难，而侯不阻，侯之算长也；侯之集事也，国人以为惧，而侯不怵，侯之操洁也；今之竣事也，国人以为世世之功，而侯不喜，侯之心苦也。故此堤一日而不毁，即士大夫、父老子弟之颂侯者一日而不忘！

侯曰："唯唯，敬拜君子之明训。"因书以为记。时万历乙卯六月吉旦。

详抚请立便民碑记天启四年　　长洲知县张梧茂

长洲县为严立会计以垂永远事。照得江南赋役浩繁，奸弊丛生，所凭以出纳者，会计由单耳。故先年有《经赋册》之刻，又有《赋役全书》之刻。法至缕析，而小民稍知，奸胥弗利。且率乘正署错承之际、新旧交代之时，巧肆欺罔。始而缓匿由单，既且混乱会计，任意飞洒，恣情干没以中饱焉。当事者既偬遽不暇详查，而彼闾阎小民耳目邈渺，亦安能一一执田粮而叩堂皇哉！鼠雀滋弊，不可问矣。迨征解之时，又复那移支放，以便私图，致京边紧额。历年以来，逋负如丘，而官与民且两受其累。本县深晰弊端，思垂永例，莫如勒石通衢，细载田亩、银米之数，与比较缓急之序，使小民一目了然。即每岁稍有增除，不妨临期另示。总以六月定推收，九月初一日定由单，则官民可画一征输，而奸胥无所用其欺矣。有地方之责者，上凛国课，下念民瘼，其永鉴诸。

长洲县知县张梧茂勒石。

五人墓碑记　　张溥

五人者，盖当蓼洲周公之被逮，激于义而死焉者也。至于今，郡之贤士大夫请于当道，即除魏阉废祠之址以葬之，且立石于其墓之门，以旌其所为。

呜呼，亦盛矣哉！夫五人之死，去今之墓而葬焉，其为时止十有一月耳。夫十有一月之中，凡富贵之子，慷慨得志之徒，其疾病而死，死而湮没不足道者，亦已众矣，况草野之无闻者欤？独五人之皦皦，何也？

予犹记周公之被逮在丁卯三月之望。吾社之行为士先者，为之声义，敛资财以送其行，哭声震动天地。缇骑按剑而前，问："谁为哀者？"众不能堪，抶而仆之。是时，以大中丞抚吴者为魏之私人，周公之逮，所由使也。吴之民方痛心焉，于是乘其厉声以呵，则噪而相逐。中丞匿于溷藩以免。

既而以吴民之乱请于朝，按诛五人，曰颜佩韦、杨念如、马杰、沈扬、周文元，即今之傫然在墓者也。然五人之当刑也，意气扬扬，呼中丞之名而詈之，谈笑以死。断头置城上，颜色不少变。有贤士大夫发五十金，买五人之脰而函之，卒与尸合。故今之墓中全乎为五人也。

嗟夫！大阉之乱，缙绅而能不易其志者，四海之大，有几人与？而五人生于编伍之间，素不闻《诗》《书》之训，激昂大义，蹈死不顾，亦曷故哉？且矫诏纷出，钩党之捕遍于天下，卒以吾郡之发愤一击，不敢复有株治。大阉亦逡巡畏义，非常之谋，难于猝发，待圣人之出，而投缳道路，不可谓非五人之力也。

由是观之，则今之高爵显位一旦抵罪，或脱身以逃，不能容于远近，而又有剪发杜门，佯狂不知所之者。其辱身贱行，视五人之死，轻重固何如哉？是以蓼洲周公忠义暴于朝廷，赠谥美显，荣于身后。而五人亦得以加其土封，列其姓名于大堤之上，凡四方之士，无有不过而拜且泣者，斯固百世之遇也。不然，令五人者保其首领，以老于户牖之下，则尽其天年，人皆得以隶使之，安能屈豪杰之流，扼腕墓道，发其志士之悲哉！

故余与同社诸君子哀斯墓之徒有其石也而为之记，亦以明死生之大，匹夫之有重于社稷也。贤士大夫者，冏卿因之吴公，太史文起文公，孟长姚公也。

兴复广孝阡记

张国维

顷予镇抚江南，首询民风淑慝，而驻节苏郡，则尤教化所自始也。其地襟江带湖，人文挺秀，无论巍科巨卿，项背相望，即抱忠矢节、与日月争光者，亦指不胜屈。观感所及，凡衣冠裓褷之流，罔不吉凶循礼。独市廛驵侩、公门厮养，皆以火葬相沿袭，父子、祖孙、兄弟、妻妾，朝而易箦，暮投烈焰，旋裹其骨，或置峻坂，或沉深渊。于是环城内外，昼夜焚尸，秽气腾触，悍然无忌。

其初，溺浮屠之说，以四大为幻，一空所有，不知就佛氏教言，亦云证果示寂，吐三昧火为荼毗，自起自灭，未若今愚夫愚妇之积薪燃炬，毁骨扬灰也。

伊川先生有言：古人之法，必犯大恶以为梼杌、穷奇，寸磔不足偿其罪，则焚其尸。今试问死者生前与戚属相视何如亲昵？一旦就木，形去神存，魄散灵在，遂忍膏血涂草莽、煨烬散薮泽乎？倘云葬则周身周棺之具，并需坚厚，力不能赡，胡缁黄斋醮、冀资冥福，唾手数十缗，毫无顾惜，独不可供虆梩之用乎？

说者谓：苏为泽国，山浅而田贵，赋役繁重，细民弗获营兆，独不有向设义冢乎？因核纪载，弘治间，知府曹凤特创规制，郡凡六门，门各一冢，冢各延袤百五十亩，隶长洲者四，隶吴者二，吴文定宽为之记，魏恭简校垂之训，沈逸民《周颂》之诗琅琅在人口颊，曷不动蠢顽之恻隐，而掩覆犹寥寥乎？

或又言：义冢自隆庆间知府蔡国熙禁火化，加土修埴，至万历之季，火化之风再炽，里正胥徒忽利旷土，告佃起科，半为乌有。更民间以义冢相逼，瘗囚之壑，耻舁椋入其隧。余耸然曰："是无难，亟檄两邑按故籍而复顷亩之纵横，禁瘗囚于邻壤，再筑垣为限，培以封树，改颜其阡曰广孝阡，俾市井蚩蚩之众顾名思义，更化易俗，瞻马鬣而兴悲，望松楸而陨涕，死者免毁弃之惨，生者逭流殛之刑，其于名邦风教，未必无补。"

余与郡邑有司共膺王命而莅兹土，庶几稍慊于心乎！遂伐石为之记。

重修长洲县学记　　丁思孔

古先王敷教以治天下，自党庠术序无非学校，而其教之之人，即一乡之贤士大夫，习知土俗性情，因以简其帅与不帅者，而兴之屏之，则人之淑慝咸相见，而一无所容其欺伪矫饰之情，所以事劝而业成。凡智能勇功之事，为国家建大猷、肩大任者，无不出其中。故自禅让以还，代以武功定天下。及统绪甫集，未有不汲汲于敷饰文教以为永安长治之基者，诚以效虽缓而功久也。迨行之寖远，儒学与吏治既分两途，一切理民经国皆以为不必出于乡三物之中，而惟智能勇功之是骛。举凡古初历世磨钝之具，率视为迂阔无当之虚文，相与掉臂而去之。设有司其职者，鳃鳃焉惟德教是忧。及众起而嗤讪之，其非笃信而强力者，亦且靡然置之而不敢复道。于以求人心之敦茂而道德之凝承也，不綦难哉！于此有人焉，不顾时俗之浮言，毅然立教以为己任，举废起衰以行之，亦人所难能矣。

目今大江以南若姑苏，固吴越之一大都会也。承要离、伍胥之流风，文以延陵季子辞让之节，其于慷慨愤激之事，或至灭顶剥肤而不暇惜，岂非明于忧患之故而独立不惧者哉！然而弊化奢丽之虞，亦已久矣。司是教者，就所长以正之，因其弊而革之，要厥观摩，必自学校始矣。

尝考志乘，在郡之儒学三，而长洲学宫建置独后，创于宋之景定，再立于元至正间，而改设于明之嘉靖。历年滋多，倾圮是患。训导王君受事典学，喟然叹兴，捐赀以谋完葺，度材庀工，未几而栋宇克新，垣墉尽缮，其所谓毅然己任者欤！

思孔不敏，司会是邦，慄慄焉惟教养无术之是惧。王君修学成，而乡先生暨学之诸弟子员，咸造余而请为之记，且曰："砻石以须久矣！"余嘉王君之志，与余之见固有合也。今天子缉熙逊敏，向意揆文，凡中外明扬之典，必察其有无兴行教化以为考课之殿最。斯东吴人士将由兹学之振兴知所以导民成俗，其本必在乎是。于以絜隆夫比闾族党之化，其亦将有合矣。王君名玢，安庆桐城人。康熙十六年岁贡生。

大中丞韩公讲德书院记　　吴伟业

国家受天显命，丕冒九有。重惟江南经赋奥区，保厘得人，实资材杰。爰畴咨卿士，妙选盈廷之俊。而我蒲州韩公特膺，简畀以来，敷惠泽于兹土，其职任甚巨。

先是，江南逋额未登，令下钩考。而中吴初议驻兵，天子之命公若曰："方事之殷，所亟兵赋，良出于不获。已闵念吾民疲瘵，其悉乃心，怀柔辑和，俾克全济。"公拜命，葳饬惟谨。越视事再，期有诏蠲十五年以前旧赋。又三阅月，撤姑苏驻防之兵还京师。公奉扬德意，送往劳来，细大毕协。吴民欢欣凫藻，拜首叩门者日累万人。公推让不居："此乃朝廷如天之赐，抚臣何力之有？"父老怀不克展，退而谋于诸生某等曰："其何以报公哉？惟即湖山绾毂之区，创为讲院，岁时嘉会，来游来观，黄发儿齿，循阶及序，相与论说尊君事上之礼，庶无负公之教育，亦公所以仰答朝廷之盛心也。"

伟业忝荷帡幪，乐闻斯举，爰从诸父老后，拱揖而言曰：吾吴通都望国，被海带湖。田有肥瘠淳卤，民有愿巧柔嚣。议曹书佐，人竞锥刀。隧正闾师，工为螟蟘。立区釜钟，收不中算。更徭赋调，输或溢程。文簿牛毛，奇羡铢两。先负未集，来逋总至。下虽累人，吏固弗除。非甚简括，曷由丕诚于理？军府之立也，无崇山广泽、雉兔麋鹿之区，以供射猎；无林麓洲渚、灌栵萑茭之产，以给薪樵；无鱼盐铁冶、丝纩梓漆之利，以赡军实。地湫而隘，人稠以庞。主客狎处，良黠异数。一以为网罝，一以为窟宅。民是用重困，吾公有忧之。其始至也，劝力田，务东作，数疆缭，置町防，申版图，息奸诡，赡鳏寡，戢豪右。乃进其耆老而造焉，曰逋尔蠲，曰役尔均，曰讼尔平，曰荒尔恤。天子命我弛征，已责尔其量入修赋，毋缺于租挈以负诏条。天子命我赦过肆眚，尔其力农惇行，毋嚣于斗诤，以丽挞罚。黄绶以下，夺攘矫虔，我其为尔案劾之；掾吏之属，贪惏放横，我其为尔殄歼之。既而曰：设兵所以卫民也，储偫委积，必豫必充；脯资饩牵，告丰告备，夫乃可以肃军制。则又曰：保民所以养兵也，候奄致训，刍荛不淫；啬夫设桓，鼓柝时警，夫乃可以帖民生于始时也。公之威德，流闻迩尔，鲸鲵收迹，光于有截。

廷议：戢矢櫜弓，师归朝请，士还卒伍。惟是三军启行，扉屦糇粮，繄公是赖。公收合艅艎，传饬津吏，庶人一苇，勿得苛留。浃辰之间，峨舻云集。赤泥连樯，假诸邻境。黄头鼓柁，雇以官钱。无不衔尾叩舷，檥于水涘。供张如法，办严有期。

大会射堂，劳飨加礼。已而便时出舍，饮饯都亭。介驷千群，革车百乘。门不鼙亘，路绝嚣呼。属城厨传，载燧先驱。隶人牧圉，陈刍置顿。绋缡维之，丞徒引之。作为粥于路，役夫其休。民于乎爰居爰处，爰笑爰语，既安既乐，或咢或歌。

始吴之人，抱布贸丝，见夺于市。畜鸡种粟，被掠于鄙。一童鞭驱，斑白负担。抶而大询，呼声嗷嗷。与屠争言，饮羊无直。椎破庐罂，洒流沟中。始吴之人，投鋸怨家，告缗恶子。掻瓜沤麻，戟手致死。负旄带铃，突入搜牢。斧斩门关，捽期已去。始吴之人，倅马就草，腾入良苗。敦丘甗山，其颠濯濯。栎社弗享，鸟亡其巢。提髦挈倪，负墙而号。

今也门唐个寝，由公而复。粪除宗祧，涂塈垣屋。父兄闾党，由公而亲。肥牡旨酒，进醵西邻。田畴禾粟，公为膏雨。斥彼蝗蝝，谷我士女。关梁涂术，公为安车。逾度险阻，即此康衢。民如弃婴亡子，匍匐失路。公也父母，提携乳哺。民如痀瘘尪痫，掻把尘垢。公也俞跗，洗沐营救。

朊朊其原，畇畇其隰。山霭而清，水环而碧。陂塘烟火，庶物繁殖。我行于野，以嬉以敖。鱼泳禽飞，卉夭木乔。谁将风谣？被之管箫。谁剪蓬蒿？望其羽旄。乃取厉锻，乃勤畚挶。乃陶瓴甓，乃施朴斫。圬人改涂，工师度木。三筵六寻，讲堂厦屋。弦诵之馆，羽籥之房。歌诗习礼，衿佩锵锵。盘辟雅仪，读法亮章。忠顺事长，式训无忘。春秋都试，严鼓在室。熊旗豹候，张帷置帟。负弩抱籣，持幢夹戟。从公至止，孔武有力。厥初相国，命此作辅。故吏诸生，熟于掌故。谓公其来，赖天之祐。国计民瘼，讨求有素。公今政成，著于旗常。允文允武，令闻令望。帝鉴其忠，修我纪纲。赐金进秩，殿此大邦。岳牧屏虞，维舜之哲。周宗燕喜，吉甫陈力。公在南国，克厘庶绩。告于有众，小心翼翼。再拜稽首，归上之德。

伟业以为是举也，道合于忠孝，和协于人民。宜伐贞珉，刻兹令猷。垂示来祀，俾勿坏故。不可以无记。

文星阁修造记　　彭定求

康熙四十二年，文星阁修造诸工次第完备，定求竭蹶经营，历有二纪，追思作者之前劳，既荷同人之协力，而未遑以时叙述，窃恐后之视今，蔑由考征以知所兴起也，乃总举而为之记曰：

文星阁为长洲学宫而建，亦名钟楼。前明嘉靖间，舒侍御改福宁寺为学，议者以兑方浮屠双峙，非巽方特耸星峰，则形势不利，故建阁最高，而旧基较今稍北。

万历壬子，复迁于此，经费累千，皆出官帑。有孤竹韩侯碑记可考也。阁既建，长洲名贤鼎兴，若姚文毅、文文肃、陈文庄、徐文靖诸公，炳炳麟麟，增光桑梓，可不谓星文钟灵之验欤？崇祯癸酉，更经葺治，拓地以祀建阁首庸，有陈文庄公碑记可考也。

运丁鼎革，兵燹震荡，阁为风飘雨漏，鸟栖鼠窜，委诸荆榛芜蔓中，莫有过而问者。吾郡人文零落，绅士摧残，亦不胜嗟叹云。

康熙癸卯，吾师敬生吴先生以阁顶久欹，始为募修，并建书院数楹，崇祀文昌，颜曰桂香殿，栽榆艺桂，置田饭僧，俾之居守，惜字放生，月为之会。此修造之始也。

甲寅仲秋，定求遇玉局梅梁杜公飞鸾开示，谓实宣化于此，伏念神之格思符于影形。庚申告归，遂祀玉局于殿左，尤捡讨为之记。而庭馆未辟，步趋逼仄。是时，远近人士闻风响臻，因于东偏建阁三楹，颜曰朝元。盖按《天官书》："斗魁戴匡六星曰文昌宫"，应有附丽之象焉。南又建堂三楹，颜曰时习。爰明文昌立教，羽翼宫墙，犹行古者术序遗意。然旧阁四重，漫漶未治，谋诸缪侍讲，独肩厥任，塈茨丹雘，焕乎更新。先君率门弟子数十人，月之朔望，分题校课，数载弗辍，相勖以敦实学、戒虚声。戊辰，阁顶复毁。先君亟为募赀，蒇事而自为之记。此修造之续也。己巳，先君殁，门弟子立祠于西偏，修春秋释菜礼。丁丑，顾中丞又建阁三楹，祀汉寿亭侯，阁下专祀吴先生。前营精舍，而阁顶亦经重修。定求复忆吾师畴三宋先生曩者设教城南，衣被后学，因于先君祠南为祠，缪侍讲为《三贤祠记》。辛巳，定求于殿西北隅募建别馆，便住僧净修。癸未，增筑门垣，改铺石砌，庶几规模坚久。此辅于修造之后者也。

计自癸卯迄今，阁顶之修凡四度，屋之建凡四十楹，集费不下二千两有奇，其中则星峰矗峙，其东西则两楼翼如。修廊曲径，环绕周遭。嘉树垂阴，清流萦带。眺望则可以共星辰，肄习则可以居师友。游焉息焉，亦可以答景光、陶情性，谓非城东一胜地哉！

或曰：书院之设，例视学宫，何为乎祀属文昌？若近于道家言，非儒首事？

噫嘻！彼特不深察天人之故尔，《易》曰："观乎天文以奈时变。"《诗》曰："倬彼云汉，为章于天。"圣人神道设教之义明矣。图书之精，阴隲之厚，必有默司其命者，则文昌之不为虚无窈渺也，夫复何疑？

惟兹地高明爽垲，神灵陟降，实为人文萃涣合离之所。学者果能常与对越，提省此心，临之在上，质之在旁，则欲消理长，足为砥志修身之所由基，如第曰科名炯鉴而已，犹是琐琐流俗之论也。以定求之愚柔无能，仰报鸿庥于万一，日月荏苒，犹得归老乡园，晨夕瞻依，讵敢陨越以忘所自？谨备识原委而申明其说。继长增高，无使坏堕，尚望后之君子。

重修文星阁记　　彭启丰

阁在吴城之巽方，为长黉左翼，与双塔并峙。自前明万历年间创建，岁时修葺，迄无废坠。予尝考姑苏大观记，每登阁眺览城内外，山翠湖光，俯首可挹，烟岚吞吐，云物蔽亏，蔚为吴会人文，往往有大儒硕彦出于其间。

辛未冬，余再使浙江道，过里门，知阁顶于夏初为雷雨倾坏，因急倡修治，幸同志者赞襄，不三月而事竣，木之朽者易之，砖甓之缺者新之，丹垩黝漆，岿然旧观。计费金若干，列助捐姓氏暨饭僧田亩，勒诸石。同人请予记之，予按《史记·天官书》："斗魁戴匡六星曰文昌宫"，为孝友光昌之象。而《礼经》载："党有庠，术有序，家有塾。"汉儒谓三代后，人心由朴之智，故法制由简之密，凡二十五家，皆有学焉。乡老掌之，即地官、党师、州长之类。呜呼！可谓深且远已。

今阁下殿三楹，奉文昌。旁有时习堂，祀三贤于后。我先曾祖父同诸前辈渐次修举，规模具备，每春秋朔望，里中人士会文讲习其中。登斯堂者，肃衣冠而入，荫嘉植，俯清流，执经问道，彬彬乎声应而类从，相勖以砥行立志，抉义理于微芒，屏坛坫之标榜，则是阁也，非即家有塾之遗意欤！

至若先后掇巍科，文章理学卓然在人耳目，益知阁之上应星垣，为学校辅翼者，不第如形家言壮东南文明之象已也。《诗》曰"惟桑与梓，必恭敬止。"

予喜兹阁之修，数旬观成，犹见人心之乐与为善，而维持勿坠之思，至今存也。异日者，有闻风兴起，追曩哲之遗范，以时肄业于其下，相与敦实行、黜浮华，谁谓先进之流风余韵不复睹于今日哉？予于阁中人士有厚望焉。是为记。

重修文信国祠碑　　李因培

有宋信国文公，以德祐元年兼知平江府事。其时，元势方张，封圻日蹙。公拊循百姓，选将练兵，期为临安作屏蔽。会独松关告警，趣入卫，公率众亟行。去数日，城守王邦傑以城降。临安遂不可支。平江人之贤者以公莅此无几，遽膺急召，公去而金阊茂苑罹戎马蹂躏之灾，向使公在平江，城必不下。守平江以号召常、润诸州，义士云合雾集，事未可知。卒使元人鼓棹南行，驯至厓山之变，即公间关百折，再举义旗，而大事已去，无能为役，天实为之，公将奈何？

今距宋亡四百年矣，吴人思公重公，祠祀不衰。其子孙家吴者，世董祠事。人人目为忠节之嗣，比他名臣裔独厚，而公嗣亦世多闻人。有文龄者，乾隆三年曾以孝行旌于朝。龄子朝节感祖德之未坠，独出己资，葺公祠宇，遂建龄祠于侧，用以侑食。请文以纪其事。

余尝谓宋自南渡后，其君若臣率以苟安为务。至其末造，国敝民贫，而贾似道之徒方且张皇。六师渡淮北伐，及襄阳不守，上流全失，天命已移，乃以国事委之一二君子，出而救败，抑已晚矣。

信国公早讲伊洛之学，根柢性命。迨见天步方艰，投袂勤王，万死不挫，至于成仁取义，鼎镬如饴。宋之统绪，随公而尽。天下万世，比公于日星河岳，其精神当无不周。岂区区平江一片土哉！

乃君子之泽，引而益长。彼梦炎、文焕辈飘风冷骨，莫知所之。而阴房鬼火中，人与尸祝，而未有艾。于此见性命之事，不与成败为存亡，讵不伟欤！

公祠在他处者，有司以时展祭，独此祠得文龄而益光，吴人以为美谈。洵扶翼名教事也。故记之。

重修郑氏五贤祠记　李模

吾郡城社坛里有郑氏世祠，祀汉康成公，宋渔仲公、性之公、所南公，裔孙云山先生于万历年间恢宏其制，以妥灵也。基二亩五分有奇，命僧守之。钟鱼梵呗，萧然无车马之喧。昔年，云山公课诸子读书于其中。吾友孝廉敷教与郡中诸先辈尝会文讲学于斯。郡守莲湖陈公题额曰“郑广生书院”，即其地也。

云山公事两亲至孝，敦仁绩学，远近企仰。亲疾，祷于神，乞以身代，果延母寿一纪。事见阙成章侍御墓志。而又心惟乐善向义，恤邻赡族，不吝推衣给食。置田三十四亩七分三厘二毫，用以绵杯棬霜露之思，且以崇追养继孝之则。于墓庐之傍，扩蒸山地五十亩五分一厘六毫，作法永而为虑远。曾孙炜、熑，克承先志，复置附墓田二十二亩九分，以供祭扫。

今乙巳春，敷教暨两弟炜、熑因祠宇渐圮，谋有以新之，易其敝坏，施之丹雘，榱桷户牖，靡不整饬改观。工既竣，遂以云山公祔祀，改额“郑氏五贤祠”，属余为文以记之。

余稽《宋史》，靖康南渡，驻跸平江，徽宗后郑氏，国之懿戚，随以播迁吴越与闽中，往往多占籍以居。今其谱牒堪为考证。康成公固远祖，在宋真宗时诏免崇祀，子孙无论南北，皆得奉祠以祭，虽源远枝分，溯而上之，则犹相通于一气也。矧其功在圣经，学者赖之，得所依归者乎？迨渔仲公著书力学，不求闻达；性之公忠诚尽瘁，事炳史册；所南公终身隐忧，不忘君父，此其贤哲萃于一门，休光垂于天壤，立言立德，迈越等伦。复继以云山公之亲亲尊祖，孝通神明，割腴田以资时飨，使收族之道不废于今日，规至钜也，功至善也。以之表俗坊民，谁曰非宜？光之祀典，尤舆论之克协者，宜乎子孙蕃衍弗替矣。《书》有云"七世之庙可以观德"，观九筵而兴思仁让，序昭穆而永念高曾。诒谋燕翼，保世滋大。以卜郑氏，不信然也哉！是为记。

明天津兵备道蒋公祠堂记　　陆桂馨

吴中甲族，云礽蕃衍，人材辈出，百五十年不替者，首推蒋氏，而皆自明天津兵备道雉园公启佑之。公，崇祯戊辰进士，授浙江余姚县知县。余姚讼繁吏黠，公和平听狱，明察剔奸，县赖以治。士人多沿王文成"良知"之说，公以朱子为宗，与之讲明切究，士习一变，有功理学。调知河南上蔡县，时流贼蹂躏兖、豫，攻陷城邑，洛阳、汴梁荡为丘墟。上蔡近在肘腋，公至，修城阙，严保伍，练壮勇。贼知有备，过而不犯，孤城获安。朝端重公体用兼具，升兵部主事，旋升郎中、尚书。武陵杨嗣昌刚愎好谀，诸司皆承顺风旨，惟公侃侃不阿。嗣昌衔之，思以事中公。会公擢天津兵备道，得免。天津城久倾圮，公上请修筑，复相度形势，于丁字沽、杨村、杨柳青作三台捍蔽，保全南浙白粮数万、南直隶解饷十万、长芦盐课六十万，一时台谏交章列荐。思陵将大用公，适嗣昌置妾南都，舟经津门，人皆厚馈，公独无有，谓嗣昌私人曰："夺情迫上命也，千金买丽，毋乃可已乎？"其人以告嗣昌，益衔之，乃文致公罪，去官。未几，燕京失守，公以南还，不与难。论者谓嗣昌之忌公，正以保公首领。

呜呼！夫岂公之志哉！记曰：有道有德于教学者，死则为乐祖，祭之瞽宗。乡先生殁，则祭于社。盖有道有德者，既祭之瞽宗，为先师矣。而其所生殁之乡，流风余韵，乡人犹尸而祝之。公之文章政事，卓卓千古，允合祀典。

康熙五十五年，学校之士以公行绩请祀乡贤，曾孙光禄卿文澜偕其族众建祠虎丘山塘，春秋俎豆。乾隆八年，元孙比部曰樑，念祠基偏狭，骏奔不肃，谋诸宗老，拓地增宇，轮奂加广，涂垩一新，属予记之。

比部筮仕安阳，浚渠减耗，设学赈饥，著廉惠声。摄汤阴篆，葺岳忠武祠，修韩魏公昼锦堂，显忠表贤。入为秋曹，雪冤狱，省株累，平反甚多。为政能绳祖武。及居林下，尤汲汲于先人祠宇。“君子将营宫室，宗庙为先。”比部于是乎知礼矣。兵备公启佑于前，贤子孙继述于后。蒋氏之云礽蕃衍，人材辈出，未有艾也。是为记。

履素先生祠堂记　朱彝尊

先王之教民，匪直乡遂大夫、闾师、党正之职也。凡仕而已者，归教其里，没则祀之瞽宗。汉晋经师，设黉堂、缮精舍。至于宋，府、州、县学外，分建书院，择耆儒为山长，或与博士弟子争多焉。明初，山长废而书院尚存，讲学者得以专席。其后，朋党盛而学术殊，时文工而经义晦，科名重，进取亟，而力田、孝弟无人。必借乡有善士，导以亲亲敬长之节、离经辨志之方，故夫师逸而功倍，化民成俗而有司莫知，则儒者之效矣。

曩予泊舟匠门，闻岸有读书声，询之，则顺治甲午乡贡进士张先生曾余之学舍。后四十年，获交先生之叔子大受，大受识达而才敏，洽闻周见，自举于乡，名日盛。弟子著录者数百人，席砚不能容，则广其宅，斋曰拙斋，亭曰读书之亭，轩曰活碧之轩，又于衡宇之阳筑堂，曰孝廉之船，不忘厥考所自也。逾年，负笈者益众，爰拓地于水南，立轩于桥下，轩东曰潮生阁，用纪落成之候。阁东建祠，奉栗主以祀先生焉。于时，巡抚都御史商丘宋公过而题其扁曰“履素”。里之父老佥曰：先生居家以孝友，遇人以诚，持己以介，士之百行备焉，宜有私谥，易名久矣。宋公所题则公也，非私也。今而后，吾党合以是称先生。于是携榼酒、陈百果，爇瓣香，长幼胥拜祠下。大受请于予，曰：是不可无记。因书其本末于壁。

先生讳庆孙，先世嘉定人，徙郡治，县学生讳慎德之子，岁贡生讳应文之孙，福建按察司副使讳情之曾孙。遗书有《尚书集要》《侣蛩斋集》。

顾贞孝先生祠堂记　彭启丰

前明长洲贡士顾先生之殁也，阅今百余年。邑中人士追慕先型，私祀贞孝先生。乾隆二十二年建立专祠于花溪故里。神室若干楹，栋宇崇冈，及于门扉，修整必备。有司以时节往祀，所置祭田若干亩，勒石以垂久远。既讫工，属启丰撰丽牲之碑。

谨按郡人盛王赞所撰墓志：先生讳国本，字君宁，世居碧凤坊。幼丧母，哀毁如成人。事继母尽孝，无间言。父病，尝汤药惟谨，病亟，吁天祈以身代，父梦神人授以药，病遂瘳，人谓孝感所致。此先生之敦伦也。既壮，补长洲学生，试辄冠其曹。读书务博综经史，学有原本，诗文庄重典则，更饶逸致，此先生之植学也。持身谨严，虽燕闲谈笑，无惰容，课子不少宽假，有权贵慕其才，意欲罗之，匿不相见。此先生之持己也。临财好施与，友人鬻去其产，直千金，不责偿，卒隐其事。岁歉，常为粥以食饿者。负经济才，当事有所咨询，必洞剖利弊，直陈毋隐。此先生之济世也。仪封张清恪公谓先生事亲孝、植品端，学醇德懋，堪作士林式，洵足为定评矣。

盖当前明盛时，吾吴士大夫类多以名义自砥，束身敦行，为乡里矜式。门内之修，尤劼毖罔懈。观夫神人授药一事，苟非积诚数十年，造物无所凭以转旋也。梦之感召，岂虚设哉！

今顾氏云礽相继，簪缨煜燿，宜乎崇报本之诚。而聿新庙宇，所谓“积善之家必有余庆”者欤！《易》之《萃》曰孚，乃利用禴言薄祭，亦可以交神也。《涣》曰假，有庙言与祖考接聚一己之精神，以合幽明之涣也。惟子孙祗承世守，有所萃聚而不至于涣，俾乡之人士仰前哲之风轨，知列郡之内，不但百里一贤，先后郁郁相望，莫不感发兴起，仅山高水长之思，其所维持甚大。

先生尝筑澹园，有凝碧亭、春华馆、听涛、鹤汀诸胜，甃瓦片为径，绕植名花卉，与范长倩、陈仲醇、郑士敬辈诗酒往来无间，亦潇洒自得之征。而风世励俗、英爽洋洋，其与世常存者，洵在立德与立功矣。乃为迎飨送神之歌，其辞曰：

绕花溪兮芳树，瞻云栋兮起霞。慕神来兮蹁跹，栖林泉兮满烟雾。击鼗鼓兮吹笙，纷子姓兮趋盈庭。神惝恍兮陟降，睹昭明兮洞幽扃。荐黍稷兮馨香，陈佳蔬兮洁蒸尝。神之去兮彷徨，怀芳徽兮永不忘。

戈氏宗祠记

许王猷

《礼》云：“君子将营宫室，宗庙为先。”又云：“亲亲故尊祖，尊祖故敬宗，敬宗故收族，收族故宗庙严。”则宗祠之设，非仁人孝子所以敦水源木本之谊，而衍不匮之孝思于无穷者乎？

枫江戈氏，于乾隆庚辰岁创立宗祠，创之者黄鸿也，黄泳也，黄漼也，黄湘也。而令其创之者，则东原公也。盖东原公有遗命，而黄鸿等克成其志也。

粤稽戈氏，得姓于夏后氏，代有显人，散处汴梁、建昌、广德间者，各有支派。而迁吴之枫江，则自东原公之五世祖望山公始。望山公讳堂，于有明中叶卜居枫江，生爰生公，爰生公生敬山公，敬山公生五子，故吴中五支，皆望山公后，而东原公之父令嘉公讳地宪，为望山公元孙，承累世树德之后，益宏厥绪。诒谋燕翼，后嗣炽昌。东原公讳元铨，性孝友，好施与，尤敦睦宗族，乐善不倦，老而弥笃。临殁，谕诸子曰："世人罔念一本之谊，视宗族恒如陌路。予立志捐义田以赡族，惜老病不及举行，汝等务体吾心，捐义田，立宗祠，以成吾志。"黄鸿等四人，涕泣而识之不敢忘。岁之庚辰，恪遵遗命，共捐义田千亩有奇，建义庄四十余间，诸大宪嘉其事，题请建坊旌表。又立宗祠，奉望山公为迁吴始祖，而以令嘉公为配焉。此皆东原公之遗命，而黄鸿等克继志述事以成之者也。祠成，属余记其事。

余惟敦伦之道，宗祠首重。至义田之举，自文正范公行之于前，而继之者绝少。今戈氏伯仲克承先人之志，以敦木本水源之谊，义田以赡之，宗祠以萃之，族属子孙，咸永被其泽，以享康乐、浃情意。自祖宗视之，应亦幸子姓有聚顺之休，而无颠连之苦，且历世虽久，而仍不啻依依于一堂也。九原之下，不大慰乎？非具仁孝之心而能为此哉？由此而推之，自亲及疏，由近至远，以仁孝之心溥而为利济之事，人心从此淳，即风俗从此厚，于圣世教孝型仁之治，真可谓观化而顺则者矣。载之史乘，实足为邦家之光，而非特戈氏一门之荣也。于是乎书。

重修三节妇祠碑记　　张泰开

古来烈女节妇，或临难捐躯，或守贞毕世，史册书之，俎豆祀之，宜也。然其间有幸不幸焉。生于穷檐，处于绝徼，愚民无知，无由上达。即当时被旌门之典，而无人焉为之建祠致祭。有祠矣，而日久颓败，馨香遂替，终于韬光沉响，晦而不彰，饮恨九原。良由秉彝之好，同者或鲜，不能为之维持保护于不衰也。

葑溪旧有三节妇祠，祀烈妇董氏、姜氏，节妇蔡氏。考邑志，载董适上虞丞周称，称疾革，谓董曰："若年方富，无子，我死，早择所之。"董泣曰："愿以身殉。"称殁，董取纨扇书"冰清玉洁"四字于上，衰绖自经死。姜适吴会，会善丹青，婚数月殁。姑夺其志，姜检夫所绘丹青绢幅，缢于柩旁。蔡适礼部侍郎周诏孙、建宁司理琦子伦。蔡籍安陆，伦就婚于楚，旋归。蔡走数千里，自楚来吴，省舅姑未久，舅姑与夫相继亡，赤贫抚孤，辛勤拮据五十七年殁。邑令江盈科上其节行于朝，为作记传。后邑之义士陈诗、卢士达请之令，鸠工庀材，建祠以奉蒸尝。募陆孝廉时选、蒋太学一熊、丁宁孝诸君，出金置田佐费。诗殁，而士达孙汝高代主之，春秋二丁皆汝高趋跄执事。

祠建于万历丁酉，至康熙戊子，候选知县周君稼，于蔡节妇为族孙捐资重葺。今又五十余年，祠渐倾圮，稼孙候选主事怀仁复捐己资，易衰题，加丹雘，庙貌一新。于是，过者相与欷歔叹息，谓节义之人雪操冰心，自能不殁于天壤，亦由圣朝之教化广被，入人之深，人人各具秉彝之好也。而主事君绳其祖武，弗吝输金，善继善述，崇节义亦以展孝思，其名可以垂奕祀矣。故不辞而为之记。

重建秋崖朱公祠堂记　　觉罗雅尔哈善

明嘉靖中，倭扰江南，蔓延江、浙、闽，广数千里，滨海州县，咸罹惨毒。师老财殚，凡十余年而后平。当时论者推原祸乱之由，皆以谗杀秋崖朱公之故。按史传：公长洲人，起家进士，历官著清白，属倭警初起，以都御史奉命督抚浙闽海防。公稔知奸民以通番生事端，势家以护持为利薮，志在建威消萌，永杜后患。于是诛斩岛寇，翦除豪猾，一切以便宜行事。海氛渐定，而群小媒孽公者，必欲致之于死。既改巡视以杀其权，旋遭削籍。及闻按问之命，竟发愤仰药而卒。公死三年，海寇大作，遂不可弭。事平之日，朝廷未闻追念公冤，有易名赠恤之典。子孙贫困，大吏怜之，仅为给田置宅，此曲突徙薪之喻，古人所为长太息者也。

予奉命抚吴以来，尝于政暇尚论吴中先贤，考公之遗事，读公之奏疏，叹其清强峭直，可远比包孝肃、近方海忠介，而才略足以济之，又吴人中所少者。旧有祠在乐安里，久废，雍正中，移建长洲县学文庙东近，又颓圮。乾隆己巳九月，公之裔孙云祚等捐赀重构焉。工竣，谒予为记，因书其大略，俾勒诸丽□□□□，为歌以祀公曰：

公之生兮挺孤忠，遇盘错兮砺乃锋。入海斩鲸兮陆剸豺兕，魍魉匿影兮妖狐妥尾。谗入罔极兮长寇氛，谤箧盈兮公殒身。公身殒兮祸斯棘，东南澒洞兮十年不息。今时道泰兮海无波，楹桷重新兮庙貌巍峨。春秋俎豆兮近宫墙，惟此邦兮为公故乡。乘灵飚兮拥雪棋，神来格兮毋遽归。驱厉降祥兮护桑梓，至今无替兮传于万祀。

新建永仁堂碑记　　沈德潜

《孟子》言："人皆有不忍人之心。先王以不忍人之心，行不忍人之政，治天下可运于掌。"而引"乍见孺子入井"以明之，是不忍人之心，人皆有之也。人能扩而充之，触于心而见之事，一二人倡之，人人从而和之。行于一乡一邑，即可达于天下焉。吾吴士大夫敦厚恺悌，乐善好施。有育婴堂以慈幼，有普济堂以养老收贫，广仁葬有地之棺，锡类埋无主之榇，皆所谓扩充不忍人之心，见之实事者也。奈地广人稠，贫者十居八九，死不能殓，比比皆是。一遇荒疫，横尸载途，目击心伤。

乾隆十七年六月，善士张云龙、周振绪创举施棺，假南濠水神阁设立永仁堂。随有善士江铉、周麟趾、吴国铉、马国璬、徐尚明、华仁、王其洽等，起而助之，延予主堂。予邀顾君诒禄互相参赞，但虑有堂之名，无建堂之地。适诸善士来告曰："虎丘山塘有前中丞韩公废祠一区，守祠者半以售人，可赎以建堂。"予因请之中丞庄公有恭。中丞许之，亲书堂额，拨入官田三十亩以资经费。于是诸善士募金赎地，除榛莽，缮墙垣，葺堤岸，建大门。二门中仍为韩公祠，供栗主，奉香火。盖韩公抚吴时，撤满兵，蠲积赋，为德最大也。西为永仁堂，门左右屋宇赁以生息，佐经费不足，共縻白金二千两。十年于兹，施棺不下万具。乾隆二十五年，诸善士复来告曰："施棺出于缘资，缘资盈缩无常。堂基虽筑，堂终未建，非长久计。安得经费有恒产，堂成而任事者有定处，使数年苦心，不至中弃乎？"予与宋观察宗元请之，方伯安公宁，方伯许捐银三百两。甫及百两，而方伯告殂。吴子世科商之诸善士，士相与醵金为会，鸠工庀材，建设此堂。越岁乃事竣。至是而规模始具。堂成，请记于予。

予惟人情勤于始而怠于终，故天下事每成于难而隳于易。《书》曰："慎厥初，惟厥终。"《易》曰："无初有终。"当诸善士之创始，无毫末费，无尺土寸椽，惟因一时不忍人之心，志专力奋，历数余年之久，用万二千金之财，似乎甚难，而成之易易。今堂虽成而用尚巨，倘从此或委靡玩忽，或意见龃龉，则堂之坏，又基于此矣。愿诸善士协《同人》"中正"之占，凛"慎终如始"之训，视今日之易，倍切于昔日之难，整饬维持，充不忍人之心，以辅先王掩骼埋胔不忍人之政。由是规模日扩，垂之久远。后之过者，皆曰此某某之功也，名与堂并传，岂不休哉？住堂者，为吴世科、沈震岳，例得并书。

临海义田记　　沈德潜

《书》曰："惇叙九族。"《记》曰："旁治昆弟，合族以食。"《周礼·大宗伯》："以饮食之礼，亲宗族兄弟。"先王教民亲睦如此，诚以宗族兄弟其先皆一人之身也。一人之身，我欲食而忍听族之饥乎？我欲衣而忍听族之寒乎？我男生愿为有室，女生愿为有家，而忍听族之婚嫁失时乎？我生有养而死有归，而忍听族之亡者举而委壑乎？我子孙冀其成材，而忍听族之幼稚无可执业乎？先王教民亲睦，所以防其替也。

赠通议大夫戈东原翁之创设义田，可谓得先王遗意者矣。戈氏自望山翁迁吴，居于枫江，数传至东原翁，而家遂大。翁性孝友，凡报本追远、敬宗收族之事，无不罄其橐。平时训诸子曰："世人惟计温饱胜人，罔知祖宗一本，族之困穷，视同膜外。吾少读钱公辅《义田记》，至'奉养止乎一己，族之人操壶瓢为沟中瘠'，未尝不掩卷叹息。今吾家族众繁庶，思置义田千亩，岁收所入以济贫乏，汝曹其踵而行之，以承我志。"因先置腴田四百亩，俟数足，建义庄贮之，事未竟而翁殁，诸子黄鸿、黄泳、黄淮、黄湘遵遗训，续置腴田六百亩，构屋四十楹，立为规条：饥与食，寒与衣，婚有助，嫁有资，不能棺者殓之，不能瘗者葬之，子弟之贫而秀者收而教之，愿者与之业。酌宋范文正公义田之例，以承翁志焉。

夫义田始于文正公，少参公大同守继之。久而有浔阳陶氏、晋昌唐氏，兹乃有临海戈氏。庆历至今七百二十年，吴门惟此四族，何其难也。岂尽无仁人孝子之心哉？贫者无其力而不能为，富者吝所有而不肯为，遂使其始一人之身分而至于涂人而不相顾，先王亲睦之教渐流于衰熄也。

嗟乎！吴门非乏富厚之家，为祖父者欲子孙长擅其富厚，多积余，藏以遗之，而尊祖敬宗皆视为不急之务；为子孙者惟裘马是好、声色是娱，挥千黄金不惜，其可尽心于祖若父者，锥刀之末是靳，安望能广其惠于一族？究之，多藏厚亡，所为富厚者终归于乌有也。独戈氏父作于先，子述于后，轻货财，重水木，绵世泽以无穷。闻其风者，可以恍然悟、奋然兴矣。

重修乐会县知县周公墓记　　顾诒禄

主事周君怀仁修其族祖乐会公墓，揭石以禁樵采，属诒禄记其行迹于上。公讳泰，字景通，正统戊午举人，授潮阳县教谕。潮自韩文公延赵德为师，而人知向学。宋元兵燹，庠序弛废，公以文章相倡导，潮学复振。升乐会县，县孤悬海外，民獠杂处，公至，轻其徭赋，化以礼让，民獠德之。海寇窃发，公触冒炎瘴，鸠兵剿捕，寇赖以平。时谓陈尧叟、宋守之再见。逾年殁，獠民相与奉衣冠，聚土为虚冢，岁时祭祀。配娄夫人，公殁，有土酋欲以女字其孤，夫人不可，携幼稚绝海登陆。历茶水诸溪洞，洞贼随在劫敚，略卖妇女。夫人置公骨于怀，誓遇贼则抱骨投崖下死，贼亦重公名，不敢出，竟脱虎口，万里归其家。夫人通五经，家立讲堂，自课二子。乡之才俊，咸来隔帷受业。长子诏，举成化庚子乡试，为兴国纪善。世宗入继大统，屡进，官少宗伯。大礼议兴，诤者辄见斥辱，转移君心，保全善类甚多，禀夫人教也。

公与夫人合葬于武丘半塘。吴文定公宽表其墓。

今春，主事君因祭扫见墓道颓圮，荒基榛梗，恻焉心伤。捐资葺斧堂，植松槚，树丰碑，立表署，昭示来兹，守而勿替。虽公之仁声善政、夫人之卓识坚操，自能不泯于天壤间。而主事君之追思一本，振废扶衰，洵足以训世励俗矣。掇公大凡，并记其缘始，俾后之遇公墓者，感慕兴起焉。

定慧寺苏文忠公书归去来辞碑记　沈德潜

岁己卯，我吴定慧寺垣墙隤坏，出古碑，系苏文忠公书陶靖节《归去来辞》，付寺僧卓契顺者也。

案宋绍圣初，改宣仁皇太后善政，黜逐正人，御史掎摭文忠为讥斥先朝，贬宁远军节度副使惠州安置。公以幼子过自随，时弟子由贬化州，长子迈留宜兴，音问阻绝，而卓契顺持迈书，度岭逾海，谒公于惠。呜乎！彼一时乱政之臣，如章惇、安惇、蔡卞、蔡京诸人，犹是横目二足者也，乃病狂丧心，至欲废宣仁为庶人，而于文忠贬窜无已，必欲置之死地。独游方之外之人，不惮万里险艰，孑身而往，超然而回，真墨名而儒行者。视彼“二惇”“二蔡”，不有所谓“人头畜鸣”者乎？

方卓契顺之谒公也，或问：“何求而来？”答曰：“我有求，当之都下矣。”公鉴其诚，为书《归去来辞》。公之跋语云然。

公在惠三年，远道访公者有处士王原子直、广陵昙秀长老，而卓契顺为子迈特传家书，尤关切也。公所书凡二本，一刻于彭泽，而定慧墨本，世世宝藏。前明正统二年，住持妙玹修建古刹。又二年，呈墨本于大中丞周公忱。周跋苏公书缘起，俾镌碑石。时距绍圣初共三百四十有六年，今距镌碑时又三百十有二年矣。乃沉埋苔墙，久而复出，若有鬼神异物呵护其间，不独使文忠公书显于当时，且令寺僧秉彝好德之心，与之俱显已。

公谪黄州，定慧长老颙为公开竹下啸轩，而吴中定慧亦有啸轩，曾留公遗像，意公往来苏州，必留寓于此。又卓契顺之惠州时，长老守钦命之，且寄《拟寒山十颂》。公报诗有：“云何定慧师，尚欠行脚债。请判维摩凭，一到东坡界。”则守钦之惓惓于公，尤不可没也。

今住持朴庵讷乞予作记，并欲重修定慧如妙玹时。是守钦、卓契顺好德于前，妙玹修复于中，朴庵讷嗣续于后，亦佛氏之一脉相承，如吾儒之子克家者也。搜剔古碑出之砂砾作歌记事者，万君恬恬、顾生景岳。属和者，彭少司马芝庭、金副使会川、王生冈龄、卞君培基，亦得并书。

月声庵记　　沈德潜

城东仁孝里月声庵者，建自宋淳祐间，旧为五圣阁，介于通衢。明天启二年，里人许子禹故祖捐隙地构观音阁于左。国初，里人王君贤于阁后辟精舍三楹，召僧圣机主之。

汤文正公抚吴，奏毁淫祠，因斥五圣像，专礼普门大士。年来，两阁并圮。乾隆十八年，里人夏振公、高松年即观音阁故址改建文昌阁，供帝君、药师诸佛像，庄严复整。阁下有张中丞国维、祁巡按彪佳、涂邑侯必弘、慕中丞天颜、丁方伯思孔、李邑侯念兹、韩上舍馨祠，中丞诸公有惠政于三吴，上舍胜国遗老，峻节清操，时称“清谐先生”，居与阁邻，尝护持斯阁，所谓有功德于民则祀之者也。

先是，清谐文孙贡士补瓢能述祖德，当改建时捐赀，竣工重肖像于帝君之旁。主香火者为僧谦安。谦安化去，其徒悦岩有攘地之讼，香火遂废。悦岩死而讼息，悦岩之弟恒修复弃坏清规，潜藏匪类。后经县闻，鐍阁禁约，廊庑穿漏，栏槛委地，败甓朽木与像设相撑拄，贡士嗣君裕生、东生虑旧迹将湮，先泽之中替，更筑精舍，鼎新两阁，予取清谐先生旧赠圣机诗“山下泉流月有声”句，额曰月声庵。遴募研山月轮和尚偕徒畊山住庵，月轮旋卒，畊山主其庵。畊山素持苦行，鼓鱼更答，经声梵呗，激扬飘励于风清月朗之时。涤行者之烦襟，醒卧者之尘梦。从此大士、帝君、药师暨七公之香火，可以长延众善士缔造之功，于焉不没，皆裕生、东生之善继善述也。里称仁孝，不愧斯名矣。是为记。

读书亭记　　张大受

自结绳以来，修身、齐家、治天下之道，未尝废书，下至农工、负贩、医卜小技，舍此无以旁通。后世文字浩繁，耳目杂乱，不教不学，束书不观，谓闻性道，亦或多读而不识其源流。朱子云：三代礼乐教士之具，独有书存，蔑此而置之，人才焉得不坏？风俗何由醇也？

大受少禀先人之训，日抽五经、诸子令背诵，屏俗学而从古文，兼授诗赋笺启之律，孜孜既久，穷不自悔，肄之益勤。尝请业先达巨公，交海内名士，晨夕讨论折中，然后知不足矣。

天子巡狩至吴江，召试举人吴廷桢，询及吴中人材，首举大受以对。二三扈从臣佥曰然，因命入御舟，进诗文一册，温语移晷，称读书人者三。大受俯伏，惶恐流汗。自惟固陋，未克发明遗经，乃蒙群贤之推荐，九重之叹嘉，感激莫报，退而筑亭匠门之偏，颜曰读书，益发箧中，延名士心研口讲，惟日不暇，盖书之为效守先正待后学，入朝备掌故，在野扶人伦。古之儒林，童而诵习，白首莫穷其指归。父作子述，专家为师，故久而弥章。

大受之为斯亭，信道器之必兼，念名实之难副，庶几哉出入无敢忘而已，而沾沾自云已得，夫何敢？《学记》云："独学而无友，则孤陋而寡闻。"程氏有分年读书之法，居斯亭也，日就月将，习以积渐，远迩同道之士，相与切磋，勤而弗惰，虚而勿盈，德业进而悔吝寡，斯亭所以勖也。

乐乡图记　沈德潜

吾友朱子一甫，恬退士也。卜居郡城之南园，读书课子，浩然自得。年四十余，揲蓍以筮行藏，得《需》之《师》。《易林》云：凫游江海，没行千里，以为死亡，复见空桑，长生乐乡。遂以乐乡自号，且命工绘图，属予作记。

予惟一甫吾吴巨族也。胚胎前光，诵扬清芬，宜置身亨衢，以继学士公后。乃困于蓬蒿，同寻常无闻之人。疑其中有不自乐者，而以乐乡自号，何耶？然予纵观古今，乐在势位者，进退宠辱，杂然交攻于心，即终身享鼎钟、緤珪组，而戚戚嗟嗟，晷刻不宁，而山林寂寞之士，泊乎无心，与造物游。杜甫所云"白鸥没浩荡"者，庶几近之。视鸾鸟孔翠囚樊篏耀首饰者，未可同日语也。夫山林之士，且不失其乐，而况子夏、原宪得圣人而师之者耶？

一甫澹于名利，理花石，罗琴书，焚枯酿秫，觞酌友朋中。有所得，发为歌诗，以寄其志。呼膝下诸子琅琅吟诵，怡然乐也。暇日游钱王南园，过苏长史沧浪遗迹，叹霸业之消磨，慨文人之偃蹇。循阡术，登高亭，俯清涟。良苗怀新，云山变灭，鱼鸟浮沉，览万象与物同趣。今图中所绘者，迹也，而一甫独得于心者，工所不及画，而余亦不能代为之言也。虽然此犹山林寂寞之乐，韬光葆真，与世无求者，自能遇之。若夫子夏、原宪之徒，县鹑百结，环堵萧然，而其乐若将终身者。惟闻圣人之道者，优为之。一甫未几乎此。而焦氏所云，亦未窥寻其旨趣也。一甫优游以俟焉可矣。

塔影园记　沈德潜

探名山之胜者，必梯嵚嵚、緪幽深，嗜奇者快焉，而或病其劳，且不能经久。而结构林园休憩者，平池小丘，鱼鸟翔游，一切巉岩秀削之状，又不能游目而即得。惟因名山为名园，斯两者兼之。摩诘辋川庄因乎蓝田，白太傅草堂因乎庐山，其最著也。赋琴主人为园于虎丘东南隅，山之明丽秀错，园皆得而因之，名曰塔影。山巅浮图，隐见林隙，故名。

园本程氏故居，几为废壤。主人有之，劚蒙翳，蠲荒墟，构新依故，崇卑决淤。经营有年，断手伊始，敞者堂皇，俯者楼阁，缭者曲廊，静轩闲龛，邃窝深房。峙乃亭台，环乃垣墙。向背适宜，燠寒协序。隙地植梧、柳、榆、桧、桃、杏、来禽，勺药满畦，寒梅花林，藤萝交络，桂树丛阴，蓊蔼蓊薆，葱倩深沉。此南岸之胜概也。迤北通以虹桥，沿以莎堤，突以高冈。冈杂松、杉、乌桕、银杏之属。石级萦绕，虎落连缀。洗钵有池，翻经有台，窅窱有敦，篠簩萧疏，连绵鹤涧。第三泉注白莲池，泻入涧中，乍舒乍咽，幽幽淙淙，云垂烟接。最高处旧名。睇视涵空，浩然天成，非由人功。此北岸之胜概也。园三面绕河，船自斟酌桥进，丛生茭荷，朋集凫鸥。回塘纡余，沓潨分流。山遥青而点黛，水绕白而曳练。直溯长荡，疑闻棹歌。此园以外周遭之胜概也。主人养闲园居，寤对名山。凡伯主鱼肠，美人黄土，高僧谈空，道流轻羽，凭吊前迹，如同晤语。而都人士之讨春寻秋，携琴挈侣者，亦若点缀以风华，掩映乎丘圃。则林居之逍遥，与探历之旷奥，一俯仰而交集吾所也。又主人庋书数千卷，兴到随手一编，有得于心，脱然蹄筌。客至，或谈讨金石，或娱情诵弦，此更有得于身心之乐，而岂徒获名山之助，相与濯缨而晞发，颐性而忘年也与？昔顾高士苓居塔影园，高士结志区外，洒心清川，所云畏荣好古者也。今异其地而同其名，殆有尚友前民之意焉。主人名重光，字子宣，姓蒋氏。园成为乾隆某年月日。

网师园记　　沈德潜

予读欧阳文忠《思颍》诗，叹士大夫一执仕版，欲遂其山林之乐而不易得也。公留守东都，即思买田颍上。阅二十载，愿讫未坠。自序云：有志于强健之年，未偿于衰老之后，良可悯已。同年观察宋君悫庭，以名孝廉为令畿辅，有廉能声。数年中，洊历监司，大吏重之，九重知之，方将不次超擢，同文忠之致位两府，乃年未五十，以太夫人年高，陈情上闻，飘然归里。

先是，君在官日，命其家于网师旧圃筑室构堂，有楼有阁，有台有亭，有沜有池，有碕有陂，名网师小筑，赋十二景诗，预为奉母宴游之地。至是，果符其愿。既归，循陔采兰，凌波捕鲤，奉太夫人晨餐夕膳。每当风日清美，侍鱼轩，扶鸠杖，周行曲径，以相娱悦。时或招良朋，设旨酒，以觞以咏，凭高瞻眺，幽崖耸峙，修竹檀栾，碧流渺弥，芙蕖娟靓，以及疏梧受炎、丛桂招隐，凡名葩奇卉，无不萃胜于园中。指点少时游钓之所，抚今追昔，分韵赋诗，座客啧啧叹羡，谓君遭逢之盛、丘壑之佳，当与子美沧浪、仲瑛玉山并传。

予谓：子美仕宦不得志，扁舟来吴，买木石以寄其侘傺无聊之感；仲瑛饩馆，声伎甲于东南，然时丁末造，区寓鼎沸，轻财结客，比于燕雀处堂而已。孰若君中岁抽簪，啸歌自得，处太平之世，展将母之怀，无累于中，不求乎外，此其乐文忠公之所不能遽遂者，而君早遂之。虽遭逢使然，而亦君之知几恬退，有以自致乎此也。园名网师，比于张志和、陆天随放浪江湖，盖其自谦云尔。命工绘图，又以卢鸿乙、王摩诘为师，欲使图画之并传于后也。

予与君比屋而居，昕夕过从，咏少陵“高枕乃吾庐”句，殆有因君之乐，予亦同其乐者乎？故不辞而为之记。

摊耗派征说

〔明〕王仪

客有过仪而问曰：“子，郡主也，一方之休戚于子寄之。金花银一两旧征米四石，而子准米二石；米价三钱八分，而子准五钱，不有病于民与？”仪曰：“子过矣，论折色者当考夫银数之赢亏，不当较夫准米之多寡。盖米数可增可减，而银数则一定而不可移也。以长洲一县言之，本色平米四十四万五千一百一十八石零，金花银五万两、白银五万二千六百四十三两零。若照旧例，金花准四石、白银准二石三斗，共该本折平米五十六万零，每亩该米四斗五升六合。以今二石准之，止该平米四十四万零，每亩止该三斗七升五合。以米准银，多则耗米增之，少则耗米减之。或增或减，而金白银一十万二千六百之数则自若也，毫厘丝忽可以增减否耶？旧例，金花准米四石，今议准米二石，盖旧日金花二石为实，米二石为虚数。仪止派实米二石，其二石之虚数则削之，则名虽二石，其实即旧日之四石也。论者不察耗米之减，而但欲准米之多；不审实数之如旧，但较虚数之减旧，何耶？”客曰：“子好异，无惑乎众论之纷纷也。轻之重之，与时合之，人将何言欤？”予曰：“岂好异哉！余不得已也。异时奸书愚弄官民，与婴儿无异。驾为支离之说，曰白银准若干、金花准若干，必如是而有益于民。不知国有常赋，赋有定额，岂可以私智增之减之？不过为此参差不一之则而为己侵渔之地耳，官府率为所罔而不知，小民阴受其祸。予乃取其不一者通而变之，而画为至一之法，使奸书无以高下其手，富者不得以有利而就轻，贫者不得以无利而存重，为地方计，为穷民计也。”客曰：“唯谨受命！”

薙茶说　文震孟

吴山之虎丘，名艳天下。其所产茗柯，亦为天下最，色香与味在常品外，如阳羡、天池、北源、松萝，俱堪作奴也。以故好事家争先购之，然所产极少。竭山之所入，不满数十斤。而自万历中，有大吏而汰者，檄取于有司，动以百斤计。有司之善谀者，若以此役为职守。然每当春时，茗花将放，二邑之尹即以印封封其园，度芽已抽，则二邑胥吏之黠者逾垣入，先窃以献令。令急先以献大吏，博色笑。其后得者辄银铛其僧，痛棰之。而胥吏辈复啖咋僧，尽衣钵资不足偿，攒眉蹙额，或闭门而泣，如是者三十余年矣。

客有读书其地者，往往为僧咨嗟而莫为之计。余笑谓客：“设有僧具勇猛力者，拔去根株，无留纤寸，具此手段，便许之成佛作祖。”直戏言耳。甲子岁，有巡方使者督责尤苦，僧某竟如予言，薙除略尽，盖已辨此身殉也。

一日，郡伯礼亭寇公过予，言曰：“当吾作守而有此举，差强人意。”余笑曰：“乃以见明公之德政耳！使非明公惠爱素著，即有成佛作祖之僧，其能决绝如是耶？”公亦笑曰：“敢烦史笔，少记数语，为守土官解嘲可乎？”他日，述此语于邑侯同凡陈公，公复大笑曰：“有是哉！多欲则多事，多事则扰民，能使根株拔尽、无留纤寸者，精可成佛作祖，粗可抚民莅众，世法略具此矣。”盖寇、陈二公一时守令之最贤者也，故能为此语。余因记之，以备郡志中一则佳语。

题七姬权厝志后张羽文，宋克书，卢熊篆。　文徵明

伪周据吴日，开宾贤馆以致天下豪杰，故海内文章技能之士悉粹于吴。其陪臣潘元绍，以国戚元勋位重宰相，虽酗酒嗜杀，而特能礼下文士，故此石出于仓卒之际，而一时文章、书、字皆极天下之选。

羽字来仪，一字辅凤，浔阳人。元末避地来吴。入国朝，为太常司丞，其文清雄峭拔，足以配古。克字仲温，长洲人，国朝为凤翔府同知，博学任侠，其书称逼钟、王。熊字公武，昆山人，国朝为兖州知州，篆籀之精，独步一时。方宾贤盛时，三公与杨廉夫、高季迪辈俱号高迈、不为所屈者，今不免亦为之俯首执笔，其礼罗之勤，有可知者。昔人谓时衰代替，武人所好，涉于衣冠。观此有深感焉。

卷三十五

艺文

同沈恭子游虎丘　清远道士

我本长殷周，遭罹历秦汉。四渎与五岳，名山尽幽窜。及此客区中，始有近峰玩。近峰何郁郁，平湖渺瀰漫。吟挽川之阴，步上山之岸。山川共澄徹，光彩交凌乱。白云蓊欲归，青松忽消半。客去川鱼静，人来山鸟散。谷深中见日，崖幽晓非旦。闻子盛游遨，风流足词翰。嘉兹好松石，一言常累叹。勿谓予鬼神，忻君共幽赞。

游虎丘寺观清远道士诗追和其韵　〔唐〕皮日休

成道自衰周，避世穷炎汉。荆杞虽云梗，烟霞尚容窜。兹岑信灵异，吾怀惬流玩。石涩古铁鉎，岚重轻埃漫。松膏腻幽径，蘋沫著孤岸。诸萝幄幕暗，众鸟陶匏乱。岩罅地中心，海光天一半。玄猿行列归，白云次第散。蟾蜍生夕景，沆瀣余清旦。风日采幽什，墨客学灵翰。嗟予慕斯文，一咏复三叹。显晦虽不同，兹吟粗堪赞。

从永阳王游虎丘山　〔陈〕张正见

沧波壮郁岛，洛邑镇崇芒。未若兹山丽，岧峣擅水乡。地灵侔少室，涂艰像太行。重岩标虎踞，九曲峻羊肠。溜深涧无底，风幽谷自凉。柙沉余王气，剑隐绝星光。白云多异影，丹桂有丛香。远看银台耸，洞塔杂山庄。瑞草生金地，天花照石梁。

陪陆长源裴枢游武丘寺　〔唐〕皎然

云水夹双刹，遥疑涌平陂。入门见藏山，元化何谿窥。曳组探诡怪，停骢访幽奇。情高气为爽，德暖春亦随。瑶草自的皪，黄楼争蔽亏。金精发坏陵，剑彩沉灵池。一览匝天界，中峰步未移。应来生公石，列坐援松枝。

题东武丘寺　　白居易

香刹看非远，祇园入始深。龙蟠松矫矫，玉立竹森森。怪石千僧坐，灵池一剑沉。海当亭两面，山在寺中心。酒熟凭花劝，诗成倩鸟吟。寄言轩冕客，此地好抽簪。

夜游西武丘寺　　白居易

不厌西丘寺，闲来即一过。舟船转云岛，楼阁出烟萝。路入青松影，门临白月波。鱼跳惊秉烛，猿觑怪鸣珂。摇曳双红旆，娉婷十翠娥。容满、蝉态等十妓从游也。香花助罗绮，钟梵避笙歌。领郡时将久，游山数几何。一年十二度，非少亦非多。

武丘寺路　　白居易

自开山寺路，水陆往来频。银勒牵骄马，花船载丽人。芰荷生欲遍，桃李种仍新。好约湖堤上，长留一道春。

武丘寺路宴留别　　白居易

银泥裙映锦障泥，画舸停桡马簇蹄。清管曲终鹦鹉语，红旗影动駮䮝嘶。渐销醉色朱颜浅，欲语离情翠黛低。莫忘使君吟咏处，女坟湖北虎丘西。

游虎丘　　刘禹锡

青林虎丘寺，林际翠微路。立见山僧来，遥从鸟飞处。兹峰沦宝玉，千载惟丘墓。埋剑人空传，凿山龙已去。扪萝披翳荟，路转夕阳遽。虎啸崖谷寒，猿鸣松杉暮。徘徊北楼上，海江穷一顾。日映千里帆，鸦归万家树。暂因惬所适，果得捐外虑。庭暗栖还云，檐香滴甘露。久迷空寂理，多为声华故。永欲投此山，余生岂能误？

发苏州后登武丘寺望海楼　　刘禹锡

独宿望海楼，夜深珍木冷。僧房已闭户，山月方出岭。碧池涵剑彩，宝刹摇星影。却忆郡斋中，虚眠此时景。

虎丘寺　　张籍

望月登楼海气昏，剑池无底浸云根。老僧只怕山移去，日暮先教锁寺门。

题虎丘东寺 张祜

云树拥崔嵬，深行异俗埃。寺门山外入，石壁地中开。仰砌池光动，登楼海气来。伤心万古意，金玉葬寒灰。

题虎丘西寺 张祜

嚣尘楚城外，一寺枕通波。松色入门远，冈形连院多。花时常到处，别路半经过。惆怅旧禅客，空房深薜萝。

虎丘石壁诗 幽独君

青松多悲风，萧萧声且哀。南山接北山，幽垄空崔嵬。白日空昭昭，不照长夜台。虽知生者乐，魂魄安能回？况复念所亲，痛哭心肝摧。恸哭复何言，哀哉复哀哉。

答幽独君诗 无名氏鬼

神仙不可学，形化空游魂。白石非我朝，青松为我门。虽复隔幽垄，犹知念子孙。何以遣悲怨，万物归其根。寄言世上人，莫厌临芳樽。庄生问枯骨，王乐复何言。

虎丘 〔宋〕范仲淹

昔见虎耽耽，今为佛子岩。云寒不出寺，剑净未离潭。幽步萝垂境，高禅雪闭庵。吴都十万户，烟瓦亘东南。

虎丘 苏轼

入门无平地，石路穿细岭。阴风生涧壑，古木翳潭井。湛卢谁复见，秋水光耿耿。铁花秀岩壁，杀气禁蛙黾。幽幽生公堂，左右立顽矿。当年或未信，异类服精猛。胡为百岁后，仙鬼互驰骋。窈然留清诗，读者为悲哽。东轩有佳致，云水丽千顷。熙熙览生物，春意破清冷。我独属无事，暖日相与永。喜鹊翻初旦，愁鸢蹲落景。坐见渔樵还，新月溪上影。悟彼良自咍，归田行可请。

虎丘　〔元〕郯韶

春草青青绕阖闾，山深石径转崎岖。空闻落日腾金虎，无复重泉闭玉凫。陆羽井深春雨歇，生公石在白云孤。伤心莫问鱼肠剑，怨逐秋声上辘轳。

雪霁顾仲瑛偕予与陈惟允坐剑池上惟允为写图因赋诗云　郯韶

残雪落林度西岭，阴涧寒泉凝素绠。两僧倚树听微钟，一鹤临流照清影。松间旭日映山椒，白云英英如雨飘。何当为置王摩诘，更添一树红芭蕉。

题张校理王著作徐记室游虎阜　〔明〕高启

前身似是云水僧，余习爱觅名山登。最怜虎阜在平地，一丘势敌千崚嶒。缺崖深深翳密叶，欹石兀兀缠危藤。昔年无事恣幽赏，拄杖叩门来屡曾。风廊听竹移广簟，雪屋煨芋明高灯。禅堂素壁醉题满，老衲喜客无嗔憎。别来三载困尘土，散落略尽同游朋。谷猿清叫烟雾隔，宵梦欲往天瞢瞢。幽怀郁抱不得写，一月雨声眠枕肱。相亲尚有北郭友，材尽齐楚惭曹滕。张君名驹禀神骏，王子快鹘生锋棱。并淹客馆校遗籍，云路万里违骞腾。徐卿亦是瑚琏器，远役又欲行担簦。明朝山鹊定鸣霁，跬步可游何不能。一林一涧幽景在，遥想与鹊无亏增。朱樱绿笋虽已过，正爱夏木阴层层。欲营此行况甚易，妇有藏酒鱼新罾。出城不必借车马，已办布袜青行滕。吾侪虽穷自有乐，相聚岂比虫薨薨。乱离拨置且勿道，愿赋妙语留传誊。

剑池　高启

干将欲飞出，岩石裂苍矿。中间得深泉，探测废修绠。一穴通海源，双崖树交影。山中多居僧，终岁不饮井。放气凛犹在，栖禽夜频警。月来照潭空，云起嘘壁冷。苍龙已何去？遗我清绝境。听转辘轳声，时来试幽茗。

第三泉亭联句　王鏊　王铨　都穆

凿开孤嶂一痕青，鏊。洞酌还来漱玉亭。铨。霜落丹枫秋欲老，穆。池涵宝剑气无腥。鏊。煎从桑苎传三昧，饮对离骚喜独醒。却怪又新多浪语，铨。独于杨子诧中泠。穆。

题虎丘　　日本僧天祥

东西两寺今为一，有客登临见断碑。剩水残山王霸业，苦风酸雨鬼仙诗。楼台半落长洲苑，箫鼓时来短簿祠。槃郢鱼肠何处是？辘轳千尺向空池。

虎丘中秋新霁　　〔国朝〕吴伟业

万籁广场合，道人心地平。天留今夜月，雨洗去年兵。歌管星河动，禅灯风露清。凄凉阖闾墓，断壑起松声。

癸巳春日禊饮社集虎丘即事四首　　吴伟业

杨柳丝丝逼禁烟，笔床书卷五湖船。青溪胜集仍遗老，白袷高谈尽少年。笋屐莺花看士女，羽觞冠盖会神仙。茂先往事风流在，重过兰亭意惘然。

兰台家世本贻谋，高会南皮话昔游。执友沦亡惊岁月，诸郎才调擅风流。十年故国伤青史，四海新知笑白头。修禊只今添俯仰，北风杯酒酹营丘。

访友扁舟挂席轻，黎花吹雨五茸城。文章兴废关时代，兄弟飘零为甲兵。茂苑听莺春社饮，华亭闻鹤故园情。众中谁识陈惊坐？顾陆相看是老成。

绛帷当日重长扬，都讲还开旧草堂。少弟诗篇标赤帜，故人才笔继青箱。抽毫共集梁园制，布席争飞曲水觞。近得庐陵书信否？寄怀子美在沧浪。

颜书石刻　　吴伟业

鲁公戈法胜吴钩，决石锥沙莫与俦。火照断碑山鬼出，剑潭月落影悠悠。

鸭脚浜　　汪琬

柳外莺雏弄好音，暂牵画舫入溪阴。楝花欲放黄鱼美，谷雨才晴绿树深。才少不堪文字饮，兴酣那惜短长吟。麦秋时节须行乐，已分功名付陆沉。

恭纪万岁楼落成　　尤侗

阊阖天高紫气浮，苍龙夙驾下苏州。春风初绕千人石，晓日群瞻万岁楼。汉诏蠲租追地节，唐碑颂德胜之罘。吾皇游豫民歌舞，虎阜从今号帝丘。

真娘墓　〔唐〕白居易

真娘墓，虎丘道。不识真娘镜中面，唯见真娘墓头草。霜催桃李风折莲，真娘死时犹少年。脂肤荑手不牢固，世间尤物难留连。难留连，易消歇。塞北花，江南雪。

真娘墓　李商隐

虎丘山下剑池边，长遣游人叹逝川。罥树断丝悲舞席，出云清梵想歌筵。柳眉空吐效颦叶，榆荚还飞买笑钱。一自香魂招不得，只应江上独婵娟。

真娘墓　〔宋〕谭铢

虎丘山下冢累累，松柏萧条尽可悲。何事世人唯重色？真娘墓上独留诗。

真娘墓　〔明〕梅鼎祚

何不学仙冢累累，白阳西郭阴风悲。虎丘一叩真娘墓，薜荔援墙兰委露。千岁蒙茸几树花？夜飘鬼火晓啼鸦。向怜挟瑟弹清月，犹忆吹箫乘彩霞。吴阊少年往来道，黛蛾钗燕谁能好？酒滴春云梦不消，泉声幽咽钟声老。陌上行游缓缓归，昨日红颜今日非。东望阖闾穿葬处，玉凫欲化湛卢飞。

顾湄云：按此诗，曹石仓《名胜志》载为宋米芾作。盖繇吴中有《含翠亭》伪帖，曾假是诗托元章以行，题曰“元丰壬辰米芾书”，流传人间。即博洽如石仓，尚不能辨。及考元丰纪元，始戊午终乙丑，而无壬辰，其败阙已见。史明古有言：“世之作伪者，幸其浅陋不学，古人得而议之。”此类是也。今从《禹珠集》中录是诗以正之。

女坟湖吴王葬女处　〔唐〕陆龟蒙

水平波淡绕回塘，鹤殉人沈万古伤。应是离魂双不得，至今沙上少鸳鸯。

五人墓行　〔国朝〕邵长蘅

春光澹沲山塘路，游丝晴絮娇芳树。路旁剥落三尺碑，云是前朝五人墓。借问五人谁中央？突兀颜佩韦。东西四冢排累累，墓门昼锁松风回。书生曾读前朝史，依稀能说前朝事。天启年间岁在寅，缇骑四出惊狂猘。此时一舸飞吴阊，麝靴绣袄来昂藏。吏部短衣出就逮，观者拥塞如堵墙。轰薨万口那可辨？哭声震天日色黄。

五人大呼奋臂起,形势欻忽癧羹螗。谁何一校先撌尸? 中丞却避御史忙。诏收弃市罪激变,至今死骨传芬芳。忆昔逆阉恣涂炭,鋘斧铜瓮衣冠殃。诸公骈首填牢户,东林首指左与杨。篑舆就考备五毒,尸虫啮肌不得葬。叶。阉奴更灼熏天焰,穹祠金榜蛟龙翔。凤阙敢拟至尊埒,龟趺忽立成均旁。往往嵩呼九千岁,冕旒衮玉争辉煌。宁知势歇顿翻覆,七尺自绝阜城吭。生祠处处毁斥尽,木石估值充边防。岂惟阉祠旋毁撤,廿年变故那能说。鼎湖凫雁飞满天,钟山天寿狐狸穴。玉匣珠襦夜不扃,皇陵白骨愁冬青。眼前寂寞一坏土,参天桧柏苍虬鳞。年年寒食山桥畔,指点飞花说五人。

山塘旅寓二首　〔明〕姜埰

忆弟看云日,飘零满地愁。烽烟迷古戍,花草转皇州。作客犹初夏,携家及暮秋。向来登眺意,憔悴仲宣楼。

地接苍山远,年催白发新。登临兴废眼,离乱死生身。秋水有孤骛,寒塘无几人。渡江诸弟子,随意五湖春。

山塘纪事二首　〔国朝〕朱彝尊

寒食山塘路,游人队队偕。桁杨充罪隶,箫鼓导神牌。红粉齐当牖,银花有堕钗。殷勤短主簿,端笏立阼阶。吴俗,迎城隍神至虎丘,道士以王珣地主,袍笏立阼阶,延至厉坛。

神来官道拥,祝祭厉坛仍。活脱青袍引,纵横绣幰乘。巫风书具训,奢俗礼宜惩。手版纷纷集,吾怜张季鹰。吴俗,土谷神城内外各十多,以手版迎城隍。张翰祠,葑门外,亦与焉。

寄顾云美　〔国朝〕汪琬

遥羡风流顾恺之,爱翻新曲覆残棋。家临绿水长洲苑,人在青山短簿祠。芳草乍逢飞燕候,落花已过浴蚕时。一春不得同游赏,孤负风光满鬓丝。

阖闾城西有卖花翁讨春之士往往造焉因招袭美　〔唐〕陆龟蒙

故城边有卖花翁,水曲舟轻去尽通。十亩芳菲为旧业,一家烟雨是元功。闲添药品年年别,笑指生涯树树红。若要见春归处所,不过携手问东风。

卖花辞山塘多种花者　〔明〕高启

绿盆小树枝枝好，花比人家别开早。陌头担得春风行，美人出帘闻叫声。移去莫愁花不活，卖与还传种花诀。余香满路日暮归，犹有蜂蝶相随飞。买花朱门几回改，不如担上花长在。

种花　〔国朝〕邵长蘅

山塘映清溪，人家种花树。清溪鸭头青，门前虎丘路。春阳二月中，杂花千万丛。朝卖一丛紫，夕卖一丛红。百花百种态，牡丹大娇贵。一株百朵花，十千甫能卖。朱门买花还，四面护红阑。绣幕遮风日，娇歌间清弹。复有闲花木，点缀白石盆。咫尺丘壑趣，屈蟠松桧根。买置几案间，一盆直千镮。老圃解种花，老农解种谷。种谷输官租，种花艳侬目。种花食肉糜，种谷食糠粃。还复受敲朴，肉剜难为医。嗟呀重嗟呀，老农苦奈何？呼儿卖黄犊，明年学种花。

宿半塘寺　〔宋〕郑思肖

一襟清气足，此夜岂人寰？醉影松杉下，吟身风露间。秋悬当殿月，云宿近城山。明发骑鲸去，飘然不可攀。

题半塘寺顾叔明画松壁　〔明〕孙宁

顾君叔明善画松，笔势直与韦偃同。片缣幅纸不易得，人争一睹清双瞳。玉岩上人即粲可，早跻十地成全功。禅房素壁耀霜雪，绘画未许来庸工。叔明对此役意匠，捉笔跳叫声摩空。须臾貌作老蛟影，毫端瞥若回腥风。隔坐时疑翠涛响，钩帘或讶玄云封。宿鹤已去落花尽，庭前细雨春蒙蒙。老夫寻幽适相遇，览之便觉心神融。酒酣信手一挥洒，醒愧浣花溪上翁。

临顿里　〔唐〕皮日休

郛郭旷若郊墅，余每相访，款然惜去。因成五言十首，奉题屋壁。

一方萧洒地，之子独深居。绕屋亲栽竹，堆床手写书。高风翔砌鸟，暴雨失池鱼。暗识归山计，村边买鹿车。

篱疏从绿槿，檐乱任黄茆。压酒移溪石，煎茶拾野巢。静窗悬雨笠，闲壁挂烟匏。支遁今无骨，谁为世外交。

茧稀初上簇，醅尽未乾床。尽日留蚕母，移时祭麹王。趁泉浇竹急，候雨种莲芒。更葺园中景，应为顾辟疆。

静僻无人到，幽深每自知。鹤来添口数，琴到益家资。坏堑生鱼沫，颓檐落燕儿。空将绿蕉叶，来往寄闲诗。

夏过无担石，日高开板扉。僧虽与筒簟，人不典蕉衣。鹤静共眠觉，鹭驯同钓归。生公石上月，何夕约谈微。

经岁岸乌纱，读书三十车。水痕侵病竹，蛛网上衰花。诗任传渔客，衣从递酒家。知君秋晚事，白帻刈胡麻。

寂历秋怀动，萧条夏思残。久贫空酒库，多病束鱼竿。玄想凝鹳扇，清斋拂鹿冠。梦魂无俗事，夜夜到金坛。

闭门无一事，安稳睡凉天。砌下翘饥鹤，庭阴落病蝉。倚杉闲把易，烧术静论玄。赖有包山客，时时寄紫泉。

病起扶灵寿，翛然强到门。与杉除败叶，为石整危根。薜蔓狂遮壁，莲茎卧枕盆。明朝有忙事，召客斫桐孙。

缓颊称无利，低眉号不能。世情都大薄，俗意就中憎。云态不知骤，鹤情非会征。小臣谁奉诏，来此写姜肱。

袭美题郊居十首次韵酬之　　陆龟蒙

近来惟乐静，移傍故城居。闲打修琴料，时封谢药书。夜停江上鸟，晴晒篋中鱼。出亦图何事？无劳置栈车。

倩人医病树，看仆补衡茅。散发还同阮，无心敢慕巢。简便书露竹，樽待破霜匏。日好林间坐，烟萝仅欲交。

倭僧留海纸，山匠制云床。懒外应无敌，贫中直是王。池平鸥思喜，花尽蝶情忙。欲问新秋计，菱丝一亩强。

故山空自掷，当路竟谁知。只有经时策，全无养拙资。病深怜炙客，炊晚信樵儿。谩欲陈风俗，周官未采诗。

福地能容堑，玄关讵有扉。静思琼板字，闲洗铁筇衣。鸟破凉烟下，人冲暮雨归。故园秋草梦，犹记绿微微。

水影沉鱼器，邻声动纬车。燕轻梢坠叶，蜂懒卧燋花。说史评诸例，论兵到百家。明时如不用，归去种桑麻。

禹穴奇编缺，雷平异境残。静吟封箓检，归兴削帆竿。白石堪为饭，青萝好作冠。几时当斗柄，同上步纲坛。

强起披衣坐，徐行处暑天。上阶来斗雀，移树去惊蝉。莫问盐车骏，谁看酱瓿玄。黄金如可化，相近买云泉。

野入青芜巷，陂侵白竹门。风高开栗刺，沙浅露芹根。迸鼠缘藤桁，饥乌立石盆。东吴虽不改，谁是武王孙。

疏慵真有素，时势尽无能。风月谁为敌，林泉幸未憎。酒材经夏阙，诗债待秋征。只有同君僻，闲来对曲肱。

题陆山人楼山人名去奢楼，为戴颙宅故址。　〔唐〕储光羲

暮声杂初雁，夜色涵早秋。独见海中月，照君池上楼。山云拂高栋，天汉入清流。不惜朝光满，其如千里游。

寄冯侍御　白居易

扬州驿里梦苏州，梦到花桥水阁头。觉后不知冯侍御，此中昨夜共谁游。

师子林十二咏　〔明〕高启

师子峰

风生百兽低，欲吼空山夜。疑是天目岩，飞来此山下。

含晖峰

演漾弄晴晖，江山秋敛扉。我吟康乐句，日暮澹忘归。

吐月峰

四更栖鸟惊，山白初上月。起开东阁看，正在云峰缺。

立雪堂

堂前参未退，立到雪深时。一夜山中冷，无人只自知。

卧云室

夕卧白云合，朝起白云开。惟有心长在，不随云去来。

问梅阁

问春何处来？春来在何许？月堕花不言，幽禽自相语。

指柏轩

清阴护燕儿，中有忘言客。人来问不应，笑指庭前柏。

玉鉴池

一镜寒光定，微风吹不波。更除荷芰影，放取月明多。

冰壶井

圆甃夏生冰，光涵数星冷。窗有定中僧，休牵辘轳绠。

修竹谷

翠竹落经床，林鸠午鸣后。笋出恐人来，编篱遮谷口。

小飞虹

初看卧波影，应恐雨崇朝。过涧寻师去，端如度石桥。

大石屋

浑沌复轮囷，全无斧凿纹。门临五湖水，坐纳四山云。

吊七姬冢　　高启

叠玉连珠弃草根，仙游应逐马嵬魂。孤坟掩夜香初冷，几帐留春被尚温。佳丽总伤身薄命，艰危未负主多恩。争妍无复呈歌舞，寂寂苍苔锁院门。

百口桥　　王宾

百口桥边春日斜，旧时开遍紫荆花。山东人说张公艺，此是吴中顾训家。

东禅　　宋僧遇贤

门前绿树无啼鸟，庭下苍苔有落花。聊与东风论个事，十分春色在谁家？

登文星阁　　〔国朝〕程邑

城隅瞻眺对芳春，杰阁巍峨迥绝尘。凭槛应疑到霄汉，卷帘长可摘星辰。千年俎豆威仪肃，三月莺花气象新。犹有名山异书在，剑光遥烛斗牛津。

定慧院颙师为予竹下开啸轩　　〔宋〕苏轼

啼鴂催天明，喧喧相诋诮。暗蛩泣夜永，唧唧自相吊。饮风蝉至洁，长吟不改调。食土蚓无肠，亦自终夕叫。鸢贪声最鄙，鹊喜意可料。皆缘不平鸣，恸哭等嬉笑。阮生已疏狂，孙子亦未妙。道人开此轩，清坐默自照。冲风振河海，不能号无窍。寂寂吾何言？风来竹自啸。

乌鹊桥 高启

乌鹊南飞月自明，恨通云汉水盈盈。夜来桥上吴娃过，只道天边织女行。

南园在城南，吴越广陵王钱元璙所辟，营之三十年，胜甲吴中。今郡学东菜圃也。 高启

君不见平乐馆，古城何处寒云满。君不见奉诚园，荒台无踪秋草繁。白石沉山水归海，寒暑频催陵谷改。皇天大运有推移，富贵于人岂长在？请看当年广陵王，双旌六纛何辉煌？幸逢中国久多故，一家割据夸雄强。园中欢游恐迟暮，美人能歌客能赋。车马春风日日来，杨花吹满城南路。叠石为山，引泉为池，辟疆旧园何足奇？经营三十年，欲令子孙永保之。不知回首今几时，繁华扫地无复遗。门掩愁鹑啸风雨，种菜老翁来作主。空余怪石卧池边，欲问兴亡不能语。春已去，人不来。一树两树桃花开，射堂踘圃俱青苔。何须雍门琴，但令对此便可哀。人生不饮胡为哉？人生不饮胡为哉？

南园二首 〔国朝〕彭孙遹

三月南园雨复晴，轻衣初试踏青行。碧桃水暖通人境，绿柳阴浓覆女城。春草欲将幽佩结，夕阳多傍画桡明。闲中易有芳时恨，花落空林已暗惊。

闻唱吴歈早倦听，南园犹作片时停。集贤旧苑春将暮，相国东门草自青。南园，广陵王钱元璙池馆，宋集贤校理苏舜钦买居之，在吴东门。芳树斜阳成畹晚，孤帆细雨极飘零。朝来触目多惆怅，榆荚花残已满庭。

葑溪杂兴 〔明〕韩雍

霜重林已空，风高水愈涸。荒园一散步，暮景觉萧索。忽见古梅树，横斜出篱落。揽衣看枝柯，相将绽红萼。岁寒幸有此，气味尽可托。

与二弟泛舟游吴氏东庄因寄匏翁 文林

缘城眕流水，榆柳绿荫门。舣舟信登涉，忽得吴公园。小亭面高冈，萝径隐可

扪。青山出墙头，白云宿林根。歌莺滞池曲，游鱼戏波浑。繁景当首夏，过雨气微温。老我独已乐，偕有弟与昆。清唱散林木，起行历郊原。日斜乱人影，眷恋忘归辕。水木予夙好，况兹故情敦。主人方宦达，乐事谁与论？室迩人则遐，相思黯消魂。出处各有会，一笑复余尊。

雨夜宿吴匏庵宅　　沈周

雨中客舍苦局促，故人招我有尺牍。书云竹居可闲坐，烹茶剪韭亦不俗。得书径往兴亦豪，何虑冲泥污双足。开门山林在城市，湿绿如云亚群竹。主人罄折故意深，道慰契阔须信宿。榻上为我设衾枕，堂中为我罗酒肉。我时肺病已绝饮，强举一觞连五六。长谈细辨困仆夫，灯影檐花乱书屋。羡君有弟雅谊同，山水光明信珠玉。故事方思卫八家，还咏逍遥堂后木。人生良会岂易易，他日如今又难卜。谬图菲语何足记？雪泥聊耳知鸿鹄。

西施采莲欧冶铸剑所　　李绅

岚光花影绕山阴，山转花稀到碧浔。倾国美人妖艳远，凿山良冶铸炉深。凌波莫惜临妆面，莹锷当期出匣心。应是蛟龙长不去，若耶秋水尚沈沈。

采莲泾在城东南。　　高启

青房戢多子，采得侬心喜。今夜水风凉，君王宿船里。行处绿云迷，歌声一道齐。回头调越女，何似若耶溪？

赤门道中　　张羽

片帆迢递入吴烟，竹溆芦洲断复连。柳影浓遮官道上，蝉声多傍驿楼前。近湖渔舍皆悬网，面浦人家尽种莲。行到吴王夜游处，满川芳草独堪怜。

荷花荡夜归次吴水部德征诗　　文林

采芳日暮未言归，处处村家息杼机。水漫莲洲愁路断，月明沙渚觉鸥飞。高歌小海风波急，回首横塘烟火微。兰棹屡移尊屡倒，不知露下已沾衣。

宝带桥　　释善住

运得他山石，还将石作梁。直从堤上去，横跨水中央。白鹭下秋色，苍龙浮夕阳。涛声当夜起，并入榜歌长。

宝带桥吊陈玮妻张氏　　〔国朝〕吴有涯

不得死郎前，将心托何处？桥边水呜咽，定向吴江去。丙戌正月被掳，至此，投水死。

澹台湖　　施闰章

子羽善含章，耿介蕴雄略。高步薄诡随，楼遁蹑芒屩。寥寥衡门内，弦歌时间作。中流怒双蛟，长啸气不怍。挥剑复碎璧，慷慨何卓荦。宁知渡江来，音徽助文学。古墓缅云烟，荒祠照城郭。洋洋湖波间，流风一如昨。

九里湖　　吴骥

太湖风涛涌银屋，望处令人骇心目。岂知数里小澄湖，近接吴淞烟水曲。未能朝宗会百川，颇擅清虚远尘俗。沿堤冉冉春流漫，拍岸溶溶朝雨足。桃花浪暖镜光明，时动微澜皱轻縠。忘机鸥鸟自往还，无意汀蒲为谁绿？农忧亢旱资灌溉，户有鲜鳞供口腹。我游朔方思故乡，恒厌黄埃暗山谷。此日南归得纵观，欣闻渔唱声相续。欲收佳景入吟怀，俄报斜阳去何速。

顾荣庙　　〔明〕高启

晋侍中顾彦先有墓并祠在长洲之东，久而废为淫祀，县令周君复之，为赋是诗。

军司吴国秀，神机夙超朗。弱冠游洛师，已蒙南金赏。崎岖诸王幕，沉湎务遵养。中罹广陵艰，计服匪诚枉。风云一挥扇，义旅臻同响。事成耻言勋，飘然理归鞅。晋社徂东迁，群贤悉收奖。道谒真感会，矫翼丹霄上。德闻一代称，迹泯千龄往。时屯乏良佐，英谟益堪想。坛祠托荒郊，萧条并榛莽。荛童侵雨隧，淫巫闯神幌。大夫过停辕，式瞻为含怆。衣冠复故貌，几筵陈新享。寡劣忝乡人，因歌表遐仰。

问吴宫辞并序　　〔唐〕陆龟蒙

甫里之乡曰吴宫，在长洲苑东南五十里，非夫差所幸之别馆耶？披图籍，不见其说。询故老，不得其地。其名存，其迹灭，怅然兴怀古之思，作《问吴宫辞》。

彼吴之宫兮江之涯，复道盘盘兮高且斜。波摇疏兮雾蒙箔，菡萏国兮鸳鸯家。鸾之箫兮蛟之瑟，骈筠参差兮界丝密。燕曲房兮上初日，月落星稀兮歌酣未毕。越山丛丛兮越溪疾，美人雄剑兮相先后出。火姑苏兮沼长洲，此宫之丽人兮留乎不留。霜氛重兮孤榜晓，远树枯疏兮愁烟悄渺。欲摭愁烟兮问故宫，又恐愁烟兮惟白鸟。

暑中迁寓甫里精舍　　〔元〕柳贯

城隅亦有果园坊，容得闲人借草堂。何必渔樵之笠泽，故多水石近沧浪。过桥稍接鱼虾市，泛艇遥连雁鹜乡。秋雨几时能破块，夜灯休负读书床。

怀甫里　　倪瓒

笭竹依依故里，石刊翰墨模糊。庞公力田二顷，拾遗扁舟五湖。

野老移家图为谢应芳赋　　袁华

野老移家向何许？乃在吴淞之甫里。治生懒学陶朱公，钓竿欲觅玄真子。小儿读书坐船头，大儿击楫歌中流。细君斫脍妇炊黍，老子醉卧芦花秋。人生真乐不易得，儿女团圞居泽国。避秦何必问桃源，朝泊江南暮江北。

谒甫里祠　　〔明〕高启

衣冠寂寞半尘丝，想见江湖独卧时。遁迹虚烦明主诏，感怀犹赋散人诗。钓鱼船去云迷浦，斗鸭阑空草满池。芳藻一杯谁为奠？鼓声只到水神祠。

偶过甫里乘月至白莲寺访天随故祠　　文徵明

一龛香火白莲宫，古社犹题甫里翁。坐挹高风千载上，依然故宅五湖东。雨荒杞菊流萤度，月满陂塘斗鸭空。故草已随尘土化，空瞻遗像寂寥中。祠有唐时遗像，为狂人所仆，腹中皆翁手稿，后像虽设而稿不可复得矣。

魏文靖旧宅唐罗昭谏先曾结庵于此　　蒋铉

野庙斜阳古渡头，千年唐宋水空流。蒲砧响落三更月，牧篴寒生万树秋。老我乱离来避地，昔人哀怨此登楼。于今不必凭高望，荒草吴宫更起愁。

青丘子歌　　高启

江上有青丘，予徙家其南，因自号青丘子。闲居无事，终日苦吟，间作《青丘子歌》，言其意以解诗淫之诮。

青丘子，臞而清，本是五云阁下之仙卿。何年降谪在世间，向人不道姓与名。蹑履厌远游，荷锄懒躬耕。有剑任羞涩，有书任纵横。不肯折腰为五斗米，不肯掉舌下七十城。但好觅诗句，自吟自酬赓。田间曳杖复带索，傍人不识笑且轻。谓是鲁迂儒楚狂生，青丘子闻之不介意，吟声出吻不绝咿咿呜。朝吟忘其饥，暮吟散不平。当其苦吟时[①]，兀兀如被酲。头发不暇栉，家事不及营。儿啼不知怜，客至不果迎。不忧回也空，不慕猗氏盈。不惭被宽褐，不羡垂华缨。不问龙虎苦战斗，不管乌兔忙奔倾。向水际独坐，林中独行。斫元气，搜元精，造化万物难隐情。冥茫八极游心兵，坐令无象作有声。微如破悬虱，壮若屠长鲸。清同吸沆瀣，险比排峥嵘。霭霭晴云披，轧轧冻草萌。高攀天根探月窟，犀照牛渚万怪呈。妙意俄同鬼神会，佳景每与江山争。星虹助光气，烟露滋华英。听音谐韶乐，咀味得太羹。世间无物为我娱，自出金石相轰铿。江边茅屋风雨晴，闭门睡足诗初成。叩壶自高歌，不顾俗耳惊。欲呼君山老父，携诸仙所弄之长笛，和我此歌吹月明。但愁欻忽波浪起，鸟兽骇叫山摇崩。天帝闻之怒，下遣白鹤迎。不容在世作狡狯，复结飞珮还瑶京。

碛砂寺在陈湖北　　沈周

双幢落日倚渔汀，北下孤舟此暂停。野客偶惊云外犬，老僧随掩石边经。沙洲独树藤萝紫，古殿遗基荞麦青。今夜试留湖上枕，疏钟高浪不堪听。

---

① 原作“当其苦时”，漏一“吟”字。

游张林山　徐贲

偶为寻花到竹西，两山云气接高低。午烟僧舍林塘窅，春野人家草树齐。水鹤晴时行麦陇，园蜂暖处识兰畦。自怜远地归来后，才是登临便感凄。

陈湖秋泛　陈基

平湖秋色晓苍苍，鼓枻声传浦溆凉。鸿雁欲来天拍水，蒹葭初老露为霜。菊荒甫里人何在？鲈入松江兴转长。不用临流重怀古，苇花菱叶满沧浪。

夜渡吴淞江怀古　〔唐〕宋之问

倚棹望兹川，消魂独黯然。乡连江北树，云断日南天。剑别龙初没，书成雁不传。离舟无限意，催渡复催年。

过吴淞　李郢

片帆孤客晚夷犹，红蓼花前水驿秋。岁月方惊离别尽，烟波仍驻古今愁。云阴故国山川暮，潮落空江网罟收。还有吴娃旧歌曲，棹歌遥散采菱舟。

吴淞渔乐　〔明〕沈贞吉

家住沧洲白鸟边，捕鱼沽酒自年年。桃花浪暖堪垂钓，杨柳风轻不系船。帆影带归孤屿月，笛声吹散一江烟。武陵亦是人间路，谁说仙家别有天。

题李无晦醉眠亭　〔宋〕苏轼

已向闲中作地仙，更于酒里得天全。从教世路风波恶，贺监偏工水上眠。

君且归休我欲眠，人言此语出天然。醉中对客眠何害？始信陶潜未若贤。

题醉眠亭　苏辙

是非一醉了无余，惟有胸中万卷书。已把人生比蘧传，更将江浦作阶除。欲眠宾客从教去，倒卧氍毹岂暇舒？京洛旧游真梦里，秋风无复忆鲈鱼。

泛淀山湖　　〔明〕屠隆

扁舟凌紫氛，萧洒绝人群。浦暗遥吞树，湖空不碍云。浪推沙鸟出，风挟寺钟闻。故有沧州癖，徘徊春夕曛。

干将墓　　高启

干将善铸剑，剑成终杀身。吴伯亦遂亡，神物岂不神？始知服诸侯，威武不及仁。徒劳冶金铁，精光动星辰。莫邪应同埋，荒草千古春。青蛇冢间出，犹欲恐耕人。

彝亭问潮馆　　〔国朝〕徐崧

千年鸭脚树婆娑，亭畔行舟日夜过。莫问海潮重到未，状元吾郡自来多。

夜至阳城田家　　〔明〕高启

东津渡头秋月辉，南陵寺里远钟微。主人入夜门未掩，蒲响满塘鹅鸭归。

渡阳城湖　　释法杲

不知何所事，身堕渺茫间。岸白流鱼沫，天青出蚬山。树微看渐灭，云薄去如闲。无限随波意，轻舟试往还。

低田妇　　沈周

湖田十年才一耕，今年又与湖波平。男儿筑岸妇踏水，日长踏多力不生。百辐翩翩转鸦尾，涂足蓬头濯风雨。君不见，田家不悔苦生涯，生女还复嫁田家。

吴歌六首　　屠隆

下田春水深，高田春水绿。何故把长镵，无钱买黄犊。
两男易盎粟，犹胜委长渠。厨中无夜饭，门外催官租。
天上明月光，朣胧照华堂。富家一夕宴，贫家千日粮。
莲子湖中生，亦在湖中长。娇女年十三，乘舟学荡桨。
风篷鸣夜雨，水槛出苍烟。夫妻湖口住，白首不相捐。
终朝出饷馌，薄暮归织布。谁家怀春女？轻衫若烟雾。

舶趠风是风起，天不雨，约十日余乃止。　〔宋〕苏轼

吴中梅雨既过，飒然清风弥旬，岁岁如此，吴人谓之舶趠风。是时，海舶初回，云此风自海上与舶俱至云尔。

三旬已过黄梅雨，万里初来舶趠风。几处萦回度山曲，一时清驶满江东。惊飘簌簌先秋叶，唤醒昏昏嗜睡翁。欲作兰台快哉赋，却嫌分别问雌雄。

秋雷叹吴谚云："秋孛辘，损万斛。"谓立秋日雷也。　范成大

立秋之雷损万斛，吴侬记此占年谷。汰哉丰隆无藉在，政用此时鸣孛辘。向来夏旱连三月，吁嗟上诉声满屋。讼风未慭复占雷，助魃为妖天更酷。我虽闲寂忝祠史，家请官供尚仓粟。尘甑贫交满目前，卒岁将何救枵腹。但愿吴侬言不验，共割黄云炊白玉。天人远近叵戏论，裨灶安能尸祸福。

冬舂行[①]　范成大

腊中储蓄百事利，第一先舂年米计。群呼步碓满门庭，运杵成风雷动地。筛匀箕健无粞糠，百斛只费三日忙。齐头圆洁箭子长，隔篱耀日雪生光。土仓瓦龛分盖藏，不蠹不腐常新香。去年薄收饭不足，今年顿顿炊白玉。春耕有种夏有粮，接到明年秋刈熟。邻叟来观还叹嗟，贫人一饭不可赊。官租私债分如麻，有米冬舂能几家？

烧火盆行　范成大

春前五日初更后，排门燃火如晴昼。大家薪干胜豆萁，小家带叶烧生柴。青烟满城天半白，栖鸦惊飞啼格磔。儿孙团坐鸡犬忙，邻曲欢笑遥相望。黄宫气应才两月，岁阴犹骄风栗烈。将行阳令作好春，正要火盆生暖热。

照田蚕行　范成大

乡村腊月二十五，长竿燃炬照南亩。近似云间森列星，远如风起飘流萤。今春

① 原作"冬春行"，"春"字据《道光苏州府志》改为"舂"。下同。

雨涂茧丝少，秋日雷鸣稻堆小。丰家今夜火最明①，的知新岁田蚕好。夜来风焰西复东，此占最吉余难同。不惟桑贱谷芃芃，仍更苎麻无节菜无虫。

分岁祠　　范成大

质明奉祠古今同，吴侬用昏盖土风。礼成乐彻夜未艾，饮福之余即分岁。地炉火暖苍术香，行盘果饵如蜂房。就中脆饧专岁物，四座齿颊锵冰霜。小儿但喜新年至，头角长成添意气。老翁把杯心茫然，增年反尔减吾年。荆钗劝酒仍祝愿，愿翁尊前且强健。君看今岁旧交亲，大有人无此杯分。老翁饮罢笑撚须，明朝重来醉屠酥。

打灰堆词　　范成大

除夜将阑晓星烂，粪扫堆头打如愿。杖敲灰起飞扑篱，不嫌灰涴新节衣。老媪当前再三祝，只要我家常富足。轻舟作商重船归，大特引犊鸡哺儿。野茧可缫麦两岐，短袄换着长衫衣。当前婢子挽不住，有耳犹能闻我语。但如我愿不汝呼，一任汝归彭蠡湖。

卖痴呆词　　范成大

除夕更阑人不睡，厌禳迟钝迎新岁。小儿呼叫出长街，家有痴呆叫人买。二物于人谁独无，就中吴侬偏有余。巷南巷北卖不得，相逢大笑相揶揄。老翁块坐重檐下，独要买添今问价。儿云翁买不须钱，奉赊痴呆千百年。

灯市行　　范成大

吴台今古繁华地，偏爱元宵灯影戏。春前腊后天好晴，已向街头作灯市。垒玉千丝似鬼工，剪罗万眼人力穷。两品争先最先出，不待三五迎东风。儿童种麦荷锄倦，偷闲也向城中看。酒垆博塞杂歌呼，夜夜长如正月半。灾伤不及十之三，岁寒民气如春酣。农家只幸荒年少，始觉城中灯市好

① 原无“秋日雷鸣稻堆小。丰家今夜火最明”两句，据《〔正德〕姑苏志》补。《〔嘉靖〕吴江县志》作“侬家今夜火最明”。

祀灶词 范成大

古称腊月二十四，灶君朝天欲言事。云车风马少流连，家有杯盘丰典祀。猪首烂熟双鱼鲜，豆沙甘松粉饼团。男儿酌酒女儿避，酹酒烧钱灶君喜。婢子斗争君莫闻，猫狗触秽君莫嗔。送君醉饮登天门，杓长杓短勿复云，乞取利市归来分。

爆竹行 范成大

岁朝爆竹传自昔，吴侬正月前五日。食残豆粥扫罢尘，截筒五尺煨荒薪。节间汗流火方透，健仆取将仍立走。儿童却退避其锋，当阶击地雷霆吼。一声两声百鬼惊，五声六声鬼巢倾。十声连百神道宁，八方上下皆和平。却拾焦头垒床底，犹有余威可驱厉。屏除药物添酒杯，尽日嬉游夜浓睡。

迎春歌 〔明〕袁宏道

东风吹暖娄江树，三衢九陌凝烟雾。白马如龙破雪飞，犊车碾水穿香度。铙吹拍拍走烟尘，炫服靓妆十万人。罗额鲜明纷彩胜，社歌缭绕簇芒神。绯衣金带印如斗，前列长官后太守。乌纱新缕汉宫花，青奴跪进屠苏酒。采莲舟上玉作幢，歌童毛女白双双。梨园旧乐三十部，苏州新谱十三腔。假面胡头跳如虎，窄衫绣袴槌大鼓。金蟒缠身神鬼妆，白衣合掌观音舞。观者如山锦相属，杂沓谁分丝与肉。一路香风吹笑声，十里红纱遮醉玉。青莲衫子藕荷裳，透额垂髫淡淡妆。拾得春条夸姊妹，袖来佳果掷儿郎。急管繁弦又一时，千门杨柳破青枝。独有闭门袁大令，尘拥书床生网丝。

走三桥词 陆伸

细娘分付后庭鸡，不到天明莫浪啼。走遍三桥灯已落，却嫌罗袜污春泥。吴人呼处女为细娘。

冶游 〔国朝〕邵长蘅

吴峰如点黛，吴溪如染蓝。吴娃艳妆裹，冶游心所忺。玉腕黄金钏，鸦鬟琥珀簪。月华百褶裙，杏子单红衫。二月春始半，蹋青邀女伴。小桃虎丘红，新柳山塘短。烧香观音山，丝绣三丈幡。拔钗供佛会，共郎游梵天。五月胥江怒，水嬉欢竞渡。团扇薄不遮，故教冶容露。六月荷花荡，轻桡泛兰塘。花娇映红玉，语笑熏风香。中秋千人石，听歌细如发。十八楞伽山，湖亭待串月。何许更登高，吴山黄花节。冶游春复秋，婉娈不知愁。西乡大养蚕，东乡种棉花。养蚕姊条桑，种花妹纺车。侬自袖手坐，衣著绫罗纱。

红菱　　尤侗

采莲歌未歇，又唱采菱歌。头角峥嵘甚，肌肤冰雪多。紫衣能映坐，罗袜解凌波。我欲搴花蕊，妆台照翠蛾。

冰窨歌　　尤倬

我闻古之凌阴备祭祀，今何为者惟谋利。君不见葑溪门外二十四，年年特为海鲜置。潭深如井屋高山，潴水四面环冰田。孟冬寒至水生骨，一片颇黎照澄月。窨户重裘气扬扬，指麾打冰众如狂。穷人爱钱不惜命，赤脚踏冰寒割胫。槌舂撞击声殷空，势欲敲碎冯夷宫。砅砰倏惊倒崖谷，淙琤旋疑响琼玉。千筐万筥纷周遭，须臾堆作冰山高。堆冰成山心始快，来岁鲜多十倍卖。海鲜不发可奈何？街头六月凉冰多。

卷三十六

艺文补从前未备

题虎丘山西寺　〔唐〕朱长文

王氏家山昔在兹，陆机为赋陆云诗。青莲香匝东西寺，日月与僧无尽时。

苏州不住遥望虎丘报恩两寺　李绅

秋山古寺东西远，竹院松门怅望同。幽鸟静时侵径月，野烟消处满林风。塔分朱雁余霞外，刹对金螭落照中。官备散寮身却累，往来惭谢二莲宫。

真娘墓　沈亚之

金钗沦剑壑，兹地似花台。油壁何人值，钱塘度曲哀。翠余长染柳，香重欲熏梅。但道行云去，应随蝶梦来。

虎丘寺赠渔处士　赵嘏

兰若云深处，前年客重过。岩空秋色动，水阔夕阳多。早负江河志，今如鬓发何。惟思闲胜我，钓艇在烟波。

虎丘寺殿前有古杉一本形状丑怪图之不尽况百卉竞媚若妒若娼唯此杉死抱奇节髐然闯然不知雨露之可生也风霜之可瘁也乃造化者方外之材乎遂赋三百以见志　皮日休

种日应逢晋，枯来必自隋。鳄狂将立处，螭斗未开时。卓荦掷枪干，叉牙束戟枝。初惊缪篆活，复讶獝狂痴。劲质如尧瘦，贞容学舜霉。势能擒土伯，丑可骇山祇。虎爪拿岩稳，虬身脱浪欹。槎头势似虎，棙觜利于锥。突兀方相胫，鳞皴夏氏胝。根应藏鬼血，柯欲漏龙漦。拗似神荼怒，呀如猰貐饥。朽痈难可吮，枯瘇不堪治。一炷元云拔，三寻黑稍奇。狼头勃窣竖，虎尾屈挛垂。目燥那逢爟，心开岂中铍。仕苔为疥癣，从蠹作疮痍。品格齐辽鹤，年龄等宝龟。将怀缩地力，欲负拔山姿。未倒防风骨，初僵负贰尸。漆书明古本，铁室抗全师。碨磊还无极，伶俜又莫持。坚应敌骏骨，文定写彪皮。蟠屈愁凌刹，腾骧恐攫池。抢烟寒嵑嶭，披茑静襹褷。威仰诚难识，句芒恐不知。好烧胡律看，堪共达多期。有色诸芳笑，无声众籁疑。终添八柱位，未要一绳维。尽日来唯我，当春玩更谁。他年如入用，直构太平基。

江湖散人歌　　陆龟蒙

江湖散人天骨奇，短发搔来蓬半垂。手提孤篁曳寒茧，口诵太古沧浪词。词云太古万万古，民性甚野无风期。夜栖正与禽兽杂，独自构架纵横枝。因而称曰有巢氏，民共敬贵如君师。当时只效乌鹊辈，岂是有意陈尊卑。无端后圣穿凿破，一派前导千流随。多方恼乱元气死，日使文字生奸欺。圣贤事业转消耗，尚有渔者存熙熙。风波不独困一士，凡百器具皆能施。罛疏沪腐鲈鱖脱，止失检驭无谗疵。人间所谓好男子，我见妇女留须眉。奴颜婢膝真乞丐，反以正直为狂痴。所以头欲散，不散弁峨巍。所以腰欲散，不散珮陆离。行散任之适，坐散从倾欹。语散空谷应，笑散春云披。衣散单复便，食散酸醎宜。书散浑真草，酒散甘醇醨。屋散势斜直，树散行参差。客散忘簪履，禽兽散虚笼池。外物一以散，中心散何疑。不共诸侯分邑里，不与天子专隍陴。静则守桑柘，乱则逃妻儿。金镳贝带未尝识，白刃杀我穷生为。或闻蕃将负恩泽，号令铁马如风驰。大君年小丞相少，当轴自请都旌旗。神锋悉出羽林仗，绘画日月蟠龙螭。太宗基业甚牢固，小丑背叛当歼夷。禁军近自肃宗置，抑遏辅国争雄雌。必然大段剪凶逆，须召劲勇持军麾。四方贼垒犹占地，死者暴骨生寒饥。归来辄拟荷锄笠，诟吏已责租钱迟。兴师十万一日费，不啻千金何以支。秖今利口且箕敛，何暇俯首哀惸嫠。均荒补败岂无术，布在方策撑颓巇。冰霜襦袴易反掌，白面诸郎殊不知。江湖散人悲古道，悠悠幸寄羲皇傲。官家未议活苍生，拜赐江湖散人号。

贞娘墓　　罗隐

春草荒坟墓，萋萋向虎丘。死犹嫌寂寞，生肯不风流？皎镜山泉冷，轻裾海雾秋。还应伴西子，香径夜深游。

题吴中陆龟蒙山斋　　殷文圭

万卷图书千户贵，十洲烟草四时和。花心露洗猩猩血，水面风披瑟瑟罗。庄叟静眠清梦永，客儿芳意小诗多。天麟不触人间网，拟把公卿换得麽。

枫江夜泊　　张继

月落乌啼霜满天，江枫渔火对愁眠。姑苏城外寒山寺，半夜钟声到客船。

虎丘　　〔宋〕俞桂

突兀浮屠插翠微，吴王事迹总成非。寺僧未晚山门闭，不放闲云一片飞。

平江腊月廿五夜作　　陈藻

昨夜宰猪家祭灶，今宵洗豆俗为糜。燔柴夹水明如昼，截竹当阶爆御魑。故国赛还新岁愿，老翁回忆幼年时。才高命薄天相戏，我亦刚肠不肯悲。

吴王试剑石　　周弼

吴王铸剑成，自谓古难比。试之高山巅，石裂断横理。那无昔时人，相逢干将里。故宫宫中白日长，春风野田百草香。有谁慷慨不平事，披褐踏花推酒缸。

虎丘　　〔元〕杨仲友

虎是何年踞？名存迹已亡。塔从林外出，山向寺中藏。池暗生寒气，台荒受夕阳。更无人吊古，来只为春忙。

过吴淞江　　〔明〕顾观

吴淞三万六千顷，震泽与之俱渺茫。鸿雁一声天接水，蒹葭八月雾为霜。轻风谩飐渔柳笛，落日偏惊估客航。我亦年来倦游历，解缨随处濯沧浪。

游虎丘　　杨守陈

出城才数里，已到白云间。但见门临水，那知寺有山。钟鸣僧出定，林动鹤飞还。石磴行行遍，花宫尽启关。

春陪吕志学曾彦鲁刘仲原同登虎丘赋呈居中长老　　郏经

虎丘山前新筑城，虎丘寺里断人行。梵僧自识灰千劫，蜀魄时飘泪一声。渐少松杉围窣堵，无多桃李过清明。向来游事夸全盛，曾对春风咏太平。

东禅寺　　李应祯

松杉满院风，豆荚一篱绿。不闻车马喧，时有高人宿。

己巳九月舟次相城　　王鏊

几年约兹游，为访石田叟。石田今已亡，不使此言负。相知三四人，拿舟过湖口。行行抵相城，自卯将及酉。四顾何茫然，天水合为薮。茅屋数家存，荒蒲与衰柳。本来鱼鳖宫，自合鸥鹭守。始田者为谁？馁也非自取。有司事诛求，亡者十八九。念此为彷徨，独立延伫久。作诗当风谣，以告民父母。

夜登虎丘次韵　　钱縠

遥忆梅花阁，还思修竹林。烟迷山径窅，云锁石苔深。香界期重宿，�亭拟更临。悠然停采舰，灯火晚阴阴。

游虎丘　　伊乘

舟行山在眼，到门山忽失。去郭仅七里，攀磴穷百尺。岩姿互明晦，潭影杳深黑。步倦松暂憩，醉眠草堪席。不逢试剑人，犹睹试剑石。台殿半空起，鸡犬下方隔。经声杂梵呗，禅定悟空寂。晋唐历劫多，刘白不世出。阒剧固殊调，登览各有适。重来预作期，昨游宛然忆。了性未有因，寓形何苦役？依此憺忘归，于焉永终日。

登虎丘寺阁　　娄坚

兹山宝荟蔚，能使流目迷。高阁出树颠，连峰亘其西。平生山中客，今来始攀跻。浮图势更高，登之惮层梯。聊此窗间眺，已觉飞鸟低。平畴带曲水，遥见来时蹊。

高下各有适，鹳鹤同凫鹥。扰扰何为者[1]，物理将无齐。

刘宪石招游虎丘奉答　蒋臣

山川犹昨日，金虎气全凋。万事蹉跎尽，千秋涕泪遥。寒蛩依画舫，欹柳卧平桥。胜地欣相见，何年复此宵。

虎丘春步　陆寿国

好鸟语芳树，春山远近看。攀崖振萝策，度塔跨云鞍。缟袖翔飞燕，青笺赋木兰。雨余客去后，新月上栏干。

拜文信国祠下　金铉

复姤自天运，臣道无终穷。殉节士所恒，宁足矜子功。伟哉一文士，毅然任即戎。棘行若履坦，所在吟凄风。一息苟可奋，安忍即瘖聋。九死固所甘，但惜炎运终。堪嗟生祭者，不足语微衷。

塔影园　万曰吉

半壁依青嶂，千峰落翠微。草堂冰雪路，山鬼薜萝衣。断塔仍栖鸽，荒冈亦采薇。中原方格斗，坐卧掩柴扉。

虎丘吊五人墓　李之椿

乱贼儿孙拥，安危呼吸争。五人能就死，众正始俱生。矫逆原非诏，拳凶不为名。忠魂今尚在，时映夕霞明。

虎丘春晓　朱隗

桃花水涨没桃溪，掩映红桥碧草齐。万树垂杨深雨里，村南村北鹁鸠啼。

五人墓　吴如晦

尚公坐，群儿趋。清流士，当受诛。周吏部，洒别泪。尚公闻，槛车逮。吏部

---

① 原无"鹳鹤同凫鹥。扰扰何为者"两句，据《虎阜志·寺院》补。

行，吴民惊。毛开府，喑无声。较尉言，尚公诏。嗟鼠辈，勿聚啸。谓汝诏，出天子。尚公谁？恶敢尔！五人呼，万人起。缇帅血，滴泥里。此五人，良非愚。慷慨死，真丈夫。虎丘南，飙以驰。巍然者，尚公祠。祠未成，冰山倾。山南土，俄已平。废基下，新碑树。巍然者，五人墓。

客虎丘中秋无月　　项圣谟

惊心吴楚客，倏忽度中秋。明月生何处？微风倚寺楼。孤吟淹北渚，极目望西畴。夜静风传柝，江皋动远愁。

葑门化城庵留别社中诸友　　读彻

相送了无意，临岐忽黯然。回看吴苑树，独上秣陵船。春老还山路，江昏欲暮天。白鸥休避我，拍拍碧波圆。

虎丘　　〔国朝〕王士正

阖庐霸业夕阳沉，钟梵空山自古今。剑去虎丘青嶂在，水枯鹤涧碧苔侵。吴宫歌散声犹苦，越绝书成怨不任。惟有生公台畔石，年年白月照禅心。

二

登临一上可中亭，叠嶂回峦面面青。昔日山堂谁说法？至今片石尚精灵。四围竹翠晴犹滴，万壑钟音晚更听。乘兴探梅竟忘返，白公堤外雪冥冥。

阖庐墓　　王士正

剑池春日水清虚，石壁临风吊阖庐。于越行成谁狡狯？夫椒往事重欷歔。飘零王气传金虎，寂寞空山葬玉鱼。太息恩仇竟何在？荒台青草认姑胥。

虎丘雪浪轩眺望　　王士正

高阁滴春雪，溪山如画图。辉辉浮震泽，霭霭眺吴都。远近清晖合，珑璁碧树扶。诸天坐来暝，香积下饥乌。

五人墓　　王士正

流连虎阜游，宛转山塘路。石门映回波，英灵此中聚。满坛松桂阴，落日青枫树。生傍伍胥潮，死近要离墓。千秋忠介坟，鬼雄誓相赴。酹酒拂苍碑，寒鸦自来去。

东禅寺林酒仙祠　　朱彝尊

独破珠林戒，惟贪米汁甘。醉乡仍此地，古佛与同龛。北涧遗铭在，中吴旧事谙。门前留绿树，过客每停骖。

阖庐墓　　汪懋麟

吴王好宝剑，殉葬埋山隅。发卒千万人，桐棺葬玉凫。匣沉剑池底，光怪时有无。祖龙欲求剑，发冢欺阖庐。忽见白虎踞，徒旅皆惊趋。此事终茫昧，理势岂然乎？吴宫有娇女，蒸鱼命忽徂。送葬舞白鹤，聚观万民俱。发机尽掩之，白骨成村墟。湛卢恶无道，入楚潜去吴。鱼肠杀王僚，背逆良可吁。磐郢送死女，宝剑皆空虚。谁能起欧冶？此说闻风胡。古铁亦有灵，乱邦讵能居？王道自无敌，一剑真匹夫。区区吴与秦，所见亦何愚。

真娘墓　　孙枝蔚

世上美人偏不久，看花时节舞裙朽。化为黄土香春风，何况当筵亲劝酒。无人经过不题诗，为问芳魂知不知？坟前草色青如此，城里歌声那可迟。

短簿祠　　郑日奎

我过短簿祠，喟然起太息。叹君笔如椽，乃供幕中画。喜怒操人意，阴谋复谁识？嗟乎海西废，安知非君策？晋祚方中微，庙堂孰努力？强私而弱公，难免春秋责。一祠空复在，烜赫已非昔。短簿非善名，传呼不与易。信知众人口，严于圣人笔。寄语文章士，身名当护惜。

二姜先生祠　　潘耒

轼辙齐名世早知，百年忠义系人思。忠传折槛排奸日，义想衔刀伏阙时。两地青燐埋宿草，一山红树妥新祠。吴门野老多相识，雪涕争看幼妇碑。

虎丘二姜先生祠　　王焜

掖垣抗疏触天威，拜杖淋漓血染衣。远戍孤臣终守节，罢官难弟竟无归。宣州藁葬依灵爽，茂苑荒祠隐翠微。下马行人奠椒醑，千秋孤竹并光辉。

沈庄楞幽居　　冯勖

杨柳塘东更向东，绿蒲红蓼各成丛。三家村口少人过，独木桥边有路通。老屋短垣披薜荔，主人长日注鱼虫。客来仿佛桃源内，鸡黍为欢话古风。

竹垞先生留宿枫桥慧庆寺夜话追悼陆文孙　　徐永宣

朔风号怒纸窗前，忆旧僧房感逝川。乡曲公怜杨狗监，天涯吾悼李龟年。雪深院落妻无絮，叶拥阶除突少烟。此夜枫青灯影黑，鼓寒霜重不成眠。

访汪钝翁先生故居　　缪沅

山光塔影尚嶙峋，遗筑丘南野水滨。草没垣衣何限感，乞花场上吊诗人。

虎丘同侯枲辰华子山访山阴戴隐君南枝　　杜诏

共理登山屐，兼停访戴船。诛茆容大隐，宿草泣高贤。南枝卖字葬徐俟斋。往事空禾黍，伤心只杜鹃。尘襟聊一洗，清挹第三泉。

枫桥舟次　　王图炳

昔年曾宿枫桥下，澹荡春风渔火夜。乱挽垂杨绾画桡，吴娘低唱雨潇潇。重来且醉枫桥酒，秋江无复青青柳。惟有寒山夜半钟，依然飘到客船中。

同徐臞庵过万寿寺　　张大受

同过精蓝地，看题旧日名。阁非禅月记，钟是福宁声。老树云遮屋，清溪月傍城。游人延伫久，懒散一僧迎。

邀朴村夜话镜虹桥　　张大受

四先生后君杰出，诸少年场仆未能。横港扁舟邀忽至，将门小阁快同登。名流星散空伤凤，健笔风生似脱鹰。为把镜泓桥畔盏，鬓眉历落照泓澄。

补吴趋吟　李必恒

幼怜

鬖髿束发儿，白皙乃无比。疏疏眉眼好，粲粲唇齿美。五岁教识字，从师按宫徵。手口兼授受，辛苦肆鞭箠。技成邻里贺，父母为色喜。挟之走四方，飘然离桑梓。登场傅粉墨，当筵矜爪觜。参军与老鹘，靦颜不知耻。本心渐放失，垂老悔莫徙。先王分四民，农工商贾士。各各有常业，服习自幼始。所以风俗完，淳闷臻上理。梨园肇李唐，近代益波靡。吴侬贯成习，比闾莫訾毁。生儿教义方，罟擭陷童稚。隶籍侪教坊，编户弗与齿。若为急谋生，所获宁有几？轮舆与梓匠，执一亦足恃。或云此有由，豪门及王邸。千金装傀儡，乐部购声伎。岂忍捐骨肉，乃为重赀饵。上好下必甚，此论诚近理。愚氓固难喻，陋俗会应洗。何当设厉禁？是用勖君子。

滥刻

结绳既已远，书契日以烦。竹素事抄誊，厥力亦孔艰。刊本始石晋，九经方流传。踵事制弥精，累朝盖相沿。滥觞遂横流，未若今代然。白头老讲师，横身踞坫坛。余吐拾朱程，口舌如澜翻。移时变黑白，其言浩无端。亦有狡狯子，操觚肆讥弹。假此立名誉，捷径跻清班。翩翩寡学徒，声韵粗能谙。行卷如束笋，赠送多厚颜。纷纭逮百家，媟亵至稗官。奸贾竞牟利，各各争雕镌。此事江南盛，此风吴会繁。薰莸谁能判？梨枣抑何冤？真堪剡溪吊，翻思嬴秦燔。我欲血面请，拔本塞其源。六经暨子史，日月悬不刊。其余悉禁止，一切从焚芟。息邪而放淫，庶为圣道闲。众喙一朝静，正始徐自还。惜权不我有，伊谁砥狂澜。

上巳陪汪隶园吉士彭瞻庭编修泛舟山塘分得丽字　徐昂发

江水碧于云，春山乱若荠。兰棹斜冲香荇开，薄帆半倚东风锐。恰是棠黎寒食天，纱衣罗扇还修禊。主人劝客颇黎春，螺盏银枰自佳丽。推篷泻入明镜光，群峰倒影摇青髻。花朵如钗紫蝶衔，波鳞没膝行人揭。依依捩柁出山塘，破鼻花香沙路霁。赤阑桥畔酒旗翻，白鹭滩头丝綍系。何处清歌切碧霄，桫檀小板琵琶捩。断肠人载油壁车，一路莺声官柳细。红裙取醉非吾事，曲涧幽岩欣一憩。况从仙老侍琴壶，嘲谈骚雅爬根蒂。打桨回船夕气昏，新月梢梢堕衫袂。主人续剪桦烛烟，压酒甘酸粲蕉荔。官鼓初挝漏板鸣，藏钩更睹芎藭谜。欹斜醉眼眩红绿，乱襞蛮笺写清制。樽前回首真娘坟，柘枝紫袖今荒碣。明朝风雨却独来，满地落花谁瘗瘗？

澹泊居花下招同惠仲儒郑季雅沈归愚徐龙友王斗文小饮作歌即送季雅入都

顾绍敏

清明雨过春濛濛，情怀索莫如寒蛩。西河有泪久呜咽，夜半梦魇惊惺忪。古香荒土斫新冢，一杯清酹浇蒿蓬。书斋鱼尾锁寂寞，蛛丝罥席垂帘栊。谁知造物每多事，也复乱发花丛丛。鼠姑两本色欲绝，开轩一笑惊春红。家人怪我少欢绪，依然罗幕张轻风。竹萌如玉脍如雪，好友招集开醅浓。索即快睹碧碗冻，花光酒色相曈昽。《清平》三调久称绝，元舆一赋谁争雄？诸公才思并清俊，妍雅合度吹笙镛。所疑云龙本一气，愈何轩达郊何穷？饮停郑子语刺促，忽尔言别辞江东。榆钱散打绿阴暗，黄沙扑面飞蓬松。去年作客太无赖，秋南春北随飞鸿。何如束腹卧穷巷，卷书细读听长松。郑子掉头意不尔，令我愁别悲忡忡。

五人墓

朱奕恂

花市东头侠骨香，断碑和雨立寒塘。屠沽能碧千年血，松桧犹飞六月霜。翠石夜通金虎气，荒丘晴贯斗牛芒。片帆落处搴清藻，几伴归鸦吊夕阳。

吊五人墓

林明伦

西市繁霜日，南缠贯索中。歌诗忧板荡，占象叹屯蒙。国柄归旁落，刑余蔽主聪。衣冠婴赤族，屠狗叫苍穹。竟触貂珰怒，谁怜骨鲠忠。捐生片语易，仗义五人同。道直心宁悔？名存死不空。招魂堤水上，葬骨武丘东。墓草侵阶绿，山鹃带血红。要离三尺土，千古共英风。

虎丘题壁

陈恭尹

虎迹苍茫霸业沉，古时山色尚阴阴。半楼月影千家笛，万里天涯一夜砧。南国干戈征士泪，西风刀剪美人心。市中亦有吹篪客，乞食吴门秋又深。

箬包船纪事

王应奎

有船锐其首，以箬包裹之。名为箬包船，聚泊疑茅茨。浮家无定所，忽湖忽江湄。居货挟土产，擅技兼卜医。中有无良者，行乞同残黎。讵料豺狼心，所志窃童儿。神咒与饼饵，给儿儿辄迷。牵引至船中，毒手恣所为。或为矐其目，或为攦其肢。或屈曲其体。如籧篨戚施。形骸几变尽，父母居然疑。清晨负之出，索钱号九逵。夕仍负以入，倾倒囊中资。数倘有不充，攒刺加鞭笞。苟延此残喘，性命危如丝。有时更肆恶，视彼躯干肥。入之人鲊瓮，饱啖若哺糜。吸儿脑与髓，嚼儿肝与脾。从此筋骨强，便可耐刀锥。更闻藏秘器，卖以疗尪羸。一七为神膏，索值恒不訾。淫人祈长生，食之甘如饴。又闻湖海滨，茫洋有神祠。神曰抽筋姆，此辈所皈依。重午暨中秋，庙门搴灵旗。群船竞祭赛，以儿为牲牺。祭罢饮福酒，狼籍骼与胔。年来迭败露，官长胥周知。勿问所从来，立毙陈其尸。谓足抵儿命，此外无穷治。不究其本根，徒然剪旁枝。官长法深刻，何独偏仁慈。其毒仍滋蔓，其故难寻窥。谁为采风者？听我歌此诗。

谒文信国祠　　沈德潜

先生今不死，万古仰完人。兴丧由天命，安危仗此身。崖山俱赴难，燕市独成仁。遗庙平江路，辉煌俎豆新。

二

故君沦漠北，幼主立中朝。家国存馀烬，风霜识后凋。臣心指南录，天意浙江潮。此日羞蘋藻，谁人赋大招？

三

一旅图兴复，孤臣立国难。俘囚归北地，生死著南冠。正气千秋在，丹心后代看。西台旧宾客，恸哭泪汍澜。

四

旌节临吴地，今传信国祠。蛟龙蟠古柏，风雨卷灵旗。高栋巍峨日，忠魂陟降时。朔方起辇谷，寂寞几人知？

塔影园文宴　　沈德潜

桂香入座午风清，簪盍闲园会友生。嘉客携群来鹿水，仙槎浮浪自沧瀛。吾衰幸未车生耳，类聚欣占凤善鸣。若个当筵驰阵马，文成先吐句赓赓。

二

对酒当歌歌可夫，由来良会重吾吴。文章声价关金石，霸业消沉吊蟪蛄。岚翠断边衔落照，波光定处卧浮图。兴高狂语频惊坐，依旧江湖一钓徒。

三

社事飘零散慎交，敦槃此日续西郊。道存砥砺联三益，象取乾离玩六爻。剖异正须分黑白，和声终贵合弦匏。诸君预拟明堂咏，肯效杨云作解嘲。

四

地是野王文谳地，时当白帝驻车时。千秋怀古每如此，四国名流某在斯。深喜苏瑰真有子，还希杜甫愿多师。只惭老我摧颓甚，空艳梅村修禊诗。

虎丘玉兰歌　　沈德潜

虎丘山背玉兰树，千春疑有神明护。臃肿拳曲仍高撑，腹空嵌石同儿乳。干如虬龙根积铁，天成转似人工铸。花开冷艳漫云衢，覆盖招提遍琼璐。行人高望眩银海，清气逼余难久注。传闻花石成纲年，朱勔采访穷民间。搜岩剔薮贡洛下，苑囿仿佛三神山。此树拨遗置吴苑，何异高士云中眠。于今艮岳久灰烬，海涌一树偏流传。客来正值花繁会，坐对霜华增感慨。朱氏子孙遭迸逐，潜逃郊外依蒿莱。种花花巷转成名，相沿祖业担花卖。惟馀岩畔最高柯，曾历宣和旧爹忕。人生鸟影电光同，卉木苍凉阅朝代。拙政山茶久已枯，梅村歌后艳吴都。笔墨从来能寿世，赋诗作绘仗通儒。坐中恰有丹青手，倩写晴岚古雪图。

四灾诗　　沈德潜

水灾

二月雨，六月雨，中间晴霁无几许。鸺鹠怪声白昼鸣，黾蛙跳踉怒如虎。下田成白浪，农民望俱休。中田水没岸，禾头漾波流。惟余高田禾黍还油油。还油油，私喜乐。转眼间，痔钱鏄。

虫灾

疠气久郁蒸，虫灾满阡陌。食根者蟊食节蟹，食心者螟食叶螣。四虫作朋纵复横，田祖悠悠溺其职。沃以膏，焰转骄。青青苗，成屋毛。天心覆被胡降此？螯螯必有因名者。谁人我欲问，天高高难陈。

风灾

蠢虫肆毒余，饱食偶然赦。时至亦抽茎，满望纳禾稼。大块忽噫动，地风嫖怒那复分雌雄？三昼夜，风始息，禾尽偃，遍疆场所吐花白，毛白回忆祈年祭。先啬鬼神不灵空，嗜饮食，同声一哭无颜色。

霜灾

时维八月中，高空降玄霜。丰年遭此成歉岁，而况大风以后加摧戕。妇竖腰镰刈归弃，掷以餧鹅鸭，鹅鸭不食。告荒向官吏，扑挟臀无肤。愚民剥树皮，到处成白榆。我慰愚民尔无苦，圣人仁覆天同溥。即看赈恤周我土。

题家匠门潮生阁

张云章

绮疏通远岑，活碧弄浅渚。我欲携被来，夜听舟人语。

二

三宿恋未休，百川时已灌。披襟雄风来，图画四面看。

过高青丘旧隐居处

陈培脉

先生自号青丘子，正是当年避地时。载酒几看江上月，咏怀犹记卷中诗。一川晚照人来少，十亩荒烟鸟下迟。莫叹风流成逝水，故宫禾黍有余悲。

观梅高酣亭

徐夔

二月寒转甚，江梅春正赊。真成冰玉骨，才放两三花。岸曲犹残雪，池清更浅沙。山公好事者，频寄一枝斜。

过樾公古柏山房

徐夔

罨画云山处，禅房傍树低。祖师曾种柏，居士忽闻犀。大意参牛迹，吾生学马蹄。庭皋秋响急，犹自叫莎鸡。

狮子林

张鹏翀

仇池九十九，嵩少三十六。每诵坡公诗，悠然想游目。忽逢狮子林，瑰丽森万族。岂真山可移，讵假地能缩。远回万里势，直作巾笥蓄。吴中古禅隐，妙意创幽独。划如巨灵开，倒若华顶蹙。窥之缭而深，入则窈以曲。荡空风冯虚，穿窦日解驳。欲出津已迷，转进道疑复。空灵开心蓬，晃眩媿眼肉。忽扪岩腹松，小倚亭阴竹。遥想古窗间，焚香道书读。结庐慕张邴，联句聚皮陆。我来春雨余，娟丽斗新沐。兴随清吟豪，游怕夕阳促。远当邻麻姑，近可配林屋。壶中峰欲走，袖底石应恧。平生胜览稀，此夕诧奇福。赢得梦魂中，乱云峰矗矗。

游师子林同乔慕韩顾景岳赋　　王廷魁

我游师林寺，遂造师子峰。几年辟灵境？巧琢惊天工。狻猊何狡狯，特兀踞其中。镂空多石洞，万窍殊玲珑。初入岩下穴，雨气疑溟濛。彳亍三五步，日光转融融。曲折穿上下，目眩迷西东。一步一换形，如入神仙宫。憩磴意恍惚，临去心恍恍。忽闻松涛声，林外来秋风。

八月三日上虎丘　　李重华

不为红裙逐队来，天香吹我上层台。满山秋日正残暑，已有桂花拦路开。

同张南华虎丘后湖晚步　　翁照

结伴寻秋趁小晴，幽溪寂寂少人行。友如作画须求淡，山似论文不喜平。乍脱疏林深浅色，欲残清磬有无声。为耽此处林泉好，连袂还来坐月明。

千人石夜坐　　翁照

幽寻常得好怀开，月冷风清独举杯。此景有谁能领略？千人石上一人来。

虎丘　　沈用济

山以寺为门，司徒迹尚存。殿形衔木杪，钟响落云根。虎散金精气，烟寒紫玉魂。生公徒聚石，无法可名言。

贞娘墓　　吕楷仁

艳色倾城属旧闻，依然坏土对斜曛。香魂应听生公法，舞袖歌衫付白云。

移居渌水园和秦南冈韵　　朱襄

去家百里欲归难，妻女相随未易安。终愧惊猿兼怨鹤，敢夸泊凤与漂鸾。苏台一见情如旧，皋庑重逢意暂宽。况许平分花月地，联吟亦足慰饥寒。

泛舟澹台河　　秦应阳

借得青蓑上钓船，湖光滟潋浸春天。人行细雨轻烟外，诗在新蒲弱苇边。白鸟横飞山影破，紫鳞惊跃浪纹圆。苍茫渐觉村庄近，一点渔庵傍葑田。

正月一日雪中过芳润堂用东坡聚星堂雪诗韵 缪嗣寅

重云凝空不成叶，极目寒城万家雪。新年屏却尘事喧，出户更喜人踪绝。茫茫远山微可睹，遮道长松压欲折。造门早识故人在，屐印阶泥迹未灭。新诗示我骋雄怪，碧海波翻鲸尾掣。消寒共斟柏叶酒，一吸杯空醉眼缬。傍檐乌雀声苦饥，翻翅纷纷堕余屑。诗狂醉舞足自了，那惜飞光去如瞥。君家客满尊不空，玉山风雅犹堪说。急收清景入毫端，冻笔难呵劲于铁。

秋夜宿匠门先生潮生阁 顾若霖

阁枕清流间绿槐，秋空明月满潮来。星河远岸容登陟，草树平江与溯回。城暗鼓声随水上，风鸣灯影趁船开。不知黄叶临窗急，破梦涛寒触似雷。

阖庐墓 周准

阖庐旧壤草萋萋，遗墓犹存涧畔蹊。孤岭何年传虎踞？碧林尽日只乌啼。长驱蚤见威荆塞，积怨宁忘渡越溪？太息霸图旋废弃，九原回首迥含悽。

谒甫里先生祠 周准

江湖永栖托，生计甘不饱。终古散人祠，市尘不相扰。名高匪绝群，性直讵邻绞。翻嫌渔具傍，犹有征书搅。清风动远怀，谁同荐溪茆？

网师小筑十二咏 朱宗元

北山草堂

树萱堂之北，结屋山之南。屋敝谋还葺，山幽许更探。为贫归未得，济胜具犹堪。比舍多贤达，与沈归愚、彭芝庭诸公为比邻。花时兴正酣。

梅花铁石山房

敢托余芬远，芳型属在兹。赋中窥骨干，花外想丰姿。韵自开元胜，香宁邓尉差。肝肠期共证，只索可人知。

濯缨小阁

倒影吞飞阁，波澄似镜明。晨光涵其洁，晚唱溜同清。脱帽三杯醉，枕肱一榻横。觉来临槛照，咄咄尚尘缨。

花影亭

孤亭空所有，笛弄落花天。雁漏云间字，苔沉石上泉。筠帘风细细，镜槛月娟娟。好其歌喉转，蹁跹趁舞筵。

丽瞩楼

底似凭楼好，南园淑景回。日筛花影碎，莺逗柳烟开。四野霞成幄，千树锦作堆。谁当一揽尽？取次付敲推。

度香艇

信宿怜渔父，生涯足钓船。萧疏一篛雨，杳霭半池烟。遮莫浮家久，相将系艇偏。风来香满座，何似棹前川。

半巢居

古风怀木处，野性惬巢居。借得一枝足，依然三匝余。妥红裀自满，生白室偏虚。只欲摩吾腹，凭高好晒书。

溪西小隐

小有天何在？源深径欲迷。双扉开隐现，一水界东西。虹亘林梢渡，云锄屋角畦。浇书闲觅酒，隔岸唤山妻。

小山丛桂轩

结山不厌小，种桂却成丛。位置三椽屋，婆娑一亩宫。影摇歌扇月，香趁酒旗风。更爱轩东望，排青蔽远空。

斗屠穌

山静日逾永，消磨寄一廛。打头成率尔，容膝便悠然。吟罢焚香坐，酣来倚枕眠。何须营广厦，只此足安禅。

无喧庐

避喧漫道幽栖稳，心远何妨近市居。好鸟劝人一尊酒，清风窥我半床书。萧疏竹影初晴候，历落棋声午梦余。除把未偿诗债了，应无剥啄到吾庐。

蹈和馆

自笑棲栖谋室处，书生头脑故冬烘。大裘万丈香山老，广厦千间锦里翁。怜我一寒聊自异，愧他三昧与人同。构来燠馆犹蜗舍，也假人工辅化工。

后 记

地方性的州郡府县志是反映特定时期、特定区域的“百科全书”，是档案、方志领域的重要文献。自清雍正二年析置，到民国初苏州三县合并，元和县存续188年，县邑所在区域主要在今苏州工业园区。两种《〔乾隆〕元和县志》存世至今，是关于园区地界的珍贵古籍，也是探寻苏州历史的宝贵资料。

2022年4月，中共中央办公厅、国务院办公厅印发《关于推进新时代古籍工作的意见》，要求包括档案、方志在内的工作主管部门加强本领域古籍工作，有针对性地做好整理研究和编辑出版。根据国务院《地方志工作条例》、《江苏省地方志工作条例》要求，按照苏州市地方志办公室《关于全市旧志整理工作的实施方案》部署，苏州工业园区档案管理中心于2022年启动旧志整理工作，以点校形式将旧志加以标点、校勘，同步完成数字化处理，并采取横排简体、西式精装的形式出版。

此次出版的《乾隆元和县志两种》包括乾隆五年、乾隆二十六年所修之《元和县志》，由出版单位广陵书社邀请陈其弟、陈必佳完成点校整理。在此，对出版单位和两位整理者表示感谢。

300年前，元和县成立，苏州一城而置三县。30年前，园区启动建设，巧织古城新城“双面绣”，苏州城的繁荣富贵在历史中接续。值此苏州工业园区开发建设三十周年之际，谨以此书献给所有生活和奋斗在这片土地上的追梦人！